山东企业年鉴

SHANDONG ENTERPRISE YEARBOOK

2011

山东省经济和信息化委员会
国家统计局山东调查总队 编

（京）新登字041号

图书在版编目（CIP）数据

山东企业年鉴. 2011 / 山东省经济和信息化委员会，国家统计局山东调查总队编. -- 北京 : 中国统计出版社，2011.10
ISBN 978-7-5037-6395-3

Ⅰ. ①山… Ⅱ. ①山… ②国… Ⅲ. ①企业经济－山东省－2011－年鉴 Ⅳ. ①F279.275.2-54

中国版本图书馆CIP数据核字(2011)第204830号

山东企业年鉴-2011

作　　者/ 山东省经济和信息化委员会　国家统计局山东调查总队
责任编辑/ 佘竞雄
策划设计/ 宗京宁
出版发行/ 中国统计出版社
通信地址/ 北京市西城区月坛南街57号　邮编 100826
办公地址/ 北京市丰台区西三环南路甲6号
电　　话/ (010)63376907
E－mail / yearbook@gj.stats.cn
印　　刷/ 东港安全印刷股份有限公司
开　　本/ 890×1240毫米　1/16
字　　数/ 1401千字
印　　张/ 57.625
版　　别/ 2011 年 10 月第 1 版
版　　次/ 2011 年 10 月第 1 次印刷
书　　号/ ISBN 978-7-5037-6395-3/F·3060
定　　价/ 280.00 元

《山东企业年鉴2011》编辑委员会

编 辑 说 明

《山东企业年鉴 2011》由山东省经济和信息化委员会、国家统计局山东调查总队联合编辑。《山东企业年鉴 2011》全面反映全省各市、有关行业经信工作概况及企业改革发展状况，充分展示山东企业风采，是一部了解、反映、研究全省经济和信息化以及企业的大型资料性、工具性统计资料图书。其内容以国家统计局山东调查总队的年度企业调查资料和政府有关部门关于企业方面的政策文件为主，并广泛吸收企业管理部门和行业主管部门及企业的有关资料编辑而成。

一、《山东企业年鉴 2011》的主要内容，包括企业政策文件、企业景气调查及调查单位基本情况、国家重点企业监测、专项调查报告、主要行业的发展情况、全省及各市经信概况及不同类型企业介绍等。

二、《山东企业年鉴 2011》相关统计数据系 2010 年企业调查资料，如果本资料数据与以往数据有出入，以本资料为准。

三、由于时间仓促和编者水平有限，难免存有不足之处，欢迎读者指正。

编 者

二〇一一年九月

山东新巨龙能源有限责任公司

打造校企产学研合作高端平台

世界一流的选煤设施

日产能力可达3万吨的2301工作面

MH620型奥钢联综掘机

“考斯特”无轨胶轮公交车

2010年，新巨龙公司完成煤炭产量466万吨，销售收入43亿元，实现当年投产当年达效，上缴税费逾11亿元，跃居山东纳税百强企业第34位、菏泽市纳税大户榜首，创造了良好的经济和社会效益。荣获建筑工程质量最高荣誉“鲁班奖”、富民兴鲁劳动奖状、省企业文化先进单位、省企业技术创新奖、省安全程度评估A级矿井、省理论创新实践突出贡献教宣基地、省质量管理小组活动优秀企业等荣誉称号。

2011年，新巨龙公司全面贯彻落实科学发展观，紧紧围绕安全高产高效中心，坚持走新型工业化循环发展、绿色发展之路，以“铸精品矿井、创一流企业”为主题，以“一井一面一千万吨”为目标，集结高端装备、集成先进技术、集聚管理资源，全面构筑“国内一流、世界先进”现代化井工矿井，积极担当“千亿新矿、亿吨集团”和山东能源集团“进军世界500强、打造卓越能源企业”的主力军，为全面建设山东经济文化强省再作新贡献。

地址：山东·菏泽·巨野　邮编：274918
电话：0530-8488147　传真：0530-8488105

中国重型汽车集团有限公司

CHINA NATIONAL HEAVY DUTY TRUCK GROUP CO.,LTD.

中国重型汽车集团有限公司是国内主要的重型汽车生产基地，也是我国重型汽车工业的摇篮，以开发和制造中国第一辆重型汽车—黄河JN150、成功引进斯太尔重型汽车整车技术项目和自主研发HOWO系列重卡而闻名。

中国重汽集团自2001年改革重组以来，全面实施“国际化、技术领先、产品区域化、高质量低成本”四大战略，立足国内谋求快速发展，面向国际打造“中国重汽SINOTRUK”品牌。通过自主创新，企业核心竞争力不断提高，成功步入跨越式发展新阶段，被誉为“全球重卡行业增长最快、最具竞争力和成长性的企业”。十年来，产销重卡超过70万辆。

中国重汽集团坚持实施技术创新。目前已开发出具有自主知识产权的HOWO、金王子等九大系列整车产品，车型达3000多个，成为国内重卡行业型谱最全的企业。其中HOWO重卡成为市场上最受欢迎的重卡之一。2010年，中国重汽以牵引车轻量化、节能降耗为重点，对公路用车、关键总成包括12L天然气发动机进行了一轮新的技术提升，并推出了矿山用车、天然气车等一系列产品，从而使产品更加适应市场需求。中国重汽现已获授权专利1200多项，继续保持全国汽车行业专利总数第一的地位。

十一五期间，中国重汽集团投入企业技术改造总额达150亿元，成为国内重卡整车装备水平最先进的企业，许多关键工艺基本与国际先进水平同步。目前中国重汽已形成了包括整车、改装车、关键总成、关键零部件在内的完整的、更加科学合理的产业布局。2010年，中国重汽顺利实现了对成都王牌汽车和福建永安汽车的重组工作，进一步拓展了公司产品系列及区域化市场布局，开始向全系列商用车生产企业进军。

2010年，中国重汽集团继续保持较快发展速度，重卡销量达19.96万辆，同比增长60%以上，销售收入突破800亿。出口整车超过1.4万辆，位居国内行业首位。产销规模进入全球重卡行业最前列，并继续成为国内重卡行业运行质量最好的企业。

中国重汽十二五的发展目标是，努力打造百万辆级企业，到十二五末，销售收入达到2000亿元；重卡产品达到世界先进水平；建设以重卡产业为主导，中、轻、客、特车辆及工程机械全系列商用车企业，把中国重汽建设成为具有国际影响力的大型商用车企业集团。

○中国重汽技术研发中心

中国第一辆重型汽车诞生50周年暨中国重汽集团改革重组10周年成就展起动仪式—叶农合摄

重汽品质 值得信赖

■ HOWO-A7-6X4牵引车

■ HOWO-6X4自卸车

■ LNG金王子-6X4自卸车

■ HOWO-矿山勇士

■ 4X2码头牵引车

■ HOWO-A7-6X4牵引车

成熟及性能优良的配套资源，保证了产品的高性能及高可靠性。公司自成立以来一直秉承“品质创造未来”的企业文化理念，提升产品质量，努力扩大品牌的知名度和影响力，国际市场和国内市场两个市场并重，内源发展和外延拓展的发展战略，强化管理，精于设计和生产，每年以150%的速度增长，力士德公司在工程机械制造领域取得了长足的发展。

目前，力士德挖掘机畅销全国各地，远销大洋洲、中东、非洲、东欧、东南亚、南美洲等五十个国家和地区。公司在缅甸建有工厂；南美、中东有自己的公司。为确保质量，公司制订了“共同参与，创新发展，持续改进，主导产品达到国内先进水平，扩展国际市场，以优质服务增强顾客的持续满意”的质量方针，并投入巨资专注产品更新换代、技术改造。2006年公司产品通过ISO9001国际质量体系认证，2007年产品通过CE认证，开辟了通向国际通行证，2007年获得进入俄罗斯市场的通行证，2009年SC330.7、SC360.7型挖掘机获得国内首台套荣誉称号，2009年12月力士德公司被山东省评选为技术装备企业，2010年公司被认定为国家高新技术企业，2010年公司商标被评选为山东省著名商标。

经过多年的经营发展和积淀，力士德公司形成了“先做精，后做强，再做大”的发展理念、“深入学习和实践科学发展观，以人为本，坚持发展是硬道理，争做民族品牌的一面旗帜”的企业指导思想，我们承诺将用可靠的品质和优良的服务不断赢得广大新老客户对我们的信任，我们将用我们不懈的努力开创国产挖掘机辉煌的未来，为中国民族品牌挖掘机的崛起做出自己的贡献。

销售热线：0539-6261609　6261656　　邮箱：LISHIDE@LISHIDE.COM.CN

中国烟草
CHINA TOBACCO

山东省烟草专卖局(公司)

国家烟草专卖局副局长张保振（右一）在山东考察调研

国家烟草专卖局副局长何泽华（中）在山东考察调研

国家烟草专卖局副局长张辉（左二）在山东考察调研

山东省烟草专卖局（公司）负责全省烟草专卖执法、卷烟经营、烟叶生产经营工作，承担国有资产保值增值责任。下辖17个市级烟草专卖局（有限公司）、1所烟草中专学校、1家进出口公司、1家报社有限公司、1家投资公司，共有职工1.9万人。

2010年，全省烟草专卖局（公司）系统以党的十七届五中全会精神为指导，按照省委、省政府和国家烟草专卖局的部署要求，深入贯彻落实科学发展观，自觉践行“国家利益至上、消费者利益至上”行业共同价值观，紧紧围绕“卷烟上水平”和“走在全国前列”的目标任务，加快转方式、调结构，着力打基础、抓规范、上水平、增后劲，各方面工作都取得新的成绩，实现了速度与质量、效益、结构、后劲相统一，为“十一五”画上了一个圆满句号。全省种植烟叶31万亩，收购烟叶91.71万担，其中，上等烟叶比例达到37.9%，同比提高8.9个百分点；烟农户均收入3.49万元。销售卷烟345万箱，同比增长3.93%；销售行业重点骨干品牌142万箱，

加快烟区农田水利建设

烟草专卖法律知识宣传

山东烟草科

增长41.17%，占总销量的41.22%，同比提高10.87个百分点。查获涉烟案件6.13万起，总案值1.76亿元；实现税利112.2亿元，同比增长20.92%；其中，实现税金55.9亿元，增长44.09%；实现利润56.3亿元；上缴税金居全省服务业第一位。“十一五”期间，全省年卷烟销量净增100万箱，年实现税利净增85.4亿元。全系统上下一心、政通人和，昂扬向上、争创一流，老同志更加关心支持行业发展，推进科学发展上水平的氛围日益浓厚。

山东省烟草专卖局（公司）被中央文明办、民政部、中国残联命名为“全国志愿助残示范基地”；被中国三农问题高峰论坛组委会授予2010年度中国三农领域“社会责任贡献单位”；连续多年被省委、省政府评为“全省整顿和规范市场经济秩序工作先进集体”、“平安山东”建设先进单位，被国家烟草专卖局、公安部授予“全国卷烟打假工作特殊贡献奖”荣誉称号；被省政府残疾人工作委员会授予“扶残助残贡献奖”荣誉称号。

省委常委、副省长王军民到山东省局（公司）调研

山东省烟草专卖局（公司）党组书记、局长、总经理孙公准（左二）在日照市调研烟叶工作

全省烟草专卖局（公司）系统工作会议

究院揭牌成立

山东烟草老年文化节

积极实施烟叶生产生态村富民工程

中国人寿保险股份有限公司 山东省分公司

China Life Insurance Company Limited Shandong Branch

总经理　白彬

2010年，中国人寿保险股份有限公司山东省分公司认真贯彻落实科学发展观，按照中国保监会、集团、总公司和山东省委、省政府战略部署，提出确立了转方式调结构强后劲主攻方向，通过会议宣导、党委文件、学习研讨等形式，在破解五个难题、打好五场硬仗、打造“三个增长机制”、实现首年期交和续期总量“三年翻番目标”上形成了共识，公司建设和事业发展取得了新进步。全省系统总保费突破200亿大关，达到202.83亿元，增长10.8%，实现了历史性跨越，具有里程碑意义，连续4年跻身全省企业30强。公司市场份额为36.62%，领先市场份额第二名的同业公司25个百分点。省委常委、常务副省长王仁元、山东保监局局长任建国分别作出重要批示，给予祝贺和充分肯定，充分体现了省委省政府对公司发展的关怀支持，充分体现了监管部门对公司发展建设成绩的高度认可。

公司总经理白彬荣获山东省第十九届优秀企业家荣誉称号。

中国人寿山东分公司保费突破200亿，具有里程碑意义，可喜可贺。希望国寿山东分公司在新的起点上，上下同心，再接再励，在业务发展上争创一流，在风险防控上争创一流，在客户服务上争创一流，为服务山东经济社会发展做出更大贡献！

任建国 12.21

全国统一客户服务电话：95519　地址：济南市泺源大街88号　总机：0531-86915088　传真：0531-86919733

国家一流县供电企业

阳谷县供电公司

山东电力集团公司工会主席刘清鑫同志指导工作

公司领导亲临生产一线指导工作、慰问职工

公司领导班子带头捐款

近年来，阳谷县供电公司坚持“四个服务”的企业宗旨，秉承国家电网“努力超越、追求卓越”企业精神，牢固坚持“三抓一创”工作方针，认真贯彻“三新”农电发展战略，以电网建设为基础，以队伍建设为保障，以科技进步为支撑，以管理创新为手段，以“三个建设”为保证，努力建设“一强三优”现代公司，推动科学发展，各项工作均取得了新成绩、实现了新突破。2009-2011连续三年保持山东电力集团公司“县供电企业综合标杆单位”称号，2009年9月被国家电网公司评为“农电综合管理标杆单位”。2005-2006年度、2007-2008年度连续两届保持国家电网公司“文明单位”荣誉称号，2009年1月被评为“全国精神文明建设工作先进单位”。2010年7月公司荣获“富民兴鲁劳动奖状”；公司经理沈俊卿荣获“富民兴鲁劳动奖章”。2011年4月被授予“全国安全文化建设示范企业”称号，是国家电网系统唯一获此殊荣的企业。

安全生产保持良好局面。坚持“安全第一、预防为主、综合治理”的方针，切实按照“三个百分之百”的要求，狠抓安全措施的落实，确保了安全生产的良好局面。开展了“安全生产年”、“安全生产月”和“三个不发生”百日安全活动，开展了春、秋季安全大检查、防汛专项检查、反违章等专项行动，加强设备检修和施工现场安全管理，消除安全隐患，夯实安全基础。

电网建设实现新突破。以建设“坚强电网”为目标，多年来，坚持以科技创新为动力，加大科技投入,积极推进电网的建设与改造，全力推进新农村电气化建设。2011年建设完成的110kV付唐数字化变电站，采用“常规设备+智能终端”形式，以智能自动化系统、智能在线监测系统、智能辅助系统为支撑，标志着阳谷迈上了智能电网的新时代。新农村电气化县建设工作顺利通过了省经信委、省集团公司验收，并荣获国家电网公司新农村电气化县建设先进单位荣誉称号。

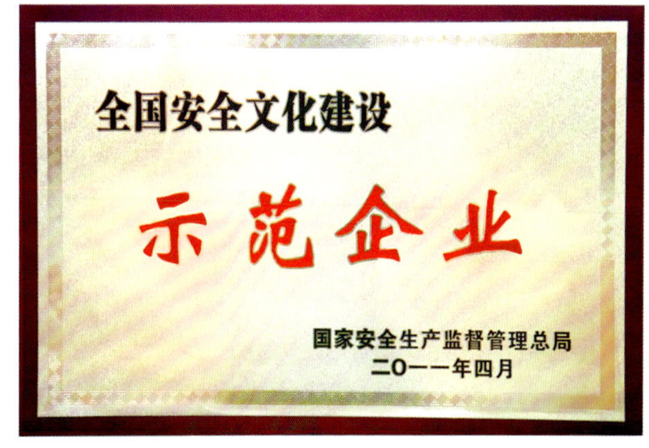

企业管理再上新水平。坚持“学习、创新、超越、争先”的工作理念，坚持以信息化、标准化建设为重点，全面提升企业管理水平。加强全员教育培训，提高员工队伍素质。推动了企业理论创新、管理创新、技术创新。2010年公司有11项创新成果荣获山东省企业管理现代化创新成果奖,12项最佳实践入选集团公司最佳实践库。

加强“三个建设”，全面创先争优。2010年以来，公司作为国家电网公司“三个建设”联系点，坚持把党的建设放在首位。全力推进创先争优工作，实现全员参与、全员共创，在支部、党员、班组、员工中开展了“评星定级”活动，形成了“立足岗位做表率，创先争优当先锋”的深厚氛围。公司党委在建党90周年之际，以“弘扬红色精神、奉献电力事业”为主题，开展了“学党章、读党史、强党性”学习讲座、“我身边的共产党员”征文演讲等系列活动，营造了浓厚的氛围。积极参加了聊城市和阳谷县组织的“庆七一，唱红歌”合唱比赛，取得了优胜奖，掀起了庆祝建党90周年活动的新高潮。

国家一流县供电企业

招远市供电公司

山东省劳动模范、山东省优秀企业家

招远供电公司经理 姜洪海

招远市供电公司成立于1965年，是以趸售供电为主的国家大型企业，担负着招远境内14个乡镇、区、办，724个用电村的电力供应。公司拥有职工884人，其中专业技术人员309人，企业固定资产7.29亿元。全市现有2.7万千瓦热电厂1座，220千伏变电站2座，110千伏变电站9座，35千伏变电站14座，主变容量达到914MWA，110千伏输电线路183.9千米，35千伏输电线路221.3千米，10千伏配电线路2000.7千米，形成了以220千伏为枢纽，110千伏为骨架，35千伏环网双电源，10千伏手拉手的安全、经济、高效的供电网络。2010年公司完成供电量17.06亿千瓦时；主业实现销售收入9.8亿元，利税6550万元；资产保值增值率达到105.05%，全员劳动生产率实现18.23万元/人·年。截止2010年底，公司实现连续安全生产8307天，未出现一起触电伤亡和其它重大安全事故。

几年来，公司先后获得市属工业系统特级明星企业、烟台供电系统先进企业、市级守合同重信用企业、省级文明单位、山东省管理创新优秀企业、山东省诚信示范企业、山东省服务名牌、全省农电系统先进集体、中国企业文化建设先进单位、企业档案工作目标管理国家一级、部级电力“三为”服务达标先进单位、全国节电示范县、全国农村电气化县、国家电网公司科技进步示范单位、全国设备管理先进单位、国家一流县供电企业等荣誉。

新农村电气化建设

95598客户服务监控中心

一流的电力调度中心

地址：山东省招远市金城路169号　邮编：265400

电话：0535-8219318　传真：0535-8219317

国家一流县供电企业

莱西市供电公司

山东省劳动模范 山东省优秀企业家 公司经理 孟昭平

莱西市供电公司是国家一流县供电企业，拥有总资产4.2亿元，现有职工843人。莱西市境内拥有220千伏变电站2座、110千伏变电站8座、35千伏变电站17座，主变总容量121.06万千伏安；110千伏线路14条213.37千米；35千伏线路53条256.6千米；10千伏配电线路88条1565.26千米；0.4千伏配电线路3155.3千米，10千伏配电变压器3344台，总容量59.96万千伏安。2010年完成购电量13.8亿千瓦时，同比增长14.22%;售电量13.37亿千瓦时，同比增长16.73%。

建设一流电网。始终坚持把加快电网发展作为第一要务，实现电网发展与莱西经济建设相协调，把莱西电网建设成安全可靠、结构合理、技术先进、管理科学的现代化电网。“十一五”期间，共投资5.7亿元对城乡电网进行大规模的技术改造，电网容量由“十五”末的27万千伏安，增加到现在的63万千伏安，新建220千伏变电站1座、110千伏变电站2座，建成新农村电气化县。莱西电网逐步建成了以220千伏为主供，110千伏为骨干网架，35千伏双电源或环网供电的坚强现代电网，满足了地方经济迅速发展的电力需求。

规范一流服务。始终秉承“真诚、规范、方便、快捷”的服务方针，努力提高优质服务水平，以品牌塑形象，以形象促效益，增强企业核心竞争力。独具特色的业扩报装“五通道”个性化服务、现场“一站式”服务为客户营造了报装接电的“绿色通道”。开通“95598”供电服务专线，集客户咨询、查询、业扩报装、紧急求助、投诉举报为一体，做到了“始于客户需求，终于客户满意”。

强化一流管理。始终把管理工作放在突出位置。创新制定了《县级供电企业人员到位标准》，共编制到位标准213项，明确了各级管理人员的到位职责。确保各级各岗位人员严格按照到位标准对工作现场进行检查监督考核，自觉履行好自己的职责，切实做到管理到位、工作到位、监督检查到位。扎实推进农电专业化管理，先后成立了抄表中心和农电配电中心，建成应急指挥中心，提高了农电管理和服务水平。加快标准化体系建设，17个供电所全部建成标准化供电所。

创造一流业绩。公司先后被授予“国家一流县供电企业”、“中国诚信企业”、“全国创争先进单位”、“全国服务质量满意单位”、“保护消费者杯”、“省级文明单位”、“山东省管理创新十佳企业”、“山东省百姓口碑荣誉单位”、“山东省和谐劳动关系先进企业”、“青岛市行风建设示范窗口”、“青岛市平安建设先进集体”、“青岛市思想政治工作先进企业”、“青岛市先进党委”、“莱西市纳税大户”等荣誉称号。（莱西市供电公司　马骏）

市委、市政府领导来公司视察

孟昭平经理现场检查工作

公司调度大楼

公司地址：山东省莱西市北京东路99号　邮编：266600　电话：0532-66890000　传真：0532-66897367

山东山铝水泥有限公司

中控操作室

办公楼及水泥熟料生产线

水泥熟料生产线

石灰石均化库

为响应国家水泥产业调整政策和淄博市“环境立市”战略号召，以新型干法水泥生产线淘汰落后的湿法工艺生产线，由山东铝业公司员工入股、山东铝业公司控股成立了股份制企业——山东山铝水泥有限公司。山东山铝水泥有限公司坐落于淄博市（沣水）建材工业园，北临309国道和济青高速公路，西连省道湖罗路，厂内铁路与胶济铁路相贯通，交通运输十分便利。

公司注册资本一亿五千六百零六万元人民币，固定资产投资6亿元。公司共建有两条新型干法水泥生产线，同时建有1×12MW纯低温余热发电机组。公司主要生产经营“山铝”牌P.O52.5R、P.O42.5R、P.O32.5R系列普通硅酸盐水泥，年产水泥规模300万吨，发电8000万千瓦时。

“山铝牌”水泥具有质量稳定，早期强度高、凝结时间适中、抗冻融性能好、抗硫酸盐及抗海水侵蚀性能好、水化热低、耐磨性好等特点，被广泛应用于南极长城站、中国大剧院、中华世纪坛、黄河大桥、大型发电厂、青岛港、东营港、黄骅港、青岛滨海大道、青岛海底隧道、济青高速公路、津汕高速公路、即平高速公路、威乌高速公路、胶济铁路客运专线等国家重点工程，产品畅销全国及海外，享有极高声誉。

山铝水泥有着近50年的品牌培育历程。公司始终秉承“诚信为本、持续改进、追求卓越”的质量方针，不断完善质量管理体系，积极开展企业标准化工作，制定了优于国家标准的企业内控标准，产品质量不断提高。多年来，山铝牌水泥始终保持了出厂合格率100%，富裕标号合格率100%，内控合格率100%，顾客满意率100%。先后荣获部优、国家银质奖、山东名牌、国家质量免检产品等荣誉称号，被中国水泥协会列为向全国消费者推荐产品。通过ISO9001:2000质量管理体系、ISO14000环境管理体系、GB/T28000职业健康安全管理体系认证和产品质量认证。先后荣获“山东省建材行业先进集体”、“山东省散装水泥工作先进单位”、“山东材料行业优势企业”、“中国百佳诚信建材企业”等荣誉称号。

目 录

第一篇 企业政策

第二篇 企业景气调查单位基本情况

第三篇　企业景气指数

第四篇 行业发展

第五篇 全省经信

第六篇 附 录

第一篇

企业政策

1－1　国务院关于进一步加大工作力度确保实现“十一五”节能减排目标的通知

国发〔2010〕12号

各省、自治区、直辖市人民政府，国务院各部委、各直属机构：

2006年以来，各地区、各部门认真贯彻落实科学发展观，把节能减排作为调整经济结构、转变发展方式的重要抓手，加大资金投入，强化责任考核，完善政策机制，加强综合协调，节能减排工作取得重要进展。全国单位国内生产总值能耗累计下降14.38%，化学需氧量排放总量下降9.66%，二氧化硫排放总量下降13.14%。但要实现“十一五”单位国内生产总值能耗降低20%左右的目标，任务还相当艰巨。为进一步加大工作力度，确保实现“十一五”节能减排目标，现就有关事项通知如下：

一、增强做好节能减排工作的紧迫感和责任感。“十一五”节能减排指标是具有法律约束力的指标，是政府向全国人民作出的庄严承诺，是衡量落实科学发展观、加快调整产业结构、转变发展方式成效的重要标志，事关经济社会可持续发展，事关人民群众切身利益，事关我国的国际形象。当前，节能减排形势十分严峻，特别是2009年第三季度以来，高耗能、高排放行业快速增长，一些被淘汰的落后产能死灰复燃，能源需求大幅增加，能耗强度、二氧化硫排放量下降速度放缓甚至由降转升，化学需氧量排放总量下降趋势明显减缓。为应对全球气候变化，我国政府承诺到2020年单位国内生产总值二氧化碳排放要比2005年下降40%-45%，节能提高能效的贡献率要达到85%以上，这也给节能减排工作带来巨大挑战。各地区、各部门要充分认识加强节能减排工作的重要性和紧迫性，切实增强使命感和责任感，下更大决心，花更大气力，果断采取强有力、见效快的政策措施，打好节能减排攻坚战，确保实现“十一五”节能减排目标。

二、强化节能减排目标责任。组织开展对省级政府2009年节能减排目标完成情况和措施落实情况及“十一五”目标完成进度的评价考核，考核结果向社会公告，落实奖惩措施，加大问责力度。及时发布2009年全国和各地区单位国内生产总值能耗、主要污染物排放量指标公报，以及2010年上半年全国单位国内生产总值能耗、主要污染物排放量指标公报。各地区要按照节能减排目标责任制的要求，一级抓一级，层层抓落实，组织开展本地区节能减排目标责任评价考核工作，对未完成目标的地区进行责任追究。到“十一五”末，要对节能减排目标完成情况算总账，实行严格的问责制，对未完成任务的地区、企业集团和行政不作为的部门，都要追究主要领导责任，根据情节给予相应处分。各地区“十二五”节能目标任务的确定要以2005年为基数。各省级政府要在5月底前，将本地区2010年节能减排目标和实施方案报国务院。

三、加大淘汰落后产能力度。2010年关停小火电机组1000万千瓦，淘汰落后炼铁产能2500万吨、炼钢600万吨、水泥5000万吨、电解铝33万吨、平板玻璃600万重箱、造纸53万吨。各省级政府要抓紧制定本地区今年淘汰落后产能任务，将任务分解到市、县和有关企业，并于5月20日前报国务院有关部门。有关部门要在5月底前下达各地区淘汰落后产能任务，公布淘汰落后产能企业名单，确保落后产能在第三季度前全部关停。加强淘汰落后产能核查，对未按期完成淘汰落后产能任务的地区，严格控制国家安排的投资项目，实行项目“区域限批”，暂停对该地区项目的环评、供地、核准和审批。对未按规定期限淘汰落后产能的企业，依法吊销排污许可证、生产许可证、安全生产许可证，投资管理部门不予审批和核准新的投资项目，国土资源管理部门不予批准新增用地，有关部门依法停止落后产能生产的供电供水。

四、严控高耗能、高排放行业过快增长。严格控制“两高”和产能过剩行业新上项目。各级投资主管部门要进一步加强项目审核管理，今年内不再审批、核准、备案“两高”和产能过剩行业扩大产能项目。未通过环评、节能审查和土地预审的项目，一律不准开工建设。对违规在建项目，有关部门要责令停止建设，金融机构一律不得发放贷款。对违规建成的项目，要责令停止生产，金融机构一律不得发放流动资金贷款，有关部门要停止供电供水。落实限制“两高”产品出口的各项政策，控制“两高”产品出口。

五、加快实施节能减排重点工程。安排中央预算内投资333亿元、中央财政资金500亿元，重点支持十大重点节能工程建设、循环经济发展、淘汰落后产能、城镇污水垃圾处理、重点流域水污染治理，以及节能环保能力建设等，形成年节能能力8000万吨标准煤，新增城镇污水日处理能力1500万吨、垃圾日处理能力6万吨。各地区要将节能减排指标落实到具体项目，节能减排专项资金要向能直接形成节能减排能力的项目倾斜，尽早下达资金，尽快形成节能减排能力。有关部门要在6月中旬前出台加快推行合同能源管理，促进节能服务产业发展的相关配套政策，对节能服务公司为企业实施节能改造给予支持。

六、切实加强用能管理。要加强对各地区综合能源消费量、高耗能行业用电量、高耗能产品产量等情况的跟踪监测，对能源消费和高耗能产业增长过快的地区，合理控制能源供应，切实改变敞开口子供应能源、无节制使用能源的现象。大力推进节能发电调度，加强电力需求侧管理，制定和实施有序用电方案，在保证合理用电需求的同时，要压缩高耗能、高排放企业用电。对能源消耗超过已有国家和地方单位产品能耗（电耗）限额标准的，实行惩罚性价格政策，具体由省级政府有关部门提出意见。省级节能主管部门组织各级节能监察机构于今年6月底前对重点用能单位上一年度和今年上半年主要产品能源消耗情况进行专项能源监察审计，提出超能耗（电耗）限额标准的企业和产品名单，实行惩罚性电价，对超过限额标准一倍以上的，比照淘汰类电价加价标准执行。加强城市照明管理，严格控制公用设施和大型建筑物装饰性景观照明能耗。

七、强化重点耗能单位节能管理。突出抓好千家企业节能行动，公告考核结果，强化目标责任，加强用能管理，提高用能水平，确保形成2000万吨标准煤的年节能能力。省级节能主管部门要加强对年耗能5000吨标准煤以上重点用能单位的节能监管，落实能源利用状况报告制度，推进能效水平对标活动，开展节能管理师和能源管理体系试点。已经完成“十一五”节能任务的用能单位，要继续狠抓节能不放松，为完成本地区节能任务多做贡献；尚未完成任务的用能单位，要采取有力措施，确保完成“十一五”节能任务。中央和地方国有企业都要发挥表率作用，加大节能投入，加强管理，对完不成节能减排目标和存在严重浪费能源资源的，在经营业绩考核中实行降级降分处理，并与企业负责人绩效薪酬紧密挂钩。

八、推动重点领域节能减排。加强电力、钢铁、有色、石油石化、化工、建材等重点行业节能减排管理，加大用先进适用技术改造传统产业的力度。加强新建建筑节能监管，到2010年底，全国城镇新建建筑执行节能强制性标准的比例达到95%以上，完成北方采暖地区居住建筑供热计量及节能改造5000万平方米，确保完成“十一五”期间1.5亿平方米的改造任务。夏季空调温度设置不低于26摄氏度。加强车辆用油定额考核，严格执行车辆燃料消耗量限值标准，对客车实载率低于70%的线路不得投放新的运力。推行公路甩挂运输，加快铁路电气化建设和运输装备改造升级，优化民航航路航线。开展节约型公共机构示范单位建设活动，2010年公共机构能源消耗指标要在去年基础上降低5%。加强流通服务业节能减排工作。加大汽车、家电以旧换新力度。抓好“三河三湖”、松花江等重点流域水污染治理。做好重金属污染治理工作。抓好农村环境综合整治。支持军队加快实施节能减排技术改造。

九、大力推广节能技术和产品。发布国家重点节能技术推广目录（第三批）。继续实施“节能产品惠民工程”，在加大高效节能空调推广的基础上，全面推广节能汽车、节能电机等产品，继续做好新能源汽车示范推广，5月底前有关部门要出台具体的实施细则。推广节能灯1.5亿只以上，东中部地区和有条件的西部地区城市道路照明、公共场所、公共机构全部淘汰低效照明产品。扩大能效标识实施范围，发布第七批能效标识产品目录。落实政府优先和强制采购节能产品制度，完善节能产品政府采购清单动态管理。

十、完善节能减排经济政策。深化能源价格改革，调整天然气价格，推行居民用电阶梯价格，落实煤层气、天然气发电上网电价和脱硫电价政策，出台鼓励余热余压发电上网和价格政策。对电解铝、铁合金、钢铁、电石、烧碱、水泥、黄磷、锌冶炼等高耗能行业中属于产业结构调整指导目录限制类、淘汰类范围的，严格执行差别电价政策。各地可在国家规定基础上，按照规定程序加大差别电价实施力度，大幅提高差别电价加价标准。加大污水处理费征收力度，改革垃圾处理费收费方式。积极落实国家支持节能减排的所得税、增值税等优惠政策，适时推进资源税改革。尽快出台排污权有偿使用和交易指导意见。深化生态补偿试点，完善生态补偿机制。开展环境污染责任保险。金融机构要加大对节能减排项目的信贷支持。

十一、加快完善法规标准。尽快出台固定资产投资项目节能评估和审查管理办法，抓紧完成城镇排水与污水处理条例的审查修改，做好大气污染防治法（修订）、节约用水条例、生态补偿条例的研究起草工作。研究制定重点用能单位节能管理办法、能源计量监督管理办法、节能产品认证管理办法、主要污染物排放许可证管理办法等。完善单位产品能耗限额标准、用能产品能效标准、建筑能耗标准等。

十二、加大监督检查力度。在今年第三季度，国务院组成工作组，对部分地区贯彻落实本通知精神情况进行检查。各级政府要组织开展节能减排专项督察，严肃查处违规乱上“两高”项目、淘汰落后产能进展滞后、减排设施不正常运行及严重污染环境等问题，彻底清理对高耗能企业和产能过剩行业电价优惠政策，发现一起，查处一起，对重点案件要挂牌督办，对有关责任人要严肃追究责任。要组织节能监察机构对重点用能单位开展拉网式排查，严肃查处使用国家明令淘汰的用能设备或生产工艺、单位产品能耗超限额标准用能等问题，情节严重的，依法责令停业整顿或者关闭。开展酒店、商场、办公楼等公共场所空调温度以及城市景观过度照明检查。继续深入开展整治违法排污企业保障群众健康环保专项行动。发挥职工监督作用，加强职工节能减排义务监督员队伍建设。

十三、深入开展节能减排全民行动。加强能源资源和生态环境国情宣传教育，进一步增强全民资源忧患意识、节约意识和环保意识。组织开展好2010年全国节能宣传周、世界环境日等活动。在企业、机关、学校、社区、军营等开展广泛深入的“节能减排全民行动”，普及节能环保知识和方法，推介节能新技术、新产品，倡导绿色消费、适度消费理念，加快形成有利于节约资源和保护环境的消费模式。新闻媒体要加大节能减排宣传力度，在重要栏目、重要时段、重要版面跟踪报道各地区落实本通知要求采取的行动，宣传先进经验，曝光反面典型，充分发挥舆论宣传和监督作用。

十四、实施节能减排预警调控。要做好节能减排形势分析和预警预测。各地区要在6月底前制定相关预警调控方案，在第三季度组织开展“十一五”节能减排目标完成情况预考核；对完成目标有困难的地区，要及时启动预警调控方案。

各地区、各部门要把节能减排放在更加突出的位置，切实加强组织领导。地方各级人民政府对本行政区域节能减排负总责，政府主要领导是第一责任人。发展改革委要加强节能减排综合协调，指导推动节能降耗工作，环境保护部要做好减排的协调推动工作，统计局要加强能源监测和统计。有关部门在各自的职责范围内做好节能减排工作，加强对各地区贯彻落实本通知精神的督促检查，确保实现“十一五”节能减排目标。

二○一○年五月四日

1－2　国务院关于鼓励和引导民间投资健康发展的若干意见

国发〔2010〕13号

各省、自治区、直辖市人民政府，国务院各部委、各直属机构：

改革开放以来，我国民间投资不断发展壮大，已经成为促进经济发展、调整产业结构、繁荣城乡市场、扩大社会就业的重要力量。在毫不动摇地巩固和发展公有制经济的同时，毫不动摇地鼓励、支持和引导非公有制经济发展，进一步鼓励和引导民间投资，有利于坚持和完善我国社会主义初级阶段基本经济制度，以现代产权制度为基础发展混合所有制经济，推动各种所有制经济平等竞争、共同发展；有利于完善社会主义市场经济体制，充分发挥市场配置资源的基础性作用，建立公平竞争的市场环境；有利于激发经济增长的内生动力，稳固可持续发展的基础，促进经济长期平稳较快发展；有利于扩大社会就业，增加居民收入，拉动国内消费，促进社会和谐稳定。为此，提出以下意见：

一、进一步拓宽民间投资的领域和范围

（一）深入贯彻落实《国务院关于鼓励支持和引导个体私营等非公有制经济发展的若干意见》（国发〔2005〕3号）等一系列政策措施，鼓励和引导民间资本进入法律法规未明确禁止准入的行业和领域。规范设置投资准入门槛，创造公平竞争、平等准入的市场环境。市场准入标准和优惠扶持政策要公开透明，对各类投资主体同等对待，不得单对民间资本设置附加条件。

（二）明确界定政府投资范围。政府投资主要用于关系国家安全、市场不能有效配置资源的经济和社会领域。对于可以实行市场化运作的基础设施、市政工程和其他公共服务领域，应鼓励和支持民间资本进入。

（三）进一步调整国有经济布局和结构。

国有资本要把投资重点放在不断加强和巩固关系国民经济命脉的重要行业和关键领域，在一般竞争性领域，要为民间资本营造更广阔的市场空间。

（四）积极推进医疗、教育等社会事业领域改革。将民办社会事业作为社会公共事业发展的重要补充，统筹规划，合理布局，加快培育形成政府投入为主、民间投资为辅的公共服务体系。

二、鼓励和引导民间资本进入基础产业和基础设施领域

（五）鼓励民间资本参与交通运输建设。鼓励民间资本以独资、控股、参股等方式投资建设公路、水运、港口码头、民用机场、通用航空设施等项目。抓紧研究制定铁路体制改革方案，引入市场竞争，推进投资主体多元化，鼓励民间资本参与铁路干线、铁路支线、铁路轮渡以及站场设施的建设，允许民间资本参股建设煤运通道、客运专线、城际轨道交通等项目。探索建立铁路产业投资基金，积极支持铁路企业加快股改上市，拓宽民间资本进入铁路建设领域的渠道和途径。

（六）鼓励民间资本参与水利工程建设。建立收费补偿机制，实行政府补贴，通过业主招标、承包租赁等方式，吸引民间资本投资建设农田水利、跨流域调水、水资源综合利用、水土保持等水利项目。

（七）鼓励民间资本参与电力建设。鼓励民间资本参与风能、太阳能、地热能、生物质能等新能源产业建设。支持民间资本以独资、控股或参股形式参与水电站、火电站建设，参股建设核电站。进一步放开电力市场，积极推进电价改革，加快推行竞价上网，推行项目业主招标，完善电力监管制度，为民营发电企业平等参与竞争创造良好环境。

（八）鼓励民间资本参与石油天然气建设。支持民间资本进入油气勘探开发领域，与国有石油企业合作开展油气勘探开发。支持民间资本参股建设原油、天然气、成品油的储运和管道输送设施及网络。

（九）鼓励民间资本参与电信建设。鼓励民间资本以参股方式进入基础电信运营市场。支持民间资本开展增值电信业务。加强对电信领域垄断和不正当竞争行为的监管，促进公平竞争，推动资源共享。

（十）鼓励民间资本参与土地整治和矿产资源勘探开发。积极引导民间资本通过招标投标形式参与土地整理、复垦等工程建设，鼓励和引导民间资本投资矿山地质环境恢复治理，坚持矿业权市场全面向民间资本开放。

三、鼓励和引导民间资本进入市政公用事业和政策性住房建设领域

（十一）鼓励民间资本参与市政公用事业建设。支持民间资本进入城市供水、供气、供热、污水和垃圾处理、公共交通、城市园林绿化等领域。鼓励民间资本积极参与市政公用企事业单位的改组改制，具备条件的市政公用事业项目可以采取市场化的经营方式，向民间资本转让产权或经营权。

（十二）进一步深化市政公用事业体制改革。积极引入市场竞争机制，大力推行市政公用事业的投资主体、运营主体招标制度，建立健全市政公用事业特许经营制度。改进和完善政府采购制度，建立规范的政府监管和财政补贴机制，加快推进市政公用产品价格和收费制度改革，为鼓励和引导民间资本进入市政公用事业领域创造良好的制度环境。

（十三）鼓励民间资本参与政策性住房建设。支持和引导民间资本投资建设经济适用住房、公共租赁住房等政策性住房，参与棚户区改造，享受相应的政策性住房建设政策。

四、鼓励和引导民间资本进入社会事业领域

（十四）鼓励民间资本参与发展医疗事业。支持民间资本兴办各类医院、社区卫生服务机构、疗养院、门诊部、诊所、卫生所（室）等医疗机构，参与公立医院转制改组。支持民营医疗机构承担公共卫生服务、基本医疗服务和医疗保险定点服务。切实落实非营利性医疗机构的税收政策。鼓励医疗人才资源向民营医疗机构合理流动，确保民营医疗机构在人才引进、职称评定、科研课题等方面与公立医院享受平等待遇。从医疗质量、医疗行为、收费标准等方面对各类医疗机构加强监管，促进民营医疗机构健康发展。

（十五）鼓励民间资本参与发展教育和社会培训事业。支持民间资本兴办高等学校、中小学校、幼儿园、职业教育等各类教育和社会培训机构。修改完善《中华人民共和国民办教育促进法实施条例》，落实对民办学校的人才鼓励政策和公共财政资助政策，加快制定和完善促进民办教育发展的金融、产权和社保等政策，研究建立民办学校的退出机制。

（十六）鼓励民间资本参与发展社会福利事业。通过用地保障、信贷支持和政府采购等多种形式，鼓励民间资本投资建设专业化的服务设施，兴办养（托）老服务和残疾人康复、托养服务等各类社会福利机构。

（十七）鼓励民间资本参与发展文化、旅游和体育产业。鼓励民间资本从事广告、印刷、演艺、娱乐、文化创意、文化会展、影视制作、网络文化、动漫游戏、出版物发行、文化产品数字制作与相关服务等活动，建设博物馆、图书馆、文化馆、电影院等文化设施。鼓励民间资本合理开发旅游资源，建设旅游设施，从事各种旅游休闲活动。鼓励民间资本投资生产体育用品，建设各类体育场馆及健身设施，从事体育健身、竞赛表演等活动。

五、鼓励和引导民间资本进入金融服务领域

（十八）允许民间资本兴办金融机构。在加强有效监管、促进规范经营、防范金融风险的前提下，放宽对金融机构的股比限制。支持民间资本以入股方式参与商业银行的增资扩股，参与农村信用社、城市信用社的改制工作。鼓励民间资本发起或参与设立村镇银行、贷款公司、农村资金互助社等金融机构，放宽村镇银行或社区银行中法人银行最低出资比例的限制。落实中小企业贷款税前全额拨备损失准备金政策，简化中小金融机构呆账核销审核程序。适当放宽小额贷款公司单一投资者持股比例限制，对小额贷款公司的涉农业务实行与村镇银行同等的财政补贴政策。支持民间资本发起设立信用担保公司，完善信用担保公司的风险补偿机制和风险分担机制。鼓励民间资本发起设立金融中介服务机构，参与证券、保险等金融机构的改组改制。

六、鼓励和引导民间资本进入商贸流通领域

（十九）鼓励民间资本进入商品批发零售、现代物流领域。支持民营批发、零售企业发展，鼓励民间资本投资连锁经营、电子商务等新型流通业态。引导民间资本投资第三方物流服务领域，为民营物流企业承接传统制造业、商贸业的物流业务外包创造条件，支持中小型民营商贸流通企业协作发展共同配送。加快物流业管理体制改革，鼓励物流基础设施的资源整合和充分利用，促进物流企业网络化经营，搭建便捷高效的融资平台，创造公平、规范的市场竞争环境，推进物流服务的社会化和资源利用的市场化。

七、鼓励和引导民间资本进入国防科技工业领域

（二十）鼓励民间资本进入国防科技工业投资建设领域。引导和支持民营企业有序参与军工企业的改组改制，鼓励民营企业参与军民两用高技术开发和产业化，允许民营企业按有关规定参与承担军工生产和科研任务。

八、鼓励和引导民间资本重组联合和参与国有企业改革

（二十一）引导和鼓励民营企业利用产权市场组合民间资本，促进产权合理流动，开展跨地区、跨行业兼并重组。鼓励和支持民间资本在国内合理流动，实现产业有序梯度转移，参与西部大开发、东北地区等老工业基地振兴、中部地区崛起以及新农村建设和扶贫开发。支持有条件的民营企业通过联合重组等方式做大做强，发展成为特色突出、市场竞争力强的集团化公司。

（二十二）鼓励和引导民营企业通过参股、控股、资产收购等多种形式，参与国有企业的改制重组。合理降低国有控股企业中的国有资本比例。民营企业在参与国有企业改制重组过程中，要认真执行国家有关资产处置、债务处理和社会保障等方面的政策要求，依法妥善安置职工，保证企业职工的正当权益。

九、推动民营企业加强自主创新和转型升级

（二十三）贯彻落实鼓励企业增加研发投入的税收优惠政策，鼓励民营企业增加研发投入，提高自主创新能力，掌握拥有自主知识产权的核心技术。帮助民营企业建立工程技术研究中心、技术开发中心，增加技术储备，搞好技术人才培训。支持民营企业参与国家重大科技计划项目和技术攻关，不断提高企业技术水平和研发能力。

（二十四）加快实施促进科技成果转化的鼓励政策，积极发展技术市场，完善科技成果登记制度，方便民营企业转让和购买先进技术。加快分析测试、检验检测、创业孵化、科技评估、科技咨询等科技服务机构的建设和机制创新，为民营企业的自主创新提供服务平台。积极推动信息服务外包、知识产权、技术转移和成果转化等高技术服务领域的市场竞争，支持民营企业开展技术服务活动。

（二十五）鼓励民营企业加大新产品开发力度，实现产品更新换代。开发新产品发生的研究开发费用可按规定享受加计扣除优惠政策。鼓励民营企业实施品牌发展战略，争创名牌产品，提高产品质量和服务水平。通过加速固定资产折旧等方式鼓励民营企业进行技术改造，淘汰落后产能，加快技术升级。

（二十六）鼓励和引导民营企业发展战略性新兴产业。广泛应用信息技术等高新技术改造提升传统产业，大力发展循环经济、绿色经济，投资建设节能减排、节水降耗、生物医药、信息网络、新能源、新材料、环境保护、资源综合利用等具有发展潜力的新兴产业。

十、鼓励和引导民营企业积极参与国际竞争

（二十七）鼓励民营企业“走出去”，积极参与国际竞争。支持民营企业在研发、生产、营销等方面开展国际化经营，开发战略资源，建立国际销售网络。支持民营企业利用自有品牌、自主知识产权和自主营销，开拓国际市场，加快培育跨国企业和国际知名品牌。支持民营企业之间、民营企业与国有企业之间组成联合体，发挥各自优势，共同开展多种形式的境外投资。

（二十八）完善境外投资促进和保障体系。与有关国家建立鼓励和促进民间资本国际流动的政策磋商机制，开展多种形式的对话交流，发展长期稳定、互惠互利的合作关系。通过签订双边民间投资合作协定、利用多边协定体系等，为民营企业“走出去”争取有利的投资、贸易环境和更多优惠政策。健全和完善境外投资鼓励政策，在资金支持、金融保险、外汇管理、质检通关等方面，民营企业与其他企业享受同等待遇。

十一、为民间投资创造良好环境

（二十九）清理和修改不利于民间投资发展的法规政策规定，切实保护民间投资的合法权益，培育和维护平等竞争的投资环境。在制订涉及民间投资的法律、法规和政策时，要听取有关商会和民营企业的意见和建议，充分反映民营企业的合理要求。

（三十）各级人民政府有关部门安排的政府性资金，包括财政预算内投资、专项建设资金、创业投资引导资金，以及国际金融组织贷款和外国政府贷款等，要明确规则、统一标准，对包括民间投资在内的各类投资主体同等对待。支持民营企业的产品和服务进入政府采购目录。

（三十一）各类金融机构要在防范风险的基础上，创新和灵活运用多种金融工具，加大对民间投资的融资支持，加强对民间投资的金融服务。各级人民政府及有关监管部门要不断完善民间投资的融资担保制度，健全创业投资机制，发展股权投资基金，继续支持民营企业通过股票、债券市场进行融资。

（三十二）全面清理整合涉及民间投资管理的行政审批事项，简化环节、缩短时限，进一步推动管理内容、标准和程序的公开化、规范化，提高行政服务效率。进一步清理和规范涉企收费，切实减轻民营企业负担。

十二、加强对民间投资的服务、指导和规范管理

（三十三）统计部门要加强对民间投资的统计工作，准确反映民间投资的进展和分布情况。投资主管部门、行业管理部门及行业协会要切实做好民间投资的监测和分析工作，及时把握民间投资动态，合理引导民间投资。要加强投资信息平台建设，及时向社会公开发布国家产业政策、发展建设规划、市场准入标准、国内外行业动态等信息，引导民间投资者正确判断形势，减少盲目投资。

（三十四）建立健全民间投资服务体系。充分发挥商会、行业协会等自律性组织的作用，积极培育和发展为民间投资提供法律、政策、咨询、财务、金融、技术、管理和市场信息等服务的中介组织。

（三十五）在放宽市场准入的同时，切实加强监管。各级人民政府有关部门要依照有关法律法规要求，切实督促民间投资主体履行投资建设手续，严格遵守国家产业政策和环保、用地、节能以及质量、安全等规定。要建立完善企业信用体系，指导民营企业建立规范的产权、财务、用工等制度，依法经营。民间投资主体要不断提高自身素质和能力，树立诚信意识和责任意识，积极创造条件满足市场准入要求，并主动承担相应的社会责任。

（三十六）营造有利于民间投资健康发展的良好舆论氛围。大力宣传党中央、国务院关于鼓励、支持和引导非公有制经济发展的方针、政策和措施。客观、公正宣传报道民间投资在促进经济发展、调整产业结构、繁荣城乡市场和扩大社会就业等方面的积极作用。积极宣传依法经营、诚实守信、认真履行社会责任、积极参与社会公益事业的民营企业家的先进事迹。

各地区、各部门要把鼓励和引导民间投资健康发展工作摆在更加重要的位置，进一步解放思想，转变观念，深化改革，创新求实，根据本意见要求，抓紧研究制定具体实施办法，尽快将有关政策措施落到实处，努力营造有利于民间投资健康发展的政策环境和舆论氛围，切实促进民间投资持续健康发展，促进投资合理增长、结构优化、效益提高和经济社会又好又快发展。

二〇一〇年五月七日

1 - 3 国务院批转发展改革委关于2010年深化经济体制改革重点工作意见的通知

国发〔2010〕15号

各省、自治区、直辖市人民政府，国务院各部委、各直属机构：

国务院同意发展改革委《关于2010年深化经济体制改革重点工作的意见》，现转发给你们，请认真贯彻执行。

二○一○年五月二十七日

关于2010年深化经济体制改革重点工作的意见

发展改革委

今年是继续应对国际金融危机、保持经济平稳较快发展的关键一年。国际国内经济深度调整和深刻变化，迫切要求加大改革力度，进一步破除制约经济结构调整和经济发展方式转变的体制机制障碍，切实推动科学发展。结合当前改革发展形势，现就2010年深化经济体制改革重点工作提出以下意见：

一、指导思想和总体要求

（一）指导思想。高举中国特色社会主义伟大旗帜，全面贯彻党的十七大、十七届三中、四中全会和中央经济工作会议精神，深入贯彻落实科学发展观，围绕转变经济发展方式、保障和改善民生深化改革，着力增强发展的内在动力和可持续发展能力，为夺取应对国际金融危机冲击全面胜利和“十二五”规划顺利实施奠定坚实的体制基础。

（二）总体要求。把保持经济增长与调整经济结构结合起来，着力完善促进经济发展方式转变的体制机制；把完善政府调控与充分发挥市场作用结合起来，着力激发经济发展内在动力与活力；把推进社会建设与创新公共服务体制结合起来，着力健全改善民生的保障机制；把提高经济效益与促进社会公平结合起来，着力形成促进社会和谐稳定的体制机制；把加快国内发展与提升开放水平结合起来，着力形成国际合作与竞争新优势。

二、鼓励支持和引导非公有制经济发展

（一）落实鼓励和引导民间投资健康发展的政策措施，进一步消除制约民间投资的制度性障碍，支持民间资本投向基础产业和基础设施、公用事业、社会事业、金融服务等领域，有效激发市场投资活力。（发展改革委牵头，各有关部门负责）

（二）推动国有资本从一般竞争性领域适当退出，切实把国有资本投资重点放在关系国家安全和国民经济命脉的重要行业和关键领域，拓宽非公有制经济发展的市场空间。（国资委、发展改革委、工业和信息化部负责）

（三）继续完善对小企业的支持政策，健全小企业信用担保体系，开展支持小企业融资的金融产品创新试点，研究制订促进小企业发展的政府采购政策。（工业和信息化部、人民

银行、发展改革委、银监会、财政部负责）

三、深化国有企业和垄断性行业改革

（一）以推进广电和电信业务双向进入为重点，制订三网融合试点方案并开展试点，探索建立保障三网融合规范有序开展的政策体系和体制机制。（工业和信息化部、广电总局等负责）

（二）推进电力体制改革，完成电网企业主辅分离改革，出台输配电体制改革试点工作意见，研究制订农电体制改革方案并开展试点。（发展改革委、国资委、电监会、水利部、财政部、能源局负责）

（三）推进盐业管理体制改革，出台盐业管理体制改革意见及相关配套措施，推动形成新型食盐供给体制和盐业管理体制。（发展改革委、工业和信息化部等负责）

（四）加快推进大型国有企业特别是中央企业母公司层面的公司制股份制改革。加强国有资产监督管理，强化境外国有资产监管等基础性制度建设。（国资委牵头）

四、深化资源性产品价格和环保收费改革

（一）出台关于调整销售电价分类结构的实施办法，简化电价分类结构，推行居民用电阶梯价格制度，健全可再生能源发电定价和费用分摊机制。逐步理顺天然气与可替代能源的比价关系。继续完善成品油价格形成机制。（发展改革委、电监会、能源局负责）

（二）稳步推进水价改革，在有条件的地方实行居民用水阶梯价格制度，推进农业节水与农业水价综合改革。（发展改革委、住房城乡建设部、水利部、财政部负责）

（三）全面推行城市污水、垃圾及医疗废物等处理收费制度，研究建立危险废物处理保证金制度，制订出台推进排污权交易试点的指导意见并扩大试点范围，完善排污费征收使用管理制度。（发展改革委、住房城乡建设部、财政部、环境保护部、工业和信息化部负责）

五、深化财税体制改革

（一）出台资源税改革方案，统一内外资企业和个人城建税、教育费附加制度，逐步推进房产税改革，研究实施个人所得税制度改革，完善消费税制度，研究开征环境税的方案。（财政部、税务总局、发展改革委、国土资源部、住房城乡建设部、环境保护部负责）

（二）全面编制中央和地方政府性基金预算，试编社会保险基金预算，完善国有资本经营预算，加快形成覆盖政府所有收支、完整统一、有机衔接的公共预算体系。推进预算公开透明，健全监督机制。研究建立地方政府财政风险防控机制。（财政部、人力资源社会保障部、国资委、发展改革委负责）

（三）建立行政事业单位国有资产统计报告和收入管理制度。完善中央企业国有资本经营收益上缴和使用管理制度。（财政部、发展改革委、国资委负责）

六、深化金融体制改革

（一）借鉴国际监管标准的改革，完善金融监管体制。建立宏观审慎管理框架，强化资本和流动性要求，确立系统性金融风险防范制度。建立健全部门间协调配合、信息共享机制和国际合作机制。完善跨境资本流动监管机制。探索规范地方金融管理体制。（人民银行、银监会、证监会、保监会、财政部、发展改革委、外汇局负责）

（二）修订出台《贷款通则》，积极引导民间融资健康发展，加快发展多层次信贷市场。尽快出台存款保险制度实施方案，制定出台存款保险条例。（人民银行、银监会负责）

（三）加快股权投资基金制度建设，出台股权投资基金管理办法，完善新兴产业创业投资管理机制。健全创业板市场相关制度，推进场外交易市场建设，推动形成相互补充、相互促进、协调发展的多层次资本市场体系。（发展改革委、证监会、财政部负责）

（四）深化金融机构改革，加快推进政策性金融机构改革，开展资产管理公司商业化转

型试点，深化国有控股商业银行改革。（人民银行、银监会、财政部负责）

（五）完善农村金融体系，全面深化农村信用社改革，引导社会资金投资设立适应“三农”需要的新型农村金融组织，研究制订偏远山区新设农村金融机构费用补贴等办法，研究制订农村抵押担保条例，充分发挥商业性金融、政策性金融和合作金融在支持“三农”中的作用。（银监会、人民银行、财政部负责）

七、协调推进城乡改革

（一）深化土地管理制度改革，研究制订农村集体建设用地管理条例，逐步建立城乡统一的建设用地市场。提出规范农村土地整治的指导意见。修订国有建设用地划拨目录，深化国有建设用地有偿使用制度改革。（国土资源部牵头）

（二）深化户籍制度改革，加快落实放宽中小城市、小城镇特别是县城和中心镇落户条件的政策。进一步完善暂住人口登记制度，逐步在全国范围内实行居住证制度。（公安部、财政部、国土资源部、农业部、人力资源社会保障部负责）

（三）做好新形势下农村改革试验工作。制订出台进一步加快农垦改革发展的意见，推进国有农场与当地经济社会发展融合。制订出台重点国有林区森林资源管理体制改革总体思路，进一步推进国有林场改革试点。推进农村水利建设管理体制改革和农村小型水利设施产权制度改革。深化农村公路管理养护体制改革。（农业部、林业局、水利部、交通运输部等负责）

八、深化民生保障体制改革

（一）研究调整和优化国民收入分配格局、提高居民收入比重的思路，提出改革的目标、重点和措施。积极稳妥实施事业单位绩效工资制度，推进企业职工工资集体协商和支付保障制度建设，改革国有企业特别是垄断行业工资总额管理制度，完善国有企业、金融机构高管人员薪酬分配和监管制度。（发展改革委、人力资源社会保障部、财政部、国资委等负责）

（二）完善城乡养老保险制度，全面实施城镇企业职工基本养老保险关系转移接续制度，研究解决城镇集体企业职工、退休人员及城市无收入老年居民养老保险问题，继续推进事业单位养老保险制度改革试点，完善新型农村社会养老保险相关配套政策并扩大试点范围。（人力资源社会保障部牵头）

（三）建立健全保障性住房规划建设管理体制，加快廉租住房、公共租赁住房和经济适用住房建设，推进城市和工矿区棚户区改造，出台关于促进房地产市场长远健康发展的综合性政策。（住房城乡建设部、发展改革委负责）

九、深化社会领域改革

（一）出台并实施国家中长期教育改革和发展规划纲要，以促进公平和提高质量为重点，推进人才培养体制、考试招生制度、现代学校制度和办学体制等改革，并启动相关试点工作。（教育部牵头）

（二）围绕“保基本、强基层、建机制”，全面推进医药卫生体制改革，扎实做好推进基本医疗保障制度建设、初步建立国家基本药物制度、健全基层医疗卫生服务体系、促进基本公共卫生服务逐步均等化、推进公立医院改革试点等五项重点改革。（发展改革委、卫生部、财政部、人力资源社会保障部负责）

（三）加快国有文艺院团体制改革，推进非时政类报刊改革，制订出台公益性新闻出版单位改革意见，基本完成中央各部门各单位经营性出版社转制任务。（文化部、新闻出版总署、人力资源社会保障部负责）

（四）探索完善社会主义市场经济条件下科技创新举国体制，全面推进国家创新体系建设。（科技部牵头）

十、深化涉外经济体制改革

（一）研究制订关于加快转变外贸发展方式的指导意见，促进对外贸易协调可持续发展。（商务部牵头）

（二）研究修订外商投资相关法律法规，进一步简化和规范外资审批程序，建立外资并购安全审查制度。制订出台境外投资条例，加快完善境外投资促进政策和服务体系。（发展改革委、商务部、法制办负责）

十一、深化行政管理体制改革

（一）按照政事分开、事企分开和管办分离的原则，制订出台分类推进事业单位改革的总体文件及相关配套文件，逐步扩大改革试点范围，为全面启动改革创造条件、积累经验。（中央编办、财政部、人力资源社会保障部、发展改革委负责）

（二）深化投资体制改革，出台政府投资条例，加快制定企业投资项目核准和备案管理条例，制定中央政府投资项目决策责任追究指导意见和代建制管理办法，建立重大项目专家评议制度。（发展改革委、法制办负责）

（三）研究推进中央国家机关公务用车制度改革。研究提出深化政府机关后勤服务社会化改革的意见。（发展改革委、中央编办、财政部、人力资源社会保障部、国管局负责）

十二、积极推进综合配套改革试点

上海浦东新区、天津滨海新区等国家综合配套改革试验区，要围绕转变经济发展方式、提升开放水平、统筹城乡发展、建设资源节约型和环境友好型社会等战略任务深化改革，率先突破，形成有推广价值的改革经验。各部门要积极支持改革试点工作，将专项改革试点放到试验区先行先试。支持和指导各地区各部门开展多种形式的改革试点。（发展改革委牵头）

各地区、各部门要把改革放在更加突出的位置，加强组织领导，狠抓贯彻落实，确保2010年经济体制改革各项重点工作取得实质性突破，国务院已经确定的其他改革任务也要稳步推进。牵头负责部门要积极推动并会同相关部门科学制订改革方案，明确实施步骤和时限要求，落实工作责任；相关部门要结合自身职能，积极配合做好有关工作。发展改革委要加强对年度改革任务的指导推进和综合协调，建立健全部门间统筹协调推进改革的工作机制，督促检查各项改革进展和落实情况，及时向国务院报告；在做好年度改革工作的同时，要认真分析国内外发展的新情况、新变化，从解决制约科学发展的重大体制性问题入手，研究提出中长期改革总体思路，科学编制“十二五”时期重点领域改革规划，进一步提高统筹推进改革的能力和水平。

1－4 国务院关于促进企业兼并重组的意见

国发〔2010〕27号

各省、自治区、直辖市人民政府，国务院各部委、各直属机构：

为深入贯彻落实科学发展观，切实加快经济发展方式转变和结构调整，提高发展质量和效益，现就加快调整优化产业结构、促进企业兼并重组提出以下意见：

一、充分认识企业兼并重组的重要意义

近年来，各行业、各领域企业通过合并和股权、资产收购等多种形式积极进行整合，兼并重组步伐加快，产业组织结构不断优化，取得了明显成效。但一些行业重复建设严重、产业集中度低、自主创新能力不强、市场竞争力较弱的问题仍很突出。在资源环境约束日益严重、国际间产业竞争更加激烈、贸易保护主义明显抬头的新形势下，必须切实推进企业兼并重组，深化企业改革，促进产业结构优化升级，加快转变发展方式，提高发展质量和效益，增强抵御国际市场风险能力，实现可持续发展。各地区、各有关部门要把促进企业兼并重组作为贯彻落实科学发展观，保持经济平稳较快发展的重要任务，进一步统一思想，正确处理局部与整体、当前与长远的关系，切实抓好促进企业兼并重组各项工作部署的贯彻落实。

二、主要目标和基本原则

（一）主要目标。

通过促进企业兼并重组，深化体制机制改革，完善以公有制为主体、多种所有制经济共同发展的基本经济制度。加快国有经济布局和结构的战略性调整，健全国有资本有进有退的合理流动机制，鼓励和支持民营企业参与竞争性领域国有企业改革、改制和改组，促进非公有制经济和中小企业发展。兼并重组企业要转换经营机制，完善公司治理结构，建立现代企业制度，加强和改善内部管理，加强技术改造，推进技术进步和自主创新，淘汰落后产能，压缩过剩产能，促进节能减排，提高市场竞争力。

进一步贯彻落实重点产业调整和振兴规划，做强做大优势企业。以汽车、钢铁、水泥、机械制造、电解铝、稀土等行业为重点，推动优势企业实施强强联合、跨地区兼并重组、境外并购和投资合作，提高产业集中度，促进规模化、集约化经营，加快发展具有自主知识产权和知名品牌的骨干企业，培养一批具有国际竞争力的大型企业集团，推动产业结构优化升级。

（二）基本原则。

1. 发挥企业的主体作用。充分尊重企业意愿，充分调动企业积极性，通过完善相关行业规划和政策措施，引导和激励企业自愿、自主参与兼并重组。

2. 坚持市场化运作。遵循市场经济规则，充分发挥市场机制的基础性作用，规范行政行为，由企业通过平等协商、依法合规开展兼并重组，防止“拉郎配”。

3. 促进市场有效竞争。统筹协调，分类指导，促进提高产业集中度，促进大中小企业协调发展，促进各种所有制企业公平竞争和优胜劣汰，形成结构合理、竞争有效、规范有序的市场格局。

4. 维护企业与社会和谐稳定。严格执行相关法律法规和规章制度，妥善解决企业兼并重组中资产债务处置、职工安置等问题，依法维护债权人、债务人以及企业职工等利益主体的合法权益，促进企业、社会的和谐稳定。

三、消除企业兼并重组的制度障碍

（一）清理限制跨地区兼并重组的规定。为优化产业布局、进一步破除市场分割和地区封锁，要认真清理废止各种不利于企业兼并重组和妨碍公平竞争的规定，尤其要坚决取消各地区自行出台的限制外地企业对本地企业实施兼并重组的规定。

（二）理顺地区间利益分配关系。在不违背国家有关政策规定的前提下，地区间可根据企业资产规模和盈利能力，签订企业兼并重组后的财税利益分成协议，妥善解决企业兼并重组后工业增加值等统计数据的归属问题，实现企业兼并重组成果共享。

（三）放宽民营资本的市场准入。切实向民营资本开放法律法规未禁入的行业和领域，并放宽在股权比例等方面的限制。加快垄断行业改革，鼓励民营资本通过兼并重组等方式进入垄断行业的竞争性业务领域，支持民营资本进入基础设施、公共事业、金融服务和社会事业相关领域。

四、加强对企业兼并重组的引导和政策扶持

（一）落实税收优惠政策。研究完善支持企业兼并重组的财税政策。对企业兼并重组涉及的资产评估增值、债务重组收益、土地房屋权属转移等给予税收优惠，具体按照财政部、税务总局《关于企业兼并重组业务企业所得税处理若干问题的通知》（财税〔2009〕59 号）、

《关于企业改制重组若干契税政策的通知》（财税〔2008〕175号）等规定执行。

（二）加强财政资金投入。在中央国有资本经营预算中设立专项资金，通过技改贴息、职工安置补助等方式,支持中央企业兼并重组。鼓励地方人民政府通过财政贴息、信贷奖励补助等方式，激励商业银行加大对企业兼并重组的信贷支持力度。有条件的地方可设立企业兼并重组专项资金，支持本地区企业兼并重组，财政资金投入要优先支持重点产业调整和振兴规划确定的企业兼并重组。

（三）加大金融支持力度。商业银行要积极稳妥开展并购贷款业务，扩大贷款规模，合理确定贷款期限。鼓励商业银行对兼并重组后的企业实行综合授信。鼓励证券公司、资产管理公司、股权投资基金以及产业投资基金等参与企业兼并重组，并向企业提供直接投资、委托贷款、过桥贷款等融资支持。积极探索设立专门的并购基金等兼并重组融资新模式，完善股权投资退出机制，吸引社会资金参与企业兼并重组。通过并购贷款、境内外银团贷款、贷款贴息等方式支持企业跨国并购。

（四）支持企业自主创新和技术进步。支持有条件的企业建立企业技术中心，提高研发水平和自主创新能力，加快科技成果向现实生产力转化。大力支持兼并重组企业技术改造和产品结构调整，优先安排技术改造资金，对符合国家产业政策的技术改造项目优先立项。鼓励和引导企业通过兼并重组淘汰落后产能，切实防止以兼并重组为名盲目扩张产能和低水平重复建设。

（五）充分发挥资本市场推动企业重组的作用。进一步推进资本市场企业并购重组的市场化改革，健全市场化定价机制，完善相关规章及配套政策，支持企业利用资本市场开展兼并重组，促进行业整合和产业升级。支持符合条件的企业通过发行股票、债券、可转换债等方式为兼并重组融资。鼓励上市公司以股权、现金及其他金融创新方式作为兼并重组的支付手段，拓宽兼并重组融资渠道，提高资本市场兼并重组效率。

（六）完善相关土地管理政策。兼并重组涉及的划拨土地符合划拨用地条件的，经所在地县级以上人民政府批准可继续以划拨方式使用；不符合划拨用地条件的，依法实行有偿使用，划拨土地使用权价格可依法作为土地使用权人的权益。重点产业调整和振兴规划确定的企业兼并重组项目涉及的原生产经营性划拨土地，经省级以上人民政府国土资源部门批准，可以国家作价出资（入股）方式处置。

（七）妥善解决债权债务和职工安置问题。兼并重组要严格依照有关法律规定和政策妥善分类处置债权债务关系，落实清偿责任，确保债权人、债务人的合法利益。研究债务重组政策措施，支持资产管理公司、创业投资企业、股权投资基金、产业投资基金等机构参与被兼并企业的债务处置。切实落实相关政策规定，积极稳妥解决职工劳动关系、社会保险关系接续、拖欠职工工资等问题。制定完善相关政策措施，继续支持国有企业实施主辅分离、辅业改制和分流安置富余人员。认真落实积极的就业政策，促进下岗失业人员再就业，所需资金从就业专项资金中列支。

（八）深化企业体制改革和管理创新。鼓励兼并重组企业进行公司制、股份制改革，建立健全规范的法人治理结构，转换企业经营机制，创新管理理念、管理机制和管理手段，加强和改善生产经营管理，促进自主创新，提高企业市场竞争力。

五、改进对兼并重组的管理和服务

（一）做好信息咨询服务。加快引进和培养熟悉企业并购业务特别是跨国并购业务的专门人才，建立促进境内外并购活动的公共服务平台，拓宽企业兼并重组信息交流渠道，加强市场信息、战略咨询、法律顾问、财务顾问、资产评估、产权交易、融资中介、独立审计和企业管理等咨询服务，推动企业兼并重组中介服务加快专业化、规范化发展。

（二）加强风险监控。督促企业严格执行兼并重组的有关法律法规和政策，规范操作程序，加强信息披露，防范道德风险，确保兼并重组操作规范、公开、透明。深入研究企业兼并重组中可能出现的各种矛盾和问题，加强风险评估，妥善制定相应的应对预案和措施，切实维护企业、社会和谐稳定。有效防范和打击内幕交易和市场操纵行为，防止恶意收购，防止以企业兼并重组之名甩包袱、偷逃税款、逃废债务，防止国有资产流失。充分发挥境内银行、证券公司等金融机构在跨国并购中的咨询服务作用，指导和帮助企业制定境外并购风险防范和应对方案，保护企业利益

（三）维护公平竞争和国家安全。完善相关管理办法，加强和完善对重大的企业兼并重组交易的管理，对达到经营者集中法定申报标准的企业兼并重组，依法进行经营者集中审查。进一步完善外资并购管理规定，建立健全外资并购国内企业国家安全审查制度，鼓励和规范外资以参股、并购方式参与国内企业改组改造和兼并重组，维护国家安全。

六、加强对企业兼并重组工作的领导

建立健全组织协调机制，加强对企业兼并重组工作的领导。由工业和信息化部牵头，发展改革委、财政部、人力资源社会保障部、国土资源部、商务部、人民银行、国资委、税务总局、工商总局、银监会、证监会等部门参加，成立企业兼并重组工作协调小组，统筹协调企业兼并重组工作，研究解决推进企业兼并重组工作中的重大问题，细化有关政策和配套措施，落实重点产业调整和振兴规划的相关要求，协调有关地区和企业做好组织实施。各地区要努力营造企业跨地区、跨行业、跨所有制兼并重组的良好环境，指导督促企业切实做好兼并重组有关工作。

附件：促进企业兼并重组任务分工表

二〇一〇年八月二十八日

附件：

促进企业兼并重组任务分工表

序号	工作任务	牵头单位	参加单位
1	清理取消阻碍企业兼并重组的规定。	工业和信息化部	各省、自治区、直辖市人民政府
2	放宽民营资本的市场准入。	工业和信息化部	发展改革委、国土资源部、工商总局、银监会等
3	完善和落实企业兼并重组的税收优惠政策。	财政部	税务总局
4	鼓励商业银行开展并购贷款业务，扩大贷款规模。鼓励商业银行对兼并重组后的企业实行综合授信。通过并购贷款、境内外银团贷款、贷款贴息等方式支持企业跨国并购。	银监会、人民银行	发展改革委、工业和信息化部、财政部

序号	工作任务	牵头单位	参加单位
5	积极探索设立专门并购基金等兼并重组融资新模式，完善股权投资退出机制。支持符合条件的企业通过发行股票、债券、可转换债等为兼并重组融资。	证监会、发展改革委	工业和信息化部、财政部
6	在中央国有资本经营预算中设立专项资金，支持中央企业兼并重组。	财政部	国资委、发展改革委、工业和信息化部、商务部
7	鼓励地方人民政府通过财政贴息、信贷奖励补助等方式，激励商业银行加大对企业兼并重组的信贷支持力度。有条件的地方可设立企业兼并重组专项资金。	各省、自治区、直辖市人民政府	
8	进一步推进资本市场企业并购重组的市场化改革，健全市场化定价机制，完善相关规章及配套政策，支持企业利用资本市场开展兼并重组。鼓励上市公司以股权、现金及其他金融创新方式作为兼并重组的支付手段。	证监会	发展改革委、财政部、商务部、人民银行、银监会
9	完善土地使用优惠政策。	国土资源部	财政部
10	加大对兼并重组企业技术改造支持力度。支持有条件的企业建立企业技术中心。鼓励和引导企业通过兼并重组淘汰落后产能，切实防止以兼并重组为名盲目扩张产能和低水平重复建设。	发展改革委、工业和信息化部	财政部
11	研究债务重组政策措施，支持资产管理公司、创业投资企业、股权投资基金、产业投资基金等机构参与被兼并企业的债务处置。	财政部	发展改革委、人民银行、国资委、银监会
12	制订完善相关政策措施，继续支持国有企业实施主辅分离、辅业改制和分流安置富余人员。	财政部、国资委	人力资源社会保障部
13	落实积极的就业政策，促进下岗失业人员再就业。	人力资源社会保障部、财政部，各省、自治区、直辖市人民政府	国资委
14	建立促进境内外并购活动的公共服务平台。	工业和信息化部	发展改革委、商务部、证监会
15	发挥境内银行、证券公司等金融机构在跨国并购中的咨询服务作用，指导和帮助企业制定境外并购风险防范和应对方案。	商务部	银监会、证监会、工业和信息化部、发展改革委等
16	督促企业严格执行有关法律法规和政策，规范操作程序，加强信息披露。有效防范和打击内幕交易和市场操纵行为，防止恶意收购，防止以企业兼并重组之名甩包袱、偷逃税款、逃废债务，防止国有资产流失。	工业和信息化部	发展改革委、财政部、商务部、国资委、人民银行、税务总局、工商总局、银监会、证监会

序号	工作任务	牵头单位	参加单位
17	深入研究企业兼并重组中可能出现的各种矛盾和问题，加强风险评估，制定相应的应对预案。	工业和信息化部	发展改革委、财政部、人力资源社会保障部、商务部、人民银行、国资委、银监会、证监会
18	对达到经营者集中法定申报标准的企业兼并重组，依法进行经营者集中审查。	商务部	发展改革委、工业和信息化部、国资委等
19	完善相关管理办法，加强和完善对重大的企业兼并重组交易的管理。	工业和信息化部	发展改革委、财政部、商务部、国资委、证监会
20	建立企业兼并重组工作部际协调机制。	工业和信息化部	发展改革委、财政部、人力资源社会保障部、国土资源部、商务部、人民银行、国资委、税务总局、工商总局、银监会、证监会

1－5　国务院关于进一步做好利用外资工作的若干意见

国发〔2010〕9号

各省、自治区、直辖市人民政府，国务院各部委、各直属机构：

利用外资是我国对外开放基本国策的重要内容。改革开放以来，我国积极吸引外商投资，促进了产业升级和技术进步，外商投资企业已成为国民经济的重要组成部分。目前，我国利用外资的优势依然明显。为提高利用外资质量和水平，更好地发挥利用外资在推动科技创新、产业升级、区域协调发展等方面的积极作用，现提出如下意见：

一、优化利用外资结构

（一）根据我国经济发展需要，结合国家产业调整和振兴规划要求，修订《外商投资产业指导目录》，扩大开放领域，鼓励外资投向高端制造业、高新技术产业、现代服务业、新能源和节能环保产业。严格限制“两高一资”和低水平、过剩产能扩张类项目。

（二）国家产业调整和振兴规划中的政策措施同等适用于符合条件的外商投资企业。

（三）对用地集约的国家鼓励类外商投资项目优先供应土地，在确定土地出让底价时可按不低于所在地土地等别相对应《全国工业用地出让最低价标准》的70%执行。

（四）鼓励外商投资高新技术企业发展，改进并完善高新技术企业认定工作。

（五）鼓励中外企业加强研发合作，支持符合条件的外商投资企业与内资企业、研究机构合作申请国家科技开发项目、创新能力建设项目等，申请设立国家级技术中心认定。

（六）鼓励跨国公司在华设立地区总部、

研发中心、采购中心、财务管理中心、结算中心以及成本和利润核算中心等功能性机构。在2010年12月31日以前，对符合规定条件的外资研发中心确需进口的科技开发用品免征进口关税和进口环节增值税、消费税。

（七）落实和完善支持政策，鼓励外商投资服务外包产业，引入先进技术和管理经验，提高我国服务外包国际竞争力。

二、引导外资向中西部地区转移和增加投资

（八）根据《外商投资产业指导目录》修订情况，补充修订《中西部地区外商投资优势产业目录》，增加劳动密集型项目条目，鼓励外商在中西部地区发展符合环保要求的劳动密集型产业。

（九）对符合条件的西部地区内外资企业继续实行企业所得税优惠政策，保持西部地区吸收外商投资好的发展势头。

（十）对东部地区外商投资企业向中西部地区转移，要加大政策开放和技术资金配套支持力度，同时完善行政服务，在办理工商、税务、外汇、社会保险等手续时提供便利。鼓励和引导外资银行到中西部地区设立机构和开办业务。

（十一）鼓励东部地区与中西部地区以市场为导向，通过委托管理、投资合作等多种方式，按照优势互补、产业联动、利益共享的原则共建开发区。

三、促进利用外资方式多样化

（十二）鼓励外资以参股、并购等方式参与国内企业改组改造和兼并重组。支持A股上市公司引入境内外战略投资者。规范外资参与境内证券投资和企业并购。依法实施反垄断审查，并加快建立外资并购安全审查制度。

（十三）利用好境外资本市场，继续支持符合条件的企业根据国家发展战略及自身发展需要到境外上市，充分利用两个市场、两种资源，不断提高竞争力。

（十四）加快推进利用外资设立中小企业担保公司试点工作。鼓励外商投资设立创业投资企业，积极利用私募股权投资基金，完善退出机制。

（十五）支持符合条件的外商投资企业境内公开发行股票、发行企业债和中期票据，拓宽融资渠道，引导金融机构继续加大对外商投资企业的信贷支持。稳步扩大在境内发行人民币债券的境外主体范围。

四、深化外商投资管理体制改革

（十六）《外商投资产业指导目录》中总投资（包括增资）3亿美元以下的鼓励类、允许类项目，除《政府核准的投资项目目录》规定需由国务院有关部门核准之外，由地方政府有关部门核准。除法律法规明确规定由国务院有关部门审批外，在加强监管的前提下，国务院有关部门可将本部门负责的审批事项下放地方政府审批，服务业领域外商投资企业的设立（金融、电信服务除外）由地方政府按照有关规定进行审批。

（十七）调整审批内容，简化审批程序，最大限度缩小审批、核准范围，增强审批透明度。全面清理涉及外商投资的审批事项，缩短审批时间。改进审批方式，在试点并总结经验的基础上，逐步在全国推行外商投资企业合同、章程格式化审批，大力推行在线行政许可，规范行政行为。

五、营造良好的投资环境

（十八）规范和促进开发区发展，发挥开发区在体制创新、科技引领、产业集聚、土地集约方面的载体和平台作用。支持符合条件的省级开发区升级，支持具备条件的国家级、省级开发区扩区和调整区位，制定加快边境经济合作区建设的支持政策措施。

（十九）进一步完善外商投资企业外汇管理，简化外商投资企业外汇资本金结汇手续。对依法经营、资金紧张暂时无法按时出资的外商投资企业，允许延长出资期限。

（二十）加强投资促进，针对重点国家和地区、重点行业加大引资推介力度，广泛宣传我国利用外资政策。积极参与多双边投资合作，把“引进来”和“走出去”相结合，推动跨国投资政策环境不断改善。

国务院各有关部门、地方各级人民政府要统一认识，坚持积极有效利用外资的方针，坚持以我为主、择优选资，促进“引资”与“引智”相结合，不断提高利用外资质量。要总结改革开放经验，结合新形势、新要求，进一步加大改革创新力度，提高便利化程度，创造更加开放、更加优化的投资环境，全面提高利用外资工作水平。

二〇一〇年四月六日

1－6 住房和城乡建设部等六部门关于开展推动建材下乡试点的通知

建村〔2010〕154 号

山东省、宁夏回族自治区住房城乡建设厅、财政厅、发展改革委、工业信息化厅（经济信息委）、国土资源厅、商务厅：

为贯彻落实《国务院办公厅关于落实中共中央国务院关于加大统筹城乡发展力度进一步夯实农业农村发展基础的若干意见有关政策措施分工的通知》（国办函〔2010〕31 号）中关于“采取有效措施推动建材下乡，鼓励有条件的地方通过多种形式支持农民依法依规建设自用住房”的工作部署，现将开展推动建材下乡试点工作的有关要求通知如下：

一、工作目标

（一）探索工作办法。在山东省、宁夏回族自治区（以下称试点省区）开展推动建材下乡试点，探索各类推动建材下乡的具体措施、操作办法和工作模式，为制定建材下乡政策提供经验。

（二）支持建材下乡。试点省区可结合本省实际情况制定政策，支持农户依法依规建设自用住房，有效推动建材下乡，并由地方财政承担相关支出。

（三）检验政策效果。通过试点，检验推动建材下乡、支持农民依法依规建设自用住房对提高土地利用和资源配置效率、改善农民住房条件、扩大农村内需、抑制落后产能在农村的扩散、促进建材行业结构调整等方面的效果。

二、试点内容

（一）推动水泥产品下乡。现阶段，推动建材下乡主要是推动农房建设所需的大宗建材下乡。为保证试点工作效果，在试点期间，建材下乡以推动水泥产品下乡为主。试点省区应鼓励使用散装水泥和预拌混凝土，同时积极探索节能、抗震等其他建材下乡的可行性，积累经验。

（二）提出建材选用要求。试点省区住房城乡建设部门要会同发展改革、工业和信息化部门按照产业发展政策、行业准入条件以及国家相关规定，提出有利于建材行业结构调整、严防落后产能向农村市场扩散的要求。建材下乡严禁采用按产业发展政策应予淘汰的产品。

（三）制定试点实施方案。试点省区住房城乡建设部门要牵头组织编制开展推动建材下乡试点实施方案，明确试点范围、对象、目标、年度计划任务及分解。实施建材补贴的地区，还要制定补贴兑付等具体操作办法。实施方案10月底以前报住房和城乡建设部、财政部、国家发展改革委、工业和信息化部、国土资源部、商务部。

（四）确定建材下乡企业。试点省区住房城乡建设部门要会同省级工业和信息化、商务主管部门制定下乡建材（水泥）生产经营企业资格、产品标准、流通渠道覆盖率、经销网点条件等具体要求，招标确定建材下乡企业，并向社会公告。中标企业应制定代储代存、保证质量、及时供货的具体方案，实行水泥直接配送到户。水泥直接配送流程要实行闭合管理，以便于检查核对。

（五）严格经销网点管理。建材下乡经销网点实行备案制。中标建材（水泥）企业的经销网点必须报试点省区相应商务主管部门备案，原则上不得变更。已备案经销网点应张贴明显标志，醒目公示产品价格，接受公众监督。

（六）公开建材下乡信息。试点省区要积极推动建材下乡信息公开，采取建立信息发布平台等方式，通过多种渠道宣传建材（水泥）下乡政策，方便试点区域农户及时了解建材下乡政策，引导农户按照科学统一的规划建设自用住房，改善居住条件，拉动和扩大农村消费，提高土地使用效率。

（七）总结评估试点经验。试点省区住房城乡建设部门要会同有关部门及时总结建立工作机制、确定下乡建材、制定工作方案、推行招标管理、实行经销网点备案、建立农户档案、加强村庄规划、农民宅基地和农房建设管理等方面的经验，并对推动建材下乡具体措施的政策效果进行评估。有关结果要形成报告报住房和城乡建设部、财政部、国家发展改革委、工业和信息化部、国土资源部、商务部。

三、加强试点实施保障

（一）建立工作协调机制。试点省区住房城乡建设部门要主动会同财政、发展改革、工业和信息化、国土资源、商务等部门，建立建材下乡部门工作协调机制，制定和落实建材下乡试点方案，协同推进试点工作。

（二）加强农村宅基地管理。试点省区要切实依法保障农民住宅建设合理用地需求。建材下乡政策措施支持范围内的建房农户必须严格按照土地利用总体规划、村庄规划和宅基地管理有关规定进行建设，需要新增宅基地的，要履行申请、审批程序，依法办理用地手续。

（三）加强农房规划建设指导。试点省区要认真研究本地农民建房需求，编制科学合理的村庄建设规划，切实防止大拆大建。通过为农民提供适用、合理的住房设计图集，加强对农村建筑工匠的管理和培训，完善农房技术标准和规范，做好农房规划和建设指导工作。

（四）强化监督检查。试点省区住房城乡建设部门要会同财政、发展改革、工业和信息化、国土资源、商务等有关部门，加强对建材下乡监督检查，要对试点省区县级人民政府提出建材下乡政策支持的农户档案、供货招标档案及中标水泥生产经营企业和产品价格、水泥产品质量检验和抽查情况等报省级主管部门备案的要求。除水泥下乡各个环节外，还要加强农村建筑用钢材及其他结构材料、主要装修材料等建材产品质量监管，建立建材下乡工作考核机制。

二〇一〇年九月二十九日

1 － 7　国家税务总局关于发布《企业重组业务企业所得税管理办法》的公告

（2010 年第 4 号）

现将《企业重组业务企业所得税管理办法》予以发布，自 2010 年 1 月 1 日起施行。

本办法发布时企业已经完成重组业务的，如适用《财政国家税务总局关于企业重组业务企业所得税处理若干问题的通知》（财税〔2009〕59 号）特殊税务处理，企业没有按照本办法要求准备相关资料的，应补备相关资料；需要税务机关确认的，按照本办法要求补充确认。2008、2009 年度企业重组业务尚未进行税务处理的，可按本办法处理。

特此公告。

二〇一〇年七月二十六日

企业重组业务企业所得税管理办法

第一章　总则及定义

第一条　为规范和加强对企业重组业务的企业所得税管理，根据《中华人民共和国企业所得税法》（以下简称《税法》）及其实施条例（以下简称《实施条例》）、《中华人民共和国税收征收管理法》及其实施细则（以下简称《征管法》）、《财政国家税务总局关于企业重组业务企业所得税处理若干问题的通知》（财税〔2009〕59 号）（以下简称《通知》）等有关规定，制定本办法。

第二条　本办法所称企业重组业务，是指《通知》第一条所规定的企业法律形式改变、债务重组、股权收购、资产收购、合并、分立等各类重组。

第三条　企业发生各类重组业务，其当事各方，按重组类型，分别指以下企业：

（一）债务重组中当事各方，指债务人及债权人。

（二）股权收购中当事各方，指收购方、转让方及被收购企业。

（三）资产收购中当事各方，指转让方、受让方。

（四）合并中当事各方，指合并企业、被合并企业及各方股东。

（五）分立中当事各方，指分立企业、被分立企业及各方股东。

第四条　同一重组业务的当事各方应采取一致税务处理原则，即统一按一般性或特殊性税务处理。

第五条　《通知》第一条第（四）项所称实质经营性资产，是指企业用于从事生产经营活动、与产生经营收入直接相关的资产，包括经营所用各类资产、企业拥有的商业信息和技术、经营活动产生的应收款项、投资资产等。

第六条　《通知》第二条所称控股企业，是指由本企业直接持有股份的企业。

第七条　《通知》中规定的企业重组，其重组日的确定，按以下规定处理：

（一）债务重组，以债务重组合同或协议生效日为重组日。

（二）股权收购，以转让协议生效且完成

股权变更手续日为重组日。

（三）资产收购，以转让协议生效且完成资产实际交割日为重组日。

（四）企业合并，以合并企业取得被合并企业资产所有权并完成工商登记变更日期为重组日。

（五）企业分立，以分立企业取得被分立企业资产所有权并完成工商登记变更日期为重组日。

第八条 重组业务完成年度的确定，可以按各当事方适用的会计准则确定，具体参照各当事方经审计的年度财务报告。由于当事方适用的会计准则不同导致重组业务完成年度的判定有差异时，各当事方应协商一致，确定同一个纳税年度作为重组业务完成年度。

第九条 本办法所称评估机构，是指具有合法资质的中国资产评估机构。

第二章 企业重组一般性税务处理管理

第十条 企业发生《通知》第四条第（一）项规定的由法人转变为个人独资企业、合伙企业等非法人组织，或将登记注册地转移至中华人民共和国境外（包括港澳台地区），应按照《财政国家税务总局关于企业清算业务企业所得税处理若干问题的通知》（财税〔2009〕60号）规定进行清算。

企业在报送《企业清算所得纳税申报表》时，应附送以下资料：

（一）企业改变法律形式的工商部门或其他政府部门的批准文件；

（二）企业全部资产的计税基础以及评估机构出具的资产评估报告；

（三）企业债权、债务处理或归属情况说明；

（四）主管税务机关要求提供的其他资料证明。

第十一条 企业发生《通知》第四条第（二）项规定的债务重组，应准备以下相关资料，以备税务机关检查。

（一）以非货币资产清偿债务的，应保留当事各方签订的清偿债务的协议或合同，以及非货币资产公允价格确认的合法证据等；

（二）债权转股权的，应保留当事各方签订的债权转股权协议或合同。

第十二条 企业发生《通知》第四条第（三）项规定的股权收购、资产收购重组业务，应准备以下相关资料，以备税务机关检查。

（一）当事各方所签订的股权收购、资产收购业务合同或协议；

（二）相关股权、资产公允价值的合法证据。

第十三条 企业发生《通知》第四条第（四）项规定的合并，应按照财税〔2009〕60号文件规定进行清算。

被合并企业在报送《企业清算所得纳税申报表》时，应附送以下资料：

（一）企业合并的工商部门或其他政府部门的批准文件；

（二）企业全部资产和负债的计税基础以及评估机构出具的资产评估报告；

（三）企业债务处理或归属情况说明；

（四）主管税务机关要求提供的其他资料证明。

第十四条 企业发生《通知》第四条第（五）项规定的分立，被分立企业不再继续存在，应按照财税〔2009〕60号文件规定进行清算。

被分立企业在报送《企业清算所得纳税申报表》时，应附送以下资料：

（一）企业分立的工商部门或其他政府部门的批准文件；

（二）被分立企业全部资产的计税基础以及评估机构出具的资产评估报告；

（三）企业债务处理或归属情况说明；

（四）主管税务机关要求提供的其他资料证明。

第十五条　企业合并或分立，合并各方企业或分立企业涉及享受《税法》第五十七条规定中就企业整体（即全部生产经营所得）享受的税收优惠过渡政策尚未期满的，仅就存续企业未享受完的税收优惠，按照《通知》第九条的规定执行；注销的被合并或被分立企业未享受完的税收优惠，不再由存续企业承继；合并或分立而新设的企业不得再承继或重新享受上述优惠。合并或分立各方企业按照《税法》的税收优惠规定和税收优惠过渡政策中就企业有关生产经营项目的所得享受的税收优惠承继问题，按照《实施条例》第八十九条规定执行。

第三章　企业重组特殊性税务处理管理

第十六条　企业重组业务，符合《通知》规定条件并选择特殊性税务处理的,应按照《通知》第十一条规定进行备案；如企业重组各方需要税务机关确认，可以选择由重组主导方向主管税务机关提出申请，层报省税务机关给予确认。

采取申请确认的，主导方和其他当事方不在同一省（自治区、市）的，主导方省税务机关应将确认文件抄送其他当事方所在地省税务机关。

省税务机关在收到确认申请时，原则上应在当年度企业所得税汇算清缴前完成确认。特殊情况，需要延长的，应将延长理由告知主导方。

第十七条　企业重组主导方，按以下原则确定：

（一）债务重组为债务人；

（二）股权收购为股权转让方；

（三）资产收购为资产转让方；

（四）吸收合并为合并后拟存续的企业，新设合并为合并前资产较大的企业；

（五）分立为被分立的企业或存续企业。

第十八条　企业发生重组业务，按照《通知》第五条第（一）项要求，企业在备案或提交确认申请时，应从以下方面说明企业重组具有合理的商业目的：

（一）重组活动的交易方式。即重组活动采取的具体形式、交易背景、交易时间、在交易之前和之后的运作方式和有关的商业常规；

（二）该项交易的形式及实质。即形式上交易所产生的法律权利和责任，也是该项交易的法律后果。另外，交易实际上或商业上产生的最终结果；

（三）重组活动给交易各方税务状况带来的可能变化；

（四）重组各方从交易中获得的财务状况变化；

（五）重组活动是否给交易各方带来了在市场原则下不会产生的异常经济利益或潜在义务；

（六）非居民企业参与重组活动的情况。

第十九条　《通知》第五条第（三）和第（五）项所称“企业重组后的连续 12 个月内”，是指自重组日起计算的连续 12 个月内。

第二十条　《通知》第五条第（五）项规定的原主要股东，是指原持有转让企业或被收购企业 20% 以上股权的股东。

第二十一条　《通知》第六条第（四）项规定的同一控制，是指参与合并的企业在合并前后均受同一方或相同的多方最终控制，且该控制并非暂时性的。能够对参与合并的企业在合并前后均实施最终控制权的相同多方，是指根据合同或协议的约定，对参与合并企业的财务和经营政策拥有决定控制权的投资者群体。在企业合并前，参与合并各方受最终控制方的控制在 12 个月以上，企业合并后所形成的主体在最终控制方的控制时间也应达到连续 12 个月。

第二十二条　企业发生《通知》第六条第（一）项规定的债务重组，根据不同情形，应准备以下资料：

（一）发生债务重组所产生的应纳税所得额占该企业当年应纳税所得额50%以上的，债务重组所得要求在5个纳税年度的期间内，均匀计入各年度应纳税所得额的，应准备以下资料：

1. 当事方的债务重组的总体情况说明（如果采取申请确认的，应为企业的申请，下同），情况说明中应包括债务重组的商业目的；

2. 当事各方所签订的债务重组合同或协议；

3. 债务重组所产生的应纳税所得额、企业当年应纳税所得额情况说明；

4. 税务机关要求提供的其他资料证明。

（二）发生债权转股权业务，债务人对债务清偿业务暂不确认所得或损失，债权人对股权投资的计税基础以原债权的计税基础确定，应准备以下资料：

1. 当事方的债务重组的总体情况说明。情况说明中应包括债务重组的商业目的；

2. 双方所签订的债转股合同或协议；

3. 企业所转换的股权公允价格证明；

4. 工商部门及有关部门核准相关企业股权变更事项证明材料；

5. 税务机关要求提供的其他资料证明。

第二十三条 企业发生《通知》第六条第（二）项规定的股权收购业务，应准备以下资料：

（一）当事方的股权收购业务总体情况说明，情况说明中应包括股权收购的商业目的；

（二）双方或多方所签订的股权收购业务合同或协议；

（三）由评估机构出具的所转让及支付的股权公允价值；

（四）证明重组符合特殊性税务处理条件的资料，包括股权比例，支付对价情况，以及12个月内不改变资产原来的实质性经营活动和原主要股东不转让所取得股权的承诺书等；

（五）工商等相关部门核准相关企业股权变更事项证明材料；

（六）税务机关要求的其他材料。

第二十四条 企业发生《通知》第六条第（三）项规定的资产收购业务，应准备以下资料：

（一）当事方的资产收购业务总体情况说明，情况说明中应包括资产收购的商业目的；

（二）当事各方所签订的资产收购业务合同或协议；

（三）评估机构出具的资产收购所体现的资产评估报告；

（四）受让企业股权的计税基础的有效凭证；

（五）证明重组符合特殊性税务处理条件的资料，包括资产收购比例，支付对价情况，以及12个月内不改变资产原来的实质性经营活动、原主要股东不转让所取得股权的承诺书等；

（六）工商部门核准相关企业股权变更事项证明材料；

（七）税务机关要求提供的其他材料证明。

第二十五条 企业发生《通知》第六条第（四）项规定的合并，应准备以下资料：

（一）当事方企业合并的总体情况说明。情况说明中应包括企业合并的商业目的；

（二）企业合并的政府主管部门的批准文件；

（三）企业合并各方当事人的股权关系说明；

（四）被合并企业的净资产、各单项资产和负债及其账面价值和计税基础等相关资料；

（五）证明重组符合特殊性税务处理条件的资料，包括合并前企业各股东取得股权支付比例情况、以及12个月内不改变资产原来的实质性经营活动、原主要股东不转让所取得股权的承诺书等；

（六）工商部门核准相关企业股权变更事项证明材料；

（七）主管税务机关要求提供的其他资料证明。

第二十六条　《通知》第六条第（四）项所规定的可由合并企业弥补的被合并企业亏损的限额，是指按《税法》规定的剩余结转年限内，每年可由合并企业弥补的被合并企业亏损的限额。

第二十七条　企业发生《通知》第六条第（五）项规定的分立，应准备以下资料：

（一）当事方企业分立的总体情况说明。情况说明中应包括企业分立的商业目的；

（二）企业分立的政府主管部门的批准文件；

（三）被分立企业的净资产、各单项资产和负债账面价值和计税基础等相关资料；

（四）证明重组符合特殊性税务处理条件的资料，包括分立后企业各股东取得股权支付比例情况、以及12个月内不改变资产原来的实质性经营活动、原主要股东不转让所取得股权的承诺书等；

（五）工商部门认定的分立和被分立企业股东股权比例证明材料；分立后，分立和被分立企业工商营业执照复印件；分立和被分立企业分立业务账务处理复印件；

（六）税务机关要求提供的其他资料证明。

第二十八条　根据《通知》第六条第（四）项第2目规定，被合并企业合并前的相关所得税事项由合并企业承继，以及根据《通知》第六条第（五）项第2目规定，企业分立，已分立资产相应的所得税事项由分立企业承继，这些事项包括尚未确认的资产损失、分期确认收入的处理以及尚未享受期满的税收优惠政策承继处理问题等。其中，对税收优惠政策承继处理问题，凡属于依照《税法》第五十七条规定中就企业整体（即全部生产经营所得）享受税收优惠过渡政策的，合并或分立后的企业性质及适用税收优惠条件未发生改变的，可以继续享受合并前各企业或分立前被分立企业剩余期限的税收优惠。合并前各企业剩余的税收优惠年限不一致的，合并后企业每年度的应纳税所得额，应统一按合并日各合并前企业资产占合并后企业总资产的比例进行划分，再分别按相应的剩余优惠计算应纳税额。合并前各企业或分立前被分立企业按照《税法》的税收优惠规定以及税收优惠过渡政策中就有关生产经营项目所得享受的税收优惠承继处理问题，按照《实施条例》第八十九条规定执行。

第二十九条　适用《通知》第五条第（三）项和第（五）项的当事各方应在完成重组业务后的下一年度的企业所得税年度申报时，向主管税务机关提交书面情况说明，以证明企业在重组后的连续12个月内，有关符合特殊性税务处理的条件未发生改变。

第三十条　当事方的其中一方在规定时间内发生生产经营业务、公司性质、资产或股权结构等情况变化，致使重组业务不再符合特殊性税务处理条件的，发生变化的当事方应在情况发生变化的30天内书面通知其他所有当事方。主导方在接到通知后30日内将有关变化通知其主管税务机关。

上款所述情况发生变化后60日内，应按照《通知》第四条的规定调整重组业务的税务处理。原交易各方应各自按原交易完成时资产和负债的公允价值计算重组业务的收益或损失，调整交易完成纳税年度的应纳税所得额及相应的资产和负债的计税基础，并向各自主管税务机关申请调整交易完成纳税年度的企业所得税年度申报表。逾期不调整申报的，按照《征管法》的相关规定处理。

第三十一条　各当事方的主管税务机关应当对企业申报或确认适用特殊性税务处理的重组业务进行跟踪监管，了解重组企业的动态变化情况。发现问题，应及时与其他当事方主管税务机关沟通联系，并按照规定给予调整。

第三十二条　根据《通知》第十条规定，若同一项重组业务涉及在连续12个月内分步交易，且跨两个纳税年度，当事各方在第一步交易完成时预计整个交易可以符合特殊性税务处理条件，可以协商一致选择特殊性税务处理的，可在第一步交易完成后，适用特殊性税务处理。主管税务机关在审核有关资料后，符合条件的，可以暂认可适用特殊性税务处理。第二年进行下一步交易后，应按本办法要求，准备相关资料确认适用特殊性税务处理。

第三十三条 上述跨年度分步交易，若当事方在首个纳税年度不能预计整个交易是否符合特殊性税务处理条件，应适用一般性税务处理。在下一纳税年度全部交易完成后，适用特殊性税务处理的，可以调整上一纳税年度的企业所得税年度申报表，涉及多缴税款的，各主管税务机关应退税，或抵缴当年应纳税款。

第三十四条 企业重组的当事各方应该取得并保管与该重组有关的凭证、资料，保管期限按照《征管法》的有关规定执行。

第四章 跨境重组税收管理

第三十五条 发生《通知》第七条规定的重组，凡适用特殊性税务处理规定的，应按照本办法第三章相关规定执行。

第三十六条 发生《通知》第七条第（一）、（二）项规定的重组，适用特殊税务处理的，应按照《国家税务总局关于印发〈非居民企业所得税源泉扣缴管理暂行办法〉的通知》（国税发〔2009〕3号）和《国家税务总局关于加强非居民企业股权转让所得企业所得税管理的通知》（国税函〔2009〕698号）要求，准备资料。

第三十七条 发生《通知》第七条第（三）项规定的重组，居民企业应向其所在地主管税务机关报送以下资料：

1. 当事方的重组情况说明，申请文件中应说明股权转让的商业目的；

2. 双方所签订的股权转让协议；

3. 双方控股情况说明；

4. 由评估机构出具的资产或股权评估报告。报告中应分别列示涉及的各单项被转让资产和负债的公允价值；

5. 证明重组符合特殊性税务处理条件的资料，包括股权或资产转让比例，支付对价情况，以及12个月内不改变资产原来的实质性经营活动、不转让所取得股权的承诺书等；

6. 税务机关要求的其他材料。

1－8 商务部等六部门关于印发《家电以旧换新实施办法（修订稿）》的通知

商商贸发〔2010〕231号

各省、自治区、直辖市、计划单列市及新疆生产建设兵团商务、财政、发展改革、工业和信息化、环境保护、工商、质检主管部门：

根据《商务财政环境保护部关于印发家电以旧换新推广工作方案的函》（商商贸发〔2010〕190号）精神，现将《家电以旧换新实施办法（修订稿）》印发给你们，请遵照执行。

附件：家电以旧换新实施办法（修订稿）

二〇一〇年六月二十一日

附件：

家电以旧换新实施办法（修订稿）

第一章　总则

第一条　为进一步促进扩大消费需求，提高资源能源利用效率，减少环境污染，促进节能减排和循环经济发展，根据《商务部财政部环境保护部关于印发家电以旧换新推广工作方案的函》（商商贸发〔2010〕190号），制定本办法。

第二条　本办法所称“家电以旧换新”是指消费者交售旧家电并购买新家电的行为。

第三条　家电以旧换新政策推广实施期暂定为2010年6月1日至2011年12月31日。期间做好与《废弃电器电子产品回收处理管理条例》（国务院令第551号）规定的从2011年起设立废弃电器电子产品处理基金政策的衔接工作。

第四条　家电以旧换新工作遵循“手续简便、直接补贴、安全高效、节能环保”的原则。

第二章　补贴政策

第五条　补贴方式及对象：

1. 凡在实施家电以旧换新省份登记注册的法人或具有本省户口的个人（以下简称购买人）将废弃旧家电交售到中标回收企业，并到中标销售企业购买新家电的，可以享受家电补贴。交售旧家电与购买新家电的购买人必须一致。已享受“家电下乡”补贴政策的新家电不得重复享受以旧换新补贴。

2. 在政策实施期内从购买人手中收购旧家电并交售给指定拆解处理企业进行拆解处理的中标家电回收企业（以下简称回收企业），可享受运费补贴。

3. 在政策实施期内对购买人交售的旧家电完成拆解处理的拆解处理企业，可享受拆解处理补贴。

4. 政策实施期内，个人购买新家电的，总量不超过5台；单位购买新家电的，总量不超过50台。购买新家电不受交售旧家电品种对应限制。

第六条　以旧换新补贴家电产品范围：电视机、电冰箱（含冰柜）、洗衣机、空调、电脑。补贴产品范围如需调整，由商务部会同财政部、工业和信息化部、环境保护部等部门研究提出具体意见报国务院批准后组织实施。

第七条　补贴标准为：

1. 家电补贴。按新家电销售价格的10%给予补贴，补贴上限为：电视机400元/台，电冰箱（含冰柜）300元/台，洗衣机250元/台，空调350元/台，电脑400元/台；

2. 运费补贴。根据回收旧家电类型、规格、运输距离分类分档给予定额补贴。具体补贴标准详见附件。运输距离是指回收企业实际所在地与拆解处理企业实际所在地间的公允距离，具体标准由地方相关主管部门核定并公布。

3. 拆解处理补贴。根据拆解处理企业实际完成的拆解处理以旧换新旧家电数量给予定额补贴。具体补贴标准为：电视机15元/台、电冰箱（含冰柜）20元/台、洗衣机5元/台、电脑15元/台，空调不予补贴。

第八条　以旧换新的新家电要符合国家有关安全、环保等标准要求。

第三章　操作流程

第九条　家电销售企业和回收企业由各地商务主管部门会同财政部门以招标方式确定，招标结果在15个工作日内报商务部、财政部备案，并向社会公布中标家电销售、回收企业的名单和联系方式。拆解处理企业由各地环境保护行政主管部门从现有拆解处理企业中筛选，报政府确定，确定结果由政府在15个工作日内报环境保护部、财政部备案。

第十条 购买人选择回收企业，通过网络、电话及其他方式提出交售旧家电申请，回收企业及时上门收购旧家电；或购买人先购买新家电，中标企业在向购买人配送新家电的同时回收旧家电，同时向购买人开具国家统一制定的家电以旧换新凭证。

任何单位和个人不得将家电以旧换新凭证进行转让、出售，套取财政补贴。

回收企业要及时准确地将家电以旧换新凭证的所有信息，包括回收旧家电的类别、品牌、产品制造商、型号、机身序列号、购买人姓名和身份证件号码、旧家电回收价格、以旧换新凭证序列号等录入家电以旧换新管理信息系统，在没有机身序列号的旧家电上粘贴系统生成的机身序列号。

第十一条 购买人选择中标销售企业，凭有效身份证件、家电以旧换新凭证，到家电销售企业购买新家电。对符合条件的，家电销售企业在销售新家电时直接向购买人垫付补贴资金，并将相关信息录入家电以旧换新管理信息系统。

第十二条 回收企业收购的旧家电一律交售给指定拆解处理企业进行拆解处理。对符合条件的，拆解处理企业向回收企业垫付运输费用补贴，并将相关信息录入家电以旧换新管理信息系统。

第十三条 家电销售企业凭新家电销售发票、以旧换新凭证和《家电以旧换新（家电）补贴资金申报表》等材料，经当地商务部门或地方政府确定的相关业务主管部门审核后，到同级财政部门申领补贴资金。

第十四条 拆解处理企业凭以旧换新凭证和《家电以旧换新（运费）补贴资金申报表》、《家电以旧换新（拆解处理）补贴资金申报表》等材料，经当地环境保护主管部门审核后，到当地财政部门申领已垫付的运费补贴和拆解处理补贴。

第四章 家电回收企业

第十五条 为方便购买人交售旧家电，旧家电回收采取多元化回收的方式。家电生产企业（售后服务机构）、销售企业、专业回收企业等均可参加所在地有关部门组织的家电以旧换新回收企业招投标活动。

第十六条 招标确定的家电回收企业应当具有相应的服务能力，信誉好并且具备以下基本条件：

1. 有布局合理、覆盖面广的回收网点；

2. 回收网点有通过家电以旧换新管理信息系统记录、查验以旧换新有关信息的能力；

3. 有符合环保要求的存储场地和足够的运输保障能力；

4. 有经过培训、具备一定专业技术知识的回收人员；

5. 近三年内经营资信状况良好。

第十七条 各地商务主管部门会同财政部门根据本地实际情况，在本办法规定的基本条件的基础上，制定家电回收企业招投标的具体条件，具体条件中不得设置地方保护门槛。

第十八条 各地商务主管部门将回收企业及符合条件的回收网点报商务部、财政部备案。指导回收企业到当地工商行政管理部门申请增加再生资源回收经营范围，并到当地商务主管部门申请再生资源企业备案，按照《再生资源回收管理办法》的规定规范经营。符合财税〔2008〕157号文件规定条件的回收企业，可以享受有关增值税优惠政策。

第十九条 回收企业要签订承诺协议，并缴纳履约保证金，保证及时按合理价格收购购买人交售的旧家电，规范发放以旧换新凭证，严格按照有关规定检查回收旧家电，回收的旧家电全部交售给指定的拆解处理企业，不倒卖以旧换新凭证和旧家电，不擅自拆解处理旧家电，不弄虚作假，不从事制售以旧充新等违法行为。

第五章 家电销售企业

第二十条 专业家电连锁销售企业、综合性大型零售企业、家电生产企业（销售机构）等均可参加各地有关部门组织的家电以旧换新销售企业招投标活动。

第二十一条 招标确定的销售企业应当具有较强实力、信誉好、销售网络健全，并且具备以下基本条件：

1. 销售网点覆盖面广，所在省的销售企业网点覆盖到县一级；

2. 销售网点有通过家电以旧换新管理信息系统记录、查验以旧换新有关信息的能力；

3. 具有较强的仓储及配送能力；

4. 具备完善的家电送货、安装、调试、维修的售后服务体系；

5. 近三年内经营资信状况良好。

第二十二条 各地商务主管部门会同财政部门根据本地实际情况，在本办法规定的基本条件的基础上，制定家电销售企业招投标的具体条件，具体条件中不得设置地方保护门槛。

第二十三条 各地商务主管部门将中标家电销售企业及符合条件的销售网点报商务部、财政部备案。

第二十四条 中标销售企业要签订承诺协议，并缴纳履约保证金，保证按市场正常价格销售新家电，严把进货关，杜绝假冒伪劣、以次充好、以旧充新的产品进入市场流通。

第六章 拆解处理企业

第二十五条 政策实施期间，各地应按照合理布局、集中处理的原则确定拆解处理企业，非指定的拆解处理企业不得收购和处理以旧换新的旧家电。

第二十六条 拆解处理企业应符合国家环境保护的有关法律法规的要求，并且具备以下基本条件：

1. 依据《电子废物污染环境防治管理办法》（原国家环境保护总局令第40号）列入电子废物拆解利用处置单位名录（包括临时名录）的独立法人单位，不包括个体工商户；

2. 具有相关环境、质量、安全等管理和技术人员；

3. 具有与拆解处理旧家电相适应的分类、包装、贮存、拆解、处理的相关设施和设备；

4. 对不能深度处理的旧家电及其拆解产物应具有妥善利用或处置方案；

5. 具有通过家电以旧换新管理信息系统记录、查验旧家电拆解处理数据的能力；建立旧家电经营情况记录簿制度；

6. 近三年内未受到环境保护部门的相关处罚。

第二十七条 各地环境保护行政主管部门要根据本地实际情况，在本办法规定的基本条件的基础上，制定确定拆解处理企业的具体条件，保障旧家电拆解处理能力。

第二十八条 拆解处理企业要签订承诺协议，并缴纳履约保证金，保证不无故拒收回收企业交售的旧家电，不将收购的旧家电再流通，不从事制售以旧充新等违法行为，在各地环境保护行政主管部门规定的时限内将废家电拆解处理完毕。

拆解处理企业原则上应在接收旧家电后30个工作日内拆解处理完毕。

第二十九条 拆解处理企业应于2010年10月31日前设立视频监管系统，对厂区所有进出口、拆解处理和贮存等重点区域进行24小时不间断监管。拆解处理厂区应只设一个进口，一个出口。

第三十条 拆解处理企业应在厂内显著位置设立标识牌，公开每日旧家电的接收、拆解处理和贮存情况，并按周将接收、拆解处理和贮存情况上报所在地的环境保护行政主管部门备案。相关记录旧家电接收、拆解处理和贮存情况的原始凭证应妥善保存备查。

第三十一条 各级地方环境保护部门要在政府网站上设立专门栏目，公开拆解处理企业报送的旧家电接收、拆解处理和贮存情况。

第七章 补贴资金申报、审核及兑付

一、家电补贴

第三十二条 购买人交售旧家电，从回收企业取得国家统一制定的家电以旧换新凭证。回收企业须在以旧换新凭证上注明旧家电的产品品牌、规格、型号、机身序列号、购买人姓名及身份证件号等信息。

第三十三条 购买人购买新家电时直接申报家电补贴，销售企业予以审核。对符合补贴条件的，销售企业按销售价格向购买人开具发票，指导购买人填写《家电以旧换新（家电）补贴资金申报表》，当场兑付补贴资金，按照新家电的正常销售价格减去补贴后的金额收取货款。不符合补贴条件的，应立即告知购买人，按销售价格收取货款。

第三十四条 购买人申报补贴时应当提供的资料：（1）以旧换新凭证；（2）购买新家电的发票；（3）《家电以旧换新（家电）补贴资金申报表》；（4）购买人居民身份证件或相关法人单位的相关证明。

第三十五条 家电销售企业根据以旧换新销售情况定期对购买人的申报资料进行整理，经当地商务部门审核后，到当地财政部门申领家电补贴。财政部门审核确认后，将补贴资金通过国库集中支付方式直接支付到家电销售企业在银行开设的基本账户。各级财政、商务部门要加强对家电销售企业垫付补贴情况的监督检查，防止骗补行为的发生。

二、运费补贴

第三十六条 回收企业将收购旧家电销售给拆解处理企业，向拆解处理企业开具销售发票，发票要注明交售旧家电的产品类别、规格、型号、数量和价格等信息。

第三十七条 根据实际销售旧家电数量，回收企业直接申报运费补贴，由拆解处理企业予以审核，对符合规定的，直接垫付运费补贴，同时指导回收企业填写《家电以旧换新（运费）补贴申报表》。不符合补贴规定的，应立即告知回收企业。

第三十八条 回收企业申报补贴时应当提供的资料：（1）以旧换新凭证；（2）销售旧家电的销售发票；（3）《家电以旧换新（运费）补贴申报表》。

第三十九条 拆解处理企业定期对回收企业的申报资料进行整理，经当地环境保护主管部门审核后，到当地财政部门申领运费补贴。财政部门审核确认后，将补贴资金通过国库集中支付方式直接支付到家电拆解处理企业在银行开设的基本账户。各级财政、环保部门要加强对拆解处理企业垫付补贴的监督检查，防止骗补行为的发生。

三、拆解处理补贴

第四十条 拆解处理企业定期对完成拆解处理的以旧换新旧家电产品品种、数量进行统计，填写《家电以旧换新拆解处理补贴申报表》，经当地环境保护主管部门审核后，向当地财政部门申领补贴资金。财政部门审核确认后，将补贴资金直接拨付到拆解处理企业在银行开设的基本账户。

第四十一条 拆解处理企业申报拆解补贴应当提供以下资料：（一）《家电以旧换新拆解处理补贴申报表》；（二）家电以旧换新凭证；（三）家电回收企业开具的旧家电销售发票（附购货清单）；（四）拆解处理企业垫付运费凭证（附运费收据）；（五）拆解记录表及拆解产物

销售凭证或处理证明。

第四十二条 拆解处理企业要对收购的以旧换新旧家电逐一核对，旧家电实物与以旧换新凭证、家电以旧换新管理信息系统提供的产品类别、规格、型号等信息应保持一致。对审核不符的，不得申报拆解补贴。要按照环保主管部门的要求，在规定时间完成旧家电拆解处理工作，不得倒买倒卖以旧换新的旧家电。

第四十三条 各级地方环境保护部门应加强对拆解处理企业申报补贴表的初审工作，对旧家电是否拆解完毕、处理程序是否符合规定、拆解产物流向等内容进行审核。要会同财政部门加强对拆解处理企业的监督管理，建立定期核查制度，防止弄虚作假、虚报冒领等行为，确保财政资金安全。

第八章 补贴资金来源、拨付及清算

第四十四条 补贴资金按照专项转移支付有关规定，实行国库集中支付。

第四十五条 补贴资金的管理和使用遵循公开透明、分级负担、定向使用和动态监管的原则。

第四十六条 补贴资金由中央财政和省级财政共同负担。其中，中央财政负担80%，省级财政负担20%。

对内蒙古、广西、西藏、宁夏、新疆5个自治区以及国家确定的汶川地震51个重灾县、青海玉树地震重灾县，补贴资金由中央财政全额承担。

第四十七条 财政部会同商务部根据各地旧家电存量、家电拆解处理能力、经济发展水平等，测算补贴资金规模，将中央财政应负担的补贴资金预拨到省级财政部门。

第四十八条 省级财政部门收到中央财政拨付的补贴资金后，应当落实地方应负担的补贴资金，及时下达补贴资金预算分解文件，并根据预算文件，按需求进度和上述程序支付补贴资金。实施过程中，如实际需支付补贴资金超预算，由省级财政部门先行垫付。

第四十九条 省级财政部门会同商务、环保部门在政策实施期内的每年4月底前，核实汇总本地区上年度补贴资金使用情况，报财政部进行审核清算。

第九章 部门职责分工

第五十条 商务部会同财政部、发展改革委、工业和信息化部、环境保护部、工商总局和质检总局等有关部门按照部门职责分工和本办法的规定,共同组织实施家电以旧换新工作。

商务部会同财政部、发展改革委、工业和信息化部、环境保护部等部门组织实施家电以旧换新工作并发布实施办法，会同财政部指导各地确定家电回收企业、销售企业，负责家电以旧换新管理信息系统开发和培训工作，负责印制和组织发放家电以旧换新凭证。

财政部会同商务部、发展改革委、工业和信息化部、环境保护部等部门负责制定家电以旧换新补贴政策，负责财政补贴资金管理。

发展改革委负责加强以旧换新家电的价格指导和监管工作。

环境保护部负责旧家电拆解处理的组织实施和监督管理，并会同财政部指导各地确定拆解处理企业。

工业和信息化部负责对家电产品生产企业的管理，督促指导生产企业提高和保障家电产品质量。

质检、工商等部门在各自职责范围内依法加强家电产品生产和市场监督管理。

第十章 组织实施

第五十一条 各地人民政府负责本地区家电以旧换新工作的组织实施。各地人民政府要成立家电以旧换新工作领导小组，组成工作班子，明确工作责任和分工，落实工作经费，精心组织，加强监管。

第五十二条 各地人民政府有关部门要按照《商务部财政部环境保护部关于印发家电以旧换新推广工作方案的函》（商商贸发〔2010〕190 号）和本办法的要求，尽快制定具体的操作细则，包括购买人以旧换新流程，家电回收企业、销售企业和拆解处理企业的确定，补贴申报程序，补贴资金兑付，产品售后服务，市场秩序监督，政府保障措施等内容，并报商务部、财政部、环境保护部等部门备案。

第五十三条 各地人民政府有关部门要制定回收旧家电主要零部件完整性规定，监督中标的家电回收企业按公平合理的价格回收旧家电。

第五十四条 各地商务主管部门会同财政、环境保护等有关部门负责管理本地区家电以旧换新进程，通过建立与回收企业、销售企业和拆解处理企业的联系机制，建立顺畅的信息渠道，监督和管理家电回收、销售企业及网点和拆解处理企业，建立工作档案，及时掌握工作动态，督促企业做好以旧换新工作。

第五十五条 各地人民政府有关部门负责本地区家电以旧换新的政策宣传和培训工作。

第五十六条 各地商务主管部门会同财政、发展改革、工信、环境保护部门建立工作报告制度，定期将工作进展情况、存在问题和建议向商务部、财政部、发展改革委、工业和信息化部、环境保护部等部门报告。

第十一章 监督管理

第五十七条 参与家电以旧换新的各类企业应当遵守有关法律、法规和本办法的相关规定，一经查实有违反规定、骗取财政补贴的行为，要严格采取追回财政补贴资金、没收履约保证金、罚款、取消资格及向社会公示等处罚措施。

第五十八条 拆解处理企业有以下情形之一的，由所在地的省（自治区、直辖市）环境保护行政主管部门报政府暂停直至取消拆解处理企业的资格。2011 年《废弃电器电子产品回收处理管理条例》实施后，三年内不得授予废弃电器电子产品处理资格。

1. 违反环境保护法律、法规的；
2. 骗取国家运费及拆解处理等补贴的；
3. 将收购的旧家电再流通的；
4. 从事制售以旧充新等违法行为的；
5. 其他违反规定的行为。

第五十九条 各地人民政府负责本地区家电以旧换新工作的监督管理。通过建立家电以旧换新工作监督管理制度，保障以旧换新工作有序开展。

第六十条 各级财政部门加强对家电以旧换新补贴资金使用的监督和管理，确保补贴资金及时、足额发放。

第六十一条 各级商务主管部门建立中标家电回收、销售企业经营行为的监督制度，制定家电以旧换新凭证管理办法和使用情况报告制度，对已申领的凭证进行全程跟踪管理。

第六十二条 各级环境保护部门加强对旧家电拆解处理环节的监督管理，必要时可驻厂监管。

第六十三条 各级工商行政管理部门要充分发挥 12315 消费者申诉举报网络的作用，及时受理和依法处理消费者对以旧换新家电产品的申诉举报，切实维护消费者的合法权益。

第六十四条 各级质监部门查处违反质量等法律法规行为，从源头上打击假冒伪劣产品违法活动。

第十二章 附则

第六十五条 各地可根据本办法制订具体实施细则。

第六十六条 本办法自发布之日起执行。

第六十七条　本办法由商务部、财政部、发展改革委、工业和信息化部、环境保护部、工商总局、质检总局按职责分工负责解释。

附件：

家电以旧换新运费补贴标准表

品种	规格		标准（元）	
			150公里以内（含）	150公里以上
电视机	CRT电视	显示屏21吋及以下	20	30
		显示屏21吋以上	30	40
	平板电视	显示屏25吋及以下	20	30
		显示屏25吋以上	25	35
电冰箱（含冰柜）	容积220升及以下		30	40
	容积220升以上		40	50
洗衣机	洗衣量5公斤及以下		30	40
	洗衣量5公斤以上		40	50
空调	窗式空调		20	30
	挂壁式空调		30	40
	柜式空调		40	50
电脑	显示屏14吋及以下		20	30
	显示屏14吋以上		25	35

说明：考虑到单纯回收中标企业（指仅经营再生资源回收、分拣，不参与家电销售或拆解的回收企业）单程往返，运费高，在上述补贴标准基础上每台提高10元（不分品种和运距）。

1－9　商务部关于完善生产资料流通体系的意见

商商贸发〔2010〕115号

各省、自治区、直辖市、计划单列市及新疆生产建设兵团商务主管部门：

生产资料流通业是生产性服务业的重要组成部分，在保障生产、促进经济循环、优化资源配置等方面具有重要作用。为进一步完善我国生产资料流通体系，促进经济发展方式转变，现提出以下意见。

一、指导思想与基本目标

（一）指导思想。以邓小平理论和“三个代表”重要思想为指导，贯彻落实科学发展观，立足当前，着眼长远，以市场为导向，以企业为主体，以科技为支撑，加强政府引导，转变发展方式，统筹生产与流通，处理好速度与效益、局部和整体、传承与创新的关系，推进生产资料流通体系与现代产业体系融合发展，更好地服务于生产发展、民生改善和对外开放总体要求。

（二）基本目标。适应国民经济市场化、信息化、国际化发展趋势，满足城镇化、工业化和新农村建设发展要求，健全生产资料流通体系，发展现代流通方式，创新经营模式，提高组织化程度，完善服务功能，加强市场调控，完善法律法规标准体系，推进生产资料流通有序协调健康发展。“十二五”期间，基本形成有中国特色的统一开放、竞争有序、安全高效、绿色低碳的生产资料流通体系。

二、主要任务

（三）创新生产资料经营模式。专业化分工与产业化协作相结合，创新生产资料经营模式。以供应链为纽带，推进产业融合，引导生产资料流通企业向上下游延伸，探索形成集原材料采购加工—产品开发—商品销售—物流配送服务于一体的经营模式或联盟。引导生产资料流通企业与生产企业建立紧密的工商关系，满足精益生产、定时生产等现代生产方式发展需要，探索形成全产业链服务模式。鼓励大宗生产资料生产、流通企业间建立风险共担、利益共享的佣金代理制。

（四）大力发展现代流通方式。根据商品特点、区位优势和企业实际情况，因地制宜地规范发展连锁经营、电子商务、物流配送等现代流通方式。支持具备条件的生产资料流通企业以品牌和成熟的经营管理体系为依托，以现有门店和经营网点为基础，吸收中小企业加盟，大力发展连锁经营。鼓励大型骨干生产资料生产、流通企业、大宗商品交易市场规范发展电子商务。支持建设专业化的生产资料第三方电子商务平台，整合供应链上不同环节、不同领域、不同企业间的生产资料生产、需求和物流等服务信息资源，完善服务功能。鼓励生产资料生产、流通企业采取多种形式构建集仓储、加工、配送、多式联运等功能于一体的专业化、综合性生产资料物流配送中心。

（五）引导生产资料批发市场改造升级转型。支持有发展潜力、辐射能力强的生产资料批发市场加快改造升级步伐，提高集展示、信息、交易、仓储、运输、加工、配送等功能于一体的综合服务能力；健全市场管理规章制度体系，完善市场交易规则，形成大宗生产资料全国性或区域性交易中心、集散中心、价格中心、信息中心。引导不适宜以批发市场形态继续存在的传统生产资料批发市场遵循市场规律，调整经营方向，转变经营形态，合理利用土地、设施、人力等资源。推进与居民生活密切相关的建材、五金等生产资料批发市场大力发展专业化经营。

（六）加快农村生产资料流通体系建设。以服务“三农”为宗旨，加快农村生产资料流通体系建设。充分利用“万村千乡市场工程”等网点资源发展农资连锁经营，防止假冒伪劣农资产品流入农村市场。鼓励开展区域性重点农机市场和农机品牌店建设。加快农村散装水泥流通设施建设。引导各类投资主体改造和整合农村传统流通渠道和社会网点资源，积极拓展农村生产资料市场。完善农资售后服务体系，探索建立农资商品赔偿制度，切实维护农民利益。

（七）鼓励生产资料流通龙头企业加快发展。鼓励主业突出、经营规模大、网络覆盖广、核心竞争力强、现代化水平高的大型生产资料流通企业加快发展，实现大宗生产资料组织化、规模化、集约化经营。鼓励具有竞争优势的生产资料生产、流通企业通过参股、控股、兼并、收购等方式，跨地区、跨行业、跨所有制进行资源整合、战略重组，形成若干大批发商、大代理商、大经销商、大物流服务商。鼓励具备条件的生产资料生产、流通企业开展内外贸结合的经营模式，建立跨国采购和销售网络，充分利用国内外两个市场、两种资源。

（八）促进中小生产资料流通企业发展。重视发挥中小企业在满足市场多层次、多样化、个性化特别是小批量需求方面的重要作用。鼓励中小生产资料流通企业运用信息技术和现代流通技术，提高企业核心竞争力。对发展前景好的中小生产资料流通企业在市场准入、信用担保、金融服务、物流服务、信息服务、人才培训等方面给予支持。健全中小企业信用担保体系，充分发挥融资租赁、实物租赁企业作用，搭建中小企业融资平台。

（九）发挥科技引领支撑作用。鼓励生产资料生产、流通企业加大科技研发和投入力度，引进先进技术和设备设施，提高生产资料流通的科技含量和附加值。推进生产资料流通领域应用先进适用的机械化、自动化、信息化、剪切加工、物流和环保节能技术。顺应物联网和互联网融合发展趋势，加大生产资料流通领域信息化改造力度，不断提高行业信息化水平。

（十）加大生产资料流通基础设施建设力度。支持生产资料生产、流通企业在中心城市、交通枢纽、经济开发区和工业园区建设大宗生产资料现代物流基地和物流园区。加大石油、天然气等重要生产资料储备设施建设力度。支持有条件的生产资料生产、流通企业采取合资、合作等方式参与铁路、公路等基础设施建设。建立健全覆盖县级区域和中心乡镇的公共物流配送网络，为汽车下乡、建材下乡、农机下乡、农资流通等提供有力支撑。

（十一）推进生产资料流通领域节能降耗与循环利用。鼓励各类生产资料流通企业、大宗商品现货交易市场、物流配送中心等加大节能改造投入，优化用能设备配置。鼓励大型生产资料生产企业形成专业化再制造体系，推进托盘共用系统建设，发展循环经济。推广绿色物流，促进低碳经济发展。加大新型建材推广工作力度。进一步加大散装水泥、预拌混凝土、预拌砂浆推广力度。

（十二）健全生产资料市场监测、调控和行业统计体系。进一步完善煤炭、石油、天然气、钢材、有色金属、汽车、建材、农机、木材、橡胶、化肥、农药、再生资源等重要生产资料市场监测体系，准确反映生产、需求、库存、进出口和价格变化情况，及时掌握生产资料市场发展变化趋势。加强生产资料市场运行分析和预测预警工作，及时发布市场信息，促进产需衔接，保障生产资料市场平稳运行。按照有关规定，做好重要生产资料国家储备和商业库存管理相关工作。结合行业和地区实际，建立健全重要生产资料企业（商业）储备和地方储备制度。加强生产资料流通行业统计工作，全面了解行业发展状况，及时反映行业发展新情况、新问题、新趋势。建立生产资料流通行业综合评价指标体系，科学评价行业发展状况，引导行业健康发展。

（十三）改善生产资料市场发展环境。加强规范生产资料市场主体、市场行为、市场秩序、市场调控和市场管理等方面的法律法规建设。完善生产资料流通标准体系。健全生产资料流通领域市场准入制度。广泛开展“诚信经营”创建活动和行业信用评价，探索建立企业信用和从业人员资质分级分类管理制度，形成信用激励、失信惩戒机制。协调解决生产资料流通企业发展中遇到的制约因素和困难。引导和鼓励社会资金投向生产资料流通基础设施建设。加强生产资料流通人才队伍建设。

三、组织保障

（十四）健全组织机构和工作机制。加强组织领导，健全生产资料流通行业管理机构，明确工作职责，加强行业指导、管理和服务。加强商务部门与有关部门间的分工协作，完善工作机制，着力营造良好的市场环境、法制环境和政策环境。加强生产资料流通行业管理专业队伍建设，加大生产资料流通业务培训力度，不断提高业务能力和工作水平。

（十五）重视发挥行业协会作用。充分发挥行业协会连接政府和企业的桥梁纽带作用，制定行规行约，加强行业自律。发挥行业协会在行业统计、课题研究、咨询服务、资质认证、人才培训等方面的积极作用。指导或委托行业协会做好国内外市场行情跟踪、信息收集、趋势研究等工作。广泛听取行业协会的意见与建议。支持行业协会通过向政府和企业提供服务发展壮大自己

（十六）建立重点联系制度。商务部将重点联系若干主业突出、经营规模大、辐射能力强、现代化水平高的大型生产资料生产、流通企业与交易市场，重点联系一批运作规范、影响力强的生产资料生产与流通行业协会、科研咨询机构，重点联系一群理论造诣深、实践结合能力强的生产资料生产、流通方面的专家。紧密结合我国实际情况和特点，充分借鉴和消化吸收国外先进经验，以生产资料流通重点行业、关键领域、突出问题为突破口，创新理论、创新体制、创新经营、创新科技、创新管理，加大宣传力度，发挥典型示范作用，以点带面，以局部带动整体，逐步形成政府部门、行业协会、科研咨询机构、企业和专家群体共同推进生产资料流通行业加快发展的工作格局。

各地商务主管部门要从社会主义现代化建设和改革开放全局的高度，提高认识，转变观念，加强领导，健全机构，创新管理，善于发现新情况、解决新问题、总结新经验、开拓新局面，按照本意见精神因地制宜地抓好贯彻落实工作，确保生产资料流通体系建设取得明显成效。

各地商务主管部门贯彻落实本意见的有关情况、问题和建议请及时报商务部。

二〇一〇年四月十三日

1－10　商务部办公厅　财政部办公厅 关于进一步加强万村千乡市场工程规范管理的通知

商建发〔2010〕410号

各省、自治区、直辖市、计划单列市及新疆生产建设兵团商务主管部门：

“万村千乡市场工程”实施以来，各级商务主管部门高度重视项目建设质量，加强质量管理，促进了“万村千乡市场工程”的顺利开展，为完善农村现代流通体系，统筹城乡协调发展做出了贡献。但是，一些地区还存在重申报轻管理，重建设轻监督，质量管理薄弱，监管措施不到位等突出问题。因此，必须进一步加强质量管理，强化监督考核，把解决当前问题和建立长效机制结合起来，采取针对性措施促进“万村千乡市场工程”健康发展。现就有关问题通知如下：

一、高度重视项目建设质量

（一）进一步提高思想认识。各省级商务主管部门要把2011年作为“质量管理年”，进一步统一思想，正确处理好局部和整体、数量和质量、近期和长远的关系，把质量建设放在“万村千乡市场工程”建设的基础性位置，切实把好事办好，维护好这块来之不易的商务工作品牌。

（二）严格执行各项质量管理制度。地方各级商务主管部门要开展一次建设质量制度执行情况自查自纠，对照是否按照规定的标准和程序做好项目申请、验收、审核以及资金拨付，上级商务主管部门进行审核，及时纠正各项不符合规定的行为。严肃查处多头申报、项目虚报等严重违规行为。

二、进一步规范农家店形象

（三）进一步规范农家店招牌。加强农家

店招牌的使用管理，农家店招牌不仅要做到设计统一，醒目大方，还要包括“万村千乡市场工程”专用标识，农家店统一编码及监督举报电话。招牌制作材质坚固耐用。监督举报电话由省级商务主管部门统一设立，农家店编码由实施企业通过“万村千乡市场工程”信息服务系统申请。各省级商务主管部门应对农家店招牌的材质提出统一要求，对实施企业的招牌设计进行审核,对材质简陋的招牌必须立即更换。

（四）强化“万村千乡”专用标识管理。对已验收合格的农家店和配送中心，应在招牌的显著位置突出“万村千乡市场工程”专用标识，并广泛应用在货架、车辆等设备设施，突出“万村千乡市场工程”效果，接受社会群众识别与监督；凡未悬挂招牌的在2010年底前必须悬挂。对未验收合格的项目严禁使用“万村千乡市场工程”专用标识，对经复查质量下降的项目，且经整改仍不合格的，要做好相应的善后处理措施。各地商务主管部门会同工商部门对违规使用标识的单位进行严肃查处。

三、实行项目建设考核评价制度

（五）实行万村千乡市场工程考核制度。自2010年起，商务部按年度对各地“万村千乡市场工程”实施情况进行考核，并建立激励约束制度。通过明察暗访等方式，对各地“万村千乡市场工程”工作落实情况、项目建设质量及实施绩效等指标进行严格考核。加大严重违规行为的考核权重。考核结果向各地通报，并作为下一年度“万村千乡市场工程”专项资金安排的重要依据。

（六）实行实施企业考核制度。商务部将分地区对实施企业进行年度考核。实施企业要加大农家店建设与改造投入，农家店补贴资金大部分应当用于店铺建设或改造，切实提高农家店店容店貌，其余部分应当用于提高对农家店的配送能力、对农家店店主的培训等，稳步提高农家店统一配送率、覆盖率、统一结算率，不得挪作他用。实施企业要加强对农家店管理与经营指导，增强农家店盈利能力。实施企业应建立农家店经营的基础性考核制度，加快推进农家店健康发展的长效机制。

具体考核办法另行制定。

四、执行项目建设月报制度

（七）执行项目建设月报制度。运用现代信息技术加强项目建设监管与调度。自2010年10月起执行项目建设信息月报制度，各地商务主管部门及实施企业应在次月10日前在“万村千乡市场工程”信息服务系统中填报当月报表,接受监督。加大信息报送的执行力度，报送情况列入考核指标。

（八）开展信息系统数据清理。自2010年10月1日–12月31日，各地应对信息系统中所有验收合格农家店及配送中心进行全面清理，对项目信息重新确认，确保与资金扶持项目及实际检查结果相对应，对终止营业、取消加盟关系的店铺进行如实登记。确认结果将作为考核依据。

五、稳步提高农家店生命力

（九）切实提高农家店存活率。实施企业应当加强与生产企业和供应商的合作，推动生产企业研究开发适宜农村消费的商品，丰富农家店经营品种。加强配送中心项目建设，规范合理布局，降低流通成本，不断提高统一配送比率，农家店商品统一配送率应在50%以上。完善配送率检查措施，对未建立购销账册的实施企业和已建农家店应限期整改；未建立购销账册的新建农家店不得参加项目验收。对存活率低于一定比例的地区，通报批评并取消实施资格。

（十）大力发展一网多用。要充分利用“万村千乡市场工程”现代流通网络,以其为载体，发展邮政、电信、医药、文化服务，提高农家店盈利水平。以城镇化为契机，大力发展城镇商贸中心建设，推动“万村千乡市场工程”农家店升级。

六、严肃查处各种违规行为

（十一）开展项目建设质量专项整治。各省级商务主管部门要结合2010年项目验收及数据清理，开展“万村千乡市场工程”建设质量专项整治，纠正各种违规行为。广泛发挥社会组织作用，设立质量监督电话，鼓励群众举报，接受人民群众监督。

（十二）加大对违规行为惩处力度。对检查中发现的各地区及实施企业违规行为，责令限期整改，整改到期经复查仍不合格地区及企业，取消企业及所在地实施资格。对实施企业以虚假信息骗取国家补贴、重复申请国家补贴的企业实行一票否决，给予取消实施资格、通报批评、追回扶持资金，取消其3年内申请农村物流体系建设项目的资格等处罚，情节严重的，追究相关责任人的责任。各地应于2011年1月底前将专项整治结果及加强质量管理的落实情况报商务部。

二〇一〇年十月十九日

1－11 商务部办公厅 财政部办公厅 关于进一步加强“万村千乡市场工程”建设的通知

商建字〔2010〕251号

各省、自治区、直辖市、计划单列市及新疆生产建设兵团商务主管部门、财政厅（局）：

根据《中共中央国务院关于加大统筹城乡发展力度进一步夯实农业农村发展基础的若干意见》(中发〔2010〕1号)精神，中央财政继续对“万村千乡市场工程”予以支持，突出农村配送能力建设，提升农村流通信息化水平，构建覆盖农村的现代流通网络。为加强工作指导，确保取得实效，现将有关问题通知如下：

一、主要任务和目标

（一）构建多层次农村商品配送网络。把工作重点转移到加强农村商品配送能力建设上，新建或改造一批农村商品配送中心，完善农村物流配送基础设施，稳步提升农家店商品配送率，全力构建全覆盖、多层次的农村商品配送网络。

（二）积极建设连锁化农家店。做好农家店规划布局，重点推进在未建店地区建设，扩大连锁化农家店覆盖面。加快推进农家店“一网多用”,推动农家店发展多种经营,扩大药品、电信、邮政等产品和服务经营比重，提升农家店综合服务功能，增强农家店发展后劲。

（三）努力提升农村商业信息化水平。把农村商业信息化作为发展农村现代流通的重要任务，加大农村流通企业及连锁农家店信息化建设力度，提高农家店统一结算率，促进农村商业现代化水平的提高。

2010年全国新建和改造10万家农家店、1200个农村商品配送中心(具体分配方案见附件1)，力争到2010年底连锁化农家店覆盖80%乡镇和65%行政村，农家店服务功能不断完善。商品配送能力显著增强，统一配送率提高到50%以上，其中，食品统一配送率不低于80%。

二、加强对实施企业的管理

（一）严格流通企业标准。

具备实力的流通企业可以申请实施“万村千乡市场工程”，一般应具备以下条件：1.规范经营，组织机构健全。2.具有较强实力。日用消费品经营企业注册资本200万元以上，

2009年销售额3000万元以上；农业生产资料经营企业注册资本500万元以上，2009年农资销售额2亿元以上，其中化肥或农药年销售额1亿元以上。3. 具有一定的配送能力。配送中心等仓储配送设施健全，现有店铺的统一配送率不低于50%。4. 开展连锁经营3年以上。

（二）制定对实施企业的管理办法。

各地应对实施企业制定管理办法，根据企业实施情况进行调整，鼓励先进企业，淘汰落后企业。国家级贫困县，民族自治地区，汶川、玉树地震灾区实施企业条件可适当放宽，具体方案由各省级商务主管部门确定后报商务部备案。

三、认真组织项目实施

（一）农家店建设。

"万村千乡市场工程"实施企业应采取直营或特许加盟方式建设或改造农家店，农家店建设应遵循以下原则：1. 市场化原则。农家店建设数量应切实可行，在具备条件地方推进。2. 提高农家店覆盖率原则。重点支持在未建店地区建设或改造农家店，凡已建农家店的行政村，原则上不再支持新建和改造同类（日用消费品或农资）农家店。3. 分类推进原则。在主要乡镇及人口聚集的行政村，大力发展直营店或建设标准高的农家店。4. 重点支持优秀实施企业原则。对项目建设质量高、农家店存活率高、一网多用进展快的企业给予倾斜。对政府在规划中已明确要撤销搬迁的行政村不得再安排建设农家店。5. 加强农家店信息化建设。在具备条件的农家店配备信息化设备，实现统一结算功能。6. 当年建设改造完工并通过验收。

（二）配送中心建设。

"万村千乡市场工程"实施企业申请建设或改造配送中心应符合以下要求：1. 配送中心建设数量与当地人口、农家店数量、配送半径、商业网点规划等相匹配。2. 建设规模合理，与企业发展现状相匹配。3. 进行信息化管理，机械化作业程度高。4. 功能分区完善。5. 当年竣工并通过验收。6. 原则上每个县（市、区）规划建设配送中心数不超过2个。7. 财政支持资金不超过配送中心总投资的50%。

（三）做好项目的组织实施。

实施企业和实施项目的选定要坚持公正、公平、公开的原则，项目要体现扩大覆盖率、配送率、统一结算率、存活率的要求，选定的实施企业和项目要在省市商务主管部门的网站上公示。项目批准后，企业应严格执行招标投标、政府采购、工程监理、合同管理等项目管理规定。对需采购设备的项目，各地商务、财政主管部门可根据国家有关政策和项目具体情况，采用联合招标，统一指定设备功能性要求及设备选型，统一采购配备给项目实施单位等方式实施。

四、项目建设标准及验收

（一）项目验收标准。

农家店建设项目及配送中心建设项目应当符合《农家店建设与改造规范》、《农资农家店建设与改造规范》、《配送中心建设与改造规范》要求（见附件2－4）。农家店信息化建设项目符合以下要求：1. 农家店配备的收款机等POS系统终端符合国家相关质量标准。2. 农家店POS系统与实施企业信息系统联网，实现数据共享。3.POS系统日常正常使用。

（二）项目验收原则及程序。

实施企业当年建成的项目可提出验收申请，省级商务、财政部门组织项目验收。验收原则：1. 分级验收原则。项目所在地县级以上商务主管部门（含县级，下同）受理，地市级商务、财政主管部门进行验收，省级商务、财政主管部门进行抽验，抽验比例不低于3%。对支持金额较大的配送中心建设项目应由省级主管部门直接验收。2. 项目逐一验收原则。验收组对项目实地检查、逐一验收，验收组成员性立提出验收意见并签字确认。3. 规范验收原则。要严格按照本通知要求和项目验收标准及验收程序进行验收，验收组成员应当包括审计、会计等专业人员。项目验收结果应当公示，接受社会监督。商务部会同财政部对验收合格项目进行不定期抽查。

对验收合格的项目，中央财政给予一定的财政扶持。但通过其他部门已经享受财政扶持的同类项目及以往年度已享受过“万村千乡市场工程”支持的同类项目不得重复支持。

五、工作要求

（一）高度重视、积极沟通协调。

各地商务、财政部门要高度重视2010年“万村千乡市场工程”工作，加强工作领导。要加强与地方政府有关部门沟通，争取相关政策支持,帮助企业解决实施过程中遇到的问题；要加强与邮政、电信、医药、烟草等部门协调，加大力度推进“一网多用”和信息化建设；要打造工商联手、农商对接的平台，为农民提供使用方便、经久耐用、价格实惠的商品。

（二）加强对验收合格项目管理。

经验收合格项目,应当在醒目位置悬挂“万村千乡市场工程”文字及标识，以方便消费者辨识。严禁未经验收合格项目悬挂带有“万村千乡市场工程”字样的标识牌。各地应制定验收合格项目管理方案，定期对验收合格项目进行回访，确认项目建设质量，查处“只挂牌、不改造”、“只挂牌、不配送”或不达标验收等弄虚作假行为。

（三）明确实施企业责任。

“万村千乡”实施企业应当加强对加盟店的管理和服务。对销售假冒伪劣商品的农家店立即取消“万村千乡市场工程”农家店资质。实施企业对加盟店配送商品的价格一般应不高于该商品(指同一生产厂家、规格、型号、生产日期的商品)其他配送渠道的配送价格，并应向加盟店提供及时的配送服务。

各地应于2010年10月底前将项目安排意见清单（见附件5），2011年3月底前将项目验收总结及验收合格项目清单（附件6）报商务部、财政部。

附件：1.2010年万村千乡市场工程建设规划分配表

2.农家店建设与改造规范（SB/T10393—2005）

3.农资农家店建设与改造规范

4.配送中心建设与改造规范

5.“万村千乡市场工程”建设项目安排意见清单

6.“万村千乡市场工程”验收合格项目清单

附件1：

2010年万村千乡市场工程建设规划分配表

序号	地区	农家店数量（家）	配送中心数量（个）
1	北京	272	7
2	天津	188	6
3	河北	8574	39
4	山西	5125	37
5	内蒙古	1825	36
6	辽宁	1511	31

序号	地区	农家店数量（家）	配送中心数量（个）
7	大连	214	3
8	吉林	2439	34
9	黑龙江	17244	0
10	上海	472	6
11	江苏	3468	63
12	浙江	4676	42
13	宁波	321	5
14	安徽	1991	57
15	福建	1939	35
16	厦门	47	1
17	江西	2929	51
18	山东	11610	36
19	青岛	699	11
20	河南	3620	78
21	湖北	4321	63
22	湖南	86273	6
23	广东	4044	44
24	广西	2198	53
25	海南	510	5
26	重庆	1712	39
27	四川	7214	27
28	贵州	3759	52
29	云南	1680	52
30	西藏	1147	19
31	陕西	4103	55
32	甘肃	3224	43
33	青海	954	18
34	宁夏	539	18
35	新疆	1589	38
36	新疆兵团	737	18
	合计	100000	1200

附件 2：

农家店建设与改造规范

1　范围

本标准规定了农村村级农家店和农村乡级农家店的基本特征、经营设施设备和经营管理的基本要求。

本标准适用于农村村级农家店和农衬乡级农家店的建设、改扩建及其经营管理。

2　术语和定义

下列术语和定义适用于本标准。

2.1

农家店 countryside stores

店址设在乡镇或村，运用现代流通方式，以销售商品为主，并提供收购农产品及其他相关服务的零售店铺。

2.2

村级农家店 countryside stores in villsges

设在自然村或行政村，以本村居民为主要目标顾客，通过连锁经营，执行规范的商品质量和物价管理,满足村民就近购买回用消费品、食品、副食品和简易生产资料的需求，同时提供相关服务的零售店铺。

2.3

乡级农家店 countryside stores in town and township

设在乡〈镇)，以本乡镇居民为主要目标顾客，通过连锁经营，满足居民对日常消费品、食品、副食品和简易生产资料的需求，并具备一定的为村级农家店提供采购、配送、批发或业务指导服务功能的店铺。

2.4

单品 stock keeping unit

商品的最小分类。

2.5

连锁经营 chain operation

企业经营若干同行业或同业态的店铺，以同一商号、统一管理或授予特许经营权方式组织起来，共享规模效益的一种经营组织形式。

3　村级农家店要求

3.1 基本特征

东中部地区店铺营业面积 $40m^2$ 以上，经营商品品种（单品）600 种以上，配送率 40% 以上；西部地区店铺营业面积 $20m^2$ 以上，经营商品品种（单品）400 种以上，配送率 40% 以上。

3.2 经营管理

3.2.1 经营设施设备

3.2.1.1 店堂内进行简洁装修，墙壁和地面便于经常清扫刷洗；店内通风、明亮。

3.2.1.2 有与经营商品相匹配的陈列货架或玻璃柜台；有条件的店铺提供顾客购物篮。

3.2.1.3 使用检定合格、未超过栓定周期的计量器具。

3.2.1.4 有与连锁经营方式相适应的信息基础设施设备。

SB/T10393-2005

3.2.1.5 有消防设施或消防器材。

3.2.2 从业人员的业务技能和职业道德

从业人员应无传染性疾病；具有一定的文化程度，经过岗前培训，熟悉所经营商品的性能和使用方法及相关知识，诚实守信。

3.2.3 售货方式

除特殊商品外，采取开架售货方式。

3.2.4 物价管理

执行国家物价管理政策，所有商品都应明码标价。

3.2.5 商品质量管理

3.2.5.1 建立商品准入和可追溯制度，对进货渠道和供货商进行登记管理。

3.2.5.2 有避免散装食品、副食品受到污染的防护设施。

3.2.5.3 从配送中心以外购进食品，应通过企业认定的符合商品质量管理要求的供货商。

3.2.5.4 向顾客承诺不销售假冒伪劣商品。

3.2.6 商品结构和服务功能

所有村级农家店都应有日常生活必需品、食品、副食品、调料、洗涤用品等。有条件的店，可以为村民提供农副产品市场信息服务，小宗零星农副土特产品及废旧物资代购、代收，化肥、农药小包装或拆零供库服务以及相应的售后服务。

3.2.7 经营场地与陈列

代销化肥和农药、代购土特产品的营业场地与生活消费品的营业场地应严格隔开。

4 乡级农家店要求

4.1 基本特征

东中部地区店铺营业面积 300m^2 以上，经营商品品种（单品）1500 种以上，配送率 50% 以上；西部地区店铺营业面积 100m^2 以上，经营商品品种（单品）800 种以上，配送率 40% 以上。

4.2 经营管理

4.2.1 经营设施设备

4.2.1.1 店堂内进行简洁装修，墙壁和地面便于清扫和剧洗，店内通风、明亮。室外有与经营规模相应的停车位。兼有批发业务的应有与其业务相适应的仓储设施及管理人员。

4.2.1.2 有与所经营商品和经在规模相匹配的陈列货架或玻璃柜台，购物车、篮。

4.2.1.3 使用检定合格、未超过检定周期的计量器具，计量器具的数量应能充分满足经营的需要。所有计量器具应按国家规定定期送检，不准确的应停止使用。

4.2.1.4 有充分满足连锁经营需要的信息基础设施、设备。

4.2.1.5 配备消防安全设施或设备，保证消防安全设施齐全、完好、有效。

4.2.2 从业人员业务技能和职业道德

4.2.2.1 各岗位的从业人员都具有与其岗位相适应的业务知识和技术水平，有初中以上文化程度，经过社会专门培训机构或企业组织的岗前培训，考试合格。

4.2.2.2 经营食品、副食品的从业人员应定期进行健康检查，并持有当地卫生主管部门颁发的健康证明。

4.2.2.3 店铺制定职业道德守则，所有岗位从业人员都遵守职业道德守则，坚持诚信经营，店铺定期对岗位从业人员遵守职业道德守则情况认真考核。

4.2.3 售货方式

以批零兼营、开架自选、原包陈列为主，也可以采取完全开架自选，出入口分设。

4.2.4 物价管理

执行国家价格管理政策，所有商品都明码标价。

4.2.5 商品质量管理

4.2.5.1 满足 3.2.5 的要求。

4.2.5.2 建立商品质量责任制度。

4.2.5.3 涉及消费安全的商品通过质量认证。

4.2.6 商品经营结构和服务功能

4.2.6.1 满足 3.2.6 的要求。

4.2.6.2 满足村零售店铺进货要求或业务技术指导的要求。

4.2.6.3 能开展鲜活商品经营，为本地生产的达到质量标准的产品进超市提供途径。

4.2.7 经营场地与陈列

4.2.7.1 满足 3.2.7 的要求。

4.2.7.2 有与经营规模与经营范围相适应的仓储设施。

SB/T10393 — 2005《农家店建设与改造规范》国内贸易行业标准第 1 号修改单

本修改单经商务部于 2006 年 5 月 12 日以部〔2006〕39 号公告批准，自批准之日起实施。

修改事项如下：

一、原标准中

3 村级农家店要求

3.1 基本特征

东中部地区店铺营业面积 40m^2 以上，经营商品品种（单品）600 种以上，配送率 40% 以上；西部地区店铺营业面积 20m^2 以上，经营商品品种（单品）400 种以上，配送率 40% 以上。

修改为：

3 村级农家店要求

3.1 基本特征

3.1.1 东中部地区店铺营业面积 $40m^2$ 以上，经营商品品种（单品）600 种以上，统一采购或配送率 40% 以上；西部地区店铺营业面积 $20m^2$ 以上，经营商品品种（单品）400 种以上，统一采购或配送率 40% 以上。

3.1.2 国家级贫困县店铺营业面积 $20m^2$ 以上，经营商品品种（单品）400 种以上，统一采购或配送率 40% 以上。

二、原标准中

4 乡级农家店要求

4.1 基本特征

东中部地区店铺营业面积 $300m^2$ 以上，经营商品品种（单品）1500 种以上，统一采购或配送率 50% 以上；西部地区店铺营业面积 $100m^2$ 以上，经营商品品种（单品）800 种以上，配送率 40% 以上。

修改为：

4 乡级农家店要求

4.1 基本特征

4.1.1 东中部地区店铺营业面积 $200m^2$ 以上，经营商品品种（单品）1500 种以上，统一采购或配送率 50% 以上；西部地区店铺营业面积 $100m^2$ 以上，经营商品品种（单品）800 种以上，统一采购或配送率 40% 以上。

4.1.2 国家级贫困县店铺营业面积 $100m^2$ 以上，经营商品品种（单品）800 种以上，统一采购或配送率 40% 以上。

附件 3：

农资农家店建设与改造规范

一、适用范围

本规范规定了农村村级农资农家店和乡级农资农家店的规模、经营设施、设备和经营管理基本要求，适用于农村村级和乡级农资农家店的建设、改扩建及管理。

农资农家店是指设在乡镇或村，通过连锁经营的方式，向农村居民主要销售化肥、农药、种子、农地膜、小型农机具、兽药饲料等农业生产资料，并提供相应农技服务的农村零售店铺。其中村级农资农家店设在非乡镇人民政府所在地的村；乡级农资农家店设在乡镇人民政府所在地的行政村（或街道）。

二、村级农资农家店的基本要求

（一）规模要求

东部地区营业面积在 $30m^2$ 以上，中西部地区营业面积在 $20m^2$ 以上。

（二）经营管理基本要求

1. 经营化肥、农药、农地膜、种子、小型农机具、兽药饲料等农业生产资料在 2 大类以上，化肥、农药等 2 类农资商品的品种配送率在 80% 以上。

2. 设在建筑的一层，与住宅分开，店堂内通风、明亮，墙壁和地面便于清扫；店面、店内标示必须是连锁企业的统一字号或形象。

3. 商品按品类划分不同区域分类、分品种摆放，整齐美观，有与经营商品相匹配的陈列货架或柜台，根据所销售的商品情况，采取自由的售货方式。

4. 使用检定合格的计量器具，并按相关规定定期送检；具有与连锁经营方式相适应的信息基础设备。

5. 有与其经营的农资商品相适应的仓储设施、安全防护设施、措施。

6. 店内明示对顾客的质量承诺，不得销售假冒伪劣商品。

7. 销售的商品宜符合当地的种植结构，优先选择销售名牌产品。

8. 建立商品准入和可追溯制度，统一配送及指定供货商的商品由连锁总部建立商品准入制度，对质量进行负责。农家店自行采购的商品要对进货渠道及进货商进行登记管理，对销售的商品质量负责。

9. 执行国家物价管理政策，所有商品明码标价。

10. 从业人员必须身体健康，无传染性疾病；定期参加连锁总部举办的培训，熟悉农资商品的性能和使用方法及相关知识，依法经营，依照连锁经营总部统一管理的规章，诚实守信；提供必要的农技服务和市场信息。

三、乡级农资农家店的基本要求

（一）规模要求：东部地区营业面积在 $60m^2$ 以上，中西部地区营业面积在 $40m^2$ 以上。

（二）经营管理基本要求

1. 化肥、农药及其他农资商品的大类齐全；经营化肥、农药、种子、农地膜、小型农机具、兽药饲料等农业生产资料在 3 大类以上，化肥、农药等二类农资商品的配送率在 80% 以上。

2. 符合第二条第二款村级“农资农家店”2 — 10 条的基本要求。

3. 根据所销售的商品情况，采取拒台面售与开架相结合的售货方式，批零兼营。

4. 有必要的运输工具，能为消费者提供大宗商品送货上门的销售服务；能为村级连锁店提供代购或批发、配送服务。

5. 附设与其业务相适应的仓储库房。

6. 从业人员需从事农资销售或农资服务 2 年以上。

7. 为消费者提供农资市场信息和技术咨询服务功能，并根据消费者需求适时组织规模较大的农业技术服务、讲座等。

附件 4:

配送中心建设与改造规范

一、配送中心选址

（一）符合当地的商业网点规划和当地市政物流规划布局。

（二）根据农家店规模与分布特点，充分考虑配送成本与速度，按城乡物流一体化的原则，设置配送中心。

（三）交通便利。靠近公路、铁路、水路等运输节点，方便配送、运输作业的进行。

（四）其他成本、劳动力、地理等因素。

二、配送中心主体建筑的规模与结构

配送中心主体建筑面积，应根据配送半径内农家店的门店数、各店所经营的品种数、配送频次（销售速度）与安全库存等因素来确定。

（一）门店数。东部地区的配送中心所配送的门店数不低于 100 家，中西部地区配送中心所配送的门店数不低于 50 家。

（二）品种数：日用品配送中心东部地区配送品种 3000 个以上，中西部地区 1500 个以上。农资配送中心配送品种 500 个以上。

（三）主体建筑面积：东部地区配送中心主体建筑面积在 2000 平方米以上，其他地区配送中心主体建筑面积在 1000 平方米以上。

（四）3000 平方米以下的库房，有效净高不低于 6 米，设置 3 层托盘货架，可以不设置装卸平台（月台）；3000 平方米以上库房有效净高不低于 9 米，设置 5 层托盘货架，5000 平方米以上的库房应设置装卸平台（月台），并配置升降平台。

三、配送中心布局

（一）配送中心由主建筑、车辆道路、装

卸作业区与绿化地带构成。主建筑(仓库)占总面积的45%左右，道路与装卸作业区占35%左右，绿化带在20%左右。严格遵守当地消防等相关法制法规。

(二)配送中心车辆进出大门分离，车辆主通道宽度不低于7米，有独立的员工通道。

(三)配送中心主体建筑内的功能布局：包含进货暂存区、出货暂存区、存储/拣选区、退货处理区、单据室5种功能区域；各功能区域标识清晰。

四、配送中心设施设备

(一)配备相应的消防设施、监控设备。

(二)3000平方米以下库房，配置3层托盘货架，叉车或堆高车不少于2台，无线手持终端不少于5台。

(三)3000平方米以上库房，配置5层托盘货架，叉车或堆高车不少于3台，无线手持终端不少于10台。

(四)鼓励有条件的库房配置DPS系统(电子标签拣货系统)。

五、信息化系统

(一)配置仓储管理系统(Warehouse Management System)，包含进货、出货、盘点、补货整理、退货、储位管理、统计分析功能。

(二)仓储管理系统有完善的接口系统，支持电子订单信息交互和配送中心使用的自动化设备之间的信息交互。

(三)配置服务器、电脑、农家店收款机等硬件设备。

六、配送中心运营管理

(一)组织架构完整清晰，岗位职责明确。

(二)标准化的作业流程与操作规范(SOP)。

(三)有完善的绩效考核体系。

七、配送中心运营绩效指标

(一)门店订单满足率不低于90%。

(二)门店配送差错率不高于5‰。

(三)库存差错率不高于万分之一。

附件 5:

“万村千乡市场工程”建设项目安排意见清单

省级商务主管部门（盖章）:　　　　　　　　　　　　填表日期：　　年　　月　　日

序号	企业全称	企业类型（填1、2、3、4或5）	上一年度企业基本情况						上一年度企业农村流通网络建设情况			本年度计划建设农家店（个）		本年度计划建设配送中心（个）	本年度计划信息化改造农家店（个）	计划总投资（万元）	计划新增就业（人）	计划新增农村销售额（万元）	计划新增农村商业面积（平方米）
			注册资本（万元）	销售额（万元）	配送中心数量（个）	配送中心面积（平方米）	门店数量（个）	门店营业面积（平方米）	建设农家店数量（个）	其中：村级店	销售额（万元）	合计	其中：村级店						
总计																			
……																			
日用消费品企业小计																			
……																			
农资企业小计																			

备注：1. 先列日用品经营企业，后列农资经营企业。

2. 企业类型：按照最大股东性质填列：国有企业填 1，供销社填 2，民营填 3，外资填 4，其他填 5

填表人：　　　　　　　　　　　　联系电话：

附件 6:

“万村千乡市场工程”验收合格项目清单

省级商务主管部门（盖章）: 填表日期： 年 月 日

序号	承办企业全称	企业类型（A 代表供销社；B 国有；C 外资；D 民营资本；E 其他）	本年度验收合格农家店（个）			本年度验收合格农家店总投资（万元）	本年度验收合格农家店新增				本年度验收合格配送中心			本年度验收合格信息化改造农家店（个）	
			合计	乡级店	村级店		销售额（万元）	营业面积（平方米）	就业（人）	税收（万元）	数量（个）	总投资（万元）	新增配送面积（平方米）	数量（个）	总投资（万元）
	合计														
	日用品经营企业小计														
	农资经营企业小计														

备注：1. 此汇总表包括日用品经营企业和农资经营企业两类经营企业，先列日用品经营企业，后列农资经营企业。

2. 表中农家店、配送中心包括日用消费品和农资两部分，分别对应日用品经营企业和农资经营企业，经营两类产品的企业应单独填列，分别汇总。

3. 此汇总表仅统计获得中央财政支持的验收合格项目。

填表人： 联系电话：

1－12　商务部等七部门关于印发《家电下乡流通网点管理实施细则》的通知

商建发〔2010〕235号

各省、自治区、直辖市、计划单列市及新疆生产建设兵团商务、财政、工业和信息化、发展改革（物价）、税务、工商、质量技术监督主管部门：

为贯彻落实财政部等11部门《关于印发〈家电下乡操作细则〉的通知》（财建〔2009〕48号）、《财政部商务部关于印发〈家电下乡中标企业考核及管理办法〉的通知》（财建〔2009〕682号）及中标协议等相关规定，进一步加强对家电下乡流通网点的监督检查，促进家电下乡工作有序推进，我们研究制定了《家电下乡流通网点管理实施细则》，现印发给你们，请遵照执行。执行中有何问题，请及时反馈。

二〇一〇年六月二十一日

家电下乡流通网点管理实施细则

第一章　总则

第一条　为加强对家电下乡销售终端监管，有序推进家电下乡工作，根据《家电下乡操作细则》、《家电下乡中标企业考核及管理办法》及中标协议等有关规定，制定本实施细则。

第二条　家电下乡中标流通企业及其销售网点（含直营、加盟、授权等，下同）、监督管理单位或者个人，应当遵守本细则。

第三条　家电下乡中标流通企业对其备案销售网点经营家电下乡中标产品行为的合规性负责，对所发生的问题承担相应责任。

第四条　鼓励个人和组织对家电下乡中标流通企业及其销售网点实施社会监督。对违反本细则的行为，任何个人和组织都有权向商务、财政和工业和信息化等有关部门举报和投诉。

各级商务、财政主管部门要创新监督管理方式，以信息化手段加强对销售网点的有效监管。

第五条　商务、财政、工业和信息化、发展改革（价格）、税务、工商和质监主管部门，依据法律、法规和规章以及家电下乡管理的有关规定，在各自职责范围内，查处违反本细则规定的行为。

第二章　中标流通企业的监督管理

第六条　中标流通企业采购家电下乡产品，应按照流通企业制定的进货程序进行审核，索取、查验、留存供货企业有关证件、资料，索取、留存销售凭证，保存期限不得少于3年。

中标流通企业应当杜绝假冒伪劣、以次充好等不合格产品进入家电下乡销售网络，并承担相应责任。

中标流通企业不得对中标产品进入本企业流通网络采取限制或禁止措施。

第七条　中标流通企业收货后2日内，将收货信息在家电下乡信息管理系统中进行收货确认。

第八条 中标流通企业应严格遵守对中标产品价格的有关规定。

第九条 中标流通企业应切实加强家电下乡信息管理系统安全密钥管理。

第十条 中标流通企业不得有以下行为：

(一)更换中标产品的型号；

(二)向经销网点销售配送不合格商品或退换货商品；

(三)在中标地区以外地区销售中标产品；

(四)向未备案的销售网点提供家电下乡产品；

(五)以备案为条件向销售网点收取任何费用。

第十一条 中标流通企业应切实履行中标配送、服务承诺：

（一）对县(市)销售网点配送要求及时响应，并在48小时之内配送到位，偏远地区不超过72小时，遇特殊情况(如脱销、断档等)，应24小时内送达（新疆、西藏、青海、甘肃、内蒙、云南、海南对县(市)销售网点在72小时之内配送到位，偏远地区不超过120小时，遇特殊情况，应48小时内送达)。

（二）24小时服务电话运转正常。

（三）严格执行国家“三包”规定。

（四）严格执行制定的销售及售后服务标准。

第十二条 中标流通企业应制定培训手册，培训内容应包括：家电下乡政策、家电下乡信息管理系统使用指南、销售家电下乡产品规范性要求。

中标流通企业每个月对备案销售网点进行全面规范性考核，建立销售网点考核档案，并于下月10日前将考核程序及结果上报省级商务、财政部门备案。

中标流通企业要制定备案销售网点违规处罚措施，对发现的违规行为应责令其改正，直至取消网点加盟、授权合同，违规情节严重的，应向县级及以上商务、财政等部门报告。

第三章 销售网点的监督管理

第十三条 中标流通企业所属符合规定条件的销售网点，应在向所在地县级商务主管部门备案后，方可销售家电下乡产品。销售网点必须是中标流通企业直营、加盟或授权的网点，加盟及授权的网点应有统一的协议范本。

第十四条 销售网点应当在显著位置悬挂统一的“家电下乡指定店”标识，张贴统一的家电下乡产品公示栏和购买须知，在产品公示栏中明确公布该网点销售家电下乡产品的具体型号和中标最高限价，宣传中标产品型号、价格及申领补贴流程等政策。

第十五条 销售网点应设立家电下乡专拒（专区)，销售经授权销售的家电下乡产品，在专拒(专区)不得销售其他家电产品或未经授权销售的家电下乡产品。

第十六条 销售网点应配备家电下乡产品专销人员，其中熟悉计算机操作的工作人员不少于2人。

第十七条 销售网点严禁发生以下行为：

（一）抽取产品标识卡，将家电下乡产品作为非家电下乡产品销售；

（二）擅自更换家电下乡产品商标、型号，或以家电下乡名义销售未获得国家强制性产品认证（ccc认证）的产品、非家电下乡产品以及假冒伪劣产品；

（三）在家电下乡产品销售过程中虚假宣传，误导或欺骗消费者；

（四）未遵守家电下乡产品价格规定，终端销售价格高于中标价格；

（五）私自留用标识卡及其复印件，留取或复印农民、固有农林场职工等补贴对象户口簿、身份证等领取补贴的有关资料，录入虚假购买信息等；

（六）其他具有骗补动机的行为。

第十八条 销售网点必须为购买家电下乡产品的购买人开具税务发票，并在发票上注明产品商标、型号、实际销售价格、产品标识卡号、购买人姓名及身份证号等信息。

第十九条 销售网点应当在农民购买家电下乡产品时查看其相关身份证明，对符合补贴条件的，应按《家电下乡操作细则》规定的时间，在家电下乡信息管理系统中录入产品的销售及补贴备案信息。

第二十条 对于非补贴对象购买家电下乡产品,销售网点也应当按《家电下乡操作细则》规定的时间在系统中如实录入。

第二十一条 代理审查家电下乡补贴资金的销售网点应当对购买人的户口簿、身份证及储蓄存折等基础信息严格保密，不得泄露。如因销售网点责任造成信息泄露的，追究有关人员责任；造成经济损失的，按照有关法律法规规定，赔偿经济损失并追究相应责任。

第二十二条 中标生产企业及销售网点负责所售家电的安装调试、使用辅导，要做到包教包会。需要送货的产品，保证送货上门。满足用户服务要求，实现县市用户 24 小时之内、乡村用户 48 小时之内、偏远乡村 72 小时之内上门服务。

中标生产企业及销售网点负责家电维修、保养维护等服务，严格遵守国家关于家电产品的三包规定。

第四章 监督检查程序

第二十三条 各县级及以上商务主管部门要会同财政、发展改革（价格）、税务等部门加强对中标流通企业及销售网点的检查力度，每个月至少抽查一次，抽查比例不少于 10%，并与家电下乡信息管理系统中相关数据进行比对。

商务主管部门重点检查以下内容：1. 政策宣传的规范性与准确性，以及开展促销活动情况；2. 履行投标承诺和中标协议以及提供销售、服务等情况；3. 使用家电下乡信息管理系统和销售信息录入情况；4. 家电下乡产品进货、销售及库存情况；5. 销售的真实性；6. 抽卡销售情况。

价格主管部门重点检查以下内容：1. 家电下乡产品执行有关价格规定的情况；2. 中标产品的销售价格不得高于中标价格的执行情况；3. 销售家电下乡产品有无价格欺诈、价格串通等违法行为的情况；4. 家电下乡产品执行明码标价规定的情况。

税务主管部门重点检查以下内容：1. 发票的真实性；2. 发票使用情况。

第二十四条 县乡财政主管部门对个人补贴在两台以上的销售和补贴资料进行 100% 的跟踪。

县级商务主管部门应要求已备案网点建立家电下乡产品进销存台帐管理，对家电下乡产品进行监控，确保真实销售，并建立商务、财政联动机制，防止骗补行为。

县级商务主管部门应会同财政主管部门对家电下乡信息系统发出的预警信息进行 100% 检查。

第二十五条 各部门应充分发挥群众监督作用，设立投诉电话或信箱，受理消费者及企业的举报和投诉。接到对销售网点的举报投诉后，主管部门应会同有关部门依法予以处理。各级商务、财政主管部门可对举报骗补行为给予奖励。

价格主管部门应当充分发挥 12358 价格举报电话的作用，在家电下乡产品经销场所张贴举报电话宣传材料、设立投诉信箱，及时受理、依法办理价格投诉举报。

第二十六条 各级商务、财政主管部门的检查人员应建立《家电下乡检查记录》，对检查过程及结果进行详细记录。

第二十七条 各级商务、财政主管部门要商有关部门建立公示公告制度和黑名单制度。

对销售网点违规信息以及举报投诉处理等情况，通过网络、媒体等不定期向社会公告。

第二十八条 上级商务主管部门会同有关部门不定期组织专项或交叉检查。

第五章 处罚措施

第二十九条 各级工业和信息化、质监主管部门应督促中标生产企业严格生产管理，加强质量控制和检验，确保家电下乡产品符合国家有关标准以及中标要求。督促企业建立完善的售后服务体系，履行质量承诺。

第三十条 各级价格主管部门依据《反垄断法》和《价格法》等法律法规，加强对本行政区域内家电下乡市场价格秩序和招标投标活动的监管，依法查处并纠正价格欺诈等价格违法行为和串通投标等损害公平竞争秩序的行为。

第三十一条 各级工商行政管理部门应依法规范家电下乡中标流通企业及其销售网点的经营主体资格和经营行为，会同有关部门依法查处取缔无照经营家电下乡产品行为。同时，加大对以“家电下乡”名义销售假冒伪劣商品案件的查处力度，严厉打击商标侵权行为，防止假冒商标家电商品流入农村市场，维护消费者和经营者的合法权益。

第三十二条 各级质监主管部门应加强对中标生产企业和中标产品的质量抽查，督促企业贯彻落实国家“三包”规定。严厉查处中标企业无 ccc 认证生产、销售、货证不符行为，加大对中标产品能效标识规定的执法检查力度，坚决打击能效标识以低冒高的行为。

第三十三条 商务、财政主管部门应将抽查结果、举报投诉核查结果作为对中标流通企业及销售网点实施处罚的重要依据。处罚结果应及时在家电下乡信息管理系统中登记，并通过书面形式告知处罚对象。

第三十四条 中标流通企业出现一般不良行为的处罚：

第一次给予警告，责令其改正；多次发生且情节严重的，扣缴履约保证金直至取消中标资格。

中标流通企业一般不良行为包括违反第六条至第九条，第十一条和十二条规定的行为。

第三十五条 中标流通企业出现违反第十条严重不良行为的，将实施扣缴保证金、暂存或取消家电下乡流通企业中标资格等处罚。

第三十六条 销售网点出现一般不良行为的处罚：

地方商务主管部门应当立即责令其限期改正；在规定限期内未予改正的，县级商务主管部门应当暂停其家电下乡销售网点资格。

对中标流通企业所属的销售网点发生 3 次以上一般不良行为的，省级商务、财政主管部门对中标流通企业给予严重警告，责令其限期整改，并列为重点检查对象；销售网点出现一般不良行为累计超过三次，立即取消家电下乡销售网点资格。

销售网点一般不良行为包括：第十四条至第十六条，第十八条至第二十二条。

第三十七条 销售网点出现第十七条严重不良行为的，县级商务主管部门应当立即取消其家电下乡销售网点资格。

省级商务主管部门会同财政主管部门对中标流通企业给予警告，责令其限期整改；发生 3 次及以上的，应暂停或取消中标流通企业中标资格。

第三十八条 对被取消家电下乡产品销售资格的销售网点半年内不予再次备案。家电下乡销售网点资格取消后所导致的补贴领取、产品退换、售后服务等有关问题，由其上级中标流通企业负责处理。

第三十九条 对被取消家电下乡产品销售资格的中标流通企业，取消家电下乡投标资格，扣除部分或全部履约保证金。

第四十条 对中标流通企业所属销售网点

被取消家电下乡产品销售资格，或中标流通企业被取消中标资格，所导致的经营损失由中标流通企业自行承担。履约保证金一年后视该企业的善后处理情况予以相应返还。

第四十一条　骗取家电下乡财政补贴资金的，依据《财政违法行为处罚处分条例》(国务院令第427号)处理。

第四十二条　家电下乡产品监督管理部门及其工作人员玩忽职守，对应当予以制止和处罚的违法行为不予制止、处罚的，对直接负责的主管人员和其他直接责任人员给予行政处分；构成犯罪的，依法追究其刑事责任。

第六章　附则

第四十三条　本细则自发布之日起执行。此前规定与本细则不符的，按本细则执行。各地可根据本细则制定具体实施办法。

第四十四条　本细则由商务部会同财政部、工业和信息化部、发展改革委、税务总局、工商总局、质检总局负责解释。

1－13　国家发展改革委等四部门关于进一步加强煤矿建设项目安全管理的通知

发改能源〔2010〕709号

各产煤省、自治区、直辖市及新疆生产建设兵团发展改革委、能源局、煤炭行业管理部门、安全监管局、煤矿安全监管部门，各省级煤矿安全监察机构，司法部直属煤矿管理局，神华、中煤、华能、大唐、华电、国电、中电投、华润集团公司：

今年以来，部分地区煤矿建设项目接连发生重特大生产安全事故，给人民生命财产造成重大损失，产生严重社会影响。为深刻吸取事故教训，严厉打击非法违法和违规违章建设行为，进一步加强煤矿建设项目管理，遏制煤矿建设重特大事故发生，切实提高基建煤矿安全生产水平，促进基建项目顺利建成投产，保障能源供应，现将有关事项通知如下：

一、充分认识确保煤矿建设安全的重要意义

安全发展是党的十六届五中全会提出的重要理念，是贯彻落实科学发展观的具体体现。煤矿建设安全直接关系从业人员生命，关系矿区和谐稳定，关系煤矿顺利投产和煤炭长期稳定供应。各地区、各有关部门和单位要从贯彻落实科学发展观、坚持安全发展、构建和谐矿区、保障能源安全的高度，充分认识确保煤矿建设安全的极端重要性，坚持“安全第一、预防为主、综合治理”的工作方针和“严字当头、科学规范、狠抓落实”的工作作风，全面加强各类煤矿建设项目（包括新建、改扩建、技术改造、资源整合等项目）安全管理。

二、严格落实煤矿建设项目安全责任

地方各级人民政府要落实安全生产监管责任，进一步强化地方政府安全生产行政首长负责制，地方政府主要负责人对本地区煤矿建设安全工作负总责；分管领导要按照职责分工，切实加强煤矿建设安全的领导和监督。各级政府投资主管部门、煤炭行业管理部门、煤矿安全监管部门、煤矿安全监察机构要严格落实部门安全监管监察职责，加强协调配合，深入矿山，不留死角，做好煤矿建设项目日常监管和监察执法工作。

项目建设单位必须落实法定代表人建设安全第一责任人的责任，其上级集团公司承担建设安全领导责任。项目建设单位要全面负起安全管理职责，对项目施工相关单位进行统一协调管理，对防范瓦斯、水害等重大灾害负总责，建立健全项目建设安全管理制度，按照国家有关法律法规、规程和标准要求，组织项目施工准备和施工管理。

项目设计单位应当在设计中提出保障施工作业人员安全和预防生产安全事故的措施建议，对其设计负责。

项目施工单位对煤矿建设施工负建设安全主体责任。施工单位要健全和落实各项安全生产规章制度，严格施工现场安全管理。施工单位必须取得国家颁发的建筑业企业资质和安全生产许可证，并严格按资质等级许可的范围承建相应规模的煤矿建设项目，严禁超资质能力施工。煤矿施工等资质须经省级煤炭行业管理部门认定合格。严禁转包工程和挂靠施工资质。

项目监理单位对煤矿安全施工承担监理责任。监理单位要强化责任意识，严格审查施工组织中安全技术措施及专项施工方案是否符合有关安全标准和规定，对存在事故隐患的，应当要求立即进行整改。

三、严格履行煤矿项目建设程序

煤矿建设项目要严格执行《企业投资项目核准暂行办法》（国家发展改革委令第 19 号）、国家发展改革委等五部门《关于加强煤矿建设项目管理的通知》（发改能源〔2006〕1039 号）和《国家发展改革委关于加强煤炭基本建设项目管理有关问题的通知》（发改能源〔2005〕2605 号）等有关规定。所有新建项目、改扩建项目、生产能力提高一个标准设计档次（不含一个标准设计档次）以上的技术改造（产业升级）项目和净增生产能力 60 万吨 / 年及以上的资源整合（兼并重组）项目，必须履行项目核准、初步设计和安全设施设计审查程序。省级有关部门在规定权限内作出的项目核准、初步设计审查批准文件须抄报国家发展改革委、国家能源局。

任何部门和单位不得越权核准煤矿建设项目。建设单位要严格执行煤矿项目开工标准，未经项目核准、初步设计和安全设施设计审查的项目，不得以任何名义进行井筒开挖和剥离土（岩）开挖等主体工程施工。煤矿初步设计审查时，应对煤矿提升、运输、通风、排水等主要系统能力进行审核，不得预留富余能力，严禁批小建大。对于未经核准擅自开工以及越权违规核准的煤矿项目，有关部门不得受理初步设计和安全设施设计审查，不得进行项目竣工验收，不得发放有关证照。对于批小建大的项目，新增的生产能力不予认可，有关部门要严格按照项目核准的建设规模发放有关证照。上述违规建设项目，一经发现，应立即责令停止建设，并按有关规定追究项目建设单位和违规核准部门有关人员的责任。新建、改扩建、技术改造（产业升级）和资源整合（兼并重组）煤矿项目投产后 5 年内，不得通过能力核定提高生产能力。生产煤矿通过能力核定提高生产能力后 5 年内，也不得再次通过能力核定提高生产能力。

矿井标准设计档次分别是：6、9、15、21、30、45、60、90、120、150、180、240、300 万吨 / 年，300 万吨 / 年以上每增加 100 万吨 / 年按一个标准设计档次计算。露天矿每增加 100 万吨 / 年按一个标准设计档次计算。

四、扎实做好煤矿建设项目基础工作

煤矿项目建设应达到规定的勘查程度。煤田地质勘查单位要按照《煤、泥炭地质勘查规范》、《矿区水文地质工程地质勘探规范》等要求，做好项目地质勘查工作，确保提供的井田范围内构造断层、瓦斯参数、煤层顶底板含（隔）水层、老窑、小煤矿分布和开采情况等资料不低于勘查程度要求，并对勘查成果负责。地质报告要经有关机构评审、备案。

设计单位要按照《煤炭工业矿井设计规范》、《煤炭工业露天矿设计规范》、《煤矿安全规程》和煤矿安全标准，编制项目申请报告、初步设计和安全设施设计，不得承担与资质等级不符的设计编制任务，也不得承担未按规定查明瓦斯、水文、地质等安全开采条件的煤矿建设项目的初步设计和安全设施设计编制任务。

开采煤岩层范围有煤（岩）与瓦斯（二氧化碳）突出危险的矿区，以及井田内开采煤层瓦斯压力等单项突出危险性指标超标的，必须在可行性研究阶段对可能揭露的平均厚度在0.3米以上的所有煤层进行突出性危险评估。煤层突出危险性评估要由相应资质的安全评价等技术咨询机构，或政府部门牵头组织相关专家进行评估，评估报告结论要适用全矿井开采范围。

五、切实加强煤矿建设项目工程招投标管理

项目建设单位应按照招标投标法和项目核准文件等要求，做好项目勘察、设计、施工、监理以及重要设备、材料等采购活动的招投标工作，不得随意肢解工程。项目招标确需划分标段的，要以有利于施工安全为前提，严格控制单项工程（或同类专业工程）施工单位数量。矿井一期（从井筒开挖到井底车场施工前）工程施工单位原则上不超过2家；二期（从施工井底车场开始到进入采区施工前）、三期（从施工采区车场开始到整个采区巷道施工）工程施工单位原则上不超过3家。高瓦斯、煤（岩）与瓦斯（二氧化碳）突出、有突水危险或水文地质条件类型复杂及以上的矿井，施工单位应具有国家特级施工资质，并具有同类项目的施工业绩。

建设单位不得对未经核准、未经初步设计和安全设施设计审查批准的煤矿项目组织施工和监理招标；施工和监理单位不得承接未经核准、未经初步设计和安全设施设计审查批准的煤矿项目。

六、科学编制煤矿建设项目施工组织设计

煤矿建设项目应编制施工组织设计。施工组织设计由建设单位（或项目总承包单位）负责组织编制，并经设计、监理、施工等相关单位会审后组织实施。施工组织设计中提出的矿井一期、二期、三期工程施工时间，应科学合理，满足施工安全要求。

煤矿建设项目施工过程中遇到瓦斯、煤层自燃、煤尘爆炸危险等级、水文地质类型等发生变化，原设计的开拓方式、开采工艺以及提升、运输、通风等主要生产系统、首采区及首采工作面布置等需要变更的，或施工过程中发现设计存在重大缺陷，影响安全施工，需要修改设计的，应立即停止施工，对初步设计和安全设施设计进行修改，报原批准部门重新审查。初步设计和安全设施设计经审查同意，并对施工组织设计修改完善后，方可恢复施工，不得先施工后报批、边施工边修改。其中，涉及项目核准文件所规定的建设规模、重大技术方案、总投资等有关内容调整的，应事先以书面形式向原核准部门报告，经原核准部门同意后，重新履行煤矿初步设计和安全设施设计报批程序。

七、合理安排煤矿建设项目施工顺序

煤矿建设项目要按照施工组织设计有序推进工程进度，完善有关安全设施。项目进入二期工程前，必须安装矿井安全监测监控系统；高瓦斯、煤（岩）与瓦斯（二氧化碳）突出、有突水危险或水文地质条件类型复杂及以上的矿井进入二期工程前，其他矿井进入三期工程前，必须按设计建成双回路供电；高瓦斯、煤（岩）与瓦斯（二氧化碳）突出矿井，进入二期工程前，必须形成由地面主要通风机供风的全风压通风系统；煤（岩）与瓦斯（二氧化碳）突出矿井揭露突出煤层前，必须建成瓦斯抽采系统并投入运行，同时严格落实两个“四位一体”（突出危险性预测、防治突出措施、防治突出措施的效果检验和安全防护措施）综合防突措施；高瓦斯矿井进入三期工程前，必须形成瓦斯抽采系统；有突水危险或水文地质条件类型复杂及以上的矿井，进入三期工程前，必须形成永久排水系统。

建设单位不得随意压减工期，不得盲目赶超进度，一期、二期、三期工程结束时间比施工组织设计原计划时间提前超过3个月的，应作为建设期间重大事项，及时向政府有关部门报告。

八、切实强化煤矿建设项目施工管理

建设单位要对煤矿建设项目统一指挥协调，保持信息畅通，建立健全安全、技术、工程管理机构，配齐瓦斯抽采和各类探放水等设备，组织制定并督促落实好各项安全技术措施，加强对建设项目施工的监督管理。

施工单位要严格按照《煤矿安全规程》、《矿山井巷工程施工及验收规范》、《防治煤与瓦斯突出规定》（国家安全监管总局令第19号）和《煤矿防治水规定》（国家安全监管总局令第28号）等有关规定规范施工，加强现场安全管理。在施工过程中发现地质条件变化较大时，应立即停止施工并向建设单位报告。建设单位应及时组织相关单位制定应急安全防范措施，提出修改设计并按规定重新报批。施工单位必须按照《劳动法》、《安全生产法》等法律法规规定，做好对主要负责人、管理人员和施工人员的培训特别是新上岗人员的岗前培训，严格执行特种作业人员持证上岗制度。

监理单位应按监理合同约定和《建设工程监理规范》等有关规定，配备与建设项目监理工作相适应的足够数量的监理工程师及其他监理人员，定期巡视检查工程施工情况，发现存在安全隐患或问题的，应当要求施工单位立即整改；情况严重的，应当要求施工单位暂停施工，及时撤人，并报告建设单位监理单位应把检查、整改、复查、报告等情况记载在监理日志、监理月报中。

设计单位要派施工代表常驻施工现场，加强与施工和建设单位沟通交流，及时解决设计问题。

煤炭行业管理部门和煤矿安全监管部门要定期深入施工现场，对项目施工和管理进行监督检查。

九、建立健全煤矿建设项目应急管理机制

煤矿项目建设和施工单位要严格落实安全生产应急管理责任，完善应急预案，按规定建立矿山救援队伍或与具备救援能力的矿山救援队伍签订救援协议，配备必要的应急物资、装备和设施，定期实施演练，确保作业和施救人员掌握相关应急预案内容，具备应急处置能力。

十、全面开展煤矿建设项目大检查

省级煤炭行业管理部门、投资主管部门、煤矿安全监管部门、煤矿安全监察机构要按照《国务院安委会关于立即开展全国安全生产大检查的通知》（安委明电〔2010〕1号）和本通知要求，立即组织有关煤矿企业开展煤矿建设项目大检查。

省级煤炭行业管理部门会同投资主管部门检查煤矿建设项目是否符合项目核准程序，项目初步设计是否审查。煤矿安全监察机构检查项目安全设施设计是否审查。对未经核准、初步设计和安全设施设计审查以及越权核准、批小建大的煤矿项目，一律责令停止建设，追究相关人员的责任。项目按规定程序履行有关手续后，方可恢复建设。

省级煤炭行业管理部门会同煤矿安全监管部门、煤矿安全监察机构在煤矿企业自查自纠的基础上，重点检查煤矿建设项目的基础工作、工程招投标、施工组织设计、施工顺序、施工进度、施工管理、应急管理等是否符合本通知要求，是否已对存在问题进行整改。未进行整改和整改不彻底的，必须停止施工，直到整改完毕并经有关部门验收合格后，方可恢复建设。

省级煤炭行业管理部门会同投资主管部门、煤矿安全监管部门、煤矿安全监察机构于

2010 年 5 月 31 日前将有关煤矿建设项目检查及处理情况上报国家能源局、国家煤矿安监局。国家发展改革委、国家能源局、国家安全监管总局、国家煤矿安监局等部门将组成联合检查组，对各产煤省（区、市）煤矿建设项目检查情况进行抽查。

二〇一〇年四月十日

1－14 国家发展改革委等十四部门关于开展治理和规范涉企收费工作的通知

发改价检〔2010〕794 号

各省、自治区、直辖市及计划单列市、副省级省会城市、新疆生产建设兵团发展改革委、物价局、深圳市市场监督管理局、工业和信息化主管部门、公安厅（局）、监察厅（局）、民政厅、财政厅、国土资源部、环保局、住房城乡建设厅（委、局）、交通运输厅、审计厅、检验检疫局、质量技术监督局、纠风办：

党中央、国务院历来高度重视减轻企业负担工作，1997 年，中共中央、国务院印发了《关于治理向企业乱收费、乱罚款和各种摊派等问题的决定》（中发〔1997〕14 号），经过连续的集中清理整顿，取得了明显成效。但近几年来，涉企乱收费的现象有所反弹：一些地方越权出台涉企收费政策，擅自增加涉企收费项目、提高收费标准、扩大收费范围；部分事业单位、行业协会、市场中介组织等依附行政权力强制收取经营服务性收费；有些地方政府部门乱收费问题屡禁不止，严重损害企业发展活力，危及中小企业生存，广大企业反映强烈。为贯彻落实国务院领导重要批示和全国纠风工作会议精神，按照国务院办公厅《关于制定治理和规范涉企收费措施的分工意见》，决定在全国范围内开展治理和规范涉企收费工作，现将有关问题通知如下：

一、统一思想，充分认识开展治理和规范涉企收费工作的重要意义

治理和规范涉企收费是今年经济工作的重要任务，也是中央纪委纠正行业不正之风专项治理工作的重点之一，这项工作对于营造良好企业发展环境、促进国民经济平稳较快发展、加强通胀预期管理、推进经济发展方式转变都具有十分重要的意义。各地要从实践“三个代表”重要思想，贯彻落实科学发展观，构建社会主义和谐社会的高度，充分认识治理和规范涉企收费工作的重要性。要高度重视、认真部署、精心组织，增强做好工作的责任感和紧迫感，切实把这项工作抓紧抓好，促使涉企收费行为进一步规范，企业负担明显减轻。

二、加大力度，做好治理和规范涉企收费各项工作

各地区、各有关部门要坚持标本兼治、综合治理的方针，在深入调研、摸清底数的基础上，紧紧围绕规范涉企收费行为这一中心，积极开展工作。

（一）认真清理涉企行政事业性收费。省级财政、价格主管部门要按照职责分工，对涉企收费的现状进行摸底调查，查清收费种类、标准、范围、数额和依据。认真清理本行政区域内涉企行政事业性收费项目及收费标准，对于不符合收费管理规定的、不符合当前实际情况的收费项目一律取消，对过高的收费标准要坚决降低。清理完成后保留的涉企行政事业性收费项目要报送财政部、国家发展改革委审核。

（二）规范涉企经营服务性收费。各级价格主管部门要对事业单位、社会团体相关涉企经营服务性收费进行全面清理。各省级价格主管部门要根据本地区实际，尽快制定本行政区域内的经营服务性收费管理办法，健全管理制度，规范收费行为，减轻企业负担。

（三）严格社会团体入会与收费管理。社会团体收取会费，应严格按照民政部、财政部《关于调整社会团体会费政策等有关问题的通知》（民发〔2003〕95号）和《关于进一步明确社会团体会费政策的通知》（民发〔2006〕123号）的规定执行。除法律、行政法规另有规定之外，严禁强制入会。各级价格、财政、民政部门要对社会团体涉企收费项目、收费标准进行合理性审查，必要时组织听证，对不合理的涉企收费项目和标准予以取消和调整。

（四）加快推进行业协会、市场中介组织与行政部门脱钩。各级纪检监察机关要组织协调有关职能部门对挂靠政府部门的行业协会、市场中介组织存在的突出问题进行整改，积极稳妥做好政府与行业协会、市场中介组织脱钩工作，切实推进政府部门与行业协会、市场中介组织做到组织分开、场所分开、工作分开、经济分开，切断政府部门与行业协会、市场中介组织的利益联系，打破垄断，促进中介服务市场的有序竞争。

（五）切实加大对涉企收费的监督检查力度。各级价格、财政部门要切实加强对涉企收费的监管，组织开展涉企收费专项检查，重点对涉及企业收费较多的质量监督检验检疫、国土、住房城乡建设、交通、环保等部门收费开展检查，对发现的乱收费问题按照有关规定严肃查处，责令将多收费用退还给企业，无法退还的违规收入收缴财政；开展行业协会、市场中介组织收费检查，规范行业协会、市场中介组织涉企收费秩序；各级民政、财政部门和社会团体业务主管单位要加强对社会团体会费的监督检查，坚决纠正强制入会行为。

（六）积极开展减轻企业负担专项治理。各级纪检监察机关要严肃查处涉企乱收费的违规违纪问题，要督促配合有关部门，按照十七届中央纪委第五次全会和全国纠风工作会议的部署，坚决纠正加重企业负担的不正之风，对于情节严重、性质恶劣和顶风违纪向企业乱收费的单位，要严肃追究有关责任人员的责任。各级发展改革、价格、财政、工业和信息化部门要全面落实《国务院关于进一步促进中小企业发展的若干意见》（国发〔2009〕36号），切实减轻中小企业税费负担。国务院减轻企业负担部际联席会议要进一步深入研究新形势下减轻企业负担工作，督促检查已出台的各项惠企政策的落实。

三、落实责任，切实加强对治理和规范涉企收费工作的领导

开展治理和规范涉企收费工作，政策性强，工作难度大。各地区、各有关部门应密切配合，求真务实，确保治理和规范涉企收费工作取得实效。

（一）加强领导和协调配合。按照国务院办公厅《关于制定治理和规范涉企收费措施的分工意见》，国家发展改革委负责治理和规范涉企收费工作的统筹协调，督促各部门抓好落实，并及时汇总报告各项工作完成情况。各省、自治区、直辖市价格主管部门要会同各有关部门向政府领导同志汇报治理和规范涉企收费工作，切实加强领导。要加强协调和配合，建立联动机制，充分发挥各部门的职能作用，在明确分工的基础上通力合作，共同推动治理和规范涉企收费工作深入开展并取得实效。

（二）制定工作方案。各地区、各有关部门要按照本通知要求，制定具体工作方案，明确任务目标要求，确定阶段工作重点和完成时限，将各项任务落实到人头。国务院有关部门将适时组织联合督查，对治理和规范涉企收费工作的开展情况、存在的问题进行督导检查，督促各地区、各有关部门把工作落到实处。

（三）建立健全长效机制。中央和省级财政、价格部门要严格执行新增涉企行政事业性收费项目需报经财政部、国家发展改革委同意的规定，定期向社会公布行政事业性收费项目目录。各级价格、财政、审计部门要严格涉企收费登记制度、企业缴费登记卡制度，完善政府购买服务制度、收费公示制度、政府部门收费审计制度。各部门要加强内部收费管理和审计监督，完善自我约束机制，要对照涉企收费中存在的问题查遗补缺，健全涉企收费管理制度，建立预防、监督、惩处相结合的长效机制。

（四）加强舆论宣传和社会监督。各地区、各有关部门要通过新闻媒体、政府网站等及时向社会公布清理涉企收费项目、降低收费标准的政策文件，曝光典型违法案件；畅通企业投诉渠道，加强社会监督；宣传治理规范涉企收费工作的进展情况，认真听取企业对减负工作的建议，提升企业战胜困难的信心。社会团体、市场中介组织要公开收费项目、收费性质、收费标准以及经营服务性收费项目的具体服务内容，接受社会监督。

（五）认真做好工作总结。各省级价格主管部门要会同有关部门将工作的组织情况、取得的成效、存在的问题、下一步的工作措施和建议进行总结，于 2010 年 12 月 31 日前将书面总结报告报送国家发展改革委（价格监督检查司），省级其它各主管部门也要按照隶属关系将工作情况分别上报国家主管部门。

二〇一〇年四月十五日

1 － 15　国家发展改革委 商务部 国务院台办关于印发《大陆企业赴台湾地区投资管理办法》的通知

发改外资〔2010〕2661 号

各省、自治区、直辖市及计划单列市、新疆生产建设兵团发展改革委、商务主管部门、台办，各中央管理企业：

为推动海峡两岸投资合作，实现两岸经济互利共赢，推动两岸关系和平发展，我们联合制定了《大陆企业赴台湾地区投资管理办法》。现印发你们，请按照执行。

附件：《大陆企业赴台湾地区投资管理办法》

二〇一〇年十一月九日

附件：

大陆企业赴台湾地区投资管理办法

第一条　为进一步鼓励、引导和规范大陆企业赴台湾地区直接投资，实现两岸经济互利共赢，推动两岸关系和平发展，特制定本办法。

第二条　鼓励和支持大陆企业积极稳妥地赴台湾地区投资，形成互补互利的格局。大陆企业赴台湾地区投资应遵循互利共赢和市场经济原则。

第三条 大陆企业赴台湾地区投资，应主动适应两岸经济和产业发展特点，结合自身优势和企业发展战略，精心选择投资领域和项目；认真了解并遵守当地法律法规，尊重当地风俗习惯，注重环境保护，善尽必要的社会责任。

第四条 大陆投资主体赴台湾地区投资，应符合以下条件：

（一）在大陆依法注册、经营的企业法人；

（二）具备投资所申报项目的行业背景、资金、技术和管理实力；

（三）有利于两岸关系和平发展，不危害国家安全、统一。

第五条 大陆企业赴台湾地区投资项目，地方企业向所在地省级发展改革委提出申请，由省级发展改革委初审后，报国家发展改革委核准。中央企业直接向国家发展改革委申请核准。

第六条 大陆企业赴台湾地区投资设立企业或非企业法人，由商务部核准。地方企业由所在地省级商务主管部门初审后向商务部提出申请；中央企业直接向商务部提出申请。

第七条 国家发展改革委按照《境外投资项目核准暂行管理办法》（国家发展改革委令第21号）对赴台投资项目进行核准，并在审核时征求国务院台办的意见，国家发展改革委的核准文件抄送商务部、国务院台办等有关部门。

第八条 对已经国家发展改革委核准的赴台投资项目，商务部核准时不再征求国务院台办的意见。

第九条 大陆企业赴台湾地区投资设立企业或非企业法人，商务部收到申请后，征求国务院台办意见。在征得国务院台办同意后，商务部按照《境外投资管理办法》（商务部令2009年第5号）进行核准，并颁发《企业境外投资证书》或《企业境外机构证书》。

第十条 大陆企业凭相关部门的投资项目和企业设立（含机构）核准文件、《企业境外投资证书》或《企业境外机构证书》，办理相关人员赴台审批、外汇登记等相关手续。

第十一条 赴台湾地区投资设立的企业或非企业法人在当地注册后，大陆企业应于15个工作日内将有关注册文件报国家发展改革委、商务部和国务院台办备案。

第十二条 对获得核准的赴台湾地区投资，大陆企业可凭核准文件和《企业境外投资证书》或《企业境外机构证书》享受国家有关政策支持。

第十三条 大陆企业如获得服务提供者等相关认证后，可享受两岸签署的有关协议项下给予的待遇。

第十四条 国家发展改革委、商务部、国务院台办加强大陆企业赴台湾地区投资的引导和服务，通过对外投资合作信息服务系统、投资指南等渠道，为企业提供有效指导。

第十五条 国家发展改革委、商务部、国务院台办加强对大陆企业赴台湾地区投资的培训工作，特别是政策、人员和投资环境等方面的培训，提高企业赴台湾地区投资的针对性和可操作性。

第十六条 鼓励各有关协会、商会、咨询机构加强对台湾地区投资环境、市场信息和产业发展状况的研究分析，发布研究和发展报告，为大陆企业赴台湾地区投资提供参考。

第十七条 大陆企业在台湾地区的投资如变更或终止，应按照《境外投资项目核准暂行管理办法》、《境外投资管理办法》办理相关手续。

第十八条 大陆企业通过境外企业到台湾地区投资，应按规定到国家发展改革委履行核准手续，到商务部履行备案手续。

第十九条 大陆企业如违反规定在台湾地区投资，国家发展改革委、商务部将会同国务院台办按有关规定予以处罚。

第二十条 本办法自发布之日起生效。国家发展改革委和国务院台办发布的《关于大陆企业赴台湾地区投资项目管理有关规定的通知》（发改外资〔2008〕3503号）、商务部和国务院台办发布的《关于大陆企业赴台湾地区投资或设立非企业法人有关事项的通知》（商合发〔2009〕219号）同时废止。

1－16 国家发展改革委等六部门关于印发《电力需求侧管理办法》的通知

发改运行〔2010〕2643号

各省、自治区、直辖市发展改革委、物价局、经信委（工信委、经贸委、经委）、财政厅（局）、国资委、能源局，各区域电监局、城市电监办，国家电网公司、南方电网公司：

为贯彻落实国务院关于加强电力需求侧管理的要求，我们制定了《电力需求侧管理办法》，现印发给你们，请按照执行。

附件：电力需求侧管理办法

二〇一〇年十一月四日

附件：

电力需求侧管理办法

第一章 总则

第一条 为提高电能利用效率，促进电力资源优化配置，保障用电秩序，根据《中华人民共和国电力法》、《中华人民共和国节约能源法》、《电力供应与使用条例》等法律法规，制定本办法。

第二条 本办法适用于在中华人民共和国境内开展电力需求侧管理工作。

第三条 本办法所称电力需求侧管理是指为提高电力资源利用效率，改进用电方式，实现科学用电、节约用电、有序用电所开展的相关活动。

第四条 满足电力需求应坚持节约与开发并举、节约优先的原则，在增加供应的同时，统筹考虑并优先采用需求侧管理措施。

第五条 国家发展和改革委员会负责全国电力需求侧管理工作，国务院其他有关部门在各自职责范围内负责相关工作。

县级以上人民政府电力运行主管部门负责本行政区域内的电力需求侧管理工作，县级以上人民政府其他有关部门在各自职责范围内负责相关工作。

第六条 电力需求侧管理是实现节能减排目标的一项重要措施，各地区、各有关部门和单位都应积极推进电力需求侧管理工作的开展。

第七条 电网企业是电力需求侧管理的重要实施主体，应自行开展并引导用户实施电力需求侧管理，为其他各方开展相关工作提供便利条件。

第八条 电力用户是电力需求侧管理的直接参与者，国家鼓励其实施电力需求侧管理技术和措施。

第二章 管理措施

第九条 各省级电力运行主管部门会同有关部门和单位组织制定本省、自治区、直辖市电力需求侧管理规划、年度工作目标和实施方案，做好电力需求侧管理资源潜力调查、市场分析等工作。

第十条 各地区有关部门根据本地区经济发展目标和电力供需特点，将通过需求侧管理节约的电力和电量，作为一种资源纳入电力工业发展规划、能源发展规划和地区经济发展规划。

第十一条 各级价格主管部门推动并完善峰谷电价制度，鼓励低谷蓄能，在具备条件的地区实行季节电价、高可靠性电价、可中断负荷电价等电价制度，支持实施电力需求侧管理。

第十二条 各地区有关部门定期选择本省、自治区、直辖市电力需求侧管理潜力较大的用户，组织有关单位为其开展电力需求侧管理提供咨询服务，并鼓励节能服务公司积极发挥作用。

第十三条 电网企业应加强对电力用户用电信息的采集、分析，为电力用户实施电力需求侧管理提供技术支撑和信息服务。

第十四条 各省级电力运行主管部门会同有关部门和单位制定本省、自治区、直辖市电网企业的年度电力电量节约指标，并加强考核。指标原则上不低于有关电网企业售电营业区内上年售电量的0.3%、最大用电负荷的0.3%。电网企业可通过自行组织实施或购买服务实现，通过实施有序用电减少的电力电量不予计入。

第十五条 鼓励电网企业采用节能变压器，合理减少供电半径，增强无功补偿，引导用户加强无功管理，实现分电压等级统计分析线损等，稳步降低线损率。

第十六条 鼓励用户采用符合国家有关要求的高效用电设备和变频、热泵、电蓄冷、电蓄热等技术，合理配置无功补偿装置，加强无功管理，优化用电方式，配合政府主管部门和电网企业开展电力需求侧管理。

第十七条 鼓励通过第三方机构认定电力电量节约量。

第十八条 电网企业应通过电力负荷管理系统开展负荷监测和控制，负荷监测能力达到本地区最大用电负荷的70%以上，负荷控制能力达到本地区最大用电负荷的10%以上，100千伏安及以上用户全部纳入负荷管理范围。

第十九条 有序用电应优先满足维护社会秩序、避免发生人身或重大设备安全事故、保障群众生命财产安全和居民生活的用电需求。

第二十条 各省级电力运行主管部门每年根据电力供需形势和国家有关政策，组织编制本省、自治区、直辖市有序用电方案，经本级人民政府同意后组织实施，并报国家发展和改革委员会备案。

第二十一条 有序用电方案实施过程中，电力运行主管部门应组织好信息发布、监督检查及相关统计工作，电网企业应做好配合，电力用户应按照有序用电方案采取相应措施。

第三章 激励措施

第二十二条 电力需求侧管理所需资金来源于电价外附加征收的城市公用事业附加、差别电价收入、其他财政预算安排等。

第二十三条 电力需求侧管理资金应主要用于电力负荷管理系统的建设、运行和维护，实施试点、示范和重点项目的补贴，实施有序用电的补贴和有关宣传、培训、评估费用。

第二十四条 电网企业开展电力需求侧管

理工作合理的支出，可计入供电成本。

第四章　附则

第二十五条　本办法中电力负荷管理系统是指用于对电力用户用电信息进行采集、分析及对电力负荷进行控制的软硬件平台和开展电力需求侧管理的信息技术辅助系统。

第二十六条　各省级电力运行主管部门可会同有关部门结合本省、自治区、直辖市实际情况，制定相关实施细则。

第二十七条　本办法自2011年1月1日起实施。

1－17　国家发展改革委关于推进国家创新型城市试点工作的通知

发改高技〔2010〕30号

各省、自治区、直辖市及计划单列市、副省级省会城市、新疆生产建设兵团发展改革委：

为深入贯彻科学发展观，全面落实自主创新战略，我委决定在推进深圳市创建国家创新型城市试点工作的基础上，扩大试点范围，围绕完善区域创新体系，增强可持续发展能力，加快实现创新驱动发展，继续指导和推进一批城市开展创建国家创新型城市试点。现将有关工作通知如下：

一、试点城市

原则同意大连、青岛、厦门、沈阳、西安、广州、成都、南京、杭州、济南、合肥、郑州、长沙、苏州、无锡、烟台等城市申报的创建国家创新型城市总体方案，支持以上十六个城市开展创建国家创新型城市试点。

二、指导思想和目标

创建国家创新型城市要以实现创新驱动发展为导向，以提升自主创新能力为主线，以体制机制创新为动力，以营造创新友好环境为突破口，健全创新体系、聚集创新资源、突出效益效率、着眼引领示范，探索区域创新发展模式，培育一批特色鲜明、优势互补的国家创新型城市，形成若干区域创新发展增长极，增强国家综合实力和国际竞争力，为实现创新型国家建设目标奠定坚实基础。

三、主要任务

（一）加强统筹规划协调，强化城市创新功能。制订创新型城市建设规划，以自主创新统筹经济、科技、教育发展，实施创新型城市建设重大工程,系统推进创新型城市技术创新、产业创新、企业创新，加强自主创新基础能力建设，强化城市创新功能，增强城市创新发展能力，实现发展模式转型，促进经济社会又好又快发展。

（二）健全区域创新体系，突出企业主体地位。增加教育和科技投入，建设和引进高水平教育与研究机构，增强区域创新人才和技术有效供给能力。鼓励和扶持创新公共平台和中介机构发展，增强创新服务能力。探索财政、税收和政府采购政策支持产学研合作创新的新模式，支持企业创新基础能力建设，加速创新要素向企业集聚,强化企业技术创新主体地位，培育有国际影响力的行业龙头企业。

（三）推进城市产业升级，优化区域产业结构。围绕城市主导产业发展需要，实施产业自主创新工程，加大创新能力建设投入力度，推进创新型城市主导产业升级。培育新能源、新材料、生物医药等战略性新兴产业，发展高技术产业和现代服务业，促进产业创新集群发展，加快高新技术改造传统产业进程，优化产业结构。

（四）建设创新友好环境，促进创新创业发展。制订和实施创新型城市相关配套政策与措施，建立创新政策落实效果监测与反馈机制，不断优化区域创新环境，形成创新友好型政策法律制度环境。围绕创新型城市建设总目标，弘扬科学思想，尊重首创精神，激发创造热情，营造鼓励创新、宽容失败的创新文化氛围，促进创新创业发展。

四、工作要求

（一）加强组织领导。各试点城市要成立创建国家创新型城市工作领导小组，加强对城市创新发展的领导，明确相关部门分工，将各项工作分解落实到具体单位。

（二）制定发展规划。请各试点城市根据创建国家创新型城市的总体方案，抓紧研究编制创建国家创新型城市的详细规划，细化和落实建设任务。

（三）认真组织实施。具备条件后请各试点城市抓紧组织实施创建国家创新型城市的总体方案和详细规划，落实专项经费，制定切实可行的政策措施，全面推进创新型城市建设工作。

（四）及时总结经验。请各试点城市在创建国家创新型城市工作中，进一步解放思想、大胆实践、突出特色，积极探索创新驱动发展的新模式。并及时总结经验，将有关情况报告我委。

我委将会同有关部门，加强对创建国家创新型城市工作的指导、监督和考核，并对试点城市的自主创新和高技术产业发展工作优先予以支持。

二〇一〇年一月六日

1－18 国家发展改革委关于做好外商投资项目下放核准权限工作的通知

发改外资〔2010〕914号

各省、自治区、直辖市及计划单列市、副省级省会城市、新疆生产建设兵团发展改革委：

根据《国务院关于进一步做好利用外资工作的若干意见》（国发〔2010〕9号）精神，现将外商投资项目核准权限下放有关事项通知如下：

一、下放核准权限。原由我委核准的《外商投资产业指导目录》中总投资（包括增资）3亿美元以下的鼓励类、允许类项目，除《政府核准的投资项目目录》规定需由国务院有关部门核准之外，由省级发展改革委核准。

二、严格项目管理。核准权限下放后，项目申请报告、核准内容、条件、程序等仍按照《外商投资项目核准暂行管理办法》（国家发展和改革委员会令第22号）规定执行。《外商投资产业指导目录》中限制类项目核准权限暂不下放；国家法律法规和国务院文件对项目核准有专门规定的，从其规定。

三、提高利用外资质量。鼓励外资投向高端制造业、高新技术产业、现代服务业、新能源和节能环保产业，促进外商投资使用新技术、新工艺、新材料、新设备，改造和提升传统产业。严格限制“两高一资”和低水平、过剩产能扩张及盲目重复类项目建设。

四、简化项目核准程序。各级发展改革委

在规范外商投资项目核准制，落实各项项目核准条件的同时，要主动简化核准程序，缩短核准时间，增强核准透明度，已核准项目原则上应通过不同方式向社会公开。

五、营造良好投资环境。各级发展改革委要以此次核准权限下放为契机，引导规范开发区健康发展，按照布局集中、用地集约、产业集聚要求，促进外商投资项目向开发区集聚，提高投资便利化，加大外商投资促进产业结构升级等方面的正面宣传和舆论引导力度，不断改善投资环境。

六、加强项目监督检查。各级发展改革委要会同有关部门加强对外资形势和趋势分析，关注热点和重点问题，及时帮助外商协调解决困难，重大问题及时向我委反映。

各级发展改革委要结合本地区实际，宣传和贯彻落实《国务院关于进一步做好利用外资工作的若干意见》(国发〔2010〕9号)，坚持积极有效利用外资的方针，加大改革创新力度，创造更加开放、更加优化的投资环境，全面提高利用外资工作水平。

二〇一〇年五月四日

1－19 国家发展改革委等六部门公告

(2010年第14号)

为进一步推动资源综合利用，提高资源利用效率，发展循环经济，建设资源节约型、环境友好型社会，国家发展和改革委员会、科学技术部、工业和信息化部、国土资源部、住房和城乡建设部、商务部组织编写了《中国资源综合利用技术政策大纲》，现予以发布，并于发布之日起施行。

附件：中国资源综合利用技术政策大纲

二〇一〇年七月一日

附件：

中国资源综合利用技术政策大纲

一、总论

(一)意义和目的

改革开放以来，我国经济持续快速增长，各项建设取得了巨大成就。与此同时，也付出了资源和环境代价，经济发展与资源环境的矛盾日益突出。“十二五”时期，我国仍将处于工业化和城镇化加快发展阶段，面临的资源和环境形势将更加严峻。开展资源综合利用，推动循环经济发展，是我国转变经济发展方式，走新型工业化道路，建设资源节约型、环境友好型社会的重要措施。

加快资源综合利用技术开发、示范和推广应用，引导社会资金投向，为相关单位开展资源综合利用工作提供技术支持，提升我国资源综合利用整体水平，是制定《中国资源综合利用技术政策大纲》的主要目的。

(二)指导思想和基本原则

以邓小平理论和“三个代表”重要思想为

指导，深入贯彻落实科学发展观，坚持节约资源和保护环境的基本国策，遵循政府推动、市场引导、企业主体、自主创新、因地制宜、重点突破的方针，加快科技创新，推广先进适用技术，推进资源综合利用产业化，提高资源利用效率，减少废弃物排放，促进经济社会又好又快发展。

坚持宏观调控与市场机制相结合，发挥市场配置资源的基础性作用，完善政策体系，建立有利于促进资源综合利用的长效机制；坚持以企业为主体，产学研相结合，选择环境影响严重、产生量大

的废弃资源，组织技术攻关，强化科技创新能力建设；坚持重点突破和全面推进相结合，依据资源禀赋和产业构成，形成资源综合利用产业集群，探索和完善循环经济发展模式。

（三）主要范围

一是在矿产资源开采过程中对共生、伴生矿进行综合开发与合理利用的技术；二是对生产过程中产生的废渣、废水(废液)、废气、余热、余压等进行回收和合理利用的技术；三是对社会生产和消费过程中产生的各种废弃物进行回收和再生利用的技术。

二、矿产资源综合利用技术

（一）能源矿产资源综合利用技术

1 石油天然气矿产资源综合利用技术

（1）推广在油田开发建设中，采用适用技术，对伴生天然气进行回收利用。

（2）推广从石油和天然气中回收硫资源生产硫磺技术。

（3）推广高效井下污水处理和再生利用技术。

（4）推广柴油机余热利用技术。

（5）推广采用不稳定排放硫化氢气体资源化利用技术回收井口无组织排放的含硫化氢气体。

（6）推进页岩气勘探开发技术。

（7）研发废弃钻井液、井下作业废液资源化利用和无害化处置技术。

2 煤炭资源综合利用技术

（1）推广无煤柱开采技术，推广采用不稳定或难采煤层开采技术、边角煤残采技术。

（2）推广煤系高岭土超细、增白、改性技术。

（3）推进煤系铝矾土、耐火粘土、膨润土、硅藻土、硫铁矿、油母页岩和石墨等资源综合利用技术的产业化。

（4）推进煤炭地下气化（UCG）技术的产业化，特别是加快具有井下无人、无设备，集建井、采煤、气化三大工艺于一体，适用于煤矿大量的煤柱、建筑物下压煤等呆滞煤量回收利用技术的研发和产业化。

（5）研发难选煤、干法选煤和高硫煤综合利用技术。

（6）研发“三下”(建筑物下、铁路下、水体下)及矸石充填采煤技术；研究提高开采上限技术。

（7）研发矿井水资源化利用技术。

3 地热资源利用技术

推广采用热泵等技术，利用地下热能进行采暖和制冷。

（二）金属矿产资源综合利用技术

1 黑色金属矿产资源综合利用技术

（1）推广磁铁矿精选作业的磁筛等高效利用技术。

（2）推广含稀土复合矿和钒钛磁铁矿综合利用技术。

（3）推广低品位、表外矿、复杂共伴生黑色金属矿产资源综合利用技术。

（4）推进尾矿再选技术及生产各种建筑材料的产业化。

（5）研发低品位硫铁矿选矿富集技术。

（6）研发尾矿干堆技术和尾矿高效浓缩工艺及设备。

2 有色金属矿产资源综合利用技术

（1）无废（少废）开采技术

——推广尾砂充填、废石充填、全尾砂膏体充填等充填法采矿技术。

——推广原地浸出采矿技术。

（2）推广采用大型低品位矿产自然崩落法技术开采。

（3）推广拜耳法用于低铝硅比一水硬铝石矿的选矿。

（4）推广低品位、表外矿、复杂共伴生有色金属矿产资源综合利用技术。

（5）推广复杂多金属硫化矿矿浆电解处理技术及中低品位氧化锌矿选冶联合处理技术。

（6）推广铜铅锌锡矿细粒、微细粒矿载体浮选技术。

（7）推广铜矿等有色金属矿伴生金、银等贵金属的综合利用技术。

（8）推广有色金属硫化——氧化混合矿选矿技术。

（9）推广湿法冶金关键装备应用。

（10）研发矿山塌陷区、废石堆场和尾矿库修复与垦植技术。

（11）研发对复杂有色金属矿石选别与富集技术。

（12）研发低品位矿生物提取技术。

（13）研发尾矿有价金属综合回收利用技术。

3 贵金属矿产资源综合利用技术

（1）推广含金银等多金属矿选矿尾渣中综合回收有价金属成分和非金属矿资源的矿物加工技术。

（2）推广采用复杂金矿循环流态化焙烧技术。

（3）推广高硫高砷高碳复杂难处理金矿的预处理技术。

（4）推广浮选富集—炭浸工艺技术等低品位金矿的综合利用技术。

4 稀有、稀土金属矿产资源综合利用技术

（1）推广采用电解工艺开发稀土镁中间合金技术，综合利用稀土尾矿。

（2）推广高效低毒高纯氧化铕提取技术。

（3）推进稀土冶炼分离清洁生产工艺技术的产业化。

（三）非金属矿产资源综合利用技术

1 化工原料非金属矿产资源综合利用技术

（1）盐湖钾盐综合利用技术

——推进盐湖钾盐伴生矿综合利用技术的产业化。

——研发固体难采钾矿溶采技术，非水溶性钾矿开发利用技术。

（2）磷矿综合利用技术

——推广磷矿伴生铁、硫、氟、碘、钒、钛等资源综合回收技术。

——推广反（双）浮选磷矿降镁技术。

——研发中低品位磷矿、中低品位胶磷矿选矿技术和窑法直接利用技术。

（3）硼矿综合利用技术

——研发低品位硼矿选矿技术。

——研发硼铁矿中硼、铁、铀有效分离和回收技术。

（4）研发中低品位萤石综合利用技术。

（5）研发钾长石综合利用技术。

2 建材原料非金属矿产资源综合利用技术

（1）玻璃陶瓷原料非金属矿有效利用技术

——推广硅质原料非金属矿产的均化开采以及浮选技术。

——推广陶瓷生产采用低品位原料配方技术产业化。

——推广利用中低品位高岭岩替代叶蜡石生产玻璃纤维技术产业化。

（2）填料及其它深加工用非金属矿的合理利用技术

——推广利用煤系高岭土生产高档填料、涂料技术。

——推广温石棉尾矿提取轻质氧化镁及综合利用技术。

——推广伟晶岩中石英提纯技术。

（3）推广石灰石矿均化开采配比技术。

（4）推广石英砂岩提纯技术。

（5）研发低品位菱镁矿、滑石、硅藻土、蓝晶石族等非金属矿选矿综合利用技术。

三、工业“三废”综合利用技术

（一）煤炭工业“三废”综合利用技术

1 煤矸石综合利用技术

（1）煤矸石发电技术

——推广适合燃烧煤矸石的大型循环流化床锅炉，在有条件的地区推广热、电、冷联产技术和热、电、煤气联供技术。

——推广炉内石灰脱硫和静电除尘技术。

——研发煤矸石等低热值燃料电厂锅炉高效除尘、脱硫、灰渣干法输送、存储及利用技术。

（2）煤矸石生产建筑材料技术

——制砖技术。推广全煤矸石生产承重多孔砖、非承重空心砖和清水墙砖技术。

——制水泥技术。推广利用煤矸石为原料，部分或全部代替粘土配制水泥生料，烧制水泥熟料技术。

——生产其他建材产品技术。推广利用煤矸石为原料生产陶瓷制品、陶粒、岩棉、加气混凝土等技术。

（3）推广利用煤矸石充填采煤塌陷区、采空区和露天矿坑及煤矸石复垦造地造田技术。

（4）推广利用煤矸石制取聚合氯化铝、硫酸铝、合成系列分子筛等化工产品技术。

（5）推广利用煤矸石生产复合肥料技术。

（6）推广煤矸石中极细粒钛铁矿、锐钛矿等杂质的分离技术。

（7）研发利用煤矸石生产特种硅铝铁合金、铝合金技术，以及利用煤矸石生产铝系列、铁系列超细粉体的技术。

（8）研发煤矸石提取五氧化二钒及其他稀有元素技术。

2 矿井水综合利用技术

推广采用混凝、沉淀（或浮升）以及过滤、消毒等技术，净化处理煤矿矿井水。

3 煤层气综合利用技术

（1）推进煤层气民用、发电、化工等技术的产业化。

（2）研发低浓度瓦斯利用技术。

（二）电力工业“三废”综合利用技术

1 粉煤灰、脱硫石膏综合利用技术

（1）粉煤灰综合利用技术

——推广采用粉煤灰生产水泥、砌块、陶粒等建筑材料技术。

——推广采用粉煤灰建造水坝、油井平台、道路路基等建筑工程技术。

——推广粉煤灰制取漂珠、空心微珠、碳等化合物技术。

——推进高铝粉煤灰提取氧化铝技术的产业化。

——推进粉煤灰造纸及生产岩棉技术的产业化。

——研发粉煤灰用于农业（改良土壤、生产复合肥料、造地）、污水处理以及各类填充材料等技术。

（2）推广脱硫石膏制水泥缓凝剂、纸面石膏板、建筑石膏、粉刷石膏、砌块等建材产品的综合利用技术。

（3）研发脱硫石膏免煅烧制干混砂浆。

2 废水综合利用技术

推广灰场冲灰废水封闭式循环利用等技术。

3 废气综合利用技术

推广燃煤电厂烟气中回收硫资源生产硫磺技术。

（三）石油天然气工业“三废”综合利用技术

1 废渣综合利用技术

（1）推广对油气采炼过程中产生的各类油砂、污泥、残渣、钻屑采用固化等无害化综合处理技术，并用于筑路、制造建筑材料、调剖堵水剂等。

（2）推广石油焦乳化焦浆/油（EGC）代油节能技术。

（3）研发改进缓和湿式氧化(WAO)—间歇式生物反应器(SBR)处理碱渣联合工艺，形成专有成套技术。

（4）研发污水处理场油泥(包括罐底泥)、浮渣和剩余活性污泥处理组合技术。

2 废水（液）综合利用技术

（1）推广钻井污水、废液综合处理技术，实现闭路循环利用。

（2）推广炼油企业含氢尾气膜法回收技术。利用膜分离技术建设芳烃、加氢尾气膜法回收装置，回收芳烃预加氢精制单元酸性气、异构化富氢、加氢裂化低分气、柴油加氢低分气中的富含氢气体。

（3）推广采用中和、酸化以及各种精制技术，从石油炼制产生的酸碱废液、废催化剂中，回收环烷酸、粗酚、碳酸钠、浮选捕集剂等资源。

（4）研发石油化工高浓度、难降解的有机废水处理技术以及油田废水替代清水技术。

（5）研发经济有效的废水深度处理技术和回用技术、氨氮废水处理技术与回收利用技术。

3 废气综合利用技术

（1）推广对炼油厂催化裂化过程中产生的高温烟气采用气能量回收技术进行能量回收。

（2）研发催化裂化再生烟气、加热炉气、工艺排气及电站排气中二氧化硫和氮氧化物处理技术。

（四）钢铁工业“三废”综合利用技术

1 冶炼废渣综合利用技术

（1）推广炼钢炉渣回收和磁选粉深加工处理技术。

（2）推广立磨粉磨粒化高炉矿渣技术。

（3）推广硫铁矿烧渣综合利用技术。

（4）推广冷轧盐酸再生及铁粉回收技术。

（5）推广钢渣返回烧结，替代石灰作为炼铁厂烧结溶剂技术。

（6）推广转炉煤气干法除尘及尘泥压块技术。

（7）推广氧化铁皮回收利用技术。采用直接还原技术制取粉末冶金用的还原铁粉。

（8）推广含铁尘泥综合利用技术。

（9）推广废钢渣生产磁性材料技术。

（10）研发含锌尘泥综合利用技术。

（11）研发不锈钢和特殊钢渣的处理和利用技术，特别是防止水溶性铬离子浸出的技术。

（12）研发钢铁渣游离氧化钙、游离氧化镁降解处理技术。

2 废水（液）综合利用技术

（1）推广对不同浓度的焦化废水优化分级处理与使用技术。

（2）推广采用“电氧化气浮”技术对废水进行深度处理并回用。

（3）推广污水深度处理脱盐回用技术。采用抗污染芳香族聚酰胺反渗透膜，生产高品质的回用水。

（4）推广冷轧含油乳化液膜分离回收技术。

（5）研发矿山酸性废水治理与循环利用技术。

（6）研发矿山含硫矿物，As、Pb、Cd 废水处理与循环利用技术。

3 废气及余热、余压综合利用技术

（1）推广全燃烧高炉煤气锅炉的应用技术。

（2）推广焦炉、高炉、转炉煤气的回收技术。

（3）推广利用还原铁生产中回转窑废高温烟气余热发电技术。

（4）推广高炉煤气余压发电 TRT(高炉煤气余压透平发电装置)结合干法除尘技术。

（5）推广采用利用溴化锂制冷等技术回收利用冶金生产过程中炉窑烟气余热。

（6）推广采用双预蓄热式燃烧技术，实现炉窑废气余热的利用。

（7）推广铁合金矿热炉、烧结机等中低温烟气余热发电技术。

（8）推广焦化干息焦技术，回收利用焦炭显热。

（9）推广低热值煤气燃气－蒸汽联合循环发电技术（CCPP）。

（10）推广炼钢厂除尘系统高温烟气余热发电技术。

（11）推广电炉余热回收及综合利用技术。

（12）推进烧结烟气脱硫副产石膏资源化利用技术的产业化。

（五）有色金属工业“三废”综合利用技术

1 冶炼废渣综合利用技术

（1）推广采用炉渣选矿法从冶炼炉渣中回收金属铜技术。

（2）推广铜冶炼阳极泥及废渣（料）综合利用技术，回收金、银、铂、钯、硒、碲、铅、铋、铟等。

（3）推广铜冶炼冷态渣，镍冶炼冷态渣深度还原磁选提铁综合利用技术。

（4）推广采用“破碎—磁选分选焦煤”、“球磨—磁选生产铁粉”等技术处理锌渣、窑渣。

（5）推广从铅电解阳极泥中提取金银的火法和湿法技术工艺。

（6）推广锌渣中提取银的技术。

（7）推广从锌浸出渣中提取铟技术。

（8）推广金属镁还原渣部分替代钙质和硅质原料生产水泥技术。

（9）研发高效利用铅锌冶炼渣再回收铅锌技术，以及稀散金属回收技术。

（10）研发低耗高效脱除氟、氯、氧化锌物料技术。

（11）研发采用氢气还原法从冶炼各类烟尘中制取金属锗综合利用技术。

（12）研发赤泥综合利用技术。

2 废水（液）综合利用技术

（1）推广轧制废油回收利用技术。

（2）推广从生产印刷线路板产生含铜废液中回收金属铜技术。

（3）研发加工生产过程中表面处理废液、酸洗污泥综合回收技术。

3 废气及余热综合利用技术

（1）推广采用氨吸收法技术，回收铜、铅、锌等有色金属冶炼企业产生的烟气二氧化硫，副产硫酸铵、硫酸钾等。

（2）推广采用钙吸收技术，对二氧化硫烟气脱硫并回用。

（3）推广采用氧化锌渣脱除铅锌冶炼烟气二氧化硫技术。

（4）推广冶炼废气中有价元素的回收利用技术。

（5）推广菱镁矿资源利用过程中二氧化碳回收以及生产二氧化碳衍生产品先进技术。

（6）推广有色冶金炉窑烟气余热利用技术。

（六）化学工业“三废”综合利用技术

1 磷石膏等化工废渣综合利用技术

（1）推广蒸氨废渣综合利用技术。

（2）推广采用电石渣替代石灰石用于水泥工业、纯碱工业以及电厂的烟气脱硫技术。

（3）推广利用铬渣作水泥矿化剂技术；铬渣制自溶性烧结矿并冶炼含铬生铁技术；铬渣作为熔剂生产钙镁磷肥技术；铬渣制钙铁粉、铸石、人造骨料、玻璃着色剂及铬渣棉等技术。

（4）推广磷石膏制磷酸联产水泥、制硫酸钾、制硫铵和碳酸钙以及制硫酸铵、硫酸铵钾等作为化工原料的综合利用技术；磷石膏制水泥缓凝剂、纸面石膏板、建筑石膏、粉刷石膏、砌块等建材产品的综合利用技术；磷石膏作为盐碱地改良剂技术。

（5）推广黄磷炉渣生产水泥、混凝土、磷渣砖、保温材料、低温烧结陶瓷等技术。

（6）推广黄磷泥生产五氧化二磷以及双渣肥等综合利用技术。

（7）推广造气煤渣综合利用技术。

（8）推广利用硼泥制备轻质碳酸镁、氧化镁等镁盐技术。

（9）推广利用硼泥生产建筑材料、农业肥料和冶金辅助材料技术。

（10）推广氟石膏生产建筑材料等综合利用技术。

（11）研发磷石膏充填采矿技术。

2 废水（液）综合利用技术

（1）推广纯碱生产中蒸氨废清液晒盐技术，采用高效蒸发技术和设备制氯化钙联产氯化钠。

（2）推广合成氨生产中采用水解汽提技术回收尿素。

（3）推广氮肥生产污水回用技术。

（4）推广循环冷却水超低排放技术。

（5）推广回收硼酸母液制备硼镁肥、轻质碳酸镁、氧化镁等镁盐产品技术。

（6）推广采用大孔径吸附树脂对 2，3- 酸废水回收利用技术。

（7）推广“树脂吸附—氧化—树脂吸附”技术对 2- 萘酚生产废水进行治理和资源化利用。

（8）推广处理 DS(4，4- 二氨基二苯乙烯 - 二磺酸酸氧化工序生产废水采用树脂法将有机物吸附并洗脱和回收利用的资源化技术。

（9）推广苯胺、邻甲苯胺和对甲苯胺生产废水资源化技术。

（10）推广树脂吸附法处理氯化苯水洗废水综合利用技术。

（11）推广从电镀废水中回收镍、钴等稀有金属技术。

（12）推广从制盐母液中提取氯化钾、工业溴、氯化镁技术。

3 废气、余热综合利用技术

（1）推广采用吸附、汽提、变压吸附等技术，从电石法聚氯乙烯生产尾气中回收氯乙烯、乙炔气。

（2）推广利用黄磷尾气发电并提纯一氧化碳生产甲醇、甲酸等化工产品技术。

（3）推广醇烃化工艺替代铜洗工艺技术。

（4）推广全燃式造气吹风气余热回收利用技术。

（5）推广湿法磷酸及磷肥生产副产品氟生产各种氟化物技术。

（6）推广以碳酸钠吸收硝酸生产尾气中的氮氧化物，生产硝酸钠、亚硝酸钠的技术。

（7）推广利用电石、炭黑生产尾气中的一氧化碳，作为燃料及化工原料用于制甲醇、合成氨和羰基产品技术。

（8）推广对含二氧化碳废气进行综合利用技术。其中利用氨水吸收尾气中二氧化碳制取碳酸氢铵；深冷制取液态二氧化碳或干冰；用纯碱吸收二氧化碳制取碳酸氢钠；用二氧化碳废气制取轻质碳酸镁；用烧碱废液吸收二氧化碳制取纯碱；用废气中的二氧化碳代替硫酸分解酚钠提取酚。

（9）推广氯化氢废气综合利用技术。其中用甘油吸收氯化氢制取二氯丙醇；在催化剂作用下制取环氧氯丙烷、二氯异丙醇，制取氯磺酸、染料、二氯化碳等化工产品；采用催化氯化法、电解法、硝酸氧化法生产氯气；副产盐酸生产聚氯乙烯等产品。

（10）推广催化干气蒸汽转化法制氢技术。

（11）推广草甘膦与有机硅生产中的氯元素循环利用技术。将草甘膦生产中的尾气经回收净化用于有机硅单体的合成。有机硅单体生产中产生盐酸，经净化后用于草甘膦合成，从而使含氯元素的化合物（氯甲烷、氯化氢）在草甘膦和有机硅两大类产品之间实现循环利用。

（七）建材工业“三废”综合利用技术

1 废渣综合利用技术

（1）推广石材加工碎石和采矿废石生产人造石材（装饰材料）技术。

（2）研发废陶瓷高附加值再利用技术。

2 废水综合利用技术

推广采用无机混凝剂 (PAC) ＋高分子助凝剂 (PHM) 等混凝沉淀处理技术。

3 废气、余热综合利用技术

（1）推广水泥窑废气余热发电技术。

（2）推进玻璃熔窑废气余热发电技术产业化。

（八）食品发酵工业“三废”综合利用技

术

1 废渣综合利用技术

（1）推广玉米脱胚提油和小麦提取蛋白技术。

（2）推广利用酒精糟生产全糟蛋白饲料等技术。

（3）推广啤酒废酵母干燥生产饲料酵母技术；废酵母经酶处理制备医药培养基酵母浸膏技术。

（4）推广柠檬酸废渣替代天然石膏技术。

（5）推进啤酒废酵母生产制备核苷酸、氨基酸类物质技术的产业化。

（6）推广玉米芯生产木寡糖技术。

（7）推广利用制糖废糖蜜生产高活性酵母等发酵制品技术。

（8）推进利用酶技术从麦糟中提取功能性膳食纤维和蛋白质的产业化。

（9）推进果蔬浓缩汁生产废渣制备果胶、功能性膳食纤维和蛋白饲料技术的产业化。

（10）研发酵母细胞壁残渣制备甘露糖蛋白质及水溶性葡聚糖等。

（11）研发啤酒糟采用多菌种混合固体发酵生物改性，生产肽蛋白技术。

（12）研发马铃薯、木薯淀粉生产废渣综合利用技术。

2 废水（液）综合利用技术

（1）推广发酵剩余资源厌氧发酵生产沼气技术。

（2）推广麦汁煮沸二次蒸汽回用技术。

（3）推广味精废母液生产复合肥技术。

（4）推广玉米浸泡水和谷氨酸离交尾液混合培养饲用酵母粉技术。

（5）推广木薯干片干式粉碎和鲜木薯湿法破碎分离技术,浓缩出精淀粉浆液和蛋白黄浆。

（6）研发采用膜过滤技术（MF）回收菌体制成饲料技术。

（7）研发薯类淀粉生产高浓工艺废水（俗称汁水或细胞水）回收蛋白技术。

（8）研发适用于食品行业生产的膜材料及膜分离装置；研发排放废水深度处理的膜技术与膜材料。

3 废气综合利用技术

研发利用酒精等生产过程中产生的二氧化碳生产降解塑料技术。

（九）纺织工业资源综合利用技术

1 废旧纤维等废渣综合利用技术

（1）推广废旧纤维循环利用技术。利用废旧涤纶及锦纶纤维、生产废料等生产再生纤维技术。

（2）推广利用废旧纤维作为产业用增强材料技术。

（3）推广溶解、萃取、离子交换等技术，对化纤工业产生的固体废弃物进行回收利用。

（4）推广针刺、热熔、纺粘、缝编等技术对废花、落棉、纱布角、短纤维等废弃物进行回收利用。

（5）推进废弃毛中提取蛋白制备生物蛋白纤维技术的产业化。

（6）推进利用双氧水对剥茧抽丝后的废弃物进行湿法纺丝技术的产业化。

（7）推进蚕蛹蛋白提炼及深加工、桑柞蚕丝下脚料生产针刺无纺布等综合利用产业化。

2 废水（液）综合利用技术

（1）推广采用水蒸汽直接蒸馏法从含溴染料废水中制取溴素技术；以分散蓝 2BLN 水解母液以及硝化废酸为原料从废水中离析回收 2，4– 二硝基苯酚。

（2）推进洗毛废水采用高效分离回收等工艺设备提取羊毛脂技术产业化。

（3）推进聚酯企业生产废水中乙醛等有机物回收与利用技术产业化。

（4）研发适用于排放废水深度处理的膜材料，并研发适用于浆料、染料浓缩与回收工艺的膜分离装置。

（十）造纸工业“三废”综合利用技术

1 废渣综合利用技术

（1）推广造纸废渣污泥资源化利用技术。

（2）推进制浆碱回收白泥生产优质碳酸钙技术的产业化。

2 废水（液）综合利用技术

（1）推广制浆造纸过程水的梯级使用和废水深度处理部分回用技术。

（2）推广造纸白水多圆盘过滤机处理回收利用技术。

（3）推广厌氧生物处理高浓废水生产沼气技术。

（4）推广制浆封闭式筛选、中浓技术。

（5）推进纸浆废液生产微生物制剂技术的产业化。

四、再生资源回收利用技术

（一）废旧金属再生利用技术

1 推广采用机械化手段对废旧汽车、废旧船舶等机械设备的拆解和利用。

2 推广黄杂铜直接生产高精度板、带、管等技术。

3 推广紫杂铜熔炼除氧、除杂技术以及轧制过程中的表面处理和精整技术。

4 推广组合式熔炼炉组生产再生铝合金技术。

5 推广废铝易拉罐钻切屑利用技术；电解铝残极（阳极、阴极）生产石墨化炭阴极技术。

6 推广废铅酸蓄电池机械化拆解、破碎分选技术，分别回收处理塑料壳、铅极板、含铅物料（铅膏）、废酸液等；再生铅渣回收锡、锑等有价金属的技术。

7 研发废钢铁镀锌、镀铬等镀层的处理技术；废高合金钢的鉴定、检测和分选技术；混堆状废线材加工处理技术及装备；废易拉罐等优质废铝的保级利用技术。

（二）废旧家电及电子产品再生利用技术

1 推广电热丝等干法分离阴极射线管屏锥玻璃技术。采用工业吸尘器回收并妥善收集荧光粉。

2 推广加热析出、催化分解等技术，回收液晶面板上的液晶物质和稀贵金属铟并做无害化处理。

3 推广环保型的溶蚀、酸解、电解、精炼等技术，处理芯片等含稀贵金属的废料，回收金、银、钯等。

4 推广高效粉碎、分选技术，处理已去除芯片、电容器等部件的线路板，回收铜、玻璃纤维和树脂等。

5 推广粉碎、分选等物理方法在密闭的设施中处理含有多溴联苯、多溴二苯醚等有害成分的电线、电缆，回收铜、铝和塑料。

6 推广破碎、分选等物理方法在设置有环保和安全措施的密闭设施中处理废旧冰箱、空调、冷柜等制冷电器。

（三）废旧橡胶、轮胎再生利用技术

1 推广胶粉活化技术，提高胶粉活性，扩大胶粉利用率。

2 推广“预硫化和无模硫化翻新”轮胎翻新技术。

3 推广废旧橡胶常温粉碎、湿法粉碎、冷冻粉碎等生产精细胶粉技术。

（四）废纸板和废纸再生利用技术

1 推广废瓦楞纸箱中高浓连续碎解、纤维分级处理、中高浓筛选、大直径盘磨打浆技术，生产包装纸及纸板。

2 推广高浓筛选、高浓漂白、高浓揉搓等技术，处理废旧报纸及带有涂料、印刷油墨等需脱墨的纸张。

3 研发大型废纸和废纸板制浆技术及成套设备。

（五）废塑料再生利用技术

1 推广废塑料物理再生利用和机械化分类技术。

2 推广废塑料活化无机填料改性、纤维增强改性、弹性体增韧改性、树脂合金改性、链结构改性等化学再生利用技术。

3 推广利用废旧聚酯瓶生产聚酯切片技术。

4 推广利用废旧塑料、废弃木质材料生产木塑材料及其制品技术。

（六）废玻璃再生利用技术

1 推广废玻璃作为原料生产平板玻璃、瓶罐器皿等玻璃制品直接再利用技术。

2 推广废玻璃生产建筑和保温隔音等材料的间接再生利用技术。

（七）建筑废弃物再生利用技术

1 推广改性沥青混合料再生道路材料制备技术及装备。

2 研发建筑垃圾减量化控制技术及建筑垃圾再生材料在建筑工程中应用的成套技术。

五、其它废弃物资源综合利用

（一）农林废弃物资源综合利用技术

1 推广利用废弃木质材料（GB/T22529-2008 定义内容）为主要原料生产低甲醛或无甲醛人造板、层积材（集成材）、指接材及其他建筑装饰材料技术。

2 推广防腐、防霉、防虫（蚁）、干燥、阻燃、改性、染色等木材保护技术。

3 推广以竹材为主要原料造纸、生产人造板、层积材（集成材）、地板、家具等技术。

4 推广以农作物剩余物及其他生物质材料为主要原料造纸、生产人造板、加工固体成型燃料，以及气化（沼气）等技术。

5 推广秸秆快速堆沤腐解、高效生物有机肥还田、过腹还田、菌渣、沼渣等还田技术。

6 推广秸秆饲料、饲料添加剂技术。

7 研发蚕业副产品蛹油、蛹蛋白、蛹皮、肽头渣等综合利用技术。

8 研发高效发酵菌剂与反应装置，完善秸秆沼气规模化工程技术。

9 研发生物酶转化、裂解和液化等技术，制取秸秆液态运输燃料、氢气和化工产品等。

10 研发利用秸秆纤维素生产燃料乙醇技术。

（二）生活废弃物再生利用技术

1 推广城市垃圾好氧堆肥技术、沼气技术、卫生填埋（含生物反应器技术）技术。

2 推广城市生活垃圾发电技术。

3 推广新型干法水泥窑处理可燃生活废弃物技术。

4 推广餐厨垃圾分类生产饲料、有机肥等资源化技术。

5 推广住宅中水回用系统和技术；采用浸没式超滤处理技术，深度处理城市污水。

6 研发城市生活垃圾、污泥高效焚烧和烟气处理技术。

7 研发城市污泥生产有机肥料技术，解决重金属残留等问题。

8 研发城市污泥生产烧结砖技术。

（三）养殖废弃物综合利用技术

1 推广养殖业废弃物好氧堆肥、厌氧发酵生产有机肥技术。

2 推广畜禽粪便厌氧细菌分解生产沼气技术。

3 推广沼渣生产优质高效肥料技术。

4 推进畜禽屠宰废弃物生产饲料及相关生物制品技术的产业化。

5 研发利用虾蟹壳等废弃物开发相关生物制品技术。

六、资源综合利用现行税收优惠政策

（一）增值税

1 资源综合利用及其他产品增值税政策（财税〔2008〕156 号）

（1）免征

——再生水（再生水是指对污水处理厂出水、工业排水、生活污水、垃圾处理厂渗透液等水源进行回收并经适当处理后在一定范围内重复利用的水资源）。

——利用废旧轮胎为原料生产胶粉和翻新轮胎。

——生产原料中掺兑废渣比例不低于30%的特定建材产品（特定建材产品指，砖、砌块、陶粒、墙板、管材、混凝土、砂浆、道路井盖、道路护栏、防火材料、耐火材料、保温材料、矿岩棉)。

(2)即征即退

——以工业废气为原料生产的高纯度二氧化碳产品。

——以垃圾为燃料生产的电力或热力(其中垃圾用量占发电燃料的比重不低于80%;垃圾是指城市生活垃圾、农作物秸秆、树皮废渣、污泥、医疗垃圾)。

——以煤炭开采过程中伴生的舍弃物油母页岩为原料生产的页岩油。

——以废旧沥青混凝土为原料生产的再生沥青混凝土(废旧沥青混凝土用量占生产原料的比重不低于30%)。

——采用旋窑法工艺生产并且生产原料中掺兑废渣比例不低于30%的水泥(包括水泥熟料)。

(3)即征即退50%

——以退役军用发射药为原料生产的涂料硝化棉粉(退役军用发射药在生产原料中的比例不低于90%)。

——对燃煤发电厂及各类工业企业产生的烟气、高硫天然气进行脱硫生产的副产品(副产品是指石膏、硫酸、硫酸铵和硫磺)。

——以废弃酒糟和酿酒底锅水为原料生产的蒸汽、活性炭、白碳黑、乳酸、乳酸钙、沼气(废弃酒糟和酿酒底锅水在生产原料中所占的比重不低于80%)。

——以煤矸石、煤泥、石煤、油母页岩为燃料生产的电力和热力(煤矸石、煤泥、石煤、油母页岩用量占发电燃料的比重不低于60%)。

——部分新型墙体材料产品(具体范围按新型墙体材料目录执行)。

(4)先征后退

以废弃的动物油和植物油为原料生产的柴油(废弃的动物油和植物油用量占生产原料的比重不低于70%)。

2 再生资源增值税政策(财税〔2008〕157号)

2010年底前,对符合条件的增值税一般纳税人销售再生资源缴纳的增值税实行先征后退政策。具体退税比例2009年为70%,2010年为50%。

3 农林剩余物为原料的综合利用产品增值税政策(财税〔2009〕148号)

在2010年12月31日前对企业以三剩物、次小薪材、农作物秸秆、蔗渣为原料自产的综合利用产品享受增值税即征即退政策。具体退税比例2009年为100%,2010年为80%。

(二)企业所得税

企业所得税法及其实施条例规定:企业以《资源综合利用企业所得税优惠目录》规定的资源作为主要原材料,生产国家非限制和禁止并符合国家和行业相关标准的产品取得的收入,减按90%计入收入总额。

1 共生、伴生矿产资源

以100%的煤系共生、伴生矿产资源、瓦斯为原料生产的高岭岩、膨润土、电力、热力及燃气。

2 废水(液)、废气、废渣

(1)以70%以上的煤矸石、石煤、粉煤灰、采矿和选矿废渣、冶炼废渣、工业炉渣、脱硫石膏、磷石膏、江河(渠)道的清淤(淤沙)、风积沙、建筑垃圾、生活垃圾焚烧余渣、化工废渣、工业废渣为原料生产的砖(瓦)、砌块、墙板类产品、石膏类制品以及商品粉煤灰。

(2)以100%的转炉渣、电炉渣、铁合金炉渣、氧化铝赤泥、化工废渣、工业废渣为原料生产的铁、铁合金料、精矿粉、稀土。

(3)以70%以上的化工、纺织、造纸工业废液及废渣为原料生产的银、盐、锌、纤维、碱、羊毛脂、聚乙烯醇、硫化钠、亚硫酸钠、硫氰酸钠、硝酸、铁盐、铬盐、木素磺酸盐、乙酸、乙二酸、盐酸、粘合剂、酒精、香兰素、饲料酵母、肥料、甘油、乙氰。

(4)以70%以上的制盐液(苦卤)及硼

酸废液为原料生产的氯化钾、硝酸钾、溴素、氯化镁、氢氧化镁、无水硝、石膏、硫酸镁、硫酸钾、肥料。

（5）以100%的工业废水、城市污水为原料生产的再生水。

（6）以100%的废生物质油、废弃润滑油为原料生产的生物柴油及工业油料。

（7）以焦炉煤气、化工、石油（炼油）化工废气、发酵废气、火炬气、炭黑尾气为原料生产的硫磺、硫酸、磷铵、硫铵、脱硫石膏、可燃气、轻烃、氢气、硫酸亚铁、有色金属、二氧化碳、干冰、甲醇、合成氨。

（8）以转炉煤气、高炉煤气、火炬气以及除焦炉煤气以外的工业炉气，工业过程中的余热、余压为原料生产的电力、热力。

3 再生资源

（1）以100%的废旧电池、电子电器产品为原料生产的金属（包括稀贵金属）、非金属。

（2）以100%的废感光材料、废灯泡（管）为原料生产的有色（稀贵）金属及其产品。

（3）以100%的锯末、树皮、枝丫材为原料生产的人造板及其制品。

（4）以100%的废、旧轮胎为原料生产的胶粉、翻新轮胎。

（5）以100%的废弃天然纤维、化学纤维及其制品为原料生产的造纸原料、纤维纱及织物、无纺布、毡、粘合剂、再生聚酯。

（6）以70%以上的农作物秸秆及壳（包括粮食作物秸秆、农业经济作物秸秆、粮食壳皮、玉米芯）为原料生产的代木产品、电力、热力及燃气。

1－20 工业和信息化部关于推进重点工业产品质量达标的实施意见

工信部科〔2010〕65号

改革开放以来，我国产品质量有了很大提高，但一些领域与国际先进水平相比，还存在较大差距。主要表现在：产品质量一致性差，稳定性不高，可靠性不强。标准技术水平低、贯彻不力是一个重要原因。2009年4月，工业和信息化部制定下发了《关于加强工业产品质量工作的指导意见》（工信部科〔2009〕180号文），明确提出了“规模以上企业重点产品质量水平达到国家、行业标准”的工作目标。为推进重点工业产品质量达标，引导企业加大国家、行业标准的贯彻力度，杜绝无标、违标、降标生产，促进工业产品质量提升，制定如下实施意见。

一、充分认识推进重点工业产品质量达标的重大意义

（一）推进重点工业产品质量达标是加强产品质量建设，促进经济社会又好又快发展的必然要求。随着科技水平的提升和经济全球化的发展，标准对我国经济社会发展的促进与保障作用愈加突显。标准不仅是保障产品质量和消费安全、保护生态环境和节约资源能源的技术基础，是规范市场经济秩序的重要依据，而且是促进科学技术传播、创新，加快创新成果产业化的引领力量，是推动产业结构调整优化和转型升级的有效途径。国家、行业标准是我国标准体系的重要组成部分，促进我国经济社会又好又快发展，必须大力加强国家、行业标准的贯彻实施，推进重点工业产品质量达标。

当前，产品质量建设已进入攻坚阶段，引导和督促广大企业严格执行国家、行业标准，鼓励有条件的企业积极采用国际标准和国外先进标准，是提高产品质量、促进更新换代，加快产业结构优化调整的内在要求。各地工业主管部门、各行业协会、有关企业及标准化专业机构要深刻认识推进重点工业产品质量达标工作的重大意义，增强紧迫感、责任感，坚持以标准贯彻保质量提升、以质量提升促经济发展，努力把我国工业产品质量提高到一个新水平。

二、推进重点工业产品质量达标的工作思路

（二）指导思想。以科学发展观为指导，围绕开发品种、提升质量、培育品牌和改善服务，以企业为主体，以重点行业和重点产品为切入点，通过引导和督促企业贯彻国家、行业标准，鼓励和支持企业采用国际标准和国外先进标准，推进重点工业产品质量达标，促进工业产品质量水平明显提升。

（三）工作目标。构建以企业为主体，以重点工业产品质量达标备案制度为基础，以达标认定与检测能力建设为手段，以地方工业主管部门、行业协会和标准化专业机构为依托的国家、行业标准贯彻实施体系，形成国家、行业标准制修订与贯彻实施的互动机制，力争用3年左右时间实现规模以上企业重点产品质量水平达到国家、行业标准的目标。

三、推进重点工业产品质量达标的主要措施

（四）加大现行国家、行业标准的宣贯力度。各地工业主管部门要按照产业政策要求，围绕市场变化和企业需求，组织有关行业协会和标准化专业机构积极开展标准培训，促进现行国家、行业标准的贯彻实施。要检查、监督相关企业严格执行国家强制性标准，坚决杜绝无标、违标、降标生产。要引导企业按照国家、行业标准要求，加快淘汰落后的工艺、设备和产品，推动产业结构的调整优化和转型升级。要加强对技术创新项目及其产业化过程的贯标工作指导，提高技术应用的成熟度和产品开发的成功率，促进新兴产业的规范发展。要组织有条件的企业在全面贯彻国家、行业标准的基础上，制定实施技术要求高于国家、行业标准的企业内控标准。在一些重点产品领域，要鼓励和支持企业对标国际，积极引进、学习和贯彻国际标准和国外先进标准，促进产品质量与国际接轨。

（五）加强对技术性贸易标准的跟踪、研究与宣贯。各地工业主管部门、各行业协会和有关标准化专业机构要加强对工业产品主要出口市场的跟踪研究，及时发布其产品、技术和管理标准的制修订以及贯彻实施的相关信息，指导出口企业积极按照出口市场的国家和地区标准组织生产，切实提高产品质量，妥善应对贸易技术壁垒和保护措施，减少贸易摩擦。要加强利用关键产品、技术和管理标准促进工业经济健康发展的机制研究，通过制定实施符合我国工业经济特点和发展需要的国家、行业标准，规范进口市场秩序，保障进口产品质量，维护消费者的合法利益。

（六）加快节能减排与污染控制标准的贯彻实施。要结合地方、企业及重点领域、重点行业的特殊要求，以达标认定为手段，加快节能减排与污染控制领域国家、行业标准的贯彻实施。要鼓励企业按照节能、环保的新要求，不断提升装备、工艺、技术和管理水平。要通过不断提高高能耗、高污染、资源性污染物减排和能耗标准，推进企业、行业和地区深化贯标、达标工作，实现节能减排和节约资源的目标。

（七）强化对中小企业贯标、达标工作的指导。各地工业主管部门要切实重视中小企业贯标、达标工作，制定并落实指导本地区中小企业贯彻实施国家、行业标准的鼓励政策和配套措施，引导中小企业依靠技术创新和技术进步，不断提升贯标、达标的能力和水平，不断

提升产品质量。要积极发挥质量公共服务平台对中小企业贯标、达标工作的服务作用，通过提供人员培训、标准宣贯和检测验证等技术服务，切实增强中小企业贯彻国家、行业标准的基础能力。

（八）加强贯标能力与达标验证手段建设。要推动企业以技术改造为手段，积极加强贯标能力建设。要引导企业利用现有条件和设备设施，加强产品质量形成过程中的检验、检测与试验验证工作，重点加强对产品标准符合性的检测验证。要支持现有检测机构按照国家、行业标准的要求，不断补充、完善和提升检测能力，充实达标验证手段。要适应新技术、新材料、新产品和新兴产业发展需要，加快规划建设一批技术水平高、检测能力强、业务覆盖面宽的区域性、行业性专业检测机构，形成支撑国家、行业标准达标认定的基础平台。

（九）落实推进贯标、达标的政策措施。各地工业主管部门要结合本地区质量工作的特点和产业发展需要，在新产品鉴定和推广，示范基地和企业技术中心认定，国家、行业标准制修订，以及政府质量奖励等工作中落实推进企业贯彻国家、行业标准的激励政策和配套措施，发挥企业贯彻国家、行业标准的主体作用，增强企业的内动力。要指导企业适应经济社会发展的新形势、新特点、新需求，增强前瞻意识，努力加强产品从研发、设计、生产、销售到售后服务与保障全过程的贯标工作。

四、近期重点工作

（十）开展企业贯标达标情况调查。结合落实工业和信息化部《关于加强工业产品质量工作的指导意见》的要求，重点围绕钢铁、汽车、船舶、石化、纺织、轻工、建材、医药、有色金属、装备制造及电子信息等行业，选择部分工业企业开展现行国家、行业标准贯彻实施情况调查，梳理分析贯标达标工作存在的主要问题，研究提出解决方案。

（十一）推进产业发展急需标准的研究与宣贯。各地工业主管部门要结合地方特色，选择贸易、民生、安全、节能、环保等重点领域的国际标准开展水平研究与宣贯。要注重发挥有关行业协会和标准化专业机构的组织、协调作用与专业优势，积极开展产业发展急需的国家、行业标准和近年来新制定发布的国家、行业标准的宣贯活动。

（十二）制定下发产品质量达标备案管理试行办法。按照本实施意见的要求，制定下发重点工业产品质量达标备案管理试行办法，明确实施达标备案管理的重点工业产品目录、技术标准以及实施达标备案管理的程序、机构和管理要求。产品目录依据九大行业调整和振兴规划中的目标和要求，主要限定在钢铁、有色、化工、机床、汽车、工程机械、电子、建材、轻工、农业机械、高新技术等产品领域。技术标准要达到但不限于国家强制性标准的要求和国家有关行政许可法规的要求，范围上要覆盖产品主要功能、性能、可靠性、安全性等指标，内容上要覆盖与产品有关的强制性标准所有条款和推荐性标准主要条款。

（十三）试点开展产品质量达标备案管理。选择部分行业和地区规模以上企业的重点工业产品，试点开展达标备案管理。通过对企业相关产品质量达标情况的备案管理，全面了解重点工业产品的贯标、达标情况，及时发现某些产品标准的缺陷及贯彻实施中的存在问题，推进国家、行业标准的贯彻实施。

五、工作要求

（十四）加强组织领导。要充分认识推进重点工业产品质量达标工作的重要性和紧迫性，切实加强对达标推进工作的组织领导。要根据本实施意见的要求制定落实本地区、本行业的推进工作方案，加快制定配套措施。要积极参与达标备案管理的试点活动，精心策划，周密部署，努力把试点工作落到实处，务求实效。

（十五）建立评价考核机制。各地工业主

管部门要建立达标推进工作的评价与考核机制，协调处理推进工作中出现的新情况、新问题。要发挥现有质量公共服务平台的作用，加强对企业贯标、达标工作的信息服务。要适时对推进工作进行总结，组织推进工作经验交流和达标先进企业表彰奖励，积极营造有助于不断深化达标推进工作的文化氛围。今后，各地工业主管部门要及时对当年的产品质量达标推进工作进行总结，并于每年12月底前向工业和信息化部提交年度总结报告。

（十六）坚持常抓不懈。各地工业主管部门、各行业协会要把推进重点工业产品质量达标融入本地区、本行业经济社会发展大局，加强与地方政府及相关部门的沟通协调，着力构建达标推进工作的协同机制、长效机制，坚持常抓不懈。

二〇一〇年二月九日

1－21 工业和信息化部关于电动摩托车生产企业及产品准入管理有关事项的通知

工信部产业〔2010〕17号

各省、自治区、直辖市工业和信息化主管部门，有关中央企业：

为实施电动摩托车相关国家标准，规范电动摩托车生产，根据《汽车产业发展政策》和《摩托车生产准入管理办法》的有关规定，我部决定对电动摩托车生产企业及产品实施准入管理。现将有关事项通知如下：

一、准入条件要求

（一）拟新建电动摩托车生产企业的（含子公司、分公司），应当按照国家有关摩托车投资管理规定先行办理项目备案手续，并依据《摩托车生产准入管理办法》及其实施细则、工业和信息化部《关于进一步完善摩托车准入管理事项的通知》（工信部产业〔2009〕第115号）、《国家发展改革委办公厅关于进一步加强摩托车行业管理等有关问题的通知》（发改办产业〔2005〕2000号）和《电动摩托车生产准入条件现场考核补充规定》（见附件1）等管理规定，具备相关准入条件，向工业和信息化部提出申请，经考核合格、批准列入《车辆生产企业及产品公告》（以下简称《公告》）后，方可生产电动摩托车。

（二）现有《公告》内（燃油）摩托车生产企业拟生产电动摩托车的，应当依据《电动摩托车生产准入条件现场考核补充规定》的要求，完善相关准入条件，向工业和信息化部提出申请，经考核合格批准后，方可生产电动摩托车。《公告》内电动摩托车生产企业拟生产燃油摩托车的，也应根据有关规定，完善相关准入条件，向工业和信息化部提出申请，经考核合格批准后，方可生产燃油摩托车。

二、申请程序

（一）申请新建电动摩托车生产企业的、或现有《公告》内（燃油）摩托车生产企业申请生产电动摩托车的，应当按照本通知中的有关规定，向工业和信息化部提交《摩托车生产企业准入申请》（详见附件2）。

（二）企业在被批准生产电动摩托车后，应按《国家发展改革委关于完善车辆生产企业及产品公告管理有关事项的通知》（发改产业〔2006〕1532号）规定的程序申报电动摩托车新产品（《摩托车产品检测项目及依据标准清单》详见附件3）。

三、实施时间

电动摩托车生产准入管理从本通知发布之日起实施，电动轻便摩托车生产准入管理按国家标准的执行时间实施。

四、其他要求

电动摩托车生产企业应按照《公告》批准的参数生产电动摩托车产品，并在驱动电机壳体上打刻电机型号和出厂编号（若打刻位置不可或不易见，应在显著位置再打刻相同的编码）。企业应按合格证管理有关规定配发《机动车整车出厂合格证》，并及时向合格证数据管理中心上传合格证信息，应当在《公告》有效期内完成产品出厂检验、合格证签发、销售。《公告》内企业不得将生产资格转让给《公告》外企业生产电动摩托车。

各省、自治区、直辖市工业和信息化主管部门及有关中央企业，应根据本通知精神，认真做好本地区及下属企业电动摩托车准入管理工作，防止一哄而起、出现新的重复建设和资源浪费。

附件：1. 电动摩托车生产准入条件现场考核补充规定（略）
2. 摩托车生产企业准入申请（略）
3. 摩托车产品检测项目及依据标准清单（略）

二〇一〇年一月十四

1 － 22 工业和信息化部等七部门关于推进光纤宽带网络建设的意见

工信部联通〔2010〕105号

各省、自治区、直辖市、计划单列市及新疆生产建设兵团工业和信息化主管部门、通信管理局、发展改革委、科技厅（委、局）、财政厅（局）、国土资源厅（局）、建设厅（局）、国税局、地税局，中国电信集团公司、中国移动通信集团公司、中国联合网络通信集团有限公司：

为落实《电子信息产业调整和振兴规划》，引导推进光纤宽带网络建设，拉动国内相关产业发展，切实发挥光纤宽带对国民经济和社会发展的基础和促进作用，现就推进我国光纤宽带网络建设提出以下意见：

一、充分认识光纤宽带网络建设的重要性，共同推进网络建设发展

光纤宽带产业是当前信息产业中成长最快、发展空间最大的产业之一。推进光纤宽带网络建设能升级网络基础设施，提高自主创新能力，拉动相关产业发展，对应对金融危机影响，实现扩内需、保增长、促就业，以至提升国家长远竞争力均具有重要的战略意义。

近几年，我国光纤宽带网络已逐步开始部署，网络覆盖和接入速率不断提高。但在光纤宽带网络建设中，仍存在小区内网络部署困难、城市农村地区发展不平衡、宽带应用相对匮乏等问题。同时由于在经济不发达的农村地区开展光纤宽带网络建设投入大、效益差，电信企业缺乏积极性。上述问题的解决需要相关政策引导和扶持。

各有关单位要充分认识光纤宽带网络建设的重要意义，着力解决光纤宽带网络建设和应用中的困难和问题，共同推进光纤宽带网络建设发展。

二、加快光纤宽带网络建设，提升信息基础设施能力

电信企业要按照国家有关规定和技术规范开展光纤宽带网络建设，积极采取多种模式，以需求为导向，以光纤尽量靠近用户为原则，加快光纤宽带接入网络部署。新建区域直接部署光纤宽带网络，已建区域加快光进铜退的网络改造。有条件的商业楼宇和园区直接实施光纤到楼、光纤到办公室，有条件的住宅小区直接实施光纤到楼、光纤到户。优先采用光纤宽带方式加快农村信息基础设施建设，推进光纤到村。加强光纤宽带网络的共建共享和有效利用，积极推进三网融合。同步提升骨干网传输和交换能力，提高骨干网互联互通水平，改善网络服务质量，保障网络与信息安全。

到2011年，光纤宽带端口超过8000万，城市用户接入能力平均达到8兆比特每秒以上，农村用户接入能力平均达到2兆比特每秒以上，商业楼宇用户基本实现100兆比特每秒以上的接入能力。3年内光纤宽带网络建设投资超过1500亿元，新增宽带用户超过5000万。

三、制定和完善光纤宽带网络建设的配套措施，支持网络建设发展

各级通信行业主管部门要会同城乡规划、国土资源、市政等部门，组织电信企业编制管道、杆路、光缆等传输线路的专项规划，专项规划应符合当地土地利用总体规划和城乡规划的要求并做好相关衔接。

各级城乡规划、国土资源和投资主管部门在住宅小区、商住楼、办公楼等新建、改扩建项目的审批中，明确为光纤宽带建设预留管道、设备间、电力配套等资源，所需投资纳入建设项目概算，并保证电信企业平等进入，维护用户的选择权。通信行业主管部门组织电信企业参与相关建设方案制定和项目验收，并通过共建共享减少重复建设。

加快制定和完善光纤宽带网络相关的技术标准、工程规范和验收规范，加快城市新建住宅小区、商用楼预先布放光缆等规范的出台和落实。

四、引导宽带应用发展和创新，带动光纤宽带网络建设

电信企业要以市场为导向，联合产业链相关企业，发挥各自网络和技术优势，开发适合光纤宽带网络的特色业务，加快宽带应用的创新，积极推动三网融合业务发展，促进工业化和信息化融合，实现各方的合作共赢。

对利用宽带开展研发、技术改造、增值服务的企业，符合税收法律法规规定条件的，依法享受有关税收优惠政策。将光纤宽带网络的建设、应用和研发纳入《产业结构调整指导目录》鼓励类。基于光纤宽带网络的产品和应用，经认定为国家自主创新产品的，可列入《国家自主创新产品目录》和《政府采购自主创新产品目录》。

在实施“村村通电话”工程的基础上，结合家电下乡，加快推进宽带下乡的工作进程。鼓励各级地方政府对农村光纤宽带建设，优先保障供电需求，减免光缆敷设赔补费用。

鼓励各级地方政府对公共服务机构的光纤宽带使用、对软件及服务外包园区的高速宽带通道建设费用，给予财政补贴。鼓励政府和行业信息化的光纤宽带网络应用，促进宽带在电子政务、医疗卫生、城市管理、社区服务等领域的普及，推广基于宽带的视频应用，发展基于宽带的信息服务和文化创意产业。继续利用现有资金渠道和有关政策，鼓励大学生基于光纤宽带网络的创业，支持企业和单位利用光纤宽带网络开展业务、吸纳大学生就业。

五、完善其他相关配套措施，保障光纤宽带网络建设

加大光纤宽带通信核心芯片、器件、系统设备和应用等的研发投入和政策支持，鼓励光纤通信技术创新和提出自主光纤宽带技术标准，带动产业发展，支撑网络建设。加强对光纤宽带网络与信息安全的监督和管理，完善网间互联互通监管措施，完善电信基础设施共建共享配套措施，营造健康有序的市场竞争环境。

六、加强组织领导，确保各项工作落到实处

各有关单位要加强组织领导，落实责任分工，密切配合协作，务求实效，及时研究解决发展中出现的突出问题和矛盾，不断调整完善相关政策，进一步发挥光纤宽带网络建设和业务应用对国民经济的促进作用。有关单位要加强对本意见贯彻执行情况的督促检查。

二〇一〇年四月八日

1 - 23　工业和信息化部等七部门关于推进第三代移动通信网络建设的意见

工信部联通〔2010〕106号

各省、自治区、直辖市、计划单列市及新疆生产建设兵团工业和信息化主管部门、通信管理局、发展改革委、科技厅（委、局）、财政厅（局）、国土资源厅（局）、环保厅（局）、建设厅（局）、国税局、地税局，中国电信集团公司、中国移动通信集团公司、中国联合网络通信集团有限公司：

为落实《电子信息产业调整和振兴规划》，引导推进第三代移动通信（以下简称3G）网络建设，拉动国内相关产业发展，切实发挥3G对国民经济和社会发展的促进作用，现就推进我国3G网络建设提出以下意见：

一、充分认识3G网络建设的重要性，共同推进网络建设发展

发展3G是提升自主创新能力和相关产业竞争力的重要手段，也是应对金融危机影响，实现扩内需、保增长、促就业的重要举措，对于我国国民经济和社会长远发展具有重要意义。TD-SCDMA（以下简称TD）是我国通信业第一个拥有自主知识产权的3G国际标准，对于建设创新型国家，加快产业结构调整和优化升级，保障网络与信息安全具有重要意义。3G网络建设是3G发展中的关键环节，是促进产业壮大和应用繁荣的基础，关系3G发展的成败。

自2009年初3G牌照发放以来，电信企业制定了3G发展规划，在各方的共同努力和支持下，3G网络建设基本顺利开展，投资已超过1600亿元。但目前在3G网络建设中，基站选址困难、业务应用不足等问题日益突出，将影响到后续3G建设的顺利开展。

各有关单位要充分认识3G网络建设的重要意义，着力解决3G网络建设和应用中的困难和问题，共同推进网络建设发展。

二、落实3G发展规划，促进网络协调持续发展

电信企业要切实落实3G发展规划，按照国家有关规定和技术规范开展3G网络建设，加大加深3G网络覆盖，积极开展网络优化，改善网络性能，确保网络与信息安全。要统筹协调3G与2G以及未来网络演进的关系，充分利用2G已有网络资源，发挥已有投资效益，逐步引入增强型技术，在网络建设中考虑与未来演进的结合，保障网络的平滑升级。要通过电信基础设施共建共享加快网络建设，节约建设成本，减少重复建设。到2011年，3G网络覆盖全国所有地级以上城市及大部分县城、乡镇、主要高速公路和风景区等，3G建设总投资4000亿元，3G基站超过40万个，3G用户达到1.5亿户。

三、制定和出台3G网络建设的支持政策，解决网络建设困难

各级通信行业主管部门要会同城乡规划、国土资源、市政等部门，组织电信企业编制基站站址、管道、杆路等设施的专项规划，专项规划应符合当地土地利用总体规划和城乡规划的要求并做好相关衔接。各级城乡规划、国土资源和投资主管部门在住宅小区、商住楼、办公楼等建设项目的审批中，明确为通信建设配套预留站址资源（包括机房、天面、铁塔、管道、分布系统等），在地铁、机场、车站、铁路、公路等公共设施项目的审批中统筹考虑通信建设的需求，并保证电信企业的平等进入。各级环保部门应根据移动通信网络点多面广的特点，在保障人民群众健康安全的同时，通过对移动通信网络建设规划的环评审批加快审批进度，对基站的建设可简化审批手续。各相关单位要积极协调推动政府机关、企事业单位开放楼宇资源提供站址，支持3G建设。

四、引导和支持3G网络应用发展和创新，带动3G网络建设升级

电信企业要以市场为导向，联合产业链相关企业，发挥各自网络和技术优势，开发适合3G网络及移动互联网的特色业务，不断丰富3G业务种类，加快3G应用的创新，探索3G应用的商业模式，形成差异经营、合作共赢的良性发展局面，促进工业化和信息化融合，以应用带动网络建设升级。对利用3G开展研发、技术改造、增值服务的企业，符合税收法律法规规定条件的，依法享受有关税收优惠政策。将TD等3G的网络建设、应用和研发纳入《产业结构调整指导目录》鼓励类。TD产品和应用经认定为国家自主创新产品的，可列入《国家自主创新产品目录》和《政府采购自主创新产品目录》。鼓励政府、行业信息化和电子商务中广泛应用TD等3G技术。

五、继续落实和完善支持3G发展的其他政策措施，保障3G网络建设

继续利用国家科技重大专项、高新技术产业化专项、科技支撑计划、电子发展基金、重点产业振兴和技术改造专项资金、自主创新产业化资金等相关政策措施，落实国家对TD等3G的各项支持。开展3G增强型技术和未来演进技术的标准化、产业化和业务应用研发等工作，同时促进设备及终端产业的发展，根据发展需要，增加3G及其演进技术发展所需频率资源。加强对3G网络与信息安全的监督和管理，完善网间互联互通监管措施，完善电信基础设施共建共享配套措施，营造健康有序的市场竞争环境。

六、加强组织领导，确保各项工作落到实处

各有关单位要加强组织领导，落实责任分工，密切配合协作，务求实效，及时研究解决发展中出现的突出问题和矛盾，不断调整完善相关政策，进一步发挥3G网络建设和业务应用对国民经济和社会发展的促进作用。有关单位要加强对本意见贯彻执行情况的督促检查。

二〇一〇年四月八日

1 － 24 工业和信息化部关于加强工业产品质量信誉建设的通知

工信部联科〔2010〕112号

各省、自治区、直辖市、新疆生产建设兵团及计划单列市工业和信息化主管部门，有关中央管理企业，有关行业协会：

当前，我国工业经济正处在巩固应对国际金融危机的成果，调结构、上水平，转变发展方式、提高工业经济发展质量和效益的关键时期。努力提高工业产品质量对于我们完成这一时期的任务和实现把我国建设成为工业强国的战略目标都具有重要的意义。

近来，在国内和国际贸易中出现了多起因产品质量问题而引起社会关注的典型事例，有正面的也有负面的。有的企业勇于承担质量责任，珍视质量信誉，妥善地解决了产品质量问题，挽回了不利影响；也有的企业违背质量诚信、漠视质量责任、无视质量信誉，损害消费者合法权益，给企业、行业乃至我国工业经济发展造成严重损失。

正反两个方面的事例都说明，加强质量信誉建设对于提高我国工业产品质量，提振消费信心，保护消费者权益，增强竞争力和提升我国工业产品质量形象具有重要的现实意义并将对我国工业经济的健康发展产生深远的影响。

各地区工业和信息化主管部门、行业协会和广大企业，要在全面落实好2010年各项质量工作的基础上，把加强质量信誉建设作为今年和今后一个时期的重要任务，加大力度，重点推进。

在加强工业产品质量信誉建设中，要重点做好以下七个方面的工作。

一、提高思想认识，加强组织领导

有关单位要提高对工业产品质量信誉的重要性的认识。要把质量信誉建设与全面提高我国工业产品质量水平，提升我国工业产品质量形象和国际信誉的工作相结合，做到领导到位、职责落实、目标明确、措施得力。将提高质量信誉的工作落到实处，抓出成效。

二、以企业为主体，增强企业质量责任意识

企业质量责任意识是质量信誉建设的基础。企业只有承担起质量责任，质量信誉才有了落脚点和提升的动力。企业的质量主体责任体现在三个方面。一是提供符合法律法规和标准要求的产品；二是持续改进质量；三是承担因经营和产品引发的法律和经济后果。当前，我国部分工业企业质量责任意识相对淡薄，缺乏承担质量责任的意识和能力，这在一定程度上加剧了因质量问题而导致的危害的范围和程度。

引导企业积极承担质量责任，一是要通过宣传、培训和质量月活动等工作，引导企业树立正确的质量责任观，让企业认识到承担质量责任才是企业生存和发展的根本；二是要通过推广先进质量管理方法、总结和交流质量管理经验、加强企业技术开发和产品创新等工作，帮助和指导企业提高企业质量管理和质量改进水平，增强履行质量责任的能力；三是要完善质量法制环境和配合有关部门加强质量监督，保护积极承担质量责任的企业和行为，加大对漠视和逃避质量责任的行为的打击力度。

三、质量信誉建设与品牌创建相结合

质量信誉和品牌培育是相辅相成的。质量

信誉是品牌价值的基础；品牌附加值是对质量信誉的高额回报。

品牌创建是技术与社会相结合的综合性问题。在技术上讲，品牌的实质是自主知识产权；从社会上看，品牌是社会公认度的体现。我国工业产品自主品牌建设落后，缺乏自主核心技术是一个原因，部分企业质量信誉不高而导致的我国工业产品整体质量形象不良也是一个重要的因素。

将质量信誉建设与品牌建设相结合，一是要通过宣传和表彰等活动，提升那些讲质量、守信誉的企业的品牌形象；二是综合利用政策、市场等手段，提高优秀品牌的市场影响力和价值表现；三是突出重点，以服装、家纺和家电行业为切入点，落实相关的指导意见，推进自主品牌建设；四是有条件的地区、行业和产业聚集区要培育区域性、行业性品牌，提升区域和行业质量形象。

四、加强基础工作，稳定提高产品质量

稳定提高产品质量是质量信誉建设的基本保证。加强基础工作，为企业稳定提高产品质量创造良好的条件，是预防出现损害质量信誉的事件的重要保障。针对容易引发质量信誉问题几个突出问题，当前要重点加强以下四个方面的工作。

（一）保证实物特性与标称特性的一致性

当前，工业产品的实物质量特性与标称的特性不一致或不能达到所依据标准的全部要求已经成为一个比较严重的问题。特别是在强制性标准所要求的特性上不能达到要求，会产生更为严重的危害。

要保证实物特性与标称特性的一致性，一是要配合有关部门加强产品抽查和检测工作，特别对涉及强制性标准的特性必查必测；二是对主观故意标称虚假特性的企业和产品坚决查处，净化市场环境；三是通过指导企业建立完善全员、全过程、全方位的质量管理体系，堵塞管理漏洞；四是在技术改造和技术创新项目中，加强对企业产品检测能力的配套建设，减少和消除因检测能力不足而导致的质量问题；五是在产业聚集区，特别是中小企业聚集区，大力发展可以提供标准服务和公共检测服务的技术服务的机构，提高社会化质量服务水平。

（二）发挥好标准工作对消除技术贸易壁垒的作用

在国际贸易中，特别是在国际金融危机影响仍然存在，贸易保护主义有所抬头的情况下，工业产品标准比较容易成为技术贸易壁垒，也成为导致我国工业产品在国际贸易中出现质量问题，造成质量信誉和经济损失的重要因素。

发挥好标准工作对消除技术壁垒的作用，一是要密切跟踪国际标准和国际先进标准，了解和掌握国际标准和发达国家先进标准的发展水平；二是要积极参与国际标准的制、修订工作，增加我国在国际标准领域的话语权；三是要加快我国工业产品标准的梳理和制、修订工作，提高我国标准与国际标准和国际先进标准的对接水平，减少和消除标准间的差异；四是对可能成为技术贸易壁垒和容易引发质量问题的标准进行专门的研究。特别是出口比重较大的行业和企业，要对主要目标市场所在国家的标准进行研究并提出对策，避免可能受到的损害。

（三）提高供应链质量保证水平

原材料和采购零配件的质量水平是下游产品质量形成过程的一个重要因素，也直接影响下游产品的采购成本和制造成本。近来，国内外发生了多起因采购零部件质量问题而影响最终产品质量的事件，给相关企业造成严重的信誉和经济损失。

提高供应链质量保证水平，一是要从行业和产业聚集区入手，加强上下游行业、企业的交流和协作，共同分析和解决影响产品质量的关键性因素；二是要加强上下游行业和企业的标准接口，保证标准要求的相关性和一致性；三是要帮助和指导企业完善对采购产品的质量检验和测试，严把产品质量的入口关；四是鼓励和引导企业对重要原材料和零部件供应商开展第二方审核，通过提高供应商的质量保证能力，保障采购产品的质量水平和稳定性。

（四）完善质量控制和技术评价能力

质量控制和技术评价不同于检验。检验的作用是判定产品合格与否；质量控制和技术评价既要判定产品合格状况，又要对质量进行分析，指导质量改进，还要为制造过程质量控制提供技术支持。质量控制和技术评价能力是评价和提高产品质量,降低发生质量问题的风险，保护质量信誉的的重要技术基础条件。

完善质量控制和技术评价能力，一是要做好相关机构在地区和行业的布局规划，形成比较均衡的质量控制和技术评价能力体系；二是加强对现有的质量控制和技术评价机构的管理，提高技术能力和服务水平；三是以行业骨干企业和科研院所为依托，开展对质量控制和技术评价有关技术的研究；四是在重点地区、行业和产业聚集区发展和培育新的机构，增强区域性和行业性质量控制和技术评价能力。

五、加快质量诚信建设，培育质量信誉

质量诚信体系是社会诚信体系的重要组成部分。对企业而言，质量诚信体系是对诚实守信的企业的支持和保护，是企业培育和保持质量信誉，提升品牌价值和社会认同度的基础；对社会而言，质量诚信体系是对企业诚信表现和产品质量的监督手段，综合发挥法律、政策和市场的作用，保障公共质量安全和社会经济发展。

加快质量诚信体系建设，一是通过开展宣传、表彰等工作，引导企业树立诚实守信的经营理念，改善企业的经营行为；二是要结合地区、行业特点开展质量诚信体系研究，并将质量诚信体系纳入社会诚信体系框架；三是通过制定重点行业质量诚信体系标准，推动完善行业质量诚信体系；四是在政策、资金、项目等方面,加大对质量诚信良好的企业的扶持力度，为诚信企业营造更有利的发展环境；五是对违背诚信的企业加大查处力度，让违背诚信的行为付出惨重的代价。

六、加强应对突发质量事件的能力

加强应对质量事件的能力是在出现非预期的质量事件的时候，减少和避免质量信誉损失的重要手段。质量不仅是管理和技术问题，也是社会问题。随着产品复杂程度和社会对工业产品依赖程度的增加，产品质量问题引发社会影响和危害的风险明显提高。在出现突发性质量事件的时候，能否积极应对并妥善处理对控制其影响和危害程度至关重要。

加强应对突发质量事件的能力，绝不是要隐瞒事实，逃避责任。而是要以诚信为基础，积极负责地解决好问题。一是要根据行业和地区特点，对重点产品，特别是那些涉及人身健康和财产安全的产品进行识别并严格管理，降低出现质量危害的风险；二是地方、行业和企业要依据各自责任，制定重点产品突发质量事件预案，对可能产生的社会影响进行分析并提出对策；三是地方工业和信息化主管部门要与质检、工商等部门建立应对突发质量事件的协调机制；四是在行业和地方建立质量事件通报制度，对引发社会性影响的质量事件要即时上报，并根据事件性质和程度采取有效措施，将质量事件的危害和影响降到最低。

七、与工业产品质量建设的各项工作有机结合

《工业和信息化部关于加强工业产品质量工作的指导意见》(工信科〔2009〕180号)和《工业和信息化部2010年质量工作要点》已经对质量工作做出了全面部署。加强质量信誉建设是工业产品质量建设的一项重点内容。要把质量信誉建设与全局性质量工作相结合，发挥各项质量工作与质量信誉建设的相互促进作用，推动工业产品质量进步。

各地区工业和信息化主管部门、行业协会，要按照本通知的要求对本地区、本行业质量信誉的基本情况进行调研和分析，在此基础上提出加强质量信誉建设的工作方案。调研情况和工作方案要在3月底之前报到我部。

有关企业要参照以上要求，密切与工信部门和行业协会的联系，积极发挥质量主体作用，加强质量信誉建设。

在工作中，要加强与质量监督、工商管理等部门的沟通和配合，发挥质量监管的职能作用，共同推进质量信誉建设；要开拓思路，积极探索和逐步完善质量信誉建设的长效机制，持之以恒地推进工业产品质量建设；有条件的地区和行业要组织对工作方案落实情况和重点企业质量信誉建设工作进行检查和指导。

各地工业和信息化主管部门、行业协会在年度末要对质量信誉建设工作进行专门总结，随质量工作总结一并报我部。

二〇一〇年二月二十四日

1－25 工业和信息化部关于加强化肥农药行业管理确保生产供应工作的通知

工信部原〔2010〕133号

为贯彻落实《中共中央国务院关于加大统筹城乡发展力度进一步夯实农业农村发展基础的若干意见》（中发〔2010〕1号）精神，进一步加强化肥农药行业管理工作，确保化肥农药等支农物资的生产供应，引导化肥农药行业健康发展，现就有关事项通知如下：

一、我国化肥农药的生产经营形势

（一）当前化肥农药行业经济运行情况

2009年在国家宏观经济政策的拉动下，化肥与农药保持较快增势。据统计，全年化肥产量（折纯，下同）6700万吨，同比增长16.3%。其中：尿素产量2930万吨，增长10.5%；磷肥1480万吨，增长21.9%；钾肥360万吨，增长24.6%。2009年化学农药原药(实物量，下同）226万吨，同比增长12.3%。其中：杀虫剂80万吨，增长5.1%；除草剂82万吨，增长18.3%，杀菌剂24万吨，增长8%。

2010年以来，随着国际市场逐步回暖，加之国家农业增产政策的实施，有力的促进了化肥、农药的市场需求增加。预计全年尿素产量3220万吨，增长9.7%（其中出口230万吨）；磷肥产量1550万吨，增长4.75%；钾肥产量约400万吨，增长9.4%。预计2010年农药总产量将达230至240万吨，主要品种可满足农业生产的需要。

（二）冬春季天气影响农作物生长

2009年入冬以来，我国北方地区连续出现大面积强降水天气，这对于干旱少雨的北方地区十分有利。预计开春后，由于土壤墒情良好，极有利于冬作物的返青，由此带来对化肥的需求也会增加。另外，由于去冬今春我国出现的长时间、大面积、超低温的冰雪天气，以及近期我国南方部分地区出现的严重旱情，使得今年农作物病虫害发生情况更加难以预测。这些都为我们继续做好化肥、农药的稳定生产和保障供应提出了新的要求。

（三）国家化肥改革措施的实施，有利于行业健康发展

2009年，国家先后下发了《关于改革化肥价格形成机制的通知》和《关于进一步深化化肥流通体制改革的决定》(以下简称《决定》)，将化肥出厂价等由政府指导改为市场调节，取消对铁路运价、煤价、电价的政策性补贴。同时，大幅度降低了农资经营门槛，鼓励生产企

业、社会和农户积极参与化肥流通。这对于企业降本增效、密切产销衔接、根据市场供求自行调节销售价格，有着积极的意义，同时也要求我们加强行业管理，继续做好化肥、农药的市场监测和运行分析。

二、当前应重视解决的几个重要问题

（一）产能趋于过剩，投资过热现象值得注意

自 2005 年以来，由于需求拉动，尿素等氮肥产品产能快速增加。五年间累计新增尿素产能 1700 多万吨。2009 年尿素总产能已达到 6500 万吨，目前仍有在建和规划建设的尿素产能约 1000 万吨。磷肥总产能约 2000 万吨，产能过剩约五分之一以上，但一些地方仍有一批新项目在建。这种现象，需引起各地行业主管部门的高度重视。采取有力措施，控制盲目新增氮肥、磷肥生产能力应成为今后一段时间工作的重点。

（二）产业集中度低，调整结构任务艰巨

我国合成氨前十家企业产能集中度为 13.3%（发达国家约为 80%）。我国合成氨生产企业有 465 家，平均产量 11 万吨，其中 8 万吨以下的有 200 家左右，甚至还有 2–3 万吨污染大、得率低、能耗高的碳酸氢铵装置在生产。我国有磷酸装置的企业 130 多家，平均规模 11 万吨；有生产许可证的复混肥企业 4350 家（准入门槛仅为 2 万吨）。

总体上看，我国化肥行业小企业多、布局散、装置落后、能耗高、污染重的特征比较明显，结构调整的任务十分繁重。

（三）钾资源对外依存度较高

我国是钾肥消费量最大的国家，每年消费约 800 万吨钾肥（占世界钾肥消费量的 20%），目前约 50% 左右需进口。预计随着 2011 年罗布泊年产 170 万吨钾盐建设项目的投产，我国钾肥自给率将会明显提高。下一步应进一步加大青海柴达木盐湖钾矿资源的开发利用。

（四）假劣农资案件时有发生，安全隐患不容忽视

目前，一些地方仍出现假化肥、假农药案件，以次充好、坑农害农现象时有发生。水果、蔬菜等农作物上也不时发现禁用高毒农药残留，违法、非法无证生产农药的现象依然存在。最近发生的海南毒豇豆事件，也反映出有关部门需进一步加强对高毒农药的使用辅导，做好农产品和食品的安全监督检查。

三、认真做好 2010 年化肥农药的稳定生产和保障供应工作

（一）密切关注化肥改革中出现的新情况、新问题

继续关注化肥流通体制改革实施以来对行业发展的影响。由于《决定》实施时间短，国内化肥市场总体反映平稳，但还需继续关注出现的新情况、新问题，及时研究对策和建议。

（二）积极推进化肥、农药发展规划和准入条件的制订

抓紧修改完善化肥、农药等专项发展规划，争取 2010 年尽早颁布实施。继续推进合成氨、尿素、磷肥、复合肥、缓控释肥、钾肥行业准入条件的编制，提高质量、环保、安全、能耗等准入标准，规范引导行业健康有序发展。加快推进《农药行业产业政策》和《农药生产管理办法》制修订出台，依法加强和改善农药行业管理。有条件的地区也要制定本地区化肥农药行业发展规划。

（三）依法做好农药行政许可工作

各工业主管部门要根据《农药管理条例》和《农药生产管理办法》要求，依法做好农药企业核准、延续核准、颁（换）发农药生产批准证书等工作。严格生产准入，严格控制新颁发农药生产批准证书，做好总量控制。加强农药生产管理，引导农药生产企业向工业园区集中，淘汰落后产能。

（四）积极开展化肥农药技术改造

积极推进化肥农药企业转变发展方式，按照《石化产业调整和振兴规划》积极开展技术

改造工作。氮肥要重点推进原料和动力结构调整、节能降耗、治污减排；磷肥重点要提高资源综合利用率，鼓励湿法磷酸净化技术，鼓励生产食品级、电子级磷酸及磷酸盐制品；积极开发缓控、长效等新型肥料。农药重点发展高效、低毒、低残留、环境相容性好的农药品种，调整和优化产品结构。

有条件的地区要设立支农产业（化肥、农药、农机、农膜等）发展专项资金，引导化肥农药行业健康发展。

（五）继续做好生产监督和农资打假

加强对化肥农药行业生产经营情况的监测，积极配合农业、质检、工商等有关部门查处假冒伪劣化肥农药，打击制售假劣农资行为，维护市场秩序。省级行业管理部门要加强对本地区高毒农药的生产经营监管。建立高毒农药流通销售可追溯的制度。配合农业部门指导农民科学合理地使用农药，加强高毒农药监测能力建设，培育农药监测队伍。

（六）切实加强对化肥生产和供应工作的协调和指导

各级工业主管部门要切实加强对化肥工业经济运行的指导，做好化肥流通体制改革中各项政策措施的衔接协调，积极帮助企业落实好生产和经营所需外部条件。一是帮助企业协调落实化肥生产所需原料供应；二是煤炭、天然气、电力、磷矿和运输企业，要全力优先保障对化肥企业的资源配置，确保化肥生产需要；三是积极引导探索建立以化肥生产企业、国储、商储相结合的收储机制；四是积极协调金融机构，帮助企业落实生产所需流动资金；五是指导企业做好安全生产和稳定生产；六是密切关注行业发展过程中出现的新情况、新问题，因势利导做好化肥农药等支农物资的生产供应，确保农业生产需要。

特此通知。

二〇一〇年三月二十日

1－26　工业和信息化部关于水泥工业节能减排的指导意见

工信部节〔2010〕582号

各省、自治区、直辖市及计划单列市、新疆生产建设兵团工业和信息化主管部门，中国建筑材料联合会，有关中央企业，相关单位：

为贯彻落实科学发展观，促进水泥行业提高能源资源利用效率、降低污染物排放，实现水泥行业可持续发展，现就进一步加强水泥行业节能减排工作，提出如下意见：

一、充分认识加强水泥行业节能减排工作的重要意义

水泥行业是我国国民经济建设的重要基础材料产业，也是主要的能源资源消耗和污染物排放行业之一。2009年全国水泥总产量16.5亿吨，水泥行业能源消耗总量约占全国能源消耗总量的5%，颗粒物排放量约占工业排放总量的30%左右。

“十一五”以来，水泥行业按照国家节能减排总体要求，加快产业结构调整步伐，大力推广新型干法水泥生产工艺，2009年新型干法水泥产量比重达到70%；大型新型干法水泥生产技术、余热发电技术等一批技术和装备达到国际先进水平；水泥行业节能减排工作取得积极进展，吨水泥综合能耗明显降低，颗粒物排放总量不断减少，年消纳、利用各类工业废弃物超过4亿吨。

但是，水泥行业能源资源消耗高、环境负荷重的局面还未得到根本改变，节能减排仍有很多突出的问题亟待解决：

单位产品能耗、排放与国际先进水平比较仍有差距。水泥行业工艺水平参差不齐，技术装备差距较大，行业整体能效水平不高。污染物和颗粒物排放水平与国际先进水平相比仍有一定差距。

落后产能还占一定比重，节能减排技术和装备推广力度不够。东西部地区淘汰落后产能差异较大，部分企业未达到国家能耗和环保相关标准要求。立磨、辊压磨等高效粉磨技术和变频调速技术没有得到充分应用。目前大约有300条新型干法水泥生产线未建成低温余热发电系统。

水泥行业消纳废弃物的潜力未得到充分发挥。水泥行业对工业废物的利用主要集中在混合材的使用上，重点是粉煤灰和矿渣，处置利用手段比较单一，利用新型干法水泥工艺及回转窑无害化、资源化协同处理工业可燃废弃物、生活垃圾及污泥技术等尚处于起步阶段。

水泥行业节能减排管理水平需进一步提高。水泥行业节能减排统计、监测和考核体系还有待建立和完善。现有的节能减排标准和规范还不完善，也未得到认真实施。相当多的企业节能减排管理职能机构不健全。

当前我国正处于工业化、城镇化加速发展的重要阶段，经济社会发展面临着严峻的资源和环境双重约束。水泥行业作为我国主要的高能耗、高排放产业，是工业领域节能减排的重点和难点，其节能减排效果对完成我国能源消耗目标、工业可持续发展起着举足轻重的作用。加大节能减排力度，已成为水泥行业面临的一项艰巨而紧迫的任务。

二、指导思想和主要目标

（一）指导思想

全面贯彻落实科学发展观，严格执行产业政策，以降低能源资源消耗、减少污染物排放为目标。加快科技进步，大力推广应用先进节能减排技术、工艺、装备；加大淘汰落后产能力度，推行清洁生产；加强综合利用，发展循环经济，强化科学管理，努力构建资源节约与环境友好型水泥行业，促进水泥行业节约、清洁、低碳和可持续发展。

（二）主要目标

到“十二五”末，全国水泥生产平均可比熟料综合能耗小于114千克标准煤/吨，水泥综合能耗小于93千克标准煤/吨。水泥颗粒物排放在2009年基础上降低50%，氮氧化物在2009年基础上降低25%，二氧化碳排放强度进一步下降。在新型干法水泥生产线上普遍应用余热发电、高效粉磨技术、电机变频等技术，重点水泥企业加快建设能源管理中心。大城市周边的水泥企业基本形成协同处置城市生活垃圾和城市污泥的能力，使水泥工业转变为兼顾污染物处置的新兴环保产业。

三、重点任务

（三）严格控制新增产能，加快淘汰落后产能。严格执行国家水泥工业产业政策，执行等量或超量淘汰落后产能的原则，防止盲目扩张和重复建设，完成近期内淘汰落后产能的预定目标。严格执行《水泥行业准入条件》，指导水泥生产企业合理布局。积极推动企业联合重组，鼓励延长产业链并形成新的经济增长点。

（四）加快科技进步，提高水泥生产的能效水平。采用大型立磨、辊压机等代替传统的球磨机。优化预分解窑炉工艺设计，形成高能效窑炉设备系列，支持新型节能型窑炉技术的研究和创新。继续开发推广应用水泥窑余热发电技术。支持采用高压变频调速和高效电机等节能技术措施，实现水泥生产能耗的显著下降。

（五）大力推行清洁生产，降低污染物排放。加大水泥行业先进、适用清洁生产技术的推广应用，加快研发烟气有害组分减排技术，重点研究氮氧化物减排控制技术，推广高效袋式除尘技术。加强生产过程中粉尘无组织排放的控制，推广设备降噪新技术，显著降低噪声污染。积极开展清洁生产审核，到2015年大中型企业完成一轮审核。完善清洁生产评价体系，提高清洁生产水平。

（六）推动信息化、智能化建设，提高水泥生产的信息化水平。支持产学研结合开发生产信息化、智能化管理技术，开发能源、资源消耗信息化管理和分析系统。研究、推广和应用矿山开采信息管理和优化开采方案，努力实现矿山开采的零排放。研究、推广和应用生产过程集散控制系统、水泥生料在线自动监测系统、熟料生产线专家系统等信息化技术，实现生产技术水平的大幅度提升。重点推广企业能源管理中心建设，用3–5年时间，加快推动大中型企业能源管理中心建设。

（七）加快研发低碳技术，逐步降低单位二氧化碳排放强度。大力支持工业废渣的再利用，减少水泥生产的过程排放，加强水泥熟料低温煅烧技术研究。开展水泥生产二氧化碳分离、应用技术及其碳捕集、封存的可行性研究。逐步建立水泥行业碳排放的基础数据库，建立评价指标体系，逐步实现水泥行业二氧化碳排放水平的降低。

（八）鼓励资源综合利用，完善循环经济发展模式。继续鼓励水泥生产企业对矿渣、粉煤灰、副产石膏等大宗工业废弃物进行综合利用。推动废弃物替代燃料的技术开发和应用，支持有条件的企业进行废弃物（包括一些危险废弃物）的协同处置。鼓励利用水泥窑炉处置市政污泥和城市生活垃圾，建立一批处置污泥和生活垃圾的示范生产企业，加强与市政部门有关政策协调。加强矿山资源的综合利用，充分有效使用低品位石灰石，提高矿产资源利用率，减少废弃物排放。

（九）积极开展资源节约、环境友好型企业创建活动。选择一批有代表性的先进水泥企业，积极开展“资源节约型、环境友好型”企业创建试点工作，争取在较短时间内建设一批典型示范企业，建立“资源节约、环境友好型”水泥企业统计指标体系和评价标准。积极总结先进典型经验，加强经验交流和推广，研究制定鼓励“资源节约、环境友好型”企业发展的具体政策，推进全行业向资源节约型、环境友好型发展模式转变。

（十）实施水泥行业节能减排重点工程建设。以实施节能减排重点工程为牵引，大幅度提高水泥行业资源利用效率、降低排放。实施低温余热发电、高效粉磨、高压变频、能源管理中心建设等节能改造工程，形成年节约750万吨标准煤的能力。实施电改袋除尘改造和有害气体排放控制治理工程，有效减少有害气体排放。实施消纳工业废弃物和协同处置市政污泥及生活垃圾工程，实现年处理能力约4200万吨。（节能减排重点工程具体建设内容见附件。）

四、政策措施

（十一）加强监督管理。各级工业主管部门要进一步加强对企业重点用能设备、排放设备、计量器具配备、能源利用、目标责任考核等工作的监督管理，建立和完善水泥行业节能减排统计、监测和考核体系，定期组织相关分析，开展预测预警工作。认真贯彻落实国家水泥工业产业政策，严格执行水泥行业准入条件。加快研究制订水泥行业改扩建项目节能评估审查具体办法，从严控制水泥企业盲目扩张。定期公告落后产能企业名单，进一步完善落后产能退出的资金补贴政策机制，加大政策执行力度。

（十二）建立完善节能减排新机制和优惠政策。鼓励专业节能服务公司为水泥企业提供能源审计、节能减排工程服务、合同能源管理、节能项目融资等一系列节能减排技术应用服务。引导水泥企业积极参与有序用电、科学用电等电力需求侧管理工作，降低环境污染，实现系统节能。积极研究有利于支持水泥行业利用废弃物的优惠政策，完善废弃物管理体系，理顺废弃物来源渠道，鼓励废弃物收集和处理的专业化，促进水泥行业废弃物预处理产业的发展。

（十三）完善节能减排标准体系。充分发挥科研院所和专业标准化委员会的作用，制修订水泥行业节能减排的技术标准，建立较完善的限额标准体系、检测标准体系、审核和认证标准体系。推动制定水泥行业二氧化碳计算统计系列标准、水泥窑等主要耗能设备效率测定与评价标准，不断完善水泥行业资源综合利用标准体系。加强对行业能效对标活动的指导，鼓励行业协会在现有能效对标研究成果的基础上，进一步加强对企业能效对标工作的技术指导，完善细化水泥行业能效对标指南等技术文件，通过开展行业对标推广活动，提高水泥行业的能源利用效率。

（十四）积极鼓励水泥行业技术创新。推动国家级水泥工业节能减排工程技术研究中心建设，建立跨部门、跨行业产学研紧密结合的科技创新体系。针对我国水泥行业在节能环保方面存在的突出技术问题，加大技术改造和新技术研发资金投入，开展行业共性、关键性支撑技术的研发与工程应用。鼓励装备制造骨干企业提升制造水平，实现高效、节能、环保水泥生产线装备的国产化、大型化，带动水泥产业的升级和技术进步。在水泥成套技术装备出口退税方面加大支持和引导力度。

（十五）明确节能减排主体，加强企业能力建设。要进一步明确生产企业是节能减排的主体，充分发挥企业的积极性。企业要强化节能减排管理制度建设，设立能源管理负责人，明确岗位责任和目标考核要求。依据能源管理体系标准，在行业中积极开展试点工作，逐步提升行业及企业能源管理能力。依据节能减排统计、监测和考核体系的要求，进一步完善企业内部能源计量在线检测、分析工作，提高企业的能效管理水平。

（十六）加强组织领导。各地工业主管部门要加强对水泥行业节能减排工作的组织领导，结合本地区实际，按照国家水泥工业产业政策和本意见要求，加强组织和协调，确保各项措施落实，推动水泥行业节能减排取得实效。要充分发挥行业协会、中介组织的作用。相关行业协会要进一步做好节能减排调研、数据采集、统计分析等工作，鼓励行业协会和中介组织搭建节能减排技术和产品交流平台。发动社会各界力量做好节能减排宣传工作，通过会议、论坛、网络媒体等多种形式，大力开展宣传培训活动，广泛宣传国家节能减排的法律法规和政策措施，提高节能减排意识。

附件：水泥工业节能减排重点专项工程汇总表

二〇一〇年十一月二十五日

附件：

水泥工业节能减排重点专项工程汇总表

序号	名称	目标	主要内容	实施效果	建设年限
1	余热发电建设工程	所有具备条件的新型干法生产线都必须完成利用余热进行余热发电项目的改造。	推广新型干法水泥窑余热发电技术，对具有余热开发价值的新型干法水泥窑实施技术改造，进行300套余热发电工程建设。	可实现年节能量约600万吨标准煤。	2010-2015年

2	高效粉磨节能改造工程	完成 60% 的水泥粉磨系统的节能改造。	在生料粉磨系统中用立磨替代球磨机；在水泥粉磨系统中，特别是年产 100 万吨水泥粉磨站，选用辊压机联合粉磨系统替代单一的球磨机；在煤磨系统中，用立磨替代风扫磨。	实现水泥粉磨电耗降低 10%，可实现年节能量约 100 万吨标准煤。	2010–2015 年
3	高压变频节能改造工程	完成 200 条新型干法水泥生产线的大中型电机变频技术节能改造。	对变工况电机系统进行变频调速改造。	可实现节能量约 230 万吨标准煤。	2010–2015 年
4	电改袋除尘改造工程	推广袋式除尘技术。	现有水泥窑电收尘器改为袋收尘（低压脉冲除尘器）。	颗粒物排放减少 50%	2010–2015 年
5	有害气体的排放控制和治理工程	在大中型水泥企业中推广清洁生产技术，实现低污染排放。	在现有日产 2000 吨以上工厂，建设低 NOx 设施，推广低 NO（非催化还原、催化还原、低 NOx 燃烧技术等）技术。	NOx 排放浓度降低 25%	2010–2015 年
6	消纳工业废渣及废弃物工程	培育 50 个发展循环经济的示范水泥企业。	在重化工工业聚集区域，选择有条件的现有工厂建设协同处理工业废渣及废弃物的设施，推动工业废渣及废弃物收集和预处理产业发展。	形成年处理工业废渣及废弃物 3000 万吨的能力	2010–2015 年
7	协同处置城市生活垃圾和城市污泥工程	使水泥企业成为大中城市污泥、城市生活垃圾无害化处置的重要一环。	选择大中城市周边日产 2000 吨或以上规模的现有工厂协同处置城市生活垃圾或城市污泥。	形成年处理 1200 万吨的能力。	2010–2015 年
8	能源管理中心建设工程	60 家企业建立能源管理中心。	加快水泥生产智能化和信息化控制系统的研发，建立企业能源资源消耗信息化管理平台，推动企业能源管理中心建设，挖掘节能潜力，采取节能措施，提高管理水平。	可实现节能率 1%–2%。	2010–2015 年

1 － 27　工业和信息化部关于推进重点工业产品质量达标的实施意见

工信部科〔2010〕65 号

改革开放以来，我国产品质量有了很大提高，但一些领域与国际先进水平相比，还存在较大差距。主要表现在：产品质量一致性差，稳定性不高，可靠性不强。标准技术水平低、贯彻不力是一个重要原因。2009 年 4 月，工业和信息化部制定下发了《关于加强工业产品质量工作的指导意见》（工信部科〔2009〕180 号文），明确提出了“规模以上企业重点产品质量水平达到国家、行业标准”的工作目标。为推进重点工业产品质量达标，引导企业加大国家、行业标准的贯彻力度，杜绝无标、违标、降标生产，促进工业产品质量提升，制定如下实施意见。

一、充分认识推进重点工业产品质量达标的重大意义

（一）推进重点工业产品质量达标是加强

产品质量建设，促进经济社会又好又快发展的必然要求。随着科技水平的提升和经济全球化的发展，标准对我国经济社会发展的促进与保障作用愈加突显。标准不仅是保障产品质量和消费安全、保护生态环境和节约资源能源的技术基础，是规范市场经济秩序的重要依据，而且是促进科学技术传播、创新，加快创新成果产业化的引领力量，是推动产业结构调整优化和转型升级的有效途径。国家、行业标准是我国标准体系的重要组成部分，促进我国经济社会又好又快发展，必须大力加强国家、行业标准的贯彻实施，推进重点工业产品质量达标。当前，产品质量建设已进入攻坚阶段，引导和督促广大企业严格执行国家、行业标准，鼓励有条件的企业积极采用国际标准和国外先进标准，是提高产品质量、促进更新换代，加快产业结构优化调整的内在要求。各地工业主管部门、各行业协会、有关企业及标准化专业机构要深刻认识推进重点工业产品质量达标工作的重大意义，增强紧迫感、责任感，坚持以标准贯彻保质量提升、以质量提升促经济发展，努力把我国工业产品质量提高到一个新水平。

二、推进重点工业产品质量达标的工作思路

（二）指导思想。以科学发展观为指导，围绕开发品种、提升质量、培育品牌和改善服务，以企业为主体，以重点行业和重点产品为切入点，通过引导和督促企业贯彻国家、行业标准，鼓励和支持企业采用国际标准和国外先进标准，推进重点工业产品质量达标，促进工业产品质量水平明显提升。

（三）工作目标。构建以企业为主体，以重点工业产品质量达标备案制度为基础，以达标认定与检测能力建设为手段，以地方工业主管部门、行业协会和标准化专业机构为依托的国家、行业标准贯彻实施体系，形成国家、行业标准制修订与贯彻实施的互动机制，力争用3年左右时间实现规模以上企业重点产品质量水平达到国家、行业标准的目标。

三、推进重点工业产品质量达标的主要措施

（四）加大现行国家、行业标准的宣贯力度。各地工业主管部门要按照产业政策要求，围绕市场变化和企业需求，组织有关行业协会和标准化专业机构积极开展标准培训，促进现行国家、行业标准的贯彻实施。要检查、监督相关企业严格执行国家强制性标准，坚决杜绝无标、违标、降标生产。要引导企业按照国家、行业标准要求，加快淘汰落后的工艺、设备和产品，推动产业结构的调整优化和转型升级。要加强对技术创新项目及其产业化过程的贯标工作指导，提高技术应用的成熟度和产品开发的成功率，促进新兴产业的规范发展。要组织有条件的企业在全面贯彻国家、行业标准的基础上，制定实施技术要求高于国家、行业标准的企业内控标准。在一些重点产品领域，要鼓励和支持企业对标国际，积极引进、学习和贯彻国际标准和国外先进标准，促进产品质量与国际接轨。

（五）加强对技术性贸易标准的跟踪、研究与宣贯。各地工业主管部门、各行业协会和有关标准化专业机构要加强对工业产品主要出口市场的跟踪研究，及时发布其产品、技术和管理标准的制修订以及贯彻实施的相关信息，指导出口企业积极按照出口市场的国家和地区标准组织生产，切实提高产品质量，妥善应对贸易技术壁垒和保护措施，减少贸易摩擦。要加强利用关键产品、技术和管理标准促进工业经济健康发展的机制研究，通过制定实施符合我国工业经济特点和发展需要的国家、行业标准，规范进口市场秩序，保障进口产品质量，维护消费者的合法利益。

（六）加快节能减排与污染控制标准的贯彻实施。要结合地方、企业及重点领域、重点行业的特殊要求，以达标认定为手段，加快节能减排与污染控制领域国家、行业标准的贯彻实施。要鼓励企业按照节能、环保的新要求，不断提升装备、工艺、技术和管理水平。要通过不断提高高能耗、高污染、资源性污染物减排和能耗标准，推进企业、行业和地区深化贯标、达标工作，实现节能减排和节约资源的目标。

（七）强化对中小企业贯标、达标工作的指导。各地工业主管部门要切实重视中小企业贯标、达标工作，制定并落实指导本地区中小企业贯彻实施国家、行业标准的鼓励政策和配套措施，引导中小企业依靠技术创新和技术进步，不断提升贯标、达标的能力和水平，不断提升产品质量。要积极发挥质量公共服务平台对中小企业贯标、达标工作的服务作用，通过提供人员培训、标准宣贯和检测验证等技术服务，切实增强中小企业贯彻国家、行业标准的基础能力。

（八）加强贯标能力与达标验证手段建设。要推动企业以技术改造为手段，积极加强贯标能力建设。要引导企业利用现有条件和设备设施，加强产品质量形成过程中的检验、检测与试验验证工作，重点加强对产品标准符合性的检测验证。要支持现有检测机构按照国家、行业标准的要求，不断补充、完善和提升检测能力，充实达标验证手段。要适应新技术、新材料、新产品和新兴产业发展需要，加快规划建设一批技术水平高、检测能力强、业务覆盖面宽的区域性、行业性专业检测机构，形成支撑国家、行业标准达标认定的基础平台。

（九）落实推进贯标、达标的政策措施。各地工业主管部门要结合本地区质量工作的特点和产业发展需要，在新产品鉴定和推广，示范基地和企业技术中心认定，国家、行业标准制修订，以及政府质量奖励等工作中落实推进企业贯彻国家、行业标准的激励政策和配套措施，发挥企业贯彻国家、行业标准的主体作用，增强企业的内动力。要指导企业适应经济社会发展的新形势、新特点、新需求，增强前瞻意识，努力加强产品从研发、设计、生产、销售到售后服务与保障全过程的贯标工作。

四、近期重点工作

（十）开展企业贯标达标情况调查。结合落实工业和信息化部《关于加强工业产品质量工作的指导意见》的要求，重点围绕钢铁、汽车、船舶、石化、纺织、轻工、建材、医药、有色金属、装备制造及电子信息等行业，选择部分工业企业开展现行国家、行业标准贯彻实施情况调查，梳理分析贯标达标工作存在的主要问题，研究提出解决方案。

（十一）推进产业发展急需标准的研究与宣贯。各地工业主管部门要结合地方特色，选择贸易、民生、安全、节能、环保等重点领域的国际标准开展水平研究与宣贯。要注重发挥有关行业协会和标准化专业机构的组织、协调作用与专业优势，积极开展产业发展急需的国家、行业标准和近年来新制定发布的国家、行业标准的宣贯活动。

（十二）制定下发产品质量达标备案管理试行办法。按照本实施意见的要求，制定下发重点工业产品质量达标备案管理试行办法，明确实施达标备案管理的重点工业产品目录、技术标准以及实施达标备案管理的程序、机构和管理要求。产品目录依据九大行业调整和振兴规划中的目标和要求，主要限定在钢铁、有色、化工、机床、汽车、工程机械、电子、建材、轻工、农业机械、高新技术等产品领域。技术标准要达到但不限于国家强制性标准的要求和国家有关行政许可法规的要求，范围上要覆盖产品主要功能、性能、可靠性、安全性等指标，内容上要覆盖与产品有关的强制性标准所有条款和推荐性标准主要条款。

（十三）试点开展产品质量达标备案管理。选择部分行业和地区规模以上企业的重点工业产品，试点开展达标备案管理。通过对企业相关产品质量达标情况的备案管理，全面了解重点工业产品的贯标、达标情况，及时发现某些产品标准的缺陷及贯彻实施中的存在问题，推进国家、行业标准的贯彻实施。

五、工作要求

（十四）加强组织领导。要充分认识推进重点工业产品质量达标工作的重要性和紧迫性，切实加强对达标推进工作的组织领导。要根据本实施意见的要求制定落实本地区、本行业的推进工作方案，加快制定配套措施。要积极参与达标备案管理的试点活动，精心策划，周密部署，努力把试点工作落到实处，务求实效。

（十五）建立评价考核机制。各地工业主管部门要建立达标推进工作的评价与考核机制，协调处理推进工作中出现的新情况、新问题。要发挥现有质量公共服务平台的作用，加强对企业贯标、达标工作的信息服务。要适时对推进工作进行总结，组织推进工作经验交流和达标先进企业表彰奖励，积极营造有助于不断深化达标推进工作的文化氛围。今后，各地工业主管部门要及时对当年的产品质量达标推进工作进行总结，并于每年12月底前向工业和信息化部提交年度总结报告。

（十六）坚持常抓不懈。各地工业主管部门、各行业协会要把推进重点工业产品质量达标融入本地区、本行业经济社会发展大局，加强与地方政府及相关部门的沟通协调，着力构建达标推进工作的协同机制、长效机制，坚持常抓不懈。

二〇一〇年二月九日

1－28　工业和信息化部 卫生部 国家食品药品监督管理局关于加快医药行业结构调整的指导意见

工信部联消费〔2010〕483号

各省、自治区、直辖市、新疆生产建设兵团工业和信息化主管部门、卫生厅（局）、食品药品监管局：

医药行业是我国国民经济的重要组成部分，在保障人民群众身体健康和生命安全方面发挥重要作用。进入21世纪以来，我国医药行业一直保持较快发展速度，产品种类日益增多，技术水平逐步提高，生产规模不断扩大，已成为世界医药生产大国。但是，我国医药行业发展中结构不合理的问题长期存在，自主创新能力弱、技术水平不高、产品同质化严重、生产集中度低等问题十分突出。加快结构调整既是医药行业转变发展方式、培育战略性新兴产业的紧迫任务，也是适应人民群众日益增长的医药需求，提高全民健康水平的迫切需要。为此，提出以下意见：

一、指导思想和基本原则

（一）指导思想

以邓小平理论和“三个代表”重要思想为指导，深入贯彻落实科学发展观，按照深化医药卫生体制改革的总体要求，以结构调整为主线，加强自主创新，促进新品种、新技术研发，推动兼并重组，培育大企业集团，加快技术改造，增强企业素质和国际竞争力，通过五年的调整，使行业结构趋于合理，发展方式明显转变，综合实力显著提高，逐步实现我国医药行业由大到强的转变。

（二）基本原则

1.坚持发挥市场机制作用与加强政策引导相结合。充分发挥市场配置资源的基础性作用，促进企业加强管理，整合生产要素，实现优胜劣汰。加强政策引导，加大支持力度，调动企业积极性，推动医药行业结构优化升级。

2. 坚持自主创新、技术改造与淘汰落后相结合。提高企业自主创新能力，重点推进生物医药技术创新与产业化，推动企业按照《药品生产质量管理规范（2010 年修订）》（GMP）进行改造，淘汰高耗能、高耗水、污染大、效率低的落后工艺和设备，严格控制新增产能。

3. 坚持保障生产供应与强化质量安全相结合。适应市场需求，增加基本药物生产，保障供应，同时推进基本药物与非基本药物协调发展。强化生产企业是药品质量第一责任人的理念，加强质量管理，完善标准和检测体系，保证药品安全有效。

二、主要任务和目标

（一）调整产品结构

1. 贯彻落实《关于建立国家基本药物制度的实施意见》，适应基本药物不断扩大的市场需求，增加生产保障供应。进一步规范基本药物生产流通秩序，推动基本药物生产企业的兼并重组，促进基本药物生产向优势企业集中，鼓励其采用新技术、新设备进行技术改造，提高基本药物产品质量和供应保障能力。基本药物主要品种销量居前 20 位企业所占市场份额应达到 80% 以上，实现基本药物生产的规模化和集约化。

2. 在化学药领域，研发满足我国疾病谱的重大、多发性疾病防治需求的创新药物，争取有 10 个以上自主知识产权药物实现产业化。抓住全球仿制药市场快速增长及一批临床用量大、销售额居前列的专利药陆续专利到期的机遇，加快仿制研发和工艺创新，培育 20 个以上具有国际竞争优势的专利到期药新品种。

3. 在生物技术药物领域，紧跟世界生物技术飞速发展的步伐，研发防治恶性肿瘤、心脑血管疾病、神经系统疾病、消化系统疾病、艾滋病以及免疫缺陷等疾病的基因工程药物和抗体药物，加大传染病新型疫苗研发力度，争取有 15 个以上新的生物技术药物投放市场。

4. 在中药领域，坚持继承和创新并重，借鉴国际天然药物发展经验，加快中成药的二次研究与开发，优先发展具有中医药治疗优势的治疗领域的药品，培育 50 个以上疗效确切、物质基础清楚、作用机理明确、安全性高、剂型先进、质量稳定可控的现代中药。同时，促进民族药的研发和产业化，促进民族药标准提高，加强中药知识产权保护。

5. 在医疗器械领域，针对临床需求大、应用面广的医学影像、放射治疗、微创介入、外科植入、体外诊断试剂等产品，推进核心部件、关键技术的国产化，培育 200 个以上拥有自主知识产权、掌握核心技术、达到国际先进水平、销售收入超过 1000 万的先进医疗设备。

（二）调整技术结构

1. 在化学药领域，推广应用膜分离、手性合成、新型结晶、生物转化等原料药新技术，运用基因工程、细胞工程技术构建新菌种或改造抗生素、维生素、氨基酸等产品的生产菌种，提高质量、产率，节能减排和降低成本。加强缓释控释、透皮吸收、粘膜给药、靶向给药等新型制剂技术在药物开发中的应用。

2. 在生物技术药物领域，重点突破大规模、高通量基因克隆及蛋白表达、抗体人源化及人源抗体的制备、新型疫苗佐剂、大规模细胞培养和蛋白纯化等技术。加快开发生物活性高、稳定性好、半衰期长的口服、肺部给药的新型生物技术药物制剂。

3. 在中药领域，根据中药特点，以药物效用最大化、安全风险最小化为目标，加快现代技术在中药生产中的应用，推广先进的提取、分离、纯化、浓缩、干燥、制剂和过程质量控制技术，重点发展动态提取、微波提取、超声提取、超临界流体萃取、膜分离、大孔树脂吸附、多效浓缩、真空带式干燥、微波干燥、喷雾干燥等高效率、低能耗、低碳排放的先进技术。建立和完善中药种植（养殖）、研发、生产的标准和规范，推广应用中药多成分含量测定和指纹图谱整体成分控制相结合的中药质量控制技术。开发现代中药制剂，结合中药特点，重点发展适合产品自身特点的新剂型。

4. 推进医药行业信息化建设，创建基于信息技术的药品和医疗器械研发平台。加快医药企业管理信息系统建设，扩大计算机控制技术在生产中的应用范围，提高企业管理和质量控制水平。提升关键、核心医疗器械的数字化水平。

（三）调整组织结构

贯彻国务院促进企业兼并重组的精神，鼓励优势企业实施跨地区、跨所有制的收购兼并和联合重组，促进品种、技术、渠道等资源向优势企业集中。通过扶优扶强和在市场竞争中优胜劣汰，显著提高企业规模经济水平和产业集中度，医药企业数量明显减少，医药百强企业销售收入占到全行业的销售收入的50%以上，形成一批具有国际竞争力和对行业发展有较强带动作用的大型企业集团。支持中小企业向“专、精、特、新”的方向发展，形成大型企业和中小企业分工协作、协调发展的格局。

（四）调整区域结构

东部沿海发达地区充分利用技术、资金、人才、品牌、营销渠道的优势，跟踪国际最先进技术，重点发展技术含量高、附加值高、资源消耗低的高科技产品，形成符合国际标准“长三角”、“珠三角”和“环渤海”三个综合性医药生产基地。中西部地区发挥资源优势，发展特色鲜明的专业性生产基地，积极承接产业转移，严防化学原料药生产向环境承载能力弱的地区转移和低水平产能的扩张，形成东、中、西部优势互补的布局，促进区域医药经济协调发展。

（五）调整出口结构

加快转变出口增长方式，抓住世界仿制药市场快速增长的机遇，扩大制剂出口，特别是增加面向美国、欧洲、日本等世界主要医药市场的销售。筛选具有比较优势的制剂产品，加快开展国际注册和生产质量体系国际认证，建立国际营销渠道，培育自主品牌。支持有条件的企业“走出去”，在境外投资设立制剂工厂，直接面向终端客户。通过政策引导和扶持，推动50家以上制剂企业通过发达国家的GMP认证，制剂在药品出口中所占的比重达到20%以上。

三、保障措施

（一）鼓励技术创新。继续加大对医药研发的投入，对具有我国自主知识产权的新药研制，在科研立项、经费补助、新药审批、进入医保目录和技术改造投资上给予支持。鼓励开展基础性研究和开发共性、关键性以及前沿性重大医药研发课题。支持企业加强技术中心建设，通过产学研整合技术资源，推动企业成为技术创新的主体。

（二）加强技术改造。制定《医药行业技术改造投资指南》，以技术改造为抓手，推动结构调整。支持符合结构调整方向、对医药产业升级有重大带动作用的企业技术改造项目，重点支持创新药物产业化、基本药物上水平、药品生产质量保证体系升级、中药现代化、医疗器械国产化。

（三）发挥药品价格杠杆调节作用。完善药品价格政策，坚持鼓励创新、促进企业提升产品质量的基本原则，根据创新程度，对成本费用和利润实行差别控制，特别是对拥有自主知识产权的产品，在价格核定过程中给予单独制定价格的政策。

（四）完善集中采购和临床使用政策。研究制定更加科学合理的集中采购评标标准和方法，合理划分药品类别，切实落实“质量优先、价格合理”的原则，建立公开、透明的社会监督机制，实现公平竞争和优胜劣汰。深化公立医院改革，推进医药分开，完善基本医疗保障费用支付方式，规范临床诊疗行为，促进合理用药，为产品结构调整营造良好的外部环境。

（五）发挥药品监管的促进作用。提高药品审评审批技术门槛，严格控制新开办制药企业数量。实施《新药注册特殊审批程序管理规定》、《药品技术转让注册管理规定》和《国家药品质量标准提高行动计划》，鼓励和引导企业加快技术创新，提高产品质量，实行强强联合，促进医药行业结构优化升级。

（六）完善企业兼并重组支持政策。认真落实有关企业兼并重组的政策措施，妥善解决富余人员安置、企业资产划转、债务核定与处置、财税利益分配等问题，对大型企业跨省（区、市）重组后的改扩项目优先予以核准，在股票发行、企业债券、中期票据以及银行贷款方面给予支持。

（七）制止重复建设，淘汰落后产品和工艺。修订完善《产业结构调整目录》和《外商投资产业指导目录》，制订重要产品准入条件，引导企业投资方向。规范药品委托生产，盘活存量资产，引导和督促企业及时淘汰同品种中落后的生产工艺和质量标准低的产品，促进结构调整。

（八）推进中药材生产产业化进程。鼓励企业建立中药材原料基地，发挥其带动中药材生产的作用，推进中药材生产产业化和《中药材生产质量管理规范》（GAP）的实施。应用先进的栽培技术，推广规模化种植，保证中药材的质量和供应。对重要野生药材品种要加强人工选育工作，制止过度采挖，运用生物技术进行优良种源的繁育，建立和完善种子种苗基地、栽培试验示范基地，推动野生药材的家种，降低对野生药材的依赖，为现代中药可持续发展奠定基础。

（九）推动医药产业集群化发展。鼓励基础条件比较好的医药工业园区深入开展创建国家新型工业化产业示范基地工作，在规划布局、技术改造及资金安排等方面，对示范基地予以重点指导和支持，引导其加强综合服务体系和公共基础设施建设，吸引关联企业在园区落户，形成一批管理规范、环境友好、产业关联度高、专业配套齐的医药产业聚集区。

（十）加强运行监测分析工作。完善医药行业运行监测体系，密切跟踪结构调整各项重点任务的落实情况，研究解决出现的新问题，及时发布行业信息，为企业生产经营和投资决策提供信息指导。

（十一）发挥行业协会作用。行业协会要充分发挥桥梁和纽带作用，引导企业加快结构调整，及时反映行业情况、问题和企业诉求，加强行业自律，促进行业健康有序发展。

二〇一〇年十月九日

1 － 29　工业和信息化部关于进一步加强中小企业节能减排工作的指导意见

工信部办〔2010〕173 号

各省、自治区、直辖市及计划单列市、新疆生产建设兵团工业和信息化主管部门、中小企业主管部门：

为贯彻落实《中华人民共和国节约能源法》、国务院《关于加强节能工作的决定》（国发〔2006〕28 号）和《关于印发节能减排综合性工作方案的通知》（国发〔2007〕15 号），按照国务院《关于进一步促进中小企业发展的若干意见》（国发〔2009〕36号，以下简称国发36号文件）要求，现就进一步加强中小企业节能减排工作提出如下意见：

一、充分认识中小企业节能减排的重要性和紧迫性

中小企业是国民经济的重要组成部分，对促进经济平稳增长、保障就业、推进技术创新所发挥的作用越来越大，成为推动生产力发展、建设和谐社会的重要力量。中小企业数量多、涉及行业广、社会影响大，提高中小企业节能减排和资源综合利用水平是贯彻落实科学发展观，走新型工业化道路，实现经济社会可持续发展的客观要求。当前，中小企业节能减排存在的主要问题：一是认识不到位，企业负责人关注生产经营多，对节能环保重视不够。企业发展方式粗放、结构不合理、装备水平落后等情况依然较为严重；二是企业数量多，而且较为分散，资源消耗量及污染排放相对较少，实施节能降耗措施及环境监管较为困难。各地中小企业管理部门对中小企业节能减排工作的重视程度也参差不齐，促进中小企业节能减排的政策措施还不完善；三是企业节能减排基础管理薄弱，普遍没有设置负责节能减排的专门机构和配备专业人员，节能减排基础数据缺失，情况不清；四是企业获取节能减排技术信息渠道不畅，节能减排的高投入与中小企业资金、技术实力弱的矛盾十分突出，中小企业节能环保普遍存在融资难、担保难等问题。这些都成为制约中小企业节能减排的主要障碍。

党中央、国务院高度重视中小企业发展。国发36号文件为改善中小企业经营环境，克服金融危机带来的不利影响，促进中小企业发展发挥了积极作用。但中小企业节能减排形势依然严峻，企业能源利用效率偏低，重点用能行业的中小企业能源利用效率比全国平均水平高出20%以上，节能减排潜力巨大。各地工业和信息化主管部门、中小企业主管部门要充分认识中小企业发展新阶段所面临的机遇和挑战，引导企业依靠质量求生存，依靠节能和管理求效益，依靠机制体制创新求发展，把节能减排作为促进中小企业转变发展方式的一项重要措施抓紧抓好，实现中小企业又好又快发展。

二、指导思想和工作目标

（一）指导思想。贯彻落实科学发展观，围绕创建资源节约型和环境友好型企业目标，以转变经济发展方式、调整产业结构为根本，进一步强化中小企业节能减排监督管理，积极推动中小企业节能减排技术进步，发挥市场配置资源的基础性作用，建立健全促进中小企业节能减排的政策激励和约束机制，形成以政府为主导，以中小企业为主体，专业服务机构为支撑、全社会共同参与的中小企业节能减排工作机制和良好氛围，促进中小企业健康持续发展。

（二）重点领域。以工业领域中小企业为重点，着力抓好能源资源消耗高、资源利用率低、污染减排压力大的中小企业节能减排工作。重点是：国家重点行业调整和振兴规划涉及的中小企业，重点工业园区（产业集聚区）内的中小企业，以及各地确定的节能减排重点中小企业。

（三）工作目标。争取用3～5年时间，培育和形成一批中小企业节能减排示范企业（产业基地、集聚区），推动重点节能减排技术在中小企业的广泛运用，加强中小企业节能减排管理人员培训和管理制度的完善；较大幅度提升中小企业能源资源利用水平和清洁生产水平，重点用能行业的中小企业单位能耗下降25%左右，使中小企业单位产品（工序）能耗、主要污染物排放、清洁生产等指标有显著提高。

三、突出重点，分类指导

（四）加强工业园区集中供能和污染集中治理。近几年发展循环经济的实践证明：集中供能和污染集中治理，是大幅度提高能效和减少排放的有效措施。在中小企业集中的工业园区（产业基地、集聚区）要积极探索和实行集中供热、供电、制冷等能源集中供应模式和工业污染集中治理模式，通过区域热电（冷）联

产及工业废水、工业固体废弃物集中处理厂等公共设施共享，提高中小企业能源运输、分配和使用效率，较大幅度降低单个企业能耗和环保成本。凡是有条件的工业园区（产业基地、集聚区）都要采取合资、合作、专业化公司经营等多种形式，积极开展集中供能和污染集中治理试点。

（五）加大重点行业中小企业技术改造力度。突出抓好钢铁、有色、建材、石油石化、造纸、印染等重点行业企业节能减排工作，工业行业管理部门要发布重点行业节能减排技术设备（产品）导向目录，支持中小企业实施工业锅炉（窑炉）改造、余热余压利用、能量系统优化、资源综合利用、清洁生产等节能减排技术改造工程。要通过举办节能减排技术、产品交流会等方式，推动高效节能减排技术、工艺及产品、设备在中小企业中的广泛运用。

（六）推动中小企业加快淘汰落后工艺设备步伐。根据国家产业政策和《产业结构调整指导目录》，制定发布落后高耗能工业技术和设备产品淘汰目录，指导中小企业淘汰高耗能、高污染的落后技术、工艺和装备。要加强对中小企业淘汰落后产能工作的监管，加强中小企业工业固定资产投资项目环境影响评价和节能评估审查工作，遏制高耗能、高污染行业盲目扩张，防止落后产能由大企业向中小企业转移，从源头上实现污染物减排和节能增效。

（七）引导中小企业发展循环经济。鼓励中小企业按照“减量化、再利用、资源化”原则，走资源循环高效利用、能源梯级利用、变废为宝、化害为利的循环经济发展之路。鼓励中小企业进入生产性服务业，积极开展工业“三废”和废旧产品资源综合利用，提高大宗工业固体废弃物和电子废弃物的回收利用率和利用水平，不断提升废弃资源循环利用产业化水平。

（八）加强重点用能企业中的中小企业节能管理制度建设。年综合能耗 1 万吨标准煤以上的中小企业，及各省指定的年综合能耗 5 千吨标准煤以上不满 1 万吨标准煤重点用能企业中的中小企业，应依法设立能源管理岗位，聘用具有节能专业知识和中级以上技术职称且经过专业培训的能源管理负责人，并报省级工业和信息化主管部门备案。加强中小企业节能统计和计量管理，完善能源计量器具配备并定期进行校准、检定。督促列入重点用能企业的中小企业开展节能目标责任考核，定期报送企业能源利用状况报告。

四、促进节能服务产业发展，创新节能减排体制机制

（九）推行节能减排服务新机制。推动以服务中小企业节能减排为主的节能服务体系建设，完善产学研相结合的节能减排技术创新与成果转化体系，鼓励节能减排技术和装备研发及产业化。引导节能减排专业服务机构通过合同能源管理、节能设备租赁等方式积极参与中小企业节能减排项目建设，分享节能效益实现双赢。要调动中小企业节能自觉性和主动性，鼓励中小企业与政府主管部门签订节能自愿协议，指导中小企业通过实施节能技术改造、提高节能管理水平等实现预定节能目标。

（十）推动中小企业开展节能环保“达标”活动。各地工业和信息化主管部门要结合国家强制性能耗标准、行业节能环保标准及清洁生产标准的宣贯工作，组织企业开展节能环保“达标”活动。鼓励中小企业实施能源审计，通过制定并实施节能整改方案，达到国家标准规范要求；鼓励有条件的中小企业以行业龙头企业为“标杆”，参与行业能效水平对标活动，力争达到或接近行业能耗先进水平。引导中小企业开展自愿性清洁生产审核并自主实施清洁生产方案，对污染物排放浓度和排放总量超标、使用或产生有毒有害物质的中小企业实施强制性清洁生产审核。

五、发挥政策导向作用，加大政策支持力度

（十一）加大财政资金支持力度。发挥中小企业发展资金、淘汰落后产能资金、技术改

造专项资金等现有各类财政资金的引导和带动作用，加大对中小企业节能降耗、清洁生产和资源综合利用技术研发、技术改造、服务平台建设和培训教育、节能诊断、清洁生产审核、资源综合利用等方面的资金支持。鼓励有条件的地区设立中小企业节能减排和资源综合利用专项资金。

（十二）建立完善中小企业节能减排融资机制。建立政府、银行、担保、企业参与的中小企业节能减排融资机制，引导金融机构探索多种形式的中小企业节能降耗、清洁生产和资源综合利用贷款方式。鼓励保险公司探索企业节能减排、资源综合利用创新产品研发、科技成果转化的保险保障机制。探索完善创业投资与节能减排和资源综合利用相结合的融资模式，引导各类创业投资机构加大对中小企业节能减排和资源综合利用的投资力度。

（十三）落实中小企业节能减排税收优惠政策。对中小企业生产符合国家鼓励的资源综合利用产品、使用列入环境保护和节能节水专用设备税收优惠目录的设备，以及实施列入节能减排税收优惠目录的项目等，按有关规定积极落实税收减免政策。积极争取中小企业生产的符合条件的节能环保产品列入政府采购目录。

六、加强组织领导，建立健全工作机制

（十四）加强组织领导。各地工业和信息化主管部门和中小企业主管部门要切实加强中小企业节能减排工作的组织管理和统筹协调，建立和完善中小企业节能减排工作机制，指导和推进中小企业节能减排工作。对中小企业节能减排工作取得突出成绩的单位和个人要予以表彰奖励。

（十五）推进中小企业节能减排信息平台建设。依托现有资源，建立中小企业节能减排信息平台，及时发布国家节能减排法律法规、方针政策、工作动态、技术信息及先进典型事例等，帮助中小企业方便、快捷地获取节能减排政策和技术信息。

（十六）开展节能减排宣传培训。利用报纸、电视、广播、互联网等媒体，开展广大中小企业职工喜闻乐见、形式多样的宣传教育活动，广泛宣传国家节能减排法律法规和方针政策，提高中小企业员工节能环保意识。各级中小企业管理部门开展中小企业节能减排培训，把节能减排培训纳入中小企业银河培训工程等现有中小企业培训体系，加强对各级中小企业管理人员及企业节能环保负责人的教育培训。将重点用能中小企业能源管理负责人培训纳入重点用能企业培训考核体系。

二〇一〇年四月十四日

1 － 30 工业和信息化部 财政部 科技部 关于印发资源节约型环境友好型企业创建工作要求及试点企业名单（第一批）的通知

工信部联节〔2010〕608号

各省、自治区、直辖市及计划单列市、新疆生产建设兵团工业和信息化、财政、科技主管部门，有关中央企业：

按照党的十七大、十七届五中全会精神，为深入贯彻落实科学发展观，组织推动工业企业走节约发展、清洁发展之路，加快工业发展方式转变，工业和信息化部、财政部和科技部决定在工业领域组织开展资源节约型、环境友好型企业（以下简称“两型”企业）创建工作。

各地区、有关中央企业按照工业和信息化部、财政部和科技部《关于组织开展资源节约型和环境友好型企业创建工作的通知》（工信部联节〔2010〕165号）要求，组织推荐了一批“两型”企业创建试点备选企业。在组织有关单位和专家进行认真评审的基础上，我们确定了第一批试点企业。现将“两型”企业创建工作要求及试点企业名单印发你们，请按照要求抓紧组织试点企业认真做好试点工作，并于2011年2月25日前将“两型”企业试点方案，试点工作负责人、负责部门及联络人名单报工业和信息化部、财政部、科技部。

附件：1.“两型”企业创建工作要求
　　　2.“两型”企业创建试点企业名单（第一批）
　　　3.“两型”企业试点方案编制要点

二〇一〇年十二月七日

附件1：

“两型”企业创建工作要求

为深入贯彻落实科学发展观，组织推动工业企业走节约发展、清洁发展之路，加快工业发展方式转变，工业和信息化部、财政部和科技部决定在工业领域组织开展资源节约型、环境友好型企业（以下简称“两型”企业）创建工作，现提出如下要求：

一、充分认识开展“两型”企业创建工作的重要性

党的十七届五中全会提出，坚持把建设资源节约型、环境友好型社会作为加快转变经济发展方式的重要着力点。开展“两型”企业创建工作，对于推进工业发展方式转型，建设资源节约、环境友好型工业，具有十分重要的意义。

创建“两型”企业是建设“两型”社会的实际行动。建设资源节约型、环境友好型社会，是我国经济社会发展的一项重大战略任务。工业是耗费能源资源、产生环境污染的主要产业，创建“两型”企业是加快建设“两型”社会的重要内容和必然要求，是工业领域贯彻落实十七大、十七届五中全会精神的具体举措。

创建“两型”企业是我国加快工业转变发展方式转变的紧迫要求。面对资源环境约束加剧的压力，加快转变工业发展方式，促进工业由大变强，是实现工业持续发展的紧迫要求。培育一批“两型”企业，树立行业发展的先进典型，对于引导工业结构调整、转变发展方式、促进工业转型升级和整体素质的提升具有重要作用。

创建“两型”企业是落实走新型工业化道路战略决策的重要抓手。工业企业是走新型工业化道路的最主要载体。创建“两型”企业，探索资源节约、环境友好的内涵式工业发展实践经验，坚持节约发展、清洁发展，是落实新型工业化战略的重要抓手。

创建“两型”企业是提升节能减排水平的关键举措。“两型”企业创建立足于树立一批达到最先进的能效环保标准甚至实现废水、废渣“零”排放和“零”填埋堆存的标杆企业，同时积极引导和帮助广大企业实现对标达标，对企业节能环保的标准更高、要求更严，对提升节能减排水平具有重要意义。

二、“两型”企业创建的总体思路

（一）指导思想

以科学发展观为指导，按照走新型工业化道路和建设资源节约型、环境友好型社会要求，以加快转变发展方式为主线，以降低资源消耗、减少废物排放和提高资源产出效率为目标，在重点行业开展“两型”企业试点，树立一批先进典型，及时总结实践经验，大力推进“两型”企业建设工作，引导工业行业和大多数企业形成节约发展、清洁发展的新思路，加快转变工业发展方式。

（二）基本原则

1 坚持典型试点示范与全面推进相结合。“两型”企业创建工作拟先通过 3 年试点，摸索和总结经验，树立先进典型，在此基础上，再进行全面推进。

2 坚持企业探索与政府引导相结合。“两型”企业创建工作坚持以企业为主体，充分发挥企业积极性和创造力，积极探索“两型”企业创建的途径和手段；同时充分发挥政府引导作用，加强各级政府及有关部门的支持、引导，逐步研究完善“两型”企业创建的激励机制，调动企业的积极性。

3 坚持重点突出与区域平衡相结合。开展“两型”企业创建试点，要突出重点，选择资源能源消耗量大、污染排放重的行业作为优先领域先行开展试点。在组织开展试点工作时，充分考虑地域平衡问题，引导在全国范围内积极推进此项工作。

4 坚持推进生产方式转变与产业结构调整相结合。以建立节约资源、保护环境的生产方式为目标，努力提高资源利用效率，减少废物的产生和排放，引导工业走内涵式发展道路；以形成节约资源、保护环境的产业结构为目标，积极推进产业结构调整，加快技术进步，引导工业转型升级。

（三）主要目标

在钢铁、有色、化工、建材等重点行业选择一批企业，经过 3 年试点，建立一批示范企业，形成试点行业资源节约型、环境友好型发展模式和基本思路；研究确定不同行业“两型”企业评价标准和指标体系；积累经验、树立典型，为建设资源节约型、环境友好型社会打下坚实的基础。

试点企业通过 3 年的努力，形成“两型”示范企业，在产品结构、产出效率、资源节约、环境保护等方面都达到行业先进水平：企业资源产出效率达到国内领先水平；单位产品能源、水、原材料消耗显著降低，远低于行业平均水平；废物循环利用水平大幅度提高，固体废物基本上实现综合利用，废水力争实现循环利用和“零”排放，废气、余热余压等充分合理利用；污染排放量大幅度降低，“三废”排放达到国内领先水平。

三、“两型”企业创建试点工作要求

（一）加强组织领导。各级工业和信息化、财政、科技部门，有关中央企业要加强对试点工作的组织领导，充分发挥行业协会、科研单位及院士专家对试点工作的支撑作用。各试点企业要成立试点工作领导小组，明确试点工作具体负责部门，研究确定各项任务分工，落实责任。

（二）编制试点方案。试点企业应组织编制试点方案，通过地方工业和信息化、财政、科技部门联合上报或中央企业上报，由工业和信息化部、财政部、科技部联合组织召开专家论证会对试点方案进行论证。试点方案要明确“两型”企业建设的标志性目标，明确产品结构调整、企业发展以及能源、水、原材料节约，清洁生产、“三废”资源综合利用等各方面的具体计划和措施。

（三）抓好组织实施。试点方案审查通过后，试点企业要按照试点方案确定的目标、重点任务和工程，积极部署落实，加快推进“两型”企业创建有关工作，确保目标任务按期完成，力争通过 3 年的工作，达到“两型”示范企业基本要求。各地区有关部门、中央企业要加强对试点企业创建工作的具体指导。

（四）加强政策支持。试点企业对试点方案中有关重大项目要积极做好项目前期工作，切实抓好项目组织实施。国家和地方有关部门对节能环保、清洁生产、资源综合利用等重大技术改造项目、科技创新项目等给予优先支持；对试点工作中反映出的问题及时研究解决，协调有关部门制定鼓励扶持政策。

（五）加强管理。试点企业要切实加强基础工作，建立资源消耗、环境排放在线监测系统，完善资源环境统计和核算制度，健全节能降耗、清洁生产等管理体系，强化管理岗位和人员队伍建设。

（六）监督检查。各省（区、市）经信委（工信委、厅）会同财政、科技部门、中央企业要建立试点工作进展情况阶段性监督检查制度，对试点工作组织阶段性评估和监督检查，有关情况及时报告。

（七）验收推广。完成各项试点工作任务的企业，经各地区有关部门、中央企业审定后向工业和信息化部、财政部、科技部提出验收申请。对试点先进经验及时进行系统总结、评估和组织推广。

（八）表彰奖励。对试点先进企业予以表彰奖励，完成试点任务、达到“两型”示范典型要求的企业，授予“两型”示范企业称号。

（九）制定标准和政策。加快推进“两型”企业评价标准研究，确定不同行业“两型”企业评价标准和指标体系；加强“两型”企业优惠扶持政策研究。

（十）加强动态监管。对“两型”示范企业定期进行复核，复核合格者，享受“两型”企业称号和相关政策优惠。复核不合格者，取消其“两型”企业称号和政策优惠。

附件2：

“两型”企业创建试点企业名单（第一批）

钢铁	首钢京唐钢铁联合有限责任公司、天津钢管集团股份有限公司、唐山钢铁集团有限责任公司、宝山钢铁股份有限公司、山东钢铁集团有限公司、湖南省华菱湘潭钢铁有限公司、安阳钢铁股份有限公司、江苏沙钢集团有限公司、马鞍山钢铁股份有限公司、江阴兴澄特钢有限公司、酒泉钢铁（集团）公司、太原钢铁（集团）有限公司、武汉钢铁股份有限公司、鞍钢股份有限公司
有色金属	阳谷祥光铜业有限公司、江西铜业集团公司、宁波金田铜业（集团）股份有限公司、中国铝业股份有限公司广西分公司、云南铝业股份有限公司、信发集团有限公司、怡球金属资源再生（中国）股份有限公司、株洲冶炼集团股份有限公司、四川宏达股份有限公司、云南驰宏锌锗股份有限公司、金川集团有限公司、宝钛集团有限公司、厦门钨业股份有限公司、江苏中能硅业科技发展有限公司、内蒙古电力冶金有限责任公司、青海百通高纯材料开发有限公司
化工石化	中国石油独山子石化分公司、中国石油天然气股份有限公司抚顺石化分公司、中海石油化学股份有限公司、中海沥青股份有限公司、中国石化海南炼油化工有限公司、新疆天业（集团）公司、内蒙古亿利资源集团、宁夏英力特化工有限公司、宁夏大地化工有限公司、云南云天化股份有限公司、内蒙古伊东煤炭集团、翁福（集团）有限责任公司、宜昌兴发集团有限责任公司、甘肃刘化（集团）有限责任公司、金昌化工集团公司、浙江皇马化工集团有限公司、上海焦化有限公司、山西焦化集团有限责任公司、烟台万华聚氨酯股份有限公司、新疆华泰重化工有限责任公司、华勤橡胶工业集团、软控股份有限公司、福建环科集团三明市高科橡胶有限公司、青岛天盾橡胶有限公司、江苏安邦电化有限公司

建材	北京新北水水泥有限责任公司、北新集团建材股份有限公司、上海市建筑材料集团水泥有限公司、铜陵海螺水泥股份有限责任公司、江西亚东水泥有限公司、四川峨胜水泥股份有限公司、华新水泥（宜昌）有限公司、徐州中联水泥有限公司、吉林亚泰集团建材投资有限公司、新疆天山水泥股份有限公司、巨石集团有限公司、瑞泰科技股份有限公司、广东蒙娜丽莎有限公司、唐山惠达陶瓷（集团）股份有限公司、江苏华尔润集团有限公司、泰山石膏股份有限公司、天津国环页岩制品有限公司
轻工	北京燕京啤酒股份有限公司、青岛啤酒第五有限公司、广州珠江啤酒股份有限公司、四平金士百啤酒股份有限公司、华泰集团有限公司、湖南泰格林纸有限责任公司、浙江景兴纸业股份有限公司、金东纸业（江苏）股份有限公司、牡丹江恒丰纸业集团有限责任公司、新疆博湖苇业有限公司、贵州茅台酒股份有限公司、安徽古井贡酒股份有限公司、广西湘桂糖业集团有限公司、福建福人木业有限公司、黄山永新股份有限公司、成都蓉生药业有限责任公司、广西金源生物化工实业有限公司、宁夏伊品生物科技股份有限公司、重庆市涪陵榨菜集团股份有限公司、安徽丰原生物化学股份有限公司、中粮生化能源（榆树）有限公司、深圳市美盈森环保科技股份有限公司
纺织	江苏恒力化纤有限公司、鲁泰纺织股份有限公司、青岛即发集团股份有限公司、四川宜宾惠美线业有限责任公司、新乡白鹭化纤集团公司、浙江华峰氨纶股份有限公司
电子信息通信	中国移动通信集团公司、上海贝尔股份有限公司、艾默生网络能源有限公司、深南电路有限公司、深圳长城开发科技股份有限公司
汽车	一汽解放有限公司、东风汽车有限公司、重庆长安汽车股份有限公司、广汽丰田汽车有限公司、郑州日产汽车有限公司、陕西法士特汽车传动集团公司
机械装备	山西太重集团公司、上海外高桥造船有限公司、青岛北海船舶重工有限责任公司、新疆金风科技股份有限公司、陕西陕鼓动力股份有限公司、中国一拖集团公司、中国第二重型机械集团公司、长春轨道客车股份有限责任公司、保定天威保变电气股份有限公司、宁夏长城须崎铸造有限公司

附件3：

“两型”企业试点方案编制要点

一、企业基本情况

（一）企业概况

1. 企业名称、性质、所在地、人员构成等；

2. 主要经营范围、主要产品生产能力、产量、销售情况等；

3. 近三年资产财务状况：生产设备及其他负债情况，资产负债情况，营业收入、利润总额、净利润等；

4. 在国际、国内同行业所处地位。

（二）企业的技术水平及研发能力

1. 工程技术人员情况；

2. 企业研发能力及成果；

3. 主营业务采用的核心工艺技术及水平；

4. 在国际、国内同行业所处地位。

（三）近三年能源资源消耗情况

1. 主要原材料、燃料、水等能源资源消耗；

2. 单位产品能源资源消耗；

3. 在国际、国内同行业所处地位。

（四）近三年废弃物排放及综合利用情况

1. “三废”产生、处置和排放情况、排放达标情况；

2. 在清洁生产、节能降耗、减少污染物产生和排放、综合利用方面开展的工作及成效；

3. 在清洁生产、节能降耗、减少污染物产生和排放、综合利用等方面的项目及投入情况

4. 废弃物排放及综合利用水平在国际、国内同行业所处地位。

（五）企业管理能力

1. 在节能环保方面的组织机构建设情况；

2. 制定和出台的清洁生产、节能降耗、减

少污染物产生和排放、综合利用等管理制度以及执行情况。

3. 产品成本、投融资、现金流量等管理制度以及执行情况。

二、总体思路和创建目标

（一）总体思路

按照试点工作的总体要求，提出本单位创建“两型”企业的总体思路和基本原则。

（二）创建目标

1. 提出“两型”企业创建的标志性发展目标；

2. 需要达到的具体目标,包括资源产出率、单位产品资源消耗（能耗、水耗、主要原材料消耗）、资源综合利用、废物排放等方面的目标和具体指标。

三、主要任务及重点工作

与存在的主要问题和创建目标相衔接，提出企业发展、技术研发以及能源、水、原材料节约，清洁生产、“三废”资源综合利用等各方面的重点任务。

对目标应进行分解落实，提出需解决哪些关键性问题及与目标对应的主要任务；突出重点和标志性工程。

四、重点项目规划和投资

提出对完成创建目标具有重要支撑的节能环保、清洁生产、资源综合利用等重大项目计划。

对规划中的核心项目要达到项目建议书的深度要求，并说明项目对创建“两型”企业所起的作用,项目主要技术路线以及经济性分析。

对规划项目要做出投资估算，说明投资来源和资金安排计划。根据项目规划，提出1–2项需国家给予支持的重点项目、重大产业化技术或需要引进的关键技术，提出相关政策支持建议等；

五、保障措施

提出创建“两型”企业有关管理制度、组织保障体系以及人员队伍建设等。建立试点工作组织管理体系（如成立试点工作领导小组及负责部门）、确定试点工作负责人和联络人；明确责任分工和技术支持单位；提出相关制度建设、配套政策等。

六、创建效果分析

提出通过创建工作所取得的成效和不足；对行业示范作用进行评估；提出对行业实现资源节约、环境友好发展的核心技术和典型发展模式建议。

七、政策建议

结合企业自身情况,提出需要协调解决的、涉及行业节约、清洁发展的核心问题及相关政策建议。

八、实施期限

试点实施期限暂为三年，各试点企业按此提出计划，可延伸到2015年发展目标、计划。

1－31　工业和信息化部关于发布2010年第十届信息产业重大技术发明评选结果的通告

工信部科〔2010〕665号

各省、自治区、直辖市及计划单列市、新疆生产建设兵团工业和信息化主管部门，部直属相关单位，部属高校：

为积极推动信息技术进步，鼓励我国企业自主创新，加强知识产权保护，2010年我部开展了信息产业重大技术发明评选活动。在各省、自治区、直辖市及有关单位申报项目基础上，经过初审、专家预选、专家评审等阶段，《高性能大容量的电信级路由器平台》等5个项目被评选为2010年信息产业重大技术发明。我部将组织召开发布会向社会公布评选结果，并向获奖单位颁发荣誉证书。

特此通告。

附件：2010年（第十届）信息产业重大技术发明评选结果

二〇一〇年十二月二十八日

附件：

2010年（第十届）信息产业重大技术发明评选结果

序号	项目名称	完成单位
1	高性能大容量的电信级路由器平台	中兴通讯股份有限公司
2	面向异构网络深度融合的IMS统一核心架构	华为技术有限公司
3	DRA多声道数字音频编解码关键技术研发及其产业化	广州广晟数码技术有限公司
4	用于TFT-LCD背光源的超高亮度LED芯片产业化	厦门市三安光电科技有限公司
5	磁共振导航监控微创诊疗系统	新奥博为技术有限公司

1－32　工业和信息化部等十一部门关于促进工业设计发展的若干指导意见

工信部联产业〔2010〕390号

各省、自治区、直辖市、计划单列市及新疆建设兵团工业和信息化主管部门、教育、科技、财政、人力资源社会保障、商务、国家税务、地方税务、统计、知识产权、银监、证监局（委、厅、办），有关行业协会：

为加速推进新型工业化进程，推动生产性服务业与现代制造业融合，现就促进我国工业设计发展提出如下意见。

一、充分认识大力发展工业设计的重要意义

工业设计是以工业产品为主要对象，综合运用科技成果和工学、美学、心理学、经济学等知识，对产品的功能、结构、形态及包装等进行整合优化的创新活动。工业设计的核心是产品设计，广泛应用于轻工、纺织、机械、电子信息等行业。工业设计产业是生产性服务业的重要组成部分，其发展水平是工业竞争力的重要标志之一。大力发展工业设计，是丰富产品品种、提升产品附加值的重要手段；是创建自主品牌，提升工业竞争力的有效途径；是转变经济发展方式，扩大消费需求的客观要求。

改革开放以来，我国工业设计取得了长足发展。目前，工业设计已初步形成产业，特别是在经济发达地区已初具规模；一批制造业企业高度重视和广泛应用工业设计，取得明显成效；专业从事工业设计的企业发展迅速，设计

服务水平逐步提高，一些优秀设计成果已经走向国际市场；专业人才队伍不断扩大，工业设计教育快速发展。但是，我国工业设计发展仍处于初级阶段，与工业发展要求和发达国家水平相比还有很大差距，在发展过程中还存在许多突出矛盾和问题。主要是：对工业设计作用认识不足，重视不够；缺乏高水平的专门人才，自主创新能力弱；政策支持、行业管理和知识产权保护亟待加强等。各地区、各有关部门要充分认识大力发展工业设计的重要意义，采取切实有效的政策措施，促进工业设计加快发展。

二、促进工业设计发展的指导思想、基本原则和发展目标

（一）指导思想。以邓小平理论和"三个代表"重要思想为指导，深入贯彻落实科学发展观，按照走新型工业化道路和建设创新型国家的要求，发挥企业市场主体作用，政府积极扶持引导，完善政策措施，优化发展环境，促进我国工业设计产业健康快速发展。

（二）基本原则。坚持设计创新和技术创新相结合，提高工业设计自主创新能力；坚持专业化发展和在工业企业内发展相结合，提升工业设计产业发展水平；坚持政府引导和市场调节相结合，为工业设计发展创造良好环境。

（三）发展目标。到2015年，工业设计产业发展水平和服务水平显著提高，培育出3–5家具有国际竞争力的工业设计企业，形成5–10个辐射力强、带动效应显著的国家级工业设计示范园区；工业设计的自主创新能力明显增强，拥有自主知识产权的设计和知名设计品牌数量大量增加；专业人才素质和能力显著提高，培养出一批具有综合知识结构、创新能力强的优秀设计人才。

三、提高工业设计的自主创新能力

（一）加强工业设计基础工作。鼓励科研机构、设计单位、高等学校开展基础性、通用性、前瞻性的工业设计研究。提高工业设计的信息化水平，支持工业设计相关软件等信息技术产品的研究开发和推广应用。整合现有资源，建立实用、高效的工业设计基础数据库、资源信息库等公共服务平台，加强资源共享。

（二）建立工业设计创新体系。引导工业企业重视设计创新，鼓励企业建立工业设计中心。国家对符合条件的企业设计中心予以认定。鼓励工业企业、工业设计企业、高等学校、科研机构建立合作机制，促进形成以企业为主体、市场为导向、产学研相结合的工业设计创新体系。

（三）支持工业设计创新成果产业化。重点支持促进产业升级、推进节能减排、完善公共服务、保障安全生产等重点领域拥有自主知识产权的工业设计成果产业化。鼓励发展体现中华民族传统工艺和文化特色的工业设计项目和产品。

四、提升工业设计产业发展水平

（一）促进工业企业与工业设计企业合作。鼓励工业企业将可外包的设计业务发包给工业设计企业，扩大工业设计服务市场。支持工业企业和工业设计企业加强多种形式合作，通过设计创新，促进工业企业的产品升级换代、市场开拓和品牌建设。

（二）引导工业设计企业专业化发展。鼓励工业设计企业加强研发和服务能力建设，创新服务模式，提高专业化服务水平。推动工业设计企业以市场为导向、以设计为核心、以资本为纽带的兼并重组，不断增强企业实力。

（三）推动工业设计集聚发展。鼓励各地根据区域经济发展实际和产业、资源比较优势，建立工业设计产业园区。加强公共服务平台建设，吸引工业设计企业、人才、资金等要素向园区集聚。培育和认定一批国家级工业设计示范园区，发挥辐射和带动作用。

五、加快培养高素质人才

（一）完善工业设计教育体系。探索建立有利于工业设计人才成长的教育体系和人才培养模式，培养适应工业发展需求的工业设计复合型人才。加强高等学校的工业设计学科建设，加大对工业设计专业教学、科研、实验的软硬件支持，提升教师水平，支持聘用有实践经验的工业设计人员任教。

（二）建立健全工业设计人才培训机制。支持符合条件的工业设计园区、工业设计企业设立博士后科研工作站。鼓励有条件的企业创建工业设计实训基地。支持有条件的单位选送优秀工业设计师出国培训，学习借鉴国外先进工业设计经验。鼓励行业协会、高等学校、科研机构和企业联合开展工业设计培训。

（三）积极引进优秀工业设计人才。鼓励海外优秀工业设计人才回国（来华）创业和从事工业设计研究教学工作。鼓励企业招聘海外优秀工业设计人才,完善技术入股等激励机制，妥善解决社会保障和工作生活待遇等问题，为海外优秀工业设计人才回国（来华）工作创造良好条件。

六、推动对外交流与合作

（一）提高工业设计对外开放水平。积极引进新的设计理念、先进技术和管理经验，提升国内工业设计水平。鼓励跨国公司和境外著名的工业设计机构来华设立设计中心或分支机构。鼓励国内工业企业、工业设计企业与境外设计机构建立多种形式的合作关系。

（二）积极参与国际竞争和合作。健全政策支持和服务体系，大力发展工业设计服务贸易，不断提高规模、层次和水平。积极承接国际工业设计服务外包业务，推动工业设计服务出口。支持企业“走出去”，鼓励有条件的工业企业、工业设计企业在境外建立设计研发中心。支持国内工业企业和工业设计企业参与有关国际标准的制定。

七、营造良好的市场环境

（一）提高全社会的工业设计意识。加强政策引导和舆论宣传，在全国开展工业设计宣传、展览、交流等活动，普及工业设计理念。鼓励地区之间开展多种形式的工业设计交流与合作。引导企业，特别是中小企业广泛重视和应用工业设计，提高新产品开发能力。鼓励创办高水准的工业设计报刊、杂志和网站。

（二）建立工业设计评价与奖励制度。研究建立工业设计专业技术人员职业资格制度，开展工业设计专业技术人员职称评聘。建立工业设计企业资质评价制度，引导和规范行业发展。建立优秀工业设计评奖制度，鼓励工业设计创新。

（三）加强和改善行业管理。加强市场监管，推动诚信建设，规范工业设计企业经营行为，维护公平有序的市场竞争秩序。充分发挥行业协会等中介组织作用，加强行业自律，为产业发展提供积极有效的服务。有条件的地区可编制区域性工业设计发展规划，引导本地区工业设计健康发展。

（四）加强知识产权应用和保护。鼓励企业和个人就工业设计申请专利和进行著作权登记。建立工业设计知识产权信用公示制度和预警机制,加大对侵犯知识产权行为的惩处力度。建立完善工业设计知识产权交易平台和中介服务机构，促进知识产权的合理有效流通。鼓励和支持公民及法人以工业设计知识产权作价出资创办企业。鼓励在产品或包装等相关物品上标注设计机构或设计者名称。鼓励权利人充分利用知识产权维护自身的合法权益。

（五）健全信息统计工作。完善国家统计标准，明确工业设计产业统计分类，提高工业设计统计数据的科学性和准确性。建立工业设计统计调查制度，完善工业设计统计调查方法和指标体系，促进工业设计信息交流，为政府制定政策提供依据。

八、加大政策支持力度

（一）加大财政资金投入。发挥财政资金的引导作用,重点支持工业设计企业开拓市场、提高自主创新能力、建设公共服务平台，带动社会资金支持工业设计发展。中央财政促进服务业发展专项资金、科技型中小企业技术创新基金等，对符合条件的工业设计企业给予支持。有条件的地区可设立工业设计发展专项资金。

（二）实施税收扶持。企业用于工业设计的研究开发费用，按照税法规定享受企业所得税前加计扣除政策，鼓励企业加大设计研发投入。工业设计企业被认定为高新技术企业的，按照国家税法规定享受高新技术企业相关税收优惠政策。

（三）拓宽融资渠道。健全完善政府支持引导、全社会参与的多元化投融资机制，鼓励社会各类资本加大对工业设计投资。支持符合条件的工业设计企业在境内外资本市场上市融资。鼓励创业风险投资机构对工业设计企业开展业务。

（四）加大信贷支持。银行业金融机构对工业设计企业，特别是拥有自主知识产权的工业设计优势企业，在控制风险的前提下，积极拓宽抵质押品范围，开发适合工业设计企业的创新型金融产品，对其合理信贷需求给予支持。鼓励信用担保机构为工业设计企业，特别是中小工业设计企业提供贷款担保。拥有自主知识产权的工业设计企业享受科技型中小企业信贷支持有关政策。

各有关部门要按照本指导意见的要求，加强合作，密切配合，积极推动工业设计产业加快发展。各地方工业和信息化主管部门要会同有关部门，加强对本地区工业设计发展情况的调研和分析，结合实际，制定贯彻本意见的具体办法，并抓好落实。

二〇一〇年七月二十二日

1－33 财政部 工业和信息化部关于印发《中小企业信用担保资金管理暂行办法》的通知

财企〔2010〕72号

各省、自治区、直辖市、计划单列市财政厅（局）、工业和信息化主管部门、中小企业主管部门，新疆生产建设兵团财务局、中小企业主管部门：

为规范和加强中小企业信用担保资金管理，提高资金使用效率，财政部、工业和信息化部研究制定了《中小企业信用担保资金管理暂行办法》。现印发给你们，请遵照执行。

附件：中小企业信用担保资金管理暂行办法

二〇一〇年四月三十日

附件：

中小企业信用担保资金管理暂行办法

第一章 总 则

第一条 为规范和加强中小企业信用担保资金管理，提高资金使用效率，根据《中华人民共和国预算法》等法律、法规的有关规定，制定本办法。

第二条 中小企业信用担保资金（以下简称担保资金）是根据《中华人民共和国中小企业促进法》、《国务院关于进一步促进中小企业发展的若干意见》（国发〔2009〕36号），由中央财政预算安排，专门用于支持中小企业信用担保机构（以下简称担保机构）、中小企业信用再担保机构（以下简称再担保机构）增强业务能力，扩大中小企业担保业务，改善中小企业融资环境的资金。

第三条 担保资金的管理应当遵循公开透明、定向使用、科学管理、加强监督的原则，确保资金使用规范、安全和高效。

第四条 财政部负责担保资金的预算管理、项目资金分配和资金拨付，并对资金的使用情况进行监督检查。

工业和信息化部负责确定担保资金的年度支持方向和重点，会同财政部对申报的项目进行审核，并对项目实施情况进行监督检查。

第二章 支持方式及额度

第五条 担保资金采取以下几种支持方式：

（一）业务补助，鼓励担保机构和再担保机构为中小企业特别是小企业提供融资担保（再担保）服务。对符合条件的担保机构开展的中小企业融资担保业务，按照不超过年担保额的2%给予补助；对符合条件的再担保机构开展的中小企业融资再担保业务，按照不超过年再担保额的0.5%给予补助。

（二）保费补助，鼓励担保机构为中小企业提供低费率担保服务。在不提高其他费用标准的前提下，对担保机构开展的担保费率低于银行同期贷款基准利率50%的中小企业融资担保业务给予补助，补助比例不超过银行同期贷款基准利率50%与实际担保费率之差。

（三）资本金投入，鼓励担保机构扩大资本规模，提高信用水平，增强业务能力。特殊情况下，对符合条件的担保机构、再担保机构，按照不超过新增出资额的30%给予注资支持。

（四）其他。用于鼓励和引导担保机构、再担保机构开展中小企业信用担保（再担保）业务的其他支持方式。

第六条 符合条件的担保机构、再担保机构可以同时享受以上不限于一项支持方式的资助，但单个担保机构、再担保机构当年获得担保资金的资助额，除特殊情况外，一般不超过3000万元。

第三章 申请条件及要件

第七条 申请担保资金的担保机构必须同时具备下列条件：

（一）依据国家有关法律、法规设立和经营，具有独立企业法人资格。

（二）经营担保业务1年以上（含1年），无不良信用记录。

（三）担保业务符合国家有关法律、法规、业务管理规定及产业政策，当年新增中小企业担保业务额占新增担保业务总额的70%以上；新增单笔担保责任金额1500万元以下（含1500万元，下同）担保业务占新增担保业务总额的70%以上，或新增单笔担保责任金额1500万元以下担保业务额在3亿元以上。

（四）对单个企业提供的担保责任金额不超过担保机构净资产的10%。

（五）当年新增担保业务额达净资产的3倍以上，且代偿率低于3%。

（六）平均年担保费率不超过银行同期贷款基准利率的50%。

（七）内部管理制度健全，运作规范，按规定提取准备金。

（八）其他。

第八条 申请担保资金的再担保机构必须

同时具备下列条件：

（一）依据国家有关法律、法规设立和经营，具有独立企业法人资格。

（二）以担保机构为主要服务对象，经营中小企业再担保业务 1 年以上（含 1 年）。

（三）再担保业务符合国家有关法律、法规、业务管理规定及产业政策，当年新增中小企业再担保业务额占新增再担保业务总额的 70% 以上；新增单笔再担保金额 1500 万元以下的再担保业务额占新增再担保业务总额的 70% 以上，或新增单笔再担保金额 1500 万元以下的再担保业务额在 20 亿元以上。

（四）当年新增再担保业务额达净资产的 5 倍以上。

（五）平均年再担保费率不超过银行同期贷款基准利率的 15%。

（六）内部制度健全，管理规范。

（七）其他。

第九条 申请担保资金的担保机构、再担保机构应同时提供下列资料：

（一）法人执照副本及章程（复印件）。

（二）经注册会计师审计的年度会计报表。

（三）经注册会计师专项审计的担保业务情况（包括担保业务明细和风险准备金提取等）。

（四）担保业务收费凭证复印件。

（五）其他需提供的资料。

第四章 资金申请、审核及拨付

第十条 工业和信息化部、财政部每年按照本办法规定，联合下发申报通知，明确当年担保资金支持重点、资助比例、具体条件、申报组织等内容。

第十一条 各省、自治区、直辖市、计划单列市财政部门和同级中小企业管理部门（以下简称省级财政部门和省级中小企业管理部门）负责本地区项目资金的申请审核工作。

第十二条 省级中小企业管理部门会同同级财政部门在本地区范围内公开组织担保资金的申请工作。

第十三条 省级中小企业管理部门会同同级财政部门建立专家评审制度，依据本办法规定和当年申报通知的要求，对申请项目进行评审。

第十四条 省级财政部门会同同级中小企业管理部门依据专家评审意见确定申报的项目，并在规定时间内，将担保资金申请报告、专家评审意见底稿和其他相关资料上报财政部、工业和信息化部。

第十五条 工业和信息化部会同财政部对各地上报的申请报告及项目情况进行审核，并提出项目计划。

第十六条 财政部根据审核后的项目计划，确定项目资金支持方式，审定资金使用计划,将项目支出预算指标下达到省级财政部门，并根据预算管理规定及时拨付担保资金。

第十七条 担保机构、再担保机构收到担保资金后，应按照有关财务会计规章制度进行财务处理。

第五章 监督检查

第十八条 省级财政部门和同级中小企业管理部门对担保资金申报、审核及使用共同实施管理和监督。财政部驻各地财政监察专员办事处，对担保资金的拨付使用情况进行不定期监督检查。

第十九条 获得担保资金支持的担保机构、再担保机构应按有关财务规定妥善保存有关原始票据及凭证备查。对各级财政部门、财政部驻各地财政监察专员办事处和中小企业管理部门的专项检查，应积极配合并提供有关资料。

第二十条 获得担保资金支持的担保机构、再担保机构应于每年 1 月底前向省级中小企业管理部门和省级财政部门报送上一年度有关资产财务、担保资金使用、绩效等情况的材料，同时将以上材料的电子文档上报工业和信息化部、财政部。

第二十一条 省级中小企业管理部门和省级财政部门应建立担保资金使用跟踪问效和绩效评估机制，并于每年2月底前向工业和信息化部、财政部上报资金使用汇总报告及本地区中小企业信用担保机构发展报告。

第二十二条 担保资金必须专款专用，对违反规定使用、骗取担保资金的行为，一经查实，财政部将收回已安排的担保资金，并按照《财政违法行为处罚处分条例》（国务院令第427号）的相关规定进行处理。

第六章 附 则

第二十三条 省级财政部门和省级中小企业管理部门可根据本办法并结合实际，制定具体的实施办法。

第二十四条 本办法由财政部会同工业和信息化部负责解释。

第二十五条 本办法自印发之日起施行。

1－34 财政部等四部门关于技术先进型服务企业有关企业所得税政策问题的通知

财税〔2010〕65号

北京、天津、大连、黑龙江、上海、江苏、浙江、安徽、厦门、江西、山东、湖北、湖南、广东、深圳、重庆、四川、陕西省（直辖市、计划单列市）财政厅（局）、国家税务局、地方税务局、商务主管部门、科技厅（委、局）、发展改革委：

根据国务院有关文件精神，现就技术先进型服务企业有关企业所得税政策问题通知如下：

一、自2010年7月1日起至2013年12月31日止，在北京、天津、上海、重庆、大连、深圳、广州、武汉、哈尔滨、成都、南京、西安、济南、杭州、合肥、南昌、长沙、大庆、苏州、无锡、厦门等21个中国服务外包示范城市（以下简称示范城市）实行以下企业所得税优惠政策：

1. 对经认定的技术先进型服务企业，减按15%的税率征收企业所得税。

2. 经认定的技术先进型服务企业发生的职工教育经费支出，不超过工资薪金总额8%的部分，准予在计算应纳税所得额时扣除；超过部分，准予在以后纳税年度结转扣除。

二、享受本通知第一条规定的企业所得税优惠政策的技术先进型服务企业必须同时符合以下条件：

1. 从事《技术先进型服务业务认定范围（试行）》（详见附件）中的一种或多种技术先进型服务业务，采用先进技术或具备较强的研发能力；

2. 企业的注册地及生产经营地在示范城市（含所辖区、县、县级市等全部行政区划）内；

3. 企业具有法人资格，近两年在进出口业务管理、财务管理、税收管理、外汇管理、海关管理等方面无违法行为；

4. 具有大专以上学历的员工占企业职工总数的50%以上；

5. 从事《技术先进型服务业务认定范围（试

行）》中的技术先进型服务业务取得的收入占企业当年总收入的 50% 以上。

6. 从事离岸服务外包业务取得的收入不低于企业当年总收入的 50%。

从事离岸服务外包业务取得的收入，是指企业根据境外单位与其签订的委托合同，由本企业或其直接转包的企业为境外单位提供《技术先进型服务业务认定范围（试行）》中所规定的信息技术外包服务（ITO）、技术性业务流程外包服务（BPO）和技术性知识流程外包服务（KPO），而从上述境外单位取得的收入。

三、技术先进型服务企业的认定管理

1. 示范城市人民政府科技部门会同本级商务、财政、税务和发展改革部门根据本通知规定制定具体管理办法，并报科技部、商务部、财政部、国家税务总局和国家发展改革委及所在省（直辖市、计划单列市）科技、商务、财政、税务和发展改革部门备案。

示范城市所在省（直辖市、计划单列市）科技部门会同本级商务、财政、税务和发展改革部门负责指导所辖示范城市的技术先进型服务企业认定管理工作。

2. 符合条件的技术先进型服务企业应向所在示范城市人民政府科技部门提出申请，由示范城市人民政府科技部门会同本级商务、财政、税务和发展改革部门联合评审并发文认定。认定企业名单应及时报科技部、商务部、财政部、国家税务总局和国家发展改革委及所在省（直辖市、计划单列市）科技、商务、财政、税务和发展改革部门备案。

3. 经认定的技术先进型服务企业，持相关认定文件向当地主管税务机关办理享受本通知第一条规定的企业所得税优惠政策事宜。享受企业所得税优惠的技术先进型服务企业条件发生变化的，应当自发生变化之日起 15 日内向主管税务机关报告；不再符合享受税收优惠条件的，应当依法履行纳税义务。主管税务机关在执行税收优惠政策过程中，发现企业不具备技术先进型服务企业资格的，应暂停企业享受税收优惠，并提请认定机构复核。

4. 示范城市人民政府科技、商务、财政、税务和发展改革部门及所在省（直辖市、计划单列市）科技、商务、财政、税务和发展改革部门对经认定并享受税收优惠政策的技术先进型服务企业应做好跟踪管理，对变更经营范围、合并、分立、转业、迁移的企业，如不符合认定条件的，应及时取消其享受税收优惠政策的资格。

四、示范城市人民政府财政、税务、商务、科技和发展改革部门要认真贯彻落实本通知的各项规定，切实搞好沟通与协作。在政策实施过程中发现的问题，要及时逐级反映上报财政部、国家税务总局、商务部、科技部和国家发展改革委。

五、《财政部　国家税务总局　商务部　科技部　国家发展改革委关于技术先进型服务企业有关税收政策问题的通知》（财税〔2009〕63 号）自 2010 年 7 月 1 日起废止。

附件：技术先进型服务业务认定范围（试行）

二〇一〇年十一月五日

附件：

技术先进型服务业务认定范围（试行）

一、信息技术外包服务（ITO）

（一）软件研发及外包

类　别	适用范围
软件研发及开发服务	用于金融、政府、教育、制造业、零售、服务、能源、物流、交通、媒体、电信、公共事业和医疗卫生等部门和企业，为用户的运营／生产／供应链／客户关系／人力资源和财务管理、计算机辅助设计／工程等业务进行软件开发，包括定制软件开发，嵌入式软件、套装软件开发，系统软件开发、软件测试等。
软件技术服务	软件咨询、维护、培训、测试等技术性服务。

（二）信息技术研发服务外包

类　别	适用范围
集成电路和电子电路设计	集成电路和电子电路产品设计以及相关技术支持服务等。
测试平台	为软件、集成电路和电子电路的开发运用提供测试平台。

（三）信息系统运营维护外包

类　别	适用范围
信息系统运营和维护服务	客户内部信息系统集成、网络管理、桌面管理与维护服务；信息工程、地理信息系统、远程维护等信息系统应用服务。
基础信息技术服务	基础信息技术管理平台整合、IT 基础设施管理、数据中心、托管中心、安全服务、通讯服务等基础信息技术服务。

二、技术性业务流程外包服务（BPO）

类　别	适用范围
企业业务流程设计服务	为客户企业提供内部管理、业务运作等流程设计服务。
企业内部管理服务	为客户企业提供后台管理、人力资源管理、财务、审计与税务管理、金融支付服务、医疗数据及其他内部管理业务的数据分析、数据挖掘、数据管理、数据使用的服务；承接客户专业数据处理、分析和整合服务。
企业运营服务	为客户企业提供技术研发服务、为企业经营、销售、产品售后服务提供的应用客户分析、数据库管理等服务。主要包括金融服务业务、政务与教育业务、制造业务和生命科学、零售和批发与运输业务、卫生保健业务、通讯与公共事业业务、呼叫中心、电子商务平台等。

企业供应链管理服务	为客户企业提供采购、物流的整体方案设计及数据库服务。

三、技术性知识流程外包服务（KPO）

适用范围
知识产权研究、医药和生物技术研发和测试、产品技术研发、工业设计、分析学和数据挖掘、动漫及网游设计研发、教育课件研发、工程设计等领域。

1 － 35　财政部 国家税务总局关于支持和促进就业有关税收政策的通知

财税〔2010〕84 号

各省、自治区、直辖市、计划单列市财政厅（局）、国家税务局、地方税务局，新疆生产建设兵团财务局：

为扩大就业，鼓励以创业带动就业，经国务院批准，现将支持和促进就业有关税收政策通知如下：

一、对持《就业失业登记证》（注明“自主创业税收政策”或附着《高校毕业生自主创业证》）人员从事个体经营（除建筑业、娱乐业以及销售不动产、转让土地使用权、广告业、房屋中介、桑拿、按摩、网吧、氧吧外）的，在 3 年内按每户每年 8000 元为限额依次扣减其当年实际应缴纳的营业税、城市维护建设税、教育费附加和个人所得税。

纳税人年度应缴纳税款小于上述扣减限额的，以其实际缴纳的税款为限；大于上述扣减限额的，应以上述扣减限额为限。

本条所称持《就业失业登记证》（注明“自主创业税收政策”或附着《高校毕业生自主创业证》）人员是指：1. 在人力资源和社会保障部门公共就业服务机构登记失业半年以上的人员；2. 零就业家庭、享受城市居民最低生活保障家庭劳动年龄内的登记失业人员；3. 毕业年度内高校毕业生。高校毕业生是指实施高等学历教育的普通高等学校、成人高等学校毕业的学生；毕业年度是指毕业所在自然年，即 1 月 1 日至 12 月 31 日。

二、对商贸企业、服务型企业（除广告业、房屋中介、典当、桑拿、按摩、氧吧外）、劳动就业服务企业中的加工型企业和街道社区具有加工性质的小型企业实体，在新增加的岗位中，当年新招用持《就业失业登记证》（注明“企业吸纳税收政策”）人员，与其签订 1 年以上期限劳动合同并依法缴纳社会保险费的，在 3 年内按实际招用人数予以定额依次扣减营业税、城市维护建设税、教育费附加和企业所得税优惠。定额标准为每人每年 4000 元，可上下浮动 20%，由各省、自治区、直辖市人民政府根据本地区实际情况在此幅度内确定具体定额标准，并报财政部和国家税务总局备案。

按上述标准计算的税收扣减额应在企业当年实际应缴纳的营业税、城市维护建设税、教育费附加和企业所得税税额中扣减，当年扣减不足的，不得结转下年使用。

本条所称持《就业失业登记证》（注明“企业吸纳税收政策”）人员是指：1. 国有企业下

岗失业人员；2. 国有企业关闭破产需要安置的人员；3. 国有企业所办集体企业（即厂办大集体企业）下岗职工；4. 享受最低生活保障且失业1年以上的城镇其他登记失业人员。以上所称的国有企业所办集体企业（即厂办大集体企业）是指20世纪70、80年代，由国有企业批准或资助兴办的，以安置回城知识青年和国有企业职工子女就业为目的，主要向主办国有企业提供配套产品或劳务服务，在工商行政机关登记注册为集体所有制的企业。厂办大集体企业下岗职工包括在国有企业混岗工作的集体企业下岗职工。

本条所称服务型企业是指从事现行营业税“服务业”税目规定经营活动的企业。

三、享受本通知第一条、第二条优惠政策的人员按以下规定申领《就业失业登记证》、《高校毕业生自主创业证》等凭证：

（一）按照《就业服务与就业管理规定》（中华人民共和国劳动和社会保障部令第28号）第六十三条的规定，在法定劳动年龄内，有劳动能力，有就业要求，处于无业状态的城镇常住人员，在公共就业服务机构进行失业登记，申领《就业失业登记证》。其中，农村进城务工人员和其他非本地户籍人员在常住地稳定就业满6个月的，失业后可以在常住地登记。

（二）零就业家庭凭社区出具的证明，城镇低保家庭凭低保证明，在公共就业服务机构登记失业，申领《就业失业登记证》。

（三）毕业年度内高校毕业生在校期间凭学校出具的相关证明，经学校所在地省级教育行政部门核实认定，取得《高校毕业生自主创业证》（仅在毕业年度适用），并向创业地公共就业服务机构申请取得《就业失业登记证》；高校毕业生离校后直接向创业地公共就业服务机构申领《就业失业登记证》。

（四）本通知第二条规定的人员，在公共就业服务机构申领《就业失业登记证》。

（五）《再就业优惠证》不再发放，原持证人员应到公共就业服务机构换发《就业失业登记证》。正在享受下岗失业人员再就业税收优惠政策的原持证人员，继续享受原税收优惠政策至期满为止；未享受税收优惠政策的原持证人员，申请享受下岗失业人员再就业税收优惠政策的期限截至2010年12月31日。

（六）上述人员申领相关凭证后，由就业和创业地人力资源和社会保障部门对人员范围、就业失业状态、已享受政策情况审核认定，在《就业失业登记证》上注明“自主创业税收政策”或“企业吸纳税收政策”字样，同时符合自主创业和企业吸纳税收政策条件的，可同时加注；主管税务机关在《就业失业登记证》上加盖戳记，注明减免税所属时间。

四、本通知规定的税收优惠政策的审批期限为2011年1月1日至2013年12月31日，以纳税人到税务机关办理减免税手续之日起作为优惠政策起始时间。税收优惠政策在2013年12月31日未执行到期的，可继续享受至3年期满为止。下岗失业人员再就业税收优惠政策在2010年12月31日未执行到期的，可继续享受至3年期满为止。

五、本通知第三条第（五）项、第四条所称下岗失业人员再就业税收优惠政策是指《财政部国家税务总局关于下岗失业人员再就业有关税收政策问题的通知》（财税〔2005〕186号）、《财政部国家税务总局关于延长下岗失业人员再就业有关税收政策的通知》（财税〔2009〕23号）和《财政部国家税务总局关于延长下岗失业人员再就业有关税收政策审批期限的通知》（财税〔2010〕10号）所规定的税收优惠政策。

本通知所述人员不得重复享受税收优惠政策，以前年度已享受各项就业再就业税收优惠政策的人员不得再享受本通知规定的税收优惠政策。如果企业的就业人员既适用本通知规定的税收优惠政策，又适用其他扶持就业的税收优惠政策，企业可选择适用最优惠的政策，但不能重复享受。

六、上述税收政策的具体实施办法由国家税务总局会同财政部、人力资源和社会保障部、教育部另行制定。

各地财政、税务部门要加强领导、周密部署，把大力支持和促进就业工作作为一项重要任务，贯彻落实好相关税收优惠政策。同时，要密切关注税收政策的执行情况，对发现的问题及时逐级向财政部、国家税务总局反映。

二〇一〇年十月二十二日

1－36　住房和城乡建设部等六部门关于开展推动建材下乡试点的通知

建村〔2010〕154 号

山东省、宁夏回族自治区住房城乡建设厅、财政厅、发展改革委、工业信息化厅（经济信息委）、国土资源厅、商务厅：

为贯彻落实《国务院办公厅关于落实中共中央国务院关于加大统筹城乡发展力度进一步夯实农业农村发展基础的若干意见有关政策措施分工的通知》（国办函〔2010〕31 号）中关于“采取有效措施推动建材下乡，鼓励有条件的地方通过多种形式支持农民依法依规建设自用住房”的工作部署，现将开展推动建材下乡试点工作的有关要求通知如下：

一、工作目标

（一）探索工作办法。在山东省、宁夏回族自治区（以下称试点省区）开展推动建材下乡试点，探索各类推动建材下乡的具体措施、操作办法和工作模式，为制定建材下乡政策提供经验。

（二）支持建材下乡。试点省区可结合本省实际情况制定政策，支持农户依法依规建设自用住房，有效推动建材下乡，并由地方财政承担相关支出。

（三）检验政策效果。通过试点，检验推动建材下乡、支持农民依法依规建设自用住房对提高土地利用和资源配置效率、改善农民住房条件、扩大农村内需、抑制落后产能在农村的扩散、促进建材行业结构调整等方面的效果。

二、试点内容

（一）推动水泥产品下乡。现阶段，推动建材下乡主要是推动农房建设所需的大宗建材下乡。为保证试点工作效果，在试点期间，建材下乡以推动水泥产品下乡为主。试点省区应鼓励使用散装水泥和预拌混凝土，同时积极探索节能、抗震等其他建材下乡的可行性，积累经验。

（二）提出建材选用要求。试点省区住房城乡建设部门要会同发展改革、工业和信息化部门按照产业发展政策、行业准入条件以及国家相关规定，提出有利于建材行业结构调整、严防落后产能向农村市场扩散的要求。建材下乡严禁采用按产业发展政策应予淘汰的产品。

（三）制定试点实施方案。试点省区住房城乡建设部门要牵头组织编制开展推动建材下乡试点实施方案，明确试点范围、对象、目标、年度计划任务及分解。实施建材补贴的地区，还要制定补贴兑付等具体操作办法。实施方案 10 月底以前报住房和城乡建设部、财政部、国家发展改革委、工业和信息化部、国土资源部、商务部。

（四）确定建材下乡企业。试点省区住房城乡建设部门要会同省级工业和信息化、商务主管部门制定下乡建材（水泥）生产经营企业资格、产品标准、流通渠道覆盖率、经销网点条件等具体要求，招标确定建材下乡企业，并向社会公告。中标企业应制定代储代存、保证质量、及时供货的具体方案，实行水泥直接配送到户。水泥直接配送流程要实行闭合管理，以便于检查核对。

（五）严格经销网点管理。建材下乡经销网点实行备案制。中标建材（水泥）企业的经销网点必须报试点省区相应商务主管部门备案，原则上不得变更。已备案经销网点应张贴明显标志，醒目公示产品价格，接受公众监督。

（六）公开建材下乡信息。试点省区要积极推动建材下乡信息公开，采取建立信息发布平台等方式，通过多种渠道宣传建材（水泥）下乡政策，方便试点区域农户及时了解建材下乡政策，引导农户按照科学统一的规划建设自用住房，改善居住条件，拉动和扩大农村消费，提高土地使用效率。

（七）总结评估试点经验。试点省区住房城乡建设部门要会同有关部门及时总结建立工作机制、确定下乡建材、制定工作方案、推行招标管理、实行经销网点备案、建立农户档案、加强村庄规划、农民宅基地和农房建设管理等方面的经验，并对推动建材下乡具体措施的政策效果进行评估。有关结果要形成报告报住房和城乡建设部、财政部、国家发展改革委、工业和信息化部、国土资源部、商务部。

三、加强试点实施保障

（一）建立工作协调机制。试点省区住房城乡建设部门要主动会同财政、发展改革、工业和信息化、国土资源、商务等部门，建立建材下乡部门工作协调机制，制定和落实建材下乡试点方案，协同推进试点工作。

（二）加强农村宅基地管理。试点省区要切实依法保障农民住宅建设合理用地需求。建材下乡政策措施支持范围内的建房农户必须严格按照土地利用总体规划、村庄规划和宅基地管理有关规定进行建设，需要新增宅基地的，要履行申请、审批程序，依法办理用地手续。

（三）加强农房规划建设指导。试点省区要认真研究本地农民建房需求，编制科学合理的村庄建设规划，切实防止大拆大建。通过为农民提供适用、合理的住房设计图集，加强对农村建筑工匠的管理和培训，完善农房技术标准和规范，做好农房规划和建设指导工作。

（四）强化监督检查。试点省区住房城乡建设部门要会同财政、发展改革、工业和信息化、国土资源、商务等有关部门，加强对建材下乡监督检查，要对试点省区县级人民政府提出建材下乡政策支持的农户档案、供货招标档案及中标水泥生产经营企业和产品价格、水泥产品质量检验和抽查情况等报省级主管部门备案的要求。除水泥下乡各个环节外，还要加强农村建筑用钢材及其他结构材料、主要装修材料等建材产品质量监管，建立建材下乡工作考核机制。

二〇一〇年九月二十九日

1 － 37 财政部关于印发《地方特色产业中小企业发展资金管理暂行办法》的通知

财企〔2010〕103 号

各省、自治区、直辖市、计划单列市财政厅(局)，新疆生产建设兵团财务局：

为规范和加强地方特色产业中小企业发展资金管理，提高资金使用效率，财政部研究制定了《地方特色产业中小企业发展资金管理暂行办法》。现印发给你们，请遵照执行。

附件：地方特色产业中小企业发展资金管理暂行办法

二○一○年六月十日

附件：

地方特色产业中小企业发展资金管理暂行办法

第一章　总则

第一条　为规范和加强地方特色产业中小企业发展资金管理，提高资金使用效率，根据《中华人民共和国预算法》等法律、法规的有关规定，制定本办法。

第二条　地方特色产业中小企业发展资金(以下简称特色产业资金)是根据《国务院关于进一步促进中小企业发展的若干意见》(国发〔2009〕36 号)，由中央财政预算安排，专门用于支持地方特色产业集群和特色产业聚集区内中小企业技术进步、节能减排、协作配套，促进产业结构调整和优化的资金。

第三条　本办法所称地方特色产业是指以地域和资源优势条件为基础，围绕特色产品的生产、销售、服务等而形成的市场化、规模化、集约化和链条化的生产经营群体。

第四条　中小企业的划分标准，按照国家现行有关规定执行。

第五条　特色产业资金的管理应当遵循公开透明、定向使用、科学管理、加强监督的原则，确保资金使用规范、安全和高效。

第二章　支持内容及方式

第六条　特色产业资金主要用于以下几个方面：

(一)促进中小企业技术创新和成果转化。重点支持地方特色产业集群和特色产业聚集区内中小企业开展的符合国家产业技术政策、创新水平较高、市场竞争力较强、预期经济和社会效益较好、知识产权清晰的技术创新和科技成果转化项目。

(二)鼓励中小企业节能减排。重点支持地方特色产业集群和特色产业聚集区内中小企业生产或应用节能减排产品的技术改造项目，集群和聚集区内废水、废气、废渣等废弃物综合治理利用项目的建设、改扩建和技术改造等。

（三）加强中小企业与骨干企业专业化协作。重点支持地方特色产业集群和特色产业聚集区内有较强协作配套关系的中小龙头骨干企业重点产品技术改造和改扩建项目，中小企业为建立和加强与龙头骨干企业协作配套关系、提高专业化生产水平而进行的技术改造和改扩建项目。

（四）支持中小企业产业升级和延伸。重点支持地方特色产业集群和特色产业聚集区内中小企业产业升级改造，新能源、新材料、节能环保、生物医药、信息网络及高端制造等战略性新兴产业中小企业项目建设和技术改造，集群和聚集区内主导性产业中小企业向附加值高的产业前端和后端延伸而进行的技术改造项目。

（五）改善中小企业服务环境。重点支持为地方特色产业集群和特色产业聚集区内中小企业提供研究开发、设计、知识产权保护、工程技术管理、商务信息交流等公共服务项目。

同一年度，每个项目单位只能选择以上一项内容申请支持。

第七条 特色产业资金的支持方式采用无偿资助、贷款贴息方式。同一年度，每个项目只能申请一种支持方式。

第八条 特色产业资金无偿资助的额度，每个项目一般不超过300万元。

特色产业资金贷款贴息的额度，根据项目贷款额及人民银行公布的同期贷款基准利率确定。每个项目的贴息期限一般不超过2年，年贴息率不超过同期贷款基准利率，贴息额度一般不超过300万元。

第三章 项目资金的申请

第九条 申请特色产业资金的企业或单位须同时具备下列条件：

（一）位于地方特色产业集群或特色产业聚集区内；

（二）具有独立的法人资格；

（三）财务管理制度健全；

（四）会计信息准确完整，纳税信用和银行信用良好；

（五）申报项目符合本办法规定的支持内容。

第十条 特色产业资金的申报材料一般应包括：

（一）资金申请文件；

（二）项目可行性报告；

（三）生产经营情况或业务开展情况；

（四）经注册会计师审计的会计报表；

（五）承担项目单位法人执照副本及章程（复印件）；

（六）其他需提供的资料。

第四章 项目审核及资金拨付

第十一条 各省、自治区、直辖市、计划单列市及新疆生产建设兵团财政部门（以下简称省级财政部门）负责组织本地区特色产业资金的项目申报、评审工作，并建立项目库。

项目评审费用在特色产业资金中列支，按照不超过下达各地特色产业资金额度的0.5%从严控制。

第十二条 省级财政部门根据本地区国民经济发展总体规划和特色产业发展规划等，研究提出下年度特色产业资金需求、扶持重点、扶持计划和组织实施方案，连同本年度特色产业资金预算执行情况，在每年12月底前上报财政部。

第十三条 财政部按照因素法，根据当年预算和各地有关经济发展指标等分配特色产业资金。

第十四条 省级财政部门根据财政部下达的预算指标和项目申报评审情况，公示结束后，提出本地区特色产业资金年度使用计划，并于当年4月底前上报财政部备案。具体包括：计划支持单位和项目名称、支持内容、归属产业、地区、产业集群（或聚集区）名称、计划支持方式及金额等。

第十五条 省级财政部门将本地区特色产业资金年度使用计划报财政部备案后，按照预算管理的有关规定，及时将特色产业资金拨付给项目单位。

第五章 监督管理

第十六条 财政部根据省级财政部门上报备案的本地区特色产业资金年度使用计划，对支持内容、支持方式及金额等进行审查。如发现问题，及时通知有关省级财政部门予以调整。

第十七条 财政部对特色产业资金管理和使用情况进行不定期抽查。地方财政部门应当加强对本地特色产业资金管理和使用情况的监督检查。

第十八条 省级财政部门应建立特色产业资金使用跟踪问效和绩效评估机制，并将特色产业资金实施效果、存在问题及政策建议等，于每年3月底前上报财政部。

第十九条 特色产业资金必须专款专用，对违反规定使用、骗取资金的行为，一经查实，财政部将收回已安排的特色产业资金，并按照《财政违法行为处罚处分条例》（国务院令第427号）的相关规定进行处理。

第六章 附则

第二十条 省级财政部门根据本办法的有关要求，研究制定符合本地区实际的具体操作办法，并在本办法下发后2个月内报财政部备案。

第二十一条 本办法自印发之日起施行。

第二十二条 本办法由财政部负责解释。

1－38 山东省人民政府办公厅转发省经济和信息化委关于深入开拓市场扩大工业品销售的意见的通知

鲁政办发〔2010〕6号

各市人民政府，各县（市、区）人民政府，省政府各部门、各直属机构，各大企业，各高等院校：

省经济和信息化委《关于深入开拓市场扩大工业产品销售的意见》已经省政府同意，现转发给你们，请认真贯彻执行。

二〇一〇年二月六日

关于深入开拓市场扩大工业产品销售的意见

山东省经济和信息化委员会

（二〇一〇年一月二十九日）

为积极应对国际金融危机的严重冲击，2008年底省政府成立工业经济运行指挥部，把开拓市场作为扩内需、保增长的首要任务来抓，出台了一系列开拓市场的政策措施，取得了显著成效，保持了全省工业经济持续稳定发展。为继续抓好工业产品开拓市场工作，加快工业经济结构调整和发展方式转变，推动工业经济平稳较快发展，现就深入开拓市场扩大工业产品销售工作提出以下意见。

一、统一思想认识，明确思路、重点和原则

（一）充分认识加强市场开拓工作的重要意义。随着全球经济一体化程度的不断提高，市场在经济发展格局调整中的作用日益突出，国际金融危机使国内外市场产生巨大的调整和转变，也为企业进一步拓展市场空间带来了难得机遇。近年来在各级各部门积极努力下，我省工业产品市场开拓工作不断拓展创新扎实推进，为工业经济的持续稳定较快发展做出了积极贡献。但与先进省市比较，我省工业产品仍然存在结构不尽合理，市场竞争能力不强，劳动密集型和初加工产品占比较大，高附加值、高技术含量产品占比较小，外销市场分布不够均衡，省内对西北、西南市场开拓不够，国外对非洲、拉美、东盟等区域的市场开拓有待深化等问题。这些问题的存在，一方面要求我们必须加大市场开拓力度，进一步拓展市场空间，扩大市场占有率。另一方面要求我们必须坚持以市场为导向，加快产业结构和产品结构调整，不断开发适销对路产品，增强企业核心竞争力。各级政府和经信部门要进一步统一思想，充分认识市场开拓工作的重要意义，切实把开拓市场作为转方式、调结构、推动工业经济平稳较快发展的重要手段，切实抓紧抓好。

（二）总体思路和工作原则。把保持经济平稳较快发展和加快经济发展方式转变作为开拓市场的重要目标，引导企业进一步抓住机遇，大力开拓国际市场、深入开发国内市场、有效稳定省内市场，争取全省工业产销率达到98%以上，省内、省外、国际市场的占有率更加均衡合理。

一是坚持国际市场与国内市场并举。继续坚持“请进来”与“走出去”相结合，对国际市场进行多层次研究，选准我省具有现实和潜在比较优势的目标市场，分阶段有重点地组织开拓。大力发展省际经贸合作关系，探索新形势下通过资源开发合作、工业项目合作等方式开拓国内市场的新路子。

二是坚持传统市场与新兴市场并举。在巩固欧美、日韩等传统国际市场的同时，进一步加大对非洲、拉美、东盟等新兴国际市场的开拓力度。巩固扩大华东和华北市场的同时，进一步拓展西南、西北和东北市场。继续扩大大城市市场，进一步开拓中小城市和广大农村市场。

三是坚持传统行业与新兴行业并举。大力推动我省机电、纺织服装、化工、轻工、建材等传统优势行业开拓市场的同时，积极发挥行业协会优势，以省政府出台的10个支柱产业调整振兴规划、40个特色产业调整振兴指导意见和13个新兴产业加快发展的指导意见为重点，积极开拓市场。

四是坚持产能转移与产品营销并举。积极推动有条件的企业通过资源合作开发、富余产能转移、建立境外加工区等方式大力实施“走出去”战略，延伸产业链，扩大企业规模。要把市场营销放在企业发展战略的核心位置，创新营销模式，完善营销组织体系，提高营销水平。

五是坚持政府推动与企业主导并举。各级政府、各部门要发挥导向、调控、服务功能，研究制定切实可行的政策措施，搭建开拓市场的服务平台，为企业开拓市场创造良好环境；企业要发挥开拓市场的主体作用，不断增强开拓市场的内在动力，提高开拓市场的能力。

（三）工作重点。

1.重点市场。国际市场在稳定欧美、日韩等传统市场的同时，大力开拓非洲、拉美、东盟等新兴市场；国内市场在稳定华东、华北市场的同时，大力开拓东北、西北、西南市场。

2. 重点行业。推动我省机电、纺织服装、化工、轻工、建材等传统优势产业开拓市场，围绕山东半岛蓝色经济区、黄河三角洲高效生态经济区以及国家和省重点投资项目，推动配套产品市场开发，举办化工、轮胎、玻璃、水泥、冶金、有色、电子装备等行业的对接和推介会。同时，大力发挥特色行业协会的工作优势，重点专业性强、比较优势明显的特色产业积极开拓市场。

3. 重点方式。统筹兼顾市场营销与产能转移，重点推动企业参加国际国内知名会展，提高我省产品的知名度和竞争力，扩大我省产品的国际国内市场占有率；同时积极推动有条件的企业通过资源合作开发、富余产能转移等方式大力开拓国外和省外市场，延长产业链和产品链，扩大市场空间。

二、加大工作力度，大力拓展市场

（一）加快产业结构优化升级，增强企业和产品的竞争力。认真贯彻落实国家和省工业调整振兴规划，继续推进工业化和信息化融合，加强工业技术改造，加大自主创新力度，加快产业优化升级，不断提高产业的核心竞争力和产品附加值，加强自主品牌的培育，提高我省工业产品的影响力和竞争力，抢占国际国内市场份额。

（二）积极参与国家重大区域开发，拉动工业品消费。要积极响应国家重大区域经济发展战略，实现企业和产品与重大项目的对接；加强与省外重大战略区域的经贸交流，通过省际合作、行业合作、项目合作等多种方式，推动我省优势工业品开拓市场。

（三）促进工业品上下游企业建立配套合作关系，实现共赢。按照产业链关系组织上下游企业进行合作洽谈，加强产需衔接，建立长期战略合作关系，促进原材料、零部件生产企业与终端产品生产企业开展直供配套，终端产品生产企业与用户进行直供配套，实现互利共赢。

（四）开展多种方式的展览展销活动，提高产品市场占有率。充分发挥会展活动在开拓市场中的作用，积极推动企业参加国际国内知名会展，提高我省产品的知名度和竞争力；推进商贸流通企业与地方名优特新产品生产企业对接，通过开展工业品专题展览、展销和名品进名店等活动，促进双方联手合作，扩大地方产品销售，提高我省产品的市场占有率。

（五）提高中小企业开拓市场能力，推动中小企业发展。引导中小企业加强市场分析预测，把握市场机遇，增强质量、品牌和营销意识，改善售后服务，提高市场竞争力。在中小企业中推广现代经营方式和新型业态。引导中小企业与国际国内大企业协作配套，促进中小企业的产品进入国际国内大企业的产业链或采购系统。

（六）发挥行业协会优势，推动专业性强、比较优势明显的新兴、特色产业积极开拓市场。以省政府出台的40个特色产业调整振兴指导意见和13个新兴产业加快发展的指导意见为重点，支持特色专业行业协会、中介组织在省内举办我省特色产品的专业展览，以及组织企业自办或参加省外针对性强、实效性强的专业展销。在特色行业协会中开展“七个一”工程：举办一个省内有行业影响力的展销活动、参加一个省外重点行业展销活动、参加一个境外具有国际影响力的展销活动、推动一个省外产业转移项目、推动一个境外产业转移项目、建设一个行业公共服务信息服务平台、开展一个创新市场营销项目。根据各行业协会开展工作实际情况，突出重点、各有侧重，分别在7个方面各选择10个项目列入今年支持的重点，制定一揽子工作计划，整合各方资源，进行配套扶持。

（七）积极推动产业梯度转移，拓展企业发展空间。积极推动有条件的企业通过资源开发、优势互补，采取省内、省外、国外梯度产业转移等方式大力开拓市场，重点加大对新兴市场的开拓力度，带动和扩大省内原材料和零部件到国外、省外销售，实现国外、省外销地产，延长产业链和产品链，扩大企业盈利规模。

（八）积极发展生产性服务业，为开拓市场提供有力支撑。把生产性服务业作为拓展市场的重要着力点来抓，积极推进现代物流业、商务服务业、信息服务业发展，突出生产性服务业在信息带动、节能降耗、技术进步等关键环节上的服务效应，全面提升生产性服务业整体素质和水平，增强生产性服务业对开拓市场和转变经济发展方式的助推功能。

（九）加快发展电子商务，充分发挥信息化作用。要以互联网、物联网融合及“网上世博”等为契机，积极推动企业发展电子商务，提升山东产品的影响力、竞争力和市场占有率；要推广网上产品展示、网上采购、网上交易、网上结算和网上服务，银企互联，普及电子支付应用，降低交易成本，提高经营效率；要冲破传统，发展创新，打造行业领域电子商务明星企业。

三、加强组织领导，完善开拓市场保障机制

（一）加强对开拓市场工作的组织和协调。各级政府、各部门要进一步转变职能，切实做好开拓市场的引导与服务工作。经济和信息化系统要积极主动抓好工业企业开拓市场工作，组织编制开拓市场的规划和方案，协调解决企业开拓市场工作中出现的重大问题。各级政府、各部门要加强对开拓市场工作的领导，进一步落实责任，制定本地区、本部门的具体实施意见。

（二）加大政策扶持力度。各级政府要充分发挥政策导向作用，整合有关部门关于市场开拓的扶持政策，对企业开拓市场给予政策、资金等方面的支持。

（三）认真做好信息服务工作。要加强公共信息服务平台建设，深化开拓市场信息服务体系建设，加强对市场情况的分析和研究，把握市场动态，采集市场信息，制定开拓市场策略，多渠道为企业服务。

（四）强化人才和队伍的培养。坚持人才引进与人才培养相结合，努力造就一支素质优良、专业突出、结构合理、数量充足的开拓市场人才队伍；强化人才激励机制，充分发挥人才作用，鼓励优秀人才投身开拓市场事业。

（五）培育开拓市场的良好氛围。各级政府、各部门要进一步提高对开拓市场工作重要性和必要性的认识，把工业产品开拓市场工作，作为加快工业经济结构调整和发展方式转变、推动工业经济平稳较快发展的重要手段，不断开拓思路、创新方式，及时总结推广典型经验，形成开拓市场的良好氛围。

1－39　山东省人民政府办公厅转发省经济和信息化委等部门关于进一步做好建筑垃圾综合利用工作的意见的通知

鲁政办发〔2010〕11号

各市人民政府，各县（市、区）人民政府，省政府各部门、各直属机构，各大企业，各高等院校：

省经济和信息化委、省住房城乡建设厅、省财政厅、省环保厅、省政府节能办《关于进一步做好建筑垃圾综合利用工作的意见》已经省政府同意，现转发给你们，请认真组织实施。

二〇一〇年三月四日

关于进一步做好建筑垃圾综合利用工作的意见

省经济和信息化委　省住房城乡建设厅　省财政厅　省环保厅　省政府节能办

（二〇一〇年二月二十六日）

为大力发展循环经济，提高资源利用效率，促进资源节约型、环境友好型社会的建设，结合我省实际，现就进一步做好建筑垃圾综合利用工作提出如下意见。

一、充分认识综合利用建筑垃圾的重要意义

近年来，随着经济快速发展、城市化进程加快，旧城改造、基础设施建设等产生了大量的建筑垃圾。传统处理方式基本上采用露天堆放或者简易填埋，既占用了大量土地、影响了城市面貌，又对环境造成了污染，同时也是资源的巨大浪费。

综合利用建筑垃圾是节约土地、节约资源的重要途径，是抑制城市扬尘、减少环境污染的迫切需要。潍坊市高度重视建筑垃圾综合利用工作，建立了部门协调配合、共同推进的工作机制，在建筑垃圾的供应、新型建材的市场准入、资源综合利用等方面制定了鼓励政策，积极引导企业加快建筑垃圾综合利用项目建设进度，多渠道利用建筑垃圾，基本实现了城区建筑垃圾全部综合利用，取得了良好的经济效益、社会效益和生态效益。各级、各部门要认真学习借鉴潍坊市的经验和做法，把建筑垃圾的综合利用作为发展循环经济、提高资源综合利用效率的一项重要工作，作为城乡环境综合整治的重要内容，切实抓紧抓好，抓出成效。

二、指导思想和主要目标

（一）指导思想。深入贯彻科学发展观，按照循环经济理念，坚持“统筹规划、合理布局、政策引导、企业实施、政府推动、公众参与”的原则，以提高资源综合利用效率为目标，充分发挥政策的扶持和引导作用，调动全社会力量参与，实现建筑垃圾的“减量化、资源化、无害化”，促进全省经济社会可持续发展。

（二）主要目标。到2011年，各设区市建立起建筑垃圾综合利用企业，建筑垃圾综合利用率达到60%以上。到2012年末，建筑垃圾综合利用率达到80%以上。有条件的设区市要全面采用新型建材，并提前实现粘土砖禁产目标。各地通过建筑垃圾综合利用后不再新设建筑垃圾填埋场，并根据建筑垃圾资源利用情况，逐步关闭原有填埋场。

三、政策措施

（一）加强规划引导。要根据区域建筑垃圾存量及增量预测情况，结合城乡环境综合整治，按照资源就近利用原则，尽快制定切实可行的建筑垃圾科学治理和综合利用中长期规划，合理规划布局企业数量和生产规模，控制建筑垃圾综合利用企业的数量和规模，确保各地建筑垃圾综合利用有序、健康发展。

（二）加大资金与政策支持力度。综合利用财政、税收、投资等经济杠杆支持建筑垃圾的综合利用，鼓励采取企业直接投资、BOT等投资方式推进建筑垃圾综合利用项目建设。凡按照规划建设建筑垃圾综合利用处理厂的，投资主管部门、国土资源部门要在项目立项、土地审批等环节给予优先考虑；经济和信息化、财政、税务部门要按照资源综合利用有关政策给予税收优惠，以增强建筑垃圾综合利用企业的自我生存能力。科技部门要大力支持企业技术进步，着力推动企业产品结构优化升级。各地可采取向建筑垃圾产生单位收取处置费、政府补贴等方式，支持建筑垃圾综合利用企业发展。

（三）加强对建筑垃圾的综合管理。贯彻执行国家、省有关规定，严把拆迁项目审批关，统筹安排拆迁项目，合理确定拆迁规模，最大限度地减少建筑垃圾的产生。对已经产生的建筑垃圾，要制定有效措施，确保建筑垃圾优先并无偿供应给建筑垃圾综合利用企业。要严格执法，强化城市管理、环境保护、资源利用的监督管理，加大对建筑垃圾乱堆乱放和就近填埋行为的查处力度，减少或者避免建筑垃圾污染环境和乱占土地问题的发生。

（四）加快建筑垃圾综合利用的科技创新步伐。积极引进国外先进、成熟的建筑垃圾综合利用技术与设备，引导、鼓励高校、科研机构、建材生产企业研究开发建筑垃圾综合利用的新技术、新工艺、新设备，不断提高建筑垃圾综合利用的技术水平和产业化水平。各建筑垃圾综合利用企业要根据市场需求，不断开拓建筑垃圾新型建材的应用领域，扩展建筑垃圾制取新型建材的品种、规格。

（五）加大建筑垃圾综合利用产品推广应用力度。将建筑垃圾综合利用产品纳入政府采购目录，各级财政、市政、住房建设部门在城市公用设施和公共建筑建设中，要优先采用建筑垃圾综合利用产品。在新型墙材认定中优先支持建筑垃圾综合利用产品，及时组织编制建筑垃圾综合利用产品的技术导则、设计标准、图集和施工与验收规范。建筑设计部门在设计环节要优先采用建筑垃圾综合利用产品。在保证建筑质量和相关要求的前提下，任何部门、单位不得以任何理由拒绝采用建筑垃圾综合利用产品。

四、切实加强建筑垃圾综合利用工作的组织领导

建筑垃圾综合利用涉及多个部门，需要政府有关部门、建材生产企业以及建筑企业的共同努力。各级政府节能办要切实担负起组织协调的职责，会同住房城乡建设、城市管理等行政主管部门加强对建筑垃圾综合利用的指导，积极推动建筑垃圾综合利用产业化。各级财政、税务、环保等部门要依据各自职能，认真研究落实政策措施，加快推进建筑垃圾综合利用产业又好又快发展。各新闻媒体要加大对建筑垃圾综合利用工作的宣传力度，让社会公众了解综合利用建筑垃圾的重要性，提高全社会的资源节约意识，理解和支持建筑垃圾的综合利用，促进经济与资源、环境协调可持续发展。

1－40　山东省人民政府办公厅转发省经济和信息化委等部门关于促进工业设计、海洋工程装备、游艇、文教体育用品、通信设备、机器人、高效照明等7个新兴产业加快发展的指导意见的通知

鲁政办发〔2010〕14号

各市人民政府，各县（市、区）人民政府，省政府各部门、各直属机构，各大企业，各高等院校：

省经济和信息化委等部门《关于加快工业设计发展的指导意见》、《关于促进海洋工程装备制造业加快发展的指导意见》、《关于促进游艇制造业加快发展的指导意见》、《关于促进文教体育用品产业加快发展的指导意见》、《关于

促进通信设备制造业加快发展的指导意见》、《关于促进机器人产业创新发展的指导意见》、《关于促进高效照明产业加快发展的指导意见》已经省政府第64次常务会议研究同意，现转发给你们，请认真贯彻执行。

二〇一〇年三月十八日

关于加快工业设计发展的指导意见

（省经济和信息化委）

为全面落实科学发展观，加快我省工业设计发展，提高自主创新能力和国际竞争力，促进转方式、调结构，推动创新型省份建设，特提出如下意见。

一、充分认识加快工业设计发展的必要性

工业设计是技术创新的重要内容和关键环节，其核心是产品设计，对于提升产品附加值、增强产品竞争力、塑造企业品牌形象具有十分重要的作用。近几年来，我省工业设计得到迅速发展，据统计，“十五”以来，我省工矿企业授权专利总量为38804件，其中实用新型21415件、外观设计14537件；授权专利总量、实用新型、外观设计分别年均增长19.91%、24.13%、10.95%；完成新产品、新技术开发7万多项，年均增长17%；在我省45所本科院校中，有28个设置了工业设计专业；涌现出了像海尔、海信、九阳、金王、福田雷沃等一批工业设计优秀企业。但是我省工业设计也存在一些问题，主要是工业设计整体实力不强，工业设计产业化程度低，企业专利与市场和生产结合不够紧密，高级专业设计人员匮乏，特色品牌不多，扶持政策不够完善等。当前，我省经济社会发展正处在一个十分重要的战略机遇期，加快推进工业设计发展，是提升企业自主创新能力、加速工业调整振兴的关键措施，是打造国际知名品牌、增强综合竞争力的重要环节，是推动经济发展方式转变、实现“山东制造”向“山东创造”跃升的迫切要求和重要手段，必须集中力量，全力推进，努力提升我省工业设计创新能力，推进工业强省建设。

二、进一步明确工业设计发展的指导思想、目标和原则

（一）指导思想。深入贯彻落实科学发展观，围绕转方式、调结构，以企业为主体、市场为导向，加强企业、高校、科研院所的密切合作，以机械及装备制造业、纺织服装、轻工、家电、电子信息、交通运输装备为主要领域，研发一批具有自主知识产权的工业设计创新成果，培育一批具有国际国内领先水平的工业设计中心，打造一批具有国际竞争力的工业设计示范基地，大幅提高我省工业设计整体水平，加快工业设计成果转化和产业化，使工业设计成为具有规模实力的新兴产业。

（二）主要目标。力争3—5年，在机械及装备制造业、纺织服装、轻工、家电、电子信息、交通运输装备以及工艺美术、软件、动漫等领域，加强工业设计产业发展，使优势产业工业设计达到国际或国内先进水平，主导产业实现产品的升级换代，重点企业创出设计品牌，建设100家具有国际或国内领先水平的工业设计中心、100家工业设计示范基地，打造100个工业设计创新品牌，工业设计新产品投产率达到85%以上，引进和培养100名高层次工业设计专家，集聚各类设计专业人才10000名。

（三）基本原则。

1.坚持统筹规划和重点推进相结合。依照我省工业设计产业发展现状，在全面规划工业设计发展思路的基础上，紧密结合我省产业优势，有选择地确定重点发展领域，突出抓好重点创新成果、设计中心、示范基地建设，推动工业设计全面发展。

2. 坚持资源整合和特色发展相结合。积极整合调动各方面资源和力量，形成推进工业设计发展的合力；以先进技术促进特色行业领域的工业设计产业发展与更新；大力引进国内外著名设计机构，形成工业设计产业集聚地，培育具有山东特色的工业设计品牌企业、品牌基地和优秀设计师。

3. 坚持政府引导和企业主体相结合。在政府的引导下，根据产业发展规律，不断激发企业积极性和创造性，充分发挥企业主体作用，形成政府大力推进、市场有效驱动、企业主体作用充分发挥的工业设计发展新格局。

4. 坚持工业设计与产业化相结合。以满足我省支柱产业、新兴产业和传统产业的发展需求为导向，把工业设计与产业化一体化推进，加快工业设计成果向现实生产力转化，加速培育新的产业增长点。

三、重点任务

（一）围绕提升产业技术水平，研发一批具有自主知识产权的工业设计创新成果。立足我省实际，选择我省工业设计基础较好的机械及装备制造业、纺织服装、轻工、家电、电子信息、交通运输装备以及工艺美术、软件、动漫等产业作为工业设计的重点发展领域，有计划、有步骤地每年组织实施一批市场前景好、技术含量高、具有自主知识产权的新产品、新技术、新工艺、新花色等工业设计创新项目。机械及装备制造业主要发展数控机床设计、工程建筑机械设计、农业机械装备设计、纺织机械设计、轻工机械设计、内燃机设计、船舶及零部件设计、机械工具设计等；纺织服装主要发展服装设计、床上用品等家居设计、新型面料设计、毛纺制品设计和化纤制品设计等；轻工行业主要发展食品外包装、家居产品、休闲旅游产品、日用工具、体育用品设计等；家电行业主要发展彩电、空调、电冰箱（电冰柜）、洗衣机、热水器（电热、太阳能）、中央空调、小家电等七大类产品设计；电子信息主要加快计算机、服务器、软件、网络通讯产品、集成电路、新型元器件等产品的设计开发；交通运输装备主要发展重型车、客车、专用车、轻型车、三轮汽车及低速汽车、新能源汽车、发动机及零部件设计等；工艺美术重点发展抽纱刺绣、草柳织品、地毯、艺术陶瓷及工艺玻璃、金属工艺及首饰、龙山黑陶和特艺品七类产品的设计。通过创新设计申报专利，形成具有自主知识产权的国际标准、国家标准和行业标准，引领行业技术发展，提升产业技术水平。

（二）围绕增强工业设计创新能力，培育一批具有国际国内领先水平的工业设计中心。按照高起点定位、高水平研发、高层次人才聚集的原则，瞄准国际国内同行业先进水平，以省内的行业和企业技术中心、高校和科研院所、专业设计机构为依托，围绕我省工业调整振兴规划，分领域、分专业推进工业设计中心建设，着重发展与工业结构调整重点产业关联度高、涉及面广、基础优势明显的设计中心。以农业机械、工程机械、数控机床、船舶和精密零部件设计为主建设机械及装备制造业设计中心；以现代服装和面料设计为主建设现代纺织面料服装设计中心；以食品外包装、家具、体育用品等设计为主建设轻工行业设计中心；以各类家电整机、小家电设计为主建设现代家电产品开发设计中心；以整车造型、发动机和关键零部件设计为主建设交通运输装备及零部件设计中心；以各类现代工艺美术品设计为主建设工艺美术设计中心；以平面、三维造型和动画设计为主建设动漫设计中心；以重大基础软件和应用软件产品设计为主建设软件开发设计中心等。支持和推动有条件的设计中心与国际著名工业设计公司共建设计中心，鼓励创新能力强、国际化程度较高的设计中心到海外建立分中心；积极引进国内外知名工业设计机构、著名高校工业设计中心，在省内创办研发设计中心和分支机构，加速我省工业设计水平与世界一流水平接轨。

（三）围绕促进工业设计成果转化，打造一批具有国际竞争力的工业设计示范基地。借鉴国外工业设计发展的成功经验，以工业设计基础较好的重点企业为依托，以自主开发工业设计创新成果并实现成果转化为目标，以培育自主知识产权为重点，着力打造一批具有国际竞争力的工业设计骨干企业。以技术先进、竞争力强、外向度高的高端产业聚集区为依托，以集聚设计创意企业、提升设计创意环境为主要方式，以提供信息、融资、人才、商务、技术服务为主要内容，建设研发设计、平面设计、形象设计、建筑设计、环境设计、展示设计、服装设计、装饰设计直至传统手工艺设计等为发展重点的工业设计产业发展集聚区，努力打造具有显著特点的工业设计园区。选择一批基础好、产业链条长、技术水平高的工业设计机构，加强与高校设计机构、行业设计机构和兄弟省市同行业设计机构的密切合作，构建基于区域集聚联动发展的工业设计产业链，最大限度地综合利用创意资源，促进我省工业设计产业快速稳定发展。

四、加快工业设计发展的工作措施

（一）加强宏观指导。充分发挥省工业调整振兴联席会议作用，强化部门之间的协作沟通，研究解决全省工业设计产业发展中的重大问题，推进重大项目实施，指导工业设计产业发展。各市要制定具有本地特色的工业设计发展意见，建立和完善支持工业设计发展的相关政策，形成全省上下共同推动工业设计发展的工作机制。制定出台《山东省工业设计创新成果、设计中心、示范基地认定管理办法》，组织好工业设计创新成果、设计中心、示范基地认定管理工作。建立健全工业设计产业统计制度及统计指标体系，及时准确地跟踪监测和分析研究全省工业设计产业发展状况。

（二）加大工业设计投入。一是省级科技自主创新、应用技术研发、产业技术研究和技术创新开发等专项资金，要积极支持重大工业企业设计创新成果开发、具有国际国内先进水平的设计中心和示范基地建设，以及举办重大工业设计相关活动。二是引导企业加大对工业设计的投入，企业列支的技术开发费，要有专项资金用于工业设计。凡获得省工业设计重大创新成果、设计中心、示范基地认定的企业每年科技活动经费支出占销售收入比例必须达到5%以上。三是积极拓宽工业设计发展融资渠道，联合国内外风险投资机构、金融机构及民营资本、债权基金，配合政府财政资金，加大对工业设计的支持，培育专业性强、成长性好的设计企业，扶持市场前景好、技术含量高的工业设计项目。四是积极落实好国家财税政策，为企业的自主设计提供税收支持，促进工业设计发展。

（三）加强人才队伍建设。通过培育、吸引和集聚一大批工业设计专门人才，特别是海内外高端人才，增强工业设计的内生动力和辐射能力。一是建设工业设计人才校企培养基地。鼓励高校、职业培训院校、社会培训机构与工业设计产业发展对人才的需求对接，开展多层次、多类型的工业设计专业教育，有针对性地设立与工业设计产业相关的专用学科，支持院校与企业联合建设工业设计产业实训基地和订单式人才培养基地，加快培育工业设计紧缺人才。二是完善工业设计人才流动机制。鼓励高等院校、研究机构和相关企业开展工业设计人才的国际交流，在输送人才学习国际先进经验的同时，注重引进海内外高级工业设计人才。教育、人力资源社会保障等部门要对工业设计人才海外培训、海外专家开展工业设计研发和交流活动给予立项、经费资助等方面的支持。三是健全人才激励机制。积极构建以人才评价、培养、激励、流动为主要内容的人才政策体系，努力营造有利于人才干事创业的良好环境。允许工业设计人员按照国家法律、法规及相关政策分享创新收益，对作出突出贡献的科技人员按照规定实施期权、技术入股和股权奖励等激励。

（四）加强知识产权保护。一是建立健全知识产权保护体系。建立知识产权协调机制，统筹协调全省工业设计知识产权管理和保护工作。建立行政执法与刑事司法相衔接的工作机制，严厉打击各种侵犯工业设计知识产权的行为。二是完善知识产权服务机制。鼓励工业设计自主创新所形成的成果及时申请注册登记，强化知识产权社会中介服务，帮助企业建立知识产权保护机制，形成贯穿于工业设计产品创作、生产、流通和消费全过程的知识产权保护体系。三是保护和推广工业设计著名商标。积极鼓励和支持工业设计企业申报著名商标认定，被认定为山东省著名商标的工业设计商标可按有关规定受到或申请特殊保护。

（五）优化工业设计发展环境。充分发挥舆论的导向作用，加强宣传推广力度。通过开展各类有利于工业设计发展的活动，增强全社会工业设计创新意识，营造良好的工业设计创新氛围。一是联合有关部门，举办具有山东特色的工业设计大奖赛，设立山东省优质产品工业设计奖；组织开展“山东省工业设计优秀人才”评选，对发展我省工业设计作出突出贡献的先进个人按规定给予表彰和奖励。二是举办我省工业设计创新成果展及论坛。借鉴产学研展洽会的成功经验，不定期举办全省工业设计成果展，倡导原创设计和设计创新，向社会展示我省工业设计产品及成果。举办工业设计论坛，邀请国内外有影响力的工业设计学者、设计战略研究学者、工业设计师、企业家等开展广泛研讨。三是加强公共服务平台建设。成立山东省工业设计协会，促进工业设计公司、工业企业、高校院所及中介机构的交流与合作，进一步规范投融资平台、法律服务平台、关键共性技术平台等中介服务平台建设，为工业设计企业提供良好服务，推动工业设计产业健康、有序、快速发展。四是鼓励我省企业与国内外知名的从事工业设计的高等院校、科研机构、设计机构联合建立工业设计中心，积极开展先进工业设计理念、文化学术交流与研究，鼓励企业加强与国际著名设计机构的战略合作，联合开展文化、品牌、创新理念的研发活动。

关于促进海洋工程装备制造业加快发展的指导意见

（省经济和信息化委　省国防科工办）

海洋工程装备制造业是海洋产业的重要组成部分，是为发展海洋工程业、开发利用海洋资源、发展海洋经济提供技术装备的基础产业，资金、技术、劳动密集度高，涉及领域广，关联度大。加快海洋工程装备制造业发展，对于发展海洋产业、建设山东半岛蓝色经济区具有十分重要的意义。根据国家海洋战略和省委、省政府有关部署要求，制定本指导意见。

一、现状

（一）规模实力较强。随着海洋产业发展，我省海洋工程装备制造业规模实力不断增强。2009 年，全省海洋工程装备制造及配套规模以上企业 150 余家，完成工业总产值 600 亿元，综合实力位居全国前列。

（二）比较优势突出。我省作为东部沿海经济大省，发展海洋装备制造业具有显著的区位优势、工业优势和资源优势。初步形成以青岛、烟台、威海为中心的海洋工程装备制造基地，以东营为中心的浅海油气装备研发制造基地。北海船舶重工的 10 万载重吨浮式生产储油船 (FPSO)，烟台来福士海洋工程有限公司的半潜式钻井平台、自升式钻井平台、大型起重铺管船，烟台杰瑞石油装备技术有限公司的固井设备，山东海洋仪器研究所的海洋浮标等仪器设备，青岛华轩环保科技有限公司和青岛双瑞防腐防污工程有限公司的海水淡化超滤膜设备，青岛光明环保技术有限公司的海洋环保油水分离设备，青岛海德威科技有限公司的压载水处理系统，德国埃斯倍传动系统(青岛)有限公司的海洋风电装备，青岛港(集团)有限公司港口机械厂的轮胎式集装箱龙门起重机、16吨至40吨门座起重机、32吨带斗门机等系列产品，具有较强的市场竞争力。

(三)科技实力雄厚。省内聚集了中国海洋发展研究中心、中科院海洋研究所、中国海洋大学、国家海洋局第一海洋研究所、山东省科学院海洋仪器仪表研究所等国家重点科研单位，拥有海洋监测设备专用试验码头、海洋岸边实验站、风浪水槽等专用试验设施，凝聚了大批高层次海洋科技人才。现有省级海洋科研教育机构30余个，海洋科技人员近万人，在基础理论与应用研究方面拥有一批国内外领先的科技成果。

(四)机遇挑战并存。21世纪是海洋世纪，全球海洋经济发展方兴未艾，山东半岛蓝色经济区建设步伐加快，海洋工程装备制造业发展面临着难得的发展机遇和条件。同时，国际竞争日趋激烈，我省海洋工程装备制造业存在着发展方式比较粗放、产业结构层次不高、产业体系不健全、科技成果转化能力不强、产业发展不协调等问题，在很大程度上严重制约了产业发展。

二、指导思想、方针原则和任务目标

(一)指导思想。跟踪世界海洋工程装备发展前沿，坚持陆海统筹，发挥比较优势，推进科技创新，扩大对外开放，着力提升重大技术装备自主创新水平，大力发展重大成套设备、高技术装备以及高技术产业发展所需关键装备，建设海洋工程装备制造业大省，为山东半岛蓝色经济区建设和海洋经济发展贡献力量。

(二)方针原则。

1.统筹政策引导与市场调节。充分发挥政府宏观调控和市场配置资源作用，建立完善产业政策体系和市场机制，促进各类经济要素有效聚集和产业健康发展。

2.统筹以海带陆与以陆促海。以海洋工程装备制造企业为骨干，发挥我省工业整体优势，整合陆海资源，推进陆海优势资源向省内海洋工程装备制造企业聚集。

3.统筹上下游产业协调发展。以装备制造为龙头，以配套为基础，培植发展产业链，带动原材料生产、装备研发设计及工程服务等相关产业发展。

4.统筹自主研发与引进创新。发挥省内科技力量支撑作用，加快技术研发自主化和成果产业化；利用国内外、省内外科技资源，加快技术引进消化吸收再创新，培植产业核心竞争力。

5.统筹产业发展与生态环保。坚持资源开发、产业培植、区域打造、生态保护相结合，实现经济效益、社会效益、生态效益协调发展。

(三)任务目标。到2015年，规模以上企业完成工业总产值1500亿元，主要经济指标年均递增20%以上；主要装备本地化配套率达到40%。到2020年，海洋工程装备研发制造能力达到国际先进水平，建成在国内外具有较强影响力的海洋工程装备制造基地。

三、发展重点

(一)海洋油气装备。

1.在制造方面，以烟台来福士、中海油(青岛)公司、青岛北海船舶重工、武船重工、蓬莱巨涛海洋工程公司等骨干企业为重点，加快研发制造多功能自升式钻井平台、固定式桩基平台、移动平台、深水浮式平台设施、深海半潜式钻井平台、浅海固定采油平台、大型模块等钻井平台；起重铺管船、半潜式起重铺管船、半潜式自航运输船、半潜式深水钻井船、多用途工程船、举力式半潜船、钻井船等海洋工程船舶；以东营科瑞控股集团、胜利高原公司等企业为重点，加快研发海洋石油钻采设备、压裂成套设备、固井成套设备、液氮泵送设备和连续油管作业设备等海洋油气井下作业设备。培育形成国际一流的大型化、深海化、专业化海洋油气装备集群。

2. 在研发设计方面，依托重点工程和重点领域，针对海洋油气资源勘探、开发、加工、储运等装备需求，加快建设烟台中集海洋油气装备研究院，建成国家级海洋油气装备研发设计平台，整合胜利石油钻井工艺研究院、中国海洋大学等科研院所的科技力量，同时引进国外研发设计力量，强化海洋油气装备的概念设计、基础设计，深化详细设计、生产设计，提升我省海洋油气装备自主研发设计能力。

3. 在设备及零部件配套方面，巩固提升动力设备、发电机组、深海钻机成套设备、井控设备、水下生产系统及海底电缆、海洋工程用钢、系泊链、螺杆钻具、钻井泥浆泵等优势产品，同时鼓励有实力的企业围绕海洋油气装备各个部分的配套需求，自主研发或引进研发轮机部分（压缩机、分油机、压载泵等）、机电部分（推进器、分配电系统、自动化设备、通导设备、照明设备等）、舾装部分（救生设备、系泊链等）、钻井部分（井架、钻台、管道、固控设备等）的关键配套设备及零部件。

（二）填海围岛及航道疏浚工程装备。

1. 填海围岛工程装备。支持山推股份公司、临工集团、常林集团、福田雷沃重工、方圆集团等企业，大力发展推土机、挖掘机、装载机、路面机械（压路机、推耙机、平地机等）、大型起重机、塔机、水泥搅拌车等适应填海围岛的工程类优势产品。

2. 航道疏浚工程装备。适应现代航道疏浚工程需求，加快研发制造大型化、智能化、环保型装备。重点发展高性能、大功率的超大型自航绞吸式挖泥船，用于深水开沟的大舱容耙吸挖泥船，用于疏挖污染底泥的螺旋式挖泥设备、涡流增压吸泥泵船及密闭旋转斗轮挖泥船等。围绕疏浚工程装备的配套需求，发展泥浆泵、绞刀、斗轮、绞车、定位桩、耙管系统、耙头等关键机具；刮板疏浚机、污泥脱水处理设备；抛泥自动记录仪、智能化监控系统等。

（三）跨海桥梁及海底隧道工程装备。

1. 跨海桥梁工程装备。围绕跨海桥梁建设勘探、打桩、吊装、拆卸工程实施，重点研发地质钻探船、海上液压打桩锤、打桩船（横骨架式、全钢质、全电焊结构型）、喷射式挖沟机、大型运输安装船、工程勘探测量船、半潜式自航运输船、大型起重船（固定臂架起重船、双臂架起重船、单体起重驳船、特大型半潜起重船）以及海上拖运、起吊、装配、铺设、维修、拆卸等多功能工程船等。依托山东博特瑞机械有限公司，发展好架桥机、造桥机（移动模架）、提梁机（轨道式起重机）等产品。

2. 海底隧道工程装备。重点研发大直径土压平衡盾构机、泥水平衡盾构机、硬岩掘进机等适用于不同地质构造的全断面隧道掘进成套设备，自动导向型盾构机及专用于海底管道施工的小直径特色盾构机等。加快研制盾构刀具及海洋工程建筑专用搅拌站、喷湿机、喷射机组、混凝土罐车及海底电缆铺设装备等。

（四）临港机械。

适应临港机械装备高效能、现代化发展趋势，依托青岛海西重机有限公司、青岛港港机厂等企业，巩固提升岸边起重机、轮式门式起重机、轨道式门式起重机、港口门座起重机、堆料机等优势产品；依托烟台海港机械厂、日照港机电设备工程有限公司等企业，大力发展渣浆泵、客滚连接桥、卸车机、搬运设备、抓斗等产品；鼓励有实力的企业研发生产液体输送设备等产品。

（五）海洋环保装备。

适应海洋生态建设、环境治理工程建设需求，依托青岛华海环保工业有限公司、青岛绿野环保设备制造有限公司、青岛海德威科技有限公司等企业，巩固发展围油栏系列设备、收油机系列设备、溢油防治设备、高压清洗设备、油水分离设备、船舶压载水处理设备、焚烧炉等产品。鼓励有实力的企业通过招商引资、联合研发等形式，以关键技术的突破和技术创新为核心，发展海洋污染和生态灾害监测技术装备、海洋污染应急处置装备、船舶及海洋工程污染物在线实时监测控制与净化处理装备等高端产品，形成海洋环保高技术产业。整合有效资源，加快成果转化，建立海洋环境保护技术产业化基地和示范试验区，促进海洋环境监视监测技术产品、海洋污染处置生物、污染物入海处理设备等产业化。

（六）海水利用工程装备。

1. 海水淡化装备。围绕海水淡化产业带建设、大规模海水淡化工程实施、海水利用示范城市建设、船舶及海洋钻采平台建设，大力发展各类海水淡化装备。发挥青岛市作为国家海水利用产业化北方基地的优势，依托青岛华轩环保科技有限公司、青岛双瑞防腐防污工程有限公司、青岛兰海希膜工程有限公司等骨干企业，巩固发展中空纤维(UF)超滤膜组件、大型海水淡化、苦咸水淡化装置、反渗透海水淡化装置、膜分离及水处理装置等产品。支持山东招远膜天集团有限公司等企业发展，依托青岛华欧海水淡化有限责任公司等企业，建立低温多效成套海水淡化装备制造与安装基地，发展低温多效蒸馏法海水淡化装备、膜法海水淡化关键装备、膜法海水淡化成套设备。鼓励有实力的企业研发船舶及海洋钻采平台海水淡化设备、热法中小型海水淡化技术与成套装置等。研发具有核心竞争力和自主知识产权的海水淡化技术以及风能、太阳能、潮汐能等可再生能源与海水淡化相结合的工艺与技术。优化海水预处理、防腐蚀及防生物附着、设备配套、膜或热源高效利用等工艺技术。研发高性能反渗透膜、能量回收装置、高压泵、高效蒸馏部件等海水淡化装备配套产品。

2. 海洋能利用装备。适应海洋可再生能源开发利用需求，重点大力发展潮汐能、波浪能、海流能、海洋风能发电装备。支持哈尔滨工程大学与山东电力设计院加快海流发电产业化进程和示范工程建设。支持中国海洋大学等高等院校加快潮汐能、波浪能、海洋风能发电技术产业化，鼓励有实力的企业研发生产海上作业船、离网型风力发电机组、并网型风力发电机组等海上风电装备等。鼓励有实力的企业研发生产百千瓦级波浪机组等装备。研发电缆、管系、叶片等海洋电力装备配套产品。

（七）海洋矿产资源勘探开发工程装备。

立足国家海洋石油与深海矿产资源勘探开发战略需要，加快研发深层和复杂矿体采矿设备、无废开采综合设备、高效自动化选冶大型设备、低品位与复杂难处理资源高效利用设备、矿产资源综合利用设备等；突破天然气水合物钻井技术和安全开采技术，重点研发天然气水合物勘探开发设备、大洋金属矿产资源海底集输设备、现场高效提取设备等；突破大洋海底多参数快速探测技术，重点研发异常环境条件下的传感器、传感器自动标定设备、海底信息传输设备等；突破海洋环境立体监测技术，重点研发海洋遥感设备、声学探测设备、浮标、岸基远程雷达等；适应水下观测、海上作业及救捞工程等需要，着力突破水下运载技术，生命维持系统技术，高比能量动力装置技术，高保真采样和信息远程传输技术，深海作业装备制造技术和深海空间站技术等关键技术，研发生产有缆遥控水下机器人、无缆自治水下机器人、水下探测打捞深潜器、浅海管线电缆维修装置、海底管道内爬行器及检测系统；适应海洋地质、海洋地球物理、海洋化学、海洋生物、物理海洋等多学科大洋资源调查研究的需求，研制综合性海洋科学考察船。规划建设海洋科学与技术国家实验室、国家深潜基地等科学工程。

（八）海洋空间利用大型装备。

适应人口及经济要素向海岸带聚集的趋势，着眼于逐步扩大海洋空间利用，围绕辽鲁跨海通道工程、上海海上高新技术产业城市、台湾海峡光缆工程等国家重大工程建设以及海上机场、海底储藏基地、人工岛、海上娱乐场、大型海上公园建设工程，着手研制相关的海洋工程装备及设施。

（九）海洋仪器设备。

适应海洋仪器装备高集成、多平台、数字化发展趋势，依托中国科学院海洋研究所、山东省科学院海洋仪器仪表研究所、青岛国科海洋环境工程技术有限公司等单位，发展大型海洋环境监测浮标、海洋台站自动化观测仪器、深海可视抓斗、无人机海洋遥感监测设备、海洋腐蚀监测机器人等海洋监测设备。鼓励有实力的单位研发深海环境监测设备、海洋油气矿产勘探设备、海洋观测探测设备、海洋灾害预警预报设备、海洋气候和极端海洋天气过程预测、海洋灾害频发区和脆弱区海洋灾害风险区划与评估设备、污染监测设备、大洋渔业信息技术设备等。

四、政策措施

（一）狠抓定向招商引资，打造战略合作联盟。利用两个市场、两种资源，在更高水平上扩大对外开放，拓展产业发展空间。坚持招大引新，紧紧抓住新一轮全球产业结构调整机遇，围绕基地建设和集群发展，鼓励企业与跨国公司、国内外知名大学和科研机构在省内空白项目、配套产业链延伸、新产品研发设计、营销服务网络建设等方面开展务实合作。鼓励引进大项目国际知名企业在我省建立研发中心。积极争取环渤海产业圈、长江三角产业带、珠三角产业带的优势资源向我省转移，探索联动发展机制，形成优势互补、共同发展的局面。

（二）狠抓陆海统筹，促进企业联合发展。推进陆上装备制造企业与造船及海洋工程装备制造企业的战略合作，形成以海带陆、以陆促海、陆海结合的产业格局，实现联动发展。推进海洋工程装备制造与上下游产业的战略合作，建立行业间以重点产品或共性关键技术为纽带的协作同盟，协调解决产业合作中的各种问题，形成相关产业既有专业化分工、又能协作共赢的良性合作格局。推进海洋工程装备制造与相关配套企业的战略合作，强化供需双方在技术、新产品研发等领域的交流与协作，加快建立协作加工、区域配送等社会化服务体系。

（三）狠抓科技创新，加快高端产品研发。巩固提高现有企业技术中心科技创新能力，开展原始创新、集成创新和引进消化吸收再创新。引导重点企业与跨国公司、国内外科研机构及高等院校合作建设工程技术研究中心、工程研究中心、行业技术中心和企业技术中心，形成以企业为主体、市场为导向、产学研相结合的科技创新体系，围绕基地建设和产品集群发展，开展产学研活动，打造技术创新联盟。各级科技专项资金给予重点支持。企业为开发新技术、新产品、新工艺发生的研究费用，可按有关规定进行税前扣除。依靠科技创新，实施品牌带动战略。鼓励企业搞好产品认证工作，推动企业创建产品名牌和服务名牌，支持企业申报著名商标认定，加大名牌和著名商标宣传力度，建设一批在国内外有影响力的知名品牌和著名商标，提高产业核心竞争力。鼓励企业和相关高等院校围绕人才培养及产学研活动，广泛开展企校合作。坚持引进培养结合，建设专业人才队伍。依托省内外有关高等院校，建立海洋工程专业，采取定向培养、委托培养以及引进等多种形式，建设高素质的人才队伍。支持有关高等院校设立海洋工程装备制造相关专业学科，鼓励企业开展职工专业技能培训，积极开展多层次的企校合作，造就高层次科技研发人才、实用技术人才。按规定，企业发生的职工教育经费支出在不超过工资薪金总额 2.5% 的部分，准予在企业所得税税前扣除，超过部分，准予在以后纳税年度结转扣除。加强企业家专业培训，造就一支职业化、现代化、国际化的企业家队伍。结合企业招商引资、重大科技专项实施、重点创新项目建设，通过集智攻关、团队引进及高薪聘请等方式，引进学科技术带头人和企业发展的领军人物。落实中央和省人才激励政策，建立完善股权、期权等多种形式的激励机制，积极引进和培养高端人才，参与我省海洋工程装备制造业发展。

（四）强化政策支持，促进产业健康发展。用足用好国家及省现行政策。省级产业结构调整资金、产业技术研发资金、企业自主创新资金、信息产业发展资金、各类科技专项资金等，要优先支持重点企业加快发展。创新财政投资方式，加大对全省海洋工程装备重点产品研发和重点企业技术中心建设支持力度。促进政策性金融机构建立完善海洋工程装备产业化项目建设金融支持体系，探索银企合作促进机制。各级财税部门要充分发挥职能作用，积极研究制定财税配套政策，促进海洋工程装备制造业发展。鼓励企业加大研发力度，按规定对研发生产的国内首台（套）海洋工程装备给予奖励。按规定，对重点企业兼并破产、停产、困难企业所涉及的审计、资产评估、公证、验资、法律诉讼等中介收费，一律按不超过国家规定标准的30%收取；增值税一般纳税人销售自行开发生产的软件产品，按现行规定享受增值税实际税负超过3%部分即征即退政策。制定土地和海域使用规划时，应考虑海洋工程装备制造业需求，对重点项目所需土地、岸线、海域纳入新一轮土地利用总体规划和海域使用规划。经批准开山填海整治土地、改造废弃土地用于发展海洋工程装备制造业的，依法享受各种优惠政策。列入国家、省重点造修船及海洋油气装备项目使用海域的，依法依规减、免缴海域使用金。

（五）加强组织领导，形成发展推进机制。发挥省工业调整振兴联席会议作用，研究解决发展中遇到的困难和问题。各级、各部门要认真履行职责，落实相关政策，努力为企业发展服务。建立完善海洋工程装备制造专家委员会，为产业发展提供决策依据和技术支持。强化行业管理与协调服务，抓好行业规划、行业政策、行业法规、行业标准的落实，建立完善行业管理体制和统计调度、经济运行、风险预警、法律援助等工作机制。加强行业协会自身建设，在行业自律、企业维权等方面积极发挥作用，促进行业健康发展。

关于促进游艇制造业加快发展的指导意见

（省经济和信息化委　省国防科工办）

游艇产业市场潜力巨大，游艇制造业是为游艇产业发展提供重要技术装备的基础性产业，劳动、技术、资金密集度高，对冶金、机械、电子、轻工、化工等50多个产业具有关联带动作用。为培育新的消费热点和经济增长点，发展战略新兴产业，促进山东半岛蓝色经济区建设，特制定本意见。

一、发展现状

（一）产业发展具备一定实力。截至2008年底，全省共有游艇制造及配套企业100余家，实现销售收入10亿元，具备年产游艇2600艘、充气橡皮艇6万艘的能力。经过几年发展，形成了“龙之子”、“中复”等山东名牌，在国内外市场上有较高的知名度。

（二）研发制造能力不断提升。游艇制造主要有青岛立行车船实业发展有限公司、烟台莱佛士船业有限公司、青岛北海船舶重工游艇分厂、威海中复西港船艇有限公司、青岛松本造船有限公司、威海弘阳游艇有限公司、青岛信光游艇有限公司、青岛滨海游艇有限公司、威海海飞渔具有限公司、龙口丛林中德车体系统工程有限公司等10家企业，初步形成豪华游艇、观光艇、救生艇、划艇、橡皮艇、公务艇、帆船等优势产品。其中，JM480型豪华双体游艇获得“中国优秀工业设计奖银奖”，NSR850LX型豪华工作艇、喷水式舷内机获得“中国创新设计红星奖”，硬底豪华工作艇等被指定为青岛奥帆赛工作用艇，88米超大型钢制豪华双体游艇、77米超大型钢质豪华单体游艇、58英尺铝合金豪华帆艇等填补国内空白。

（三）发展面临机遇和挑战。全球每年游艇业收入超过500亿美元，市场潜力巨大。随着国际游艇制造业转移步伐加快、亚太等新兴市场兴起、海洋经济快速发展，我省作为东部沿海经济大省，发展游艇制造业面临不可多得的战略机遇，具有得天独厚的区位优势和资源优势。同时，面临世界游艇制造发达国家技术及市场垄断、市场竞争激烈等诸多挑战，存在产业规模小、布局散、研发设计水平低、本地化配套率不高以及大众消费氛围尚未形成等问题。

二、指导思想、方针原则及任务目标

（一）指导思想。深入贯彻落实科学发展观，以建设山东半岛蓝色经济区为契机，积极承接国际游艇制造业转移，发挥区位优势，强化产业基础，扩大对外开放，加强自主创新，坚持技术改造，拓展培育市场，建立完善游艇研发、设计、制造、配套、营销、展示、维修维护等产业体系，着力打造科技含量高、附加值高、聚集度高、产业链长的高端产业链群，形成布局合理、优势突出、特色鲜明、竞争力强的游艇制造业发展格局，为经济文化强省建设贡献力量。

（二）方针原则。

1. 坚持高端定位。瞄准国际游艇制造业发展前沿，高起点抓好产业规划布局，着力发展高端高质高效产品集群。

2. 坚持抓大扶小。抓好骨干企业发展，推进战略合作，促进做大做强；扶持特色小企业快速成长，实现提质增效。

3. 坚持引进创新。瞄准游艇研发设计制造等关键技术，抓好国外先进技术引进消化吸收再创新，提高自主创新能力。

4. 坚持品牌制胜。加强产品质量管理，扩大产品认证范围，开展品牌宣传营销，培育一批国内外知名的品牌产品。

5. 坚持市场多元。巩固传统市场，大力开拓新兴市场，满足不同层次的消费需求，提高市场占有率。

（三）任务目标。到2015年，实现规模实力跨越提升，主要经济指标年均增长25%以上。培植一批优势企业，研发一批特色产品，创建一批研发设计平台，自主创新能力显著提高，本地化配套率年均提高5—7个百分点。重点企业实现经济、社会、生态效益协调发展。到2020年建成国内外知名的游艇研发制造中心、展销中心和零部件集散中心。

三、发展重点

（一）加快培育游艇集群。巩固提升一批优势产品，形成专、精、特、新游艇集群。大力发展JM系列豪华双体游艇、豪华双层游艇、超大型豪华钢制游艇、玻璃钢豪华游艇、玻璃钢观光游览艇等，培育形成豪华游艇集群；大力发展铝合金巡逻艇、铝合金高速缉私艇、铝合金带缆工作艇、铝合金高速工作艇、铝制多功能工作艇等，培育形成中小型铝制公务艇集群；大力发展抛落式系列救生艇、重力式系列救生艇等，培育形成救生艇集群；大力发展充气橡皮艇系列优势产品，培育形成充气橡皮艇集群。适应未来市场需求，加快研发生产一批新材料、新能源、新技术以及绿色、环保产品。重点研发生产超大型豪华双体游艇、水陆两栖艇、太阳能动力静音型游艇、多功能分体式潜水观光游艇、气流压水推进小游艇、自救式多功能游艇、大型钢铝混合结构豪华游艇、环保型全塑游艇、轻质抗沉游艇、内河湖泊休闲观光艇等，培育新的经济增长点。

（二）加快培植游艇配套链。着眼拉长游艇产业链，加快发展游艇动力设备、游艇附属设备、电子设备、室内器具、原材料和移运设备。游艇动力设备重点发展游艇发动机、发电机、电瓶充电器、专用蓄电池、舵机、起锚机、喷水推进器、液压装置、操舵装置等。游艇附属设备重点发展搜索照明设施、淡水压力泵、排污泵、甲板冲洗泵、自动舱底泵、淡水表、污水表、水位表、液压表等。电子设备重点发展GPS导航定位系统、雷达、磁罗经、甚高频电话、测深仪、艇载卫星电视、音响系统等。室内器具重点发展游艇家纺、地毯、烧烤箱、休闲桌椅、整体浴室、微波炉、制冰机、吸尘器、洗衣烘干机等。游艇配套原材料重点发展蜂窝板材、焊接材料、铝材、胶合板、装饰板材、玻璃纤维、树脂、胶黏剂、艇用蜡、防腐防污涂料等。游艇移运设备重点发展游艇叉车、吊车、拖车等。

（三）加快突破一批关键技术。着眼于解决高端游艇制造中遇到的瓶颈问题，着力突破五个方面的12项关键技术。重点突破流线型船体设计、复合材料复杂曲面造型建造成型等流线型船体设计建造技术，游艇用纯天然绿色环保复合材料研制及应用技术，大型玻璃钢模具防型变、分块高精度拼接、表面模具缝快速处理工艺等A级曲面标准外观质量技术，艇用设施及操纵系统的自检控制、动力系统干预与自动系统开发等智能管理综合控制系统研制技术，轻型实木复杂曲面成型与公差控制、复杂型面手工真皮包覆、室内隔音降噪、室内装修无痕迹遮蔽等豪华游艇内部装饰装潢尖端技术，实现游艇设计研发制造的自主化，提高产品的科技含量和高附加值，增强产品的核心竞争力。

（四）加快建设一批创新平台。围绕高端高质高效游艇产品研发制造，充分发挥骨干企业、重点科研院所的作用，加快建设一批科技创新平台。重点依托青岛立行车船实业发展有限公司，创建国家级游艇研发设计中心，开展游艇产业研究、游艇技术研究和游艇材料检测；依托威海中复西港船艇有限公司，建设省级玻璃钢船艇工程技术中心，开展玻璃钢船艇无模成型技术研究；鼓励烟台莱佛士船业有限公司、青岛北海船舶重工游艇分厂等有条件的企业创建省级企业技术中心和工程研究中心，提高行业自主创新能力。依托海洋化工研究院建立海洋涂料国家级重点实验室。以省内游艇生产骨干企业和相关院校为依托，借鉴国际汽车设计软件联盟合作模式，大力推进游艇设计软件集成，构建我省国际化游艇设计软件联盟。

（五）加快建设一批国际化游艇展洽交易观光平台。围绕推进游艇制造、销售服务，大力发展会展经济。借鉴国际知名游艇展经验，依托青岛奥帆赛基地和国际航海博览会，举办水陆结合船艇展；整合区域资源，规划建设集行政管理、商务信息、技术服务、商务洽谈、游艇展示、游艇主机及配件展示于一体的山东青岛国际游艇交易中心，建立完善小型休闲艇试航水池、大中型游艇出入专用航道、文化休闲中心、物流中心、游艇驾驶竞技中心等设施，吸引国内外著名游艇制造商、销售商、专业协会进入设立游艇展示摊位、办事处、代表处，吸引专业客流和观光者。依托日照世界级帆船比赛基地，整合岸线等优势资源，建设亚洲最大的帆艇竞技及展示中心。发挥烟台海上交通便利、物流发达、沿海风光秀丽等优势，依托港口及旅游景点，在养马岛或蓬莱等地建设国际化游艇休闲娱乐及展销俱乐部。发挥威海最适宜人类居住生态城市的综合优势，依托天然港湾和著名旅游景点，建设国际级旅游艇娱乐、休闲观光及展销俱乐部。发挥微山湖、东平湖等湖泊旅游景点优势，建立完善内河游艇休闲观光服务设施。

四、政策措施

（一）推进结构调整，促进产业做优做强。优先扶持重点企业加快发展，省级产业结构调整资金、产业技术研发资金、企业自主创新资金、信息产业发展资金、各类科技专项资金等向重点企业倾斜。抢抓国际游艇业加速转移机遇，积极开展招商引资，争取游艇制造业向我省转移，引导重点企业与上下游企业兼并联合，与国内外优势企业开展战略合作，推进战略性重组。鼓励引进国际知名企业的投资项目、研发设计机构和地区总部建设项目。鼓励引导中小企业走“专、精、特、新”发展路子，发展适销对路产品。各级中小企业发展专项资金要向游艇中小企业倾斜。鼓励配套企业加大产品研发及认证，推进产品标准化、系列化，提高配套产品核心竞争力。

（二）加快科技创新，增强核心竞争能力。指导有条件的企业创建省级、国家级企业技术中心和工程技术研究中心，建立完善以市场为导向、企业为主体、产学研结合的科技创新体系，培育形成一批自主知识产权和核心技术，增强自主创新能力。鼓励企业创建国家级、省级企业技术中心。鼓励引导省内有关企业、高等院校以及科研机构加强与国外知名研发设计机构及高等院校的科技交流合作，构建产业技术创新战略联盟，形成联合研发设计、优势互补、利益共享、风险共担发展机制。各级科技专项资金要支持重点企业与跨国公司、国内外科研机构及高等院校在我省设立功能完善、辐射带动面广的研发平台或开展产学研活动。企业为开发新技术、新产品、新工艺发生的研究费用，可按有关规定进行税前扣除。支持有条件的高校、职业学院设立游艇设计制造专业，做好职工技能培训。鼓励企业和相关高等院校围绕人才培养及产学研活动，广泛开展企校合作。按规定，企业发生的职工教育经费支出在不超过工资薪金总额 2.5% 的部分在企业所得税税前扣除，超过部分在以后纳税年度结转扣除。通过集智攻关、团队引进及高薪聘请等方式，引进学科带头人和企业领军人物，造就一支经营管理人才、专业技术人才和高级技能人才队伍。

（三）加强定向招商引资，推进国际交流合作。按照“瞄准高端、招大引新、互惠互利、共同发展”的思路，积极吸引国内外优势项目、资金、技术、管理、品牌和高端人才来我省合作发展游艇制造业。引进战略合作伙伴，鼓励国内外大型企业集团来我省投资办厂或参与省内游艇企业兼并重组。鼓励各类企业以授让商标权、专利权、合作开发、合作生产等形式进行生产领域的联合，以资产重组、股权与经营权的转让等形式进行资本领域的融合。办好区域游艇展等重大招商引资活动，提高游艇制造业的国际交流与合作水平。

（四）实施品牌战略，拓展市场空间。引导企业认真执行国际规范标准，强化企业质量管理，建立完善产品质量保障体系，做精做强优势产品，争创国家级、省级名牌产品和驰名商标。对产品被认定为中国驰名商标、山东省著名商标及被评为中国名牌、山东名牌的企业重点扶持，按有关规定给予奖励。鼓励企业搞好产品认证工作，利用主流媒体和行业网站，抓好名优产品宣传，提高企业和产品知名度。定期组织开展商务洽谈交流活动，推介优势产品，提高市场占有率。加强营销研究，在制造厂商、贸易公司和用户间逐步建立起游艇及配套件等销售渠道和售后服务体系，提高售后服务质量，增强产品的市场竞争力。

（五）加大政策扶持力度，优化产业发展环境。用足用好国家及省现行政策。创新财政投资方式，加大对全省游艇重点产品研发支持力度。各级财税部门要充分发挥职能作用，积极研究制定财税配套政策，促进游艇制造业发展。积极支持企业加大研发力度，按规定对研发生产的国内首台（套）游艇给予奖励。制定土地和海域使用规划时，应考虑游艇产业需求，对重点项目所需土地、岸线、海域纳入新一轮土地利用总体规划和海域使用规划。经批准开山填海整治土地、改造废弃土地用于发展游艇产业的，依法享受各种优惠政策。

（六）培育游艇市场环境，创造加快发展条件。推进景观水系资源开发，加快规划建设游艇俱乐部、游艇码头及航道、维修维护中心以及娱乐、商业、餐饮等与游艇产业发展相关的服务设施。建立完善相关政策法规，加强游艇登记、检验、监管及职业技能培训考核管理工作。建立在线服务、网络预定等公共信息服务平台，提升游艇消费服务信息化水平。

（七）切实加强组织领导，促进行业健康发展。将游艇产业纳入省工业调整振兴联席会议协调范围，及时研究解决发展中遇到的问题，形成加快发展合力。有关部门要加强对游艇基地营运涉及的游艇检验、登记、游艇俱乐部资格审验、游艇技术培训、游艇停泊游弋区域管理、游艇航行安全管理等方面的指导管理和服务，促进行业健康发展。

关于促进文教体育用品产业加快发展的指导意见

（省经济和信息化委　省轻工协会　省轻工联社）

文教体育用品产业是传统产业与新技术、新材料产业融合的新兴产业，具有高技术、高智能、高效益和低消耗、低污染的特点，是21世纪最有发展前景的朝阳产业之一。随着人们物质生活水平的提高和教育事业的发展，对文化教育和体育健身方面的需求正日趋旺盛。为进一步提高文教体育用品产业发展水平，更好地落实省委、省政府关于轻工业调整的振兴规划，加快培育战略新兴产业，促进我省经济文化强省建设，制定以下意见。

一、发展现状

（一）现状。近年来，我省文教体育用品产业进入快速发展阶段，在一些重点行业、重点企业和重点产品实现重大突破，形成了具有一定竞争优势的产业链和产业聚集区，创新能力明显增强。

1. 产业快速发展，总体规模进一步扩大。截至2009年，全省文教体育用品产业拥有规模以上企业428家，总资产172.7亿元，是2000年的7.5倍，从业人员近10.6万人，年销售收入过亿的企业有30多家。2009年，全省文教体育用品产业实现销售收入378.23亿元，同比增长24.7%；利税35.3亿元，同比增长19.8%；利润21.4亿元，同比增长21.3%。

2. 优势产业初具规模，品牌效应明显增强。铅笔产量约占全国的40%，近年来一直保持全国第一的水平，圆珠笔产量居全国第三位。2009年，体育用品行业规模以上生产企业143家，是我省文教体育用品产业中第一大行业，比重接近40%。乐器行业近年来发展迅速，已成为我国主要乐器生产和出口大省，在全国同行业居第二位，昌乐县鄌郚镇2009年被命名为“中国电声乐器产业基地”，青岛世正的青花瓷钢琴，依靠传统文化与时尚文化的完美结合，赢得了国内外消费者的青睐。优势产业整体实力进一步提升，形成了一批在全国乃至国际上有一定影响力的知名企业和品牌，全行业共有6家企业的9种产品被评为中国名牌产品，拥有中国驰名商标4个，其中泰山体育产业集团的无形资产品牌价值已达118亿元。

3. 重点企业技术装备水平明显提高，科技开发能力进一步增强。大力引进外资和技术改造，文教体育用品产业的整体技术装备水平有了明显提升，部分重点骨干企业的技术装备水平已达到或接近国内外先进水平。目前，全行业拥有省级企业技术中心4家。泰山体育产业集团研发的50多种产品分别通过了国际体联、柔联、跆联、摔联、田联、拳联等各专项协会的认证，500多种产品通过了国家体育专项认证，拥有100多个国家专利，一些产品不仅填补了国内空白，而且达到了国际领先水平，已发展成为全国最大并具有世界级水准的集生产、销售、服务于一体的大型体育器材专业化集团。

（二）主要问题。

1.企业规模较小，行业发展不平衡。我省文教体育用品产业除体育用品行业具有比较优势外，其他行业发展相对滞后。文教用品行业的生产规模和效益不到整个产业的十分之一，乐器行业生产规模和效益也只有8%左右。全行业主要以中小企业为主，年销售收入5亿元以上的企业只有5家。现代化的电教设备，特别是电子白板等多媒体教学设备生产起步较晚，规模较小。各种球类和棋类体育用品生产企业很少，各种水上和冰上体育器材还没有企业规模化生产。

2.品牌意识不强，自主创新能力有待加强。外商投资企业占较大比重，特别是在玩具、乐器和室内外体育健身器材行业最为明显，许多企业以来料加工和贴牌生产为主，科技投入较少，基本不具备技术和新产品开发的能力，整个产业没有一家国家级企业技术中心。企业自主品牌建设和培育意识不强，缺乏在国际市场上的强势品牌和龙头企业，大大影响了行业整体水平的提高与发展。

3.产业化程度较低，产业链条不完善。我省文教体育用品产业处于发展的初始阶段，企业经营分散，没有形成合力，缺少行业自律，企业不良竞争现象突出。部分行业链条较短，以点带面集群式发展还未形成。

4.技术装备水平不高，高层次人才缺乏。除少数重点企业外，大部分企业规模较小，进行技术改造的意识不强，技术装备水平偏低。招聚人才的吸引力薄弱，随着新材料和信息技术的广泛运用，高层次科技人才和管理人才短缺问题日益突出。

二、指导思想和发展目标

（一）指导思想。深入贯彻落实科学发展观，以市场为导向，以科技创新为动力，加大技术改造力度，延伸产业链条，强化品牌建设，培植骨干企业，不断完善提升产业和产品结构，增强产业素质和效益，做大做强做优文教体育用品产业，促进我省经济文化强省建设。

（二）发展目标。到2012年，实现以下主要目标：

1.产业规模。实现销售收入650亿元，年均增长20.8%；利税65亿元，年均增长22.8%；出口创汇34亿美元，年均增长20%。

2.科技创新。争创国家级企业技术中心3家，省级企业技术中心5家，行业公共技术研发与服务平台2个。在新材料和新技术的开发与运用方面有突破性进展，开发的科研成果有效转化。

3.品牌建设。重点培育自主的国际知名品牌2个，新创中国名牌2个，山东省名牌6个，名牌产品产值率达50%左右。

4.重点企业与产业集群。培育年销售收入过30亿元的企业1家，过5亿元的企业10家；特色产业集群6个，其中国家级特色产业集群发展到3个。

三、发展重点

（一）文化娱乐用品行业。积极开发新产品，着力培育和发展自有品牌。玩具，向智能化、高档化、安全化、品牌化方向发展，开发集趣味性、益智性、教育性及“声、光、电”于一体的具有现代风格和时代气息的老少皆宜的各种室内外玩具、游艺器材新产品；支持威海家乐玩具、乳山早一、青岛英贝特、飞龙、济南巨源游乐设备制造有限公司等企业发展。乐器，向时尚化、艺术化、个性化、电声化、品牌化方向发展，巩固提升钢琴、管弦乐、吉他，积极开发打击乐、电子钢琴、电子鼓等产品，注重民族乐器生产的传承和发展创新；重点支持青岛世正钢琴、山东泰山管乐器、山东昌乐鄌郚镇中国电声乐器产业集群发展。

（二）文教用品行业。在提高产品档次的同时，注重产品的功能性与艺术性，不断增加花色品种，并做到节能环保。本册，提高实用性和设计的新颖性。制笔业，重点是产品的设计创新和功能的多样性，发展考试专用2B铅笔、水融性绘画彩笔、荧光笔、白板笔、特种记号笔等，对具有传承我国历史文化的毛笔则进行重点保护；支持山东鸿杰印务、山东天象集团、青岛昌隆文具、济南明泉笔业、济南蜜蜂笔业、济南亨通制笔、威海金马笔业、山东万豪纸业集团、枣庄毛笔厂、莱州苗家毛笔等企业发展。

（三）教学仪器行业。以现代信息技术为先导，大力发展以多媒体技术为主导的电子信息化教学仪器设备，着重发展数字化实验教学仪器、数字化视听设备、交互式电子白板、多媒体讲台等高科技教学仪器设备以及多媒体课件、教学与测试软件、教学评估系统等配套软件产品，逐步实现教学仪器的信息化和智能化。支持山东省远大网络多媒体股份、泰安北方光电、烟台联营电子、济南时代智囊科技发展公司等企业发展。

（四）体育用品行业。以竞技体育用品和室内外体育健身器材发展为突破口，通过采用新材料和高新技术，不断提高产品的科技含量和档次，完善产品的技术性能，增强其产品在国内外市场的竞争能力和知名度，带动整个体育产业链的全面发展。竞技体育用品，在巩固现有优势产品的基础上，重点研究开发各种比赛用球、运动赛车、多功能运动垫、水上和冰上比赛用新产品。室内外体育健身器材和用品，在满足人们健身要求的同时，增加健身的娱乐性，重点开发网络健身系列产品，利用家电和网络普及的优势，大力推广网络模拟健身的应用范围，创新全民科技健身新模式。健康保健器材，向低噪音、功能化和智能化方向发展，将现代信息技术与传统中医学相结合，开发适合不同消费者需求的电动按摩产品以及完全智能化的按摩机器人等产品。场馆器材和设施，开发系列新型足球、高尔夫球、网球及曲棍球等人工比赛用草坪和高清晰电子显示屏等系列产品。休闲体育用品，开发户外运动配套产品，如登山用具、帐篷和各种包袋等。其他体育用品，开发运动帽、运动手套、运动护具以及高尔夫运动等系列配套产品。支持泰山体育产业集团、山东英克莱、青岛英派斯、山东祥和集团、威海光威渔具、山东环球渔具、山东康泰实业、青岛英吉多、临沂顺亿高尔夫球制品、胶州李哥庄镇中国制帽产业集群发展。

（五）大力发展优势产业，培育壮大产业集群。以泰山体育产业集团为龙头，以竞技体育用品和场馆器材用品为核心，通过产品链接，形成特色产业集群，推进乐陵市中国体育产业城的建设，打造世界级的体育用品产业基地。以光威渔具和环球渔具为龙头，以系列钓鱼用品为核心，推进威海休闲体育产业的发展，建成中国休闲体育用品产业基地。以青岛英派斯、山东英克莱集团和山东康泰实业有限公司为龙头，以室内外体育健身器材和健康保健器材以及体能训练器材为核心，分别把青岛市、济宁市及招远市建设成在全国有较大影响力的室内外体育健身器材和健康保健器材生产基地。把青岛、潍坊建成国内重要的玩具加工基地。进一步提升昌乐鄌郚镇中国电声乐器产业集群和胶州李哥庄中国运动帽产业集群的档次与水平，促进企业提高自主创新能力和产品技术含量，增强国际竞争力。

四、政策措施

（一）加强标准化体系建设，规范发展秩序。针对文教体育用品产业各行业，制定山东省标准，争取上升为国家行业标准，建立起与国际接轨的标准化体系，促使企业按照标准组织生产，避免低水平无序竞争，规范行业秩序。

（二）搞好产业布局，促进做大做强。根据确定的重点发展产业和产品领域，依托现有企业，通过行业规划进一步优化产业布局，按照抓大扶小的原则，坚持市场机制与政府推动相结合，支持优势企业强强联合，或重组中小企业和困难企业，逐步建立和完善区域性产业配套体系，形成省内较合理的文教体育用品产业布局，实现科学、有序、协调、快速发展，促进产业和企业做大做强，高精并重。

（三）强化自主创新，增强核心竞争力。积极促进企业与高等院校、科研院所之间的人才、技术交流，加快形成以企业为主体、产学研相结合的技术创新体系。通过产学研联合进行资源整合，开发行业亟需、制约发展的关键共性技术，鼓励具有国际先进水平的新材料和产品研发，特别是对碳纤维等新材料和纳米技术的研发和推广，适应不断提升的市场需求。支持企业建立技术中心、行业关键共性技术服务平台和信息网络，引导企业加大研发费用的投入,不断开发新产品。特别是体育用品行业，要尽快建立国家级研发机构，研究分析国内外市场发展趋势，加快竞技、健身、休闲体育用品的研发，引领时代潮流，积极推动在线运动平台 i-dong 娱乐健身运动项目开发，以高科技打造全球网上体育健身新平台。进行高分子碳素纤维体育产品生产专用新材料研发生产及推广应用，建设全国最大的体育运动产品高科技节能环保型新材料科技研发中心，推进产业全面升级，提升产业竞争力。

（四）坚持技术改造，优化提升产业结构。引导企业坚定不移地走技术改造路子，加大技术改造投入，避免一般产能的扩张，围绕技术创新开发出的新花色、新品种，积极引进先进技术和先进设备，坚持消化吸收再创新，采用新工艺、新材料，不断提升装备水平，提高生产能力，增加产品的技术含量、艺术含量和附加值，改善产品结构，促进产业优化升级。

（五）加大财税支持力度，优化产业发展环境。一是积极引导企业充分用足用好增值税转型、国家和省结构调整专项资金、中小企业发展资金等各项财税优惠政策，强化对政策落实情况的监督检查。切实把优惠政策用足、用好。同时，要充分发挥职能作用，积极研究制定财税配套政策，促进相关行业加快发展。二是积极整合财政专项资金,大力支持自主创新，着力提高企业核心竞争能力；大力支持节能减排和结构调整，着力推进产业结构调整和发展方式转变。三是对国家确定的重点支持项目，各级政府要创新资金筹集方式，调整资金支出结构，按照国家有关规定，给予必要的配套资金支持。

（六）加强自主品牌建设，努力开拓市场。以科技为支撑，以产品设计创新为先导，切实转变目前以贴牌为主的生产方式，培育自主品牌,增强产业的整体竞争优势。以品牌为先导，加大市场开拓力度。一是加强文教体育用品普及与宣传，积极开展文教体育用品进校园、进社区活动，结合全民健身运动的兴起，让广大消费者认知并接受推广的产品。二是利用品牌优势推广健康新理念，通过建立健身俱乐部的方式带动高档室内健身器材的生产和销售。三是积极参与国家、省市有关部门组织的文教体育用品政府采购活动。四是面向三、四级市场拓宽延伸营销渠道，积极开发广阔的农村市场。五是充分发挥泰山体育用品已有的品牌优势，在政策、技术和资金等方面给予重点支持，加快其中国体育用品产业基地建设，使之尽快发展成为具有自主知识产权的国际一线著名品牌，带动我省整个体育用品产业发展壮大。

（七）加强人才引进与培养，壮大人才支撑力量。一是要加快培养一批政治素质好、市场驾驭力强、熟悉国际惯例、具有战略眼光的优秀企业家队伍。二是与高等院校、科研院所、国内外知名企业联合，做好产业发展急需的高水平创新人才的培养与引进工作，重点是加强文教体育用品行业信息化与工业化融合人才以及产品设计人才的培养。三是加快建立一支规模宏大、结构合理、技艺精湛、作风过硬的高技能人才队伍，不断提高岗位技能素质和业务操作水平。

（八）加强行业协会建设，充分发挥行业协会作用。加强省文化教育用品协会、省体育健身器材协会的自身建设，发挥协会在产业政策、标准制定、技术交流、贸易促进、公共服务等方面的作用，强化监测服务，规范行业秩序。促进与国内外及不同行业之间的沟通交流，确保企业、行业、政府之间信息及时准确通畅，形成工作合力，促进行业健康有序发展。

关于促进通信设备制造业加快发展的指导意见

（省经济和信息化委）

通信设备制造业是我省电子产品制造业的三大支柱产业之一，是技术、人才、知识密集的基础性、战略性、引导性产业，对于引领现代经济和社会发展具有重要作用。为深入贯彻落实省委、省政府推进结构调整、转变发展方式的战略部署，积极应对新一代通信技术的普及应用，进一步促进我省通信设备制造产业快速发展，制定本意见。

一、发展现状

（一）产业现状。我省通信设备制造产业经过多年发展，从无到有，从小到大，已成为全省电子信息产业重点发展的支柱产业之一。特别是“十一五”以来，我省通信设备制造产业紧抓世界IT产业转移机遇，产业规模快速增长，产业发展基础不断增强。2009年，全省纳入统计范围内的通信设备制造业企业共78家，实现主营业务收入429亿元。形成了手机及配件、网络通讯设备、通信专用元器件及材料、光纤光缆等一批优势产业，拥有青岛朗讯科技有限公司、浪潮乐金数字移动通信有限公司、爱立信浪潮无线技术有限公司、青岛海尔通信有限公司和青岛海信通信有限公司等一批骨干企业。研发实力基础扎实，具备一定发展潜力，拥有海尔中央研究院、阿尔卡特朗讯研发中心、海信研发中心、浪潮LG(烟台)数字移动通信技术研究中心等多家研发机构，具备国际先进水平的软、硬件实施和通信领域的专业人才。园区建设成效明显，国家(青岛)通信产品产业园和山东(烟台)通信产品产业园集中了我省绝大多数的通信设备制造企业，产业特色和集聚、辐射、带动效应明显，有力推动了优势企业、先进技术、高端人才和资金的涌入，已成为园区所在地促进信息产业快速发展的重要平台和推动力量。同时，与先进国家和地区相比，也存在一些问题和不足。一是产业总体规模较小，产品市场份额较低，缺少带动作用强大的旗舰型企业；二是产品结构单一，盈利能力偏弱，主要以手机终端等充分竞争性产品为主，缺乏技术集中度高、附加值高、带动作用明显的通信系统类产品，基本处于整个产业链的低端；三是企业研发投入不够，研发能力偏弱，缺乏产业领军人才、复合型人才和高层次技术人才，自主创新能力不足；四是通信产品产业链短，除手机产品外，其他产品本地配套能力不强，难以形成完整的产业链。

（二）面临的形势。当前，国内外通信设备制造产业正处于加快调整升级的关键时期，具有很大的市场需求潜力，仍是高成长性产业。电子信息产业调整振兴规划的出台及推进第三代移动通信网络建设的一系列措施，直接拉动了通信设备尤其是移动通信设备需求的快速增长和通信设备制造行业的整体复苏。3G网络建设投资力度的进一步加大，上海世博会和广州亚运会的召开，将极大推动3G网络新技术、新设备、新应用的推广普及。以3G网络建设为龙头，通信系统设备、终端设备、电子元器件、软件及增值业务开发等一批相关产业也将迎来新一轮大发展的契机。随着三网融合、三屏合一、WiFi、Wimax等技术的发展，物联网的强势崛起，物联网与3G网络的融合发展，相关产品和系统的升级换代，新的服务模式和业务的出现，都为我省通信设备制造业的快速发展带来了新的机遇。但也面临着不少挑战，长三角、珠三角以及环渤海等地区的通信产业已经具有较强的聚集度，成为我省产业发展和吸引全球产业转移的强有力竞争者；大企业在资产、人才、技术、标准、市场垄断等方面也给我们设置了很高的进入门槛；我省的两个通信产品产业园在产业链高端环节上实力不足，由于存在一些关键技术上的瓶颈，产业的进一步发展深受制约，也将会受到跨国公司技术垄断的挑战。

二、指导思想、基本原则和发展目标

（一）指导思想。深入贯彻落实科学发展观，坚持走新型工业化道路，以结构调整为主线，紧抓产业发展新机遇，强化自主创新，延伸产业链条，壮大骨干产业，培育大企业集团，做精做专小企业，以破解关键技术为突破口，不断提高通信设备制造业技术水平，以机制创新增强发展活力，以自主创新提升竞争优势，以市场应用促进产业发展，以集聚发展吸引产业转移，做大做强六大通信产品，培育四大产业集群，形成三大产业链条，加强设备制造企业与电信运营商的互动，以新应用、新业务带动新增长，以规模应用促进通信制造业快速发展。

（二）基本原则。

1. 坚持市场导向原则。密切注视国际市场需求，不断调整产品结构和市场结构，积极扩大产品出口；抓住家电下乡机遇，积极开发适销对路的产品，加强服务体系建设，以应用促进产业发展，努力拓展国内市场。

2. 坚持协调发展原则。实施大项目带动战略，充分发挥龙头企业的辐射作用，以大带小，以点扩面，形成产业集群，打造整体优势，促进大、中、小企业协调发展。

3. 坚持自主创新原则。坚持技术引进消化吸收再创新和人才培育，大力推进科技创新。积极创建企业为主体、市场为导向、产学研相结合的自主创新体系。

4. 坚持集聚发展原则。进一步加强园区建设，搭建产业发展载体，为承接产业转移创造良好环境。以现有产业群分布为基础，完善产业链条，积极发展新的通信产业基地园区。

5. 坚持共同发展原则。在继续扩大制造业规模的同时，重视信息服务业的发展，逐步提升信息服务业的比重，面向应用、产用结合，逐步形成硬件制造与信息服务业齐头并进的格局，加快通信产业发展。

（三）发展目标。

1. 产业规模迅速扩大。到2012年，通信设备制造产业实现销售收入900亿元，占全省电子信息产业的比重稳步提高。

2. 产业结构更加优化，带动作用明显增强。产业格局实现由通讯终端的“单一支柱”型向“多极支撑”型转变，重点产业领域的配套更加完善，主要通信设备市场占有率稳步提高，通信设备制造产业对通信产业的支撑作用明显提升。

3. 自主创新能力持续提升。承接一批国家重大专项，突破一批关键技术，聚集一批国家工程中心、国家工程实验室、企业技术中心以及跨国研发机构，形成以企业为主体、产学研相结合的自主创新体系。

4. 产业聚集水平稳步提高。产业链条进一步完整，形成完备的通信设备制造产业体系，到2012年规模超300亿元的通信产业园区达到2–3个。

三、发展重点

（一）发展六大产品领域。

1. 通信终端产业。以3G应用为契机，依托浪潮LG、海信、海尔等优势企业，发挥现有优势，提高手机零部件配套能力，在CDMA和GSM手机规模化生产的基础上，进一步扩大3G(第三代)手机的生产规模。鼓励省内企业研发生产基于3G应用的各类通信终端产品，形成我省初具规模的通信终端产品产业。鼓励研发生产针对老年人、孕妇、煤矿工人、心脏病患者等用户群体具有"一键通"、"测胎心"等特殊功能的特色专用手机。

2. 通信系统产品。抓住3G网络大规模建设完善的机遇，依托青岛朗讯等电信设备制造企业，大力发展交换机等相关通信系统产品，形成一定产业优势，抢占部分市场份额。

3. 网络设备系统。以发展下一代互联网为契机，以浪潮集团等企业为依托，大力发展适合下一代互联网、物联网应用的服务器、网络交换机、路由器等网络设备系统，形成一定的产业规模。

4. 光通信系统。以特殊产业应用为引导，依托济宁英特力光通信开发有限公司等企业，进一步加大投资力度，突破关键技术，大力发展光端机、光交换机、光传输设备等光通信系统。

5. 通信支撑产业。以新一轮通信业复苏为契机，大力发展通信基站、高性能光纤、光缆、通信检测维护设备等通信支撑产业。

6. 通信配套产业。扶持发展通信元器件、光通信器件、接入设备、转换器、通信机房专用蓄能电池等通信配套产业。

(二)培育四大产业集群。以浪潮LG、海信、海尔等为依托，大力发展移动通信终端设备集群。以青岛朗讯、青岛海信为依托，大力发展程控交换机、通信基站、宽带接入网系统、综合接入通信系统等通信系统集群。以济宁英特力为依托，大力发展光纤光缆、光端机、野战通信系统等为代表的具有特殊产业技术优势的光通信产业集群。以建设"无线城市"发展为契机，大力发展以新一代宽带无线通信技术为核心的高速、宽带网络接入设备与系统，WiFi、Wimax等无线网络系统设备，有线及无线用户接入网系统设备，数字集群通信设备、卫星通信系统设备等相关产业集群。

(三)完善通信终端产品三大产业链。

1. 进一步完善手机配件产业链。以目前规模化生产的手机终端为产业链龙头，以提高本地配套能力为目标，以重点引进与"嫁接"为手段，借助跨国公司的势力吸引更多的配套项目，不断拉长手机配件产业链条。一是加大现有摄像组件、液晶显示器件、LED背光源、翻盖系统、微型变压器、微型电机等的生产能力，提高产品质量，提高研究开发水平，减小技术依赖，强化本地配套能力。二是加强目前手机配件产业链空隙骨干项目的引进，进一步完善手机配件产业链，提高整机产品的本地化配套比例，实现"大项目带动产业链，产业链形成产业群，最终形成产业基地"的良性发展格局。

2. 进一步拉长手机材料产业链。在强化手机整机及配件发展的同时，大力发展手机产业材料产业。在提高钕铁硼磁性材料及制品、纳米级电子涂层材料、液晶材料、压电材料等生产能力的前提下，延伸材料产业链，同时加强光纤光缆、射频电缆、通信电缆、微细漆包线及元器件引线等的开发生产。通过提高技术开发能力，不断提升通信材料的产品质量，提高本地配套能力和国产化率。

3. 形成手机产业电子元件产业链。通过规模化生产手机及配件，带动电子元器件产业链的发展。加强各种新型电子元器件、光电子器件、石英晶体器件、新型传感器和敏感器件、各种表面贴装(SMT)元器件等生产，适时引进集成电路(IC)产品、电子微电机等的生产。在加强新项目、新技术引进的同时，注重科研开发，搞好技术引进消化吸收，提高企业自主研发能力，形成自主知识产权，提高元器件企业的竞争能力。

四、工作措施

（一）积极开发新产品、新业务、新应用，打造新一代移动通信产业链。以第三代移动通信、下一代互联网建设为契机，加快通信设备产业发展，加快TD-SCDMA等第三代移动通信网络建设，积极开发适应新一代移动通信网络特点和移动互联网需求的系统设备、芯片、手机等新产品，带动系统和终端产品升级换代，打造新一代移动通信产业链。大力促进数字程控交换机、光通信系统、路由器、无线接入系统、基站及网络产品和配套件等的发展，形成区域优势。通过下一代互联网建设和宽带通信网络升级，大力推动相关应用、增值服务以及IPTV(网络电视)、手机电视等服务模式创新，支持企业开发基于先进网络技术的系统设备、应用终端，加速宽带光纤接入网络建设，带动相关产业链快速发展。

（二）搞好规划引导，创造良好产业发展环境。以建设山东半岛蓝色经济区和胶东半岛高端产业聚集区为契机，以青岛、烟台等通信产业优势为基础，研究加快发展的政策措施，制订技术产业发展规划和应用推进计划，规划引导下一代网络发展，加大对通信专用电子设备和材料等领域的支持力度，壮大产业规模，强化配套支撑。

（三）建立通信制造业企业产业联盟。整合汇集我省通信制造业企业技术及人才优势，组成产业联盟开展联合协同创新，制订实施标准和规范。组织开展产业推进会、高层论坛、产品展示等各种活动，促进资源共享，优势互补，做大做强我省通信产业。

（四）加强人才培养，提供人力支撑。依托省内外高校，加快培养造就通信制造业高层次科技研发人才、实用技术人才。结合重大科技专项和重点创新项目的实施，采取团队引进、核心人才带动等多种方式引进学科技术带头人和复合型人才。采取多种方式和渠道，优化用人政策和环境，吸引各类通信领域的人才到我省工作。

（五）加大国际交流合作，进一步开拓国际市场。加强通信领域的国际合作，与国际著名企业建立长期合作伙伴关系。提高对关键技术、先进管理经验等方面的消化吸收能力，从整体上提升行业的科技含量和技术水平。加大力度支持企业巩固原有海外市场，积极拓展中南美洲、东盟、非洲、俄罗斯等新兴市场。鼓励企业“走出去”设立研发、生产基地，建立境外营销网络。拓展与国外政府、企业间的合作，组织有关企业积极参加国际机构和别国政府组织的各种招标活动，大力推动TD-SCDMA等标准技术在海外市场的拓展和商用。支持企业优先收购国外先进技术和核心专利，引进海外高级市场人才及营销渠道。

（六）强化技术创新，增强自主创新能力。鼓励企业继续加强技术创新，逐步提高自主知识产权产品的比重，不断提高核心竞争力。加大研发投入，巩固和提升现有企业技术中心研发水平，鼓励有条件的企业建设省级和国家级企业技术中心，以研究解决关键共性技术为主建立公共研发平台，提高通信制造业核心竞争能力。积极跟踪世界先进技术发展动态，将引进、消化、吸收与自主开发相结合，在质量和技术方面逐步缩小与国际水平的差距。

（七）落实财税政策，拓宽融资渠道。认真落实财税优惠政策，加大政策宣传、贯彻落实力度，积极引导企业充分用足用好财税优惠政策。积极整合财政专项资金，大力支持自主创新，着力提高企业核心竞争能力。对国家确定的重点支持项目，各级政府要创新资金筹集方式，优化投资结构，按照国家有关规定，给予必要的配套资金支持。发挥银行信贷支持主渠道作用，鼓励金融机构加大对通信制造业企业的信贷规模。通过招商引资、发行股票、债券、吸纳民间资本等方式，拓展融资渠道，加大投资力度，为企业发展提供资金支撑。

关于促进机器人产业创新发展的指导意见

（省科技厅　省科学院）

机器人产业是为装备制造、国防建设、安全生产以及家庭服务提供智能化装备的战略性高新技术产业，是衡量一个国家和地区制造业水平和科技水平的重要标志。为进一步加快机器人产业创新与发展，提升我省加工制造业的信息化水平和核心竞争力,加快产业结构调整，促进机器人产业成长为战略新兴产业，培育新的竞争优势，特制定本意见。

一、机器人产业发展现状及趋势

（一）*产业现状*。我国自“七五”期间开始启动对机器人的研究开发工作，近几年在医疗、水下、空间、核领域等特殊机器人研发方面取得了一定的成果，成功开发和实施了一批机器人产品及应用工程。“十五”以来，我省机器人研究开发发展较快,在地下工程机器人、带电作业机器人、基于机器人的自动化生产线和装备的研发及产业化方面形成了一定的优势特色。目前，全省从事机器人研究开发及生产单位近 10 家，产业规模数千万元。山东大学和山东科技大学研发出的煤矿探测机器人、服务机器人、喷浆机器人，已用于多项大型工程。省科学院自动化研究所建有机器人国家工程研究中心山东分中心，主要开展抢险救灾机器人的研发、工业机器人系统集成和应用研究。哈工大（威海）机器人研究所是机器人技术与系统国家重点实验室在我省的分支机构，在高压水射流切割机器人、管件自动焊接机器人、船体除锈机器人等多个领域取得了一大批科研成果。山东鲁能智能技术有限公司自主研发出国内首台变电站设备巡检机器人和高压带电作业机器人。济南二机床已累计生产基于机器人的冲压生产线 8 条。海尔机器人有限公司与哈尔滨工业大学联合研发出注塑机器人、家庭服务机器人和应用工程设计系统，注塑机械手已形成适用于 20-4000 吨注塑机的 4 大系列近 50 余种产品。东营柯林瑞尔管道工程有限公司与石油大学联合开发了适用于管道内部作业的多用途机器人。

（二）*产业发展趋势*。世界发达国家十分注重机器人产业发展，全球机器人产业正以 10% 以上的发展速度递增。日本新工业政策把机器人列入重点发展的产业，提出了创建 21 世纪机器人社会的技术发展战略，其产业用机器人每年占全世界同类机器人总数的 70%；韩国把机器人作为促进经济增长的关键技术和成长动力产业；欧美各国也一直高度重视机器人技术及产业发展，涌现出了瑞典 ABB、德国 KUKA 等一批世界一流企业。近年来，机器人技术发展迅速,机器人的能力也不断提高，其应用领域和范围正在不断扩展。从普遍的装配生产线到高难度的深海作业、核工业的故障处理、太空中任务操作等各领域，都迫切需要高智能的机器人。从技术性能来看，主要有四个方面的发展趋势。一是高度智能化，人机交流更容易、便捷；二是品种多样化，在更多领域代替人类从事繁重及危险作业；三是机器人之间自主交流，完成协同作业；四是机器人群体活动安全评价体系将会建立与完善。

在我国，汽车和电子、电气等行业对机器人的需求呈现快速增长趋势，机器人产业进入了发展的快车道，预计到 2015 年，全国市场容量将达十几万台。我省是制造业大省和矿产大省，汽车、船舶、机械装备、家电等主导产业和矿山的安全生产、勘测救援等对机器人有巨大的市场需求。但我省机器人产业起步较晚，缺乏机器人制造与应用的核心技术，关键功能部件还主要依靠进口，产品成本较高，产业规模小，人才支撑力量薄弱，与国内发达省市相比还有较大差距。

二、指导思想和发展目标

（一）指导思想。深入贯彻落实科学发展观，以市场为导向，围绕整机产品、关键部件、系统集成、工程应用等主要方面，强化技术创新和攻关，加强品牌建设，加快成果转化和应用，发展一批拥有自主知识产权、自主创新能力强的骨干企业，形成服务我省、面向全国的机器人系列产品，培育一批机器人制造和配套产业的自主化品牌，推动我省机器人产业创新步伐不断加快，整体素质持续提升，竞争能力日益增强，发展规模不断壮大。

（二）发展目标。以支撑我省主导产业发展的机器人研发生产为重点，到2012年，实施30项机器人研发和产业化重点项目，攻克一批关键共性技术；组建山东省机器人技术创新联盟，建设5–10个重点实验室、工程技术研究中心等技术创新平台；培育5家左右具有核心竞争力，集研发、生产、系统集成和服务为一体的骨干企业；加快机器人技术在我省制造业企业中的普及应用，有力提升我省制造业生产技术手段和水平，实现机器人产业在济南、青岛等重点城市高新区的集聚发展，全省机器人产业规模达到10亿元以上。

三、重点任务

（一）研发面向加工制造业发展的工业机器人。重点支持省科学院、哈工大（威海）、山东科技大学等科研院所和高等院校与海尔集团、南车青岛四方机车车辆股份有限公司、山东太阳纸业股份有限公司、中国重汽等大型企业联合，研发在汽车、船舶、机械、海洋等产业应用的除锈与喷漆两用机器人、高压水射流切割机器人、焊接机器人、海洋环境监控机器人；在家电行业应用的大型液晶屏搬运机器人、注塑机器手；在造纸、食品、化工等行业应用的全自动纸卷包装机器人，高速重载自动搬运机器、基于机器人的全自动纸卷包装机、码垛机器人系统、AGV/UGV（自动导引车/无人地面车）等工业机器人。

（二）研发面向电力行业发展的电力机器人。重点支持山东鲁能智能技术有限公司、山东康威通信技术有限公司等企业，重点突破电力机器人轻型绝缘机械臂设计、专用带电作业工具设计、全自主移动平台设计、主从式遥操作、多轴运动控制、非接触式无损检测等多项关键技术，开发变电站巡检、锅炉管道检测、线路巡检、除冰、巡线无人机、配电网高压带电作业、电缆管道探测及辅助作业等电力机器人，实现覆盖发电、输变电、配电等领域的系列化产品。

（三）研发石油和矿山行业的特种机器人。重点支持海洋石油工程（青岛）有限公司、山东柯林瑞尔管道工程有限公司等企业重点研发油罐清运机器人、管件自动焊接机器人、大直径超长管管端自动切割机器人、喷浆机器人、井下探测救援机器人、喷锚—出碴一体化作业线等机器人。

（四）研发面向消防、医疗、家庭服务等行业的服务机器人。重点支持山东安华智能技术有限公司、山东康泰实业有限公司等企业研发医疗机器人、康复机器人、家庭机器人、消防机器人、深海机器人、检修机器人、排爆机器人、管道作业以及军用机器人等服务机器人。

（五）研发面向基于机器人的自动化生产线和装备。重点支持海尔集团、济南二机床、山东水泊焊割设备制造有限公司等大型企业，研究开发基于机器人的包装自动化生产线和大型罐体制造自动化生产线，围绕机器人柔性自动化装配及检测、大型轿车壳体冲压自动化、大型机器人车体焊装自动化、机器人整车及发动机装配自动化、AGV物流与仓储自动化等各领域，有针对性地研究开发系统技术和成套装备。

（六）研发加工制造机器人的关键功能部件。重点支持华芯半导体有限公司、威海市鼎峰电子有限公司、山东博特精工股份有限公司等企业，研发机器人专用实时操作系统、总线接口、芯片、控制器、高性能传感器、机电一体化传导系统等关键功能部件以及模块化核心技术。

四、政策措施

（一）加强组织领导。加强政府对机器人产业的引导作用，从战略高度把加快机器人技术研究和产业发展纳入全省科技和经济发展规划。充分发挥省工业调整振兴联席会议制度作用，协调各方面力量，合力推进机器人产业发展。成立山东省机器人发展专家咨询委员会，研究制定我省机器人技术路线图，明确产学研合作的重点和发展方向，为我省机器人产业发展提供决策咨询和技术服务。尽快成立机器人行业协会，制定机器人行业标准，促进机器人产业健康快速发展。

（二）强化配套扶持政策。认真落实国家扶持机器人产业发展的税收政策，对我省从事机器人整机生产、关键配套件生产、系统集成和技术服务的高新技术企业，实行减按15%的税率征收企业所得税，研发费用150%加计扣除等优惠税收减免政策。省首台（套）技术装备发展专项资金重点支持我省机器人生产企业加快产业化进程。鼓励机器人应用行业的大企业与现有机电一体化装备制造企业合作，带头发展机器人产业。有条件的高新区（园区、开发区）要将机器人产业作为园区产业布局的重要内容纳入发展规划，实现机器人产业聚集发展。有条件的市要加强本地机器人创新发展环境建设，结合本地实际制定有利于机器人创新发展和人才、资金、技术引进的政策措施。各有关部门要加强配合，制定相关配套措施，形成促进机器人创新发展的合力。

（三）加大资金投入力度。建立以政府投入为引导、企业投入为主体、金融投入为支撑的多元化投资体系。自2010年起，实施山东省机器人创新发展科技重大专项，重点支持面向我省主导产业及领域的机器人关键共性技术研发及产业化项目的实施。省科技厅、发展改革委、经济和信息化委等部门的相关计划和专项资金安排要向机器人的研究开发和示范应用推广倾斜。鼓励政策性金融机构重点支持机器人技术改造、技术创新和产业化项目，拓展融资渠道，为企业发展提供资金支撑。

（四）加强人才队伍建设。制定完善人才引进政策，加大国际化人才引进工作力度，大力引进海外优秀人才和创新团队。进一步引导高等院校加强机器人学科建设，支持园区、企业与有关高等院校、专业培训机构建立合作关系，开展人才定制培训，积极培养技术人才。引入竞争激励机制，建立激发人才创造才能的奖励政策和分配机制，创造有利于人才发展的宽松环境。积极创造良好的聚才用才环境，努力推进机器人领域人才集聚的良性互动。

（五）强化机器人产业创新平台建设。整合现有资源与技术力量，在机器人领域引导建立工程技术研究中心、重点实验室，提高原始创新、集成创新和引进消化吸收再创新能力。以鲁能智能公司、济南二机床等骨干企业为主体，联合山东大学、省科学院、山东科技大学等高校、科研单位组建机器人技术创新联盟，构建网络化公共服务平台。成立山东省机器人产业协会，强化对机器人企业的行业指导、业务培训、政策落实、信息咨询等工作，加快机器人科技成果转化与推广应用。

（六）推进国际科技和经济合作。进一步整合国际技术资源和产业资源，吸引日本安川、瑞典ABB等国际一流机器人制造业企业与我省高校、科研机构和企业设立联合实验室、研发中心和制造基地，加强我省企业在关键核心技术的引进、消化吸收再创新，提升我省机器人产业层次，壮大产业规模，培育一批从事机器人研发、生产、系统集成及服务的高新技术企业和创新型企业，促进机器人技术在我省汽车、装备制造等主导产业的推广应用。

关于促进高效照明产业加快发展的指导意见

（省经济和信息化委　省政府节能办）

近年来，在全球应对能源短缺和气候变暖的形势下，高效照明产品因节能环保、低碳排放而逐步成为替代传统照明的新型产品，并将引领未来照明产业发展方向。为加快我省高效照明产业发展，培育新兴产业，形成新的经济增长点，提高产业竞争优势，根据国家产业政策要求，结合我省实际，特制定本意见。

一、发展高效照明产业的重要性和紧迫性

（一）产业发展现状。高效照明产品主要有紧凑型荧光灯、细管径直管荧光灯、金属卤化物灯、高压钠灯、无极灯等发光效率高、寿命长、节约能源的新型照明产品，以及电子镇流器、变压器、智能控制器等配件。我国高效照明产业发展较快，产品产量居世界第一位，占全球产能的80%以上。高效照明生产企业达1000多家，产量以年均20%以上的速度增长。生产规模较大的高效照明生产企业主要分布在南方省份。我省高效照明产业具有一定规模和基础，现有生产企业近50家，产品主要有紧凑型荧光灯、细管径直管荧光灯、高压钠灯、无极灯等工业和民用产品。据测算，2008年全省规模以上企业生产高效照明产品整灯2.5亿支，实现销售收入20亿元。

1. 起步较早。我省高效照明产业发展始于20世纪80年代，是我国较早从事紧凑型节能灯开发生产的地区，威海北洋电气集团生产的“北洋”牌节能灯是国家绿色照明工程首批推荐产品、省节能灯推广工程重点产品。

2. 初具规模。我省高效照明产业近几年发展迅速，产业格局不断调整，淄博、临沂、潍坊等市高效照明生产企业从无到有，由小变大，区域优势、品牌优势逐渐显现。特别是近年来，以烟台红壹佰照明有限公司为代表的新兴高效照明企业异军突起，已打造成为集设计开发、生产、销售及售后服务于一体的专业光源生产企业。2009年，在国家发展改革委、财政部组织的高效照明产品推广项目中，烟台红壹佰照明有限公司成功中标，是我国北方唯一的中标企业。

3. 特色明显。我省大功率节能灯应用于北京奥运会鸟巢、水立方等场馆和上海世博会主题馆，享有较高的声誉和知名度。山东科明光电科技公司拥有技术和外观设计专利80余项，年产大功率节能灯1200万支，在国内市场占有较大份额。山东鲁晶照明科技公司拥有60台先进的成套设备，将与山东理工大学联合创建节能照明工程技术研究中心，为企业发展提供更有力的技术支持。

我省高效照明产业在发展过程中也存在一些问题。一是企业规模小。分布散，龙头企业少，全省产值过亿元的高效照明企业仅有3家，与浙江、江苏、福建、广东等先进省份相比差距较大。二是产品技术水平低。多数企业自主创新能力弱，生产设备、工艺流程和管理手段落后，产品品质档次偏低。三是产品配套能力差。目前，我省节能灯省内配套率不足10%，造成企业生产成本高、市场竞争能力弱。四是自有品牌缺乏。多数企业只注重生产和销售，忽视品牌培育和发展；有的企业只搞贴牌生产或委托加工，不重视自有品牌的经营和宣传。此外，废旧灯管回收环节缺失，每年废旧灯管回收率只有1%，存在着污染环境、危害人体健康的隐患。

（二）面临形势。在全球化石能源日渐短缺和应对气候变暖任务加重的大背景下，发展绿色经济、低碳经济已经成为国际社会的共识。实施绿色照明工程，发展高效照明产业，实现能源资源的节约高效利用，培育新的经济增长点，对促进我省节能减排和经济结构战略性调整具有重大而深远的现实意义。

从国内外形势来看，当前发展高效照明产业面临良好的机遇。主要发达国家和地区如欧盟、美国、澳大利亚、加拿大等先后立法，禁止生产、销售和使用白炽灯，并列出了退市时间表；欧盟取消了对我国长达8年的出口高效照明产品反倾销税；我国与联合国开发计划署、全球环境基金会合作，在未来3年内逐步淘汰10亿支白炽灯，替代使用高效照明产品；国家确定2008-2010年对推广使用高效照明产品给予30%和50%的财政补贴，有效地促进了企业的生产和发展；经过近几年的推广宣传，广大用户对使用高效照明产品产生了较高的认同感。可以预见，国内外推广使用高效照明产品政策措施的实施，为高效照明产品带来广阔的市场空间。各级、各部门和企业要把发展高效照明产业作为贯彻落实科学发展观，推进节能减排和发展低碳经济的重要工作，抓住机遇，强化措施，狠抓落实，力争我省高效照明产业实现新的突破，创造新的辉煌，为全省经济平稳较快发展作出贡献。

二、指导思想和任务目标

（一）指导思想。深入贯彻落实科学发展观，以市场为导向，以企业为主体，以技术创新为动力，走高端化、专业化、规模化、集群化、产业化和绿色化发展的路子，实施精细生产、标准生产、环保生产，开发高品质、高性价比、无污染的高效照明产品，打造知名品牌，扩大生产规模，加快产业集聚，把小产品做成大产业，努力打造技术水平高、生产规模大、区域特色明显、国际竞争力强的高效照明产业基地，形成新的产业竞争优势，推动全省节能减排和经济又好又快发展。

（二）任务目标。到2012年，全省高效照明产品整灯产量达到7亿支，年均增长35%以上，规模以上生产企业实现销售收入60亿元；培育销售收入过亿元的企业8户，其中，5亿元以上的1户、3亿元以上的2户；省内产品配套率提高到30%以上；建立省级以上企业技术中心5个；争创国家名牌5个，省级名牌10个；企业基本建立废旧灯管回收服务体系。

三、发展重点

（一）优化产业布局。优化产业空间布局，加速产业集聚发展，提升产业竞争力。建设集产品研发生产、产品配套于一体的鲁东、鲁中和鲁南“三大产业基地”，整合资源配置，促进产业集中布局、集约发展。以烟台红壹佰照明有限公司、威海北洋电气集团股份有限公司等企业为中心，建设鲁东高效照明产业基地；以淄博科明电器有限公司、山东彩霆灯业有限公司等企业为中心，建设鲁中高效照明产业基地；以山东佛光照明科技有限公司、山东银光雨丁光电科技有限公司等企业为中心，建设鲁南高效照明产业基地。

（二）突破关键技术。掌握产业化核心技术和关键技术，重点发展能效高、显色好、寿命长的高效电光源及镇流器技术。采用先进的灯管生产设备和工艺，用新材料、新技术，提高灯管光电参数的一致性、可靠性和使用寿命。开发高性能荧光粉工艺技术，提高灯管的显色指数和光效。采用固态汞替代液态汞，减少生产环节污染。着力发展无汞技术，尽快实现产业化。研发调光技术等智能化控制技术，进一步节电和优化供电。突破小型化、一体化节能灯生产的技术难题，提高质量稳定性。研发通过改善灯罩（架）反光系统提高反射效率，实现节能的技术。无极灯要打破技术瓶颈，实现电磁辐射全屏蔽。突破大功率无极灯散热难题，延长灯具使用寿命。

（三）研发重点产品。在引进、消化、吸收、再创新的基础上，根据市场需求，积极研制高技术、高附加值、低成本的高效照明产品，鼓励发展“专业、精细、创新”的产品，优化产品结构。开发尺寸和外观完全替代白炽灯的小型化、一体化高效照明产品，满足灯具、灯饰的美观需求。研发光通量快速爬升的荧光灯系列产品，提高照明质量。推广生产三基色直管荧光灯，淘汰卤粉荧光灯。通过改进技术缩小直管荧光灯管管径，提高光效和节电效果。研发技术性能先进的高性能电子镇流器，与直管荧光灯管合理匹配，延长启辉点燃寿命。研发无极灯集成化高频振荡模块，优化电磁耦合器。

（四）发展大企业集团。扶持龙头企业，带动产业集聚发展。重点扶持烟台红壹佰照明有限公司、威海北洋电气集团、山东永泰照明电器股份有限公司、山东佛光照明科技有限公司、山东鲁晶照明科技有限公司等企业发展自镇流荧光灯；重点扶持山东彩霆灯业有限公司、山东方盛照明科技有限公司、山东金太阳照明有限公司等企业发展直管型荧光灯；重点扶持山东科明光电科技有限公司等企业发展大功率节能灯；重点扶持山东银光雨丁光电科技有限公司、山东瑞杰照明器材有限公司等企业发展无极灯。

（五）培育知名品牌。推动实施名牌战略，把品牌做大、做强，加快产业发展。要整合现有优势品牌资源，进行大规模消费引导和文化营销，扩大产品市场容量，提高品牌集中度和美誉度。通过掌握核心技术，突出风格特色，提高品牌知名度，树立更多的知名品牌，弥补自有品牌缺乏的“短板”，扭转贴牌生产、委托生产的现状，尽快实现自有品牌由弱到强的转变，增强产品的竞争优势。选择适合市场发展需求并有较大影响力的“红壹佰”、“科明”、“彩霆”等品牌，扩大市场占有率，争取市场竞争的主动权。

（六）搞好产业配套。围绕整灯龙头企业，结合区域特色，加大招商引资力度，吸引高品质的配套企业在鲁东、鲁中、鲁南产业基地设立办事处或物流中心，提高生产效率。培育发展电路板、电器元件、灯管等专业化配套企业，增强高效照明产品配套能力，降低生产成本。扩大智能控制器的生产，改善照明电路中不平衡负荷带来的额外功耗，提高功率因数，延长灯具寿命，减少维护成本。严格控制生产污染，处理好生产过程中产生的含汞废品。

四、保障措施

（一）完善创新体制，增强科技支撑能力。建立完善的技术创新体系，形成有利于自主创新的组织保障和运行机制。支持企业通过自主研发、引进消化吸收等方式，开发具有自主知识产权的核心技术。依托山东大学、山东理工大学等高等院校和科研院所的人才技术优势，研发照明节能技术，为企业提供技术服务与支持，加强共性关键技术攻关开发。鼓励实力较强的技术中心实行区域性开放，建立为中小企业服务的技术创新体系。加强技术培训，大力培养专业技术人才和熟练工人。

（二）加快更新改造，推进结构优化升级。白炽灯生产企业要着力于转型升级，利用原有的人力、市场等基础优势，把重心调整到开发、生产高效照明产品上来。高效照明生产企业要更新改造落后生产设备，淘汰小作坊手工操作模式，促进生产设备改造升级，提高装备自动化水平。要提高精细加工水平，不断开发适合市场需要的新产品，优化产品结构，提升产品市场竞争力。

（三）加大投入，引导资金投向。积极争取国家政策和资金支持，推动白炽灯生产企业转型，加快完善高效照明产品推广机制。引导生产企业用足用好相关财税政策。利用省节能专项资金支持有自主知识产权的突破性技术，加快创新成果转化。加大政府采购力度，通过节能产品认证的高效照明产品要及时纳入政府采购清单，扩大高效照明产品市场销售。坚持企业为主体、政府推动发展的原则，完善风险投资机制，扩大融资范围。省商务厅、海关等部门要相互沟通联系，及时为企业开拓国外市场、应对技术性贸易壁垒等提供信息帮助和指导。

（四）加强管理，提高核心竞争力。省质监、节能、建设等部门要研究制定建筑物单位面积照明能耗和灯具光能利用率地方标准，提高照明行业的节能要求。质监部门要加强引导，通过加大对能效法规和标准的执法力度，强化产品质量监督管理，督促企业完善品质控制。企业的产品设计开发要最大限度满足消费者对产品功能、美观等生态化设计要求。增加品牌文化内涵，提升品牌文化及科技含量，扩大名牌产品市场占有率。加强企业节能产品认证等工作，以适应新的市场形势的变化。研究国外市场的产品标准和准入门槛，有条件的企业要做好国外目标市场的相关认证工作，为产品顺利打入目标市场打好基础。建立以灯管生产企业为主体的废旧灯管回收体系，减少对环境的污染。

（五）开拓市场，提高产品普及率。政府机关要率先垂范，在办公楼、住宅楼等方面使用高效照明产品。凡新建公共建筑安装照明光源产品的，必须使用高效照明产品，未使用的不得进行验收。在酒店、商场、医院、学校等公共场所大力推动使用高效照明产品。继续开展“高效照明产品推广示范村”创建活动，力争到2012年，全省创建2000个“高效照明产品推广示范村”，农村高效照明产品普及率由10%提高到40%以上。企业要积极创新销售渠道，建好销售网，开拓国内外市场。

（六）加强领导，构建产业发展的良好环境。各级、各部门要进一步提高对发展高效照明产业重要性的认识，切实加强组织领导，研究制定财政、技术、出口等优惠政策，协助企业解决重大项目建设、引智及扩大出口等关键问题，形成良好的产业发展环境。完善考核奖惩机制，把高效照明产品推广任务完成情况纳入各级政府和部门节能目标责任考核范围。充分发挥行业协会自律规范、沟通信息、制定标准等作用，加强对企业经营活动、竞争秩序的引导和规范，带动企业抱团发展，提高我省高效照明产业的国际竞争力。

1－41　山东省人民政府办公厅关于进一步推进小额贷款公司试点工作有关问题的通知

鲁政办发〔2010〕18号

各市人民政府，各县（市、区）人民政府，省政府各部门、各直属机构，各大企业，各高等院校：

《山东省人民政府办公厅关于开展小额贷款公司试点工作的意见》（鲁政办发〔2008〕46号）下发以来，我省小额贷款公司试点工作稳妥有序开展，在缓解“三农”和小企业融资困难、促进民间投资等方面发挥了积极作用，取得了较好的效果。为进一步推进小额贷款公司试点工作，促进我省小额贷款公司持续健康发展，经省政府同意，现就有关问题通知如下：

一、试点范围

按照省政府的统一部署，逐步扩大试点范围。原则上所有县（市、区）都可开展小额贷款公司试点，经济发达县或人口大县可适当增加试点数量。

允许经济开发区、高新技术产业开发区、保税港区进行小额贷款公司试点。设区市可选择直管的经济开发区、高新技术产业开发区进行试点，试点条件包括：

1. 申请试点的经济开发区、高新技术产业开发区是经国务院或省政府批准设立的。

2. 开发区内设有管理委员会。管委会一般应具有经济管理和相关行政管理职能。

3. 管理委员会下设相应的独立职能部门。

4. 管理委员会具有承担试点风险防范和处置责任的承诺和能力。

5. 开发区内有众多的中小企业，融资需求大。

保税港区试点条件参照上述条件执行。

二、注册资本

小额贷款公司组织形式是有限责任公司的，注册资本不得低于5000万元；组织形式是股份有限公司的，注册资本不得低于1亿元。取消1.5亿元注册资本上限。对现有注册资本低于1亿元的小额贷款公司，鼓励其增资扩股。

三、股东及持股比例

审慎选择主发起人，小额贷款公司主发起人除满足现有政策规定的条件外，还必须是本县（市、区）销售收入和上缴税收前20强或近3年实现利润合计1500万元以上的骨干企业，主发起人持股比例原则上不超过注册资本总额的30%。坚持股东本地化原则，本县（市、区）股东持股比例不得低于60%，原则上不吸收省外股东入股。

本县（市、区）股东认定标准为：法人股东以企业营业执照的住所为准进行认定；自然人股东以其身份证住所所在地、户口所在地为准进行认定，两者有其一位于试点县（市、区）即可视为本县（市、区）股东。对于长期(3年以上）在试点县（市、区）居住和工作的外地股东，原则上视为所在县（市、区）股东。

四、经营区域

坚持本地化经营原则，小额贷款公司原则上不得跨区域经营。设立在设区市市区的小额贷款公司，本区行政区累计放贷额及贷款余额占比均不得低于80%，但不得超越市区范围经营。

本县（市、区）客户认定标准，参照上述“本县（市、区）股东认定标准”执行。个人客户是个体工商户的，除以其身份证住所所在地、户口所在地为准进行认定外，也可按照其个体工商营业执照住所所在地进行认定。

五、高管人员任职资格

进一步规范小额贷款公司拟任董事长、总经理的准入核准。在满足现有条件的基础上，拟任董事长应为在本县（市、区）具有一定影响、资金实力雄厚且声誉良好的企业家；拟任总经理应在近10年从业经历中，具有2年以上银行业从业经历。审定高管人员任职资格时，要对拟任董事长、总经理进行面谈，对其银行业从业经历、公司经营理念、风险掌控等方面进行重点考察。

六、小额贷款限定标准

小额贷款公司贷款经营坚持“小额、分散”的原则。注册资本在1亿元以上（含1亿元）的小额贷款公司，小额贷款的限定标准由50万元提高到100万元。

各级政府和有关部门要认真开展小额贷款公司试点工作，严格执行试点政策，积极总结经验，加强政策扶持。各县（市、区）政府要进一步落实小额贷款公司监管机构和监管人员，强化监管责任，组织有关部门做好辖区内小额贷款公司的日常监管和风险防范与处置工作，切实履行小额贷款公司风险防范与化解第一责任人的职责，确保试点工作顺利开展。

二〇一〇年四月二十五日

1 － 42 山东省人民政府办公厅关于加快发展我省新型电力电子器件产业的指导意见

鲁政办发〔2010〕33 号

各市人民政府，各县（市、区）人民政府，省政府各部门、各直属机构，各大企业，各高等院校：

电力电子技术是利用电力电子器件对电能进行变换及控制的现代技术，已广泛应用于高品质交直流电源、电力系统、变频调速、新能源发电及各种工业装备、系统与民用电器等领域，其产业的发展和应用已成为建设节约型社会和创新型国家的重要内容。为加快我省新型电力电子器件产业发展，经省政府同意，特提出以下指导意见。

一、发展现状及面临的形势

（一）发展现状。

1. 国内外产业发展形势。电力电子器件产业链包括电力电子芯片、器件、模块、应用装备、专用材料等领域。电力电子器件的发展经历了第一代半控型器件普通晶闸管、第二代以 GTR（大功率晶体管）、GTO（门极可关断晶闸管）、功率 MOSFET（金属氧化物半导体场效应晶体管）等为代表的自关断、全控型器件。近年来，新型电力电子器件以 IGBT（绝缘栅双极型晶体管）、IGCT（集成门极换流晶闸管）、MCT(MOS 控制晶闸管）、IEGT（电子注入增强栅晶体管）等为代表，正朝着复合化、模块化及功率集成的方向发展。

国家高度重视电力电子器件产业发展，工业和信息化部等部门先后研究并制定了推进电力电子技术与产业发展的政策及相关发展规划。目前，我国电力电子器件市场已经占到世界市场的 40% 以上份额，总量达到 1000 亿元左右，并保持每年近 20% 的增长，成为世界上最大的电力电子产品市场。但以 IGBT、功率 MOSFET 为代表的全控型大功率新型电力电子芯片及器件，我国大多依赖进口，关系国民经济命脉和国家安全的关键领域中的电力电子核心技术和软、硬件设施仍受到国外控制和封锁，成为制约我国电力电子发展的重要因素之一。

2. 我省产业发展现状。在国家和省产业政策的支持下，我省新型电力电子器件产业有了较快发展，涌现出东营科达半导体、威海新佳电子、淄博银河、淄博科汇、山东山大奥太电气、积成电子、烟台东方电子、山东新风光电子科技、莱芜朗进以及海尔、海信等优秀企业，产品包括 IGBT 等新型电力电子器件的芯片设计与器件封装、模块的设计与制造、应用整机开发生产等不同领域。其中，东营科达半导体的 IGBT、MOSFET、FRD 芯片的设计和制造方面处于国内领先地位，部分产品填补国内空白；淄博银河是全球第四家也是国内唯一一家能够生产 IGBT 模块用低热阻陶瓷覆铜板（简称 DBC) 的厂家；威海新佳电子的 IGBT、FRD、智能变频模块等大功率模块的封装测试技术处于国内领先水平，关键工艺技术具有国际先进水平，填补了国家多项空白；在 IGBT 模块应用整机装置领域，山东山大奥太电气作为电力电子应用技术企业，已经成为国内规模最大的节能型 IGBT 逆变焊机的龙头生产企业，产品达到国际先进水平；积成电子、烟台东方电子、淄博科汇电气在电力工业自动化领域具有较强的优势，电网调度自动化、变电站自动化、配电自动化、铁路电力自动化设备与系统及高效节能电机等产品在国内具有较高的占有率；烟台欧瑞传动电气名列交流电机变频调速器行业前三名，山东新风光电子科技的高压变频器广泛应用于矿山开采、石油钻井、风能、太阳能发电等领域；莱芜朗进的机车变频空调，海尔、海信的变频空调、变频冰箱的产销居国内前列，已形成知名品牌。虽然我省电力电子器件产业发展已有一定基础，并已拥有一批应用电力电子器件的整机产品和生产企业，但自主研发生产电力电子器件的能力还比较弱，芯片设计刚刚起步，还不能自主生产制造芯片，器件和模块封装规模小，尚不能满足发展需求。主要问题：一是对这一领域发展的重要性还认识不足，二是缺少高端人才和强有力的资金支持，三是从研发到应用尚缺少有利于相互支持、相互推动的体制和机制保障及配套政策、措施的推动。

（二）发展趋势。科技发展和市场需求的双重推动将进一步加快新型电力电子器件产业的高速发展，并呈以下发展趋势。

1. 制造工艺和技术不断突破。超大规模集成电路技术将在新型电力电子器件制作中得到广泛的应用，器件将向复合型、主电路及保护控制电路模块化和小型化的方向发展。

2. 制作材料新型化。具有高载流子迁移率、强热电传导性以及宽带隙新型半导体材料如碳化硅、氮化镓和金刚石等将代替硅材料，并将扩大器件的频率、功率等级、使用温度范围，减少器件的体积和成本。

3. 器件将朝着高压、大电流及高频率方向发展。目前，高压 IGBT 已对传统 GTO 技术提出了挑战，未来的一段时间里，将是各种新型电力电子器件扩大容量、取长补短、共同发展的时代，它们各自的性能价格比将直接影响其自身发展速度和应用领域。

4. 器件高度模块化。新型电力电子器件模块的电压、电流及频率都将进一步提高，而体积可望随新材料的出现而减小，有可能深入到各个领域，进而取代一大批分立式电力电子器件。

5. 功率集成电路 (PIC) 的应用领域将进一步扩大。电力电子器件与微电子线路高度集成的模块将进入视听、大屏幕显示、办公自动化、汽车工业、机器人、工厂自动化及家庭自动化领域。与其他替换产品相比，功率集成电路 (PIC) 将以较低的成本和更高的可靠性，进一步推动电力电子技术的进步和应用领域的扩展。

二、指导思想和目标

（一）指导思想。全面贯彻落实科学发展观，紧跟国际新型电力电子器件产业发展趋势，加快发展新型电力电子器件产业；推进政产学研用相结合，强化原始创新、集成创新和引进消化吸收再创新，突破核心基础器件发展的关键技术，提高新型电力电子器件生产技术和工艺水平；促进具有自主知识产权的芯片和技术的推广应用，形成以芯片设计、生产为核心，封装测试为重点，配套产业为支撑，应用装备、系统发展为拉动，集芯片、器件、模块、整机和系统设计与生产制造为一体的产业链；突出企业主体地位，培育一批重点骨干企业和知名品牌，提高产业核心竞争力。

（二）发展目标。经过 3 年发展，建立和完善有利于我省新型电力电子器件产业发展的政策环境、支撑体系、服务体系和相对合理的产业体系。重点培育 5–8 家在国内技术领先、在国际上有影响力的新型电力电子芯片设计企业，建设 1–2 条芯片制造生产线，在新型电力电子核心芯片设计及生产制造领域取得重大突破，达到国际先进水平；培育 3–5 家新型电力电子器件及模块封装测试企业，建设具有国际先进水平的器件及模块封装专用生产线；积极支持外围配套材料产业发展，形成区域优势；大力发展应用整机产品和系统，形成一大批新型电力电子器件应用整机和系统生产企业；以产业优势区域为基础，建设国内重要的新型电力电子器件产业基地。新型电力电子器件产业发展能力和社会融资能力进一步增强；对外吸收和接纳人才、技术、资金、企业的能力进一步提高；新型电力电子产品的国产化率进一步提升。到2012年，力争我省新型电力电子器件产业发展带动250亿元的整机产出，对促进我省节能减排、新能源开发利用发挥更大的作用。

三、发展重点

（一）重点支持高端芯片的研发及产业化，建立芯片制造生产线和器件封装测试生产线。将高端芯片及器件的设计与制造作为振兴我省新型电力电子器件产业的突破口，各级政府、金融机构、风险投资机构要加大扶持和投入力度，建设国家和省级工程技术中心、重点实验室，整合企业、高等院校和科研机构等资源优势，集中力量，研发具有自主知识产权的高端芯片和器件关键技术。重点支持绝缘栅双极型晶体管(IGBT)、金属氧化物半导体场效应晶体管(MOSFET)、快恢复二极管(FRD)等新型电力电子高端芯片和器件的研发。积极推动具有国际先进水平的新型电力电子芯片制造和封装测试生产线建设。

（二）大力推动电力电子模块研发和产业化，提高封装测试能力。积极推动采用自主技术的芯片和器件的功率模块产业化，重点支持新型电力电子器件大功率模块、智能功率模块(IPM)和用户专用功率模块(ASPM)的研发和产业化，重点解决散热、电磁兼容(EMC)和智能功率模块的驱动及保护等关键技术。积极推进适于新型电力电子模块封装专用生产线建设，提高技术工艺水平。

（三）大力发展整机应用装备产业，加大推广应用。围绕电机节能、新能源、输变电、新能源汽车、轨道交通、飞机、船舶、变频家电、机床电子等工业装备和系统等领域，支持采用自主技术芯片、器件和功率模块的电力电子整机应用技术和装备、系统的研发和产业化，重点开发变频电机、高效逆变焊机、变频控制器、变频家电、新能源用逆变并网设备、高效开关电源、不间断电源、高效电磁加热设备、电力控制设备等一批重点产品。加大新型电力电子器件及整机装备的推广应用力度，支持产用结合，重点实施一批应用示范工程。

（四）支持新型电力电子器件新材料研发及产业化。支持高等院校及科研机构和企业通过自主创新，不断研发新型电力电子相关配套材料的关键技术；积极支持硅衬底材料、外延片、碳化硅、陶瓷基板、金属及塑料壳体、钼片、底板及电极连接件、硅橡胶和硅凝胶等新型电力电子器件配套材料和产品的研发生产，重点支持绝缘栅双极型晶体管(IGBT)模块用低热阻陶瓷覆铜板(DBC)、碳化硅等的技术研发，提高产业支撑和配套能力，把我省建成国内重要的新型电力电子器件材料研发和生产基地。

（五）加强新型电力电子领域标准的制定和知识产权保护。密切跟踪国际标准，鼓励和引导企业和高等院校及科研机构积极参与新型电力电子芯片、器件、模块、整机装备与系统标准制定，通过标准化促进产业发展。增强知识产权保护意识，积极申请专利，提高企业核心竞争力。

四、政策措施

（一）强化政策支持，创造良好发展环境。各级、各部门要高度重视新型电力电子器件产业发展，加强政府引导，强化政策配套，把加快新型电力电子器件技术研究、产业发展和行业应用纳入经济和社会发展规划。鼓励产学研用相结合、自主创新与引进消化吸收再创新相结合，鼓励企业间兼并、重组、整合资源。对符合规定条件的新型电力电子芯片设计、芯片制造、器件及模块封装测试企业，落实集成电路产业税收优惠相关政策。通过组织开展产业推进会、高层论坛、产品展示等各种活动，进一步加大对新型电力电子知识的普及和宣传力度。

（二）加大资金扶持力度，拓宽融资渠道。各级政府要加大对新型电力电子器件产业的投入，在年度科技发展、技术攻关、引进消化吸收、基本建设、技术改造、各类工程技术中心、实验室建设计划中，将电力电子器件产业发展作为一项重点内容，加大投入和扶持力度。以新型电力电子产业链中基础条件好、创新能力强的企业为依托，针对自主创新、产学研联合、引进消化吸收再创新，实施专项工程，重点支持电力电子核心芯片、器件、模块、整机装备、专用材料的研发和产业化。鼓励金融机构、风险投资机构加大对新型电力电子器件企业的支持。通过招商引资、发行股票、债券、吸纳民间资本等方式，拓展融资渠道，为企业发展提供资金支撑。

（三）加强创新体系建设，增强产业技术支撑能力。鼓励新型电力电子芯片、器件、整机装备和材料生产领域企业建立国家级、省级和市级企业技术中心和重点实验室，依托企业技术中心和重点实验室，加快具有自主知识产权新产品、新技术研发及产业化，全面提升核心竞争力。加强新型电力电子公共服务平台和服务体系建设，为广大新型电力电子企业和创业人才提供良好的技术、投资、市场、法律咨询、人才培训等服务。

加强产学研联合，积极吸引国内外大企业、高等院校和科研机构在我省设立或与我省联合设立实验室、研究机构和技术转化基地，推动产学研用紧密结合，提高研发能力，提高新型电力电子类科技成果的转化率，增强产业技术支撑能力。

（四）加强人才引进与培养，提供人才保障。结合重大科技专项和重点创新项目的实施，鼓励在电力电子企业设立“泰山学者”岗位，采取团队引进、核心人才带动等多种方式引进学科技术带头人和复合型人才。营造人才引进的良好环境，积极落实并推动国家“千人计划”、省“万人计划”的实施，通过资金奖励、个人所得税优惠、生活补贴、住房补贴等切实可行的方式，吸引国内外高端专业人才落户山东，以提高企业技术研发水平和管理能力。鼓励省内高校创办与新型电力电子芯片设计、封装测试、应用研究相关的特色学科，培养造就高层次科技研发人才、实用技术人才。重视企业家的教育培训工作，多种措施并举，培养造就一支优秀企业家队伍。

（五）加强国际合作，壮大产业规模。加大招商引资力度，加强与国内、国际新型电力电子器件企业的交流与合作，吸引其在我省投资设立研发机构、生产基地。支持引导我省企业与著名跨国公司合作共同承担科研项目。跟踪国外新型电力电子器件产业及技术发展的最新动态，充分利用国外人才、技术、资金、市场、管理等方面的优势，推动本土创新，提升我省新型电力电子器件产业竞争力，壮大产业规模，实现跨越式发展。

（六）建立产业联盟，加强战略合作。积极支持建立产学研用共同参与的产业联盟，鼓励联盟内部技术合作和产品使用，充分利用产业联盟所特有的技术互补优势和本土化生产的成本优势，开展联合协同创新和新型电力电子产品的推广应用活动。积极支持与国内外知名新型电力电子企业建立战略合作关系，积极开拓产品市场。

（七）加快产业示范区建设，增强产业聚集。紧紧抓住国家大力发展新型电力电子器件产业和加快山东半岛蓝色经济区及黄河三角洲高效生态经济区建设的发展机遇，确定1–2个市建立我省新型电力电子器件产业发展和应用示范区，给予政策及资金方面的倾斜扶持，积极支持示范区兴建新型电力电子芯片设计、制造企业，器件、模块封装测试企业以及应用整机生产企业，电力电子材料、配套产品加工企业，形成产业集聚，发挥示范作用，打造区域优势。

（八）扩大产业的应用领域，以用兴业。进一步加大政府推动力度，引进国产化率考核，通过政府采购、节能工程、试点示范工程和项目、重大装备首台套等政策，鼓励整机生产企业和应用企业优先使用具有自主知识产权的国产芯片、器件、模块与整机装备，扩大我省新型电力电子器件产品与系统装备在我省各领域的应用。通过实施一批大的应用示范项目，培育一批科技创新型的新型电力电子企业，形成地方品牌优势，努力开拓省外和国际市场。

二〇一〇年六月十八日

1－43 山东省人民政府办公厅转发省发展改革委关于扶持光伏发电加快发展的意见的通知

鲁政办发〔2010〕39号

各市人民政府，各县（市、区）人民政府，省政府各部门、各直属机构，各大企业，各高等院校：

省发展改革委《关于扶持光伏发电加快发展的意见》已经省政府同意，现转发给你们，请认真贯彻执行。

二〇一〇年七月一日

关于扶持光伏发电加快发展的意见

省发展改革委

（二〇一〇年六月二十一日）

加快发展光伏发电，既是开发利用新能源的重要抓手，也是转方式、调结构，实现可持续发展的战略选择。为加快推进我省光伏发电建设与运营，促进光伏产业化发展，现提出以下意见。

一、山东省光伏发电基本情况

（一）资源概况。

1. 太阳能资源概况。我省太阳能资源理论总储量在全国排第17位，属于太阳能利用条件较好地区。全省多年平均年日照时数为2479小时，年每平方米太阳辐射总量相当于170千克标准煤，太阳能年总辐射值相当于731亿吨标准煤，其中，便于开发利用的约7310万吨标准煤。

全省大部分地区属于太阳能资源较丰富区域，三分之二以上的面积年日照时数在2200小时以上，各地年日照时数在2099—2813小时之间，基本呈从东北向西南减少的分布趋势，其中半岛大部、鲁西北大部、鲁中部分地区在2500小时以上，鲁西南、鲁东南大部、鲁西北局部在2400小时以下，其他地区在2400—2500小时之间。较为丰富的太阳能资源为光伏发电开发利用提供了较为广阔的前景。

2. 土地资源。我省沿海地区有大面积滩涂资源，位于黄河三角洲的东营、滨州有50多万公顷未利用盐碱地和荒草地，潍坊北部也有一定面积不适宜农作物、树木生长的未利用地，济宁、枣庄等煤炭生产基地有大量塌陷地，都比较适合发展地面光伏发电项目。此外，我省建筑物资源较大，建筑物屋顶和南立面墙均可用于建设光伏发电项目。

（二）光伏发电发展现状。我省太阳能光伏电站有三种形式，分别是地面电站、屋顶电站和光伏建筑一体化电站。截止目前，全省已投运光伏发电项目 11 个，容量 3.165 兆瓦；在建光伏发电项目 8 个，容量 23 兆瓦，均为国家“金太阳示范工程”项目，其中，济宁薄膜太阳能光伏发电站示范工程和东营光伏并网电站工程为大型并网光伏发电项目，其余 6 个项目为用户侧并网光伏发电示范项目，预计 2010 年底全部投入运行。

虽然我省光伏发电取得较大进展，但发展中也存在着一些矛盾和问题。主要表现为：一是光伏发电规模较小。目前，我省光伏发电装机规模与一些先进省份相比尚有较大差距，与我省经济大省、能源大省的地位也不相符。二是扶持光伏发电产业发展的配套政策尚未建立和完善，在一定程度上影响了光伏发电的市场需求和推广应用，制约了光伏产业的规模化发展。

二、指导思想、基本原则和主要目标

（一）指导思想。坚持以科学发展观为指导，认真贯彻落实省委、省政府关于转方式、调结构的重大战略部署，以优化能源结构和培植战略新兴产业为目标，以政府为主导，以企业为主体，以市场为导向，以技术创新为支撑，统筹规划，合理布局，示范先行，有序推广，积极发展太阳能光伏地面电站、屋顶电站和光伏建筑一体化电站项目，不断提升光伏发电水平，促进全省光伏产业规模化发展，努力把我省光伏产业培植成新的经济增长点。

（二）基本原则。

1. 坚持科学规划、有序发展。在认真调查研究、全面摸清资源状况的基础上，科学规划、布局和有序发展光伏发电项目。积极鼓励利用盐碱地、荒山、塌陷地建设地面光伏电站，利用建筑物建设屋顶和建筑一体化光伏电站。

2. 坚持高起点发展、高水平建设。研究全球范围内光伏发电发展现状和技术水平，探索光伏发电未来发展趋势，紧跟世界最新技术水平，加强原始创新、集成创新和引进技术消化吸收再创新，力争处于国际领先水平。

3. 坚持政策扶持与市场调节相结合。在光伏发电发展初期，以激励政策积极鼓励和扶持光伏发电项目建设，提高企业投资光伏发电的积极性，降低企业投资风险。同时遵循市场规律，建立政策退出机制和市场化发展机制，培育光伏企业核心竞争力。

4. 坚持以推广应用促进产业发展。积极支持省内光伏电池片生产企业建设光伏发电项目，通过光伏地面电站、屋顶电站和光伏建筑一体化电站项目的建设和运营，加快培育光伏市场，进一步促进光伏及配套光伏产品的发展，延伸光伏产业链，着力提升光伏产业规模和技术水平。

（三）主要目标。通过 3 年的政策扶持，力争我省光伏发电有一个较快发展，2010 年，全省建成光伏并网发电装机容量 50 兆瓦，其中，地面光伏电站装机容量 38 兆瓦，屋顶光伏电站装机容量 10 兆瓦，建筑一体化光伏电站装机容量 2 兆瓦；2011 年，全省建成光伏并网发电装机容量 80 兆瓦，其中，地面光伏电站装机容量 60 兆瓦，屋顶光伏电站装机容量 16 兆瓦，建筑一体化光伏电站装机容量 4 兆瓦；2012 年，全省建成光伏并网发电装机容量 150 兆瓦，其中，地面光伏电站装机容量 120 兆瓦，屋顶光伏电站装机容量 24 兆瓦，建筑一体化光伏电站装机容量 6 兆瓦。

三、发展的重点领域

结合我省太阳能源资源特点、技术水平和市场需求状况，充分利用沿海滩涂、未利用荒地、盐碱地以及城乡建筑物屋顶、南立面墙，实施地面光伏电站、屋顶光伏电站和建筑一体化光伏电站工程,不断扩大光伏发电应用规模,提升光伏发电技术水平,增强全省光伏产业竞争力。

(一)地面光伏电站工程。利用沿海滩涂、未利用荒地和盐碱地,煤炭开采区的塌陷地以及荒山,建设一批地面光伏并网电站;重点鼓励和支持在我省建设光伏电池片,特别是达到一定规模、产业链完善的光伏企业开发建设地面光伏电站,到2012年,建成地面并网电站示范工程120兆瓦。

(二)屋顶光伏电站工程。通过开展示范项目建设,积累经验,逐步依托学校、医院等公益性建筑物以及工业、商业和民用建筑,实施一批屋顶光伏发电项目。到2012年,建成屋顶并网发电工程24兆瓦。

(三)建筑一体化光伏电站工程。充分利用适宜发展建筑一体化光伏电站的建筑物,建设一批建筑一体化光伏电站工程。到2012年,建成建筑一体化并网发电示范工程6兆瓦。

四、扶持政策

(一)价格扶持政策。

1. 对于地面光伏并网电站的电价按照合理成本加合理利润的原则确定,实行国家、省、市三级分摊的办法。2010年地面光伏电站目标电价(含税)初步确定为1.7元/千瓦时,除积极争取国家可再生能源电价补贴外,其余差额部分,按照省里承担55%、项目所在地设区市承担45%的标准进行分摊。2011年和2012年地面光伏电站目标电价初步确定为1.4元/千瓦时和1.2元/千瓦时,国家、省、市三级承担的具体数额根据当年国家确定的光伏发电电价水平具体确定。

2. 对于国家和省给予资金支持的太阳能屋顶和建筑一体化并网电站,所发电量原则上自发自用,上网部分执行国家燃煤标杆电价;对于全部自筹资金建设的太阳能屋顶和建筑一体化并网电站,要积极申请国家光伏标杆电价政策。

(二)资金扶持政策。

1. 从2010年到2012年,每年从省级新能源专项资金中拿出部分资金,用于扶持光伏产品的推广应用。对列入省级太阳能屋顶和光伏建筑一体化示范工程的项目,按照每瓦10元给予补贴。

2. 积极组织和帮助具备条件的企业申请国家"屋顶计划"和"金太阳示范工程",积极争取国家太阳能光电建筑应用财政资金的支持。

3. 加大对光伏发电项目的信贷支持力度,引导金融机构对符合条件的光伏发电企业特别是重大光伏发电示范项目积极提供贷款支持,按有关规定对光伏发电实行优惠贷款利率政策。同时,鼓励民间资本进入光伏发电领域。

(三)其他政策。积极支持符合条件的企业利用荒山、盐碱地以及煤矿塌陷地建设地面光伏并网电站的项目,国土资源部门要按有关规定优先安排用地,优先办理用地手续。

电网企业要加强电网规划和建设,提高电网吸纳光伏发电的能力,为光伏发电企业提供结网服务;要按照《中华人民共和国可再生能源法》的要求,与光伏发电企业签订并网协议,优先调度和全额收购其电网覆盖范围内符合并网技术标准的并网光伏发电项目的上网电量,并及时结算电费。

1 － 44　山东省人民政府关于贯彻国发〔2010〕7 号文件进一步加强淘汰落后产能工作的通知

鲁政发〔2010〕46 号

各市人民政府，各县（市、区）人民政府，省政府各部门、各直属机构，各大企业，各高等院校：

为贯彻落实《国务院关于进一步加强淘汰落后产能工作的通知》（国发〔2010〕7 号）精神，现结合我省实际，就进一步加强淘汰落后产能工作通知如下：

一、进一步增强淘汰落后产能的责任感和使命感

加强淘汰落后产能是转变经济发展方式、调整经济结构、提高经济增长质量和效益的重大举措，是加快节能减排和走中国特色新型工业化道路、实现工业由大变强的必然要求。近年来，我省积极落实国家产业政策和节能减排的部署要求，淘汰落后产能工作在部分领域取得了明显成效。但是，由于长期积累的结构性矛盾比较突出，落后产能在部分地区和行业仍占有相当比重，成为提高工业整体水平、落实应对气候变化举措、完成节能减排任务、实现经济社会可持续发展的重要制约因素。因此，必须充分发挥市场的作用，采取更加有力的措施，综合运用法律、经济、技术和必要的行政手段，建立健全淘汰落后产能的长效机制，确保按期实现淘汰落后产能的各项目标。各地、各部门要切实把淘汰落后产能作为全面贯彻落实科学发展观，应对国际金融危机影响，保持经济平稳较快发展的一项重要任务，纳入重要议事日程，充分调动一切积极因素，抓住关键环节，加快淘汰落后产能，推进产业结构调整和优化升级。

二、目标任务

以电力、煤炭、钢铁、水泥、有色金属、焦炭、造纸、制革、印染等行业为重点，按照国家有关政策规定和我省确定的淘汰落后产能的范围和要求，按期淘汰落后产能。各地可根据转方式、调结构的总体要求和当地产业发展实际，制定范围更宽、标准更高的淘汰落后产能目标任务。

我省近期重点行业淘汰落后产能的具体目标任务是：

电力行业：2010 年底前淘汰小火电机组 100 万千瓦。

煤炭行业：2010 年底前关闭不具备安全生产条件、资源枯竭、年核定能力 9 万吨（含 9 万吨）以下煤矿。

焦炭行业：2010 年底前淘汰炭化室高度 4.3 米以下的小机焦（3.2 米及以上捣固焦炉除外）。

铁合金行业：2010 年底前淘汰 6300 千伏安以下矿热炉。

电石行业：2010 年底前淘汰 6300 千伏安以下矿热炉。

钢铁行业：2011 年底前，淘汰 400 立方米及以下炼铁高炉，淘汰 30 吨及以下炼钢转炉、电炉。

有色金属行业：2011 年底前，淘汰 100 千安及以下电解铝小预焙槽；淘汰密闭鼓风炉、电炉、反射炉炼铜工艺及设备。

建材行业：2012 年底前，淘汰窑径 3.0 米以下水泥机械化立窑，逐步改造和淘汰直径

3.0米以下的水泥磨机(生产特种水泥的除外)；淘汰平拉工艺平板玻璃生产线(含格法)等落后平板玻璃产能。

轻工业：2011年底前，淘汰年产3.4万吨以下草浆生产装置、年产1.7万吨以下化学制浆生产线，以废纸为原料、年产1万吨以下的造纸生产线；淘汰落后酒精生产工艺及年产3万吨以下的酒精生产企业(废糖蜜制酒精除外)；淘汰年产3万吨以下味精发酵生产装置；淘汰环保不达标的柠檬酸生产装置；淘汰年加工3万标张以下的制革生产线及落后工艺和设备。

纺织行业：2011年底前，淘汰落后的棉纺设备、74型染整生产线、使用年限超过15年的前处理设备、浴比大于1∶10的间歇式染色设备，淘汰落后型号的印花机、热熔染色机、热风布铗拉幅机、定形机，淘汰高能耗、高水耗的落后生产工艺设备；淘汰R531型酸性老式粘胶纺丝机、年产2万吨以下粘胶生产线、涤纶长丝锭轴长900毫米以下的半自动卷绕设备等落后化纤产能。

三、分解落实目标责任

(一)省经济和信息化委根据当前和今后一个时期经济发展形势以及省政府确定的淘汰落后产能阶段性目标任务，结合产业升级要求及各地实际，会同有关部门提出分行业的淘汰落后产能年度目标任务和具体实施方案，并将年度目标任务落实到各市和有关部门。各有关部门要按照职责分工，制定工作措施，完善工作机制，指导和督导各地区认真贯彻执行。

(二)各市人民政府要根据省里下达的淘汰落后产能目标任务，认真制定实施方案，将目标任务落实到县(市、区)和企业，并将淘汰落后产能工作实施方案报省淘汰落后产能工作领导小组办公室。各市人民政府要切实担负起本行政区域内淘汰落后产能工作的职责，组织督促企业按要求淘汰落后产能、拆除落后设施装置，防止落后产能转移；对未按要求淘汰落后产能的企业，要依据有关法律法规责令停产或予以关闭。

(三)企业要切实承担起淘汰落后产能的主体责任，严格遵守国家有关法律、法规，认真贯彻产业政策，履行社会责任，积极主动淘汰落后产能。

(四)各相关行业协会要充分发挥政府和企业间的桥梁纽带作用，认真宣传贯彻国家方针政策，加强行业自律，协助有关部门做好淘汰落后产能工作。

四、充分发挥市场作用，强化政策约束机制

(一)充分发挥市场配置资源的基础性作用，调整和理顺资源性产品价格形成机制，强化税收杠杆调节，努力营造有利于落后产能退出的市场环境。

(二)严防新增落后产能。加强项目审核管理，依据《政府核准的投资项目目录》，对产能过剩行业坚持新增产能与淘汰产能“等量置换”或“减量置换”的原则，严格环评、能评、土地和安全生产前置审批，遏制低水平重复建设，严格防止新增落后产能。改善土地利用计划调控，严禁向落后产能和产能严重过剩行业建设项目提供土地。支持优势企业通过兼并、收购、重组落后产能企业，淘汰落后产能。

(三)强化经济和法律手段。对未按计划时限完成淘汰任务的企业实行差别电价和资源性产品加价政策，按照国家规定进行税收处理，提高落后产能企业和项目使用能源、资源、环境、土地的成本。

五、坚持依法行政，完善政策激励机制

(一)坚持依法行政，充分发挥法律法规的约束作用和技术标准的门槛作用，严格执行环境保护、节约能源、清洁生产、安全生产、产品质量、职业健康等方面的法律、法规和技术标准，依法淘汰落后产能。

(二)加大执法处罚力度。对未按期完成淘汰落后产能任务的地区，实行项目“区域限批”，暂停对该地区项目的环评、核准和审批。

对未按规定期限淘汰落后产能的企业吊销排污许可证，金融机构不得提供任何形式的新增授信支持，投资管理部门不予审批和核准新的投资项目，国土资源管理部门不予批准新增用地，相关管理部门不予办理生产许可，已颁发生产许可证、安全生产许可证的要依法撤回。对未按规定淘汰落后产能、被地方政府责令关闭或撤销的企业，限期办理工商注销登记，或者依法吊销工商营业执照。必要时，电力供应企业依法对落后产能企业停止供电。

（三）加强财政资金引导。认真落实中央淘汰落后产能的奖补政策，重点安排淘汰落后产能企业的职工安置、企业转产及债务化解等淘汰落后产能相关支出。各市也要安排资金，支持企业淘汰落后产能。有关部门要发挥行业主管部门作用，加强协调配合，确保资金发挥实效。

（四）做好职工安置工作。妥善处理淘汰落后产能与职工就业的关系，认真落实和完善企业职工安置政策，依照相关法律、法规和规定妥善安置职工，做好职工社会保险关系转移与接续工作，积极稳妥地推进淘汰落后产能工作，坚决避免集中下岗失业，防止激化矛盾和发生群体性事件。

（五）支持企业升级改造。引导和支持企业运用高新技术和先进适用技术，对落后产能进行改造和升级。对淘汰落后产能任务较重且完成较好的地区和企业，在安排技术改造资金、节能减排资金、投资项目核准备案、土地开发利用、融资支持等方面给予倾斜。

六、健全监督检查机制

（一）加强舆论和社会监督。省及各市每年向社会公告本地淘汰落后产能企业名单、落后工艺设备、淘汰时限和总体进展情况。加强各市、各行业淘汰落后产能工作交流，总结推广、广泛宣传淘汰落后产能工作先进地区和先进企业的有效做法，营造有利于淘汰落后产能的舆论氛围。

（二）加强监督检查。各级人民政府有关部门要及时了解、掌握淘汰落后产能工作进展和职工安置情况，并及时向上级有关部门报告。省淘汰落后产能领导小组办公室组织有关部门定期对各地淘汰落后产能工作情况进行监督检查，对重点地区淘汰落后产能工作进行指导，并将进展情况报告省政府。

（三）实行问责制。省政府将淘汰落后产能目标任务完成情况纳入绩效考核体系，参照《国务院批转节能减排统计监测及考核实施方案和办法的通知》（国发〔2007〕36号）与各市签订责任书，对完成淘汰落后产能任务情况进行考核。对未按要求完成淘汰落后产能任务的地区进行通报，限期整改。对瞒报、谎报淘汰落后产能，进展缓慢或整改不到位的地区，要依法依纪追究该地区及有关责任人员的责任。

七、切实加强组织领导

成立山东省淘汰落后产能工作领导小组，领导小组办公室设在省经济和信息化委，负责统筹协调淘汰落后产能工作，研究解决淘汰落后产能工作中的重大问题，并根据“十二五”规划研究提出下一步淘汰落后产能目标，做好任务分解和组织落实工作。领导小组各成员单位要根据职责分工，积极落实各项工作任务，加强沟通配合，共同做好淘汰落后产能工作。各地要健全领导机制，明确职责分工，做到责任到位、措施到位、监管到位，确保淘汰落后产能工作取得明显成效。

二〇一〇年五月十五日

1 － 45 山东省人民政府办公厅关于推进信息化与工业化融合试验区建设的意见

鲁政办发〔2010〕44号

各市人民政府，各县(市、区)人民政府，省政府各部门、各直属机构，各大企业，各高等院校：

为深入贯彻党的十七大精神，落实《山东省人民政府关于大力发展信息产业推进信息化与工业化融合的意见》(鲁政发〔2008〕85号)要求，推动信息化与工业化加快融合，促进我省经济结构调整和发展方式转变，现就开展信息化与工业化融合试验区(以下简称“两化融合试验区”)建设提出以下意见：

一、明确两化融合试验区建设的指导思想、目标要求和建设标准

(一)指导思想。全面贯彻党的十七大精神，以邓小平理论和“三个代表”重要思想为指导，深入贯彻落实科学发展观，遵循“政府引导，市场调节；因地制宜，培植特色；以用兴业，融合发展；突出重点，加大扶持”的原则，围绕转方式、调结构，结合山东半岛蓝色经济区、黄河三角洲高效生态经济区建设等区域发展战略，配合国家和省加快工业调整振兴的战略规划，充分借鉴国家信息化与工业化试验区建设经验，加快推进我省信息化与工业化融合，努力实现我省经济又好又快发展。

(二)目标要求。选择济南、淄博、东营、烟台、潍坊、滨州等市和禹城、滕州、文登、高唐等县(市)，到2015年，建成领先的创新性、示范性两化融合试验区，完成规划政策制定、优势行业提升、龙头企业示范、重点工程建设、支撑体系构建、融合模式探索的试验任务，推进信息化与工业化深度融合，基本确立以先进制造、现代服务、数字农业、节能环保为主要构成的新信息时代经济体系，加快实现由经济大省向经济强省的跨越。

(三)建设标准。通过两化融合试验区建设，各有关市、县(市)信息产业增加值年增长幅度不低于两位数，两化融合对本地工业、农业和服务业发展的贡献不断提升，由两化融合催生的新兴产业得到较快发展。各试验区形成促进两化融合发展的区域、行业和企业政策体系；各试验区特色行业发展成为处于国家主导地位的优势行业；各试验区5家以上企业成为行业标杆，实现本领域信息技术应用的重点突破；进入省信息化“4个100工程”的项目数量，市试验区不少于35个，县(市)试验区不少于10个；各试验区建立两化融合促进中心和公共服务平台，每年为至少1万家企业提供两化融合服务；各试验区形成符合本地区、本行业发展的融合模式。

二、两化融合试验区建设的重点领域

(一)先进制造业领域。以装备类制造业、基础类制造业、消费类制造业为重点，采用网格计算技术、专用集成电路芯片、高端工业软件、新型电子材料与元器件、新一代互联网、物联网、智能电网等新信息技术、产品和网络，推进工业产品研发设计、生产过程、企业管理、市场营销、人力资源开发、新型业态培育、企业技术改造等环节两化融合，全面打造我省具有高可靠性、高性能、高适用性和数字化、智能化、网络化、集成化为特征的先进制造业。

(二)现代服务业领域。以生产性服务业

和信息服务业为重点，采用多网异构融合技术、智能信息处理与云计算技术、数字媒体技术、网络与信息安全技术、射频识别(RFID)、新型传感器、新一代互联网、第三代移动通信网络、智能传感网等新信息技术、产品和网络，推进在信息传输、物资流通与资金流转等环节两化融合，构建我省具有高技术密集、高知识含量、高附加值和新技术、新业态、新方式为特征的现代服务业。

（三）数字农业领域。以粮食生产、畜牧养殖、水产渔业和高效经济作物为重点，采用3S技术（地理信息系统GIS、全球定位系统GPS和遥感技术RS)、农业过程数字仿真技术、智能精准控制技术、数字温室、生物嵌入式芯片、RFID和物联网等新信息技术、产品和网络，推进在农业生产、农产品加工流通、农产品监测与质量控制等环节两化融合，建设我省以科学化、商品化、集约化、产业化为特征的现代农业。

（四）节能环保领域。以新能源和清洁技术研发、低碳产品生产、节能减排为重点，采用智能清洁技术、智能电网技术、新型LED、智能电器设备和物联网等新技术、产品与网络，推进在清洁能源开发、能源结构调整、能源集约利用、能源消费优化、排放综合治理等环节两化融合，打造我省以低能耗、低污染、低排放为特征的低碳工业、低碳服务业和低碳农业齐备的现代绿色低碳经济。

三、两化融合试验区建设的主要任务

（一）制定规划政策。各试验区要加快编制信息化与工业化融合试验区建设规划，并以规划实施为抓手，明确发展重点和方向，积极探索符合本地实际的两化融合路子。尽快出台两化融合相关的税收、资金、人才等扶持政策。制定两化融合相关技术标准、评价指标和考核体系。

（二）提升优势行业。各试验区要从轻工、纺织、石化、机械、建材、冶金、煤炭、电力、医药和现代物流等行业中选择优势特色行业，以解决行业共性和基础性问题为突破口，深入实施制造业信息化工程，开展面向行业的公共技术服务平台、电子商务平台、信息技术推广中心、生产性服务项目、产业链整合等建设工作，实现行业内涵式发展，提升行业竞争力。

（三）发挥龙头企业示范作用。各试验区要筛选一批影响力大、创新能力强、信息化带动作用明显的龙头企业作为重点，实现信息技术在产品研发设计、生产过程、企业管理、市场营销、人力资源开发、新型业态培育、企业技术改造等7个环节的覆盖、渗透、融合和集成，推进企业创新，提高整体效益，为全省两化融合提供借鉴。

（四）抓好重点工程建设。各试验区要围绕增加效益、节能减排、技术创新、安全生产等主题，选择一批技术水平领先、投资规模大、跨领域或跨区域的重大项目，建设行业信息技术推广中心、装备制造加工中心、供应链管理示范工程、能源监测控制中心等，加大新信息、先进制造、新信息与先进制造集成等技术应用投入，发挥重大项目带动作用，创造显著经济和社会效益，形成典型案例。

（五）构建支撑体系。各试验区要加快信息基础设施建设，大力发展物联网、第三代移动通信网络、新一代互联网、数字广播电视网络，积极促进三网融合。建立完善无线城市、能效监控平台、行政并联审批等政府公共服务项目。加快建立两化融合促进中心、重点实验室和工程技术中心等，开展关键问题研究、技术研发和人才培训等工作。

（六）探索融合模式。各试验区要根据本地实际在新型服务业态、生产性服务业、区域和园区、中小企业等不同层次、不同领域开展两化融合实践，探索多种两化融合发展路径，深化对两化融合的认识，推进两化融合的思路创新、体制机制创新和模式创新。

四、实施步骤

两化融合试验区建设工作从2010年下半年到2015年底分3个阶段推进。

（一）制定方案阶段。2010年下半年，各有关市、县（市）政府根据本地两化融合实际，制定两化融合试验区建设方案。

（二）建设试验阶段。从2011年–2012年开始，各有关市、县（市）政府组织进行两化融合试验区建设，并及时总结分析实施情况。省和市经济和信息化委要及时对各试验区进行指导检查。

（三）总结推广阶段。从2013年开始，各有关市、县（市）政府根据两化融合试验区建设的进度要求和完成情况，及时把新模式、新经验进行总结推广。

五、保障措施

（一）组织保障。省经济和信息化委要加强对全省两化融合试验区建设工作的组织和协调，积极引导相关企业、行业协会、中介组织、高等院校和科研院所广泛参与。建立两化融合试验区建设工作机制，定期或不定期召开协调交流会议。各试验区应成立两化融合试验区建设领导小组，具体负责本地两化融合试验区建设工作，建立健全分工合理、责任明确的工作体制与机制。

（二）支撑保障。建立省两化融合试验区建设专家委员会，为试验区建设提供决策支持。按照国家级标准建立省两化融合促进中心，对各试验区、示范企业或示范工程的建设提供技术支持和咨询服务。建立试验区评估动态管理机制，确保试验区建设水平和质量。建立工业信息化运行形势监控分析系统，各示范企业、重点工程要定期上报相关数据。

（三）政策保障。省和各市、县（市）都要积极支持两化融合试验区建设。省结构调整资金、应用技术研究与开发资金、高科技产业投资等要重点向试验区倾斜。税务、金融等部门要制定政策，加大对两化融合试验区建设的扶持力度。鼓励社会力量建设两化融合投融资公共服务平台，为试验区建设提供更多的投融资渠道。强化企业投资主体意识，鼓励企业加大对两化融合的投入。

（四）技术保障。根据我省实际，重点发展云计算技术、智能电网技术、高效能服务器、大规模集成电路、高端中间件、RFID、新型传感器、第三代移动通信网络、物联网等新信息技术、产品和网络。建立以企业为主体的新信息产业技术联盟，对核心关键技术联合攻关，促进新信息产业发展。

（五）人才保障。充分利用我省人才政策，加大海内外高端人才的引进力度。有计划、有重点地对规模以上企业负责人、专业技术人员和高级技工进行脱产、半脱产培训，提高企业员工信息素养和技能。推进校企合作，优化专业设置，共建大学生实训基地，做好两化融合人才储备。

（六）宣传保障。充分利用电视、广播、报刊、互联网等各种媒体，广泛宣传两化融合试验区建设的重要意义，积极开展群众性、多样性两化融合普及活动，形成全社会普遍认同，并积极参与建设的良好氛围。

二〇一〇年七月二十二日

1－46　山东省人民政府关于贯彻国发〔2009〕38号文件抑制部分行业产能过剩和重复建设引导产业健康发展的意见

鲁政发〔2010〕7号

各市人民政府，各县(市、区)人民政府，省政府各部门、各直属机构，各大企业，高等院校：

为推进我省经济结构战略性调整，坚决抑制部分行业产能过剩和重复建设，引导产业有序健康发展，按照《国务院批转发展改革委等部门关于抑制部分行业产能过剩和重复建设引导产业健康发展的若干意见的通知》(国发〔2009〕38号，以下简称《通知》)要求，现提出如下意见：

一、高度重视部分行业产能过剩和重复建设问题

2009年以来，我省认真贯彻落实党中央、国务院“保增长、扩内需、调结构”的一系列政策措施，加快推进企业技术改造、自主创新、兼并重组和淘汰落后，产业总体发展形势较好，结构调整取得一定成效。但是，我省这些行业也不同程度地存在着生产规模过大、部分企业盲目投资等问题。主要表现在：钢铁，2008年全省生铁、粗钢产量分别为4657万吨、4459万吨，产能分别为5545万吨、5780万吨；水泥，2008年产量1.39亿吨，产能1.5亿吨，2009年在建、新建干法水泥生产线14条，将新增产能2860万吨；平板玻璃，2008年产量5619万重量箱，产能6000万重量箱，其中优质浮法玻璃比重不足1/3；煤化工，2008年甲醇产量157万吨，产能300万吨，焦炭产量3800万吨，产能4500万吨；我省多晶硅和风力发电设备行业起步较晚，目前已形成多晶硅生产能力100吨，在建项目生产能力1800吨，还有部分企业规划新上项目产能约7200吨，也有一批在建和准备建设的风力发电设备项目。

必须清醒地看到，当前我省部分产能过剩行业出现的盲目投资和重复建设，如不及时加以调控和引导，势必会造成盲目扩张和恶性竞争，不仅影响我省扩大内需的实施效果和来之不易的发展形势，也将错失利用国际金融危机市场形势形成推动的结构调整新机遇。为此，要认真贯彻落实国务院《通知》精神，尽快抑制产能过剩和重复建设，把有限的要素资源引导和配置到优化存量、培植新的增长点上来，把转方式、调结构作为既是应对金融危机的重大举措，更是促进经济又好又快发展的根本途径，大力发展符合市场需求的高新技术产业、高端高质高效产业和服务业，把握好调整的方向、力度和节奏，切实转变经济增长方式，促进全省经济社会平稳较快发展。

二、积极转变经济增长方式，大力推进产业结构调整，促进产业健康发展

深入贯彻落实科学发展观，大力推进体制创新和机制创新，进一步加强市场引导和宏观调控，坚持控制总量和优化存量相结合，分类指导和有保有压相结合，坚决控制钢铁、水泥、平板玻璃、传统煤化工等产能过剩行业盲目扩张和重复建设，鼓励发展高技术、高附加值、低消耗、低排放的新工艺和新产品；支持已建成的多晶硅、风电设备等企业，积极推进关键环节和关键部件的自主创新，着力提高科技创新能力和市场竞争力，防止投资过热和重复建设，引导有序发展。立足于新一轮国际竞争，坚持培植发展新兴产业与改造提升传统产业相结合，研究制定扶持措施，抓紧编制高端高质高效产业发展规划，大力推进高端高质高效产业发展，培植高端高质高效产业集群；加快运用高新技术和先进实用技术改造提升传统产业，优化资产存量，发展优质产品，加强资源综合利用，支持有条件的企业“走出去”，积极推进产业结构调整和优化升级。

三、严格执行宏观调控政策，严禁产能过剩和重复建设行业违规新上项目

按照国家产业政策导向，严格执行环境监管、用地管理、金融政策和项目投资管理等有关规定，坚决抑制钢铁、水泥、平板玻璃、煤化工、多晶硅、风电设备等产能过剩和重复建设行业的盲目投资。各级投资主管部门按照国发〔2009〕38号关于项目管理有关要求，原则上不再批准产能过剩和重复建设行业单纯扩大产能项目，严禁化整为零、违规审批。对于产能过剩和重复建设行业确有必要建设的项目，在国家新的核准目录出台前，需按照项目管理有关程序报国家有关部门办理相关手续。对不符合国家和省重点产业调整振兴规划以及相关产业政策要求，未按规定要求履行审批和核准的项目，各级国土资源部门和金融机构不得提供土地和贷款，住房城乡建设、规划、环保、质监等部门不得办理相关手续。严格防止各级政府的财政性资金流向产能过剩行业的扩大产能项目。对违反国家相关规定的部门、单位和人员，按照《中共中央办公厅国务院办公厅印发〈关于实行党政领导干部问责的暂行规定〉的通知》(中办发〔2009〕25号)规定追究责任。

四、鼓励企业兼并重组，坚决淘汰落后产能

进一步加大企业联合兼并重组力度，鼓励优势骨干企业通过横向联合、纵向联盟等方式，兼并重组工艺技术落后企业，整合存量资源，淘汰落后产能，促进产业高端化、集中化和大型化。全面落实《山东省关停和淘汰落后水泥产能工作实施方案》和《山东省水泥及散装水泥工业调整振兴指导意见》要求，坚决完成淘汰立窑熟料产能任务。抓紧组织对钢铁、平板玻璃等产能过剩行业落后产能、企业的调查摸底，制定分行业淘汰落后产能工作实施方案并组织实施。彻底关闭破坏环境和不具备安全生产条件的企业，压缩淘汰资源消耗高、污染严重、技术水平低的产能，为加快发展优势骨干企业拓展市场空间。

五、加强协调配合，做好监测监控

各级、各部门要进一步增强大局意识，责任意识，各司其职，密切配合，采取措施坚决抑制产能过剩和重复建设势头。省统计局、经济和信息化委、发改委等部门要完善统计、监测制度，建立健全行业信息发布制度，做好对产能过剩行业运行动态的跟踪分析，引导市场投资预期。各行业协会要积极主动发挥作用，及时反映行业内出现的苗头性和焦点性问题，为企业和政府提供信息服务，引导企业落实国家产业政策和行业发展规划，提高行业整体素质。

二〇一〇年一月十一日

1－47 山东省人民政府关于贯彻落实国发〔2009〕31号文件进一步深化我省化肥流通体制改革的意见

鲁政发〔2010〕9号

各市人民政府，各县（市、区）人民政府，省政府各部门、各直属机构，各大企业，各高等院校：

为贯彻落实《国务院关于进一步深化化肥流通体制改革的决定》（国发〔2009〕31号，以下简称《决定》），进一步加快推进我省化肥流通体制改革，充分调动各方面参与化肥经营的积极性，促进全省农业发展和农民增收，现提出以下意见：

一、充分认识进一步深化化肥流通体制改革的意义

化肥流通一头连着生产企业，一头连着广大农民群众。《决定》的出台，有利于充分调动各方面参与化肥经营的积极性，进一步提高为农服务水平；有利于规范化肥市场秩序，保护农民利益；有利于加快建立化肥市场现代流通体系，进一步适应现代农业和现代市场体系的要求。认真贯彻落实好《决定》，是加快建设现代农业，更好地服务“三农”的具体体现；是积极应对国际金融危机，保持我省经济社会持续稳定发展的重要举措；是推动农业发展，确保我省粮食安全的重要基础。

二、指导思想和目标

（一）指导思想。深入贯彻落实科学发展观，按照“放开市场、公平竞争、规范秩序、加强监管、改善服务、提高效率”的原则，解放思想，锐意创新，立足于整合现有资源，拓宽经营服务领域，发展连锁和集约化经营，以适应现代农业生产发展的需要，为社会主义新农村建设作出贡献。

（二）总体目标。通过3到5年的努力，形成以县、乡、村三级经营服务为框架，连锁经营门店为基础，基层技术服务中心为纽带，区域性连锁配送中心为平台，大型化肥流通企业为主力，电子信息服务系统为支撑的布局合理、经营规范、运作高效、协调发展的多元化、连锁化的化肥流通体系。

三、加快推进化肥流通市场化进程

（一）放开经营主体。取消对化肥经营企业所有制性质的限制，允许具备条件的各种所有制及组织类型的企业、农民专业合作社和个体工商户等市场主体进入化肥流通领域，参与经营，公平竞争。各级人民政府要维护公平竞争的市场秩序，坚决破除地方保护主义，打破行政壁垒。

（二）严格准入条件。申请从事化肥经营的企业要有相应的住所，申请从事化肥经营的个体工商户要有相应的经营场所；企业注册资本（金）、个体工商户的资金数额不得少于3万元人民币；申请在省域范围内设立分支机构、从事化肥经营的企业，企业总部的注册资本（金）不得少于1000万元人民币；申请跨省域设立分支机构、从事化肥经营的企业，企业总部的注册资本（金）不得少于3000万元人民币。

（三）规范注册登记。满足注册资本（金）、资金数额条件的企业、个体工商户等可直接向当地工商行政管理部门申请办理登记，从事化肥经营业务。企业从事化肥连锁经营的，可持企业总部的连锁经营相关文件和登记材料，直接到门店所在地工商行政管理部门申请办理登记手续。各级工商行政管理部门对符合条件的企业、个体工商户等申请从事化肥经营业务的，要及时办理注册登记手续。

四、进一步规范化肥市场经营行为

（一）健全相关制度。化肥经营者应建立进货验收制度、索证索票制度、进货台账和销售台账制度，相关记录必须保存至化肥销售后2年，以备查验。

（二）明确质量责任。化肥经营者要在门店显著位置悬挂营业执照，实行亮照经营。要对所销售化肥的质量负责，在销售时应主动出具质量保证证明，如果化肥存在质量问题，消费者可根据质量保证证明依法向销售者索赔。化肥生产和经营者要严格履行《产品质量法》等法律、法规规定的义务。

（三）提高服务水平。化肥经营者应掌握基本的化肥业务知识，要主动向化肥使用者提供化肥特性、使用条件和方法等咨询服务。经营中要明码标价，使用的计量器具、化肥的包装、标识要符合国家有关法律、法规和标准。

五、大力促进化肥连锁化经营

（一）扶持龙头企业。鼓励大型化肥生产、流通企业以及具备一定实力和规模的社会资本通过跨行业、跨地区、跨所有制的股权置换、资产收购、兼并重组等方式，整合资源，发展连锁和集约化经营，发展一批规模大、实力强、信誉好的企业，全面推进化肥直供，建立健全以测土配方为重点的技术服务体系，加快新型化肥经营服务体系建设。支持和鼓励供销社系统，利用自身连锁经营点多面广的优势，在全省建设和改造化肥直营或加盟门店，扩大连锁覆盖面，实行统一采购、统一配送、统一标识、统一管理、统一服务。

（二）加强设施建设。各级、各部门要积极支持龙头企业发展区域性化肥交易市场、配送中心以及化肥储备、经营与现代物流设施的建设和改造，完善配送、信息功能，提高龙头企业化肥统一配送率。

六、加强市场运行监测与调控

（一）强化监测分析。发展改革、经济和信息化、商务、供销、价格等部门和行业协会，要进一步加强对化肥重要品种、重点企业、重点市场的监测分析，及时发布化肥市场供求形势和价格变动趋势，提高应对市场异常波动的能力。

（二）落实生产及淡储政策。认真落实国家出台的关于扶持化肥生产的政策措施，稳定我省化肥生产。切实做好春耕、秋种化肥市场供应工作，确保不脱销、不断档。督促区域内国家化肥淡储承储企业落实好化肥淡储任务，完善省级化肥储备制度，发挥储备化肥在淡储旺销、调剂余缺，稳定化肥生产和市场的作用。

七、加大监管力度，维护好市场秩序

各级、各部门要切实加强对化肥经营放开后的市场监管工作，细化监管办法，做好化肥流通全过程的监督管理，维护公平竞争的市场秩序。发展改革部门要搞好化肥供需的总量平衡和调控，协调化肥流通体制改革中的重大问题。农业部门要定期对可能危害农产品质量安全的肥料进行监督抽查，公布抽查结果。质监部门要加强化肥生产源头质量监督，加强检查，严厉查处有效含量不足、掺杂使假、标识欺诈、计量违法等行为。工商部门要加强对化肥经营主体监管，查处超范围经营行为，依法取缔无照经营行为，加大对销售假冒伪劣化肥、虚假广告等坑农害农行为的查处力度，开展化肥市场信用分类监管，推进化肥市场信用体系建设。价格管理部门要加强对哄抬价格、串通涨价、价格欺诈以及不按规定明码标价等行为的查处，对违法情节严重的，予以公开曝光。供销合作社要组织所属农资企业加快创新化肥等农资经营服务体系建设步伐，规范经营秩序，充分发挥主渠道作用。海关系统要严厉打击化肥走私。有关行业协会要充分发挥行业自律、协调配合、监督管理的作用，加强自身建设，增强行业自我管理、自我规范能力，建立和推行化肥行业行为准则，开展与化肥经营有关的专业培训和考评。各有关部门要加强信息共享，协同开展农资打假，提高行政效能。要大力普及化肥知识，加强对农民群众识假、防假的宣传引导，提高农民群众维权能力，畅通举报投诉渠道。

二〇一〇年一月十三日

1 － 48　山东省人民政府关于印发山东省高技术产业自主创新行动计划的通知

鲁政发〔2010〕22号

各市人民政府，各县(市、区)人民政府，省政府各部门、各直属机构，各大企业，各高等院校：

现将《山东省高技术产业自主创新行动计划》印发给你们，请认真贯彻执行。

二〇一〇年二月十二日

山东省高技术产业自主创新行动计划

(2010—2012年)

为贯彻落实省委九届九次全会精神和《山东省人民政府关于发挥科技引领作用促进经济社会平稳较快发展的意见》(鲁政发〔2009〕95号)，进一步提升自主创新能力，加快我省高新技术产业化进程，促进全省经济发展方式转变和经济结构调整，特制定本计划。

一、指导思想、基本原则和主要目标

(一)指导思想。全面落实科学发展观，遵循“自主创新，重点跨越，支撑发展，引领未来”的方针，按照省委、省政府打造山东半岛蓝色经济区和重点产业调整振兴的总体部署，准确把握现代产业发展趋势，立足我省基础和优势，突出战略性和前瞻性，以新材料、新信息、新医药、新能源为发展重点，以产业化为目标，大力实施高端高质高效产业发展战略，构建产学研紧密结合的技术创新联盟，突破重大关键技术，培植十大战略性高新技术新兴产业，着力提升核心竞争力，促进发展方式转变和产业结构调整，推动我省经济尽快走上创新驱动、全面协调和可持续发展的轨道。

(二)基本原则。

1.突出特色，发挥优势。立足我省具有基础优势和特色的重点行业，盘活存量与培植增量相结合，培育新兴产业与改造提升传统产业两手抓，集中资源，加大投入，优化提升我省的产品结构和产业结构，提高核心竞争力，积蓄发展后劲。

2.超前谋划，稳步推进。把应对国际金融危机的措施与转变发展方式的目标紧密结合起来，在落实好扩内需、保增长应对措施的同时，针对全球产业的发展趋势，前瞻性地培育一批战略性高新技术新兴产业。

3. 有限目标，重点突破。坚持有所为、有所不为，选择性地组织实施一批对我省经济增长具有较强带动性作用和战略性影响的重大科技专项，实现重大关键技术的突破，为重点产业振兴提供科技支撑。4. 企业主体，政策导向。面向市场需求，充分发挥政府在资源配置中的导向作用，综合运用投资、金融、税收、服务等政策，支持各类创新资源向企业聚集，构建技术创新联盟，使企业真正成为研发投入、技术创新、成果转化的主体。

（三）主要目标。到 2012 年底，十大战略性高新技术产业实现产值 10000 亿元。努力实现“七个一批”，一是实施一批重大自主创新项目，形成具有自主知识产权的高新技术产品和知名品牌，开发重大高新技术产品 300 个；

二是培植一批具有较强国际竞争力的优势企业，培育高新技术企业达到 1500 家、创新型企业 200 家，其中产值过 100 亿元的 10 家、过 10 亿元的 50 家；

三是组建一批产业技术创新战略联盟，通过重大自主创新项目的实施，重点支持 50 家技术创新战略联盟；

四是建设一批创新平台，重点建设 8 个具有国内领先水平的综合性创新平台，建设 100 家面向行业和区域的技术创新服务平台；

五是改造提升一批传统产业中的优势骨干企业，省重点企业全部建立研发机构，研发投入占销售收入的比重达到 3% 以上；

六是创建一批高新技术产业发展基地和载体，力争 2—3 家高新区进入国家创新型科技园区建设试点，1—2 家省级高新区升级为国家级高新区，高新技术特色产业基地达到 30 家；

七是聚集一批创新团队，建设 50 个企业重点实验室、100 个院士工作站，引进、培养高层次创新团队和领军人才。

二、重点任务

按照省委、省政府打造山东半岛蓝色经济区、重点产业调整振兴的总体部署和建设经济文化强省的目标要求，立足我省特色和优势产业，着眼于未来发展需求，重点培植高端电子信息、新材料、半导体照明 (LED)、新医药及生物、新型数字化装备、高速列车和新能源汽车、新能源、船舶制造及海洋新兴产业、资源综合利用及环保、高技术服务业十大战略性高新技术新兴产业，确立我省新兴产业的特色和核心竞争力。

（一）高端电子信息产业。重点开发高端计算机及服务器、集成电路、RFID 芯片及读写机具、网络通信技术及应用产品、应用软件、新型显示器件、数字家庭等关键技术及产品，培育具有自主知识产权的高端电子信息产业集群。

1. 高端计算机及服务器。研发高效能、高可靠性、高安全性服务器，确立我省高端服务器的领先地位。开发计算能力千万亿次、存储容量为 PB 级的高性能计算和存储环境，建设高性能计算中心。

2. 集成电路。建设 EDA 设计工具、测试环境，设计开发计算机存储芯片、数字音视频处理芯片、移动通信专用芯片、信息安全芯片、嵌入式终端用 SOC 芯片、汽车电子专用芯片、数字化仪表专用芯片、RFID 芯片等。围绕 12 英寸半导体芯片生产线引进，开展消化吸收创新，培植集成电路设计开发新兴产业。

3. 应用软件。开发具有自主知识产权的三维 CAD/CAM 软件系统、资源计划管理系统、物流管理信息系统、智能交通管理系统、软件中间件、基于 3G 网络的通信应用软件、支持超级计算环境的应用软件及产品。选择有条件的区域，建设软件和服务外包产业基地，提升我省软件产业的规模和水平。

4. 平板显示器。引进消化吸收相结合，开发新一代薄膜晶体管液晶显示器 (TFT—LCD)，完善 LED 背光源液晶显示器模组工程化技术，形成 LED 背光源模组 100 万片的生产能力。

5. 数字家庭。在现有数字化家电的基础上，进一步完善技术标准和数字家庭系统解决方案。研究推广数字电视技术，扩大我省数字电视的覆盖率。

（二）新材料产业。在非金属材料领域，强化陶瓷新材料工程技术研究中心、聚氨酯工程技术研究中心和碳纤维工程实验室等创新平台建设，重点支持碳纤维、芳纶、玻璃纤维和超高分子量聚乙烯纤维等特种纤维及其复合材料的研究开发，重点培育聚氨脂材料、有机氟材料、有机硅材料、陶瓷新材料等产业集群。在金属材料领域，重点围绕轻质、高性能金属材料的开发利用，培育镁合金及制品、粉末冶金、电子基础材料产业集群。

1. 碳纤维。开发千吨级 CCF-1 聚丙烯腈原丝纺丝工艺及装备、形成 5000 吨原丝、2000 吨碳纤维、2000 万平方米复合材料的生产能力。开发煤制沥青、沥青基碳纤维生产工艺及装备，形成百吨生产能力。加快碳纤维在航空航天材料、防弹材料、绝热材料、电极材料、电磁屏蔽材料、人工骨质材料等领域的应用。

2. 芳纶纤维。围绕芳纶 1313 纤维及应用，开发化工过滤、耐高温防火织物和制品。围绕航空航天、电器绝缘、轮胎帘子线、通信电缆及增强复合材料等方面的需求，开发千吨级芳纶 1414(对位芳纶)聚合工艺及装备，形成 1000 吨纤维、1000 吨芳纶纸、500 万平方米纤维制品的生产能力。

3. 超高分子量聚乙烯纤维。开发纤维级超高分子量聚乙烯树脂、千吨级超高分子量聚乙烯纤维生产线，形成 5000 吨纤维生产能力。研发防弹衣、高频绝缘材料、高性能弹力材料等制品。

4. 玻璃纤维及复合材料。开发玻璃纤维与聚丙烯复合拉丝生产技术，形成 2 万吨 / 年复合纤维生产能力；研制玻璃钢管道、门窗、风力发电机叶片、汽车配件等产品。

5.TDI 及聚氨酯制品。重点开发 30 万吨 TDI 生产工艺及成套生产装备、聚氨酯软质、半硬质泡沫塑料、弹性体、高档涂料、复合板材等产品，拉长聚氨酯产业链。

6. 有机氟材料。立足我省聚四氟乙烯的产业优势，进一步开发离子膜、燃料电池膜、太阳能电池封装膜、织物整理剂、聚酰亚胺、氟橡胶等，确立我省高端氟材料产业在国内的领先地位。

7. 有机硅材料。重点开发硅油、硅树脂、硅橡胶和硅烷偶联剂等有机硅深加工产品，形成 10 万吨有机硅加工能力。

8. 陶瓷新材料。研究开发电子、生物、磁性、光敏等多功能陶瓷和氧化铝、氧化硅、碳化硅、氮化硅等结构陶瓷产品。

9. 高纯镁及合金材料制品。开发镁及镁合金的液态铸轧技术，镁及镁合金的线、板、带等系列产品的加工技术和装备，培育镁合金材料及制品新兴产业。

10. 粉末冶金及制品。围绕汽车、五金、电机等行业的需求，开发高性能粉末冶金材料和制品，形成 10 万吨 / 年粉末冶金制品的生产能力。

11. 电子基础材料。开发高性能电解铜箔和环氧玻璃布基覆铜板，形成 1500 吨 / 年高性能电解铜箔、5000 吨 / 年玻璃布基覆铜板的生产能力；开发用于集成电路焊接的低弧度金丝、硅铝键合丝，巩固技术和产业优势；开发高比容电极铝箔，形成 216 万平方米 / 年阴板箔、310 万平方米 / 年阳极箔的生产能力。

（三）半导体照明 (LED) 产业。通过对碳化硅晶体、外延片、芯片等产品的研究与应用，开发户外 LED 全色显示屏、LED 路灯、汽车灯具、室内照明灯具、广告及景观灯等产品，与国家“十城万盏”试点工作紧密衔接，扩大应用与示范，努力提升我省 LED 产业的地位与作用。

1. 研究开发蓝光晶体材料及芯片。重点开发碳化硅晶体、半绝缘碳化硅单晶衬底材料、绝缘体硅片晶圆片及外延片、芯片等产品，开发功率型碳化硅基蓝光 LED，形成 2400 万粒生产能力。

2. 研究开发液晶电视背光源。重点开发红绿蓝 (RGB) 三基色超大屏幕液晶电视背光源系统，形成 500 万套 / 年生产能力。

3. 研究开发显示屏及灯具。重点开发户外 LED 全色显示屏、LED 路灯、汽车灯具、室内照明灯具、广告及景观灯等产品。

4. 研究开发晶体生长与外延装备。重点开发碳化硅晶体生长炉、外延炉等装备。

（四）新医药及生物产业。整合省内医药研发、生产、销售等方面的相关资源，建设新药创制技术平台。重点培育新型药物、医疗器械与医用材料 2 个医药产业集群，确立我省医药产业的领先地位；重点培育生物育种、生物制品、生物质炼制、农用生物药物 4 个生物产业集群，做大做强生物产业。

1. 新药开发。围绕恶性肿瘤、心脑血管疾病、糖尿病、神经退行性疾病、精神性疾病、自身免疫性疾病、耐药性致病病菌感染、结核、重大病毒感染性疾病等 10 类 (种) 疾病，在基因工程药物、生物制药、化学药品、诊断试剂与生物医药材料、疫苗等领域，自主开发一批创新药物。

2. 中药现代化。加快建设中药材规模化、规范化种植基地，开发中药加工提取技术及装备，扩大中药饮片的生产水平和规模，培育现代中药生产骨干企业和知名品牌。

3. 医疗器械。开发中能医用直线加速器、数字化 X 射线摄影系统、脉动真空灭菌设备、放疗设备、新型药物涂层缓释心血管支架、中心静脉导管、大输液软包装、新型骨科材料、血液净化类产品等，建设医疗器械和医用材料产业基地。

4. 生物育种。继续深入实施省农业良种工程，重点围绕主要农作物、海水养殖及果蔬花卉等，加强育种理论、重要遗传性状遗传规律和分子育种技术研究，挖掘优异种质高产、优质、抗性等重要功能基因，建立常规育种技术、胚胎移植技术、分子标记辅助育种技术和转基因育种技术相融合的现代育种技术体系，选育优质、高效、抗病虫、抗逆动植物、海水养殖新品种。重点培育壮大具备农业和海洋良种育种条件、创新能力强、营销理念先进的现代种业企业，逐步提高良种创新能力和种业经营水平，建设良种产业化基地，壮大生物育种产业。

5. 生物制品。应用细胞工程技术、酶工程技术，研究开发生物工程产品、特种酶制剂、食品添加剂等，扩大新兴生物制品产业规模。

6. 生物质炼制。开展生物质综合利用和生物炼制的关键技术和产业化技术研究与开发，生产大宗化学品和生物液体燃料等高附加值产品。建设乙醇—木糖类功能糖产品—木素产品联产和乙醇—糠醛类化学品—木素产品联产万吨级的木质纤维素生物精练联产液体燃料和化学品的示范工程。

7. 农用生物药物。围绕口蹄疫、禽流感、蓝耳病等重大传染病，开发疫苗、兽药；根据农业生产的需要，开发生物杀菌剂、杀虫剂、除草剂、灭鼠剂、植物生长调节剂、微生物肥料、生物有机肥、缓控释肥等生物农药和农肥。

（五）新型数字化装备产业。研究突破关键核心技术，培育高档数控机床、工业机器人、空港设备等新型数字化装备产业集群。

1. 数控机床。应用具有自主知识产权的数控系统，开发高精度五轴联动加工中心、大型数控全自动冲压生产线、数控焊割、金属构件加工设备及柔性自动化生产线、大型铸锻件加工技术和装备等，形成高档数控机床产业集群。

2. 工业机器人。立足我省现有基础，重点开发高空作业机器人、带电巡检机器人、恶劣工况作业机器人和特殊行业搬运机器人等，培育工业机器人新兴产业。

3. 空港设备。重点开发大型飞机牵引车、地面电源车、飞机加油车、空港货物装载大型平台、机场跑道清扫车、飞机除冰车等系列空港装备，培育空港设备新兴产业。

（六）高速列车和新能源汽车产业。抓住国家实施“高速列车自主创新行动计划”和新能源汽车“十城千辆”示范工程的战略机遇，加速提升我省高速列车和新能源汽车的技术水平和产业规模。

1. 高速列车和城际交通专用列车。突破空气动力学分析、牵引传动与制动、运行控制、轨道结构、关键材料及部件等关键技术，开发350公里/小时动车组和城际交通专用列车，带动我省相关产业发展。

2. 新能源汽车。开发电动、混合动力、清洁燃料的客车、轿车和观光车，选择我省有条件的城市扩大运行试点。围绕新能源汽车的发展需求，研制燃料电池、锂离子动力电池、开关磁阻电机、清洁燃料发动机、8AT汽车自动变速器、高效变频控制器等产品，形成新能源汽车产业链。

（七）新能源产业。在继续拓宽我省太阳能集热系统、地热应用领域的基础上，重点研发推广太阳能光伏发电、风能发电、生物质能综合利用及新型储能产品关键技术。进一步调整能源结构，形成太阳能热利用和光伏发电、风力发电产业集群，拓展生物质能的综合利用水平，培育煤化工新兴产业。

1. 太阳能热利用。开发中高温太阳能热管及集热系统，推广与建筑有机结合的太阳能供热、制冷技术和干燥、海水淡化技术，提升太阳能热利用效率，扩大应用领域。

2. 太阳能光伏发电。与国家“金太阳工程”实施紧密衔接，在进一步提高硅片加工技术水平的基础上，开发多晶硅、单晶硅太阳能电池、薄膜太阳能电池、铜铝镓铟硒硫多元化合物薄膜太阳能电池及电池组件等产品，形成500–1000兆瓦电池组件的产业规模，建设一批与建筑有机结合的太阳能光伏电站和景观照明工程。

3. 风力发电系统。开发兆瓦级双馈式、直驱式变速恒频风电机组及风力发电机叶片、电机、变速箱等关键零部件，形成2000兆瓦的生产能力。选择有条件的地区规划建设风力发电场，装机容量达到1600兆瓦。

4. 储能技术及产品。研制太阳能电池封装膜、燃料电池膜，开发太阳能、风能发电逆变系统和锂电池、钒电池、钠流电池、燃料电池等新型储能产品，提高新能源的综合利用水平。

5. 生物质能综合利用。开发研制适合我省秸秆资源现况的工业化气化发电与供暖系统、独立分布式农村秸秆热解气化能源系统、适用于企业和农村集中处理的大中型沼气装置等；开发以作物秸秆为原料的纤维素乙醇联产生物化学品技术和一体化装置，提高生物质能源转化的规模化和产业化水平。

6. 地热能与海洋能的利用。开发地源热泵、海水源热泵空调、无机超导热管等，提高地热能、海洋能的开发利用水平。积极开展潮汐能、波浪能、海流能发电技术及装备的研究。

7. 煤化工。以水煤浆气化、粉煤气化、煤间接液化、高硫煤和劣质煤气化技术、煤气化联合循环(IGCC)、煤地下气化技术的研究为突破口，开发甲醇、二甲醚、醋酸、乙烯、丙烯、醋酸乙酯、乙二醇及煤焦化工深加工产品，发展煤化工产业集群。

（八）船舶制造及海洋新兴产业。充分利用我省船舶制造的产业基础和海洋生物化工的资源优势，开发新型船舶及海洋工程装备制造、造船装备和船用配套产品，开发海洋药物与生物制品、海洋精细化工、海洋矿产资源和生物质能利用技术及产品，做大做强我省海洋新兴产业。

1. 新型船舶及海洋工程装备。重点开发大型客滚船、豪华邮轮、远洋渔船、LNG运输船、高档游艇等，形成我省造船行业的特色。重点开发海上石油钻井平台、海上采油装备、港口门机、大型起吊装备、深海潜标、海洋地质（水质）综合数据监测检测设备、水下焊接机器人等，形成海洋工程装备和仪器仪表产业。

2. 造船装备与船用配套产品。围绕造船装备，重点开发造船用卷板机、逆变焊机及船用零部件铸锻、焊接、热处理、化学处理工艺技术及装备。围绕船用配套产品，重点开发船用发动机、大型曲轴、发电机、舵机、压舱水处理装备、海水源空调等船用装备用配套产品；开发船用导航设备、航行数据记录仪、船用雷达等电子产品。

3. 海洋药物与生物制品。开发海产品精深加工技术及装备，开发高值化、功能性食品和营养保健品。利用海洋生物资源，开发海洋药物、海洋生物酶、生物农药、化妆品、促生长剂等，培育海洋药物与生物制品新兴产业。

4. 海洋精细化工。开发溴系列阻燃剂和医药中间体、高端海藻化工产品及衍生品；开发环保型、防腐蚀、防生物附着的新型功能涂料。研究红藻、褐藻食物纤维在医疗卫生、印染纺织和日用化工领域的应用，开发壳聚糖医用敷料；研究海藻纤维、甲壳素纤维在传统纺织材料中的应用，开发特种功能纺织新材料。

5. 海洋矿产资源和生物质能利用。开展海洋矿产资源勘探和综合开发，培育以海洋微藻养殖制取沼气和生物柴油、滨海耐盐碱植物制取生物柴油为主线的海洋生物质能源产业链。

（九）资源综合利用及环保产业。根据我省高耗能、高污染行业节能减排的需求，研究开发污染物综合治理及工业废弃物的综合利用等关键技术及装备；研究开发流域、区域水污染综合防治与修复、城市与区域污染综合治理、生活垃圾无害化处理及资源化利用技术及装备。

1. 环保产品与装备。开发环境监测仪器、燃煤烟气脱硫脱硝和高效除尘设备、机动车尾气净化器、室内空气净化设备、高效污水处理及资源化设备，培育环保装备新兴产业。

2. 环境污染综合治理。开发流域、区域水污染综合防治与修复技术，城市污水治理、大气污染综合治理关键技术，环境保护中的脱硫、脱硝工程技术，城市垃圾发电等技术与装备，废旧汽车及电子垃圾等固体废弃物无害化处理及资源化利用技术，选择部分区域、城镇建设示范工程。

3. 黄河三角洲盐碱地综合治理。重点开发暗管改碱技术与装备，改造黄河三角洲 60 万亩盐碱地，改碱后土地含盐量由 0.6%–1.3% 降低到 0.3%。

（十）高技术服务产业。突破现代服务业关键共性技术，创新服务业态、服务模式，突出平台建设和示范带动，构建布局合理、功能完备、开放协作、运转高效、与国际接轨的现代服务业科技支撑体系，重点培植电子商务、现代物流、数字媒体、地理信息、农村信息化等新兴产业。

1. 电子商务。综合应用电子商务交易、供应链管理技术，探索新型电子商务模式。大力发展第三方交易与服务、生产企业供应链信息交换和整合服务，形成具有行业特色的电子商务模式。

2. 现代物流。通过现代物流信息整合及过程优化技术的综合应用，探索新型物流运作与管理模式，广泛采用地理信息系统 (GIS)、无线射频识别 (RFID)、移动终端等先进的物流技术，建设区域性物流公共信息服务与应用平台，培育一批技术供应商和骨干企业。

3. 数字媒体。重点支持数字媒体内容的技术开发、系统集成与营销运营平台建设，围绕动漫创作、数字影视、数字点播、网络出版、互动影音内容聚合与服务等若干领域，培育一批掌握核心技术、具有资质的龙头企业，建设动漫产业基地。

4. 地理信息化。加快构建互联互通的地理信息公共服务平台，加强全省卫星定位连续运行基准站网等重大成果的市场化运营，提高基础地理信息资源储备和开发利用水平。建设地理信息产业孵化基地，开展产业化示范，支持一批拥有核心技术的地理信息加工和软件开发企业做大作强。

5. 农村信息化。研究开发引种与良种推荐、合理施肥、节水灌溉、病虫害综合防治以及综合栽培（养殖）调控等五大系统，构建网络化、数字化的农业科技信息共享平台。以建立全省农产品现代物流体系为目标，围绕农业供应链管理技术、农产品流通装备、农业流通信息技术、农业标准化体系等关键共性技术进行研究开发，开展农村物流服务、农村配送服务、绿色农产品供应链、农村现代物流协同信息平台等示范建设。

三、保障措施

（一）强化重大科技专项衔接，实现资源集成。按照国家“十一五”科技发展规划纲要和《国务院关于发挥科技支撑作用促进经济平稳较快发展的意见》（国发〔2009〕9号）确定的重点，加强与国家各类科技计划的衔接，把国家目标和高技术产业自主创新行动计划的实施紧密结合起来，为我省争取更多的国家科技资源。

省自主创新成果转化重大专项要按照高技术产业自主创新行动计划确定的目标任务，围绕十大战略性高新技术新兴产业，搞好重大项目顶层设计和宏观布局，择优选择龙头企业和核心技术，把能否形成自主知识产权、技术标准作为立项、验收的重要依据，研究、开发、产业化统筹安排，项目实施、基地建设、人才培养配套支持，每年组织实施50—100个重大高新技术自主创新项目，重点攻克一批重大关键共性技术，掌握一批知识产权和技术标准，转化一批具有自主知识产权的创新成果，培育一批具有自主品牌的高新技术产品，壮大一批高新技术企业和创新型企业，创建一批创新发展战略联盟和产业集群。

（二）深化产学研合作，完善公共创新平台建设。

1. 重点支持源头创新平台建设。围绕十大战略性高新技术产业的需求，充分发挥驻鲁高校和科研单位的创新活力，在省科学院、农科院、医科院和省属高等院校、科研单位的优势技术领域新建一批省级重点实验室、工程实验室和企业重点实验室，加强省重点实验室共建培育基地建设，争取建立更多国家级企业重点实验室、工程实验室。深化与中国科学院、中国工程院的合作，以企业为依托建设一批院士工作站。加快国家海洋实验室、CIIIC研究院、重大新药创制技术平台、鲁南煤化工研究院、黄河三角洲可持续发展研究院、高性能计算中心、船舶设计研究院等综合性创新平台建设步伐，争取中国科学院近期内在山东省建设分院。

2. 强化企业技术创新平台建设。鼓励、引导和组织企业、高等院校和科研单位采取多种合作形式共建工程技术研究中心、工程研究中心、行业技术中心和企业技术中心，省重点企业要全部建立技术开发机构，引导创新要素向企业聚集。以省属科研机构为依托，以企业为主体，选择与我省主导产业紧密相关的技术领域，以共性技术、知识产权、品牌和产品标准的开发、创造、共享为目标，建设一批企业技术创新联盟。

3. 加强成果转化和中介服务平台建设。支持各类专业创业服务中心、生产力促进中心、大学科技园、留学人员创业园等机构建设，为中小型科技企业创新创业提供配套服务。按照整合资源、统一规划、共享共用的原则建设大型科学仪器、科技文献、专利、标准、检测检验等资源共享平台，使之真正成为技术转移、创业扶育、成果转化、资源配置的重要基地。

（三）加快创新型园区建设，推进高新区“二次创业”步伐。加快创新型园区建设，提升高新区的发展质量。按照科技部《建设创新型科技园区行动方案》要求，不断深化我省高新区建设创新型科技园区试点工作，完善区域创新体系，实现以创新为驱动的经济发展方式的转变，力争使我省更多高新区进入国家创新型科技园区行列。加快省级高新区建设步伐，力争1—2家具备条件的高新区升级为国家级高新区。

各级政府要切实改革现行的考核办法，着眼长远，注重高新区创新能力提升和产业发展质量，把高新区作为创新基地建设、集聚发展后劲、带动当地经济社会发展的示范样板，采取有别于一般行政区域的考核指标。支持高新区在管理体制、运行机制、政策环境等方面深化改革，把高新区作为各项改革和创新政策的试验区先行先试，充分赋予高新区改革和发展的自主权。各高新区要坚持精简高效的管理理念，不断完善"小机构、大服务"的管理服务体系和运行机制。

积极培育优势特色产业集群。按照省高技术产业自主创新行动计划确定的重点任务，立足于园区的特色和优势，积极培育特色产业集群，构建技术创新联盟，建设特色产业基地。支持高新区承担各级重大科技专项，建设公共技术创新平台。做好高新区代办股份转让系统"新三板"企业上市和区内高新技术企业创业板上市培育工作。

（四）加大科技投入，建立多元科技投入体系。进一步集成现有各类专项资金，省发展改革委、经济和信息化委、科技厅等部门的相关计划和专项资金要重点支持省高技术产业自主创新行动计划的实施，以政府投入为引导，拉动市、县以及各类金融和投资机构、企业配套投入600亿元以上。进一步增加财政投入，2010—2012年，省政府共筹集20亿元专项资金，重点保障省高技术产业自主创新行动计划的实施。

规范运作"省级创业投资引导基金"，按照《山东省创业投资引导基金管理办法》的规定，充分发挥政策性基金的引导作用，引进国内外投资机构来我省开展创业投资业务，支持有条件的市和创业投资企业建立科技型中小企业创业投资基金，放大政府资金的投资效应。创新投入方式，充分运用担保、贴息、发行企业集合债券和主板、中小企业板、创业板上市融资等多种金融工具，培育适应高新技术自主创新需求的资本市场。认真落实银监会、科技部《关于进一步加强对科技型中小企业信贷支持的指导意见》，积极探索知识产权抵押贷款办法，完善中小企业服务的贷款担保体系，为科技型中小企业拓宽融资渠道。

强化企业作为研发投入的主体地位。不断提高高新技术企业研发投入占销售收入的比重。研究国有企业研发投入考核制度，探索将国有企业研发投入作为业绩考核的重要内容，把企业研发投入占销售收入的比重、能否形成自主知识产权作为项目立项的重要依据，落实相关优惠政策，引导企业成为研发投入的主体。

（五）加强人才队伍建设，强化智力支撑。认真落实《中共山东省委山东省人民政府关于加快引进海外高层次人才的实施意见》（鲁办发〔2009〕15号），积极创造环境，吸引海外高层次人才回国创新创业。把握国际金融危机过程中国际创新人才等科技要素流动加快、引进成本降低的有利时机，大力引进海外高层次人才和团队。积极扩大国际科技交流合作，加强技术引进、消化、吸收、再创新，支持科研单位或企业到国外并购研发机构。

强化百千万科技合作创新工程与省高技术产业自主创新行动计划的紧密衔接，力争推动100个以上的高等院校、科研单位来我省建设分支机构、国家重点实验室分实验室、国家工程技术研究中心分中心等创新平台，推动1000项以上成熟的技术成果尽快实现产业化，鼓励支持10000名以上科技人员深入到生产一线，指导、参与企业创新实践，推动科技成果加快向现实生产力转化。

继续实施"泰山学者建设工程"、"创新团队建设工程"，强化省杰出青年基金、自然科学基金、中青年科学家科研奖励基金管理，加大对省高技术产业自主创新行动计划实施的支持力度，通过计划的实施，培养一批杰出创新人才，为高新技术产业发展、自主创新能力提升提供必要的智力支撑。

深化科技创新评价制度改革，落实完善技术要素参与分配、期权和股权激励、科技奖励、职称评聘等人才激励政策。落实《山东省知识产权战略纲要(2005—2010年)》，强化知识产权工作，依法保护科技人员的合法权益。实施企业家和专业技术人才继续教育计划，对国有大中型企业、民营骨干企业的高层次管理人才和专业技术人才分期分批组织培训。

（六）落实相关政策，优化高新技术发展环境。切实落实国家和省有关鼓励创新的政策措施，确保企业技术研发经费加计扣除、高新技术企业、技术先进型服务企业、科技企业孵化器和大学科技园的税收优惠政策落实到位。研究制定促进企业自主创新的政府采购政策，省科技厅要会同有关部门组织开展省级自主创新产品认定工作，省财政厅要会同有关部门在认定的省级自主创新产品范围内研究制订《山东省政府采购自主创新产品目录》，并参照国家自主创新产品政府采购有关政策，支持优先购买自主创新产品。要按照国家有关扶持政策，对具有首创和自主研发性质的产品实行政府采购、首购和订购办法。改革现行省科技进步奖励制度，加大企业自主创新成果奖励比重，设立企业科技创新奖，对自主创新成效显著的企业给予奖励。按照科技部、国务院国资委、全国总工会关于国家级创新型试点企业的要求，启动山东省创新型企业试点。

加强对国家、地方扶持自主创新的法规规章和配套政策及实施细则的贯彻落实与督促检查。各级、各部门要按照《山东省高新技术发展条例》，研究制定实施细则，依法促进高新技术产业的创新发展。开展政策宣讲活动，组织财税专家分期分批对现行税收优惠政策进行宣传普及。省政府定期组织政策落实情况专项督查，对政策落实情况予以通报，并作为工作绩效考核的重要依据。

（七）强化组织领导，完善自主创新的组织保障。省政府建立高技术产业自主创新行动计划联席会议制度，由省委常委、常务副省长王仁元、副省长李兆前同志牵头，省科技厅、发展改革委、经济和信息化委、国资委、财政厅、人力资源社会保障厅、商务厅、农业厅、交通运输厅、国土厅、环保厅、国税局、地税局、统计局和人民银行济南分行等部门负责人参加，定期研究高技术产业自主创新行动计划实施的重大问题。省科技厅负责提出重大项目和重点产品的指导目录,具体组织计划的实施、考核、验收工作；省发展改革委、经济和信息化委、国资委、财政厅、人力资源社会保障厅、商务厅、农业厅、交通运输厅、国土厅、环保厅、国税局、地税局、统计局和人民银行济南分行等部门密切配合，在各自的职责范围内研究制定具体的政策措施，在项目立项、土地供给、资源配置、税收优惠、环评和产业链、创新链、人才链的结合等方面加大扶持力度，实现资源的优势集成和政策的配套联动，确保计划实施取得实效。各级政府要把组织实施高技术产业自主创新行动计划作为关系全局的大事来抓，强化配套衔接。

进一步完善全省高新技术产业发展的考核和奖励制度，纳入各级领导干部任期目标考核体系，对实施高技术产业自主创新行动计划、促进高新技术产业发展过程中作出突出贡献的单位和个人，按规定给予表彰和奖励。对高技术产业自主创新行动计划重大项目的实施情况加强调度和考评，对资金使用情况加强监管与审计，确保高技术产业自主创新行动计划的实施取得实效。

1 － 49 山东省人民政府印发关于促进新材料、新医药、新信息3个新兴产业加快发展的若干政策的通知

鲁政发〔2010〕29号

各市人民政府，各县(市、区)人民政府，省政府各部门、各直属机构，各大企业，各高等院校：

现将《关于促进新材料产业加快发展的若干政策》、《关于促进新医药产业加快发展的若干政策》、《关于促进新信息产业加快发展的若干政策》印发给你们，请认真贯彻执行，做好落实工作。

二○一○年三月十八日

关于促进新材料产业加快发展的若干政策

新材料是发展先进制造业和高新技术产业的基础、先导和重要组成部分。加快新材料产业的发展，是建设经济文化强省的重大战略决策。为认真贯彻落实省委、省政府关于加快新材料产业发展的部署，培育我省新材料产业的新优势，形成支撑制造业强省建设的战略产业，制定本政策。

一、加快发展新材料产业的必要性

新材料产业作为当今科技和经济发展中最为活跃的产业领域之一，呈现出产业关联度高、经济带动力强、发展潜力大的特点，已成为促进经济快速增长和提升企业、地区竞争力的源动力。近年来，我省新材料产业发展迅速，2008年全省新材料产业产值达到6700多亿元，新材料领域的高新技术企业871个，涉及材料及新材料研究开发的高校、科研单位近30家。我省新材料产业技术水平与综合实力已跃居全国前列，高技术陶瓷、特种纤维、高分子材料等领域的研究开发及产业化方面在国内占有优势地位，形成了具有山东特色的新材料产业集群，培育出了一大批材料企业龙头和一批新兴新材料企业。但从我省经济发展和结构调整对新材料产业发展需求和要求上看，还存在一定差距：一是产品技术水平不高。除少数产品外，大部分新材料产品处于中低档次，很多关键技术、前瞻性技术尚未突破。二是产业链条短。基础材料生产能力相对较强，材料应用和后续加工少，制品加工能力较弱，导致产品附加值低，综合配套能力不强。三是产业聚集度不高。我省新材料领域布局比较分散，集群优势难以发挥，影响了新材料产业的核心竞争力和整体实力的发挥。四是新材料产品的市场开拓不够。特别是对一些产品比较新、技术含量比较高的新材料产品，市场开拓工作相对落后。当前我省经济社会发展正处在一个十分重要的战略机遇期，加快新材料产业的发展，是培育我省战略性新兴产业的重要举措，是加速我省工业调整振兴的关键环节，是转方式、调结构的迫切需要。去年，在应对金融危机过程中，省政府办公厅转发了省经贸委等部门《山东省关于加快新材料产业发展的指导意见》(鲁政办发〔2009〕35号)，各地、各部门要认真落实指

导意见，集聚力量，全力推进新材料产业发展，努力为打造山东半岛蓝色经济区和黄河三角洲高效生态经济区，保持我省经济平稳较快发展提供重要保障。

二、发展目标

鼓励、支持和引导优势资源向新材料产业聚集，突出新材料的应用，重点围绕装备制造、汽车、船舶、石化、电子信息、纺织以及风电、核电设备、医疗、体育器械等领域，加快我省具有良好发展基础和比较优势的陶瓷新材料、高性能纤维、特种新材料、建筑新材料和服装纺织新材料5大类新材料的研究开发和应用，加快新材料产业化基地和园区建设，培育一批市场竞争力强的优势企业，实现新材料产业的规模化发展；突破关键技术，拉长产业链，支持通过拉伸产品链进行合作，构建新材料产业发展联合体，形成上下游产品配套协调加工体系；加强产学研联合，推进创新体系建设，构建新材料技术创新平台。到2012年，我省新材料的开发、应用和产业化水平总体上接近或达到国际先进水平，新材料产业产值超过13000亿元，年均增长速度20%以上；培育聚氨酯、有机氟、有机硅3个新材料产业基地；打造陶瓷新材料、高性能纤维、服装纺织新材料等特色新材料产业聚集区；开发600项重点新产品、新技术，其中30%达到国际先进水平；在我省新材料产业领域培育中国驰名商标12个；新培育12家国家工程（技术）研究中心和国家级企业技术中心，在高性能纤维、氟硅材料、服装纺织新材料等领域再建设3家行业技术中心等公共技术创新平台。

三、发展重点

（一）陶瓷新材料。

1.结构陶瓷。发展氧化铝、氧化锆、氮化硅、碳化硅等氧、氮、碳化合物陶瓷制品。在应用方面，扩大陶瓷挤压模具、陶瓷内衬件、陶瓷轴承、刀具和活塞等产品的规模。

2.功能陶瓷。重点发展红外隐身、热敏、压电等材料，在应用上发展陶瓷过滤器、尾气净化材料及陶瓷传感器、陶瓷汽车制动材料等系列产品。

3.电子陶瓷。发展陶瓷真空开关管及管壳、氧化铝陶瓷基片、陶瓷压力传感器等产品；加快节能环保陶瓷研究开发，积极推进无铅、无镉以及纳米基瓷料的研究和生产。

（二）高性能纤维。

1.芳纶。着力发展下游产品，重点开发长丝、短纤、浆粕等对位芳纶系列产品和间位芳纶差别化生产技术，以及高温过滤材料、蜂窝结构材料等系列间位芳纶制品。到2012年，对位芳纶产能达到1000吨，间位芳纶达到8000吨。

2.碳纤维。重点发展碳纤维复合材料和碳纤维制品，加快推进碳纤维在医疗器械、体育器械、建筑材料、纺织机械、机械加工制造设备、风电设备和输电线路等领域的应用。到2012年，碳纤维产能达到4000吨，碳纤维预浸料产能达到1500万平方米及机织物产能达到50万平方米。

3.超高分子量聚乙烯。重点解决高效环保萃取、高倍高速热拉伸工艺等关键技术，实现超高分子量聚乙烯纤维无间断连续化生产。到2012年，形成年产达到5000吨超高分子量聚乙烯纤维及其1000吨复合材料的生产能力，满足航空航天、海洋工程、远洋渔业、体育用品、个体防护、医疗器材等产业领域的应用。

（三）特种新材料。

1.聚氨酯。重点开发第四代新型MDI成套技术，大型DNT-TDA-TDI产业化成套技术、聚氨酯超细纤维合成关键生产技术，形成具有自主知识产权的核心技术。到2012年，MDI生产技术达到国际领先水平，生产能力达到80万吨/年。加快发展高性能聚氨酯材料下游产品，开发高附加值高性能聚氨酯弹性体、汽车及高速列车等用高性能聚氨酯表面材料、水性聚氨酯树脂及绿色聚氨酯发泡剂和催化剂等产品。

2. 玻璃纤维。加快电子级玻璃纤维以及节能产品的研发，发展低介电玻璃纤维、超细电子纤维、聚丙烯复合纤维纱等高技术、高附加值产品。突破玻璃纤维燃烧节能技术、大卷重拉丝机与自动化控制等前沿性和关键性技术；提高整体技术装备水平，建设具有国际先进水平的大型玻纤池窑拉丝生产示范线。

3. 全氟离子膜。重点是加快全氟离子膜应用，提高产业化水平。围绕盐化工、能源等产业，加快 ETFE 膜、PVF 膜、PVDF 中空纤维膜、锂电池用 PVDF 复合膜、溴化物等新型阻燃剂的发展。加快燃料电池全氟离子膜和太阳能电池封装膜研究，为燃料电池和光伏产业发展提供技术支撑。

（四）建筑新材料。

1. 新型墙体材料。大力发展节土、节能、利废、环保、多功能墙体材料。重点发展多孔模数空心砖、陶瓷釉面瓦、工业废料空心砌块、轻质石膏板等内外墙体屋面材料，提高墙体材料的保温、隔热和防渗性能。

2. 建筑节能玻璃。采用超薄技术、在线镀膜、氧气燃烧、节能环保技术改造现有生产线，加快发展优质浮法玻璃，开发利用太阳能发电的平板玻璃、电致变色玻璃等高科技深加工产品。同时积极适应新型建筑需求，发展易洁镀膜、低辐射镀膜、TCQ 导电基板、光复建筑一体化玻璃。

3. 环保型涂料。开发高着水性、耐气候变化性、抗污染建筑涂料及其配套的高性能胶粘剂，积极发展调湿涂料、灭虫涂料、高级萤光乳胶漆、多彩花纹涂料、彩绸幻彩涂料、天然真石漆等新品种。

（五）服装纺织新材料。

1. 特种纤维。重点发展氨纶等特种纤维。开发超宽重型帆布、特种高强低伸聚酯传动带等产品，进一步拓展在运动器材、劳动防护用品等民用领域的应用。到 2012 年，氨纶产能达到 4 万吨，高模低缩涤纶工业丝及帘子布产能达到 45000 吨。

2. 生态纤维。加快可降解、可再生生物质纤维国产化技术研究开发。加快高性能壳聚糖纤维、海藻纤维、麻材粘胶纤维的研究开发和工业化生产。围绕生物医用纺织材料、抗菌保健防护服装发展，开展生物质纤维的纺织染整技术和应用研究。到 2012 年，壳聚糖纤维产能达到 1100 吨，海藻纤维产能达到 600 吨，麻材粘胶纤维产能达到 45000 吨。

3. 新型化纤。加快材料和成品一体化开发，支持开展对新型聚酯、可降解聚乳酸纤维、大豆蛋白系列化纤维、工业用非织造布、新型医用纺织材料及新型蓬盖材料等新材料研究开发和产业化生产。到 2012 年，超纤革产能达到 1000 万平方米，醋酯长丝产能达到 1 万吨，功能性复合纤维产能达到 8000 吨，再生涤纶长丝产能达到 6 万吨。

四、财政扶持政策

（一）设立扶持新材料产业发展专项资金。加大对新材料产业的财政投入，2010 年到 2012 年，每年省级财政安排一定数量的资金，通过贷款贴息、补助和奖励等方式，加大对新材料产业重点领域的技术创新和技术改造，对新材料领域开发的核心技术取得专利、成果实现产业化、市场前景好并获得良好经济效益的技术创新和技术改造项目进行重点支持，加大对新材料的推广应用。

（二）支持企业技术创新能力建设和重大产业化项目。每年安排一定数量的资金用于支持新材料企业创新能力建设，对研发能力强、成果储备多、在关键性和前瞻性技术和产品研发上成效显著的省级以上重点技术创新平台，及列入国家和省新材料重大技术创新的专项项目，安排一定数额资金给予奖励；对上下游产品带动作用强、能够实现链式发展的新材料技术改造项目给予支持。

（三）支持新技术新产品推广应用。每年

安排一定数量的资金用于支持新技术、新产品推广应用，对具有国内领先和国际先进水平、拥有自主知识产权、市场前景良好、能迅速实现产业化的新技术和产品给予资金奖励；制定和完善新材料产品标准体系，及时将新材料的创新优势转变为标准优势，对企业标准采纳为行业标准或国家标准的给予资金奖励；支持鼓励公共设施建设积极采用新材料产品，在同等条件下，提倡优先选购和使用省内新材料产品，并给予适当的资金奖励。

五、金融支持政策

（一）加大金融信贷支持力度。提高对新材料生产企业授信额度，积极为符合条件的新材料生产企业提供信贷支持，特别是对国家和省重大新材料研发和产业化项目，要积极给予信贷资金支持。对新材料产业实行优惠贷款利率政策，原则上不得上浮。

（二）鼓励多渠道融资。鼓励和引导社会资金和民间资本加大对新材料产业的投入。金融机构应开展知识产权质押及股权质押融资，建立风险分担机制。支持企业上市融资，积极发展私募基金、中小企业互助担保、中小企业集合债券，推动高新园区内非上市股份公司进入证券公司代办股权转让系统。

六、税收扶持政策

（一）实行税费优惠政策。对新材料生产企业在开发的新技术、新产品、新工艺过程中发生的研究开发费用，未形成无形资产计入当期损益的，在按照规定据实扣除的基础上，可按研究开发费用的50%加计扣除；形成无形资产的，按照无形资产的150%摊销。对相关企业从事技术开发、技术转让业务和与之相关的技术咨询、技术服务业务取得的收入，免征营业税。对相关企业行政事业性收费能免则免，不能免的按最低标准收取。

（二）加大政策宣传和贯彻力度。积极引导企业充分用好用足税收政策，落实技术开发投入政策、新产品财税返还政策、技术开发装备折旧政策、进口关税和进口环节增值税免税政策。

七、其他政策

（一）实行优惠的土地政策。对符合《划拨用地目录》的新材料项目，实行划拨供地；对符合《山东省优先发展产业和农林牧渔业产业农产品初加工业项目目录》且用地集约的新材料工业项目，在确定土地出让底价时，可按不低于所在地土地等别相对应工业用地出让最低价标准的70%执行；对符合省级规划的新材料重点项目，保证建设用地需求并优先办理用地手续。

（二）落实各项激励政策。落实技术创新成果转化政策、知识产权保护政策、技术创新人才激励政策等，鼓励企业、高校和科研单位科技人员相互兼职和挂职，科技人员在被选派服务企业期间，原单位保留其职务、工资福利和岗位。允许科技人员按照国家法律、法规及相关政策分享创新收益，对作出突出贡献的科技人员按照规定实施期权、技术入股和股权奖励等形式的股权激励。

省政府有关部门要依据本政策制定相应的配套实施细则。各市人民政府也要结合本地实际，制定具体的政策措施，促进新材料产业加快发展。

关于促进新医药产业加快发展的若干政策

新医药是以基因生物技术、信息技术、新型制药技术等相关高新技术为主的新兴产业。为加快发展新医药产业，促进经济发展方式转变，推动产业结构调整，特制定如下政策。

一、发展现状

（一）现状。

2009年底，全省规模以上医药工业企业654家，实现销售收入1310亿元，利税186亿元，利润128亿元，工业销售收入、利税总额居全国前列，形成了中西药品、医疗器械、医药包装、制药机械等门类齐全的产业体系。研发能力不断增强，产、销、研、教于一体的可持续发展支持体系逐步建立，以企业为主体的科研开发体系趋于健全与完善，专业科研、设计、教育水平逐步提高。拥有国家级企业技术中心6家，省级企业技术中心9家。连年加大技术改造投入，引进国外先进制药设备，企业装备和基础管理水平明显提升。优势产品地位加强，原料药年产量达到25万吨左右，生产总量居全国第二位。头孢类原料药物已形成规模，生物制药发展取得了一定突破，生物药品销售额2009年突破100亿元。骨干企业保持较快发展，威海威高销售收入突破70亿元，齐鲁制药销售收入突破50亿元，10余家企业销售收入进入全国百强。

（二）主要问题。

一是自主创新能力不强。科技投入不够，研发水平较低，真正自主知识产权药物少，国际竞争力薄弱。

二是结构不尽合理。“小、散、弱”的问题比较突出，龙头企业带动作用不够；优势产品方面主要以原料药为主，科技含量高的生物制药、基因工程药品、新型制剂不多；产业布局方面，化学药品比重较大，中药和高档医疗比重偏低。

三是国际化水平不够。特别是缺乏与国际制药大企业的合资合作，制剂产品出口困难。四是流通体系不健全。流通企业规模小、效益差、管理水平低，流通企业对工业发展支撑拉动作用不够。

二、指导思想、原则和目标

（一）指导思想。全面贯彻落实科学发展观，优化产业结构，转变发展方式，加大科技创新和技术改造力度，提升技术和装备水平，提高企业核心竞争力，大力发展生物制药、海洋药物、中药、化学药品和医疗器械产业，实现我省医药产业又好又快发展。

（二）基本原则。

1. 坚持政策引导，科学发展的原则。充分发挥政策导向作用，围绕优势产业，优化产业结构，转变发展方式，走可持续发展之路。

2. 坚持突出优势，发展重点的原则。突出我省医药产业原料药、生物制药、中药和医疗器械等产品优势，发展优势产业，实现各产业协调发展。

3. 坚持科技兴药，自主创新的原则。坚持科技兴药，促进行业科技发展，鼓励企业提高自主创新能力，提升行业科技发展水平。

（三）目标。通过政策扶持，推进新医药产业加快发展。到2012年，全省医药产业结构明显优化，技术研发能力明显增强，生物工程技术、信息技术、纳米技术、中药现代化技术等高端技术在新医药产业得到进一步推广应用，企业技术装备水平得到明显提高，新医药产业规模明显扩大。全省医药产业销售收入达到2500亿元，其中新医药产业达到500亿元，占全省医药产业的20%。培育一批具有较强竞争力的新医药产业基地，形成3个销售收入过百亿元的企业集团，销售收入过10亿元的新医药企业达到30家。把山东省重大新药创制中心建设成为国内一流的药物创新研制平台，国家级企业技术中心达到8家，研制一批具有自主知识产权和市场竞争力的新药，争取有50个新药物、50种高技术医疗器械上市或进入临床研究，50个优势产品得到提升。

三、发展重点

（一）生物制药。以齐鲁制药、鲁南制药、鲁抗医药、元隆生物、烟台麦得津、荣昌制药、福瑞达、泰邦生物、青岛黄海、东阿阿胶、烟台绿叶等制药企业为骨干，加强生物技术药物创新研究，尤其是重组蛋白的突变体、修饰体、融合体、重组单克隆抗体等类药物，哺乳动物细胞表达体系的上游构建、细胞大规模培养等关键技术的研究，开展多糖与寡糖、蛋白质、多肽类、核酸药物的药代动力学研究，促进生物技术药物产业化。到2012年，争取10–15种生物药品上市，销售收入达到200亿元。

（二）海洋药物。以青岛兰太药业、海尔药业、明月海藻、双鲸药业、国风药业、达因海洋生物药业为依托，以中国海洋大学、山东大学为技术支撑，充分发挥我省在海洋资源、科研、人才等方面的优势，加快生物高技术对海洋产业的改造和渗透，提高海洋资源综合利用水平。以海洋动植物、海洋共生微生物、极端环境微生物为主要研究对象，大力开发降压、降糖、降脂、抗肿瘤、保健等系列海洋药物。支持一批重点企业与高等院校联合，围绕海洋药用生物资源、海洋药物先导化合物的筛选、海洋多糖（寡糖）及其衍生物化学与生物学，基因工程、细胞工程、发酵工程等海洋生物技术，海洋药物分子作用机制研究等主要研究领域开展联合攻关，尽快形成一批重大创新药物和技术。

（三）化学药品。

1. 传统优势原料药。以新华制药、鲁抗医药、齐鲁制药、鲁南制药、安丘鲁安、菏泽睿鹰、寿光富康、鲁维制药、瑞阳制药等企业为依托，做大做强主导品种，建设世界级原料药生产基地。支持改进生产工艺，提高技术装备水平，向环境友好型、资源节约型发展。积极推进产品系列化，大力发展配套的中间体生产，延伸产品产业链。重点发展产品主要有7–ACA系列头孢产品、氨苄西林钠、阿莫西林、盐酸曲马多、阿奇霉素、美洛西林、阿洛西林、聚卡波菲钙以及泰乐菌素、泰妙菌素等原料药药品。到2012年，原料药总量力争达到30万吨。

2. 重大疾病药物。针对防治恶性肿瘤、心脑血管疾病、糖尿病、抑郁症、肝炎、艾滋病等重大疾病和传染病的需求，支持一批具有自主知识产权和国内外重大市场前景的创新药物产业化项目和重大技术创新平台建设。重点发展原创药物、首仿药物、具有自主知识产权的新药。争取30–40个重大新药投放市场或进入临床研究。加快实施重组人B淋巴细胞刺激因子拮抗剂–抗体融合蛋白、美金刚缓释植入剂、苯达莫司汀、美法仑、米格列醇、培美曲塞二钠、希美纳和三苯双脒、第三代溶栓药瑞通立、重大疾病系列检测试剂、7、4’–二（琥珀酸单酯）氧乙氧基–葛根黄豆苷元、普拉格雷、胰高血糖素类似肽GLP–1/Fc融合蛋白、阿折地平、泰瑞拉奉、非布索坦等一批产业化项目。

3. 新型制剂药物。鼓励企业积极引进先进的制剂生产技术，开展消化吸收再创新，大力开发控缓释、靶向、透皮吸收的新剂型、新产品。大力发展DDT（药物传递技术）输送技术，包括口服缓控释技术、口服和注射用微粒给药系统（口服或注射的纳米粒、脂质体、微球、亚微乳等）、缓释滴眼液技术、口腔速崩技术等。大力支持发展新型输送给药技术产品，尤其是能够实现靶向、长效的纳米粒、脂质体、微球、亚微乳等新剂型。

4. 新型疫苗药物。支持新型疫苗的研究与开发，重点支持新型抗肿瘤、抗病毒感染、抗细菌感染、抗寄生虫感染、新型狂犬、新型禽流感等疫苗的研究。

（四）现代中药。以鲁南制药、国风药业、山东福胶、东阿阿胶、沃华科技、烟台绿叶、方健药业、山东凤凰、菏泽步长、宏济堂等企业为骨干，以中药现代化为契机，大力提升我省中药发展潜力，积极开发重点中药品种和植物药，加强中药品牌建设。

1. 大力开展中药生产工艺创新，促进现代生产技术与传统生产工艺的融合。积极推广生物酶仿生提取、膜分离、超临界萃取等新技术、新工艺在中成药研发和生产中的应用，不断提高中药提取、提纯水平，走中药现代化之路。

2. 加强中药工艺标准化研究、标准样品制备技术研究、地道药材有效组分和成份的确定研究，逐步建立和完善中药生产规范和标准，确保中药质量可控和安全。

3. 支持名优中成药二次开发。鼓励企业围绕名优产品开展技术创新和技术改造，进一步巩固名优产品在国内的市场优势，同时积极开发国外市场。重点发展阿胶系列、金银花系列、银杏系列、丹参系列、三鞭系列、肛泰系列、心可舒、养心氏滴丸、苦甘胶囊、芪黄胶囊、天丹通络、复方川芎胶囊、高含量西洋参提取物等。

4. 加强地道药材基地建设。重点支持金银花、银杏、丹参、桔梗、木瓜、栝楼(瓜蒌)、北沙参、地黄、黄芩、黄芪、徐长卿、丹皮、玫瑰、菊花、远志等地道药材基地建设和发展，强化中药 GAP 认证工作。

(五)医疗器械。以威海威高、新华医疗、山川器材、百多安、中保康等企业为骨干，巩固常规医疗器械及一次性使用无菌医疗器具的优势地位，大力发展器械新品种。加大技术创新和产品国际认证工作力度，积极以新产品开拓国际市场，形成国内规模最大、档次最高的医疗器械产品生产基地。到 2012 年，医疗器械销售收入达到 200 亿元。

1. 高精尖诊疗设备。重点支持骨干龙头企业，逐步建成国内高技术医疗器械产品生产基地。加快数字化 X 射线诊断设备及核心件、中能医用电子直线加速器及核心件、一次性使用去白细胞滤器、血浆溶解箱研发。重点研发彩色超声波、脉动真空灭菌器、放疗设备、体外诊断试剂、新型药物涂层缓释心血管支架、中心静脉导管、血液净化类产品等项目。推进医用激光器与电子计算机、光纤、图像分析、摄像录像、荧光光谱、超声技术等新技术结合，提高激光诊断治疗水平。支持引进开发准分子激光器、自由电子激光器、X 波光段的激光器、医学影像设备、X 射线诊断系统和医用诊断仪 CT 等项目。

2. 植入器械。重点发展纳米生物技术用于人工植入体，如心内导管、心脏电生理导管、先天性心脏封堵器、大血管覆膜支架、血管内滤器、肠道、可降解食管、胆道、气管支架及心血管支架、可降解聚丙烯注射器等项目。大力推进纳米技术在骨科系列产品，人工肺、人工肝、人工肾、心脏支架等医疗设备中的应用。

3. 新型包装材料。加快“预灌封”注射器产品的研究和开发，提高“预灌封”注射器产品在药品针剂、疫苗中的使用率。

四、资金扶持政策

设立新医药发展专项资金。2010 年到 2012 年，每年省级财政安排一定数量的资金，用于重大创新药物和技术研发成果奖励和新药产业化、优势产品提升、中药材基地建设的项目补助。

(一)支持企业创新能力建设。对研发能力强、成果储备多、在关键性和前瞻性技术研发上成效显著的省级以上技术中心和工程技术中心给予一定数额资金奖励。

(二)支持创新新医药成果研发。对一类新药、二类新药、三类新药、中药六类及以上产品给予一定数额资金奖励，对具有自主知识产权的高精尖医疗设备和器械给予适当奖励。

(三)支持新医药产业化和优势产品的提升。对新医药产业化和优势产品提升的重点项目给予适当补助。

(四)支持中药材生产 GAP(良好农业规范)基地建设。对通过国家 GAP 认证的中药材基地，给予适当资金补助。

五、其他扶持政策

(一)加大金融信贷支持力度。金融机构要提高对新医药企业授信额度，积极为符合条件企业提供信贷支持，对新医药产业实行优惠贷款利率政策，原则上不得上浮。

(二)进一步拓宽融资渠道。大力支持有条件的企业进入主板、创业板和海外上市融资，鼓励已上市企业通过公开增发、定向增发等再融资方式进行并购和重组。

（三）土地优惠政策。对列入省新医药产业化和优势产品提升计划的重点项目，如需要新征土地，在确定土地出让底价时，可按不低于所在地土地等别相对应工业用地出让最低价标准的70%执行，同时保证建设用地需求并优先办理用地手续。

（四）税费优惠政策。对医药企业为开发新技术、新产品、新工艺发生的研究开发费用，未形成无形资产计入当期损益的，在按照规定据实扣除的基础上，可按研究开发费用的50%加计扣除；形成无形资产的，按照无形资产的150%摊销。对相关企业从事技术开发、技术转让业务和与之相关的技术咨询、技术服务业务取得的收入，免征营业税。落实好增值税转型、进口设备免税等政策，鼓励企业技术改造。对相关企业行政事业性收费能免则免，不能免的按最低标准收取。

六、保障措施

（一）大力推进自主创新体系建设。鼓励企业进行新药开发，稳步推进以企业为主体、科研院所为支撑的科技创新体系，充分发挥高等院校和科研院所的作用，支持企业和高等院校、科研院所组建技术创新联盟，加快省重大药物创制中心建设，加大对国家级、省级企业技术中心建设的扶持力度。

（二）健全人才培养和激励机制，造就高素质人才队伍。逐步建立经营管理人才、高层次专业技术人才和高技能人才的多层次人才培养体系，培养一批高素质企业经营管理人才、高层次专家和高级技师。在收入分配方面加大向关键岗位和优秀人才倾斜力度，完善技术参股、入股等产权激励机制。在大型企业设立博士后科研工作站，鼓励科研机构、企业与高校联合建立医药行业高科技人才培养基地。加强技能型人才培养，在中高等职业院校扩大医药产业发展急需的高技能实用型人才培养规模。积极引进海外高层次留学人才来鲁创办医药高科技企业或从事开发性研究。

（三）加大技术改造力度，提高企业技术装备水平。把技术改造作为加快产业结构调整升级的重要抓手，提升医药产业的技术装备水平、信息化水平和节能减排水平。着力引进当代制药先进技术和水平，以新技术、新工艺、新设备改造落后生产能力，提高产品技术含量和附加值。

（四）大力开展国际合作，努力开拓国际市场。一是要继续做好招商引资工作，重点加强与国际500强和国际知名制药企业的引资和合作。二是围绕大企业集团发展，加快建设一批具有一定规模、国际化的新型医药工业园区，促进医药工业企业向园区聚集。三是在巩固传统原料药出口市场同时努力扩大制剂和中药出口。有关部门要全力支持企业生产经营与国际医药行业标准的对接，积极推进美国FDA、欧洲COS注册及认证工作，制定政策，鼓励医药产品出口，支持有条件的企业逐步构建国外营销渠道。

（五）发展现代物流，推动流通企业整合重组。发展大型医药零售连锁、物流配送和医药会展业务。以鲁药集团、海王银河、济南中信药业、北药鲁抗等重点医药物流企业为基础，积极扶持推进医药商业企业整合重组，重点培育零售门店达到800家以上的大型医药零售连锁有限公司，争取进入全国同行业前十强行列。建立省重点医药物流配送中心，建立医药商业采购联盟和电子商务系统。加大工商合作力度，积极发展医药会展业务，争取更多的国际和全国性医药会展在我省举办，充分展示我省医药产品，全面推动我省医药行业发展。

（六）加强企业质量管理工作。积极引导企业开展全面质量管理活动，夯实质量管理技术基础，将质量管理、计量管理、标准化管理和品牌管理纳入企业的研发、生产、经营、节能增效和售后服务各个环节。一要大力实施名牌带动战略，确立品牌发展目标，制定品牌培育、创建的激励政策和措施，努力发挥当地龙头企业品牌辐射带动作用，促进形成产业集群品牌。二要大力实施标准化战略，引导企业建立完善企业标准体系，创建标准化良好行为企业，提高产业层次和技术质量水平。

（七）切实做好基本药物生产供应工作。要抓住医疗体制改革、新农合、省级药品集中招标采购、城镇居民三大保障体系建设和国家实施基本药物制度等重大机遇，促进企业扩大基本药物生产，满足医疗用药需要。一是鼓励生产企业围绕国家基本药物，开展技术进步和技术改造，大力开展创新研究，不断开发疗效确切、质量可靠、价格合理的新型药物。二是要组织好生产供应。有关部门要加强调查研究，做好市场和生产监测，帮助企业解决生产中的困难和问题。三是要强化配送能力建设。重点做好乡镇和村级卫生院药品配送，鼓励生产企业直接配送，减少中间环节，降低配送成本。四是要做好规划，合理布局。鼓励生产企业兼并重组，避免低水平重复生产，实现生产规模化、集约化，不断提高基本药物生产供应的保障能力。同时要坚持基本药物和非基本药物协调发展，适应社会多层次医疗卫生要求，实现行业持续健康发展。

（八）充分发挥行业协会作用，加强行业协调自律。行业协会应加强与国内外同行的合作与交流，为企业提供信息咨询、教育培训和技术交流等服务。要协助政府有关部门做好信息统计、行业规划、行业标准制定和核准等工作，加强对行业发展问题的调查与研究，加强行业自律，维护企业合法权益。发展改革、经济和信息化、卫生、药监、科技、物价等部门要积极支持和指导省医药行业协会的工作，形成合力，全力推动医药行业迈上新的台阶。

去年以来，在应对金融危机过程中，省政府办公厅先后转发了省经贸委等部门《山东省医药工业调整振兴指导意见》(鲁政办发〔2009〕33号)、《山东省中药产业调整振兴指导意见》(鲁政办发〔2009〕38号)，还转发了省发展改革委《山东省关于促进生物产业加快发展的指导意见》(鲁政办发〔2009〕34号)，各地、各部门要把这些政策结合起来，联系本地实际，采取切实有效的措施，促进全省新医药产业又好又快发展。

关于促进新信息产业加快发展的若干政策

新一代通信技术和新计算方法、模式的出现，催生了新信息技术应用和新信息产业的发展。新信息产业对于转变经济发展方式、调整产业结构具有十分重要的作用。加快信息化与工业化融合，以优化环境巩固规模优势，以重大工程带动技术突破，以新的应用推动新信息产业发展，是建设经济文化强省的重大战略决策。为把新信息产业培育成为战略产业，特制定本政策。

一、发展现状

（一）现状。

1. 信息产业规模不断壮大。一是规模和效益平稳较快增长。2009年，全省信息产业实现主营业务收入7211亿元，总量居全国第四位。软件业主营业务收入484亿元，增长25%。通信业务收入509亿元。新信息产业规模达2100亿元，占比29.1%。二是产业结构不断优化。软件中间件、集成电路设计、高端容错服务器、液晶电视LED(发光二极管)背光源和模组、碳化硅晶体材料及单晶生长炉、半导体发光器件及白光照明等关键技术和产品实现新突破。手机、通信基站、平板电视、笔记本电脑、光电子、光伏电池、电子器件、软件外包服务等高端产业增幅都在20%以上，市场占有率进一步提高。全省拥有1个国家级信息产业基地、5个国家级信息产业园、29个省级信息产业园，2个国家级软件园、11个省级软件园。以青岛为龙头，以胶东半岛和济南都市圈为基地，沿胶济铁路沿线铺开并向两翼拓展的信息产业带基本形成。三是技术创新和标准体系建设成效明显。全行业拥有国家创新型企业3个、国家级和省级企业技术中心35个、国家和省级重点试验室8个、软件工程技术中心35个、集成电路设计中心8个，光电子和光伏工程中心14个、重点科技成果近4000项，申请专利2.2万项，参与制订或修订国家标准62项。

2. 信息网络发展能级稳步提升。近年来，我省通信业务总量、业务收入一直处于全国前列。截至2009年9月，全省固定电话总数为2381.9万户(含专网31万户)，普及率为25.3%，居全国第三位；全省移动电话总数达到5025.9万户，同比增长11.2%，普及率达到53.4%，居全国第二位；以XDSL、LAN等为代表的互联网宽带接入业务保持高速增长，互联网宽带接入用户达748.1万户，同比增长26%。

3. 信息技术应用步伐继续加快。我省重点针对轻工、纺织、石化、机械、建材、冶金、煤炭、电力、医药等行业，围绕产品研发设计、生产控制、产品营销、企业管理、节能减排等环节，启动实施了“四个一百”工程，大力加强工业软件、应用电子、行业应用方案等先进适用技术的研发推广，切实加快信息技术改造、电子商务、移动信息化、中小企业信息化等公共服务平台的建设应用，信息化对企业效益增长的平均贡献率超过20%，初步形成了“点(企业)、线(行业)、面(区域)”的三级两化融合推进模式。

(二)发展形势。智慧地球、云计算、物联网等新概念、新技术的提出，使传统信息通信技术和产业发展格局正在被打破，美欧日韩等发达国家力争抢占发展制高点，给我国技术、产业和安全带来了新的挑战。同时，全球科技创新必然带来新一轮的资源配置和分工调整，有利于推动我国新信息产业的加快发展和结构升级。

二、发展目标

引导优势资源向新信息产业聚集，加速信息产业向高新化发展，通过政策扶持，大力发展信息化与工业化融合产生的新信息产业，突破大规模集成电路、新一代显示技术、新一代移动通信网络、传感器与RFID(无线射频识别)、软件等关键技术，促进智能网络化电子产品、移动消费电子产品、数字音视频设备等新信息产品发展，构建以平板显示为核心的数字电视产业链，培育一批具有较强竞争力的新信息企业和产业基地，全面发展三网融合、新一代移动通信等新兴产业。到2012年，我省新信息产业的开发、应用和产业化水平总体上要接近和达到国际先进水平；新信息产业规模超过4000亿元，年均增长速度20%以上；累计建设10个国家和省级新信息产业基地，培育100家具有自主知识产权的重点创新型企业和50家重点研发中心；建设一批行业创新平台、区域创新平台和创新服务平台，开发300项重点新产品、新技术，其中20%达到国际先进水平。

三、发展重点

(一)实施“信息强省计划”，创新发展高新化产业。

1. 高端计算机及服务器。重点支持高性能计算、云计算、面向微处理器的计算机体系结构、嵌入式和高可信计算等相应产品的研发，加快发展高端容错、工业控制和高性能计算机。研发高效能、高可靠性、高安全性服务器，确立我省高端服务器的领先地位。开发计算能力千万亿次、存储容量为PB级的高性能计算和存储环境，建设高性能计算中心。

2. 集成电路。建设EDA设计工具、测试环境，设计开发计算机存储芯片、数字音视频处理芯片、移动通信专用芯片、信息安全芯片、嵌入式终端用SOC芯片、汽车电子专用芯片、数字化仪表专用芯片、RFID芯片等。围绕12英寸半导体芯片生产线引进，开展消化吸收创新，培植集成电路设计开发等新兴产业。

3. 高端软件。加快研发工业软件、中间件和基础软件产品，积极发展嵌入式操作系统、嵌入式软件开发平台等核心支撑软件产品。积极开展基于物联网环境和商务模式下的新型软件业态和关键技术研究，支持高可信、网络化、平台化、构件化的软件开发技术和智能搜索、智能挖掘等技术的发展，加快研发网络通信、信息安全、数字音视频、智能控制、汽车电子等重点领域嵌入式软件。选择有条件的区域，建设软件和服务外包产业基地，提升我省软件产业的规模和水平。

4. 平板显示器与新型元器件。重点支持6–8代TFT–LCD(薄膜晶体管液晶显示)、PDP(等离子显示)面板、OLED(有机发光二极管显示)电视及采用数字处理技术的液晶电视前端产品研发和产业化，加快发展整机模组一体化设计和生产。围绕计算机、网络和通信、数字化家电、汽车电子、环保节能设备及改造传统产业等方面需求，重点发展微小型、高性能、智能化的各种新型电子元器件、新型电子材料、电子专用设备及测量仪器。

5. 传感器与RFID。加强传感网的集成与融合技术研发，加快发展性能好、技术先进、功能齐全的位移、力敏、磁敏、光敏、热敏、气敏、湿敏、离子敏和生物敏型以及红外传感器，光纤传感器，微纳传感器，生物、医学研究急需的新型传感器，新型环保、气象、海洋、大气环境监测传感器，工业过程控制传感器和汽车传感器等产品。加快建设RFID产业园区(基地)和研发基地，支持RFID产业化和应用关键技术的攻关，加强RFID技术与条码、生物识别等自动识别技术，以及与互联网、通信、传感网络等信息技术融合。

6. 通信网络设备与产品。围绕新一代移动通信、多网异构融合、新型网络结构、云计算与资源虚拟化、智能信息处理与智能通信等新技术领域，重点研发新一代移动通信设备、智能终端、智能信息处理和泛在网络设备、宽带多媒体网络设备和数字内容产品，加快3G移动通信网络终端及核心设备以及新一代宽带互联网络设备制造等领域产业发展。

7. 数字家庭产品。在现有数字化家电的基础上，进一步完善技术标准和数字家庭系统解决方案。研究推广数字电视技术，扩大我省数字电视的覆盖率。重点发展网络电视(IPTV)和手机电视等无线视频、有线视频和各种终端多媒体产品，发展无线网络游戏、流媒体等固网、宽带网和移动网的在线服务和各种创新应用产品及业务平台，大力发展3G、NGB和CMMB网络增值业务和应用服务系统。

(二)积极推进新一代网络建设，加快发展新兴战略产业。

1. 物联网。一是加快物联网网络体系结构、网络协议、传感器网络和智能化信息处理系统等相关技术研发。二是构建网格化技术为基础，由超级计算机、先进计算平台和计算应用组成的云计算网络。三是构建以传感器为节点，实时信息处理为支撑的局域传感网。构建以网格技术为基础，以新一代通信网络为支撑，具有高性能、高可信、高效能的先进计算与信息服务基础设施。

2. 新一代移动通信网络。一是大力推进第三代移动通信网建设和应用，支持3G通信网络作为“无线城市”建设的重要基础设施。二是同步发展4G网络。支持我省企业积极参与4G网络等新一代宽带无线移动通信网国家重大专项实施，积极推进4G网络技术研发和推动其产业化进程，力争实现由3G网络到4G网络的跨越式发展。三是在符合国家有关政策和相关规定的前提下，分区域、按步骤加快建设部署WiFi、Wimax等宽带无线接入网络，加快实施无线宽带网络广度和深度的覆盖。

3. 新一代互联网。加快建设基于IPv4/IPv6的下一代高速宽带网络，推动IPv6、智能网、软交换等技术的应用，实现各类网络业务在不同网络间的互通和融合。整合现有光纤网络资源，加快基于OTN(光传送网)的智能光网络和DWDM(密集型光波复用)系统骨干传送网的建设，推进城域网高速互联，推进有线接入网络宽带化改造，加快光纤到户建设。

4. 三网融合。全面推进有线电视网络数字化和双向化升级改造，提高业务承载和支撑能力。实施有线电视数字化整体转换工程，推动基于直播卫星、地面传输、互联网和移动通信网等多种传播方式的数字电视有序发展。加快通信宽带网络建设，推进城镇光纤到户，扩大农村地区宽带网络覆盖范围。充分利用现有信息基础设施，积极推进网络统筹规划和共建共享。

(三)以两化融合为契机，通过新应用、新服务带动新增长。

1. 重点培植数字媒体、地理信息等新信息服务业。支持数字媒体内容的技术开发、系统集成与营销运营平台建设，围绕动漫创作、数字影视、数字点播、网络出版、互动影音内容聚合与服务等若干领域，培育一批掌握核心技术、具有资质的龙头企业，建设动漫产业基地。加快构建资源共享的地理信息公共服务平台，建设地理信息产业孵化基地，支持一批拥有核心技术的地理信息加工和软件开发企业做大作强。加快信息咨询、互联网服务、信用服务等行业发展，支持社会公共服务领域专业信息数据库、信息产品和服务平台建设。

2. 积极发展“数字农业”。大力推进信息技术在农业生产和经营、农产品市场流通和安全监管中的应用，重点支持农产品安全溯源、鲜活农产品物流配送等信息系统建设，加强农业信息集成、智能决策、数字模拟、精准农业等农业信息关键技术研究和产品开发，支持省级农村综合信息服务平台及一批农产品电子商务平台和农村信息服务示范站点的建设。

3. 稳步推进“先进制造”工程。在钢铁、石化、汽车、船舶等重点行业，推广跨地域协同制造、全流程业务监控、企业级信息集成等信息技术应用,重点支持推进具有“三高”(高可靠性、高性能、高适用性)、“四化”(数字化、智能化、网络化、集成化)特征的装备自动化控制系统研发应用。以智能化工厂为重点，推广综合集成制造、敏捷制造、柔性制造、精密制造等先进制造技术，加快发展汽车电子、医疗电子、机床电子、船舶电子等新型产业，推进以数控机床、机电一体化产品为代表的现代装备制造业发展，形成先进装备产业集群。

4. 着力推进信息技术在节能减排中的应用。支持面向高耗能行业的节能降耗信息技术应用，重点推进冶金、电力、建材等高耗能行业生产设备数字化和智能化，推进生产过程自动化和智能化。支持面向高污染行业的绿色生产信息技术应用，重点针对石化、建材、造纸等高污染行业和年耗能万吨以上的重点耗能企业信息化建设，开展生产工艺流程信息技术改造。

5. 深化信息技术在现代服务业中的应用。加快电子自动识别、无线通信等技术在生产制造过程、物流与供应链管理领域应用，重点发展第三方电子商务交易与服务、供应链管理、加密与电子认证、在线支付、多式联运技术与系统，支持建成10个在全国占据主导地位的行业电子商务服务平台。选择2–3个城市建设全国电子商务区域中心、国家移动电子商务示范城市和物流信息交换中枢网络，支持建设省公共物流信息平台，试点建设市级物流信息平台、物流节点城市及园区等信息平台，形成全省统一的物流信息化服务体系。

6. 加快建设“智慧城市”。加快交通管理、交通诱导、车载导航、指挥调度、电子车牌、停车管理、中心区限流、轨道交通自动售检票等一批重点智能交通项目建设，支持一批共享交换枢纽和交通服务平台的建设。加快信息技术在小区节能、安保、物业管理、家政服务以及现代家居生活等方面的广泛应用，建设一批具有示范效用的智能化楼宇和小区。

（四）加强新信息产业支撑环境建设。一是重点发展新一代移动通信网络、超级网格计算机、云计算、IDC、高速宽带网络等技术，加快推进新信息应用资源共享服务平台、交换平台、超级计算中心和云计算中心等共性基础支撑项目的建设。二是行业技术研发和应用平台，重点推进装备制造、汽车、轻工、纺织等领域公共技术研发和应用平台建设，鼓励平台提供“外包”式的信息技术应用服务，提升信息技术在研发设计环节的应用能力和水平。

（五）加强新信息产业创新能力的建设。支持生产、服务企业研究加强创新平台建设，对省级及以上新信息领域里的创新平台建设给予资金支持，研发一批拥有自主知识产权的新技术。今后3年重点建设先进制造、物联网、新一代移动通信、数字家庭、移动电子商务、RFID、云计算、泛在网络等50个研发中心和重点实验室，建立3–5个国家级新信息技术中心和技术研发中心。

四、政策措施

（一）设立扶持新信息产业发展的专项资金。2010年到2012年，每年省级财政安排一定数量的资金，通过贷款贴息、补助和奖励等形式，加大对新信息研发和建设等环节的资金扶持，努力促进新信息产业加快发展。

（二）每年安排一定数量的资金用于支持高性能计算机与服务器、大规模集成电路、传感器与RFID、物联网、新一代移动通信与网络等新信息产业重大建设项目的贷款贴息，用于支持新信息的推广应用，用于省级以上新信息技术研发中心和新信息示范项目的建设以及新信息前沿技术的研发。

（三）实施“新信息”示范工程，对列入省级示范工程的项目给予资金扶持，对具有重大示范、推广作用的重大工程、项目给予一定数额的资金扶持。

（四）对“新信息”创新企业给予奖励，对于研发能力强、成果储备多的省级以上新信息技术创新平台，对填补国内技术空白、迅速实现产业化的新信息创新技术给予一定数额的资金奖励；对列入国家和省级新信息产业关键技术领域的重大产业化项目给予适当奖励；对列入国家新信息领域重大科技攻关项目给予一定的资金支持。

（五）新信息产业专项资金的使用和安排，按照“公开、公平、公正”的原则，通过招标、竞价方式确定支持的项目和资金数额。对示范性广、带动力强、效益好的新信息产业项目进行择优扶持。

五、其他扶持政策

（一）落实税收优惠政策。对新信息产业企业为开发新技术、新产品、新工艺发生的研究开发费用,未形成无形资产计入当期损益的，在按照规定据实扣除的基础上，可按研究开发费用的50%加计扣除；形成无形资产的，按照无形资产的150%摊销。对相关企业从事技术开发、技术转让业务和与之相关的技术咨询、技术服务业务取得的收入，免征营业税。对相关企业行政事业性收费能免则免，不能免的按最低标准收取。

（二）加大金融信贷支持力度。提高对新信息产业企业授信额度，积极为符合条件的企业提供贷款支持，特别是对重大新信息产业示范项目要保证信贷资金支持；对新信息产业实行优惠贷款利率政策，原则上不得上浮。

（三）放宽相关产业的准入。鼓励和引导更多企业参与新信息产业，推动新信息产业链的发展完善。凡新办新信息相关产业的企业，注册资本按法定最低注册标准执行。除国家法律、法规有明确规定外，任何部门和单位一律不得设置企业登记的前置条件。

（四）大力培养新信息产业人才。积极构

建新型的新信息产业人才培养体系和人才培养模式，省属高等院校要加强新信息产业相关学科专业建设，培养新信息产业技术开发和应用人才。有关部门和单位要采取多种形式，加大对从事新信息产业人员的专业培训，及时更新相关知识，提高业务水平；加强新信息产业人才交流工作，把新信息人才纳入省重点引进人才目录，引进一批素质较高、层次合理、专业配套的新信息产业人才。

去年以来，在应对金融危机过程中，省政府出台了《山东省电子信息产业调整振兴规划》(鲁政发〔2009〕42号)，省政府办公厅转发了省经贸委、省信息产业厅《山东省关于促进射频识别(RFID)产业加快发展的指导意见》、《山东省关于促进半导体照明产业加快发展的指导意见》、《山东省关于促进软件产业加快发展的指导意见》(鲁政办发〔2009〕28号)，转发了省经贸委等部门《山东省关于促进集成电路产业加快发展的指导意见》、《山东省关于促进平板显示产业发展及彩电工业转型的指导意见》(鲁政办发〔2009〕34号)，各地、各部门要把这些政策结合起来，联系本地实际，采取切实有效的措施，促进全省新信息产业又好又快发展。

1－50　山东省人民政府关于下达2010年省重点建设项目名单的通知

鲁政发〔2010〕45号

各市人民政府，各县(市、区)人民政府，省政府各部门、各直属机构，各大企业，各高等院校：

现将省政府确定的2010年省重点建设项目下达给你们，并提出以下要求，请认真贯彻执行。

一、2010年省重点项目建设要按照转变发展方式、调整经济结构、提高发展质量的要求，大力推进重大基础设施建设，积极发展高效农业，培育发展战略性新兴产业，加快传统产业改造升级，大力发展现代服务业，不断改善社会民生。充分发挥重点项目对全省经济和社会发展的支撑作用，强化重点项目对结构调整和产业升级的引领作用，突出重点项目对山东半岛蓝色经济区和黄河三角洲高效生态经济区等重点区域发展的带动作用。

二、加快推进重点项目建设。根据重点项目不同建设阶段，加强分类指导，确保全面完成年度投资建设计划。新开工项目要充分做好开工前的准备工作，积极落实各项建设条件，按计划开工建设；续建项目要科学组织施工，加强动态管理，按计划组织实施；年内建成投产项目要加快建设进度，尽早投产达产、发挥效益。

三、加强重点建设项目管理。重点建设项目要严格执行建设程序，严禁违规建设。健全工程建设管理制度，切实落实项目法人责任制、招标投标制、工程监理制、合同管理制。严把工程质量、安全关，落实工程建设质量和安全责任制。严格设计变更，不准违反程序擅自更改建设规模、改变建设标准、增减建设内容。严肃财经纪律，加强资金管理，合理控制工程造价。

四、强化协调服务和检查调度。各市、各部门要进一步增强服务意识，加强协调配合，为重点项目建设创造良好条件。要及时办理各项审批手续，优先支持符合条件的重点项目建设用地和资金需求，优先保证重点项目建设需要的供电、供水、交通运输等配套条件。加强现场调研，完善调度分析制度，突出时效性、真实性和实用性，准确把握重点项目进展情况，及时发现和协调解决重点项目建设过程中存在的问题，保证重点建设项目的顺利实施。

附件：2010年省重点建设项目名单

二〇一〇年五月六日

附件：

2010年省重点建设项目名单

1. 南水北调东线一期（山东段）工程（年调水13.29亿立方米）
2. 沂沭泗河洪水东调南下续建工程（50年一遇防洪）
3. 山东黄河标准化堤防及东平湖滞洪区治理工程（临黄堤防803.公里，围坝77公里，二级湖堤26公里）
4. 泰安市大汶河拦蓄工程（综合治理支流牟汶河埠阳庄大桥至干流砖舍坝段）
5. 京沪高铁济南高速站工程（正线28.4公里，站房9.9万平方米）
6. 德龙烟铁路德大、龙烟段（德大正线265公里，龙烟正线112公里）
7. 青岛至荣成城际轨道交通工程（正线300公里）
8. 石家庄至济南客运专线（山东段）工程（正线133公里）
9. 青岛至连云港铁路（山东段）工程（正线188公里）
10. 滨州至德州公路（高速公路144公里）
11. 枣庄至临沂公路（高速公路88公里）
12. 烟台潮水民用机场项目（4 D等级，年旅客吞吐量650万人次、货邮吞吐量9万吨）
13. 东营机场扩建工程（跑道延长600米，新建航站楼2万平方米）
14. 青岛港前湾港区集装箱码头项目（2个10万吨级、3个3万吨级、1个2万吨级集装箱专用泊位，2个3万吨级多用途泊位）
15. 日照港码头、航道、防波堤工程（石臼港区，5万吨和7万吨级焦炭泊位各1个，防波堤8815米；岚山港区，深水航道一期14.6公里，30万吨级原油泊位1个，南作业区主航道11.2公里，防波堤2766米）
16. 烟台港码头、航道等项目（西港区，20万吨级矿石泊位1个，7万吨级煤炭泊位1个，5万吨级通用泊位3个，5万吨级油品泊位1个，防波堤2782米，至淄博重质液体化工原料输送管道425公里。芝罘湾港区，三突堤集装箱码头建设2、3、5、7万吨级集装箱泊位各1个，来福士海洋钻井平台舾装码头。蓬莱港区，5万吨级通用泊位2个。莱州港区，5万吨级航道。龙口港区，10万吨级通用泊位1个，航道拓宽11.5公里）
17. 潍坊港中港区码头及航道、防波挡沙堤工程（1万吨级通用泊位3个，航道23公里，防波挡沙堤20公里）
18. 滨州港码头项目(3万吨级散杂货泊位2个）
19. 东营港液体化工码头项目（5万吨级液体化工泊位1个）

20. 京杭运河长沟、邓楼、微山一线船闸工程(二级船闸)
21. 青岛海湾大桥（全长28公里）
22. 青岛胶州湾湾口海底隧道工程（全长6.17公里）
23. 山东海阳核电一期工程（2×125万千瓦）
24. 国华风力发电项目（荣成二期、三期，海防一期，沾化二期，利津二期各45.9兆瓦）
25. 华能利津风力发电工程一期项目（4.95万千瓦）
26. 济宁矿业集团有限公司薄膜太阳能光伏发电示范项目（8兆瓦薄膜太阳能光伏发电）
27. 山东丰源煤电股份有限公司生物质发电工程（1×25兆瓦）
28. 菏泽华星生物电力有限公司秸秆发电项目（2×15兆瓦）
29. 山东华电莱州电厂“上大压小”新建项目（2×100万千瓦）
30. 山东华电淄博热电有限公司“上大压小”扩建工程（2×30万千瓦）
31. 宁夏东—山东660千伏直流（山东段）工程（新建换流站1座，输电线路420公里，配套500千伏青岛杜村变电站）
32. 山东500千伏输变电工程（新建陵县、大泽、密州500千伏变电站，变电容量450万千伏安）
33. 中石油山东输油有限公司日照—东明原油管道（全长446公里）
34. 黄岛至潍坊重质液体化工原料输送管道(全长200公里)
35.2010年中国联通山东WC－DMA工程(建设WCDMA基站5000个，新增交换容量500万户)
36. 皇明洁能控股有限公司太阳能热利用技术装备产业化项目（年产三维、三高太阳能热水器各300万平方米、镀膜钢管180万米）
37. 泰山体育产业集团有限公司高科技体育产业园建设项目（年产I－dong运动健身终端350万台、多功能系列运动垫80万立方米、体育运动器材60万套）
38. 泰安伟业国际实业有限公司通信级塑料光纤项目（年产通信级塑料光纤130公里、网络设备130万套）
39. 山东鲁莱特种覆铜板制造有限公司特种覆铜板项目（年产特种覆铜板1000万平方米）
40. 南车青岛四方机车车辆股份有限公司高速列车产业基地（年产高速动车组120列、城轨车辆600辆、高档客车300辆）
41. 潍坊天翔航空工业有限公司勃兰特利305型直升机组装生产项目（年产305型轻型直升机40架）
42. 山东荣成华泰汽车有限公司轿车项目（年产柴油轿车7万辆）
43. 山东鑫泰数控机床科技有限公司大型精密高速数控装备项目（年产大型精密加工中心50台、数控加工中心2200台、钻工中心1万台、数控车床5000台）
44. 威海华东重工有限公司重型装备项目（年产金属切削机床50台、发电设备大型部件柔性生产线1条）
45. 兖矿集团有限公司机电装备制造项目（年产液压支架2000架、采煤机20台、掘进机40台、皮带机80台、电气设备9440台）
46. 山东通亚交通安全设施有限责任公司节能型陶瓷内加热式热镀（Zn、Al）.装备项目（年产陶瓷内加热式热镀（Zn、Al）装备2000台）
47. 山东豪迈机械科技股份有限公司装备制造项目（年产巨型子午线轮胎模具200

套、硫化机40台、燃气轮机大型零部件2500套）

48. 山东科瑞控股集团有限公司海洋石油水下生产系统项目（年产海洋石油水下生产系统10套）

49. 中国石油集团海洋工程有限公司海工建造基地一期工程（年产1800吨导管架4.8个、4000吨组块2.4个、8000吨平台6个）

50. 北汽福田汽车股份有限公司汽车零部件建设项目（年产模具11.5万套、车架总成25万件、覆盖件400万件，发动机缸盖、缸体各30万件）

51. 枣庄同兴汽车零部件股份有限公司汽车平台零部件项目（年产汽车平台零部件50万套）

52. 山东常林机械集团股份有限公司重大装备液压主件产业化项目（年产液压泵14万套、阀20万套、马达26万套）

53. 山东凯马汽车制造有限公司汽车零部件项目（年产覆盖件、车架大梁、车箱、车桥各20万套）

54. 莱芜义和锻压有限公司高能级船用曲轴项目（年产船用曲轴6万吨）

55. 烟台万华聚氨酯股份有限公司异氰酸酯一体化项目（年产ＭＤＩ60万吨、ＴＤＩ30万吨）

56. 山东神达化工有限公司聚丙烯项目（年产聚丙烯30万吨）

57. 山东菏泽玉皇化工有限公司乙醇胺项目(年产乙醇胺7.5万吨）

58. 山东鲁西化工股份有限公司有机化工产品项目（年产甲胺20万吨、二甲基甲酰胺20万吨、甲烷氯化物12万吨、三聚氰胺16万吨）

59. 山东焦化集团巨野煤化有限公司粗苯加氢精制及环己烷项目（年产纯苯30万吨、环己烷8万吨）

60. 山东瀚霖生物技术有限公司长链二元酸产业化项目(年产长链二元酸2万吨）

61. 威海金轮化工有限责任公司新型表面活性剂项目（年产脂肪酸甲酯磺酸钠6万吨）

62. 山东九洲农药有限公司（ＣＭ）复合微生物产业化项目（年产微生物复合菌肥10万吨）

63. 山东志诚化工有限公司阿维菌素生物制药配套改造项目（年产阿维菌素2000吨）

64. 山东新时代药业有限公司中药产业化示范工程（年产中药饮片2万吨、片剂10亿片、胶囊3亿粒）

65. 山东新华制药股份有限公司总厂搬迁改造升级项目（年产化学原料药2.5万吨）

66. 烟台市拓普邦生物科技有限公司生物抗原抗体及快速检测试剂盒项目（年产抗原／抗体4万毫克、试剂盒8.5万个）

67. 文登京申药品科技有限公司南海医药园项目（年产片剂、胶囊45亿粒）

68. 郓城绅联生物科技有限公司肠衣及其深加工项目(年产肠衣5000桶、肝素钠4500公斤）

69. 保龄宝生物股份有限公司赤藓糖醇项目(年产赤藓糖醇2万吨）

70. 山东埕口盐化有限责任公司海水淡化项目（日淡化海水2万吨）

71. 诸城外贸有限责任公司高端食品安全示范工程（年产肉制品100万吨、蔬菜调理品100万吨）

72. 山东永乐食品有限公司农业产业化工程（年中转粮食150万吨、加工食品50万吨）

73. 中澳控股集团有限公司优质肉鸭产业化项目（年孵化鸭苗4100万只、加工熟食2.4万吨、饲料60万吨）

74. 山东龙盛农牧集团现代农业循环经济

科技园项目（年产禽类肉食深加工15万吨、配合饲料18万吨、有机肥料10万吨）

75. 山东中大牧业集团有限公司无抗生态猪标准化养殖加工项目（年出栏屠宰加工生猪10万头）

76. 山东省万兴食品有限公司国家级姜蒜基地建设及加工出口项目(年产速冻产品4万吨、脱水产品2.5万吨）

77. 山东荣丰食用菌有限公司珍稀食用菌智能型工厂化项目(年产食用菌2万吨）

78. 山东鼎力枣业食品集团有限公司金丝小枣活性物质提取项目（年产金丝小枣多糖720吨、环磷酸腺苷720公斤、枣红色素900吨）

79. 山东高唐蓝山集团总公司花生脱脂蛋白深加工项目（年产花生分离蛋白2.4万吨、膳食纤维1.1万吨）

80. 山东冠华蛋白有限公司醇法浓缩蛋白项目（年产醇法浓缩蛋白6万吨）

81. 菱花集团退城进园味精生产线搬迁改造项目（年产味精30万吨）

82. 山东百川农业科技有限公司麦饭石天然苏打水项目（年产麦饭石天然苏打水30万吨）

83. 山东时风集团有限责任公司帘子布项目(年产尼龙帘子布8万吨）

84. 威海光威复合材料有限公司国产碳纤维预浸料项目(年产碳纤维预浸料300万平方米）

85. 山东富欣生物科技有限公司聚乳酸纤维项目（年产聚乳酸纤维2万吨）

86. 山东同大海岛新材料股份有限公司生态超纤高仿真面料项目（年产生态超纤高仿真面料300万平方米）

87. 北京铜牛集团有限公司高档服装加工项目（年产梭织服装6000万件）

88. 山东亚太森博浆纸有限公司漂白硫酸盐商品木浆项目（年产商品木浆100万吨）

89. 寿光美伦纸业有限责任公司高档纸项目（年产高档低定量铜版纸80万吨、涂布白牛卡纸60万吨、生活用纸9.8万吨）

90. 单县中承纸业有限公司ＤＭＣ法清洁制浆及高档文化用纸项目（年产麦草浆5万吨、高档文化用纸9.9万吨）

91. 莱芜市福泉橡胶有限公司废旧轮胎高附加值综合利用工程（年综合利用废旧轮胎10万吨）

92. 山东万鑫再生资源股份有限公司废旧金属再生利用项目（年再生利用废旧金属100万吨）

93. 山东安兴玻璃制品有限公司ｌｏｗ－Ｅ镀膜玻璃项目（年产ｌｏｗ－Ｅ镀膜玻璃480万平方米）

94. 德州汇特环保科技有限公司新型节能环保材料项目（年产外墙保温板230万平方米、电力铁塔5万吨、波形梁钢护栏5万吨）

95. 山东巨森投资开发有限公司秸秆木材综合循环利用创新技术产业工程项目（年产秸秆人造板10万立方米、刨花板22万平方米、木质废料纤维板20万立方米、实木复合地板400万立方米）

96. 特变电工山东鲁能泰山电缆有限公司超高压及特种电缆项目（年产500ＫＶ超高压电缆1740公里、特种电缆5200公里、电力电缆附件15600吨）

97. 山东达驰电气有限公司变压器项目（年产750千伏变压器1000万千伏安、立体三角铁心变压器600万千伏安）

98. 山东魏桥创业集团有限公司泡沫铝板材及深加工制品项目（年产泡沫铝裸板10万吨、吸声板5万吨、复合板5万吨）

99. 肥城昌盛特种石墨有限公司大规格超高功率石墨电极和高品质石墨化阴极项目（年产大规格超高功率石墨电极6万吨、石墨化阴

极 2 万吨）

100. 山东祥光集团有限公司铜冶炼及深加工项目（祥光铜业二期年产阴极铜 20 万吨、硫酸 67 万吨；祥瑞铜材年产铜导体及电气化铁路架空导线 32 万吨）

101. 山东远大板业科技有限公司厚板热镀锌项目（年产镀锌厚板 60 万吨）

102. 中船重工集团公司第七一二研究所船舶电力推进系统基础研究条件建设项目（总建筑面积 5.5 万平方米）

103. 烟台中集海洋工程研究院有限公司海洋工程研发中心项目（总建筑面积 15 万平方米）

104. 中国石油大学科技园生态产业技术研发社区（生态谷）项目（总建筑面积 21 万平方米）

105. 潍坊寒亭高新技术产业孵化基地建设项目（总建筑面积 120 万平方米）

106. 山东齐赛创意动漫产业园项目（建筑面积 7.2 万平方米）

107. 淄博保税物流中心（总建筑面积 130 万平方米）

108. 烟台临港物流项目（钢铁物流建筑面积 63.5 万平方米，汽车产业城 53.7 万平方米）

109. 潍坊鲁东投资有限公司万众钢材物流项目（总建筑面积 40.2 万平方米）

110. 莱芜钢铁物流项目（鲁中建筑面积 20.6 万平方米,嬴城 16.3 万平方米,达利源 5.8. 万平方米）

111. 中国滕州国际机床市场（总建筑面积 37 万平方米）

112. 临沂农产品交易市场项目（总建筑面积 245 万平方米）

113. 诸城市中丰粮油物流有限公司现代粮食物流项目（总建筑面积 16.9 万平方米）

114. 烟台北方农副产品物流交易市场（总建筑面积 65 万平方米）

115. 聊城市农产品批发市场（总建筑面积 37 万平方米）

116. 临沂市地方产品加工项目（总建筑面积 90 万平方米）

117. 山东力威经贸有限公司体育用品物流项目（总建筑面积 50 万平方米）

118. 山东盖世国际物流集团物流项目（总建筑面积 86 万平方米，其中聊城 42 万平方米，齐河 44 万平方米）

119. 山东光华置业有限公司国际商贸物流港项目（总建筑面积 200 万平方米）

120. 德州京铁物流园项目（总建筑面积 10 万平方米）

121. 滨州高新区开发投资有限公司黄河三角洲物流园区项目（总建筑面积 25 万平方米）

122. 山东寿光渤海物流园项目（总建筑面积 56.8 万平方米）

123. 威海港集团有限公司国际物流园区项目（总建筑面积 62 万平方米）

124. 中海油东营港物流园区一期工程（罐区总库容 114 万立方米）

125. 山东龙海煤炭配送有限公司煤炭储配项目（年煤炭运营量 1000 万吨）

126. 枣庄二手车交易中心（总建筑面积 35.6 万平方米）

127. 山东中凯兴业贸易广场项目（总建筑面积 90 万平方米）

128. 豪德鲁南现代物流商贸城（总建筑面积 300 万平方米）

129. 滕州伦达国际商贸城项目（总建筑面积 60 万平方米）

130. 威海金蚂蚁国际汽车广场项目（总建筑面积 22.9 万平方米）

131. 济南润华汽车服务园一期工程（总建筑面积 12 万平方米）

132. 山东海阳连理岛旅游开发项目（总建筑面

积 35 万平方米）

133. 枣庄市运河古城重建工程（建设大战遗产综合功能区和运河遗产综合功能区）

134. 聊城世界运河之窗项目（总建筑面积 170 万平方米）

135. 山东齐河黄河生态旅游文化大观园项目（总建筑面积 68 万平方米）

136. 泰山方特欢乐世界项目（建设方特乐园及配套服务设施）

137. 济南市环城河通航工程（旅游线全长 6.3 公里）

138. 山东蒙山旅游区基础设施建设项目（道路 294 公里，停车场 11.4 万平方米）

139. 第三届亚洲沙滩运动会比赛场馆及配套设施建设项目(总建筑面积 20.9 万平方米）

140. 莱芜航空体育运动基地（总建筑面积 55.9 万平方米）

141. 济宁医学院校区迁建项目（总建筑面积 20.1 万平方米）

142. 滨州市文化中心（总建筑面积 5.6 万平方米）

143. 济宁市文体中心（总建筑面积 12.2 万平方米）

144. 青岛市地铁一期工程(线路全长 25.1 公里）

145. 济南西客站配套项目（总建筑面积 457. 万平方米，市政道路 95.7 公里，河道整治 5.4 公里）

146. 滨州经济开发区南北街棚户区改造项目（总建筑面积 6.5 万平方米）

147. 济南市小清河综合治理工程（干流扩挖 46 千米，道路 72.34 千米，改建路桥 18 座、园林绿化）

148. 淄博市中心城区东部区域污染综合治理项目（建设缓冲隔离带、污水处理厂及配套管网、生态恢复）

149. 济南市第二生活垃圾综合处理厂（焚烧发电厂）项目（垃圾焚烧处理规模为每天 1000 吨）

150. 淄博市城乡同源同网饮水安全供水工程（日供应净水 13 万吨，改造输水管线 31 公里，新建配水干线 26 公里）

1 － 51 山东省人民政府办公厅关于推进山东省煤炭应急储备基地建设的意见

鲁政办发〔2010〕78 号

各市人民政府，各县（市、区）人民政府，省政府各部门、各直属机构，各大企业，各高等院校：

为满足全省经济社会发展对煤炭能源的需求，加快构建我省煤炭能源保障体系，促进服务业发展，经省政府同意，现就推进全省煤炭应急储备基地建设提出以下意见：

一、充分认识建设煤炭应急储备基地的必要性与紧迫性

近年来，我省经济快速发展对煤炭的需求持续增长，加快建设煤炭应急储备基地，已成为构建煤炭能源保障体系的必然要求。

一是建设煤炭应急储备基地，是提高我省煤炭供应和能源保障能力的迫切需要。近年来，受资源条件的限制，省内煤炭产量趋于稳定，省外煤炭净调入量逐年增加，煤炭供应保障的任务更加艰巨。

二是建设煤炭应急储备基地，是实现国民

经济平稳较快发展的重要保障。近年来，我省煤炭供应和能源保障受天气、运力等因素影响，多次出现紧急状态，给经济社会发展和经济运行带来不稳定因素。建设煤炭应急储备基地，能够有效解决因自然灾害、重大事故、运输不及时等因素影响而导致的阶段性煤炭供给紧张的矛盾，能有效避免、缓解或消除阶段性煤炭供需紧张状态对经济运行产生的严重影响，保障经济运行正常和稳定。

三是建设煤炭应急储备基地，是我省煤炭行业转变发展方式的重要途径。通过开展煤炭应急储备基地经营业务，可以发挥煤炭企业的优势，从煤炭开采向煤炭开采与煤炭经营并重转变，既保障能源供应，又增加企业收入。

四是建设煤炭应急储备基地，是促进服务业发展的重要举措。建设煤炭应急储备，开展煤炭配送业务，能够促进煤炭物流业发展，有效提高服务业的比重。2008 年以来，我省规划建设了龙口等 4 个煤炭应急储备基地，对提高省内煤炭供应保障能力、促进服务业发展起到了积极作用。各级、各有关部门和企业一定要认清我省煤炭供应保障现状，提高认识，统一思想，站在保煤炭供应就是保增长、保民生、保稳定的高度，把煤炭应急储备基地建设作为提高煤炭保障能力的一项战略性措施，切实抓紧抓好，抓出实效。

二、建设煤炭应急储备基地的指导思想、基本原则

（一）指导思想。深入贯彻落实科学发展观，以提高全省煤炭供应和能源保障能力为目标，以市场为依托，以企业为主体，以先进的煤炭配给技术和信息技术为手段，建成一批煤炭应急储备与煤炭加工、配送相结合的煤炭应急储备基地，提高省内煤炭能源有效供应和应急保障能力，构筑全省稳定、经济、清洁、安全的煤炭应急保障储备体系。

（二）基本原则。

1. 坚持政府推动与市场化运营相结合。发挥市场配置资源的作用，加强省内煤炭应急储备基地规划指导。以企业为建设主体，实行市场化运作，自主经营，自负盈亏。

2. 坚持应急保障与日常经营相结合。政府部门综合规划煤炭应急储备规模，确定应急保障重点领域和时段；企业负责日常生产经营，实施煤炭现货动态应急储备，保障经济与社会发展的急需。

3. 坚持合理布局与培育重点企业相结合。统筹规划省内煤炭应急储备基地布局，合理控制项目布点，促进煤炭经营企业集中布局、集约发展。

三、建设煤炭应急储备基地的条件与规划目标、布局

（一）建设条件。

1. 区位优势。省级煤炭应急储备基地主要建设在重要港口及陆路枢纽处、重要煤源集散地和重要煤炭消费区域，具备交通运输优势、煤炭储备用地优势和煤炭消费辐射优势。

2. 企业优势。建设省级煤炭应急储备基地的企业要具备上游煤炭资源和下游煤炭消费用户优势，煤炭应急储备能力要达到 60 万吨以上、年配送运营能力达到 2000 万吨以上，有与储备和经营规模相适应的储煤场地、煤炭装卸设施和煤炭经营基础，能够发挥煤炭经营的骨干带头作用。

3. 煤炭配送优势。省级煤炭应急储备基地要具备配煤功能，建设专业化配煤生产线，有较强的煤炭接卸和外运能力，具备煤炭配给生产与经营管理体系，能根据用户需求调整煤炭品种。

（二）规划目标。

2011 年争取建成 4 个省级煤炭应急储备基地，煤炭应急储备能力争取达到 300 万吨左右。到 2015 年，建成 6–8 个区位优势较强的省级煤炭应急储备基地，煤炭应急储备规模达到 600 万吨以上，形成布局合理、覆盖全省、信息畅通、管理规范、市场运作、保障有力、节能环保、安全有序的全省煤炭应急储备网络。争取将我省煤炭应急储备基地列入国家规划给予支持。

（三）规划布局。

根据覆盖全省、对接周边省市、便于资源调入、符合环保要求、最佳距离配送、应急保障高效的原则，第一批建设龙口、莱芜、诸城、齐河 4 个省级煤炭应急储备基地，规划建设日照、高唐等煤炭应急储备基地。以龙口、日照基地为依托，发挥东部沿海港口优势，加大海运煤炭调入量，实现港口向鲁东、鲁中和鲁东南的煤炭应急配送；以齐河、高唐基地为依托，发挥铁路、公路连接山西省和京津塘交通枢纽的优势，实现向鲁北、鲁西、鲁西南地区的煤炭应急配送；以莱芜、诸城基地为依托，实现向鲁中地区的煤炭应急配送。

四、政策措施

（一）建立健全煤炭应急储备机制。

1. 建立煤炭应急储备制度。加强煤炭应急补需调控，支持煤炭储备企业加大省外煤炭的调入，保持合理煤炭储备规模。以保障重点用煤企业为重点，督促供需双方签定煤炭应急补需合同，建立长期合作关系。

2. 健全煤炭应急储备模式。实行应急储备，定向保障；用户定需，基地储货；合同供需，市场定价；政府支持，保障供应。省政府有关部门协调主要应急保障重点用户企业，确定应急保障储备数量，督促用户企业与储备基地签订应急储备合同，储备基地按合同规定的数量与供煤时间组织储备和供应。

3. 实行动态考核。对保障任务完成好、贡献大的煤炭应急储备基地给予奖励，对不能完成储备任务或应急保障作用发挥不好的，取消其省级煤炭应急储备基地的资格。

（二）加强政策支持。

1. 各煤炭储备企业要按照下达的储备计划指标，编制煤炭储备概算，筹集落实资金，确保完成煤炭储备任务。省政府对因执行电煤等应急储备任务造成政策性亏损的予以补贴。

2. 鼓励金融机构对煤炭应急储备企业优先给予信贷支持，积极为符合条件的煤炭应急储备企业生产经营和项目建设提供贷款，保障煤炭储备资金需要。

（三）支持项目建设。

1. 将省级煤炭应急储备基地建设项目列入省重点建设项目或重大技术改造项目，在建设土地、资金等方面享受有关扶持政策。

2. 省级煤炭应急储备基地建设所需土地、岸线、海域纳入土地利用规划和海域使用规划；经批准开山填海整治土地、改造废弃土地、整治采煤塌陷地、湖滩涝洼地和已有的企业工厂用地、整合关闭煤矿后工业用地，优先用于建设省级煤炭储备基地，享受有关扶持政策。

3. 支持煤炭生产和经营企业发挥煤炭产运销优势，充分利用工业场地、采煤塌陷地等资源参与煤炭应急储备基地建设。

4. 支持大型用煤企业参股建设煤炭应急储备基地，实现互利共赢。

5. 支持省外大型煤炭企业和煤炭物流企业依托省内煤炭应急储备基地建立煤炭储备、分销中心。

五、加强组织协调与监管

省煤炭局要进一步发挥行业管理职能，会同各有关部门加强对煤炭应急储备基地建设的组织和监督检查，牵头制定和实施煤炭应急储备基地建设方案，加强煤炭储备计划的协调和管理，考核煤炭储备指标和应急补需合同兑现情况，及时解决发展中出现的问题。各有关部门要按照分工，加强沟通协调，密切配合，推进煤炭应急储备基地建设。省发展改革委要将煤炭应急储备基地建设列入省能源发展规划，作为重点建设项目给予支持。省经济和信息化委要将煤炭应急储备基地纳入省物流发展规划，给予重点支持。铁路部门要对储备煤炭优先调运，努力保证储备煤炭运输需求。交通运输、公安等部门要落实储备煤炭公路运输快速通道政策。港航部门要对储备煤炭船只实行优先靠泊、优先接卸和优先储运政策，提高煤炭海运保障力度。要做好舆论宣传工作，大力宣传建设煤炭应急储备基地的重大意义和作用，努力营造良好的发展氛围，引导广大企业和全社会支持煤炭应急储备基地建设。

二〇一〇年十二月二十八日

1－52 山东省人民政府办公厅关于加快推进企业剥离非核心业务工作的意见

鲁政办发〔2010〕49号

各市人民政府，各县(市、区)人民政府，省政府各部门、各直属机构，各大企业，各高等院校：

为深入贯彻落实《山东省人民政府关于加快推动转方式调结构进一步促进财源建设的意见》(鲁政发〔2010〕61号)，大力推进全省服务业跨越发展，促进经济结构调整和发展方式转变，经省政府同意，现就推进企业剥离非核心业务工作提出以下意见。

一、充分认识推进企业剥离非核心业务工作的重要意义

当前，我省正处于转方式、调结构的关键时期。大力发展服务业，是转方式、调结构的重中之重，对于提高我省经济整体素质，促进扩大就业、改善民生、增加财源具有重要意义。推进企业剥离非核心业务工作，是促进我省服务业跨越发展的重要举措，是提高企业核心竞争力，推动传统服务业向现代服务业快速提升，加快二、三产业融合互动发展的有效途径。各级、各部门和企业一定要从全局和战略的高度，充分认识推进企业剥离非核心业务工作的重要性，积极采取有力措施，扎实推动剥离工作有效开展。

二、推进企业剥离非核心业务工作的总体要求和原则

推进企业剥离非核心业务工作，要坚持以科学发展观为指导，紧紧围绕促进转方式、调结构，以优化产业结构、深化专业分工为目标，以行业大中型企业和龙头企业为重点，引导和鼓励企业加快剥离非核心业务，改变大而全、小而全的组织结构体系，使内部服务资源走上专业化、社会化、市场化发展的轨道，加快推动服务业集聚发展。

在具体工作中，要坚持政府引导，依法实施，在遵循市场规律和企业自愿前提下，加强政府推动指导，依法剥离企业非核心业务。要坚持积极稳妥，逐步推进，按照“成熟一家、辅导一家、剥离一家、成功一家”的思路，分阶段、有步骤地推进剥离工作。要坚持因地制宜，因企施策，对不同的行业和企业，要区别对待、分类指导，立足企业实际，科学界定剥离范围。要坚持统筹兼顾，协调发展，既注重加强对剥离后主体企业的整合培育与发展提升，又要注重加强对剥离后新设立企业的服务和支持，达到剥离后主体企业做专做强、新设立企业整合发展的“双赢”效果。

三、企业剥离非核心业务的主要内容

推进企业剥离非核心业务工作，要抓住重点、把握关键，挖掘存量、培育增量，大力促进生产性服务业加快发展。

(一)剥离现代物流业务。对运输、仓储、包装、配送等物流业务量较大、符合剥离条件的工业企业，要引导其将物流业务剥离出来，组建专门的物流公司，或与现有的专业物流企业进行资源整合，做大做强。

（二）剥离专业配套服务和中介服务。对有建筑安装、设备维护、售后服务等业务的工业企业，要引导其将建筑安装、设备维护、采购营销、售后服务剥离出来，组建专业配套服务和中介服务企业。

（三）剥离科技研发服务和信息服务。对具有较大规模、较多科研业务，拥有相对独立的研发机构、信息中心的工业企业，要引导其剥离技术咨询、技术服务、技术研发、设计检测、软件开发、信息服务等业务，组建专业的科研、信息服务型企业。

（四）剥离后勤保障服务。对工业企业内部的租赁、维修、餐饮、绿化、医疗卫生、幼儿教育、物业管理等业务，剥离出来组建专门的服务企业，既盘活企业资产，又增加社会就业。

（五）剥离核算商业企业经营收入。对商业企业向供货方收取的场地费、广告促销费、上架费、展示费、管理费等费用，在确定收取额度和比例时，如不与商品销售量、销售额挂钩的，应从商场经营收入中剥离出来单独核算纳税。

四、推进企业剥离非核心业务工作的政策措施

为充分调动企业剥离非核心业务的积极性，对剥离企业采取以下政策措施：

（一）对改制剥离后新设立的服务业企业，在土地、营业场所、人员安置等方面给予优先支持。

（二）对改制剥离新设立的服务业企业，自分离起，其新增的地方税收，由同级财政部门按一定比例用于扶持企业发展；企业因剥离非核心业务造成税负增加部分，由同级财政等额予以扶持补助。

（三）强化对改制剥离后新办企业的专项资金扶持。新办企业科技研发、设计检测、软件服务外包、信息服务等项目，符合条件的，可优先享受服务业发展引导资金、信息产业发展资金、文化产业发展专项资金、科技型中小企业发展资金等各项财政扶持政策。

（四）各类担保机构对改制剥离新设立的服务业企业提供贷款担保，符合条件的，优先享受中小企业信用担保财政资金支持。

（五）支持服务业龙头企业上市直接融资，多渠道筹集发展资金。对服务业企业筹措上市资金前期费用有困难的，省级企业上市扶持专项资金给予优先支持。

（六）改制剥离后所设立的研发、设计、网络技术、创意、服务外包、软件开发、现代物流等生产性服务企业，符合高新技术企业、软件企业或技术先进型服务企业条件的，及时组织认定，积极落实高新技术企业、软件企业或技术先进型服务企业的各项税收优惠政策。

（七）对改制剥离后新设服务企业自用的生产经营房产纳税确有困难的，经逐级上报批准后，可在政策范围内，减征或免征房产税和城镇土地使用税。对其应缴纳的河道工程维护管理费，经有关部门批准后，按规定给予减征或免征。

（八）对改制剥离后成立独立法人单位所发生的一次性工商、税务注册登记费和房屋、土地、车辆等资产的过户费，一次性不动产、无形资产和其他资产过户过程中所发生的土地增值税、契税等税费，可在政策范围内给予减免。

（九）鼓励服务业龙头企业兼并重组，做大做强。对大中型服务业企业之间兼并重组发生的审计、评估、转让费用，各级财政可按实际发生额的一定比例给予补助。

（十）对改制剥离新设立的服务业企业，在土地使用方面给予重点扶持，新上大型服务业项目审批方面给予倾斜，在供水、供电、供气、供热等方面与工业企业享受同等价格。

（十一）对改制剥离设立的服务业企业，金融机构应努力满足其合理贷款需求，并在贷款利率上给予优惠。

（十二）对企业剥离非核心业务工作成效显著的市、县（市、区），由上级政府给予资金奖励。

五、切实加强组织领导

各级政府要加强对企业剥离非核心业务工作的组织领导，建立健全工作协调机制。省企业剥离非核心业务工作联席会议成员单位要各司其职，加强配合，共同推进企业剥离非核心业务工作。各市、县（市、区）也要建立组织协调机制，形成政府统一领导、部门齐抓共管的局面。要结合本地工作实际，明确相关部门的责任目标、任务要求，进一步细化政策措施，强化考核监督，搞好督导落实。要把推进企业剥离非核心业务工作作为各地服务业发展考核的重要内容，建立严格的考核评价制度，定期进行督导和检查，确保企业剥离非核心业务工作扎实推进。

二○一○年八月二十七日

1－53　山东省人民政府办公厅转发省经济和信息化委关于加快推动制造业与物流业联动发展的实施意见的通知

鲁政办发〔2010〕51号

各市人民政府，各县（市、区）人民政府，省政府各部门、各直属机构，各大企业，各高等院校：

经省政府同意，现将省经济和信息化委《关于加快推动制造业与物流业联动发展的实施意见》转发给你们，请认真贯彻执行。

二○一○年八月三十一日

关于加快推动制造业与物流业联动发展的实施意见

山东省经济和信息化委员会

（二○一○年八月九日）

为推动制造业与物流业联动发展，促进制造业与物流业之间相互融合，进一步贯彻落实国家《物流业调整和振兴规划》和《山东省现代物流业振兴发展规划》，加快培育新的经济增长点，促进二三产业分离，推进产业升级和发展方式有效转变，特提出以下意见。

一、推动制造业与物流业联动发展的指导思想和总体目标

（一）推动制造业与物流业联动发展的重要意义。现代物流是提升制造企业核心竞争力的重要手段，制造业是物流业发展的需求基础。2009年，全省社会物流总额86425.5亿元，物流业增加值2292.1亿元，占GDP比重6.78%，占第三产业的比重19.86%。现代物流业作为与社会化大生产紧密结合的复合型产业，在转变经济发展方式和调结构、保增长中发挥越来越重要的作用。制造业与物流业联动发展，有利于我省制造业产业升级，增强国际竞争力，有利于提高物流业的服务能力。

（二）指导思想。按照科学发展观要求，认真贯彻落实国务院和省政府物流业调整振兴发展规划确定的主要任务，以市场为导向，以企业为主体，以先进物流技术和物流信息化为支撑，以降低物流成本和提高运作效率为目的，以物流资源的整合为手段，按照“政府引导、市场为先、科技带动、注重实效、互利共赢、因地制宜、一体化推进”的原则，不断创新物流管理模式，营造有利于制造业与物流业联动发展的环境，加快提升制造企业的核心竞争力和物流企业的供应链一体化服务能力，加速经济发展方式转变。

（三）总体目标。到2015年，重点扶持和培育150户省级企业物流管理中心、100户为制造企业提供一体化服务的物流企业和50户为重点企业配套的专业化物流企业；通过优化制造企业供应链管理，将企业物流费用下降到占总成本的10%，物流成本平均下降12%以上；制造企业在不同环节、不同层次实行现代物流管理方法的企业提高到85%以上，运输、仓储等实施外包的企业比例达到65%以上。在产业集聚区和重要生产基地有针对性地规划、建设一批物流园区（中心），完善仓储、交易、配送、金融、信息等服务功能，为产业集群提供集成化、专业化、一体化的物流服务，形成商流、物流、信息流、资金流有机结合，提升企业和产业集群竞争力。

二、推动制造业与物流业联动发展的主要措施

（一）积极推动制造企业剥离物流服务环节。积极推动我省350户大企业集团带头剥离物流服务环节，鼓励重点制造企业集团设立统一的物流业务管理机构或建立企业物流管理中心，设立物流师高级管理人员岗位。通过采用BPR（业务流程再造）与ERP（企业资源计划）技术实施流程再造，将分散在采购、生产、销售等环节的仓储、运输、配送、流通加工、包装、物流信息等资源进行内部整合、集成，在对物流业务流程再造的基础上，将这些物流资源实现“主辅分离”，对物流业务活动实施集中管理。通过创新物流管理模式，制定生产过程整合、分离方案及推进措施，建立并完善物流成本核算制度，建立联动考核指标。

（二）加快推进制造企业释放物流服务的社会化需求。鼓励制造企业优化物流管理活动，实施主辅分离，成立独立核算的物流公司，自主经营，自负盈亏，开展面向社会的物流服务。鼓励制造企业与物流企业之间，以资产重组、合资、合作等形式，组建第三方物流企业，建立供应链战略合作伙伴关系，并不断扩大合作领域，向物流金融服务、保税物流业务等功能服务延伸。鼓励制造企业资源整合，引导制造企业逐步将整合后的部分或全部物流业务外包给专业化的物流企业。支持制造企业通过分离、外包、合作等形式，释放物流需求，降低物流成本，提高运作效率。

（三）推动物流企业增强一体化服务能力。支持物流企业深入了解制造企业物流和供应链运作模式及管理模式，根据制造企业的流程需要，强化企业硬件、完善自身软件，把物流服务融合到供应链各个环节。支持、引导具有一定实力的物流企业打破行业、部门、区域界限，进行功能整合和业务延伸，提供定制化和专业化服务，不断提升一体化服务能力。鼓励中小物流企业做精做细，组建物流企业服务联盟，支持各类企业在专业化分工基础上的协同运作，形成集约化物流伙伴关系。推进制造业与物流业之间的合作方式由单一的注重时效和价格，向注重提供个性化服务方案、解决实际问题转变，培育适应现代生产方式的物流企业。

（四）加强制造业集聚区物流服务功能的整合提升。统筹规划新型工业化示范区、经济开发区、出口加工区、高新技术产业园区等制造业集聚区的物流服务体系，引导集聚区内物流基础设施、物流信息平台共享共用，为制造业物流需求释放提供良好的服务条件。要严格控制集聚区内制造企业自营物流用地，凡能够委托外包的物流资产和业务，都要实行社会化运作。要统筹规划新建、整合提升已有产业集群周边的生产服务型物流园区，充分考虑产业集群的物流量、集聚度、集群类型、产品特征，整合物流土地资源，建立服务于产业集群的集成化、专业化、一体化的物流园区和中心。

(五)促进物流业与制造业信息共享、标准对接。重点支持制造企业、物流企业建立面向上下游客户的物流公共信息服务平台，实现数据实时采集，促进物流信息对接和共享机制的建立。鼓励制造企业实施物流管理流程再造，形成物流管理流程规范化、核算精细化的基础上推进物流作业和管理信息化水平的提高。支持物流企业物流信息系统与制造企业 ERP 系统互联互通，促进物流企业加快自身软硬件建设步伐，满足制造企业对物流信息及时、准确的需求。要采取多种途径和多种方式，建立和完善制造业物流标准体系，加快制定物流信息、服务流程、数据条码、工具器具和技术装备等领域的标准和行业规范。鼓励制造企业和物流企业主动采用国家和地方物流标准，实现双方物流标准和信息的共享。

(六)促进物流业与制造业技术、装备融合。鼓励企业积极采用物联、云计算、RFID(电子标签)、条码识别、电子数据交换、传感网络技术、物流可视化货物跟踪等新技术，大力推广集装技术和单元化装载技术的应用。鼓励节能环保装备在物流与供应链集成、运输、装卸等领域的开发，积极推广自动分拣系统、RF(射频)手持终端、立体仓库等现代物流设施设备的应用，推动甩挂运输、多式联运、回程配载运输等组织方式的运作。

(七)组织实施联动发展示范工程。通过推广海尔集团、潍柴动力、青岛啤酒、重汽集团、将军集团、博远物流、佳怡物流等企业的物流管理经验，在钢铁、汽车、家电、装备制造业、建材、医药、烟草等行业中开展制造业与物流业联动发展示范工程，建立制造业供应链一体化管理示范项目。通过采用先进的物流技术与管理方法，组织实施流程再造、物流业务整合。引导重点制造企业把优化物流管理与深化内部改革、提高经济运行质量紧密结合，引导重点物流企业把扩大业务规模、提升服务和管理水平与支撑制造企业做大做强紧密结合。总结示范项目的经验和做法，示范和试点项目将享受相关的扶持政策和激励措施，达到逐步推广，起到以点带面的成效。

(八)加强联动推动工作的组织领导和协调工作。充分发挥我省物流联席会议制度和省重点产业协调推进制度的作用，加强对制造业与物流业联动发展的组织领导，协调全省制造业与物流业联动发展的重大问题，研究制定相应的政策措施，优化联动发展环境，形成推动制造业与物流业联动发展的强大合力。各级人民政府要高度重视现代物流业，把推动制造业与物流业联动发展列入重要议事日程。省政府有关部门要认真履行职责，研究制定推动制造业与物流业联动发展的具体配套措施，确保各项政策落到实处。各级、各部门要加强调查研究和组织协调，突出工作重点，引导制造企业与物流企业之间加快融合，使联动发展进入一个新的阶段。

三、推动制造业与物流业联动发展的鼓励政策

(一)财政税收政策。

1. 鼓励有条件的制造企业将企业的物流资产从主业中分离，成立独资或合资企业，或者整体转让。转让企业全部产权的，不征收增值税和营业税。企业所得税有关政策按照企业所得税法及其实施条例和现行有关扶持政策执行。

2. 鼓励物流企业托管置换制造企业物流要

素，对制造企业将闲置物流设施以不动产、无形资产等投资入股，与接受投资方利润分配、共同承担投资风险的，不征收营业税；在用地和税收方面，支持物流企业承接利用国有大中型制造企业剥离的运输设施（如废旧的铁路专用线、运输场站设施等）。

3. 鼓励制造企业剥离物流业务，分离后的物流企业税负增加部分，由同级财政等额予以扶持补助，其自用的生产经营房产应缴纳的房产税、城镇土地使用税纳税确有困难的，经批准可给予定期减征或免征。其所购的固定资产符合加速折旧条件的，可以按规定享受加速折旧。

4. 鼓励和支持现代物流关键技术的研发，对为制造企业供应链一体化运作提供专业化服务的高技术含量的物流企业，经认定，可按规定享受高新技术企业优惠政策。

5. 对为产业集聚区服务的占地较大的现代物流园区、中心、企业，按规定缴纳城镇土地使用税确有困难的，可按税收管理权限报经批准后，给予减征城镇土地使用税的照顾。

6. 物流企业与制造企业以合作方式实行联动运行的，其用电、用水、用气等价格与工业企业同等待遇。

7. 对引进国家级科研机构、国家重点高校、海外知名大学、世界500强企业的高级技术职称或博士学位等高层次物流人才，所支付的一次性住房补贴、安家费、科研启动经费等费用，按国家有关税收规定处理。

8. 省级服务业发展引导资金要积极扶持省政府规划确定的制造业与物流业联动发展工程中重点物流园区、龙头物流企业，制造业与物流业联动发展物流标准化对接、物流新技术、新装备的应用推广等项目；对制造企业分离后新设立的物流企业给予重点扶持。各市政府可以参照省服务业发展引导资金中支持物流业的相关政策，设立制造业与物流业联动发展资金，支持物流业与制造业融合发展。

（二）土地政策。坚持节约集约用地原则，严格控制集聚区内制造企业自营物流用地，对符合省物流业规划，在新型工业化示范区、经济开发区、出口加工区、高新技术产业园区等产业集聚区内，规划建设物流用地，可参照工业仓储用地有关政策执行。

（三）投融资政策。

1. 对省政府物流振兴发展规划确定的制造业与物流业联动发展重点项目、示范项目，积极争取国家、省里的资金和项目支持，优先列入省基本建设和技术改造项目给予扶持。

2. 省经济和信息化委要协调省发展改革委、商务厅、农业厅、人民银行济南分行等有关部门，分别与银行、担保融资机构以及制造业与物流业联动发展相关企业共同合作，组织对接洽谈会，为企业提供优惠、方便、快捷的投融资服务。

3. 鼓励和引导银行在独立审贷的基础上，对符合条件的制造业与物流业联动发展工程承担企业和项目发放贷款。完善贷款担保体系，鼓励各类担保基金向物流业倾斜。支持符合条件的物流企业进入资本市场融资，通过股票上市、企业债券、项目融资、资产重组、股权置换等方式筹措资金。鼓励和允许上市公司以资产重组和增发新股方式进入物流业，引导各类资金多渠道投入。

（四）其他政策。有关部门要制定科学的城市货车通行管理办法，为重点物流企业的小型配送车辆在市区通行、停靠提供便利条件。不断完善交通物流站点的建设，对制造业与物流业联动试点单位和项目制定汽车运输甩挂支持政策。在国家规定的绿色通道上整车合法装载鲜活农产品运输车辆，享受通行费优惠政策。

1－54　山东省人民政府办公厅转发省经济和信息化委关于在全省企业中大力推广应用六西格玛管理的意见的通知

鲁政办发〔2010〕67号

各市人民政府，各县(市、区)人民政府，省政府各部门、各直属机构，各大企业，各高等院校：

省经济和信息化委《关于在全省企业中大力推广应用六西格玛管理的意见》已经省政府同意，现转发给你们，请认真组织实施。

二〇一〇年十一月十六日

关于在全省企业中大力推广应用六西格玛管理的意见

山东省经济和信息化委员会

(二〇一〇年十一月十二日)

为认真贯彻省委九届十次会议、《中共山东省委山东省人民政府关于加快经济发展方式转变若干重要问题的意见》(鲁发〔2010〕10号)和全省企业管理大会精神，加大先进管理方法推广力度，不断提高企业管理水平，加快推进转方式、调结构，促进经济持续健康发展，现就在全省企业中推广应用六西格玛管理提出以下意见。

一、推广应用六西格玛管理的重要意义

六西格玛管理是摩托罗拉公司于1986年创造的一种先进管理方法，其核心理念是通过对生产流程的持续改进和优化，最大限度地消除误差、节约资源、降本增效，达到在一百万次操作中不多于3.4次失误的最低要求，即99.99966%的合格率。六西格玛是当前世界公认的、最为先进有效的精细化管理方法，在国内外知名企业特别是世界500强制造型企业中得到广泛应用，取得显著成效，成为衡量一个企业综合实力和竞争力的重要标志。当前，世界经济形势仍然复杂严峻，国际金融危机影响仍在持续，原材料、劳动力、煤电油运等重要生产要素价格不断走高，市场有效需求不足，企业增支减利因素增多，生产经营难度加大。在这种形势下，在全省企业中推广应用六西格玛管理，必将有力促进企业发展由主要依靠增加物质资源消耗向主要依靠科技进步、劳动者素质提高、管理创新转变，加快实现全省转方式、调结构的目标任务。

二、推广应用六西格玛管理的指导思想和工作目标

(一)指导思想。深入贯彻落实科学发展观，按照省委九届十次会议和全省企业管理大会精神，以350户省重点工业企业为重点，以企业为主体，以改革创新为动力，加强政府引导和推动，坚持分类指导、点面结合，积极引导和组织企业学习应用六西格玛管理，不断提高精细化管理水平，增强企业核心竞争力，进一步提高发展质量和效益，为全省转方式、调结构、实现经济社会又好又快发展作出新的贡献。

（二）工作目标。首先在350户省重点工业企业中大力推广六西格玛管理，然后在全省逐步推开，影响和带动一大批中小企业特别是配套企业应用。通过推广应用六西格玛管理，全省多数企业逐步建立起比较完善的现代企业制度；企业基础管理不断强化，现场管理不断规范，工作效率和优质产成品率明显提高，生产要素消耗和成本水平明显降低，企业管理的精细化程度进一步提高；企业自主创新能力进一步增强，加快培育一批名牌产品、名牌企业；市场营销模式不断创新，市场开拓能力明显增强；群众性质量管理活动有序开展，产品质量和市场竞争力提高，350户省重点工业企业中有500多个产品进入全国同行业前三名，市场占有率进一步提高；安全生产长效机制不断完善，生产安全事故大幅下降；节能减排全面推行，企业信息化加快推进，企业管理的整体水平进一步提升。

三、推广应用六西格玛管理的主要措施

（一）加强宣传发动。各级政府和企业要认真组织学习六西格玛管理知识，准确把握六西格玛管理的理念、实质和推进方法，增强推广应用六西格玛管理的自觉性和主动性。各新闻媒体要开辟专栏，集中讲解、大力宣传六西格玛管理知识，积极报道先进典型和经验，通过营造氛围、广泛发动，在全省企业中掀起学习和应用六西格玛管理的热潮。

（二）认真研究制定实施计划。各市、县（市、区）要把学习应用六西格玛管理作为新形势下加强企业管理的重要任务，认真编制推广应用方案。实施六西格玛管理的企业要按照科学的程序和步骤，研究制定具体实施方案。要对企业发展现状进行全面调查，对影响当前企业运行的问题和制约企业长远发展的体制、机制、人才、技术、战略等问题进行认真梳理、剖析。在此基础上，准确把握国内外经济发展大势，立足长远发展，制定全面、科学、系统的改进提升方案，列出逐一解决问题的项目，明确项目负责人、项目内容、工作目标、改进措施和资金来源，排出时间表，保证项目顺利实施、发挥效益。

（三）搞好人才培训。各级、各部门要积极支持实施六西格玛管理的企业走出去、请进来，通过引智、境内外研修等方式，加强与国内外优秀企业、咨询公司合作，搞好专业人才培训。企业要科学制订计划，分期分批分层次培训，培育一批六西格玛高级专业人才，实施一批重点项目，加快推进六西格玛管理从单个项目、某个部门到全面展开，带动企业整体管理水平的提高。要积极支持对企业员工开展相关知识普及教育，增强六西格玛项目的实施能力。

（四）抓好典型引路。各级、各部门要积极发掘和培养实施六西格玛管理的典型企业和典型经验，搞好总结交流和推广，做到“挖掘一个点、带动一大片”。350户省重点工业企业要主动发挥示范带动作用，通过产品辐射、技术示范、信息扩散和销售网络，推动中小配套企业实施六西格玛管理，提高全省企业管理整体水平。

（五）推进中介服务。充分发挥我省各级行业协会和各类管理咨询公司、科研单位和高等院校的专业特长和在六西格玛管理推广工作中的咨询、服务及桥梁纽带作用，积极为企业实施六西格玛管理搞好服务，指导帮助企业不断提升综合素质和管理水平。

（六）加强政府引导和推动。各级、各部门要把学习推广六西格玛管理作为当前和今后企业管理工作中的一项重要任务，列入重要议事日程和工作计划，采取有力措施，加大推广应用力度。省经济和信息化委要加强组织协调，认真研究鼓励企业实施六西格玛管理的政策措施，重点对六西格玛管理重点示范项目、共性问题攻关项目、咨询培训项目等进行支持。各市、县（市、区）也要制定相应政策措施，加大六西格玛管理推广应用力度。

1 － 55　山东省人民政府关于加快港航业发展壮大港口经济的意见

鲁政发〔2010〕106 号

各市人民政府，各县（市、区）人民政府，省政府各部门、各直属机构，各大企业，各高等院校：

为全面贯彻党的十七大精神，深入贯彻落实科学发展观，进一步发挥我省港航业优势和潜力，促进经济社会发展，现就加快港航业发展壮大港口经济提出如下意见。

一、充分认识加快港航业发展壮大港口经济的重大意义

（一）加快港航业发展壮大港口经济是实现山东海洋经济发展的重要支撑。港口经济是以港口为中心、城市为载体、运输体系为动脉、港口相关产业为支撑、腹地经济为依托，并实现港航、商贸、旅游、临港工业等产业协调发展的开放型综合产业经济。港口经济的关联性极强，全局性效应显著，是海洋经济的重中之重。港航业是港口经济的核心，加快港航业发展，有利于带动相关产业发展，促进区域经济产业升级，提升港口城市综合竞争力和可持续发展能力，对于全省经济社会发展具有极其重要的意义。

（二）加快港航业发展壮大港口经济是实现区域经济协调发展的重要保证。港航业是重要的基础性产业和服务性行业。港口是连接国际国内两大市场的重要枢纽，是发展现代物流的重要节点。加快港航业发展，有利于发挥其连接南北、贯穿东西的纽带作用，实现地区间资源、技术、资金等要素的有效互动和优势互补，符合全面实施山东半岛蓝色经济区、黄河三角洲高效生态经济区等重大区域发展战略要求，对于构建现代综合运输体系，带动相关产业发展，优化调整产业布局，促进对外开放，提升港口城市综合竞争力，加快区域经济协调可持续发展具有重要推动作用。

（三）加快港航业发展壮大港口经济是实现经济发展方式转变的重要举措。随着经济社会快速发展，资源环境约束日益加剧，加快经济发展方式转变，推动产业结构优化升级，是关系国民经济全局紧迫而重大的战略任务。充分发挥港航业运能大、能耗小、污染轻、成本低、综合效益高的优势和潜力，有利于促进经济发展方式的转变，降低能源资源消耗，发展低碳经济，减少污染排放，符合建设资源节约型、环境友好型社会的总体要求，对于全面建设小康社会具有重要现实意义。

二、指导思想和战略目标

（一）指导思想。以邓小平理论和“三个代表”重要思想为指导，以科学发展观为统领，围绕服务于山东半岛蓝色经济区、黄河三角洲高效生态经济区和中西部振兴战略的实施，坚持在加快建设中调结构，在加快发展中转方式，大力发展港口现代物流，强化港口的枢纽地位，着力提高港口经济发展的规模和效益，合力打造山东东北亚物流枢纽和国际航运中心，为经济文化强省建设提供强力支撑。

（二）总体目标。全力推进山东东北亚物流枢纽和国际航运中心建设，以建设现代化港口群和发达的航运产业为基本立足点，以发展现代物流为重点，力争用 5 到 10 年的时间，将沿海港口建成全国最大的矿石接卸基地，重要的

原油储运和煤炭转运基地，东北亚主要的集装箱运输枢纽、区域物流中心，创建国内资源节约型、环境友好型示范港口。大力发展航运业，积极培育山东航运骨干力量，打造全国综合实力最强的省际、国际客滚运输品牌，努力实现航运业与港口业的协调发展。强力推进内河航道和港口建设，形成干线高效、支线畅通、干支直达的高等级航道体系。内河主要港口和区域性重要港口基本实现规模化、专业化、现代化。

（三）具体目标。“十二五”期间，全省港航完成基础设施建设投资450亿元。到2015年，全省港口通过能力达到11亿吨，吞吐量突破11亿吨，港口适应度达到1∶1，其中集装箱吞吐量突破2000万标准箱；全省船舶运力总规模突破1500万净载重吨，货运量突破2亿吨；内河通航里程达到1500公里，其中三级以上航道达到850公里，货运船舶基本实现标准化。力争将青岛港、日照港、烟台港、威海港、济宁港、枣庄港和黄河三角洲港口打造成重要的区域物流中心。培育一支与经济社会发展相适应的现代化船队，努力实现船舶大型化、船队专业化、企业经营集约化。努力提高航运现代服务业水平，初步建成航运资源集聚、功能完备、服务高效的现代航运服务业体系。港口生产单位吞吐量综合能耗和海、河运输船舶单位运输周转量能耗继续下降，完成国家下达的节能指标。港口粉尘综合防治率达到70%，港口污水综合处理率达到100%，重点海域和京杭运河的船舶污水及垃圾接收处理率均达到100%。初步建成组织健全、职责明确、装备精良、反应快速的现代化安全监管和救助体系，省内港航企业不发生重特大事故。

三、主要任务

（一）加快沿海港口基础设施建设。加大青岛港董家口港区、日照港岚山港区、烟台港西港区3个新港区开发建设力度，重点加快大型矿石、油品泊位建设，调整优化泊位结构。加速推进黄河三角洲地区港口开发建设，为高效生态经济区建设提供支撑。做好青岛港、烟台港、威海港等老港区的技术改造，鼓励集中集约用海，建设公共码头，提高港口资源利用效率。加大航道、防波堤、锚地等公用基础设施建设力度，满足码头、船舶大型化发展需要。加快青岛港、烟台港、日照港、威海港等邮轮母港或停靠点规划建设。不断完善中韩等国际陆海联运基础设施建设。

（二）强力提升内河港航整体实力。统筹内河航道、船闸、港口建设，加快扩能升级，提升航道综合通过能力。大力推进京杭运河黄河以南段建设和改造升级及重要支线航道建设，重点建设京杭运河东平湖至济宁段航道工程、京杭运河济宁至台儿庄段升级改造工程；加强京杭运河“穿黄工程”、黄河以北段复航工程前期论证工作，适时开工建设小清河复航工程。完成微山一线、嘉祥、长沟、邓楼、八里湾船闸和韩庄、万年闸复线船闸建设。加快济宁港、枣庄港主要港区建设，实现专业化、规模化、现代化，对其他内河港口合理布局、适度开发建设。

（三）大力发展港口现代物流。加快推进港口物流多式联运，实施港航联动、港铁联动、港路联动、海河联动、区港联动，努力实现物流链的无缝链接。加强政策引导，鼓励港口企业与国内外大型专业物流公司合资合作，有效整合社会物流资源，着力培育具有核心地位的港口物流公司，推动港口与大物流企业、临港物流园区合资合作，实现有机结合、互动发展，做大做强港口现代物流业。科学规划，合理布局，推进腹地“无水港”建设，形成现代化无水港网络，构建异地大通关格局，实现港口与腹地物流链资源的有效整合。广泛应用现代管理技术，提高现代物流装备水平。整合物流信息资源，进一步完善港航物流公共信息服务平台功能，积极拓展与周边港口、东北亚及欧美重点港口物流信息领域的合作，提升我省港航物流信息平台服务能力和水平，逐步形成“一站式”的物流信息化服务体系。加快港口物流科学化、网络化、智能化建设，努力实现港口经济效益最大化。

（四）完善港口集疏运体系。按照现代综合运输体系要求，充分发挥海、河水运的比较优势，着力提高各种运输方式的组合效率，形成优势互补、协调发展的现代交通综合运输体系。进一步完善沿海集装箱、矿石、原油、煤炭、旅客五大运输系统和内河高等级航道网络，加快临港综合运输枢纽场站和港口集疏运体系建设，实现高等级公路、铁路与海、河港口的无缝衔接。沿海主要港口和区域性重要港口核心港区，全部实现与高速公路直接连接，并开通进港铁路，加大铁路专用线等配套设施建设，建立完善港口铁路集装箱枢纽和铁路战略装车点；其他港口实现专用疏港路与高等级公路连接。内河主要港口和区域性重要港口的重点港区，实现专用疏港公路与干线公路直接连接。加快高速公路、铁路与其他省份的连接，延伸我省港口经济腹地。

（五）扎实推进港口资源整合。继续坚持政府引导、规划调控、市场化运作模式，以企业为主体、资产为纽带、项目为切入点，大力推进港口资源整合，最大限度地提高港口综合实力。加强集装箱资源整合，完善干线港、支线港、喂给港的集装箱运输体系，积极拓展集装箱国际中转业务，将我省港口发展成为东北亚集装箱中转枢纽。对有条件的港口，积极推动矿、油、煤等货类专业性资源整合。加强黄河三角洲港口资源整合，深入推进莱州港和东营港的合作，培植黄河三角洲亿吨骨干港口。深入推进港口战略联盟，将沿海主要港口战略联盟扩大至我省区域性重要港口，积极开展与日韩重点港口的战略合作，努力实现互利共赢。加快内河主要港口和部分重要港口的专业化、规模化、现代化港区建设，整合内河港口码头资源，清理整顿污染大、设施落后的简易小型码头。

（六）积极发展航运业。按照“借力发展、扬长避短、优化环境”的思路，积极培育壮大骨干航运企业和运力规模。吸引和鼓励更多国际国内大型航运公司与我省大企业、大货主及航运企业合资合作，重点支持山东海运股份有限公司建设与发展，培育壮大省内航运骨干力量。优化内河船舶运输组织，促进干支直达运输，发展专业化运输。引导内河航运企业向集约化、规模化方向发展，逐步建立现代企业制度。积极培育集装箱运输业务，着力组织好南货北运业务，提高船舶利用效率。大力开拓欧洲、美洲、非洲等洲际远洋运输航线，加大市场营销，广开货源渠道，提高港口承载力和核心竞争力。加快实现水上客运旅游化、舒适化、高速化，着力提高旅客、游客出行服务能力和服务水平。大力开拓滨海、游艇、陆岛、湖泊、运河、湿地等水上旅游运输，促进我省旅游业发展。进一步做大做强国内国际客滚运输业，鼓励渤海轮渡等有实力的港航企业发展邮轮业务，培育港航发展新亮点。支持渤海铁路轮渡加快二期工程建设，扩大轮渡运输规模，打造我省至东北、西北地区及欧亚大陆桥的能源、粮食、机电等货物运输大通道。积极推进中韩铁路轮渡项目进程，抢占欧亚大陆桥头堡。扎实做好中韩陆海汽车联运甩挂运输工作，积极推进中日陆海联运项目。

（七）积极推进临港产业发展。突出发挥港口大进大出的枢纽作用，依托临港地区的区位和资源优势，大力发展临港循环经济型重化工业、装备制造业和滨海旅游业，引导船舶、钢铁、石化、海化等大型企业集团向港口、沿海园区和产业带集聚，以港口集群促进临港产业集群发展，充分发挥港航在物流链中的重要作用，为临港产业提供精细化服务保障。突出发展与港航业密切关联的金融保险、科技信息、服务外包、创意产业等新兴服务业，升级改造家电、纺织、食品和材料加工等传统产业，大力发展电子信息、咨询服务、技术服务、法律服务等现代服务业，吸引大货主、大航运、大物流企业及金融保险业来我省发展总部经济，拉长增厚产业链，形成供应链各环节的无缝链接，实现航运中心建设与物流、商流、人流和资金流的互动发展。

（八）大力推进绿色港航建设。认真落实资源节约和环境保护要求，严格执行环境影响评价和环境保护设施“三同时”制度，强化对港航项目规划、设计、建设、运营等全过程的环境监督管理。建立健全生态环境保护、恢复和补偿机制，逐步完善港口、船舶资源节约、节能减排和环境保护统计指标体系和考核体系，落实目标责任。充分发挥航运科技的支撑和引领作用，依靠科技进步、优化资源配置、提高运输效率、创新管理模式，实现港航业集约型增长。积极推进港航节能减排、科技创新，加大科研成果推广力度，提高船舶运营、港口装卸效率，降低能耗和污染排放。实施绿色港口工程，率先将青岛港打造成为资源节约型、环境友好型示范港口，带动日照港、烟台港、济宁港、枣庄港向“两型”港口发展；加强黄河三角洲港口高起点开发与建设，努力走出一条“高效生态”的可持续发展新路子。加快淘汰能耗高、污染重、技术落后的老旧船舶，进一步整治“散、小、弱”的内河码头。船舶垃圾处理纳入城乡环境综合治理。

四、保障措施

（一）强化安全监督管理。扎实推进本质安全建设，推广安全文化成果，完善安全生产长效机制。突出抓好渤海湾、胶州湾、南四湖、东平湖、京杭运河、黄河等重点水域“四客一危”船舶、危险货物作业、浮桥等重点领域的安全生产工作。建立健全省市两级港航、地方海事系统应急指挥体系，加强行业、企业专兼职应急救援队伍和装备建设，完善应急预案体系，提高应急指挥、救助和处置能力。加快建设以京杭运河为重点的内陆水域现代化水上安全监管和应急救助体系。

（二）加强港航人才队伍建设。按照现代企业管理制度要求，培养造就一批职业经理人，打造一支结构合理、开拓创新的山东港航业领军人才，确立我省港航企业家的人才竞争比较优势。努力培养引进企业高端管理人才，引进现代港航发展急需的各类高级专业人才，重点引进培养现代物流、科技研发等高层次、复合型高级管理人才。加强港航职工培训和职业技能教育，大力培养高级船员、高级技工，提高港航从业人员的整体素质。适应新形势发展需要，加强港航管理人员的理论、业务学习，提高行业管理队伍素质和管理水平。

（三）加大政策扶持力度。加大财政支持力度，省财政每年投入4亿元，各市县政府也要投入相应资金，用于航道、防波堤、锚地等港口公用基础设施建设；增加对安全、应急、搜救、监控等支持保障系统的投入；对航运交易服务、口岸监管设施建设给予一定资金支持；积极争取至我省保税港区货物的起运港、起运地退税政策。港航重点建设项目，积极报国家有关部委立项，争取享受使用国家建设用地指标；航道、防波堤、锚地、船闸等港航公用基础设施建设用地，由政府划拨使用；港口建设项目填海形成的土地，符合划拨条件的，凭海域使用权证书，依法办理划拨供地手续和登记手续。重点港口建设项目用海应缴纳的海域使用金，依法享受最高幅度的减免政策；大额海域使用金分期缴纳。跨设区市的内河支线航道公用基础设施建设，工程建设资金以国家和省投入为主；内河航道、船闸可实行“贷款建设、收费还贷”的模式建设、运营。积极争取国家补助资金，引导船型标准化和提前淘汰老旧船舶；各市可制定鼓励航运业发展政策，培植壮大骨干航运企业。多渠道筹集港航建设发展资金，在大力引进社会资金的同时，充分发挥国有资本的引领和带动作用，促进港航业和港口经济发展。

（四）提升管理服务水平。各级政府、各部门要认真履行监督检查和规划管理职责，完善并严格执行海洋功能区划和港口、航道规划，有效保护、合理使用岸线资源。按照港口优先原则，正确处理港城关系，为港口、临港物流、临港产业发展留足岸线、土地和海域空间，满足发展需要。认真贯彻水资源综合利用方针，各涉水行业发展规划要相互协调、有效衔接、统筹兼顾。在航道上建设水利枢纽、桥梁等基础设施，要满足航运通航要求。对规划通航河道，已经存在的碍航、断航等基础设施，要逐步进行复航建设或改造。加快国际航运交易服务中心建设，进一步优化完善“大通关”模式，提高口岸综合服务效率，提高港口综合竞争力，为港航业发展创造良好服务环境。各有关部门要大力支持港航项目前期工作，提高审批效率。交通港航管理部门要依法履行管理职能，建立完善港航业服务功能体系和运营机制，开展国际国内航运市场形势分析和信息收集，为港航业发展提供有效指导；要进一步提高服务质量、效率和执法水平，努力营造公平开放、竞争有序的经营环境。

二〇一〇年十月十九日

1 － 56　山东省人民政府关于加快医药科技创新体系建设的意见

鲁政发〔2010〕118 号

各市人民政府，各县(市、区)人民政府，省政府各部门、各直属机构，各大企业，各高等院校：

为认真组织实施国务院批准的“重大新药创制”国家科技重大专项，加快医药科技创新体系建设，提升医药产业自主创新能力，培育战略性新兴支柱产业，实现向医药科技强省的跨越，特提出以下意见。

一、指导思想

深入贯彻落实科学发展观，加快转变医药经济发展方式，坚持整体规划、突出特色、协作配套、聚集发展，推动“项目、人才、基地”一体化，强化自主创新和体制机制创新，建立“开放、共享、服务”的运行机制，以建设山东国家综合性新药研究开发技术大平台(以下简称“国家新药研发大平台”)和国家山东创新药物孵化基地为突破口，构筑我省重大新药创制体系和重大新药成果转化体系，为建设医药科技强省、培育新医药战略性新兴产业提供科技支撑，努力把医药产业打造成为我省的支柱产业。

二、建设目标

到 2011 年，重点建设“一个中心区、六类研发基地、二十个示范企业和三十个创新团队”为主要内容的山东省重大新药创制中心，确保完成国家新药研发大平台建设任务。

到 2012 年，完成国家山东创新药物孵化基地的建设任务。位于济南高新区的中心区基本竣工，规划 1 万亩的新药产业区投入运行。国家创新药物(潍坊)孵化基地和国家创新药物(烟台)孵化基地(山东国际生物医药科技园)初具规模，形成三大特色新药孵化基地。

到 2015 年，把山东省重大新药创制中心建设成为国内一流的国家新药研发大平台，培育 3–5 个具有较强竞争力的创新药物孵化基地；国家工程(技术)研究中心、重点(工程)实验室、企业技术中心等国家级医药科技创新平台达 15 家以上。国家新药研发大平台(山东)产业化示范企业(以下简称“示范企业”)达 50 家以上，其中销售收入过 100 亿元、50 亿元、10亿元的创新型医药企业分别达到8家、15家、30家；研制10个具有自主知识产权或市场竞争力的创新药物，50个优势品种实现产值、利税双倍增；30个医药创新团队达到国内先进水平，部分达到国际先进或国内领先水平。

到2020年，逐步建成运行机制科学、技术链与产业化链密切衔接、区域相对集中、服务能力完善、具有国内先进水平并能够支撑医药产业快速发展的医药科技创新体系，形成鲁中、半岛、鲁南新药产业密集区，努力把医药产业打造成为全省支柱产业。

三、重点任务

近期重点任务是围绕建设医药创新体系、提升全省医药科技创新能力和水平的目标，加快建设以国家新药研发大平台和国家创新药物孵化基地为主要内容的山东省重大新药创制中心。通过组织实施“山东省医药产值、利税双倍增科技示范工程”和山东省“泰山学者—药学特聘专家”专项人才建设工程等科技专项工程，打造“一区、六基地、二十个示范企业、三十个创新团队和三个新药产业密集区”为主线的重大新药创制体系和重大新药成果转化体系。

（一）打造新药研发中心区。在济南高新区建设29万平方米左右的国家新药研发大平台中心区，包括12个单元技术平台的新药创制公共服务平台，以及中试车间、生物医药重点实验室和生物医药企业孵化器，成为全国主要的新药创制、成果转化和医药企业密集区。

加快建设国家新药研发大平台内的单元技术平台，形成完整的新药研发与转化技术链，主要包括：先导化合物发现和优化平台（以中国海洋大学、山东大学为主共建）、药效学评价平台（以省医学科学院、山东大学、省药学科学院为主共建）、药物安全性评价平台（以山东大学、省药学科学院、省医学科学院为主共建）、临床前药物代谢动力学平台（以山东大学、中国海洋大学为主共建）、药物分析与质量控制平台（以省药学科学院、山东大学、中国海洋大学、省药品检验所等为主共建）、新药筛选平台（以山东大学、省药学科学院、中国海洋大学、省医学科学院为主共建）、新制剂与新释药系统平台（以省药学科学院、山东大学、山东中医药大学为主共建）、医药数据集成与信息服务技术平台（以济南高新区、山东大学、省药学科学院、江南计算机所等为主共建）、中药创制平台（以山东中医药大学、省中医药研究院等为主共建），以及新药生产工艺研究平台、新药中试产业化技术研究平台和医药企业孵化平台等12个单元技术平台。

（二）创建研发基地。按照建设医药科技创新体系的要求，根据全省研发和产业化特色，进行整体布局和规划，主要建设六类研发基地。包括：依托山东大学、省药学科学院建设“生物药与化学药创新基地”；依托中国海洋大学等建设“海洋药创新基地”；依托山东中医药大学与省中医药研究院等建设“中药创新基地”；依托省医学科学院、山东大学建设“实验动物基地”；依托国家中医临床研究基地、省立医院、省肿瘤医院、齐鲁医院等单位建设“新药临床研究基地”；依托济南、潍坊、烟台等高新区建设“创新药物孵化基地”、“国家高技术产业基地”，使其成为我省新药研发和产业发展的支撑力量。

（三）培育“示范企业”。选择齐鲁制药、鲁南制药、绿叶制药、鲁抗辰欣、东阿阿胶、荣昌制药、山东先声麦得津制药、瑞阳制药等有专业研发机构和在研国家一类新药的医药大企业，促进企业与国家新药研发大平台12个单元技术平台密切结合，培育20家具有重大新药创制能力和转化能力的创新型示范企业，承接全国15个国家新药研发大平台新药科技成果来我省转化。力争到“十二五”末期，示范企业发展到50家以上。

（四）组建高端医药创新团队。组织实施“泰山学者－药学特聘专家”专项建设工程，为山东国家新药研发大平台和国家创新药物孵化基地引进和培育高端医药创新团队。自2010年起，用3—5年时间，在山东国家新药研发大平台、国家创新药物孵化基地和示范企业中设立30个“泰山学者－药学特聘专家”岗位，每个特聘专家配备4–6名青年科研骨干，组建30个以“泰山学者－药学特聘专家”为标志的医药高端人才团队，为我省医药科技创新体系建设提供人才支撑。

（五）形成新药产业密集区。在以上工作的基础上，推动形成以济南、淄博和潍坊为主体的“鲁中新药产业密集区”；以青岛、烟台、威海为主体的“半岛新药产业密集区”；以枣庄、济宁、临沂、菏泽为主体的“鲁南新药产业密集区”。每个密集区内要依托大学、科研机构建设重大新药创制平台1个、医药孵化基地1个，销售收入亿元以上企业全部设立具有特色的新药研发机构。每个密集区医药产值达到500亿元以上，实现医药产业聚集发展。

四、保障措施

（一）加强领导，建立协调配合的联动机制。省重大新药平台建设协调小组要加强对医药科技创新体系建设工作的领导，定期调度、督促协调小组成员单位和国家新药研发大平台、创新药物孵化基地等共建单位的建设进展；省直各有关部门和有关市要加强协调与配合，建立相应的工作机制，制定优惠政策，并认真落实好已经出台的各项政策。积极对接国家“重大新药创制”重大科技专项，形成促进我省医药科技创新体系发展的合力，不断加快医药产业“转方式、调结构”的步伐，为培育医药战略性新兴产业和增强自主创新能力奠定基础。

（二）加大对建设医药科技创新体系的投入。为完成国家“重大新药创制”重大科技专项规定的配套任务，从2011年起，省财政结合现有科技资金，分年度安排一定数量的配套资金，主要用于推动山东省重大新药创制中心建设，以及公共服务平台科研条件建设、重大新药创制、新药研发成果奖励、新药产业化、优势产品提升、中药材基地建设等的项目补助。继续组织实施“山东省医药产值、利税双倍增科技示范工程”，积极推进自主知识产权的新药开发，培育具有竞争优势的医药大企业、大品种。加强对我省国家工程（技术）研究中心、重点实验室、工程实验室、企业技术中心等国家医药科技创新平台的支持。鼓励各级财政和企业加大对医药科技创新体系建设的资金投入，培育以重大新药研发为主导的现代医药产业。

加快投融资体系建设，促进多元化股权投资主体的形成，吸引国内外风险投资机构、私募股权投资企业、社会资金参与医药产业投资。推动融资性担保机构发展，着力解决创新型医药中小企业融资难问题。发挥政府引导基金的作用，鼓励和引导社会资金进入医药产业。国家创新药物孵化基地要制定吸引风险投资的政策措施，建立创新型企业金融支持体系，解决孵化企业融资难的问题。

优先培育和引导医药企业特别是中小型企业利用资本市场直接融资，通过引进资本，扩大对外合作，破解资金瓶颈制约。坚持“境内与境外上市兼顾，主板、中小板与创业板上市并举”的方针，鼓励医药企业因企制宜选择上市途径。重点推动竞争能力较强的医药企业和医药行业龙头企业在主板上市，加快推动具有自主创新能力、成长性较高的中小医药企业到中小板和创业板上市。帮助医药企业与境内外投资机构、证券中介机构建立联系，通过境外上市融资，实现快速发展。

加大医药上市公司重组力度。对主业突出、经营状况良好的绩优医药上市公司，大力推动战略性资产重组，通过并购重组或整体上市，注入上下游产业优质资产或整合同类资源来延伸产业链，实现与全省优质资源、支柱产业的嫁接和整合，使之成为带动区域经济发展的医药龙头企业；对主营业务缺乏增长潜力的，通过资产重组、引入战略投资者等形式，增强其盈利能力和可持续发展能力。

（三）加快医药高端人才和团队建设。加快培养具有国际视野和水平的高端医药创新创业人才。设岗单位要认真落实“泰山学者——药学特聘专家”专项建设工程承诺的资金、团队建设、仪器装备等配套政策，优化泰山学者团队发展条件。依托我省现有大学、国家工程技术研究中心、重点实验室、工程实验室、院士工作站等平台，实行开放式的工作机制，配备一流的设施，提供优惠条件，鼓励吸引国内外高水平医药创新人才、工程技术人才和团队来鲁创业、合作研究、入驻工作。研究解决海外医药人才引进中的户籍、居住、子女入学、创业资助等方面的问题，吸引更多海外科学家和留学人员回国创业、合作研究。

（四）打造医药科技创新平台。集成全省优势科技资源，重点建设山东省重大新药创制中心。推动企业技术创新平台成为国家新药研发大平台的重要组成力量，打造具有国际竞争力的“旗舰式”医药企业。积极推动济南、潍坊、烟台国家新药孵化基地建设，配备完善的科研仪器装备和专业服务管理机构，降低科技人员创业成本。积极推动鲁中、半岛、鲁南三个新药产业密集区建设，位于三个密集区的青岛、淄博、菏泽、济宁等有条件的开发区要积极建设创新药物孵化基地和医药公共研发服务平台。通过综合运用引导性资金、贷款贴息、偿还性资助、研发投入后补助等多种方式支持医药产业技术创新联盟开展创新成果产业化，加速形成医药产业链。

（五）加强对外科技合作与交流。鼓励医药企业与国际医药行业标准进行对接。制定专项政策措施，支持有条件的企业加快国际注册和生产质量体系认证，建立国际营销渠道。鼓励企业参与承接国际生物医药的委托加工。在省自主创新科技成果转化重大专项中，优先支持我省自主知识产权的创新药物开展国际临床研究，力争进入国际医药主流市场。

二〇一〇年十二月十七日

1 － 57　山东省人民政府关于推进商标战略实施促进经济发展的意见

鲁政发〔2010〕104 号

各市人民政府，各县（市、区）人民政府，省政府各部门、各直属机构，各大企业、各高等院校：

为贯彻《国家知识产权战略纲要》，大力推进商标战略实施，充分发挥商标在促进转方式、调结构中的重要作用，现就推进商标战略实施促进我省经济又好又快发展提出以下意见。

一、指导思想

以邓小平理论和“三个代表”重要思想为指导，深入贯彻落实科学发展观，努力做到行政监管与促进发展、服务大局、维护权益、依法行政相统一，完善商标法律制度，积极服务市场主体，提高企业商标注册、运用、保护和管理能力，充分发挥商标在我省转变经济发展方式、调整经济结构、提高经济发展质量、增强综合竞争力中的重要作用，为建设创新型山东提供有力支撑，努力促进全省经济社会又好又快发展。

二、工作目标

到 2015 年在我省建立体系完善、运行顺畅的商标培育、管理、运用和保护工作机制，形成注册及时、使用规范、保护有力、服务到位的商标发展环境，打造一批在国内和国际市场上具有较强竞争力的产品或服务品牌，为建设知识产权强省奠定坚实基础。

(一) 注册商标总量持续增长。到 2015 年，全省注册商标总量超过 31 万件 (平均每年注册 2 万件以上)。

(二) 商标发展质量进一步提高。到 2015 年，全省拥有中国驰名商标超过 280 件 (平均每年增加 15 件)，山东省著名商标达到 3000 件 (平均每年增加 200 件)。

(三) 商标产业布局更加合理。到 2015 年，传统优势行业形成驰名商标群、著名商标群。高新技术、金融、物流及文化等产业的商标注册率明显提高。高新技术企业的商标注册率达到 80% 以上，并培育和发展 20 件以上中国驰名商标、350 件以上山东省著名商标。服务商标总量比 2009 年底增长 20% 以上，培育和发展 5 件以上中国驰名商标、150 件以上山东省著名商标，不断提高全省服务商标的知名度和竞争力。

(四) 商标保护的法治环境不断完善。商标管理和行政执法体系不断完善，商标案件当年结案率达到 95% 以上；商标投诉渠道畅通，商标投诉和举报的回复率达到 100%；行政执法与刑事追究衔接顺畅，重大假冒侵权行为受到应有的法律制裁；企业自我保护意识明显增强，商标保护机制初步建立；市场主体、社团组织和公民的商标保护意识进一步提高；行政保护、司法保护、社会保护和企业自我保护相结合的商标保护体系基本形成。

(五) 商标发展的社会环境进一步优化。商标法律宣传的普及面不断拓宽，全民商标认知程度不断提高，市场主体的商标意识不断增强，尊重和保护商标的良好社会氛围基本形成，促进商标发展的政策体系和服务体系进一步完善。

三、主要任务

(一) 加大宣传力度，提高全社会的商标意识。建立政府主导、主管部门负责、新闻媒体支持、社会公众广泛参与的商标法律宣传工作体系。注重发挥新闻媒体的作用，坚持普及性与专业性相结合的原则，开展形式多样、内容丰富的商标宣传活动。以“世界知识产权日”、“3·15 国际消费者权益日”为契机，广泛宣传商标法律知识。有针对性地解决市场主体遇到的商标问题，增强企业利用商标拓展市场的经营意识、争创驰名商标和著名商标的战略意识、尊重他人知识产权的权利意识。尤其注重对高新技术、金融、物流及文化等支柱产业的商标宣传，引导企业及时将自主创新成果、文化创意成果进行商标注册。加大商标国际注册的宣传力度，鼓励企业申请商标境外注册，帮助和推动企业积极进行海外维权。

(二) 结合产业政策，全面推进商标战略。将商标战略实施与产业结构调整结合起来，优先扶持高新技术等支柱产业和战略性新兴产业的商标发展，充分发挥商标在优势传统产业中的作用，深入开展“商标兴农”工作，大力扶持驰名商标和著名商标企业发展。

1. 积极扶持支柱产业与战略性新兴产业的商标发展。以产业政策为导向，以高新技术等支柱产业为重点，加强对战略性新兴产业、文化产业以及服务业的商标注册；帮助企业完善商标管理制度，对其中具有潜力的商标进行重点扶持和培育；指导企业综合运用商标、专利、版权、商业秘密等知识产权，对自主创新成果、文化创意成果进行立体、交叉保护。

2. 充分发挥商标在优势传统产业中的作用。在化工、机械、纺织、服装、家电、建材、造纸、制药、轮胎、食品等优势传统产业升级改造过程中，提升商标在商品中的附加值，使商标在传统产业的优化重组和规模扩张中发挥更大的作用。

3. 深入开展“商标兴农”工作。充分挖掘具有山东特色的农副产品和手工艺品发展潜力，鼓励和指导相关组织申请注册地理标志证明商标或集体商标，巩固提高特色优势和品牌优势。大力推行“公司＋商标＋基地（农户、合作社或协会）”的产业化经营模式，进一步提高农民进入市场的组织化程度。充分发挥商标在农业现代化、产业化中的作用，提高农业生产的市场化、规模化、集约化程度。及时总结推广各地“商标兴农”工作经验。

4. 积极支持驰名商标和著名商标企业发展。对驰名商标和著名商标企业，分行业、分阶段地进行商标法律知识和商标战略培训，提高企业利用商标、保护商标的积极性和主动性。力争在全省支柱产业和传统优势产业中形成若干个驰名商标和著名商标群，将个体优势转化为行业优势。支持驰名商标和著名商标企业通过收购、兼并、控股等多种途径进行商标品牌重组，促进生产要素向优势品牌聚集；支持企业通过许可使用、连锁经营等方式，促进商标品牌做优、做强、做大。

（三）强化服务职能，建立健全商标服务体系。

1. 加快建设商标监管服务平台。按照统一规划、统一标准、统一步调的要求，建设高标准商标数据库和监管服务系统。依托商标数据库打造集商标注册信息、商标预警、商标巡查、商标印制、商标培育、商标监管和指导服务功能于一体的高效商标管理系统，逐步实现商标档案数据化、行政指导常态化和商标管理规范化，实现商标管理系统信息平台、行政指导平台和商标监管平台的有机统一。加强与山东省知识产权网的合作，积极探索建立全省统一的知识产权公共服务平台，为全省企业提供更全面、更便捷的知识产权服务。

2. 积极创建商标战略示范城市（区）、示范企业。在创建国家级商标战略示范城市（区）、示范企业的基础上，积极开展省级商标战略示范县（市、区）、示范乡镇、示范企业、特色示范专业村工作。推动各地区、各企业不断提高商标注册、运用、保护和管理等方面的能力，提升商标价值，拓展商标内涵，更好地发挥商标在促进企业和区域经济发展中的重要作用。

3. 提升企业管理和保护商标能力。引导和推动企业建立以确权、用权、维权为核心的商标管理制度和商标保护机制，提高商标运用和应对竞争的能力。指导企业制定商标战略，完善企业在商标注册、使用、许可、转让、质押、投资、市场调查、侵权处理等方面的管理制度。指导和帮助企业建立健全商标印制管理制度，防范商标侵权。推动和指导企业办理海关自主知识产权备案手续，加强商标海关保护。

4. 指导企业做好马德里商标注册试点工作。省工商局要积极做好马德里商标注册试点工作，宣传普及商标国际注册知识，引导企业利用马德里体系进行商标国际注册和保护。鼓励企业在国际贸易中使用自主商标，提高自主商标商品出口比例；帮助定牌加工企业完善加工委托协议，建立法律风险的防范机制，减少商标侵权行为的发生；建立企业海外商标维权机制，为企业海外维权提供全方位的咨询服务；对发展自主品牌的加工企业在商标服务、维权及驰名商标和著名商标推荐等方面给予重点扶持。

5. 发挥行业协会和商标代理组织的作用。充分发挥商标协会的桥梁纽带作用，引导企业实施商标战略，促进企业品牌建设。支持消费者协会、个体私营协会和各行业协会发挥优势，促进商标工作发展，推动行业协会在商标信息交流、维护会员商标权益、海外商标申请和培育、申请驰名商标和著名商标等方面发挥更大的作用。加强商标代理组织和商标代理人的监督管理，建立商标代理组织和商标代理人信用记录、信用等级评价和失信惩戒等监管制度。

引导并推动商标代理组织实现自我管理、自我约束、依法代理。规范商标代理服务执业行为，取缔非法代理。支持商标代理、交易、咨询、评估、法律服务等服务机构发展，发挥商标代理服务在企业商标注册、运用和管理中的促进作用。

(四)加大执法力度，严厉打击商标侵权行为。建立受理及时、反应迅速、程序合法、处理得当的商标行政执法机制。将日常执法与专项整治结合起来，加大对大案、要案的查处力度。坚持严厉打击与规范治理并举，标本兼治，着力治本，致力于长效机制的建立。与知识产权职能部门加强合作，依法追究商标侵权人的法律责任，保护商标专用权。

1. 充分发挥工商部门的职能优势。进一步理顺省、市、县(市、区)工商局三级执法机构的事权划分,进一步完善商标行政执法体系。认真做好商标侵权案件的受理和处理工作，加强与商标权利人的沟通，扩大案件线索，追查假冒侵权源头。对成规模的商品批发零售市场实施重点监管，着力从制度上解决流通领域的商标侵权问题。遵循《与贸易有关的知识产权协议》、《保护工业产权巴黎公约》等国际公约的规定，依法保护涉外商标。

2. 加强各职能部门的协作与配合。建立工商部门与知识产权、质量技术监督、海关等部门的联系配合机制，完善知识产权联席会议制度，加强情况交流和案件通报，形成统一协调的商标行政保护体制。积极探索淮海经济区、华东六省一市等区域保护合作机制，共同打击跨区跨境商标侵权行为。加强工商部门与公安以及司法机关之间的协作，严格执行对涉嫌刑事犯罪的假冒商标案件移送司法机关程序，有效遏制侵犯注册商标专用权犯罪行为。

3. 加大驰名商标和著名商标保护力度。健全驰名商标和著名商标数据库，与企业名称信息系统同时运行，严把企业名称预先核准关，禁止他人将驰名商标和著名商标注册为同行业新设立的企业名称字号的行为；依法制止跨类使用驰名商标的行为，防止驰名商标被淡化；对跨类使用著名商标和其他知名商标的行为要根据商标权利人投诉立案调查，并报请国家工商总局认定驰名商标；严厉查处侵犯驰名商标和著名商标专用权的行为。

4. 保护展会知识产权和特殊标志。结合我省实际，制定全省展会商标保护工作细则，切实做好各类展会期间的知识产权保护工作。加大对侵犯奥林匹克标志、全运会标志、世博会标志、亚运会标志以及其他特殊标志专用权的查处力度，维护国家形象。

四、保障措施

(一)加强组织领导。推进商标战略工作由省工商局牵头组织实施，省法制办、省经济和信息化委、省发展改革委、省知识产权局、省人力资源社会保障厅、省财政厅、省质监局、省公安厅、省商务厅、省农业厅、青岛海关等部门配合。各市政府要根据本意见制定具体实施方案。

(二)突出重点，推动区域经济发展。积极搞好商标战略与产业政策、区域政策、科技政策、贸易政策的有效衔接，重点在山东半岛蓝色经济区、黄河三角洲高效生态经济区和鲁南临港产业带等资源优势明显的地区、优势比较突出的产业和技术领先的商品和服务中培育高知名度商标，充分发挥商标促进支柱产业振兴、传统优势产业升级和战略性新兴产业发展的重要作用。部署开展示范城市(区)、示范企业、示范乡镇、特色示范专业村工作，有计划、分步骤地推进示范单位建设，并建立试点追踪调查机制，促进商标战略实施。大力支持市、县(市、区)政府针对区域经济发展特点，制定和实施地区和行业商标战略，完善商标扶持政策，推进自主创新和自主商标培育工作，促进区域经济协调发展。按年度编制《山东省商标发展报告》，为各级政府决策和企业发展提供参考依据。

（三）完善商标发展激励机制。对被认定为驰名商标和著名商标及经核准注册的地理标志集体、证明商标的商标权主体，市、县（市、区）政府可按照《山东省知识产权条例》的有关规定给予一次性奖励，奖励资金主要用于商标宣传、商标战略实施和商标专用权保护。支持金融机构开展注册商标权质押贷款业务，鼓励和引导各类金融机构、风险投资、创业投资基金及社会资金加大对商标信息开发利用、商标服务的投入力度。对中国驰名商标、省著名商标企业的产品和服务，符合政府采购规定的，予以优先采购。

（四）加强商标人才建设。对商标行政管理人员进行轮训，切实提高监管水平和服务意识。对企业注册登记人员进行商标培训，减少企业名称权与商标权的冲突。选派商标业务骨干参加上级举办的业务培训，参与香港、日本、欧洲、美国等地的知识产权合作交流项目。保持商标管理人员的相对稳定。加强对商标中介组织的指导和监督，组织商标代理人参加业务培训，提高代理人的服务水平。对我省主要行业协会的骨干企业开展商标法律知识的普及和培训，在企业中建立健全商标管理制度，形成企业、社会和政府相互促进、齐抓共管的商标保护和激励机制。

二○一○年十一月九日

1 － 58　山东省人民政府关于印发山东省物联网产业发展规划纲要（2011—2015）的通知

鲁政发〔2010〕114 号

各市人民政府，各县（市、区）人民政府，省政府各部门、各直属机构，各大企业，各高等院校：

《山东省物联网产业发展规划纲要(2011-2015)》已经第 86 次省政府常务会议审议通过，现印发给你们，请认真贯彻执行。

二○一○年十二月十日

山东省物联网产业发展规划纲要(2011-2015)

物联网 (TheInternetofthings) 是通过射频识别 (RFID)、红外感应器、全球定位系统、激光扫描器等信息传感设备，按约定的协议，把任何物品与互联网连接起来，进行信息交换和通讯，以实现智能化识别、定位、跟踪、监控和管理的一种网络。根据国家战略要求和山东经济社会发展实际，特制订本规划纲要。规划实施期限为 2011 年至 2015 年。

一、战略意义、发展现状和趋势

（一）战略意义。物联网产业横跨电子信息制造业、智能装备制造业、软件和信息服务业三大产业，集计算机、通信、网络、智能计算、传感器、嵌入式系统、微电子等多个技术领域，由终端产品制造商、信息传输与处理商、应用与服务提供商和消费者等参与构成。物联网技术和产业的发展将引发新一轮信息技术革命和产业革命，是信息产业领域未来竞争的制高点和产业升级的核心驱动力。加快发展物联网产业不仅是我省提升信息产业核心竞争力、发展创新型经济的战略选择，也是改造提升传统产业、促进“两化”融合、提升社会信息化水平的重要抓手。迅速实现物联网技术突破和产业发展，抢占技术和人才制高点，可以提升我省整体创新能力，增强我省经济可持续发展能力和核心竞争力。

（二）*发展现状*。随着信息采集与智能计算技术的迅速发展和互联网与移动通信网的广泛应用，大规模发展物联网及相关产业的时机日趋成熟。发达国家和地区已纷纷开展物联网领域的规划布局，已在商业零售、物流、环境监测、生物医药、智能基础设施等领域加快应用。美国2009年9月提出《美国创新战略》，将物联网作为振兴经济、确定优势的关键战略，“智能电网”、“智慧地球”等计划相继实施；欧盟已着手实施物联网行动方案，推出物联网标准战略，确保物联网的可信度、接受度和安全性；日本是世界上第一个提出“泛在”战略的国家，在其U-Japan和I-Japan战略中，物联网是发展的重点；韩国出台了《物联网基础设施构建基本规划》，提出“通过构建世界最先进的物联网基础设施，到2012年打造信息通信融合的超一流的ICT强国”的目标，并制定了四大战略和12个重点项目。我国早在10多年前就开始了物联网相关领域的研究，技术和标准与国际基本同步，突破了一批关键技术，形成了一定产业规模，并在国际标准制定中取得一定话语权。智能交通、智能安防、智能物流、公共安全等领域的示范应用在一些省、市已初步展开。

我省是电子信息产业大省，也是国内物联网产业起步较早和相对集中的地区，在技术研发、产业化、市场应用、人才资源、新产业培育等方面拥有一定的先行和集聚优势。一是RFID、传感器产业初具规模，拥有从事RFID、传感器研发生产重点企业共100余家，2009年实现销售收入超过100亿元；二是智能芯片产业具备一定基础，形成了海信“信芯”、海尔解码芯片、浪潮税控收款机SoC芯片等具有自主知识产权的核心技术，正在形成以济南、青岛为中心的集成电路设计基地；三是无线通信网络产业稳步发展，截至2009年底，移动电话用户总数达到5341.8万户，居全国第二位，宽带接入用户达747.4万户；四是物联网应用逐步扩大，我省企业的物联网产品和服务应用于节能减排、生物识别、一卡通、防伪、票证、食品安全、公共安全等领域，并在养殖业、物流信息化、农业信息化、城市公共服务、智能交通、生产制造等领域进行了多项示范应用。

（三）*发展趋势*。随着物联网技术在各行各业广泛应用，RFID、智能芯片、传感器、无线通信等领域产品需求量将急剧上升，这将带动新的软件、服务和应用市场发展。据估计，到2020年，在智能电网和机场防入侵系统方面的市场规模可超过1000亿元，物联网将成为下一个万亿级的信息技术产业。随着标准、技术和价格等多方面因素的成熟，我国物联网产业市场未来几年将处于高速发展期，为我省发展物联网相关产业带来了良好的发展机遇。

二、发展思路和目标

（一）*发展思路*。深入贯彻落实科学发展观，按照“引领核心技术，建设产业聚集区；发展重点产业领域，形成产业支撑区；实施重大示范工程，打造全省示范先行区”的思路，以促进发展方式转变和产业结构调整为宗旨，坚持“设施先行、创新驱动、以用兴业、重点突破、协同发展”的原则，确立应用牵引的产业发展模式，以物联网示范工程建设为核心、产业基地为载体、产业联盟为支撑，以物联网产业创新体系、应用推广体系、标准研制与验证体系、公共技术服务体系、信息安全基础体系和产业要素支撑体系为保障，加快形成“智慧山东”基本框架。

（二）发展目标。力争用5年左右的时间，以构筑“智慧山东”为目标，初步将我省建设成为物联网领域技术、产业、应用的先行省份，在全国处于领先地位。到2015年，争取在RFID、传感器、核心芯片、关键设备制造等方面形成一批自主知识产权的产品和解决方案；重点培育、扶持一批在全国具有一定影响力的物联网龙头企业，促进物联网标识、感知、处理和信息传送等产业链条进一步完善；重点行业示范应用效益明显，重点示范区域智能管理和民生智能化水平显著提升；积极参与物联网操作系统及中间件平台等基础性国家、行业技术标准制定，逐步完善物联网研发体系、公共技术服务平台及基础数据库，初步建立起我省物联网标准化体系。

1. 技术创新。攻克一批物联网核心关键技术，形成具有自主知识产权的物联网产品系列，在RFID、传感器及节点、应用软件、高端集成、服务应用以及网络通信、云计算、云安全等技术领域取得实质突破，自主研发、产业保障和核心技术掌控力显著提升，到2015年，形成较为完备的物联网标准体系和专利体系。

2. 产业规模。到2015年，建成具有较强创新能力和国际竞争力、自主可控的物联网产业体系，物联网产业规模超过2000亿元。在新型RFID、传感器、网络通信设备、软件开发、高端集成服务、网络运营及应用服务等领域集聚规模以上企业500家以上，形成年销售额超10亿元的龙头企业5家以上，初步形成门类齐全、布局合理、协同发展的产业集群和区域结构。以济南、青岛等市为全省物联网发展的主要承载地，促进实现其他地市产业园区与之协同发展、错位竞争的良性发展态势。

3. 示范应用。到2015年，以政府推动示范应用和项目为切入点，在交通运输、农牧业、节能环保、物流、电力、安全、家居、城市管理等领域重大示范工程基本建成，先导行业的物联网应用全面开展。

三、发展重点

跟踪国际物联网技术发展方向，根据我省实际，结合产业发展带动，重点实施“5412工程”，即：5个物联网核心技术领域、4大物联网产业和12类物联网重大示范工程。

（一）核心技术领域。通过政府推动、应用牵引和创新驱动，重点攻克核心技术，大力发展核心产业，加快形成较为完备的物联网技术体系和产业体系。

1. 射频识别技术和传感节点技术。通过新原理、新材料和新结构的研发，依托威海北洋电气、东方电子等企业，以低功耗、小型化、高性能为目标推动传感器节点集成化，重点开发各种类型的面向不同行业的低成本传感器，实现传感节点感知单元、处理单元、传输单元和电源单元的高度集成。加快研发传感器节点微操作系统及应用中间件、微组装技术和传感器节点机组成单元的工艺和设备技术。以山东标准化院、淄博泰宝等企业为重点，加快开发超高频RFID、新型集成RFID、微机电系统(MEMS)等器件和技术，支持RFID产业化应用关键技术的攻关。

2. 组网与协同处理技术。以海尔集团、海信集团等为核心，加强网络体系结构、网络与信息安全、传感器节点间通信与组网协同感知与智能化信息处理系统等相关技术研发。重点研发适用于传感器节点的近距离无线通信技术、研究自组织组网技术以及异构网络的融合技术和协同技术，保证通讯的保密性、完整性、可用性，实现多网无缝接入与信息交互标准化。

3. 物联网软件、应用集成及智能计算处理技术。充分发挥我省浪潮集团、中创软件等企业在技术和市场方面的优势，重点支持物联网海量数据的智能计算平台和数据挖掘平台，系统级软件及中间件和决策处理等智能计算系统的研发。以日照活点网络科技、地纬软件、蓝光软件等企业为重点，加快发展包括嵌入式微操作系统、物联网管理控制技术、物联网系统集成、云计算、云安全、感知识别层的应用中间件和高端系统级应用中间件，大规模数据挖掘和决策智能处理算法与软件、物联网搜索引擎、物联网 Web 技术等。

4. 共性支撑技术。巩固山东大学、省科学院、济南银泉科技公司等在各自共性支撑技术领域的优势，重点加强可编程、一致性测试、基准测试、系统测试、自适应任务调度、情境感知、隐私保护等共性技术研发及现代信息通信、计算机及网络、先进微电子机械系统技术、新材料、新能源等基础支撑技术的研究与创新应用。加强网络虚拟化技术、集群化技术、多节点信息协同技术、多源资源管理、网络服务质量 (QoS) 技术、分布式信息处理和分布式资源管理技术、内容聚合技术、网络管理技术、设备管理技术等共性支撑技术产品的研发。

5. 物联网网络与信息安全技术。依托山东大学、山东省网络与信息安全测评中心、济南得安、山东 CA 公司等技术优势，重点发展包括传感器节点和网络的安全技术、RFID 安全技术、物联网加密技术、物联网安全认证技术产品等，加强统一的安全终端和安全应用平台功能模块的研发。

（二）重点产业领域。物联网产业具有爆发力强、关联度大、渗透性高、应用范围广等特点，按照关联度大小，重点培育核心产业，鼓励发展支撑产业，以应用促进相关产业发展。

1. 物联网核心产业。重点发展与物联网产业链紧密关联的硬件、软件、系统集成等核心领域。以金钟衡器、淄博泰宝、凯胜电子、东方电子等为重点，着力打造各类传感器、新型传感网芯片设计、制造和封装、软件 / 中间件、系统集成、网络服务、内容服务、物联网技术应用等产业，培育形成以传感器、RFID 产品和嵌入式芯片为主的物联网制造业。

2. 物联网支撑产业。抓好海尔集团智能家居、海信集团智能交通等重大项目的实施，支持发展微小型、高性能、智能化的各种新型电子元器件、集成电路、数字家庭、新型电子材料，支持浪潮、中创软件发展高端计算机及服务器、通信网络与设备、高端软件等相关支撑产业。

3. 物联网带动产业。加快推进智能工业、数字农业、智慧矿山等重大工程建设，利用物联网大规模产业化和应用对先进制造业、现代服务业和传统产业带来的根本变革，重点推进带动效应大的现代装备制造业、现代农业、现代服务业、消费电子、交通运输及其他传统产业改造升级和发展。

4. 物联网网络运营和服务产业。以中国电信、中国移动、中国联通三大电信运营企业为依托，重点推进与物联网产业发展和应用示范相关的通信传输、智能处理、数据存储、信息安全等网络信息基础设施提升工程。尽快形成以网络传输、信息处理、内容提供以及运营服务为主的物联网网络运营和服务产业快速聚集、可持续发展的网络基础条件和服务支撑体系。

（三）重大示范工程。面向经济、公共管理和公众服务等领域，分期分批建设 12 大示范工程，为物联网产业发展培育良好的市场环境。在示范先行的基础上推动应用的工程化，由点到面、覆盖全省、辐射全国，将我省建设成为物联网示范先行区，推动物联网产业可持续发展。

1. 智能工业示范工程。以装备制造智能化为核心和突破口，深化物联网技术在汽车、船舶、机械设备、消费品等我省优势传统产业上的渗透融合，创建 100 个装备制造智能化示范项目。一是以山钢、青钢等为示范，在钢铁行业发展高端钢铁行业智能化技术总包服务。二是以济南重汽、潍柴集团等为示范，汽车行业大力应用全数字化设计、智能测控、工业机器人和虚拟仿真技术，试点推广柔性制造、敏捷制造等先进生产技术，发展个性化定制生产模式，开发应用发动机电子控制、传动和行驶电子控制、导航、安全报警及检测等系统。三是以青岛北海等为示范，船舶行业重点推广应用电子识别技术、可配置信息集成等，实施海洋工程装备建造数字化、管理信息化改造。四是以齐鲁石化、烟台万华、济南炼油厂等为示范，在石化行业重点推广应用实时、在线、连续的产品质量和成份传感网控制系统，提高产品品质、安全生产和节能降耗水平。五是以招金、山水等为示范，在原材料行业重点推广在线检测、集散控制技术，提升生产流程自动化和智能化水平。广泛应用传感网技术，实现实时监测、诊断、预警的清洁文明生产。六是以海尔、青啤、张裕等为示范，在消费品行业重点应用产品设计、生产集成和柔性制造系统，大力推广生产过程状态监视、质量控制、快速检测等技术。

2. 数字农业示范工程。以龙大集团、诸城外贸、禹王集团等国家和省重点龙头农业企业为示范，重点在粮食作物生产、农用地资源利用、农用水资源、畜禽水产精细化管理、农产品质量安全管理与溯源、果园精细管理、设施农业等领域部署物联网试点与示范应用。选择寿光等 10 个以上县（市、区），以设施农业和农田远程管理为切入点，推广 3S 技术（地理信息系统 GIS、全球定位系统 GPS 和遥感技术 RS）和计算机自动控制、模拟等技术，建设一批省级农业物联网技术应用示范园区。

3. 智能物流示范工程。以青岛港、山东邮政等为示范，以港口集装箱智能调度、物流信息处理、车辆监控管理和调度、食品及药品追溯与风险预警等为切入点，研究物联网的技术选型、建设模式和基本框架，采用和制定相关物流信息标准，选择 60 个重点物流企业、园区和基地开展感知物流应用示范。积极推动 RFID、传感网等技术在制造业物流、城市配送物流、商贸服务中心等各类物流模式中的应用，加快以物联网为主要特征的第三方、第四方物流新模式和制造业物流业联动发展。

4. 智能电网示范工程。建设对重要输变电设备和高空塔架状态监测的物联网设施，实现智能的设备生命周期管理和故障预警；建立基于通信网络的电力远程抄表平台，实现全电子化抄表、通知和缴费，提升基础设施精细管理和自动化运营能力。以建设智能变电站为切入点，开展感知电力应用示范，实现电网可靠、安全、经济、高效运行，建成覆盖全省的智能电网物联网应用示范工程、建设 3–5 个智能电网示范城市。

5. 智慧矿山示范工程。选择枣矿、兖矿、山东黄金等重点企业开展“数字矿山”试点、示范，全面实施以物联网为基础的包括基础网络平台、矿山数据仓库、工业自动化系统、安全监测监控系统、地理信息系统和可视化平台、安全保障系统、生产技术管理系统、矿山 ERP 系统和基于生产环境、生产设备、生产人员互连的四维综合指挥调度系统数字矿山示范建设。

6. 智能交通示范工程。以山东高速集团、山东机场有限公司等为示范，重点打造智能交通工具、智能交通行车与停车诱导、城市道路智能交通管理、高速公路智能管理、电子收费、交通事故预防和安全保障、道路基础设施管理与维护等系统示范应用工程，形成智能交通标准体系，初步建立面向行业与区域的运输管理物联网公共服务体系。大力推行 RFID 在不停车收费 (ETC)、多路径识别等方向的应用，在全省高速公路主要出入口逐步实现不停车收费。

7. 数字节能环保示范工程。一是用传感网技术促进节能技改，重点推进冶金、化工、建材等高耗能行业生产设备智能化，改造传统工艺和生产流程，培育 100 家能源综合利用、污染源（物）监控和清洁生产示范企业。二是在全省每个地市选择开展污染防控传感网络，建设放射源管理、污染源在线监控、水环境质量监测、空气质量监测、城市噪声固定式监测和环境预警及应急指挥系统等3–5个重点示范项目建设，以构建智能化、具有感知能力的监测、防控体系。

8.智能城市管理示范工程。一是选择济宁、烟台、东营等“无线城市”试点城市，建设具备异常事件自动发现和智能预警功能的城市监控系统，实现对突发事件、事故灾难、重要场合、大型活动实时全程监控、应急指挥、事后评估等。二是以周界防入侵系统为应用切入点，全省选择8–10个机场、火车站、港口等重要部门和重点区域建设周界防入侵系统示范项目。

9.数字公共安全示范工程。结合公共安全的实际需求和物联网的技术优势，在防入侵、应急指挥和食品、特种设备、危险品、卫生等领域推动物联网示范应用，通过试点工程实现技术验证，并达到示范作用，推动形成公共安全物联网的大规模应用体系，加速建设突发公共事件应急物联网平台体系。

10.智慧医疗示范工程。以山东省立医院、齐鲁医院、千佛山医院等为示范，重点推广、部署RFID就诊“一卡通”、无线(移动)远程医疗与医疗监护、远程健康管理、药品供应链管理、重要医疗器械(高价、放射性等)追溯等医疗服务、医药产品、医疗器械物联网示范与应用，建立医疗领域物联网标准、编码体系，联合医疗服务行业、物联网企业、科研院校共同研发适合医疗行业需求的物联网相关技术及产品。

11.智能家居示范工程。采用传感网、智能控制、RFID等物联网技术，建设联入城市公共安全平台的小区安防系统以及基于通信网络的家庭环境监控等智能控制平台；实时收集水、电等资源使用信息，根据人员的活动情况自动调节空调、电灯和水源，实现节能目标。

12.智能建筑示范工程。在全省每个地级市选择3–5处建筑面积在5万平方米以上的住宅小区或2万平方米以上的公共建筑，采用传感网、智能控制、RFID等技术，建设智能建筑项目；支持60个以上示范项目，应用物联网技术的建筑面积达到300万平方米以上。

四、重点任务

为实现发展目标，我省应发挥优势，整合资源，抢抓机遇，加快科教资源、产业资源和金融资源的引进集聚，突出抓好平台、园区建设和示范应用工程，抢占产业、应用、技术、人才制高点。

(一)加快形成产业布局。突出自主创新、选择2–3个设区市建设核心技术和产业聚集区；突出产业支撑，选择4–5个设区市发展产业支撑区，构筑布局合理的物联网产业基地；省内其他区域立足现有产业基础，明确重点发展领域，形成若干个物联网应用示范区，开展物联网应用和示范工程，集聚物联网优势企业，加快形成物联网产业集群，形成技术创新、应用方案创新和商业模式创新的合力。各市应有重点的推动特色化物联网示范工程建设，在省内形成分工合理、特色明显、优势互补、互动共赢的产业发展格局，共同打造全国领先水平的物联网产业基地。

(二)加快推进支撑服务平台建设。一是加快推进物联网海量数据资源共享服务平台、交换平台、信息安全服务平台、高速宽带网络、山东省地理信息公共服务平台、超级计算中心和云计算中心等共性基础支撑项目的建设。二是加快建设物联网技术研发和产业化平台，推进相关研究成果的转化和产业化。三是建设物联网公共技术服务平台、公共测试服务平台和综合信息咨询服务平台，为中小企业创新提供服务。四是面向重点领域，依托山东省电子商务综合服务平台、山东省移动信息化综合服务等平台，建设电子商务应用示范基地和中小企业信息化应用创新基地，为物联网产业发展培育良好的市场环境。五是建设物联网标准及知识产权服务平台，保障我省物联网产业与应用规范化发展。

(三)加快物联网产业园区建设。加快引

进省外优势企业以及孵化和培育科技型中小企业，大力培育企业创新要素向园区集聚，重点打造RFID、传感器、集成电路和物联网服务产业等园区。针对现有的信息产业园区及高新技术产业园区，打造重点物联网基地，每年选取1–2个产业园作为物联网产业基地。

（四）加快技术标准和检测认证体系建设。成立山东省物联网标准化技术委员会，加快推进我省各行业应用接口、架构、协议、安全、标识等物联网领域标准化工作，加强部省合作积极参与国际和国内相关标准制定。建立适应物联网产业发展的检测认证体系和物联网产品质检中心，开展信息安全、电磁兼容、环境适应性等方面监督检验和检测认证工作。

（五）加快人才队伍和学科体系建设。在省内高校加快物联网发展所需学科专业建设，扩大物联网相关领域学位点布局和研究生培养规模，促进优质学科资源的整合与汇聚。加大人才培养和招才引智力度，重点引进海内外高层次创新创业人才和团队。

五、保障措施

（一）加强组织领导。建立物联网产业发展联席会议制度，由省政府分管领导牵头，有关部门参加，完善协调机制，统筹协调政策、资金、市场等各方面资源，向物联网产业倾斜，全面指导、推动物联网发展，包括物联网示范项目建设推进和产业发展工作。建立省与重点地区、重大项目的日常沟通协调机制，及时解决产业发展、项目建设、应用推广中的问题。加强部省合作，建立省与工业和信息化部、国家发展改革委、科技部等部委的合作机制，争取国家重大专项支持。

（二）注重规划引导。加强物联网产业重点领域专项规划的编制和实施工作，加快认定、建设一批物联网产业和应用示范基地，强化对产业发展的具体指导。重点地区要紧密结合实际，抓紧制订本地区物联网产业发展规划和实施方案。对技术先进、优势明显、带动和支撑作用强的重大项目，及时纳入省重点项目规划和年度实施计划，确保有效实施。

（三）加大产业政策支持。研究制订财政、土地、税收、政府采购等方面的政策措施，省级信息产业、制造业、产业技术研发、服务业发展引导、新兴产业发展、科技等专项资金对物联网重大项目建设、示范应用推广、关键技术研发及人才培养和引进给予重点支持，对符合高新技术企业认定条件的物联网企业进行优先认定，将自主知识产权的物联网产品与服务列入政府采购目录，使用财政性资金采购时优先购买。

（四）拓宽融资渠道，加大产业投资力度。发挥银行信贷支持主渠道作用，支持搭建支持产业发展的各类金融服务平台，鼓励各类担保机构向物联网企业倾斜，提高政策银行、商业银行等金融机构对物联网企业的信贷支持力度。鼓励金融机构开展物联网企业股权质押、知识产权质押、合同质押、资质抵押、信用保险、科技保险等试点。鼓励国内外风险投资及社会资金投向我省物联网企业，创造有利于创新型企业成长的投融资环境。

（五）建立物联网产业和技术创新协作机制。构建“产学研用”四位一体的物联网产业和技术创新联盟，有效整合资源，加快引进国门、外高校和科研机构，组织电子设备制造企业、电信运营企业、软件开发企业、集成服务企业及高校和研究、检测机构，突破物联网关键技术，积极推进“产学研用”一体化的协作机制和跨行业、跨领域的物联网技术标准化协作机制的形成。促进山东省物联网产业协会的建设，加快形成行业之间互相合作、互相促进、互相制约、共同发展的局面。

（六）营造良好发展环境。加强政府引导，加大财政资金支持力度，把加快物联网产业发展纳入全省“十二五”经济和社会发展规划。加强宣传，组织开展产业推进会、高层论坛、产品展示等各种活动，进一步加强物联网知识普及和物联网技术应用的行业宣传，为物联网产业营造健康、有序、快速发展的环境。

（七）强化目标考核。建立健全目标责任考核体系和激励机制，细化目标任务，明确责任部门，落实考核内容，定期通报各项目标任务的进展情况，对责任单位完成情况进行督促检查，确保规划目标实现。建立和完善物联网产业统计指标体系和统计工作制度，加强统计分析和跟踪监测。

1－59　山东省人民政府关于批转省深化经济体制改革试点工作领导小组关于2010年深化经济体制改革工作的意见的通知

鲁政发〔2010〕75号

各市人民政府，各县（市、区）人民政府，省政府各部门、各直属机构，各大企业，各高等院校：

省政府同意省深化经济体制改革试点工作领导小组《关于2010年深化经济体制改革工作的意见》，现转发给你们，请认真贯彻执行。

二〇一〇年八月五日

关于2010年深化经济体制改革工作的意见

（省深化经济体制改革试点工作领导小组）

2010年是继续应对国际金融危机、保持经济平稳较快发展、加快转变经济发展方式的关键一年，也是完成"十一五"规划任务、为"十二五"经济社会发展打基础的一年，做好今年的改革工作非常重要。2009年，面对国际金融危机的强大冲击和进入新世纪以来经济社会发展最严重的困难，在省委省政府的坚强领导下，全省上下坚决贯彻落实党中央、国务院关于应对危机的一系列决策部署，按照胡锦涛总书记对山东工作的总要求，认真把握积极作为、科学务实的工作基调，坚持以改革为动力，改革体制，创新机制，多措并举，稳中求进，在经济环境极为不利的情况下，仍然取得了经济增长11.9%的良好成绩，保持了较好的发展态势。

与去年相比，2010年的发展环境明显好转，但也要看到，我们所面临的风险和挑战仍然十分严峻。从国际环境看，世界经济的走势仍有很大的不确定性；从国内环境看，输入性通胀压力加大，结构调整和节能减排任务艰巨，经济回升的基础还不牢固。同时，在经济和社会生活中影响科学发展、和谐发展的深层次矛盾和问题依然存在。所有这些，无论是从当前应对危机和调结构、转方式、保增长、惠民生的角度看，还是从建立落实科学发展观、构建社会主义和谐社会长效机制的角度看，都必须深化改革，努力从体制和机制上解决问题。

根据《国务院批转发展改革委关于2010年深化经济体制改革重点工作意见的通知》（国发〔2010〕15号）精神和我省的具体情况，

2010年深化经济体制改革总的指导思想是：坚持以邓小平理论和“三个代表”重要思想为指导，深入贯彻落实科学发展观，全面落实党的“十七大”和十七届三中、四中全会精神，按照胡锦涛总书记对山东工作的总要求，认真贯彻以改革促发展、以改革促和谐的方针，牢牢把握建立社会主义市场经济体制的改革取向和转变发展方式这条主线，把保增长与调结构、惠民生与扩内需、促和谐与保稳定紧密结合起来，积极推动重点领域和关键环节的改革，以体制机制的创新推动结构调整和发展方式的转变，为经济社会的又好又快发展注入活力，提供动力。2010年的经济体制改革工作，拟重点在以下十个领域取得突破：

一、推进投融资体制改革，保证经济稳定持续增长

（一）深化投资体制改革，促进投资管理科学化。根据国家出台的政府投资条例，研究我省加强政府投资管理的实施办法。进一步放宽对非公经济投资领域的限制，鼓励和引导民间资本进入法律法规未明确禁止准入的行业和领域。加强协调和沟通，尽快出台我省企业投资核准备案办法。根据国家关于政府投资项目决策责任追究指导意见和代建制管理办法，加快我省相关制度的调研和建立工作。（省发展改革委、法制办、经济和信息化委负责）

（二）深化金融体制改革，增强金融服务功能。进一步完善金融服务体系，积极支持中央驻鲁银行机构改革发展；大力引进各类银行机构来我省设立分支机构；继续深化农村信用社改革，搞好农村商业银行试点；推动城市商业银行加快县域分支机构设立步伐，积极引进战略投资者，稳步推进跨区经营；深化村镇银行、贷款公司等新型农村金融机构试点，进一步完善农村金融服务体系。在加强有效监管、促进规范经营、防范金融风险的前提下，支持民间资本以入股方式参与城市商业银行的增资扩股，参股农村合作银行和农村商业银行；鼓励引导民间资本发起或参与设立村镇银行、贷款公司、农村资金互助社等新型农村金融组织，重点鼓励民间资本参与设立小额贷款公司。引导符合条件的非公有制企业设立金融中介服务机构。完善多层次资本市场体系，加大推动企业上市力度，扩大企业债券融资规模。支持发展各类融资担保机构，加快建设多元化投资的融资担保体系。积极稳妥地推进小额贷款公司试点，加大扶持力度，着力解决发展中的政策性问题，促进小额贷款公司规范发展。完善金融监管体制，建立部门间协调配合、信息共享机制。（山东银监局、省金融办负责）

二、改革城镇管理体制，以城镇化带动内需扩大化

（三）破除城镇化发展的体制障碍，加速农村城镇化进程。把加速农村城镇化作为今后一个时期启动内需的最大潜力所在和战略性举措，建立与加速城镇化相适应的体制与机制。积极探索培育大城市的路子、机制和研究撤县（市）建区的问题，着力提高城市化发展的内在素质和战略竞争能力。加速发展小城市和中心镇，达到小城市标准的县要争取撤县建市，中心镇的发展目标定位应为小城市，功能定位应能承担县城和县级市的副中心职能，并赋予部分县级管理权限；布局上不能过多过散，每个县和县级市的中心镇数量应限定在1–2个以内。把中心村的培育纳入城镇化体系之中，按照《中共山东省委山东省人民政府关于统筹城乡发展加快城乡一体化进程的意见》（鲁发〔2009〕23号）要求，人口目标规模要达到3000–10000人，基础设施与村容村貌建设的目标要求要达到小城镇的标准。结合城镇化和新农村建设的推进，把房地产业作为支柱产业加以培植，深化房地产管理体制和市场调控模式改革，努力把房地产业做大作强。（省住房城乡建设厅、民政厅负责）

（四）建立城镇化发展的促进机制，增强城镇化发展的动力和活力。深化户籍制度改革，消除农民进城务工、定居的体制性障碍，通过农民变市民来创造消费，扩大内需。按照人口向城镇集中、产业向园区集中和土地向种田能手集中的要求，在集中做大做强县城的同时，要建立农民和农村非农产业向中心镇与中心村集中的促进机制。城乡统筹衔接的各类基础设施、各级财政安排的农村建设资金、各类公共服务及享受政府政策支持的市场化服务机构和设施的布局，都应向中心镇和中心村倾斜，以增强对农民的吸引力。探索研究有利于城镇化发展的土地管理政策，鼓励和引导农民通过旧村改造和迁村并点融入城市或向中心镇、中心村集中。(省住房城乡建设厅、公安厅牵头)

(五)创新城镇社会管理，保障社会安全稳定。推进与城镇化相适应的城镇社区管理体系建设，完善城市运行信息管理平台和公共服务平台，建立城镇管理综合执法长效机制。结合新型农村社区建设，创新社区管理模式，推动城市管理重心下移，建立社区警务、司法调解、社团组织管理的有效平台，实现政府行政管理和社区居民自治的有效衔接和良性互动。结合户籍制度改革，完善暂住人口登记制度、外来流动人口调控和服务管理制度，研究推行居住证制度。(省住房城乡建设厅、民政厅、公安厅负责)

三、推进城乡统筹发展改革，建立新型城乡关系

(六)破除二元结构，推动城乡融合。全面贯彻落实《中共山东省委山东省人民政府关于统筹城乡发展加快城乡一体化进程的意见》(鲁发〔2009〕23号)，积极推动“六个统筹”，从城乡规划布局、产业发展、基础设施建设、环境保护、社会事业发展、社会管理、公共服务和国民收入分配等各个方面，全方位贯彻统筹理念，加快缩小城乡差距步伐，逐步让城乡居民共享改革发展成果。(省委农工办、发展改革委负责)

(七)加大支持力度，完善扶持“三农”的政策体系。在继续贯彻“多予少取放活”方针、进一步完善城市支持农村、工业反哺农业机制的同时，鼓励城市资本下乡进行旧村改造和发展现代农业、服务业以及适宜于农村发展的农副产品加工业，并带动人才、技术和管理理念下乡。继续完善财政转移支付制度，推动省市两级财力下沉，努力推动全省基本公共服务均等化。推动金融资源向农村配置，引导金融服务和金融机构向农村延伸。鼓励农村金融组织创新，积极发展面向“三农”的中小型金融机构，支持和引导发展以专业合作社、社区股份合作社和土地股份合作社为主要形式的农村互助合作组织，允许有条件的农民专业合作社开展信用合作。(省委农工办、发展改革委、财政厅、金融办负责)

四、深化农村产权制度改革，增加农民财产性收入

(八)明晰农村产权，保护农民权益。逐步解决农村集体产权虚置问题，加紧对农村土地承包权等各类产权进行确权、登记和颁证，允许农村产权通过转让、租赁、入股、抵押等形式实现自由流动和取得财产性收入。推进农村集体经营性资产产权制度改革，能够折股量化的要尽量落实到人。搞好农村产权交易市场和产权交易服务组织建设，配套建立产权价值评估机制和市场交易规则，尽快形成完善的农村产权流转体系。深化海域和内陆水域使用权制度改革，积极探索其物权属性的实现形式和利益补偿机制。继续推进集体林权制度改革，推动林权有偿转让和流转。进一步深化水利工程管理体制和农村水利体制改革，探索推进农村小型水利设施产权多元化改革。(省委农工办、农业厅、水利厅、海洋与渔业厅、林业局负责)

(九)深化土地管理制度改革，推进农村土地使用权资本化。鼓励农村土地承包经营权依法流转，探索土地承包经营权有偿转让、入股、出租、抵押、融资等多种物权化实现形式，推动农村土地使用权的资本化和市场化。在不改变农用地性质的条件下，允许和鼓励城市工商企业通过租赁、入股、接受土地承包经营权转让等形式到农村进行土地开发和经营，用先进的经营理念来推动农村现代化进程。深化征地制度改革，完善征地程序，探索科学合理的征地补偿机制。积极探索农村宅基地有偿取得和退出机制，扩大城乡建设用地增减挂钩实施范围，在旧村改造和村庄整合中节约的土地，除留作农村集体经济社会发展用地以外的剩余部分，可置换为城镇建设用地指标，置换所得收入，主要用作农民新建住房的补贴以及发展集体经济和集体公共事业。(省农业厅、国土资源厅、林业局负责)

五、深化企业改革，提高经济发展活力和市场竞争能力

(十)继续推进国有企业制度建设和布局调整，提高国有经济的内在素质。继续深化国有企业改革，加快现代企业制度建设，规范公司治理结构。改革国有企业的人事管理制度，不断扩大国企领导人公开竞争任职和选聘任职的范围。在充分尊重国企领导人管理和决策权力的同时，要健全考核评价、监督管理和责任追究等制度，强化对国企领导人的激励和约束。改革国有企业收益分配制度，全面推行国有资本预算管理，逐步理清政府与企业的利益关系。继续推动国有企业股份制改造和整体上市，在企业进行整体资产评估时，对资源类企业和特别授权经营的国有企业，应在正确评估资源价值和特别授权隐形价值的基础上进行，以避免国民利益私人化甚至向国外流出。继续推动国有企业的战略性重组和布局调整，集中培育一批具有国际竞争力和全国影响力的大企业集团。(省国资委、经济和信息化委、财政厅、人力资源社会保障厅、国土资源厅负责)

(十一)深化垄断行业改革，激发国有经济活力。进一步打破垄断行业市场准入限制，建立健全适应市场经济要求的垄断行业激励约束机制。建立和完善特许经营制度，对直接关系社会公共利益、具有自然垄断性的行业，探索实行公开招标和特许经营制度。继续推动电力、盐业、城市公用设施等垄断行业和交通行业改革，允许民间资本进入能源、交通、市政公用事业等行业和领域。推进电网企业主辅分离，尽快启动盐业体制改革和农电体制改革试点。(省发展改革委牵头，相关部门各负其责)

(十二)做大作强中小企业和民营经济，增强经济发展活力。全面落实支持中小企业和民营经济发展的各项政策，在市场准入、税收优惠、政策扶持、信贷支持、建设用地审批等各个方面，都要给予中小企业和非公经济以平等待遇，并研究制定通过政府采购支持中小企业和民营经济发展的政策与措施。结合国有经济布局调整和从部分竞争性领域的退出，要允许和鼓励民营经济通过参股、控股和收购等形式参与国有企业的改制改造和重组，发展混合型经济。加强民营经济和中小企业信用担保体系建设，综合运用资本注入、风险补偿和奖励补助等方式，培植一批规范化、担保能力强的担保机构，着力构建民营经济和中小企业融资信用服务平台。搞好省级创业投资引导基金的运作管理，扩大省级再担保公司资本金规模，尽快建立小企业贷款风险补偿机制，努力破解中小企业特别是小企业融资难问题。引导民营经济采用现代管理模式和现代企业制度，努力解决许多家族式企业不能持续发展的问题。(省发展改革委、金融办、中小企业办牵头)

六、改革投资调控和资源环境管理体制，促进发展方式转变和结构调整

(十三)加强投资调控，促进产业升级。加强对投资行为的引导，完善和提高产业技术、环保、资源消耗等产业准入标准，促进集约型产业结构的形成。研究制定促进高新技术、现代装备制造和现代服务等产业发展的项目优先序列，引导土地、资金等资源的优化配置和股票上市、债券发行等政策的集中扶持。发挥产业政策的导向作用，加强对规划、计划、财税、价格、建设用地供给和政府采购等调控手段的统筹协调，形成推动发展方式转变的合力。建立战略性新兴产业培育引导机制和传统产业改造提升促进机制，突破制约服务业发展的体制和政策障碍，健全促进产业转型升级的体制机制。(省发展改革委、经济和信息化委牵头)

(十四)深化资源价格改革，用资源成本约束促进发展方式转变。推进电力、油气、矿产品、水等资源性产品价格和环保收费改革，建立反映市场供求关系、资源稀缺程度、环境损害成本的生产要素和资源价格形成机制及落后产能退出机制，促进资源配置向高技术、高效率、环保型产业和企业倾斜。进一步健全完善矿产资源分类管理和矿业权有偿取得制度，完善鼓励使用可再生能源、生物质能源和其他资源节约的价格扶持政策。按照国家的部署，扩大和推进大用户直接购电、双边交易试点，开展企业自备机组替代发电试点，启动输配电价格改革试点，研究出台关于销售电价分类结构的实施办法。推行居民用电、用水阶梯式价格制度，推进农业节水和农业水价综合改革。(省物价局、经济和信息化委、济南电监办、住房城乡建设厅、水利厅负责)

(十五)深化环保体制改革，促进产业结构优化。采用提高排污收费标准、限制产业进入等多种措施，强化对低技术、高消耗、高污染产业、企业和项目的约束，引导对产业结构的调整。进一步健全和完善重点污染源和环境质量监测制度，推行总量减排行政首长责任追究制度。继续推进重点流域、区域的生态环境补偿试点工作，探索海域生态环境污染补偿问题，开展排污权有偿使用和交易试点，研究建立污染物排放的激励约束机制和排放权指标初始分配管理体制。(省环保厅、财政厅、物价局负责)

(十六)加强自主创新体系建设，强化对转变经济发展方式的技术支撑。把转变经济发展方式纳入主要依靠科技进步的轨道，深化科技体制改革，完善自主创新的投入引导机制、政策导向激励机制、人才培养机制和考核评价机制，引导和支持创新要素向企业集聚。建立技术要素参与收益分配的制度，推进以企业为主体、市场为导向、产学研相结合的区域创新体系建设。继续完善源头创新、企业技术创新、成果转化和中介服务三类平台建设，健全支持创新型企业的投融资体制，鼓励各类社会资本开展创业投资和股权投资，支持战略性新兴产业和创新型中小企业发展。(省科技厅、经济和信息化委、中小企业办牵头)

七、深化涉外经济体制改革，提高开放型经济发展水平

(十七)改革外贸体制，转变对外贸易发展方式。研究制定促进外贸发展方式转变的指导意见，促进对外贸易由规模扩张型向质量效益型转变。鼓励发展信息、旅游、技术等服务贸易，出台支持服务贸易发展的政策措施，限制“两高一资”产品出口。建立健全国际贸易摩擦和贸易壁垒应对机制、应急反应机制和风险预警机制。研究探索能够充分发挥保税区、保税港区、出口加工区和保税物流中心等各类海关特殊监管区域和场所作用的体制与机制，健全区港联动机制，提升特殊区域的服务功能和运营效益。加强跨区域口岸通关协作，推进跨境贸易人民币结算。(省商务厅、青岛海关牵头)

(十八)改革外资管理体制，提高利用外资的质量与水平。进一步下放外资审批权限，简化和规范外资审批程序，建立外资并购安全审查制度，制定利用外资培植新型战略产业、高端高质高效产业和改组改造现有企业的政策措施。进一步明确开放的重点国家和地区，深化同跨国公司的战略性合作。推动开发区管理体制改革,研究制定我省经济开发区管理条例，再造开发区体制优势。(省发展改革委、商务厅负责)

八、推进民生领域体制改革，促进社会和谐和公平

（十九）深化就业体制改革，扎实做好就业和再就业工作。进一步完善和落实促进城乡各类劳动者就业的扶持政策，继续推进以高校毕业生、就业困难人员和农民工为重点的就业帮扶工作。完善支持自主创业政策体系，搞好政策发布平台、项目展示平台、创业孵化平台和咨询服务平台建设，健全政策扶持、创业服务、创业培训三位一体的工作机制。加强失业动态监测，建立失业预警和动态重点监控制度。（省人力资源社会保障厅牵头）

（二十）深化收入分配制度改革，促进社会公平。改革国有企业特别是垄断行业工资总额管理制度，加强省管企业负责人薪酬管理和国有企业工资内外收入的监督检查，建立企业职工工资正常增长机制和工资支付保障机制，推动区域性、行业性工资集体协商制度建设，理顺国家、企业、企业领导人和企业职工之间的利益关系。研究制定关于加强收入分配调节的指导意见，加快建立市场调节为基础、国家有效调控的初次分配机制。完善国民收入再分配制度，加强对低收入群体的扶持，加大对经济落后地区的转移支付力度，提高农村公共服务财政支出水平。（省发展改革委、人力资源社会保障厅、国资委、财政厅负责）

（二十一）深化社保制度改革，提高社会保障水平。继续扩大社会保障覆盖面，积极消除城乡社会保障制度空白，重点做好非公有制经济从业人员、农民工、被征地农民、城镇个体商户和灵活就业人员的参保工作。全面落实企业职工养老保险省级统筹政策，建立基本养老金正常调整机制。加快城乡社会保障制度的整合与衔接，促进城乡社会保障一体化。加快新型农村社会养老保险制度建设，研究探索农民工在城镇参加企业职工基本养老保险与在农村参加新型农村社会养老保险的衔接机制。提高各项社会保障统筹层次，医疗、失业、工伤保险要尽快实现市级统筹。研究制定城镇职工、城镇居民医疗保障和新农合制度之间的衔接的政策措施。完善失业保险制度，开展扩大失业保险基金支出范围试点。探索建立低保标准正常增长机制，完善农村五保供养、临时救助和医疗救助制度，大力发展社会福利和慈善事业。改革住房保障制度，把提供廉租和公共租赁住房作为住房保障的重要形式，研究将农民工纳入廉租和公共租赁住房保障范围和建立农村困难群体住房保障制度的问题。（省人力资源社会保障厅、民政厅、住房城乡建设厅牵头）

（二十二）深化社会事业改革，提高社会发展水平。医药卫生体制改革，要认真落实医改实施方案，加快推进基本医疗保障制度建设，抓紧落实国家基本药物制度，制定我省基本药物招标采购管理办法，健全基层医疗卫生服务体系，推动基本公共卫生服务逐步均等化，推进公立医院改革试点。教育体制改革，出台并实施全省中长期教育改革和发展纲要，深化人才培养体制、考试招生制度、现代学校制度和办学体制等方面的改革，推动义务教育均衡发展和农村中等职业教育免费工作，大力推行素质教育。文化体制改革，要在积极发展公益性文化事业的同时，继续推动经营性出版单位转企改制，全面推进国有文艺演出院团和经营性文化单位改革，鼓励和引导民间投资进入竞争性文化领域，着力培育一批主业突出、辐射力强的大型文化企业。（省发展改革委、卫生厅、教育厅、宣传部、文化厅、物价局负责）

九、深化行政管理体制改革，促进政府职能转变

（二十三）深化行政审批制度改革，提高行政工作效率。进一步精简行政审批事项，建立健全行政审批相关制度和制约监督机制。推进行政审批方式创新，加快建立省、市、县三级联通网上行政审批系统，搭建统一的网上行政审批管理服务平台。推进行政权力公开透明运行，提高政府信息公开水平。(省监察厅牵头）

（二十四）深化事业单位和中介机构改革，规范政府行政行为。事业单位改革，重点推动政事分开、事企分开、管办分离和分类管理，建立体现岗位绩效和分级分类管理的收入分配制度,增强事业单位发展活力。中介机构改革，重点解决政府与行业协会脱钩、行业协会与政府财产分离、公务员在行业协会兼职等问题。改革事业单位和中介机构的政府投入机制，研究建立政府向事业单位、行业协会（商会）购买服务的制度，研究政府向社会组织转移相关职能的问题。（省编办、人力资源社会保障厅、民政厅、发展改革委、监察厅负责）

十、搞好改革试点工作，努力降低改革风险和改革成本

（二十五）继续深化综合配套改革试点工作，推动面上改革不断深入。按照《中共山东省委山东省人民政府关于开展深化经济体制改革试点工作的意见》（鲁发〔2008〕19号）要求和省深化经济体制改革试点工作领导小组的总体部署，2010年，一是要抓好已批复试点工作方案的落实，并加强检查与考核，切实试出经验，抓出成效。二是要搞好经验总结，重点对已比较成型的莱芜市、诸城市统筹城乡发展的经验和临沂市推进“两型”社会建设的经验进行总结，以为面上的改革提供借鉴。三是要根据试点工作出现的新情况、新问题，及时研究相关的试点工作政策。（省发展改革委牵头）

（二十六）积极推进专项改革试点，推动重点改革先行突破。一是省直管县试点，重点回答“扩权强县”与“强县扩权”的模式选择、与现实生产力发展水平的适应性、不同发展水平的地域适应性、以及省直管县对区域经济一体化和形成区域竞争能力的利弊等问题。二是重点镇试点，要重点搞清重点镇的作用、与现实生产力发展水平的关系、发展的条件和体制要求、与集中发展县城相比的优劣点，等等。对其他一些方向、目标和路子不尽清晰的改革，也都要先试点，后施行，以减少失误，降低成本。（省发展改革委、编办、财政厅、住房城乡建设厅负责）

各级、各部门要结合自身实际，提出切实可行的实施方案，明确时限要求，健全工作机制，落实工作责任，认真抓好实施。发展改革部门要充分发挥职能作用，研究制定部门配合意见，搞好对各项改革及改革试点的工作指导和统筹协调，加强督促检查和情况调度。对各级各部门推进和支持改革工作的情况，发展改革部门要及时进行总结评估并向省政府报告。

1－60　山东省人民政府关于促进全省民营经济加快发展的意见

鲁政发〔2010〕76号

各市人民政府，各县（市、区）人民政府，省政府各部门、各直属机构，各大企业，各高等院校：

为更好地促进全省民营经济发展，根据《国务院关于进一步促进中小企业发展的若干意见》（国发〔2009〕36号）、《国务院关于鼓励和引导民间投资健康发展的若干意见》（国发〔2010〕13号）精神，现就促进全省民营经济加快发展提出以下意见，请认真贯彻执行。

一、促进民营经济加快发展的指导思想和

目标任务

1. 充分认识加快民营经济发展的重要意义。民营经济是社会主义市场经济的重要组成部分。经过多年的努力，我省民营经济发展取得了长足进步，对于繁荣城乡经济、增加财政收入、扩大社会就业、改善人民生活起到了重要而不可替代的作用。但是，我省的民营经济发展与浙江、广东、江苏等发达省份相比仍有不少差距，存在着结构不合理、创新能力弱、规模效益小、管理相对差等问题，在一定程度上影响了全省经济社会的可持续发展。各级、各部门一定要高度重视，进一步解放思想，更新观念，把促进民营经济发展放在更加突出的位置，着力在完善政策、强化服务、优化环境上下功夫，逐步消除影响民营经济发展的体制机制性障碍，使民营经济在激发经济发展内生动力、促进我省经济发展方式转变、优化经济结构、建设经济文化强省、实现富民强省新跨越等方面发挥更大的作用。

2. 促进全省民营经济发展的指导思想和目标任务。以科学发展观为统领，全面落实各项促进民营经济发展的政策措施，紧紧围绕增加发展总量、提高发展质量、促进发展方式加快转变，加大政策扶持，强化服务措施，规范经营行为，不断壮大民营经济发展规模，提高民营经济发展质量和效益，努力形成民营经济与其他所有制经济平等竞争、相互促进、共同发展的新格局。今后5年，非公有制经济实现增加值占生产总值的比重每年提高2个百分点以上，民营经济吸纳就业占整个社会新增就业总数的比重达到95%。

二、放宽民营经济发展限制

3. 放宽民营资本投资领域。除国家明令禁止的外，凡允许国有资本和外资进入的领域，一律对民营资本开放。支持民营资本进入电力、电信、铁路、民航、公路运输、银行、证券、保险、水利、石油、矿产、国防科技以及医疗、供水、供气、供热、污水和垃圾处理、公共交通、城市园林绿化、社会福利事业等公共服务领域，投资教育、科研、卫生、文化、体育等社会事业；鼓励民营资本参与国有、集体企业的改组、改制。

4. 放宽民营业户名称、经营范围和出资限制。放宽使用行业或经营特点用语限制，允许经营范围中含有生产、加工内容的企业在名称中使用“实业”字样；允许经营范围中含有投资内容的企业在名称中使用“发展”字样；允许进出口企业在名称中直接使用“国际贸易”、“国际技术贸易”、“对外贸易”、“进出口”等行业用语。允许民营企业使用法律、法规和政策未禁止、尚未纳入《国民经济行业分类》的行业用语作为企业名称中的行业和经营范围表述用语，如“创业投资”、“生物质能”、“电子商务”、“服务外包”等。允许民营企业以“××研究院”、“××研究所”等作为其名称的行业表述用语，以公司为组织形式申请企业名称。分期出资设立的公司，全体股东首期出资合计达到20%即可办理注册登记。申请办理个人独资企业、合伙企业、农民专业合作社登记的，一律不受出资金额限制。

5. 鼓励民营企业参股地方金融机构和金融组织。支持符合条件的民营企业以入股方式参与城市商业银行的增资扩股，参股农村合作银行、农村商业银行、农村信用社和保险公司；引导符合条件的民营企业参与设立村镇银行、农村资金互助社等新型农村金融机构。

6. 鼓励民营资本投资服务业。鼓励民营资本投资服务业重点城区、重点园区、重点企业、重点项目，大力发展金融保险、现代物流、批零餐饮、信息服务、商务服务、家庭服务、房地产、文化旅游、社区服务、农村服务。到2015年，全省服务业在国民经济中的比重达到45%以上，服务业实现税收占地方税收比重达到60%以上，服务业从业人员比重达到40%以上。

7. 鼓励民营资本进入商贸流通领域。支持民营业户进入商品批发零售、现代物流领域，积极发展电子商务，参与物流基础设施建设。重点支持符合物流企业标准、具备一定的企业规模条件、从事物流信息网络服务和提供供应链一体化服务的民营物流企业发展，支持与重点制造企业配套的民营企业和按照规划建设的民营物流园区发展，加快推进与制造业联动发展。鼓励民营物流企业通过整合、兼并、联盟等方式组建物流企业服务联盟，支持民营物流企业由传统运输型向第三方物流企业转型。

8. 鼓励民营资本依法进入国防科技工业。指导有条件的民营企业开展保密资格认证、质量体系认证、科研生产认证。鼓励和引导取得武器装备科研生产许可的民营企业承担武器装备分系统和配套产品研制生产任务，通过产学研结合等方式参与国防科技创新活动。鼓励民营企业研究开发科技含量高、市场前景好的军民结合型高新技术产品，鼓励参与航空航天、核电设备、船舶、卫星应用等军民结合产业。

9. 鼓励民营资本参与教育公益事业。各级政府要把民办教育事业纳入国民经济和社会发展规划，鼓励支持民营企业采取独资、股份、合作等多种形式办学。鼓励发展民办高、中等职业教育和各类职业技术培训。县级以上政府可设立专项资金，由财政部门负责管理，教育行政部门报同级财政部门批准后使用，用于奖励为民办教育事业作出贡献的民营企业和个人。认真落实好民办学校税收优惠政策及出资人获得合理回报等有关规定，依法落实民办学校和公办学校同等待遇税收优惠政策。

10. 支持民营资本参与药品生产经营。鼓励和支持民营业户参与新药研制和开发；鼓励制药企业引进外资、民资进行 GMP(《药品生产质量规范》) 改造。对开办药品批发企业的民营企业，实行国民待遇，取消一切不符合规定的限制性政策，符合开办条件，即可与其他经济成分享受同等待遇。对民营企业开办药品零售企业放开，规范药品零售经营的发展。鼓励民营企业发展药品连锁经营和现代物流；支持民营药品经营企业通过联合、兼并、重组等措施发展壮大。鼓励民营企业到农村创办中药材种植基地，与药厂建立“公司 (工厂)+ 农户”或“公司 + 农民专业合作社 + 农户”一体化的中药材种植模式。

11. 交通运输业全方位向民营经济开放。鼓励民营企业投资收费公路、港口、场站物流等交通基础设施项目，规范投资和建设程序。交通运输业的招商引资项目，不限资金性质、投资规模和投资方式，只要满足法定程序和要求，民营资本与其他资本享有同等待遇。

12. 鼓励民营企业参与土地整治和矿产资源勘探开发。引导民营企业通过招投标形式参与土地整理、复垦等工程建设；鼓励民营企业投资矿山地质环境恢复治理，坚持矿业权市场全面向民营企业开放。符合《矿产资源补偿费征收管理规定》(国务院第 150 号令) 规定的，可以减缴或免缴矿产资源补偿费。民营企业一次性缴纳采矿权价款有困难的，可申请分期缴纳，分期缴纳最长期限为 10 年。

三、鼓励民营企业科技创新和品牌创建

13. 加快完善民营企业自主创新的配套政策。加大对宏观调控、产业发展、行业准入等有关政策规定的贯彻落实力度，在编制工业发展规划、工业结构调整规划、制定投资导向计划时，把民营企业作为支持的重点。在企业技术中心认定、技术创新资金、工业设计奖励项目安排上向民营企业倾斜。鼓励民营企业利用重大装备首台 (套) 政策，大力发展装备制造业。鼓励民营软件和信息服务业企业进行软件企业、计算机信息系统集成资质、信息服务业企业认定，并享受国家及省有关优惠政策。

14. 鼓励民营企业加强技术创新。引导民营企业积极参与组织实施重大科技计划项目和关键领域联合攻关，大力扶持民营企业工程技术研究中心建设。鼓励民营企业加大研发投入，提高研发投入占销售收入的比例，增强自主创

新能力，建设创新型企业。积极推进民营业户采用新技术、新工艺、新设备、新材料，加快民营企业的技术改造；支持民营业户节能减排和清洁生产，促进节能减排技术、高效节能环保产品及设备的推广和普及。统筹规划，合理布局，推动民营企业开展产学研合作，构建产品、产业技术创新战略联盟。

15. 加大对民营企业专项资金支持。充分发挥省级科技型中小企业创新发展专项扶持资金作用，组织我省具有自主研发水平、产品科技含量高，且有一定经济效益和社会效益的中小民营企业申报国家级科技型中小企业技术创新基金，鼓励和督促各市建立市级科技型中小企业创新发展专项扶持资金，加大对申报项目的审查和督查力度，引导和推动全省以民营经济为主体的科技型中小企业快速发展。

16. 大力实施品牌战略。引导民营业户树立商标意识，积极注册商标和争创省著名商标、中国驰名商标，争取全省民营业户每年新注册2万件商标、新增加200件省著名商标、15件行政认定的中国驰名商标，争取到2015年全省民营业户商标注册总量达到31万件、省著名商标3000件、行政认定的中国驰名商标210件。引导民营业户通过广告、公司网站等形式，宣传其产品、服务、品牌和科技成果。鼓励民营企业在境外注册商标和申报知识产权。继续推动产品名牌、企业品牌向区域品牌转变，培育产业聚集度高、产业链完善的民营企业聚集区域，积极争创山东省优质产品生产基地，引导特色产业集群组成企业联盟，订制联盟标准。加强名牌产品培育工作，强化民营企业质量、标准化和计量等基础管理工作，鼓励民营企业积极参与国家标准、地方标准制修订工作，争取到2015年培育100家民营企业为重点名牌产品企业。

四、加大对民营经济的财政、金融和土地支持

17. 支持民营企业参与政府采购。进一步健全完善政府采购扶持民营企业特别是中小型民营企业发展的规章制度，清理限制中小型民营企业参与政府采购的不利条件和规定，支持民营企业产品和服务进入政府采购目录。

18. 加大对民营经济发展的信贷支持。引导金融机构加强对民营业户的信贷服务，创新金融产品和服务方式，逐步提高民营经济贷款的规模和比重；建立科学合理、灵活高效、符合民营业户特点的授信管理制度，重点支持符合产业政策和环保政策、发展前景好、信用良好的民营业户；综合运用承兑汇票、信用证、保函等金融工具，缓解民营业户资金紧张局面。在完善联户联保贷款模式的基础上，继续探索“公司＋农户＋合作社”、“信贷＋保险”等贷款运作模式。金融机构要积极开发适应民办学校发展的信贷服务，通过收费权抵押、信誉贷款等方式，为民办学校贷款提供服务。加大省级“走出去”专项资金对民营企业的倾斜，积极争取国家开发银行、中国进出口银行等金融机构的信贷支持。督促各金融机构贯彻落实适度宽松的货币信贷政策，进一步加大对民营经济的信贷投入，将信贷资金向产业链完备、集约化程度高的产业集群倾斜，积极扶持培植中小型民营企业重点产业集群发展。

19. 强化对民营业户的担保服务。运用风险补偿、奖励补助或资本注入等方式，提高担保机构对民营业户的担保能力。鼓励担保机构对有产品、有信用、有发展前景的民营业户适当降低担保收费标准。引导银行业金融机构在法律允许的框架内探索符合民营经济特点的担保抵押方式，拓宽动产担保范围，并积极探索开展融资性担保、工程担保、财产保全担保、经济合同履约担保、融资租赁担保、信托计划担保以及应收账款质押、股权质押、林权和海域使用权质押、知识产权质押等担保贷款方式。依法规范养殖水域滩涂使用权的出租、转让和抵押行为，引导民营经济以股份合作制、承包制、协作制、反租倒包等形式开展养殖水域规模化流转。

20. 推动和促进民营企业进入资本市场融资。对有发展前景、基本符合上市条件的民营企业及时纳入省重点后备资源库，积极推进民营企业上市；引导具有自主创新能力、成长性较好的民营企业到中小板或创业板上市。加快发展股权投资基金、信托投资基金等各类投资基金，发挥好创业投资引导资金的作用，增大对民营经济的投资支持。支持民营企业探索开展信托融资、租赁融资、典当融资、资产证券化、债权转股权以及运用短期融资券、中小企业集合票据和集合债券融资等新型融资模式。以大型企业为中心，选择资质良好的上下游企业作为融资对象，大力开展供应链融资。

21. 完善对民营业户的金融服务体系。推动城市商业银行加快在县域设立分支机构，支持农村信用社完善网点布局；邮政储蓄银行要将小额贷款业务作为长期核心战略性业务，重视民营企业客户群体发展，加快推进小企业贷款试点工作；引导股份制银行在民营经济相对活跃、金融需求旺盛的地区增设机构网点，推动国有商业银行增设为民营业户服务的特色支行、特色柜台。积极稳妥地开展小额贷款公司试点，逐步扩大试点范围，原则上所有县（市、区）都可开展小额贷款公司试点，经济发达县域或人口大县可适当增加试点数量，允许符合一定条件的经济开发区、高新技术产业开发区、保税港区开展小额贷款公司试点。各银行要进一步深化与工商联、个体私营企业协会的合作，借助其平台推广银行特色产品和服务。

22. 加大对民营业户财政支持。各级政府要建立贷款风险补偿和奖励机制，发挥财政资金导向作用，对放贷银行和融资担保机构给予适当补偿和奖励补助，引导各类放贷机构加大对民营业户的贷款投放。推动各地建立贷款担保准备资金，作为信用担保的补充，为结构调整中的民营业户按时还贷续贷提供接力资金支持。民营企业参与国家鼓励的境外投资、资源开发和工程承包项目与国有企业同样享受贷款贴息、前期费用补贴等财政资金扶持政策。

23. 强化对民营企业的土地支持。加大对民营企业的用地保障力度，各级政府在制定和实施土地利用总体规划和年度计划时，要统筹考虑中小企业投资项目用地需求，合理安排用地指标。鼓励在各类产业园区投资兴建多层标准工业厂房，为中小企业发展提供场地和空间。对民营企业参与开发城市基础设施、公益性科技和非营利性教育、文化、卫生等社会公益事业的，其项目用地符合《划拨土地目录》的，可以采取划拨方式供应；对属于依法应当有偿使用的土地，可以适当缩短出让年限或采取租赁方式供应。

五、落实税收优惠政策

24. 减免创业税收费用。军转干部、退役士兵、随军家属从事个体经营(限制行业除外)，自领取税务登记证之日起 3 年内免征营业税和个人所得税；高校毕业生从事个体经营或创办经营实体的，免征税务登记类管理费；持《再就业优惠证》、符合规定条件的下岗失业人员从事个体经营（限制行业除外），按每户每年 8000 元为限额依次扣减其当年实际应缴纳的营业税、城市维护建设税、教育附加和个人所得税。

25. 鼓励民营高新技术企业发展。对认定的民营高新技术企业，减按 15% 的税率征收企业所得税。对民营企业开发新技术、新产品、新工艺发生的研发费用，未形成无形资产计入当期损益的，在依照规定据实扣除的基础上，按照研发费用的 50% 加计扣除；形成无形资产的，按照无形资产成本的 150% 摊销。对民营企业从事技术转让、技术开发和与之相关的技术咨询、技术服务取得的收入，免征营业税；对民营企业技术转让所得不超过 500 万元的部分，免征企业所得税；超过 500 万元的部分，减半征收企业所得税。对民营企业固定资产由于技术进步需要更新换代的，可以采取缩短折旧年限或采取加速折旧的方法，加速折旧准予在所得税前扣除。对创业投资企业采取股权投资方式投资于未上市的中小高新技术企业2年以上的，按其投资额的70%在股权持有满2年的当年抵扣该创业投资企业的应纳税所得额；当年不足抵扣的，可以在以后的纳税年度抵扣。对符合条件的国家大学科技园、科技企业孵化器，自2008年1月1日至2010年12月31日，其自用以及无偿或通过出租等方式提供给民营孵化企业使用的房产、土地，免征房产税和城镇土地使用税；对其向孵化企业出租场地、房屋以及提供孵化服务的收入，免征营业税。

26. 鼓励民营企业节能环保和安全生产。民营企业购置并实际使用符合国家规定的环境保护、节能节水、安全生产等专用设备的，该专用设备投资额的10%可从企业当年应纳税额中抵免；当年不足抵免的，可以在以后5个纳税年度结转抵免。民营企业从事符合国家规定条件的环境保护、节能节水项目的所得，自项目取得第一笔生产经营收入所属纳税年度起，第一年至第三年免征企业所得税，第四年至第六年减半征收企业所得税。民营企业以《资源综合利用企业所得税优惠目录》规定的资源作为主要原材料，生产国家非限制和禁止并符合国家和行业相关标准的产品取得的收入，减按90%计入收入总额。

27. 扶持担保机构支持民营企业发展。符合信用担保条件，且其80%以上业务用于支持民营企业发展的非营利性担保机构，经省有关部门和税务机关认定，其实现的担保业务收入，自担保机构主管税务机关办理免税手续之日起3年内免征营业税。

28. 减免民营企业投资公共基础设施及农业项目税收。对民营企业从事《公共基础设施项目企业所得税优惠目录》规定的公路、城市公共交通、电力、水利等项目投资经营的所得，自项目取得第一笔生产经营收入所属纳税年度起，第一年至第三年免征企业所得税，第四年到第六年减半征收企业所得税。对民营企业从事农林牧渔业项目的所得，按规定免征企业所得税；对从事花卉、茶及饮料作物的种植及养殖的所得，按规定减半征收企业所得税。

29. 扶持经营困难的民营企业发展。民营企业缴纳城镇土地使用税确有困难的，可按规定向主管地税机关提出减免税申请，逐级上报省级地税机关审核批准。民营企业因有特殊困难、不能按期纳税的，经省级税务机关批准，可依法申请在3个月内延期缴纳。

六、优化结构，提高民营经济市场竞争力

30. 大力发展产业园区和各类市场。发挥本地区位、资源和基础优势，大力发展专业村、专业镇、专业园区，突出抓好省级规划的170个过50亿元和100个过100亿元的重点产业集群、140个重点特色产业镇建设，吸引企业向园区集中。坚持政府引导、社会投资、市场化运作的建设方式，积极发展各类商业市场，进一步优化市场结构，完善市场功能，提高市场档次，规范市场秩序，并积极探索新型交易方式，逐步形成产供销相衔接、信息化和集约化相匹配、门类齐全的批发市场体系。

31. 优化市场主体结构和区域结构。加快培育和发展带动力强、辐射面广的民营骨干企业，形成一批跨地区、跨行业、跨所有制，具有核心竞争力的大型民营企业集团。大力实施科技创新、中小企业成长、特色产业提升和小企业培育四项计划，帮助中小企业做强做大。鼓励民营企业围绕山东半岛蓝色经济区、黄河三角洲高效生态经济区、半岛高端产业聚集区、鲁南临港产业带、省会经济圈等的建设发挥作用。

32. 鼓励民营企业积极参与国际竞争。在对外投资核准、对外承包工程和对外劳务合作等经营资格核准方面，对民营企业与其他所有制企业实行同等待遇。允许符合条件的民营企业开展对外承包工程、对外劳务合作业务，鼓励和支持有条件的民营企业在境外建厂和参与境外资源合作开发，重点鼓励和支持有比较优势的民营企业以对外投资和工程带动设备出口和劳务输出。建立公共服务平台，完善境外投资信息服务，及时全面准确发布境外重大经济社会信息，吸纳安排民营企业随团参加重要出访活动，为企业“走出去”提供服务。

33. 加强民营业户的管理。指导民营企业进一步完善内部管理制度,健全公司治理结构，建立现代企业制度。引导民营企业制定战略规划，明确发展目标。鼓励民营企业通过相互参股、职工持股、并购、引进外资等多种形式，建立多元和开放的产权结构。加强企业信用体系和社会责任体系建设，建立和完善信用评价机制、信用信息征集制度、信用档案数据库和信用查询系统。鼓励民营业户争创“诚信示范企业”、“守合同重信用”企业、“山东最佳企业公民”“文明诚信民营企业”“文明诚信个体工商户”和“消费者满意单位”。强化安全生产管理，落实安全生产责任，及时排查和消除事故隐患，杜绝重大生产事故。对管理优秀的民营企业和所创造的管理创新成果，纳入“山东省企业管理奖”进行表彰奖励。提高民营企业质量管理和标准化工作意识，指导其建立健全企业质量控制和标准体系，积极扶持民营企业完善计量检测体系和节能标准体系。鼓励符合条件的民营企业申报省长质量奖，引导企业树立卓越的质量观念，推广科学、先进和适用的质量管理方法。

七、加强培训，引导更多人才进入民营经济领域创业

34. 鼓励高校毕业生到民营经济领域就业。进一步清理影响高校毕业生就业的制度性障碍和限制,为到民营经济领域就业的毕业生落户、人事代理、社会保险、权益保障提供方便。凡聘用高校毕业生的民营企业，必须与毕业生签订劳动合同、兑现劳动报酬、缴纳社会保险。对应届高校毕业生到民营业户就业或自主创业的，其就业单位不具备落户条件的，可将户口落到县级以上政府人力资源社会保障部门所属的人才服务中心集体户。

35. 大力开展创业培训。以高校毕业生、登记失业人员、残疾人、复员退伍军人、农村转移劳动力、返乡农民工、城市困难家庭等七类群体为重点服务对象，积极开展创业理念、创业知识和创业技能的培训，提供创业就业政策、法规和信息咨询服务，畅通“绿色通道”。认真落实个体工商户“试营业”制度，试营业登记不收取任何费用，不纳入验照管理，轻微违规不进行罚款处罚。积极引导农民创办或参与农民专业合作社。对高校毕业生等七类人员从事个体经营的，自首次工商注册登记之日起3年内，免收登记类和证照类等有关行政事业性收费。

36. 吸引优秀人才进入民营经济发展。重点围绕用好用活人才、提高人才效能，指导民营企业健全完善人才工作管理体制机制，从人才培养开发、评价发现、选拔任用、流动配置、激励保障等方面形成更加科学、更具活力的一整套机制，以吸引更多优秀人才到民营企业发展。鼓励民营企业专业技术人员申报评审专业技术职务资格，充分调动民营企业专业技术人员工作的积极性。对民营企业中具备相关基本条件，为提升企业创新能力和研发水平作出突出贡献的专业技术人员，同等条件下，优先选拔推荐为享受国务院特殊津贴专家、省有突出贡献的中青年专家等高层次专家；对经营状况好、产品技术含量高、科技研发能力强的民营高新技术企业，优先推荐设立博士后科研工作站。以股权配给、职称评定、成果奖励、知识产权保护、政府津贴等政策措施为手段，重点培育一批科技领军人物、技术骨干和创新团队。充分发挥现有人才政策及专项资金的作用，吸引一批能承担重大科技攻关任务的国内外知名的高层次创新人才。

37. 提高民营经济从业人员素质。将培训工作纳入到人才发展和教育发展规划中，在基层社区开展创业培训。在民营业主中重点加强对产业升级、现代企业管理、应对国际市场竞争、国际商务惯例和外语水平等内容的培训。强化科技人才的引进、培养，充分整合科技资源，发挥科技人才作用，提高自主创新能力。坚持人才自主培养开发和引进海外人才相结合，引导民营企业大力引进海外优秀人才和急需人才。按照“人才、项目、基地”一体化原则，以企业为主体，采取科技计划项目资助、股权激励与平台支撑相结合等措施，着力推动高层次人才向民营企业聚集。鼓励和扶持民办职业培训学校实施以职业技能为主的职业资格和职业技能培训。民办职业培训学校应积极参与用人单位职工上岗、在岗、转岗和技能提升培训，政府及相关机构在招投标时对民办职业培训学校和其他公办学校同等对待。根据民营企业发展对高层次经营管理人才的需求，适时组织开展选派民营企业管理人员攻读MBA(工商管理硕士)工作和选派财务会计、物流、国际贸易、人力资源管理、涉外法律法规等相关专业人员的出国进修工作。

38.强化对民营经济就业人员的社会保障工作。民营企业从业人员按规定参加养老保险和失业保险。符合法定就业年龄的民营经济从业人员、自由职业者，可纳入城镇职工基本医疗保险覆盖范围。从业人员参加城镇职工基本医疗保险登记缴费，可以委托人力资源社会保障部门认定的职业介绍机构或人才服务中心办理，也可由当地医疗保险经办机构直接办理。适应参保人员流动加快的特点，进一步完善参保人员异地就医医疗费用结算办法。积极推进民营业户参加所在统筹地区工伤保险，分散、化解用人单位事故风险。加强工伤预防宣传，增强用人单位和职工的安全意识，降低工伤事故和职业病发生率。

八、加强组织领导，优化发展环境

39.强化组织领导。各级政府要把促进民营经济发展工作摆到重要位置，切实加强领导。省政府有关部门要按照职责分工，研究制定具体的实施细则，切实把政策落实到位。要大力宣传党和国家鼓励、支持和引导民营经济发展的方针政策和法律法规，宣传民营经济在富民兴鲁和经济文化强省建设中的地位和作用，及时总结和表彰奖励先进典型，努力营造有利于民营经济发展的良好社会氛围。要及时对民营经济发展开展调查研究，分析情况，科学决策。要根据国发〔2009〕36号、国发〔2010〕13号文件和本意见的精神，认真做好对限制民营经济发展的规章和政策性规定的清理工作；各地要在十二五规划中制定民营经济发展规划，严格落实责任，强化考核和督导，确保各项政策措施落实到位。

40.提高服务水平。要牢固树立服务意识，进一步清理和规范涉及民营经济的行政审批事项，简化审批手续，公布各项行政审批、核准、备案事项和办事指南，推行联合审批、一站式服务、限时办结、承诺服务、企业联络员、走访企业等制度，不断健全服务民营经济发展的长效机制。加强政务工作信息化建设，积极推广网上申报、网上审批、网上办公、网上监管、网上咨询等信息化手段，切实提升行政效率。要利用各种方式，及时发布各级各部门出台的涉及民营业户的优惠政策，使政策真正惠及到相关民营业户。要健全完善法律、会计、税务、金融、管理、人才招聘等中介机构，为民营业户提供高质量的服务。要规范政府行为，严格依法行政，坚决纠正损害民营业户合法权益的各种不正之风。各级政府要建立民营经济领域重大事件和突发事件应急反应机制，在法律、法规范围内和不违背市场规律的前提下，采取措施扶持、挽救困难企业，维护社会稳定。

41.严格收费管理，减轻民营企业负担。积极清理规范涉及民营业户的行政事业性收费和政府性基金，切实减轻民营业户负担。严格落实行政事业性收费许可证制度，凡不持收费许可证收取行政事业性费用的，民营业户有权拒绝交费。及时公布涉及民营业户的收费政策及相关内容，增加收费透明度。进一步加大经营服务性收费治理力度，对行政机关以经营服务性收费名义收取费用和社团组织搭车收费等乱收费行为，依法一律取缔。

42. 规范民营业户经营行为。各级政府要根据民营业户生产经营特点，完善相关制度，依法履行对民营经济监督管理职能。引导和督促民营业户诚实守信，依法经营，坚决制止各种不正当竞争和侵犯消费者权益的行为。要引导和督促民营业户严格执行法律法规和有关技术标准、规范，自觉遵守产品质量、节能减排、环境保护、劳动保障、价格管理、安全生产等有关规定。要严格执行“属地管理”、“谁审批、谁发证(照)、谁负责”的原则，落实好查处取缔无证无照经营工作；无须办理许可证或其他批准文件即可办理营业执照而未申办营业执照擅自从事经营活动的无照经营行为，由工商部门负责查处；凡是需要办理许可证或其他批准文件才能申办营业执照而未办理擅自从事经营活动的无证无照经营行为，由相关行政许可审批部门负责查处。完善劳动争议处理制度，做好劳动仲裁工作，及时化解劳动纠纷。

43. 认真做好民营业主的思想政治工作。要注意研究和把握新时期民营业主思想政治工作的特点和规律，提高参政议政水平，建立健全民营业主相应的表达机制、参与机制和表彰机制，引导民营业主正确表达自己及本阶层人士的利益诉求。

44. 充分发挥工商联、各类行业协会和商会作用。支持民营企业在自愿的前提下，以产品、产业为纽带，组织行业自律性协会和商会。在制订涉及民间投资的政策时，要及时听取有关商会和民营业户的意见和建议，充分反映民营业户的合理要求。充分发挥现有协会、商会、中介机构的作用，在法律允许的范围内，通过授权、委托等方式，授予行业协会或商会制定行业规范与标准、参与行业规划、维护行业权益和公平竞争等职能。

45. 保护民营业主的合法权益。要保持政策的连续性和稳定性，除依法律法规进行变更或终止外，不能擅自变更或终止。民营业户的合法收入除向国家缴纳规定的税费外，其财产属私人所有，任何单位和个人不得平调或侵占。民营业户依法进行的生产经营活动，任何单位和个人不得干预。依法保护民营业主的名誉、人身和财产以及企业字号、专利权、商标权、商业秘密等各项合法权益。要建立健全维护民营业户合法权益的法律服务和法律援助体系，民营业户合法权益受到侵害时提出的行政复议等，政府部门必须及时受理，公平对待，限时答复。

二〇一〇年八月五日

1－61　山东省人民政府关于贯彻落实国发〔2010〕23号文件进一步加强企业安全生产工作的意见

鲁政发〔2010〕77号

各市人民政府，各县（市、区）人民政府，省政府各部门、各直属机构，各大企业，各高等院校：

为贯彻落实国务院第118次常务会议精神和《国务院关于进一步加强企业安全生产工作的通知》（国发〔2010〕23号），全面提高企业安全生产水平，特提出以下意见：

一、总体要求

1. 工作要求。深入贯彻落实科学发展观，坚持以人为本，牢固树立安全发展理念，切实转变经济发展方式，调整产业结构，提高经济发展的质量和效益，把经济发展建立在安全生产有可靠保障的基础上；深入贯彻《中共山东省委山东省人民政府关于进一步加强安全生产工作的意见》（鲁发〔2008〕17号），完善党委领导、政府监管下的安全生产工作格局，促进企业主体责任落实；坚持“安全第一、预防为主、综合治理”的方针，全面加强企业安全管理，健全规章制度，完善安全标准，提高企业技术水平，夯实安全生产基础；坚持依法依规生产经营，切实加强安全监管，强化企业安全生产主体责任落实和责任追究，保障企业安全发展。

2. 主要任务。以煤矿、非煤矿山、交通运输、建筑施工、危险化学品、烟花爆竹、民用爆炸物品、冶金有色、建材、机械、轻工、纺织、商贸市场等行业（领域）为重点，全面加强企业安全生产工作。要通过更加严格的目标考核和责任追究，采取更加有效的管理手段和政策措施，集中整治非法违法生产行为，坚决遏制重特大事故发生；在高危行业强制推行安全适用的技术装备和防护设施，进一步完善安全生产应急救援体系，最大程度减少事故造成的损失；要建立更加完善的技术标准体系，促进企业安全生产技术装备全面达到国家和行业标准；要进一步调整产业结构，积极推进重点行业的企业重组和矿产资源开发整合，彻底淘汰安全性能低下、危及安全生产的落后产能；以更加有力的政策引导，形成安全生产长效机制。

3. 工作目标。企业安全生产水平明显提升，生产安全事故起数和死亡人数持续下降，遏制较大事故，坚决防止重特大事故，实现全省安全生产形势根本好转。

二、严格企业管理，强化企业安全生产主体责任

4. 严格执行企业安全生产风险分析和预警制度。坚持预防为主，企业要建立完善安全生产动态监控及预警预报体系，每月进行一次安全生产风险分析。发现事故征兆要立即发布预警信息，落实防范和应急处置措施。对重大危险源和重大隐患要报当地安全生产监管监察部门、负有安全生产监管职责的有关部门和行业管理部门备案。

5. 严格执行各项安全生产规章制度。企业要健全完善并严格执行各项安全生产规章制度，规范生产经营行为，坚持不安全不生产。要加强劳动组织管理和现场安全管理，严格查处违章指挥、违规作业、违反劳动纪律的“三违”行为。凡超能力、超强度、超定员组织生

产的，要责令停产停工整顿，并对企业和企业主要负责人依法给予规定上限的经济处罚。

6. 严格执行“打非治违”制度。要督促企业严格遵守各项安全生产法律法规，对于非法违法生产经营建设行为，要严厉打击，形成严格规范的安全生产法治秩序。对非法违法行为必须做到“五个一律”：对以整合、技改名义违规组织生产，以及规定期限内未实施改造或故意拖延工期的矿井，地方政府要一律予以关闭；对非法生产经营建设和经停产整顿仍未达到要求的，一律关闭取缔；对非法违法生产经营建设的有关单位和责任人，一律按规定上限予以经济处罚；对存在违法生产经营建设行为的单位，一律责令停产整顿，并严格落实监管措施；对触犯法律的有关单位和人员，一律依法严格追究法律责任。

7. 严格执行企业隐患排查治理制度。企业是隐患排查治理主体，要开展经常性的隐患排查治理，并切实做到整改措施、责任、资金、时限和预案“五到位”。建立以安全生产专业人员为主导的隐患整改效果评价制度，确保整改到位。对隐患整改不力造成事故的，要依法追究企业和企业相关负责人的责任。对停产整改逾期未完成的不得复产。

8. 严格执行领导干部轮流现场带班制度。企业主要负责人和领导班子成员要轮流现场带班。煤矿、非煤矿山要有矿领导带班并与工人同时下井、同时升井，对无企业负责人带班下井或该带班而未带班的，对有关责任人按擅离职守处理，同时给予规定上限的经济处罚。发生事故而没有领导现场带班的，对企业给予规定上限的经济处罚，并依法从重追究企业主要负责人的责任。

9. 严格执行职工安全培训制度。对企业主要负责人和安全生产管理人员、特种作业人员必须经过严格培训考核，按国家有关规定持职业资格证书上岗。职工必须全部经过培训合格后上岗。加强企业安全培训师资建设，确保全员培训质量。凡存在不经培训上岗、无证上岗的企业，依法停产整顿。没有对井下作业人员进行安全培训教育，或存在特种作业人员无证上岗的企业，情节严重的要依法予以关闭。

10. 严格执行安全生产长期投入制度。企业在制定财务预算中必须确定必要的安全投入。高危行业企业探索实行全员安全风险抵押金制度，积极稳妥推行安全生产责任保险制度。完善落实工伤保险制度，依据不同地区和企业单位的安全生产状况，通过调整缴费比例，促进安全生产工作。

11. 严格执行企业安全生产信用挂钩联动制度。将企业的安全生产分级评价结果，作为信用评级的重要考核依据；对发生重特大事故或一年内发生 2 次以上较大事故的，一年内严格限制新增项目核准、用地审批、证券融资等，并作为银行贷款的重要参考依据。

12. 严格执行现场紧急撤人避险制度。严格执行海上船舶“逢七不开”、矿山企业“逢大暴雨天气停产撤人”和“矿山调度室 10 项授权和 3 分钟通知到井下”的规定。企业生产现场带班人员、班组长和调度人员有在遇到险情第一时间下达停产撤人命令的直接决策权和指挥权。

13. 严格执行工伤事故死亡职工一次性赔偿制度。从 2011 年 1 月 1 日起，依照《工伤保险条例》的规定，对因生产安全事故造成的职工死亡，其一次性工亡补助标准按不低于全国上一年度城镇居民人均可支配收入的 20 倍计算，发放给工亡职工近亲属。

14. 严格执行企业负责人职业资格否决制度。对重大、特别重大事故负有主要责任的企业主要负责人，终身不得担任本行业企业的厂长、经理、矿长。对较大事故负有主要责任的企业主要负责人，5 年内不得担任本行业企业的厂长、经理、矿长。

15. 严格执行先进适用技术装备强制推行制度。煤矿、非煤矿山要制定和实施生产技术装备标准，安装监测监控系统、井下人员定位系统、紧急避险系统、压风自救系统、供水施救系统和通信联络系统等技术装备，并于3年之内完成。烟花爆竹机械化生产系统要在2年之内完成。化工企业自动化控制系统要在今年年底前完成。逾期未安装的，要依法暂扣安全生产许可证和生产许可证。运输危险化学品、烟花爆竹、民用爆破物品的专用车辆，旅游包车和三类以上的班线客车安装使用具有行驶记录功能的卫星定位装置，要在2年内完成。

16. 严格执行高危企业安全生产标准核准制度。要把符合安全生产标准要求作为高危行业企业准入的前置条件，严把安全准入关。各行业管理部门和负有安全生产监管职责的有关部门要根据行业技术进步和产业升级的要求，加快制定修订生产、安全技术标准，制定和实施高危行业从业人员资格标准。对实施许可证管理制度的危险性作业要制定落实专项安全技术作业规程和岗位安全操作规程。

17. 严格执行企业生产技术管理和设备安全管理制度。强化企业技术管理机构的安全职能，按规定配备安全技术人员，切实落实企业负责人安全生产技术管理负责制，强化企业主要技术负责人技术决策和指挥权。因安全生产技术问题不解决产生重大隐患的，要对企业主要负责人、主要技术负责人和有关人员给予处罚；发生事故的，依法追究责任。要加强地下矿山设备安全管理，矿井必须建立完善的机械通风系统，矿井输电线路通过易燃可燃材料部位时，必须有安全可靠的防护装置，电缆吊挂必须平直、牢固，接头严密。凡是发现设备安全管理不到位，检查、维护、更新不及时的，要立即责令停产整顿。

18. 严格执行建设项目安全设施核准审批制度。安全设施与建设项目主体工程未做到同时设计的一律不予审批，未做到同时施工的责令立即停止施工，未同时投入使用的不得颁发安全生产许可证。对项目建设生产经营单位存在违法分包、转包等行为的，立即依法停工停产整顿，并追究项目业主、承包方及建设、设计、施工、监理、监管等各方责任。

19. 严格执行化工企业试生产方案备案制度。要认真贯彻落实《山东省化工装置安全试车工作规范》和《山东省化工装置安全试车十个严禁》，严格执行试生产方案备案制度，接到企业备案申请后，安全监管人员必须进行现场审查，凡是不符合规定要求、不具备试车条件的，一律不允许试车。

20. 严格落实外包工程等安全管理制度。凡是将生产经营项目、场所、设备发包或者出租的单位，应当履行安全生产协调、管理职责，并与承包单位、承租单位签订专门的安全生产管理协议，或者在承包合同、租赁合同中约定有关的安全生产管理事项。未签订安全生产管理协议或者未约定安全生产管理事项，未对承包（承租）单位履行安全生产协调、管理职责，发生事故的，追究发包或者出租单位的相应责任。

21. 严格执行城区地面挖掘安全确认制度。施工企业在挖掘地面前，要认真查阅有关资料，全面摸清项目涉及区域地下管道的分布和走向，制定可靠的保护措施，并严格按照安全施工要求进行作业，严禁在不明情况下，进行地面开挖作业。管道业主单位要对地下管道情况进行现场交底，并作出明确的标识，必要时在作业现场安排专人监护，确保地下危险化学品输送管道安全。

22. 严格落实应急救援演练制度。每年汛期前，所有煤矿和地下非煤矿山都要组织开展一次停产撤人演练活动，其他高危企业、高层建筑和地下商场每年都要开展一次应急救援演练，通过演练，不断完善应急救援预案和组织指挥体系。

三、严格监督管理，落实政府安全监管职责

23. 严格执行安全生产规划发展制度。要更加注重经济发展方式转变，切实把安全生产纳入经济社会发展的总体布局，在制定发展规划时，要同步明确安全生产目标和专项规划。要加快产业重组步伐，充分发挥产业政策导向和市场机制的作用，加大对相关高危行业企业重组力度，进一步整合或淘汰浪费资源、安全保障低的落后产能，提高安全基础保障能力。

24. 严格执行强制淘汰落后技术产品制度。对不符合有关安全标准、安全性能低下、职业危害严重、危及安全生产的落后技术、工艺和装备要列入产业结构调整指导目录，予以强制性淘汰。各级政府要支持有效消除重大安全隐患的技术改造和搬迁项目，对存在落后技术装备、构成重大安全隐患的企业，要予以公布，责令限期整改，逾期未整改的依法予以关闭。

25. 严格执行政府挂牌督办制度。对重大安全隐患治理实行下达整改指令和逐级挂牌督办制度，省政府相关部门加强督促检查。对事故查处实行层层挂牌督办，较大事故查处由省政府安委会办公室挂牌督办，并实行严格的备案制度。

26. 严格执行安全目标考核和通报制度。要层层签订安全生产目标责任书和承诺责任书，把全年目标任务分解落实到各级、各部门和企业单位。各级政府每季度要召开一次安全生产形势分析会和安全生产工作部署会，严格控制事故指标。每季度通报一次事故控制指标情况，年终进行严格考核，并建立激励约束机制。

27. 严格执行事故责任追究制度。对发生的重大生产安全事故，要根据情节轻重，追究县(处)级“一岗双责”分管领导或主要领导的责任。后果严重的，要按规定追究市(厅)级“一岗双责”分管领导或主要领导的责任。

四、加强基层基础建设，增强安全生产监管保障能力

28. 加强安全监管力量建设。加强安全生产监管和执法队伍建设。各级政府特别是县(市、区)和乡镇政府必须进一步加强安全生产监管机构和执法队伍建设，人员编制只能加强、不能削弱。进一步提高监管人员专业素质和技术装备水平，强化基层安监站(办、所)和执法中队的监管执法能力，加强对企业安全生产的现场监管和技术指导。企业必须依法设立安全生产管理部门,配备安全生产管理人员。在大型企业集团积极推行安全总监制度，强化企业日常安全管理。

29. 加强安全生产专业服务体系建设。要建立完善具有独立性的安全生产评价、宣传教育、安全培训、检测检验等服务性机构。专业服务机构对相关评价、鉴定结论承担法律责任，对违法违规、弄虚作假的，要依法依规从严追究相关人员和机构的法律责任，并降低或取消相关资质。

30. 加强应急救援能力建设。在抓好13个省级区域性的安全生产应急救援中心的基础上，各市、县(市、区)要针对本地区的产业结构和重大危险源，建立专业性的应急救援队伍，配备必要的救援装备。要建立省、市、县(市、区)和重点企业互联互通的应急救援指挥网络。

31. 加强安全生产标准化达标建设。做到技术装备达标、岗位达标、专业达标和企业达标，凡是没有达到基本安全要求的，要暂扣生产许可证和安全生产许可证，责令企业限期改进，使其达到安全生产标准和条件。

32. 加强安全文化建设。积极创建“安全社区”和“安全文化建设示范企业”，开展安全生产和职业健康知识进企业、进学校、进乡村、进社区、进家庭活动，进一步营造加强安全生产的社会舆论环境。大力推进建设安全诚信企业。要大力开展形式多样的宣传教育活动，通过制作发放安全生产宣传光盘、教育读本等，普及安全生产常识，增强广大干部职工安全意识。

33. 加强基层安全生产示范单位建设。坚持评选表彰“安全生产基层基础工作先进县”、“安全示范社区”、“安全标准化示范园区”和“安全生产基层基础工作先进企业”，通过创建先进单位，示范带动，推进安全生产基层基础工作。同时，认真总结基层企业实现本质安全生产的做法，推广典型经验，把好的做法形成制度，建立起预防为主的安全生产长效机制。

五、加强组织领导，完善工作机制，确保各项工作措施落实到位

34. 加强组织领导。各级政府要更加重视和加强安全生产工作，政府主要负责人对本地区的安全生产工作负总责，定期分析本地区的安全生产形势,研究制定有针对性的工作措施。班子成员按照“一岗双责”抓好各自分管工作的安全生产，并严格落实下矿井、进车间、登渔船检查制度，市级领导干部每两个月一次，县级领导干部每月一次。

35. 加强综合监管工作。要进一步强化安全监管部门对安全生产工作的综合监管，发挥安委会办公室平台推动作用，全面落实各部门的安全生产监督管理职责，形成安全生产综合监管与行业监管指导相结合的工作机制。

36. 加强企业安全生产属地管理。各级安全生产监管监察部门、负有安全生产监管职责的有关部门和行业管理部门按照职责分工和网格化监管要求，对当地企业包括中央驻鲁企业、省属企业实行严格的安全生产监督检查和管理。

37. 强化安全生产监管责任追究。在所辖区域对群众举报、上级督办、日常检查发现的非法生产企业（单位）没有采取有效措施予以查处，致使非法生产企业（单位）存在的，对县（市、区）、乡（镇）人民政府主要领导以及相关责任人，根据情节轻重，给予降级、撤职或者开除的行政处分，涉嫌犯罪的，依法追究刑事责任。

38. 加强社会监督和舆论监督。要充分发挥工会、共青团、妇联组织的作用，依法维护和落实企业职工对安全生产的参与权与监督权，鼓励职工监督举报各类安全隐患，对举报者予以奖励。有关部门和地方要进一步畅通安全生产的社会监督渠道，设立举报箱，公布举报电话，接受人民群众的公开监督。要发挥新闻媒体的舆论监督，对舆论反映的客观问题要深查原因，切实整改。

各地区、各部门和各有关单位要做好对加强企业安全生产工作的组织实施，制订部署本地区、本行业贯彻落实本意见要求的具体措施，加强监督检查和指导，及时研究、协调解决贯彻实施中出现的突出问题。同时，要加强对境外中资企业安全生产工作的指导和管理，严格落实境内投资主体和派出企业的安全生产监督责任。省政府安全生产委员会办公室和省政府有关部门要加强工作督查，及时掌握各地区、各部门和本行业（领域）工作进展情况，确保各项规定、措施执行落实到位。

二〇一〇年八月六日

1 － 62 山东省人民政府印发关于加快服务业跨越发展的若干政策的通知

鲁政发〔2010〕80号

各市人民政府，各县（市、区）人民政府，省政府各部门、各直属机构，各大企业，各高等院校：

现将《关于加快服务业跨越发展的若干政策》印发给你们，请认真贯彻实施。

二○一○年八月十八日

关于加快服务业跨越发展的若干政策

为认真贯彻省委九届十次全会精神，全面落实《中共山东省委山东省人民政府关于加快经济发展方式转变若干重要问题的意见》(鲁发〔2010〕10 号)，促进服务业跨越发展，特制定如下政策。

一、凡国家法律法规未明令禁入的服务业领域，全部向外资、社会资本开放，并实行内外资、内外地企业同等待遇。各类投资者可以采用独资、合资、合作、合伙等方式，从事服务业经营。

二、放宽服务业企业出资最低限额，除法律、法规另有规定的外，服务业企业出资一律由企业投资人自行认缴。

三、允许公司注册资本分期缴付，注册资本可以首付 20%，其余 2 年内缴足。

四、2011 年至 2015 年，省级财政继续设立并逐步增加服务业发展引导资金。主要用于为国家服务业引导资金项目配套、落实省扶持服务业发展的政策、培育服务业发展载体和扶持服务业重点项目，以及用于服务业工作奖励等。各市、县(市、区)政府要适当增加服务业发展引导资金，吸引社会资金加大对服务业的投入。

五、积极鼓励地方发展服务业。2010-2012 年，对市县上缴省级的营业税、企业所得税、个人所得税增幅超过 15% 以上的部分，省级给予全额返还，省级返还资金重点支持现代服务业发展。

六、各级服务业引导资金优先支持重点服务业城区、园区、企业和重点项目的发展。服务业引导资金要重点用于支持重点服务业城区发展服务业；对重点服务业园区的公共服务平台建设，给予一定资金补助，对重点服务业园区中的建设项目，同等条件下优先纳入省服务业重大项目计划，给予用地和资金扶持；支持重点服务业企业实施一批技术含量高、市场前景好的服务业大项目，鼓励企业实施规模化、网络化、品牌化经营，尽快培育一批拥有自主知识产权和知名品牌、具有较强竞争力的服务业龙头企业。

七、支持服务业企业深化改革。服务业国有企业产权整体转让以及企业整体改制的，土地、房产按政策处置后办理权属变更手续，不视同交易行为；经县级以上人民政府及企业主管部门批准改制的企业，因改制签订的产权转移书据免予贴花。有关企业以无形资产、不动产投资入股，参与接受投资方利润分配，共同承担投资风险的行为，不征收营业税。

八、新型地方金融组织在办理工商登记、税收征缴、土地房产抵押及动产和其他权利抵押等相关事务时，参照银行业金融机构对待。

九、鼓励服务业企业科技创新。企业为开发新技术、新产品、新工艺发生的研究开发费用，未形成无形资产计入当期损益的，在按照规定据实扣除的基础上，按照研究开发费用的 50% 加计扣除；形成无形资产的，按照无形资产成本的 150% 摊销。对符合条件的国家大学科技园和科技企业孵化器，在国家规定期限内，对其孵化服务的收入，免征营业税。对经认定的技术先进型服务企业，减按 15% 的税率征收企业所得税。

十、纳入全国试点范围的非营利的中小企业信用担保、再担保机构从事担保或者再担保业务取得的收入，自纳税人享受免税之日起，免征营业税 3 年。

十一、支持事业单位转企改制。自 2010 年 1 月 1 日起，事业单位人员领办、创办服务业企业的，3 年内，根据其缴纳的营业税，由当地政府给企业一定的奖励。

十二、鼓励服务业企业做大做强。对营业收入超过 30 亿元，或实现税金 3000 万元以上的服务业企业，省政府给予表彰奖励，具体奖励办法由省财政厅会同省服务业办公室制定；省统计局要研究提出规模以上服务业企业的标准和统计办法。

十三、鼓励发展农村服务业。自 2010 年 1 月 1 日起，对县及县以下依法登记设立的服务业企业，3 年内，根据其缴纳的营业税，由当地政府给予一定的奖励。

十四、鼓励发展新兴服务业。自 2010 年 1 月 1 日起，对新设立的工业设计企业和物业管理公司，3 年内，根据其缴纳的营业税，由当地政府给予一定的奖励。

十五、支持企业实施主辅业务分离。分离后成立的服务业企业，要积极开展社会化服务，大力拓展服务领域，企业因主辅业务分离造成税、费负担增加的，由当地政府给予相应的补助。

十六、对国内外金融机构来鲁新设立的区域总部和分支机构，以及新成立的新型地方金融组织，由省级、地方财政给予一次性奖励。鼓励金融机构到县、乡设立分支机构；支持发展村镇银行、小额贷款公司、农村资金互助社以及融资性担保机构等新型农村金融机构和金融组织。制定完善对金融机构的考评办法，对创新金融产品、为地方经济发展和金融稳定作出贡献的金融机构，由当地政府给予表彰奖励。对金融企业高管人员，根据其缴纳的个人所得税，给予适当奖励；对融资性担保机构代偿部分，按照贷款风险补偿办法，给予适当的风险补偿；鼓励和引导民间资本进入金融服务领域，支持其扩大对金融机构的持股比例。各地要制定鼓励和扶持辖区内金融业发展的政策措施，全面推进金融生态建设，优化金融发展环境。

十七、引导金融机构根据服务业企业资金需求特点，在信贷、证券、保险、外汇、担保、信用增级等方面加大创新力度，加大对符合条件的服务业企业的授信额度，满足不同类型服务业企业的多元化金融需求。支持符合条件的服务业企业通过发行股票、债券等多渠道筹措资金；鼓励产业投资基金、创业投资机构、新型金融组织积极面向中小服务业企业开展业务，在法律允许的框架内探索符合服务业企业实际的担保抵押方式。“十二五”期间，通过银行和政府基金联合贷款，每年筹措 10 亿元，加大对服务业十大重点领域的资金支持力度。全省银行业支持服务业的信贷增速要高于信贷平均增速 1 个百分点。在继续支持传统服务业发展的同时，重点加强对服务业四大载体的信贷支持和金融服务。

十八、建立中小服务业企业贷款风险补偿机制，省级每年从基建基金中筹措 2000 万元风险补偿资金，通过贴息、补助或奖励等方式，对贷款银行给予风险补偿。各地也要积极建立中小服务业企业贷款风险补偿机制，发挥银行信贷支持中小服务业企业的积极性。进一步提高小额担保贷款额度，对个人新发放的小额担保贷款的最高额度提高到 10 万元；对符合条件的劳动密集型小企业发放的小额担保贷款最高额度提高到 300 万元。各地要加大小额担保贷款资金投入，增加担保基金规模，建立完善小额担保贷款担保基金的风险补偿机制和小额担保贷款的有效奖励和补偿机制，加快推进县（市、区）小额担保贷款工作的全面开展。

十九、服务业发展用地要纳入各地主体功能区规划、土地利用总体规划、市县域总体规划和城市总体规划，对列入国家和全省“十二五”服务业发展规划的重点服务业园区、重点服务业项目新增建设用地，各级政府要优先安排年度用地计划指标；省对省级重点项目用地实行点供。各市、县(市、区)在制定年度用地计划时，要根据本地服务业发展需要，逐步提高服务业用地比例；编制年度服务业重大项目计划，对列入计划的项目所需新增建设用地指标由相关市、县(市、区)优先安排。

二十、对引入的总部企业及企业设立的研发中心用地,可优先办理规划和建设用地手续。

二十一、城市、旅游度假区及各类开发区规划确定的商业、服务业等公共服务设施和旅游设施用地，不得擅自改作它用。在符合土地利用总体规划的前提下，对利用荒地、荒山、荒滩、垃圾场、废弃矿山、边远海岛等土地开发的旅游等服务业项目，给予重点支持。

二十二、治理和规范涉服务业收费，取消不合理的收费项目，降低过高收费标准。

二十三、切实落实好服务业用电、用水、用气价格扶持政策，进一步完善峰谷用电管理办法，促进服务业跨越发展。

二十四、有计划地在普通高等院校和职业技术院校增设服务业紧缺专业,扩大招生规模；加强服务业人才的继续教育，充分利用各类职业技能教育培训机构开展服务业技能型人才再培训、再教育。人力资源社会保障部门所属公共就业(人才)服务机构为城乡求职者提供免费服务。

二十五、加快引进文化创意、工业设计、现代物流、金融、营销管理和软件与信息服务等高级专业人才，吸引在国外著名服务业机构从业的留学人才和外籍人才来鲁领办、创办服务业企业。对“千人计划”引进的海外高层次人才回国(来华)取得的一次性补助，免征个人所得税；对外籍个人在境内取得的住房补贴、搬迁费、探亲费、子女教育费等，按国家税收规定免征个人所得税。

二十六、深化事业单位人事制度改革。根据服务业事业单位特点，科学合理设置岗位，探索有利于服务业事业单位创新发展的公开招聘方式方法。鼓励服务业事业单位引进高层次紧缺专业人才，如无岗位空缺的，可按规定程序申请特设岗位；高层次人才聘用期限可适当延长或无固定期限。

二十七、对符合条件的服务业企业在新增加的岗位中,当年新招用持《就业失业登记证》人员，与其签订1年以上期限劳动合同并缴纳社会保险费的，截止2010年12月31日前经审批后，按实际招用人数，3年内定额依次扣减营业税、城市维护建设税、教育费附加和企业所得税，同时给予社会保险补贴，社会保险补贴标准按企业应为所招人员缴纳的养老、医疗和失业保险费计算，期限最长不超过3年。

二十八、高校毕业生、失业人员、农民工、转业退役军人创办服务业企业可免费参加创业培训，享受一次性岗位开发补贴、一次性创业补贴，自首次注册登记之日起3年内免收各类行政事业性收费。其中，创办家庭服务业企业的，免收期限延长至5年。

二十九、对为登记失业人员开展家政服务等便民利民职业培训和职业介绍的机构，按规定给予职业培训和职业介绍补贴。

三十、把加快发展服务业作为考核各地和有关部门的重要内容，进一步完善服务业考核奖励办法，加大对各市、县(市、区)政府、涉及服务业的部门和服务业载体单位的考核力度，对完成任务好的单位和个人，省政府给予表彰奖励。要建立健全服务业统计工作机制，服务业各主管部门要各司其职，各负其责，把加强管理与促进发展结合起来，加强部门之间的协作和配合，共同促进服务业发展。

1－63　山东省人民政府关于表彰2009年度省节能奖获奖单位和获奖成果的通报

鲁政字〔2010〕163号

各市人民政府，各县(市、区)人民政府，省政府各部门、各直属机构，各大企业，各高等院校：

2009年，全省各级、各部门在省委、省政府的正确领导下，以科学发展观为指导，认真贯彻落实中央各项节能减排决策部署，将推进节能减排作为转方式、调结构，促进经济社会平稳较快发展的重要举措，不断强化措施，狠抓工作落实，节能成效进一步显现，全省超额完成了年度节能目标，涌现出一批节能先进典型和优秀成果。

为表彰先进，发挥示范带动作用，深入推动我省节能工作，确保完成“十一五”节能目标，根据《中共山东省委山东省人民政府关于进一步加强节能减排工作的意见》(鲁发〔2007〕24号)、《山东省人民政府关于印发节能减排综合性工作实施方案的通知》(鲁政发〔2007〕39号)、《山东省人民政府批转节能减排统计监测及考核实施方案和办法的通知》(鲁政发〔2008〕55号)、《山东省人民政府办公厅关于印发山东省节能奖励办法的通知》(鲁政办发〔2006〕116号)精神，省政府决定：

授予超额完成节能目标任务的济南、青岛、淄博、枣庄、烟台、潍坊、济宁、泰安、威海9个市人民政府“2009年度山东省节能工作先进单位”称号，每个市奖励50万元；对完成与省政府签订节能目标责任书任务的省发展改革委、经济和信息化委、科技厅、财政厅、住房城乡建设厅、交通运输厅、统计局、质监局、机关事务局9个部门，每个部门奖励20万元。

授予胜利油田胜利动力机械集团有限公司、富美科技有限公司、山东金升有色集团有限公司、山东亚特尔集团股份有限公司、枣庄矿业(集团)有限公司、山东力诺瑞特新能源有限公司、山东泉林纸业有限责任公司7家企业“山东省节能突出贡献企业”称号，每个企业奖励100万元。

授予青岛海尔股份有限公司“冰箱无级变频控制技术”、山东天能电力科技有限公司“煤粉锅炉给粉计量自控节能技术”、烟台冰轮集团有限公司“系列螺杆低温冷水机组”、兖矿集团有限公司“煤气化多联产燃气轮机发电技术”、山东宏力空调设备有限公司“太阳能与地源热泵建筑一体化集成技术”5项成果为“山东省重大节能成果”称号，每个成果奖励100万元。

授予中国重型汽车集团有限公司等50家企业为“山东省节能先进企业”称号；授予山东桑乐太阳能有限公司“大面积太阳能供热水系统”等50项成果为“山东省优秀节能成果”称号，每个成果奖励5万元。

2010年是实施“十一五”规划的最后一年，也是实现“十一五”节能目标的攻坚决战之年。希望获奖单位珍惜荣誉，再接再厉，争取更大成绩。各级、各部门和广大企业要认真学习先进典型，紧紧围绕中央和省委、省政府一系列节能减排决策部署，进一步坚定信心，加强领导，强化措施，狠抓落实，坚决打好节能减排攻坚战，确保全面完成“十一五”节能目标任务，为建设经济文化强省作出新的更大贡献。

附件：2009年度省节能奖获奖单位和获奖成果名单

二○一○年七月八日

附件：

2009年度省节能奖获奖单位和获奖成果名单

一、2009年度山东省节能工作先进单位（9个）

1. 济南市人民政府
2. 青岛市人民政府
3. 淄博市人民政府
4. 枣庄市人民政府
5. 烟台市人民政府
6. 潍坊市人民政府
7. 济宁市人民政府
8. 泰安市人民政府
9. 威海市人民政府

二、节能表彰奖励单位（9个）

1. 山东省发展和改革委员会
2. 山东省经济和信息化委员会
3. 山东省科学技术厅
4. 山东省财政厅
5. 山东省住房和城乡建设厅
6. 山东省交通运输厅
7. 山东省统计局
8. 山东省质量技术监督局
9. 山东省省级机关事务管理局

三、节能突出贡献企业（7家）

1. 胜利油田胜利动力机械集团有限公司
2. 富美科技有限公司
3. 山东金升有色集团有限公司
4. 山东亚特尔集团股份有限公司
5. 枣庄矿业（集团）有限公司
6. 山东力诺瑞特新能源有限公司
7. 山东泉林纸业有限责任公司

四、重大节能成果（5项）

1. 成果名称：冰箱无级变频控制技术
   成果持有单位：青岛海尔股份有限公司
2. 成果名称：煤粉锅炉给粉计量自控节能技术
   成果持有单位：山东天能电力科技有限公司
3. 成果名称：系列螺杆低温冷水机组
   成果持有单位：烟台冰轮集团有限公司
4. 成果名称：煤气化多联产燃气轮机发电技术
   成果持有单位：兖矿集团有限公司
5. 成果名称：太阳能与地源热泵建筑一体化集成技术
   成果持有单位：山东宏力空调设备有限公司

五、节能先进企业（50家）

1. 中国重型汽车集团有限公司
2. 华能济南黄台发电有限公司
3. 济南二机床集团有限公司
4. 济南市琦泉热电有限责任公司
5. 青岛啤酒股份有限公司
6. 华电青岛发电有限公司

7. 山东黄岛发电厂
8. 青岛碱业股份有限公司
9. 华能国际电力股份有限公司辛店电厂
10. 中国铝业股份有限公司山东分公司
11. 兖矿鲁南化肥厂
12. 山东王晁煤电集团
13. 山东海科化工集团有限公司
14. 中国石化股份有限公司胜利油田分公司
15. 山东胜通集团股份有限公司
16. 正和集团股份有限公司
17. 康达（山东）水泥有限公司
18. 烟台红壹佰照明有限公司
19. 上海通用东岳动力总成有限公司
20. 玲珑集团有限公司
21. 潍柴动力股份有限公司
22. 山东海龙股份有限公司
23. 山东联盟化工集团有限公司
24. 潍坊亚星化学股份有限公司
25. 山东雪花生物化工股份有限公司
26. 山东华金集团有限公司
27. 山东鲁抗医药集团有限公司
28. 兖矿峄山化工有限公司
29. 山东济矿鲁能煤电股份有限公司阳城电厂
30. 山东泰山能源有限责任公司协庄煤矿
31. 山东海力实业集团有限公司
32. 瑞星集团有限公司
33. 肥城矿业集团有限责任公司
34. 新汶矿业集团有限责任公司
35. 威海热电厂
36. 威海蓝星玻璃股份有限公司
37. 山东五征集团有限公司
38. 日照港（集团）有限公司
39. 莱芜钢铁集团有限公司
40. 金沂蒙集团有限公司
41. 临沂矿业集团有限责任公司
42. 沂州集团有限公司
43. 德州晶华集团有限公司
44. 山东华鲁恒升集团有限公司
45. 华能国际电力股份有限公司德州电厂
46. 山东聊城鲁西化工第二化肥有限公司
47. 山东高唐热电厂
48. 滨化集团股份有限公司
49. 山东铁雄能源煤化有限公司
50. 山东东明石化集团有限公司

六、优秀节能成果（50项）

1. 成果名称：大面积太阳能供热水系统
   成果持有单位：山东桑乐太阳能有限公司
2. 成果名称：节能生态示范楼
   成果持有单位：山东省产品质量监督检验研究院
3. 成果名称：数字双点燃爆ＤＴ－ｉ技术节能发动机
   成果持有单位：济南轻骑摩托车股份有限公司
4. 成果名称：室内环境调控装置
   成果持有单位：山东正晨科技有限公司
5. 成果名称：ｉＥＳ－ＭＡＳＯＥ节能管理与节能监察综合信息系统
   成果持有单位：积成电子股份有限公司
6. 成果名称：矿井水源热泵及其与太阳能复合系统关键技术
   成果持有单位：淄博矿业集团有限责任公司埠村煤矿
7. 成果名称：物联网路灯节能控制管理系统
   成果持有单位：山东天元物联电子科技有限公司
8. 成果名称：电厂低成本分析运营系统
   成果持有单位：青岛高校信息产业有限公司

9. 成果名称：水煤浆循环流化悬浮燃烧装置
成果持有单位：青岛特利尔环保锅炉工程有限公司
10. 成果名称：无氟直流变频空调
成果持有单位：海信（山东）空调有限公司
11. 成果名称：集装箱码头装卸工艺系统优化技术
成果持有单位：青岛港（集团）有限公司
12. 成果名称：氟利昂回收净化加注项目
成果持有单位：青岛金华工业集团有限公司
13. 成果名称：节能型轻量药用玻璃瓶生产技术
成果持有单位：山东省药用玻璃股份有限公司
14. 成果名称：Φ125 真空管保温储水式太阳能热水器
成果持有单位：山东福德科技有限公司
15. 成果名称：模块化绝热板低温热水地面辐射供暖系统
成果持有单位：山东联强塑胶有限公司
16. 成果名称：磁控电抗器式动态无功补偿及谐波治理成套装置
成果持有单位：山东思达电气有限公司
17. 成果名称：7 MW光伏并网电站工程项目
成果持有单位：东营光伏太阳能有限公司
18. 成果名称：学校能源管理信息系统
成果持有单位：中国石油大学（华东）
19. 成果名称：无功换向节能智能抽油机
成果持有单位：胜利油田胜机石油装备有限公司
20. 成果名称：叠波串联技术高压变频器系统
成果持有单位：东方电子股份有限公司
21. 成果名称：新型环保节能无烟燃煤锅炉
成果持有单位：海阳丰利机械制造有限公司
22. 成果名称：回转炉窑应用膜法制氧富氧助燃节能装置
成果持有单位：烟台华盛燃烧设备工程有限公司
23. 成果名称：联通式热管烟气净化余热回收器
成果持有单位：烟台创元热能科技有限公司
24. 成果名称：G L W型工业废石膏煅烧再利用成套设备
成果持有单位：潍坊天洁环保科技有限公司
25. 成果名称：L H系列智能化高性能节电装置
成果持有单位：山东乐航节能科技股份有限公司
26. 成果名称：节能环保低温超导除铁器应用技术
成果持有单位：山东华特磁电科技股份有限公司
27. 成果名称：“利基”智能微控高性能节电装置
成果持有单位：山东瑞斯高创股份有限公司
28. 成果名称：智能化高效节能矿用排水清淤泵组
成果持有单位：济宁安泰矿山设备制造有限公司

29. 成果名称：高压无功自动补偿装置
成果持有单位：山东金乡金人电气有限公司
30. 成果名称：高压静止型动态无功补偿成套装置
成果持有单位：山东泰开电力电子有限公司
31. 成果名称：煤矿综合节能技术
成果持有单位：山东同方能源工程技术有限公司
32. 成果名称：Y 3 系列低压大功率高效节能电动机
成果持有单位：山东华力电机集团股份有限公司
33. 成果名称：D Y G 系列高起动转矩多速电动机
成果持有单位：山东力久特种电机有限公司
34. 成果名称：节能环保型球铁曲轴铸造生产技术
成果持有单位：天润曲轴股份有限公司
35. 成果名称：T Y 3 系列高效永磁同步电动机
成果持有单位：山东工友集团股份有限公司
36. 成果名称：M Y V P 系列变频调速光电反馈控制三相异步电动机
成果持有单位：荣成市荣佳电机有限公司
37. 成果名称：大中型轧钢加热炉专用系列节能环保型助燃风机
成果持有单位：文登市威力风机有限公司
38. 成果名称：节能型 I G B T 晶体管中频电源
成果持有单位：日照金华信机电设备有限公司
39. 成果名称：抽油机系统节能整体解决方案及装置
成果持有单位：山东成华电子科技有限公司
40. 成果名称：聚源热泵空调
成果持有单位：日照春燕空调设备有限公司
41. 成果名称：原料余热利用及热处理炉节能技术改造项目
成果持有单位：山东莱芜金雷风电科技股份有限公司
42. 成果名称：液态硫酸铵转鼓造粒复合肥节能工程改造项目
成果持有单位：史丹利化肥股份有限公司
43. 成果名称：地热水采暖整体机组
成果持有单位：德州六顺电气自动化设备有限公司
44. 成果名称：S R B L G 510 水源热泵机组
成果持有单位：德州亚太集团有限公司
45. 成果名称：阳极炉节能技术改造项目
成果持有单位：阳谷祥光铜业有限公司
46. 成果名称：生物复合纳米自组装燃油添加剂
成果持有单位：山东鑫海汽车配件有限公司
47. 成果名称：氧化铝生产节能技术工程
成果持有单位：茌平信发华宇氧化铝有限公司
48. 成果名称：金属面聚氨酯复合板
成果持有单位：山东万事达建筑钢品科技有限公司
49. 成果名称：大功率 L E D 高效节能灯开发应用技术
成果持有单位：山东宇泰光电科技

有限公司

50. 成果名称：立体三角铁心变压器

成果持有单位：山东达驰电气有限公司

1 － 64 山东省促进散装水泥发展规定

（省政府令第 219 号）

《山东省促进散装水泥发展规定》已经 2009 年 12 月 31 日省政府第 60 次常务会议通过，现予公布，自 2010 年 3 月 1 日起施行。

省 长 姜大明

二〇一〇年一月十二日

山东省促进散装水泥发展规定

第一条 为了促进散装水泥的发展和应用，节约资源和能源，保护和改善环境，提高经济和社会效益，根据《中华人民共和国循环经济促进法》、《中华人民共和国清洁生产促进法》等法律、法规，结合本省实际，制定本规定。

第二条 在本省行政区域内从事水泥、预拌混凝土和预拌砂浆生产、经营、运输、使用和管理的单位和个人，应当遵守本规定。

第三条 本规定所称散装水泥，是指不用包装，直接通过专用设备出厂、运输、储存和使用的水泥。

本规定所称预拌混凝土，是指由水泥、集料、水以及所需的外加剂和掺合料等，在搅拌站按一定比例计量、拌制后，通过专用设备运输、使用的拌合物。

本规定所称预拌砂浆，是指由水泥、砂以及所需的外加剂和掺合料等，在搅拌站按一定比例计量、拌制后，通过专用设备运输、使用的拌合物。预拌砂浆包括干混砂浆和湿拌砂浆。

第四条 县级以上人民政府应当加强对发展散装水泥工作的领导，将其纳入当地国民经济和社会发展规划，并制定相应的工作目标和措施，促进散装水泥的发展。

第五条 县级以上人民政府确定的部门（以下统称散装水泥行政主管部门）负责本行政区域内散装水泥的监督管理工作。

县级以上人民政府散装水泥行政主管部门所属的散装水泥管理机构承担散装水泥管理的具体工作，其工作经费列入同级财政预算。

经济和信息化、发展改革、公安、财政、交通运输、住房城乡建设、审计、环境保护、统计等有关部门，应当按照职责分工，做好发展散装水泥的相关工作。

建材等行业协会应当加强行业自律，规范行业行为，为会员提供信息、技术、培训等服务，依法维护会员和行业的合法权益。

第六条 县级以上人民政府应当采取措施，鼓励科研教育机构、企业和个人进行散装水泥推广应用技术和配套设施设备的科研开发。

第七条 散装水泥行政主管部门应当根据

当地国民经济和社会发展规划,会同发展改革、住房城乡建设、环境保护等行政主管部门，编制本行政区域内散装水泥的发展规划和年度计划，并由散装水泥管理机构组织实施。

散装水泥管理机构应当为散装水泥的生产、经营和使用提供信息咨询、业务培训等服务，推广应用新技术、新工艺、新产品。

第八条 县级以上人民政府及其有关部门应当支持、引导散装水泥、预拌混凝土和预拌砂浆现代物流体系建设，发展第三方物流，提高物流的社会化、专业化水平。

第九条 省散装水泥行政主管部门应当会同有关部门根据国家发展散装水泥的有关规定，制定并适时发布散装水泥生产工艺和设备导向目录。

第十条 新建、扩建和改建的水泥生产企业(包括粉磨站和配制厂)，其散装水泥发放能力应当达到国家规定的标准。

已建成的水泥生产企业应当通过技术改造、增加设施设备等方式，逐步提高散装水泥发放能力，并达到国家规定的要求。

第十一条 鼓励发展预拌混凝土和预拌砂浆。

新建、扩建和改建预拌混凝土、预拌砂浆项目，有关部门应当在用地、资金等方面给予支持。

第十二条 水泥生产企业以及预拌混凝土、预拌砂浆和水泥制品生产企业，应当建立健全质量管理体系，保证散装水泥、预拌混凝土、预拌砂浆和水泥制品的质量符合国家规定的标准。

预拌混凝土、预拌砂浆和水泥制品生产企业应当全部使用散装水泥。

第十三条 城市、县人民政府所在地的镇规划区以及国家和省批准的各类开发区范围内，限期禁止建设工程现场搅拌混凝土、砂浆。

市(县)散装水泥行政主管部门应当会同有关部门，按照国家和省有关规定，结合本地实际情况，提出禁止现场搅拌混凝土、砂浆的具体区域和起始日期，报本级人民政府批准后实施，并向社会公告。

禁止现场搅拌混凝土、砂浆区域外的交通、能源、水利、港口等建设工程以及其他政府投资的建设工程，具备条件的，应当使用预拌混凝土和预拌砂浆。

第十四条 散装水泥、预拌混凝土、预拌砂浆的运输应当使用专用车辆，并保持车况良好、车貌整洁。

装载散装水泥、预拌混凝土、预拌砂浆的专用车辆和混凝土泵车需要进入城市市区的，应当凭当地散装水泥管理机构开具的证明，事先到当地公安机关交通管理部门办理特定时间和路线行驶的通行手续，公安机关交通管理部门应当及时办理。

装载预拌混凝土、预拌砂浆的专用车辆和混凝土泵车发生交通违法行为的，公安机关交通管理部门应当及时处理，处理时间需要1小时以上的，应当先予记录放行，待卸载后再行处理。

第十五条 从事水泥、预拌混凝土、预拌砂浆和水泥制品生产、经营、运输的单位和个人，应当采取有效措施，确保生产、运输、储存等设施设备以及生产经营场所符合国家有关安全生产和环境保护的要求。

第十六条 水泥、预拌混凝土、预拌砂浆和水泥制品生产企业，应当按照统计法律、法规和统计制度的规定，真实、准确、完整、及时地向散装水泥管理机构提供散装水泥生产和使用统计数据，不得虚报、瞒报和拒报。

第十七条 各级人民政府及其有关部门应当在农村规划建设散装水泥销售网点，建立健全散装水泥配送和服务体系，并鼓励农村居民使用散装水泥、预拌混凝土和预拌砂浆。

第十八条 水泥生产企业和使用单位应当按照国家和省有关规定缴纳散装水泥专项资金。

任何单位和个人不得违反国家规定，擅自减免或者批准缓缴散装水泥专项资金，不得改变散装水泥专项资金征收对象或者提高征收标准。

散装水泥专项资金属于政府性基金，必须专项用于发展散装水泥事业，任何单位和个人不得截留、坐支、平调或者挪用。

第十九条 违反本规定，建设单位在禁止现场搅拌混凝土、砂浆的区域内现场搅拌混凝土、砂浆的，由住房城乡建设行政主管部门责令限期改正；逾期不改正的，处1万元以上3万元以下的罚款。

第二十条 违反本规定，水泥、预拌混凝土、预拌砂浆和水泥制品生产企业虚报、瞒报或者拒报散装水泥生产和使用统计数据的，由散装水泥行政主管部门责令限期改正；逾期不改正的，处2000元以上1万元以下的罚款。

第二十一条 违反本规定，水泥生产企业和使用单位未及时、足额缴纳或者拒绝缴纳散装水泥专项资金的，由散装水泥行政主管部门责令限期缴纳，并加收滞纳金。

第二十二条 违反本规定，擅自减免或者批准缓缴散装水泥专项资金，改变散装水泥专项资金征收对象或者提高征收标准，或者截留、坐支、平调、挪用散装水泥专项资金的，由财政部门或者散装水泥行政主管部门责令限期改正；对直接负责的主管人员和其他直接责任人员，依法给予处分；构成犯罪的，依法追究刑事责任。

第二十三条 散装水泥行政主管部门可以委托其所属的散装水泥管理机构依法查处违反本规定的行为。

第二十四条 政府及其有关部门的工作人员在散装水泥监督管理工作中滥用职权、玩忽职守、徇私舞弊的，依法给予处分；构成犯罪的，依法追究刑事责任。

第二十五条 本规定自2010年3月1日起施行。

1－65 山东省发改委 国土资源厅 中国人民银行济南分行关于下达2010年省重点服务业建设项目名单的通知

鲁发改服务〔2010〕444号

各市发改委、服务业办、国土资源局，人民银行各市中心支行、分行营业管理部，省直有关部门：

现将研究确定的全省2010年重点服务业建设项目名单下达给你们，并提出如下要求，请遵照执行。

一、要高度重视服务业重点项目工作。重点项目建设是转方式、调结构的重要抓手和切入点，也是投资增长的引擎和重要拉动力量。各市要切实按照省委省政府关于转方式、调结构、全面提高经济运行质量的要求，做好2010年服务业重点项目建设工作。要明确分工，落实责任，加强协调和配合，优化项目建设环境，加快推进重点项目建设进度，拉动投资的较快增长。

二、加强对服务业重点建设项目的管理。各级发展改革委、国土、金融等有关部门要密切配合，进一步增强服务意识，提高工作效率。

要加强项目的检查和监督，严格遵循有关建设程序，切实落实项目法人责任制、资本金制、工程监理制、合同管理制和招标投标制，严把工程质量关、安全关。不准违反程序擅自调整建设规模、改变建设标准、增减建设内容。确需改变和调整的要按照规定报批。要树立节约利用土地观念，提高土地利用效率。

三、积极创造条件，为重点项目建设提供保障。按照保护耕地和节约集约用地的原则，充分结合城市改造利用存量建设用地进行建设，确需新增用地的，各级国土资源主管部门给予重点支持，按照国家产业政策和供地政策依法办理用地手续。要突出抓好建设资金的筹措，进一步规范和完善地方性融资平台，大力推进招商引资和企业上市融资，广泛开展银企对接工作，引导银行资金、国外资金和民间资本参与服务业重点项目建设。各有关银行要加大对重点项目的支持力度，在贷款数量和利率上尽量体现出政策倾斜和优惠。符合国家及省服务业引导资金扶持条件的项目优先给予扶持。各相关部门也要对项目建设给予大力支持，努力创造项目建设良好环境和条件。

四、加强对省重点项目的调度分析和研究。省发改委建立重点建设项目月调度制度。各市要安排专人负责，按时统计重点项目建设进度，并将有关情况于每月10日前报送到省发改委服务业项目处，重要情况要随时上报。要加强现场调研和督导，及时发现和协调解决项目建设过程中遇到的矛盾和问题，保证省重点建设项目的顺利实施。

附件：2010年省重点服务业建设项目名单

二〇一〇年四月八日

附件：

2010年省重点服务业建设项目名单

序号	项目名称	建设地点	总投资（亿元）	2010年计划投资（亿元）
合计			5002.5	1071.6
1	西客站文化会展中心	槐荫区	95	10
2	动漫基地二期	济南高新区	5	2
3	恒隆广场	历下区	25	5
4	济南金融商务中心	市中区	300	16
5	盖世农产品物流交易中心	历城区	9.9	2
6	中国重汽总部和国家重车研发项目	历城区	20	10
7	银座中心	槐荫区	24	10
8	润华汽车服务园项目	槐荫区	15	8.2
9	舜井街－解放阁特色商业区	历下区	40	18

序号	项目名称	建设地点	总投资（亿元）	2010年计划投资（亿元）
10	中国济南义乌小商品批发市场项目	章丘市	15	2
11	玫瑰湖湿地项目	平阴县	45	5
12	华强信息产业高端服务业基地项目	历下区	20	4
13	国家非物质文化遗产博览园	槐荫区	10	2
14	齐鲁外包城	济南高新区	20	6
15	西尔曼原生态旅游休闲中心	历城区	22.4	5
16	奥特莱斯商贸中心	长清区	23	10
17	商河县温泉服务基地	商河县	15	3
18	西客站商务中心	槐荫区	23	6
19	济西湿地一期项目	济南市	13	4
20	中国东部影视城	章丘市	10	1.5
21	万达广场	市中区	70	16
22	历城区科技孵化器项目	历城区	8	3
23	唐岛湾游艇会项目	青岛开发区	60	13
24	青岛港40万吨级大型码头项目	胶南市	40	10
25	青岛国际会展中心及水上度假城一期	即墨市	50	15
26	长阡沟国际休闲度假项目	青岛开发区	31.3	1.6
27	青岛锦绣江山国际旅游城	莱西市	31	10
28	海上嘉年华项目	青岛开发区	30	8
29	利群崂山购物广场项目	崂山区	20	8
30	哈尔滨工程大学青岛产学研基地	胶南市	26	3
31	燕儿岛路国际金融聚集区	市南区	100	9
32	青岛国际贸易中心	市南区	44	7
33	啤酒城改造项目	崂山区	100	5
34	小珠山旅游及综合开发项目	胶南市	20	5

序号	项目名称	建设地点	总投资（亿元）	2010年计划投资（亿元）
35	青岛华强科技文化科技产业园	城阳区	50	30
36	青岛海云庵民俗文化街区改造项目	四方区	20.6	5.6
37	万科城项目	四方区	24	7.5
38	今典红树林度假会展生活酒店项目	胶南市	42	5
39	淄博保税物流中心	淄博高新区	10	3
40	山东齐赛创意动漫产业园项目	张店区	6	1.6
41	中国博山姚家峪生态旅游度假区	博山区	27	4.5
42	中华（博山）陶琉文化城	博山区	12.6	1.5
43	旱码头齐鲁风商务文化广场	周村区	7.5	1.5
44	齐鲁现代物流园	临淄区	50	5
45	张范汽车交易城	薛城区	10	2.1
46	中国（枣庄）二手车市场	市中区	6.4	2.5
47	台儿庄运河古城重建	台儿庄区	11	3
48	鲁南玻璃商贸城	滕州市	52	6
49	杏花村干杂海货市场扩建工程	滕州市	13.6	6.3
50	微山湖湿地公园	滕州市	20	7
51	伦达国际商贸城	滕州市	15	8
52	黄河水城河海风情旅游区	东营市	15	3
53	孙子文化旅游度假区	广饶县	20	5
54	黄河口大剧院	东营市	7.5	2
55	广饶商贸中心	广饶县	5.5	2
56	中国石油大学国家大学科技园“生态谷”	东营经济开发区	5.4	1.5
57	中海油码头扩建及物流园区一期工程	东营港经济开发区	27.5	6
58	东营机场扩建工程	垦利县	9.4	5
59	揽翠湖旅游度假区	东营市	12	1.5

序号	项目名称	建设地点	总投资（亿元）	2010 年计划投资（亿元）
60	广通河沿岸整体开发项目	东营经济开发区	12	2
61	软件园项目	东营经济开发区	37.6	3
62	大南山生态园	烟台市	46	5
63	东和软件园	芝罘区	15	6
64	烟台青年科技创业大道	芝罘区	18	3
65	烟台国际汽车文化城	芝罘区	30	6
66	烟台钢铁物流中心	芝罘区	30	6
67	芝罘国际金融中心	芝罘区	30	2
68	振华广场	芝罘区	30	10
69	慎礼商贸综合体	芝罘区	40	6
70	莱山万象城	莱山区	85	10
71	烟台五彩文化广场	莱山区	15	3
72	烟台新天地都市广场	莱山区	17.5	10
73	烟台国际生物科技园	烟台高新区	40	5
74	清华科技园	烟台开发区	40	5
75	南山大旅游项目	龙口市	20	3
76	龙口海上公园	龙口市	20	5
77	金都汤城温泉二期工程	招远市	15	2.1
78	蓬莱博展国际商贸城	蓬莱市	35	5
79	蓬莱旅游休闲服务中心	蓬莱市	20	3
80	金山旅游度假区	莱阳市	22	5.4
81	烟台世茂酒店及商住楼	芝罘区	25.3	4.3
82	东华商贸城	牟平区	12	5
83	齐鲁台湾城鲁台经贸中心	潍城区	15	2
84	鲁东物流中心钢铁物流园	潍城区	38	10

序号	项目名称	建设地点	总投资（亿元）	2010年计划投资（亿元）
85	渤海物流园	寿光市	20	7
86	福田汽车诸城全球物流中心	诸城市	19.6	3
87	港天物流园	青州市	20	3
88	寿光市软件园	寿光市	7.3	2.5
89	潍坊市生产资料物流项目	潍城区	15.6	4
90	潍坊农机产业服务基地	潍城区	12.5	3
91	中凯兴业贸易广场	寒亭区	20	5
92	中国汽车城	昌乐市	35	3
93	希努尔国际商贸城	诸城市	16	3
94	中央商务区（得利斯·世纪城）	诸城市	28	3
95	广潍汽车博览园	奎文区	20	3
96	坊茨德国小镇	坊子区	30	2
97	坊安新城物流园	坊子区	20	5
98	诸城白垩纪恐龙地质公园	诸城市	15	5
99	高密火车站散货物流项目	高密市	21	6
100	山东呼叫中心（潍坊）基地	潍坊高新区	6.8	3
101	动漫基地	潍坊高新区	5	2.5
102	潍坊白浪绿州湿地体育公园	奎文区	20	6
103	昌邑市青山物流中心	昌邑市	18	7
104	济宁鲁南豪德现代商贸物流城	市中区	45	5
105	济宁中央商务区	市中区	65	13
106	明故城恢复改造工程	曲阜市	17.6	5
107	孔子博物院	曲阜市	5	1
108	石门山旅游综合开发	曲阜市	16	4
109	新西兰庄园	曲阜市	20	5

序号	项目名称	建设地点	总投资（亿元）	2010年计划投资（亿元）
110	泗水西侯幽谷生态旅游项目	泗水县	10	2
111	水浒文化主题公园	梁山县	15	5
112	梁山美的亚城市广场	梁山县	12	4
113	泰山方特欢乐世界项目	泰山区	16	4
114	宝龙城市广场	泰山区	20	6
115	天颐湖旅游度假区	岱岳区	10	3.5
116	莲花湖旅游度假区	新泰市	12	8
117	中华商圣文化园	肥城市	15	2
118	新泰科技文化中心	新泰市	10	5
119	州城镇千年宋城开发建设	东平县	12.5	5
120	鲁中物流商贸城	肥城市	16	4
121	湖屯物流中心	肥城市	10.5	3
122	瑞奥不夜城	泰山区	5.6	2
123	名嘉城市广场	泰山区	32.8	8
124	山东新泰煤炭交易中心	新泰市	20	10
125	新泰市大装饰材料批发市场	新泰市	10	5
126	青云湖综合开发项目	新泰市	50	10
127	物流中心项目	威海工业新区	12	3
128	呼雷汤温泉开发	文登市	22	5
129	文登市体育公园一期工程	文登市	6.9	2
130	国家级滨海生态渔业旅游度假区	荣成市	16	3
131	荣成市金石湾艺术园区	荣成市	12	2
132	大乳山休闲旅游度假区	乳山市	20	4
133	云顶商贸城	环翠区	10	3.2
134	金蚂蚁汽车广场	环翠区	7.6	2

序号	项目名称	建设地点	总投资（亿元）	2010 年计划投资（亿元）
135	侨乡广场二期工程	环翠区	7.5	2
136	广泰总部及研发中心	环翠区	5	2
137	休闲购物广场项目	威海经济开发区	12.3	4
138	华夏生态园扩建项目（主题公园）	威海经济开发区	10.8	2
139	国际帆船海景度假城项目	东港区	10	2
140	日照国家级木材贸易加工示范区	岚山区	10	2.5
141	山东安东卫国际水产物流园	岚山区	5	2
142	五莲县综合物流园区	五莲县	22	2
143	日照开发区综合物流园	日照开发区	10	1.6
144	东港区现代物流园	东港区	20	2.5
145	日照国际金融中心	东港区	8.2	2.6
146	岚山多岛海商业聚集区项目	岚山区	15	8
147	涛雒物流发展中心项目	东港区	5.8	1
148	日照精品钢物流基地项目	岚山区	36	5
149	莱芜豪德现代商贸物流城一期	莱城工业区	5	2.5
150	莱芜名嘉购物广场	莱芜高新区	22	2
151	青水湾商贸广场	莱城区	6	3
152	嬴城现代物流港	莱城区	5.6	2.6
153	莱钢研发中心	钢城经济开发区	5.4	3
154	北岸特色旅游小镇	雪野湖旅游区	30	3
155	航空园续建工程	雪野湖旅游区	5	2
156	临沂天源国际物流园	兰山区	7.6	1.5
157	山东沂蒙优质农产品交易中心建设	临沂经济开发区	5	1.5
158	万兴都国际商业公园	兰山区	15	5
159	临沂豪德光彩贸易广场	罗庄区	30	5

序号	项目名称	建设地点	总投资（亿元）	2010年计划投资（亿元）
160	临沂名嘉购物广场	罗庄区	11.8	2
161	凤凰水城	罗庄区	50	10
162	山东盛顺国际物流基地	沂水县	5.2	1.5
163	蒙山旅游区基础设施建设	蒙阴县	7	2
164	山东齐鲁园温泉开发项目	河东区	6.6	1.5
165	常林集团液压主件工艺研究与产业化项目	临沭县	26	10
166	苍马山旅游区开发	临沭县	10	2
167	山东省临沂农产品交易市场	临沂经济开发区	38	5
168	中华奇石城	费县	9.7	1
169	青啤家园	罗庄区	50	6
170	山东名仕温泉国际城	河东区	6	1.5
171	临邑义乌小商品城	临邑县	5.6	1.1
172	大运河经济港	运河开发区	5.6	4.5
173	陵县万亩高铁站区高科技创业园	陵县	50	10
174	乐陵义乌（国际）商贸城建设	乐陵市	16	6
175	黄河三角洲（乐陵）会展物流中心	乐陵市	15	5
176	山东德武现代物流园区	武城县	11	5.3
177	生猪屠宰冷藏冷链物流项目	宁津县	5.1	2.6
178	山东省煤炭储配物流基地	齐河县	10.6	6
179	天润温泉度假村旅游项目	齐河县	12	5
180	山东盖世冠威国际物流园	齐河县	16.5	5
181	夏津县黄河故道旅游开发	夏津县	15.6	2
182	德州京铁物流园	德城区	20	4
183	德百物流批发城	德州经济开发区	8	5
184	山东国际商贸港	禹城市	20	5

序号	项目名称	建设地点	总投资（亿元）	2010年计划投资（亿元）
185	中聚码头及大型物流园区	无棣县	12	4
186	滨州港 2×3 万吨级散杂货码头及仓储区	滨州市	7.7	4.4
187	滨州市文化中心	滨城区	6	3
188	滨州义乌国际商贸城	滨城区	6	2
189	滨州豪德光彩贸易广场	滨城区	16	4
190	黄河三角洲（铁路）物流园区	滨州高新区	5	1.5
191	文化九州（黄河岛）生态旅游度假区一期	无棣县	17	8
192	滨州中博国际商贸城	滨州经济开发区	40	6
193	山东京博物流中心有限公司迁建	博兴县	7.4	4
194	马颊河生态文化旅游区开发项目	冠县	50	6
195	聊城 CBD 中央商务区	东昌府区	18	2
196	仙鹤湖湿地公园项目	莘县	10	2
197	山东莘县生态谷国际物流城	莘县	20	5
198	烟店轴承物流园区建设	临清	5.6	1.5
199	茌平现代物流中心	茌平县	5.3	1.5
200	华银南方商贸城	高唐县	8	1.5
201	圣树湾世界民居大观园	高唐县	6.6	2.5
202	生态科技园大型旅游休闲项目	东昌府区	12	5
203	聊城香江物流中心	东昌府区	5.6	1.5
204	新东方国际商贸城	东昌府区	10	7
205	古城区保护与改造工程	东昌府区	38.5	23.6
206	徒骇河旅游开发	东昌府区	277	20
207	山东盖氏邦晔物流	东昌府区	15	6
208	聊城煤炭储备配送基地	东昌府区	20	5
209	聊城市运河五期	东昌府区	34	6

序号	项目名称	建设地点	总投资（亿元）	2010年计划投资（亿元）
210	中国聊城农产品物流交易中心	东昌府区	20	4
211	聊城火车站客运设施改造工程	东昌府区	5	3.9
212	菏泽机动车配件大市场	牡丹区	6	2
213	定陶县国大农产品市场	定陶县开发区	5.6	1.5
214	菏泽国贸中心	菏泽开发区	22	5
215	菏泽皇庭苑	牡丹区	8	2
216	单县黄河故道综合开发项目	单县	9.2	2.5
217	巨野粮油仓储物流中心	巨野县	5.2	1.5
218	菏泽超越物流项目	郓城县	5	1
219	中国牡丹商贸城	菏泽市	25	4
220	单县湖西财富广场	菏泽市	22	16

1－66　山东省人民政府国有资产监督管理委员会关于加强省管企业自主创新工作的指导意见

鲁国资〔2010〕3号

各省管企业：

为深入贯彻落实科学发展观，转变省管企业发展方式，提高创新能力，增强核心竞争力，实现企业由大到强的新跨越，现就加强省管企业自主创新工作提出以下意见：

一、充分认识加强企业自主创新工作的重要性和紧迫性

企业自主创新主要包括技术创新、管理创新等内容。加强企业自主创新工作，就是以提高创新能力为重点，加快推进以企业为主体的创新体系建设，实现企业核心竞争力的提升和可持续发展。推进企业自主创新工作是促进省管企业调整产业结构、转变发展方式的中心环节，是积极应对国际金融危机、提高核心竞争力的迫切需要，是实现省管企业又好又快发展和国有资产保值增值的根本保证。

近年来，省管企业通过积极搭建研发平台，加大研发投入，引进培养人才，实施重点技术攻关等措施，在部分创新领域取得了显著成绩。但与国际、国内先进企业相比，与我省建设创新型省份的目标要求相比，仍存在一些差距，如创新意识不强、创新动力不足、创新机制不健全；企业科技投入偏低、创新基地建设滞后；高层次创新人才缺乏、原创性技术及产品数量较少，致使企业发展方式粗放、自主知识产权缺乏，在参与国际竞争中处于被动地位。因此，各省管企业要进一步增强创新工作的紧迫感，瞄准国际一流水平找差距，采取切实有效措施推进自主创新工作，为企业的可持续发展和全省经济转方式、调结构奠定坚实的基础。

二、正确把握企业自主创新的指导思想和工作目标

加强企业自主创新工作的指导思想是：以科学发展观为指导，以提升自主创新能力为目标，以培育创新基地和加大研发投入为重点，以完善现代企业制度和加强创新人才队伍建设为保障，大力推进技术创新、管理创新，提高企业核心竞争力。

争取用五年左右的时间，使省管企业自主创新工作实现下列目标：

（一）自主创新能力显著增强。创造一批高技术含量、高附加值、具有自主知识产权的新技术和新产品，培植一批国际、国内知名品牌，进入中国500最具价值品牌排行榜企业5个以上、进入世界品牌500强企业1个以上，使科技进步对经济增长的贡献率达到60%以上。

（二）科技投入机制基本完善。建立起稳固的创新投入渠道，使企业科技活动投入占销售收入的比重达到4.5%以上，高新技术企业科技活动投入占销售收入的比重达到5.5%以上，且每年的增幅高于销售收入的增长幅度。

（三）人才引进和培养机制基本建立。通过培养和引进，建立一支以科技骨干和管理骨干为核心的高水平自主创新团队，新增企业“泰山学者岗位”5个以上、“泰山学者特聘专家教授”5人以上。

（四）创新基地得以巩固和加强。省管企业的省级或国家级研发机构成为技术创新的平台和成果孵化基地，新增国家级科技研发机构2个以上。

（五）企业管理不断创新。企业管理模式得到进一步优化，管理效率大幅度提高，建立起持续推进管理创新的长效机制，部分企业管理达到国内或者国际同行业先进水平。

三、突出抓好企业自主创新的重点工作

（一）找准产业和产品的技术创新点。每一个企业都要通过广泛、深入地调研和论证，科学确定企业技术创新的主攻方向，提出推动本企业产业、产品升级的技术创新点，找准技术创新的突破口，抢占产业升级的制高点，着重提高技术开发能力和工程化集成能力，尽快突破产业发展中急需解决的共性、关键技术，创造有自主知识产权的核心技术，加快推动产业升级，增加产品附加值，扩大产品市场占有率。同时，要大力推动战略性自主创新成果的产业化，促进重大创新成果转化为技术标准。

（二）加强创新基地建设。省管工业企业原则上都要建立研发机构，逐步形成以企业为主体的自主创新体系。企业已有的国家级和省级技术中心等研发机构要充分发挥作用，并积极参与构建产业技术创新战略联盟，建立产业共性技术或前沿技术国家研究室，积极承担或参与国家和省科技攻关项目。企业间要加强创新交流，实现上下游产业在技术上的融合创新与同步开发，并加强与高校、科研院所和其他企业的合作，充分利用社会现有科技资源。国家级和省级创新型试点企业要按照国家和省有关要求，制定和落实创新试点方案，突出试点企业的引领带动作用。有条件的企业可在海外建立或者投资并购国外研究机构，尽可能地利用全球科技资源为企业发展服务。

（三）建立创新人才保障机制和激励机制。加强创新人才使用、培养、引进、考核、激励等方面的制度建设，用好的机制留住人才、培养人才、吸引人才，用好现有人才。要重视技

术带头人和创新领军人才培养，帮助创新人才搞好职业生涯规划,争创更多的泰山学者岗位，培养更多的泰山学者特聘专家教授，打造知识型、技术型、复合型的高素质创新团队。搞好创新人才的业绩考核和收入分配激励，对为企业创新工作做出突出贡献的科研攻关小组和个人要予以奖励，充分调动其积极性和创造性。规范企业人才流动管理，防止核心人才流失。

（四）完善创新资金保障机制。要以市场需求为导向加大创新投入，确保研发经费占企业销售收入的比例及总额逐年递增。用好国家和省自主创新扶持政策和财税优惠政策，积极争取财政、科技等专项资金对企业技术研发的支持，力求更多的创新科技项目纳入国家和省相关计划或规划。加强与金融、担保等机构的合作，通过资本市场等多方式筹集创新资金。引导和支持权属企业重视技术创新和管理创新、加大研发投入。

（五）重视知识产权管理。要最大限度地开发现有知识产权的经济价值，促进科技成果转化为生产能力。充分利用法律手段保护知识产权，提高对专利、商标、专有技术、商业秘密、品牌等的综合运用和战略管理能力，培养能满足企业需求的知识产权人才。重视原创性发明和关键技术突破，努力提高发明专利在专利总量中的比重。

（六）深化管理创新。要研究、借鉴优秀企业的经营理念和公司治理经验，创新管理制度和管理模式，提高科学管理水平，为技术创新打造良好的条件和环境。精简企业内部组织机构，压缩管理幅度和级次，明确集团公司及子公司的定位和职责边界，建立制度化、信息化和标准化的内控管理体系。进一步加强全面预算管理、全面风险管理，推进企业管理水平的提高和管理方式的升级。不断创新企业文化，提高管理效率。

四、认真落实加强企业自主创新工作的保障措施

（一）加强对自主创新工作的组织领导。各企业要将自主创新工作列入重要议事日程，设立领导机构和工作机构，制订科技发展（创新）规划和年度工作计划，明确今后3至5年或更长时期的工作目标、任务及措施，建立科学的自主创新决策机制和管理机制。同时，要围绕攻克技术创新点，制定推进自主创新的具体工作方案，确定创新的目标、工作重点和保障措施，明确职责分工和各阶段工作任务，形成各司其职、共同协作、相互支持和制约的创新工作流程。企业要将推进自主创新工作方案报省国资委备案。

（二）建立自主创新交流和协作平台。省国资委将建立企业自主创新工作网络，定期开展自主创新培训和经验交流活动，引导省管企业加强上下游企业间和同行业企业间的交流和协作，促进创新成果共享和产业化。鼓励企业间建立开放式的技术创新战略联盟或与高校、科研院所建立产学研战略联盟,减少重复投资。

（三）落实企业自主创新的鼓励政策。省国资委把企业技术创新平台建设、科技成果获奖、发明专利等工作情况列为企业负责人任期主要工作考核内容；在年度业绩考核时将企业当年研究开发费用支出总额比上年新增部分视为实现利润，计入业绩考核效益指标。从国有资本经营收益中拿出部分资金，支持部分企业重点技术创新项目。协调省财政、科技、税务等部门，帮助企业争取技术创新资金和落实税收优惠政策。探索通过资本运作和适度的国有资本再投入，支持企业发展新兴战略性产业。

（四）加强指导协调。省国资委将加强对省管企业自主创新工作的宏观规划指导和分类指导，搞好组织协调和服务。在检查、督促企业制订和实施科技发展（创新）规划和年度工作计划的基础上，对企业技术创新点和创新目标的完成情况进行综合评价，表彰奖励取得显著成绩的企业和科技人员、管理人员，推广企业自主创新的成功经验，营造有利于创新的良好外部环境，推动省管企业自主创新工作持续健康发展。

二〇一〇年二月二十二日

1－67 山东省人民政府国有资产监督管理委员会关于进一步做好省管企业资本运营工作的通知

鲁国资收益〔2010〕10号

各省管企业：

近年来，省管企业注重把握市场发展机遇，在对外并购、重组整合、上市融资等资本运营方面积极开展工作，取得了明显成效，但工作开展还不够均衡。为贯彻落实省管企业资本运营工作会议精神，进一步强化资本运营意识，充分借力资本市场，促进"十二五"规划发展目标的顺利实现，现就有关事项通知如下：

一、充分认识进一步做好资本运营工作的重要意义

（一）进一步做好资本运营工作是省管企业转变发展方式的内在要求。省国资委成立以来，推动省管企业不断深化改革，优化产业布局，为转方式调结构打下了坚实基础。但企业发展方式单一、产业结构不协调的问题还比较突出：企业经济增长仍以外延式扩张为主，发展主要依靠自我积累，缺乏市场化配置资源的方式方法；传统产业比重大，现代服务业、高新技术产业发展不足。资本运营既是企业发展壮大的重要途径，也是转变企业经济发展方式的重要手段。省管企业必须通过大力开展并购重组、改制上市、引进战略投资者等工作，以资本结构的优化引领产业转型、产品升级，使转方式调结构取得实效。

（二）进一步做好资本运营工作是省管企业实现由大到强的必由之路。资本运营是企业发展到一定阶段的必然产物，也是企业实现低成本快速扩张的根本途经。在经济全球化、竞争国际化的形势下，加大对外扩张和重组整合力度，是省管企业面临的一项艰巨任务。特别是煤炭、黄金等企业需要对外获取更多资源，以增强可持续发展能力；汽车及发动机等制造业企业需要依靠先进技术不断改造提升传统产业，生产高端优质产品；商业零售、证券、保险等服务业企业迫切需要强化管理、扩大规模等。省管企业只有充分运用资本运营的有效形式，才能实现低成本扩张和跨越式发展。

（三）进一步做好资本运营工作是省管企业实现国有资产保值增值的重要手段。企业资本运营的目标是追求利益最大化，本质是最大限度地实现资本增值。随着国内市场进一步成熟和竞争加剧，传统的经济增长方式已经无法跟上省管企业加快发展的步伐，只有把资本运营与生产经营有机结合，才能实现新的突破。因此，省管企业必须紧紧围绕发展战略，通过灵活多样的资本运营方式，深化改革重组力度，盘活存量资本，带动增量资本，提高资本运作的效率和资产证券化水平，实现国有资本的保值增值。

二、扎实做好资本运营工作规划编制

省管企业要结合本企业经营实际和"十二五"发展规划，以"资产资本化、资本证券化"为目标，研究制定资本运营规划。有条件的企业可聘请国际知名咨询机构参与规划编制，聘请高层次专家参与规划的研究论证。省国资委对规划的实施加强引导和统筹协调，重点推动省管国有资本向资源性行业、支柱及基础性行业、先进制造业、现代服务业、高新技术等产业集中，推进企业主营业务整体上市，做好权属优质企业上市培育。力争到“十二五”末，发展壮大类省管企业至少要控股1家主业上市公司，5户左右企业实现主营业务整体上市，培育15户左右创新能力强、科技含量高、发展前景好的省管权属企业作为上市资源。

三、充分利用资本市场实施并购重组

（一）努力提高资本运营水平。省管企业要切实从注重生产经营向资本运营与生产经营并重转变，以生产经营为基础，以资本运营促发展，形成与国际接轨的经营理念和运行机制。要密切关注全球经济形势和国内经济走势，及时掌握国家政策取向，注重研究和顺应市场经济规律，特别是要熟悉资本市场股权流通机制和资本运营策略，充分利用资本市场重组和并购平台促进企业发展壮大。要充分利用境内外市场积极开展资本运营，深入了解项目所在地资本市场运行规则、项目运作模式、行业政策、法律及人文环境等，切实把好目标选择、价值评估、商务谈判等关口，对操作中可能出现的问题适时做出预测，分析潜在风险，提出解决风险的具体措施，确保企业资本运营在安全环境下进行。

（二）有序推进省管企业并购重组。继续推进省管企业之间通过强强联合或以优并弱方式重组，清理企业内部低效、无效资产和没有竞争力的产业。推动跨企业重组，将部分企业的非主业资产，向主业突出的其他省管企业聚集，或者将相同类型的非主业资产进行整合组建新的企业集团。大力支持省管企业利用资本市场实施对外并购，通过投资控股、债务重组等方式，稳妥收购境外知名品牌、先进的营销网络和研发机构，积极开展境外资源合作开发，有条件的企业要向国外重要市场转移生产能力，打造国际化品牌。

四、加快推进资产证券化步伐

（一）扶持优质企业首发上市。重点推动盈利能力强、发展前景好的省管企业进行股份制改造，或者推动优势企业通过划转、兼并、收购、增资等方式组建新的股份制企业，实现首发上市。对暂不具备整体上市条件的，可选择部分企业先将其同类资产整合后进行股份制改制上市。对创新能力强、科技含量高、发展前景好的权属中小企业，重点加强规划和培育，力争实现在中小板、创业板上市融资。

（二）通过资产重组和资源优化配置借壳上市。对部分主业重叠的上市公司、非主业上市公司或被特别处理的上市公司，鼓励通过资产置换、股权转让、定向增发等方式，实现壳资源的合理配置，促进省管企业优势产业资产借壳上市。支持有条件的省管企业异地收购壳资源实现上市。

（三）大力推进主营业务资产整体上市。支持将省管企业中具有上下游产业关系、产业关联度高的优质资产或企业股权，通过定向增发、现金收购等方式注入上市公司，使上市公司成为企业集团资产聚集和主营业务发展的主要载体。同时，鼓励自有资金充裕的省管企业参与省管上市公司的增资扩股，认购定向增发股权，增强上市公司的控制力和竞争力。对经营困难的上市公司，要加大重组整合力度，改善资本结构，提高盈利水平，增强其持续发展能力。

五、进一步规范上市公司国有股东行为

（一）动态监管上市公司国有股权。省国资委将建立和完善省管上市公司国有股权监测系统，按行业对标分析上市公司在同行业板块中国有股权和市值、效益变动情况，定期形成上市公司运行质量分析报告。加强对上市公司资本运营等重大事项的管理，研究和推进上市公司资源整合，依法规范操作，防止企业之间或上市公司之间产生同业竞争和关联交易等不规范事项。增强防范意识，注重维护“全流通”环境下国有股权益，持股比例低的企业，必须

研究制定提高控股比例的措施，逐步提高持股比例；持股比例高的企业，经批准可根据市场行情确定一定比例进行减持或增持。支持上市公司不断提高发展质量与效益，发挥融资平台作用，提高再融资能力。

（二）强化国有股东法律和保密意识。国有股东要严格依照《公司法》、《证券法》、《企业国有资产法》等法律法规和国务院国资委的有关规定，依法参与上市公司的重大决策，依法处理与上市公司的经济行为。要保证上市公司信息披露的及时性、真实性和完整性，杜绝虚假披露、误导性陈述及重大遗漏等问题。要严格履行对证券市场的各项承诺，对已承诺事项要按时、保质完成，树立上市公司良好市场形象。在资产重组等涉及上市公司重大事项时，要严格控制国有股东及上市公司知情人范围，做好保密工作，防止信息外泄。

六、做好企业重大融资工作

（一）结合企业发展实际做好融资规划。省管企业要根据中长期发展战略研究制定融资规划，根据筹资能力确定企业发展速度和规模。要高度重视和逐渐解决资产负债率高、短期偿债压力大、短贷长投以及银行多头开户等问题。要与银行、信托企业、保险公司、证券公司等金融单位建立良好的战略合作关系，确保企业重大项目资金供应安全。

（二）不断提高直接融资比重。要充分利用资本市场特别是股票市场和债券市场，优化负债结构，降低资产负债率。鼓励经济效益好、社会信誉度高的省管大型企业集团、上市公司，通过发行企业债、公司债募集资金，进行重大项目建设或技术改造升级。支持具有发展潜力的规模相对较小的省管企业，通过发行集合式债券吸引公众投资，解决新上优势项目的资金难题。支持企业综合运用（超）短期融资券、中期票据或者通过资产托管、融资租赁等金融创新产品，实现低成本融资。

（三）规范企业资金管理平台建设。重点做好控（参）股银行、信托公司、财务公司等的管理工作，进一步强化合规经营意识，提高资金集中管理水平，切实控制好信用风险，同时通过引进优秀的战略投资者，培训和引进急需的管理人员和专业人才等途径，加快优化公司股权结构和人才结构。企业可在条件具备时，积极争取和有序开展财务公司设立工作。

七、稳妥适时引进战略投资者

（一）突出重点引进战略投资者。省管企业应按照对技术、管理、市场、资金的需求，加强与跨国公司、央企、有实力的地方企业以及优秀民营企业合资合作，促进企业产品与产业结构的升级。具备条件的省管企业要积极稳妥引进战略合作伙伴，重要子企业是加快引进战略投资者步伐的重点。现代物流、金融等服务业企业，应重点引入先进的营销网络、管理经验等要素，推动企业跨越式发展。资源性、装备制造业等企业，要选择能带来先进技术和管理经验、产业关联度高的战略投资者，大幅度提升企业核心竞争力。

（二）做好引进战略投资者信息服务工作。发挥好山东省产权交易中心平台的作用，定期编制和发布省管企业引进战略投资者的方向与重点，收集国内外战略投资者信息。加强与国际专业性服务机构合作，对战略投资者的资质、信誉、财务状况、管理能力、付款保障、经营者素质等进行调查，为战略投资合作双方提供信息服务。加强省管企业之间的战略合作，通过省管企业投资银行或创投机构等，寻找战略投资伙伴或引入创业投资资本。

八、重视资本运营人才的培养和引进

（一）加大企业内部资本运营人才培养力度。根据国家新出台的相关政策法规，围绕省管企业资本运营的典型案例及操作热点、难点问题，组织企业相关人员进行资本运营实务知识短期培训，交流经验，提高资本运营能力。根据企业实际，定期组织企业资本运营人员出国培训，聘请具有丰富实践经验的跨国咨询公司、会计师事务所和律师事务所专业机构人才，开展现场咨询或者举办形式多样的研讨会，提高资本运营人员参与国际并购重组的实务水平。加强与国内外大公司、知名高校的联合协作，加快培养资本运营人才，满足企业发展需要。

（二）采取灵活方式引进资本运营人才。鼓励采取咨询、兼职、短期聘用、人才租赁等方式重点引进企业所需的资本运营、投资咨询等方面的高级人才。积极聘请和吸引国外专家，充分利用海外人才和智力。加强与世界500强企业、行业龙头企业的合作，注重发挥人才市场、猎头公司的作用，掌握信息，积极拓宽引进人才的渠道。对具有丰富实践经验、业务工作水平过硬的高层次资本运营人才，要不拘一格，大胆使用。对引进的精通专业知识、熟悉国内外市场动态、掌握国际谈判技巧的复合型高素质人才，可以实行协议薪酬。

九、发挥国有资本经营预算的支持引导作用

（一）调整国有资本经营预算支出方向。在改革退出任务基本完成后，省国资委将逐渐调整国有资本经营预算的支出范围，从改革性支出转向资本性支出，重点围绕转方式、调结构安排用于省管企业发展的重大项目，补充部分省管企业的资本金；支持省国资委确定进入的现代物流、现代金融、新能源和节能环保等新兴领域；安排适当资金，支持省管企业技术改造、自主创新和人才奖励。

（二）加强国有资本经营预算管理。省管企业要按规定及时足额上缴利润，经批准使用国有资本经营预算资金的，要专款专用。省国资委将进一步修改完善企业利润分配标准和收益收缴办法，不断规范和加强省管企业国有资本收益收取管理。同时，研究制定省级国有资本经营预算资金使用监督检查办法，以评价资本预算执行效果为切入点，强化跟踪监督、企业自查、重点抽查和专项审计等环节，切实加强资本预算执行监督工作。

十、加强省管投融资企业的平台服务功能

（一）促进省管金融类企业加快发展步伐。支持省管金融企业通过增资扩股、收购兼并等方式进一步充实资本、增强实力。重点支持齐鲁证券有限公司立足省内市场，大力发展各项基础业务，同时做好股权规范和上市准备工作，争取进入国内一流券商行列；推动泰山财产保险股份公司尽快开业运营，打造立足山东、面向全国的知名保险品牌；鼓励省再担保集团有限公司在审慎经营的基础上加快发展，发挥好信用增级、分散风险的职能作用等。同时，完善引进和培养金融人才的激励机制，加强后备人才队伍建设，搭建金融人才服务平台，不断提高省管金融企业人员素质与能力。

（二）发挥省管投融资类企业对资本运营工作的平台服务作用。省国有资产投资控股有限公司、齐鲁证券有限公司、省国际信托有限公司、省海洋投资有限公司等企业要发挥人才和业务优势，积极参与省管企业的资本运营规划、上市融资、并购重组、资产管理等相关业务，不断强化对省管企业加快发展的服务支持。鼓励省管企业特别是在同一生产链具有上下游紧密关系的企业之间加强业务合作和建立战略联盟，实现资源共享，合作共赢。符合主业发展、企业规模等同并严格履行相关程序的融资行为，提倡省管企业提供相互担保。

二〇一〇年十二月二十八日

1－68　山东省人民政府国有资产监督管理委员会关于完善省管企业省外境外投资管理有关问题的通知

鲁国资规划〔2010〕7号

各省管企业：

近年来，省管企业积极实施"走出去"战略，赴省外、境外开发资源、投资发展，企业的股权收购、跨国（境）并购和竞标项目日益增多。为确保省管企业对外投资健康有序发展，依据《山东省省管企业投资管理暂行办法》（鲁国资〔2009〕4号），参照国家发改委和商务部关于境内企业跨国并购先行报备有关规定和做法，现就完善省管企业省外、境外投资项目管理有关问题通知如下：

一、省管企业到省外、境外投资（包括投资新建、收购及竞标等），应符合国家有关法律法规、产业政策和企业主业发展方向，结合企业战略规划和自身实力，对当地的投资环境、资源储量、开发条件、项目建设手续等进行充分的评估论证，境外项目还应综合考虑投资国（地）的政治、经济、法律、文化、人文、劳工政策等各方面因素，在全面论证基础上，科学、民主决策。省外、境外投资项目立项实施后，要加强监督管理，针对可能出现的各类风险，制定完善工作方案和计划，落实风险防控措施，确保取得良好投资收益。

二、省管企业在开展省外、境外投资项目实质性工作前，即投资项目在开展实质性洽谈、谈判和可行性研究论证前，应向省国资委报送项目信息报告。

三、项目信息报告应说明已开展的前期工作情况、投资目的及投资主体情况、收购或竞标目标、投资初步方案和时间安排等。省管企业省外、境外投资项目在未报送信息报告及未经省国资委核准前，不得对外签署有约束性的投资协议、合同，也不得组织实施或进行实际投资。

四、为加强对省外、境外投资项目的管理，省国资委将成立省管企业省外境外投资协调工作领导小组（以下简称领导小组），由委领导任组长，对省管企业省外境外投资工作进行统一协调管理。领导小组下设办公室，由省国资委规划发展处承担具体工作。领导小组将重点协调省管企业在省外、境外投资中遇到的困难和问题，统一规划省管企业省外投资布局，发挥整体优势，避免盲目和恶性竞争，维护山东企业的良好形象；对企业反映集中的问题，负责向省政府报告，推进省际间政府部门的交流合作。省国资委将对省管企业省外、境外投资实行动态监管，指导企业加快产业结构调整和资源整合，提高省外、境外投资质量；同时，支持同行业及相关产业链企业间的投资合作，发挥各自特长，实现优势互补，促进省管企业持续健康发展。

附件：省管企业省外境外投资项目信息报备表

二〇一〇年六月二日

附件：

省管企业省外境外投资项目信息报备表

企业名称（盖章）： 年 月 日

项目名称

<table>
<tr><td rowspan="2">投资主体企业</td><td>企业名称</td><td colspan="3"></td></tr>
<tr><td>企业类型</td><td></td><td>1.（集团）公司本部
2. 二级全资子公司
3. 二级控股子公司
4. 其他</td><td></td></tr>
<tr><td rowspan="2">项目基本情况（包括投资规模、资源储量、地质条件、竞标或并购标的情况、合作方简况等）</td><td>投资地域</td><td></td><td>行业领域</td><td></td></tr>
<tr><td colspan="4"></td></tr>
<tr><td>投资目的及前期工作情况（包括项目投资背景、前期考察及意向性谈判情况、达成的初步意向、投资环境及项目前景初步分析结论等）</td><td></td><td></td><td></td><td></td></tr>
<tr><td rowspan="2">投资合作初步方案（包括投资内容、方式、股权比例、资金及时间安排等）</td><td>投资金额</td><td></td><td>资金来源</td><td></td></tr>
<tr><td colspan="4"></td></tr>
<tr><td>附件</td><td colspan="4">1、企业内部决策文件
2、签署的初步协议
3、其他相关文件材料：</td></tr>
</table>

填报部门： 联系电话：

1－69 山东省人民政府国有资产监督管理委员会关于印发关于《加快省管企业经济发展方式转变的指导意见》的通知

鲁国资规划〔2010〕9号

各省管企业：

《关于加快省管企业经济发展方式转变的指导意见》已经2010年8月30日省国资委第140次主任办公会议研究通过，现予印发，请遵照执行。

要充分认识加快经济发展方式转变的重要

性，切实增强责任感和紧迫感，抢抓经济发展的重大机遇。要以编制“十二五”发展战略及规划为契机,明确将转方式调结构的主攻方向、目标任务纳入发展规划，形成以规划推动企业发展的工作机制。要以科技创新为支撑，突出产业、产品结构转型升级，逐步实现发展方式由主要依靠规模扩张向规模适度发展与提高质量、效益相结合转变，由主要依靠资源消耗的粗放型向以节能环保、循环经济、自主创新为特征的集约型转变。要以管理创新为着力点，破除体制机制障碍，激发企业内生活力，向管理要效益。要加强组织领导，明确内部职责分工，制定相应工作措施，确保转方式调结构取得实效。执行过程中存在的问题,请及时反馈。

二〇一〇年九月二十五日

关于加快省管企业经济发展方式转变的指导意见

为深入贯彻中央关于加快经济发展方式转变的重大战略部署和省委九届十次全会精神，进一步加快省管企业经济发展方式转变，实现又好又快发展，现提出如下指导意见。

一、充分认识加快经济发展方式转变的重要性和紧迫性

加快经济发展方式转变，是中央、省委省政府的重大决策部署，是深入贯彻落实科学发展观的战略举措，既是经济领域的深刻变革，更是应对国内外环境变化的必然选择。后金融危机时期，世界经济在大调整大变革中出现了一些新的趋势，科技创新和产业升级孕育着新的突破，对我国经济结构调整形成巨大压力，原有的增长模式难以为继，省管企业面临着严峻考验。争创后金融危机时期发展新优势，加快经济发展方式转变，是当前和今后一个时期省管企业的重大历史任务。

近年来，省管企业围绕结构调整这条主线，不断深化改革，突出发展主业，努力培育核心竞争力，到2009年底，总资产、营业收入和实现利润分别增长2倍、3倍和5倍，改革发展的良好态势为转方式调结构奠定了坚实基础。当前，省管企业正处在破除体制机制深层次矛盾，激发创新发展活力，加快形成经济内生增长机制的关键阶段，既是加快发展的时期，也是转型升级的时期；既具备加快发展的基础条件，也面临许多矛盾和问题：一是经济结构不够合理。传统工业产业比重大，服务业、高新技术产业比重较低；同行业企业产业结构趋同，缺乏自身特色；国有资本布局较宽，产业门类多，规模层次低；初级产品多，产品附加值低，缺乏国内外知名品牌。二是企业运行质量和效益不够高。盈利能力不稳定，2009年亏损企业占省管企业及其子企业总户数愈40%，亏损企业中资不抵债的占总户数的15%，发展后劲受到影响。三是发展方式不尽适应。企业经济增长仍以粗放型、外延式扩张为主，过度依靠资源、能源的大量投入，有的处在高耗能、高污染领域，可持续发展受到一定制约。企业主要靠自我积累和以产品经营为主的发展模式，运用并购等资本运营方式明显不够。四是发展的内生动力不足。技术创新能力不强，研发投入相对不足，研发费用占主营业务收入比重低，与国内外先进水平存在很大差距，缺乏拥有自主知识产权的技术；复合型、技能型、专家型人才短缺；网络信息等现代化管理方法应用少，缺乏有突出优势和差异化的管理方式，管理效率不高。

对此，各省管企业必须增强责任感和紧迫感，抢抓经济发展的重大机遇，坚定信心，统一认识，在加快转变上狠下功夫，在实现突破上务求实效，努力赢得后金融危机时期竞争的主动权，实现又好又快发展。

二、正确把握加快经济发展方式转变的指

导思想和工作目标

指导思想：坚持以科学发展观为统领，以科学化、市场化、国际化为导向，以科技创新和管理创新为着力点，以人才队伍建设为重要支撑，以破除体制机制障碍、激发企业内生活力为根本动力，把推进产业转型升级作为战略重点，在发展中加快转变，在转变中加快发展，解放思想，创新思路，科学务实，积极作为，逐步实现发展方式由主要依靠规模扩张向规模适度发展与提高质量、效益相结合转变；由主要依靠资源消耗的粗放型向以节能环保、循环经济、自主创新为特征的集约型转变；由主要依靠传统产业带动向依靠传统优势产业、战略性新兴产业、服务业协同发展转变，推动省管企业实现超常规、跨越式发展，为建设经济文化强省做出新的贡献。

目标任务：正确把握处理追求速度与培育潜力、扩张资本规模与提升资本增值能力、市场供求与技术管理影响价值比重、经济发展目标与机制创新目标协调“四个关系”，力争“十二五”末，在资本优化、产业转型、产品升级、科技进步、管理创新、节能增效“六个方面”取得突破性进展，企业核心竞争力和可持续发展能力显著增强。

——资本优化上规模：实现国有资本向产业链的关键环节集中，向价值链的高端环节集聚，国有资本配置效率、国有经济整体素质明显提升。省管企业资产总额达到 1.5 万亿元，销售收入 1.2 万亿元，利润 1200 亿元，均实现翻番。力争打造 10 家左右在国内外具有较强竞争力和较高知名度的大企业集团，人均创造价值和效益水平指标进入全国同行业领先水平，其中 5 家左右销售收入过 1000 亿元。

——产业转型上层次：改造提升传统产业，培育发展新兴产业，力争在新能源、新材料、新信息等新产业领域，培育 10 家左右具有一定市场竞争力的大企业，形成特色鲜明的传统优势产业、战略性新兴产业、服务业协同发展的新格局。

——产品升级上档次：创造一批高技术含量、高附加值、具有自主知识产权的新产品，培植一批国际、国内知名品牌，进入中国 500 最具价值品牌排行榜企业 5 个以上，进入世界品牌 500 强企业 1 个以上，新增全国驰名商标 5 个，中国名牌产品 10 个，实现产品由低端向高端高质高效转变。

——科技进步上台阶：完善科技创新体制机制，企业科技活动投入占主营业务收入的比重达到 4.5% 以上，高新技术企业达到 5.5% 以上，且每年的增幅高于销售收入增幅；建立以科技骨干和管理骨干为核心的高水平自主创新团队，新增企业“泰山学者岗位”5 个以上、“泰山学者特聘专家教授”5 个以上、国家级科技研发机构 2 个以上，科技进步对经济增长贡献率达到 60% 以上。

——管理创新上水平：规范有效的公司治理模式和科学的集团管控运行体系基本建立，符合市场化内涵要求的管理机制基本健全；建立管理创新长效机制，推进管理的科学化、规范化和精细化，部分企业管理达到国内或国际同行业先进水平。

——节能增效上等级：加快探索建立低碳经济发展模式，大力发展循环经济，提高资源综合利用效率，淘汰落后产能，持续推进节能减排，争创一批全省节能减排突出贡献企业，实现经济增长与环境保护的协调发展。

三、突出抓好加快经济发展方式转变的重点工作

（一）加快推进产业转型，促进多元化协同发展。

1. 改造提升传统产业。汽车、机械等具有一定技术优势的制造业企业，要瞄准同行业国内外前沿技术，提高自身研发能力，走高端引领发展的路子，抢占产品和技术的制高点。煤炭、钢铁等企业要不断优化产业链，以技术为先导，向产业链更长、层次更高、效益更好、可持续性更强的方向改造提升，重点向产业链的两端延伸，向有控制力的高端环节延伸，提高产业链附加值。各企业要注重运用现代信息技术改造传统产业，紧紧抓住技术装备更新、工艺创新、产品研发设计、流程控制等关键环节，加快推进传统产业信息化进程，促进信息化与工业化的高度融合，提升自动化、智能化和现代化水平。煤化工、医药化工等生产较为密集企业，要依托工业园区，发展壮大产业集群，增强产业配套能力。

2. 培植战略性新兴产业。立足企业自身产业基础，按照国家产业政策导向，培育发展战略性新兴产业。发展新能源汽车、煤制清洁燃料、新型储能产品等新能源产业；无铅焊料、煤基碳素、半导体照明、环保材料、聚氨酯等新材料产业；色氨酸、高端医疗器械等新医药产业；铝材深加工、低排放标准发动机创造等高端制造产业。发展满足云计算要求的计算平台、与物联网技术融合的应用软件开发及信息服务、以半导体存储器为突破口的集成电路产品等新信息产业。有条件的省管企业都要培育一个新兴产业，或与其它省管企业联合引入社会资本共同发展新兴产业。

3. 积极发展服务业。根据省管企业产业状况，结合产业清理整合，按照专业化、市场化、社会化的思路，重点发展贸易、融资租赁、信息服务、服务外包等生产性服务业；促进房地产市场健康发展，提高专业化水平，培育较强竞争力的大型房地产企业；依托现有企业跨地区、跨所有制整合相关旅游资源，打造“好客山东”旅游品牌，培育大型旅游酒店企业集团；注重培育现代物流、文化传媒、海洋运输等服务业。

金融投资、保险、证券、商贸、公共基础设施服务等企业，要发挥自身优势，进一步突出主业，创新业务模式，做大做强。金融服务业要加快形成包括地方银行、信托、证券、期货、保险等功能健全的金融服务体系，积极争取新的金融业务资格和业务模式，吸引国内外金融机构加盟，增强为全省经济发展服务的投融资能力。商贸零售业要大力发展物流配送、连锁经营、电子商务等现代流通方式和新型商贸业态，不断扩大区域竞争优势，打造流通业全国知名品牌。公共基础设施服务业要加快形成公路、地方铁路、港口、航运一体化综合运输体系，打造全国领先、世界知名的“大交通”品牌。各类投资型企业要把握投资方向，在培育创新能力强、科技含量高、发展前景好的中小企业实现上市融资方面发挥积极作用。

（二）加快推进产品升级，培育高端高质高效竞争优势。

1. 打造精品。通过技术创新，实现产品由初级、低端向精细、精品转变。煤炭企业要大力推进原煤精加工和深加工，提高煤炭附加值，为社会提供清洁能源。钢铁企业要加快日照钢铁精品基地建设，在高档次薄板、中宽厚板、优特钢、重型H型钢等方面提升产品档次，成为国内高档中宽板和重型H型钢的供应基地。化工、医药、电铝等企业要改变初级产品生产模式，向深加工延伸，向精细化要效益。

2. 提高附加值。抓好产品研发关键环节，加快引进创新、集成创新和原始创新，研发具有自主知识产权的档次高、技术含量高和附加值高的产品。

3. 争创品牌。按照以质量促品牌的要求，推广实施质量流程化考核体系，实现产品质量可追溯性管理，提升产品质量。对主导产业和拳头产品，要制定品牌发展规划，争创一批全国名牌，实现以优质品牌带动优势产业快速发展。

4. 提升竞争力。以市场为导向，调整产品结构，对市场增长率、占有率都高的产品，加快形成品牌化和系列化；对市场增长率较低、占有率较高的产品，抓紧升级再造；对市场增长率高、占有率低的产品，加大市场开拓力度；对市场增长率、占有率都低的产品，及早予以退出。

（三）加快推进资本调整，力求存量调优增量保优。

1. 实施大集团发展战略。从进一步提高国有经济的控制力、影响力、带动力出发，继续推进国有资本布局调整，推动国有资本向主导产业、大型企业、企业主业集中，向产业链的关键环节、价值链的高端环节集中，实现“资本调优、规模调大、主业调精、整体调强”，打造一批经营规模大、核心竞争力强、拥有自主知识产权、有较强国内外竞争力的大型企业集团。

2. 实施资源整合。省国资委从出资人角度，结合省管企业国有资本布局调整的要求，对企业间的同业资产加快进行重组整合。积极探索将部分企业的非主业资产，向主业突出的其他企业转移；将相同类型的非主业资产进行集中，组建新的企业集团；将分散在不同企业中同业企业的参股股权集中托管，解决产业分散、结构趋同、协同效应差的问题。省管企业要结合产业清理整合方案的实施，加快推进内部资源整合，突出精干主业，清理非主业资产，压缩管理层级，增强集团管控能力；对缺乏发展前景，连续多年亏损的企业，采取有效措施，消灭亏损源。

3. 实施资本融合。充分利用“两个市场、两种资源”，积极探索资本运营形式的多样化。实施国际化战略，注重资本输出，提高“走出去”层次，着眼于全球配置资源和要素，加强境外资源开发。有条件的企业要瞄准人才、技术、市场等资源，实施境外跨国并购。推进资本证券化，采取有效方式，加快将优质资产注入上市公司，提高资本证券化比重。积极引进外资，扩大利用外资规模。积极探索不同所有制资本融合的新机制，拓宽融资渠道，提高直接融资比重，注重加强与中央企业、地方政府所属企业的资本融合，放大国有资本功能，为高端产业引领、传统产业提升、新兴产业培育提供资本支撑。

4. 实施投资引导。企业新上项目必须高起点、高标准，突出发展主业，巩固提升竞争优势；涉足新的产业，要熟悉产业发展趋势，具有技术及人才支撑，市场前景好、投资回报高，重点向节能减排、环境保护、高新技术、现代服务业等领域倾斜。严格执行年度投资计划，注重规模适度发展与着力提高质量相结合，追求项目的效益和持续生命力，切实改变外延式、数量规模型的扩张模式，避免重复投资、重复建设造成新的结构不合理，发挥投资对产业结构优化的引导作用。

（四）加快推进技术创新，提供企业发展动力支撑。

1. 完善企业科技创新体系。以提高创新能力为重点，加快建立以企业为主体的创新体系。积极推进国家级技术中心、企业博士后科研工作站、院士工作站等平台建设，有选择地加强与科研院所合作，探索建立以技术为纽带、以项目为载体、优势互补、共同发展的产学研合作机制，为加快传统产业的技术升级和新兴产业高起点发展奠定基础。

2. 创新国际科技合作模式。省管企业要深入研究全球科技发展趋势，深刻把握本行业调整发展方向，坚持走开放式、联合式的合作创新之路。有条件的企业要扩大技术领域的国际投资与合作，大力探索跨国委托研发、引进国外企业研发机构、并购国外企业获取知识产权等做法，多渠道利用国外科技资源，提升科技创新能力。

3. 培育科技创新企业。围绕主业领域的关键技术，搞好原始创新、集成创新，有计划、有选择地引进国外先进实用技术，搞好引进、消化、吸收再创新，突出核心工艺、流程、技术和装备提升的应用性研究，掌握核心关键技术，加快产业化发展，实现向科技要效益。积极参与制定行业技术标准，开展产业核心技术研究和攻关，形成一批具备自主创新优势的科技型企业。加大技术研发投资，创办研发类企业，培育潜在成长力，增强企业可持续发展后劲。

4. 创新人才队伍建设。继续实施“人才强企”战略，创新人才使用、培养、引进、考核、激励等机制。完善经营管理人员管理机制，使公开招聘、竞争上岗逐步成为选拔企业经营管理人员的主要形式。同时，建立完善经营管理人员正常退出机制，对能力素质不强、不胜任的进行调整。注重培养具有国内同行业科研前沿水平的高级专家、高层次科技领军人才。大力引进高端、急需、紧缺的高层次人才、创新团队。加强应用型高技能人才队伍建设。提高一线员工的职业素质和岗位技能。健全科学的人才考核评价体系，创新业绩考核和分配激励机制，坚持薪酬分配与业绩考核挂钩，业绩考核与目标责任、贡献大小和创造价值相结合。对市场化选人用人，逐步形成按照市场价位调整人才薪酬的机制。

（五）加快推进节能增效，实现企业低碳绿色发展。

1. 大力推进节能减排。省管企业特别是列入全省“千户重点用能企业”名单的企业，必须承担起应有的社会责任，确保完成政府下达的节能减排任务。立足企业实际，找准制约和影响节能增效的关键点，重点抓好节煤、智能控制、余热利用、电机节能、系统优化节能等节能工程，采用节能设备、淘汰高耗能工艺等关键措施，使节能潜力尽快转化为经济效益。加大落后产能的淘汰力度，实现产业产品升级。

2. 大力发展循环经济。煤炭、黄金、钢铁等资源依赖型企业，要以资源的减量化、再利用、资源化为原则，以低碳经济为导向，进一步提升完善循环经济发展模式，不断延伸循环经济产业链，最大限度地减少资源消耗和废物排放。重工、重汽及机械制造企业，要积极发展汽车、工程机械、矿山设备等再制造产业，提高资源利用效率。资源开采企业，要突破传统开采理念，创新开采模式，实施绿色开采工程，保护生态环境，提高资源回收率，实现效益最大化。

（六）加快推进管理创新，增强企业发展内生活力。

1. 完善管理体系。各企业要立足实际，夯实管理基础，不断创新管理理念、管理制度、管理方法，注重向管理要效益。以战略管理为先导，以产权管理为基础，以全面预算、全面风险管理为重点，以信息化建设为支撑，以对标管理为手段，加快建立完善符合现代企业制度要求的科学管理体系。

2. 把握重点环节。注重体制创新，建立完善的公司治理结构，推行以董事会为核心的决策体制，加快实现由传统的“一把手”体制向团队管理体制转变，由权力主导型向素质主导型转变，由经验管理型向现代管理型转变，落实“三重一大”制度，提高决策的科学化、民主化水平。注重发挥战略管理先导作用，科学制定并有效实施企业中长期发展战略。注重合理设计管理架构，精简内部组织机构，压缩管理层次，建立制度化、信息化和标准化的内控管理体系。注重提升管理精细化，继续推进全面预算、全面风险等管理内容。注重对标管理，建立完善与国内外同行业一流企业对标的评价体系，形成动态评价机制。注重发挥信息化手段的快捷性、准确性和可靠性，促进企业管理现代化。

3. 推进管理创新。建立完善以考核为导向的目标责任体系，实施考核全覆盖。扎实推进企业管理流程再造，力争标准化上再细化，提高运营效率，增强市场应变能力。积极推进制度创新，力争规范化上再完善，从制约发展的制度中摆脱出来，以制度化提升管理科学化。完善集团内部资金集中管理制度，强化财务预算管理，建立企业财务人员有效监管模式。逐步推行财务信息公开披露制度，保护出资人、投资者及相关利益人的权益，提高企业管理透明度。塑造具有自身特色的企业文化，以文化力的提升推动企业管理水平不断升级。

四、认真落实加快经济发展方式转变的保障措施

（一）强化战略规划引导。加强企业战略管理，以编制好“十二五”发展规划为契机，把转方式调结构的主攻方向、目标，特别将技术创新、管理创新、人才引进及培养等内容纳入规划，作为转方式调结构的总抓手。同时，编制好科技创新和人才队伍建设两个子规划，为落实转方式调结构的目标任务奠定基础。有条件的企业要聘请国际知名咨询机构参与规划编制，聘请高层次专家参与规划审查论证，以国际化的视野定位企业未来发展。加快推进战略规划与年度计划、全面预算、业绩考核相结合，形成以规划推动企业发展的工作机制。

（二）注重政策激励。省国资委将认真研究鼓励企业转方式调结构的政策措施，适时建立转方式调结构专项基金，对重大科技研发投入、新兴产业以及服务业项目给予支持，对销售收入率先突破千亿元的企业、人均创造价值和效益水平指标率先进入全国同行业领先水平的企业、取得重大科技成果并成功转化的企业和作出突出贡献的领军人物、团队给予重奖。鼓励加大科技投入，当年增加科技投入视同实现考核效益，降低科技投入的，在考核中予以扣减。对重组上市、淘汰落后产能、产业整合等影响当期效益的，据实予以调整。探索建立股权、期权以及企业年金等有效激励措施。适应转方式调结构的需要，省国资委将建立人才培训基地，对企业各类专业人才进行集中培训。

（三）突出考核监督。结合不同行业特点，建立企业的考核评价体系，突出人均创造价值、潜在能力、创新能力、能源资源节约等方面，设计相关指标，增加考核权重。建立以行业对标、标杆企业对标为主要内容的考核机制，把对标考核作为考核评价的主要模式。考核结果与业绩挂钩，并作为对高级管理人员任免的重要依据。省国资委将加强对各省管企业转方式调结构工作的指导，及时对各企业工作进展情况进行监督检查。

（四）加强组织领导。省管企业在转方式调结构中要做全省企业的表率，发挥示范带头作用。加强组织领导，把转方式调结构纳入企业的总体工作，从战略和全局高度，精心谋划思路和举措。明确内部工作机构，建立相应的工作机制，认真研究解决工作中遇到的难点、热点问题，制定相应措施，切实抓出成效。

1 － 70 山东省商务厅关于印发《山东省服务外包企业认定管理办法》（试行）的通知

鲁商务服贸字〔2010〕842号

为科学认定服务外包企业，发展壮大队伍，规范企业管理，推动我省服务外包产业健康快速发展，根据国家有关规定和《山东省服务外包产业发展规划》，我厅制定了《山东省服务外包企业认定管理办法》（试行）。现印发你们，请认真贯彻执行。执行中有何问题和建议，请及时与省商务厅（服务贸易处）联系。

二〇一〇年十月二十六日

山东省服务外包企业认定管理办法（试行）

为科学认定服务外包企业，发展壮大队伍，规范企业管理，推动我省服务外包产业健康快速发展，根据国家有关规定和《山东省服务外包产业发展规划》，特制定本办法。

第一条 本办法所述服务外包，系指服务外包专业公司（以下统称“服务外包企业”），以信息科学技术为依托，利用其知识劳动力，承接服务外包发包企业（以下统称“客户企业”）所委托的技术性服务，以有效利用资源，降低服务成本，提高服务质量，为客户创造价值。其中，提供跨境外包服务者，为承接离岸服务外包；提供境内外包服务者，为承接在岸服务外包。

第二条 服务外包的业务范畴，伴随服务外包新领域的不断出现而延伸扩展，现阶段对服务外包业务的界定范畴是：

（一）信息技术服务外包（ITO）。指服务外包企业根据客户企业的委托，向其提供信息技术服务，主要包括信息技术系统、应用管理、技术支持等。

（二）技术性业务流程服务外包（BPO）。指服务外包企业根据与客户企业的合约，对从客户企业业务链中所剥离出来的部分重复性、辅助性、核心或非核心业务流程，进行运营、管理、服务，如业务数据处理、呼叫中心、财务税务、人力资源、供应链管理等。

（三）技术性知识流程服务外包（KPO）。技术性业务流程服务外包（BPO）的高端业态，指由具备专业精准知识、高级业务专长和丰富经验的专家团队，承接客户企业的决策分析、科学研究、工业（工程）设计、整体解决方案等项高难度、高智能服务，为客户创造战略性长远价值。

服务外包业务范畴的细分详见《附件》。

第三条 认定服务外包企业须具备以下条件：

（一）在我省注册、具有法人资格、依法备案登记的服务外包业务经营者；

（二）与服务外包发包企业签订承接离岸或在岸服务外包业务合同，从事本办法《附件》中所列一种或数种服务外包业务、并具有经营实绩；

（三）在国家“服务外包业务管理统计系统”注册，按规定填报《服务外包统计报表制度》有关报表，经营实绩在服务外包业务管理统计系统中有体现；

（四）在服务外包业务活动中，在财务、税务、通关、外汇、用工管理及知识产权保护等方面无违法行为。

第四条 认定服务外包企业程序如下：

（一）申请。符合本办法所规定条件的企业向所在市商务主管部门提出申请，登陆“服务外包业务管理统计系统”注册企业信息；

（二）初审。市商务主管部门对企业上报的申请材料进行初审并现场察勘，对企业注册信息进行审核后，上报省商务厅；

（三）认定。省商务厅根据认定标准，对市商务部门上报的企业材料进行审核（必要时进行现场复察）后，予以认定。

第五条 申请认定服务外包企业需提报以下材料：

（一）《山东省服务外包企业认定申请表》；

（二）企业营业执照副本、企业组织机构代码复印件；

（三）企业税务登记证副本；

（四）服务外包收入证明复印件（服务外包合同、收入划拨单、有离岸服务外包业务申报者需增加提供外汇收入结汇单）；

（五）其它所要求提供的材料。

第六条 服务外包企业须承担服务外包工作目标任务，履行社会发展责任，并指定专人负责业务统计，如实、及时地登记录入服务外包合同协议执行情况。

第七条 经认定的服务外包企业，依经营实绩，可享受国家和省有关支持服务外包发展扶持政策。服务外包企业申报统计信息的准确性和及时性将作为其享受相关优惠政策的重要依据。

第八条 对经认定的服务外包企业实行动态管理，每年进行一次资格审查。凡当年无服务外包实绩或无服务外包系统数据者，无享受国家和省有关扶持政策的资格；连续两年无服务外包实绩或无服务外包系统数据者，取消对其服务外包企业的认定。

第九条 本办法由省商务厅负责解释。

第十条 本办法自颁布之日起施行。

附件：

服务外包业务范畴

一、信息技术外包服务（ITO）

（一）软件研发及外包

类别	适用范围
1-1 软件研发服务	用于金融、政府、教育、制造业、零售、服务、能源、物流和交通、媒体、电信、公共事业、医疗卫生等行业，为用户的运营 / 生产 / 供应链 / 客户关系 / 人力资源和财务管理 / 计算机辅助设计 / 工程等业务进行软件开发，定制软件开发，嵌入式软件、套装软件开发，系统软件开发、软件测试等
1-2 软件技术服务	软件咨询、维护、培训、测试等技术性服务

（二）信息技术研发服务外包

类别	适用范围
1-3 集成电路设计	集成电路产品设计以及相关技术支持服务等
1-4 提供电子商务平台	为电子贸易服务提供信息平台等
1-5 提供测试平台	为软件和集成电路的开发运用提供测试平台

（三）信息系统运营维护外包

类别	适用范围
1-6 信息系统运营维护服务	客户内部信息系统集成、网络管理、桌面管理与维护服务；信息工程、地理信息系统、远程维护等信息系统应用服务

1-7 基础信息技术服务	基础信息技术管理平台整合等基础信息技术服务（IT 基础设施管理、数据中心、托管中心、安全服务、通讯服务等）

二、技术性业务流程外包服务（BPO）

类别	适用范围
2-1 企业业务流程设计服务	为客户企业提供内部管理、业务运作等流程设计服务
2-2 企业内部管理数据库服务	为客户企业提供后台管理、人力资源管理、财务、审计与税务管理、金融支付服务、医疗数据及其他内部管理业务的数据分析、数据挖掘、数据管理、数据使用的服务；承接客户专业数据处理、分析和整合服务
2-3 企业运营数据库服务	为客户企业经营、销售、产品售后服务提供的应用客户分析、数据库管理等服务。主要包括金融服务业务、政务与教育业务、制造业务和生命科学、零售批发与运输业务、卫生保健业务、通讯与公共事业业务、呼叫中心等
2-4 企业供应链管理数据库服务	为客户提供采购、物流体方案设计及数据库服务

三、技术性知识流程外包（KPO）

类别	适用范围
3-1 研发服务	知识产权研发服务、医药和生物技术研发服务、产品技术研发服务
3-2 数据分析研究服务	证券、金融、保险、市场、人力资源等研究和数据服务
3-3 专业咨询服务、整体解决方案、系统测试服务	
3-4 设计服务	工程设计、工业设计
3-5 创意设计服务	动漫设计、网络游戏设计、教育课件设计
3-6 专业培训服务	

山东省服务外包企业认定申请表

<table>
<tr><td rowspan="2">企业名称</td><td>中文</td><td colspan="3"></td><td rowspan="2">企业代码</td><td rowspan="2"></td></tr>
<tr><td>英文</td><td colspan="3"></td></tr>
<tr><td>所在示范区</td><td colspan="2"></td><td>注册地</td><td></td><td>注册时间</td><td></td></tr>
<tr><td>是否分公司</td><td>是□</td><td>否□</td><td>母公司名称</td><td colspan="3"></td></tr>
</table>

<table>
<tr><td rowspan="3">企业性质</td><td>内资</td><td>国有独资□</td><td>国有控股□</td><td>上市公司□</td><td colspan="2">民资□</td></tr>
<tr><td rowspan="2">外资</td><td>独资□</td><td>合资□</td><td>合作□</td><td>股份制□</td><td></td></tr>
<tr><td colspan="5">外资分支机构□</td></tr>
<tr><td>业务类型</td><td>ITO □</td><td>BPO □</td><td>KPO□</td><td colspan="3"></td></tr>
<tr><td>经营范围</td><td colspan="6"></td></tr>
<tr><td>注册资本（万美元）</td><td colspan="2"></td><td>投资总额（万美元）</td><td colspan="3"></td></tr>
<tr><td rowspan="3">中方投资者</td><td colspan="2">投资者名称</td><td>注册地</td><td colspan="2">出资额</td><td>所占比例</td></tr>
<tr><td colspan="2"></td><td></td><td colspan="2"></td><td></td></tr>
<tr><td colspan="2"></td><td></td><td colspan="2"></td><td></td></tr>
<tr><td rowspan="3">外方投资者</td><td colspan="2">投资者名称</td><td>国别、地区</td><td colspan="2">出资额</td><td>所占比例</td></tr>
<tr><td colspan="2"></td><td></td><td colspan="2"></td><td></td></tr>
<tr><td colspan="2"></td><td></td><td colspan="2"></td><td></td></tr>
<tr><td colspan="2">上年度服务外包合同数</td><td></td><td>上年度服务外包收入</td><td colspan="3">（万美元）</td></tr>
<tr><td>上年度离岸服务外包收入</td><td></td><td>（万美元）</td><td>所占比例</td><td colspan="3"></td></tr>
<tr><td>提供服务外包产品及领域</td><td colspan="6"></td></tr>
<tr><td>通过的认证情况</td><td colspan="6"></td></tr>
<tr><td colspan="3">在服务外包业务管理和统计系统注册是□否□</td><td colspan="4">在服务外包业务中有无违法行为是□否□</td></tr>
<tr><td rowspan="2">企业员工状况</td><td>总人数</td><td></td><td>境外雇员</td><td></td><td>大专</td><td></td></tr>
<tr><td>本科</td><td></td><td>硕士</td><td></td><td>博士</td><td></td></tr>
<tr><td>企业法人代表</td><td colspan="2"></td><td>电话</td><td></td><td>手机</td><td></td></tr>
<tr><td>企业联系人</td><td colspan="2"></td><td>电话</td><td></td><td>手机</td><td></td></tr>
<tr><td>传真</td><td colspan="2"></td><td>邮箱</td><td colspan="3"></td></tr>
<tr><td>企业地址</td><td colspan="4"></td><td>邮编</td><td></td></tr>
</table>

<table>
<tr><td>企业申请意见</td><td>企业符合《山东省服务外包认定管理办法》(试行)规定的条件，提供的材料真实有效，申请认定为“山东省服务外包企业”。

企业法人代表：（签字）企业盖章

年 月 日</td></tr>
<tr><td>市商务局初审意见</td><td>（签章）

年 月 日</td></tr>
<tr><td>省商务厅认定意见</td><td>（签章）

年 月 日</td></tr>
</table>

1 － 71　山东省商务厅关于印发《山东省中小外贸企业融资担保专项资金管理实施办法》的通知

鲁企财〔2010〕21 号

各市财政局、外经贸局（商务局），各省财政直接管理县（市）财政局、外经贸局，省直有关单位：

为贯彻落实国务院关于进一步稳定外需的政策措施，支持担保机构扩大中小外贸企业融资担保业务，缓解中小外贸企业融资困难，根据财政部、商务部《中小外贸企业融资担保专项资金管理暂行办法》规定，我们制定了《山东省中小外贸企业融资担保专项资金管理实施办法》，现印发给你们，请遵照执行。

二〇一〇年四月六日

山东省中小外贸企业融资担保专项资金管理实施办法

第一条　根据《财政部商务部关于印发〈中小外贸企业融资担保专项资金管理暂行办法〉的通知》（财企〔2009〕160 号）要求，为规范中小外贸企业融资担保专项资金（以下简称“专项资金”）管理，提高资金使用效益，制定本办法。

第二条　专项资金是指由中央财政下拨地方管理，专项用于支持担保机构扩大中小外贸企业融资担保业务，缓解中小外贸企业融资困难的资金。

第三条　本办法所称中小外贸企业是指上年度或本年度外贸出口额在 1500 万美元以下的中小企业。

第四条　专项资金的管理和使用应当遵循公开透明、定向使用、科学管理、加强监督的原则，确保资金的使用效率。

第五条　省商务厅会同省财政厅组织专项资金的项目申报和审核，共同研究确定资金使用计划。

省财政厅负责专项资金的预算管理、资金分配和资金拨付，并会同省商务厅对资金的使用情况进行监督检查。

第六条　专项资金采取三种支持方式：

（一）鼓励担保机构为中小外贸企业提供融资担保服务，对担保机构开展的中小外贸企业融资担保业务，按照不超过担保额的 2% 给予资助。

（二）鼓励担保机构提供低费率担保服务，在不提高其他费用标准的前提下，对担保费率低于银行同期贷款基准利率 50% 的中小外贸企业融资担保业务给予奖励，奖励比例不超过银行同期贷款基准利率 50% 与实际担保费率之差。

（三）支持信用担保欠发达地区地方政府出资设立担保机构，开展中小外贸企业融资担保业务，可按照不超过地方政府出资额的 30% 给予资助。用于注资设立担保机构的资助额最高不超过中央下达专项资金的 30%。

第七条　申请本办法第六条第（一）款、第（二）款支持方式的担保机构，必须同时具备以下资格条件：

（一）依法注册成立并实际开展业务 1 年

以上，实收资本5000万元以上（含5000万元），其中，省财政直管县（市）须达到3000万元以上（含3000万元），具备独立法人资格；

（二）财务管理制度健全，按规定提取、管理和使用各项准备金；

（三）会计、纳税、银行信用等方面无不良记录，三年内无违法违规记录；

（四）项目申报期内贷款担保总额3000万元以上，为中小外贸企业提供的贷款担保额占其担保总额的10%以上，且代偿率低于3%；

（五）担保机构对单个企业提供的担保责任金额不得超过担保机构自身实收资本的10%；

（六）对中小外贸企业的平均担保费率不超过银行同期贷款基准利率的50%。

第八条 申请本办法第六条第（一）款、第（二）款支持方式的担保机构，在计算申报期内专项资金资助和奖励申请数额时，应按担保机构为中小外贸企业融资与协作银行签订的贷款担保合同责任期限与责任额，逐笔折算到年，累计各笔折算额作为申报期内担保机构补助和奖励依据。担保项目属担保机构各股东成员企业间互保以及担保机构为个体工商户提供贷款担保的不列入补助范围。

第九条 信用担保欠发达地区地方政府自2009年下半年以来出资设立担保机构，开展中小外贸企业融资担保业务的，可以申请本办法第六条第（三）款规定的专项资金注资支持。

申请专项资金注资支持设立的担保机构，注册资本总额应不低于3000万元，地方政府出资比例应不低于20%，对中小外贸企业的融资担保业务额比例应不低于实收资本的10%。

第十条 各市、省财政直管县（市）商务主管部门和同级财政部门按照属地原则按季组织专项资金项目申报。项目申报采取纸质文件和电子文件同时上报方式，每个项目的纸质文件包括以下资料：

（一）中小外贸企业融资担保专项资金申请表（见附件2）；

（二）担保机构基本情况表（见附件3）；

（三）中小外贸企业贷款担保业务情况汇总表（见附件4）；

（四）经协作银行签章确认的项目申报期内贷款担保情况汇总表（分银行填报，并加盖银行公章，复印无效）；

（五）担保贷款卡凭证复印件；

（六）担保机构与中小外贸企业签订的委托担保合同；

（七）担保机构与协作银行签订的保证合同；

（八）担保机构法人执照（复印件）；

（九）申报期内完税证明汇总表及完税证明；

（十）经注册会计师审计的上年度会计报表，包括资产负债表、利润表、现金流量表和担保余额变动表；

（十一）注册会计师出具的专项审计报告，内容包括：截止到项目申报期末担保机构实收资本及货币资金占比，货币资金的状态及去向（保证金占用额、委贷占用额等），应收账款的构成；申报期内增加的贷款担保业务额，其中为中小外贸企业担保贷款业务额占比，平均贷款担保费率，代偿率等；

（十二）中小外贸企业进出口资质备案表或海关出口证明；

（十三）其他需要提供的材料。

电子文件只需报送附件1–4。

第十一条 申请本办法第六条第（三）款规定的专项资金注资支持的担保机构，须提报以下纸质资料：

（一）中小外贸企业融资担保专项资金申请表（见附件2）；

（二）担保机构基本情况表（见附件3）；

（三）担保机构法人执照（复印件）；

（四）经注册会计师出具的验资报告和资金到位证明；

（五）地方政府出资证明材料；

（六）担保机构章程。

第十二条 各市、省财政直管县（市）商务主管部门和同级财政部门负责对项目申报资料的真实性、完整性提出审核意见。每季度结束后10日内，各市、省财政直管县（市）商务主管部门和同级财政部门向省商务厅、省财政厅分别报送专项资金申请报告（含项目汇总表，见附件1）和项目资料各两份。

每季度结束后15日内，省商务厅会同省财政厅负责对项目申报资料进行复审。根据复审结果，共同研究确定资金使用计划。

第十三条 根据专项资金使用计划，省财政厅于每季度结束后20日内，下达专项资金预算指标。各市、省财政直管县（市）财政部门应在每季度结束后1个月内将专项资金拨付到担保机构。

第十四条 采取本办法第六条第（一）款、第（二）款支持方式的，担保机构收到的专项资金用于弥补代偿损失，其余部分用于补充风险准备金；采取本办法第六条第（三）款支持方式的，担保机构收到的专项资金按照《企业财务通则》规定增加国家资本或者国有资本公积。

第十五条 省财政厅、省商务厅对专项资金管理和使用情况进行不定期抽查。各市、省财政直管县（市）财政部门和同级商务主管部门应当加强对项目资金使用情况的监督检查。

第十六条 各市、省财政直管县（市）财政部门和同级商务主管部门应定期报告资金拨付使用、政策实施效果、存在问题等情况，于每季度结束后40日内上报省财政厅、省商务厅。

第十七条 专项资金专款专用，任何单位和个人不得滞留、截留、挤占、挪用。对以虚报、冒领等手段骗取和滞留、截留、挤占、挪用专项资金的，一经查实，省财政厅将按照《财政违法行为处罚处分条例》（国务院令第427号）的相关规定依法进行处理。

第十八条 本办法自印发之日起施行。

第十九条 本办法由省财政厅会同省商务厅负责解释。

1 － 72 山东省质量技术监督局关于印发2010年山东名牌产品评价目录的通知

鲁名推办发〔2010〕14号

各市名推委办公室，省有关部门、行业协会，有关企业：

为做好2010年山东名牌产品评价工作，充分发挥名牌战略在建设山东半岛蓝色经济区、黄河三角洲高效生态区的带动作用，积极扶持绿色经济、低碳经济和环保产业发展，促进转方式调结构，根据《2008-2010年山东名牌产品培育指导目录》，结合我省产业调整振兴规划以及我省优势产业、优势企业发展的实际情况，重点在新能源、新材料、新医药、新信息等新兴产业中培育名牌产品，经广泛征求各市和省直有关部门、协会的意见，确定了2010年山东名牌产品评价目录，共150个。现予公布，请你们积极做好2010年山东名牌产品的培育和申报指导工作。

二〇一〇年五月八日

附件：

2010年山东名牌产品评价目录

序号	目录名称	行业	备注
一、机械类			
1	塔式起重机	机械	复评目录
2	泵（排污泵、离心泵、潜水电泵）	机械	复评目录
3	锻压机床	机械	复评目录
4	环保机械（脱硫除尘器、过滤机、压滤机）	机械	复评目录
5	机械通用零部件（工业链条、高强度紧固件、轧辊）	机械	复评目录
6	精密铸造件	机械	复评目录
7	煤矿采掘提升设备（矿用提升机、液压支架、单体液压支柱）	机械	复评目录
8	煤气发生炉	机械	复评目录
9	破碎粉磨设备（破碎机、磨煤机、球磨机）	机械	复评目录
10	输变电铁塔、输电线路钢管杆	机械	复评目录
11	插秧机	机械	复评目录
12	同轴电缆	机械	复评目录
13	四色胶印机	机械	复评目录
14	园林机械（割草机、割灌机、喷雾喷粉机）	机械	复评目录
15	制冷设备（制冷机组）及配件	机械	复评目录
16	抽油杆	机械	复评目录
17	圆盘锯石机	机械	复评目录
18	履带式吊管机	机械	复评目录
19	金属探测及选除设备	机械	复评目录
20	机械分度头	机械	复评目录
21	复合绝缘子	机械	复评目录
22	刮板捞渣机	机械	复评目录
23	混凝土搅拌机	机械	复评目录
24	电缆桥架	机械	复评目录
25	电能表	机械	复评目录
26	行列式制瓶机	机械	复评目录
27	电力金具	机械	复评目录
28	风电主轴	机械	新增目录
29	轴承滚子	机械	新增目录
30	石油钻杆、石油钻铤	机械	新增目录
31	人造金刚石	机械	新增目录
32	数控机床复合式自动排屑及综合过滤装置	机械	新增目录
33	快速定量装车系统	机械	新增目录

序号	目录名称	行业	备注
二、轻工类			
1	办公家具	轻工	复评目录
2	包装用塑料薄膜	轻工	复评目录
3	地板（实木地板、强化木地板、复合木地板、体育专用地板、木塑地板）	轻工	复评目录
4	电饭煲	轻工	复评目录
5	免水冲生物环保厕所	轻工	复评目录
6	轻工机械（玻璃瓶罐成型设备、双盘磨浆机、洗浆机、切菜机）	轻工	复评目录
7	人造板（贴面板、胶合板）	轻工	复评目录
8	沙发	轻工	复评目录
9	眼镜	轻工	复评目录
10	静电复印纸	轻工	复评目录
11	书写纸	轻工	复评目录
12	新闻纸	轻工	复评目录
13	玻璃纸	轻工	复评目录
14	油漆刷	轻工	复评目录
15	电热毯	轻工	复评目录
16	人造草坪	轻工	复评目录
17	不锈钢餐具	轻工	复评目录
18	机制钉	轻工	复评目录
19	工艺美术品（嵌银漆器、人造花）	轻工	新增目录
20	红木家具	轻工	新增目录
21	防伪纸	轻工	新增目录
22	手工具(不含扳手类)	轻工	新增目录
三、食品类			
1	功能糖（木糖、低聚木糖、木糖醇、麦芽糖醇）	食品	复评目录
2	烤焙花生（烤花生果（仁）、裹衣花生）	食品	复评目录
3	水产类罐头	食品	复评目录
4	鸡精	食品	复评目录
5	休闲食品	食品	复评目录
6	绿茶	食品	复评目录
7	食用植物油（花生油、大豆油、玉米油、芝麻油、葵花籽油）	食品	复评目录
四、化工类			
1	胶管（含塑胶管）	化工	复评目录
2	聚丙烯酰胺	化工	复评目录
3	聚醚多元醇	化工	复评目录
4	杀虫剂（阿维菌素、甲基阿维菌素、定虫脒）	化工	复评目录

序号	目录名称	行业	备注
5	工业过氧化氢	化工	复评目录
6	铁蓝颜料	化工	复评目录
7	输送带	化工	复评目录
8	热塑性弹性体（含热塑性聚氨酯）	化工	复评目录
9	聚四氟乙烯树脂	化工	复评目录
10	甲醇	化工	复评目录
11	PVC 增强软管	化工	复评目录
12	层状结晶二硅酸钠	化工	复评目录
13	氯化钙	化工	复评目录
14	橡胶助剂（促进剂、防老剂、防焦剂）	化工	复评目录
15	聚氯乙烯抗冲改性剂	化工	复评目录
16	基础有机化工产品（工业乙酸乙酯、环氧氯丙烷、氯化苄）	化工	复评目录
17	保险粉	化工	复评目录
18	防冻液	化工	复评目录
19	色母料	化工	复评目录
20	除草剂原药(精喹禾灵、氟吡甲禾灵、氟磺胺草醚）	化工	新增目录
21	工程轮胎	化工	新增目录
22	十二烷基硫酸钠	化工	新增目录
23	杀菌剂（丙环唑）	化工	新增目录
五、纺织类			
1	化纤面料	纺织	复评目录
2	麻制品（亚麻制品、苎麻制品）	纺织	复评目录
3	女装（时装）(含文胸）	纺织	复评目录
4	桑蚕丝(生丝）	纺织	复评目录
5	丝绸服装	纺织	复评目录
6	粘胶纤维	纺织	复评目录
7	装饰布艺（窗帘、台布）	纺织	复评目录
8	家纺配饰（花边、绣花布）	纺织	复评目录
9	鲁锦制品	纺织	复评目录
10	羊绒衫	纺织	复评目录
11	羊毛、羊绒大衣	纺织	新增目录
12	绒、毛被	纺织	新增目录
13	职业装	纺织	新增目录
14	特种功能纤维（碳纤维）及特种功能纤维纺织品	纺织	新增目录
六、建材类			
1	建筑防水卷材	建材	复评目录
2	预应力钢筒混凝土管	建材	复评目录

序号	目录名称	行业	备注
3	平板玻璃（浮法）	建材	复评目录
4	建筑石材	建材	复评目录
5	新型墙体材料	建材	复评目录
6	铸石管	建材	新增目录
七、冶金类			
1	镀锌钢板	冶金	复评目录
2	钢板（低合金高强度结构钢板、船体用结构钢板、管线钢板）	冶金	复评目录
3	耐大气腐蚀钢板		
4	金属微粉	冶金	复评目录
5	粉末冶金制品	冶金	复评目录
6	热轧带肋钢筋	冶金	复评目录
7	热轧圆钢	冶金	复评目录
8	树脂锚杆用热轧钢筋	冶金	复评目录
9	铜管材	冶金	复评目录
10	预应力混凝土用钢绞线	冶金	复评目录
11	半导体器件键合金丝	冶金	复评目录
12	高强度螺栓用钢	冶金	新增目录
13	高石墨质铝用阴极炭块	冶金	新增目录
14	结构陶瓷（含耐磨氧化铝制品）	冶金	新增目录
八、电子			
1	电子元器件（石英晶体频率元件）	电子	复评目录
2	火灾报警控制系统	电子	复评目录
3	热打印机	电子	复评目录
4	应用软件（金融、交通、税务行业）	电子	复评目录
5	软件中间件	电子	复评目录
6	自动售货机	电子	复评目录
7	动漫产品	电子	新增目录
8	煤矿顶板动态监测系统	电子	新增目录
9	射频识别标签	电子	新增目录
九、医药及医疗设备			
1	一次性使用病毒灭活装置配套用输血过滤器、血液透析器	医药及医疗设备	复评目录
2	降糖药（盐酸吡格列酮胶囊、格列吡嗪片）	医药及医疗设备	复评目录
3	空心硬胶囊	医药及医疗设备	复评目录
4	中成药（天丹通络胶囊、复方川芎胶囊）	医药及医疗设备	复评目录
5	抗生素（盐酸头孢他美酯）	医药及医疗设备	复评目录

序号	目录名称	行业	备注
6	注射用重组人白介素－11（Ⅰ）	医药及医疗设备	新增目录
7	创伤急救包	医药及医疗设备	新增目录
8	坎地沙坦酯片	医药及医疗设备	新增目录
十、畜牧种子类			
1	配合饲料（水产饲料、猪饲料）	畜牧饲料兽药类	复评目录
2	益生素	畜牧饲料兽药类	复评目录
3	鱼粉	畜牧饲料兽药类	复评目录
4	大豆种子	植物良种	复评目录
5	兽药（家禽疫苗、中药散剂）	畜牧饲料兽药类	新增目录
十一、汽车及配件			
1	改装车（罐式车）	汽车及配件	复评目录
2	汽车电子（线束）	汽车及配件	复评目录
3	汽车制动系统零部件（铝质制动毂、制动盘、刹车片、气制动阀）	汽车及配件	复评目录
4	轻型汽车变速器	汽车及配件	复评目录
5	三轮汽车	汽车及配件	复评目录
6	汽车电磁风扇离合器	汽车及配件	新增目录
十二、船舶			
1	28000吨多用途重吊船	船舶	新增目录
2	玻璃钢救生/救助艇	船舶	新增目录
3	内河钢质拖船	船舶	新增目录

1－73 山东省金融工作办公室等十部门关于印发《山东省融资性担保公司管理暂行办法》的通知

鲁金办发〔2010〕9号

各市人民政府，各县（市、区）人民政府，省政府各部门、各直属机构，各大企业，各高等院校，有关银行业金融机构：

为加强对融资性担保公司的监督管理，规范融资性担保行为，促进融资性担保行业健康发展，根据《中华人民共和国公司法》、《中华人民共和国担保法》、《中华人民共和国合同法》、《融资性担保公司管理暂行办法》（中国银监会等七部委2010年第3号令）等规定，经省政府同意，现将《山东省融资性担保公司管理暂行办法》印发你们，请认真组织实施。

二〇一〇年六月二十五日

山东省融资性担保公司管理暂行办法

第一章 总则

第一条 为加强对融资性担保公司的监督管理，规范融资性担保行为，促进融资性担保行业健康发展，根据《中华人民共和国公司法》、《中华人民共和国担保法》、《中华人民共和国合同法》、《融资性担保公司管理暂行办法》（中国银监会等七部委2010年第3号令）等规定，制定本暂行办法。

第二条 在山东省辖区内设立融资性担保公司及分支机构，从事融资性担保业务活动，适用本暂行办法。

第三条 本暂行办法所称融资性担保是指担保人与银行业金融机构和小额贷款公司等债权人约定，当被担保人不履行对债权人负有的融资性债务时，由担保人依法承担合同约定的担保责任的行为。

本暂行办法所称融资性担保公司是指依法设立，经营融资性担保业务的有限责任公司和股份有限公司。

本暂行办法所称监管部门是指山东省金融工作办公室（以下简称"省金融办"）和各设区市、县（市、区）金融办或设区市、县（市、区）政府确定的部门（以下简称"监管部门"）。

第四条 融资性担保公司应当以安全性、流动性、收益性为经营原则，建立市场化运作的可持续审慎经营模式。

融资性担保公司与企业、银行业金融机构等客户的业务往来，应当遵循诚实守信的原则，并遵守合同的约定。

第五条 融资性担保公司依法开展业务，不受任何机关、单位和个人的干涉。

第六条 融资性担保公司开展业务，应当遵守法律、法规和本暂行办法的规定，不得损害国家利益和社会公共利益。

融资性担保公司应当为客户保密，不得利用客户提供的信息从事任何与担保业务无关或有损客户利益的活动。

第七条 融资性担保公司开展业务应当遵守公平竞争的原则，不得从事不正当竞争。

第八条 融资性担保公司由各级人民政府实施属地管理。

各设区市、县（市、区）人民政府是本辖区融资性担保公司风险防范处置的第一责任人。

第九条 省金融办是全省融资性担保业务的监管部门，负责全省融资性担保机构的准入、退出、日常监管和风险防范及融资性担保机构管理政策的制定，并负责向省政府和国务院融资性担保业务监管部际联席会议报告工作。

各设区市、县（市、区）监管部门负责本辖区融资性担保机构的日常监管、风险处置，并负责向同级人民政府和上级监管部门报告工作。

第二章 设立、变更和终止

第十条 设立融资性担保公司及其分支机构，应当经省金融办审查批准。

经批准设立的融资性担保公司及其分支机构，由省金融办颁发经营许可证，并凭该许可证向工商行政管理部门申请注册登记。

国有及国有控股、参股的融资性担保公司，外商投资设立融资性担保公司，还应当按照国家和山东省有关规定办理相关审批手续。

任何单位和个人未经省金融办批准不得经营融资性担保业务，不得在名称中使用融资性担保字样，法律、行政法规另有规定的除外。

第十一条 设立融资性担保公司，应当具备下列条件：

（一）有符合《中华人民共和国公司法》规定的章程。

（二）有具备持续出资能力的股东。

（三）有符合本暂行办法规定的注册资本。

（四）有符合任职资格的董事、监事、高级管理人员和合格的从业人员。

（五）有健全的组织机构、内部控制和风险管理制度。

（六）有符合要求的营业场所。

（七）省金融办规定的其他审慎性条件。

第十二条 担任融资性担保公司董事、监事或高级管理人员，应当按照国家有关规定接受和通过监管部门的任职资格考核。

第十三条 设立各类融资性担保公司必须具备最低限额的注册资本：

（一）跨省（自治区、直辖市）开展融资性担保业务的注册资本不得低于3亿元；

（二）在省内开展融资性担保业务的注册资本不得低于1亿元；

（三）在省内设区市范围内开展融资性担保业务的注册资本不得低于5000万元；

（四）在省内县域范围内开展融资性担保业务的注册资本不得低于2000万元。

注册资本为实缴货币资本。

第十四条 自然人投资入股融资性担保公司，股东人数不得少于2名，应当符合以下条件：

（一）有完全民事行为能力。

（二）无犯罪记录和不良信用记录。

（三）有较强的抗风险能力和资金实力，入股资金来源合法，不得以借贷资金入股，不得以他人委托资金入股。

（四）省金融办规定的其他审慎性条件。

企业法人投资入股融资性担保公司，应当符合以下条件：

（一）在工商行政管理部门登记注册，具有法人资格。

（二）法定代表人无犯罪记录和不良信用记录。

（三）企业法人有良好的社会声誉、诚信记录和纳税记录。

（四）有较强的经营管理能力，财务状况良好，入股前2个会计年度连续盈利。

（五）入股资金来源合法，不得以借贷资金入股，不得以他人委托资金入股。

（六）公司治理良好，内部控制健全有效。

（七）省金融办规定的其他审慎性条件。

第十五条 融资性担保公司第一大股东或主发起人除应符合上述条件外，一般应当是主营业务突出、信用优良、实力雄厚的当地骨干企业，净资产5000万元以上且资产负债率不超过70%，财务状况良好，最近2个会计年度连续盈利且2年净利润累计总额在1000万元以上。

第十六条 设立融资性担保公司，应向监管部门提交下列文件、资料：

（一）申请书。应当载明拟设立的融资性担保公司的名称、住所、注册资本和业务范围等事项。

（二）可行性研究报告。

（三）章程草案。

（四）工商行政管理部门核发的《企业名称预先核准通知书》。

（五）股东名册及其出资额、股权结构。

（六）股东出资的验资证明、主体资格证明以及持有注册资本5%以上股东的资信证明和有关资料。

（七）拟任董事、监事、高级管理人员的资格证明。

（八）经营发展战略和规划。

（九）营业场所证明材料。

（十）省金融办要求提交的其他文件、资料。

第十七条 按照方便申报和节约成本原则，融资性担保公司的设立可以由申请人向拟注册县（市、区）或设区市监管部门就近申报。由县（市、区）或设区市监管部门进行申报辅导，帮助做好可行性研究论证等工作。省金融办按规定审批。

在金融创新示范县设立融资性担保公司，由县（市、区）监管部门进行申报辅导，省金融办按规定作出批准或不予批准的决定。

省属或中央驻鲁企业设立融资性担保公司，由申请人向省金融办提出申请，并提供国有资产管理部门批准函，由省金融办负责申报辅导，并按规定作出批准或不予批准的决定；省属或中央驻鲁企业已设立融资性担保公司并正常开展业务的，原则上不再新批设立融资性担保公司。

第十八条 经批准的融资性担保公司应自省金融办颁发经营许可证之日起1个月内向工商行政管理部门申请设立登记，3个月内开业。逾期未开业的，由监管部门收回经营许可证。

第十九条 融资性担保公司有下列变更事项之一的，应当经省金融办批准：

（一）变更名称。

（二）变更组织形式。

（三）变更注册资本。

（四）变更公司住所。

（五）调整业务范围。

（六）变更董事、监事和高级管理人员。

（七）变更持有5%以上股权的股东。

（八）分立或者合并。

（九）修改章程。

（十）省金融办规定的其他变更事项。

融资性担保公司变更事项涉及经营许可证事项的，由省金融办换发经营许可证；变更事项涉及公司登记或备案事项的，经省金融办审查批准后，凭批准文件或经营许可证向工商行政管理部门申请变更登记或备案；变更事项涉及国有资产产权登记、国有资产转让的，按国家有关规定办理有关审批手续。

上述变更事项的受理、审查和决定，按照融资性担保公司设立申请的权限和程序办理。省金融办按规定作出核准或不予核准的决定。

第二十条 融资性担保公司可根据业务发展需要，跨省（自治区、直辖市）、设区市、县（市、区）设立分支机构。

融资性担保公司申请设立分支机构，应当具备以下条件：

（一）机构设立2年以上，且在保责任余额与净资产的比例不低于15%。

（二）经营管理规范，信用状况优良，没有违法、违规经营记录。

（三）拟任分支机构负责人应当取得高级管理人员资格。

（四）省金融办规定的其他审慎性条件。

第二十一条 除上述条件外，融资性担保公司跨省（自治区、直辖市）设立分支机构，其注册资本不低于3亿元；跨设区市设立分支机构，其注册资本不低于1亿元；跨县（市、区）设立分支机构，其注册资本不低于5000万元。

第二十二条 融资性担保公司对每个分支机构应当拨付不少于设立融资性担保公司最低注册资本要求的营运资本；融资性担保公司各分支机构营运资金总额不得超过融资性担保公司注册资本的50%。

第二十三条 融资性担保公司申请设立分支机构，需向拟设分支机构所在地监管部门提交下列文件和资料：

（一）设立分支机构申请报告（应当载明拟设立分支机构的名称、住所、负责人、营运资金数额等）、可行性研究报告、董事会（股东会）决议、法人授权书及法人营业执照副本复印件。

（二）法人所在地监管部门出具的同意函。

（三）具有法定资格的会计师事务所出具的该融资性担保公司最近2年的财务审计报告。

（四）工商行政管理部门核发的《企业名称预先核准通知书》。

（五）拟任分支机构负责人高级管理人员资格证明。

（六）营业场所证明材料。

（七）省金融办要求的其他文件和资料。

第二十四条 融资性担保公司跨省（自治区、直辖市）设立分支机构，应当征得省金融办同意，并经拟设立分支机构所在地监管部门审查批准。其他省（自治区、直辖市）融资性担保公司来山东省设立分支机构，应当凭该公司所在地监管部门同意设立分支机构的证明，按照省金融办设立融资性担保公司的有关要求办理。

融资性担保公司跨设区市、县（市、区）设立分支机构，应当征得所在设区市、县（市、区）监管部门同意，并经拟设立分支机构所在设区市监管部门审查，报省金融办批准。

未设立分支机构的融资性担保公司不得超出监管部门批准的地域范围开展业务。

第二十五条 融资性担保公司因分立、合并或出现公司章程规定的解散事由需要解散的，应当经监管部门审查批准，并停止有关业务。

第二十六条 融资性担保公司有重大违法经营行为，不予撤销将严重危害市场秩序、损害公众利益的，由监管部门予以撤销。法律、行政法规另有规定的除外。

第二十七条 融资性担保公司解散或被撤销的，应当依法成立清算组进行清算，按照债务清偿计划及时偿还有关债务。监管部门监督其清算过程。

担保责任解除前，公司股东不得分配公司财产或从公司取得任何利益。

第二十八条 融资性担保公司清算结束后，清算组应当将清算结果报告监管部门确认。融资性担保公司凭批准解散文件及时向工商行政管理部门申请办理工商注销登记。国有及国有控股、参股的融资性担保公司，按国家有关规定办理有关审批手续。

第二十九条 融资性担保公司不能清偿到期债务，并且资产不足以清偿全部债务或者明显缺乏清偿能力的，应当依法实施破产。

第三十条 设区市、县（市、区）监管部门对终止经营的辖区内融资性担保公司及其分支机构应当予以公告，收回经营许可证，并报省金融办备案。

省金融办对终止经营的省属和中央驻鲁企业设立的融资性担保公司及其分支机构以及外省（自治区、直辖市）融资性担保公司设立的分支机构应当予以公告，收回经营许可证。

融资性担保公司在经营许可证被收回后，应当依法向工商行政管理部门办理工商注销登记。国有及国有控股、参股的融资性担保公司，按国家有关规定办理有关审批手续。

第三章 业务范围

第三十一条 融资性担保公司经省金融办批准，可以经营下列部分或全部融资性担保业务：

（一）贷款担保。

（二）票据承兑担保。

（三）贸易融资担保。

（四）项目融资担保。

（五）信用证担保。

（六）其他融资性担保业务。

第三十二条 融资性担保公司经省金融办批准，可以兼营下列部分或全部业务：

（一）诉讼保全担保。

（二）投标担保、预付款担保、工程履约担保、尾付款如约偿付担保等履约担保业务。

（三）与担保业务有关的融资咨询、财务顾问等中介服务。

（四）以自有资金进行投资。

（五）省金融办规定的其他业务。

第三十三条 融资性担保公司可以为其他融资性担保公司的担保责任提供再担保和办理债券发行担保业务，但应当同时符合以下条件：

（一）近 2 年无违法、违规不良记录。

（二）省金融办规定的其他审慎性条件。

从事再担保业务的融资性担保公司除需满足前款规定的条件外，注册资本应当不低于 1 亿元，并连续营业 2 年以上。

第三十四条　融资性担保公司不得从事下列活动：

（一）吸收存款。

（二）发放贷款。

（三）受托发放贷款。

（四）受托投资。

（五）省金融办规定不得从事的其他活动。

融资性担保公司从事非法集资活动的，由有关部门依法予以查处。

第四章　经营规则和风险控制

第三十五条　融资性担保公司应当依法建立健全公司治理结构，完善议事规则、决策程序和内审制度，保持公司治理的有效性。

跨省（自治区、直辖市）设立分支机构的融资性担保公司,应当设 2 名以上的独立董事。

第三十六条　融资性担保公司应当建立符合审慎经营原则的担保评估制度、决策程序、事后追偿和处置制度、风险预警机制和突发事件应急机制,并制定严格规范的业务操作规程,加强对担保项目的风险评估和管理。

第三十七条　融资性担保公司应当配备或聘请经济、金融、法律、技术等方面具有相关资格的专业人才。

跨省（自治区、直辖市）设立分支机构的融资性担保公司应当设立首席合规官和首席风险官。首席合规官、首席风险官应当由取得律师或注册会计师等相关资格，并具有融资性担保或金融从业经验的人员担任。

第三十八条　融资性担保公司应当按照金融企业财务规则和企业会计准则等要求，建立健全财务会计制度，真实地记录和反映企业的财务状况、经营成果和现金流量。

第三十九条　融资性担保公司收取的担保费，可根据担保项目的风险程度，由融资性担保公司与被担保人自主协商确定，但不得违反国家有关规定。

第四十条　融资性担保公司对单个被担保人提供的融资性担保责任余额不得超过净资产的 10%，对单个被担保人及其关联方提供的融资性担保责任余额不得超过净资产的 15%，对单个被担保人债券发行提供的担保责任余额不得超过净资产的 30%。

第四十一条　融资性担保公司的融资性担保责任余额不得超过其净资产的 10 倍。

第四十二条　国有或国有控股、参股设立的融资性担保公司，应以开展服务于中小企业和涉农的融资性担保业务为主。其融资担保业务收入不低于营业收入的 50%。

跨地区设立分支机构的融资性担保公司，其公司注册地融资性担保业务收入不低于融资性担保业务总收入的 60%。

第四十三条　融资性担保公司以自有资金进行投资，限于国债、金融债券及大型企业债务融资工具等信用等级较高的固定收益类金融产品，以及不存在利益冲突且总额不高于净资产 20% 的其他投资。

第四十四条　融资性担保公司不得为其母公司或子公司提供融资性担保。

第四十五条　融资性担保公司应当按照当年担保费收入的 50% 提取未到期责任准备金，并按不低于当年年末担保责任余额 1% 的比例提取担保赔偿准备金。担保赔偿准备金累计达到当年担保责任余额 10% 的，实行差额提取。差额提取办法和担保赔偿准备金的使用管理办法由省金融办另行制定。

监管部门可以根据融资性担保公司责任风险状况和审慎监管的需要，提出调高担保赔偿准备金比例的要求。

融资性担保公司应当对担保责任实行风险

分类管理，准确计量担保责任风险。

第四十六条 融资性担保公司与债权人应当按照协商一致的原则建立业务关系，并在合同中明确约定承担担保责任的方式。

第四十七条 融资性担保公司办理融资性担保业务，应当与被担保人约定在担保期间可持续获得相关信息并有权对相关情况进行核实。

第四十八条 融资性担保公司与债权人应当建立担保期间被担保人相关信息的交换机制，加强对被担保人的信用辅导和监督，共同维护双方的合法权益。

第四十九条 融资性担保公司应当按照监管部门的规定，将公司治理情况、财务会计报告、风险管理状况、资本金构成及运用情况、担保业务总体情况等信息告知相关债权人。

第五章 监督管理

第五十条 省金融办对全省融资性担保机构履行以下监督管理职责：

（一）负责起草有关规章、制度和监督管理办法。

（二）负责审查批准融资性担保机构的设立、变更、终止以及业务范围。

（三）负责对融资性担保机构的董事、监事、高级管理人员和从业人员的任职资格管理。

（四）负责对全省融资性担保机构实行业务监管。

（五）负责全省融资性担保机构监管统计工作。

（六）负责全省融资性担保机构管理政策的制定。

（七）指导全省融资性担保行业自律组织建设。

第五十一条 除省属和中央驻鲁企业设立融资性担保公司日常监管由省金融办负责外，其他融资性担保公司日常监管，按照属地管理原则由各设区市、县（市、区）监管部门负责。

县（市、区）监管部门应当向设区市监管部门、设区市监管部门应当向省金融办出具批后监管和金融风险处置承诺书。

县（市、区）监管部门应当向设区市监管部门、设区市监管部门应当向省金融办，按季度报送本地融资性担保公司经营情况及监管情况。

第五十二条 监管部门应当建立健全融资性担保公司信息资料收集、整理、统计分析制度和监管记分制度，对经营及风险状况进行持续监测。设区市监管部门应当于每年5月底前完成所监管融资性担保公司上一年度机构概览报告，并报省金融办；省金融办应当于每年6月底前完成所监管融资性担保公司上一年度机构概览报告。

第五十三条 融资性担保公司应当按照规定及时向监管部门报送经营报告、财务会计报告、合法合规报告等文件和资料。

融资性担保公司向监管部门提交的各类文件和资料，应当真实、准确、完整。

第五十四条 融资性担保公司应当按季度向监管部门报告资本金的运用情况。

监管部门应当根据审慎监管的需要，适时提出融资性担保公司的资本质量和资本充足率要求。

第五十五条 监管部门根据监管需要，有权要求融资性担保公司提供专项资料，或约见其董事、监事、高级管理人员进行监管谈话，要求就有关情况进行说明或进行必要的整改。

监管部门认为必要时，可以向债权人通报所监管有关融资性担保公司的违规或风险情况。

第五十六条 省金融办建立融资性担保公司信息动态监测系统。

融资性担保公司应当向省金融办信息动态监测系统提供资本金运用、担保额、代偿损失、信用状况、高管人员、股权变动等有关信息。

第五十七条 监管部门根据监管需要，可以对融资性担保公司进行现场检查，融资性担保公司应当予以配合，并按照监管部门的要求提供有关文件、资料。

现场检查时，检查人员不得少于2人，并向融资性担保公司出示检查通知书和相关证件。

第五十八条 省金融办建立专项检查制度，人员由各设区市监管部门临时抽调，确定每次重点检查项目，不定期进行现场检查监管。各设区市监管部门也应建立相应的专项检查制度，加强现场监管。

监管部门对融资性担保公司现场检查时，相关金融机构和企业应当按规定积极配合。

第五十九条 融资性担保公司发生担保诈骗、金额可能达到其净资产5%以上的担保代偿或投资损失，以及董事、监事、高级管理人员涉及严重违法、违规等重大事件时，应当立即采取应急措施并向监管部门报告。

第六十条 融资性担保公司应当在其股东大会或股东会、董事会等会议召开后的30日内向监管部门报告会议的重要决议。

第六十一条 融资性担保公司应当聘请社会中介机构进行年度审计，并将审计报告及时报送监管部门。

第六十二条 按照属地管理原则，设区市、县（市、区）人民政府及其监管部门负责本辖区融资性担保机构重大风险事件的报告和应急管理。

设区市、县（市、区）监管部门应当及时向同级人民政府和上级监管部门报告本辖区融资性担保行业的重大风险事件和处置情况。

省金融办应当及时向省人民政府和融资性担保业务监管部际联席会议报告全省融资性担保行业的重大风险事件和处置情况。

第六十三条 监管部门应当会同有关部门建立融资性担保行业突发事件的发现、报告和处置制度，制定融资性担保行业突发事件处置预案，明确处置机构及其职责、处置措施和处置程序，及时、有效地处置融资性担保行业突发事件。

第六十四条 融资性担保公司实行行业年审制度。省属和中央驻鲁企业设立及跨省（自治区、直辖市）、设区市设立分支机构的融资性担保公司由省金融办负责年审，其他融资性担保公司由设区市监管部门负责年审，于每年4月30日前完成，并将有关情况通报同级工商行政管理部门、人民银行、银监局和相关商业银行。设区市监管部门将年审情况报省金融办备案。

年审的具体办法由省金融办另行制定。

第六十五条 对年审不合格或连续2年未开展融资性担保业务的担保机构，由监管部门提出警告、限期整改、暂停部分业务等处理意见，情节严重或整改后仍不符合规定的，取消其经营融资性担保业务资格。

第六十六条 未经省金融办审批成立的担保公司及其分支机构不得与相关金融机构开展融资性担保业务。违反上述规定的，监管部门要及时向相关部门通报有关情况。

第六十七条 市监管部门应当于每年年末全面分析评估本辖区融资性担保行业年度发展和监管情况，并于每年1月底前向省金融办和市人民政府报告本辖区上一年度融资性担保行业发展和监管情况。

省金融办应当于每年年末全面分析评估全省融资性担保行业年度发展和监管情况，并于每年2月底前向省人民政府和融资性担保业务监管部际联席会议报告全省上一年度融资性担保行业发展和监管情况。

第六十八条 融资性担保行业建立行业自律组织，履行自律、维权、服务等职责。

省融资性担保行业自律组织接受省金融办的指导。

第六十九条 征信管理部门应当将融资性担保公司的有关信息纳入征信管理体系，并为融资性担保公司查询相关信息提供服务。

第六章 法律责任

第七十条 监管部门从事监督管理工作的人员有下列情形之一的，依法给予行政处分；构成犯罪的，依法追究刑事责任：

（一）违反规定审批融资性担保公司的设立、变更、终止以及业务范围的。

（二）违反规定对融资性担保公司进行现场检查的。

（三）未依照本暂行办法第六十二条规定报告重大风险事件和处置情况的。

（四）其他违反法律法规及本暂行办法规定的行为。

第七十一条 融资性担保公司违反法律、法规及《融资性担保公司管理暂行办法》和本办法规定的，按照《融资性担保公司管理暂行办法》有关规定执行。

第七章 附则

第七十二条 公司制以外的融资性担保机构从事融资性担保业务参照本暂行办法的有关规定执行，具体实施办法由省金融办会同有关部门另行制定，并报融资性担保业务监管部际联席会议备案。

外商投资的融资性担保公司适用本暂行办法，法律、行政法规另有规定的，依照其规定。

融资性再担保机构管理办法由省金融办会同有关部门另行制定，并报融资性担保业务监管部际联席会议备案。

第七十三条 鼓励大型融资性担保公司和再担保公司加快发展。对经营管理规范、支持涉农和企业融资业绩突出的融资性担保机构，各级财政要加大支持力度，综合运用资本注入、风险补偿和奖励补助等多种方式，提高融资担保能力。有关部门要认真落实对符合条件的融资性担保机构免征营业税、准备金提取和代偿损失税前扣除等政策，为融资性担保机构开展抵押物和出质的登记、确权、转让等提供及时便捷服务。

具体办法由省财政厅会同省经济和信息化委、金融办等有关部门按照国家有关规定另行制定。

第七十四条 本暂行办法施行前已经设立的融资性担保公司不符合本暂行办法规定的，应当按照全省融资性担保公司规范整顿工作有关要求，在2011年3月31日前达到本暂行办法规定的要求。

第七十五条 条本暂行办法自公布之日起施行。

1－74 山东省财政厅 山东省商务厅 山东省经济和信息化委员会关于进一步加大家电下乡政策实施力度的通知

鲁财建〔2010〕29号

各市财政局，商务、经济和信息化主管部门：

为充分发挥家电下乡强农惠农、拉动消费带动生产的作用，根据《财政部商务部工业和信息化部关于进一步加大家电下乡政策实施力度的通知》（财建〔2009〕972号）和《财政部商务部工业和信息化部关于印发<新增家电下乡补贴品种实施方案>及确认新增补贴品种等有关问题的通知》（财建〔2010〕62号）

规定，现就进一步加大家电下乡政策实施力度等事项通知如下：

一、扩大政策实施范围。自2010年1月1日起，将国有农场、林场职工纳入家电下乡政策实施范围，国有林场、农场职工购买家电下乡产品后，可按规定享受补贴。

二、提高下乡产品最高限价，统一补贴政策。全国统一实施的彩电、冰箱(含冰柜)、手机、洗衣机、电脑、空调、热水器（含储水式电热水器、燃气热水器、太阳能热水器）、微波炉、电磁炉9类家电下乡产品提高后的最高限价及补贴标准详见附件。各市要根据财政部、商务部、工业和信息化部公布的招标结果公告，组织中标企业及销售网点尽快上市销售相关下乡产品，满足群众购买需要。公布的中标家电下乡产品价格为销售最高限价，企业应随成本下降及时降低销售价格，不得高于市场同类产品销售价格。

三、新增家电下乡补贴品种。在现有9类家电下乡产品之外，新增电动自行车为我省家电下乡补贴品种。凡具有我省户口的农民以及国有农、林场职工在本省境内购买电动自行车下乡产品，均按销售价格的13%给予财政补贴，最高补贴限价为260元/辆，每户限购2辆。电动自行车下乡政策实施截止时间为2011年11月30日。新增电动自行车下乡产品的具体型号及中标价格（销售最高限价），由省财政厅、省商务厅、省经信委通过公开招标方式确定，具体事项另行通知。

四、切实加强家电下乡的组织实施和日常监管工作。各市财政、商务、经济和信息化主管部门要加强组织协调，采取切实有效的措施，把调整完善家电下乡的具体政策落到实处。各级财政部门要本着既保障财政资金安全、又方便群众的原则，全面推行“销售网点代办申领并垫付”兑付方式，加快补贴兑付进度，加强资金管理。要积极配合商务、物价等主管部门加强对销售网点的监督，严肃查处假冒家电下乡产品名义销售非下乡家电、以高于市场同类产品价格销售下乡产品等行为。各级商务、经济和信息化主管部门要督促中标企业切实履行投标承诺，严格执行国家“三包”政策，改进和完善售后服务，采取重点检查和抽查等方式，及时发现和纠正问题，维护良好的市场秩序。

附件：家电下乡产品最高限价及补贴标准

二〇一〇年四月十三日

附件：

家电下乡产品最高限价及补贴标准

序号	品种	提高后的产品最高限价(元)	补贴标准	
1	彩电	7000	3500元（含）以下，按销售价格的13%补贴	3500－7000元，每台按455元定额补贴
2	冰箱（含冰柜）	4000	2500元（含）以下，按销售价格的13%补贴	2500－4000元，每台按325元定额补贴
3	手机	2000	1000元（含）以下，按销售价格的13%补贴	1000－2000元，每台按130元定额补贴
4	洗衣机	3500	2000元（含）以下，按销售价格的13%补贴	2000－3500元，每台按260元定额补贴
5	空调			

序号	品种	提高后的产品最高限价(元)	补贴标准	
	其中：壁挂式空调	3500	2500元（含）以下，按销售价格的13%补贴	2500－3500元，每台按325元定额补贴
	落地式空调	6000	4000元（含）以下，按销售价格的13%补贴	4000－6000元，每台按520元定额补贴
6	电脑	5000	3500元（含）以下，按销售价格的13%补贴	3500－5000元，每台按455元定额补贴
7	热水器			
	其中：太阳能热水器	5000	4000元（含）以下，按销售价格的13%补贴	4000－5000元，每台按520元定额补贴
	储水式电热水器	2500	1500元（含）以下，按销售价格的13%补贴	1500－2500元，每台按195元定额补贴
	燃气热水器	3500	2500元（含）以下，按销售价格的13%补贴	2500－3500元，每台按325元定额补贴
8	电磁炉	1000	600元（含）以下，按销售价格的13%补贴	600－1000元，每台按78元定额补贴
9	微波炉	1500	1000元（含）以下，按销售价格的13%补贴	1000－1500元，每台按130元定额补贴

1－75　山东省淘汰落后产能工作领导小组关于公布下达2010年山东全省有关行业淘汰落后产能计划的通知

鲁淘汰字〔2010〕1号

各市人民政府，各有关县（市、区）人民政府，省国资委，各有关行业协会，省淘汰落后产能工作领导小组成员单位：

为贯彻落实《国务院关于进一步加强淘汰落后产能工作的通知》（国发〔2010〕7号）、《国务院关于进一步加大工作力度确保实现“十一五”节能减排目标的通知》（国发〔2010〕12号）文件和《山东省人民政府关于贯彻国发〔2010〕7号文件进一步加强淘汰落后产能工作的通知》（鲁政发〔2010〕46号）精神，经省政府同意，现将2010年焦炭、铁合金、电石、炼铁、炼钢、电解铝、水泥、造纸、酒精、味精、皮革等行业淘汰落后产能计划下达给你们，并向社会公开公布。请切实加强组织领导，强化工作措施，确保2010年底前完成任务。

附件：2010年山东省淘汰落后产能计划企业名单

二〇一〇年五月二十四日

附件：

2010年山东省淘汰落后产能计划企业名单

行业	单位	企业名称	产能
焦炭	合计		227.7万吨
	枣庄	山亭区炼焦厂	3
		滕州市盛源煤焦化有限公司	10
		山东圣火旭龙煤化工有限公司	10
	潍坊	山东潍焦集团有限公司	15
		潍坊市临朐燃气热力集团有限公司	20
		青州市博奥炭黑有限责任公司	1.2
	济宁	济宁市今日煤炭化工有限公司	20
	临沂	临沂沂蒙山焦化有限公司	10
		临沂大生源化工有限公司	40
		临沂富贸物资有限公司	40
		临沂建衡建筑陶瓷有限公司	20
		临沂久力化工有限公司	20
	滨州	博兴县诚力供气有限公司	15
	菏泽	成武县金土地能源有限公司	3.5
铁合金	合计		73.2万吨
	临沂	临沂元生铸冶有限公司	27
		临沂隆兴铁合金有限公司	25
		临沂市明兴铸业有限公司	20
	菏泽	菏泽云龙爵石油设备制造有限公司	1.2
电石	合计		1.2万吨
	潍坊	青州市鲁益电石有限公司	1.2
炼铁	合计		240万吨
	省国资委	张店钢铁总厂	55
	淄博	淄博新冶实业有限公司	45
		山东隆盛钢铁有限公司	45
	烟台	烟台渤丰钢铁建材有限公司	9
	临沂	临沂市明兴铸业有限公司	10
		沂州钢铁有限公司	28
		临沂市隆兴铁合金有限公司	18
		山东鑫山铸业有限公司	20
		临沂庆云山水泥集团公司	10
炼钢	合计		50万吨
	滨州	山东广富集团	50

行业	单位	企业名称	产能
电解铝	合计		3.4 万吨
	中央驻鲁	山东铝业公司	2
	淄博	淄博铝厂有限公司	1.2
	临沂	临沭县林鑫金属制品厂	0.2
水泥	合计		488.4 万吨
	济南	长清区第二水泥厂	8
	淄博	淄博嘉桓水泥有限公司	27
		淄博多山水泥有限公司	20
		淄博昌国特种水泥股份有限公司	20
		淄博张店鑫沣水泥厂	20
	枣庄	市中区永安水泥厂	10
		阜宁县仁舟水泥公司枣庄分公司	10
		枣庄沪鲁建材厂	10
		滕州市东郭水泥有限公司	10
		滕州市张汪水泥厂	10
		滕州市祥源水泥有限公司	10
		枣庄矿业集团物资供销公司水泥厂（枣庄矿务局水泥厂）	24
	东营	胜利油田营海建材有限责任公司	30
	烟台	烟台塔峰实业有限公司（栖霞县大庄头水泥厂）	17
	潍坊	青州市兴旺水泥厂	35
	泰安	肥城市马山水泥有限公司	20
	威海	文登市小观水泥有限公司	12
	日照	日照市第三水泥厂棋山熟料生产基地	10
	临沂	临沂华蒙水泥有限公司	10
		临沂市阳都水泥有限公司	13.5
		临沭县德坤建材公司	20
		临沭县振华建材公司	16
		沂水县第二水泥厂	15
	德州	禹城市兴达建材有限公司	30.9
	聊城	东阿东昌水泥有限公司	80
造纸	合计		6 万吨
	烟台	烟台锦宏纸业有限公司	6
酒精	合计		3 万吨
	淄博	山东鲁源酒业有限公司	3
味精	合计		2.5 万吨
	临沂	临沂金花味精厂	2.5
皮革	合计		76.75 万张
	潍坊	山东茂德皮革集团有限公司	76.75

1 － 76 山东省经济和信息化委员会关于转发工业和信息化部关于公布第一批“国家新型工业化产业示范基地”名单的通知的通知

鲁经信函字〔2010〕26号

各市经贸委(经信委、经委)：

现将《工业和信息化部关于公布第一批“国家新型工业化产业示范基地”名单的通知》(工信部规〔2010〕21号)转发给你们，请根据通知要求，抓好贯彻落实。

三个基地要进一步突出主导产业，加强自主创新和技术改造，深入推进“两化”融合，加快产业升级，为全省工业园区发展树立示范。青岛、烟台、德州三市经贸部门，要建立健全基地管理机制，搞好基地的管理和服务，将其纳入本地工业和信息化经济运行监测体系，及时跟踪掌握基地发展情况，协调解决基地发展中出现的问题，不断提高基地发展水平。基地上年度发展情况及需要省和国家协调解决的问题，要按照示范基地管理办法及时上报省经信委。

各市要认真学习第一批国家基地的发展经验，突出本地特色，按照新型工业化的要求，争取创建国家和省级产业示范基地，引领各类园区健康快速发展，促进工业转方式、调结构，为全省新型工业化进程做出贡献。

二〇一〇年二月五日

工业和信息化部关于公布第一批“国家新型工业化产业示范基地”名单的通知

工信部规〔2010〕21号

各省、自治区、直辖市、计划单列市工业和信息化主管部门：

依据《创建国家新型工业化产业示范基地管理办法(试行)》，经公示，确定了第一批“国家新型工业化产业示范基地”名单，现予公布并将有关事项通知如下：

一、同意北京中关村科技园区、上海化学工业园区、武汉东湖新技术开发区等62个产业基地为第一批“国家新型工业化产业示范基地”(具体名单见附件)。

二、第一批产业示范基地要在现有发展基础上，按照布局集中、用地集约、产业集聚的原则，以及上报的创建工作方案和产业发展规划，围绕走新型工业化道路的要求，进一步做好“两化”融合、节能环保、循环经济、安全生产等方面的工作，切实起到示范作用，要在创建过程中不断顺应国际科技创新和产业化发展的新趋势，增强自主创新能力，提高产业规模化水平，延伸和完善产业链条，始终走在行业前列。

三、将产业示范基地的发展纳入工业和信息化经济运行监测体系。充分发挥政策、资金、项目的引导和拉动作用，研究出台配套支持政策，在产业规划布局、技术改造、重大专项、公共服务平台建设及有关资金安排等方面，对产业示范基地予以重点指导和支持。

四、各地工业和信息化主管部门要在总结经验的基础上，进一步扎实推进国家级产业示范基地的创建工作，同时，根据各地实际情况，加快推动省级产业示范基地的创建工作。

五、按照《创建国家新型工业化产业示范基地管理办法（试行）》，我部对产业示范基地实行动态管理，并依据管理办法每三年进行一次复核。对合格的示范基地予以确认，对不合格的撤消称号、予以公布并摘牌。

六、2010年申报工作具体安排将另行部署。

请按此认真做好相关工作。

附件：第一批“国家新型工业化产业示范基地”名单

二〇一〇年一月十八日

附件：

第一批“国家新型工业化产业示范基地”名单

序号	上报单位	示范基地名称
1	北京市经济和信息化委员会	电子信息·北京中关村科技园区
2	北京市经济和信息化委员会	石油化工（石化新材料）·北京房山区
3	北京市俊济和信息化委员会	汽车产业·北京顺义区
4	天津市经济和信息化委员会	汽车产业·天津经济技术开发区
5	河北省工业和信息化厅	医药产业·河北石家庄高新技术产业开发区
6	河北省工业和信息化厅	装备制造（能源装备）·河北保定高新技术产业开发区
7	山西省经济和信息化委员会	装备制造（能源装备）·山西太原经济技术开发区
8	山西省经济和信息化委员会	钢铁（不锈钢）·山西太原市
9	内蒙古自治区经济和信息化委员会	有色金属（稀土新材料）·内蒙古包头稀土高新技术产业开发区
10	辽宁省经济和信息化委员会	装备制造·辽宁沈阳经济技术开发区
11	辽宁省经济和信息化委员会	石油化工·辽宁辽阳市
12	辽宁省经济和信息化委员会	装备制造·辽宁大连市大连鸿临海装备制造业聚集区
13	吉林省工业和信息化厅	汽车产业·吉林长春市
14	吉林省工业和信息化厅	医药产业·吉林通化市
15	黑龙江省工业和信息化委员会	装备制造·黑龙江齐齐哈尔市
16	黑龙江省工业和信息化委员会	石油化工·黑龙江大庆高新技术产业开发区
17	黑龙江省工业和信息化委员会	食品产业·黑龙江哈尔滨市
18	上海市经济和信息化委员会	装备制造·上海脑海装备产业区
19	上海市经济和信息化委员会	航空产业·上海市
20	上海市经济和信息化委员会	石油化工·上海化学工业园区

序号	上报单位	示范基地名称
21	上海市经济和信息化委员会	船舶与海洋工程装备·上海长兴岛
22	江苏省经济和信息化委员会	电子信息(传感网)·江苏无销商新技术产业开发区。
23	江苏省经济和信息化委员会	电子信息·江苏苏州工业园区
24	江苏省经济和信息化委员会	电子信息(光电显示)·江苏昆山经济技术开发区
25	江苏省经济和信息化委员会	装备制造(工程机械)·江苏徐州市
26	浙江省经济和信息化委员会	石油化工·宁波化学工业区
27	浙江省经济和信息化委员会	纺织印染·浙江绍兴县
28	浙江省经济和信息化委员会	纺织(产业用纺织品)·浙江海宁市
29	安徽省经济和信息化委员会	汽车产业·安徽芜湖经济技术开发区
30	安徽省经济和信息化委员会	家电产业·安徽合肥经济技术开发区
31	福建省经济贸易委员会	电子信息(光电显示)·福建厦门火炬高技术产业开发区
32	福建省经济贸易委员会	电子信息(显示器)·福建福消融侨经济技术开发区
33	江西省工业和信息化委员会	铜及铜材加工·江西鹰潭市
34	山东省经济和信息化委员会	家电及电子信息·山东青岛市
35	山东省经济和信息化委员会	电子信息(通信设备)·山东烟台经济技术开发区
36	山东省经济和信息化委员会	生物产业·山东德州市
37	河南省工业和信息化厅	装备制造(节能环保装备)·河南洛阳高新技术产业开发区
38	河南省工业和信息化厅	食品产业·河南汤阴县
39	湖北省经济和信息化委员会	汽车产业·湖北武汉经济技术开发区
40	湖北省经济和信息化委员会	电子信息(光电子〉·湖北武汉东辉新技术开发区
41	湖南省经济和信息化委员会	装备制造(工程机械)·湖南长沙经济技术开发区
42	湖南省经济和信息化委员会	装备制造(轨道交通装备)·湖南株洲离新技术产业开发区
43	广东省经济和信息化委员会	工业设计·广东广州经济技术开发区
44	广东省经济和信息化委员会	电子信息·深圳市高新技术产业园区
45	广东省经济和信息化委员会	电子信息(光电显示)·广东佛山市
46	广西自治区工业和信息化厅	汽车产业·广西柳州市
47	海南省工业和信息化厅	石油化工·海南洋浦经济开发区
48	重庆市经济和信息化委员会	摩托车产业·重庆九龙区
49	四川省经济委员会	装备制造·四川德阳市
50	四川省经济委员会业	电子信息(数字视听)·四川绵阳高新技术产业开发区
51	四川省经济委员会	钢铁(钒钛)·四川攀枝花市
52	四川省经济委员会	电子信息·四川成都高新技术产业开发区
53	贵州省经济和信息化委员会	化工(磷化工)·贵州福泉市
54	云南省工业和信息化委员会	化工(磷化工)·云南安宁市
55	陕西省工业和信息化厅	汽车产业·陕西西安经济技术开发区

序号	上报单位	示范基地名称
56	陕西省工业和信息化厅	军民融合（航天）· 陕西西安市
57	陕西省工业和信息化厅	航空产业 · 陕西西安市
58	甘肃省工业和信息化委员会	金属新材料 · 甘肃金昌市
59	青海省经济委员会	盐湖化工及金属新材料 · 青海海西州
60	宁夏自治区经济和信息化委员会	纺织（羊绒制品）· 宁夏灵武市
61	宁夏自治区经济和信息化委员会	金属新材料 · 宁夏石嘴山市
62	新疆自治区经济和信息化委员会	装备制造（能源装备）· 新疆乌鲁木齐经济技术开发区

1 － 77 山东省经济和信息化委员会关于表彰全省工业调整振兴重点项目推进工作先进单位的通报

鲁经信政字〔2010〕33 号

各市经贸委（经委、经信委），省有关部门、公司：

2009 年，面对国际金融危机的严峻挑战，全省经贸系统认真贯彻落实科学发展观，紧紧围绕保增长、扩内需、调结构，按照国家和省重大产业调整振兴规划的部署，组织实施了一批重点技术改造项目。各级经贸部门充分发挥协调职能，认真解决项目实施过程中出现的重大困难和问题，着力推进项目顺利实施，涌现出了一批先进典型。为鼓励先进，更好地促进工业调整振兴规划的落实，经研究，决定对在推进全省工业调整振兴重点项目实施工作中做出突出贡献的枣庄市经济贸易委员会等 8 个先进单位予以通报表彰。

希望受表彰的单位珍惜荣誉，再接再厉，在今后工作中不断取得更大成绩。全省经贸系统要以先进为榜样，进一步创新工作方式，提高工作效率，为重点项目实施提供良好服务，进一步做好技改项目推进工作，为全省工业调整振兴做出更大贡献。

附件：全省工业调整振兴重点项目推进工作先进单位名单

二〇一〇年一月二十八日

附件：

全省工业调整振兴重点项目推进工作先进单位名单

枣庄市经济贸易委员会　　日照市经济贸易委员会
东营市经济贸易委员会　　莱芜市经济贸易委员会
济宁市经济贸易委员会　　聊城市经济贸易委员会
威海市经济贸易委员会　　临沂市经济贸易委员会

1－78　山东省经济和信息化委员会关于印发2010年全省规划与技术改造工作要点的通知

鲁经信改字〔2010〕71号

各市经贸委（经信委、经委）：

2010年是“十一五”规划的最后一年，是全省应对国际金融危机、实现工业调整振兴的关键之年。全省经信系统规划与技术改造工作的总体思路是：以科学发展观为指导，深入贯彻中央和省经济工作、经信工作会议精神，认真落实省委、省政府的工作部署，紧紧围绕山东半岛蓝色经济区、黄河三角洲高效生态经济区、胶东半岛高端产业聚集区建设，牢牢把握转方式、调结构这一主线，强化规划引导，加大技改力度，优化投资结构，推进项目实施，培育发展战略新兴产业，壮大做强优势支柱产业，加快提升传统产业，切实推进我省工业结构实现新的升级，发展方式实现新的转变，产业振兴实现新的突破，促进全省工业经济平稳较快发展。2010年全省力争完成技改投资7600亿元，增长18%以上。现将主要工作要点印发给你们，请结合本地实际，认真贯彻实施。

1. 抓好产业调整振兴规划的落实。做好省工业调整振兴联席会议办公室日常工作，按照省政府的安排，组织召开联席会议，协调解决重大问题，推进“10+40+13”调整振兴规划的实施。

2. 组织起草战略性新兴产业发展有关政策和指导意见。组织好工业设计、通信设备制造、机器人产业、文教体育用品、海洋工程装备、游艇等6个产业规划，以及促进新材料、新医药、物联网等3个产业发展若干政策的编制起草工作，丰富和完善产业调整振兴规划体系。

3. 抓好“十二五”制造业发展规划编制工作。以各行业规划为主线，以各市制造业发展规划为辅助和支撑，完成全省制造业发展规划，报省政府审定。

4. 组织编制山东半岛蓝色经济区专项规划。按照省政府的部署，组织编制海洋装备制造业、临港重化工业、信息服务、盐化工及海洋化工等专项发展规划，搞好与蓝色经济区总体规划的衔接，修改完善。

5. 组织编制黄河三角洲发展专项规划。贯彻落实国家《黄河三角洲高效生态经济区发展规划》，组织编制装备制造业、临港产业区和特色产业园区、现代物流业发展专项规划，推进高效生态经济区建设。

6. 积极争取国家重点产业振兴和技术改造项目。按照工信部部署，紧紧围绕国家制订的重点领域，选择一批企业基础好、符合国家和省调整振兴规划的项目，争取国家资金支持。

7. 加快重点技术改造项目的实施。一是加大调度协调力度，对国家和省财政资金支持的六大类1000个项目实施月调度，对工业调整振兴规划的7200个项目实施双月调度，对“三个一批”亿元以上重点技改项目实施月调度。通过调度，及时发现项目实施中的问题，帮助协调解决，加快项目实施进度。二是组织筛选储备项目，建立重大技改项目库，编制2010年第二批技术改造项目导向计划和2011年技术改造项目导向计划，召开项目推介会。

8. 开展新型工业化产业示范基地创建活动。一是按照省里管理办法规定，组织认定首批省级示范基地。二是按照国家要求，组织争创第二批国家级新型工业化产业示范基地。三是抓好首批国家和省级示范产业基地的管理建设。

9.组织开展工程建设领域突出问题专项治理工作。按照省纪检、监察部门的部署，积极推进全省工程建设领域信息公开和诚信体系建设。对使用国家资金和国有资金的技术改造项目进行排查，检查国家资金是否被截留、滞留、挪用等重大违规现象，和弄虚作假、虚报总投资或银行贷款金额，骗取贴息或补助资金现象。

10.进一步落实好各项优惠政策。会同省国税局，继续抓好全省增值税抵扣情况月调度和月通报。会同青岛海关继续做好技改项目进口设备免税工作。

11.抓好网上世博参展工作。按照省经济和信息化委统一部署，组织好上海世博会网上世博参展工作。

12.积极参与援川工作。支持援川前线完成各项任务。

13.强化项目管理。继续完善网上核准、备案管理系统，严格把握国家产业政策和投资管理制度，做好全省技术改造项目核准、备案工作。

14.加强调查研究。积极开展调研活动，深入基层，深入企业，及时发现技术改造工作中出现的新情况、新问题，认真分析和研究，提出有针对性的措施建议。完成全省制造业发展情况和工业转方式、调结构主要途径等两个课题的调研。

15.抓好队伍建设。抓好市、县级技改队伍的业务培训，提高政策和业务水平，健全完善工作制度，规范办事程序。加强学习交流，组织好季度技改投资运行分析会议，加强各市、县信息交流，推广好经验、好做法，提高管理服务水平。

二〇一〇年二月二十二日

1－79　山东省经济和信息化委员会关于公布第一批“山东省新型工业化产业示范基地”名单的通知

鲁经信政字〔2010〕296号

各市经济和信息化委：

依据《创建山东省新型工业化产业示范基地管理暂行办法》，经各市申报、专家评审和网上公示，确定了第一批“山东省新型工业化产业示范基地”名单，现予公布，并将有关事项通知如下。

一、同意山东省明水经济开发区、青岛经济技术开发区、山东桓台东岳氟硅材料产业园区等34个产业基地为第一批“山东省新型工业化产业示范基地”（具体名单见附件）。

二、切实发挥好产业示范基地引领示范作用。第一批产业示范基地要在现有发展基础上，突出“布局集中、用地集约、产业集聚”的原则，根据上报的创建工作方案，扎实推进产业发展规划实施和各项工作落实。要紧跟国际科技前沿，增强自主创新能力，顺应产业化发展新趋势，不断壮大产业规模，延伸完善产业链条，坚持始终走在行业前列；要按照走新型工业化道路的要求，进一步做好节能环保、品牌培育、安全生产、“两化”融合等方面的工作，切实起到示范作用。

三、加强政策支持。示范基地所在地政府要研究强化相关政策，进一步搞好财税政策支持，完善人才培养引进机制，提高服务水平，为产业示范基地的创建工作提供良好环境。经信部门在产业规划布局、技术进步、重大专项、公共服务平台建设及有关资金安排等方面，对产业示范基地予以重点指导和支持。

四、搞好情况跟踪和调查。各地要将产业示范基地纳入本地工业和信息化经济运行监测体系，跟踪掌握产业示范基地发展情况，加强沟通和交流，及时发现并认真解决创建工作中出现的新情况、新动向和新问题，确保创建目标顺利实现。

五、各级经信部门要总结推广首批省级新型工业化产业示范基地的创建经验，将创建省级和国家级示范基地工作相结合、相促进，扎实推进新型工业化产业示范基地创建工作，并以此带动各地工业转方式、调结构，推进本地特色新型工业化进程。

六、根据《创建山东省新型工业化产业示范基地管理暂行办法》，我委对产业示范基地实行动态管理，每三年进行一次复核。对合格的示范基地予以确认，对不合格的撤销称号并摘牌。

附件：第一批“山东省新型工业化产业示范基地”名单

二〇一〇年六月二十二日

附件：

第一批“山东省新型工业化产业示范基地”名单

序号	上报单位	示范基地名称
1	济南市经济和信息化委员会	重型汽车及零部件·山东省明水经济开发区
2	济南市经济和信息化委员会	电子信息·济南高新技术产业开发区
3	青岛市经济和信息化委员会	轨道交通装备·青岛高新技术产业开发区胶州湾北部园区
4	青岛市经济和信息化委员会	船舶制造·青岛经济技术开发区
5	淄博市经济和信息化委员会	氟硅材料·山东桓台东岳氟硅材料产业园区
6	淄博市经济和信息化委员会	新材料·淄博高新技术产业开发区
7	枣庄市经济和信息化委员会	中小机床·山东滕州经济开发区
8	枣庄市经济和信息化委员会	煤化工·鲁南高科技化工园区
9	东营市经济和信息化委员会	石油装备·山东东营胜利工业园区
10	烟台市经济和信息化委员会	葡萄酒·烟台市
11	烟台市经济和信息化委员会	工业铝型材·龙口市
12	烟台市经济和信息化委员会	核电装备·海阳市
13	烟台市经济和信息化委员会	汽车零部件·山东烟台高新技术产业园区福山园
14	烟台市经济和信息化委员会	食品加工·山东莱阳食品工业园区
15	潍坊市经济和信息化委员会	农机装备·潍坊市坊子区
16	潍坊市经济和信息化委员会	动力机械·潍坊高新技术产业开发区
17	潍坊市经济和信息化委员会	LED·潍坊高新技术产业开发区
18	济宁市经济和信息化委员会	工程机械·山东济宁高新技术产业园区
19	济宁市经济和信息化委员会	新型服装材料·山东济宁高新技术产业园区
20	泰安市经济和信息化委员会	新型土工材料·山东肥城高新技术产业园区

序号	上报单位	示范基地名称
21	泰安市经济和信息化委员会	电工电器·山东泰安高新技术产业园区
22	威海市经济和信息化委员会	家用纺织品·山东文登经济开发区
23	威海市经济和信息化委员会	海洋产业·荣成市
24	日照市经济和信息化委员会	海洋产业·日照市东港区
25	莱芜市经济和信息化委员会	粉末冶金及制品·莱芜市钢城区
26	滨州市经济和信息化委员会	生物兽药·山东滨州经济开发区
27	滨州市经济和信息化委员会	家用棉纺织品·山东邹平经济开发区
28	德州市经济和信息化委员会	新能源（太阳能）·山东德州经济开发区
29	德州市经济和信息化委员会	体育器材·乐陵市
30	聊城市经济和信息化委员会	有色金属（铜加工）·山东临清工业园区
31	聊城市经济和信息化委员会	新能源汽车·山东高唐工业园区、山东聊城经济开发区
32	临沂市经济和信息化委员会	绿色复合肥·山东临沭经济开发区
33	临沂市经济和信息化委员会	新医药·山东费县经济开发区
34	菏泽市经济和信息化委员会	石油化工·山东东明工业园区

1－80 山东省经济和信息化委员会关于印发《2010年全省企业技术创新工作要点》的通知

鲁经信技字〔2010〕77号

各市经贸委（经委、经信委），省有关部门：

为认真贯彻落实全省经济工作会议、全省经济和信息化工作会议的部署，进一步强化技术创新，切实提高企业自主创新能力，现将《2010年全省企业技术创新工作要点》印发给你们，请结合实际，认真组织实施。

二〇一〇年二月二十五日

2010年全省企业技术创新工作要点

一、总体要求

以科学发展观为指导，深入贯彻落实全省经济工作会议精神，紧紧围绕工业调整振兴，以增强企业自主创新能力为着力点，加大技术创新投入，深化产学研合作，加强人才培养，打造一批重大技术创新平台，突破一批核心技术和重大关键技术，形成一批具有自主知识产权的创新成果，全面提高工业设计水平，为促进工业结构调整和优化升级提供技术支撑。

二、工作目标

2010年技术创新工作的目标是：强化技术创新能力建设，提升企业技术中心水平，新培育和认定省级企业技术中心100家；加快共性、关键性和前瞻性技术研发，解决工业发展中的难题，组织实施省级新技术、新产品研发项目2500项；以推进我省工业设计产业发展为主题办好产学研展洽会，推动工业设计上水平；进一步完善产学研合作机制，建立产学研合作创新联盟，促进 100 项重大科技成果转化；推进“订单式”人才培养，新培育认定 5 家校企合作人才定向培养示范基地。

三、工作重点

一是围绕工业调整振兴的 10 大规划、40 个特色产业和 13 个新兴产业以及工业设计指导意见，落实促进新材料产业加快发展的若干政策，尽快突破一批核心技术和重大关键技术，凝练一批高新技术项目，为工业调整振兴提供技术支撑；二是实施技术中心提升计划，加大政府和企业投入，努力培育一批拥有自主知识产权、核心竞争力强、创新能力达到国内一流的高水平技术中心，打造山东工业核心竞争力之源；三是深化产学研合作创新，针对产业共性、关键性、前瞻性技术进行联合攻关，尽快形成一批具有自主知识产权的创新成果，办好产学研展洽会和创新成果推介会，促进技术创新成果转化和产业化；四是突出抓好工业设计，以工业设计中心建设为切入点，建立集创新成果、设计中心和产业集聚于一体的工业设计创新体系，加快我省工业设计产业的发展；五是以“泰山学者”建设工程和创新团队建设为重点，加快培养造就一批具有较强创新能力的科技领军人物。加快建立企业与大学合作培养人才的共建机制，推进“订单式”人才培养；六是强化工业产品生产制造过程的质量控制，推动重点产品质量技术攻关项目的实施，完善产品质量控制体系，及时将自主知识产权转化为标准，增强企业自主创新能力。

四、工作措施

(一)组织实施调整振兴规划。围绕产业结构调整重点领域，做好技术创新项目的储备，加强新产品新技术等技术创新计划和专项的引导，组织实施重大技术装备研发专项，推进共性、关键性、前瞻性技术开发。对行业共性和具有自主知识产权核心技术创新项目，制约当前工业发展和水平提高的关键技术、工艺、原材料、零部件，集中力量，重点扶持，从政府和企业两个方面增加投入，加大研发力度，加快技术创新项目计划的组织实施。

(二)进一步强化技术创新平台建设。积极推进技术中心的开放式、市场化建设，进一步加大投入，完善运行机制，搞好动态管理，推进产学研合作的实体化，着力提升企业技术中心水平和创新能力。积极用好财政扶持政策，全面完成“双百工程”重点企业技术中心建设任务，着力支持创新成果转化快、产业化进程步伐快、自主知识产权的核心技术形成快的重点企业技术中心建设。充分发挥好行业技术中心的辐射、技术传导和转移作用，面向社会积极为中小企业提供技术创新服务。

(三)扩大产学研合作实效。进一步拓展合作领域，提高合作层次，扩大合作实效，积极探索政产学研金结合新模式，围绕推进我省工业设计产业发展主题，精心办好 2010 年产学研展洽会。进一步贯彻落实《山东省加强产学研合作促进工业调整振兴的意见》，切实组织好重点产业、关键技术和创新平台建设，为工业调整振兴提供技术支撑。针对我省重大、共性和关键性技术及工业设计等方面赴重点大学、院校和科研院所开展专题产学研合作交流活动，进一步探索建立产学研创新联盟的新路子，争取在重大创新项目转化、应用等方面取得新突破。

(四)狠抓工业设计工作。一是引导企业将工业设计作为推进企业技术创新工作的重要环节，列入企业发展的长期规划，鼓励企业通过工业设计推进新产品的开发，提高产品的附加值，不断提高企业创新能力和产品市场竞争力。二是通过政府推动、政策引导，加强企业与高校、科研院所的合作，研发一批具有自主知识产权的工业设计创新成果，培育一批具有国际国内领先水平的工业设计中心，打造一批具有国际竞争力的工业设计示范基地，努力提高我省工业设计整体水平。加快CAD、CAM等计算机辅助技术在工业设计中的运用，促进两化融合，提高企业工业设计水平。三是鼓励和引导各级财政加大对工业设计的支持力度，重点支持核心技术专利、成果实现产业化，并获得良好经济效益的项目。通过设立工业设计奖，举办工业设计论坛等形式，展示工业设计产品及成果，加快我省工业设计产业的发展。

(五)促进新材料产业加快发展。深入贯彻《加快新材料产业发展的指导意见》，制定和落实有关促进新材料产业加快发展的政策，鼓励、支持和引导优势资源向新材料产业聚集，重点围绕装备制造、汽车、船舶、石化、电子信息、纺织以及风电、核电设备、医疗、体育器械等领域，加快陶瓷新材料、高性能纤维、特种新材料、建筑新材料和服装纺织新材料5大类新材料的研究开发，加强产学研联合，构建新材料技术创新平台，培育一批市场竞争力强的优势企业，加快聚氨酯、有机氟、有机硅3个新材料产业基地建设，打造陶瓷新材料、高性能纤维、服装纺织新材料等特色新材料产业聚集区，突出新材料的应用，形成上下游产品配套协调加工体系，实现新材料产业的规模化发展。

(六)大力推进高层次人才队伍建设。围绕转方式、调结构，依托国家级、省级企业技术中心等技术创新平台，以"泰山学者"建设工程和创新团队建设为重点，在不断吸引和凝聚高水平人才的同时，加快培养造就一批能跟踪国际科技发展动态、带领科技队伍实现超前研发的科技领军人才。继续推进"订单式"人才培养，尽快组织企业与高校开展人才培养、专业设置以及实训基地的合作对接，打造校企合作人才培养示范基地。深入贯彻落实国务院《关于发挥科技支撑作用促进经济平稳较快发展的意见》，推进以大学教授进企业挂职和企业人才进大学深造的交流互动机制，最大限度激发广大科技人员的创造活力。

(七)抓好技术创新优惠政策落实。加强政策宣传引导和落实监督，引导企业用足用好技术创新的相关政策。加大对企业技术创新投入所得税税前抵扣的力度，鼓励企业依法加速进行研究开发仪器设备的折旧，进一步落实新产品财税返还、进口关税和进口环节增值税减免政策。落实好《关于进一步落实企业技术创新若干配套政策的通知》，继续采取企业示范讲解、财税部门流程辅导、中介机构培训推广的方式，重点推进技术开发费用加计扣除的政策落实。进一步加大投入，完成好全省工业调整振兴大会提出的省级技术中心企业科技活动经费支出占销售收入比重达到4%、重点企业技术中心达到6%的目标任务。

(八)强化质量标准工作。强化配套保证和工业产品生产制造过程的质量控制，在机械、纺织、汽车、电子信息等行业重点推动一批市场成长性好、能形成链式发展的产品技术标准制修订项目和重点产品质量技术攻关项目的实施，完善产品质量控制体系。深入实施标准化战略，紧跟国家产业发展部署开展标准化工作，建立与国际接轨的标准化工作新模式，引导企业建立完善的标准体系。推动企业积极参与国家、国际标准化活动，支持企业参与制(修)订国际、国家标准，申报国家标准项目，鼓励企业制定严于国家标准、行业标准的企业标准，支持优势企业、行业协会和研究机构承担国际、国家专业标准化技术委员会工作，不断提高我省企业标准化水平。

1 － 81　山东省经济和信息化委员会关于公布山东省第十七批企业技术中心名单和撤销部分企业技术中心资格的通知

鲁经信技字〔2010〕488号

各市经济和信息化委，省有关行办（协会），有关企业：

根据《山东省企业技术中心认定管理办法》，经审定，确认济南玖德铸造有限公司技术中心等123家企业为山东省第十七批企业技术中心。经对已认定省级企业技术中心的综合评价，撤消4家企业省级技术中心资格，对9家企业予以黄牌警告。

被认定为省级技术中心的企业，要进一步加强管理，加大投入，提高技术中心建设质量和水平，建立和完善面向市场选题开发、面向社会整合资源、面向行业提供服务的开放式技术创新运行机制，着力培育核心技术，强化自主创新，高层次、高起点地抓好技术中心建设，为形成拥有著名品牌和自主知识产权、提升企业国际市场竞争力奠定基础。

被黄牌警告的企业技术中心，要认真找准问题，提高认识，强化措施，抓好技术中心建设的各项工作，尽快提高技术中心建设质量和水平。

附件：1. 山东省第十七批企业技术中心名单
2. 省级企业技术中心撤消资格和黄牌警告的企业名单
3. 省级企业技术中心变更名称的企业名单

二○一○年九月二十九日

附件1：

山东省第十七批企业技术中心名单

1. 济南玖德铸造有限公司技术中心
2. 山东丰汇设备技术有限公司技术中心
3. 山东中德设备有限公司技术中心
4. 山东汇丰铸造有限公司技术中心
5. 德州齿轮有限公司技术中心
6. 德州富路车业有限公司技术中心
7. 淄博万昌化工设备有限公司技术中心
8. 山东华成集团有限公司技术中心
9. 山东天晟煤矿装备有限公司技术中心
10. 山东山博电机集团有限公司技术中心
11. 胜利油田胜机石油装备有限公司技术中心
12. 胜利油田金岛实业有限责任公司技术中心
13. 山东长星风电科技有限公司技术中心
14. 山东金亿机械制造有限公司技术中心
15. 山东墨龙石油机械股份有限公司技术中心
16. 潍坊恒安散热器集团有限公司技术中心
17. 山东凯马汽车制造有限公司技术中心
18. 日照双港电子机械有限公司技术中心
19. 山东万通液压机械有限公司技术中心
20. 山东遨游汽车制动系统股份有限公司技术

中心
21. 山东水泊焊割设备制造有限公司技术中心
22. 济宁广通输送带有限公司技术中心
23. 山东衡达有限责任公司技术中心
24. 枣庄通晟实业有限公司技术中心
25. 荣成市海山机械制造有限公司技术中心
26. 山东名流实业集团有限公司技术中心
27. 山东新纪元冶金设备有限公司技术中心
28. 山东卡特重工有限公司技术中心
29. 山东圣威新能源有限公司技术中心
30. 澳柯玛（沂南）新能源电动车有限公司技术中心
31. 泰安鼎鑫冷却器有限公司技术中心
32. 泰安市金港机械制造有限公司技术中心
33. 山东风帆电机有限公司技术中心
34. 山东天海电装有限公司技术中心
35. 隆基集团有限公司技术中心
36. 青岛帅潮实业有限公司技术中心
37. 山东军兴机械有限公司技术中心
38. 青岛三利集团有限公司技术中心
39. 济南沃德汽车零部件有限公司技术中心
40. 莱州行星机械有限公司技术中心
41. 泰安岳首筑路机械有限公司技术中心
42. 郓城县恒基工程机械公司技术中心
43. 惠民农兴种业有限公司技术中心
44. 山东海韵纸业有限公司技术中心
45. 山东绿都安特动物药业有限公司技术中心
46. 滨州华隆生物工程有限公司技术中心
47. 山东阳信龙福生态科技有限公司技术中心
48. 日照三银纺织有限公司技术中心
49. 山东美佳集团有限公司技术中心
50. 山东昊龙集团有限公司技术中心
51. 山东鑫泉医药中间体有限公司技术中心
52. 汇胜集团股份有限公司技术中心
53. 山东神力索具有限公司技术中心
54. 山东省曹普工艺有限公司技术中心
55. 菏泽步长制药有限公司技术中心
56. 山东大树生物工程技术有限公司技术中心
57. 青岛华仁药业股份有限公司技术中心
58. 烟台百思特炉管厂技术中心
59. 烟台欣和味达美食品有限公司技术中心
60. 蓬莱京鲁渔业有限公司技术中心
61. 山东飞达集团有限公司技术中心
62. 山东福源生物淀粉有限公司技术中心
63. 德州德药制药有限公司技术中心
64. 山东美晨科技股份有限公司技术中心
65. 文登市芸祥绣品有限公司技术中心
66. 山东威海卫酒业集团有限责任公司技术中心
67. 威海紫光科技园有限公司技术中心
68. 威海颐阳酒业有限公司技术中心
69. 威海同仁食品有限公司技术中心
70. 莱芜雅鲁生化有限公司技术中心
71. 山东兰陵美酒股份有限公司技术中心
72. 山东泓达生物科技有限公司技术中心
73. 山东泽祥纺织有限公司技术中心
74. 东阿阿胶阿华医疗器械有限公司技术中心
75. 山东拓博塑料制品有限公司技术中心
76. 山东核电设备制造有限公司技术中心
77. 山东天一液压科技股份有限公司技术中心
78. 山东即墨妙府老酒有限公司技术中心
79. 山东即墨黄酒厂技术中心
80. 青岛人民印刷有限公司技术中心
81. 山东万得福实业集团有限公司技术中心
82. 胜利油田新大管业科技发展有限责任公司技术中心
83. 山东利津雅美纺织有限公司技术中心
84. 山东信伟粮油实业有限公司技术中心
85. 山东广富集团有限公司技术中心
86. 潍坊昌大建设集团有限公司技术中心
87. 济南四建（集团）有限责任公司技术中心
88. 济南庚辰钢铁有限公司技术中心
89. 索通发展有限公司技术中心
90. 山东金能煤炭气化有限公司技术中心
91. 中国石化集团第十建设公司技术中心
92. 淄博齐鲁焊业有限公司技术中心
93. 山东博润工业技术有限公司技术中心
94. 山东福德科技有限公司技术中心
95. 山东郓城圣达如意印染有限公司技术中心

96. 山东八一轮胎制造有限公司（枣矿集团）技术中心
97. 山东天一化学有限公司技术中心
98. 青岛市琴岛电器有限公司技术中心
99. 赛轮股份有限公司技术中心
100. 通广建工集团有限公司技术中心
101. 青州市博奥炭黑有限责任公司技术中心
102. 山东共达电声股份有限公司技术中心
103. 山东润峰集团有限公司技术中心
104. 山东源根石油化工有限公司技术中心
105. 山东合兴科技发展有限公司技术中心
106. 山东宁建建设集团有限公司技术中心
107. 阳谷祥光铜业有限公司技术中心
108. 山东东泰农化有限公司技术中心
109. 山东冠洲股份有限公司技术中心
110. 威海克莱特集团有限公司技术中心
111. 山东鸿达建工集团有限公司技术中心
112. 山东国大黄金股份有限公司技术中心
113. 瑞星集团有限公司技术中心
114. 泰安瑞泰纤维素有限公司技术中心
115. 泰安市众诚矿山自动化有限公司技术中心
116. 山东赛特电工股份有限公司技术中心
117. 山东省舜天化工集团有限公司技术中心
118. 滕州市华海新型保温材料有限公司技术中心
119. 莱芜市杰讯电子有限公司技术中心
120. 潍坊市三建集团有限公司技术中心
121. 山东省泰和水处理有限公司技术中心
122. 山东先声麦得津生物制药有限公司技术中心
123. 山东泰山天盾矿山机械有限公司技术中心

附件2：

省级企业技术中心撤消资格和黄牌警告的企业名单

一、撤消资格的企业

1. 枣庄澳柯玛化工有限公司
2. 烟台天承生物有限责任公司
3. 莱芜王子纺织股份有限公司
4. 菏泽圣奥化工股份有限公司

二、黄牌警告的企业

1. 中食都庆（山东）生物技术有限公司
2. 晋煤明升达化工有限公司
3. 山东山水水泥集团有限公司
4. 山东华泽精密模型有限公司
5. 山东鲁南牧工商联合公司
6. 济南锅炉集团有限公司
7. 山东鲁南瑞虹化工仪器有限公司
8. 中化平原化工有限公司
9. 山东地纬计算机软件有限公司

附件3：

省级企业技术中心变更名称的企业名单

1. 原公布名称：济南志友集团股份有限公司
   变更后名称：济南变压器集团股份有限公司
2. 原公布名称：济南啤酒厂
   变更后名称：山东朝能福瑞达生物科技有限公司
3. 原公布名称：山东棉麻机械公司
   变更后名称：山东天鹅棉业机械有限公司

4. 原公布名称：山东鲁能积成电子股份有限公司
变更后名称：积成电子股份有限公司
5. 原公布名称：中国北车集团济南机车车辆厂
变更后名称：中国北车集团济南轨道交通装备有限公司
6. 原公布名称：山东九阳小家电有限公司
变更后名称：九阳股份有限公司
7. 原公布名称：山东电力设备厂
变更后名称：山东电力设备制造有限公司
8. 原公布名称：济南柴油机厂
变更后名称：中国石油集团济柴动力总厂
9. 原公布名称：山东省汇丰机械集团总公司
变更后名称：山东省章丘鼓风机股份有限公司
10. 原公布名称：枣庄华众纸业有限公司
变更后名称：远通纸业（山东）有限公司
11. 原公布名称：山东鲁南牧工商联合公司
变更后名称：山东鲁南牧工商有限公司
12. 原公布名称：烟台正海汽车内饰件有限公司
变更后名称：正海集团有限公司
13. 原公布名称：新牟国际集团公司
变更后名称：烟台新潮实业股份有限公司
14. 原公布名称：烟台华润兴源汽车内饰件有限公司
变更后名称：烟台正海汽车内饰件有限公司
15. 原公布名称：山东道恩集团有限公司
变更后名称：龙口市道恩工程塑料有限公司
16. 原公布名称：山东舒朗服装服饰有限公司
变更后名称：山东舒朗服装服饰股份有限公司
17. 原公布名称：正海集团有限公司
变更后名称：烟台正海电子网板股份有限公司
18. 原公布名称：山东玲珑橡胶有限公司
变更后名称：山东玲珑轮胎股份有限公司
19. 原公布名称：胜利油田长安实业集团公司
变更后名称：山东宝莫生物化工股份有限公司
20. 原公布名称：山东石大科技有限公司
变更后名称：山东石大科技集团有限公司
21. 原公布名称：山东广饶石化集团股份有限公司
变更后名称：正和集团股份有限公司
22. 原公布名称：胜利油田胜利工程建设集团
变更后名称：胜利油田胜利工程建设（集团）有限责任公司
23. 原公布名称：胜利油田孚瑞特石油装备有限公司
变更后名称：胜利油田孚瑞特石油装备有限责任公司
24. 原公布名称：山东长富洁晶药业有限公司
变更后名称：山东洁晶药业有限公司
25. 原公布名称：日照鲁信金禾生化有限公司
变更后名称：日照金禾生化集团有限公司
26. 原公布名称：山东玉龙车辆股份有限

公司
变更后名称：乳山玉龙汽车配件有限公司
27. 原公布名称：威海市卡尔电器研究所
变更后名称：山东卡尔电器股份有限公司
28. 原公布名称：威海清华紫光科技开发有限公司
变更后名称：威海紫光生物科技开发有限公司
29. 原公布名称：山东起重机厂有限公司
变更后名称：山起重型机械股份公司
30. 原公布名称：山东通裕集团有限公司
变更后名称：通裕重工股份有限公司
31. 原公布名称：山东龙力生物科技有限公司
变更后名称：山东龙力生物科技股份有限公司
32. 原公布名称：禹城福田药业有限公司
变更后名称：山东福田药业有限公司
33. 原公布名称：山东国强五金制品集团有限公司
变更后名称：国强五金制品有限公司
34. 原公布名称：山东华乐纺织股份有限公司
变更后名称：山东华乐新材料科技股份有限公司
35. 原公布名称：山东阳信龙福生态科技有限公司
变更后名称：龙福环能科技股份有限公司
36. 原公布名称：金晶（集团）有限公司
变更后名称：山东玻璃集团
37. 原公布名称：山东齐峰特种纸业股份有限公司
变更后名称：山东齐峰特化轻有限公司
38. 原公布名称：淄博万昌科技股份有限公司
变更后名称：淄博万昌科技发展有限公司
39. 原公布名称：山东东家集团股份有限公司
变更后名称：山东东家集团有限公司
40. 原公布名称：山东凯盛生物化工有限公司
变更后名称：山东双凤股份有限公司
41. 原公布名称：淄博柴油机总公司
变更后名称：淄博柴油机总厂
42. 原公布名称：淄博火炬能源有限责任公司
变更后名称：淄博蓄电池厂
43. 原公布名称：淄博鲁华泓锦化工股份有限公司
变更后名称：山东富丰化工股份有限公司
44. 原公布名称：山东唐骏欧铃汽车制造有限公司
变更后名称：淄博汽车制造厂有限公司
45. 原公布名称：山东飞达化工科技有限公司
变更后名称：山东晋煤明升达化工有限公司
46. 原公布名称：山东鲁抗医药股份有限公司
变更后名称：山东鲁抗医药集团有限公司
47. 原公布名称：山东英特力科技股份有限公司
变更后名称：山东英特力光通信开发有限公司
48. 原公布名称：济宁碳素集团有限公司
变更后名称：济宁碳素工业总公司
49. 原公布名称：兖州东升精细化工有限公司

变更后名称：兖州高旭化工有限公司

50. 原公布名称：鲁能泰山曲阜电缆有限公司

变更后名称：山东鲁能电缆股份有限公司

51. 原公布名称：曲阜金皇活塞股份有限公司

变更后名称：曲阜金皇活塞制造有限公司

52. 原公布名称：山东圣阳电源股份有限公司

变更后名称：曲阜圣阳电源实业有限公司

53. 原公布名称：山东永春堂集团有限公司

变更后名称：山东永春堂生物科技有限公司

54. 原公布名称：菏泽睿鹰制药集团

变更后名称：山东睿鹰先锋制药有限公司

55. 原公布名称：山东天香毛纺织有限公司

变更后名称：山东天翔毛纺织有限公司

1－82 山东省经济和信息化委员会转发关于印发工业和信息化部2010年质量工作要点的通知

鲁经信函字〔2010〕52号

各市经信委（经贸委、经委），省各有关行办（协会）、轻工联社，有关单位：

为进一步提高我省工业经济质量水平，引导和推进各市、

各行业的质量工作，现将《关于印发〈工业和信息化部2010年质量工作要点〉的通知》（工信厅科函〔2010〕92号）转发给你们。请各单位按照通知要求，结合实际，认真研究部署本单位的质量工作并抓好落实，推进和深化工业产品质量建设，为提高我省工业经济发展的质量和效益作出贡献。

请各单位将在推进质量工作中的有关情况及时反馈省经信委科技处。

联系人：郭友武　王苗苗

联系电话：0531-86079794　86901986

邮箱：guoyouwu@126.com

附件：关于印发《工业和信息化部2010年质量工作要点》的通知

二○一○年三月二十四日

附件：

关于印发《工业和信息化部2010年质量工作要点》的通知

工信厅科函〔2010〕92号

各省、自治区、直辖市、新疆生产建设兵团及计划单列市工业和信息化主管部门，有关行业

协会，有关中央管理企业：

2009年，工业和信息化部积极落实中央领导关于质量工作的重要批示和指示精神，与全国工业和信息化系统、行业协会和广大工业企业共同大力推进工业产品质量建设，取得了显著的成绩。

质量工作是一项长期的战略任务，需要工业战线各级单位持之以恒地、创造性地开展工作。工业和信息化部会同有关单位，在总结去年质量工作的基础上，研究并确定了2010年质量工作要点，明确了2010年质量工作的指导思想、工作重点和主要工作内容。

现在将2010质量工作要点印发给你们，希望各有关单位按照或参照本通知的要求，积极研究部署本地区、本行业和本单位的质量工作并抓好落实，推进和深化工业产品质量建设，为提高工业经济发展的质量和效益做出贡献。

一、指导思想

2010年，要按照胡锦涛总书记关于质量工作“重在落实、重在持之以恒、重在严格管理”的批示精神，深入贯彻落实科学发展观，学习实践中央经济工作精神，通过推动工业产品质量进步，为调结构、上水平，转变经济发展方式，保持工业经济平稳较快发展做出贡献。

在质量工作中，要突出企业的质量主体地位；推动企业建立会员、全过程、全方位的质量管理体系和质量诚信体系；以品种开发、质量提升、品牌创建和服务改善为工作要点，积极推进质量工作。

二、工作重点

在进一步落实《关于加强工业产品质量工作指导意》（工信部科〔2009〕180号）的基础，2010年质量工作要突出以下四个重点。一是通过加强自主创新能力建设和大力实施名牌战略，推动品种开发和品牌培育工作深入开展；二是通过开展“提高工业产品质量示范项目”和“质量兴业”等活动，推动地方和行业质量进步，三是完成工业产品质量“十二五”规划的编制，为持之以恒地开展质量建设打好基础；四是通过推广先进质量管理方法、加强质量公共服务等工作，提高企业质量管理能力和水平。

三、主要工作内容

（一）制定完善工业产品质量规划和政策法规

按计划完成《工业产品质量“十二五”发展规划》的编制工作。十大行业在编制行业“十二五”规划时，要对行业质量发展提出目标要求和措施；继续推动修订《工业产品质量责任条例》运用修订完善“产业结构调整指导目录”、重点行业产业政策、行业准入条件等手段，推动工业产品质量进步；组织开展重点工业行业质量指标体系研究，逐步建立工业行业质量水平评价和发布制度。

（二）完善工业产品标准，提高标准符合性水平

继续开展梳理工业行业标准体系和标准的制、修订工作，2010年要完成3400项急需标准的制、修订；在重点行业、重点产品组织开展达标工作的试点，推动企业严格执行强制性标准，引导企业采用推荐性标准，提高工业产品采标率水平，稳定提高产品质量；鼓励行业和企业参与国际标准的制、修订，增强我国在国际标准制定中的话语权和消除标准性的贸易壁垒，并组织开展相关的研究工作，争取逐步形成一批“以我为主”的技术和产品标准。

（三）落实提高产品质量的技术改造和技术创新项目

在技术改造和技术创新项目中，加大对提高产品质量的支持力度。重点安排与新产品开发、产品共性质量问题攻关、提高实物质量水平和增加产品知识产权含量相关的项目；要通过技术改造和技术创新项目，促进企业实现生产改造，增强企业制造能力和工艺水平，保证产品质量稳定提高；要通过技术改造和技术创新项目，支持和引导有关产业领域优化技术攻关组织形式，加大研发投入，集中力量攻克制

约我国工业化和信息化发展的关键技术。

（四）发挥行业和地方在质量工作中的作用

指导和帮助地方工信部门落实质量工作职能，积极开展工作。在“提高工业产品质量示范项目”试点工作的基础上，推广开展“示范项目”的活动；以“示范项目”拉动地方质量工作，提高区域性重点产品质量水平和竞争力，促进经济发展；组织工信系统开展质量工作研讨和培训活动，提高地方工信部门质量意识和能力，促进地方质量工作。积极促进和指导行业协会加强质量工作，提高行业质量管理水平；在重点行业组织开展“质量兴业”活动，2010年将确定3–5个行业和领域开展“质量兴业”活动试点；通过发挥行业协会在质量工作中的作用，指导和帮助业内企业提高产品质量和质量管理水平，转变发展方式，增强竞争力，提高行业整体质量和效益。

（五）加强工业产品质量诚信体系的建设

开展对工业产品质量诚信体系的研究工作，并将质量诚信体系纳入社会诚信体系框架；制定和发布食品质量诚信体系的标准，抓好在黑龙江省、河南省分别开展的乳制品和肉类加工企业诚信体系建设的试点工作；鼓励和推动有条件的地区和行业建立完善区域性、行业性的质量诚信体系。

（六）落实“下乡”产品质量保证措施

继续配合财政部、商务部、发展改革委和农业部等部门做好“家电下乡”、“汽车下乡”、“农机下乡”和“建材下乡”产品的质量保证工作；通过产品选点、制定目录、质量监督和签署质量责任协议书等工作，配合有关部门切实保证下乡产品的质量和售后服务水平，维护农村用户的合法权益；对农村消费市场的开发和保持进行研究，巩固和扩大“下乡”政策的效果。

（七）加大扶持中小企业质量发展的力度

积极宣传贯彻《关于推进中小企业质量建设的若干意见》，推动中小企业提高产品质量；加快中小企业公共服务平台的建设，增强平台的质量服务功能和水平。继续开展中小企业公共（技术）服务示范平台的遴选工作，2010年要建成150个公共（技术）服务示范平台；在中小企业银河培训工程中，将质量管理培训作为一项重要内容，2010年为中小企业培养300名全面质量管理普及教育教师；鼓励行业和地方在政策、技术、资源等方面加强对中小企业质量工作的指导和扶持。

（八）推动工业企业提高质量管理能力

积极推动工业企业建立和完善全员、全过程、全方位的质量管理体系，提高企业质量管理的效率和效果，筑牢企业科学管理、严格管理的根基，宣传贯彻《关于推广先进质量管理方法的指导意，依靠行业协会和质量协会等组织在重点行业、地区采用多种手段宣传推广适用有效的质量管理方法，逐步改变我国企业管理粗放的状况；鼓励企业推行IS09000、IS022000等国际质量管理体系标准，切实提高体系运行和认证的有效性；通过实施《关于鼓励工业产品开发品种和技术创新的指导意见》，增强企业产品开发和创新的能力；加强质量控制和技术评价机构管理，为企业提高质量管理能力提供技术保障；开展工业企业质量管理研究，提炼源于我国企业成功实践的质量管理经验并普及推广；组织开展先进质量管理方法及其在我国企业中成功推进的路径研究，为推广先进质量管理方法提供指导和帮助；研究开展评选工业行业质量人才培训示范基地的有关工作，为培养质量人才创造更好的条件。

（九）积极开展消费品领域质量品牌建设

开展对工业消费品品牌建设的研究，制定《加快我国家用电器行业自主品牌建设的指导意见》；组织实施《关于大力推进服装家纺行业自主品牌建设的指导意见》，以服装和家纺行业为切入点，推进自主品牌建设，开展对市场和用户信息收集和分析的研究工作，开展在重点产品领域的用户评价和市场评价工作，了解和掌握重点产品的顾客满意度和市场认同度，为质量改进和品牌建设打好基础，鼓励有条件的地区、行业和产业聚集区培育区域性、行业性品牌，提升区域和行业质量形象。

（十）做好重点产品质量整治工作

继续配合执法部门，做好相关工业产品质量整治工作；与质检、工商部门配合，对国家监督抽查和国家市场监测的重点工业产品进行质量分析和质量改进活动；做好与有关部门、单位配合，做好农资产品和生产单位的管理，做好农资质量监测和农资打假，提高支农化工产品质量；开展做好通信工程建设领域突出问题的专项治理活动，加强建设中的程序管理、质量责任制和质量通报制度，切实提高通信工程质量，继续开展手机产品的质量整治工作，重点治理手机生产和非法手机交易市场两个源头，制定手机企业售后服务行业标准，维护手机用户的合法权益，会同国家质栓总局和工商总局，对手机、电视、计算机商品“三包”规定进行修订。

（十一）组织和支持全国性质量活动

继续作为主办单位之一，会同质检总局、中宣部等有关部门组织开展“全国质量月”活动,共同举办“第十七届中国质量论坛”和“全国工业质量管理和可靠性现场经验交流大会”；支持中国质量协会等组织开展“先进质量方法推广年气质量管理知识普及教育、用户评价和质量宣传交流等活动，会同宣传部门，广泛开展质量宣传，提高全民质量意识，营造重视质量、关心质量的社会氛围。

二〇一〇年二月九日

1 － 83 山东省经济和信息化委员会关于公布山东省第六批行业技术中心的通知

鲁经信技字〔2010〕15 号

烟台市经贸委、有关单位：

根据《山东省行业技术中心建设指导意见》，经审定，确认烟台张裕集团有限公司和万华超纤股份有限公司为山东省第六批行业技术中心。

被认定为山东省行业技术中心的单位，要进一步加强管理，加大投入，提高行业技术中心建设质量和水平，建立和完善面向市场选题开发、面向社会整合资源、面向行业提供服务的开放式技术创新运行机制，更好地发挥面向行业的技术服务功能，着力培育核心技术，强化自主创新，高层次、高起点地抓好行业技术中心建设，为形成著名品牌和自主知识产权、增强国际市场竞争力奠定基础。

附件：山东省第六批行业技术中心名单

二〇一〇年一月二十六日

附件：

山东省第六批行业技术中心名单

1. 名称：山东省葡萄与葡萄酒行业技术中心
承担单位：烟台张裕集团有限公司

2. 名称：山东省合成革行业技术中心
承担单位：万华超纤股份有限公司

1－84 山东省经济和信息化委员会关于公布山东省第七批行业技术中心的通知

鲁经信技字〔2010〕245号

各市经济和信息化委，省有关行办（协会），有关单位：

根据《山东省行业技术中心建设指导意见》，经审定，确认泰山体育产业集团等16家单位为山东省第七批行业技术中心。

被认定为山东省行业技术中心的企业，要按照加快建立以企业为主体、市场为导向、产学研相结合的技术创新体系的要求，进一步加强管理，加大投入，建立和完善公共服务平台，提高行业技术中心建设水平，建立和完善面向市场选题开发、面向社会整合资源、面向行业提供服务的开放式技术创新运行机制，更好地发挥行业技术发展的龙头作用，着力培育核心技术，强化自主创新，为形成拥有著名品牌和自主知识产权、促进行业发展、提升企业国际市场竞争力奠定基础。

附件：山东省第七批行业技术中心名单

二〇一〇年五月二十一日

附件：

山东省第七批行业技术中心名单

1. 行业技术中心名称：山东省光伏太阳能行业技术中心
主要依托单位：东营市光伏太阳能有限公司．山东泰岱光伏科技有限公司等
2. 行业技术中心名称：山东省体育器材行业技术中心
主要依托单位：泰山体育产业集团
3. 行业技术中心名称：山东省日用五金行业技术中心
主要依托单位：山东省三环科技有限公司
4. 行业技术中心名称：山东省制冷装备行业技术中心
主要依托单位：烟台冰轮集团
5. 行业技术中心名称：山东省摩擦材料行业技术中心
主要依托单位：信义集团公司

6. 行业技术中心名称：山东省药物新型制剂行业技术中心
主要依托单位：山东绿叶制药股份有限公司 . 浙江大学
7. 行业技术中心名称：山东省新型纺织面料行业技术中心
主要依托单位：山东科技职业学院 . 潍坊宝达服饰有限公司
8. 行业技术中心名称：山东省轮胎产业聚集区行业技术中心
主要依托单位：山东金宇轮胎有限公司等
9. 行业技术中心名称：山东省汽车零部件产业聚集区行业技术中心
主要依托单位：山东上汽汽车有限公司等
10. 行业技术中心名称：山东省地毯产业聚集区行业技术中心
主要依托单位：威海市山花地毯集团有限公司 . 海马地毯集团等
11. 行业技术中心名称：山东省家纺产业聚集区行业技术中心
主要依托单位：山东省艺达有限公司等
12. 行业技术中心名称：山东省 LED 产业聚集区行业技术中心
主要依托单位：山东英克莱集团有限公司等
13. 行业技术中心名称：山东省高性能电池产业聚集区行业技术中心
主要依托单位：山东神工电池新科技有限公司 . 山东润峰电子科技有限公司等
14. 行业技术中心名称：山东省功能糖产业聚集区行业技术中心
主要依托单位：保龄宝生物股份有限公司 . 山东龙力生物科技有限公司
15. 行业技术中心名称：山东省棉纺织产业聚集区行业技术中心
主要依托单位：山东滨州亚光毛巾有限公司 . 山东魏桥创业集团有限公司
16. 行业技术中心名称：山东省中小数控机床产业聚集区行业技术中心
主要依托单位：滕州机床厂 . 滕州市机械工业生产力促进中心等

1 － 85　山东省经济和信息化委员会关于表彰山东省企业管理和培训工作先进集体与先进个人的通报

鲁经信企字〔2010〕45 号

各市经贸委 (经委、经信委),有关企业 (集团)：

2009 年，面对国际金融危机的严重冲击和复杂多变的国内外经济形势，全省经贸系统和广大企业以科学发展观为指导，坚决贯彻落实省委、省政府的各项决策部署，强管理、练内功、增效益，抓培训、提素质、促发展，采取了一系列政策措施，为促进全省经济企稳向好、实现又好又快发展做出了重要贡献。同时，全省重点工业企业高度重视统计工作，信息报送更加准确、及时，为领导决策提供了重要依据。为表彰先进，进一步推动全省企业管理、培训和重点企业统计工作再上新水平，经研究，决定授予济南市经信委企业处等 51 个单位“山东省企业管理工作先进集体”，授予济南市经信委组织人事处等 18 个单位“山东省培训工作先进集体”；授予孙伟等 52 名同志为“山东省企业管理工作先进个人”，授予孟春等 17 名同志为“山东省培训工作先进个人”，授予庄建国等 161 名同志为“山东省重点工业企业统计管理工作先进个人”。

希望受到表彰的单位和个人再接再厉，不断开拓创新，为进一步提高全省企业管理水平、推动经济又好又快发展做出新的更大贡献。

附件：1. 山东省企业管理工作先进集体名单
2. 山东省培训工作先进集体名单
3. 山东省企业管理工作先进个人名单
4. 山东省培训工作先进个人名单
5. 山东省重点工业企业统计管理工作先进个人名单

二〇一〇年二月三日

附件 1：

山东省企业管理工作先进集体名单

济南市经信委企业处
商河县经贸局
青岛市企业联合会
青岛市城阳区发展和改革局
青岛海湾集团有限公司企管部
淄博市经信委企业科
临淄区经贸局
金晶集团企管中心
枣庄市经贸委企业科
滕州市经贸局
兖矿鲁南化肥厂企管处
东营市经贸委企业科
东营市东营区经贸局
山东垦利石化有限责任公司企管部
烟台市经贸委企业科
招远市经贸局
东方电子股份有限公司管理部
潍坊市经贸委企业科
潍坊市企业联合会
诸城市经贸局
山东中烟工业公司青州卷烟厂办公室
济宁市经信委企业科
邹城市经贸局
山东太阳纸业股份有限公司企管处
泰安市经贸委企业科
宁阳县经贸局
山东厚丰汽车散热器有限公司企管部
威海市经贸委企业科
文登市经贸局
威高集团有限公司项目管理部
日照市经贸委企业科
日照市岚山区经贸局
莒县供电公司发展策划部
莱芜市经信委企业科
莱芜市钢城区经贸局
山东泰山钢铁有限公司企管处
临沂市经贸委企业科
罗庄区经贸局
山东银风股份有限公司企管处
德州市经委企业科
平原县经贸局
临邑县电业公司发展策划部
聊城市经贸委企业科
茌平县经贸局
茌平县供电公司发展策划部
滨州市经贸委企业科
邹平县经贸局
山东滨州活塞股份有限公司信息部
菏泽市经信委企业科
成武县经贸局
山东东明石化集团公司企管考核部

附件2：

山东省培训工作先进集体名单

济南市经信委组织人事处
中国重型汽车集团有限公司教育培训中心
青岛市经信委宣教处
海信学院教学管理部
淄博兰雁集团有限责任公司人力资源及企管考核部
山东海化煤业化工有限公司人力资源处
烟台张裕集团有限公司人力资源部
潍坊市经贸委培训科
潍柴控股集团有限公司人力资源部
山推工程机械股份有限公司人力资源部
日照市经贸委人事科
山东金马工业集团股份有限公司人力资源部
德州市经委人事教育科
聊城市经贸委培训科
茌平信发集团教培中心
菏泽市经信委人事教育科
菏泽市交通集团总公司政工处
山东科技职业学院

附件3：

山东省企业管理工作先进个人名单

孙　伟　济南市经信委企业处
王孟华　商河县经贸局
陈作敏　青岛市企业联合会
李惠娟　青岛市城阳区发展和改革局
庄汝盛　青岛海湾集团有限公司
陈　霞　淄博市经信委企业科
孙英波　临淄区经贸局
孙　明　金晶集团
张广磊　枣庄市经贸委企业科
马　良　滕州市经贸局
徐美江　兖矿鲁南化肥厂
朱良国　东营市经贸委企业科
刘辰勇　东营市东营区经贸局
滕滨强　山东垦利石化有限责任公司
马小丽　烟台市经贸委企业科
郭剑锋　招远市经贸局
曹脉江　东方电子股份有限公司
胥正平　潍坊市经贸委企业科
徐利福　潍坊市企业联合会
孙殿勋　诸城市经贸局
董德光　山东中烟工业公司青州卷烟厂
蒋金键　济宁市经信委企业科
陈宪强　邹城市经贸局
张　敏　山东太阳纸业股份有限公司
程　芳　泰安市经贸委企业科
郭新强　宁阳县经贸局
张兆芳　山东厚丰汽车散热器有限公司
李卫伟　威海市经贸委企业科
蔡春泽　文登市经贸局
高　山　威高集团有限公司
李儒君　日照市经贸委企业科
孙筱燕　日照市岚山区经贸局
陈维科　莒县供电公司
刘　筱　莱芜市经信委企业科
陈兴业　莱芜市钢城区经贸局
贾永山　东泰山钢铁有限公司
张玉建　临沂市经贸委企业科
夏继鑫　罗庄区经贸局

刘景义　山东银风股份有限公司
王　亮　德州市经委企业科
姚玉林　平原县经贸局
刘泽刚　临邑县电业公司
赵松俭　聊城市经贸委企业科
张立民　茌平县经贸局
赵雪山　茌平县供电公司
马建忠　滨州市经贸委企业科
刘宣斌　邹平县经贸局
张合清　山东滨州活塞股份有限公司
王国明　菏泽市经信委企业科
霍太福　成武县经贸局
崔正民　山东新巨龙能源有限责任公司
尚庆录　山东东明石化集团公司

附件 4：

山东省培训工作先进个人名单

孟　春　济南市经信委组织人事处
鞠忠民　中国重型汽车集团有限公司
刘贤芳　青岛市经信委宣教处
谷云盛　海信学院
齐心怀　淄博兰雁集团
汤长顺　山东海化煤业化工有限公司
冯淑萍　烟台张裕集团有限公司
董有武　潍坊市经贸委培训科
王　成　潍柴控股集团有限公司
周　华　山推工程机械股份有限公司
米丹平　日照市经贸委人事科
秦玉刚　山东金马工业集团股份有限公司
许书新　德州市经委人事教育科
史亚军　聊城市经贸委培训科
陈希元　茌平信发集团
陈　静　菏泽市经信委人事教育科
周书光　菏泽市交通集团总公司

附件 5：

山东省重点工业企业统计管理工作先进个人名单

庄建国　山东黄金集团
李建荭　华鲁控股集团有限公司
薛令其　山东中烟工业公司
谢红涛　山东电力集团公司
杨淑兰　中国重型汽车集团有限公司
任京涛　济南钢铁集团总公司
贾　倩　浪潮集团
杨胜波　中创软件工程股份有限公司
袁　辉　中国石化股份公司济南分公司
柏　文　济南轻骑摩托车股份有限公司
曹志刚　力诺集团
刘永文　国电山东电力有限公司
李　真　华电国际电力股份公司
周　坤　山东山水水泥集团有限公司
张　丽　山东胜利股份有限公司
王小伟　齐鲁制药有限公司（集团）
盖增玉　济南二机床集团
张聪聪　山东佳宝集团有限公司
李　平　济南玫德铸造有限公司
曲业奎　中国网通集团山东省通信公司
于小丽　润华集团股份有限公司
刘　红　济南人民商场集团有限公司
李淑芬　济南华联商厦集团股份有限公司
黄晓蕾　山东省塑料工业有限公司

刘　敏　一汽解放青岛汽车厂
刘晓斌　青岛啤酒集团
李　青　双星集团
王　佩　中国石化青岛炼油化工有限责任公司
张晓红　中石化青岛石油化工有限责任公司
邱发香　海信集团
薛天真　澳柯玛集团
高　燕　海尔集团
赵坚敏　青岛钢铁控股集团
林晓云　青岛即发集团
俞　珊　青岛纺联控股集团有限公司
纪春玲　南车四方机车车辆股份有限公司
丁红梅　青岛红星化工集团
王向荣　青特集团有限公司
张玉茂　青岛喜盈门集团有限公司
李　岩　青岛北海船舶重工有限责任公司
张　军　青岛海湾集团
李　冬　青岛黄海橡胶股份有限公司
宫文婕　利群集团股份有限公司
王　磊　青岛维客集团股份有限公司
李关长　中国石油化工股份有限公司齐鲁分公司
张晓静　山东汇丰石化有限公司
李　彬　山东大成化工集团有限公司
贾　风　艳鲁泰集团
王红卫　淄博矿业集团有限责任公司
周利剑　中国铝业山东分公司
王锦源　兰雁集团
许俊杰　山东东大化学工业有限公司
金　强　山东金诚石化集团有限公司
金文娟　山东博汇集团有限公司
王　燕　金晶集团
任　锋　南金兆集团有限公司
窦金明　山东东岳化工集团
燕婉婷　山东省药用玻璃股份有限公司
马继全　山东金岭铁矿
邢宝凤　山东淄博傅山企业集团
初春欣　淄博商厦股份有限公司
汪　浩　枣庄矿业（集团）有限责任公司
孙　帅　山东丰源煤电股份有限公司
安　然　胜利石油管理局
王翠珍　华泰集团有限公司
徐　凯　科达集团股份有限公司
李官双　利华益集团
王　凯　山东石大科技集团有限公司
张会英　山东垦利石化有限责任公司
刘兴俊　山东胜通集团股份有限公司
李文玉　信义集团公司
孟庆府　山东西水橡胶集团有限公司
姜学玲　东营方圆有色金属有限公司
胡兴旺　东辰控股集团有限公司
丁磊山　东华星石油化工集团有限公司
郑文英　富海集团有限公司
吕仁亮　正和石化集团股份有限公司
刘秀玲　山东德棉集团
张志慧　山东华鲁恒升集团
刘　静　德州晶华集团有限公司
王焕坷　华能德州电厂
张恒翠　德齐龙化工集团
张可新　临邑恒源石化股份有限公司
刘建芳　山东招金集团有限公司
张延华　烟台冰轮集团
张　新　山东丛林集团
张　鹏　山东只楚集团
徐建红　烟台张裕集团有限公司
王　颖　烟台东方电子信息产业集团有限公司
崔海敏　烟台万华合成革集团有限公司
隋晓萍　南山集团公司
曹　真　华龙大食品集团
王志诚　烟台正海集团
李丽娜　山东玲珑橡胶有限公司
张德胜　山东百年电力发展股份有限公司
张同禄　烟台首钢东星集团公司
史雪凤　上海通用东岳汽车有限公司
张丽霞　一汽山东汽车改装厂
苏光宏　山东鲁花集团有限公司
赵本莉　烟台市振华百货集团股份有限公司

翟全亮　烟台港集团有限公司
刘　宁　海化集团
王秀娟　潍坊亚星集团有限公司
张志刚　潍坊弘润石化助剂有限公司
李艳艳　晨鸣集团
郑爱红　得利斯集团有限公司
孙少波　潍坊海龙股份有限公司
池　宁　耶莉娅集团
谭　勇　潍柴控股集团有限公司
藏金朋　福田雷沃国际重工股份有限公司
宗艳萍　潍坊钢铁集团有限公司
刘剑英　山东联盟化工集团有限公司
毛晓林　孚日家纺股份有限公司
崔彩芳　山东寿光巨能电力集团有限公司
陈兆强　新郎希努尔集团股份有限公司
梁　博　北汽福田汽车股份有限公司诸城汽车厂
王培良　诸城外贸有限责任公司
李树春　山东昌邑石化有限公司
徐素伟　兖州矿业集团有限责任公司
刘益民　山东工程机械集团有限公司
朱　峰　山东齐天化学集团有限公司
仲跻玲　山东如意科技集团有限公司
韩云龙　山东太阳纸业股份有限公司
陈贵东　菱花集团公司
翟英男　山东英克莱集团
单淑芳　济宁矿业集团有限公司
贾卫东　新汶矿业集团有限责任公司
朱　颖　肥城矿业集团
张　虹　泰山玻璃纤维股份公司
王　文　特变电工山东鲁能泰山电缆有限公司
张翠建　山东阿斯德化工有限公司
王元梅　山东石横特钢集团有限公司
刘学宽　山东岱银纺织集团股份有限公司
吴高霞　三角集团
张鲁静　威海北洋电器集团
董丽萍　威海金猴集团
王书强　固铂成山（山东）轮胎有限公司
谷祖芳　山东蓝星玻璃（集团）有限公司
于洞莲　山东省黄海造船有限公司
姜莲红　荣成华泰汽车有限公司
肖玲梅　威海光威集团有限责任公司
董忠元　山东华力电机集团股份有限公司
于　华　山东曲轴总厂
周承生　山东家家悦超市有限公司
高兴娟　山东五征集团
田文琴　山东亚太森博浆纸有限公司
刘兰美　日照港（集团）有限公司
高小娟　山东魏桥创业集团有限公司
王守国　山东渤海油脂工业有限公司
韩　振　山东滨化集团
孙志红　滨州盟威集团有限公司
付希禄　山东鲁北企业集团总公司
赵方利　山东齐星集团
肖爱华　山东滨州亚光毛巾有限公司
陈　霞　山东香驰集团
成艳艳　山东京博控股发展有限公司
房玉兰　华纺股份有限公司
肖　卫　山东西王集团有限公司
周泮明　华盛江泉集团有限公司
朱林山　东恒通化工股份有限公司
贾俊梅　鲁南制药股份有限公司
武晓敏　山东临工工程机械有限公司
赵桂梅　沂州水泥集团
李筱欣　山东阜丰发酵有限公司
朱孔霞　山东金正大生态工程股份有限公司
任小红　临沂矿务局
李宗景　临沂金升有色金属集团有限公司
王　琨　山东常林机械集团
尚晓明　山东翔龙实业集团有限公司
宋学英　临沂医药集团有限公司
栾雪娜　莱芜钢铁集团有限公司
房红波　山东九羊集团有限公司
元晓明　山东泰山钢铁集团
张　强　泰丰纺织集团有限公司
张晓曦　山东东阿阿胶集团
郭建华　山东泉林纸业有限责任公司

孙秀杰 聊城鲁西化工集团
王 虎 阳谷祥光铜业
王 昕 中通汽车工业集团有限责任公司
郭洪芳 山东时风集团
刘淑芬 茌平信发铝电集团
裴秀娥 中冶纸业银河有限公司
付晓耀 山东凤祥集团
蒋电庆 雷阳谷缆集团有限公司
王珍梅 东明石化集团
耿为进 山东现代达驰电工电气股份公司
周华林 山东华瑞集团
彭 娟 菏泽睿鹰制药集团

1 － 86 山东省经济和信息化委员会 国家统计局山东调查总队关于公布2009年度山东省100强企业的通知

鲁经信企字〔2010〕374号）

各市经济和信息化委、国家统计局各市级调查队：

山东省经济和信息化委员会、国家统计局山东调查总队依据企业2009年营业收入统计年报数据（企业集团为合并报表数据），确定了2009年度山东省100强企业，现予以公布。

附件：2009年度山东省100强企业名单

二〇一〇年六月二十四日

附件：

2009年度山东省100强企业名单

名次	企业名称	营业收入（亿元）
1	山东电力集团	1321.34
2	海尔集团	1249.12
3	山东钢铁集团有限公司	870.26
	莱芜钢铁集团有限公司	550.93
	济钢集团有限公司	292.13
4	山东魏桥创业集团有限公司	832.06
5	鸿富泰精密电子（烟台）有限公司	795.10
6	中国石油化工股份有限公司胜利油田分公司	753.81
7	中国石油化工股份有限公司山东石油分公司	585.93
8	海信集团有限公司	559.85
9	中国重型汽车集团有限公司	556.63
10	兖矿集团	526.19
11	潍柴控股集团有限公司	522.81

名次	企业名称	营业收入（亿元）
12	山东省烟草专卖局(公司)	505.38
13	中国石油化工股份有限公司齐鲁分公司	486.36
14	信发集团	406.94
15	山东六和集团有限公司	402.16
16	中国石化青岛炼油化工有限责任公司	397.56
17	南山集团	382.60
18	新汶矿业集团	368.30
19	华电国际电力股份有限公司	366.62
20	日照钢铁控股集团有限公司	355.18
21	青岛钢铁控股集团有限责任公司	312.80
22	中国移动通信集团山东有限公司	299.36
23	胜利石油管理局	298.46
24	枣庄矿业（集团）有限责任公司	298.07
25	济南铁路局	294.98
26	浪潮集团有限公司	271.86
27	山东金锣企业集团总公司	270.92
28	山东省商业集团有限公司	256.41
29	山东黄金集团有限公司	254.03
30	南金兆集团有限公司	218.15
31	山东泰山钢铁集团有限公司	211.43
32	山东时风集团	210.63
33	山东鲁北企业集团总公司	210.28
34	中国石油天然气股份有限公司山东销售分公司	192.50
35	山东晨鸣纸业集团股份有限公司	186.17
36	滨化集团	185.97
37	山东招金集团	185.00
38	中国人寿保险股份公司山东省分公司	183.53
39	山东中烟工业公司	182.01
40	北汽福田汽车股份有限公司诸城汽车厂	180.57
41	青岛啤酒集团	180.26
42	国电山东电力有限公司	173.52
43	中国联合网络通信有限公司山东省分公司	172.06
44	中铁十局集团有限公司	171.30
45	一汽解放青岛汽车厂	169.05
46	中国石油化工股份有限公司济南分公司	167.94
47	新华锦集团	162.00
48	山东如意科技集团	155.39
49	山东高速集团有限公司	153.48

名次	企业名称	营业收入（亿元）
50	西王集团有限公司	151.61
51	华泰集团有限公司	151.48
52	青岛丽东化工有限公司	151.04
53	青建集团	145.78
54	华盛江泉集团	145.62
55	山东东明石化集团	145.50
56	山东石横特钢集团有限公司	144.27
57	山东太阳纸业集团	142.18
58	东营方圆有色金属有限公司	139.15
59	淄博矿业集团有限责任公司	138.25
60	福田雷沃国际重工股份有限公司	136.17
61	山东海化集团有限公司	136.17
62	山东金诚石化集团有限公司	135.40
63	万达集团股份有限公司	134.68
64	山东玲珑橡胶集团有限公司	131.60
65	三角集团	129.96
66	山东淄博傅山企业集团有限公司	125.77
67	利群集团	125.24
68	青岛港集团	125.23
69	利华益集团	122.09
70	华勤橡胶工业集团有限公司	120.43
71	山东西水橡胶集团有限公司	119.31
72	上汽通用五菱汽车股份有限公司青岛公司	118.19
73	山东寿光巨能控股集团有限公司	116.40
74	山东昌邑石化有限公司	115.48
75	烟台市振华百货集团股份有限公司	114.94
76	上海通用东岳汽车有限公司	112.31
77	山东渤海实业股份有限公司	110.76
78	山东博汇集团有限公司	110.66
79	潍坊弘润石化助剂有限公司	110.12
80	山东科达集团有限公司	105.66
81	山东京博控股发展有限公司	105.19
82	山东晨曦集团有限公司	101.97
83	双星集团	101.58
84	南车青岛四方机车车辆股份有限公司	101.42
85	山东省供销社集团总公司	101.37
86	山东家家悦集团有限公司	101.20
87	山东九羊集团有限公司	100.13

名次	企业名称	营业收入（亿元）
88	斗山工程机械（中国）有限公司	100.11
89	山东丛林集团	98.85
90	华鲁控股集团有限公司	96.76
91	山东省临清彩虹集团	96.03
92	山东华星石油化工集团有限公司	95.88
93	富海集团有限公司	95.69
94	山东垦利石化有限责任公司	95.24
95	山东大海集团有限公司	92.06
96	正和集团股份有限公司	90.61
97	山东五征集团	88.75
98	山东汇丰石化有限公司	87.89
99	烟台东方不锈钢工业有限公司	86.34
100	山东山水水泥集团有限公司	84.82

1－87　山东省经济和信息化委员会关于公布2009年度山东省工业100强企业的通知

鲁经信企字〔2010〕362号

各市经济和信息化委、各市统计局：

山东省经济和信息化委员会、山东省统计局依据企业2009年主营业务收入统计年报数据，确定了2009年度山东省工业100强企业，现予以公布。

附件：2009年度山东省工业100强企业名单

二〇一〇年六月二十九日

附件：

2009年度山东省工业100强企业名单

名次	企业名称	主营业务收入（亿元）
1	海尔集团	1243.83
2	山东电力集团公司	911.37
3	山东钢铁集团有限公司	870.26
	莱芜钢铁集团有限公司	502.59
	济钢集团有限公司	283.37

名次	企业名称	主营业务收入（亿元）
4	山东魏桥创业集团有限公司	806.18
5	鸿富泰精密电子（烟台）有限公司	795.10
6	中国石化胜利油田有限公司	663.11
7	海信集团有限公司	559.85
8	中国重型汽车集团有限公司	556.63
9	兖矿集团有限公司	526.19
10	齐鲁石化公司	509.41
11	潍柴控股集团有限公司	496.78
12	信发集团	403.31
13	山东六和集团有限公司	402.16
14	中国石化青岛炼油化工有限责任公司	397.56
15	南山集团公司	382.60
16	华电国际电力股份有限公司	364.50
17	中国铝业山东分公司	355.23
18	日照钢铁控股集团有限公司	335.54
19	新汶矿业集团有限责任公司	329.75
20	青岛钢铁控股集团有限责任公司	312.80
21	胜利石油管理局	298.46
22	浪潮集团有限公司	271.86
23	临沂新程金锣肉制品有限公司	270.92
24	山东黄金集团	254.03
25	南金兆集团有限公司	218.15
26	山东泰山钢铁集团有限公司	211.23
27	山东时风（集团）有限责任公司	210.63
28	山东鲁北企业集团总公司	210.28
29	枣庄矿业（集团）有限责任公司	190.38
30	山东晨鸣纸业集团股份有限公司	186.17
31	滨化集团	185.97
32	山东招金集团有限公司	185.00
33	山东中烟工业公司	182.01
34	北汽福田汽车股份有限公司诸城汽车厂	180.57
35	青岛啤酒股份有限公司	180.26
36	国电山东电力有限公司	173.52
37	华盛江泉集团有限公司	171.57
38	一汽解放青岛汽车厂	169.05
39	中国石油化工股份有限公司济南分公司	167.94
40	山东西王集团有限公司	151.61
41	华泰集团有限公司	151.48

名次	企业名称	主营业务收入（亿元）
42	山东东明石化集团有限公司	145.50
43	山东太阳纸业股份有限公司	139.18
44	东营方圆有色金属有限公司	139.15
45	福田雷沃国际重工股份有限公司	136.17
46	山东海化集团有限公司	136.17
47	山东金诚石化集团有限公司	135.40
48	万达集团股份有限公司	134.68
49	淄博矿业集团有限责任公司	131.06
50	山东淄博傅山企业集团有限公司	125.77
51	三角集团有限公司	122.80
52	上汽通用五菱汽车股份有限公司青岛分公司	122.79
53	山东利华益集团股份有限公司	122.09
54	华勤橡胶工业集团有限公司	120.43
55	浪潮乐金数字移动通信有限公司	119.63
56	山东西水橡胶集团有限公司	119.31
57	山东玲珑轮胎有限公司	118.91
58	山东寿光巨能控股集团有限公司	116.40
59	山东昌邑石化有限公司	115.48
60	上海通用东岳汽车有限公司	111.86
61	山东渤海实业股份有限公司	110.61
62	潍坊弘润石化助剂有限公司	110.12
63	山东如意科技集团有限公司	107.06
64	科达集团股份有限公司	105.66
65	山东京博控股发展有限公司	105.19
66	山东博汇集团有限公司	104.92
67	双星集团	101.58
68	南车四方机车车辆股份有限公司	101.42
69	山东九羊集团有限公司	100.13
70	斗山工程机械（中国）有限公司	100.11
71	山东丛林集团公司	98.85
72	华鲁控股集团有限公司	96.76
73	山东华星石油化工集团有限公司	95.88
74	富海集团有限公司	95.69
75	山东垦利石化有限责任公司	95.24
76	山东石横特钢集团有限公司	94.56
77	山东大海集团有限公司	92.06
78	正和集团股份有限公司	90.61
79	山东五征集团有限公司	88.75

名次	企业名称	主营业务收入（亿元）
80	山东汇丰石化有限公司	87.89
81	烟台东方不锈钢工业有限公司	86.34
82	威海威高集团有限公司	84.93
83	山东山水水泥集团有限公司	84.82
84	诸城外贸有限责任公司	81.10
85	山东（临清）银河纸业集团有限公司	81.01
86	三星电子（山东）数码打印机有限公司	79.23
87	潍坊钢铁集团公司	78.21
88	中海沥青股份有限公司	78.12
89	山东石大科技集团有限公司	77.45
90	阳谷祥光铜业有限公司	77.31
91	山东泉林纸业有限责任公司	76.69
92	乐金电子部品（烟台）有限公司	75.50
93	山东鲁花集团有限公司	74.20
94	烟台张裕集团有限公司	73.00
95	山东奥博特铜铝业有限公司	72.71
96	山东联盟化工集团有限公司	71.80
97	龙口矿业集团有限责任公司	70.12
98	山东胜通集团股份有限公司	67.66
99	得利斯集团有限公司	65.95
100	东辰控股集团有限公司	65.64

1－88 山东省经济和信息化委员会 山东省统计局关于公布2009年度山东省制造业100强企业的通知

（鲁经信企字〔2010〕363号）

各市经济和信息化委、各市统计局：

山东省经济和信息化委员会、山东省统计局依据企业2009年主营业务收入统计年报数据，确定了2009年度山东省制造业100强企业，现予以公布。

附件：2009年度山东省制造业100强企业名单

二〇一〇年六月二十九日

附件：

2009年度山东省制造业100强企业名单

名次	企业名称	主营业收入
1	海尔集团	1243.83
2	山东钢铁集团有限公司	870.26
	莱芜钢铁集团有限公司	502.59
	济钢集团有限公司	283.37
3	山东魏桥创业集团有限公司	806.18
4	鸿富泰精密电子（烟台）有限公司	795.10
5	海信集团有限公司	559.85
6	中国重型汽车集团有限公司	556.63
7	潍柴控股集团有限公司	496.78
8	中国石油化工股份有限公司齐鲁分公司	486.36
9	信发集团	403.31
10	山东六和集团有限公司	402.16
11	中国石化青岛炼油化工有限责任公司	397.56
12	南山集团公司	382.60
13	中国铝业山东分公司	355.23
14	日照钢铁控股集团有限公司	335.54
15	青岛钢铁控股集团有限责任公司	312.80
16	浪潮集团有限公司	271.86
17	临沂新程金锣肉制品有限公司	270.92
18	山东黄金矿业（莱州）有限公司精炼厂	226.74
19	南金兆集团有限公司	218.15
20	山东泰山钢铁集团有限公司	211.23
21	山东时风（集团）有限责任公司	210.63
22	山东鲁北企业集团总公司	210.28
23	山东晨鸣纸业集团股份有限公司	186.17
24	滨化集团	185.97
25	山东中烟工业公司	182.01
26	北汽福田汽车股份有限公司诸城汽车厂	180.57
27	青岛啤酒股份有限公司	180.26
28	华盛江泉集团有限公司	171.57
29	一汽解放青岛汽车厂	169.05
30	中国石油化工股份有限公司济南分公司	167.94
31	山东西王集团有限公司	151.61
32	华泰集团有限公司	151.48

名次	企业名称	主营业收入
33	山东东明石化集团有限公司	145.50
34	山东太阳纸业股份有限公司	139.18
35	东营方圆有色金属有限公司	139.15
36	福田雷沃国际重工股份有限公司	136.17
37	山东海化集团有限公司	136.17
38	山东金诚石化集团有限公司	135.40
39	万达集团股份有限公司	134.68
40	山东淄博傅山企业集团有限公司	125.77
41	三角集团有限公司	122.80
42	上汽通用五菱汽车股份有限公司青岛分公司	122.79
43	山东利华益集团股份有限公司	122.09
44	华勤橡胶工业集团有限公司	120.43
45	浪潮乐金数字移动通信有限公司	119.63
46	山东西水橡胶集团有限公司	119.31
47	山东玲珑轮胎有限公司	118.91
48	山东寿光巨能控股集团有限公司	116.40
49	山东昌邑石化有限公司	115.48
50	上海通用东岳汽车有限公司	111.86
51	山东渤海实业股份有限公司	110.61
52	潍坊弘润石化助剂有限公司	110.12
53	山东如意科技集团有限公司	107.06
54	科达集团股份有限公司	105.66
55	山东京博控股发展有限公司	105.19
56	山东博汇集团有限公司	104.92
57	双星集团	101.58
58	南车四方机车车辆股份有限公司	101.42
59	山东九羊集团有限公司	100.13
60	斗山工程机械（中国）有限公司	100.11
61	山东丛林集团公司	98.85
62	华鲁控股集团有限公司	96.76
63	山东华星石油化工集团有限公司	95.88
64	富海集团有限公司	95.69
65	山东垦利石化有限责任公司	95.24
66	山东石横特钢集团有限公司	94.56
67	山东大海集团有限公司	92.06
68	正和集团股份有限公司	90.61
69	山东五征集团有限公司	88.75
70	山东汇丰石化有限公司	87.89

名次	企业名称	主营业收入
71	烟台东方不锈钢工业有限公司	86.34
72	威海威高集团有限公司	84.93
73	山东山水水泥集团有限公司	84.82
74	诸城外贸有限责任公司	81.10
75	山东（临清）银河纸业集团有限公司	81.01
76	三星电子（山东）数码打印机有限公司	79.23
77	潍坊钢铁集团公司	78.21
78	中海沥青股份有限公司	78.12
79	山东石大科技集团有限公司	77.45
80	阳谷祥光铜业有限公司	77.31
81	山东泉林纸业有限责任公司	76.69
82	乐金电子部品（烟台）有限公司	75.50
83	烟台万华合成革集团有限公司	74.61
84	山东鲁花集团有限公司	74.20
85	烟台张裕集团有限公司	73.00
86	山东奥博特铜铝业有限公司	72.71
87	山东联盟化工集团有限公司	71.80
88	山东胜通集团股份有限公司	67.66
89	得利斯集团有限公司	65.95
90	东辰控股集团有限公司	65.64
91	青岛乐金浪潮数字通信有限公司	64.80
92	聊城鲁西化工集团有限责任公司	64.76
93	山东齐星集团有限公司	63.09
94	力诺集团股份有限公司	62.36
95	孚日集团股份有限公司	62.12
96	青岛即发集团控股有限公司	61.95
97	山推工程机械股份有限公司	60.91
98	青岛澳柯玛集团	60.90
99	山东香驰粮油有限公司	58.08
100	中国铝业公司山东企业	53.52

1 － 89　山东省经济和信息化委员会关于公布 2010 年度山东省管理创新十佳企业、优秀企业和山东省十佳经营管理者、优秀经营管理者的通知

鲁经信企字〔2010〕664 号

各市经济和信息化委，省直有关单位，有关企业：

今年以来，面对复杂多变的国内外经济形势,广大企业认真贯彻全省企业管理大会精神，练内功、强管理，挖潜力、增效益，调结构、促发展，积极开展管理创新活动，大力推进传统管理向科学管理转变，在管理理念、管理方法、管理手段和管理模式等方面不断开拓、勇于创新，涌现出了一批管理水平高、创新能力强、经济效益好的优秀企业，为促进全省工业经济平稳较快发展，做出了重要贡献。经各市经信委和省有关部门推荐，省经济和信息化委研究决定，授予潍柴控股集团有限公司等 10 户企业“山东省管理创新十佳企业”称号，授予兖矿鲁南化肥厂等 59 户企业“山东省管理创新优秀企业”称号，授予谭旭光等 10 位同志“山东省十佳经营管理者”称号，授予杜彦文等 59 位同志“山东省优秀经营管理者”称号，现予以公布。

希望获奖企业和个人再接再厉，不断开拓创新。各市及有关部门要组织好对管理创新优秀企业和优秀经营管理者的宣传发挥其示范带动作用。广大企业要认真学习借鉴管理创新优秀企业的先进经验，提高企业管理水平，推动全省经济又好又快发展。

附件：1. 山东省管理创新十佳企业名单
2. 山东省管理创新优秀企业名单
3. 山东省十佳经营管理者名单
4. 山东省优秀经营管理者名单

二〇一〇年六月二十九日

附件 1：

山东省管理创新十佳企业名单

潍柴控股集团有限公司
南车青岛四方机车车辆股份有限公司
中国移动通信集团山东有限公司德州分公司
成山集团有限公司
招远市供电公司
山东济宁运河煤矿有限责任公司
茌平县信力达木业有限公司
胜利油田分公司河口采油厂
莒县供电公司
东方电子集团有限公司

附件2：

山东省管理创新优秀企业名单

兖矿鲁南化肥厂
青岛海尔股份有限公司
青岛啤酒股份有限公司
山东滨州渤海活塞股份有限公司
山东金岭铁矿
山东山大欧码软件有限公司
百王集团有限公司
兖矿国泰化工有限公司
核工业烟台同兴实业有限公司
临沂矿业集团有限责任公司
青岛海信电器股份有限公司
瑞星集团有限公司
山东金正大生态工程股份有限公司
山东万博科技股份有限公司
山东济矿鲁能煤电股份有限公司阳城电厂
中色奥博特铜铝业有限公司
中国联合网路通信有限公司威海市分公司
山东泰山钢铁集团有限公司
鲁南中联水泥有限公司
淄博银仕来纺织有限公司
山东中烟工业有限责任公司青岛卷烟厂
滕州盛隆煤焦化有限责任公司
山东康威通信技术股份有限公司
淄博市王庄煤矿
东营市天心软件有限公司
山东重山集团有限公司
胜利油田分公司临盘采油厂
山东龙泉管道工程股份有限公司
山东富尔达空调设备有限公司
山东拓普石油装备有限公司
蓬莱金创集团公司
山东寿光巨能控股集团有限公司
山东恒丰矿业集团有限公司
华电国际电力股份有限公司邹县发电厂
山东潍坊烟草有限公司
山东省济宁交通运输集团有限公司
新泰市双高矿业有限公司
胜利石油管理局胜利发电厂
龙口市供电公司
山东中烟工业有限责任公司青州卷烟厂
山东鲁抗辰欣药业有限公司
山东豪迈机械科技股份有限公司
山东临沂烟草有限公司
聊城交通汽运集团有限责任公司
山东大联矿业工程有限公司
山东电力集团公司日照供电公司
山东泓达生物科技有限公司
新泰市金岭建筑工程有限公司
华电国际电力股份有限公司莱城发电厂
山东阳煤恒通化工股份有限公司
山东华龙纺织有限公司
山东步长制药有限公司
宁阳县供电公司
青岛三联金属结构有限公司
山东欧普科贸有限公司
山东新大地铝业有限公司
山东明胜纺织有限公司
山东泰山民爆器材有限公司
山东湖西王集团有限公司

附件3：

山东省十佳经营管理者名单

谭旭光　潍柴控股集团有限公司
江靖南　车青岛四方机车车辆股份有限公司
赵传孔　中国移动通信集团山东有限公司德州分公司
车宏志　成山集团有限公司
姜洪海　招远市供电公司
高立群　山东济宁运河煤矿有限责任公司
张怀国　茌平县信力达木业有限公司
宋书君　胜利油田分公司河口采油厂
崔晓光　莒县供电公司
杨恒坤　东方电子集团有限公司

附件4：

山东省优秀经营管理者名单

杜彦文　兖矿鲁南化肥厂
杨绵绵　青岛海尔股份有限公司
金志国　青岛啤酒股份有限公司
李俊杰　山东滨州渤海活塞股份有限公司
刘圣刚　山东金岭铁矿
马　磊　山东山大欧码软件有限公司
王　勇　西王集团有限公司
刘　新　兖矿国泰化工有限公司
龚景仁　核工业烟台同兴实业有限公司
李义文　临沂矿业集团有限责任公司
于淑珉　青岛海信电器股份有限公司
孟广银　瑞星集团有限公司
万连步　山东金正大生态工程股份有限公司
李富君　山东万博科技股份有限公司
郑文敏　山东济矿鲁能煤电股份有限公司阳城电厂
刘占海　中色奥博特铜铝业有限公司
徐向东　中国联合网路通信有限公司威海市分公司
王守东　山东泰山钢铁集团有限公司
冯耀银　鲁南中联水泥有限公司
孙红春　淄博银仕来纺织有限公司
周　健　山东中烟工业有限责任公司青岛卷烟厂
赵业明　滕州盛隆煤焦化有限责任公司
姜理远　山东康威通信技术股份有限公司
石建新　淄博市王庄煤矿
袁增明　东营市天心软件有限公司
李　学　山东重山集团有限公司
雄　敏　胜利油田分公司临盘采油厂
刘长杰　山东龙泉管道工程股份有限公司
王福敏　山东富尔达空调设备有限公司
李建华　山东拓普石油装备有限公司
张炳毅　蓬莱金创集团公司
田其祥　山东寿光巨能控股集团有限公司
刘彦忠　山东恒丰矿业集团有限公司
李　怀　新华电国际电力股份有限公司邹县发电厂
徐立国　山东潍坊烟草有限公司
魏广锡　山东省济宁交通运输集团有限公司
李仲平　新泰市双高矿业有限公司
姬广勤　胜利石油管理局胜利发电厂
李　林　龙口市供电公司
史春晓　山东中烟工业有限责任公司青州卷烟厂
杜振新　山东鲁抗辰欣药业有限公司
张恭运　山东豪迈机械科技股份有限公司
王洪波　山东临沂烟草有限公司

王红岩	聊城交通汽运集团有限责任公司	赵　涛	山东步长制药有限公司
赵广新	山东大联矿业工程有限公司	王　磊	宁阳县供电公司
滕杰山	东电力集团公司日照供电公司	修先敏	青岛三联金属结构有限公司
师立亮	山东泓达生物科技有限公司	姜自兰	山东欧普科贸有限公司
李海燕	新泰市金岭建筑工程有限公司	王世龙	山东新大地铝业有限公司
于风典	华电国际电力股份有限公司莱城发电厂	尚胜友	山东明胜纺织有限公司
裴西平	山东阳煤恒通化工股份有限公司	于同国	山东泰山民爆器材有限公司
丁宏利	山东华龙纺织有限公司	朱启军	山东湖西王集团有限公司

1 － 90　山东省经济和信息化委员会等十三部门关于公布山东省诚信企业的通知

鲁经信企字〔2010〕671号

各市经济和信息化委、财政局、人力资源和社会保障局、住房和城乡建设局、环保局、地税局、工商局、质监局、安监局、食品药品监管局、国税局、人民银行各市中心支行(分行营业部)、银监分局、节能办，省直有关单位，有关企业：

为认真贯彻省第十一届人代会和全省企业管理大会精神，加快推进企业诚信体系建设，提高企业信用水平，增强市场竞争力，根据《关于加强企业内部信用管理的意见》(鲁经贸企字〔2007〕111号)和《关于推荐第二批山东省诚信企业的通知》(鲁经信企字〔2010〕127号)要求，经企业申报，各级经信及省企业信用管理联席会议成员单位联合推荐、严格筛选和审定，决定授予“山东航空集团有限公司”等291家企业(名单附后)“山东省诚信企业”称号，现予公布。授予称号的企业一旦发生违规违纪行为，立即撤销其称号，并收回奖牌。省企业信用管理联席会议各成员单位要认真履行职责，切实加强对山东省诚信企业的监管，一旦发现在有效期内有违规违纪行为，应立即报省企业信用管理联席会议办公室(省经信委企业处)，按规定撤销其称号并给予相应处罚。

2011年作为“企业诚信管理巩固提高年”，重点对2009年和2010年“山东省诚信企业”进行免费培训,巩固和提高企业信用管理水平，加大宣传推广，发挥其示范带动作用。受表彰的企业要再接再厉，戒骄戒躁，更加重视和加强诚信管理工作，不断提升信用水平。广大企业要以诚信企业为榜样，认真学习借鉴他们的先进经验做法，切实做到依法诚实守信经营，努力塑造我省企业良好形象，推动全省经济又好又快发展。

附件：山东省诚信企业名单

二〇一〇年十二月三十日

附件：

山东省诚信企业名单

山东航空集团有限公司
齐鲁证券有限公司
济南的突泉酿酒有限责任公司
山东鲁润热能科技有限公司
济南盛阳管道有限公司
东港安全印刷股份有限公司
山东丞华信息科技有限公司
山东新丞华展览有限公司
上汽通用五菱汽车股份有限公司青岛分公司
青岛澳柯玛股份有限公司
利群集团股份有限公司
大唐山东发电有限公司
软控股份有限公司
青岛黄海制药有限责任公司
山东黄金集团青岛黄金有限公司
华电青岛发电有限公司
青岛国信发展（集团）有限责任公司
青岛瑞源工程集团有限公司
青岛整流器制造有限公司
青岛孚德鞋业有限公司
青岛华天车辆有限公司
青岛利客来商贸集团股份有限公司
平度市电业公司
青岛渤海农业发展有限公司
山东金诚石化集团有限公司
山东金城建工有限公司
淄博商厦股份有限公司
山东淄建集团有限公司
山东蓝星东大化工有限责任公司
淄博市王庄煤矿
高青县供电公司
山东机器（集团）有限公司
山东华联矿业股份有限公司
山东三金玻璃机械股份有限公司
山东星辰供水公司
山东颜山泵业有限公司
山东瑞丰高分子材料股份有限公司
山东环绿康新材料科技有限公司
山东鲍鹏新材料科技股份有限公司
山东齐鲁华信实业有限公司
山东万丰煤化工设备制造有限公司
山东珑山实业有限公司
山东省生建重工有限责任公司
山东清源集团有限公司
山东东佳集团
山东东华水泥有限公司
联兴炭素（山东）有限公司
山东淄博新达制药有限公司
山东齐鲁石化开泰实业股份有限公司
山东齐赛纺织有限责任公司
枣庄矿业（集团）有限责任公司
山东丰源煤电股份有限公司
山东电力集团公司枣庄供电公司
山东拓博塑料制品有限公司
山东康力医疗器械科技有限公司
山东省泰和水处理有限公司
山东黄金太阳科技发展有限公司
滕州瑞元香料有限公司
山东恒福玩具有限公司
山东莺歌食品有限公司
滕州市公共汽车公司
枣庄市联运有限公司
滕州市安居工程开发建设中心
胜利油田胜利工程建设（集团）有限责任公司
科达集团股份有限公司
胜利油田森诺胜利工程有限公司

山东华凌科技工程集团有限公司
胜利方圆实业集团有限公司
东营市天心软件有限公司
东营市市政工程监理事务所
山东金辰建设集团有限公司
东营市东营区城市建设综合开发公司
东营人造板厂
山东海利丰地源热泵有限责任公司
山东欣马酒业有限公司
胜利油田北方实业有限责任公司
河口区供电公司
胜利油田渤海回井工程技术有限责任公司
山东仙河药业有限公司
东营建新石油装备有限责任公司
东营力诺玻璃制品有限责任公司
东营市宏远纺织有限公司
山东万得福实业集团有限公司
山东山泰集团有限公司
山东斯泰普力高新建材有限公司
山东双胜建设工程有限公司
山东东昊工程监理有限公司
山东中创钢构有限公司
山东金开石化设备制造有限公司
山东华隆集团有限公司
山东建大建设有限公司
山东金山汽配有限公司
山东澳亚纺织有限公司
山东宏瑞建设工程有限公司
山东汇海医药化工有限公司
山东奥罗电气有限公司
山东绅派置业有限公司
山东海泉集团有限公司
山东招金集团有限公司
山东金创股份有限公司
核工业烟台同兴实业有限公司
招远市黄金机械总厂有限公司
山东金城集团企城温泉大酒店
中国人民财产保险股份有限公司烟台市分公司
山东金都百货股份有限公司
招远市医药有限责任公司
山东天健投资担保集团有限公司
山东永固黄金矿山设备有限公司
莱州三力汽车配件有限公司
蓬莱京鲁渔业有限公司
蓬莱酒业有限公司
莱阳恒润食品有限公司
海阳市真成家纺有限公司
烟台桑尼核星环保设备有限公司
山东耶莉娅服装集团总公司
盛瑞传动股份有限公司
山东华能冷却技术股份有限公司
潍坊市汇川电子有限公司
安丘源消田食品有限公司
山东伟业铝材有限公司
潍坊豪杰置业发展有限公司
山东昌邑康里盐化有限公司
山东华庆制衣有限公司
山东华特磁电科技股份有限公司
寿光市泰丰汽车底盘制造有限公司
潍坊市跃龙橡胶有限公司
山东寿光健元春有限公司
寿光市永泰建材有限公司
山东晟琦疏港国际物流有限公司
济宁瑞祥模具有限责任公司
永昌路桥集团有限公司
山东鲁抗立科药物化学有限公司
华能嘉祥发电有限公司
山东方达机械有限公司
山东梁山华宇集团汽车制造有限公司
山东康能地温空调有限公司
泰山石膏股份有限公司
山东泰丰矿业集团有限公司
山东科大中天电子有限公司
山东华恒矿业有限公司
泰安市卡特兰园林绿化设计施工中心

山东泰山新世纪环境艺术有限公司
山东泰山恒信机械有限公司
山东煤机装备集团有限公司
泰山集团股份有限公司
山东五岳园林有限公司
泰安市鲁中建设总公司
新泰市市中第一建筑工程公司
山东金彩山酒业有限公司
山东云宇机械集团有限公司
山东宇兴建设有限公司
山东一箭建设有限公司
山东金阳矿业集团有限公司
东平光源热电有限责任公司
山东东顺集团有限公司
山东能源机械集团有限公司
黄海造船有限公司
山东威海卫酒业集团有限公司
山东卡尔电气股份有限公司
威海泰浩建设集团有限公司
赤山集团有限公司
山东达因海洋生物制药股份有限公司
山东荣城建筑集团有限公司
威海市亨泰房地产开发有限公司
威海西港水产有限公司
荣成市建筑安装有限公司
山东凯丽特种纸股份有限公司
威海三盾焊接材料工程有限公司
荣成市黄海离合器有限公司
威海腾森橡胶轮胎有限公司
威海天安房地产开发有限公司
威海天安建筑工程有限公司
山东盛泉集团有限公司
威海冠宏房地产开发有限公司
威海卡尔超声工程有限公司
山东五征集团有限公司
山东晨曦集团有限公司
山东日照焦电有限公司
山东中港机械有限公司
浮来春酿酒集团股份有限公司
山东岚桥工贸集团有限公司
日照岚星化工工业有限公司
日照市金海岸装卸有限公司
日照科大建设集团有限公司
莒县海通茧丝绸有限公司
山东瀚森园林有限公司
日照众兴包装有限公司
日照安泰房地产开发有限公司
日照锦绣抽纱制品有限公司
莱芜钢铁集团有限公司
新汶矿业集团有限责任公司鄂庄煤矿
中国人民财产保险股份有限公司莱芜市分公司
山东莱芜煤矿机械有限公司
莱芜广厦集团有限公司
山东能源电器股份有限公司
临沂矿业集团有限责任公司
山东常林机械集团股份有限公司
山东金升有色集团有限公司
中国联合网络通信有限公司临沂市分公司
山东远通汽车贸易集团有限公司
山东蒙阴银进装饰工程有限公司
山东阳煤恒通化工股份有限公司
临沂业隆通用机械有限公司
山东华星工程机械有限公司
苍山县供电公司
山东三维油脂集团股份有限公司
山东金象铝业有限公司
费县供电公司
莒南县鲁钰铸造有限公司
德州晶华集团振华有限公司
通裕重工股份有限公司
古贝春集团有限公司
谷神生物科技集团有限公司
山东恒源石油化工股份有限公司
中国人民财产保险股份有限公司德州市分公司

山东鼎力枣业食品集团有限公司
索通发展有限公司
山东洛北春集团有限公司
山东晨鸣纸业集团齐河板纸有限责任公司
山东省禹城市电力总公司
山东同兴酒业有限公司
群力塑胶有限公司
德州富路车业有限公司
山东庆云颐元农机制造有限公司
武城县英潮经贸有限公司
国电聊城发电有限公司
山东三山集团有限公司
茌平县信力达木业有限公司
中国人民财产保险股份有限公司聊城市分公司
山东冠华蛋白有限公司
山东聊城阿华制药有限公司
临清市供电公司
山东东阿史美生阿胶保健股份有限公司
山东东阿钢球集团有限公司
高唐县供电公司
山东金蔡伦纸业有限公司
山东阳谷华泰化工股份有限公司
山东京能生物质发电有限公司
华能沾化热电有限公司
山东惠民基德科技纺织有限公司
滨州市惠生集团有限公司
山东潍坊百货集团股份有限公司
滨州中百大厦
滨州滨岭商贸有限责任公司
山东克里特皇家企葡萄酿酒有限公司
山东汇企彩钢有限公司
山东省万事达物资有限公司
山东蓝天钢结构工程有限公司
山东华兴机械股份有限公司
山东玉玺炉料有限公司
山东传洋金属磨料有限公司
山东邹平锦华纺织有限公司
邹平县供销大厦集团有限公司
山东创新金属科技有限公司
山东博文集团有限公司
山东金都大展集团有限公司
邹平宏皓工业型材科技有限公司
山东鲁牛食品有限公司
山东广明实业有限公司
邹平县通达纺织有限公司
恩贝集团有限公司
山东海城生态科技集团有限公司
山东德利集团有限公司
邹平县天兴化工有限公司
邹平县三利纺织有限公司
山东金星科技发展有限公司
山东圣邦不锈钢股份有限公司
山东杰峰机械制造有限公司
山东邹平三立特木塑复合材料有限公司
山东海金食品有限公司
山东雅士享肉类食品有限公司
山东沾化阳光食品有限公司
山东亿人食品有限公司
山东沾化昌盛机械有限责任公司
山东海韵生态纸业有限公司
山东齐泉硅业有限公司
山东益心生物科技有限公司
山东金丝食品有限公司
山东良友食品饮料有限公司
沾化祥瑞祥纺织有限公司
阳信县供电公司
山东省阳信县利民粮油制品有限公司
山东天顺药业股份有限公司
山东滨岭矿业有限公司
中国人民财产保险股份有限公司菏泽市分公司
菏泽步长制药有限公司
山东健民药业有限公司
巨野县鲁奇皮革有限责任公司
单县供电公司

山东方明药业股份有限公司

东明县供电公司

巨野山水水泥有限公司

1 － 91　山东省经济和信息化委员会 山东省企业管理现代化创新成果评审委员会关于公布第二十四届山东省企业管理现代化创新成果和优秀应用成果的通知

鲁经信企字〔2010〕663 号

各市经济和信息化委，省直有关单位，有关企业：

今年以来，面对复杂多变的国内外经济形势，全省广大企业认真贯彻全省企业管理大会精神，强化管理，苦练内功，深挖潜力，降本增效，推进转方式、调结构，有效推动了全省经济平稳较快发展，涌现出了一批特色突出、创新性和实用性强、层次水平高的优秀管理创新成果，取得了明显的经济和社会效益。为总结推广先进管理方法，加快推进我省企业管理向现代科学管理转变，按照《山东省企业管理现代化创新及优秀应用成果评审办法》的规定，省经济和信息化委组织开展了第二十四届山东省企业管理现代化创新成果和优秀应用成果的申报、推荐和发布交流工作。经省企业管理现代化创新成果评审委员会审定，本届共有 437 项成果被审定为“山东省企业管理现代化创新及优秀应用成果”，其中特等奖 81 项，一等奖 185 项，二等奖 171 项，现予以公布。

希望获奖单位和个人再接再厉，不断开拓创新。各地各部门和企业要做好成果的宣传和推广应用工作，推动管理创新，提高管理水平，促进经济又好又快发展。

有关单位可参照国家及省有关规定，对成果的创造者给予适当奖励。

附件：第二十四届山东省企业管理现代化创新成果和优秀应用成果名单

二〇一〇年十二月三十日

附件：

第二十四届山东省企业管理现代化创新成果和优秀应用成果名单

特等奖 (81 项)

1. 中国石化胜利油田分公司《提升油田经济运行质量的“六化”管理》
2. 济钢集团有限公司《以提升执行力为导向的管理标杆建设》
3. 兖矿集团有限公司《兖矿集团建设项目财务管控体系探索》

4. 中国移动集团山东有限公司德州分公司《模拟法人管理模式研究》
5. 青岛海尔洗衣机有限公司《零部件质量保证模式——供应商目标管理》
6. 莱芜钢铁集团有限公司《以卓越绩效模式为导向的 QES 管理体系的系统改进》
7. 成山集团有限公司《建立以精益六西格玛为核心理念的持续改进体系》
8. 山东滨州渤海活塞股份有限公司 (ERP+ 精益生产 = 消灭八种浪费》
9. 山东省商业集团有限公司《"两个百分点"管理创新》
10. 兖矿鲁南化肥厂《ERP 系统在煤化工企业成本控制中的应用》
11. 东方电子集团有限公司《基于精进模式的研发创新之道》
12. 北汽福田汽车股份有限公司诸城奥铃汽车厂《创建全员自主改善文化》
13. 山东东阿阿胶股份有限公司《以降低生产成本为目标的标杆管理》
14. 中国移动通信集团山东有限公司《基于 BOMC 的价值服务型业务支撑运营管理体系》
15. 山东电力集团公司超高压公司《以实现电网资源优化配置为目标的 ERP 平台建设与实施》
16. 兖矿集团有限公司《大型煤炭企业集团管控体系建设研究》
17. 山东中烟工业有限责任公司青岛卷烟厂《以对标管理为抓手创建优秀卷烟工厂》
18. 临沂矿业集团有限责任公司田庄煤矿《煤炭企业以"四化"为特征的精细化全面预算管理》
19. 华电国际电力股份有限公司莱城发电厂《绩效管理在火电厂节能管理中的应用研究》
20. 济钢集团有限公司《价值管理在铁路维护管理中的应用》
21. 中国联合网络通信有限公司山东省分公司《宽带用户认证及管理系统体系架构优化及实施》
22. 山东华联矿业股份有限公司《加强精细化管理　促进可持续发展》
23. 胜利石油管理局电力管理总公司《基层细节规范化管理的建立与实施》
24. 新汶矿业集团有限责任公司华丰煤矿《以风险管理为导向的企业集团化管控体系建设》
25. 淄博矿业集团有限责任公司《以信息网络为平台创建矿区铁路"数字化"运营体系》
26. 山东济矿鲁能煤电股份有限公司阳城电厂《发电企业人力资源绩效考核管理探索与实践》
27. 德州齿轮有限公司《基于精益管理优化生产流程实践与应用》
28. 万达控股集团有限公司《"双 R"企业社会责任评价体系及运行机制》
29. 聊城交通汽运集团有限责任公司《客运班车安全智能管理系统开发与应用》
30. 山东新巨龙能源有限责任公司《大型企业财务管理流程研究与应用》
31. 山东电力集团公司淄博供电公司《建立实施操作队队长岗位动态竞争考评机制》
32. 新泰市供电公司《激合六百格玛的质量小组管理》
33. 山东省济宁交通运输集团有限公司《道路客运集约化管理 7S 模型》
34. 莱西市供电公司《基于信息化的客户电费在线管理》
35. 新汶矿业集团公司翟镇煤矿《大学生"1+N"职业生涯管理模式的构建》
36. 兖矿国泰化工有限公司《以"经济效益"为导向的生产调度管理》
37. 中国烟草总公司山东省公司《"文化养老"长效机制的创建》
38. 莒县供电公司《供电企业推进学习型组织

建设的实践》
39. 山东恒丰矿业集团有限公司《煤炭企业“老矿小井”的科学开发管理》
40. 华电国际十里泉发电厂《火电企业节能诊断管理体系的构建与实践》
41. 山东省地方铁路局《循环推进三项制度改革建立完善企业新型运行机制》
42. 即墨市供电公司《供电企业班组管理体系的建设与优化》
43. 莱芜钢铁集团有限公司《以建设一流钢铁强企为目标的科技创新管理》
44. 招远市供电公司《加强供电过程管理提升供电服务质量》
45. 山东济宁运河煤矿有限责任公司《煤炭企业安全风险预控体系的构建与实施》
46. 山东泰山钢铁集团有限公司《搭建信息化平台规范标准化管理提升能源计量管理水平》
47. 济南市公共交通总公司《以人为本推行公交企业情绪管理》
48. 山东省禹城市电力总公司《财务预算管理体系建设与应用》
49. 新泰市韩庄煤矿《基于预警预控的煤矿精细化管理体系建设》
50. 山东龙泉管道工程股份有限公司《“集中采购.流动生产和长期跟踪销售”的龙泉特色产供销管理模式》
51. 宁阳县供电公司《企业全面节能管理》
52. 新华锦集团《创建新型国际贸易服务平台》
53. 山东华鲁制药有限公司《加强生产和现场管理提升企业品牌》
54. 济宁市任城区供电公司《科学发展创新管理深化创一流同业对标的探索与实践》
55. 滨化集团股份有限公司《实施管理体系优化再造工程实现管理水平的再突破和再提升》
56. 山东石横特钢集团有限公司《过程督察与效果验证职能的建立与实施》
57. 茌平县信力达木业有限公司《标准化和规范化管理》
58. 华电国际电力股份有限公司邹县发电厂《大型火电厂以可持续发展为目标的水中回用全过程管理》
59. 山东电力集团公司日照供电公司《以和谐共赢为基础的电网调度管理》
60. 龙口矿业集团有限公司《节能减排管理创新机制在煤炭企业的构建与运行》
61. 茌平县供电公司《精益化管理创新与实践》
62. 瑞星集团有限公司《建设企业工程项目管理与过程控制》
63. 新汶矿业集团公司孙村煤矿《建立人才梯次后备干部队伍和公平竞争机制不断提升企业核心竞争力》
64. 山东临沂烟草有限公司《“绿叶”营销团队建设》
65. 阳谷县供电公司《实施卓越绩效模式全面提升经营业绩》
66. 东营市天心软件有限公司《基于云计算模式协同商务系统软件开发与应用》
67. 临沂市恒源热力有限公司《混水供热节能改造及远程监控管理应用》
68. 枣庄矿业集团公司铁路运输处《煤炭铁路运输企业节能管理体系的构建与实施》
69. 桓台县供电公司《创一流管理应用》
70. 临沂矿业集团有限责任公司田庄煤矿《后勤服务社会化管理在煤炭企业中的应用》
71. 日照市金海岸装卸有限公司《“七化管理”创钢材装卸品牌》
72. 山东电力集团公司东营供电公司《闭环高效的制度管理体系》
73. 北汽福田汽车股份有限公司诸城汽车厂《基于价值链运营能力提升的平台模块化研究与应用》
74. 方圆集团有限公司《实施素质工程与构筑

特色文化相融合助推企业稳健发展》

75. 山东高速集团有限公司泰安分公司《安全文化建设在高速公路管理企业的探索》

76. 莱州市供电公司《实施班组绩效管理夯实企业发展基础》

77. 山东星辰供水公司《创造星级供水服务标准》

78. 兖矿集团有限公司《基于竞争力分析的产业发展目标及产业结构调整探索与研究》

79. 山东电力集团公司潍坊供电公司《以本质安全文化建设为目标的变电运行管理》

80. 花冠集团酿酒有限公司《扩张期民营企业公司治理中的智力资本研究》

81. 肥城矿业集团曹庄煤矿《安全教育培训工作的标准化管理》

一等奖(185项)

82. 莱芜钢铁集团有限公司《战略规划.绩效考核一体化的全面预算管理》

83. 淄博矿业集团有限责任公司《煤矿本质安全管理体系及其动态控制技术》

84. 西王集团有限公司《以边际贡献分析为基础的全面预算管理》

85. 济钢集团山东建设工程有限公司《工程项目执行动态预算管理模式的构建与实施》

86. 北汽福田汽车股份有限公司诸城奥铃汽车厂《以订单推进为主线深化信息系统应用》

87. 烟台万华氯碱有限责任公司《构建安全管控一体化信息系统提升氯碱安全生产管理水平》

88. 山东时风(集团)有限责任公司《循环经济发展模式在时风集团的构建和实施》

89. 中国农业银行股份有限公司山东省分行《三农业务支持系统》

90. 中国移动通信集团山东有限公司《基于集中化的效率型网络协同运维管理模式》

91. 胜利油田分公司油气集输总厂《基于精细化业务预算内控体系的构建》

92. 华电国际十里泉发电厂《老发电企业的设备可靠性管理新模式》

93. 山东济宁运河煤矿有限责任公司《"灯塔"文化实现企业战略导航》

94. 山东黄金归来庄矿业有限公司《生态恢复与黄金矿山公园建设》

95. 中国联合网络通信有限公司山东省分公司《通信企业档案信息化管理体系的构建与实施》

96. 临沂矿业集团有限责任公司办公室《现代公司治理结构下企业投资管理研究》

97. 兖矿国泰化工有限公司《阳光采购平台的开发及应用》

98. 山东济矿鲁能煤电股份有限公司阳城电厂《发电企业精细化管理探索与实践》

99. 莒县供电公司《创建联合执法体系　强化电力设施保护》

100. 山东中烟工业有限责任公司济南卷烟厂《设备全生命周期管理》

101. 山东东阿阿胶股份有限公司《以风险管理为导向的内部控制评价体系的建立与实施》

102. 兖矿集团战略研究院《低碳经济下我国能源发展趋势及兖矿对策》

创造人姓名：耿加怀　牛克洪　钟庆祝　何迎庆　牛天勇

103. 新汶矿业集团有限责任公司华丰煤矿《以能源高效利用为目标的矿山建设管理模式》

104. 青岛海尔洗衣机有限公司《精益生产的持续应用——线体标准化》

105. 山东中烟工业有限责任公司济南卷烟厂《直通智能自动化物流管理》

106. 山东高佐矿业集团高佐煤矿《绩效管理体系在煤炭企业的应用》
107. 济钢集团有限公司《检验成本效益一体化管理模式的建立与应用》
108. 莒县供电公司《以“三标一体”为特征的电力企业标准化管理体系建设》
109. 淄博矿业集团有限责任公司《企业工资总额管控的探索与实践》
110. 山东明兴矿业集团有限公司《“珍惜有限创造无限”的安全文化体系》
111. 中国联合网络通信有限公司威海市分公司《提升通信企业运营与支撑核心能力的网络智能化改造》
112. 华电国际电力股份有限公司莱城发电厂《安全综合管理评价体系的构建与实施》
113. 济宁矿业集团有限公司《煤炭销售的精细化管理》
114. 宁阳县供电公司《电力企业员工品格培训与职业道德建设研究》
115. 山东省绿色农业科技开发有限公司《常绿北海道黄杨在高速公路景观绿化中的应用研究》
116. 莱州市供电公司《大力推行农电标准化建设实现公司管理水平全面提升》
117. 山东省路桥集团有限公司《实施合同电子化管理积极推进施工企业精细化管理建设》
118. 山东重山集团有限公司《企业绩效评价》
119. 莱西市供电公司《无功电压优化运行集中控制系统》
120. 新泰市中医院《以“和与孝”为核心的中医院文化体系建设》
121. 青岛维客集团股份有限公司《维客集团百货业态精细化管理系统》
122. 山东电力集团公司滨州供电公司《基于信息技术的党群工作绩效对标管理》
123. 淄博矿业集团有限责任公司许厂煤矿《煤炭企业自选式三级岗位竞聘管理法研制与应用》
124. 山东中烟工业有限责任公司青州卷烟厂《构建与时俱进的文化体系促进企业可持续和谐发展》
125. 山东泰山钢铁集团有限公司《推行价值链管理优化管理运作系统实现企业价值最大化》
126. 乳山市电业总公司《全面协同标准化建设》
127. 淄博市王庄煤矿《形神兼备人企合一不断丰富企业文化建设工作新内涵》
128. 中国联合网络通信有限公司青岛市分公司《以电信业务战略转型为基础的海尔集团信息通信服务外包模式实践》
129. 新泰市金岭建筑工程有限公司《金岭公司管理创新的探索和实践》

创造人姓名：李海燕 徐如伟 杨玲 李因华 李涛 陈艾东

130. 山东菏泽烟草有限公司《关于加强企业财务精细化管理的研究与实施》
131. 莱阳市供电公司《变电设备检修现场标准化作业》
132. 招金矿业股份有限公司大尹格庄金矿《打造数字化矿山推进企业安全生产》
133. 山东电力集团公司东营供电公司《班组精细化“五个一”管理体系的构建》
134. 山东普利森集团有限公司《以打造百年企业为核心的企业文化建设》
135. 山东明胜纺织有限公司《社会责任与和谐企业建设》
136. 山东湖西王集团有限公司《基于集团战略的信息化管理体系建设》
137. 莱阳市供电公司《县供电公司电力通信网建设》
138. 山东泰信纺织有限公司《执行力是保障企业目标实现的关键》
139. 山东兖矿国际焦化有限公司《ERP 系统在新型煤化工行业的实施与应用》

140. 山东电力集团公司枣庄供电公司《创新供电企业变电运行管理卡》
141. 宁阳县供电公司《以强化基础管理带动企业发展》
142. 山东省路桥集团有限公司《建立完善适应交通施工企业特点的人才培养和使用机制》
143. 山东洪业化工集团股份有限公司《全员技术创新管理系统的打造与应用》
144. 青州市供电公司《供电企业标准化建设的创新管理》
145. 淄博柴油机总公司《建立全面风险管理体系实现固有资产保值增值》
146. 华电国际电力股份有限公司邹县发电厂《大型火电厂节能增效数字化运行能耗管控系统》
147. 沂源县供电公司《县级供电企业安全文化建设的探索与实践》
148. 山东高速集团有限公司泰安分公司《全面加强站务建设　努力提升企业品牌》
149. 龙口矿业集团有限公司《完善科技创新考核机制　提高企业自主创新能力》
创造人姓名：宋子安　王勇　常颖　丁秀凯　朱同祥
150. 中国移动通信集团山东有限公司《内外结合管理技术并重构建山东移动业务支撑网安全体系》
151. 夏津县电业总公司《银电联网系统的开发及应用》
152. 枣庄大兴矿业有限责任公司《精细化管理在地方煤矿班组安全管理中的应用》
153. 山东高速齐鲁建设集团公司《创新安全生产管理机制构建安全和谐生产环境》
154. 沂水县供电公司《大力推进农电标准化建设助推沂水电力新发展》
155. 山东高速物资集团总公司《国产天然岩沥青及其改性沥青应用技术创新管理》
156. 陵县也业公司《供电企业法律风险防范体系建设》
157. 山东万事达建筑钢品科技有限公司《全员参与 TPM-5S 管理打造行业景观工厂》
158. 山东省绿色农业科技开发有限公司《虎限万年青的微体工厂化生产技术研究》
159. 华能济宁运河发电公司《保持企业规章制度持续稳定有效》
160. 博兴县供电公司《电力负荷管理与服务系统》
161. 山东银风股份有限公司《以技术改造促节能减排创低碳之路》
162. 山东高速浇莱公路有限公司《创新班组管理　打造高素质收费团队》
163. 莱芜市供电公司《关于政治.经济.生产.形象安全奖惩规定》
164. 临沂矿业集团有限责任公司田庄煤矿《ERP 生产管理系统促进生产管理水平》
165. 新汶矿业集团公司翟镇煤矿《创新培训模式强化实践教学促进矿井安全发展》
166. 华电国际电力股份有限公司莱城发电厂《对标管理在班组建设中的应用》
167. 莱芜钢铁集团有限公司《基于企业核心价值的战略管理体系实践》
168. 沂水县供电公司《构建新型财务分析体系提升企业财务管理水平》
169. 泰安航天特种车有限公司《基于买方市场的市场营销》
170. 山东东山王楼煤矿有限公司《煤炭企业内部控制管理系统》
171. 博兴县供电公司《线损理论计算管理应用》
172. 北汽福田汽车股份有限公司诸城奥铃汽车厂《创新大区管理模式　提高业务管理水平》
173. 枣庄矿业（集团）有限责任公司蒋庄煤矿《极薄煤层综机设备选型及液压支架电液控制系统的研究与应用》
174. 烟台市牟平区供电公司《防火墙技术》

175. 鲁南中联水泥有限公司《精细生产创新经营全面提升企业基础管理》
176. 山东泰丰矿业集团有限公司《煤炭企业的和谐文化建设》
177. 青岛啤酒（菏泽）有限公司《实施安全标准化健全安全管理体系》
178. 莒县供电公司《企业人力资源管理创新实践》
179. 临沂矿业集团有限责任公司田庄煤矿《田庄煤矿“辐射型成本管理”模式》
180. 山东美佳集团有限公司《水产加工业基于以人为本的安全生产管理》
181. 五莲县供电公司《农电工信息化管理体系建设》
182. 枣庄市烟草专卖局（公司）《企业文化建设的探索与研究》
183. 胜利油田分公司现河采油厂《注采联动管理法》
184. 莱茵市供电公司《“订单式”教育培训》
185. 得利斯集团有限公司《6S精细化管理为食品安全保驾护航》
186. 沂源县供电公司《“三心”构建和谐企业》
187. 威海市烟草专卖局（公司）《地理信息辅助决策与操作系统开发与应用》
188. 中国联合网络通信有限公司临沂市分公司《通信企业服务物流行业的连赢物流网建设》
189. 招远市供电公司《加强电网谐波管理提高电网管理水平》
190. 胜利油田分公司胜利采油厂《采油厂大监督体系运行管理模式》
191. 兖州煤业股份有限公司董事会秘书处《兖州煤业发展战略模式研究》
192. 郯城县供电公司《台区绩效管理在县供电企业的实践》
193. 中石化胜利油田分公司东辛采油厂《油田电泵长寿井管理体系的构建》
194. 临沂矿业集团有限责任公司田庄煤矿《四统一．五分析全面预算管理法》
195. 山东济宁运河煤矿有限责任公司《煤炭企业以内部控制为主导的财务风险管理》
196. 高青县供电公司《作业组织专业化改革在县供电企业的应用》
197. 胜利油田分公司孤东采油厂《实施“四促”创新工程全面提升孤东油田开发水平》
198. 北汽福田汽车股份有限公司诸城奥铃汽车厂《推行岗位作业标准化管理全面提升企业管理水平》
199. 高青县供电公司《地理信息系统的应用》
200. 山东临沂烟草有限公司《廉政教育模式创新与实践》
201. 山东鲁抗辰欣药业有限公司《厂区废水集中回收处理模式》
202. 胜利石油管理局电力管理总公司《电力客户精细化服务的实施与管理》
203. 新泰市供电公司《网上工资查询系统开发与设计》
204. 泰山集团股份有限公司《打造节能环保“泰山”品牌》
205. 新汶矿业集团公司翟镇煤矿《落实科学发展观 实现矿井安全经济运行》
206. 高青县供电公司《配交集中服务一体化平台的应用》
207. 聊城交通汽运集团有限责任公司聊城汽车总站《创建“五型班组”提升服务水平》
208. 费县供电公司《创新线损精益化管理模式》
209. 济宁市任城区供电公司《基于优秀企业文化建设的探索与实践》
210. 华能嘉祥发电有限公司《外包工程及劳务派遣用工安全管理标准化》
211. 烟台市牟平区供电公司《农村低压电网规划改造》
212. 龙口矿业集团有限公司北皂煤矿《大力开

展节能减排促进循环经济发展》
213. 济宁市任城区供电公司《数字化GIS变电站运行维护管理》
214. 北汽福田汽车股份有限公司诸城汽车厂《企业价值链文化建设探索与实践》
215. 山东拓普石油装备有限公司《基于信息化技术的五维提速管理模式》
216. 利津县供电公司《实施职能化表计管理提高配电网络科技含量》
217. 济宁市泗水县供电公司《县供电企业防范经营风险管理》
218. 中色奥博特铜铝业有限公司《实行规范化操作全面提高员工素质》
219. 高青县供电公司《配网自动化系统的应用》
220. 临沂矿业集团有限责任公司办公室《现代公司治理在国有独资企业的应用与探索》
221. 中冶纸业银河有限公司《中冶银河探索循环经济模式的实践》
222. 山东省东阿县供电公司《安全“三要素”管理文化的探索与实践》
223. 莱芜钢铁集团有限公司《以系统科学和统计科学为内涵的六西格玛管理建立与推行》
224. 山东省莘县供电公司《变压器空载运行节能新技术》
225. 北汽福田汽车股份有限公司诸城奥铃汽车厂《创新循环取货+集货中心管理　提高供应链物流效率》
226. 临清市供电公司《高压业扩工程差异化服务积木式管理》
227. 青岛维客集团股份有限公司《维客集团集约化管理下的绩效考核体系》
创造人姓名：张贤存　张丽丽　朱晓滨　黄裔
228. 宁阳县供电公司《电力计量优化设计管理》
229. 茌平宏鑫纺织有限公司《完善绩效考核提升企业效益》
230. 阳谷县供电公司《加强配变三相负荷不平衡管理降低低压线损》
231. 中通客车控股股份有限公司《基于核心竞争力的企业文化建设探索》
232. 山东新大地铝业有限公司《低成本塑造中小企业文化提高企业经济效益》
创造人姓名：宋晓雷　王世龙　王树云　赵佰峰　李鹏
233. 夏津县电业总公司《变电站及大客户电能量监控管理》
234. 中国联合网络通信有限公司青岛市分公司《以提升信息化建设步伐与质量的基站建设管理系统》
235. 青岛铁路经营集团有限公司《打造核心竞争力挑战危机谋发展》
236. 大唐山东黄岛发电厂《盘煤管理创新》
237. 济南钢铁股份有限公司《新形势下济钢营销服务管理体系建设与深化》
238. 阳谷县供电公司《作业员工心理危险点的预控》
239. 新泰市九龙山煤矿《煤炭企业的员工绩效管理体系建设》
240. 龙口煤电有限公司梁家煤矿《建设“五精”班组培养“五精”班组长努力追求“九零”目标》
241. 阳谷县供电公司《地理信息系统建设及整合创新》
242. 莱芜钢铁集团有限公司《以系统优化为手段的降本增效管理实践》
243. 中国联合网络通信有限公司淄博市分公司《构建接入侧网管实时控制体系促进企业创新发展》
244. 茌平县供电公司《离危及重要客户管理创新与实践》
245. 山东盛泉矿业有限公司《煤炭企业“低碳经济”发展模式的探索与实践》
246. 新汶矿业集团翠镇煤矿《基于激励导向的

宽带薪酬体系探索与应用》

247. 阳谷县供电公司《降低10KV线损提高公司经济效益》

248. 北汽福田汽车股份有限公司诸城汽车厂《分时区供货取消库房存放实现生产物料的准时化流动》

249. 新汶矿业集团有限责任公司鄂庄煤矿《鄂庄煤矿中长期人才开发战略研究》

250. 沂源县供电公司《沂源电网基础数据精益化管理系统应用》

251. 日照海星针织服装有限公司《再造流程的经济运行从成本中挖效益》

252. 莒县供电公司《构筑新农村智能化低压配网的创新与实践》

253. 莱芜钢铁集团有限公司《齿轮钢品牌方略》

254. 阳谷县供电公司《集约化抄表在反窃电中的创新应用》

255. 山东黄岛发电厂《供热管理创新》

256. 山东泰山钢铁集团有限公司《现代钢铁产业链的优化与发展》

257. 华能嘉祥发电有限公司《电厂外来人员安全教育手册》

258. 莱芜市供电公司《架空输电线路防外力破坏标准化管理》

259. 东辰控股集团有限公司《以社会责任管理为核心的战略推动实践》

260. 临沂市恒源热力有限公司《精细化管理在城区集中供热中的实践应用》

261. 山东省禹城市电力总公司《配网自动化建设与应用》

262. 山钢集团山东金岭铁矿《行为安全的控制》

263. 山东日照焦电有限公司《实施科技创新战略促进节能减排》

264. 桓台县供电公司《正向激励为主的农电工绩效管理》

265. 鲁南中联水泥有限公司《创新思维突出重点推进节能减排跨越发展》

266. 利华益集团股份有限公司《实施双“双三个”管理战略提升企业竞争力》

二等奖(172项)

267. 济钢集团有限公司《协力服务模式在“十一五”新建项目中的运用》

268. 北汽福田汽车股份有限公司诸城奥铃汽车厂《车辆调试流程建立与应用》

269. 中国移动通信集团山东有限公司《电信企业的固定资产全生命周期管理》

270. 莱芜钢铁集团有限公司《以高性价比采购为目标的设备备件供方动态评价》

271. 得利斯集团有限公司《信息化管理推动养殖业发展》

272. 山东高速集团有限公司泰安分公司《沥青路面就地热再生技术在京福路曲阜段的应用研究》

273. 山东黄金矿业(莱州)有限公司焦家金矿《安全培训管理信息系统》

274. 莱芜市供电公司《财务预警管理与实践》

275. 龙口矿业集团洼里煤矿《煤矿企业“五五六六四”民主公开管理的探索与实践》

276. 文登市恒源供热有限公司《节能挖潜　大力发展循环水供热》

277. 枣庄市园林工程公司《用精细化管理助推园林绿化事业发展》

278. 莱芜钢铁集团有限公司《构建效益最大化的冶金物流供应链可靠性体系》

279. 平度市电业公司《推进标准化建设规范企业管理》

280. 新汶矿业集团翟镇煤矿《“公推直选”党

支部书记的探索与实践》
281. 山钢集团山东金岭铁矿《创新发展胶结充填工艺创建安全绿色新矿山》
282. 山东黄金矿业（莱州）有限公司精炼厂《套利在国内黄金精炼企业中的首次应用与创新》
283. 龙口煤电有限公司梁家煤矿《科学发展自主创新　为企业和谐发展注入强大动力》
284. 新汶矿业集团有限责任公司华丰煤矿《基于社会责任维度的煤炭企业软实力塑造》
285. 乳山市电业总公司《10KV 架空电力线路鸟害防治》
286. 济南钢铁股份有限公司《"故障树"的实践与运用》
287. 莒县供电公司《多元化电费代办系统的开发与应用》
288. 山东高速齐鲁建设集团公司《关于推行项目负责制的探讨》
289. 山东中烟工业有限责任公司青岛卷烟厂《班组建设管理实践》
290. 沂水县供电公司《建设一体化信息整合平台　提升公司信息化应用水平》
291. 龙口矿业集团有限公司矿山救护大队《应急救援资源在非煤矿山企业中的共享与利用》
292. 济宁市任城区供电公司《网络教育培训管理》
293. 济南钢铁股份有限公司《以"系统观念"解决中厚板生产问题》
294. 中国联合网络通信有限公司德州市分公司《模块局停电与发电实时检测系统构建与实施》
295. 新汶矿业集团有限责任公司鄂庄煤矿《煤炭企业全员正向激励机制建设与安全生产》
296. 兖矿鲁南化肥厂《在线状态监测及故障诊断系统的应用》
297. 沂源县供电公司《车辆管理改革的探索与实践》
298. 莱芜钢铁集团有限公司《基于建设工程造价一体化管理系统的构建》
299. 龙口矿业集团洼里煤矿《煤矿企业可再生物资内部调剂交易机制的创立与应用》
300. 临沂矿业集团有限责任公司田庄煤矿《田庄煤矿信息化建设和应用情况》
301. 沂源县供电公司《CESP 技术在电力通信网中的应用》
302. 新汶矿业集团孙村煤矿《构建数据采集平台系统提升经营管理水平》
303. 山东盛泉矿业有限公司《煤炭企业建立创新体系　实现资源挖潜增效的探索与研究》
304. 五莲县供电公司《变电设备六氟化硫气体监督规范化管理》
305. 新汶矿业集团华丰煤矿《班组管理创新与实的
306. 莒南县供电公司《强化计划管理　促进公司管理水平再上新台阶》
307. 新汶矿业集团华丰煤矿《发展低碳经济建设绿色矿山》
308. 兖州煤业股份有限公司鲍店煤矿《煤矿企业 KPI 关键绩效指标考核体系研究》
309. 五莲县供电公司《无线高压接点测温技术在电网管理中的应用》
310. 兖州煤业股份有限公司东滩煤矿《数字化矿井在东滩煤矿管理的具体应用与研究》
311. 烟台市牟平区供电公司《"七力合一"企业文化体系》
312. 山东高速集团有限公司泰安分公司《治逃费　保征收》
313. 桓台县供电公司《3G 无线专网在企业管理中的应用》
314. 东升地毯集团有限公司《"三驾马车"共同拉动一个市场》

315. 蓬莱市供电公司《经济合同管理创新应用》
316. 临沂矿业集团有限责任公司田庄煤矿《基于光纤技术紧急撤人告警系统的设计与应用》
317. 兖矿集团有限公司电解铝公司《能量系统节能优化工程项目》
318. 龙口市供电公司《信息化档案管理体系的建设与应用》
319. 滕州市城乡供水中心《优化人力资源配置提高运行效率改革方案》
320. 山东东山王楼煤矿有限公司《煤炭企业规范化管理流程》
321. 枣庄矿业集团新安煤业有限公司《煤矿员工安全心理导航》
322. 山东高速潍莱公路有限公司《推行办公自动化系统提升企业精细化管理水平》
323. 济宁市任城区供电公司《县级供电企业基于载波技术的营业智能化管理》
324. 肥矿集团平阴铝业有限公司《市场化经营管理模式的构建与实施》
325. 临清市供电公司《县级供电企业基于标准化的精益管理》
326. 山东高速青岛公路有限公司《构建青岛海湾大桥施工动态安全预警系统》
327. 山东鑫国煤电有限责任公司《以体制创新带动机制创新的探索与实践》
328. 山东省莘县供电公司《全绝缘多功能带电跨越架的应用》
329. 临沂矿业集团有限责任公司田庄煤矿《基于 Windowsxp 系统的机车远程控制技术的研究与应用》
330. 莱阳市供电公司《依靠技术监督 提高设备运行水平》
331. 山东中烟工业有限责任公司青州卷烟厂《企业生产执行系统的构建与实施》
332. 郯城县供电公司《工会标准建设工作的实施与应用》
333. 临沂矿业集团有限责任公司田庄煤矿《全矿井撤人报警系统调研报告及方案》
334. 临清市供电公司《县供电企业业绩考核管理》
335. 山东圣阳电源股份有限公司《全面推行全员参与的创新项目制》
336. 山东鲁抗辰欣药业有限公司《财务成本管理创新模式》
337. 阳谷县供电公司《摄像取证技术在抄表工作中的应用创新》
338. 青岛钢铁集团兖州焦化厂《捣固焦炉富煤气直接回收技术的利用》
339. 山东东山王楼煤矿有限公司《流程再造理论在内部会计控制系统中的应用》
340. 莱州市供电公司《人力资源规划应用研究》
341. 山东济宁如意毛纺织股份有限公司《以企业文化为导向的科技创新体系建设》
342. 茌平县供电公司《专业技能人才管理创新与实践》
343. 临沂矿业集团有限责任公司田庄煤矿《煤矿矿井综合自动化系统升级改造方案》
344. 青州市供电公司《应急预案标准化管理系统的建立与实施》
345. 山东福泰陶瓷有限公司《守诚信之誉 立人文之本 走创新之路》
346. 莱州市供电公司《负控预付费在电费回收中的应用》
347. 临沂矿业集团有限责任公司田庄煤矿《选煤企业数质量管理探索与实践》
348. 阳谷县供电公司《变电站设备授权管理模式创新应用》
349. 北汽福田汽车股份有限公司诸城奥铃汽车厂《创新 POS 降低供应链物流成本》
350. 山东华鲁制药有限公司《新产品开发与品牌建设》
351. 临沂矿业集团有限责任公司田庄煤矿

《煤炭企业“五环式”合同法律风险管控机制》
352. 山东省禹城市电力总公司《供电所视频会议系统建设与应用》
353. 聊城市烟草专卖局(公司)《精心打造尚水行文化　推动企业全面提升》
354. 山东省东阿县供电公司《实施精益化管理　提高物资供应水平》
355. 临沂矿业集团有限责任公司田庄煤矿《煤矿安全生产信息化管理系统建设及体会》
356. 中国联合网络通信有限公司莱芜市分公司《基于传统语音网的油机发电管理控制系统的研发与应用》
357. 阳谷县供电公司《创建新型工作机制　提升企业竞争力》
358. 山东临沂烟草有限公司《烟草商业企业的创新体制建设》
359. 费县供电公司《创新性开展安全风险评估与管理》
360. 滨州市烟草专卖局(有限公司)《卷烟商业企业文化营销研究及应用》
361. 淄博矿业集团有限责任公司《煤炭资源建设项目全过程造价管理的探索与实践》
362. 莱阳市供电公司《职业压力与心里健康分析管理》
363. 山东高速集团有限公司泰安分公司《高速公路不停车收费项目风险管理研究》
364. 招远市供电公司《把握要点　规避风险　切实发挥企业年金的激励作用》
365. 临沂矿业集团有限责任公司田庄煤矿《煤炭企业以“双修一正”理念为核心的执行力建设》
366. 蓬莱市供电公司《基于 Mcwill 技术的宽带多媒体集群系统建设与应用》
367. 烟台正海汽车内饰件有限公司《全员参与的 OEC 管理模式》
368. 龙口市供电公司《强化合同管理规避经营风险》
369. 临沂矿业集团有限责任公司田庄煤矿《矿井多媒体调度通讯系统的设计与应用》
370. 烟台市牟平区供电公司《全面推进企业执行为管理创新》
371. 山东信乐味精有限公司《标准化管理体系构建与管理的整体优化》
372. 山东省东阿县供电公司《积极承担社会责任　不断提升服务水平》
373. 冠县供电公司《推广语音交费　提升服务水平》
374. 山东东阿史美生阿胶保健股份有限公司《阿胶生产工艺技术创新管理》
375. 桓台县供电公司《电能计量资产的精益化管理》
376. 山东海科化工集团有限公司《水煤浆锅炉技术的开发与应用》
377. 阳谷县供电公司《县供电企业社会用工规范管理》
378. 北汽福田汽车股份有限公司诸城奥铃汽车厂《强化信息安全体系　打造信息安全堡垒》
379. 临清市供电公司《安全生产检查管理》
380. 山东聊城鲁西化工集团有限责任公司《综合利用结构优势　实现延伸发展的战略转型》
381. 费县供电公司《图像监控调试维护系统开发与应用》
382. 山东海科化工集团有限公司《信息化平台在企业管理中的应用》
383. 垦利县供电公司《电力企业安全教育培训管理》
384. 海长安铁塔股份有限公司《电力铁塔行业产品研发生产信息库管理系统》
385. 青州市供电公司《强化系统整合提升工作效率》
386. 淄博柴油机总公司《淄博柴油机总公司车

间管理系统》
387. 宁阳县供电公司《继电保护压板管理》
388. 北汽福田汽车股份有限公司诸城奥铃汽车厂《一站式发车配送模式推广》
389. 沂源县供电公司《电力综合自动售电终端》
390. 山东万众科技有限公司《节能减排与绿色管理》
391. 烟台市牟平区供电公司《DF3300E 变电站自动化系统在变电站的应用》
392. 淄博银仕来纺织有限公司《高档织物面料技术创新管理系统化应用》
393. 沂源县供电公司《电力系统智能表库密集架管理系统》
394. 高青县供电公司《线损管理信息系统的应用》
395. 北汽福田汽车股份有限公司诸城奥铃汽车厂《引入平台设计理念全面提升管理效率》
396. 博兴县供电公司《“三查四评”活动》
397. 泰安科诺型钢股份有限公司《科诺型钢视觉识别系统》
398. 山东省禹城市电力总公司《光纤测温建设与应用》
399. 山东明胜纺织有限公司《加强特色文化建设 着力打造和谐企业》
400. 肥城市供电公司《企业策划管理》
401. 山东百瑞制药有限公司《致力技术革新 推动产品升级》
402. 高青县供电公司《薪酬标准化管理的应用》
403. 巨野山水水泥有限公司《九大管理流程》
404. 桓台县供电公司《农电工远程教育培训创新应用》
405. 菏泽广源铜带股份有限公司《全面实施标准化管理推动企业又好又快发展》
406. 高青县供电公司《创新短期负荷预测工作管理》
407. 北汽福田汽车股份有限公司诸城汽车厂《工厂质量目标体系的设计及质量激励政策的建立》
408. 山东省禹城市电力总公司《数字化变电站建设与应用》
409. 新汶矿业集团公司翟镇煤矿《研究应用点评程序提高监督管理水平》
410. 山东天山生态工程有限公司《生产与销售协调体系的构建和实施》
411. 临清市供电公司《供电企业廉洁文化体系建设》
412. 山东肥城精制盐厂《以精求强．决胜于内的精细化管理战略》
413. 山东步长制药有限公司《企业文化与软实力建设》
414. 夏津县电业总公司《电力流动服务站研究及应用》
415. 山东润鑫精细化工有限公司《技术创新引领下的高效低耗》
416. 沂源县供电公司《农网全网无功优化及管理系统》
417. 枣庄贵诚集团购物中心有限公司《实施“一新三化”战略助推企业快速发展》
418. 桓台县供电公司《固定资产全寿命管理》
419. 山东泰山普惠建工有限公司《推行目标成本管理提高企业经济效益》
420. 山东步长制药有限公司《强化安全生产管理确保公司长治久安》
421. 新汶矿业集团公司翟镇煤矿《安全风险管理体系的创建与应用》
422. 山东省禹城市电力总公司《供电企业标准体系的持续改进》
423. 新汶矿业集团公司翟镇煤矿《安全信息在线管理研究与应用》
424. 夏津县电业总公司《企业员工竞争上岗管理》
425. 山东洪海广告设备有限公司《质量控制管理》

426. 山东省禹城市电力总公司《安全生产管理系统建设与应用》
427. 滕州盛隆煤焦化有限责任公司《发展循环经济的探索与实践》
428. 陵县电业公司《信息网络管理优化与网络安全研究》
429. 山东省禹城市电力总公司《变电站在线监测建设与应用》
430. 北汽福田汽车股份有限公司诸城汽车厂《ERP 系统的成功实施与自主创新》
431. 博兴县供电公司《标准化供电所建设》
432. 谷神生物科技集团有限公司《产品质量控制管理》
433. 夏津县电业总公司《大图书管理最佳实践》
434. 山东莱河电磁线有限公司《引进开发并举实现技术进步》
435. 阳谷县供电公司《人身触电损害赔偿案件法律风险防范管理》
436. 山东星一进出口集团有限公司《以人才战略确保企业科学发展》
437. 博兴县供电公司《红旗供电所评选活动》

1－92　山东省经济和信息化委员会关于加大对山东省首批重点物流企业金融支持力度的通知

鲁经信交字〔2010〕531 号

各市物流主管部门，人民银行各市中心支行、分行营业管理部，国家开发银行、农业发展银行山东省分行，国家开发银行、进出口银行青岛分行，各国有商业银行山东省分行，交通银行、邮政储蓄银行山东省分行，山东省农村信用社联合社，恒丰银行，各股份制银行济南、青岛分行：

近年来，尤其是国务院《物流业调整和振兴规划》和《山东省现代物流业振兴发展规划》出台以来，我省现代物流业得到快速发展。为进一步促进物流企业做大做强，提升物流企业的服务水平和竞争力，我们对各地上报的物流企业进行了审核、筛选，首批确定了 50 户重点物流企业（名单附后）。对于省重点物流企业，请给予重点支持。有关要求通知如下：

一、各市物流主管部门要会同当地人民银行面向重点物流企业，积极组织对接洽谈活动，鼓励和支持金融机构为物流企业提供优惠、方便、快捷的投融资服务。要采取重点扶持、优先服务、激励成长等方式，创造有利于物流企业发展的金融环境，促进物流企业做专、做精、做强。

二、各金融机构要在独立审贷的基础上，对符合条件的优秀物流企业及其项目优先发放贷款。对信誉好的优秀物流企业可给予公开授信，适度发放一定规模的信用贷款。完善贷款担保体系，鼓励各类担保基金向优秀现代物流企业倾斜。支持符合条件的优秀现代物流企业进入资本市场和银行间债券市场融资，通过股票上市、企业债券、短期融资券、中期票据、中小企业集合票据和集合债券、资产重组、股权置换等方式筹措资金。鼓励和允许上市公司以资产重组和增发新股方式进入物流业，引导各类资金多渠道投入。

三、在国家预算投资、国债投资、国债转贷、国债贴息资金中，优先支持优秀现代物流企业项目，积极鼓励重点物流企业、物流园区、物流中心建设，积极发展物流金融业务。要积极运用多种金融工具为物流企业提供开户、结算、汇兑、代理等日常业务所需要的金融服务，充分发挥金融机构的信息资源优势，积极提供信息咨询，帮助物流企业加强财务管理，不断提升金融服务水平。

四、各金融机构要针对物流企业特点设计开发现代物流金融产品，大力发展动产质押、权利质押、贸易融资等业务品种。包括供方物流金融产品：仓单质押、反向担保；需方物流金融产品：替代采购、银行担保、买方信贷、授信融资；第三方物流的支付类物流金融产品：电话支付、手机（短信）支付；第三方物流的融资类物流金融产品：直接融资产品和间接融资产品等。同时，在物流基地建设、行业物流、供应链物流及综合保税区等方面提供形式多样的融资支持，以满足不同物流企业的个性化融资需求。

请各市物流主管部门会同当地人民银行将本通知转发至辖区内城市商业银行、农村商业银行、农村合作银行、农村信用社及外资银行，支持物流企业发展中的好经验、好做法及遇到的新问题、新情况，及时总结上报省经信委、人民银行济南分行。

省经信委联系人：崔霞　王文浩
联系电话：0531-86062685
人民银行济南分行联系人：王邕
联系电话：0531-86167553
附件：山东省首批重点物流企业名单

二〇一〇年十一月一日

附件：

山东省首批重点物流企业名单

（排名不分先后）

1. 山东省交通运输集团有限公司
2. 山东盖世国际物流集团有限公司
3. 山东佳怡物流有限公司
4. 山东博远物流发展有限公司
5. 山东力诺物流有限公司
6. 山东省邮政速递物流有限公司济南市分公司
7. 山东兰剑物流科技股份有限公司
8. 山东银座配送有限公司
9. 青岛交运集团公司
10. 中国外运山东有限公司
11. 青岛福兴祥物流股份有限公司
12. 青岛远洋大亚物流有限公司
13. 青岛中远物流有限公司
14. 青岛海尔物流有限公司
15. 淄博金泰铁路储运有限公司
16. 山东依厂物流有限公司
17. 山东正本物流实业有限公司
18. 山东新星集团有限公司
19. 淄博鸿运物流有限公司
20. 山东淄博交通运输集团蓝狐物流有限公司
21. 山东盛运物流有限公司
22. 东营市汇丰物流有限公司
23. 烟台港集团有限公司
24. 山东北明全程物流有限公司
25. 烟台交运集团有限责任公司
26. 山东道恩物流有限公司

27. 烟台海通联合发展有限公司
28. 寿光晨鸣现代物流有限公司
29. 山东海化物流有限公司
30. 山东海王银河医药有限公司
31. 潍坊顺丰速运有限公司
32. 潍柴动力(潍坊)集约配送有限公司
33. 威海青威集装箱码头有限公司
34. 威海交通运输集团有限公司
35. 威海国际物流园发展有限公司
36. 山东京博物流中心有限公司
37. 山东西王物流有限公司
38. 山东滨州银河国际物流有限公司
39. 山东华兴金属物流有限公司
40. 山东荣庆物流有限公司
41. 山东省临沂交通运输有限责任公司
42. 山东立晨物流股份有限公司
43. 山东泰安交通集团有限公司
44. 泰安瑞通运输有限责任公司
45. 菏泽交通集团总公司
46. 聊城交运集团千千佳物流有限责任公司
47. 聊城市正大物流有限公司
48. 日照三运实业股份有限公司
49. 德州运达物流有限公司
50. 山东省济宁交通运输集团有限公司

1－93 山东省经济和信息化委员会关于印发2010年全省电力运行管理工作要点的通知

鲁经信电力字〔2010〕102号

各市经信委(经贸委、经委)，山东电力集团公司，华能山东公司，华电国际山东分公司，国电山东电力公司，大唐山东公司，有关企业：

为做好2010年全省电力运行管理工作，促进电力行业节能减排和转方式、调结构，为全省经济社会平稳较快发展提供可靠电力保障，我们研究制定了《2010年全省电力运行管理工作要点》。现印发你们，请认真贯彻执行。

二〇一〇年三月五日

2010年全省电力运行管理工作要点

2010年是实施“十一五”规划的最后一年，也是夺取应对国际金融危机冲击全面胜利、继续保持经济社会平稳较快发展的关键一年。全省电力运行管理工作的总体要求是：认真贯彻落实全省经济、经信工作会议精神，以科学发展观为指导，以实现电力稳定有序可靠供应为目标，进一步完善和健全电力经济运行监测与保障协调机制，着力抓好电力生产运行管理、发电量计划调控管理、电力需求侧管理和有序用电管理“四项管理”，促进全省电力工业的稳定快速和持续科学发展，提高电力供应保障水平，满足全省经济社会发展和人民生活用电需求。

一、加强电力运行监测分析和供需协调，努力保供电保需求

1. 把保供电保需求作为首要任务，积极搞好全年电力、电量总量平衡。根据2010年全省经济社会发展目标，初步预测全年全社会用电量为3220亿千瓦时，增长9.5%，明显高于上年增幅。其中，安排省内发电量3050亿千

瓦时，接受外来电 170 亿千瓦时。电网最高统调用电负荷 4350 万千瓦，增长 12%。受电煤供应不确定、新增发电能力不足等因素制约，全省电力供应总体偏紧，部分地区用电高峰时段将存在一定供电缺口。要客观准确把握今年电力供需形势，以保证电力供应为中心任务，切实抓好各项电力运行管理工作。

2. 加强监测分析和预警，超前组织好电力运行和供需衔接。针对今年电力供应偏紧形势，围绕保发电、保供应的根本要求，坚持电力生产和供应的日调度、周预测、月分析制度。微观上，逐日跟踪全省电网运行情况，及时掌握机组生产和电力需求走势，科学预测下阶段全省电力生产形势；宏观上，跟踪分析电力运行态势，加强电力需求和经济社会发展的关联分析，把握主要用电产业、行业增长走势，及时调整全省电力需求预期目标，超前解决电力生产运行和供需衔接中出现的问题，提高全省电力供应保障水平。

3. 切实组织好关键时期和重点地区的电力供应保障工作。加强夏季、冬季用电高峰季节和重大政治活动、节日期间和薄弱地区的电力供需形势分析，科学编制全省电力迎峰预案和临时性电力供应保障应急预案，突出针对性和可操作性，细化工作措施，明确各级、有关单位职责，切实搞好关键时期和重点地区的电力供应保障。

4. 建立完善组织健全、反应迅速、快捷高效、指挥有力的电力供应保障工作机制。加强对各地电力经济运行态势监测分析、生产运行管理和保障协调的工作指导，健全省市县三级电力运行组织工作体系，完善电力运行日常管理制度和考核机制，建立信息沟通和调度指挥工作平台，提高电力供应保障的信息化管理水平和组织协调能力，确保运行信息准确快捷和调度指挥有力高效。

二、抓好发电量计划管理，充分发挥调控导向作用

1. 科学编制下达全省各类机组发电量计划。以科学发展观为指导，全面落实国家能源产业政策，认真实施《山东省发电量计划管理暂行办法》，坚持公开、公平、公正原则，进一步增强发电量计划管理的科学性和权威性，充分发挥发电量计划对转方式、调结构和节能减排的导向作用，全力保发电、保供应。一是坚持完善差别发电量计划，结合机组能耗和环保状况确定机组利用水平，适当提高高效、清洁发电机组的设备利用小时，按照“以资定电”、“以热定电”安排综合利用、热电联产机组年度发电量计划。二是根据全省电力需求变化趋势，适时调整各类机组电力生产计划，科学衔接电力生产和需求。三是充分考虑区域电力供应和机组生产变化需要，及时调整部分机组发电量计划，提高计划的科学性和针对性。

2. 加强发电量计划执行情况的监督。一是加强对各类机组月度计划分解、调度生产、电费结算各工作环节的监督，确保发电量计划落实到位。二是科学分解热电联产机组、电力输送受限地区机组月度计划，发挥发电量计划的指导和调控作用，满足地区电力供应和机组热力生产需要。三是充分利用网厂联席会议、交易信息披露会议等平台，定期通报电力市场需求变化、计划完成进度情况，提高计划执行的透明度，创造公开、公平、公正的市场经营环境。四是指导各市建立地调机组发电量计划日常管理制度，加强计划刚性管理，确保各项调控措施的落实。

3. 积极优化配置电力资源。一是按照《全省替代发电管理暂行办法》要求，继续组织开展关停机组补偿计划代发、统调公用机组内部优化替代工作。二是积极尝试统调公用大机组替代并网企业自备机组发电，实现用电大企业、电网经营企业和统调公用电厂三赢，进一步拓展资源优化配置范围。三是按照节能、经济的原则，借鉴试点省份的成功经验，按照国家统一部署，拟定我省节能发电调度组织实施方案和小机组补偿办法，做好实施节能发电调度的各项准备工作,深入推进我省电力工业转方式、调结构和持续科学发展。

4. 强化发电量计划完成情况的考核奖惩。今年电煤价格仍可能持续高位运行，为保护并发挥好发电企业发电积极性，按照省政府进一步加强机组可用率考核管理的要求，拿出统调公用机组发电量计划的 5 — 10%，对电煤库存高、机组运行状况好、出力水平高、保供电贡献大的企业给予奖励，鼓励企业多存煤、多发电。

5. 积极稳妥推进大用户直接交易试点工作。按照国家有关文件规定和统一部署，结合我省相关工业产业调整振兴规划和“转方式、调结构”的工作部署，积极稳妥推进电力大用户直接交易试点工作，立足于确保电力稳定可靠供应，研究拟定我省试点用户准入标准，提出直购电量核定办法，促进我省大用户直接交易试点工作的平稳起步、健康发展，积极推进电力体制改革。

三、加强电力生产调度管理，切实提高电力供应保障水平

1. 坚持统一调度管理体系。严格电网统一调度,优化运行方式,严肃调度纪律,坚持“三公”调度。针对今年电力供应偏紧形势和电网结构变化特点，在运行方式、备用容量、设备检修、事故处理以及事故后恢复等方面做到统筹安排。按原《山东电网统调机组运行考核暂行办法》的规定,严格并网机组运行考核管理,确保发电企业按照调度指令开停机组、参加电网调峰，提高电能质量和电网安全稳定运行水平。

2. 严格规范机组出力和检修管理。进一步提高生产运行组织、电力供需衔接的预见性和科学性，一是针对近几年部分机组出现的降出力增加、高峰出力不足的实际，根据《山东电网统调机组出力核定办法（试行）》，随机抽取降出力问题严重的机组满负荷运行试验。二是逐步完善机组日常运行降出力考核管理办法，核定机组最大连续可调出力，核销电网装机容量中的长期不可用出力。三是严格机组检修管理，严肃检修计划，合理压缩检修工期，提高检修质量和设备健康水平。

3. 全面提高电网应急事故处理能力。客观分析与华北联网及外来电逐步增加对我省电网运行影响，认真查找生产运行中的薄弱环节，做好事故预想和反事故演习，科学确定电网事故拉路序位，充分发挥泰山抽水蓄能调峰、调频、调相和事故备用的作用，加强和完善电网在紧急事故情况下的应变处理能力，维护电网运行的整体性和统一性，坚决杜绝重特大事故发生。

4. 坚持抓好电力调度系统值班岗位管理监督。继续组织好全省电力调度系统值班人员的培训、考核和持证上岗工作，督促各地切实搞好电力调度系统值班人员档案建设，加强生产运行考核，不定期抽查地市发证、建档和考核等情况，组织搞好电网调度人员上岗证的年审和换发，不断提升调度人员职业技能和业务素质。

四、加强制度建设和政策引导，促进科学用电、节约用电

1. 充分利用峰谷分时电价政策削峰填谷。加强政策研究,建立峰谷电价比浮动调节机制,提高趸售供电区执行峰谷分时电价政策的积极性，及时核销因执行政策造成的减收。积极争取专项资金补贴，解决分时表计的安装和维护费用，提高各级电网企业执行政策的积极性，进一步发挥峰谷分时电价政策移峰填谷、优化电网负荷特性的作用。

2. 加强电力需求侧管理政策研究。研究制定《山东省电力需求侧管理实施办法》，明确各级政府、电网企业、电力用户的工作职责，积极争取在财税扶持政策、专项资金等方面有新的突破，建立激励机制，引导全社会科学用电、节约用电，推进电力需求侧管理工作的深入持久开展。

3. 积极推进电力需求侧管理示范点建设。积极推广蓄冷蓄热等新技术、新设备，选择有条件的企业开展能效电厂或蓄冷蓄热示范点建设。利用扶持鼓励政策，引导企业抓好用电效能提高方面的技术改造，把优化用电方式、提高用电效能作为转方式、调结构的重要手段。

五、进一步完善有序用电管理，全力确保重点用户电力供应

1. 编制有机统一的全省有序用电实施方案。针对今年全省电力供应总体偏紧的形势，根据可能出现的供电缺口，按照“有保有限”原则，编制较往年更加周密细致的供电限额等级，逐级分配到各市、县(区)，将限额落实到具体行业、用户、车间和设备，进一步完善不同用电限额等级的有序用电方案。坚决保障居民生活、医院、学校、铁路、交通枢纽、供水供热、广播、电信、金融机构、农业生产、石油天然气生产输送等涉及公众利益和国家安全的重要用户电力需求。

2. 实施有序用电促进节能减排、扶优劣汰。把大力推进经济结构调整，坚决抑制高耗能、高排放行业过快增长，淘汰落后生产能力作为缓解电力供应紧张的根本措施。坚决停止不符合产业政策、违规建设和淘汰企业的用电，大力压缩小钢铁、小水泥、小焦化、小造纸、小化工等高耗能、高污染企业和落后生产能力企业用电，促进其转方式、调结构。

3. 探索建立用户侧有序用电调度考核制度。参照发电侧电力运行调度管理考核办法，积极探索建立大负荷电力用户用电调度管理考核机制，督促指导供电企业进一步完善负荷控制系统，尤其要提高高耗电企业负荷控制水平，将有序用电负荷限额和时段层层落实到具体设备，明确电力供应紧张时期电力用户按照有序用电要求调整用电负荷的职责，制定相应奖惩措施，确保压限指令能及时执行到位，用电负荷压得下、放得开。

六、强化行业监督管理，促进电力行业持续健康发展

1. 加强对热电联产机组的监督管理。依据国家热电联产、综合利用能源产业政策和《热电联产企业(机组)认定办法(暂行)》，严格认定管理程序和评审标准，按期组织检测复核，认真核算机组热效率、热电比等指标，达不到标准的取消热电联产资格。建立完善日常运行监测体系，参照机组热力特性，完善统调热电机组在线监测系统，合理配比机组电力、热力负荷，提高机组能源转换效率。

2. 做好电力行业技术监督工作。指导山东电力研究院搞好对全省发电企业、电网企业技术监督和服务工作，建立强有力的各专业电力生产技术保障支撑平台。针对今年电力供应总体偏紧形势，部分发电机组和电网输变电设备缺乏必要的检修时间和相应的安全裕度，从技术层面入手，切实搞好监造、分析、检测、试验、预警等环节监督服务，尤其是加强对机组长期燃用劣质煤负面影响的监测跟踪分析，坚决杜绝电网稳定破坏事故、电网瓦解事故和大面积停电事故，全力保障电力安全稳定运行。

3. 加强协会管理和电力统计等基础性工作。加强电力生产运行管理基础性工作，建立发电机组基础资料档案库，指导搞好电力统计工作，为监测分析和管理决策提供准确依据。进一步发挥全省电力行业协会的桥梁纽带和行业自律作用，督促引导电力企业按照转方式、调结构的要求，加强管理、节能降耗、挖潜增效，消化增支减利因素，探索建立备品备件共享制度，压缩闲置资金，促进电力企业健康发展。

七、积极推进电力依法行政工作，全面加强电力运行管理能力建设

1. 切实做好电力运行管理地方立法工作。配合省人大做好《山东省电能和电力设施保护条例》修订工作，进一步依法加强电力设施和电能保护水平，维护电网安全运行。借鉴兄弟省市在电力立法、执法等方面先进经验，针对我省当前电力供应保障工作中存在的制度性薄弱环节，提出我省加强电力生产与供应管理的立法调研报告。

2. 继续搞好电力设施保护工作。会同有关部门依法打击和防范盗窃、破坏电力设施和电能等危害电力生产安全的违法犯罪行为，及时排除事故隐患。加强对可能影响电力设施安全的作业和施工实施严格的监督管理，消除可能危及电力设施安全的不利因素。认真总结前一时期我省电能和电力设施保护工作，分析查找存在的问题，总结推广部分市电力行政执法方面的先进经验，探索新形势下电力执法工作的有效形式，确保电力法律法规的贯彻实施，促进我省电力工业持续健康发展。

3. 规范供电营业行政许可管理。认真贯彻《电力法》和《电力供应与使用条例》，严格供电营业区划分、变更和《供电营业许可证》颁发、换发工作规则和操作流程，加强供电企业内部管理制度、技术标准执行情况和供电服务质量的监督检查，促进供电企业增强依法供电意识，提高供电服务质量和管理水平，维护和谐稳定的供电秩序。

1 － 94　山东省经济和信息化委员会转发国家发展改革委关于做好 2010 年电力运行工作的通知的通知

鲁经信函字〔2010〕69 号

各市经济和信息化委（经贸委、经委），山东电力集团公司，华能山东发电公司、华电国际山东分公司、国电山东电力公司、大唐山东发电公司，有关企业：

现将国家发展改革委《关于做好 2010 年电力运行工作的通知》（发改运行〔2010〕534 号）转发给你们，请结合省经济和信息化委《2010 年全省电力运行管理工作要点》（鲁经信电力字〔2010〕102 号）和本单位实际，认真抓好贯彻落实。

今年全省电力供需形势总体偏紧，电力运行管理和供应保障工作任务较重。各市要加强电力运行监测分析和供需协调，及时向当地政府和我委报送月度分析及预测情况，以确保电力稳定具有序供应为目标，以有效缓解部分地区部分时段电力供应紧张为重点，对因电煤和气候等因素可能导致的供需形势变化要提前预判，及早谋划、尽早部署。要加快建立省外来电衔接协调机制，积极争取用电高峰时段省外来电，缓解我省电煤和电力供应压力。各发供电企业要统筹安排、科学组织发输变电设备设施检修，加强设备维护及时消除缺陷，压缩检修工期提高施工质量，确保在度夏前完成全部检修，杜绝设备带病入夏。各市要建立地方公用机组出力与当地网供负荷挂钩、企业自备机组出力与企业网供负荷挂钩考核机制，努力挖掘用电高峰时期地方机组发电出力。要进一步完善各类电力供应保障预案，按照“有保有限”原则编制较往年更加周密细致的有序用电方案，加强电力需求侧管理，限制高耗能、高污染行业用电需求，确保居民生活和重点用户电力供应。

附件：国家发展改革委关于做好 2010 年电力运行工作的通知

二〇一〇年三月五日

附件：

国家发展改革委关于做好 2010 年电力运行工作的通知

发改运行〔2010〕534 号

各省、自治区、直辖市发展改革委、经贸委(经信委、经委、工信委、工信厅)、物价局，中国电力企业联合会，国家电网公司、中国南方电网有限责任公司，中国华能集团公司、中国大唐集团公司、中国华电集团公司、中国国电集团公司、中国电力投资集团公司、中国三峡集团公司、中国神华集团公司、国家开发投资集团公司：

2009 年，各地经济运行部门和电力企业统筹安排，强化调节，实现了电力平稳运行，为保增长、调结构、促改革、惠民生做出了积极贡献。2010 年是继续应对国际金融危机、保持经济平稳较快发展、加快转变经济发展方式的关键一年。各地经济运行部门和电力企业要认真贯彻落实中央经济工作会议、全国发展改革会议的部署和要求，进一步加强电力运行调节，充分发挥需求侧管理的作用，为保持经济平稳较快发展，促进转变经济发展方式和结构调整提供可靠的电力保障。现就做好今年电力运行工作有关问题通知如下：

一、加强电力运行监测分析

电力需求变化是研判经济运行走势的重要指标。各地经济运行部门和电力企业要加强电力运行监测分析，为准确研判经济态势、调整和完善相关政策提供决策依据。

(一)各地经济运行部门要会同有关部门和企业，科学把握年度、季度、月度电力供需走势，着重加强重点季节、高峰时段供需形势的预测，对因一次能源供应、气候和自然灾害等因素可能导致的供需形势变化要提前预判。加强对本地区电力运行特别是电力需求变化的跟踪监测，着重掌握重点用电行业需求变化，及时分析变化原因。坚持和完善月度分析和报告制度，月度分析预测情况及时报我委经济运行调节局。

(二)行业协会、电力企业要配合我委和各地经济运行部门做好电力供需形势的预测和分析，及时提供电力运行信息和统计分析报告。国家电网公司和南方电网公司要加强对本供电营业区内电力需求变化的监测，做好供需形势预测，提出供需平衡的建议，并每月向我委提供监测分析报告。发电企业也要加强本企业生产运营情况的监测分析。

(三)中央电力企业要继续配合我委完善厂网协调例会机制，充分发挥机制在沟通情况、反映问题和研究政策等方面的积极作用。各地经济运行部门应根据工作需要完善本地区厂网协调机制。

二、强化电力生产运行的统筹安排和综合协调

受各种不确定因素影响，今年部分地区仍将存在电力供应紧张的可能。各地经济运行部门、电力企业应在科学分析判断供需形势的基础上，以确保运行平稳为目标，以有效缓解部分地区部分时段缺电为重点，更加注重发挥市场机制在资源配置中的积极作用，统筹做好年度平衡和综合协调工作。

(一)统筹年度电力电量平衡。在总量调控上，各地经济运行部门要会同有关方面做好本地区电力电量的需求预测，按照保障供需平衡、优化配置电能资源和促进节能减排的原则，积极安排符合国家能源战略和能源流向的区外来电或送电，落实大用户与发电企业直接交易试点电量，统筹制定本地区电力电量供需平衡方案。在生产组织上，各地经济运行部门要协商确定各类型发电机组的年度生产安排。全额安排可再生能源的上网电量；优先安排大型水电、核电、热电联产、资源综合利用机组发电；全面推行差别电量计划，确保低污染、高效燃煤发电机组的年利用小时数明显高于高污染、低效燃煤发电机组，燃煤发电机组中容量、参数接近的利用小时要基本公平。

在节能减排上，开展节能发电调度试点的地区要继续完善试点方案，结合本地区实际，妥善解决中小机组减发后暴露的矛盾和问题。各地要制定和完善规则，大力推进区内替代发电或发电权交易，有条件的地方可试行跨区域的替代发电或发电权交易。发电负荷率偏低的地区应在保障电网安全前提下，科学调度，公平有序安排机组上网，提高机组负荷率，降低燃煤消耗。外购电力也应根据本地区的情况，适当参与电网调峰。

（二）加强运行调节。各地经济运行部门要加强对年度电力电量平衡和各类型发电机组年度生产安排方案的监督检查，按照电力法律法规的规定及已制定的电力运行调度管理相关办法，强化电力运行考核，及时化解厂网矛盾，促进电力生产平稳运行。各地经济运行、价格主管部门要加强对交易电力、电量、价格的监管，防止市场壁垒，防止不符合国家能源战略和能源流向的电能交易，严禁虚假交易，促进电能交易规范有序进行。要定期召开电能交易信息披露会，通报电力供需形势，公布电力、电量交易情况，疏导相关矛盾。

国家电网公司、南方电网公司要积极配合我委及各地经济运行部门做好跨省区电能交易工作，完善跨省区电能交易的机制，优化跨省区送受电方案，特别要进一步增强应急意识，合理安排电网运行方式，增加应急供应能力，提高紧急情况下跨省区相互支援的能力，努力保障应急状态下的电力供需平衡。

（三）强化安全稳定运行。各地经济运行部门要组织有关方面加强电力设施保护，严厉打击盗窃破坏电力设施等违法行为，尽力消除施工作业及其他可能对输变电设施运行造成破坏的安全隐患，有效提高电网运行可靠性。要及时协调解决运行中出现的苗头性和倾向性问题，对于供需严重失衡以及有可能造成长时间、大范围缺电的情况，要及早采取措施并及时报告。电力企业要加强安全生产管理，强化厂网协商，充分利用负荷低谷的有利时机妥善安排发输变电设备检修。做好日常运行中设备的维护和保养，加强电力各专业的技术监督管理，及时发现并消除隐患，减少非计划停运次数和时间。电网企业要结合输变电设备和线路检修，统筹安排重点工程需要停电配合的计划，在迎峰度夏（冬）等重点时段要满足全接线、全方式运行的需要。

三、进一步推进电力需求侧管理

从根本上缓解电力供应紧张，需要在坚持增加有效供给的同时，围绕加快转变经济发展方式和经济结构调整，进一步加强需求侧管理，提高电能利用效率，抑制不合理需求。

（一）努力提高电能利用效率。我委即将出台《电力需求侧管理办法》，各地要做好贯彻落实工作，制定实施细则，加强能力建设和宣传引导，着重做好建立专项资金，组织实施节电项目工作。江苏、河北、广东、山西等开展电力需求侧管理较早的地区，要及时总结经验，积极探索适应新形势要求的工作机制和项目实施形式，促进电力需求侧管理工作再上新台阶。其他地区要学习和借鉴成功经验，加快建立适合本地区实际情况的工作机制，利用国家有关激励政策，以实施节电项目为手段，积极推动电力需求侧管理工作大力开展。

（二）优化电能资源配置。各地经济运行部门要认真贯彻落实党中央、国务院的部署和要求，围绕加快转变经济发展方式和经济结构调整，优化电能资源配置。无论电力供需是紧张还是宽松的地区，都要落实国家产业政策，将电能资源优先向国家鼓励发展、技术水平较高的产业和企业倾斜，促进节能减排和重点产业调整振兴。要会同有关部门研究制定淘汰落后产能、压缩高能耗、高排放企业和产能过剩企业用电的措施，细化工作方案，切实控制不合理的电力需求。

（三）修订完善有序用电方案。各地经济运行部门要根据今年经济增长预测，会向有关方面研究制定不同需求水平下的有序用电方案，着重保障迎峰度夏（冬）用电高峰季节和"两节"等重要活动时的电力供应，确保重点用电不受影响，特别是要把居民生活用电摆在第一位优先予以保障。

四、提高应急保障能力

（一）各地经济运行部门要按照国家有关规定，组织相关部门、电力企业和用户，完善大面积停电事故应急预案，重点强化应急机制。要加强预案演练，着重提高预案的适用性、及时性和可操作性。督促电网企业增加应急电源，督促重要用户落实自备保安电源，督促学校、商场、宾馆、机场、火车站等人员聚集场所备齐应急照明设施。

（二）电力企业要针对不同时期、不同地域的供需特点，联合开展应对突发事故的演习，增强应急能力。电力企业要配合有关地方政府及早制定上海世博会和广州亚运会期间电力保供方案，完善应急预案和应急物资，保证这两项重大活动供电的安全可靠。电网企业要加强与气象、水利、森林等部门的沟通和会商，加快输变电设施和线路新技术、新装备的研发应用，切实提高预防和应对自然灾害的能力。

五、修订电力法律法规

各地经济运行部门要不断总结依法行政的经验，针对电力运行中出现的新情况，更加注重运用法律手段实施运行调节，不断丰富电力运行方面的法律法规体系，提出立法建议。积极协助我委开展电力法律法规和部门规章的修订，及时反映现行法律法规执行中存在的问题，提出修改和完善的意见和建议。

各地经济运行部门、电力企业要针对今年电力运行的新形势，加强组织领导，创新工作思路，及时发现并解决运行中出现的各种矛盾和问题，为保持经济平稳较快发展，促进经济发展方式转变和经济结构调整提供可靠的电力保障。

1－95 山东省物价局 山东省经信委 济南电监办关于公布我省实行差别电价企业名单的通知

鲁价格发〔2010〕148号

各市物价局、经济和信息化委，山东电力集团公司：

为遏制我省高耗能行业盲目发展，促进经济发展方式转变和经济结构调整，根据国家发展改革委、国家电力监管委员会、国家能源局《关于清理对高耗能企业优惠电价等问题的通知》（发改价格〔2010〕978号）要求，自2010年6月1日起，将我省限制类企业执行电价加价标准提高到每千瓦时0.10元，淘汰类企业执行电价加价标准提高到每千瓦时0.30元。现将我省执行差别电价的企业名单和执行类别予以公布（见附件），请相关部门按照职责分工切实抓好差别电价政策的落实。

二〇一〇年七月二十三日

附件：

我省执行差别电价的企业名单和执行类别

企业名称	设备	分类
德州市恒大铸钢厂		淘汰类
双龙峪沙场		淘汰类
盛庄王庆海铁厂		淘汰类
王三岗水泥厂		淘汰类
宁阳县通宇钢铁有限公司		淘汰类
青州同达机械		淘汰类
枣庄市嘉泰金属有限公司		淘汰类
淄川鑫财铸铁厂		淘汰类
淄博泰冠物资有限公司		淘汰类
淄博金荣铸钢有限公司		淘汰类
山东广富集团公司	2 座炼钢 30 吨电炉	淘汰类
烟台塔峰实业有限公司	机立窑	淘汰类
烟台渤丰钢铁建材有限公司	3 座炼铁高炉	淘汰类
青州市兴旺水泥厂	4 座机立窑	淘汰类
东阿东昌水泥有限公司	5 座机立窑	淘汰类
胜利油田营海事业集团有限公司	2 座机立窑	淘汰类
禹城市兴达建材有限公司	3 座机立窑	淘汰类
山东鑫山铸业有限公司	2 座炼铁 128 高炉	淘汰类
临沂元生铸冶有限公司	铁合金 128 高炉	淘汰类

注：以上企业中列明设备的，该部分设备相应的用电量实行差别电价。

1 － 96　山东省物价局 山东省经信委 济南电监办 关于对超能耗标准企业实行惩罚性电价的通知

鲁价格发〔2010〕149 号

各市物价局、经济和信息化委，山东电力集团公司：

根据国家发展改革委、国家电力监管委员会、国家能源局《关于清理对高耗能企业优惠电价等问题的通知》（发改价格〔2010〕978 号）和省物价局、济南电监办《关于明确我省超耗能产品惩罚性电价政策的通知》（鲁价格发〔2010〕136 号）的规定，决定自 2010 年 7 月 1 日起，对能源消耗超过国家和我省规定的单位产品能耗限额标准的，实行惩罚性电价（具体企业和加价标准见附件），请认真贯彻执行。

附件：山东省实行超能耗惩罚性电价企业名单

二〇一〇年七月二十三日

附件：

山东省实行超能耗惩罚性电价企业名单

<table>
<tr><th>序号</th><th>企业名称</th><th>行业</th><th>产品单耗指标名称</th><th>单位</th><th>2009 年数据</th><th>国家限额</th><th>超出数</th><th>超国家限额比例</th><th>加价标准(元/千瓦时)</th></tr>
<tr><td>1</td><td>山东省滕州瑞达焦化有限公司</td><td>焦化</td><td>炼焦综合能耗</td><td>千克标准煤/吨焦</td><td>167</td><td>155</td><td>12</td><td>7.74%</td><td>0.02</td></tr>
<tr><td>2</td><td>山东世纪通泰焦化有限公司</td><td>焦化</td><td>炼焦综合能耗</td><td>千克标准煤/吨焦</td><td>188.1</td><td>155</td><td>33.1</td><td>21.35%</td><td>0.05</td></tr>
<tr><td>3</td><td>枣庄市江南道路水泥公司</td><td>建材</td><td>可比水泥综合能耗</td><td>千克标准煤/吨</td><td>119.2</td><td>118</td><td>1.2</td><td>1.02%</td><td>0.02</td></tr>
<tr><td>4</td><td>枣庄市山亭区凫山水泥厂</td><td>建材</td><td>可比水泥综合能耗</td><td>千克标准煤/吨</td><td>119.69</td><td>118</td><td>1.69</td><td>1.43%</td><td>0.02</td></tr>
<tr><td>5</td><td>枣庄市东方水泥制造有限公司</td><td>建材</td><td>可比水泥综合能耗</td><td>千克标准煤/吨</td><td>159.97</td><td>118</td><td>41.97</td><td>35.57%</td><td>0.10</td></tr>
<tr><td>6</td><td>山东圣火旭龙煤化工有限公司</td><td>焦化</td><td>炼焦综合能耗</td><td>千克标准煤/吨焦</td><td>254.6</td><td>155</td><td>99.6</td><td>64.26%</td><td>0.20</td></tr>
<tr><td rowspan="3">7</td><td rowspan="3">济宁山水水泥有限公司</td><td rowspan="3">建材</td><td>可比熟料综合能耗</td><td>千克标准煤/吨</td><td>136</td><td>134</td><td>2</td><td>1.49%</td><td rowspan="3">0.02</td></tr>
<tr><td>可比熟料综合能耗</td><td>千克标准煤/吨</td><td>126</td><td>125</td><td>1</td><td>0.80%</td></tr>
<tr><td>可比水泥综合能耗</td><td>千克标准煤/吨</td><td>115</td><td>109</td><td>6</td><td>5.50%</td></tr>
<tr><td>8</td><td>山东济宁盛发焦化有限公司</td><td>焦化</td><td>炼焦综合能耗</td><td>千克标准煤/吨焦</td><td>208</td><td>155</td><td>53</td><td>34.19%</td><td>0.10</td></tr>
<tr><td>9</td><td>微山同泰焦化有限公司</td><td>焦化</td><td>炼焦综合能耗</td><td>千克标准煤/吨焦</td><td>185</td><td>155</td><td>30</td><td>19.35%</td><td>0.05</td></tr>
<tr><td>10</td><td>泰安鲁珠水泥有限公司</td><td>建材</td><td>可比水泥综合能耗</td><td>千克标准煤/吨</td><td>115.97</td><td>105</td><td>10.97</td><td>10.45%</td><td>0.05</td></tr>
<tr><td>11</td><td>临沂沂蒙山焦化有限公司</td><td>焦化</td><td>炼焦综合能耗</td><td>千克标准煤/吨焦</td><td>181</td><td>155</td><td>26</td><td>16.77%</td><td>0.05</td></tr>
<tr><td>12</td><td>山东盛阳集团有限公司</td><td>焦化</td><td>炼焦综合能耗</td><td>千克标准煤/吨焦</td><td>265</td><td>155</td><td>110</td><td>70.97%</td><td>0.20</td></tr>
<tr><td>13</td><td>沂州集团有限公司</td><td>建材</td><td>可比水泥综合能耗</td><td>千克标准煤/吨</td><td>111</td><td>109</td><td>2</td><td>1.83%</td><td>0.02</td></tr>
<tr><td>14</td><td>临沂北方焦化有限公司</td><td>焦化</td><td>炼焦综合能耗</td><td>千克标准煤/吨焦</td><td>212</td><td>155</td><td>57</td><td>36.77%</td><td>0.10</td></tr>
<tr><td>15</td><td>临沂恒昌焦化股份有限公司</td><td>焦化</td><td>炼焦综合能耗</td><td>千克标准煤/吨焦</td><td>183.94</td><td>155</td><td>28.94</td><td>18.67%</td><td>0.05</td></tr>
<tr><td>16</td><td>临沂高利峰焦化有限公司</td><td>焦化</td><td>炼焦综合能耗</td><td>千克标准煤/吨焦</td><td>210.4</td><td>155</td><td>55.4</td><td>35.74%</td><td>0.10</td></tr>
</table>

17	德州晶华集团（平原）大坝水泥有限公司	建材	可比熟料综合能耗	千克标准煤/吨	170.2	125	45.2	36.16%	0.10
			可比熟料综合能耗	千克标准煤/吨	170.4	134	36.4	27.16%	

1－97　山东省物价局　山东省经信委　济南电监办关于对超能耗标准企业（第二批）实行惩罚性电价的通知

鲁价格发〔2010〕159 号

各市物价局、经济和信息化委，山东电力集团公司：

根据国家发展改革委、国家电力监管委员会、国家能源局《关于清理对高耗能企业优惠电价等问题的通知》(发改价格〔2010〕978 号)和省物价局、济南电监办《关于明确我省超耗能产品惩罚性电价政策的通知》(鲁价格发〔2010〕136 号)的规定，决定自 2010 年 8 月 1 日起，对能源消耗超过国家和我省规定的单位产品能耗限额标准的企业(第二批)，实行惩罚性电价(具体企业和加价标准见附件)，请认真贯彻执行。

附件：山东省实行超能耗惩罚性电价企业(第二批)加价标准

二〇一〇年七月二十三日

附件：

山东省实行超能耗惩罚性电价企业（第二批）加价标准

序号	企业名称	行业	产品单耗指标名称	单位	2009年				加价标准
					数据	限额	超出数	超限额	元 / 千瓦时
青岛									
1	双星集团责任有限公司	化工	轮胎单位产品综合能耗	千克标准煤 / 吨橡胶	1356.6	1290	66.6	5.16%	0.02
2	青岛黄海橡胶股份有限公司	化工	轮胎单位产品综合能耗	千克标准煤 / 吨橡胶	1396.85	1290	106.85	8.28%	0.02
淄博									
3	山东晨龙纸业股份有限公司	造纸	新闻纸单位产品综合能耗	千克标准煤 / 吨	621	420	201	47.86%	0.10
枣庄									
4	枣庄市永兴水泥有限公司	建材	可比熟料综合电耗	千瓦时 / 吨	75	70	5	7.14%	0.02
东营									
5	山东垦利石化有限责任公司	石油炼制	单位能量因数能耗	千克标准油 / 吨因数	15.08	14	1.08	7.71%	0.02
济宁									
6	淄博矿业集团有限责任公司葛亭煤矿	煤炭	吨原煤生产电耗	千瓦时 / 吨	32.68	25	7.68	30.72%	0.10
7	淄博岱庄煤矿	煤炭	吨原煤生产电耗	千瓦时 / 吨	31.6	25	6.6	26.40%	0.05
8	山东东山王楼煤矿有限公司	煤炭	吨原煤生产综合能耗	千克标准煤 / 吨	6.88	5.2	1.68	32.31%	0.10
			吨原煤生产电耗	千瓦时 / 吨	56	25	31	124.00%	0.30
9	山东省七五生建煤矿	煤炭	吨原煤生产综合能耗	千克标准煤 / 吨	8.37	5.2	3.17	60.96%	0.20
			吨原煤生产电耗	千瓦时 / 吨	28	25	3	12.00%	0.05
泰安									
10	泰安市鼎泰水泥有限公司	建材	可比水泥综合电耗	千瓦时 / 吨	102.42	100	2.42	2.42%	0.02

临沂									
11	临沂博林建材有限公司	钢铁	吨铁综合能耗	千克标准煤 / 吨	919.7	570	349.7	61.35%	0.20
12	临沂翔诚钢铁有限公司	钢铁	吨铁综合能耗	千克标准煤 / 吨	1043	570	473	82.98%	0.20
13	山东常林铸业有限公司	铸造	冲天炉金属炉料焦耗	千克标准煤 / 吨	173	126	47	37.30%	0.10
14	沂南三汇玻璃有限公司	轻工	日用玻璃综合能耗	千克标准煤 / 吨	483.7	380	103.7	27.26%	0.05
15	临沂市阳都水泥有限公司	建材	可比水泥综合电耗	千瓦时 / 吨	110	107	3	2.80%	0.02
德州									
16	齐河冠军纸业有限公司	造纸	书写纸胶版纸能耗	千克标准煤 / 吨	510	500	10	2.00%	0.02
聊城									
17	冠县新瑞木业有限公司	轻工	纤维板单位产品综合能耗	千克标准煤 / 立方米	259.7	200	29.7	29.85%	0.05
18	临清福人北方木业有限公司	轻工	纤维板单位产品综合能耗	千克标准煤 / 立方米	225	200	25	12.50%	0.05
菏泽									
19	单县天元纸业有限公司	轻工	书写印刷用纸单位产品综耗	千克标准煤 / 吨	501	420	81	19.29%	0.05
20	山东新巨龙能源有限公司	煤炭	吨原煤生产电耗	千瓦时 / 吨	37.05	31	6.05	19.52%	0.05

注：同一企业综合能耗和电耗都超限额标准的，按照电耗超限额标准幅度的加价标准执行。

1－98 山东省经济和信息化委员会转发工业和信息化部关于加强汽车产品质量建设促进汽车产业健康发展的指导意见的通知

鲁经信函字〔2010〕58号

各市经信委(经贸委、经委):

为进一步加强汽车产品质量建设，全面提高汽车产品质量信誉，促进我国汽车产业健康发展，工业和信息化部印发了《工业和信息化部关于加强汽车产品质量建设促进汽车产业健康发展的指导意见》(工信部装〔2010〕100号)，现将文件转发给你们，请尽快传达到车辆生产企业，督导企业抓好贯彻落实。

附件：工业和信息化部关于加强汽车产品质量建设促进汽车产业健康发展的指导意见

二〇一〇年三月三十日

附件：

工业和信息化部关于加强汽车产品质量建设促进汽车产业健康发展的指导意见

工信部装〔2010〕100号

各省、自治区、直辖市、计划单列市及新疆生产建设兵团工业和信息化主管部门，有关中央管理企业，汽车行业协会：

为进一步加强汽车产品质量建设，全面提高汽车产品质量信誉，促进我国汽车产业健康发展，特制定本指导意见。

一、加强汽车产品质量建设的重要意义

汽车产业是国民经济重要的支柱产业，在国民经济和社会发展中发挥着重要作用。进入21世纪以来，我国汽车产业高速发展，形成了多品种、全系列的各类整车和零部件生产和配套能力。2009年，我国汽车产业在应对国际金融危机中实现平稳较快发展，全年汽车销售1364万辆，同比增长46%。我国已经成为世界汽车生产和消费大国。但同时也应看到，我国汽车产业依然存在核心技术缺失、自主创新能力弱、管理水平亟待提高等问题，一些企业存在重产能扩张、轻技术研发，重成本控制、轻质量管理等现象，有的甚至给消费者、社会公共安全带来隐患。在汽车产业快速发展的过程中，尤其要更加重视产品质量保障体系建设和人才队伍建设。

当前,我国汽车产业在国家政策的支持下，正处于快速发展的关键时期，必须深入贯彻落实科学发展观，坚持走中国特色新型工业化道路，加快经济发展方式转变和结构调整，及时总结和汲取世界汽车产业发展的经验和教训，采取有力措施，切实加强汽车产品质量建设，全面提高汽车产品质量信誉，促进汽车产业由大变强、健康发展。

二、进一步落实企业抓质量工作的主体责任

（一）汽车生产企业要牢固树立“质量至上”意识，建立汽车产品质量责任制，纳入考核体系。切实提高汽车产品的品质管理和品质保证能力，将加强产品质量建设作为企业发展规划的重要内容，将汽车产品质量主体责任意识融入到企业文化中，落实在经营活动中，进一步树立“品牌”意识，加快建立企业质量诚信体系。

（二）汽车生产企业要积极学习借鉴国际先进质量管理体系建设经验，不断完善产品质量管理体系。在汽车行业全面推行建立GB/T19000质量管理体系，汽车整车生产企业在2010年底前全部贯标，进而对配套件生产企业提出贯标的要求，不断提高产品合格率和出厂产品的可靠性。要强化供应链管理，建立汽车配套产品质量认证等管理制度，加强对配套件企业质量保障能力的评价和审核。

（三）汽车生产企业要加强企业全面质量管理。建立产品质量会员教育、全员参与制度，开展质量管理合理化提案活动。对生产过程和售后服务中发现的产品质量问题要及时研究分析和沟通，不断改进、提高汽车产品设计、生产、销售、服务全过程质量管理水平。

（四）汽车生产企业要加大技术升级和新技术研发力度，加强信息化建设，以信息化手段提升产品质量。积极采用新技术、新工艺、新设备、新材料，不断改善品种、提高质量，防止盲目扩大生产能力。要提高汽车产品和关键零部件的检测能力，结合生产线改造，增加在线检测设备。

（五）汽车生产企业要加强汽车产品售后服务。加大对消费者正确使用汽车产品的培训和指导，增强消费者汽车质量安全意识。发展和完善修配、保养等多种服务，扩大服务范围，提高服务质量。

（六）汽车生产企业要建立质量风险预警和防范体系。建立产品追溯、召回、申投诉处理和安全事故的责任追究制度。严格执行《缺陷汽车产品召回管理规定》，及时召回、处理缺陷汽车产品。建立对消费者高度负责的危机处理机制，提高对危机的迅速反应和处理能力，保持与媒体的充分沟通。

（七）汽车生产企业要加强出口产品适应性试验和售后服务体系建设，充分了解出口国标准、法规、文化和习俗等情况，增强与当地社会的沟通融合，积极创造可持续的发展环境。

（八）汽车生产企业要制定质量管理人才培养计划，加强质量管理人才队伍建设，为建立企业产品质量管理体系提供人才保障。

三、建立健全汽车产品质量监管体系

（一）完善标准法规体系。加强汽车行业安全和节能环保标准和技术规范的研究和制修订工作。以先进、科学的标准和技术法规促进汽车产品质量和技术水平的提升。加大新标准的宣贯力度，建立国内外汽车行业标准法规信息平台，为企业提供服务。

（二）严格汽车生产企业和产品准入，加强《车辆生产企业及产品公告》管理。符合准入管理制度规定和相关法规、技术规范强制性要求的汽车产品，登录《车辆生产企业及产品公告》。进一步完善汽车产品准入管理制度，积极创造条件开展生产一致性监督管理。

（三）加强公共检测机构能力建设。大力加强第三方质量检测机构的汽车产品强制性标准检测能力建设和质量事故鉴定能力建设，不断完善产品质量评价方法和评价体系。加强公共检测机构公信力建设，强化服务意识。加强对汽车产品检测机构的监督管理。

（四）建立汽车行业质量信息公示制度。汽车行业主管部门要积极研究建立汽车产品质量信息发布平台，实施对汽车产品质量信息动态管理。建立企业质量诚信监管体系，切实保护诚实守信的企业，制约和惩戒失信企业和失信行为。

（五）各级汽车行业管理部门要高度重视

汽车产品质量工作，把提高汽车产品质量作为促进汽车产业可持续发展的重要举措。结合实际，建立统一部署、职责明确、分工协作、合力推进的工作机制。积极配合质检、工商等执法部门开展质量监督，进一步净化市场公平竞争环境，督促企业履行质量责任，维护消费者合法权益。

四、加强行业自律和社会舆论监督

（一）汽车行业协会要加强行业自律。积极研究、总结、推广国内外汽车行业质量管理先进经验。受理、收集汽车用户质量投诉信息以及汽车产品质量检测、质量事故处理信息，及时向汽车行业管理部门和相关企业提出意见、建议。

（二）充分发挥社会舆论监督的作用，加强汽车产品质量宣传报道,营造企业重视质量、重视品牌、重视服务的社会氛围。

各省、自治区、直辖市、计划单列市及新疆生产建设兵团工业和信息化主管部门应及时将本指导意见传达到本地区内汽车生产企业，并督促本地区汽车生产企业切实加强汽车产品质量建设，不断提高汽车产品质量管理水平。

二〇一〇年三月十四日

1 － 99　山东省经济和信息化委员会关于公布2010年度山东省重点领域首台（套）技术装备及企业名单的通知

鲁经信装字〔2010〕375号

各市经信委、财政局，省财政直管县（市）经贸局、财政局，省属有关企业：

根据《山东省人民政府办公厅关于转发省财政厅等部门山东省重点领域首台（套）技术装备财政扶持办法（试行）的通知》（鲁政办发〔2009〕132号）和《关于印发2010年度山东省重点领域首台（套）技术装备项目申报指南的通知》（鲁经信装字〔2010〕146号）要求，省经济和信息化委和省财政厅组织专家，对各单位提报的2010年度重点领域首台（套）技术装备项目进行了审核认定，有96家企业申报的97项装备产品符合首台(套)条件，现将2010年度山东省重点领域首台（套）条件的技术装备及企业名单予以公布（见附件）。

各单位要认真总结重点领域首台（套）技术装备企业在新产品、新技术开发创新方面的好经验、好做法，引导装备生产企业加强技术创新，增强核心竞争力。同时，要指导重点领域首台（套）技术装备企业搞好新产品宣传，大力开拓市场，支持企业加快首台（套）技术装备产业化，尽快形成规模优势，为全省经济发展和工业结构调整贡献力量。

附件：2010年度山东省重点领域首台(套）技术装备及企业名单

二〇一〇年八月二日

附件：

2010年度山东省重点领域首台（套）技术装备及企业名单

序号	项目名称	项目单位	类别
	合计	97	
	市小计	82	
	济南	7	
1	φ2.6×20m脱硫石膏干燥机	济南重工股份有限公司	省内首台（套）
2	交流1100kV套管用空心复合绝缘子	山东彼岸电力科技有限公司	国内首台（套）
3	OSFSZ9(10)-180000/220低损耗有载调压自耦变压器	济南变压器集团股份有限公司	国内首台（套）
4	基于连续运行的无污染生物质气化机组	山东百川同创能源有限公司	国内首台（套）
5	YS-DYB溢流染色机	济南元首针织股份有限公司	国内首台（套）
6	磁控电抗器	山东爱普电气设备有限公司	省内首台（套）
7	矿用无线通讯系统KT105A	济南蓝动激光技术有限公司	国内首台（套）
	青岛	2	
1	PLWG极瓷无负压给水设备	青岛三利集团有限公司	国内首台(套)
2	全自动多层螺旋发热线生产线ADF-1	青岛市琴岛电器有限公司	省内首台（套）
	淄博	7	
1	8300型600KW瓦斯气发电机组	淄博淄柴新能源有限公司	省内首台（套）
2	TDR型辐射进料泵	山东长志泵业有限公司	省内首台(套)
3	HD8-108×2型三滴料行列式制瓶机	山东三金玻璃机械股份有限公司	国内首台(套)
4	RCCW废纸脱墨制浆工艺及成套技术装备	淄博国信轻工机械有限公司	省内首台（套）
5	智能型乳化液泵站	淄博市博山防爆电器厂有限公司	省内首台(套)
6	14MeV双光子中能医用电子直线加速器XHA14000	山东新华医疗器械股份有限公司	国内首台（套）
7	玻璃针筒成型机	山东淄博民康药业包装有限公司	国内首台（套）
	枣庄	4	
1	RLZ-8800型燃料在线专用分析仪	山东鲁南瑞虹化工仪器有限公司	省内首台（套）
2	X706立卧式铣镗床	山东威能数字机器有限公司	省内首台（套）

序号	项目名称	项目单位	类别
3	XYJ 立式轮辐旋压机	枣庄运达机床有限公司	省内首台（套）
4	DYTL 型多功能一体化油田水处理器	山东海吉雅环保设备有限公司	省内首台（套）
	东营	4	
1	9000m 超深井石油钻机 ZJ90/5850DB	山东科瑞石油装备有限公司	国内首台（套）
2	钢连续抽油杆地面作业成套装备 SG5320TLC 型	胜利油田孚瑞特石油装备有限责任公司	省内首台（套）
3	6 万 m3/h 煤矿通风瓦斯（乏风）氧化装置 VAM60	胜利油田胜利动力机械集团有限公司	国内首台（套）
4	QTZ5610 塔式起重机	胜利油田东方实业投资集团有限责任公司	省内首台（套）
	烟台	8	
1	DF1900 变电站自动化系统	东方电子股份有限公司	省内首台(套)
2	核电用 AP1000HZS180 混凝土搅拌站	方圆集团有限公司	国内首台(套)
3	全降解材料制品关键技术及成套装备	山东九发生物降解工程有限公司	国内首台(套)
4	热致相分离聚丙烯微孔膜装置（MBR）	山东招金膜天有限责任公司	国内首台(套)
5	节能宽幅钢格网板自控压阻焊机 GZY-Ⅱ -2400A-1.25	烟台新科钢结构有限公司	省内首台(套)
6	陶瓷制品专用大型自动化真空离子镀膜设备	龙口市比特真空技术有限公司	国内首台(套)
7	脱硫真空过滤机 MS-102	核工业烟台同兴实业有限公司	国内首台(套)
8	岩屑回注成套设备	烟台杰瑞石油服务集团股份有限公司	国内首台（套）
	潍坊	8	
1	雷沃欧豹 TN2654 大型轮式拖拉机	福田雷沃国际重工股份有限公司	国内首台（套）
2	HG452- Ⅱ多色胶印机	潍坊华光精工设备有限公司	省内首台（套）
3	LHF-1000 型连续式粉体表面改性包覆机	潍坊正远粉体工程设备有限公司	省内首台（套）
4	48-10-9 型全自动高速回转式贴标机	潍坊现代科技发展有限公司	国内首台（套）
5	D53K 全自动数控径轴向辗环机	诸城市圣阳机械有限公司	省内首台(套)
6	印染中水回用装置，型号为 YWDH-500，规格为 500 吨 / 日	山东省高密蓝天节能环保科技有限公司	省内首台（套）
7	CXST-400 极低品位戈壁滩沙铁矿磁选生产线	山东科力华电磁设备有限公司	国内首台(套)
8	前置前驱 8 挡自动变速器（8AT）	盛瑞传动股份有限公司	国内首台（套）

序号	项目名称	项目单位	类别
	济宁	6	
1	动态循环低温蒸发浓缩成套设备 DXNS-300-1	济宁金百特工程机械有限公司	国内首台（套）
2	无模板异形封头旋边机系列产品	山东水泊焊割设备制造有限公司	省内首台（套）
3	SDJ- Ⅰ型蒸汽烫毛生猪屠宰生产线	济宁兴隆食品机械制造有限公司	省内首台（套）
4	300t/d 棉籽生产提酚低温棉蛋白工艺及设备	济宁市机械设计研究院	省内首台（套）
5	双轴取向高强度数控经纬网生产线	山东通佳机械有限公司	国内首台（套）
6	ITL-YZFXCA 野战光缆放线收发综合车	山东英特力光通信开发有限公司	国内首台（套）
	泰安	5	
1	250000/500 单相自耦电力变压器	泰安泰山电气有限公司	省内首台（套）
2	DGY70H 型履带式吊管机	泰安泰山工程机械股份有限公司	国内首台（套）
3	JKMD-2.25×4(Ⅰ)型落地式多绳摩擦提升机	山东泰山天盾矿山机械有限公司	省内首台（套）
4	330kV 隔离开关	山东泰开隔离开关有限公司	省内首台（套）
5	WD43M-60×3000 大型精密高强板料矫平机	泰安华鲁锻压机床有限公司	国内首台（套）
	威海	8	
1	BQK1626/8 数控液压双卡轴旋切机	山东百圣源集团有限公司	国内首台(套)
2	MGV-200 废食品回收处理机	山东名流实业集团有限公司	国内首台(套)
3	DMGZ 高效节能粉碎调浆一体化成套设备	威海远航科技发展股份有限公司	国内首台(套)
4	粗煤泥分级用大直径旋流器，FX1000mm	威海市海王旋流器有限公司	省内首台(套)
5	WGBD08 型机场摆渡车	威海广泰空港设备股份有限公司	国内首台(套)
6	镀锌线连续退火炉专用离心鼓风机	文登市威力风机有限公司	省内首台(套)
7	2MKZ95160 数控立式万能磨床	威海华东数控股份有限公司	国内首台(套)
8	千吨级碳纤维生产线成套设备	威海拓展纤维有限公司	国内首台(套)
	日照	3	
1	MCHJ20 高档大米成套设备	山东同泰集团股份有限公司	省内首台（套）
2	RZH-TSR-I 全自动插件机	日照普乐特电子设备有限公司	国内首台（套）
3	多功能活塞加工专用数控车床	日照双港机械电子有限公司	国内首台（套）

序号	项目名称	项目单位	类别
	莱芜	1	
1	系列快速定量装车站自动控制系统	山东莱芜煤矿机械有限公司	省内首台（套）
	滨州	4	
1	机械防坠式立体停车设备	山东齐星铁塔科技股份有限公司	省内首台（套）
2	高效节能粗选压力筛 ZSLs-2.0	山东杰锋机械制造有限公司	省内首台（套）
3	850KW 成套风力发电机组 cxwp-s-70/850	山东长星集团有限公司	国内首台(套)
4	DA40D 飞机	山东滨奥飞机制造有限公司	国内首台(套)
	德州	5	
1	节能高效快速压滤机	景津压滤机集团有限公司	国内首台（套）
2	TCK21100G 大型数控深孔车镗床	山东普利森集团有限公司	省内首台（套）
3	LSBLGM 型满液式水冷冷水机组	贝莱特空调有限公司	国内首台（套）
4	SRBLG510 水源热泵机组	德州亚太集团有限公司	省内首台（套）
5	CK61200G 数控重型卧式车床	德州德隆（集团）机床有限责任公司	省内首台（套）
	聊城	3	
1	高效液相制备轴向加压层析柱装备	聊城万合工业制造有限公司	国内首台（套）
2	XMF07 型煤成套设备	山东创新腐植酸科技有限公司	省内首台（套）
3	BH- 影像测量仪	高唐县波海精密机械有限公司	省内首台（套）
	临沂	4	
1	SC230.8 液压挖掘机	山东力士德机械有限公司	国内首台（套）
2	智能多功能挖掘机 CT18	山东卡特重工有限公司	省内首台（套）
3	YJPQ(W)91 型全密封位移式六面喷漆立体干燥自动线	蒙阴银进机械制造有限公司	省内首台（套）
4	纯电动双层城市客车 SDL6110EVSG	山东沂星电动汽车有限公司	省内首台（套）
	菏泽	3	
1	GXFM-10/4000-Z 共箱封闭母线	山东达驰阿尔发电气有限公司	省内首台（套）
2	免烧数控液压制砖机 MYY8-15 型	山东恒祥机械有限公司	省内首台(套)
3	SFSZ11-120000/220 电力变压器	山东达驰电气有限公司	省内首台（套）
	省属企业	8	

序号	项目名称	项目单位	类别
1	SER22 履带式旋挖钻机	山推工程机械股份有限公司	国内首台（套）
2	JCM921F 履带式全液压挖掘机	山重建机有限公司	国内首台（套）
3	EBZ160 型悬臂式掘进机	兖矿集团有限公司	省内首台（套）
4	污泥高效节能脱水设备	山东恒冠化工科技有限公司	国内首台（套）
5	车架纵梁柔性生产线	济南铸造锻压机械研究所有限公司	国内首台（套）
6	MZ 系列螺旋钻进式采煤机	枣庄矿业（集团）有限责任公司	国内首台（套）
7	生物质干馏裂解釜	枣庄矿业（集团）有限责任公司	国内首台（套）
8	2MK7125A 型数控可转位刀片周边磨床	济南第六机床厂	国内首台(套)
	省直管县	7	
	莱阳		
1	HDT5420THB-52/5 混凝土泵车	山东鸿达建工集团有限公司	省内首台（套）
	鄄城		
1	YGL 型油页岩干馏炉	山东博奥华干馏炉研发有限公司	省内首台（套）
	安丘		
1	生物质锅炉除尘器 /SDMC 型	潍坊天洁环保科技有限公司	省内首台（套）
	惠民		
1	RPC2512 机器人等离子坡口空间切割工作站	山东力丰飞洋工业自动化设备有限公司	省内首台（套）
	利津		
1	水力螺杆泵 YLB-108-50	山东大东联石油设备有限公司	国内首台（套）
	庆云		
1	4YB-6 型自走式玉米联合收获机	山东庆云颐元农机制造有限公司	国内首台（套）
	荣成		
1	大型客滚船	黄海造船有限公司	国内首台（套）

1 － 100　山东省财政厅关于印发《山东省新能源汽车关键零部件财政扶持暂行办法》的通知

鲁财建〔2010〕72号

各市财政局，各省财政直接管理县（市）财政局：

根据《山东省新能源汽车示范推广财政扶持办法（试行）》要求，我们研究制定了《山东省新能源汽车关键零部件财政扶持暂行办法》，现印发给你们，请遵照执行。执行中如有问题，请及时反映。

二〇一〇年六月二十九日

山东省新能源汽车关键零部件财政扶持暂行办法

第一条　为加快推进新能源汽车关键零部件产业化，按照省政府办公厅《关于推进新能源汽车产业发展的若干意见》（鲁政办发〔2009〕64号）和《山东省新能源汽车示范推广财政扶持办法（试行）》（鲁政办发〔2009〕130号）要求，省财政设立新能源汽车关键零部件扶持资金。为加强资金管理，提高资金使用效益，特制订本办法。

第二条　本办法所称新能源汽车关键零部件是指用于混合动力汽车、纯电动汽车、燃料电池汽车的关键零部件。

第三条　新能源汽车关键零部件主要包括：

（一）机电耦合驱动系统、电驱动系统，包括电机本体、电机控制器、混合动力发动机和变速器集成、电机控制器及其与变速器集成。

（二）电能蓄/供系统，包括车用动力蓄电池单体、车用动力电池单体、电池组、电池组管理系统、超级电容器、超级电容器管理系统。

（三）整车控制器、CAN总线传输系统、电连接通断系统、交流/变压系统、车载充电系统。

第四条　扶持资金的使用坚持鼓励创新、突出重点、注重实效的原则。

第五条　财政支持方式：

（一）对企业生产的新能源汽车关键零部件新产品，以及关键零部件技术达到国内领先水平的产业化项目，省财政给予资金扶持。

（二）对新能源汽车关键零部件产品被列入国家新能源汽车目录的整车生产企业采购使用的，省财政给予一次性奖补。

第六条　申请扶持的新能源汽车关键零部件生产企业应符合下列条件：

（一）在省内注册并具有法人资格的企业。

（二）企业具有相应的产品和技术研发能力，产品有自主知识产权，研发投入不低于销售收入的3%，具有产业化和为新能源汽车配套的能力。

（三）建设项目符合国家产业政策及有关管理规定，经过省（市）投资主管部门批准备案，产品符合安全、环保、节能有关标准、规定，项目工艺技术水平高，预期效益好。

（四）产品技术达到国内领先水平，拥有完整的知识产权，具有一定规模和产业化能力，发展前景好。

（五）产品与技术成熟先进，并经过权威机构或部门鉴定、检测合格，本公司产品质量保障不低于同行业三包规定，并有稳定的客户源，需求增长明显。

第七条 申请扶持的新能源汽车关键零部件企业应提交如下材料：

（一）企业基本情况。包括总资产、技术力量及技术开发投入、知识产权情况、上一年度企业生产经营情况、产品生产销售情况、主要客户及销售量等。

（二）项目情况。项目内容、产业化前景、现有研发与生产条件、管理水平、技术路线、产品产业化方案、产品技术与市场分析、经济效益与社会效益评述、风险分析、项目建设起止时间、总投资及构成。

（三）产品购销合同。与列入国家新能源汽车目录的整车生产企业或为低速新能源汽车配套的企业签订的产品销售合同及已开具的销售发票。

（四）有关证明文件：

1、在省内注册的单位法人营业执照，所用新技术知识产权及省级以上水平认定证书复印件；

2、投资主管部门批准文件，环境保护部门批复意见及已投资情况证明材料；

3、上年度经社会中介机构审计的资产负债表、损益表、现金流量及上年度企业完税证明等复印件。

第八条 各市财政局和经济和信息化主管部门对企业资金申请报告审核确认后，于每年4月30日前报省财政厅、省经济和信息化委。

第九条 省财政厅会同省经济和信息化委组织专家对申报材料进行统一评审后，报省工业调整振兴联席会议确定享受扶持的企业名单。

第十条 申请资金补助的企业和单位要对申报材料的真实性负责，对补助的资金要专款专用，切实加强管理，确保资金发挥应有的效益。

第十一条 省将组织力量对补助资金使用情况进行重点检查，跟踪问效，对弄虚作假、骗取财政补助资金的，将扣回补助资金，并取消今后申报资格。对截留、挪用补助资金的，严格按照《财政违法行为处罚处分条例》（国务院第427号）规定，依法追究有关单位和人员的责任。

第十二条 本办法由省财政厅负责解释。

第十三条 本办法自公布之日起实施。

1－101 山东省经济和信息化委员会关于贯彻鲁发〔2010〕10号文件精神加快全省工业和信息化发展方式转变的意见

鲁经信综字〔2010〕298号

各市经济和信息化委，省有关行办、协会：

为深入贯彻落实省委、省政府《关于加快经济发展方式转变若干重要问题的意见》（鲁发〔2010〕10号，以下简称《意见》），坚决打好工业和信息化领域转方式调结构这场硬仗，现提出以下意见，请结合各自实际，认真组织实施。

一、坚决贯彻《意见》要求，进－步把经信工作中心集中到转方式调结构上来

加快经济发展方式转变是深入贯彻落实科学发展观的重要目标和战略举措，是我国经济领域的深刻变革，是应对国内外环境变化的必然选择，是经济发展的重大机遇，关系改革开放和社会主义现代化建设全局。党中央、国务

院对此高度重视，突出强调要痛下决心、狠下功夫，坚决打好转方式调结构这场硬仗。省委、省政府认真贯彻落实中央这一重大决策部署，在广泛深入调查研究、听取各方面意见建议的基础上，制定出台了《意见》。《意见》立足当前国际国内经济形势和我省发展阶段性特征在明确了我省加快经济发展方式转变的目标任务、基本要求和工作重点，对全省加快转变发展方式、推进结构调整具有重要的引领意义和指导作用。

工业在我省国民经济中具有十分重要的地位。经过三十多年的改革开放，我省工业经济发展取得了巨大成就，门类比较齐全，总量位居全国前列，拥有一批在国内外有影响的大型企业集团。但结构不合理，产业层次低，大而不强一直是我省工业发展的软肋。如果不加快转变发展方式，我省工业发展代价会越来越大，空间会越来越小，道路会越走越窄。《意见》从推进工业优化升级、培育重大产业项目、引导支持产业和企业发展、提高企业自主创新能力、发展园区经济、强力推进节能减排、创新资源利用模式、培育低碳绿色经济增长点等方面，对转变工业发展方式明确了目标任务，提出了具体要求，寄予了殷切期望。

全省经信系统要认真学习领会《意见》精神，深刻把握加快经济发展方式转变的重大意义、总体要求、目标任务和工作重点，进一步增强紧迫感和责任感，坚决把思想和行动统一到省委、省政府的决策部署上来，把整个工作重心集中到加快转方式调结构上来，以时不我待、只争朝夕的精神，坚定不移转方式，扎扎实实调结构，科学持续促增长，加快推动我省工业由大变强。

二、狠抓技术改造，大力促进传统产业转型升级

技术改造投资省、技术新、见效快、效益好，是我国工业发展的宝贵经验，也是加快转方式调结构最直接、最有效的手段。

（一）抓好传统优势产业改造提升。传统优势产业是我省工业的基础，要以实施高端高质高效产业发展战略为引领，认真落实产业调整振兴规划，全面提升产业整体水平和附加值。重点围绕汽车、船舶、成套设备、家电、食品、造纸、服装纺织、石化、盐化、煤化等特色优势产业，引导企业采用高新技术、先进设备和现代管理手段实现工艺装备、产品和生产方式的优化升级。以国家和省重点产业调整振兴配套项目、6大类1000个项目等为重点，大力抓好重点技改项目的组织实施，确保早投产、早见效，形成新的增长点和核心竞争力。

（二）抓好产业链延伸。推动产业由低端向高端延伸，尽可能地拉长产业链条，真正做到“吃干榨尽”。各市、各行办协会要根据我省现状和产业优势，尽快拿出产业链延伸意见。要采取有针对性的措施，发展壮大产业集群，增强产业配套能力，把传统产业做大做强。近期要加快培育170个过50亿元、100个过100亿元的产业集群。

（三）抓好工业园区建设。结合贯彻实施省委、省政府重点区域带动战略，抓好黄河三角洲高效生态经济区、山东半岛蓝色经济区、胶东半岛高端产业聚集区等重点区域的工业园区建设，引导区域重点产业和生产要素向园区集中，做大做强做出特色。组织开展好省级新型工业化产业示范基地创建活动，以点带面、推动全局，引导产业集聚发展、集约发展。对口抓好新疆喀什工贸园区规划和建设，加快引导支持我省优势企业到新疆拓展发展空间，实现援助新疆发展和我省企业壮大双赢的目标。

三、狠抓战略性新兴产业培育，引领全省工业向高端发展

培育发展战略性新兴产业，是推进经济结构转型升级、抢占未来发展制高点的战略举措。

（一）抓好规划落实。去年省政府制定了13个新兴产业指导意见和现代物流业发展规划，今年又出台了工业设计、海洋工程装备、游艇、文教体育用品、通信设备、机器人、高效照明等 7 个新兴产业指导意见和新材料、新医药、新信息 3 个新兴产业加快发展的若干政策，基本上形成了今后一个时期战略性新兴产业发展的总体框架。各市、各行办协会要按照省里的总体部署，把加快新兴产业发展作为今后一项主要工作内容，进一步组织好各项规划的贯彻实施，全力促进战略性新兴产业发展。

（二）抓好优势企业和项目。以现有优势企业为主体，优化资源配置，集中突破一批关键核心技术，组织新上一批优质高效的大项目、好项目，加快科技成果转化，形成规模效应。进一步加大贴息、补贴、奖励等扶持力度，推动战略性支柱产业向更高层次发展。

（三）抓好产业引进。积极加强与国家部委的衔接，主动争取国家在重大项目布局、政策性投资等方面加大对我省的支持力度。充分发挥区位、资源、特色产业等优势，加强与央企和跨国公司的交流合作，加快引进人才、技术和项目，带动我省战略性新兴产业扩规模、上水平。

四、狠抓创新驱动，切实提升产业内生发展动力

自主创新是提升产业内生发展动力的源泉，也是加快转方式调结构的中心环节。

（一）抓好技术创新能力提升。在巩固、发挥现有企业技术中心功能作用的同时，积极推进技术中心的开放式、市场化建设，进一步加大投入，推进产学研合作的实体化，着力提升企业技术中心水平和创新能力，今年力争使省级企业技术中心总数达到 600 家以上。

（二）抓好产学研合作和工业设计创新项目。重点落实 2010 年产学研展洽会上促成的项目，认真抓好项目督导和调度，加快项目的实施进度，实现技术创新项目向现实生产力快速转化。以工业设计创新项目为重点，加快组织实施技术创新计划，今年组织实施好 2500 项省级新技术新产品研发项目。

（三）抓好新特优工程。强化配套保证和工业产品生产制造过程的质量控制，加快实施产品技术标准制修订项目和重点产品质量技术攻关项目，完善产品质量控制体系。深入实施标准化战略，支持优势企业、行业协会和研究机构参与制（修）订国际、国家标准，鼓励企业制定严于国家标准、行业标准的企业标准，不断提高企业标准化水平。积极培育名优产品，树立品牌形象，加快打造一批中国名牌和山东名牌。

（四）抓好创新人才队伍建设。组织企业与高校开展人才培养、专业设置以及实训基地的合作对接，推进大学教授进企业挂职、企业人才进大学深造等形式的人才交流活动。鼓励企业开展创新人才的国际交流，利用金融危机带来的人才流动机遇，加大国际高水平专业人才引进力度。

五、狠抓节能降耗，确保完成“十一五”节能目标任务

节能降耗是转变经济发展方式、调整经济结构、提高经济增长质量和效益的最佳突破口。

（一）抓好技术节能。突出抓好传统高耗能行业节能技术改造，组织实施一批能够直接快速形成节能能力、具有示范带动作用的节能项目。全省重点抓好 200 个重大节能技改项目建设，确保实现年节能 290 万吨标准煤。

（二）抓好淘汰落后产能。综合运用法律、经济、技术和必要的行政手段，坚决淘汰不符合国家产业政策的落后产能。今年全省淘汰炼铁产能 240 万吨、水泥 508.6 万吨、焦化 135 万吨、铁合金 30 万吨，确保在三季度前关停，年底前拆除。

（三）抓好重点企业和重点领域节能。加强对年耗能 5000 吨标准煤以上的 3100 户重点用能单位的节能监管，落实能源利用状况报告制度，加强能耗监测分析。深入推进企业能源管理体系建设能效对标活动，加快能源管理师试点进度，提升企业节能管理水平。协调做好建设、交通运输、公共机构等领域节能。

（四）抓好节能环保产业。加快太阳能与建筑一体化步伐，确保完成今年1200万平方米太阳能光热系统推广任务。用足用好国家政策，培育专业化节能服务公司，支持合同能源管理项目，促进节能服务产业发展。发挥省级节能环保产业基地的集聚和带动作用，今年实现节能环保产业产值同比增长25%以上。

（五）抓好循环经济。组织建设循环经济重点项目库，从今年开始至“十二五”期间，规划实施循环经济“双百”工程，将发展循环经济工作落实到具体项目上。开展清洁生产对标创建活动，搞好清洁生产审核验收。积极推进机动车零部件、轮胎、工程机械、机床、矿山设备等再制造产业发展。探索开展餐厨垃圾、电子垃圾和尾矿等综合利用，今年实现资源综合利用产业产值同比增长20%以上。

（六）抓好节能长效机制。实施节能评估审查制度，坚决遏制高耗能高排放行业过快增长。建立完善节能预警调控机制，每季度对能耗总量、结构等进行动态分析，对出现能耗异动的市与企业，实行预警调控。认真落实各市和省直部门“双目标”责任制，加强考核问责。在确保完成“十一五”节能目标的同时，把当前实施的政策措施与“十二五”规划结合起来，逐步建立科学长远的节能降耗机制。

六、狠抓两化融合，全面推进国民经济和社会信息化建设

信息化是覆盖现代化建设全局的战略举措，也是经济增长的“倍增器”、发展方式的“转换器”和产业升级的“助推器”。

（一）从企业、行业和区域三个层面抓好信息化与工业化融合。在企业层面，选择优势行业的200家重点企业，围绕产品研发设计、生产过程、企业管理、市场营销、人力资源开发、新型业态培育、企业技术改造7个环节推进，带动企业信息化上水平。在行业层面，重点围绕轻工、纺织、石化、机械、建材、冶金、煤炭、电力、医药、现代物流等10大行业，加快实施“四个一百”工程，巩固和发展在全国的行业优势地位。在区域层面，选择产业集群度较高的市、县（区）试点建设10个左右的两化融合实验区，并逐步推广覆盖全省。

（二）抓好政府和社会信息化建设。从管理透明、服务创新、群众参政、普遍惠民等方面入手，以推进跨部门信息共享和业务协同为重点，大力推进电子政务建设，为政府履行好“经济调节、市场监管、社会管理、公共服务”职能提供支撑手段。围绕公众最关心、最直接、最现实的利益问题，继续引导加强文化、教育、卫生、就业、社会保障等公共领域信息化建设，加快推进“三网融合”，进一步提升信息化服务民生、促进和谐的能力与水平。

（三）抓好网络与信息安全保障。建立健全网络与信息安全应急协调机制，加快完善网络与信息安全基础设施，稳步推行信息安全风险评估和等级保护，若为提高重要基础网络和信息系统的防护水平。大力抓好无线电管理工作，持续提升技术监管水平，及时查处各类有害干扰，消除各种安全隐患，维护好空中电波秩序。

七、狠抓组织指导，努力保持工业经济平稳较快发展

今年以来，全省工业经济延续了去年下半年以来企稳回升势头，主要经济指标持续向好，呈现出“高开稳走”的良好态势。同时也要清醒看到，当前世界经济复苏缓慢，宏观经济发展的国内外环境仍然比较复杂，全省工业经济运行中不稳定不确定的因素还很多。对此要认识透、估计足、应对早，努力缓解和消除各种不利影响，牢牢把握主动权，切实把工作做细做实，努力在加快转方式调结构中保持工业经济平稳较快发展，确保完成全年各项目标任务。

（一）抓好运行监测。认真分析国内外宏观经济形势，把握工业经济运行态势，精心组织好工业生产，保持经济发展的稳定性和协调性。抓好行业重点企业调度直报工作，提高经济运行监测分析水平。密切关注市场需求、价格变化和企业效益情况，关注重要生产要素供应情况，积极协调金融单位增加对企业的信贷资金支持。

（二）抓好电力迎峰度夏。按照“省内煤保省内电”和“煤电互保”的原则，积极组织好煤炭生产，确保电煤合同足额均衡兑现。落实省外电煤铁路运输计划，抓好电煤运输组织，确保电煤运输畅通。大力推进节能发电调度，加强电力需求侧管理，坚决实施有序用电方案，在保证合理用电需求的同时，压缩高耗能、高排放企业用电。

（三）抓好企业指导管理。进一步强化精细化管理，继续开展“练内功、挖潜力、增效益”活动，引导企业苦练内功，挖潜、降本、增效。加快信息技术、现代管理技术与企业生产的融合，全面提升企业运营效率和管理水平。积极培育诚信企业，建设企业信用信息平台，提升企业信用管理水平。

（四）抓好市场开拓。努力创新营销模式，开展优秀品牌推广策略宣传活动。以行业为依托构建开拓市场服务体系，大力推动“七个一”工程。以会展作为衔接产需的重要平台，大力抓好首届黄河三角洲高效生态经济区经贸洽谈会、第六届喀什中亚南亚商品交易会、2010中国（山东）服装家纺博览会等重点会展活动。以产业转移拓展市场空间，推动有条件的企业通过资源开发、产能转移等方式，重点开拓国内西北市场和国外非洲市场。

（五）抓好企业减负。按照工业和信息化部等13部委要求，重点围绕治理和规范涉企收费、清理和纠正损害企业合法权益的违规违法行为、督促落实惠企政策措施、建立企业减负长效机制等主要任务，集中时间、集中力量认真开展减轻企业负担专项治理工作，为优化企业发展环境、巩固经济回升向好势头、加快经济发展方式转变创造有利条件。

有关贯彻落实情况，及时报告省经济和信息化委。

二〇一〇年六月二十八日

1－102 山东省经济和信息化委员会关于印发《山东省成品油市场管理办法（试行）》的通知

鲁经信消字〔2010〕335号

各市成品油市场监管行政主管部门：

为加强我省成品油市场监督管理，规范成品油经营行为，维护成品油市场秩序，保护成品油经营者和消费者的合法权益，根据商务部《成品油市场管理办法》（商务部令2006年第23号），结合我省实际，在2007发布的《山东省经济贸易委员会关于进一步规范成品油经营许可行为的意见》的基础上，制定了《山东省成品油市场管理办法（试行）》，现印发给你们，请遵照执行。

二〇一〇年七月十二日

山东省成品油市场管理办法（试行）

第一章　总则

第一条　为加强我省成品油市场监督管理，规范成品油经营行为，维护成品油市场秩序，保护成品油经营者和消费者的合法权益，根据《国务院对确需保留的行政审批项目设定行政许可的决定》（国务院令 2004 年第 412 号）和《成品油市场管理办法》（商务部令 2006 年第 23 号），结合我省实际，制定本办法。

第二条　在山东省境内（不含青岛市）从事成品油批发、仓储及零售经营活动，应当遵守有关法律法规和本办法。

第三条　本办法所称成品油，是指汽油、柴油、煤油及其他符合国家产品质量标准、具有相同用途的乙醇汽油和生物柴油等替代燃料。

第四条　本办法所称成品油批发经营，是指利用油库等经营设施，向成品油零售企业、批发企业销售成品油或向终端用户批量销售成品油的经营行为。

本办法所称成品油仓储经营，是指利用油库等经营设施，向其他单位提供成品油储存、周转业务的经营行为。成品油零售经营，是指利用加油站（点、船）从事成品油终端销售的经营行为。

第五条　国家对成品油经营实行许可制度。山东省经济和信息化委员会（以下简称省经信委）依法负责组织协调全省成品油市场的监督管理；负责制定并公布全省加油站和仓储行业发展规划；负责成品油批发、仓储经营许可的初审并转报商务部；负责成品油零售经营的行政许可；负责对各市级成品油市场监管行政主管部门工作的指导、监督和检查。

各市（不含青岛市，下同）成品油市场监管行政主管部门负责辖区内成品油市场的监督管理；负责成品油零售经营许可的初审；负责成品油仓储经营、零售经营设施建设项目竣工的实地情况核实；负责对县（市、区）成品油市场监管行政主管部门管理工作的指导、监督和检查。

县级成品油市场监管行政主管部门负责辖区内成品油零售市场的监督管理；查处或会同有关部门查处违规建设成品油经营设施与违规经营成品油行为。

第二章　成品油经营许可的申请条件

第六条　申请成品油批发经营资格的企业，应当具备下列条件：

（一）具有长期、稳定的成品油供应渠道（符合下列条件之一）：

1. 拥有符合国家产业政策、原油一次加工能力 100 万吨以上、符合国家产品质量标准的汽油和柴油年生产量在 50 万吨以上的炼油企业；

2. 具有成品油进口经营资格的进口企业；

3. 与具有成品油批发经营资格且成品油年经营量在 20 万吨以上的企业签订了 1 年以上的与其经营规模相适应的成品油供油协议；

4. 与成品油年进口量在 10 万吨以上的进口企业签订了 1 年以上的与其经营规模相适应的成品油供油协议。

（二）申请主体应具有中国企业法人资格，且注册资本不低于 3000 万元人民币；

（三）申请主体是中国企业法人分支机构的，其法人应具有成品油批发经营资格；

（四）拥有库容不低于1万立方米的成品油油库，油库建设符合城乡规划、油库布局规划，并通过国土资源、规划建设、安全监管、公安消防、环境保护、气象、质检等部门的验收；

（五）拥有下列设施之一：

1. 接卸成品油的输送管道；

2. 铁路专用线；

3. 公路运输车辆；

4.1 万吨以上的成品油水运码头。

第七条 申请成品油仓储经营资格的企业，应当具备下列条件：

（一）拥有库容不低于1万立方米的成品油油库，油库建设符合城乡规划、油库布局规划，并通过国土资源、规划建设、安全监管、公安消防、环境保护、气象、质检等部门的验收；

（二）申请主体应具有中国企业法人资格，且注册资本不低于1000万元人民币；

（三）拥有下列设施之一：

1. 接卸成品油的输送管道；

2. 铁路专用线；

3. 公路运输车辆；

4.1 万吨以上的成品油水运码头。

（四）申请主体是中国企业法人分支机构的，其法人应具有成品油仓储经营资格。

第八条 申请成品油零售经营资格的企业，应当具备下列条件：

（一）符合山东省加油站行业发展规划和国家相关技术规范要求；

（二）具有长期、稳定的成品油供应渠道，与具有成品油批发经营资格的企业签订3年以上的与其经营规模相适应的成品油供油协议；

（三）加油站的设计、施工符合相应的国家标准，并通过国土资源、规划建设、安全监管、公安消防、环境保护、气象、质检等部门的验收；

（四）具有成品油检验、计量、储运、消防、安全生产等专业技术人员；

（五）从事船用成品油供应经营的水上加油站（船）和岸基加油站（点），除符合上述规定外，还应当符合港口、水上交通安全和防止水域污染等有关规定；

（六）农村柴油加油点的设立条件待国家相关技术规范设立后另行设定。

第九条 外商投资设立的成品油经营企业，应当遵守本办法及国家有关政策、外商投资法律、法规、规章的规定。

同一外国投资者在中国境内从事成品油零售经营超过30座及以上加油站的（含投资建设加油站、控股和租赁站），销售来自多个供应商的不同种类和品牌的成品油的，不允许外方控股。

第三章 成品油经营网点设立的预核准程序

第十条 成品油经营网点设立实行预核准制度。申请人应依照本办法申报网点预核准，经核准符合规划的加油站、油库作为已布局的加油站、油库。

（一）成品油批发、仓储经营网点的设立应当符合商务部成品油批发、仓储经营规划要求；申请从事成品油零售经营，必须符合全省加油站发展规划。不符合规划的，不予核发成品油经营批准证书。

（二）加油站设置的间距应符合以下相关要求：

1. 市、县（市、区）城区加油站设置的服务半径应在10公里以上；

2. 国道、省道的加油站设置单侧间距不少于15公里；与紧邻的该道路沿线城区型、乡镇驻地型加油站间距不低于1.0公里；

3. 高速公路加油站的设置应在高速公路服务区内，每百公里不超过2对；特殊情况下，可根据国家和省交通部门对服务区设置的要求适当增加；

4. 乡镇驻地一般设置 1 到 2 个加油站：设置 2 个以上加油站的，其服务半径应不低于 1.0 里；

5. 农村加油站设置间距不少于 2 公里；

6. 工业园区、物流园区、重要道路交叉路口以及其他车流量大的地方，可以适当增加加油站数量。

第十一条 申报新建（迁建、改扩建）油库、加油站的经营网点预核准，由申请人向所在地市级成品油市场监管行政主管部门提出；市级成品油市场监管行政主管部门初审后转报省经信委；省经信委依据全省行业发展规划以及加油站间距设置等要求，进行网点预核准。

第十二条 对网点预核准的申请，省经信委下达网点预核准批复文件，并在省经信网上发布。申请人持网点预核准批复文件，到相关部门办理有关手续。

对不符合网点预核准要求的申请，省经信委在申报表内说明理由，并将申报材料返回市级成品油市场监管行政主管部门，由市级成品油市场监管行政主管部门通知申请人。

第十三条 省经信委对申请人下达网点预核准批复文件有效期为 24 个月，期间申请人申请的许可项目工程尚未完工验收的（企业不可抗力因素除外）. 逾期须重新办理网点规划确认。否则，省经信委将对该成品油经营网点另行预核准。

第十四条 申报成品油仓储新建网点的预核准，申请人应提交以下材料（原件 1 份、复印件 3 份）：

（一）《山东省成品油仓储经营网点新建（迁建、扩建）预核准申报表》（附表 1）；

（二）申请人的申请文件及成品油仓储经营网点新建（迁建、扩建）的可行性分析报告；

（三）拟建仓储网点的地理位置图；

（四）以正式文件上报的市级成品油市场监管行政主管部门的审查意见；

（五）成品油仓储迁建、扩建的，还要提供成品油批发或仓储经营批准证书原件；

（六）审核机关要求提供的其他材料。

第十五条 申报加油站新建网点的预核准，申请人应提交以下材料（原件 1 份、复印件 2 份）：

（一）《山东省加油站经营网点新建（迁建、扩建）预核准申报表》（附表 12）；

（二）申请人的申请文件及新（迁、扩）建加油站可行性分析报告；

（三）新建加油站周边区域分布示意图：建设地点周边相邻的现有、在建加油站现状分布示意图，并标出加油站名称及间距。省、国道新建加油站的，提供建设地点前后 15 公里内及交叉路 1.0 公里内相邻的现有和在建加油站现状分布示意图：位于城区的，提供建设地点半径 1.0 公里范围内现有和在建加油站现状分布示意图；农村加油站提供建设地点半径 2 公里范围内现有和在建加油站现状分布示意图；分布示意图上要标出加油站名称和间距；某方向距离（省国道 15 公里、交叉路 1.0 公里、农村 2 公里或城区半径 1.0 公里）内没有加油站的，也应注明“无站”，不能空缺；

（四）加油站地址的 CPS 定位数据（由省经信委指定单位测量）；

（五）以正式文件上报的市级成品油市场监管行政主管部门的审查意见；

（六）迁建、改扩建加油站的，还要提交《成品油零售经营批准证书》的原件；

（七）审核机关要求提供的其他材料。

第十六条 企事业单位和部队现有内部自用的加油站申请对外营业，申报人应提交本规定第十五条（第 6 项除外）所列材料。

第十七条 需以招标、拍卖、挂牌方式取得土地使用权的成品油仓储或加油站用地，应事先由县、市级成品油市场监管行政主管部门逐级行文上报省经信委，进行加油站网点预核准。县、市级成品油市场监管行政主管部门行文时必须附上本办法第十五条第 3 项材料。

依法并按本办法规定，通过招标、拍卖、挂牌取得成品油仓储和加油站用地者，方可办理相关建设手续。

第十八条 成品油仓储(含批发企业油库)和零售经营企业申报迁建、扩建网点预核准，其程序分别参照成品油仓储和零售经营新建相关条款办理。

迁建是指由于道路改扩建、市政规划改变等原因要求拆迁，成品油经营企业从现有地点搬迁到另一地点的行为，其规模、性质不得改变。成品油仓储和零售经营企业申报迁建网点预核准，除提交与申报新建网点规划确认相同的材料外，还需提交当地县级以上城市规划行政主管部门同意迁建的正式文件或证明、当地国土资源行政主管部门提供的合法用地文件或证明、成品油经营许可证书的原件(正、副本)。

扩建是指成品油经营企业在原经营地增加经营品种、或扩大储油能力、增加加油机数量和经营规模的行为。申报扩建网点预核准，应提交原有建设规模(占有土地面积，储油罐容量、数量及总容量，加油机、加油枪数量)、有关审核部门的意见、成品油经营许可证原件(正、副本)。

第十九条 高速公路加油站的新建和扩建网点规划的预核准申请，由加油站经营企业主管部门统一报送省经信委进行确认。有关程序及要求，参照本办法相关条款办理。

第二十条 成品油仓储和零售经营的新建、迁建、扩建项目竣工后，企业应向所在地市级有关部门申请相关项目验收，并凭验收合格文件申请成品油经营资格。

第四章 成品油经营许可的申请与受理

第二十一条 申请从事成品油批发、仓储经营资格的企业，应当向省经信委提出申请。省经信委收到成品油批发、仓储经营申请及有关材料后，在20个工作日内完成审查，并将初步审查意见及申请材料上报商务部，由商务部决定是否给予成品油批发、仓储经营许可。

第二十二条 外商投资企业的设立、增加经营范围或外商并购境内企业涉及成品油经营业务的，应当向省经信委提出申请。省经信委自收到全部申请文件之日起20日内完成审查(不含现场勘察、论证等时间).并将初步审查意见及申请材料转报商务部。

外商投资企业经商务部核准设立、并购或增加经营范围后，按本办法有关规定申请成品油经营资格。

第二十三条 申请从事成品油零售经营资格的企业，应当向所在地市级成品油市场监管行政主管部门提出申请。市级成品油市场监管行政主管部门收到成品油零售经营申请及有关材料后，在20个工作日内完成审查，并将初步审查意见及申请材料正式行文上报省经信委。

省经信委收到市级成品油市场监管行政主管部门上报的材料后，在20个工作日内完成审核。对符合成品油零售经营规定条件的，应由省经信委正式行文给予成品油零售经营许可，颁发成品油零售经营批准证书，并将获得成品油零售经营许可的企业名单在省经信网上发布；对不符合条件的，将不予许可的决定及理由书面通知申请人。

第二十四条 省经信委应当将成品油零售经营许可的批复文件，于10个工作日内报商务部备案，同时将成品油零售经营企业基本情况纳入成品油市场管理信息系统企业数据库。

第二十五条 接受申请的成品油市场监管行政主管部门认为申请材料不齐全或者不符合规定的,应当当场或在收到申请5个工作日内，一次性告知申请人所需补正的全部内容。逾期不告知的，自收到申请材料之日起即为受理。

第二十六条 接受申请的成品油市场监管行政主管部门在申请人申请材料齐全、符合法定形式，或者申请人按照要求提交全部补正申请材料时，应当受理成品油经营许可申请。

第二十七条 申请成品油批发经营资格，企业应提交以下材料(原件1份、复印件2份)：

(一)《成品油批发经营资格申请表》(附表4)；

(二)企业出具的申请文件，申请文件须说明企业基本情况、符合申请条件的说明、各投资方出资情况、油库情况及成品油采购、销售的具体方案等；

(三)符合下列条件之一的具有长期、稳定成品油供应渠道的法律文件及证明材料：

1. 成品油进口企业，需提供具有成品油进口经营资质的证明文件；

2. 与国内批发企业签订成品油供油协议的企业，需提供该成品油批发企业的《成品油批发经营批准证书》复印件、成品油年经营量在20万吨以上的证明文件(如经会计师事务所审验过的反映上一年度经营规模的年终报表、税务部门出具的纳税证明等)及双方签订的与各自经营规模相适应、1年以上的成品油供油协议；

3. 与成品油进口企业签订成品油供油协议的企业，需提供该进口企业的进口经营资质证明、成品油年进口量在10万吨以上的报关单、海关统计证明及双方签订的与各自经营规模相适应、1年以上的成品油供油协议。

(四)法定验资机构出具的注册资本证明文件或验资报告；

(五)油库建设方面的证明材料：

1. 全资或51%以上控股拥有1万立方米以上成品油油库的法律证明文件；

2. 国土资源部门核发的油库《国有土地使用证》或土地使用批准确认文件；

3. 规划部门核发的油库《建设用地规划许可证》和《建设工程规划许可证》；

4. 建设部门核发的油库《建筑工程施工许可证》；

5. 消防部门核发的油库《建筑工程消防设计防火审核意见书》和《建筑工程消防验收意见书》；

6. 环保部门核发的油库环境保护验收合格文件或环境影响报告书(表)；

7. 气象部门核发的油库《防雷装置验收合格证》或防雷装置检测报告；

8. 质检部门核发的油库用于贸易交接的计量器具检定证书；

9. 油库设施的建设竣工验收材料；

10. 省经信委出具的油库布局规划预核准文件；新建油库建库前省经信委出具的油库规划确认文件或预核准文件。

(六)通过招标、拍卖、挂牌方式取得油库土地使用权的，还应提供省经信委授权委托的市级成品油市场监管行政主管部门出具的同意申请人投标或竞买的预核准文件及国土资源部门核发的固有土地使用权拍卖(招标、挂牌)成交确认文件；

(七)拥有接卸成品油的输送管道或铁路专用线或公路收发油设施或1万吨以上成品油水运码头等设施所有权的法律文件：

(八)安全监管部门核发的《危险化学品经营许可证》；

(九)从事水上成品油批发经营的企业，应提供全资或50%以上(不含50%)控股拥有水上成品油储运设施累计1万立方米以上的法律证明文件及与其所在地域航道条件、储运能力相适应的成品油水运接卸设施所有权的法律文件；

(十)企业(公司)章程；

(十一)工商部门核发的《企业法人营业执照》、《营业执照》或《企业名称预先核准通知书》；

(十二)法定代表人身份证明及相关证明文件；

(十三)外商投资企业还应提交商务部核发的《外商投资企业批准证书》；

(十四)申请主体是中国企业法人分支机

构的，还应提交企业负责人的身份证明文件，以及母公司同意其申请的书面证明文件、《成品油批发经营批准证书》、注册资本文件或验资报告；

（十五）商务部规定应提供的其他材料。

第二十八条 申请成品油仓储经营资格，企业应提交以下材料：

（一）《成品油仓储经营资格申请表》（附表5）；

（二）企业出具的申请文件，申请文件须说明企业基本情况、符合申请条件的说明、各投资方出资情况、油库情况及成品油仓储业务开展方案等；

（三）法定验资机构出具的注册资本证明文件或验资报告；

（四）工商部门核发的《企业法人营业执照》、《营业执照》或《企业名称预先核准通知书》；

（五）法定代表人身份证明及相关证明文件；

（六）油库建设方面的证明材料：

1. 全资或51%以上控股拥有1万立方米以上成品油油库的法律证明文件；

2. 国土资源部门核发的油库《国有土地使用证》或土地使用批准确认文件；

3. 规划部门核发的油库《建设用地规划许可证》、《建设工程规划许可证》；

4. 建设部门核发的油库《建筑工程施工许可证》；

5. 消防部门核发的油库《建筑工程消防设计防火审核意见书》和《建筑工程消防验收意见书》；

6. 环保部门核发的油库环境保护验收合格文件或环境影响报告书（表）；

7. 气象部门核发的油库《防雷装置验收合格证》或防雷装置检测报告；

8. 质检部门核发的油库用于贸易交接的计量器具检定证书；

9. 油库设施的建设竣工验收材料；

10. 省经信委出具的油库布局规划预核准文件；

（七）拥有接卸成品油的输送管道或铁路专用线或公路收发油设施或1万吨以上成品油水运码头等设施所有权的法律文件；

（八）安全监管部门核发的《危险化学品经营许可证》；

（九）通过招标、拍卖、挂牌方式取得油库土地使用权的，还应提供省经信委授权委托的市级成品油市场监管行政主管部门出具的同意申请人投标或竞买的预核准文件及国土资源部门核发的国有土地使用权拍卖（招标、挂牌）成交确认文件；

（十）企业（公司）章程；

（十一）外商投资企业还应提交商务部核发的《外商投资企业批准证书》；

（十二）申请主体是中国企业法人分支机构的，还应提交企业分支机构负责人的身份证明文件，以及母公司同意其申请的书面证明文件、《成品油仓储经营批准证书》、注册资本证明文件或验资报告；

（十三）商务部规定应提供的其他材料。

第二十九条 申请成品油零售经营资格，企业应提交以下材料（原件1份，复印件2份）：

（一）《成品油零售经营资格申请表》（附表6）；

（二）企业出具的申请文件，申请文件须说明企业基本情况、符合申请条件的说明、加油站情况及经营的具体方案等；

（三）省经信委核发的加油站预核准批复文件；

（四）与年度检查合格的成品油批发经营企业签订的3年以上与其经营规模相适应的成品油供油协议及该批发企业的《成品油批发经营批准证书》复印件；

（五）工商部门核发的《企业法人营业执照》、《营业执照》或《企业名称预先核准通知

书》;

(六)企业法定代表人身份证明及相关任职证明文件：

(七)加油站及其配套设施的产权证明文件；

(八)相关部门有关加油站及其配套设施建设的批准证书及验收合格文件：

1. 国土资源部门核发的加油站《国有土地使用证》或土地使用批准确认文件；

2. 规划部门核发的加油站《建设用地规划许可证》、《建设工程规划许可证》;

3. 建设部门核发的加油站《建筑工程施工许可证》;

4. 消防部门核发的加油站《建筑工程消防设计防火审核意见书》和《建筑工程消防验收意见书》;

5. 环保部门核发的加油站环境保护验收合格文件或环境影响报告书(表);

6. 气象部门核发的加油站《防雷装置验收合格证》或防雷装置检测报告；

7. 质量技术监督部门核发的加油机计量检定证书；

8. 加油站建设竣工验收材料。

(九)成品油检验、计量、消防、安全生产等专业技术人员的资格证明；

(十)安全监管部门核发的《危险化学品经营许可证》;

(十一)通过招标、拍卖、挂牌方式取得土地使用权的，还应提供省经信委授权委托的市级成品油市场监管行政主管部门同意申请人投标或竞买的预核准文件及国土资源部门核发的固有土地使用权拍卖(招标、挂牌)成交确认文件；

(十二)水上加油站(船)还需提供船舶所有权证明、有效的检验证书及满足水域管理部门准入条件的证明文件；

(十三)加油站(船)的外观数码照片；

(十四)企业(公司)章程；

(十五)外商投资企业还应提交商务部核发的《外商投资企业批准证书》;

(十六)审核机关要求提供的其他材料。

第三十条 成品油经营企业设立分支机构，应按照本办法规定，另行办理申请手续。

第三十一条 成品油经营批准证书由商务部统一印制。

《成品油批发经营批准证书》、《成品油仓储经营批准证书》由省经信委向商务部领取后发放到企业；《成品油零售经营批准证书》由省经信委颁发，通过市级成品油市场监管行政主管部门发放到企业。

第五章 成品油经营企业暂时歇业的申请与受理

第三十二条 批发、仓储经营企业暂时歇业时，须按以下申办程序办理，并提交有关材料。

成品油批发、仓储经营企业办理暂时歇业手续，申请人应通过企业所在地市级成品油市场监管行政主管部门提供以下书面材料的原件1份及2份复印件报省经信委，省经信委审核同意后，在《成品油经营企业暂时歇业/注销申请表》上签署审核意见、加盖单位公章，企业歇业。歇业期一般不超出18个月。歇业结束后，可持省经信委同意并盖章的《成品油经营企业暂时歇业/注销申请表》到省经信委领取成品油批发、仓储经营批准证书。

(一)《成品油经营企业暂时歇业/注销申请表》(附表7);

(二)企业出具的申请文件。申请文件需说明企业基本情况，申请歇业的具体原因；

(三)股份制企业还应提交董事会暂时歇业的书面决议；

(四)成品油经营批准证书的正副本；

(五)审核机关要求提供的其他材料。

第三十三条 零售企业暂时歇业，须按以下申办程序办理，并提交有关材料。

成品油零售经营企业办理暂时歇业手续，申请人应根据市级成品油市场监管行政主管部门的管理要求，向企业所在地县(市、区)成品油市场监管行政主管部门或直接向市级成品油市场监管行政主管部门提供以下书面材料的原件1份及复印件2份，市级成品油市场监管行政主管部门审核同意后，在《成品油经营企业暂时歇业/注销申请表》(附表7)上签署审核意见、加盖单位公章，企业方可歇业。歇业期一般不超出18个月。歇业期结束后，可持市级成品油市场监管行政主管部门同意并盖章的《成品油经营企业暂时歇业/注销申请表》(附表7)，到市级成品油市场监管行政主管部门领取成品油零售经营批准证书。

(一)《成品油经营企业暂时歇业/注销申请表》(附表7)；

(二)企业出具的申请文件。申请文件需说明企业基本情况，申请歇业的具体原因；

(三)股份制企业还应提交董事会暂时歇业的书面决议；

(四)成品油经营批准证书的正副本；

(五)审核机关要求提供的其他材料。

第六章 成品油经营企业经营资格注销的申请与受理

第三十四条 批发、仓储经营资格的注销程序，须按以下申办程序办理，并提交有关材料。

成品油批发、仓储经营企业申请注销经营资格，应通过市级成品油市场监管行政主管部门向省经信委上报以下书面材料的原件1份及复印件2份，省经信委审查后上报商务部办理成品油经营资格注销手续。

(一)《成品油经营企业暂时歇业/注销申请表》(附表7)；

(二)企业出具的申请文件，申请文件需说明企业基本情况，申请注销的具体原因；

(三)股份制企业还应提交董事会同意注销经营资格的书面决议；

(四)成品油经营批准证书的正副本；

(五)审核机关要求提供的其他材料。

第三十五条 成品油零售经营资格的注销程序，须按以下申办程序办理，并提交有关材料。

成品油零售经营企业申请注销经营资格，应根据市级成品油市场监管行政主管部门的管理要求，通过县(市、区)成品油市场监管行政主管部门或直接向市级成品油市场监管行政主管部门提供以下书面材料，市级成品油市场监管行政主管部门初审后将初审意见及全部申报材料上报省经信委办理成品油零售经营资格的注销手续。省经信委审核同意后，在《成品油经营企业暂时歇业/注销申请表》上签署审核意见、加盖单位公章，完成成品油零售企业的注销手续,并将已注销的企业名单上网公示，通知工商、税务管理部门。

(一)《成品油经营企业暂时歇业/注销申请表》(附表7)；

(二)企业出具的申请文件。申请文件需说明企业基本情况，申请注销的具体原因；

(三)股份制企业还应提交董事会同意注销经营资格的书面决议；

(四)《成品油零售经营批准证书》的正副本；

(五)审核机关要求提供的其他材料。

第七章 成品油批发、仓储经营批准证书变更的申请与审查转报

第三十六条 成品油批发、仓储经营企业要求变更《成品油批发经营批准证书》或《成品油仓储经营批准证书》事项的，应提供下列相应书面材料的原件1份及复印件2份，通过所在地市级成品油市场监管行政主管部门向省经信委提出申请，省经信委初审后上报商务部

审批。

(一)企业名称变更需提交材料：

1.《成品油经营批准证书变更登记表》(附表8)；

2. 变更原因说明及其证明材料；

3. 成品油批发或仓储经营批准证书正副本；

4. 工商行政管理部门出具的《企业名称预先核准通知书》或船籍管理部门的船舶名称变更证明；

5. 油库其配套设施的产权证明文件；

6. 股份制企业应提交董事会决定变更的书面决议；

7. 分支机构企业还应提交上一级公司或母公司同意其变更的书面文件；

8. 审核机关要求提供的其他材料。

(二)企业地址变更需提交下列材料：

1.《成品油经营批准证书变更登记表》(附表8)；

2. 变更原因说明及其证明材料；

3. 成品油批发或仓储经营批准证书正副本；

4. 不涉及油库迁移的经营地址变更，应提供经营场所合法使用权证明；

5. 涉及油库迁移的经营地址变更，还应提供省经信委核发的油库规划预核准(或油库迁建预核准批复)文件和相关部门的验收合格证明；

6. 股份制企业应提交董事会同意变更的书面决议；

7. 分支机构企业应提交上一级公司或母公司同意其变更的书面文件；

8. 审核机关要求提供的其他材料。

(三)企业法定代表人或负责人变更需提交下列材料：

1.《成品油经营批准证书变更登记表》(附表8)；

2. 成品油经营批准证书正副本；

3. 新法定代表人或负责人的任职证明及其身份证明；

4. 股份制企业还应提交董事会同意变更的书面决议；

5. 分支机构企业还应提交上一级公司或母公司同意其变更的书面文件；

6. 审核机关要求提供的其他材料。

成品油经营企业或经营设施投资主体发生变化的，原成品油经营企业应办理相应经营资格的注销手续，交回原成品油经营批准证书；新的经营单位按新设立成品油经营企业所要求的条件，提交相应申请文件，重新申办成品油经营资格。

第八章 成品油零售经营批准证书变更的申请与受理

第三十七条 成品油零售经营企业要求变更《成品油零售经营批准证书》事项的，应提供下列相应书面材料的原件1份和复印件2份，按照企业所在地市级成品油市场监管行政主管部门的管理要求，通过县(市、区)成品油市场监管行政主管部门或直接向市级成品油市场监管行政主管部门提出申请。市级成品油市场监管行政主管部门初审后，填写《成品油零售经营批准证书变更汇总表》(附表13)，连同企业提交的材料一起上报省经信委审批。

第三十八条 企业名称变更需提交材料：

(一)《成品油经营批准证书变更登记表》(附表8)；

(二)成品油零售经营批准证书正副本；

(三)变更原因说明及其证明材料；

(四)工商行政管理部门出具的《企业名称预先核准通知书》或船籍管理部门的船舶名称变更证明；

(五)加油站及其配套设施的产权证明文件；

(六)股份制企业应提交董事会或股东大

会同意变更的书面决议；

（七）企业（公司）章程；

（八）变更企业是分支机构的应提交上一级公司或母公司同意其变更的书面文件；

（九）审核机关要求提交的其他材料。

第三十九条 企业地址变更需提交材料：

（一）《成品油经营批准证书变更登记表》（附表 8）；

（二）成品油经营批准证书正副本；

（三）变更原因说明及其证明材料；

（四）不涉及迁址的加油站地址变更，应提供经营场所合法使用权证明或当地地名委员会出具的地址更名的证明；

（五）涉及迁址的加油站地址变更，按迁建验收办理，需提供省经信委核发的迁建预核准批复文件和相关部门的验收合格证明；

（六）审核机关要求提供的其他材料。

第四十条 企业法定代表人或负责人变更需提交材料：

（一）《成品油经营批准证书变更登记表》（附表 8）；

（二）成品油经营批准证书正副本；

（三）变更原因说明及其证明材料（如买卖、租赁合同等）；

（四）新法定代表人或负责人的任职证明及其身份证明；

（五）股份制企业应提交董事会同意变更的书面决议；

（六）企业（公司）章程；

（七）变更企业是分支机构的应提交上一级公司或母公司同意其变更的书面文件；

（八）审核机关要求提供的其他材料。

第九章 经营批准证书的遗失补办

第四十一条 批发和仓储经营企业因遗失申请补办经营批准证书，应通过市级成品油市场监管行政主管部门向省经信委提出申请，省经信委审查后报商务部核准办理；零售经营企业应根据市级成品油市场监管行政主管部门的管理要求，通过县（市、区）主管部门或直接向市级主管部门提出申请，市级主管部门审查后报省经信委核准办理。

企业申请补办成品油经营批准证书应提交以下材料：

（一）申请企业关于证书遗失的说明文件；

（二）批发和仓储企业在省级以上报纸上刊登的挂失声明；

（三）零售企业在市级以上报纸上刊登的挂失声明；

（四）工商部门核发的营业执照；

（五）司法部门或市级以上成品油市场监管行政主管部门出具的证书丢失或被盗证明文件；

（六）审核机关要求提供的其他材料。

第十章 外商投资企业成品油经营业务的申请与许可

第四十二条 外商投资设立成品油经营企业、已设立外商投资企业增加成品油经营范围、外国投资者并购境内成品油经营企业的，申请人应向省商务厅报送申请材料。省商务厅在征求省经信委意见并对申请材料审查后，核准颁发《外商投资企业批准证书》。经核准的企业执《外商投资企业批准证书》，按《成品油市场管理办法》、《成品油经营企业指引手册》有关规定和本意见要求，到省经信委申领相应的成品油经营批准证书。

第十一章 监督管理

第四十三条 各级成品油市场监管行政主管部门应当加强对本辖区成品油市场的监督检查，及时对成品油经营企业的违规行为进行查处。

第四十四条 每年对成品油经营企业进行年度检查，每年3月底前完成。成品油零售企业的年检工作由省经信委授权委托市级成品油市场监管行政主管部门组织进行，高速公路服务区加油站、成品油批发和仓储经营企业的年检工作由省经信委组织进行。

第四十五条 成品油年度检查的主要内容是：

(一)成品油供油协议的签订、执行情况；

(二)上年度企业成品油经营情况；

(三)成品油经营企业及其基础设施是否符合本办法技术规范要求；

(四)质量、计量、消防、安全、环保等方面情况。

第四十六条 成品油经营企业(批发、仓储、零售)应向年检受理机关提供以下材料：

(一)《山东省成品油经营企业年检登记表》(附表9)2份；

(二)成品油经营批准证书正副本；

(三)土地使用证或土地使用有效证明原件1份、复印件1份；

(四)营业执照副本原件1份、复印件1份；

(五)企业年度自查情况报告：

(六)由检查机关临时确定抽查的批发企业的进、发货发票存根、国家有关部门下达专项用户的供油计划文件、仓储企业代储油品的收费发票或油品进出单、零售企业的进货发票复印件各1份。

第四十七条 年度检查合格的，由检查机关在被检查企业的成品油经营批准证书副本上盖章确认。有下列情形之一的，作年检不合格处理，并由核查机关暂时收回其批准证书，并向其发出限期整改通知。经整改仍不合格的企业，由省经信委撤销或报请商务部撤销其成品油经营资格。

(一)不再具备本办法第二章规定的基本条件的；

(二)违反本办法第五十二、五十三、五十四条规定的；

(三)12个月无实质性经营且无故不申请暂时歇业的；

(四)无故不按期提交年检材料的。

零售企业年检工作结束后，由市级成品油市场监管行政主管部门写出年度检查工作总结，填写《山东省加油站经营资格年检登记汇总表》(附表15)，于每年4月中旬报省经信委。省经信委汇总后报商务部。

第四十八条 成品油经营企业歇业或终止经营的，应当到发证机关办理经营资格暂停或注销手续。成品油经营企业停歇业，不应超过18个月。无故不办理停业手续或停歇业超过规定期限的，由发证机关撤销其成品油经营许可，注销成品油批准证书，并通知有关部门。

对城市规划调整、道路拓宽等原因需拆迁的成品油零售企业，经省经信委同意，可适当延长停歇业时间。

第四十九条 各级成品油市场监管行政主管部门实施成品油经营许可及市场监督管理，不得收取费用。成品油市场管理经费可向同级财政部门申请。

第五十条 省经信委应当将取得成品油经营资格的企业名单和变更、撤销的成品油经营企业名单及有关情况在省经济和信息化委员会网站(http：//www.sdetn.gov.cn/)上进行公示。

第五十一条 成品油经营批准证书不得伪造，不得买卖、出租、转借或者以任何其他形式转让。

第五十二条 成品油经营企业应当依法经营，禁止下列行为：

(一)无证无照、证照不全、证照不符或超范围经营；

(二)加油站不使用加油机等计量器具加油或不按照规定使用税控装置；

(三)使用未经检定或超过检定周期或不符合防爆要求的加油机，擅自改动加油机或利用其他手段克扣油量；

(四)掺杂掺假、以假充真、以次充好；

(五)销售国家明令淘汰或质量不合格的成品油；

(六)经营走私或非法炼制成品油；

(七)违反国家成品油价格法律、法规，哄抬油价或低价倾销；

(八)国家法律法规禁止的其他经营行为。

第五十三条 成品油零售企业应当从具有成品油批发经营资格的企业购进成品油。

成品油零售企业不得为不具备成品油批发经营资格的单位代销成品油。

成品油仓储企业为其他单位代储成品油，应当验证成品油的合法来源及委托人的合法证明。

成品油批发企业不得向不具有成品油经营资格的企业销售用于经营用途的成品油。

第五十四条 有下列情形之一的，省经信委根据利害关系人的请求，或依据职权，撤销或报请商务部撤销许可决定：

(一)对不具备资格或者不符合法定条件的申请人做出准予许可决定的；

(二)超越法定职权做出准予许可决定的；

(三)成品油经营企业不再具备本办法第六、七、八条相应规定条件的；

(四)未参加或未通过年检的；

(五)以欺骗、贿赂等不正当手段取得经营许可的；

(六)隐目前有关情况、提供虚假材料或者拒绝提供反映其经营活动真实材料的；

(七)依法可以撤销行政许可的其他情形。

第十二章 法律责任

第五十五条 各级成品油市场监管行政主管部门及其工作人员违反本办法规定，有下列情形之一的，由其上级行政机关或监察机关责令改正；情节严重的，对直接负责的主管人员和其他直接责任人员给予行政处分。

(一)对符合法定条件的申请不予受理的；

(二)未向申请人说明不受理申请或者不予许可理由的；

(三)对不符合条件的申请予以许可，或者超越法定职权做出许可的；

(四)对符合法定条件的申请者不予批准，或无正当理由不在法定期限内做出批准决定的；

(五)不依法履行监督职责或监督不力，造成严重后果的。

第五十六条 各级成品油市场监管行政主管部门在实施成品油经营许可过程中，擅自收费的，由其上级行政机关或监察机关责令退还非法收取的费用，无法退还的，收缴国库，并对主管人员和直接责任人员给予行政处分。

第五十七条 成品油经营企业有下列行为之一的：法律、法规有具体规定的，从其规定；法律、法规未作规定的，由县级以上成品油市场监管行政主管部门视情节依法给予警告、责令停业整顿、处违法所得3倍以下或3万元以下罚款处罚。

(一)涂改、倒卖、出租、出借或者以其他形式非法转让成品油经营批准证书的；

(二)违反本办法规定的条件和程序，未经许可擅自新建、迁建和扩建加油站或油库的；

(三)采取掺杂掺假、以假充真、以次充好或者以不合格产品冒充合格产品等手段销售成品油，或者销售国家明令淘汰并禁止销售的成品油的；

(四)销售走私成品油的；

(五)擅自改动加油机或利用其他手段克扣油量的；

(六)成品油批发企业向不具有成品油经营资格的企业销售用于经营用途成品油的；

(七)成品油零售企业从不具有成品油批发经营资格的企业购进成品油的；

(八)在成品油紧张时期囤积居奇、哄抬油价、拒不售油的；

(九)超越经营范围进行经营活动的；

（十）违反有关技术规范要求的；

（十一）法律、法规、规章规定的其他违法行为。

第五十八条　省以下各级成品油市场监管行政主管部门对成品油经营企业行使处罚权，须设立明确的处罚细则，在同级财政设立账户，取得省法制办颁发的省政府行政执法证，并按《行政处罚法》有关规定执行。

第五十九条　企业申请从事成品油经营有下列行为之一的，应当作出不予受理或者不予许可的决定，并给予警告；申请人在1年内不得为同一事项再次申请成品油经营许可。

（一）隐瞒真实情况的；

（二）提供虚假材料的；

（三）违反有关政策和申请程序，情节严重的；

（四）转让申请成品油经营预核准批复手续的。

第六十条　已取得成品油经营批准证书，但尚不符合本办法第六条、第七条、第八条规定条件的企业，成品油批发和仓储企业应于本办法公布实施之日起18个月内、成品油零售企业应于6个月内进行整改；对于期满尚不符合条件的成品油经营企业，省经信委依据职权撤销或报请商务部撤销成品油经营许可，注销成品油经营批准证书。

第十三章　附则

第六十一条　本办法由省经济和信息化委员会负责解释。

第六十二条　本办法自2010年7月20日起生效，原《山东省经济贸易委员会关于进一步规范成品油经营许可行为的意见》同时废止。

附表：（略）

1－103　山东省经济和信息化委员会关于印发《2010年全省成品油流通管理工作要点》的通知

鲁经信消字〔2010〕57号

有关市经贸委（经信委、经委）、流通主管部门，省直有关部门：

现将《2010年全省成品油流通管理工作要点》印发给你们，请结合本地实际，认真贯彻落实。

二○一○年二月五日

2010年全省成品油流通管理工作要点

2009年，全省成品油流通管理工作按照商务部和省里有关要求，积极应对金融危机，全力组织协调好成品油市场供应，依法行政，严格市场准入，加强市场监督管理，实现了成品油市场的稳定协调发展，为促进全省经济建设发挥了重要作用。

2010年，全省成品油流通管理工作的总体要求是：坚持以科学发展观为指导，贯彻落实省经济工作会议精神，深入研究当前经济形势，围绕服务于经济发展和民生需求，进一步做好省内成品油流通管理工作。

工作重点是：认真贯彻商务部《成品油市场管理办法》、《原油市场管理办法》两部法规，严格企业市场准入，加强成品油流通管理与行业指导，稳步推进成品油市场规范有序和健康发展；进一步做好市场监测分析和管理信息系统建设，完善成品油市场供应保障体系；继续加强成品油市场法规和标准体系宣传工作；在全面总结成品油流通行业“十一五”发展规划执行情况的基础上，研究制订“十二五”发展规划。主要抓好以下工作：

一、加强市场调研，完善石油市场法规体系建设

1. 深入分析当前经济形势下，成品油流通管理工作面临的新情况和新问题，加强市场调研。

2. 围绕“保增长、扩内需、调结构、促民生”的方针，促进成品油经营企业发展。

3. 贯彻落实《成品油市场管理办法》、《原油市场管理办法》，按照《成品油经营企业指引手册》、《原油经营企业指引手册》要求，建立健全成品油市场各项管理制度，加强依法行政。

4. 按照《成品油零售企业管理技术规范》要求，全面提升省内加油站的整体形象、服务质量和管理水平，更好地服务社会。

5. 全面开展《成品油批发企业管理技术规范》、《成品油仓储企业管理技术规范》的宣传贯彻工作，积极引导成品油流通企业走规模化、集约化经营道路，提高经营管理水平。

二、制订成品油流通行业“十二五”发展规划

6. 按照商务部石油分销领域“十二五”发展规划编制方案要求，在对我省加油站和油库“十一五”规划的制订和执行情况进行科学评估的基础上，制订石油分销体系“十二五”规划。

7. 严格执行成品油流通行业发展规划。按照成品油流通行业发展规划实施行政许可，规范市场准入。

三、完善成品油市场保供体系

8. 深入研究国内外成品油市场运行特点，继续做好成品油市场信息周报、月报、年报的监测分析工作，加强动态信息的报送，提高动态信息的时效性，进一步完善成品油市场监测体系。

9. 完善成品油市场预警保供机制，加强对成品油供应企业的组织协调，充分发挥中石化、中石油山东分公司在市场保供中的责任主体主渠道作用，科学合理地调配资源，对成品油重点地区、重点行业、重点加油站（点）提供供应保障。

四、做好信息系统维护工作

10. 完善成品油市场管理信息系统，丰富内容，充实功能，及时维护和更新网页信息。

11. 进一步完善成品油经营企业数据库，及时调整和更新企业信息，为公众提供最新、最全面的石油经营企业名录。

12. 积极参加信息系统应用培训，启用商务部石油市场监测数据的网上报送体系。

五、加强市场监管和行业指导

13. 按照“两个办法”和有关行业技术规范要求，进一步加强企业经营资格审批、变更、年检、日常监管等工作，完善市场准入、过程管理和退出机制。

14. 加强成品油流通管理工作。按照商务部部署，会同物价、工商、质检、公安等部门，组织开展全省成品油市场检查，严厉打击无证照经营、哄抬油价、囤积居奇、掺杂使假、缺斤短两等违法行为，维护正常的成品油市场秩序。

15. 配合成品油市场管理部门规章与技术规范的宣传贯彻、“十二五”规划制订及市场监测等项工作，通过多种途径开展业务培训与交流，提高主管部门的管理水平。

六、积极帮助地方炼油企业解决困难

16. 积极帮助地方炼油企业协调解决成品

油经营资格问题，鼓励地方炼油企业通过与社会批发企业、社会加油站合作或者自建加油站，建立自己的销售网络。

17. 各市成品油主管部门，要对照省里的工作要点，结合各市实际，制定各市的成品油流通管理工作意见，并抄报省经信委。

1－104 山东省经济和信息化委员会关于转发商务部关于促进加油站非油品业务发展的指导意见的通知

鲁经信函字〔2010〕136号

各市成品油主管部门，中石化山东石油分公司、中石油山东销售分公司，省高速公路服务区管理公司：

现将《商务部关于促进加油站非油品业务发展的指导意见》(商商贸发〔2010〕41号)转发给你们，并提出如下要求。

一、提高认识，加强对加油站非油业务发展的组织领导。开展加油站非油业务，是新形势下经济发展的必然需求，对于扩大加油站业务、增加加油站利润和效益、提升企业品牌和市场竞争力以及扩大内需、增加就业、提升土地和设施综合利用效率，都具有十分重要的意义。各级成品油主管部门都要高度重视这项工作，认真研究，加强指导，建立健全组织保障体系和工作机制，切实抓出成效来。

二、制定规划，分类指导。要将开展加油站非油业务纳入《加油站十二五发展规划》内容。要因地制宜开展加油站非油业务，不搞“一刀切”。对于规模大、地处要道的加油站，要积极鼓励其发展非油业务；对那些地处偏远、业务量小的加油站，要认真计算开展非油业务的成本，量力而行。在开展非油业务工作中，要不断总结经验，坚持典型引路，规范运作，在推广典型的基础上，不断形成和完善加油站非油业务现场管理、内部运作等一系列管理规范。

三、近期要制定开展加油站非油业务工作意见，于7月底上报省经信委，并请将开展加油站非油业务工作情况和问题及时报省经信委。

联系人：冯其江　姜浩

联系电话：0531-86902547　96116396

附件：商务部关于促进加油站非油品业务发展的指导意见

二〇一〇年六月七日

商务部关于促进加油站非油品业务发展的指导意见

商商贸发〔2010〕41号

各省、自治区、直辖市、计划单列市及新疆生产建设兵团商务主管部门，中国石油天然气集团公司、中国石油化工集团公司、中国海洋石油总公司：

近年来，随着我国汽车保有量的快速增长，加油站非油品服务需求日趋旺盛，石油经营企业不断增加产品和服务，非油品营业收入实现较快增长。发展非油品业务不仅符合加油站发展趋势，为加油站带来新的利润和效益、提升企业品牌和市场竞争力，而且对于方便消费、扩大内需、增加就业、提升土地和设施综合利用效率都具有十分重要的意义。为促进我国加油站非油品业务健康、有序发展，现提出以下指导意见：

一、指导思想和发展目标

（一）指导思想

坚持以科学发展观为指导，以市场为导向，以企业为主体，借鉴国际惯例，加强政府引导，发挥加油站网络优势，创新经营模式，完善服务功能，积极发展非油品业务，满足消费者综合性、多元化、个性化服务需求，努力扩大消费、增加就业，促进经济增长与社会和谐。

（二）发展目标

“十二五”期间，各地要因地制宜，利用加油站网点布局优势、地理位置优势、企业品牌优势和客户资源优势，积极发展非油品业务，逐步形成功能完备、服务配套、具有较强竞争力和品牌价值的营销网络，为拓展综合性经营服务提供支撑。

二、工作任务

（三）提高对非油品业务的认识。各级商务主管部门和石油经营企业要转变观念，增强服务意识，从扩大内需、拉动消费出发，充分认识发展非油品业务的重要意义，抓住当前有利时机，推动非油品业务加快发展。

（四）因地制宜地推进非油品业务发展。加油站非油品业务的发展与当地经济、文化等因素密不可分。要做好周密的市场调研及盈利分析，根据当地的经济状况、客户群体、消费习惯、购买能力等具体情况，确定不同地区加油站便利店设立的规模、档次、商品品种和服务内容，因地制宜、因站制宜，有计划、有步骤地推进加油站非油品业务发展。

（五）完善加油站服务功能。要进一步提升加油站的整体服务水平和服务质量，以发展加油站便利店为契机，建立健全集加油、购物、用餐、休息、汽车保养与维修等为一体的综合服务体系，为消费者提供系列化、便利化服务。

（六）规范非油品业务经营管理。石油经营企业应对加油站非油品业务的经营行为、内部管理、利润指标等提出明确要求，并制订相应的考核评价指标，完善激励机制。依据国家法律法规，规范经营行为，坚决杜绝各种违法违规、不正当经营行为。

（七）创新加油站经营模式。逐步建立并完善加油站非油品业务制度体系。加强供应链管理，完善加油站便利店商品采购、销售及库存管理制度。创新加油站经营模式，大力发展连锁经营、电子商务等现代流通方式。加强信息系统建设。建立高效的物流配送体系，优化物流程序，降低物流成本。

（八）保障消费者权益。规范加油站便利店商品进货渠道，严把产品质量和服务标准关，为消费者提供安全、保质、保量的商品和服务，注重消费者权益保障，树立诚实守信的品牌形象。

（九）加强非油品业务培训。非油品业务涉及面广、专业性强，要积极借鉴国内外非油品经营的成功模式，学习优秀商业和服务企业经营管理经验，加强经营管理人员培训，引进专业人才，打造油品业务、非油品业务经营管理复合型人才队伍，实现非油品业务的专业化管理、规模化发展。

三、保障措施

（十）整体规划加油站非油品业务。各级商务主管部门在制订《加油站行业“十二五”发展规划》时，要在深入调查研究的基础上，统筹规划加油站便利店等非油品服务设施，特别是对在营的、毗邻社区的加油站要优先考虑，因地制宜、科学布局，促进加油站非油品业务进一步发展。

（十一）鼓励新建加油站开设非油品业务。各省级商务主管部门在审批新设立加油站时，应积极鼓励、协助新建加油站开展便利店等非油品服务。特别是在高速公路、国道、省道和大型停车场附近的加油站，更适宜建成包括非油品业务在内的功能完善、服务便捷的综合服务区。

（十二）健全非油品业务服务标准。完善加油站服务技术规范体系，调整充实加油站非油品业务的经营范围、营销手段、商品配送、场地陈列、服务规程、支付结算、售后服务、监督投诉等内容，促进加油站非油品业务科学发展。

四、组织保障

（十三）加强对非油品业务的组织领导。各级商务主管部门和石油经营企业要认真加强对加油站非油品业务的组织领导，健全非油品业务经营管理机构，落实目标任务，推进加油站非油品业务健康有序发展。

（十四）加强舆论宣传。依托新闻、广告等多种形式、多种渠道做好企业品牌形象、商品及服务宣传，把加油站便利店等非油品经营业务纳入品牌营销范畴，努力把人们对加油站的定位从简单的加油转换到多功能服务上来。培养消费模式，创建和谐消费环境，通过各种促销、便民服务引导消费者体验并习惯在加油站享受商品和服务。

加油站非油品业务是成品油零售体系整体发展战略的重要组成部分，各级商务主管部门和石油经营企业要充分认识促进非油品业务发展的重要意义，建立健全组织保障体系和工作机制，因地制宜地组织实施，落实各项工作任务，确保加油站非油品业务发展取得实效。有关工作进展情况及存在问题，请各单位于3月底前报商务部（商贸服务管理司）。

联系人：怀欣

联系电话：010-85093745

二〇一〇年二月十一日

1 － 105 山东省经济和信息化委员会关于印发《2010年全省医药行业工作要点》的通知

鲁经信消字〔2010〕69号

各市经信委（经贸委、经委）、医药行办（协会），省医药行业协会，重点医药企业：

现将“2010年全省医药行业工作要点”印发给你们，请结合本市、本单位实际，认真贯彻实施。

二〇一〇年二月十二日

2010年全省医药行业工作要点

2009年，在省委、省政府的正确领导下，在有关部门的大力支持下，面对严峻复杂的经济形势，全省医药行业干部职工认真贯彻落实党中央、国务院和省里的决策部署，坚定信心，迎难而上，坚持科学发展，医药产业发展又上新台阶。2009年全省医药工业销售收入达到1310亿元，同比增长26%，实现利税186亿元，同比增长24%，各项经济指标位居全国前列，为全省经济社会平稳较快发展做出了积极贡献。

2010年总的工作思路是：全面贯彻落实

党的十七大和十七届三中、四中全会精神，以邓小平理论和“三个代表”重要思想为指导，坚持科学发展观，深入贯彻落实胡总书记“八个加快推进转方式”的要求，牢牢抓住医疗体制改革、新农合、城镇居民三大保障体系建设和基本药物制度实施等重大机遇，加快结构调整，转变发展方式，提高经济增长质量，继续保持医药产业较快发展，全面完成“十一五”发展规划目标任务。2010年医药产业发展的目标是：工业销售收入完成1625亿元，增长25%，利税225亿元，增长25%。重点做好以下工作：

一、推进产业结构调整，促进发展方式转变

1. 大力推进医药企业重组，搞好兼并和联合，不断壮大企业实力，着力打造面向全国和世界、具有竞争力、可持续发展的大型企业集团。

2. 以产品为纽带，积极促进同类产品生产企业的联合与购并。重点阿胶产业的规范和发展。

3. 抓好产品结构调整。结构调整突出“四个重点”：

(1) 继续改造提升传统产业。加大优势化学原料药基地和骨干企业的技术进步，重点攻关酶法、生物转化、膜技术、结晶技术、手性技术等绿色环保、节能降耗的关键性、共性产业化技术和装备；引进、消化、吸收国外先进的技术及装备，进一步提高我省原料药的生产技术水平，推动化学原料药产业可持续发展。

(2) 大力培育壮大新兴产业。突出抓好生物技术药物、基因工程药物，海洋药物、高精尖医疗器械的研究与开发。

(3) 大力发展中药产业。积极开发中药新产品，特别是具有中医药治疗优势的药品。加强中药材基地建设，积极争取国家扶持项目。支持名优中药二次开发。

(4) 加强重大疾病药物的研制开发。瞄准抗肿瘤药物、心脑药物、艾滋病药物、免疫疫苗等药物，加大研究开发和创新力度，争取我省在新药和剂型创新上实现新的突破。

二、强化自主创新能力，提高核心竞争力

4. 推动企业加大研发力度，提升研发能力和水平，逐步实现新药研制从仿制为主向创新、仿创结合发展。

5. 抓好企业技术中心建设。突出抓好瑞阳制药、青岛黄海、开泽睿鹰、山东药玻、烟台绿叶、鲁抗辰欣、沃华科技、鲁抗医药等省级企业技术中心的建设和发展。支持医药企业国家级企业技术中心申报认证工作。

6. 推进产学研联合。促进企业与国内外高校科研单位的人才交流和项目合作，共同推进技术研发，促进和推进成果产业化。加快建立以企业为主体、市场为导向、产学研相结合的医药科技创新体系。支持省新药研制中心建设。

三、做好产业布局，强化政策引导作用

7. 制定《山东省促进新医药产业加快发展的若干政策》，加大对新医药产业的政府支持力度。

8. 开展行业调研，特别是生物制药、海洋药物发展情况的调研，检查《“十一五”医药产业发展规划》、《山东省医药工业调整振兴规划》、《山东省中药产业调整振兴规划》贯彻落实情况。

9. 研究确定“十二五”规划的发展重点和方向，做好“十二五”发展规划的编制准备工作。

四、切实做好基本药物生产供应工作

10. 配合有关部门做好医疗体制改革和基本药物实施工作，完善药品集中招标采购制度。

11. 抓住医疗体制改革、新农合、省级药品集中招标采购、城镇居民三大保障体系建设和国家实施基本药物制度等重大机遇，促进企业扩大基本药物生产，满足医疗用药需要。

12. 鼓励生产企业围绕国家基本药物，开展技术进步和技术改造，大力开展创新研究，不断开发疗效确切，质量可靠，价格合理的新型药物。

13. 组织好生产供应。做好市场和生产监测，帮助企业解决生产中的困难和问题。

五、实施“走出去”战略，努力开拓国际市场

14. 做好招商引资工作，重点加强与国际500强和国际知名制药企业的引资和合作。

15. 在巩固传统原料药出口市场同时努力扩大制剂和中药出口。积极推进美国FDA、欧洲COS注册及认证工作，鼓励医药产品出口，支持有条件的企业逐步构建国外营销渠道。

六、加强药品储备管理，保证防疫救灾药品供应

16. 进行药品储备检查，会同有关部门向省政府上报药品储备专项检查情况，做好药品储备有关问题处理工作。

17. 会同有关部门修订《山东省药品储备管理办法》，改革药品储备方式，继续做好防疫救灾药品生产监测和保障供应工作。

七、加强医药行业管理和医药行业协会建设

18. 召开医药产业工作会议。总结近几年医药产业发展情况，部署2010工作任务。

19. 召开医药行业协会会员大会。调整副会长、秘书长、副秘书长人选。

20. 加强医药行业协会内部建设，促进行业协会规范发展，充分发挥行业协会作用。

1－106 山东省经济和信息化委员会转发商务部办公厅关于印发2010年全国散装水泥工作要点的通知的通知

鲁经信函字〔2010〕94号

各市散装水泥主管部门，散装水泥办公室：

现将《商务部办公厅关于印发2010年全国散装水泥工作要点的通知》(商商贸字(2010)264号)印发给你们，请结合本地实际，遵照执行。

附件：商务部办公厅关于印发2010年全国散装水泥工作要点的通知

二〇一〇年四月三十日

附件：

商务部办公厅关于印发2010年全国散装水泥工作要点的通知

商商贸字〔2010〕264号

各省、自治区、直辖市散装水泥主管部门，散装水泥办公室：

为进一步做好2010年全国散装水泥的各项工作，现将《2010年全国散装水泥工作要点》印发给你们，请你们结合本地区工作实际认真贯彻执行。

二〇一〇年三月十六日

2010年全国散装水泥工作要点

为进一步做好2010年散装水泥的各项工作，现提出2010年散装水泥发展工作要点。

一、大力推进农村散装水泥发展

认真落实商务部在全国农村散装水泥推广工作现场会上提出的任务要求，明确本地区发展农村散装水泥的任务和目标，进一步抓好农村散装水泥试点、示范项目，继续加强对农村散装水泥物流设施设备的投入，逐步建立农村散装水泥配送网络。落实2010年中央一号文件关于“采取有效措施推动建材下乡，鼓励有条件的地方通过多种形式支持农民依法依规建设自用住房”的要求，将散装水泥下乡作为农村推广散装水泥的重要措施和惠农工程，积极探索“散装水泥下乡”工作思路，做好相应工作。

二、加强城市“禁现”工作的检查和督导

继续加强对禁止现场搅拌砂浆和混凝土（以下简称“禁现”）试点城市的督导检查，将有关“禁现”的法规和政策落到实处，对不按规定进行现场搅拌的施工单位进行查处。同时，研究进一步扩大城市“禁现”范围的方案，具备条件的地区，要积极扩大“禁现”工作范围。

三、加快法规、规划和标准的制定

加快本地区散装水泥立法工作，提高依法行政的水平；研究制定本地区散装水泥发展“十二五”规划（或指导意见）加强散装水泥行业标准化建设，加快行业标准规范的制定及相关课题的研究。

四、加强散装水泥专项资金的征收、管理和使用

加强散装水泥专项资金征收工作，保持政策的严肃性，禁止随意减免行为，并解决企业恶意拖欠问题；加大专项资金支持产业发展力度，提高支持产业发展特别是农村推广使用散装水泥工作的投入比例，减少非生产性开支。

五、加大宣传力度

以发展散装水泥对促进循环经济、保护环境、节约资源的重要意义为重点，切实抓好宣传工作，努力营造良好的舆论环境。在做好一年一度的散装水泥宣传周活动的同时，注重开展日常的宣传活动，并积极探索创新宣传模式，提高宣传效果。

六、加强机构建设

积极争取将各地散装水泥管理机构纳入参照公务员管理或全额拨款单位，解决部分地区专项资金被用于发放人员工资问题和散装水泥队伍建设的后顾之忧。同时，加强培训工作，提高散装水泥系统人员业务素质和工作水平。

七、做好统计分析考核工作

各地要根据《散装水泥使用、供应和主要设施装备统计报表制度》要求，做好散装水泥、预拌砂浆的统计、分析等基础性工作，要制定本地区散装水泥工作考核指标体系，考核体系包括散装水泥全面情况、农村散装水泥推广情况（“禁现”试点城市还应包括“禁现”情况）。要将本地区散装水泥供应量、使用率及增长幅度与全国的散装水泥完成情况进行比较，年终进行工作考核。

八、发挥好行业协会的作用

各地散装水泥行业协会要在政府有关部门的指导下，为行业发展出谋划策，当好政府的参谋和助手。各地散装水泥行政管理部门要重视发挥行业协会的作用，更好地为散装水泥的发展做好行业服务工作。

2010年是“十一五规划”的最后一年，推广散装水泥工作十分艰巨。各地散装水泥主管部门及散装水泥办公室要在认真总结2009年工作的基础上，结合本地区的实际情况，研究制定2010年散装水泥工作安排，并做好组

织实施和督促检查，扎扎实实做好2010年散装水泥工作，努力开创散装水泥工作新局面。

1－107 山东省经济和信息化委员会关于表彰全省食品工业先进企业和先进个人的通报

鲁经信消字〔2010〕633号

各市经济和信息化委员会、有关单位：

“十一五”以来，我省食品工业企业深入学习实践科学发展观，认真贯彻落实党中央、国务院和省委、省政府的决策部署，求实创新，真抓实干，为全省食品工业持续较快发展做出了重要贡献，涌现出了一大批市场竞争力强、经济社会效益好、带动区域经济发展、开创食品工业新局面的先进企业和先进个人。为树立典型，表彰先进，进一步推进食品工业发展，确定授予临沂市新程金锣肉制品有限公司等11家企业“山东省食品工业功勋企业”称号，授予泰祥集团等39家企业“山东省食品工业突出贡献企业”称号，授予官学斌等10位同志“山东省食品工业杰出企业家”称号，授予徐传亮等41位同志“山东省食品工业优秀企业家”称号，授予朱延明等21位同志“山东省食品工业先进工作者”称号。

希望受表彰的先进企业和先进个人要珍惜荣誉，再接再厉，戒骄戒躁，不断取得新成绩，为“十二五”全省食品工业持续健康发展做出更大的贡献。

附件：1. 山东省食品工业功勋企业和突出贡献企业名单
2. 山东省食品工业杰出企业家和优秀企业家名单
3. 山东省食品工业先进工作者名单

二〇一〇年十二月二十八日

附件1：

山东省食品工业功勋企业和突出贡献企业名单

一、功勋企业：

临沂新程金锣肉制品集团有限公司

青岛啤酒股份有限公司

西王集团有限公司

龙大食品集团有限公司

得利斯集团有限公司

烟台张裕集团

山东鲁花集团有限公司

山东凤祥（集团）有限责任公司

阜丰集团有限公司

山东渤海实业股份有限公司

好当家集团有限公司

二、突出贡献企业：

泰祥集团

诸城外贸有限责任公司

山东省鲁洲食品集团有限公司

菱花集团有限公司

山东扳倒井股份有限公司

山东泰山生力源集团股份有限公司
山东东阿阿胶股份有限公司
山东福田药业有限公司
保龄宝生物股份有限公司
山东龙力生物科技股份有限公司
古贝春集团有限公司
山东景芝酒业股份有限公司
青岛万福集团股份有限公司
山东半球面粉有限公司
青岛食品股份有限公司
青援食品有限公司
山东得益乳业有限公司
蓬莱京鲁渔业有限公司
山东金城股份有限公司
烟台欣和味达美食品有限公司
兖州市绿源食品有限公司
济南民天面粉有限责任公司
安丘市外贸食品有限责任公司
山东省高唐蓝山集团总公司
山东三维油脂集团股份有限公司
临沂市康发食品饮料有限公司
济南群康食品有限公司
山东亚奥特乳业有限公司
青岛亿路发集团有限公司
山东香驰粮油有限公司
山东凯银清真肉业有限公司
烟台北方安德利果汁股份有限公司
荷泽巨鑫源食品有限公司
山东益康集团有限公司
山东美佳集团有限公司
济南佳宝乳业有限公司
山东雪花生物化工股份有限公司
烟台市喜旺食品有限公司
金乡县华光食品进出口有限公司

附件2：

山东省食品工业杰出企业家和优秀企业家名单

一、杰出企业家：

龙大食品集团有限公司　宫学斌
泰祥集团　于建洋
山东扳倒井股份有限公司　赵纪文
烟台张裕集团有限公司　周洪江
山东泰山生力源集团股份有限公司　马西元
青岛食品股份有限公司　房建设
西王集团有限公司　王棣
山东鲁花集团有限公司　孙孟全
阜丰集团有限公司　李学纯
山东得益乳业有限公司　王培亮

二、优秀企业家：

青援食品有限公司　徐传亮
青岛啤酒股份有限公司　樊伟
临沂市康发食品饮料有限公司　刘新才
济南群康食品有限公司　于宏昌
山东福田药业有限公司　赵光辉
山东亚奥特乳业有限公司　牛德强
济南德馨斋食品有限公司　杨圣泉
古贝春集团有限公司　周晓峰
得利斯集团有限公司　于瑞波
山东凤祥（集团）有限责任公司　张传立
山东渤海实业股份有限公司　舒忠峰
山东景芝酒业股份有限公司　刘金平
蓬莱京鲁渔业有限公司　王轰
山东金城股份有限公司　周立波
山东东阿阿胶股份有限公司　秦玉峰
兖州市绿源食品有限公司　张从祥
济南民天面粉有限责任公司　马云庆
安丘市外贸食品有限责任公司　刘海燕
山东凯银清真肉业有限公司　张红新
济南趵突泉酿酒有限责任公司　邢介平

中国冶金地质总局山东局金乔食品厂　张磊
济南益康置业发展有限公司　王忠本
山东佳士博食品有限公司　张博
山东景阳冈酒业有限公司　徐怀谦
山东兰陵美酒股份有限公司　陈学荣
曲阜孔府家酒业有限公司　邱振新
山东玉兔食品有限责任公司　于金平
山东淄博巧媳妇食品有限公司　李洪涛
山东四君子集团有限公司　李新民
中粮长城葡萄酒（烟台）有限公司　仲维明
山东德州扒鸡集团有限公司　崔贵海
山东周村烧饼有限公司　张兆海
花冠集团酿酒有限公司　刘念波
山东富氏味业有限公司　林琦
东君乳业（禹城）有限公司　赵录
山东荣华食品集团有限公司　孙树君
赤山集团有限公司　王玉春
青岛九联集团股份有限公司　王振江
山东泰山啤酒有限公司　陈成稳
烟台市喜旺食品有限公司　林强
山东秦老太食品有限公司　秦文

附件3：

山东省食品工业先进工作者名单

济南市食品工业协会　朱延明
济南市食品工业协会　刘庆年
青岛市食品工业办公室　都本强
青岛市食品工业办公室　徐维东
烟台市食品工业协会　陈守生
烟台市食品工业协会　孙淑娜
潍坊市食品行业办公室　李向珍
潍坊市食品行业办公室　孙志堂
威海市工业行业管理办公室　于建政
淄博市经济和信息化委员会　孙永华
聊城市经济和信息化委员会　徐培范
荷泽市食品工业办公室　石宪峰
泰安市经济和信息化委员会　张文兴
德州市轻工行业管理办公室　侯生杰
济宁市轻工纺织工业办公室　阮守军
荣成市食品工业促进局　毕振华
荣成市食品协会　林治松
沂水县经济和信息化局　武光坤
沂水县经济和信息化局　赵文双
禹城市经济和信息化局　王强
章丘市经济和信息化局　韩冰

1－108　山东省经济和信息化委员会关于加快我省地方炼油企业成品油销售网络建设的意见

鲁经信消字〔2010〕472号

各市经济和信息化委、有关市成品油市场管理主管部门：

经过多年努力，我省地方炼油企业发展迅速，目前全省地方炼油能力已经达到6500万吨以上，在促进经济建设和服务民生方面做出了重大贡献。近几年来，为适应迅速发展的大规模生产，我省地方炼油企业在销售网络建设方面进行了积极探索，取得一定成效。但由于多方面原因，地方炼油企业一直没有形成完整有效的销售网络，致使在油品销售上存在不少问题。为更好地促进地方炼油企业健康发展，加快地方炼油企业销售网络建设，按照国家有关政策精神，现提出以下意见。

一、积极组织地方炼油企业申报成品油批发资质

按照国家商务部《成品油管理办法》的有关规定，凡符合国家产业政策、原油一次加工能力在100万吨以上、符合国家产品质量标准的汽油和柴油年生产量在50万吨以上的炼油企业，可以申请成品油批发经营资格。按照上述要求，省经信委已先后为9家地方炼油企业申请办理了成品油批发经营资格。其他符合条件的企业,都要按照商务部《成品油管理办法》的要求，积极申请成品油经营批发资格。各级成品油市场管理行政主管部门要认真做好工作，搞好培训和指导，积极帮助企业向商务部申报批发资质。

二、鼓励地方炼油企业积极发展终端零售网络建设

按照商务部《成品油市场管理办法》，国内任何投资主体均可按照规定设立零售站点经营成品油。近几年来，我省一些地方炼油企业把发展成品油零售网络作为促进产品销售的重要措施，新建、购并、租赁了一批加油站点，有的已经形成规模，取得了良好效益。各地炼油企业都要把发展成品油终端销售网络作为一项重要战略措施来抓，集中人力、财力、物力建设一批加油站。各级成品油市场管理行政主管部门要积极协调有关政府部门，支持地方炼油企业发展加油站，在土地、规划、安全、消防、工商等方面给予便利，加快审核许可。

支持地方炼油企业与加油站进行各种形式的联合与合作。地方炼油企业可以参股、控股加油站，也可以租赁、托管加油站。鼓励地方炼油企业在有效供油范围内与加油站签订长期供货合同，建立稳定的合作关系。

三、积极探索统一标识的山东地方炼油企业终端销售

成品油零售市场目前已由垄断销售发展到了市场竞争时期，品牌建设、企业影响力已经成为成品油终端市场的重要竞争手段。山东地方炼油企业要想在零售市场争得一席之地，必须建设具有较强影响力的统一的山东地方品牌。我委将积极协调省有关部门和有关单位，在建设统一地方品牌方面发挥好桥梁纽带作用。各市、县经信部门也要根据当地实际，发挥好组织协调作用,探讨把本地企业联合起来、组织起来的路子，形成共闯市场、共同发展的强大合力。

四、切实加强与中石油、中石化两大公司的合作

要加强对地方炼油企业的指导，引导地方炼油企业搞好技术改造，提高产品质量，尽快达到国4标准，为经济社会发展提供高效清洁能源。加强与中石化山东石油分公司、中石油山东销售分公司的合作，充分利用两大公司的网络销售我省地方炼油企业所产成品油。协调两大公司山东经济发展的大局出发，加大对地方炼油企业产品收购的力度。

五、积极做好地方炼油企业运力协调工作

运力紧张是当前地方炼油企业发展的一个重要制约因素。炼油企业不但要将原油、燃料油运进来，同时产品还要运出去。各级经信部门要积极协调铁路和交通部门，切实帮助地方炼油企业安排好原料和产品运输问题，确保不因运力影响生产和销售。

二〇一〇年九月十七日

1 － 109　山东省经济和信息化委员会关于推进我省食品工业持续健康发展的意见

鲁经信消字〔2010〕555 号

各市经济和信息化委：

为深入贯彻党的十七大和十七届三中、四中、五中全会精神，加快转变经济发展方式，调整优化产业、产品结构，提高全省食品工业增长质量和效益，增强食品工业竞争能力和可持续发展能力，现就推进我省食品工业持续健康发展提出如下意见。

一、充分认识发展食品工业的重要意义

（一）食品工业是国民经济的重要支柱产业。“十五”以来，我省食品工业持续快速发展，已成为门类齐全、产业基础较好、规模较大的重要支柱产业，在我省国民经济中占有举足轻重的地位。2009 年，全省规模以上食品工业企业 6540 家，从业人员 114 万人；完成主营业务收入 9288.45 亿元，实现利税 786.57 亿元，分别占全省工业的 13.14%、10.84%。2009 年底，全省食品行业有 62 个产品获中国名牌，355 个产品获山东名牌，占全省工业的 20.17%；有 10 家食品企业被认定为国家级企业技术中心，44 家食品企业被认定省级企业技术中心，占全省工业的 9.23%。要实现我省工业持续健康发展，必须充分发挥食品工业优势，加快实现由食品工业大省向强省的转变。

（二）发展食品工业是推进农业发展农民增收的有效途径。我省是农业大省，农副产品资源丰富，为食品工业发展提供了得天独厚的条件。发展食品工业有利于推动农业产业化，提高农产品的附加值，带动农业发展和农民增收，加快农村劳动力向非农产业转移，促进社会和谐稳定发展。2009 年，全省规模以上农业产业化龙头企业 7000 多家 (80% 以上企业从事食品加工)，其中国家级农业产业化重点企业 66 家，省级重点龙头企业 484 家。龙头企业实现主营业务收入 8600 亿元以上，农产品原材料采购值超过 5000 亿元，主要农产品原料从省内基地采购值为 3500 多亿元，占全省农林牧渔业总产值的比重达到 60% 以上。

（三）发展食品工业是城乡人民生活水平提高的需要。食品工业是必不可缺的民生产业，也是一个国家、一个地区人民生活水平和社会文明程度的重要标志。随着经济和社会的发展，人民群众的收入增加和生活水平的提高，人们对食品的需求量越来越大，对食品质量的要求越来越高。这就要求食品工业提供安全、营养、方便的各类食品，以适应不同区域、不同消费层次、不同消费群体的需求。因此，加快食品工业发展，对繁荣市场、保障供给，促进消费、扩大内需，提高人民生活质量和健康水平，具有十分重要的意义。

（四）我省食品工业发展中存在的困难和问题不容忽视。一是初加工和低档产品多，精深加工和高附加值产品少。农副食品加工业约占全省食品工业的 70%，食品制造业仅占 18%，饮料制造业占 12%。二是企业技术自主创新能力不强。食品企业平均技术研发投入经费占销售收入的比重不足 1%，核心技术和重大技术自主创新率低。三是食品质量安全保障体系不完善。多数小型食品企业质量管理和标准化体系不健全，在食品安全保障方面还存在不少问题和隐患。四是食品资源综合利用水平

较低，节能减排任务艰巨。粮油、肉禽、果蔬、水产品加工等行业副产品综合开发利用和节能减排等方面需进一步提高。五是食品专用原料基地建设相对滞后。大多数食品企业缺少稳定的专用原料生产基地，分散农业提供的原料在品种、品质等方面不能适应食品工业发展的需要。

二、发展食品工业的总体要求、工作目标和发展重点

（一）总体要求。深入贯彻落实科学发展观，以转方式、调结构为主线，推动全省食品工业持续健康发展。坚持以市场为导向,科学规划，合理布局，提高产业的集中度；坚持以技术创新为动力，加快科技投入，增强自主创新能力，推动行业技术进步，提高食品的技术含量和附加值，提升食品工业技术装备水平；坚持壮大优势产业和优势产品，集中力量，抓好重点，提高企业的市场竞争力；全面实施名牌战略，加强食品标准、质量安全和诚信体系建设，保障食品质量安全；加强食品企业管理和节能减排工作，提高食品工业的经济效益、社会效益和生态效益。

（二）工作目标。到2015年，全省规模以上食品工业企业主营业务收入达到25000亿元，利税1900亿元，年均分别增长18%和16%；年主营业务收入过10亿元以上的龙头企业200家，50亿元以上企业32家，100亿元以上的企业10家；省级以上企业技术中心、工程研究中心、重点试验室100家以上，国家级食品龙头企业的技术装备水平达到国际先进水平；大中型食品企业建立起比较完善的食品质量安全和诚信体系；食品制造业的精深加工食品产值占全省食品工业的比重提升10个百分点；全行业万元GDP能耗量和主要污染物排放量降低15%以上。

（三）发展重点。发展十大主导产业：粮食加工、食用植物油加工、屠宰及肉类加工、水产品加工、果蔬加工、焙烤食品、方便食品、酿酒、乳制品、调味品；发展20类重点产品：小麦粉、食用植物油、冷（冻）鲜肉及肉制品、淀粉及制品、淀粉糖及功能糖、调味品、海洋及水产食品、方便食品、乳制品、速冻调理食品、罐头、饼干、白酒、啤酒、葡萄酒、软饮料、绿茶、休闲食品、营养保健食品及食品添加剂；重点扶持100家大型食品龙头企业（名单见附件）；提升八大产业集群：潍坊畜禽食品产业集群、烟台葡萄酒产业集群、荣成海洋食品产业集群、禹城及邹平淀粉糖及功能糖产业集群、沂水饼干产业集群、莱阳及博兴食用植物油产业集群、曹县及莱阳果蔬加工产业集群、金乡大蒜加工产业集群。

三、发展食品工业的措施

（一）加大技术创新和技术改造力度。加强企业技术中心、工程研究中心、重点实验室、行业技术中心、行业技术创新联盟和技术人才队伍建设，加快构筑“产学研”有机结合的食品产业技术创新平台。加强食品行业具有自主知识产权的重大技术的研发工，作，加快食品工业高新技术成果产业化步伐。加大食品企业技术改造投入力度，鼓励支持食品企业采用先进工艺、技术、设备改造提升传统产业，不断提高食品工业的整体技术装备水平。坚决淘汰落后产能，严格行业准入，抑制低水平重复建设。进一步调整优化产业和产品结构，提高精深加工食品比重和附加值，推动食品产业转型和升级。

（二）加强食品质量安全体系建设。认真贯彻落实《食品安全法》等有关法律法规，加强食品质量安全教育培训，强化食品企业质量安全意识，尽快完善食品质量安全预警机制、控制机制和标准化管理体系。借鉴国际食品安全管理的先进经验，实行食品质量安全召回和追溯源制度。加大现行食品相关标准的宣贯、执行力度，积极制订、修订地方产品及质量管理标准，提高相关食品标准的有效性、适应性、安全性。积极推进食品工业标准化（示范）生

产基地建设工作，逐步建立起与国际接轨的食品工业标准化生产管理体系。进一步强化标准的实施和食品质量的监督，严厉打击假冒伪劣食品，确保食品质量安全，保障广大消费者的合法权益和生命健康。

（三）全面实施品牌和诚信体系建设。坚持以政府引导、市场主导、企业为主体，行业和社会共同推动品牌建设。强化品牌意识，制订食品行业品牌发展规划，从争创名牌产品逐步向名牌企业、名牌生产基地、名牌食品工业园（区）拓展。通过实施品牌战略，培育和发展一批特色突出、辐射面宽、市场占有率高、竞争能力强的知名食品企业、生产基地、工业园和产业集群。要认真落实工信部制定的《食品工业企业诚信体系建设工作的指导意见》，积极推进食品企业诚信体系建设，建立有效的诚信运行机制和行业自律机制，建设一支讲诚信、懂经营、会管理、能开拓、社会责任感强的高素质企业家队伍，加强企业文化建设，树立山东食品企业良好的社会形象。

（四）努力开拓国内外市场。坚持扩大内需和稳定外需相结合，保证食品工业经济良好运行和有效供给。有针对性地组织企业参加国内外重大食品交易会、展销会，如大行业宣传推介力度，进一步提高山东食品的知名度和美誉度。采用科学的营销策略，建立新型的营销机制，培养壮大销售队伍，尽快完善连接国内外市场的营销网络。重点食品企业要积极与国内外大型流通企业组成战略伙伴，联手促销，降低销售费用，提高市场占有率。鼓励有条件的企业进入国内外大宗商品交易市场和发展现代食品物流产业。积极开展与国内外大公司、大企业的交流与合作，在引进资金和项目的同时，注重引进先进技术、先进理念和先进管理方法。鼓励重点龙头企业通过合资、股权收购、租赁等方式走出去，到资源丰富的地区建立生产基地，进一步拓展企业发展空间。

（五）大力发展循环经济。加快食品工业清洁生产先进工艺和技术的应用，大力推广利用玉米酒精糟、固态粮食白酒糟、味精发酵菌体、啤酒回收酵母等生产优质饲料蛋白，大力推广玉米加工（淀粉、淀粉糖、有机酸、谷氨酸及味精等）、畜禽加工等行业副产品的综合利用，大力推广废水、畜禽粪便发酵生产沼气。支持企业利用节能、节水、清洁生产、污染防治等专项资金加快企业技术改造，最大限度地降低能源、资源消耗，减少或避免废水、废物、废气的排放。培育一批工艺技术先进、资源利用率高、污染物排放量少、环境和社会经济效益好的清洁生产企业。严格执行国家产业政策，坚决淘汰落后产能，大力发展循环经济，努力实现经济效益和社会效益的统一。

（六）搞好食品原料基地建设。本着因地制宜、突出特色、高产高效、优质安全的原则，集中建设一批畜禽、果蔬、奶业等原料生产基地。重视食品原料品种的引进、选育和推广，逐步使原料基地建设走向专业化、规模化、区域化、标准化。鼓励龙头企业建立原料生产基地，或者采用定品种、定标准、定收购等方法，与农民建立稳定的购销关系和合理的利益分配机制，形成利益共同体。建立科学的管理模式，大力发展无公害农业、绿色农业、有机农业，为食品工业的发展提供优质、安全、稳定的原料。

四、发展食品工业的政策

（一）落实各项优惠政策。要认真落实国家和省对企业在税收、信贷和融资等方面的优惠政策，切实把企业增值税转型，企业研发新产品、新技术、新工艺费用抵免所得税，引进国外技术装备免征所得税，企业提取职工教育培训经费在所得税前扣除，以及在生产用地、免征城镇土地使用税和各类专项基金使用、信贷等方面的优惠政策落实到位，充分发挥政策扶持作用。省级产业结构调整资金、技术研发资金、企业自主创新资金、信息产业发展资金、中小企业发展资金以及节能减排专项资金等，要优先支持食品工业重点企业加快发展。

（二）加大财政资金扶持力度。各级经信部门要积极争取财政资金对食品工业的扶持，主要用于支持食品行业重大关键技术的研发、推广应用和行业重大示范项目建设。通过贴息、补助、奖励等形式，扶持食品行业技术中心、行业技术创新联盟、行业重大示范项目的建设和高端人才的培养，进一步提高食品行业的技术水平，保障食品安全，优化产业、产品结构，提高食品工业增长的质量和效益。

（三）扩大信贷支持力度。各级经信部门要主动协调金融机构，将符合授信条件的重点食品企业优先列为支持对象，增加授信总量。对食品出口企业和有市场、有效益的中小企业流动资金困难的，要尽快帮助解决，保证企业生产经营正常进行。各地建立的中小企业发展担保基金，要更多地为中小食品企业贷款提供担保服务。要积极组织企业拓展融资渠道，通过发行债券、股票上市、招商引资、信用证、保函等多种金融工具，切实解决企业融资难的问题。

五、切实加强对食品工业的组织领导

（一）建立省级食品工业联席会议制度。食品工业管理涉及部门多，必须加强部门联系，搞好沟通协调，形成强有力的共同推进机制。为推动全省食品工业发展，建立由省经济和信息化委牵头的省级食品工业联席会议制度，及时研究食品工业发展中的新情况、新问题，提出政策措施和对策建议。

（二）加强食品行业管理。食品工业是一个特殊行业，要根据国家产业政策，严格市场准入，搞好行业管理，加强监督指导。要认真研究食品工业发展战略，编制好本市食品工业“十二五”发展规划。

（三）注重发挥食品行业协会作用。各级政府及有关部门在工作中要注重发挥食品行业协会在产业政策、行业信息、运行监测、成果鉴定、项目论证、标准制订、行业准入、市场开拓、品牌建设、行业自律和公用服务等方面的作用。食品行业协会要认真履行职责，努力做好规划、协调、指导、服务工作。

二〇一〇年十一月十五日

1 － 110　山东省经济和信息化委员会关于认真抓好2010年会展工作大力推动市场开拓的通知

鲁经信外字〔2010〕105号

各市经信委（经贸委、经委）。省各行办（协会）、省轻工集体企业联社，各专业协会，各大企业：

为贯彻落实《山东省人民政府办公厅转发省经济和信息化委关于深入开拓市场扩大工业产品销售的意见的通知》（鲁政办发〔2010〕6号），进一步做好市场开拓工作，充分发挥会展活动在衔接产需、开拓市场、扩大消费、促进经济发展及结构调整中的积极作用，现就认真抓好2010年会展工作，大力推动市场开拓的有关要求通知如下：

一、充分认识会展对开拓市场工作的重要作用

组织好工业和信息化领域的会展活动，可以汇聚庞大的信息流、技术流、商品流和人才流，对于畅通销售渠道、扩大销售规模、加强工贸结合、促进新技术交流应用以及推进对外交流与合作等起着积极推动作用。近年来，全省经信系统通过对经信领域展会的引导支持，逐步建立发展了覆盖全省工业与信息化领域的综合或专业性会展工作，有效地促进了产需衔接，拓展了市场空间。在新的形势下，各级经信部门、行业协会要认真总结好的经验和做法，积极探索新途径、新模式，加强对品牌展会的引导培育，不断丰富会展活动形式和内容，充分发挥展会的多元化功能，扩大参展主体，放大办展效应，大力开展产品推介会、工商对接会、重大项目配套采购会等新形式会展活动，促进商品消费，带动工业生产，推动工业经济转方式、调结构，实现平稳较快发展。

二、认真抓好 2010 年重点会展活动

结合我省会展工作实际情况，初步确定推荐 2010 年全省经信系统举办(含主办、承办、协办、组织参与)会展活动共计 108 个。这些会展涉及轻工、纺织、机械、化工、电子等重点行业，具有较强的行业代表性、影响力和号召力，按照会展综合与专业性，以及境内外区域，分为五大类(见附件 1、2)。各市经信部门要结合各自实际，及时向行业和企业推荐展会信息，从推荐会展计划中选择 10–20 个重点会展活动，积极组织协调行业和企业参展。省各行办(协会)要积极发挥行业协会优势，除大力开展“七个一”工程外，可组织专门行业协会另行选择 1–3 个重点会展，作为市场开拓的重点活动，做好参展企业的组织协调工作。各市经信部门、省各行办(协会)选择的重点会展活动和组展、参展工作方案，请于 3 月 15 日前报省经信委，以便从中选择部分重点展会予以支持。

省经信委系统会展活动按照鲁政办发〔2010〕6 号文的要求，坚持“五个并举”，实行统一协调管理与归口负责相结合。省经信委负责统一协调管理，各市经信委、省各行办(协会)、省轻工集体企业联社及有关专业协会负责本单位职责范围会展工作，各会展承办单位要根据统一要求和任务分工做好相关服务工作。各级各部门要及时掌握会展活动有关情况，加强统计分析，做好会展活动的效果分析和总结。对重点承办或参加的会展情况，要在会展活动后一个月内，形成专题报告包括采购、成交、有关数据分析以及存在问题等报送省经信委。

三、抓紧做好名优新特产品“网上世博”征集工作

组织开展“山东名优新特产品网上世博推介展示活动”。利用我省“世博会”官方网站和网上体验展示馆，以行业协会推介方式，充分展示山东优势产品。在此基础上，省经信委将会向有关部门，建立“山东名优新特产品推介网”和电子商务平台，将展会现场实物展览和网上展览交易相互补充，延伸展览会覆盖领域和时效，同时将网上推介效果明显、反映良好的名优新特产品分类编印成册，在省内外各类市场开拓活动中宣传推广。开展世博展示活动既是落实省委省政府办好世博会指示精神的重要举措，也是做好会展工作推动市场开拓的重要内容，请各市经信部门、省各行办(协会)抓紧时间，组织专门人员和班子，按时完成名优新特产品“网上世博”征集报送工作(工作方案见附件 3)。

联系人：吴炎　赵宇

电话：0531–86062580　86114195

传真：0531–86918274

电子邮箱：duiwhzc@163.com

网址：http：//www.sdeic.gov.cn/cyshdcc/index.htm

附件：1. 经信领域会展活动分类说明

2. 2010 年全省经信系统会展活动一览表

3. 山东名优新特产品网上世博征集工作方案

二〇一〇年三月八日

附件 1：

经信领域会展活动分类说明

一、A 类：由工信部、省政府或其他同级部门主办(参与主办、协办、支持)，省经信委作为省内唯一承办单位或第一承办单位的会展活动。

二、B 类：由省经信委单独主办或作为第一主办单位的会展活动。

三、C 类：由省各行办(协会)、省轻工集体企业联社及下属专业协会主办的会展活动。

四、D 类：由省各行办(协会)、省轻工集体企业联社及下属专业协会、各市经信委参与组织的境内会展活动。

五、E 类：省经信委系统参与组织的境外会展活动

附件 2：

2010 年全省经信系统会展活动一览表

A 类

序号	展览名称	时间	地点	展览范围	承办单位
1	2010 中国（山东）国际装备制造业博览会	3 月 25 日—27 日	济南	机床工具及模具、汽车与交通运输设备、电工电器、工程与建筑机械、表面处理技术及设备	省经信委（省机械工业协会）
2	重庆·山东周经贸活动	3 月下旬	重庆	农业、旅游、房地产、机械制造、基础设施、商贸流通等	省经信委
3	2010 年中国—青岛国际新能源论坛	4 月 29 日—30 日	青岛	新能源论坛及洽谈会	省经信委
4	鲁台新兴产业合作论坛暨项目对接会（鲁台文化周）	5 月 18 日	台北	新信息、新能源、新材料、新医药产业交流合作及项目洽谈	省经信委
5	2010 第二届山东矿山机电和煤炭化工产品博览会	5 月 18 日—20 日	邹城	机电装备制造、煤炭化工产品、物流交易	省经信委（省煤炭局）
6	第 13 届“渝洽会”	5 月 20 日—23 日	重庆	经济贸易展览洽谈	省经信委
7	山东省第十九届产学科研暨工业设计展销会	5 月 29 日—30 日	济南	工业设计优秀成果展示、服装设计评比及展示、家具设计评比及展示、工艺美术展、项目交流洽谈和对接	省经信委
8	2010 第十七届天津贸易投资洽谈会	6 月	天津	投资洽谈，产品展示、商品交易，人才交流	省经信委

序号	展览名称	时间	地点	展览范围	承办单位
9	第21届洽谈会	6月15日—19日	哈尔滨	经济贸易展览洽谈	省经信委
10	第六届APEC中小企业技术交流暨展览会	6月30日—7月3日	福州	环保、节能减排、节水产品、循环再生产品、汽车及配件，工艺品，新型建材，电子产品及零部件，纺织品，新型专用机械，自主知识产权产品及专利产品等。	省经信委（对外合作协调中心）
11	2010中国国际消费电子博览会安防电子产品展区暨2010青岛社会公共安全防范及消防、智能产品展览会	7月8日—11日	青岛	饰品监控防范系统、社区安全防范系统、安全报警器材、门禁、出入口控制系统、楼宇自动化及智能小区系统	省经信委（电子商务）
12	2010年鲁台经贸洽谈会先进制造业博览会	8月底	待定	机械模具、声光电子、节能减排、新能源及有关优势产业	省经信委
13	第四届世界太阳能大会（2010年山东省节能减排新技术新产品展洽会）	9月	德州	太阳能展会同时集中展示“十一五”以来我省节能工作取得的成绩，重点展示省内外先进的节能减排新技术、新产品	省经信委（节能办）
14	第五届中国国际（济南）信息技术博览会	9月	济南	成果交易会、项目推介会、专业论坛、IT青年精英论坛、IT人才供需见面会、智能机器人比赛、国际动漫艺术节	省经信委
15	第七届中国国际小企业博览会	9月22日—25日	广州	中小企业各行业产品	省经信委（省中小办）
16	第12届中国国际高新技术成果交易会	11月16日—21日	深圳	信息技术与产品、新能源与节能环保展、电子产品、高新技术成果产品	省经信委

B类

序号	展览名称	时间	地点	展览范围	承办单位
1	第七、八届山东中小企业暨项目投资融资合作洽谈会以及加盟连锁、特许经营暨中小创业项目展洽会	4月、10月	济南	加盟连锁、特许经营，中小创业项目，专利技术产品展示，投资理财、高校毕业生创业就业	省经信委（对外合作协调中心）
2	2010第三届中国（济南）国际太阳能利用大会	4月1日—3日	济南	太阳能供水系统及产品；太阳能集热采暖设备；太阳能建筑应用、太阳能其它应用产品；并网光伏发电系统	省经信委（太阳能协会）

序号	展览名称	时间	地点	展览范围	承办单位
3	山东省旅游纪念品展销会	5月	济南、青岛	山东旅游纪念品及工艺品	省工艺美术协会
4	2010中国（青岛）国际时装周暨青岛名优产品交易会、全球浙商(青岛)投资贸易洽谈会、中日韩（青岛）企业新技术对接会	5月5日—9日	青岛	纺织服装、名优产品展示，投资贸易洽谈，新技术交流合作	省经信委、青岛市经信委
5	2010第八届烟台装备制造业博览会	5月20日—22日	烟台	机床暨工模具展、自动化及仪器仪表展、动力传动与控制技术展、焊接切割、五金工具展	烟台市经信委
6	2010年中日韩国际食品博览会	6月4日—6日	烟台	中国食品名城展、食品展、农产品展、水产品展、饮品展、特许经营展、日韩产品展	烟台市经信委、省食品工业协会
7	第二届山东家居＆精制生活用品大型展销会	8月	济南	家居展区、厨具展区、整体壁橱、壁纸、家装展区、精制生活用品展区、工艺美术及农村手工艺品展区	省轻工集体企业联社
8	山东省第二届手工艺品暨工艺美术大师精品博览会	8月	济南	工艺美术品	省工艺美术协会
9	中国（山东）服装家纺博览会	9月	曲阜	服装、服饰、家纺	省纺织工业协会
10	2010山东半岛蓝色经济区发展论坛暨高端制造业博览会	10月15日—17日	烟台	产品展示展销、采购贸易洽谈、投资合作交流、科技成果和专利技术发布交易	烟台市经信委
11	上海国际汽车零配件、维修检测诊断设备及服务用品展览会	12月8日—10日	上海	汽车零配件及改装、部件及组件、维修及保养、IT及管理、服务用品、汽车清洗、汽车油品及美容用品	省经信委

C类

序号	展览名称	时间	地点	展览范围	承办单位
1	中国现代农业装备博览会	3月9号	南京	农机展览	省农机协会
2	第四届山东国际自行车电动车及零部件展览会	3月12日—14日	济南	自行车、电动自行车、电动三轮车、电动四轮车、零部件、生产及检测设备、产品设计及专利技术	省自行车电动车协会
3	2010山东（国际）制浆造纸技术及装备展览会	3月26日—28日	济南	纸浆、纸张，制浆设备、造纸装备、废纸制浆技术及设备、国内外制浆造纸二手设备、造纸环保技术及设备及其它制浆造纸相关产品、技术、装备和材料	省造纸工业协会

序号	展览名称	时间	地点	展览范围	承办单位
4	第七届中国国际家具及木工机械（北方）展览会	4 月 23 日—26 日	青岛	软体家具、实木家具、板式家具、厨房家具、办公家具、金属 / 玻璃家具、古典家具、藤家具、户外家具、家居饰品以及木门等家居配套用品、校用、酒店家居	省家具协会
5	中国国际橡胶及轮胎工业（青岛）展览会	4 月 8 日— 10 日	青岛	轮胎、橡胶制品、橡胶机械、橡胶助剂	省橡胶协会
6	2010 第二届全国食品博览会	5 月	济南	食品	省食品加工协会
7	青岛国际游艇展	5 月	青岛	游艇配件、各类豪华船艇制造商、高端设备及技术供应商、重点展示中小型船艇以及其相关技术设备	省国防科工办
8	2010 第九届青岛国际汽车工业展览会	5 月 20 日—24 日	青岛	乘用车、商用车、房车、休旅车、电动车、自行车、汽车用品、配件、国内外最新能源技术、汽车金融、媒体等	省汽车工业协会
9	2010 年第六届中国（烟台）国际汽车展览会	5 月 25 日—28 日	莱州	国内外各种品牌乘用车、卡车、农机具、摩托车、新能源车辆、汽车装饰、配套用品等	省汽车工业协会
10	山东纺织面料、辅料博览会	6 月	青岛	服装、服饰、面料	省服装协会
11	中国（青岛）国际皮革工业及机械设备展览会	7 月 16 日—19 日	青岛	各类皮料、合成皮革、鞋材、鞋楦、鞋衬、缝纫线、五金配件、皮革化工、制革设备、制鞋机械、箱包机械、缝纫设备及配件	省皮革协会
12	中国（青岛）国际皮革工业及机械设备展览会	7 月 16 日—19 日	青岛	石材荒料、石材制品、石材机械、工具、石材防护、养护产品	省石材行业协会
13	中国纺织服装面料及机械展	8 月	济南	纺织面料、服装及机械	省纺织工业协会
14	2010 第五届中国国际食品添加剂和配料展览会	8 月 28 日	青岛	食品添加剂、配料及有关设备	省食品工业协会
15	第十五届中国国际石材工业展览会暨第八届中国（莱州）国际石材展览会	9 月 9 日	莱州	石材产品、石材机械、工具、防护材料等	省石材工业协会
16	第十届淄博（国际）陶瓷博览会	9 月	淄博	各类陶瓷产品博览交易	省陶瓷协会
17	第八届中国（滨州）国际家纺文化节	9 月 17 日—19 日	滨州	纺织、家纺、手工家纺类实物产品及设计图	省纺织工业协会
18	第六届中国（梁山）专用汽车博览会	9 月 17 日—19 日	梁山	专用汽车、零部件、工装设备	省汽车工业协会
19	中国（莱芜）钢铁博览会	10 月	莱芜	钢铁生产、钢铁深加工、钢铁贸易企业展览交易	莱芜市经信委
20	2010 中国（济南）国际卡车及零部件展览会	10 月 15 日—17 日	济南	卡车及零部件	省汽车工业协会

序号	展览名称	时间	地点	展览范围	承办单位
21	2010中国（临沂）国际新型节能建筑装饰材料博览会	11月	临沂	各种建筑保温系统、墙体屋面材料、建材生产设备、建筑砂浆产品、添加剂及设备、照明灯饰及半导体LED、陶瓷工业类、石材工业及机械设备类	省建材工业协会
22	第七届中国（山东）名优食品展示交易会（团购会）	12月	潍坊	食品、服装等	省食品工业协会
23	山东省铸造厂年会暨产品展销	12月	青岛	铸件、铸造设备、材料仪器	省铸造协会

D类

序号	展览名称	时间	地点	展览范围	承办单位
1	广东三大家具展	3月16日—20日3月18日—21日3月19日—22日	东莞广州深圳	民用家具、办公家具、家居饰品、橱柜家具、家具、原辅材料家居用品、橱柜家具、家居饰品、酒店家具	省家具协会
2	第23届国际名家具（东莞）展览会	3月17日	东莞	民用家具、家居饰品、家具辅料、木工	省家具协会
3	第25届中国广州国际家具博览会	3月18–19日	广州	民用家具、家居饰品、家具材料、木工机械	省家具协会
4	第25届深圳国际家具展	3月19日—22日	深圳	民用家具、家居饰品、家具辅料、木工机械	省家具协会
5	第45届全国工艺品、旅游纪念品暨家居用品交易会	3月25日—29日	扬州	工艺品、旅游纪念品	省工艺美术协会
6	中国北方国际自行车展览会	3月26日—29日	天津	自行车电动车及部件	省自行车电动车协会
7	中国国际纺织服装及服饰博览会	3月28日—30日	北京	各种服装、服饰	省纺织工业协会
8	第十八届上海国际酒店用品展览会	3月29日—4月1日	上海	酒店用品	省陶瓷协会
9	第十六届中国国际纺织面料及辅料展览会	3月30日	北京	各种服装面料、辅料	省纺织工业协会
10	2010年春季广交会	4月	广州	综合展览	省五金协会
11	中国国际纱线展	4月	上海	各种纱、线、纤维	省纺织工业协会
12	92届中国针棉织品交易会暨22届中国丝绸交易会	4月11日—13日	上海	家纺、内衣及丝绸制品	省纺织工业协会、省丝绸协会

序号	展览名称	时间	地点	展览范围	承办单位
13	第二十四届中国国际塑料橡胶工业展览会	4月19日—22日	上海	塑料机械、塑料模具、塑料原料	省塑料协会
14	中国国家铸造展览会、中国国际铸件博览会	5月	北京	铸件、铸造设备、材料、仪器和铸造技术等	省铸造协会
15	2010中国国际酒店博览会	5月10日—12日	北京	酒店用品	省陶瓷协会
16	第三届中国塑料产业大会	5月26日—27日	杭州	塑料产业高层论坛	省塑料协会
17	上海国际自行车展	5月7日—10日	上海	自行车电动车及部件	省自行车电动车协会
18	中国国际针织博览会	6月	上海	针织面料、服装	省纺织工业协会
19	大连软交会	6月22日—25日	大连	系统软件、支撑软件、应用软件、嵌入式软件、系统集成解决方案、计算机制造	省经信委
20	中国国际纺机展	6月22日—26日	上海	纺织机械、器材	省房子机械工业协会
21	201中国国际清洁能源博览会	6月23日—25日	北京	太阳能、风能、生物质能、沼气、生物燃料、及其他清洁能源的设备、配件、新技术等，节能交通工具、节能楼宇设计及工业节能等能效技术	省经信委
22	中国国际葡萄酒、烈酒设备技术暨葡萄酒种植博览会	7月6日—7日	蓬莱	葡萄酒、烈酒设备技术暨葡萄酒种植技术交流	省葡萄与葡萄酒协会
23	中国西部国际装备制造业博览会	8月5日–7日	成都	压缩空气技术、液压技术、气动技术、机械传动、泵阀轴承、直线运动系统、电气传动	省机械工业协会
24	中国国际装备制造业博览会	9月1日–5日	沈阳	机械装备及节能减排技术设备	省经信委
25	中国国际皮革展、中国国际鞋类展与中国国际箱包、裘革服装及服饰展	9月2日–4日	上海	鞋、箱包、皮革（裘皮）服装、皮革机械、鞋材、皮革、合成革、皮革化工等产品	省皮革协会
26	第十届中国塑料交易会	9月3日–5日	台州	塑料机械、塑料模具、塑料原料	省塑料协会
27	第十六届中国国际家具展览会	9月7日–10日	上海	民用家具、办公家具、家居饰品、厨房家具	省家具协会
28	第四届烟台葡萄酒节	9月23日–25日	烟台	葡萄酒展示及技术设备洽谈	省葡萄与葡萄酒协会
29	中国国际五金展	9月28日	上海	五金类、工具类、保安汽配类、照明器材等	省五金协会
30	2010年秋季广交会	10月	广州	综合展览	省五金协会
31	第十一届中国工艺美术大师作品暨国际艺术精品博览会	10月	杭州	工艺美术品	省工艺美术协会
32	大连国际海事展	10月	大连	船舶制造、船舶修理、船舶工艺装备及配套等	省国防科工办

序号	展览名称	时间	地点	展览范围	承办单位
33	第10届中国农药交流会暨农化产品展览会	10月20日–22日	上海	农药原药、制剂、助剂、中间体、机械及包装设备	省农药协会
34	全国农机行业产品展销会	10月25日	合肥	农机展览	省农机协会
35	上海国际陶瓷生活艺术展览会	11月	上海	陶瓷日用品、艺术品	省陶瓷协会
36	第25届世界电动车大会暨展览会	11月5日–8日	深圳	新能源大客车、小型车、电池、电机、电动自行车	省汽车协会
37	第26届中国植保信息交流会暨农药械展	12月17日–19日	哈尔滨	农药及药械	省农药协会

E类

序号	展览名称	时间	地点	展览范围	承办单位
1	德国科隆国际五金展览会	2月28日—3月3日	德国科隆	五金工具、建筑五金、锁具、家纺DIY等	省五金协会
2	香港国际成衣时装材料展(春)	3月	香港	服装、服饰、面料、辅料	省服装协会
3	2010年香港亚太区皮革展服务	3月29–31日	香港	手袋、箱包、鞋类、时尚皮革附件等	省皮革协会
4	莫斯科建材周	4月	俄罗斯莫斯科	陶瓷及天然与人造石材、地面铺装材料、建筑机械、墙面及屋顶、门窗及五金配件、空调及暖通、屋顶及防水、灯具	省五金协会
5	2010意大利米兰国际家具展	4月14日—19日	意大利米兰	家用家具、庭院装潢、藤蔓制家具、孩童家具、临时性家具、金属家具、园艺家具	省家具协会
6	捷克国际食品展	5月	捷克布鲁诺	食品及食品加工包装储运机械中国食品协会	省经信委
7	2010年美国拉斯维加斯国际五金展	5月4日—日	美国拉斯维加斯	花园家具及景观美化、户外休闲用品、家居消费产品、五金类、工具类、保安汽配类等	省五金协会
8	阿联酋迪拜国际汽车零部件展览会	6月	阿联酋迪拜	汽车配件	省经信委
9	2010年德国慕尼黑国际太阳能技术博览会	6月9日—11日	德国慕尼黑	太阳能供水系统及产品；太阳能集热采暖设备；太阳能建筑	省经信委(太阳能协会)
10	纽约国际纺织服装采购展览会	6月15日—17日	美国纽约	各种家纺产品、纺织面料、服装及辅料	省经信委

序号	展览名称	时间	地点	展览范围	承办单位
11	中国纺织服装展览会	6月19日	美国纽约	各种服装、面料、辅料、家纺产品	省纺织工业协会
12	俄罗斯联邦轻工纺织及设备展览会（秋）	9月	俄罗斯莫斯科	家用纺织品、三巾抽纱品、床上用品、装饰布及面料、窗纱、百叶窗、毯类、羽绒及制品等	省经信委
13	香港国际成衣时装材料展(秋）	10月	香港	服装、服饰、面料、辅料	省服装协会
14	中东迪拜五金卫浴灯具家电及户外花园用品展览会	10月	阿联酋迪拜	五金配件、五金工具、门窗五金、建筑五金、紧固件	省经信委
15	肯尼亚内罗毕国际贸易博览会	10月	肯尼亚内罗毕	家用机械、制药、纺织品、消费品、仪器加工核机械、机床、建筑材料	省经信委
16	东盟中国中小企业商品（马来西亚）博览会	10月	马来西亚吉隆坡	机械设备、电子电器、轻纺化工、服饰、建筑材料	省经信委（对外合作协调中心）
17	意大利国际游艇展	11月	意大利热那亚	全球顶级游艇展览	省国防科工办
18	沙特利雅得国际食品及酒店用品展览会	11月	沙特阿拉伯利雅得	肉类和家禽、饲料添加剂、新鲜罐装无水分食品、冷冻食品、牛奶及乳制品、软饮料和果汁、咖啡及软糖果和巧克力、面包食品、各类食品机械、农产蔬姜蒜、各种水果和快餐、酒店设备、机械设备、制冷设备	省经信委
19	中东五大行业展览会	11月	阿联酋迪拜	建筑材料及设备，水处理与环保，空调制冷，清洁及维护设备，玻璃及材料，卫浴陶瓷，照明器材	省经信委
20	古巴哈瓦那国际贸易博览会	11月	古巴哈瓦那	机械、农机、汽车零部件、家电、日用消费品、建材、五金工具、化工产品、医药、服装、纺织品、办公用品、体育用品、礼品、工艺品	省经信委
21	洪都拉斯、萨尔瓦多中国贸易展览会	待定	洪都拉斯圣佩德罗苏拉、萨尔瓦多圣萨尔瓦多	汽车、摩托车、通讯产品、机械、电子、家电、服装、消费品、食品等综合贸易展	省经信委

附件 3：

山东名优新特产品“网上世博”征集工作方案

2010 年上海世博会是继北京奥运会之后在我国举办的又一次国际盛会，本届世博会开创性地推出网上世博会，将成为“永不落幕的世博会”我省网上世博会分为山东省参与 2010 年上海世博会官方网站 (www.expo-shandong.cn) 和网上体验馆两部分，是向世界更全面、更深入、更广泛地展示山东的平台。为贯彻省政府常务会议精神，借网上世博会之机充分展示山东产品和山东品牌，拟向全省征集山东名优特新产品。具体工作方案如下：

一、工作安排

通过此次征集活动，建立基本涵盖全省名优新特产品的资料库，选择具有代表性的产品在我省在世博官方网站或山东体验馆中进行全方位、多角度的展示，并在世博会结束后搭建山东名优新特产品电子商务平台。同时，是以行业协会为主体,将所有的产品分类编印成册，用于今年省政府支持举办的各项开拓国内外市场活动。

二、报送程序

各市经信委、省各行办 (协会)、省轻工集体企业联社负责本地区、本部门名优新特产品的选择、推荐、材料审校和统一报送工作。请各单位抓紧将通知要求传达到企业，动员企业积极参加，并于 2010 年 3 月 15 目前收齐材料进行初审。3 月 20 目前将符合要求的资料汇总报送省经信委网上世博推介办公室。

三、参展企业和产品要求

报名的企业需在我省注册,产品要符合名、优、新、特要求，符合国家有关法律法规和产业政策的规定，质量在同类产品中处于国内领先地位，市场占有率、品牌知名度居同类产品前列。

四、报送平面材料要求

为统一格式，方便使用，本次材料征集将为企业提供报送模板 (请在 http：//www.sdeie.gov.cn/cyshdcc/index.htm 下载)，企业可参照模板将以下的素材编辑成本企业的宣传页。

1、文字材料：企业介绍、产品介绍、企业荣誉、联系方式 (包括联系人、电话、传真、地址、邮编、邮件、网址、电子商务平台、销售热线等)。

2、图片：企业 logo、企业形象、产品展示。

如企业无法自行制作，请按照以下要求报送资料。

展示形式	格式	大小	备注
文字	doc	1000-1500 字	文字凝练概括，简明扼要
图片	Jpeg、jpg、png	每张 <1M	企业和产品各 5-8 张
企业 logo	psd	<3M	

五、报送多媒体材料要求

视频宣传片、三维展示素材 (由企业自行选择) 请参照以下要求报送资料。

展示形式	格式	大小	备注
视频	不限	<30M	需提供源文件
三维互动展示	virtools 平台展示文件	<30M	

联系人：李森清 王豫生

电话：0531-61141958 69182738 6918274(传真)

电子邮箱：duiwhzc@163.com

网 址：http：//www.sdeie.gov.cn/cyshdcc/index.htm

1 － 111 山东省经济和信息化委员会关于做好2010年蚕茧生产与收购管理工作的通知

鲁经信外字〔2010〕269 号

各市经济和信息化委（茧丝办）、工商局：

根据国家商务部、工商总局《关于做好2010年蚕茧生产与收购管理工作的通知》（商运发〔2010〕128号）精神，现就做好我省2010年蚕茧生产与收购管理工作的有关事项通知如下：

一、做好蚕茧市场调研分析，加强行业运行指导

经过连续两年的减产，茧丝原料供求矛盾得到缓解，茧丝价格持续回升。各市经信委（茧丝办）要密切关注真丝绸商品出口以及当前茧丝价格高位运行情况，继续加强蚕丝生产宏观指导，密切关注气候变化，重视自然灾害对蚕桑生产的不利影响，提早制定并完善相关的应急预案。要结合本地区实际情况，加大蚕桑生产管理和产业结构调整，合理安排生产规模，确保蚕桑业稳定健康发展。要继续加大对蚕农技术培训和生产管理，严防发生大面积蚕病和病虫害现象，不断提高蚕茧质量。要及时了解掌握蚕茧生产、收购和价格动态，建立健全信息监测网络，及时分析市场形势，加强信息引导，帮助生产者、经营者正确把握市场动态，促进供求平衡。

二、合理确定收购价格，维护行业稳定发展

2010年影响蚕茧收购价格因素较多，综合考虑，预计全省桑蚕鲜茧收购指导价格（含税）为每50公斤1000元±10%(茧层率21%.上茧率100%)。各市经信委（茧丝办）要根据当地产销形势、生产成本等因素，加强毗邻地区蚕茧收购价格的协商与衔接，会同价格主管部门确定合理的收购指导价格，并报省茧丝办备案。要积极引导龙头企业，发挥示范带动作用，提升蚕桑生产专业化水平，加强产、供、销一体化的产业链建设，以及“公司＋基地＋农户”的组织链建设。

三、加大部门协调配合，规范蚕茧收购秩序

为维护蚕茧收购秩序稳定，保持我省蚕茧质量优势，各级工商行政管理部门要按照《茧丝流通管理办法》和《山东省鲜茧收购资格认定实施细则》的规定，对所有从事鲜茧收购的经营者进行全面清理，严格按照鲜茧收购资格进行核准登记，从源头上严把市场主体准入关，对无鲜茧收购经营资格证和无缘丝生产准产证等不符合条件的坚决予以取缔。要突出重点地区、重点季节，加大对蚕茧收购秩序的巡查力度，严厉查处无证、无照收购、超范围收购蚕茧的行为。各市经信委(茧丝办)要积极协调有关部门,加强对鲜茧收购秩序和质量的监督，确保收购秩序稳定、优质优价。各鲜茧收购经营单位要提前筹措收购资金，保证资金及时、足额到位,防止出现“打白条”和抬级抬价收购。

对蚕茧收购过程中出现的问题，各地要及时依法处理，并将处理结果和出现的新情况、新问题及时报省经信委、省工商局。

二〇一〇年五月二十七日

1 － 112 山东省经济和信息化委员会关于表彰2010年全省经信系统开拓市场工作先进单位和先进个人的通报

鲁经信外字〔2010〕521号

各市经济和信息化委，省各行办(协会)、轻工联社：

2010年，全省经信系统开拓市场工作部门认真学习实践科学发展观，按照省委、省政府的工作安排和部署，创新发展思路，强化服务观念，拓宽业务领域，提高工作效率和质量，认真抓好开拓市场工作，取得了显著成绩。为总结经验，表彰先进，进一步提高全省开拓市场工作水平，决定对济南市经济和信息化委等19家先进单位和于慧等23名先进个人进行通报表彰。

希望受表彰的单位和个人珍惜荣誉，再接再厉，不断取得新成绩，为全省的开拓市场工作做出新的更大的贡献。

附件：全省开拓市场工作先进单位和先进个人名单

二〇一〇年十月二十九日

附件：

全省开拓市场工作先进单位和先进个人名单

一、先进单位

1. 济南市经济和信息化委
2. 青岛市经济和信息化委
3. 淄博市经济和信息化委
4. 枣庄市经济和信息化委
5. 烟台市经济和信息化委
6. 潍坊市经济和信息化委
7. 威海市经济和信息化委
8. 临沂市经济和信息化委
9. 滨州市经济和信息化委
10. 菏泽市经济和信息化委
11. 省食品工业协会
12. 省家具协会
13. 省工艺美术协会

14. 省皮革行业协会
15. 省造纸行业协会
16. 省自行车电动车行业协会
17. 省服装行业协会
18. 省石材行业协会
19. 省丝绸协会

二、先进个人

1. 于　慧　济南市经济和信息化委
2. 唐海军　淄博市经济和信息化委
3. 侯志斌　枣庄市经济和信息化委
4. 孙显军　烟台市经济和信息化委
5. 寇建光　潍坊市经济和信息化委
6. 黄经涛　威海市经济和信息化委
7. 郑　园　临沂市经济和信息化委
8. 张彦明　滨州市经济和信息化委
9. 李益民　菏泽市经济和信息化委
10. 张映和　省轻工业协会
11. 刘新光　省纺织工业协会
12. 周新瑞　省轻工集体企业联社
13. 丁　明　省机械工业协会
14. 尤　其　省食品工业协会
15. 周克继　省石材行业协会
16. 韩庆生　省家具协会
17. 梁照明　省工艺美术协会
18. 高鲁光　省皮革行业协会
19. 周祖永　省陶瓷工业协会
20. 李　亮　省饮料行业协会
21. 纪循菊　省五金衡器协会
22. 李保国　省葡萄与葡萄酒协会
23. 唐大庆　兖矿集团

1－113　山东省经济和信息化委员会关于表彰全省工业领域开拓市场工作先进单位的通知

鲁经信外字〔2010〕374号

各市经济和信息化委，省各行办（协会）、联社，有关单位：

今年以来，全省经信系统和广大企业按照省委省政府加快经济发展方式转变、调整优化经济结构的工作部署，深入贯彻落实科学发展观，围绕工业转方式、调结构，积极作为、科学务实、开拓创新，大力推动市场开拓和营销创新，有力地保障了全省工业经济平稳较快发展。为总结经验，表彰先进，经各市、协会推荐和评选，决定对开拓市场工作中做出突出贡献的山东省机械工业协会等16家优秀会展组织单位、九阳股份有限公司等35家市场营销创新优秀单位和济南的突泉酿酒有限责任公司等50家品牌价值贡献优秀单位进行表彰和奖励。

希望受表彰的单位珍惜荣誉，再接再厉，不断提高开拓市场工作水平，为全省工业经济平稳较快发展做出更大贡献。

附件：1、“山东省优秀会展组织奖”单位名单
2、“山东省市场营销创新奖”单位名单
3、“山东省品牌价值贡献奖”单位名单

二〇一〇年八月四日

附件1：

“山东省优秀会展组织奖”单位名单

1. 山东省机械工业协会
2. 山东省家具协会
3. 山东省自行车电动车行业协会
4. 山东省皮革行业协会
5. 山东省太阳能行业协会
6. 山东省食品工业协会
7. 山东省造纸工业协会
8. 山东省石材行业协会
9. 山东省中小企业对外合作协调中心
10. 山东省中小企业国际合作协会
11. 兖矿集团有限公司
12. 山东新丞华展览有限公司
13. 淄博市经济和信息化委员会
14. 滨州市经济和信息化委员会
15. 潍坊市经济和信息化委员会
16. 烟台市经济和信息化委员会

附件2：

“山东省市场营销创新奖”单位名单

1. 九阳股份有限公司
2. 山东焦化企业集团煤焦电子商务有限公司
3. 山东今日家居发展有限公司
4. 山东泰华电讯有限责任公司
5. 青岛澳柯玛股份有限公司
6. 海尔集团
7. 青岛海信电器股份有限公司
8. 双星集团有限责任公司
9. 南方青岛四方机车车辆股份有限公司
10. 山东齐峰特种纸业股份有限公司
11. 淄博大染坊丝绸集团有限公司
12. 山东大成农药股份有限公司
13. 万达控股集团有限公司
14. 烟台万华聚氨醋股份有限公司
15. 玲珑集团有限公司
16. 福田雷沃国际重工股份有限公司
17. 山东海龙股份有限公司
18. 山东金鸿集团有限公司
19. 孚日集团股份有限公司
20. 山东如意科技集团有限公司
21. 山东岱银纺织服装集团
22. 山东企鹅塑胶集团有限公司
23. 金猴集团有限公司
24. 威海天润曲轴股份有限公司
25. 日照三银纺织有限公司
26. 日照海通有限公司
27. 山东泰丰纺织有限公司
28. 山东西王食品有限公司
29. 山东滨州渤海活塞股份有限公司
30. 德州振华装饰玻璃有限公司
31. 山东东阿阿胶股份有限公司
32. 国人西服有限公司
33. 山东省射频识别应用工程技术有限公司
34. 山东省白酒工业协会
35. 山东省商业集团山东易联信息技术有限公司

附件 3：

“山东省品牌价值贡献奖”单位名单

1. 济南趵突泉酿酒有限责任公司
2. 山东力诺瑞特新能源有限公司
3. 济南二机床集团有限公司
4. 济南佳宝乳业有限公司
5. 济南泉娃饮用水有限公司
6. 济南民天面粉有限责任公司
7. 青岛华东葡萄酿酒有限公司
8. 青岛一木集团有限责任公司
9. 淄博华洋陶瓷有限责任公司
10. 山东扳倒井底份有限公司
11. 山东福泰陶瓷有限公司
12. 淄博海润丝绸发展有限公司
13. 山东淄博新达制药有限公司
14. 山东鲁南机床股份有限公司
15. 兖矿鲁南化肥厂
16. 山东驰中集团有限公司
17. 烟台张裕集团有限公司
18. 山东凤凰制药股份有限公司
19. 中粮长城葡萄酒（烟台）有限公司
20. 烟台三环锁业集团有限公司
21. 烟台吉斯家具集团有限公司
22. 青州鲁绣抽纱有限公司
23. 山东比德文动力科技有限公司
24. 潍坊恒联羡林生活用纸有限公司
25. 潍柴动力股份有限公司
26. 希努尔男装股份有限公司
27. 山东景芝酒业股份有限公司
28. 山东东岳专用汽车制造有限公司
29. 山东玉堂酱园有限责任公司
30. 泰山玻璃纤维有限公司
31. 山东泰山生力源股份有限公司
32. 山东光明起重机集团有限公司
33. 山东新东岳集团有限公司
34. 泰安市牵银制丝有限责任公司
35. 威海威达机械股份有限公司
36. 威海市山花地毯集团有限公司
37. 东升地毯集团有限公司
38. 山东五征集团有限公司
39. 浮来春酿酒集团股份有限公司
40. 山东天地缘酒业有限公司
41. 山东滨州豪盛巾被有限公司
42. 德州德药制药有限公司
43. 古贝春集团有限公司
44. 中通客车控股股份有限公司
45. 山东聊城大为激光科技有限公司
46. 史丹利化肥股份有限公司
47. 山东红日阿康化工股份有限公司
48. 山东京普太阳能科技有限公司
49. 山东沂蒙六姐妹食品有限公司
50. 山东华信制药集团股份有限公司

1 － 114　山东省经济和信息化委员会关于加快推进全省重点用能企业淘汰改造高耗能落后机电设备的意见

鲁经信资字〔2010〕483 号

各市人民政府，各县（市、区）人民政府，省政府各部门、各直属机构，各大企业，各高等院校：

为深入贯彻落实《中共山东省委山东省人民政府关于加快经济发展方式转变若干重要问题的意见》，进一步强化企业节能管理，提高能源利用效率，推进全省节能减排工作，根据有关法律、法规和政策规定，经省政府同意，现就加快推进重点用能企业淘汰改造高耗能落后机电设备提出以下意见：

一、充分认识加快淘汰改造高耗能落后机电设备的意义

近年来，全省各级、各部门认真贯彻节约资源基本国策，强化企业节能管理，加强节能监察，推动企业加快淘汰改造高耗能落后机电设备，对节约能源、保护环境、促进经济社会可持续发展发挥了重要作用。但是由于种种原因，部分企业仍有高耗能落后机电设备未淘汰，根据对 862 家省重点用能企业调查统计，仍有属于淘汰范围的高耗能电动机 4555 台、变压器 4679 台，锅炉、风机、泵类、压缩机等落后机电设备 2759 台，这些机电设备年耗能近 700 万吨标准煤。2009 年，工业和信息化部发布了《高耗能落后机电设备（产品）淘汰目录（第一批）》（工节〔2009〕第 67 号），明确要求各地要加快高耗能落后机电设备淘汰改造进程。各级、各部门和企业要按照国家要求，结合贯彻《国务院关于进一步加大工作力度确保实现“十一五”节能减排目标的通知》（国发〔2010〕12 号）、《山东省人民政府关于进一步做好节能降耗工作确保完成“十一五”节能目标的通知》（鲁政发明电〔2010〕2 号）精神，切实把淘汰改造高耗能落后机电设备作为推动节能工作的重要举措，作为转方式、调结构的重要抓手，作为促进技术进步、优化产业结构的重要途径，加强领导，密切协作，扎实推进，确保按期完成淘汰改造高耗能落后机电设备任务，为全面实现节能目标作出贡献。

二、明确淘汰改造工作的目标任务

淘汰改造高耗能落后机电设备工作任务十分艰巨，要坚持以企业为主体，以提高能源利用效率为核心，充分调动企业淘汰改造工作的积极性和主动性，综合运用法律、经济、技术、标准以及必要的行政手段，坚持汰劣与扶优相结合，淘汰落后与改造升级相结合，根据不同地区、行业、企业的具体情况，分类指导，整体推进，扎实推进重点用能企业高耗能落后机电设备淘汰改造工作。

着重抓好年耗能 5000 吨标准煤以上重点用能企业淘汰改造工作。重点淘汰列入国家淘汰目录的电动机、变压器、调压器、锅炉、风机、泵、压缩机、电焊机、电阻炉、柴油机等高耗能落后机电设备；逐步对达不到国家和省强制性能效标准的机电设备进行改造。力争到 2012 年底，重点用能企业的在用机电设备全部达到国家和省强制性能效标准，企业能效水平进一步提高。通过淘汰改造高耗能落后机电设备，全省实现年节能量 300 万吨标准煤。

三、淘汰改造高耗能落后机电设备的范围

按照国家公布的淘汰机电设备目录和各类设备能效标准，重点依法淘汰改造电动机、变压器、调压器、锅炉、风机、泵、压缩机、电焊机、电阻炉、柴油机等高耗能落后机电设备。

（一）电动机。淘汰 JO、YB（机座号 63-355，电压 660V 及以下）系列等中小型异步电动机；对达不到《中小型三相异步电动机能效限定值及能效等级》（GB18613-2006）要求的实施淘汰或技术改造；推广应用高效系列电动机、永磁电动机等产品。

（二）变压器、调压器。淘汰 S（L）7 系列（电压 10KV 等级，容量 30-1600KVA）等配电变压器和 TDGC、TSGC 系列接触调压器；对达不到《三相配电变压器能效限定值及节能评价值》（GB20052-2006）和《接触调压器》（JB/T10091-2001）标准要求的实施淘汰或技术改造；推广应用高效节能变压器、调容量变压器等产品。

（三）锅炉。淘汰 KZL4-13-A Ⅲ水火管链条蒸汽锅炉等燃煤工业锅炉；对达不到《燃煤工业锅炉能效》（DB37/T822-2007）要求的实施淘汰或技术改造；鼓励采用链条炉分层燃烧、链条炉排与煤粉复合燃烧、链条炉排采用炉前型煤等技术。

（四）风机。淘汰 8-18、9-27 系列等通风机设备；对达不到《通风机能效限定值及节能评价值》（GB 19761-2005）要求的实施淘汰或技术改造；推广应用高效风机等产品。

（五）泵。淘汰 B、F 型单级单吸等系列泵类设备；对达不到《清水离心泵能效限定值及节能评价值》（GB 19762-2007）要求的实施淘汰或技术改造；推广应用高效泵类产品。

（六）压缩机。淘汰 1-10/8、1-10/7 型动力用往复式空气压缩机等空气压缩机；对达不到《容积式空气压缩机能效限定值及节能评价值》（GB 19153-2003）要求的实施淘汰或技术改造；推广应用节能（新）型空气压缩机等产品。

（七）电焊机、电阻炉。淘汰 AX1—500 型直流弧焊电动发电机、SX 系列箱式电阻炉等电焊机、电阻炉；对达不到《电弧焊机通用技术条件》（GB/T 8118-1995）和《热处理箱式、台车式电阻炉能耗分等》（JB/T 50162-1999）等标准要求的实施淘汰或技术改造；推广应用节能（新）型电焊机、电阻炉等产品。

（八）柴油机。淘汰 481 型等柴油机；对达不到《中小功率柴油机排气污染物排放限值》（GB 19577-2004）要求的实施淘汰或技术改造；推广应用节能（新）型柴油机等产品。

四、主要保障措施

（一）加强组织领导。各地要加强组织领导，搞好摸底调查，摸清本市、县（市、区）高耗能落后机电设备的生产、销售、使用情况。根据本地工业结构、产业发展整体规划，以及节能减排目标任务，合理补充淘汰设备类别，按照规定的淘汰范围和时限要求，制定具体工作计划，明确工作责任，分步骤、分阶段组织实施，确保完成目标任务。建立淘汰高耗能落后机电设备统计报送制度，定期将本市、县（市、区）淘汰设备数量、型号以及节能量等情况报送上一级节能主管部门。省有关部门和单位要加强协调配合，按照节能减排目标任务要求，结合行业特点，采取有力措施合力推进，定期公布淘汰工作进展情况。企业要加强自查自纠，对照国家淘汰目录逐一排查，列出时间进度表，结合企业节能技术改造项目尽快组织实施，对不能立即实施的连续生产型设备，要在最近一次生产检修期间予以淘汰改造。

（二）积极推广节能新技术、新产品。把淘汰落后机电设备与推广应用先进设备紧密结合起来，一方面，抓好淘汰落后机电设备工作，另一方面，大力推广节能新技术、新产品，提高企业能源利用效率。围绕国家“十大节能工程”和省“三个节能 100 项”，实施电机系统节能、余热余压利用、能量系统优化等节能改

造工程。加大节能工艺设备的研发力度，建立以市场为导向、企业为主体、产学研相结合的节能新技术新装备创新体系。支持国家和省技术中心、节能环保产业基地、科技产业基地建设，组织实施重大节能技术产业化项目，推进科技进步。鼓励企业通过多种形式引进国外先进的生产控制、系统优化、高效装备等节能新技术、新产品，在消化吸收的基础上进行再创新，形成具有自主知识产权的核心技术和品牌产品。

（三）落实财税优惠政策。充分利用国家和省节能资金，完善激励约束机制，加大对淘汰改造高耗能落后机电设备工作的扶持力度。一是加大资金投入。积极争取中央预算内投资、节能奖励资金，加大对节能改造项目的支持力度。发挥省节能专项资金的导向作用，支持节能改造工程建设。对完成淘汰任务好的市、县（市、区），省节能专项资金优先支持；完成较差的，适当扣减资金支持指标。市、县（市、区）政府要视财力情况，对设备淘汰改造给予必要的资金支持。二是落实节能、环保设备免税政策。按照国家节能节水专用设备所得税优惠政策规定，对列入《节能节水专用设备企业所得税优惠目录》和《环境保护专用设备企业所得税优惠目录》，符合有关规定的，按设备金额的10%抵免企业所得税。三是引导社会资金投向。鼓励节能服务机构开展合同能源管理，利用技术、资金、人才等优势，开展检测、咨询、设计、技术推广、工程项目建设，符合合同能源管理项目要求的，按照每吨标准煤300元的标准由国家和省给予补助。加强国际交流与合作，充分利用国际金融机构低息贷款、赠款等，加快淘汰改造进程。

（四）加强依法监管。各级、各部门要严格按照法律、法规和政策规定，加强对淘汰改造高耗能落后机电设备工作的督促指导。各级节能监察机构要把高耗能落后设备的在用、淘汰情况作为节能监察的重要内容，制定监察计划，明确分工，落实责任，加强督促检查，及时掌握重点用能企业落后机电设备淘汰情况，确保列入淘汰目录的设备按时退出，严禁淘汰设备转移他用。对不按时淘汰的企业，要依据相关法律、法规实施罚款、没收设备等处罚；情节严重的，由节能行政主管部门提出意见，报请同级人民政府按照规定的权限责令停业整顿或者关闭。

二〇一〇年九月二十一日

1－115 山东省经济和信息化委员会关于印发2010年全省节能工作要点的通知

鲁经信协字〔2010〕15号

各市经信委（经贸委、经委）、节能办，青岛市发改委：

为推动全省节能工作，确保全面实现“十一五”节能目标，省经济和信息化委、省政府节能办研究制定了《2010年全省节能工作要点》。现印发你们，请认真贯彻执行。

二〇一〇年一月二十二日

2010年全省节能工作要点

（山东省经济和信息化委员会 山东省人民政府节约能源办公室）

2010年是实现"十一五"节能目标的决战之年。全省上下要以科学发展观为指导，认真贯彻落实省委、省政府关于节能工作的决策部署和相关法律法规，把节能降耗作为转方式、调结构的重要抓手，坚持全面推进与重点突破相结合，坚持技术进步与强化管理相结合，加强宏观指导，全面贯彻各项节能政策措施，充分发挥信息化推动节能工作的作用，积极发展循环经济、低碳经济、绿色经济和节能环保产业，打好节能攻坚战役，确保实现"十一五"全省万元GDP能耗降低22%、规模以上工业万元增加值能耗降低22%、万元GDP取水量降低30%，工业固体废物综合利用率达到95%、主要再生资源回收利用率达到65%的目标。

一、强化节能目标责任考核。一是落实"双目标"责任制，组织对各市、省有关部门和重点用能企业节能目标责任完成情况进行考核。组织评选省政府节能奖，召开节能考核奖励大会，严格兑现奖惩。二是强化重点用能企业监管，公告国家103户重点用能企业能源利用状况，定期公布省千户重点用能企业单位产品能耗指标，组织省千户重点用能企业填报能源利用状况报告，加强调度监管和统计分析。三是做好重点市、重点行业、重点企业能耗预测预警和督导工作，必要时及时采取坚决果断措施，确保全面完成"十一五"节能目标。四是继续实行节能工作季度调度会制度。

二、积极培育节约型产业。一是认真落实工业调整振兴规划，推动经济发展方式转变和经济结构调整，提高节约型产业在经济结构中的比重。二是加快发展节能环保产业，培育新的经济增长点。落实节能节水、环境保护设备和项目税收优惠政策。加快高效照明产业发展，组织高效照明、太阳能和电机企业开展节能产品认证。继续实施高效节能产品惠民工程，推广节能灯550万支，力争2010年底前创建1000个高效照明示范村。加强对节能环保产业基地的培育和指导，总结经验，继续开展节能环保产业示范基地创建活动。推动节能产品政府采购，扩大节能产品推广应用范围。三是大力发展太阳能等新能源产业，加快太阳能与建筑一体化步伐，继续实施阳光宾馆、学校工程，发挥省太阳能行业协会的作用，推动太阳能产业发展。四是加快发展节能服务产业，推广合同能源管理和节能自愿协议机制，力争到2010年底，全省参加节能自愿协议的企业达到500家。五是大力淘汰落后生产能力、工艺和产品，加快更新改造电动机、锅炉、窑炉、风机、泵等高耗能落后设备，提高企业能效水平。

三、加快推进节能技术进步。一是建立千项节能减排项目库，积极组织实施重大节能示范项目。规范申报程序，积极向国家有关部委推荐，争取国家政策、资金支持。以重大节能技术产业化、节能技术改造、循环经济和太阳能集热补贴为重点，实施200项省重大节能项目。同时，加强重大节能项目跟踪管理，确保达产增效。二是制定并公布节能节水技术、设备、产品推广目录，引导单位和个人使用先进的节能节水技术、产品。三是加强节能技术推广和交流。举办2010年山东省节能减排新技术新产品展洽会和2010第三届中国（济南）国际太阳能利用大会暨展览会，组织参加中国青岛国际新能源论坛暨中德企业合作发展峰会、2010年德国慕尼黑国际太阳能技术博览会。创新展览形式，探索建设网络平台，对节能节水新技术新产品和重大节能示范项目进行网上展示及推广。四是充分发挥科研机构、大专院校作用，深化国内国际交流与合作，用好国内外资源，提升节能水平。

四、狠抓重点领域节能。一是抓好工业节能。继续抓好国家103户重点用能企业和省千户重点用能企业节能工作，落实能源利用状况报告制度，完善重点用能单位能源利用状况报告网上填报系统，在冶金、有色、建材等行业组织开展企业能源管理中心建设工作，在水泥等重点耗能行业开展能效水平对标活动，加强节能统计、计量等基础工作，开展节能管理人员和重点用能设备操作人员培训，提升企业节能管理水平。推进企业能源管理体系建设，培训一批能源管理体系咨询人员，在30户以上企业建立完善的能源管理体系。探索建立能源管理师制度。二是抓好建筑节能。加快既有居住建筑节能改造，确保今年年底前完成国家下达的1900万平方米改造任务。推进供热计量、管网、换热站改造，到今年采暖期，全省单位面积城市供热能耗降至20公斤标准煤以下。三是抓好交通运输节能。开展交通运输节油活动，加快淘汰高耗油老旧汽车、船舶，推广先进交通节能技术产品。四是抓好公共机构节能。加强公共机构能耗监测体系建设，严格政府机关节能考核，开展公共建筑能源审计工作。

五、大力发展循环经济。一是深化循环经济试点省建设，确保试点省任务目标完成。配合有关部门建立反映循环经济发展的评价指标和统计制度，推进实施发展循环经济目标责任制。二是加大资金投入力度，重点支持循环经济科技研究开发、技术产品示范与推广、重大项目实施、信息服务等。三是抓好100个循环经济重大项目建设，创建100个循环经济示范单位，积极推进资源化、再利用和环保产业等循环经济产业发展。四是加快资源综合利用产业发展，以建筑垃圾和煤矸石、粉煤灰、工业副产石膏等为重点，抓好传统大宗固体废物综合利用；以黄金尾矿、铁尾矿、氧化铝赤泥等为重点，推广尾矿综合利用新技术；探索餐厨垃圾、生活垃圾和电子垃圾及工业危废等综合利用的新途径。五是认真落实国家鼓励和扶持资源综合利用发展的政策措施，抓好资源综合利用认定管理。六是夯实节水管理基础，完善节水考核奖惩制度，推广节水新技术、新产品、新设备和典型经验，促进节水和海水利用工作。

六、全面推行清洁生产。一是抓好酿造、造纸、化工、纺织等重点行业的清洁生产工作，促进企业清洁生产整体技术水平提高。二是加大对清洁生产实施方案落实的督促检查，严格依照《山东省清洁生产审核验收暂行办法》，组织搞好清洁生产审核验收，力争2010年清洁生产审核验收企业120家以上。三是开展清洁生产对标建设，对照行业清洁生产评价指标体系和先进水平，大力推广应用清洁生产技术。四是加强清洁生产咨询服务机构管理，充实技术咨询服务力量，对企业内审人员进行清洁生产培训。五是继续抓好治理商品过度包装工作。

七、完善节能法规制度和标准。一是深入贯彻实施《山东省节约能源条例》，会同有关部门研究制定高耗能行业区域限批、企业限批和单位产品能耗预警调控等配套制度，编辑出版《山东省节约能源条例释义》。二是推动《山东省清洁生产促进条例》尽快出台。三是严格实施固定资产投资项目节能评估审查制度，从源头上把好项目能耗关。四是配合省人大对各市、各部门落实《山东省节约能源条例》情况进行专项督查和视察，督促落实节能重大制度，使节能工作走上法制化、制度化轨道。五是围绕企业节能管理、太阳能与建筑一体化、节能节水技术产品等领域，制修订一批节能地方标准。组织制订我省太阳能行业联盟标准。大力实施循环经济技术标准战略，建立健全循环经济标准体系。加强标准宣贯和落实。

八、加强节能执法监察。一是将节能监察与技术指导相结合，健全联动执法、联合执法的机制，完善日常监察与专项监察相结合的工作机制。二是组织对省千户重点用能企业和全省1000家政府机关、宾馆饭店、商场超市、学校、交通运输企业等执行节能法律、法规、规章和强制性节能标准的情况进行节能监察。三是对能源利用状况报告制度和能效标识制度落实情况、节能评估审查制度执行情况、高耗能落后机电设备（产品）停止生产和淘汰情况等进行监督检查。四是总结典型案例，加大节能执法力度，严肃查处违法用能行为。五是建立全省节能监察信息管理系统，提高节能执法监察信息化水平。

九、认真做好“十二五”节能和循环经济规划编制工作。一是全面总结“十一五”节能和循环经济工作的经验和做法，查找存在的问题和不足，为健全节能和循环经济工作长效机制、编制“十二五”专项规划奠定基础。二是围绕节能和循环经济宏观战略、生态文明与可持续发展、应对气候变化、低碳经济与绿色经济等全局性、战略性问题，组织进行调查研究。三是深入分析国内外经济社会发展环境，认真应对气候变化以及世界经济格局变化、产业结构调整带来的新机遇新挑战，科学测算“十二五”节能潜力，研究提出“十二五”节能和循环经济工作的目标、思路。四是坚持节约资源基本国策，加强战略思维，理清工作思路，组织编制“十二五”节能专项规划和发展循环经济专项规划。五是根据各行业特点、现状及发展趋势和全省节能总体规划，组织研究制定建设、交通运输、公共机构等领域节能专项规划和计划。

十、协调推进节约型社会建设。一是制定宣传工作方案，组织新闻媒体利用电视、广播、报纸、网络等各种形式搞好节能宣传。二是按照国家统一安排，搞好2010年节能宣传周，举办形式丰富多彩、贴近百姓生活、影响广泛的主题宣传活动。三是继续深入开展“节能减排全民行动”，联合妇联开展节能减排教育、知识、行动、风尚“四进家活动”。四是加强节能教育，将节能纳入中小学素质教育的内容，研究探索在高等院校设置节能管理课程和专业。五是认真履行节能减排工作领导小组办公室的职责，加强协调配合，充分发挥各部门的作用，统筹推进资源节约型、环境友好型社会建设。

1－116 山东省经济和信息化委员会转发工业和信息化部关于进一步加强工业节水工作的意见的通知

鲁经信函字〔2010〕163号

各市经信委、节能办，省有关行业协会：

现将工业和信息化部《关于进一步加强工业节水工作的意见》(工信部节〔2010〕218号)转发给你们，请结合实际，认真抓好本地区、本行业工业节水工作。要按照省委、省政府一系列决策部署，把工业节水作为调结构、转方式的切入点，以提高水的利用效率为核心，以水资源紧缺、供需矛盾突出的地区和钢铁、纺织、造纸、食品发酵等行业为重点，完善政策机制，如大资金投入，推进科技进步，强化监督管理。要采取更加有力的措施，加强污水综合治理回用，全面提升工业节约用水能力和水平，促进我省工业经济与水资源和环境的协调发展，为建设资源节约型、环境友好型社会，增强可持续发展能力做出积极贡献。

附件：工业和信息化部关于进一步加强工业节水工作的意见

二〇一〇年七月九日

附件：

工业和信息化部关于进一步加强工业节水工作的意见

工信部节〔2010〕218号

各省、自治区、直辖市及计划单列市、新疆生产建设兵团工业和信息化主管部门，有关行业协会、中央企业：

为加快建设节水型工业，缓解我国水资源供需矛盾，促进我国工业经济与水资源和环境的协调发展，现就进一步加强工业节水工作提出如下意见。

一、深刻认识工业节水工作的重要性和紧迫性

（一）水资源短缺已成为我国经济社会可持续发展的制约因素。我国是一个水资源贫乏的国家，人均水资源量仅为1785立方米，约为世界人均水平的四分之一，逼近联合国可持续发展委员会确定的1750立方米用水紧张线。我国水资源分布不均衡，与人口、土地和经济布局不相匹配。近年来我国极端气候频发，地区间水资源分布不均的矛盾加剧。水资源短缺问题日趋突出，已对部分地区生产生活的正常进行产生不利影响。

（二）工业用水需求呈增长趋势将进一步凸现水资源短缺的矛盾。目前，我国工业取水量占总取水量的四分之一左右，其中高用水行业取水量占工业总取水量60%左右。随着工业化、城镇化进程的加快，工业用水量还将继续增长，水资源供需矛盾将更加突出。

（三）工业用水效率总体水平较低。“十一五”以来，我国工业用水效率不断提升，但总体水平较发达国家仍有较大差距。2009年，我国万元工业增加值用水量为116立方米，远离于发达国家平均水平5工业废水排放量占全国总量40%以上，仍有8%左右的废水未达标排放，既影响重复利用水平，也一定程度污染环境。总体上看，工业节水潜力巨大。切实加强工业节水工作，对加快转变工业发展方式，建设资源节约型、环境友好型社会，增强可持续发展能力具有十分重要的意义。

二、工业节水工作的总体思路

（四）加强工业节水工作，以科学发展观为指导，按照党的十七大提出的走中国特色新型工业化道路要求，坚持开源节流并重、节约为主的方针，以提高水的利用效率为核心，以水资源紧缺、供需矛盾突出的地区和高用水行业为重点，以企业为主体，加强科技进步和技术创新，加大结构调整和技术改造力度，强化监督管理，加强污水综合治理回用，全面提升工业节约用水能力和水平，努力建设节水型工业。

三、当前工业节水工作重点

（五）加快淘汰落后高用水工艺、设备和产品。依据《重点工业行业取水指导指标》(见附件)，对现有企业达不到取水指标要求的落后产能，要进一步加大淘汰力度。组织编制落后的高用水工艺、设备和产品目录，加快淘汰商用水工艺、设备和产品步伐。组织研究工业

节水器具、设备认证评价制度和实施方案，发布工业节水器具和设备目录，加快推进工业节水器具和设备认证评价工作，适时推进市场准入制度。

（六）大力推广节水工艺技术和设备。围绕工业节水重点，组织研究开发节水工艺技术和设备，大力推广《当前国家鼓励发展的节水设备（产品）》，重点推广工业用水重复利用、高效冷却、热力和工艺系统节水、洗涤节水、工业给水和废水处理、非常规水资源利用等通用节水技术和生产工艺。近期重点在钢铁、纺织、造纸和食品发酵等行业推进节水技术进步。

钢铁行业：推广干法除尘、干熄焦、干式高炉炉顶余压发电(TRT)、清污分流、循环串级供水技术等，开发和推广高氨氮及高化学需氧量(COD)等废水处理及含油（泥）、高盐废水处理回用和酸洗液回收利用技术。

纺织行业：推广喷水织机废水处理再循环利用系统、棉纤维素新制浆工艺节水技术、缫丝工业污水净化回用装置、洗毛污水“零”排放多循环处理设备、印染废水深度处理回用技术、逆流漂洗、冷轧堆染色、湿短蒸工艺、高温高压气流染色、针织平幅水洗，以及数码喷墨印花、转移印花、涂料印染等少用水工艺技术、自动调浆技术和设备等在线监控技术与装备。

造纸行业：推广连续蒸煮、多段逆流洗涤、封闭式洗筛系统、氧脱木素、无元素氯或全无氯漂白、中高浓技术和过程智能化控制技术、制浆造纸水循环使用工艺系统、中段废水物化生化多级深度处理技术，以及高效沉淀过滤设备、多元盘过滤机、超效浅层气浮净水器等。

食品与发醇行业：推广湿法制备淀粉工业取水闭环流程工艺、高浓糖化醪发酵（酒精、啤酒等）和高浓度母液（味精等）提取工艺，浓缩工艺普及双效以上蒸发器，推广应用余热型溴化锂吸收式冷水机组，开发应用发酵废母液、废糟液回用技术，以及新型螺旋板式换热器和工业型逆流玻璃钢冷却塔等新型高效冷却设备等。

（七）切实加强重点行业取水定额管理。严格执行取水定额国家标准，对钢铁、染整、造纸、啤酒、酒精、合成氨、味精和医药等行业，加大已发布取水定额国家标准实施监查力度，对不符合标准要求的企业，限期整改。加快完善取水定额标准体系建设，尽快出台氧化铝、乙烯和棉纺织等其他高用水行业的取水定额标准。强化高用水行业企业生产过程和工序用水管理，制定和实施钢铁行业焦化、烧结球团、炼铁、炼钢、热轧、冷轧等主要工序用水定额和节水标准。

（八）严格控制新上高用水工业项目，各地区尤其是水资源紧缺、供需矛盾突出的地区，要根据自身水资源条件，合理调整产业结构和工业布局，优化配置水资源。对钢铁、纺织、造纸等重点用水行业新建企业（项目），应达到《重点工业行业取水指导指标》规定的新建企业（项目）取水指标。

（九）积极推进企业水资源循环利用和工业废水处理回用。采用高效、安全、可靠的水处理技术工艺，大力提高水循环利用率，降低单位产品取水量。加强废水综合处理，实现废水资源化，减少水循环系统的废水排放量。加快培育节水和废水处理回用专业技术服务支撑体系。鼓励专业节水和废水处理回用服务公司联合设备供应商、融资方和用水企业，实施节水和废水处理回用技术改造项目。在造纸、钢铁等行业，逐步推广特许经营、委托营运等专业化模式，提高企业节水管理能力和废水资源化利用率，开展废水“零”排放示范企业创建活动，树立一批行业“零”排放示范典型。鼓励各级工业园区、经济技术开发区、高新技术开发区采取统一供水、废水集中治理模式，实施专业化运营，实现水资源梯级优化利用。

（十）组织开展节水型企业评价试点。加快制定实施重点行业节水型企业评价标准，建立节水型企业评价考核制度。依据《节水型企业评价导则》和《重点工业行业取水指导指标》，在钢铁、纺织、造纸等行业组织开展节水型企业评价试点工作。抓紧树立一批节水型企业示范典型，总结推广节水型企业的成功经验，通过配套鼓励政策、社会监督、舆论引导等措施，推动重点行业加快节水型企业建设。

（十一）务实工业企业节水管理基础。强化工业用水源头监管，加快建立和实行工业节水设施"三同时"制度，推进工业企业节水设施与工业主体工程同时设计、同时施工、同时投入运行。严格执行《用水单位水计量器具配备和管理通则》强制性国家标准和《企业水平衡测试通则》，《企业用水统计通则》等相关国家标准，督促工业企业加快配备水计量器具，规范用水计量和统计工作。加快《工业企业用水管理导则》及重点行业工业废水处理回用等相关标准的编制和修订工作，进一步完善工业节水标准体系。鼓励和支持工业企业利用信息化技术提高节水管理水平，加快建设用水、节水管理信息系统，开展用水在线监测。

（十二）加强非常规水资源利用。加强海水、矿井水、雨水、再生水、微咸水等非常规水资源的开发利用。鼓励和支持沿海高用水企业配套建设海水淡化项目，以及直接利用海水替代冷却水。积极推进矿区开展矿井水资源化利用，鼓励钢铁等企业充分利用城市再生水。支持有条件的工业园区、企业开展雨水集蓄利用。

四、加强工业节水工作的组织指导和政策支持

（十三）各地区工业主管部门要把工业节水作为推进工业发展方式转变的一项重要任务抓紧抓好。切实加强组织领导，抓紧制定具体实施方案，落实目标责任制，做到责任到位、措施到位、投入到位、监管到位，确保实现"十一五"规划纲要提出的单位工业增加值用水量降低30%约束性目标。水资源紧缺和供需矛盾突出的地区，尤其要加大工作力度，结合实际情况，制定更为严格的取水定额标准，采取更严格的措施，切实抓好工业节水工作。各地区要加强对高用水、高污染行业重点企业进行监督和考核，促进企业落实节水措施，全面提高工业用水效率。要加强与地方有关部门的沟通协调，围绕创建节水型企业和废水"零"排放示范企业，组织开展工业节水专项研究，加快编制本地区工业节水"十二五"规划，把工业节水工作推向新阶段。

（十四）有关行业协会要积极协调服务，推动节水工作。组织开展行业节水专项研究，为节水技术、设备、器具、产品的推广应用提供服务支持。加快推进行业节水"十二五"规划的编制工作，组织开展行业取水定额指标的修订，加强超前性标准定额的研究工作。

（十五）强化工业企业节水的主体责任。工业企业要牢固树立节约发展的理念，把节水工作贯穿企业管理、生产全过程。各工业企业特别是商用水企业要根据国家、地方和行业节水规划及工业取水定额的要求，制定企业节水计划、节水目标，通过强化管理、加强技术改造、开展水平衡测试等措施，挖掘节水潜力，提高用水效率。中央企业集团要积极应用先进节水技术、工艺和装备，率先创建节水示范企业和污水"零"排放企业。

（十六）加大对工业节水的资金支持。国家在安排中央预算内技术改造资金时，对运用先进技术、符合《重点工业行业取水指导指标》先进企业要求的技术改造项目予以优先支持。各地工业主管部门在安排节能减排资金、地方技术改造项目时，对节水改造项目要给予重点支持；对重大、关键节水技术、装备研发项目，要努力争取有关科技经费的支持。鼓励企业、投资机构等加大节水技术研发和改造力度；支持投资机构创新融资方式，开展专业化的节水投资和服务。

（十七）加强宣传交流。各地区、行业协会及工业企业要广泛深入地宣传工业节水的方针政策及其重要意义，及时总结和推广节水企业的先进经验，按照行业和企业特点因地制宜地开展节水管理和节水技术交流活动，提高企业节水的技术和管理水平。

附件：重点工业行业取水指导指标（第一批）

二〇一〇年一月二十二日

附件：

重点工业行业取水指导指标（第一批）

序号	行业	产品分类	单位	单位产品取水量		
				现有企业	新建企业（项目）	先进企业
1	钢铁	普通钢厂	m^3/t	4.9	4.5	4.2
		特殊钢厂	m^3/t	7	4.5	4.2
2	纺织（染整过程）	绵、麻、化纤及混纺机织物	$m^3/100m$	2.5	2	2
		丝绸机织物	$m^3/100m$	3	2.5	2.5
		针织物及纱线	m^3/t	130	100	100
3	造纸	漂白化学木（竹）浆	m^3/Adt	90	70	70
		本色化学木（竹）浆		60	50	50
		机械木浆		30	25	25
		化学机械浆		35	30	30
		漂白化学非木(麦草、芦苇、甘蔗渣)浆		130	110	110
		脱墨废纸浆		30	24	24
		未脱墨废纸浆		20	16	16
		新闻纸	m^3/t 产品	28	20	20
		未涂布印刷书写纸		50	35	35
		涂布纸印刷纸		50	35	35
		生活用纸		42	30	30
		包装用纸		35	25	25
		白纸板		40	30	30
		箱纸板		30	25	25
		瓦楞原纸		30	25	25

1－117 山东省经济和信息化委员会等部门转发工业和信息化部财政部 科技部关于组织开展资源节约型和环境友好型企业创建工作的通知的通知

鲁经信函字〔2010〕126号

各市经济和信息化委、节能办、财政局、科技局：

现将工业和信息化部、财政部、科技部《关于组织开展资源节约型和环境友好型企业创建工作的通知》（工信部联节〔2010〕165号）转发给你们，并提出以下意见，请抓紧组织落实。

一、申报范围

申报试点的“两型”企业应属于钢铁、化工、有色金属、汽车、轻工、纺织、电子信息、装备制造和建材等9个行业。

二、申报条件

申报企业应具有一定的代表性，基础较好，产品结构合理，自主创新能力较强，单位产品能耗、污染物排放和资源综合利用等达到全国同行业领先水平。申报的基本条件详见工信部联节〔2010〕165号附件一。

三、推荐程序

试点企业采取自愿申报和重点推荐相结合的方式，主要通过各市经信委、节能办会同财政局、科技局等部门单位按照企业属地管理原则组织进行推荐（省财政直管县（市）“两型”企业申报工作由各市负责）。每市推荐数量不超过2家。

四、申报材料

企业申报材料应包括基本情况、工作思路、目标、计划和措施等，具体要求详见工信部联节〔2010〕165号附件二。申报材料要一式20份，其中，报省经济和信息化委12份，财政厅4份，科技厅4份。

各市要高度重视“两型”企业创建工作，市经信部门要牵好头，财政、科技等部门和单位要做好配合，认真把好初审关，共同做好推荐工作。各市经信委、财政局和科技局务必于5月29日前将推荐企业名单、申报材料和企业联系人姓名及电话等分别报省经济和信息化委（循环经济与清洁生产处）、财政厅（企业处）和科技厅（社会发展科技处）。工作方案待国家确定试点企业名单后再另行编报。

联系人：省经济和信息化委　胥雪
电话：0531-86922065
省财政厅　高洁　电话：0531-82669770
省科技厅　王守宝　电话：0531-82629655

附件：工业和信息化部　财政部　科学技术部关于组织开展资源节约型和环境友好型企业创建工作的通知

二〇一〇年五月十二日

附件：

工业和信息化部　财政部　科学技术部 关于组织开展资源节约型和环境友好型企业创建工作的通知

工信部联节(2010)165号

各省、自治区、直辖市及计划单列市、新疆生产建设兵团工业和信息化、财政、科技主管部门，有关中央企业：

建设资源节约型、环境友好型社会，是我国经济社会发展的一项重大战略任务。按照党的十七大关于"必须把建设资源节约型和环境友好型社会放在工业化、现代化发展战略的突出位置，落实到每个单位、每个家庭"的要求，经研究，工业和信息化部、财政部和科技部决定在工业领域组织开展资源节约型、环境友好型企业（以下简称"两型"企业）创建工作。

"两型"企业创建工作的总体思路和目标是：在资源能源消耗量大、污染物产生量大的重点行业，选择一批有代表性、基础较好、产品结构合理、自主创新能力较强、单位产品能耗、污染物排放和资源综合利用达到行业领先水平的企业，开展"两型"企业创建试点工作，以减少资源消耗、降低废物排放和提高产出效率为目标，通过2-3年努力，成为行业节约资源、保护环境、走内涵式发展道路的先进典型。在试点工作的基础上，考虑在全国工业领域广泛开展"两型"企业创建活动，引导工业行业和大多数企业走节约发展、清洁发展之路，加快转变工业发展方式，真正实现科学发展。

按照上述思路和目标，我们研究制定了资源节约型、环境友好型企业创建工作方案。现印发你们，请结合实际，认真做好创建工作。

为加快推进"两型"企业创建试点工作，请各地区工业和信息化主管部门会同财政、科技部门，按照工作方案附件要求，组织研究提出试点企业推荐名单，于2010年5月31日前将推荐企业名单和相关材料分别报工业和信息化部（节能司）、财政部（企业司）、科技部（社会发展司）。

附件：资源节约型、环境友好型企业创建工作方案

二〇一〇年四月八日

附件：

资源节约型、环境友好型企业创建工作方案

为深入贯彻落实科学发展观，组织推动工业企业走节约发展、清洁发展之路，加快工业发展方式转变，拟组织开展资源节约型、环境友好型企业（以下简称"两型"企业）创建工作。现提出如下方案。

一、开展"两型"企业创建工作的必要性

（一）创建"两型"企业是加快工业发展方式转变的必然要求。改革开放以来，我国工业获得了巨大发展，规模迅速扩大，综合实力不断增强。但总体上看，工业发展方式仍然以粗放型、外延式为主，主要依靠投资和物质资源消耗拉动，资源能源消耗高、污染排放重、

产出效率低、自主创新能力不足、产业结构不合理和产能过剩等矛盾和问题仍然比较突出。面对资源环境约束加剧的压力，加快转变工业发展方式，促进工业由大变强，是实现工业持续发展的紧迫要求。培育一批“两型”企业，树立行业发展的先进典型，对于引导工业结构调整、转变发展方式、促进工业转型升级和整体素质的提升具有重要意义。

（二）创建“两型”企业是走新型工业化道路战略决策的重要抓手。党的十六大明确提出要走一条科技含量高、经济效益好、资源消耗低、污染排放少、人力资源得到充分发挥的新型工业化道路。这是党中央、国务院做出的战略决策，是我国工业今后一个时期的战略任务。工业企业是走新型工业化道路的载体。创建“两型”企业，探索资源节约、环境友好的内涵式工业发展实践经验，坚持节约发展、清洁发展，是落实新型工业化战略的重要抓手。

（三）创建“两型”企业是应对金融危机的重要措施。党中央、国务院要求把调结构作为应对金融危机、保持经济增长的重要举措。历史经验也表明，经济危机发生时往往是催生新技术、加快结构调整的有利时机。通过创建“两型”企业，对加快企业降低能源资源消耗、减少污染排放，加快企业技术进步和产品结构调整升级，培育新的竞争优势等具有重要推动作用，对增强企业后金融危机时期的竞争力具有重要意义。

（四）创建“两型”企业是建设“两型”社会的实际行动。建设“两型”社会是党中央面向新时期作出的重大战略决策。党的十七大明确要求“必须把建设资源节约型和环境友好型社会放在工业化、现代化发展战略的突出位置，落实到每个单位、每个家庭”。工业是耗费能源资源、产生环境污染的主要产业，创“两型”企业是建设“两型”社会的重要内容，是工业领域落实十七大精神的具体举措。

二、开展“两型”企业创建工作的总体思路

（一）指导思想

开展“两型”企业创建工作的指导思想是：以科学发展观为指导，按照党的十七大提出的走新型工业化道路要求，以转变发展方式为主线，以降低资源消耗、减少废物排放和提高资源产出效率为目标，在重点行业开展“两型”企业试点，树立起一批先进典范，及时总结实践经验，大力推进“两型”企业建设工作，引导工业行业和大多数企业坚持节约发展、清洁发展，加快转变工业发展方式，真正实现科学发展。

（二）基本原则

1. 坚持试点示范与全面推进相结合。“两型”企业创建工作拟先通过 2–3 年试点，摸索和总结经验，树立先进典型，在此基础上，再全面推进。

2. 坚持企业探索与政府引导相结合。“两型”企业创建工作坚持以企业为主体，充分发挥企业积极性和创造力，积极探索“两型”企业创建的途径和手段；同时充分发挥政府引导作用，加强各级政府及有关部门的支持、引导，逐步研究完善“两型”企业创建的激励机制，调动企业的积极性。

3. 坚持重点突破与区域平衡相结合。开展“两型”企业创建试点，要突出重点，选择资源能源消耗量大、污染排放重的行业作为优先领域先行开展试点。在组织开展试点工作时，充分考虑地域平衡，引导在全国范围内积极推进此项工作。

（三）主要目标

2012 年前，在钢铁、有色、化工、建材等重点行业选择一批企业，经过去 3 年试点，每个行业建立 3–5 家示范企业；形成试点行业资源节约型、环境友好型发展模式和基本思路；研究确定不同行业“两型”企业评价标准和指标体系；积累经验、树立典型，为建设资源节约型、环境友好型社会打下坚实的基础。

试点企业通过2–3年的努力，形成“两型”示范企业，在产品结构、产出效率、资源节约、环境保护等方面都达到行业先进水平：企业资源产出效率达到国内领先水平；单位产品能源、水、原材料消耗显著降低，远远低于行业平均水平；废物循环利用水平大幅度提高，固体废物基本上实现综合利用，废水力争实现循环利用和“零”排放，废气、余热余压等充分合理利用；污染排放量大幅度降低，“三废”排放达到国内领先水平。

三、“两型”企业试点工作的组织实施

（一）试点范围

拟将钢铁、石化、有色金属、汽车、轻工、纺织、电子信息、装备制造、建材等九个行业作为开展“两型”企业试点行业。在各个行业中择优选择确定若干家企业作为“两型”企业创建试点企业。

（二）组织推荐

试点企业采取自愿申报和重点推荐相结合的方式，主要通过地方、行业协会进行推荐（中央企业可直报）；请各地区、行业协会重点推荐2–3个企业（申报试点的企业基本条件和相关要求见附件）。

（三）审核确定

在地方、行业协会推荐的基础上，工业和信息化部会同财政部、科技部组织专家按行业对推荐企业进行评议后，提出推选意见，适当考虑地域、行业平衡等因素，再进行研究确定。

（四）创建要求

1. 编制工作方案。试点企业应当组织编制试点工作方案，通过地方工业主管部门或中央企业上报，由工业和信息化部、财政部、科技部联合组织召开专家论证会对试点工作方案进行论证。工作方案要明确“两型”企业建设的标志性目标，明确产品结构调整、企业发展以及能源、水、原材料节约，清洁生产、“三废”资源综合利用等各方面的具体计划和措施。

2. 组织实施试点工作方案。试点工作方案审查通过后，试点企业要按照试点工作方案，积极部署落实和组织实施“两型”企业创建工作。组建“两型”企业建设工作班子，加强组织领导，明确任务分工，落实目标责任。力争通过2–3年的工作，达到“两型”示范企业基本要求。

3. 加强管理。试点企业切实加强基础工作，建立资源消耗在线监测系统，完善资源环境统计和核算制度，健全资源节约、清洁生产等管理体系，强化管理岗位和人员建设。

（五）组织验收

完成各项试点工作任务、达到“两型”示范典型要求的企业，可向工业和信息化部、财政部、科技部提出验收申请。

四、政策措施及保障

（一）加强组织领导。各级工业主管部门、财政、科技部门加强对试点工作的组织领导。建立试点工作进展情况阶段性总结和督查制度，对试点工作实施阶段性评估和监督检查。

（二）充分发挥院士专家对试点工作的支撑作用。成立试点工作专家组，充分发挥中国工程院、科学院等有关院士、专家作用，协助开展试点企业的评审、推荐、评估和审核验收等工作，研究制定“两型”企业评价体系，深入分析研究试点工作中出现的问题，为决策提供科学依据和建设性意见。

（三）加强现有政策对试点企业的引导和扶持。对“两型”企业创建工作方案中提出的符合条件的节能环保、清洁生产、资源综合利用等重大技术改造项目、科技创新项目等给予优先支持；在国家制定产业结构调整、进出口配额、政府采购等具体政策时，对“两型”企业及其产品予以优先考虑。对属于政府采购范围的，经国家认定的节能环保、自主创新等“两型”企业产品，在政府采购活动中予以扶持；对试点工作中反映出的问题抓紧研究，协调有关部门制定鼓励扶持政策。

（四）对试点先进企业予以表彰奖励。完

成各项试点工作任务、达到“两型”示范典型要求的试点企业经组织验收后，授予“两型”示范称号。对试点先进企业予以表彰奖励，对试点先进经验及时进行系统总结、评估和组织推广。

（五）加强“两型”示范企业的动态监管。对“两型”示范企业定期进行复核，复核合格者，享受“两型”企业称号和相关政策优惠。复核不合格者，取消其“两型”企业称号和政策优惠。

附件一：

试点申报企业应满足的基本条件

一、具有独立法人资格；

二、具有一定的行业代表性；

三、具有较完善的能源资源、环境管理体系，各项管理制度健全；

四、节能降耗和环境保护措施符合国家和地方的法律、法规、方针、政策和行业标准要求；

五、主要产品能源资源消耗、清洁生产、资源综合利用等指标达到同行业领先水平；

六、污染物排放全部达标、危险废物安全处置率达到100%，厂区绿化率达到35%以上，近三年无重大安全、环境污染事故；

七、拥有健全的财务管理制度，资产负债率不高于65%，销售利润率处于行业领先水平，具有较强的节能环保投入能力。

八、具有较强的自主创新能力，技术创新体系完善。

附件二：

资源节约型、环境友好型试点企业申报材料要求

一、企业基本情况

（一）企业概况

1. 企业名称、性质、所在地、人员构成等；

2. 主要经营范围。主要产品生产能力、产量、销售情况等；

3. 近三年资产财务状况：生产设备及其他负债详细情况，单位产品成本构成情况、现金流量，资产负债详细情况，营业收入、利润总额、净利润等；

4. 在国际、国内同行业所处地位。

（二）企业的技术水平及研发能力

1. 工程技术人员情况；

2. 企业研发能力及成果；

3. 主营业务采用的核心工艺技术及水平；

4. 在国际、国内同行业所处地位。

（三）近三年能源资源消耗情况

1. 主要原材料、燃料、水等能源资源消耗；

2. 单位产品能源资源消耗；

3. 在国际、国内同行业所处地位。

（四）近三年废弃物排放灰综合利用情况

1. “三废”产生、处置和排放情况、排放达标情况；

2. 在清洁生产、节能降耗、减少污染物产生和排放、综合利用方面开展的工作及成效；

3. 在清洁生产、节能降耗、减少污染物产生和排放、综合利用等方面的项目及投入情况；

4. 废弃物排放及综合利用水平在国际、国内同行业所处地位。

（五）企业管理能力

1. 在节能环保方面的组织机构建设情况；

2. 制定和出台的清洁生产、节能降耗、减少污染物产生和排放、综合利用等管理制度以及执行情况。

3. 产品成本、投融资、现金流量等管理制度以及执行情况。

二、"两型"企业创建工作思路、目标、计划及措施

（一）"两型"企业创建工作思路、拟达到的目标

（二）"两型"企业创建工作计划安排、拟采取的措施

1－118 山东省经信委 山东省节能办关于公布2010年度山东省实施清洁生产审核重点企业名单的通知

鲁经信循字〔2010〕3号

各市经贸委（经委）、节能办，各有关单位：

为深入贯彻落实《中华人民共和国清洁生产促进法》，推行清洁生产，促进节能减排，根据《山东省人民政府关于印发节能减排综合性工作实施方案的通知》（鲁政发〔2007〕39号）要求，经与各市协商，决定山东中烟工业公司济南卷烟厂等111家企业为我省2010年度实施清洁生产审核的重点企业（见附件）。现将企业名单印发给你们，有关要求通知如下：

一、各市经贸部门要及时将本通知转发辖区内各相关企业，督导其按照《山东省清洁生产审核暂行办法》规范开展清洁生产审核工作。

二、企业应当在接到通知后两个月内组织开展清洁生产审核，一年内完成清洁生产审核工作，并将审核报告报所在地经贸部门，同时报市经贸委备案。

三、清洁生产审核以企业自行组织开展为主。不具备自行组织清洁生产审核能力的企业，可委托经省经济和信息化委备案公布的清洁生产咨询服务机构协助组织开展清洁生产审核工作。

四、企业在开展清洁生产审核工作时，必须将节约资源、减排污染作为清洁生产审核的首要目标。对国家已颁布清洁生产评价指标体系的行业，要依照评价指标体系进行清洁生产审核；对没有颁布清洁生产评价指标体系的行业，可参照有关行业清洁生产要求进行。

五、各市经贸部门要加强对企业开展清洁生产审核的指导和监督工作，督促企业按时完成清洁生产审核。要严格依照《山东省清洁生产审核验收暂行办法》，组织搞好清洁生产审核验收，并将辖区内企业清洁生产审核验收情况汇集统计后及时上报省经济和信息化委，同时抄送市环境保护等有关部门。

六、对在规定期限内无正当理由而不实施清洁生产审核或虽经审核但不如实报告审核结果的企业，各级经贸部门要依据《中华人民共和国清洁生产促进法》、《山东省资源综合利用条例》及其它有关法律法规进行查处。

附件：2010年度山东省实施清洁生产审核的重点企业名单

二〇一〇年一月五日

附件：

2010年度山东省实施清洁生产审核的重点企业名单

序号	企业名称
济南市(15家)	
1	山东中烟工业公司济南卷烟厂
2	山东银座商城股份有限公司
3	济南轻骑摩托车股份有限公司
4	西门子变压器有限公司
5	千佛山医院
6	济南柴油机股份有限公司
7	济南黄河特钢有限公司
8	济南信赢煤焦化有限公司
9	齐鲁宏业纺织集团有限公司
10	山东百脉泉酒业有限公司
11	章丘市琅沟热电厂
12	章丘市东风煤炭集团总公司
13	济南慧成铸造有限公司
14	山东省立医院
15	山东交通学院
滨州市(5家)	
1	滨州华纺股份有限公司
2	山东忠谊集团
3	滨州泰裕麦业有限公司
4	山东民强化工科技有限公司
5	山东宏城集团有限公司
德州市(3家)	
1	山东临邑海奥生物科技有限公司
2	山东龙力生物科技有限公司
3	平原沪平永发造纸有限公司
东营市(2家)	
1	东营金茂铝业高科技有限公司
2	黄河口家具实业有限公司
莱芜市(7家)	
1	山东威马泵业有限公司
2	山东中兴汽车零部件有限公司
3	莱芜钢铁集团有限公司运输部
4	莱芜钢铁集团泰东实业有限公司

序号	企业名称
5	莱芜钢铁集团金鼎房地产开发有限公司
6	莱芜钢铁集团蓝天商旅车业有限公司
7	莱芜钢铁集团矿山建设有限公司
聊城市 (11 家)	
1	临清德能金玉米生物有限公司
2	临清市鸿基集团有限公司
3	茌平信发华兴实业有限公司
4	茌平齐鲁供热有限公司
5	山东智德纺织有限公司
6	山东超越纺织有限公司
7	国电聊城生物质发电有限公司
8	冠县恒润热电有限公司
9	聊城市兴隆钢管制造有限公司
10	山东景阳岗酒业有限公司
11	山东谷丰源化工 (集团) 有限公司
临沂市 (6 家)	
1	山东新时代药业有限公司
2	史丹利化肥股份有限公司
3	山东清大新能源有限公司
4	山东常林机械集团股份有限公司
5	山东泓达生物科技有限公司
6	山东隆大生物工程有限公司
日照市 (10 家)	
1	日照鲁信金禾生化有限公司
2	日照钢铁控股集团有限公司
3	黄海粮油工业 (山东) 有限公司
4	海汇集团
5	山东莲山水泥股份有限公司
6	山东凯翔生物制品有限公司
7	山东金马工业集团股份有限公司
8	山东三汇玻璃有限公司
9	山东洁晶集团股份有限公司
10	山东鼎新电子玻璃有限公司
威海市 (9 家)	
1	库珀成山 (山东) 轮胎有限公司
2	好当家集团有限公司
3	文登奥文电机有限公司
4	威海新力热电有限公司

序号	企业名称
5	威海海马地毯有限公司
6	威海山水水泥有限公司
7	威海万丰镁业科技发展有限公司
8	山东工友集团股份有限公司
9	乳山市热电厂
潍坊市（8家）	
1	昌邑石化热电有限公司
2	潍坊亚星化学股份有限公司
3	潍坊亚星乐天化工有限公司
4	山东新方矿业集团有限公司
5	潍坊三建滨海建筑材料有限公司
6	临朐县易方建材有限公司
7	潍坊华港包装材料有限公司
8	潍坊金宝新型建材有限公司
烟台市(6家)	
1	烟台莱福士船业有限公司
2	蓬莱黄金总公司
3	山东烟台钢管总厂
4	龙口盛达玻璃制品有限公司
5	国电蓬莱发电有限公司
6	烟台清泉实业有限公司
枣庄市(3家)	
1	山东凯莱盖泽硅钙砖建筑新材料有限公司
2	枣庄南郊热电有限公司
3	山东通达电力有限公司
青岛市(5家)	
1	青岛华瑞汽车零部件有限公司
2	青岛麒麟大酒店有限公司
3	青岛热电集团有限公司
4	青岛风机厂有限公司
5	青岛红领集团有限公司
淄博市(5家)	
1	山东鲁信高新股份有限公司
2	山东八三碳素厂
3	山东晨钟机械股份有限公司
4	沂源县鲁村煤矿有限公司
5	淄博丽亚诺建陶公司
泰安市(5家)	

序号	企业名称
1	山东天风能源有限公司
2	山东新东岳集团
3	山东岱银纺织服装集团
4	泰安华丰顶峰热电有限公司
5	泰安鲁珠水泥有限公司
济宁市(6家)	
1	济宁鲁鑫油脂有限公司
2	山东里能鲁西矿业有限公司
3	山东联诚集团有限公司
4	兖州市金鑫玻璃有限公司
5	山东裕隆矿业集团有限公司
6	山东济矿鲁能煤电有限公司阳城煤矿
菏泽市(5家)	
1	泰山中联水泥巨野水泥有限公司
2	巨野县麟丰水泥有限公司
3	菏泽金山水泥制造有限公司
4	山东洪业化工集团股份有限公司
5	菏泽鲁城水泥厂
合计111家	

1－119 山东省经济和信息化委员会等部门转发国家发展和改革委员会等部门关于支持循环经济发展的投融资政策措施意见的通知的通知

鲁经信函字〔2010〕122号

各市经济和信息化委、节能办，各市发展改革委，中国人民银行(山东省)各市中心支行、分行营业管理部，各银监分局，国家开发银行、农业发展银行山东省分行，各国有商业银行山东省分行，进出口银行青岛分行，中国邮政储蓄银行山东省分行，山东省农村信用社联合社，恒丰银行，各股份制银行济南、青岛分行，各城市商业银行：

为加快循环经济发展，国家发展和改革委员会、中国人民银行、中国银行监督管理委员会、中国证券监督管理委员会印发了《关于支持循环经济发展的投融资政策措施意见的通知》(发改环资〔2010〕801号)，现转发给你们，请认真贯彻执行。

发展循环经济是加快经济结构调整，转变经济发展方式，建设资源节约型和环境友好性社会的重要举措，各级、各部门、各单位要结合实际，抓紧研究制定支持循环经济发展的政策措施，促进循环经济尽快形成较大规模，推动全省经济社会又好又快发展。

近期，省经济和信息化委将会同有关部门制定我省的具体实施意见。

附件：国家和发展改革委员会等部门关于支持循环经济发展的投融资政策措施意见的通知

二○一○年五月十二日

附件：

国家和发展改革委员会等部门关于支持循环经济发展的投融资政策措施意见的通知

发改环资〔2010〕801号

各省、自治区、直辖市及计划单列市、新疆生产建设兵团发展改革委、经贸委(经委、经信委、工信委)；中国人民银行上海总部,各分行、营业管理部，省会(首府)城市中心支行；各省、自治区、直辖市银监局、证监局；各政策性银行，国有商业银行，股份制商业银行，中国邮政储蓄银行：

为贯彻落实《中华人民共和国循环经济促进法》(以下简称《循环经济促进法》)和《国务院关于加快发展循环经济的若干意见》(国发〔2005〕22号)，加大对发展循环经济的投融资政策支持力度，促进循环经济形成较大规模，加快调整经济结构，转变经济发展方式，建设资源节约型和环境友好型社会，现就支持循环经济发展的投资融资政策措施意见通知如下：

一、充分认识加大投融资政策支持对发展循环经济的重要意义

(一)发展循环经济是国家经济社会发展的一项重大战略。循环经济是指在生产、流通和消费过程中进行的减量化、再利用、资源化活动的总称，是最大限度地节约资源和保护环境的经济发展模式，是实施可持续发展战略的重要内容。党中央、国务院高度重视发展循环经济。十六届五中全会指出，“要把节约资源作为基本国策，发展循环经济，保护生态环境，加快建设资源节约型和环境友好型社会。”《国民经济和社会发展第十一个五年规划纲要》把发展循环经济作为重大战略任务。党的十七大提出了促进循环经济形成较大规模的更高要求。《循环经济促进法》将发展循环经济确立为国家经济社会发展的一项重大战略。国务院发布了《关于加快发展循环经济的若干意见》，提出要大力发展循环经济，实现经济、环境和社会效益相统一，并对发展循环经济工作做出了全面部署。

(二)发展循环经济需要建立投融资政策支持体系。发展循环经济既要充分发挥市场机制的作用，又要强调政府的主导作用，需要政府综合运用规划、投资、产业、价格、财税、金融等政策措施，建立一个良性、面向市场、有利于循环经济发展的投融资政策支持体系和环境，形成有效的激励机制，引导社会资金投向循环经济，有效解决发展循环经济投入不足的问题。各地区要把发展循环经济作为贯彻落实科学发展观、建设资源节约型和环境友好型社会的内在要求，作为调整经济结构、转变经济发展方式的突破口和重要抓手，增强紧迫感和责任感，建立健全投融资政策支持体系，加快促进循环经济形成较大规模，实现经济社会又好又快发展。同时，有关金融机构要抓住国家大力发展循环经济的有利时机，充分考虑循环经济企业和项目的特点，稳步有序开展促进循环经济发展的金融服务工作，努力通过加大对循环经济的金融支持，寻求新的盈利增长点。

二、充分发挥政府规划、投资、产业和价格政策的引导作用

（一）制定循环经济发展规划。各地循环经济发展综合管理部门要会同有关部门，按照《循环经济促进法》的要求，因地制宜，制定本地区“十二五”循环经济发展规划。发展规划应当包括规划目标、适用范围、主要内容、重点任务和保障措施等，并规定资源产出率、废物再利用和资源化率等指标。要把发展循环经济作为编制地区“十二五”规划的重要指导原则，用循环经济理念指导编制各类专项规划、区域规划以及城市规划。要通过编制规划，确定发展循环经济的重点领域、重点工程和重大项目，为社会资金投向循环经济指明方向。国家发展改革委将适时发布地方循环经济发展规划编制指南。

（二）加大对循环经济投资的支持力度。各地发展改革委在制定和实施投资计划时，要将“减量化、再利用、资源化”等循环经济项目列为重点投资领域。对发展循环经济的重大项目和技术示范产业化项目，要采用直接投资或资金补助、贷款贴息等方式加大支持力度，充分发挥政府投资对社会投资的引导作用。

（三）研究完善促进循环经济发展的产业政策。各地发展改革委要依据国家产业结构调整的有关规定，立足现有基础和比较优势，认真清理限制循环经济发展的不合理规定，制订并细化有利于循环经济发展的产业政策体系，引导社会资金投向资源循环利用产业，加大循环经济技术、装备和产品的示范、推广力度，形成新的经济增长点。

（四）研究促进循环经济发展的相关价格和收费政策。各地发展改革委（价格主管部门）要逐步建立能够反映资源稀缺程度、环境损害成本的价格机制。鼓励实施居民生活用水阶梯式水价制度，合理确定再生水价格，提高水资源重复利用水平。要合理调整污水和垃圾处理费。排污费等收费标准，鼓励企业实现“零排放”。要通过调整价格和完善收费政策，引导消费者使用节能、节水、节材和资源循环利用产品，引导社会资金加大对循环经济项目的投入。

三、全面改进和提升支持循环经济发展的金融服务

（一）明确信贷支持重点。对由国家、省级循环经济发展综合管理部门支持的节能、节水、节材、综合利用、清洁生产、海水淡化和“零”排放等减量化项目，废旧汽车零部件、工程机械、机床等产品的再制造和轮胎翻新等再利用项目，以及废旧物资、大宗产业废弃物、建筑废弃物、农林废弃物、城市典型废弃物、废水、污泥等资源化利用项目，银行业金融机构应当按照商业可持续原则，综合考虑信贷风险评估、成本补偿机制和政府扶持政策等因素，要重点给予信贷支持；对列入国家、省级循环经济发展综合管理部门批准的循环经济示范试点园区（示范基地）、企业，银行业金融机构要积极给予包括信用贷款在内的多元化信贷支持，并做好相应的投资咨询、资金清算、现金管理等金融服务；深化延伸对循环经济产业配套服务的支持，积极支持示范市、县、园区（示范基地）的循环经济基础设施、相关公共技术服务平台、公共网络信息服务平台的建设和运营。同时，对生产、进口、销售或者使用列入淘汰名录的技术、工艺、设备、材料或产品的企业，银行业金融机构不得提供任何新增授信支持，原有的授信要逐步压缩和收回。

（二）积极创新金融产品和服务方式。银行业金融机构要充分利用国家实施循环经济发展战略带来的业务发展机遇，加强金融创新，提高金融服务的质量和效率。通过动态监测、循环授信等具体方式，积极开发与循环经济有关的信贷创新产品。拓宽抵押担保范围，创新担保方式，研究推动应收账款、收费权质押以及包括专有知识技术、许可专利及版权在内的无形资产质押等贷款业务。根据本机构的业务规模、授信行业和客户的风险特点，通过加强人员培训，引进有关专业人才，借助第三方评审或外包等方式，积累与循环经济有关的专业知识，努力提高本机构对涉及“减量化、再利用、资源化”的循环型企业和项目的授信管理能力。

四、多渠道拓展促进循环经济发展的直接融资途径

（一）积极通过各类债权融资产品和手段支持循环经济发展。对于综合经济效益好的国家、省级循环经济示范试点园区（示范基地）、企业，在符合条件的情况下，支持其发行企业（公司）债券、可转换债券和短期融资券、中期票据等直接融资工具。探索循环经济示范试点园区（示范基地）内的中小企业发行集合债券。鼓励各类担保机构为债权融资产品的发行提供担保服务。

（二）发挥股权投资基金和创业投资企业的资本支持作用。鼓励依法设立的产业投资基金（股权投资基金）投资于资源循环利用企业和项目，鼓励社会资金通过参股或债权等多种方式投资资源循环利用产业。加快实施新兴产业创投计划，发挥各级政策性创业投资引导基金的杠杆作用，引导社会资金设立主要投资于资源循环利用企业和项目的创业投资企业，扶持循环经济创业企业快速发展，推动循环经济相关技术产业化。

（三）积极支持资源循环利用企业上市融资。充分发挥资本市场在发展循环经济中的作用，鼓励、支持符合条件的资源循环利用企业申请境内外上市和再融资。在符合监管要求的前提下，鼓励企业将通过股票市场的募集资金积极投向循环经济项目。

五、加大利用国外资金对循环经济发展的支持力度

（一）加大国外贷款对循环经济项目的支持。积极支持符合条件的循环经济项目申请使用国际金融组织贷款和外国政府贷款。

（二）支持鼓励循环经济项目申请清洁发展机制项目(CDM)。各地循环经济发展综合管理部门要加强对循环经济项目投资主体的辅导，帮助其熟悉CDM项目基本规则和运作流程，同时引导一些潜在项目开展CDM合作。选择一些资源循环利用项目，支持开展相关的方法学研究。

六、加强工作协作，推动政策有效落实

（一）建立联动机制。各级循环经济发展综合管理部门要会同有关人民银行各分支机构、金融监管部门各派出机构，在政策、法规、规划、技术、项目信息、专家资源、人员培训等方面建立信息共享机制，主动做好企业与金融机构间的对接工作。同时要结合发展循环经济示范试点工作，将循环经济成效好的企业、项目，以及资源环境效益差的企业、项目，告知人民银行各分支机构、金融监管部门各派出机构以及有关金融机构，供其决策参考。有关金融监管部门要对循环经济发展综合管理部门推荐的综合效益好的循环经济园区（示范基地）、企业、项目，在符合条件的前提下，核准证券发行。

（二）加强政策指导。各级循环经济发展综合管理部门要积极研究制定循环经济企业和项目的认定办法或标准，为人民银行各分支机构、金融监管部门派出机构和有关金融机构支持循环经济发展提供支撑。同时要根据各地循环经济的发展特点，会同相关部门研究制定相应的配套政策措施，实现各项政策对循环经济支持的协调配合。人民银行各分支机构、金融监管部门各派出机构要对循环经济金融服务进行跟踪监测，及时总结、评估，并加强与循环经济发展综合管理部门的沟通配合，建立定期通报制度，及时反馈信息。

（三）制定实施意见。各省级循环经济发

展综合管理部门要会同人民银行各分支机构、金融监管部门各派出机构将本意见联合转至辖区内相关机构，并根据本意见制定辖区内的具体实施意见，并于2010年5月31日前报国家发展改革委（环资司）、中国人民银行（金融市场司）、中国银监会（政策法规部）和中国证监会（发行部）。本意见贯彻实施情况请及时反馈。

二〇一〇年四月十九日

1－120　山东省经济和信息化委员会等部门转发国家发展和改革委等部门关于推进再制造产业发展的意见的通知

鲁经信函字〔2010〕146号

各市经济和信息化委（节能办）、科技局、公安局、财政局、商务局、环保局、海关、国税局、地税局、工商局、质监局、出入境检验检疫局：

为全面贯彻落实《循环经济促进法》，培育新的经济增长点，促进循环经济尽快形成较大规模，国家发展和改革委会、科技部等11个部门联合印发了《关于推进再制造产业发展的意见》（发改环资〔2010〕991号），现转发给你们，请结合实际抓紧贯彻落实。

加快发展再制造产业是建设资源节约型、环境友好型社会的客观要求，有利于培育新的经济增长点，促进制造业与现代服务业的快速发展。各级各有关部门要高度重视再制造产业的发展，加大工作措施，强化再制造技术创新，加快再制造产业发展的支撑体系建设，完善再制造产业发展的政策保障措施，不断壮大全省再制造产业规模，促进经济发展方式的根本转变。

附件：国家发展和改革委员会等部门关于推进再制造产业发展的意见

二〇一〇年六月四日

附件：

国家发展和改革委员会等部门关于推进再制造产业发展的意见

发改环资〔2010〕991号

各省、自治区、直辖市、计划单列市及新疆生产建设兵团发展改革委、经贸委（经委、经信委、工信委、工信厅）、科技厅（委、局）、公安厅（局）、财政厅（局）、环绕保护厅（局）、商务厅（局）、国税局、地税局、工商局、各出入境检验检疫局、质量技术监督局，海关总署广东分署、天津、上海特派办，各直属海关，国务院有关部门：

为全面贯彻落实《循环经济促进法》，培育新的经济增长点，促进我国循环经济尽快形成较大规模，建设资源节约型环境友好型社会，现提出推进我国再制造产业发展的意见：

一、推进再制造产业发展的重大意义

再制造是指对废旧汽车零部件、工程机械、机床等进行专业化修复的批量化生产过程，再制造产品达到与原有新品相同的质量和性能。再制造是循环经济"再利用"的高级形式。加快发展再制造产业是建设资源节约型、环境友好型社会的客观要求。再制造与制造新品相比，可节能60%，节材70%，节约成本50%、几乎不产生固体废物，大气污染物排放量降低80%以上。再制造有利于形成"资源—产品－废旧产品－再制造产品"的循环经济模式，可以充分利用资源，保护生态环境。

加快发展再制造产业是培育新的经济增长点的重要方面。我国汽车、工程机械、机床等社会保有量快速增长，再制造产业发展潜力巨大。2008年汽车保有量达4957万辆(不含低速汽车)，机床保有量达700多万台，14种主要型号的工程机械保有量达290万台。其中大量装备在达到报废要求后将被淘汰，新增的退役装备还在大量增加。发展再制造产业有利于形成新的经济增长点，为社会提供大量的就业机会。

加快发展再专制造产业是促进制造业与现代服务业发展的有效途径。再制造是制造与修复、回收与利用、生产与流通的有机结合。汽车零部件再制造产品主要用于维修，既能提高维修技术质量，又能提高维修效率和效益。国外经验表明，当再制造零部件占维修配件市场的65%时，汽车维修速度将增加8倍。发展再制造产业还能使制造企业有能力投入更多精力进行新产品研发和设计，形成良性循环，对推动我国制造业的产业结构调整、产品更新换代、技术进步和人员素质提高十分有利。

二、我国再制造产业发展现状

2005年，国务院在《关于加快发展循环经济的若干意见》中明确提出支持发展再制造。2005年，经国务院批准，国家第一批循环经济试点将再制造作为重点领域。2008年，《循环经济促进法》将再制造纳入法律范畴进行规范。目前，我国汽车零部件再制造试点取得了初步成效，到2009年底，已形成汽车发动机、变速箱、转向机、发电机共23万台套的再制造能力，并在探索旧件回收、再制造生产、再制造产品流通体系及监管措施等方面取得积极进展。再制造基础理论和关键技术研发取得重要突破，开发应用的自动化纳米颗粒复合电刷镀等再制造技术达到国际先进水平。工程机械、机床等再制造试点工作也已开展。

目前我国再制造产业发展面临的突出问题是：再制造产业发展尚处于起步阶段，再制造作为新的理念还没有被消费者及社会广泛认同；再制造旧件来源及再制造产品销售渠道不够畅通；再制造技术和管理水平不高，产品质量良莠不齐；报废汽车回收管理等相关法规亟待修订，有关管理制度急需健全，技术标准还不完善；缺乏政策激励。

三、推进再制造产业发展的指导思想和基本原则

(一)指导思想。以邓小平理论和"三个代表"重要思想为指导,深入贯彻科学发展观，落实节约资源和保护环境的基本国策，紧紧围绕提高资源利用效率,从提高再制造技术水平、扩大再制造应用领域、培育再制造示范企业、规范旧件回收体系、开拓国内外市场着手，加强法规建设，强化政策引导，逐步形成适合我国国情的再制造运行机制和管理模式，实现再制造规模化、市场化、产业化发展，努力将再制造产业培育成为新的经济增长点，推动循环经济形成较大规模，加快建设资源节约型、环境友好型社会。

(二)基本原则。一是坚持政府引导与市场机制相结合。通过法规规范、政策引导，发挥市场配置资源的基础性作用，调动市场主体的积极性。二是坚持统筹规划与重点突破相结合。加强规划指导，防止低水平重复建设，继续推进再制造试点示范，由点到面，有序推进。

三是坚持科技创新与体系建设相结合。鼓励科技创新，解决再制造共性、关键技术问题，加强再制造标准体系、旧件回收体系、再制造产品流通体系等建设。四是坚持严控质量与加强监管相结合。不断提高产品质量，降低产品成本，加强对再制造产品和市场监管，维护消费者权益。

四、推进再制造产业发展的重点领域

（一）深化汽车零部件再制造试点。以推进汽车发动机、变速箱、发电机等零部件再制造为重点，加大资金投入，消除制度瓶颈，完善回收体系，规范流通市场，努力做大做强。在此基础上，将试点范围扩大到传动轴、压缩机、机油泵、水泵等部件。同时，继续推进大型旧轮胎翻新。

（二）推动工程机械、机床等再制造。组织开展工程机械、工业机电设备、机床、矿采机械、铁路机车装备、船舶及办公信息设备等的再制造，提高再制造水平，加快推广应用。

五、加强再制造技术创新

（一）加快再制造重点技术研发与应用。加强再制造产品设计技术和产品剩余寿命评估、经济环保的拆解和清洗、微纳米表面工程、无损检测等技术的研发，开展旧件性能评价、再制造产品安全检测等方面的技术攻关。鼓励生产企业、研究设计单位开展有利于再制造的环境友好设计。

（二）加强再制造技术研发能力建设。依托国内有基础的技术研发单位和企业，加快建立再制造国家工程研究（技术）中心和再制造产品质量检验检测中心，鼓励科研院所和企业开展联合攻关和产业化示范。做好国外先进技术与国内成熟适用技术的衔接，形成再制造关键设备生产研发体系。

六、加快再制造产业发展的支撑体系建设

（一）完善再制造旧件回收体系。加快完善有利于再制造产业发展的废旧汽车零部件、工程机械、机床等的逆向回收物流体系，加强有效分类和回收管理，形成与再制造规模相匹配的旧件收集能力。

（二）建立再制造产业发展标准体系。研究建立再制造标准体系，制定再制造技术标准和规范，包括再制造技术通则、旧件检测与评价技术标准、再制造工艺技术规范和再制造管理标准等。

（三）规范再制造环保安全保障体系。根据国家相关标准和技术规范，对再制造过程中产生的各类废物分类储存管理，提高后续废物再利用潜力，减少废物的处理处置量，消除再制造产品的安全环保隐患。

（四）推动再制造服务体系建设。在部分定点维修网点（含汽车“4S”店）设立再制造产品专柜，建立再制造产品连锁示范店和售后服务点。选择若干制造企业和维修企业，开展再制造产品生产与售后服务一体化试点。

七、完善再制造产业发展的政策保障措施

（一）编制再制造产业发展规划。按照《循环经济促进法》的要求，组织编制再制造产业发展规划，明确近期中期发展目标和重点，提出促进再制造产业健康发展的政策措施，分步骤、分阶段组织实施。

（二）完善促进再制造产业发展相关法规。尽快修订《报废汽车回收管理办法》。适当取消对报废汽车“五大总成”强制回炉的限制。根据再制造产品原料自身的安全环保风险及国内实际需要，建立鼓励、限制、禁止进口的分类管理制度，制定再制造旧件和再制造产品的进出口管理目录及管理办法，并规范再制造企业管理，强化企业社会责任意识。

（三）完善促进再制造产业发展的经济政策。制定发布《再制造产品目录》，研究对列入目录的再制造产品的财政税收优惠政策；推动银行业金融机构为再制造提供信贷、担保等投融资服务。循环经济专项资金要将再制造技术研发、示范和推广项目作为支持重点，推动再制造产业发展。鼓励政府机关、事业单位优先采用再制造产品。

（四）建立再制造监督管理制度。完善再制造产品标识制度，有效保护知识产权和消费者权益，建立再制造信息管理系统，加强对拆解企业的监管，防止可再制造的旧件流失，加强进出口旧机电产品检验和监管。

（五）培养专业人才。鼓励在高等院校和职业技术学校有关专业课程中设立再制造课程，通过校企合作、订单式培训、在岗人员技能培训等多种模式，加快培养技术人才，为再制造产业发展提供人才保障。

（六）加大宣传力度。广泛宣传再制造在节约资源、保护环境中的重要意义。通过编写针对不同用户和消费群体的宣传资料，设立再制造产品体验馆，举办再制造技术、产品、工艺设备展览会和再制造发展论坛，召开现场会、经验交流会等多种形式，普及再制造知识，引导用户和消费者使用再制造产品。

八、加强对再制造产业发展的组织领导

（一）建立协调机制。各级循环经济发展综合管理部门要充分发挥牵头作用，切实履行循环经济组织协调、监督管理的职责，工信、科技、公安、财政、环保、商务、海关、税务、工商、质检等各有关部门要按照各自职责，密切配合，建立再制造产业发展协调机制，及时解决再制造产业发展中的问题，促进再制造产业健康发展。

（二）充分发挥行业协会和中介组织的作用。要充分发挥行业协会和中介组织在政府与企业之间的桥梁和纽带作用，开展再制造产业发展预测分析、法规政策研究、提供咨询服务、加强技术推广、宣传培训和国际交流与合作。

二〇一〇年五月十三日

1 － 121 山东省经济和信息化委员会关于公布2010年省循环经济重点项目名单的通知

鲁经信循字〔2010〕471号

各市经济和信息化委（青岛市发改委），临沂市节能办：

为深入贯彻《循环经济促进法》，加快全省循环经济发展，促进节能减排目标任务的完成，经研究，决定从2010年开始至“十二五”期间，规划实施循环经济“双百”工程，每年评选100个循环经济示范单位，建设100个循环经济重点项目。

为了做好项目的推荐工作，省经济和信息化委以鲁经信函字〔2010〕161号文件印发了《关于组织申报山东省2010年循环经济重点项目的通知》，各市按照“减量化、资源化、再利用”的原则，组织推荐了一批循环经济项目。经省有关部门、专家评审，优选出了100个循环经济重点项目，现予以公布。

这批项目实施后，年可综合利用粉煤灰、煤矸石等固体废弃物326万吨，综合利用农业秸秆等农作物废弃物213万吨；年节约标准煤104万吨，节电4406万千瓦时，节水4422万吨；年可减排二氧化硫2412吨，减排二氧化碳16.7万吨，减少COD排放5327吨。

要加强对这些项目的跟踪和调度，帮助企业解决项目建设中存在的困难和问题，确保项目按期竣工达效。省经济和信息化委将这些项目优先向国家和省金融机构推荐，并研究制定扶持的政策和措施。

附件：山东省2010年循环经济重点项目名单

二〇一〇年九月十七日

附件：

山东省2010年循环经济重点项目名单

单位：万元

序号	实施单位	项目名称	循环经济措施及效果概述	总投资	资金来源			建设起止年限
					专项资金	银行贷款	自筹及其他	
1	莱芜钢铁股份有限公司	转底炉直接还原处理钢铁厂含锌尘泥成套工艺项目	该项目应用了莱钢与北京科技大学联合自主研发的转底炉直接还原脱锌技术，以莱钢内部转炉污泥、转炉干细灰、烧结机头除尘灰等含铁固体废弃物为原料，以高炉干法除尘灰和焦化干熄焦除尘灰做还原剂，焦炉煤气为燃料，实现铁素回收利用、锌的循环利用及钾和钠的分离。设计年处理31万吨粉尘，产出20万吨金属化球团，年产锌灰0.2万吨，新增销售收入20800万元、利润2709万元。	20000	1500	0	18500	2008.10–2010.12
2	新泰正大热电有限责任公司	生物质综合利用技改工程	将原有燃煤锅炉输送装置、给料装置烟风及除尘系统、空气预热器进行改造、新增布袋除尘器，将燃煤发电机组改为生物质发电机组。年利用秸秆20万吨，替代标煤10.98万吨，年可削减二氧化硫2200吨，二氧化碳85000吨。	5554	0	3756	1798	2008.07–2010.07
3	山东宏泰化纤有限公司	利用废旧塑料瓶片生产涤纶短纤维项目	该项目采用先进技术，对废弃塑料瓶进行加工，生产涤纶短丝和涤纶长丝。项目建成后，可形成年产5万吨涤纶纤维的生产能力。年可消耗废旧塑料瓶5万吨。	4850	0	0	4850	2009.03–2010.05
4	山东泰山建能机械集团有限公司	矿山机械再制造项目	该项目通过激光技术，对矿山机械及其零部件进行再制造，增强其质量，延长产品使用寿命。项目建成后，年可利用废旧矿山零部件7000吨。	20136	0	14000	6136	2007.09–2010.12

序号	实施单位	项目名称	循环经济措施及效果概述	总投资	资金来源			建设起止年限
					专项资金	银行贷款	自筹及其他	
5	保龄宝生物股份有限公司	低聚异麦芽糖发酵耦联资源化项目	对年产2万吨低聚异麦芽糖生产产业链进行发酵耦联资源化技术改造，实现节水、节能、节材和资源循环利用。项目年可节水30万吨，节能2万吨标煤。	3700	0	0	3700	2010.01–2011.06
6	万华生态板业（栖霞）有限公司	年产5万立方米中密度板项目	该项目新建生态板生产线一条，配套建设7000平方米厂房及辅助设施，达产后可年生产5万立方米中密度板。以秸秆为原料，经备料、施胶、成型热压、锯边冷却、砂光工段，制造出高强度环保秸秆板，生产规模5万立方米/年，产品可用于室内装修、强化复合地板、家具制作。年需秸秆6万吨，节约木材7.5万立方米，相当于减少10万立方米木材的砍伐。	10011	50	0	9962	2009.10–2010.12
7	山东滨州亚光毛巾有限公司	毛巾印染清洁生产示范项目	本项目共包括8部分内容，分别是生物酶前处理工艺优化、短流程前处理工艺优化、低浴比溢流染色工艺及设备优化、喷墨印花工艺及设备优化、印花色浆自动配送在线检测系统优化、高温废水余热利用、废水深度处理中水回用。实施后，年可节水162万吨，节电267.2万度，节蒸汽11.2万吨，共计节约标煤11871吨；年节约染化料47.1吨，助剂2435吨，减排废水142.8万吨，减排COD286吨。	8075	0	0	8075	2009.12–2010.12
8	山东鸿福集团公司	废弃物梯级资源综合利用项目	该项目由三大系统组成，分别是粉丝废水处理系统、沼气助燃系统、尾矿废渣制砖系统。1、粉丝废水处理及锅炉沼气助燃系统：年处理污水52万吨，回收利用产生的沼气309万m3/a，将沼气送入燃煤链条锅炉燃烧助燃，年节约原煤4360吨，减排二氧化硫8.6吨，减排COD520吨。2、废渣制砖系统：规划建筑面积18666平方米。蒸压尾矿加气砼砌块年产量为60万立方米，蒸压粉煤灰砖年产量为25000万块，每年减排尾矿渣及灰渣30万吨。	4840	0	0	4840	2009.12–2010.12

序号	实施单位	项目名称	循环经济措施及效果概述	总投资	资金来源			建设起止年限
					专项资金	银行贷款	自筹及其他	
9	山东方泰循环金业股份有限公司	金银铜合金多元素综合回收项目	该项目利用公司自产的金银铜合金为原料，综合回收铜、金、银、硒、碲、铂、钯等有价金属，工艺方案采用“合金铸型精炼－金银铜分离－阳极泥提炼金银”。年处理氰化尾渣、低品位金精矿、难处理铜精矿等配成的混合矿 20 万吨，年产银锭 36 吨，金锭 1.7 吨，铜 3 万吨及铂 22 公斤，钯 46 公斤，粗硒 5 吨等稀贵金属。	14178	0	9924	4253	2010.06–2012.06
10	山东青龙山有色金属有限公司	尾矿、废渣、废旧电池、废旧家电及电子产品线路板综合回收利用项目	采用先进的湿法萃取分离技术，年处理 1500 吨尾矿、500 吨废渣、1000 吨废旧电池，提取硫酸钴 150 吨，硫酸镍 200 吨；新建厂房 13333 平米，建设生产线 4 条。	5800	0	3000	2800	2010–2011
11	山东丽村生物科技有限公司	脱酚棉籽蛋白生产技术改造项目	本项目对已原脱酚棉籽蛋白项目进行技术改造。1、把大量原生产过程中排掉的蒸汽冷凝水及二次闪蒸汽替代蒸汽做为精馏塔热源精馏回收甲醇，年可节约蒸汽 2 万吨。新上主要设备精馏塔及其它附属设备。2、全浸出毛棉油的脱胶工艺升级改造生产色拉油，对传统的棉籽毛油工艺改造，改造后精炼率可提高 4%，年可节约原材料棉籽 7000 余吨。新上离心机、脱色塔、脱臭塔及其它附属设备。3、废水处理及回用项目，对生产过程中产生的废水进行处理，达标后循环使用，年循环用水 4.5 万吨。	3300	0	2000	1300	2009–2010
12	武城县昊源油业有限公司	年产 60 万吨循环型生物质煤项目	该项目利用先进技术，将农作废气物秸秆进行粉碎后压缩，生产代替煤的生物质燃料。项目建成后，每年可消耗工业料渣、木屑和农业废弃物等 66.8 万吨，生产生物质煤 60 万吨	18000	0	8800	9200	2010–2012

序号	实施单位	项目名称	循环经济措施及效果概述	总投资	资金来源			建设起止年限
					专项资金	银行贷款	自筹及其他	
13	山东联合化工股份有限公司	3 万吨 / 年三聚氰胺资源综合利用及节能技术改造项目	利用公司 18 万吨 / 年合成氨装置的气氨及废气 CO2，将合成氨产生的气氨和 CO2 供三聚氰胺生产用，三聚氰胺生产的尾气及余热供合成氨生产用，减少了工艺环节，降低了三聚氰胺与合成氨的能耗和物耗，实现了三聚氰胺和合成氨工艺系统能量优化。三聚氰胺技术采用清华大学的节能节资气相淬冷一步法工艺技术，改进了反应器、捕集器、结晶器、分离器等设备，实现了三聚氰胺与合成氨工艺系统的能量优化，实现了资源优化配置，降低了三聚氰胺和合成氨生产能耗，提高了企业的经济效益。	32107	0	0	32107	2008.04–2010.02
14	山东丰源通力生物质发电有限公司	山东丰源煤电股份有限公司生物质发电工程项目	建设 1 × 25MW 纯凝发电机组，利用造纸产生的废料及当地的经济作物秸秆发电，年消耗生物质能燃料 8.8304 万吨，年发电量 1.25 亿千瓦时，全年节约标煤 50356.7 吨。	17197	0	0	17197	2009.09–2010.12
15	华泰橡胶制品有限公司	年产 25 万条废旧轮胎再制造与循环利用项目	该项目结合热硫化翻新法和预硫化翻新法两种工艺，拟选用国内最先进的翻胎设备，对废旧轮胎回收、翻新、再制造，项目达成后可实现年产 25 万条翻新轮胎。	19899	0	12000	7899	2010.07–2011.12
16	古贝春集团有限公司	酒精糟液循环利用项目	购置分离剂、蒸发器、分离器、干燥等设备 56 台套，对原有酒精糟生产 DDG 饲料系统进行全蒸发改造，改用 DDGS 工艺和浸出、精炼玉米油工艺对酒糟液进行进一步减量化处理，项目建成后，酒糟液中的绝大部分有机物在前期以饲料的形式提炼出来，由原来的 6 万吨 DDG 提高到 9 万吨 DDGS，同时生产玉米精炼油 0.9 万吨。年可减排污染物 ：COD114 吨、BOD538 吨、干污泥 500 吨。	5423	0	3250	2173	2009.12–2010.12

序号	实施单位	项目名称	循环经济措施及效果概述	总投资	资金来源			建设起止年限
					专项资金	银行贷款	自筹及其他	
17	山东新齐新型建材有限公司	年产1.2亿标块煤矸石烧结多孔砖项目	本项目采用国内先进的隧道窑干燥、焙烧新工艺，利用工业废渣生产烧结砖。项目投产后，可年产1.2亿标块煤矸石烧结多孔砖，利用煤矸石30万吨，减少堆场占地200亩。	4420	0	1220	3200	2009.09–2010.08
18	山东万得福实业集团有限公司	年处理100万吨污水治理沼气发电及综合利用项目	该项目自建污水处理厂，年处理污水100万吨，污泥进行回收燃烧发电，做到废弃物“吃干榨净”。年发电1.5万千瓦时。	5600	500	3000	2100	2008–2010
19	山东贵和显星纸业有限公司	废水处理再提高工程项目	该项目分为三部分1、生物制浆技术改造：高浓磨浆机、喷放锅、斜螺旋浓缩机、空气压缩机、浆泵及控制系统。2、污水处理厂技术改造：新建以厌氧预处理系统和氧化沟出水深度处理系统等强化处理措施；3、新建气浮回收装置。年可处理废水800万吨，可回用95%以上。	6436	0	4400	2036	2009.08–2010.08
20	山东三丰集团有限公司	利用硫酸铝废渣生产3万吨/年白炭黑项目	该项目采用先进技术，利用硫酸铝废渣生产白炭黑。在整个生产过程中，还能回收蒸汽。项目投产后，年可硫酸铝废渣5万吨，节约成本100万元，回收蒸汽10.4万吨，折合节约标煤1.5万吨。	6358	0	3000	3358	2010.05–2012.05
21	山东泽丰生物科技有限公司	工业污泥和城市污泥生产鲁泽生态肥资源综合利用项目	该项目采用先进技术，通过对工业污泥和城市污泥的微生物发酵和无害化处理生产生态肥。项目投产后，年可生产生态肥35万吨，经济效益和环境效益巨大。	3200	0	1000	2200	2010.04–2011.05
22	山东石横特钢集团有限公司	利用水渣微细粉和钢渣微细粉及富于高炉煤气生产水泥配料项目	该项目建设年处理70万吨（干基）水渣微细粉生产线和年处理30万吨钢渣微细粉生产线各一条。生产过程回收使用富于高炉煤气，年可利用28860万立方米，生产70万吨水泥配料，年可节约标煤7万吨。	18187	0	12000	6187	2009.07–2010.09

序号	实施单位	项目名称	循环经济措施及效果概述	总投资	资金来源			建设起止年限
					专项资金	银行贷款	自筹及其他	
23	山东如意科技集团有限公司	高效短流程嵌入式复合纺纱资源化项目	该项目分四个重点部分：1、利用“高效短流程嵌入式复合纺纱技术”，对纺织生产过程中产生的落毛、落棉循环利用，达到资源的优化利用及废物的循环利用。2、对棉纺主要用能设备进行电机系统节能改造。3、对印染设备采用行业先进余热交换系统对前处理、印花等工序产生的高温废水进行预热回收利用，并对印染部分工序进行工艺系统优化达到节能的目的；4、利用“高效短流程嵌入式复合纺纱技术”，引进世界先进设备，组建新的木棉加工生产线。	82503	0	56820	25683	2010.01–2015.12
24	济钢集团有限公司	钢渣综合利用工程	利用焖渣生产工艺，处理济钢炼钢产生的转炉渣、脱硫渣和精炼渣。配套热焖渣的蒸汽回收利用系统，建设先进环保的热焖渣磁选生产设施；建设60万吨磁性渣粉湿式球磨磁选生产线，处理磁选线产生的磁性渣粉；建设60万吨钢渣干磨干选生产线；建设10万吨渣钢自磨生产线，将渣钢品位由70%提高到95%，直接做为转炉的废钢原料；建设30万吨精渣造球生产线，将污染最严重的精炼渣进行筛分、造球，供炼钢作为脱硫剂和助熔剂使用。	36882	0	20951	15931	2009–2010
25	高密市孚日建材有限公司	蒸压加气混凝土砌块生产线项目	该项目引进国内先进的地翻式和遥控变频翻转式2台切割机、球磨机、蒸压釜、遥控变频出入釜系统，采用先进的自动化控制系统，综合利用建筑垃圾生产混凝土砌块。年可生产蒸压加气混凝土砌块35万立方米。	3200			3200	2008.03–2010.12
26	山东健宇生物科技有限公司	3000吨木糖扩能改造回收利用项目	该项目投资建设废气回收蒸发系统和列管式换热器，充分利用余压和余热；投资建设污水处理厂二期工程。通过改造建设，可节约5万吨蒸汽，1.8万吨标煤。	3012	0	1800	1212	2010.05–2010.12

序号	实施单位	项目名称	循环经济措施及效果概述	总投资	资金来源			建设起止年限
					专项资金	银行贷款	自筹及其他	
27	鄄城欧亚化工有限公司	6万吨氰尿酸生产装置节能技改项目	项目利用氰尿酸生产烟气余热进行硫酸铵烘干生产，淘汰高耗能热风炉；氰尿酸精制车间余热余压利用的改造，启用各种新型节能设备，科学配置，大大降低生产能耗，年可节标煤1.5万吨，减排二氧化碳4万吨。	6100	0	3500	2600	2010.02–2011.2
28	菏泽亿能化工有限公司	4.5万吨氰尿酸节能改造项目	在氰尿酸生产中采用全封闭连续性四级蒸汽压差反应法取代间歇敞开式直通蒸汽加热法以及缩合炉烟气取代热风炉干燥硫酸铵的新工艺，每年回收利用废硫酸18180吨，氨气回收利用6611吨，节水32.4万吨，节电14.4万千瓦时，节蒸汽88606吨，节标煤12821吨。	5100	0	3200	1900	2010–2011
29	禹城绿健生物技术有限公司	麦芽糖醇生产节水改造项目	对4万吨结晶麦芽糖醇生产线进行节水改造，新增膜过滤系统对提纯废水进行预处理，新建电化学处理，多级混凝处理，生物炭偶联处理以及纤维过滤等设备117台（套）。	3200	0	1000	2200	2010.03–2010.10
30	枣庄市华锦纸业有限公司	10万吨牛卡纸技改项目	改造原有纸机，更换节能型三叠网3800纸机，规模：10万吨A级牛卡纸生产线。项目实施后可节约新鲜水水116.81万吨，减少废水排放量124万吨/年，减少COD排放量74.4吨/年、吨纸电耗减少140度。吨耗汽减少1.1吨，每年节标煤2.02万吨。	8610	0	3000	5610	2010.02–2010.8
31	曹县山水水泥有限公司	三废综合利用工程项目	采用先进的双圈流联合辊压粉磨工艺可提高磨机产量50%以上，单位产品系统电耗降低30%以上。	7821	0	2766	5055	2010–2011
32	冀东水泥（烟台）有限责任公司	水泥窑余热发电工程项目	采用海螺川崎工程有限公司的专利–蒸汽/热水闪蒸复合发电技术，利用公司的5000吨/天水泥熟料生产线窑头和窑尾生产时排放的740万Nm3/h废气进行余热发电，新建1.6MPa余热锅炉两台，配置12兆瓦凝汽式汽轮机发电机组及相关配套设施。年发电量7560万千瓦时，年供电70690万千瓦时。	7117	0	4637	2480	2010.06–2012.06

序号	实施单位	项目名称	循环经济措施及效果概述	总投资	资金来源			建设起止年限
					专项资金	银行贷款	自筹及其他	
33	日照岚桥港口石化有限公司	余热利用节能技术改造项目	建设焦化装置低温余热回收利用系统，包括生产装置内加热装置、管排装置伴热及罐区加热装置、厂区冬季供热系统以及除盐水换热装置等相关内容。项目实施后，年可节约标煤 12283 吨，减排二氧化硫 172 吨，减排二氧化碳 3.7 万吨，减少灰渣 0.5 万吨。	6155	0	0	6155	2010.01–2010.12
34	泰安鲁珠水泥有限公司	纯低温余热发电项目	该项目采用先进的 Φ4.5*66 米回转窑，五级旋风预热器加分解炉，立磨，纯低温余热发电机，年发电量 4200 万千瓦时。	6150		3650	2500	2009.12–2010.06
35	淄博广厦轻质墙体有限公司	隧道窑改造及余热发电项目	投资 5172 万元，拆除两条老式窑炉，建设两条节能环保型的隧道窑，利用粉煤灰、煤矸石、赤泥等废物，建设两条年产 30 万立方的新型墙体材料生产线，并利用余热发电。年可消耗固废 25 万吨，发电 2 万度。	5172	0	0	5172	2009.07–2010.09
36	山东金能煤炭气化有限公司	150 万吨 / 年焦炭干熄焦项目	采用干法熄焦，以循环氮气在干熄焦炉内换热，回收热能进入余热锅炉换热，产生中压蒸汽，发电并外送低压蒸汽。年处理焦炭 150 万吨，回收余热生产蒸汽 86 万吨，发电 5256 万千瓦时。	34551	0	20000	14551	2010.04–2011.07
37	潍坊联兴碳素有限公司	利用余热年产 30 万吨蒸汽建设项目	该项目通过新上 2 台余热锅炉以及配套水处理系统，新增利用余热生产 30 万吨蒸汽的生产规模，年可生产蒸汽 30 万吨，节标煤 2 万吨。	5000	0	1200	3800	2009.03–2010.03
38	好当家集团有限公司	好当家工业园区节水改造工程	该项目是对企业现有的二级污水处理厂处理后的水进行再处理及回用工程，二级污水经水泵房、细格栅及旋流式沉砂池、生化反应池、二沉池、紫外线消毒槽、中间提升泵房及混凝沉淀池、平衡水池及出水泵房、鼓风机房、回流污水及剩余污泥泵站、储泥池、浓缩脱水机房等流程，进行三级处理后回用。其中污水处理规模为 3 万吨 / 天，中水回用工程规模为 2 万吨 / 天。	7818	0	4500	3318	2009.11—2010.2

序号	实施单位	项目名称	循环经济措施及效果概述	总投资	资金来源			建设起止年限
					专项资金	银行贷款	自筹及其他	
39	莒县日广水泥熟料有限公司	4000t/d 水泥熟料生产线纯低温余热发电工程项目	本项目采用先进技术，回收水泥烧成系统产生的中、低温废气余热进行发电，年可节省用电 2455.52 万千瓦时，节省电费 3025.8 万元。	5625	0	3656	1969	2010.4—2010.11
40	成武大地玉米开发有限公司	三废综合利用工程项目	该项目主要由蒸汽余热回收、玉米糟液综合利用、中水回用及沼气发电等部分组成。本次技改之后，吨玉米淀粉耗水指标由原来的 3.94 立方米 / 吨降至 1.8 立方米 / 吨，年节约蒸汽 38808 吨，年节约新鲜水用量 42.8 万吨。	4744	0	0	4745	2010–2011
41	青岛啤酒股份有限公司	啤酒新型热浪煮沸系统改造项目	项目包括新型热浪煮沸锅改造和糖化热能回收利用改造。该系统采用青啤公司自主研发的具有国际先进技术水平的新型热浪煮沸系统，将现有煮沸时间缩短 30 分钟、蒸发率下降至 4–6%，该项目在节约能源、降低成本的同时，有效提高了啤酒品质。	3430	0	0	3430	2010.02–2011.07
42	山东鲁阳股份有限公司	年产 4 万吨硅酸镁防火板项目	本项目新建硅酸镁防火板生产线 2 条，配套新建年产 5000 吨硅酸镁纤维粒状棉生产线 8 条（共计 4 万吨），年可利用煤矸石 2.5 万吨，生产过程中的废渣全部再利用。	20709	0	0	20709	2010.01–2011.12
43	莱州市飞宇岗石有限公司	年产 100 万平方米仿石墙地砖项目	利用当地的石材废渣为原料，经“配料 – 搅拌成型 – 方料养护及脱模 – 方料加工 – 成品”过程，生产出仿石墙地砖。该项目建成后年可生产仿石墙地砖 100 万平方米，节约土地 300 亩。	3200	0	800	2400	2010.01–2011.05
44	烟台桦林混凝土有限公司	年产 60 万吨预拌砂浆项目	年产 60 万吨预拌砂浆站，利用本公司废石加工石子时产生的石子粉代替河沙掺兑粉煤灰、矿粉、散装水泥等生产预拌砂浆，建成后年产砂浆 60 万吨，利用石子粉 55 万吨、粉煤灰 4 万吨，替代河沙 35 万吨。	3000	0	0	3000	2010.07–2011.07
45	齐星集团有限公司	年产 10 万 m^3 中（高）密度纤维板资源综合利用项目	该项目利用次小薪材和枝丫材生产 10 万立方米中（高）密度纤维板，年可利用次小薪材 14 万吨，节省原木材 10 万立方米。	15250	0	10000	5250	2009–2010

序号	实施单位	项目名称	循环经济措施及效果概述	总投资	资金来源			建设起止年限
					专项资金	银行贷款	自筹及其他	
46	淄博庆隆木塑环保材料科技有限公司	年产5万吨木塑复合材料项目	新增车间10000平米、新增科研中心、办公、生活设施2000平米，引进国家发明专利一项，利用塑料、木屑、麦秸、稻壳等废物，生产竹木塑铸体门、整体轻质墙体，新增10条木塑复合材料挤出设备，新增木塑复合材料后处理设备。年可利用废塑料1.75万吨，谷粉4万吨，生产5万吨木塑复合材料，可替代木材约5万立方米，且产品可循环使用。	19758	5000	0	3300	2010.04–2013.12
47	山东鲁南牧工商有限公司	利用废弃物建设大型沼气工程项目	利用养殖废弃物建设大型沼气工程，是利用养鸡场鸡粪生产沼气、项目建有（1）CSTR厌氧反应器（6000m^3）6座及配套脱水、脱硫等设施；（2）2000m^3的干式柔性贮气柜2座；（3）1.5兆瓦沼气发电设备4套，年发电量4380万千瓦时，每年可节约15330吨煤。循环利用屠宰场宰杀废水，每年可节约用水428510吨。	4839	0	0	4839	2010.10–2011.10
48	山东鲁抗立科药物化学有限公司	固体废弃物和废旧溶媒回收及资源化利用项目	该项目采用清华大学渗透汽化膜回收技术、天津大学内回流精馏技术对溶媒回收系统改造；对废热水进行二次利用；采用河北大学专利技术对各种废水实施生物降解处理；增设刮板蒸发器回收固量较高的溶媒和固体废渣。	5500	0	3500	2000	2009.07–2010.08
49	山东圣旺药业股份有限公司	年产300吨甜菊糖甙A3-60及2000吨有机肥料、饲料添加剂项目	该项目以甜菊糖生产过程中提取后的甜菊叶残渣、提取过程中的沉淀物和甜叶菊茎梗等废弃物为原料，进行再提纯和综合利用。项目达产后，将年新增300吨高莱鲍迪甙A含量甜菊糖及2000吨甜菊生物生长剂的生产能力。	4000	0	0	4000	2009.07–2010.06
50	信发科技开发有限公司	年处理200万吨拜耳赤泥综合处理新技术项目	建设规模为年处理拜尔赤泥200万吨，生产出产品为氧化铝25万吨，工业固体氯酸钠5万吨，液体烧碱75万吨，建材原料260万吨四种产品。经济效益和环境效益显著。	159900	0	127000	32900	2010.01–2010.12

序号	实施单位	项目名称	循环经济措施及效果概述	总投资	资金来源			建设起止年限
					专项资金	银行贷款	自筹及其他	
51	茌平信发希望新型建材有限公司	粉煤灰蒸压砖生产项目	该项目以电厂产生的固废资源——粉煤灰为主要原料，加少量辅助原料经现代化设备高温蒸压养护生产粉煤灰蒸压砖，年可实现粉煤灰综合利用30万吨，电石渣10万吨，年产粉煤灰蒸压砖2.4亿块。	3000	0	0	3000	2009.04–2010.03
52	山东泉林纸业有限责任公司	40万吨有机肥项目	该项目采用六效蒸发、喷浆造粒、冷却、筛分、包装等工段，将秸秆制浆过程中产生的黑液进行回收加工利用，生产有机肥。项目投产后，年产颗粒有机肥40万吨，且环境效益十分突出。	33688	0	20000	13688	2008–2010
53	东阿东昌水泥有限公司	利用煤矸石、粉煤灰、电石渣等固体废弃物生产水泥熟料项目	该项目利用2500吨/天水泥熟料生产线，以煤矸石、粉煤灰、矿渣、磷石膏、电石渣等固体废弃物为主要原料，采用新型干法水泥生产工艺，生产水泥，每年可消耗固废50万吨。在生产水泥过程中，利用旋窑余热发电，年可节电4500万千瓦时。	18900	0	8300	10600	2009.09–2010.12
54	山东奥克特化工有限公司	糠醛渣资源综合利用项目	新上3台烧渣锅炉，60%的糠醛渣用来烧锅炉，产生蒸汽11.2万吨，每年可节约标准煤1.46万吨。炉灰和其余40%的糠醛渣通过加氮、磷、钾、粘合剂等生产有机肥，年生产能力5万吨。	5106	0	2000	3106	2009.01–2010.12
55	东营市鑫大地化工有限公司	海水综合利用生态产业化项目	海水综合利用生态产业项目，是集海水制盐30万吨/年、生态养殖4000吨/年、盐化工35万吨/年多功能海水综合利用项目。拟新上复极式自然循环离子膜电解槽、泵类、收盐机组等560台（套）设备	32000	0	15000	17000	2009–2010
56	山东华泰英特罗斯化工有限公司	年产18万吨过氧化氢项目	该项目利用集团子公司副产氢气，采用先进技术，可年产18万吨过氧化氢，减少了废气对大气的污染，实现了变废为宝。	23000	0	12500	10500	2010.03–2011.06
57	山东贺友集团有限公司	年产20万吨木煤（生物质成型燃料）项目	以木材三剩物、灌木、农业秸秆为原料，采用具有自主知识产权的木煤生产技术，建设年产20万吨木煤（生物质成型燃料），可替代二类烟煤20万吨。	16760	0	11000	5760	2010.01–2011.12

序号	实施单位	项目名称	循环经济措施及效果概述	总投资	资金来源			建设起止年限
					专项资金	银行贷款	自筹及其他	
58	中化平原化工有限公司	利用末煤生产成品煤造气项目	本项目采用自主研发的新型粘结剂对原块煤筛分后的末煤进行粉碎、配料、沤制、成型、烘干处理，加工成成品煤球用于造气。建设 2 × 200kt/a 型煤生产、烘干系统和配套相应的辅助系统，年可节约原料煤 5 万吨，效益 5800 万元。	5168	0	0	5168	2010.05–2011.05
59	诸城宝源新能源发电有限公司	生活垃圾焚烧发电无害化处理项目	该项目采用德国马丁逆推式炉排炉焚烧技术，建设日处理生活垃圾 250 吨的焚烧生产线（炉）2 条，配备 7.5MW 冷凝式汽轮发电机组一台。设计垃圾处理规模 500 吨 / 日，年处理量为 16.67 万吨。	19582	0	11557	8025	2010.03–2010.12
60	山东拜尔建材有限公司	余热利用年产 2500 万平方米高档纸面石膏板技术改造项目	该项目通过余热回收利用对原料进行烘干，年可节约标煤 5000 吨。且生产过程中添加 75% 的工业废渣脱硫石膏，年消耗工业废渣脱硫石膏 15 万吨。	7800	0	4000	3800	2010.08–2012.02
61	莒南高岭建材有限公司	年产 1 亿块页岩污泥烧结砖项目	该项目以页岩为主料，以工业废渣、城市垃圾及污水处理厂污泥为辅料，生产 1 亿块污泥烧结砖，项目年可利用工业废渣、城市垃圾 7.5 万吨，年处理污泥 5 万吨，可节约土地 60 亩。	5600	0	3100	2500	2010.01–2010.08
62	淄博兴德化工有限公司	10 万吨 / 年焦炉气制甲醇项目	该项目新购进焦炉气螺杆压缩机、转化炉、甲醇反应器、预精馏塔、压缩机等设备，对转化气经热回收和最终精脱硫及三段增压进行甲醇合成，生成的粗甲醇进入三塔精馏装置，制得优等品级精甲醇。项目减少了废气的排放,年可实现节能5.7万吨标煤。	10396	1140	0	9256	2009.03–2010.11
63	龙大食品集团有限公司	240 万立方生物发酵垫料扩建项目。	该项目采用生物发酵技术，将玉米秸秆、稻壳、木渣等下脚料进行工业化处理，形成一种分解养殖粪污的发酵床，能将分无在短时间内分解处理。项目建成后，年生产生物发酵垫料 240 万立方米，年消耗下脚料 200 万立方米。	20000	0	12000	8000	2009.11–2010.10

序号	实施单位	项目名称	循环经济措施及效果概述	总投资	资金来源			建设起止年限
					专项资金	银行贷款	自筹及其他	
64	肥城市宏源环保机械有限公司	生物质秸秆综合开发利用项目	该项目采用国际领先技术，综合利用秸秆生产固化燃料、饲料，并将废弃物用于沼气发电、生产有机复合肥等。项目年可利用秸秆 50 万吨。	8000	0	6000	2000	2010–2012
65	山东聚源矿业集团有限公司	电厂烟气脱硫石膏资源综合利用 -- 年产 3000 万平方米纸面石膏板项目	该项目通过消耗电厂废弃物——脱硫石膏生产纸面石膏板，年消耗电厂烟气脱硫石膏 24 万吨，年产纸面石膏板 3000 万平方米	14622	0	5000	9623	2009.05–2010.05
66	国能宁阳生物发电有限公司	生物质发电工程项目	该项目采用丹麦 BWE 公司生物发电技术进行发电，年消耗 20 万吨秸秆等生物质，装机容量 3 万千瓦发电机组	28000	0	24000	5000	2009.09–2010.11
67	山东泰丰矿业集团有限公司	焦化气综合利用节能改造项目	对钢业公司热轧生产线加热炉燃料进行更替，用废焦化气代替热轧生产线三台煤气发生炉产生的煤气，停止使用三台煤气发生炉；对中科化工公司的锅炉进行改造，用废焦化煤气替代原煤。年可节约标煤 5 万吨，回收煤气 1.7 亿立方米。	1593	595	0	998	2008.10–2009.10
68	山东银山耐火材料有限公司	钢铁冶炼废渣再生利用产业化开发项目	本项目利用炼钢电炉、钢水包衬体上拆除下来的废渣，分类后进行一系列再生技术处理，并根据不同品种，配入特制的复合增强添加剂，加工生产各类耐火材料；新增原料加工设备，成型设备及其他辅助设备 62 台套，新建电热烘干窑 4 座，新增厂房面积 22000 平方米。	9200	0	4500	4700	2009.01–2010.12
69	济南圣泉集团股份有限公司	生物质能热电工程项目	该采用国际上领先生物质发电技术进行生物质废弃物燃烧发电。项目燃料以秸秆深加工装置排出的糠醛渣、木糖渣为主，不足部分以玉米秸秆补齐。年可消耗秸秆、糠醛渣等废弃物 30 万吨，发电 6 万度。	7431	0	5202	2229	2010.01–2010.12

序号	实施单位	项目名称	循环经济措施及效果概述	总投资	资金来源			建设起止年限
					专项资金	银行贷款	自筹及其他	
70	滕州盛隆煤焦化有限责任公司	滕州盛隆焦化甲醇项目	该项目建设规模为98万吨/年焦炭，利用焦化剩余煤气配套建设15万吨/年甲醇项目。项目采用完善的环保措施，在废水处理方面，做到生产污水不外排，含酚、氰废水经生化处理达二级排放标准后用作熄焦补充水，实现生产废水闭路循环使用。剩余的焦炉煤气作为合成甲醇的原料，使公司实现产品结构最优化。	110000	0	74000	36000	2010.02–2012.02
71	山东惠民润怡橡胶科技有限公司	年产10万吨橡胶精细粉项目	该项目年处理废旧轮胎14.4万吨，年产橡胶精细粉（30–200目）10万吨，副产钢丝3.575万吨，纤维0.7万吨。项目年实现销售收入42370万元，利润14421万元。	15395	0	4800	10595	2009–2010
72	滕州市圣宝仕生态科技有限公司	植物纤维类（秸秆）综合利用项目	利用植物纤维（秸秆）生产各种装饰材料、花盆等环保产品，为农作物秸秆的资源化利用开辟了新路。项目投产后，年销售收入7682万元，利润1049万元，可利用秸秆5000吨。	5159	0	680	4479	2009.03–2010.09
73	烟台清泉实业有限公司	热电冷联供项目	建设供冷能力100万平方米的供冷首站一座。利用夏季发电后的乏力蒸汽通过溴化锂机组，将蒸汽转化成7度左右的冷冻水，通过供冷主管网送到二级换冷站，再送至各用户。每个供冷季可节约标煤818.2吨，减排二氧化碳2143.6吨，减排二氧化硫7吨。	6364	0	0	6364	2009–2012
74	山东新超农业科技有限公司	利用工业废渣年产15万吨活性有机菌肥项目	该项目通过消耗秸秆焚烧后的草木灰、糠醛渣生产生态有机肥。年处理草木灰7.5万吨，糠醛渣6万吨，风化煤1.43万吨，年产有机菌肥15万吨。	5119	0	2000	3119	2010–2011
75	山东滨州丰华橡胶粉制造有限公司	利用废弃橡胶生产超细活化再生橡胶粉项目	该项目建设2条年产1万吨废旧轮胎橡胶粉生产线，年处理废旧轮胎24万条，年产2万吨40–200目的微细活化橡胶粉，副产钢丝7000吨，纤维920吨。	7999	0	5000	2999	2010—2011

序号	实施单位	项目名称	循环经济措施及效果概述	总投资	资金来源			建设起止年限
					专项资金	银行贷款	自筹及其他	
76	青岛泰旭木业有限公司	年产 1 万吨木塑产业化示范项目	该项目通过先进的三相界面强化技术和特殊的混炼成型技术，对废弃木材、塑料和橡胶进行综合利用，年可处理木粉、木屑等木材下脚料 6000 吨，废旧塑料 3000 吨，年产 1 万吨木塑制品。	5566	330	1800	3436	2008–2010
77	山东超威电源有限公司	废旧蓄电池含铅物质和塑壳再利用项目	该项目采用先进技术对废旧蓄电池进行回收再利用，项目建成后，年可回收 10.5 万吨铅酸蓄电池塑壳，年产 10 万吨再生铅、年产 600 万只内化成铅酸蓄电池，年可对 150 万只蓄电池进行维修。	62000	0	0	62000	2010.01–2011.06
78	高唐兴鲁－奔达可轮胎强化有限公司	轮胎再制造、翻胎设备及原材料产业化资源综合利用项目	该项目利用先进技术对废旧轮胎进行翻新、再制造及原材料资源化利用。项目投产后，年可翻新轮胎 20 万套，年产胎面胶 6 万吨、翻胎设备 50 套、翻新轮胎 20 万条。	36000	0	13600	22400	2010–2015
79	青岛惠城催化剂有限公司	FCC 复活催化剂项目	该项目经有机、无机耦合法复活，FCC 废催化剂实现了结构重构和重金属部分脱除，复活后相对废催化剂比表面增加 75%。	5054	0	1000	4054	2009.05–2010.06
80	赛轮股份有限公司	废旧轮胎再制造与循环经济利用示范项目	该项目对废旧轮胎回收、翻新、再制造，建成载重轮胎、工程轮胎、胶粉、胎面胶、包封套、中垫胶等示范生产线。	18021	1000	8000	9021	2008.07–2010.12
81	山东菁华石油装备有限公司	石油装备再制造项目	该项目利用自主研发的专利技术，建设国内先进的石油装备生产线，年产 300 万米新抽油杆（利用废抽油管再制造）、套杆以及抽油机 300 台。	50000	0	30000	20000	2010–2014
82	山东潍焦集团有限公司	140 吨 / 时干熄焦技术改造项目	该项目采用干法熄焦技术，吨焦减少熄焦用水 0.5 吨，年可节约用水 40 万吨，年可节约标准煤 3.5 万吨。	57200	0	28900	28300	2010.01–2012.01
83	淄博鑫胜热电有限公司	循环水供热项目	该项目将 #1 双抽凝汽式汽轮机更换为背压式汽轮机；#3、4 冷凝器改造，建供暖循环泵一座，购置循环泵、补水泵、换热器设备，节水、节电和节能效果明显。项目运行后，年可节约标煤 3.5 万吨。	4442	0	0	2100	2009.12–2011.12

序号	实施单位	项目名称	循环经济措施及效果概述	总投资	资金来源			建设起止年限
					专项资金	银行贷款	自筹及其他	
84	华纺股份有限公司	15000m^3/d 高浓度退浆废水厌氧生物处理、沼气综合利用项目	该项目通过应用高效 IC 厌氧技术处理高浓度退浆废水，废水处理量可达 1500 吨 / 天，年可减排 COD957 吨，减排氨氮 66 吨，综合利用沼气折合 1716 吨标准煤。	3782	1500	0	2282	2009–2010
85	山东高唐锦博士生物工程有限公司	节能减排中水回用项目	该项目将生产过程中的污水通过减水回液重复利用、酵母堆排入、蒸汽冷凝水回收再利用、沼气回收利用、污水深度处理，回收再利用等运转过程，减少污水排放。项目建成后，年可节约新鲜水 40 万吨。	3200	0	1500	1700	2010.05–2011.05
86	山东晨鸣纸业集团股份有限公司	40000m^3/d 造纸废水深度处理回用项目	该项目投资近 4000 万元上马 40000 吨 / 天造纸废水深度处理回用工程，该项目投运后，吨水直接处理费用在 1.5 元左右，日回用中水量约 1.9 万吨，年可创经济效益 900 万元。	4000	0	0	4000	2009.07–2010.01
87	茌平信源铝业有限公司	城市中水处理回用项目	该项目建设日处理能力 22 万吨城市中水深度处理设施，对污水处理厂的排水进行深度处理后用于电厂补水。项目建成后，年可节约新鲜水 3500 万吨，年可减少 COD 排放近 1800 吨。	7611	0	0	7611	2009.02–2010.12
88	潍坊金丝达印染有限公司	印染污水资源化处理回用项目	该项目占地 30 亩，新建絮凝池、砂滤池、好氧池、吸附池。新上臭氧发生器、活性炭罐、沼气发电机组、砂滤罐等设备。实现日处理印染废水 15000 吨，日回用中水 13500 吨，年可节水 405 万吨，年节电 270 万千瓦时。	3314	0	1000	2314	2010.01–2010.12
89	山东省聊城东发制革厂	制革废水深度处理及中水回用零排放	本项目设计日处理制革废水 4000 吨，综合废水大部分可回用于鞣前准备工段，部分废水用于厂区洒扫绿化，废水经处理后，大大减少清水用量，节约了水资源。	5836	0	1000	4836	2009–2010

序号	实施单位	项目名称	循环经济措施及效果概述	总投资	资金来源			建设起止年限
					专项资金	银行贷款	自筹及其他	
90	诸城市义昌纺织印染有限公司	7000m^3/d 印染废水深度处理及 5000m^3/d 中水回用项目	该项目主要对现有废水处理系统和设备设施进行改造扩建，建设标准污水处理场和与生产工艺配套的中水回用系统。对设备进行节水改造。项目建成后形成日处理污水 7000 吨，日回用中水 5000 吨的能力，年节约新鲜水 165 万吨。采用“PVA 废水预处理 + 选择物化 + 水解酸化 + 接触氧化”等废水处理工艺和“多介质过滤 + 超滤 + 反渗透系统 + 加药系统”等中水回用工艺。	6000	0	0	6000	2009.02–2010.12
91	成山集团有限公司	电镀废水综合处理循环利用项目	该项目分为两部分：电镀废水综合处理工程和循环利用工程。其中，电镀废水综合利用工程处理能力 3500 吨 / 天；循环利用工程反渗透处理能力 800 吨 / 天，过滤净化能力 2700 吨 / 天。废水经处理后再生利用，使工厂产生的废水实现零排放，年可节水 126 万吨，减排 COD190 吨。	4800	0	3800	1000	2008.11–2010.02
92	枣庄超越玉米淀粉有限公司	沼气发电及中水回用系统	该项目利用公司淀粉生产过程中产生的大量高浓度废水，经厌氧发酵后可产生生物能源沼气，建立沼气发电项目和中水回用工程。年回用中水 63 万吨，年可发电量 810 万千瓦时。	5106	0	1000	4106	2008.12–2010.03
93	山东洪达化工有限公司	15 万吨 / 年合成氨和 15 万吨 / 年硝酸循环用水项目	该项目将生产、生活废水采用本焦化工程设有的生化处理装置，采用 A/O+ 生物膜法 + 混凝沉淀的工艺处理生产、生活废水，废水处理后送熄焦、备煤等工段复用。年节约水量 57.6 万吨。	91344	0	63941	27404	2009.07–2010.04
94	淄博光大水务能源开发有限公司	高分子科技园污水源热泵项目	该项目新建一座集中式污水源热泵机房，总冷负荷 6400 千瓦，总热负荷 5400 千瓦，可替代燃煤 1750 余吨，减排二氧化硫 31 吨，减排二氧化碳 4634 吨。	5312	0	0	5312	2010

序号	实施单位	项目名称	循环经济措施及效果概述	总投资	资金来源			建设起止年限
					专项资金	银行贷款	自筹及其他	
95	山东华联矿业股份有限公司	污水深度处理回用项目	该项目拟采用全闭路循环回用水系统，年处理工业废水2200万立方米，处理后的水全部回用于选矿区，不外排。建设浓缩池3个，配上浓缩机，建设沉淀池4个，配备相应的水泵及输送系统，建设污泥处理系统，配备相应的处理设备，年处理污水2200万吨，减排COD1500吨。	4366	0	3000	1366	2010.12–2011.11
96	高唐县金铭实业总公司	生态有机肉牛（兔）产业化技术集成示范项目	该项目紧扣“生态链”，形成了以畜牧养殖加工为核心的“资源－产品－废弃物－再生资源”的农业生态循环经济发展模式。建设高档有机肉牛（肉兔）养殖基地、有机种植基地、现代农业技术服务中心、大型沼气回收利用。	31348	0	14500	16848	2010–2012
97	鲁西化工集团股份有限公司	污水处理和中水回用项目	该项目将废水通过购置提升泵、潜水搅拌机、曝气器、石英砂过滤器等设备处理后，达到回用标准，中水回用规模15600吨/天	12023	0	0	12023	2009.08–2010.08
98	山东新华制药股份有限公司	阿司匹林系列产品技术改造项目	该项目通过实施工艺节能、设备节能、电气节能、节水等技术改造技术，耗电、耗蒸汽、耗能大幅降低，年节水5000吨，节电700万千瓦时。	14571	0	0	14571	2010.03–2010.11
99	山东九曲圣基新型建材有限公司	新型节能墙体砖及多元素金属回收利用项目	该项目采用先进的生产技术，年处理黄金尾矿18.5万吨，提取硫精矿1990吨，铁精矿235吨，处理后的尾矿废渣可生产加气砼砌块15万立方米，生产标砖7200万块。	4800	0	2000	2800	2010.02–2011.01
100	青岛胶南绿茵环保科技有限公司	日处理能力600吨城市生活垃圾厌氧发酵沼气发电项目	该项目采用先进技术对城市生活垃圾和污水进行综合利用及无害化处理，进行发电及生产沼气。项目建成后，年发电5340万度，年产沼气2556万立方米，实现利润2347万元。	16200	3000	6000	7200	2009.10–2010.08

1 - 122　山东省经济和信息化委员会关于公布山东省循环经济发展模式（第一批）的通知

鲁经信函字〔2010〕279号

各市经济和信息化委（青岛市发改委）、节能办：

近几年来，全省各级各部门和广大企业深入贯彻《循环经济促进法》，认真落实省政府《关于印发山东省循环经济试点工作实施方案》的通知（鲁政发〔2007〕8号），进一步强化工作措施，加大工作力度，循环经济工作取得显著成效，同时，涌现出一批循环经济示范单位。我们对这些示范单位好的经验和做法进行了总结，凝练出一批发展循环经济的先进模式，现将第一批十个模式予以公布。请各市结合各自实际，认真学习借鉴，进一步加快循环经济发展，为建设资源节约型、环境友好型社会做出积极贡献。

附件：山东省循环经济发展模式（第一批）

二〇一〇年十一月二十日

附件：

山东省循环经济发展模式（第一批）

模式一：高唐县循环经济发展模式

模式特征：政府推动，政策支持，典型带动下的县城循环经济发展模式。

模式描述：高唐县按照“循环发展、节约发展、清洁发展”的总体思路，积极探索发展循环经济的新路子，取得了显著成绩。一是政府推动。县委、县政府高度重视循环经济发展，成立了发展循环经济领导小组，制定了《高唐县循环经济示范县建设规划》，形成了自上而下、覆盖全县的工作体系。二是政策支持。县政府设立专项资金，奖励和补贴循环经济型企业及循环经济项目建设，鼓励引导循环经济发展。三是典型带动。重点培育泉林纸业、时风集团、奥克特化工、国能生物发电公司等循环经济型企业，建立了“秸秆——畜禽粪便——沼气——沼渣”产业链、“污水——污水处理厂——中水回用”产业链、“秸轩——造纸、糠摩、发电——有机肥”等循环产业链。

2009年，万元GDP能耗为1.15吨标煤，同比下降6.7%；再生资源回收利用率65%；秸籽综合利用率达到85%；工业固体废物综合利用率达到100%；生活垃圾无害化处理率80%。

适应推广条件：该模式对我省有一定工业基础的县（市、区）发展县域循环经济具有重要的示范和借鉴意义。

模式二：临沭县循环经济发展模式

模式特征：贯穿企业、园区和社会三个层面，整体推进的县域循环经济发展模式。

模式描述：临沭县委、县政府高度重视循环经济发展，把发展循环经济作为落实科学发展观、实现经济社会又好又快发展的一项重大战略决策，按照“减量化、再利用、资源化”原则，采取多种措施，贯穿到企业、园区和社会三个层面。一是大力发展企业层面“小”循环。以金沂蒙集团煤化工项目为样板，以金沂蒙集团、沂蒙老区酒业公司、县热电厂等企业为依托，开展循环经济示范工程创建活动。二是大力发展园区层面“中”循环。在经济开发区、乡镇工业园、化工工业园、复合肥工业园等园区中，着力构建关联产业聚集的循环经济发展格局。三是大力发展社会层面“大”循环。立足实际，积极促进一产、二产、三产相互配套，延伸循环经济链条。经过多年的发展，已经初步形成“第一产业的木薯、玉米——第二产业的乙蹲、复混肥——第三产业的物流、服务——第一产业的种植、养殖”的循环经济链条。

2009 年，全县万元 GDP 能耗 1.1 吨标煤，同比下降 5.8%；再生资源回收利用率 55%；秸轩综合利用率达到 87%；工业团体废物综合利用率达到 100%；生活垃圾无害化处理率 100%。

适应推广条件：该模式对我省以化工企业为主导产业的县（市、区）发展县城循环经济具有重要的示范和借鉴意义。

模式三：莱芜钢铁集团循环经济发展模式

模式特征：通过技术创新和产业链延伸，实现资源高效利用和废弃物综合利用的钢铁企业循环经济发展模式。

模式描述：莱芜钢铁集团围绕钢铁产品制造、能源转换、废弃物消纳处理“三大功能”，形成具有莱钢特色的循环经济发展模式。一是强化技术创新的支撑作用，不断优化钢铁制造流程，提高流程高效、紧凑、连续化程度，实现绿色制造，在钢铁生产过程中不产生或少产生废弃物和污染物；二是围绕铁素资源、非金属固体废弃物、二次能源和水资源，建立四个循环产业链条，含铁冶炼渣、高炉渣等废弃物实现资源化利用，焦炉、高炉、转炉煤气全部回收利用，形成了“三干多串零排放”的节水模式；三是对废弃物和污染物进行再资源化、再能源化和无害化处理，减少了最终排放量；四是尽力发挥社会友好功能，在生产过程中处理和消纳社会废弃物，努力成为社会工业生态链的重要一环。

2009 年，吨钢综合能耗为 632kg 标煤，固体废弃物综合利用率达到 98.71%，吨钢耗水达到 3.42 吨，处于国内领先、国际先进水平。

适用推广条件：该模式对于传统大型钢铁联合企业，特别是典型长流程钢铁企业发展循环经济具有重要的借鉴意义。

模式四：山东泉林纸业公司循环经济发展模式

模式特征：以关键技术突破，构建循环产业链的清洁型草浆造纸企业循环经济发展模式。

模式描述：山东泉林纸业公司依靠技术创新，突破了纤维原料、环境保护、水资源三大秸秆造纸技术瓶颈，开发出具有自主知识产权的秸秆清洁制浆新技术、环保型秸秆本色浆制品技术、秸秆制浆废液生产木素有机肥技术三大非木纤维清洁制浆循环经济技术，实现了草浆造纸的技术突破。泉林纸业构建了“一草两周”（即秸秆造纸、造肥）的循环经济产业链，实现了秸秆造纸、造纸黑液生产有机肥料，废水循环利用的良性循环体系，彻底改变了秸秆造纸产业的面貌，提升了技术装备水平，实现了秸秆造纸的高效益、低污染，取得了显著的社会、环境和经济效益。

2009 年，企业 COD 排放在 60 毫克 / 升以下，低于国家标准，本色草浆耗水 20-30m^3/t，低于国家 80m^3/t 的耗水标准，且实现了 2 万 m^3/d 的中水回用，每吨草浆原色纸可节约 60 千克漂白剂等化学用品，并具有代替木材、减排温室气体以及提高农民收入的作用。

适用推广条件：该模式对造纸企业发展农业秸秆造纸和废弃物循环利用具有重大借鉴意义。

模式五：复强动力有限公司循环经济发展模式

模式特征：以高新技术为支撑，产学研相结合，既循环又经济，自主创新的中国特色再制造产业模式。

模式描述：复强动力有限公司是中国第一家从事发动机再制造的公司，通过与装备再制造技术国防科技重点实验室合作，共同探索构建了“以高新技术为支撑、产学研相结合、既循环又经济、自主创新的中国特色再制造产业模式”。该模式注重企业需求，提升了企业核心竞争力；注重社会效益和经济效益兼顾，促进国家循环经济建设。该模式具有再制造基础研究的前瞻性、再制造关键技术的先进性和再制造工程应用的先导性等特征，使再制造产业水平达到国际先进，引领我国再制造技术的发展方向。

2009 年，生产再制造发动机 15500 余台，与旧机回炉相比，节约钢材 5250 吨，节能创 2 吨标煤，减少二氧化破排放 397 吨，取得了良好的节能减排效果。

适用推广条件：该模式对再制造企业提高再制造产品性能质量，提高旧件再制造率和绿色清洁生产具有重要的示范和借鉴意义。

模式六：山东鲁北化工企业集团循环经济发展模式

模式特征：依靠磷钱、硫酸、水泥“三联产”自主关键技术，以核心企业为主导的多产业共生的化工企业循环经济发展模式。

模式描述：山东鲁北化工企业集团总公司通过磷铵硫酸水泥联产、海水“一水多用”、“清洁发电与盐、碱联产”、“油、盐化工相结合”以及“钛白粉清洁生产链”等五条产业链的有机链接与整合，形成了以共生关系为主的鲁北工业生态系统。硫酸、海水等构成系统内的物质流；蒸汽、电力的合理利用和梯级利用构成了能量流；磷石膏、盐石膏、炉渣等回用构成了废物流。通过自主开发的关键链接技术，将不同的产品和产业链依其内在的联系实施科学组合，对各个下属企业之间和产业链之间物质、能量和公用工程进行系统集成。实现产业链上的各企业节点紧密关联，副产物和废物大都在系统内得到充分利用，实现物质充分循环、能量的多级集成使用和信息交换共享，工业生产与自然环境的友好协调。

2009 年，工业用水循环利用率达到 71.3%. 能源效率 61.1%，低温余热利用率 71.4%，清洁能源利用率 85.9%。年产生效益 2.3 亿元。

适用推广条件：该模式适合于在沿海地区，以龙头企业为核心的，实施园区化管理的大型化工企业集团推广应用。

模式七：济南钢铁集团循环经济发展模式

模式特征：以技术改造升级和构建资源循环利用产业链为核心的，传统长流程钢铁企业循环经济发展模式。

模式描述：济南钢铁集团从转变对钢铁生产工艺流程功能的认知视角入手，把循环经济理念纳入企业发展战略中，以技术创新为支撑，以管理创新为保障，实施“三个治理”：对污染物和废物实施资源化治理，对钢铁生产工艺流程中产生的渣、尘、水、气等进行分布式治理，围绕整个冶金流程、立足整体优化、实施系统化治理。济钢的钢铁生产流程不仅仅具备产品制造功能，还具备了清洁能源转换、非金属代谢物资源化和社会废弃物处理消纳等项功能，实现了资源高效利用、能源高效转化、代谢物高效再生，节能降耗、减污增效的有机统一。

2009 年，吨钢综合能耗为 592kg 标煤，固体废弃物综合利用率达到 100%，吨钢耗水达到 3.18 吨，处于钢铁行业领先水平。

适用推广条件：该模式对于传统大型钢铁联合企业，特别是典型长流程钢铁企业发展循环经济具有重要的借鉴意义。

模式八：新汶矿业集团循环经济发展模式

模式特征：以拓展关联产业，构建循环产业链为特征的，面临衰退期威胁的大型老煤矿集团循环经济发展模式。

模式描述：新汶矿业集团从“矿老井深、井型小、矿压大、生产环节复杂、社会负担重”等实际出发，把循环经济理念贯穿到企业发展的各方面，制定实施了“以煤炭开采为起点，煤炭加工为纽带，综合利用为核心，转移转型为方向”的发展战略。以煤炭地下气化、以矸换煤等绿色开采技术为切入点，以煤伴生资源深度开发、“三废”资源综合利用为重要途径，横向拓宽产业领域、纵向延伸产业链条，构建矿区煤基产业集群。形成以“煤、电、化、建”为主体的产业集群。纵向产业链条包括：精煤——焦炭产业链、精煤（煤泥）——水煤浆产业链、煤炭——地下气化产业链；横向产业链条包括：利用矸石、煤泥发展电力产业，利用矸石、粉煤灰、石膏发展建材产业，利用复垦土地发展农业、养殖业。同时打造矿山机械设备再制造为特点的非煤产业集群。新矿集团形成了“矿矿小循环、矿区大循环”的综合型循环经济发展模式。

2009 年，煤矸石综合利用率超过 100%，实现了负增长；煤炭回采率达到 90.1%。

适用推广条件：该模式对于大型煤炭企业部分矿区进入衰退期后，通过发展循环经济，拓展关联产业，促进产业转型，实现矿区可持续发展具有一定的借鉴意义。

模式九：山东海化集团循环经济发展模式

模式特征：海水资源多途径利用的，化工企业循环经济发展模式。

模式描述：山东海化集团立足本地资源基础，自觉运用循环经济理念，积极探索海水深度开发、资源循环利用、能源梯级利用的新路子，逐步实现了制卤海水的海产品放养、卤虫放牧、工艺冷却、吹溴、晒盐、生产钾镁产品的“一水六用”，形成了碱系列、溴系列、苦卤化工、精细化工四大循环经济产业链。以原盐为原料生产烧碱及其延伸产品，副产氯气用于生产 PVC；电石渣生产纯碱，实现了电石渣的高值利用；蒸氨废液二次兑卤盐生产氯化钙。

2009 年万元工业产值能耗比 2005 年降低 28.84%，万元工业产值取水量比 2005 年降低 1.18%。“三废”综合利用产生的效益达到全集团利润总额的 30%。

适用推广条件：该模式对于以海洋资源开发为主的，化工企业发展循环经济具有较大的借鉴意义。

模式十：青岛天盾橡胶有限公司循环经济发展模式

模式特征：基于自主创新技术的，轮胎翻新企业循环经济发展模式。

模式描述：青岛天盾橡胶有限公司在产品设计中融入循环经济理念，创新具有自主知识产权的“注射环状预硫化胎面”轮胎制造技术与工艺，设计制造的港机轮胎的可翻新次数提高二倍以上；依靠技术创新，实现了港机废旧轮胎的再制造，且再制造产品磨耗性能优于新产品；再制造生产的每一个工艺过程都进行废弃物回收和综合利用；建立了双向物流三级 4S 服务体系，包括天盾技术开发中心、区域服务中心和授权服务点三级管理体系以及市场销售、实施服务、技术支持、信息反馈 4S 服务体系；为每条轮胎建立数据库，从销售至回收再制造，循环利用，全生命周期进行数据采集管理，向用户提供轮胎最佳使用方案，确保轮胎安全循环利用。

目前，该公司已形成年5000条大型港机（工程）轮胎翻新生产能力，工业废水、工业固体废弃物趋近零排放。

适用推广条件：该模式对于我国轮胎翻新企业，开展循环经济实践提供了有益的借鉴。

1－123 山东省经济和信息化委员会关于公布全省RFID应用优秀解决方案的通知

鲁经信电子字〔2010〕508号

各市经济和信息化委，有关单位：

为进一步贯彻落实我省《关于促进新信息产业加快发展的若干政策》，表彰相关单位在RFID（射频识别）技术研究及推广应用中取得的优秀成果，我委组织了“全省RFID应用优秀解决方案”评选活动。经各地方主管部门推荐、专家评审和组织单位的审查，确定东方电子集团有限公司的“基于射频识别的动态产品追溯系统”等10个RFID应用解决方案为全省RFID应用优秀解决方案，现予以公布。

希望各优秀解决方案的提供单位不断总结经验，再接再厉，努力提高技术研发能力，继续完善相关方案，进一步拓展应用领域，为加快我省转方式、调结构和建设经济文化强省做出新的更大贡献。

附件：山东省RFID应用优秀解决方案名单

二〇一〇年十月二十日

附件：

山东省RFID应用优秀解决方案名单

序号	单位名称	方案名称
1	东方电子集团有限公司	基于射频识别的动态产品追溯系统
2	济南雷森科技有限公司	基于RFID技术的列车接近自动预警系统
3	山东神思电子技术有限公司	神思S–26手持式居民身份证核查系统
4	济南恒大视讯科技有限公司	基于RFID技术的生猪安全追溯及电子交易平台的示范与推广
5	山东省射频识别应用工程技术研究中心有限公司	基于RFID技术的车用气瓶安全管理自动充装控制系统

序号	单位名称	方案名称
6	软控股份有限公司	RFID 标签在轮胎产业链中的应用
7	济宁高科股份有限公司	基于 RFID 技术的矿井下移动目标位置检测和管理系统
8	威海北洋电气集团股份有限公司	基于 RFID 和微功率技术的落水人员搜救系统
9	山东万高电子科技有限公司	基于 RFID 技术的二代身份证扩展应用系统
10	潍坊果壳视界信息科技有限公司	基于 RFID 技术的精准农业感知管理系统

第二篇

企业景气调查单位基本情况

2－1　企业景气调查单位主要指标

	企业个数	2010年主营业务收入（亿元）	2010年末从业人员数（万人）
总　　计	3033	38526.14	431.81
一、按企业登记注册类型分			
1. 国有企业	554	7566.32	76.06
2. 集体企业	162	565.59	10.69
3. 股份合作企业	66	299.07	2.59
4. 联营企业	6	2.50	0.18
5. 有限责任公司	1398	16883.06	222.28
6. 股份有限公司	429	10546.01	89.34
7. 私营企业	140	423.34	6.37
8. 港、澳、台投资企业	63	342.61	3.74
9. 外商投资企业	215	1897.64	20.56
二、按是否国有控股企业分			
国有控股企业	972	19465.24	198.38
非国有控股企业	2061	19060.90	233.43
三、按企业规模分			
大型	655	32592.64	321.47
中型	1366	5523.30	95.24
小型	1012	410.20	15.11
四、按是否国家试点企业集团分			
国家试点企业集团	3	1389.99	12.70
非国家试点企业集团	3030	37136.15	419.12
五、按地区分			
济南市	294	5227.08	55.26
青岛市	421	6524.20	61.35
淄博市	271	3830.70	44.08
枣庄市	111	573.62	14.54
东营市	144	3223.79	25.29
烟台市	273	3109.92	27.22
潍坊市	368	3971.10	41.73
济宁市	142	2222.19	31.55
泰安市	118	1152.58	21.44
威海市	241	1266.79	19.37
日照市	126	519.23	8.88
莱芜市	56	1230.57	9.32

续表1：

	企业个数	2010年主营业务收入（亿元）	2010年末从业人员数（万人）
临沂市	156	1514.22	23.42
德州市	132	686.58	10.72
聊城市	38	947.35	12.08
滨州市	16	2021.49	18.68
菏泽市	126	504.73	6.90
六、按行业门类分			
工业	1740	31923.86	304.66
采矿业	94	4046.51	59.50
煤炭开采和洗选业	48	1896.93	40.65
石油和天然气开采业	1	917.83	10.79
黑色金属矿采选业	7	151.56	1.58
有色金属矿采选业	21	1020.65	5.32
非金属矿采选业	17	59.54	1.16
其他采矿业			
制造业	1483	25324.68	230.31
农副食品加工业	127	1994.70	21.84
食品制造业	41	224.98	2.82
饮料制造业	75	505.82	8.13
烟草制品业	4	265.11	0.83
纺织业	142	2707.45	44.12
纺织服装、鞋、帽制造业	40	140.57	3.77
皮革、毛皮、羽毛（绒）及其制品	16	75.52	1.24
木材加工及木、竹、藤、棕、草	10	26.11	0.53
家具制造业	10	57.69	0.44
造纸及纸制品业	52	1057.25	9.25
印刷业和记录媒介的复制	23	18.19	0.70
文教体育用品制造业	5	2.58	0.15
石油加工及炼焦业	32	2576.64	5.84
化学原料及化学制品制造业	154	2026.58	17.94
医药制造业	53	369.65	5.91
化学纤维制造业	9	124.14	1.28
橡胶制品业	34	1067.73	9.02
塑料制品业	28	44.37	1.00
非金属矿物制品业	107	617.32	10.98
黑色金属冶炼及压延加工业	30	2669.71	15.22
有色金属冶炼及压延加工业	18	560.22	4.17
金属制品业	47	268.32	3.52

续表2:

	企业个数	2010年主营业务收入（亿元）	2010年末从业人员数（万人）
通用设备制造业	110	1439.56	13.68
专用设备制造业	96	1097.89	12.31
交通运输设备制造业	85	2268.41	14.73
电气机械及器材制造业	53	2004.42	12.64
通信设备、计算机及其他电子设备	30	1028.73	5.85
仪器仪表及文化、办公用机械制造业	20	23.41	0.73
工艺品及其他制造业	31	60.58	1.67
废弃资源和废旧材料回收加工业	1	1.02	0.03
电力、燃气及水的生产和供应	163	2552.67	14.86
电力、热力的生产和供应业	109	2480.62	12.76
燃气生产和供应业	12	49.93	0.59
水的生产和供应业	42	22.13	1.51
建筑业	250	1573.55	63.96
房屋和土木工程建筑业	220	1406.78	59.46
建筑安装业	23	161.11	4.32
建筑装饰业	6	4.70	0.14
其他建筑业	1	0.96	0.04
交运、仓储、邮政业	148	916.11	26.81
铁路运输业	2	224.39	9.71
道路运输业	66	293.12	7.33
城市公共交通业	20	21.30	2.89
水上运输业	17	269.10	4.05
航空运输业	3	69.15	0.75
管道运输业	1	0.01	0.00
装卸搬运和其他运输服务业	4	0.98	0.04
仓储业	8	9.30	0.11
邮政业	27	28.76	1.91
批发和零售业	344	2919.85	21.23
批发业	165	1254.95	6.20
零售业	179	1664.90	15.03
房地产业	175	225.78	1.18
社会服务业	104	103.11	1.89
租赁业	8	0.57	0.11
商务服务业	58	96.40	1.28
环境管理业	3	0.52	0.06
公共设施管理业	30	5.51	0.43
居民服务业	4	0.11	0.02

续表3:

	企业个数	2010年主营业务收入（亿元）	2010年末从业人员数(万人)
其他服务业	1	0.00	0.00
信息传输和计算机服务及软件业	88	697.91	6.43
信息传输业	63	661.51	5.72
计算机服务业	11	9.52	0.28
软件业	14	26.88	0.43
住宿和餐饮业	184	165.97	5.66
住宿业	128	36.63	2.85
餐饮业	56	129.34	2.81

2－2　工业调查单位基本情况

企业名称	详细地址	邮政编码	行政区划代码	联系电话	所属行业	行业代码	主要产品一	主要产品二	主要产品三
山东鲁信天一印务有限公司	山东省济南市历下区正丰路883号	250101	370102	0531-86513938	包装装潢及其他印刷	2319	纸制盒类包装装潢产品		
中石化股份济南分公司	山东省济南市历下区工业南路26号	250101	370102	0531-88832403	原油加工及石油制品制造	2511	汽油	柴油	
山东福瑞达生物工程有限公司	山东省济南市历下区天辰大街678号	250101	370102	0531-82685787	化妆品制造	2672	颐莲系列化妆品		
山东三塑集团有限公司	山东省济南市历下区历山路95号	250013	370102	0531-86957489	塑料薄膜制造	3010	农地膜	PVC	
济南杰菲特气动有限公司	山东省济南市历下区凤凰路1617号	250101	370102	0531-82379166	液压和气压动力机械及元件制造	3544	液压和气压动力机械、元件制造		
山东小鸭集团有限责任公司	山东省济南市历下区工业南路51号	250101	370102	0531-83122078	制冷、空调设备制造	3573	制冷及空调设备制造业	商用饮食服务业专用设备制造	模具制造业
济南建筑机械厂有限公司	山东省济南市历下区凤歧路街4339号	250013	370102	0531-88891986	建筑工程用机械制造	3613	建筑工程用机械制造（塔式起重机）		
山东山大华特科技股份有限公司	山东省济南历下区经十路17703号	250061	370102	0531-85198073	环境污染防治专用设备制造	3691	环保产品		
济南天辰机器集团有限公司	山东省济南市历城区天辰大街1571号	250101	370102	0531-88877021	其他专用设备制造	3699	铝窗设备	立体车库	
济南中正金马科技有限公司	山东省济南市历下区天辰大街1251号	250101	370102	0531-88872110	其他专用设备制造	3699	智能气动标记机		
山东省汽车工业集团有限公司	山东省济南市历下区泺源大街53号	250011	370102	0531-86155069	汽车整车制造	3721	汽车		
中国重型汽车集团有限公司	山东省济南市市中区英雄山路165号	250002	370102	0531-85582084	汽车整车制造	3721	汽车制造	内燃机制造	
济南轻骑摩托车股份有限公司	山东省济南市历下区和平路	250014	370102	0531-86599768	摩托车整车制造	3731	摩托车整车制造		
济南轻骑铃木摩托车有限公司	山东省济南市历下区贤文南路	250101	370102	0531-85030612	摩托车整车制造	3731	二轮摩托车		
山东吉美乐有限公司	山东省济南市历下区天辰大街677号	250101	370102	0531-82318713	发电机及发电机组制造	3911	小型发电机组	其他	
山东齐鲁电机制造有限公司	山东省济南市历下区华信路18号	250100	370102	0531-87075479	发电机及发电机组制造	3911	汽轮发电机	交流电动机	
济南安特电气有限公司	山东省济南市历下区舜华路大学科技园	250101	370102	0531-85192145	变压器、整流器和电感器制造	3921	电气节能机电一体化技术产品	电力技术维护	
山东桑乐太阳能有限公司	山东省济南市历下区科院路19号	250014	370102	0531-81752229	燃气、太阳能及类似能源的器具制造	3961	太阳能热水器	太阳能控制仪表	
山大鲁能信息科技有限公司	山东省济南市历下区山大鲁能产业园	250101	370102	0531-85056612	电子计算机外部设备制造	4043	计算机及外围设备	网络工程	
济南半导体元件实验所	山东省济南市历下区和平街51号	250014	370102	0531-86593110	半导体分立器件制造	4052	半导体分立器件		
济南晶恒有限责任公司	山东省济南市历下区和平路55号	250014	370102	0531-86593110	半导体分立器件制造	4052	半导体分立器件		
山东康巴丝钟表有限公司	山东省济南市历下区山大路23号	250014	370102	0531-88577042	钟表与计时仪器制造	4130	钟		
山东荷德鲁美特表计有限公司	山东省济南市历下区丰满路	250101	370102	0531-88877818	其他仪器仪表的制造及修理	4190	热量表制造		

续表1：

企业名称	详细地址	邮政编码	行政区划代码	联系电话	所属行业	行业代码	主要产品一	主要产品二	主要产品三
济南美术总厂	山东省济南市历下区朝山街32号	250011	370102	0531-86923797	花画工艺品制造	4214	圣诞饰品		
济南锦兴特服饰有限公司	山东省济南市历下区姚家镇八涧堡西路	250000	370102	0531-86466298	抽纱刺绣工艺品制造	4216	生产出口服装		
山东省高速公路建设材料有限公司	山东省济南市历下区龙奥北路街8号	250014	370102	0531-89251185	其他未列明的制造业	4290	沥青生产销售		
济南天天香有限公司	山东省济南市市中区英雄山路18号	250002	370103	0531-87156445	饲料加工	1320	饲料酶制剂	饲料酶制剂调味剂	
济南新中花纸厂	山东省济南市市中区十六里河西河街	250002	370103	0531-82771664	其他纸制品制造	2239	装饰花纸		
山东新华印刷厂	山东省济南市高新区世纪大道23号	250101	370103	0531-82079112	书、报、刊印刷	2311	书报刊印刷业		
济南长城炼油厂	山东省济南市市中区七贤镇杨家庄路10号	250022	370103	0531-81219218	原油加工及石油制品制造	2511	原油加工		
济南全力制药有限公司	山东省济南市市中区腊山	250022	370103	0531-87980906	化学药品制剂制造	2720	按摩乳除光液洗手液		
济南方信集团有限公司	山东省济南市市中区	250022	370103	0531-87954291	塑料板、管、型材的制造	3020	聚氯乙烯管材	聚氯乙烯型材	
鲁银投资集团股份有限公司	山东省济南市市中区经十路2051	250001	370103	0531-82024173	炼钢	3220	带钢		
山东亿佳美暖通设备有限公司	山东省济南市市中区白马山办事处后魏	250022	370103	0531-87801358	建筑装饰及水暖管道零件制造	3452	铜铝复合散热器		
济南一机床集团有限公司	山东省济南市市中区济一西厂路	250022	370103	0531-85052302	金属切削机床制造	3521	金属切削机床		
济南液压泵有限责任公司（原济军7423厂）	山东省济南市市中区文庄	250022	370103	0531-87169776	泵及真空设备制造	3541	泵		
济南超越液压件制造有限公司	山东省济南市市中区白马山西路	250022	370103	0531-87958128	阀门和旋塞的制造	3543	溢流阀等	电磁阀	
济南金钟电子衡器股份有限公司	山东省济南市市中区英雄山路	250002	370103	0531-82973255	衡器制造	3577	电子衡器		
山东建设机械股份有限公司	山东省济南市市中区段店	250022	370103	0531-89815006	建筑材料生产专用机械制造	3614	建设工程用机械制造	改装汽车	
济南鲁泉机械厂（六四五五工厂）	山东省济南市市中区党家镇	250116	370103	0531-87996441	改装汽车制造	3722	汽车改装		
山东重骑摩托车（集团）厂	山东省济南市市中区党家庄济微路	250116	370103	0531-87591267	摩托车整车制造	3731	摩托车生产	家具	
山东电力设备制造有限公司	山东省济南市市中区机一西厂路	250022	370103	0531-85859222	变压器、整流器和电感器制造	3921	变压器生产		
西门子变压器有限公司	山东省济南市市中区魏华西路10号	250022	370103	0531-82291512	变压器、整流器和电感器制造	3921	变压器生产		
济南时代新纪元科技有限公司	山东省济南市市中区七贤镇136号	250022	370103	0531-87169395	试验机制造	4115	电子产品	电力设备	
华电国际电力股份有限公司	山东省济南市市中区经三路14号	250001	370103	0531-67716222	火力发电	4411	发电		
济南水业集团有限责任]公司	山东省济南市市中区普利街	250012	370103	0531-86074086	自来水的生产和供应	4610	自来水生产及供应		
济南民天面粉有限责任公司	山东省济南市槐荫区机床二厂街	250022	370104	0531-87192506	谷物磨制	1310	面粉		
济南文件印刷厂（原济军7313工厂）	山东省济南市槐荫区经七纬七路	250021	370104	0531-87087627	书、报、刊印刷	2311	单色印刷		

续表2：

企业名称	详细地址	邮政编码	行政区划代码	联系电话	所属行业	行业代码	主要产品一	主要产品二	主要产品三
济南三元印刷有限责任公司	山东省济南市槐荫区段店东街93号	250022	370104	0531-82538109	包装装潢及其他印刷	2319	纸制品印刷		
济南天齐特种平带有限公司	山东省济南市槐荫区济齐路92号	250023	370104	0531-85977596	橡胶板、管、带的制造	2920	传动带	锭带	
山东天齐混凝土有限责任公司	山东省济南市市中区白马山办事处前魏华村	250022	370104	0531-87581986	水泥制品制造	3121	混凝土		
济南新峨嵋实业有限公司	山东省济南市槐荫区段店镇小金村南街	250117	370104	0531-87566422	耐火陶瓷制品及其他耐火材料制造	3169	滑动水口类产品	散装料类产品	
济南二机床集团有限公司	山东省济南市槐荫区机床二厂路	250022	370104	0531-81616009	金属成形机床制造	3522	金属成形机床	金属切削机床	
济南市新光机床配件厂	山东省济南市槐荫区南辛庄街	250022	370104	0531-81617817	其他金属加工机械制造	3529	大型机床电器柜	隔振器	
济南镇海机械厂	山东省济南市槐荫区济兖路58号	250022	370104	0531-87987313	液压和气压动力机械及元件制造	3544	军工		
济南轨道交通装备有限责任公司	山东省济南市槐荫区槐村73号	250022	370104	0531-88305223	铁路机车车辆及动车组制造	3711	铁路货车	大型钢构	
济南鲁联集团有限公司	山东省济南市槐荫区经一纬七路	250021	370104	0531-87203711	改装汽车制造	3722	改装汽车		
济南试金集团有限公司	山东省济南市槐荫区济微路24号	250022	370104	0531-87193950	试验机制造	4115	试验机制造		
济南贵和酒业有限公司	山东省济南市天桥区桑梓店	250119	370105	0531-88079198	白酒制造	1521	白酒制造		
济南兰狮纺织有限公司	山东省济南市天桥区凤山路1号	250032	370105	0531-85873362	棉、化纤纺织加工	1711	棉纱	棉布	
济南元首针织股份有限公司	山东省济南市天桥区北园大街601号	250032	370105	0531-85867707	棉、化纤针织品及编织品制造	1761	针织内衣		
济南双利达集团有限公司	山东济南天桥区无影山路23号	250031	370105	0531-85067701	皮箱、包(袋)制造	1923	皮箱,人造	皮包,人造	
济南芙蓉外贸纸箱包装有限公司	山东省济南市天桥区七一路7号	250031	370105	0531-85266356	纸和纸板容器的制造	2231	纸制品		
济南泰丰企业集团公司	山东济南天桥区黄岗路1989号	250032	370105	0531-85979505	纸和纸板容器的制造	2231	瓦楞纸箱		
济南裕兴化工有限责任公司	山东省济南市化工产业园	250119	370105	0531-67612879	无机盐制造	2613	钛白粉		
济南油漆厂	山东济南天桥北园魏家庄1号	250100	370105	0531-88617128	涂料制造	2641	油漆		
山东北方现代化学工业有限公司	山东省济南市天桥区新城庄1号	250032	370105	0531-85956864	其他合成材料制造	2659	粘合剂	高强度密封胶	
济南市天桥华兴制桶厂	山东省济南市天桥区泺口东村十区	250032	370105	0531-85899882	金属包装容器制造	3433	铁桶		
济南粮油包装总公司	山东济南天桥区二环北路西首	250032	370105	0531-85765596	金属包装容器制造	3433	钢桶		
济南市印铁制桶厂有限公司	山东省济南市天桥区济泺路20号	250032	370105	0531-85700692	金属包装容器制造	3433	钢提桶		
济南锅炉集团有限公司	山东省济南市天桥区黄岗路8号	250023	370105	0531-85874222-6452	锅炉及辅助设备制造	3511	电站锅炉		
济南风机厂有限责任公司	山东济南天桥区凤凰山路66号	250033	370105	0531-85952119	风机、风扇制造	3571	风机风扇制造		
济南化工机械总厂有限公司	山东济南天桥区蓝翔路时代总部基地二区30号	250032	370105	0531-85955938	炼油、化工生产专用设备制造	3621	机械产品		

续表3：

企业名称	详细地址	邮政编码	行政区划代码	联系电话	所属行业	行业代码	主要产品一	主要产品二	主要产品三
济南德佳机器控股有限公司	山东省济南市天桥区黄岗路1991号	250031	370105	0531-85971428	玻璃、陶瓷和搪瓷制品生产专用设备制造	3646	焊接清理自动线	锯切加工中心	
山东天鹅棉业机械股份有限公司	山东济南天桥区洛口东村十区400号	250032	370105	0531-85704006	其他专用设备制造	3699	棉花加工设备		
山东巨力电工设备有限公司	山东省济南市天桥区二环西路11号	250032	370105	0531-85760016	其他专用设备制造	3699	可调模	立绕机	
重汽集团济南考格尔专用汽车有限公司	山东省济南市天桥区药山蓝翔路17号	250032	370105	0531-68820728	改装汽车制造	3722	改装车制造		
济南绿洲清洗设备有限公司	山东济南天桥区鲁亚工业园	250031	370105	0531-85711288	家用清洁卫生电器具制造	3955	干洗机		
济南诺斯焊接辅具有限公司	山东济南天桥区七一路15号	250031	370105	0531-88669437	其他未列明的电气机械制造	3999	焊枪		
浪潮集团有限公司	山东省济南市高新区舜雅路1036号	250100	370105	0531-85106276	电子计算机整机制造	4041	计算机产业	软件产业	
济南兰光机电技术有限公司	山东济南天桥区无影山路144号	250031	370105	0531-85812140	试验机制造	4115	试验机		
济南热电有限公司	山东省济南市天桥区生产路2号	250033	370105	0531-85067907	热力生产和供应	4430	供热	发电	
济南钢城矿业有限公司	山东省济南市历城区王舍人镇工业北路	250101	370112	0531-88860153	铁矿采选	0810	自产铁精粉	水洗澳洲块矿	
山东黄金集团有限公司	山东省济南市历城区舜华路200号	250101	370112	0531-67710060	金矿采选	0921	黄金开发	房地产	
济南正大有限公司	山东省济南市历城区郭店镇彭庄	250109	370112	0531-88798987	饲料加工	1320	饲料加工		
济南维尔康食品有限公司	山东省济南市历城区工业北路303号	250100	370112	0531-88963966	畜禽屠宰	1351	猪肉产品	熟肉制品	
济南趵突泉酿酒有限责任公司	山东省济南市历城区仲宫镇龙山路53号	250115	370112	0531-82991539	白酒制造	1521	白酒生产及销售		
山东中烟工业有限责任公司	山东省济南市历城区将军路171号	250100	370112	0531-88759865	卷烟制造	1620	卷烟生产		
济南齐鲁化纤集团有限责任公司	山东省济南市历下区化纤厂路4号	250100	370112	0531-82368720	棉、化纤纺织加工	1711	纱	服装	
将军烟草集团有限公司	山东省济南市历城区将军路80号	250100	370112	0531-88777182	其他纸制品制造	2239	烟辅材料	仓储劳务	
东港安全印刷股份有限公司	山东省济南市历城区山大北路23号	250100	370112	0531-88904590	包装装潢及其他印刷	2319	票据印刷	常规产品	
山东潜力化工有限公司	山东省济南市历城区机场路11397号	250105	370112	0531-88991137	初级形态的塑料及合成树脂制造	2651	酚醛树脂		
新时代（济南）民爆科技产业有限公司	山东省济南市历城区巨野河街道办事处340号	250104	370112	0531-88767706-2005	炸药及火工产品制造	2664	化学试剂和助剂制造	炸药及火工产品制造	
齐鲁安替制药有限公司	山东省济南市历城区董家镇849号	250105	370112	0531-83128610	化学药品原药制造	2710	头孢菌素原料生产		
山东胜利股份有限公司	山东省济南市历下东辰大街2238号	250101	370112	0531-88725656	化学药品原药制造	2710	生物制药		
山东力诺科峰制药有限公司	山东省济南市历城区经十东路30766号	250103	370112	0531-88729645	化学药品制剂制造	2720	单硝酸异山梨酯片		
济南希森美康医用电子有限公司	山东省济南市历城区遥墙镇机场路7493号	250107	370112	0531-88734440	化学药品制剂制造	2720	稀释液	鞘液	
济南永宁制药股份有限公司	山东省济南市历城经十东路8168号	250103	370112	0531-88729518	化学药品制剂制造	2720	胶囊剂	片剂	

续表4：

企业名称	详细地址	邮政编码	行政区划代码	联系电话	所属行业	行业代码	主要产品一	主要产品二	主要产品三
济南宏济堂制药有限责任公司	山东省济南市历城区华龙路360号	250100	370112	0531-88166548-8863	中成药制造	2740	麝香酮	前列欣胶囊	
济南富瑞德塑胶有限公司	山东省济南市历城区华能路1号	250100	370112	0531-81191099	其他塑料制品制造	3090	塑料制品		
济南庚辰钢铁有限公司	山东省济南市历城区郭店镇70号	250109	370112	0531-88281612	炼铁	3210	生铁		
济钢集团有限公司	山东省济南市工业北路21号	250101	370112	0531-88866039	炼钢	3220	钢材	粗钢	
曼胡默尔滤清器（济南）有限公司	山东省济南市历城区世纪大道1101号	250102	370112	0531-62328463	气体、液体分离及纯净设备制造	3572	汽车滤清器		
济南重工股份有限公司	山东省济南市历城区董家镇	250109	370112	0531-88790743	采矿、采石设备制造	3611	采矿、采石设备制造（矿山设备）	金属轧制设备	
山东博世磨具实业有限公司	山东省济南市历城区巨野河街办庄科工业园1号	250104	370112	0531-88756968	非金属废料和碎屑的加工处理	4320	全树脂砂布	砂布	
华能济南黄台发电有限公司	山东省济南市历城区工业南路172号	250100	370112	0531-85682121	火力发电	4411	发电	供热	
济南市历城区供电局	山东省济南市历城区化纤路13-1号	250100	370112	0531-85055196	电力供应	4420	电力供应业		
济南佳宝乳业有限公司	山东省济南市长清区平安镇明发路1999号	250306	370113	0531-87999999	液体乳及乳制品制造	1440	牛奶		
山东山水水泥集团有限公司	山东省济南市长清区崮山	250316	370113	0531-88360199	水泥制造	3111	水泥	水泥压力管	
济南柴油机股份有限公司	山东省济南市经十西路1999号	250306	370113	0531-88742201	内燃机及配件制造	3512	内燃机	发电机组	
济南沃德汽车零部件有限公司	山东省济南市长清区沃德大道1号	250300	370113	0531-89638106	汽车零部件及配件制造	3725	气门	挺杆	
济南变压器集团股份有限公司	山东省济南市长清经十西路12	250300	370113	0531-85653660	变压器、整流器和电感器制造	3921	变压器	变压器零部件	
长清供电局	山东省济南市长清峰山路191号	250300	370113	0531-87221011-4392	电力供应	4420	电力供应		
济南喜哥马服装有限公司	山东济南平阴西三里村	250400	370124	0531-87877266	羽毛(绒)制品加工	1942	加工、制造服装服饰		
平阴鲁西化工第三化肥厂有限公司	山东省济南市平阴县青龙路345号	250400	370124	0531-87869312	氮肥制造	2621	商品氨	尿素	
山东福胶集团有限公司	山东省济南市平阴县振兴街63号	250400	370124	0531-88788130	中成药制造	2740	阿胶	阿胶系列产品	
济南黄河特钢有限责任公司	山东省济南市平阴县玫瑰街12号	250400	370124	0531-87852650	钢压延加工	3230	钢压延加工		
济南玫德铸造有限公司	山东省济南市平阴县翠屏街南门路三号	250400	370124	0531-87885015	建筑装饰及水暖管道零件制造	3452	各类管件		
济南亨通制笔有限公司	山东省济南市济阳县济北开发区	251400	370125	0531-15726167-238	笔的制造	2412	笔制造业		
齐鲁制药有限公司	山东省济南市高新区中心区新泺大街东首	250101	370127	0531-83126882	化学药品制剂制造	2720	粉针剂	水针剂	
章丘东风煤炭集团总公司	山东省济南市章丘市明水街道办	250200	370181	0531-83209867	烟煤和无烟煤的开采洗选	0610	原煤	毛巾	
山东百脉泉酒业有限公司	山东省济南市章丘市明水街道办事处	250200	370181	0531-83209911	白酒制造	1521	白酒		
济南万昌印刷包装有限公司	山东省济南市章丘市工业二路	205200	370181	0531-61323660	包装装潢及其他印刷	2319	包装装潢及其他印刷		

续表5：

企业名称	详细地址	邮政编码	行政区划代码	联系电话	所属行业	行业代码	主要产品一	主要产品二	主要产品三
济南蜜蜂笔业有限公司	山东省济南市章丘市赭山工业园	250200	370181	0531-83269779	笔的制造	2412	铅笔、彩笔、彩芯		
山东明水大化集团	山东省济南市章丘市明水街道荷花路	252200	370181	0531-83253305	氮肥制造	2621	尿素	甲醇	
山东华塑建材有限公司	山东省章丘市双山街道	250200	370181	0531-83314899	初级形态的塑料及合成树脂制造	2651	塑料异型材	塑料门窗	
山东省章丘鼓风机股份有限公司	山东省济南市章丘市明水经济开发区世纪大道东首	250200	370181	0531-83250011	风机、风扇制造	3571	鼓风机	水泥设备	
济南普天通信设备厂	山东省济南市章丘市明水福康路17号	250200	370181	0531-83256005	改装汽车制造	3722	改装汽车	机械加工	
中集车辆（山东）有限公司	山东省济南市章丘市经十东路8001号	250200	370181	0531-85833258	改装汽车制造	3722	改装汽车制造		
山东明水汽车配件有限公司	山东省章丘市世纪大道2712号	250200	370181	0531-83250567	汽车零部件及配件制造	3725	汽车配件		
章丘海尔电机有限公司	山东省济南市章丘市双山街道办	250200	370181	0531-83250848	微电机及其他电机制造	3919	洗衣机电机	空调电机	
华电章丘发电有限公司	山东省章丘市龙山街道办	250200	370181	0531-83112125	火力发电	4411	火力发电		
章丘市供电公司	山东省章丘市双山街道办	250200	370181	0531-85834192	电力供应	4420	电力供应		
青岛浮昌食品有限公司	山东省青岛市市南区九水东路320号	266100	370202	0532-87609808	水产品冷冻加工	1361	水产品加工		
青岛食品股份有限公司	山东省青岛市李沧区四流中支路2号	266041	370202	0532-84669917	饼干及其他焙烤食品制造	1419	饼干		
青岛啤酒股份有限公司	山东省青岛市市南区香港中路五四广场青啤大厦	266071	370202	0532-85715062	啤酒制造	1522	啤酒制造与销售		
青岛巴龙集团有限公司	山东省青岛市市南区香港中路59号31楼	266071	370202	0532-85793030	纺织服装制造	1810	服装销售	配饰	
青岛海珊制衣股份有限公司	山东省青岛市市南区延安三路109号	266071	370202	0532-85635817	纺织服装制造	1810	服装加工		
青岛孚德鞋业有限公司	山东省青岛市城阳区空港工业聚集区	266108	370202	0532-87722566	皮鞋制造	1921	皮鞋		
青岛市市南标牌有限责任公司	山东省青岛市李沧区九水东路320号	266100	370202	0532-87605608	包装装潢及其他印刷	2319	制作各种标牌		
青岛凯联(集团)有限责任公司	山东省青岛市市南区香港中路52号时代广场28	266071	370202	0532-85759138	无机碱制造	2612	纯碱	烧碱	
青岛普洛康裕股份有限公司	山东省青岛市市南区湛山一路16号	266071	370202	0532-83860936	化学药品原药制造	2710	原料要生产		
青岛国人集团有限公司	山东省青岛市市北区杨家群501号	266001	370202	0532-82732929	车辆、飞机及工程机械轮胎制造	2911	橡胶制品		
双星集团有限责任公司	山东省青岛市市南区瞿塘峡路45号	266002	370202	0532-82674653	橡胶靴鞋制造	2960	轮胎制造	鞋业制造	
青岛金孚金属型材有限公司	山东省青岛市李沧区九水东路320号	266071	370202	0532-87662782	铁合金冶炼	3240	焊接钢管		
青岛兆龙金属制品有限公司	山东省青岛市市南区九水东路320号	266100	370202	0532-87663888	金属门窗制造	3412	铝合金门窗	塑钢门窗	
青岛光明环保技术有限公司	山东省青岛市市南区香港中路77号401室	266071	370202	0532-85885625	气体、液体分离及纯净设备制造	3572	收油机	围油栏	
国营青岛造船厂	山东省青岛市市南区四川路25号	266071	370202	0532-82685791-8259	金属船舶制造	3751	金属船舶制造	金属加工机械制造	

续表6：

企业名称	详细地址	邮政编码	行政区划代码	联系电话	所属行业	行业代码	主要产品一	主要产品二	主要产品三
中国人民解放军第四八零八厂	山东省青岛市市南区菏泽三路5号	266001	370202	0532-82616745	船舶修理及拆船	3755	舰船修理业	海洋运输船制造业	
中国人民解放军第七八一一厂	山东省青岛市市南区四川路15号	266002	370202	0532-82611288	船舶修理及拆船	3755	船舶修理及造船	锅炉制造	
海信集团有限公司	山东省青岛市市南区东海西路17号	266071	370202	0532-83878888-8142	家用影视设备制造	4071	彩色电视机	空调器	
青岛供电公司	山东省青岛市市南区刘家峡路17号	266002	370202	0532-82952130	电力供应	4420	电力供应		
青岛开源集团有限公司	山东省青岛市市南区福州南路10号	266071	370202	0532-85737382	热力生产和供应	4430	热力生产和制造业		
青岛市海润自来水集团有限公司	山东省青岛市市南区太平路55号	266002	370202	0532-86017060	自来水的生产和供应	4610	自来水		
青岛长生集团股份有限公司	山东省青岛市市北区辽宁路94号	266043	370203	0532-84630724	食用植物油加工	1331	食用植物油		
青岛罐头食品厂有限公司	山东省青岛市市北区商河路20号	266012	370203	0532-83818888-8797	水产品冷冻加工	1361	冷冻水产品		
青岛灯塔酿造有限公司	山东省青岛市市北区辽宁路73号	266021	370203	0532-83844483	酱油、食醋及类似制品的制造	1462	酱油	食醋	
青岛永昌源纺织品有限公司	山东省青岛市市北区辽宁路80号	266071	370203	0532-81977597	棉及化纤制品制造	1751	床上用品		
青岛三环线业股份有限公司	山东省青岛市市北区埕口路4号	266021	370203	0532-83835457	纺织带和帘子布制造	1756	缝纫线生产		
青岛华金染织有限公司	山东省青岛市市北区沈阳路48号	266021	370203	0532-83832447	棉、化纤针织品及编织品制造	1761	针织衫裤		
青岛富华床垫有限公司	山东省青岛市市北区上清路10号	266023	370203	0532-83633439	金属家具制造	2130	席梦思床垫		
青岛联合包装有限公司	山东省青岛市市北区连云港路18号	266041	370203	0532-89653877-179	其他纸制品制造	2239	纸箱		
青岛市税务票证印刷所	山东省青岛市市北区宁夏路80号	266070	370203	0532-85835770	装订及其他印刷服务活动	2320	税务发票	税务税票	
青岛红星化工集团有限责任公司	山东省青岛市市北区济阳路8号	266011	370203	0532-82850710	无机盐制造	2613	碳酸钡	碳酸锶	
青岛金王应用化学股份有限公司	山东省青岛市市南区香港中路18号	266071	370203	0532-85718989-822	化学试剂和助剂制造	2661	新型聚合物基质复合体烛光材料	日用玻璃制品	
青岛汇轮橡胶有限公司	山东省青岛市市北区杨家群501号	266100	370203	0532-88724383	车辆、飞机及工程机械轮胎制造	2911	斜交载重轮胎		
青岛橡六集团有限公司	山东省青岛市市北区华阳路36号	266021	370203	0532-84662508	橡胶板、管、带的制造	2920	输送带	胶管	
青岛双碟集团股份有限公司	山东省青岛市市北区辽宁路167号	266012	370203	0532-83663356	日用及医用橡胶制品制造	2950	橡胶避孕套		
青岛铸造机械集团公司	山东省青岛市四方区重庆南路128号	266032	370203	0532-83832156-3088	铸造机械制造	3523	铸造机械		
青岛吴仪阀门有限公司	山东省青岛市市北区金沙路1号	266031	370203	0532-84863509	阀门和旋塞的制造	3543	阀门		
青岛市海青机械总厂	山东省青岛市市北区孟庄路17号	266021	370203	0532-83801595	制冷、空调设备制造	3573	铜铝结构空调连接管	机械加工	
青岛公平衡器总公司	山东省青岛市市北区西吴路189号	266034	370203	0532-85613001	衡器制造	3577	固定式电子衡器		
青岛晶星汽车电子装备有限公司	山东省青岛市市北区辽宁路50号	266012	370203	0532-83813930	配电开关控制设备制造	3923	熔断器盒	电源配电盒	

续表7：

企业名称	详细地址	邮政编码	行政区划代码	联系电话	所属行业	行业代码	主要产品一	主要产品二	主要产品三
青岛三元集团股份有限公司	山东省青岛市市北区黑龙江路219号	266106	370203	0532–87931738	电线电缆制造	3931	线束总成	电线电缆	
青岛郎立企业有限公司	山东省青岛市市北区上清路12号	266023	370203	0532–84993172	电工仪器仪表制造	4112	制造机械、汽车零部件、建筑五金配件		
青岛客车修配厂	山东省青岛市市北区洮南路4号	266021	370203	0532–83025901	其他未列明的制造业	4290	隔离器	其它配件	
青岛热电集团有限公司	山东省青岛市市北区南京路262号	266034	370203	0532–86662631	热力生产和供应	4430	供热		
青岛联创实业集团有限公司	山东省青岛市四方区海岸路22号	266031	370205	0532–83763207	纺织带和帘子布制造	1756	锦纶帘子布	锦纶工业丝	
青岛中大（集团）股份有限公司	山东省青岛市四方区嘉定路5号	266031	370205	0532–83757002	棉、化纤针织品及编织品制造	1761	针织衫裤		
青岛明盛针织有限公司	山东省青岛市金华支路8号	266000	370205	0532–84851438	棉、化纤针织品及编织品制造	1761	加工棉制品		
青岛鑫天集团股份有限公司	山东省青岛市四方区都昌路3号	266032	370205	0532–84855760	纺织服装制造	1810	纺织服装制造		
青岛一木集团公司	山东省青岛市四方区宜昌路1号	266031	370205	0532–83757075	木质家具制造	2110	木制家具		
青岛兴达印务有限公司	山东省青岛市四方区瑞安路108号	266032	370205	0532–84992216–818	包装装潢及其他印刷	2319	包装装潢印刷		
青岛益青印刷包装厂	山东省青岛市四方区长沙路106号	266042	370205	0532–84857986	包装装潢及其他印刷	2319	塑料软包装		
青岛海晶化工集团有限公司	山东省青岛市四方区四流南路66号	266042	370205	0532–88086806	无机碱制造	2612	聚氯乙烯	烧碱	
巴斯夫颜料（青岛）有限公司	山东省青岛市四方区兴隆路2号	266031	370205	0532–83757878	颜料制造	2643	颜料		
青岛双桃精细化工（集团）有限公司	山东省青岛市四方区杭州路28号	266031	370205	0532–83075897	染料制造	2644	染料		
青岛泰科聚合物有限公司	山东省青岛市四方区瑞安路30号	266045	370205	0532–13854290–002	初级形态的塑料及合成树脂制造	2651	聚四弗乙烯		
青岛和兴精细化学有限公司	山东省青岛市山东路195号	266000	370205	0532–66915373	专项化学用品制造	2662	中固体	电子化学品	
青岛首和金海制药有限公司	山东省青岛市四方区大沙路27号	266042	370205	0532–84898889–8061	化学药品制剂制造	2720	药剂		
青岛中泰有限责任公司	山东省青岛市四方区四流南路126号	266042	370205	0532–84962030	锦纶纤维制造	2821	涤纶纤维	化纤色绸	
青岛开世密封工业有限公司	山东省青岛市四方区嘉禾路7号	266031	370205	0532–13656429–031	橡胶零件制造	2930	橡胶密封件		
青岛鸿恩橡塑机械厂	山东省青岛市兴隆路179号	266042	370205	0532–84993359	橡胶零件制造	2930	橡胶零件制造		
青岛宏达塑胶总公司	山东省青岛市四方区清江路152号	266032	370205	0532–85622100–99	塑料板、管、型材的制造	3020	塑料板材	塑料薄膜	
青岛塑料模具实业公司	山东省青岛市四方区重庆南路67号	266032	370205	0532–80933605	塑料零件制造	3070	汽车内饰件		
青岛捷能汽轮机股份有限公司	山东省青岛市四方区四流南路102号	266042	370205	0532–86125356	汽轮机及辅机制造	3513	汽轮机		
青岛鑫工场工贸有限公司	山东省青岛市周口路316号	266000	370205	0532–84863221–6	其他金属加工机械制造	3529	刚性限位	托架总成	
青岛四三零八机械厂	山东省青岛市四方区南丰路6号	266042	370205	0532–84851601–6986	机械零部件加工及设备修理	3583	机械加工		

续表8：

企业名称	详细地址	邮政编码	行政区划代码	联系电话	所属行业	行业代码	主要产品一	主要产品二	主要产品三
青岛铭宇基业工贸有限公司	山东省青岛市万安支路1号	266000	370205	0532-85811878	其他通用零部件制造	3589	通信设备		
青岛联瑞精密机械有限公司	山东省青岛市会昌路11号	266000	370205	0532-80822688	采矿、采石设备制造	3611	生产研磨机		
青岛中油通用机械有限公司	山东省青岛市四方区金华路45号	266042	370205	0532-84961618	炼油、化工生产专用设备制造	3621	机械设备		
青岛千川木业设备有限公司	山东省青岛市四方区海岸路2号	266031	370205	0532-85622020	木材加工机械制造	3624	木材加工		
青岛软控信息化装备制造有限公司	山东省青岛市青岛市四方区郑州路43号	266000	370205	0532-68862686	木材加工机械制造	3624	橡胶机械零件加工		
青岛纺织机械股份有限公司	山东省青岛市四方区四流南路22号	266042	370205	0532-84892720	纺织专用设备制造	3651	棉纺织机械	交流电动机	
青岛四机劳务开发有限公司	山东省青岛市四方区兴隆路2号	266031	370205	0532-83762179	铁路机车车辆及动车组制造	3711	动车组制造修理	工具刀具采购销售	
青岛亚通达铁路设备有限公司	山东省青岛市四方区湖岛村北	266000	370205	0532-85918906-103	铁路专用设备及器材、配件制造	3714	集成系统	电池箱	
重汽集团专用汽车公司	山东省青岛市四方区瑞昌路141号	266031	370205	0532-84692279	改装汽车制造	3722	改装汽车		
青岛华达汽车修配厂	山东省青岛市金华路39号	266042	370205	0532-84851520	汽车修理	3726	汽车修理		
青岛高校山柏科技有限公司	山东省青岛市郑州路14号	266000	370205	0532-85679923	光电子器件及其他电子器件制造	4059	电子器件		
青岛前哨精密仪器有限公司	山东省青岛市四方区洛阳路11号	266031	370205	0532-83717097	绘图、计算及测量仪器制造	4113	各类花岗岩仪器	电子水平仪	
青岛工艺美术集团公司	山东省青岛市四方区顺昌路21号	266032	370205	0532-84853575	抽纱刺绣工艺品制造	4216	工艺品	其他工艺品	
青岛京华饰品有限公司	山东省青岛市瑞昌路179号	266000	370205	0532-84852978	珠宝首饰及有关物品的制造	4218	加工首饰		
华电青岛发电有限公司	山东省青岛市四方区兴隆一路6号	266031	370205	0532-83779793	火力发电	4411	电力	热力	
青岛泰能燃气集团有限公司	山东省青岛市四方区镇平一路2号	266071	370205	0532-86688882	燃气生产和供应业	4500	煤气销售	焦炭	
青岛三洋水产有限公司	山东省青岛市黄岛区秦皇岛路9号	266500	370211	0532-86865521	水产品冷冻加工	1361	水产品加工		
青岛综食冷藏加工有限公司	山东省青岛市保税区一期一号区北	266555	370211	0532-86768306	水产品冷冻加工	1361	水产品加工		
青岛绮丽皮衣有限公司	山东省青岛市开发区黄河中路11号	266510	370211	0532-86827647	皮革服装制造	1922	皮革服装制造		
青岛国风药业股份有限公司	山东省青岛市经济技术开发区松花江路18号	266510	370211	0532-86058918	中成药制造	2740	中成药生产		
青岛中达化纤有限公司	山东省青岛市黄岛区香江路108号	266555	370211	0532-86897783	锦纶纤维制造	2821	锦纶弹力丝生产		
青岛海华纤维有限公司	山东省青岛开发区淮河东路55号	266500	370211	0532-86911862	维纶纤维制造	2824	蛋白纤维生产	聚氯乙烯纤维生产	
第四砂轮厂青岛联合公司	山东省青岛市开发区太行山路549号	266555	370211	0532-86897044	模具制造	3625	生产砂轮		
青岛山本工业有限公司	山东省青岛市经济技术开发区齐长城路11号	266555	370211	0532-86768200	汽车零部件及配件制造	3725	加工汽车用电缆	汽车用电缆配件	
青岛北海船舶重工有限责任公司	山东省青岛黄岛区漓江东路369号	266520	370211	0532-86756121	金属船舶制造	3751	钢质船舶制造	船舶修理	

续表9：

企业名称	详细地址	邮政编码	行政区划代码	联系电话	所属行业	行业代码	主要产品一	主要产品二	主要产品三
青岛澳柯玛集团总公司	山东省青岛市经济技术开发区前湾湾港路315	266510	370211	0532-86765018	家用制冷电器具制造	3951	冷柜、冰箱制造	电动自行车制造	
山东黄岛发电厂	山东省青岛市黄岛区崇明岛东路76号	266500	370211	0532-86902122	火力发电	4411	火力发电	供热	
青岛新奥燃气有限公司	山东省青岛市经济技术开发区长白山路688号	266555	370211	0532-86882726	燃气生产和供应业	4500	天然气销售		
青岛经济技术开发区供排水总公司	山东省青岛市经济技术开发区香江一路15号	266555	370211	0532-86889830	自来水的生产和供应	4610	自来水生产与供应		
青岛第五啤酒有限公司	山东省青岛市崂山区沙子口崂山路99号	266102	370212	0532-88807515	啤酒制造	1522	啤酒		
青岛可口可乐饮料有限公司	山东省青岛市崂山区株洲路189号	266101	370212	0532-88701818-5118	碳酸饮料制造	1531	生产销售碳酸饮料	饮用水	
青岛金长江集团有限公司	山东省青岛市崂山区海青路石苑别墅一号	266061	370212	0532-85893939	棉、化纤纺织加工	1711	布	纱	
青岛崂发包装制品集团有限公司	山东省青岛市崂山区王哥庄	266105	370212	0532-87843032	纸和纸板容器的制造	2231	纸箱11		
青岛新新体育用品有限公司	山东省青岛市崂山区海尔路18号	266101	370212	0532-88702587	球类制造	2421	足球	篮球	
青岛丰润海藻有限公司	山东省青岛市崂山区王哥庄	266105	370212	0532-87911117	有机化学原料制造	2614	褐藻胶		
青岛崂塑建材集团有限公司	山东省青岛市崂山区沙子口	266102	370212	0532-88806238	塑料板、管、型材的制造	3020	塑料异型材	塑料门窗	
青岛崂山玻璃有限公司	山东省青岛市崂山区沙子口	266102	370212	0532-88805215	日用玻璃制品及玻璃包装容器制造	3145	啤酒瓶		
青岛汉缆集团有限公司	山东省青岛市崂山区沙子口	266102	370212	0532-88817759	电线电缆制造	3931	电力电缆	电线	
海尔集团公司	山东省青岛市崂山区海尔路1号	266103	370212	0532-88938233	家用制冷电器具制造	3951	房间空气调节器	家用电冰箱	
青岛万年集团有限公司	山东省青岛市崂山区王哥庄	266105	370212	0532-87841066	鬃毛加工、制刷及清扫工具的制造	4222	刷子		
青岛中佳食品有限公司	山东省青岛市李沧区九水东路238号	266100	370213	0532-87722625	水产品冷冻加工	1361	冻狭鳕鱼片	盐渍狭鳕鱼片	
青岛井藤食品有限公司	山东省青岛市李沧区郑佛路7号甲	266100	370213	0532-85970847	营养、保健食品制造	1491	包装、加工大麦苗粉		
青岛凤凰印染有限公司	山东省青岛市李沧区永平路4号	266041	370213	0532-84661352	棉、化纤印染精加工	1712	印染布		
青岛角谷纺织用品有限公司	山东省青岛市李沧区合川路27号	266100	370213	0532-87604108	棉、化纤针织品及编织品制造	1761	床上用品、毛巾	服装	
青岛人民印刷有限公司	山东省青岛市李沧区兴华路15号	266041	370213	0532-84621817	书、报、刊印刷	2311	新型复合印刷包装材料	包装装潢印刷品	
中国石化集团青岛石油化工有限责任公司	山东省青岛市李沧区滨海路8号	266043	370213	0532-66762316	原油加工及石油制品制造	2511	柴油	汽油	
青岛碱业股份有限公司	山东省青岛市李沧区四流北路78号	266043	370213	0532-88082480	无机碱制造	2612	纯碱	化肥	
青岛东岳泡花碱有限公司	山东省青岛市李沧区兴国路25号	266041	370213	0532-84620264	无机盐制造	2613	硅酸钠	偏硅酸钠	
青岛海洋化工有限公司	山东省青岛市李沧区沔阳路7号	266041	370213	0532-84635587-2048	其他基础化学原料制造	2619	硅胶	硅溶胶	

续表10：

企业名称	详细地址	邮政编码	行政区划代码	联系电话	所属行业	行业代码	主要产品一	主要产品二	主要产品三
青岛十梅庵集团公司	山东省青岛市李沧区湘潭路19号	266043	370213	0532-84835005	初级形态的塑料及合成树脂制造	2651	纺织业	建筑业	
青岛文昌企业（集团）股份有限公司	山东省青岛市李沧区重庆中路566号	266100	370213	0532-87066633	其他塑料制品制造	3090	塑料配件		
山东中齐耐火材料有限公司	山东省青岛市李沧区贵定路1号	266043	370213	0532-68984669	耐火陶瓷制品及其他耐火材料制造	3169	铝碳制品	锆碳制品	
青岛钢铁控股集团有限责任公司	山东省青岛市李沧区遵义路5号	266043	370213	0532-58813405	炼钢	3220	钢材	生铁	
青岛博信铝业有限公司	山东省青岛市李沧区沔阳路18号	266041	370213	0532-84630179	常用有色金属压延加工	3351	铝合金型材加工		
青岛美特容器有限公司	山东省青岛市李沧区沔阳路18号	266046	370213	0532-84633502	金属包装容器制造	3433	铝制合金罐盖		
青岛电站阀门有限公司	山东省青岛市李沧区瑞金路29号	266043	370213	0532-86083677	阀门和旋塞的制造	3543	阀门	铸钢件	
青岛双鹰机电设备有限公司	山东省青岛市李沧区贵定路1号	266043	370213	0532-84911631	模具制造	3625	模具铁件	胶套	
中国一汽解放青岛汽车厂	山东省青岛市李沧区楼山路2号	266043	370213	0532-84913637	汽车整车制造	3721	载货汽车		
青岛中能集团有限公司	山东省青岛市李沧区308国道781号	266100	370213	0532-87797979	广播电视节目制作及发射设备制造	4031	电线电缆	光纤数据通信电缆	
青岛磊鑫集团有限公司	山东省青岛市城阳区夏庄街道罗圈涧	266107	370214	0532-87785328	粘土及其他土砂石开采	1019	石子石料	公路工程	
青岛东风盐场	山东省青岛市城阳区上马街道办事处	266112	370214	0532-87711069	采盐	1030	原盐		
山东六和集团有限公司	山东省青岛市城阳区青大工业园	266111	370214	0532-88895566	畜禽屠宰	1351	冻鸡肉		
青岛正进集团有限公司	山东省青岛市城阳区双元路18号	266109	370214	0532-87726633	水产品冷冻加工	1361	冷冻水产品	干鲜水产品	
青岛亿路发集团有限公司	山东省青岛市城阳区棘洪滩街道	266111	370214	0532-87906657	水产品冷冻加工	1361	生鱼片	模拟蟹肉	
青岛佳元水产集团有限公司	山东省青岛市城阳区城阳街道	266109	370214	0532-87909909	水产品冷冻加工	1361	冻鳕鱼片	冻马哈鱼片	
山东省华食佳食品有限公司	山东省青岛市城阳204路33号	266109	370214	0532-87863835	米、面制品制造	1431	米面食品		
青岛喜盈门集团公司	山东省青岛市城阳区城阳街道正阳街188号	266109	370214	0532-87935957	棉及化纤制品制造	1751	棉化纤纺织品制造	机制制及纸板制造	
青岛良木集团有限公司	山东省青岛市城阳区流亭街道南流路288号	266108	370214	0532-84903056	木质家具制造	2110	木制家具制造	其他人造板制造	
青岛英派斯集团有限公司	山东省青岛市城阳区204路55号	266109	370214	0532-88590958	体育器材及配件制造	2422	健身器		
青岛广源发集团有限公司	山东省青岛市城阳区夏庄街道丹山	266107	370214	0532-87783299	原油加工及石油制品制造	2511	原油加工及石油制品制造	玻璃及玻璃容器制造	
青岛益青药用胶囊有限公司	山东省青岛市城阳区棘洪滩街道	266111	370214	0532-87901700	化学药品制剂制造	2720	机制药用空心胶囊		
青岛双鲸药业有限公司	山东省青岛市城阳区流亭街道	266108	370214	0532-87718107	化学药品制剂制造	2720	鱼肝油乳，维生素丸		
青岛黄海橡胶股份有限公司	山东省青岛市城阳区棘洪滩街道金岭工业园3号	266011	370214	0532-84678708	车辆、飞机及工程机械轮胎制造	2911	橡胶轮胎生产和销售		
青岛星轮实业有限公司	山东省青岛市城阳区春雨西路8号	266108	370214	0532-84909069	石棉制品制造	3161	石棉制品		

续表11：

企业名称	详细地址	邮政编码	行政区划代码	联系电话	所属行业	行业代码	主要产品一	主要产品二	主要产品三
青岛三恩集团有限公司	山东省青岛市城阳204路123号	266109	370214	0532-89083229	钢压延加工	3230	健身器材	焊管	
青岛城阳安全器材厂	山东省青岛市城阳区城阳街道	266109	370214	0532-87711279	安全、消防用金属制品制造	3453	铁皮文件柜保险柜		
南车青岛四方机车车辆股份有限公司	山东省青岛市城阳区棘洪滩街道锦绣东路88号	266111	370214	0532-87805937	铁路机车车辆及动车组制造	3711	新造动车组	新造地铁	
南车四方车辆有限公司	山东省青岛市城阳区棘洪滩街道宏平路7号	266111	370214	0532-68017227	铁路机车车辆及动车组制造	3711	机车车辆配件	修理客车	
青岛市城阳区夏庄建筑工程有限公司	山东省青岛市城阳区夏庄街道华仙路7号	266107	370214	0532-87875959	其他铁路设备制造及设备修理	3719	建筑工程		
青岛特种汽车集团	山东省青岛市城阳区城阳街道	266109	370214	0532-87869236	汽车零部件及配件制造	3725	特种汽车产品	汽车配件	
青岛变压器集团有限公司	山东省青岛市城阳区长城路南段	266109	370214	0532-81102282	变压器、整流器和电感器制造	3921	电力变压器	钢琴，吉他	
青岛维良食品有限公司	山东青岛胶州市胶州西路30号	266300	370281	0532-87213153	谷物磨制	1310	面粉加工（小麦粉、挂面）		
山东大洋食品有限公司	山东青岛胶州市李哥庄镇魏家屯村	266300	370281	0532-88201688	水产品冷冻加工	1361	水产品加工		
青岛福生食品有限公司	山东省青岛胶州市胶东办事处台湾工业园	266300	370281	0532-88266259	水产品冷冻加工	1361	冷冻水产品加工	蔬菜加工	
青岛酒厂有限公司	山东青岛胶州市寺门首路518号	266300	370281	0532-87286144	白酒制造	1521	白酒		
青岛衣东实业有限公司	山东青岛胶州市高州路288号	266300	370281	0532-82297698	棉、化纤纺织加工	1711	针织品		
青岛环球服装有限公司	山东青岛胶州市营海镇	266300	370281	0532-85269885	纺织服装制造	1810	服装		
青岛双收农药化工有限公司	山东青岛胶州市德州路8号	266300	370281	0532-82295322	化学农药制造	2631	农药		
青岛白玉化工有限公司	山东青岛胶州市兰州东路600号	266300	370281	0532-82279607	密封用填料及类似品制造	2645	立德粉生产	碱式碳酸锌	
青岛华威建材有限公司	山东省青岛胶州市滨州路4号	266300	370281	0532-82290841	水泥制造	3111	水泥		
青岛东方铁塔股份有限公司	山东青岛胶州市广州北路318号	266300	370281	0532-88056002	工业生产配套用搪瓷制品制造	3471	铁塔		
青岛华泰电力设备有限公司	山东青岛胶州市北关北外环东段	266300	370281	0532-86621268	锅炉及辅助设备制造	3511	胶球清洗装置		
青岛三联金属结构有限公司	山东青岛胶州市北关工业园西首	266300	370281	0532-82287676	锅炉及辅助设备制造	3511	金属结构件		
青岛青锻锻压机械有限公司	山东青岛胶州市滨州路1号	266300	370281	0532-82298362	金属成形机床制造	3522	金属成型机床		
青岛三星精锻齿轮有限公司	山东青岛胶州市广州北路300号	266300	370281	0532-82290424	汽车零部件及配件制造	3725	齿轮		
胶州市供电公司	山东青岛胶州市苏州路2号	266300	370281	0532-87272169	电力供应	4420	售电量		
胶州市自来水公司	山东青岛胶州市前进街3号	266300	370281	0532-87233392	自来水的生产和供应	4610	自来水生产与供应		
青岛正大有限公司	山东省青岛市即墨龙泉镇张家小庄村	266217	370282	0532-85589008	饲料加工	1320	生熟鸡肉饲料		
青岛齐鲁春酒业有限公司	山东省青岛市即墨北部工业园龙泉一路	266200	370282	0532-86539318	白酒制造	1521	普通白酒	黄酒	

续表12：

企业名称	详细地址	邮政编码	行政区划代码	联系电话	所属行业	行业代码	主要产品一	主要产品二	主要产品三
山东即墨黄酒厂	山东省青岛市即墨岙兰路106号	266200	370282	0532-87550688	黄酒制造	1523	即墨老酒、黄酒		
青岛海翔绒制品有限公司	山东省青岛市即墨市段泊岚镇府前街126	266225	370282	0532-83561158	棉、化纤纺织加工	1711	棉灯芯绒布		
青岛雪达集团有限公司	山东省青岛市即墨南泉镇红星街33号	266231	370282	0532-82571265	棉、化纤针织品及编织品制造	1761	针织服装		
青岛即发集团控股公司	山东省青岛市即墨黄河二路386号	266200	370282	0532-87569681	棉、化纤针织品及编织品制造	1761	针织品	发制品	
青岛红领集团有限公司	山东省青岛市即墨红领大街17号	266200	370282	0532-88598017	纺织服装制造	1810	服装		
青岛亨达股份有限公司	山东省青岛市即墨烟青路556号	266221	370282	0532-87503887	皮鞋制造	1921	皮鞋		
青岛中大铜材厂	山东省青岛市即墨环秀王家庄	266200	370282	0532-13953235-389	手工具制造	3422	铜材		
青岛顺联集装箱部件制造有限公司	山东省青岛市即墨市普东镇王家街	266234	370282	0532-82561402	建筑、家具用金属配件制造	3451	集装箱部件制造		
即墨市海隆机械有限公司	山东省青岛市即墨市烟青路199号	266221	370282	0532-13791825-697	锻件及粉末冶金制品制造	3592	钢铁铸件制造	模具制造	
青岛锚链股份有限公司	山东省青岛市即墨岙兰路584号	266200	370282	0532-13793217-530	船用配套设备制造	3754	船用锚链制造		
青岛共旺电器有限公司	山东省青岛市即墨环保产业基地	266200	370282	0532-87521088	其他输配电及控制设备制造	3929	端盖、箱体、缸头		
即墨市供电公司	山东省青岛市即墨青石路3号	266200	370282	0532-85552007	电力供应	4420	电力供应		
青岛金星矿业股份有限公司	山东青岛平度旧店镇金山路1号	266748	370283	0532-85358311	金矿采选	0921	黄金		
平度旧店金矿	山东青岛平度旧店金山路7号	266748	370283	0532-85359179	金矿采选	0921	黄金		
青岛万润丰食品有限公司	山东青岛平度工业新区新区大道12号	266700	370283	0532-85339999	谷物磨制	1310	面粉	麸皮	
青岛丝维姿网布有限公司	山东省青岛市平度开发区香江路3号	266700	370283	0532-83305010	棉、化纤纺织加工	1711	网布生产		
青岛锦华服装有限公司	山东青岛平度郑州路414号	266700	370283	0532-88372316	纺织服装制造	1810	服装		
青岛永泰印务有限公司	山东青岛平度人民路68号	266700	370283	0532-88321078	书、报、刊印刷	2311	印刷品		
青岛庚茂印刷有限公司	山东青岛平度红旗中路69号	266700	370283	0532-87362911	本册印制	2312	印刷品		
青岛平度市第四棉油厂	山东青岛平度张舍	266719	370283	0532-87382098	本册印制	2312	皮棉	饲料加工	
山东天象集团公司	山东青岛平度张舍镇郝家寨村	266718	370283	0532-87388018	人造原油生产	2512	铅笔	蜡笔	
青岛天柱化工集团有限公司	山东青岛平度青岛路92号	266700	370283	0532-88336220	复混肥料制造	2624	复混肥	煤气供应	
青岛淄柴博洋柴油机股份有限公司飞华分公司	山东青岛平度华侨科技园阳光大道99号	266700	370283	0532-88382034	齿轮、传动和驱动部件制造	3552	车辆配件		
青岛矿山设备有限公司	山东青岛平度红旗路72号	266700	370283	0532-87362953	采矿、采石设备制造	3611	雷蒙机		
青岛麒麟电子有限公司	山东省青岛平度平古路5号	266700	370283	0532-84351950	电子元件及组件制造	4061	电子元器件		

续表13：

企业名称	详细地址	邮政编码	行政区划代码	联系电话	所属行业	行业代码	主要产品一	主要产品二	主要产品三
青岛第三仪表厂	山东青岛平度平度市常州路253号	266700	370283	0532-84389257	其他专用仪器制造	4129	压力表机芯		
平度市电业公司	山东青岛平度青岛路215号	266700	370283	0532-87364761-2136	电力供应	4420	电供应		
青岛康大外贸集团有限公司	山东省青岛市胶南市珠海中路188号	266400	370284	0532-86172907	食品及饲料添加剂制造	1494	调理食品	碳烤产品	
青岛琅琊台集团股份有限公司	山东省青岛市胶南市珠山	266400	370284	0532-86150835	白酒制造	1521	白酒	苹果酒	
青岛万德集团股份有限公司	山东省青岛市胶南市大珠山镇	266404	370284	0532-84121087	皮革服装制造	1922	皮衣	胎圈钢丝	
青岛海王纸业股份有限公司	山东省青岛胶南市	266400	370284	0532-86113644	机制纸及纸板制造	2221	机制纸及纸板制造	发电	
青岛胶南瑞源纸业有限公司	山东省青岛市胶南市灵山路87号	266400	370284	0532-86611898	机制纸及纸板制造	2221	瓦楞原纸		
青岛胶南明月海藻工业有限责任公司	山东省青岛市胶南市珠山镇132号	266400	370284	0532-86612016	有机化学原料制造	2614	海藻酸钠	甘露	
凯欧弼(青岛)医用器材有限公司	山东省青岛市胶南市珠峰街71号	266400	370284	0532-86181847	卫生材料及医药用品制造	2770	漂白纱布产品		
青岛振华工业集团有限公司	山东省青岛市胶南市隐珠镇	266431	370284	0532-86616702	车辆、飞机及工程机械轮胎制造	2911	橡胶制品	力车内外胎	
青岛双星轮胎工业有限公司	山东省青岛市胶南市青岛路95号	266400	370284	0532-86116711	车辆、飞机及工程机械轮胎制造	2911	轮胎	机械	
青岛华达橡胶制品有限公司	山东省青岛市隐珠街道办事处	266431	370284	0532-89051178	其他橡胶制品制造	2990	橡胶轮胎外胎		
青岛星火纺织集团股份有限公司	山东省青岛市胶南市环台路84号	266425	370284	0532-83131057	纺织专用设备制造	3651	纺织机械	环保机械	
青岛胶南东佳纺机集团有限公司	山东省青岛市胶南市王台镇巨洋路89号	266425	370284	0532-83131527	纺织专用设备制造	3651	纺织机械		
青岛华天车辆有限公司	山东省胶南市隐珠镇	266431	370284	0532-83196539	改装汽车制造	3722	手推车		
青岛泰发集团股份有限公司	山东省青岛市胶南市隐珠镇	266431	370284	0532-83195509	其他交通运输设备制造	3799	交通运输设备制造	轮胎制造	
胶南市易通热电有限责任公司	山东省青岛市胶南市长城路192号	266400	370284	0532-87197786	火力发电	4411	电	蒸汽	
胶南市供电公司	山东省青岛市胶南市新华路63号	266400	370284	0532-86163114-3023	电力供应	4420	供电		
胶南市自来水公司	山东省青岛市胶南市珠山新华路76号	266400	370284	0532-86164023	自来水的生产和供应	4610	自来水		
山东北墅生建石墨矿	山东省青岛市莱西南墅镇	266624	370285	0532-83436388	石墨、滑石采选	1092	石墨		
青岛万福集团股份有限公司	山东省青岛市莱西水集	266600	370285	0532-88438762	肉制品及副产品加工	1352	蔬菜	肉制品	
青岛东生集团股份有限公司	山东省青岛市莱西威海路80号	266600	370285	0532-88489784	蔬菜、水果和坚果加工	1370	烤花生		
青岛蓝宝石酒业股份有限公司	山东省青岛市莱西龙口路21号	266600	370285	0532-88495039	啤酒制造	1522	啤酒	白酒	
青岛大韩印染有限公司	山东省青岛市莱西沽河街道办事处	266600	370285	0532-87458021	棉、化纤印染精加工	1712	印染布		
青岛中隆纸业有限公司	山东省青岛市莱西李权庄	266604	370285	0532-13869818-103	纸和纸板容器的制造	2231	瓦楞纸箱		

续表14：

企业名称	详细地址	邮政编码	行政区划代码	联系电话	所属行业	行业代码	主要产品一	主要产品二	主要产品三
青岛昌华集团股份有限公司	山东省青岛市莱西威海西路27号	266600	370285	0532-88437993	氮肥制造	2621	尿素		
青岛东方化工企业集团公司	山东省青岛市莱西青岛南路14号	266601	370285	0532-88411868	复混肥料制造	2624	磷铵		
青岛热电集团金莱热电有限公司	山东省青岛市莱西文化西街38号	266600	370285	0532-88483812	火力发电	4411	供电	发电	
莱西市供电公司	山东省青岛市莱西北京路99号	266600	370285	0532-66890099	电力供应	4420	供电		
淄博矿业集团有限责任公司	山东省淄博市淄川区洪山路淄矿路215号	255120	370302	0533-5851344	烟煤和无烟煤的开采洗选	0610	煤炭开采	水泥	
淄博亚洲啤酒有限公司	山东省淄博市淄川区淄城路783号	255100	370302	0533-5162850	啤酒制造	1522	啤酒		
鲁泰纺织股份有限公司	山东省淄博市淄川区松龄东路81号	255100	370302	0533-5285166	棉、化纤纺织加工	1711	色织布	服装	
淄博宝艺服装有限责任公司	山东省淄博市淄川区松龄东路121号	255100	370302	0533-5269016	纺织服装制造	1810	宝宝服	睡袋	
淄博福禄新型材料有限责任公司	山东省淄博市淄川区昆仑镇铁路街263号	255129	370302	0533-5769621	颜料制造	2643	陶瓷色料	陶瓷颜料	
山东金洋药业有限公司	山东省淄博市淄川区城里大街469号	255100	370302	0533-5270023	化学药品原药制造	2710	盐酸土霉素	右旋糖酐	
淄博崇正水泥有限责任公司	山东省淄博市淄川区洪山镇洪峨路	255120	370302	0533-5819957	水泥制造	3111	水泥		
山东淄博锦宏水泥有限公司	山东省淄博市淄川区淄城镇雁阳路290号	255104	370302	0533-5261010	水泥制造	3111	普通硅酸盐水泥		
淄博晨旭工程机械厂	山东省淄博市淄川区寨里镇	255167	370302	0533-6125289	铁合金冶炼	3240	铁合金		
山东省淄博生建机械厂	山东省淄博市淄川区昆仑镇昆仑路1号	255129	370302	0533-5787302	起重运输设备制造	3530	起重设备	输送机械	
山东淄博山川医用器材有限公司	山东省淄博市淄川区城南路88号	255100	370302	0533-5750338	医疗、外科及兽医用器械制造	3684	注射器	输液器	
山东唐骏欧铃汽车制造有限公司	山东省淄博市淄川区钟楼街道办事处	255130	370302	0533-5419948	汽车整车制造	3721	轻型载货汽车		
淄博市淄川区自来水公司	山东省淄博市淄川区松龄东路45号	255100	370302	0533-5281242	自来水的生产和供应	4610	自来水生产与供应		
淄博市张店煤矿	山东省淄博市张店区傅家镇	255062	370303	0533-2980839-3389	烟煤和无烟煤的开采洗选	0610	煤的生产与销售		
山东金岭铁矿	山东省淄博市张店区中埠镇	255081	370303	0533-3081316	铁矿采选	0810	铁精矿粉		
淄博面粉厂	山东省淄博市张店区洪沟路45号	255034	370303	0533-2067921	谷物磨制	1310	小麦粉（谷物磨制）		
淄博绿赛尔乳业有限公司	山东省淄博市张店区房镇	255000	370303	0533-3818181	液体乳及乳制品制造	1440	发酵乳	普通乳	
山东齐赛纺织有限责任公司	山东省淄博市张店区共青团西路128号	255033	370303	0533-2774108	棉、化纤纺织加工	1711	棉纱	坯布	
淄博鲁燕纺织有限公司	山东省淄博市张店区昌国东路116号	255029	370303	0533-2155130	棉、化纤针织品及编织品制造	1761	针织服装		
淄博城东企业集团有限公司	山东省淄博市张店区沣水镇城东村	255071	370303	0533-2081055	机制纸及纸板制造	2221	箱板纸	釉面砖	
山东蓝星东大化学工业有限责任公司	山东省淄博市高新区四宝山镇李家村	255028	370303	0533-2159515	有机化学原料制造	2614	聚醚多元醇	环氧丙烷	

续表15：

企业名称	详细地址	邮政编码	行政区划代码	联系电话	所属行业	行业代码	主要产品一	主要产品二	主要产品三
山东大成农药股份有限公司	山东省淄博市张店区洪沟路25号	255009	370303	0533-2118619	化学农药制造	2631	敌敌畏	烧碱	
山东硅苑新材料科技股份有限公司	山东省淄博市高新区柳泉路北首286号	255086	370303	0533-3582147	颜料制造	2643	陶瓷装饰材料（颜料）	技术陶瓷	
山东新华万博化工有限公司	山东省淄博市张店区宝石镇东张村北	255005	370303	0533-2071126	初级形态的塑料及合成树脂制造	2651	硫酸二甲酯	二氮杂二环	
山东新华医药集团有限责任公司	山东省淄博市张店区东一路14号	255005	370303	0533-2196088	化学药品原药制造	2710	化学原料药	化学药品制剂	
荣昌制药(淄博)有限公司	山东省淄博市高新区兰雁大道17号	255086	370303	0533-3586769	中成药制造	2740	中成药		
淄博同和化纤有限公司	山东省淄博市高新区卫固镇	255084	370303	0533-3788858	涤纶纤维制造	2822	涤纶纤维（长丝、短纤）		
淄博庄园集团有限公司	山东省淄博市张店区科苑街道	255087	370303	0533-3112620	塑料薄膜制造	3010	PVC手套	塑料农膜	
清合寿山股份有限公司	山东省淄博市开发区万杰路115号	255086	370303	0533-3581471	塑料板、管、型材的制造	3020	聚乙烯管材		
淄博华辰集团有限责任公司	山东省淄博市张店区金晶大道286号	255086	370303	0533-3581587	水泥制造	3111	普通水泥	光盘	
山东淄博金海集团股分有限公司	山东省淄博市张店区南定镇后南定村	255064	370303	0533-2989117	建筑陶瓷制品制造	3132	釉面砖		
山东崔军集团公司	山东省淄博市张店区南定镇	255051	370303	0533-2984555	建筑陶瓷制品制造	3132	墙地砖	发电	
山东兴河建材工贸集团公司	山东省淄博市张店区南定镇	255051	370303	0533-2989322	建筑陶瓷制品制造	3132	釉面砖		
金晶（集团）有限公司	山东省淄博市高新区石桥办事处	255000	370303	0533-4166055	平板玻璃制造	3141	平板玻璃	技术玻璃	
淄博华光瓷业有限公司	山东省淄博市开发区鲁泰大道55号	255086	370303	0533-3583287	日用陶瓷制品制造	3153	日用陶瓷		
山东鲁信高新技术产业股份有限公司	山东省淄博市高新区裕民路中段鲁信工业园	255055	370303	0533-2977465	其他非金属矿物制品制造	3199	磨料	磨具	
淄博铁鹰钢铁有限公司	山东省淄博市张店区中埠镇	255081	370303	0533-3089613	炼铁	3210	炼钢、生铁		
山东淄博傅山企业集团有限公司	山东省淄博市高新区卫固镇傅山村	255084	370303	0533-3785988	炼钢	3220	钢坯	带钢	
山东胜利钢管有限公司	山东省淄博市张店区中埠镇	255082	370303	0533-3082016	钢压延加工	3230	焊接钢管	防腐钢管	
淄博和兴铝业有限公司	山东省淄博市张店区南定车站街48号	255062	370303	0533-2985274	铝冶炼	3316	铝合金		
山东铝业公司	山东省淄博市张店区南定五公里路1号	255052	370303	0533-2944617	铝冶炼	3316	水泥	建筑安装	
中国铝业股份有限公司山东分公司	山东省淄博市张店区南定五公里路1号	255052	370303	0533-2944247	铝冶炼	3316	氧化铝	电解铝	
淄博柴油机总公司	山东省淄博市张店区湖田镇	255077	370303	0533-2072211	内燃机及配件制造	3512	内燃机及配件		
中天仕名（淄博）重型机械有限公司	山东省淄博市高新区裕民路111号	255086	370303	0533-3919725	建筑材料生产专用机械制造	3614	水泥设备		
山东冶金机械厂	山东省淄博市张店区南定矿机新村路1号	255064	370303	0533-2675852	冶金专用设备制造	3615	冶炼设备	铸钢件	
山东新华医疗器械集团	山东省淄博市高新区泰美路7号	255086	370303	0533-3587758	实验室及医用消毒设备和器具的制造	3683	医用消毒灭菌设备	医用放疗设备	

续表16：

企业名称	详细地址	邮政编码	行政区划代码	联系电话	所属行业	行业代码	主要产品一	主要产品二	主要产品三
山东汽车弹簧厂	山东省淄博市张店区人民东路19号	255030	370303	0533-2601607	汽车零部件及配件制造	3725	板簧	圆簧	
淄博百盛集团有限公司	山东省淄博市张店区金晶大道北首	255031	370303	0533-3596168	助动自行车制造	3742	电动自行车		
淄博牵引电机集团股份有限公司	山东省淄博市张店区共青团东路34号	255030	370303	0533-2602472	电动机制造	3912	电机	化工设备	
山东齐林集团有限公司	山东省淄博市张店区王舍路237号	255000	370303	0533-2192881	配电开关控制设备制造	3923	高低压开关柜	高压绝缘子	
淄博火炬能源有限责任公司	山东省淄博市张店区南定镇南罗路19号	255056	370303	0533-2981819	电池制造	3940	铅酸蓄电池		
山东科汇电力自动化有限公司	山东省淄博市张店区三赢路16号	255087	370303	0533-3818807	电子测量仪器制造	4128	配电自动化监控器	输电线路故障行波测距系统	
淄博热电股份有限公司	山东省淄博市高新区四宝山街道办事处济青路25号	255075	370303	0533-2066666-2306	火力发电	4411	电力	供热	
华电淄博热电有限公司	山东省淄博市张店区张南路131号	255054	370303	0533-2872122	火力发电	4411	发电	供热	
山东电力集团公司淄博供电公司	山东省淄博市张店区新村西路61号	255032	370303	0533-2192122	电力供应	4420	供电		
淄博热力有限公司	山东省淄博市张店区新村西路107号	255032	370303	0533-2210216	热力生产和供应	4430	供暖	供气	
淄博绿博燃气有限公司	山东省淄博市张店区民祥路19号	255000	370303	0533-3186763	燃气生产和供应业	4500	天然气采购与供应		
淄博鑫港燃气有限公司	山东省淄博市高新区卫固镇傅山工业园	255084	370303	0533-3788477	燃气生产和供应业	4500	煤气	焦炭	
淄博市煤气公司	山东省淄博市张店区金晶大道134号	255000	370303	0533-2820020	燃气生产和供应业	4500	天然气		
淄博市自来水公司	山东省淄博市张店区共青团东路14号	255038	370303	0533-2156809	自来水的生产和供应	4610	自来水生产与供应		
淄博银仕来纺织（集团）有限公司	山东省淄博市博山区经济开发区银龙村	255213	370304	0533-4656558	棉、化纤纺织加工	1711	棉纱	坯布	
山东东佳集团	山东省淄博市博山区山头镇秋谷横里河55号	255200	370304	0533-4167707	颜料制造	2643	钛白粉	硫酸	
山东祥和集团股分有限公司	山东省淄博市博山区西外环路302号	255200	370304	0533-4660595	水泥制造	3111	复合硅酸盐水泥	焊接钢管	
山东万乔集团有限公司	山东省淄博市博山区北博山谢家店村	255200	370304	0533-4262590	耐火陶瓷制品及其他耐火材料制造	3169	耐火材料制品		
淄博工陶耐火材料有限公司	山东省淄博市博山区夏家庄镇五岭路60号	255200	370304	0533-4166055	耐火陶瓷制品及其他耐火材料制造	3169	耐火材料	日用陶瓷	
山东鲁耐窑业有限责任公司	山东省淄博市博山区公平街柳行东路2号	255200	370304	0533-4163040	耐火陶瓷制品及其他耐火材料制造	3169	耐火材料制品		
山东华成集团有限公司	山东省淄博市博山区西过境路299号	255200	370304	0533-4133400	泵及真空设备制造	3541	真空泵	渣浆泵	
淄博真空设备厂有限公司	山东省淄博市博山区双山街160号	255200	370304	0533-4159151	泵及真空设备制造	3541	真空泵及压缩机	真空应用产品	
山东颜山泵业有限公司	山东省淄博市博山区秋谷横里河89号	255200	370304	0533-4158693	泵及真空设备制造	3541	泵制造		
山东博泵科技股份有限公司	山东省淄博市博山区柳杭路27号	255200	370304	0533-4131177	泵及真空设备制造	3541	单级中开泵	单级离心泵	
山东机器（集团）有限公司	山东省淄博市博山区八陡镇	255201	370304	0533-4520678	汽车车身、挂车的制造	3724	民爆产品系列	挂车零部件	

续表17：

企业名称	详细地址	邮政编码	行政区划代码	联系电话	所属行业	行业代码	主要产品一	主要产品二	主要产品三
淄博宏马汽车部件集团有限公司	山东省淄博市博山区八陡镇博沂路	255201	370304	0533-4517998	汽车零部件及配件制造	3725	汽车零部件		
山东山博电机集团有限公司	山东省淄博市博山区青年路1号	255200	370304	0533-2641096	电动机制造	3912	交流电机、齿轮减速电机	微电机、汽车电机	
华能淄博白杨河发电有限公司	山东省淄博市博山区泉水路1号	255200	370304	0533-4192370	火力发电	4411	火力发电		
淄博市王庄煤矿	山东省淄博市临淄区稷下街道办	255400	370305	0533-7962723	烟煤和无烟煤的开采洗选	0610	原煤开采	洗煤	
山东北金集团有限公司	山东省淄博市临淄区凤凰镇北金村	255419	370305	0533-7602106	铁矿采选	0810	铁矿石	生铁	
山东中轩生物有限公司	山东省淄博市临淄区安平路89号	255400	370305	0533-6099627	食品及饲料添加剂制造	1494	生物制品（黄原胶）		
山东兔巴哥集团有限公司	山东省淄博市临淄区齐城农业开发区	255420	370305	0533-7668623	其他未列明的食品制造	1499	蛋黄派	酸奶	
山东齐峰特种纸业股份有限公司	山东省淄博市临淄区朱台镇朱台路22号	255432	370305	0533-7780091	机制纸及纸板制造	2221	装饰原纸		
山东兴武集团有限公司	山东省淄博市临淄区朱台镇朱台路1号	255432	370305	0533-7780363	原油加工及石油制品制造	2511	燃料油	轻烃	
山东清源集团有限公司	山东省淄博市临淄区齐鲁乙烯厂北路中段	255410	370305	0533-7488866	原油加工及石油制品制造	2511	沥青	农膜	
中国石化股份有限公司齐鲁分公司	山东省淄博市临淄区桓公路西首15号	255408	370305	0533-7586857	原油加工及石油制品制造	2511	原油加工	合成树脂	
淄博万昌集团有限公司	山东省淄博市临淄区人民路9号	255400	370305	0533-7166666	有机化学原料制造	2614	原甲酸脂	硫脲	
山东齐旺达集团有限公司	山东省淄博市临淄区金岭镇	255410	370305	0533-7488328	有机化学原料制造	2614	纯苯	塑料制品	
淄博齐翔石油化工集团有限公司	山东省淄博市临淄区辛华路南首	255438	370305	0533-7549055	有机化学原料制造	2614	甲乙酮	甲基叔丁基醚	
蓝帆集团股份有限公司	山东省淄博市临淄区管仲路	255400	370305	0533-7524513	化学试剂和助剂制造	2661	邻苯二甲酸二辛酯	邻苯二甲酸二丁酯	
山东齐都药业有限公司	山东省淄博市临淄区人民东路28号	255400	370305	0533-7155013	化学药品制剂制造	2720	输液	片剂	
山东齐鲁塑编集团股份有限公司	山东省淄博市临淄区齐鲁化工区纬三路166号	255410	370305	0533-7486598	塑料丝、绳及编织品的制造	3030	塑料丝、绳及编制品		
山东齐银水泥股份有限公司	山东省淄博市临淄区牛山路419号	255400	370305	0533-7182732	水泥制造	3111	普通水泥		
山东金顺达集团有限公司	山东省淄博市临淄区凤凰镇东召西村	255419	370305	0533-7607087	炼铁	3210	生铁	铁精粉	
南金兆集团有限公司	山东省淄博市临淄区凤凰镇南金村	255419	370305	0533-7601889	炼钢	3220	钢胚	焦炭	
山东美陵化工设备股份有限公司	山东省淄博市临淄区齐陵镇路56号	255430	370305	0533-7086996	金属压力容器制造	3432	压力容器	风机	
山东新风股份有限公司	山东省淄博市临淄区齐鲁化学工业区清田路9号	255410	370305	0533-7489488	风机、风扇制造	3571	风机	压敏电阻	
淄博市临淄热电厂	山东省淄博市临淄区辛店街道办大武路120号	255414	370305	0533-6292032	火力发电	4411	火力发电	热力生产与供应	
华能辛店发电有限公司	山东省淄博市临淄区乙烯路369号	255414	370305	0533-7322144	火力发电	4411	发电		
中国石化集团资产管理有限公司齐鲁分公司	山东省淄博市临淄区桓公路西首15号	255408	370305	0533-7586857	火力发电	4411	火力发电	蒸气生产	

续表18：

企业名称	详细地址	邮政编码	行政区划代码	联系电话	所属行业	行业代码	主要产品一	主要产品二	主要产品三
山东华王酿造有限公司	山东省淄博市周村区王村兴华路99号	255311	370306	0533-6680062	酱油、食醋及类似制品的制造	1462	食醋	酱油	
山东玉兔食品有限责任公司	山东省淄博市周村区丝绸路1688号	255300	370306	0533-6171001	酱油、食醋及类似制品的制造	1462	酱油	食醋	
淄博兰雁集团有限责任公司	山东省淄博市周村区东门路161号	255300	370306	0533-6432862	棉、化纤纺织加工	1711	服装	牛仔布	
淄博海润丝绸发展有限公司	山东省淄博市周村区丝绸路2987号	255300	370306	0533-6151503	绢纺和丝织加工	1742	丝织品		
淄博大染坊丝绸集团有限公司	山东省淄博市周村区周隆路1666号	255300	370306	0533-6803728	绢纺和丝织加工	1742	丝织品		
淄博飞狮巾被有限公司	山东省淄博市周村区米山路11号	255300	370306	0533-6811601	棉及化纤制品制造	1751	毛巾、巾被		
山东凤阳集团股份有限公司	山东省淄博市周村区凤阳路138号	255300	370306	0533-6452436-8024	其他家具制造	2190	彩钢板、镀锌板、冷轧板	家具	
山东宏信化工股份有限公司	山东省淄博市周村区新建西路10号	255300	370306	0533-6239987	化学试剂和助剂制造	2661	邻苯二甲酸酐	塑料增塑剂	
山东八三特种耐火材料厂	山东省淄博市周村区王村	255311	370306	0533-6689408	耐火陶瓷制品及其他耐火材料制造	3169	耐火材料制品		
淄博鑫耐达耐火材料股份有限公司	山东省淄博市周村区王村133号	255311	370306	0533-6681900	耐火陶瓷制品及其他耐火材料制造	3169	耐火制品塞棒	耐火制品浸入式水口	
山东八三炭素厂	山东省淄博市周村区王村	255311	370306	0533-6689475	石墨及碳素制品制造	3191	石墨电极		
山东鲁宝冶金股份有限公司	山东省淄博市周村区丝绸路168号	255300	370306	0533-6181471	钢压延加工	3230	钢材	铝塑复合管	
山东三金玻璃机械股份有限公司	山东省淄博市周村区兴鲁大道577号	255300	370306	0533-6166129	玻璃、陶瓷和搪瓷制品生产专用设备制造	3646	制瓶机	玻璃机械配件	
山东多星电器有限公司	山东省淄博市周村区机场路195号	255300	370306	0533-6169012	家用厨房电器具制造	3954	多功能电热锅	电压力锅	
淄博嘉周热电有限公司	山东省淄博市周村区电厂路1号	255300	370306	0533-6168089	火力发电	4411	发电	供热	
山东梨花面业有限公司	山东省淄博市桓台县唐山镇	256401	370321	0533-8520913	谷物磨制	1310	梨花面粉		
山东黄河龙集团有限公司	山东省淄博市桓台县果里镇新世纪工业园	256410	370321	0533-8220012	白酒制造	1521	纯粮白酒		
山东北斗星纺织有限公司	山东省淄博市桓台县唐索路61号	256400	370321	0533-8518412	棉、化纤纺织加工	1711	棉纱	牛仔布	
淄博云涛纺织品有限公司	山东省淄博市桓台县索镇少海路2122号	256412	370321	0533-8260980	棉及化纤制品制造	1751	毛巾系列	毛巾被	
淄博万家园木质防火制品有限公司	山东省淄博市桓台县马桥	256404	370321	0533-8555818	建筑用木料及木材组件加工	2031	实木门		
山东贵和纸业集团有限公司	山东省淄博市桓台县邢家镇振兴路109号	256408	370321	0533-8086990	机制纸及纸板制造	2221	高强瓦楞原纸	新闻纸	
山东晨龙纸业股份有限公司	山东省淄博市桓台县田庄镇大庞村	256402	370321	0533-8580035	机制纸及纸板制造	2221	箱板纸	新闻纸	
山东博汇集团有限公司	山东省淄博市桓台县马桥镇工业路北首	256405	370321	0533-8530542	机制纸及纸板制造	2221	机制纸及纸板	环氧氯丙烷	
山东金诚石化集团有限公司	山东省淄博市桓台县马桥镇	256405	370321	0533-8530055	原油加工及石油制品制造	2511	燃料油	柴油	
山东汇丰石化有限公司	山东省淄博市桓台县果里镇	256410	370321	0533-8407192	原油加工及石油制品制造	2511	汽油	柴油	

续表19：

企业名称	详细地址	邮政编码	行政区划代码	联系电话	所属行业	行业代码	主要产品一	主要产品二	主要产品三
山东海力化工股份有限公司	山东省淄博市桓台县马桥镇大成工业区海力路1号	256405	370321	0533-8536097	有机化学原料制造	2614	己二酸	环氧氯丙烷	
山东东岳化工有限公司	山东省淄博市桓台县唐山街	256401	370321	0533-8512462	其他基础化学原料制造	2619	二氟一氯甲烷	聚四氟乙烯	
淄博新宇集团有限公司	山东省淄博市桓台县新城镇驻地	256403	370321	0533-8885008	氮肥制造	2621	稀硝酸	硝酸钠	
山东同济万鑫集团有限公司	山东省淄博市桓台县唐山镇	256401	370321	0533-8510886	石墨及碳素制品制造	3191	预焙阳极	发电	
张店钢铁总厂	山东省淄博市桓台县经济开发区石化路9号	256400	370321	0533-8438753	炼铁	3210	生铁	钢材	
山东华泰轴承制造有限公司	山东省淄博市桓台县果里镇太极路2号	256410	370321	0533-8409822	轴承制造	3551	轴承制造		
淄博格尔齿轮有限公司	山东省淄博市桓台县果里镇傅山路西首	256400	370321	0533-8409918	齿轮、传动和驱动部件制造	3552	圆柱齿轮	螺伞盒齿	
山东欧锴空调科技有限公司	山东省淄博市桓台县陈庄镇早春路3号	256404	370321	0533-8557689	制冷、空调设备制造	3573	风机盘管	户式机组	
山东扳倒井集团	山东省淄博市高青县中心路55号	256300	370322	0533-6973110	白酒制造	1521	白酒	养元胶囊	
淄博兰骏集团	山东省淄博市高青县文化路177号	256300	370322	0533-6988008	棉、化纤纺织加工	1711	牛仔布	棉纱	
淄博钜创纺织品有限公司	山东省淄博市高青县青苑路7号	256300	370322	0533-6953988	棉、化纤纺织加工	1711	牛仔布	服装	
高青宏远石化有限公司	山东省淄博市高青县常家镇	256309	370322	0533-6990811	原油加工及石油制品制造	2511	汽油	柴油	
山东侨牌集团有限公司	山东省淄博市高青县清河路13号	256300	370322	0533-6985902	医疗、外科及兽医用器械制造	3684	注射器	PVC塑料	
山东丽村热电有限公司	山东省淄博市高青县青苑路南首	256300	370322	0533-6959209	火力发电	4411	电力生产	热力供应	
淄博富源水务有限公司	山东省淄博市高青县中心路37号	256300	370322	0533-13589580-992	自来水的生产和供应	4610	黄河原水		
山东鲁源酒业有限公司	山东省淄博市沂源县南麻镇鲁山路20号	256100	370323	0533-3235817	酒精制造	1510	酒精	白酒	
山东华狮啤酒有限公司	山东省淄博市沂源县历山路10号	256100	370323	0533-3235832	啤酒制造	1522	啤酒		
山东淄博汇源食品饮料有限公司	山东省淄博市沂源县东里镇	256101	370323	0533-3316377	果菜汁及果菜汁饮料制造	1533	苹果浓缩汁		
山东联合化工股份有限公司	山东省淄博市沂源县南麻镇	256100	370323	0533-3262006	氮肥制造	2621	浓硝酸	硝酸氨	
瑞阳制药有限公司	山东省淄博市沂源县二郎山路6号	256100	370323	0533-3228734	化学药品制剂制造	2720	头孢类粉针	注射用美洛西林钠	
山东省药用玻璃股份有限公司	山东省淄博市沂源县药玻路1号	256100	370323	0533-3259015	日用玻璃制品及玻璃包装容器制造	3145	摸抗瓶	丁基胶塞	
山东光力士集团股份有限公司	山东省淄博市沂源县沂河路9号	256100	370323	0533-3281566	玻璃纤维及制品制造	3147	玻璃纤维纱	玻璃纤维布	
山东鲁阳股份有限公司	山东省淄博市沂源县沂河路11号	256120	370323	0533-3229016	耐火陶瓷制品及其他耐火材料制造	3169	陶瓷纤维制品		
沂源县源能热电有限公司	山东省淄博市沂源县新山路143号	256100	370323	0533-3241590-8568	火力发电	4411	供电	供热	
山东帝豪酒业有限公司	山东省枣庄市市中区汇泉路9号	277100	370401	0632-3825766	白酒制造	1521	白酒		

续表20：

企业名称	详细地址	邮政编码	行政区划代码	联系电话	所属行业	行业代码	主要产品一	主要产品二	主要产品三
华电国际电力股份有限公司十里泉发电厂	山东省枣庄市市中区解放路143号	277103	370401	0632-3292123	火力发电	4411	电力	热力	
山东中泰煤业集团有限公司	山东省枣庄市市中区文化西路166号	277101	370402	0632-3285388	烟煤和无烟煤的开采洗选	0610	原煤		
枣庄市内丰面粉有限公司	山东省枣庄市市中区人民路12号	277100	370402	0158-63200331	谷物磨制	1310	面粉		
山东省枣庄市抱犊调味品有限责任公司	山东省枣庄市市中区经济开发区东海路8号	277100	370402	0632-3393639	酱油、食醋及类似制品的制造	1462	酱油	食醋	
枣庄市东升纺织有限责任公司	山东省枣庄市市中区税郭	277121	370402	0632-3510096	棉、化纤纺织加工	1711	晴纶绒线		
山东万泰创业投资有限公司	山东省枣庄市清檀南路58号	277100	370402	0156-98029936	棉、化纤纺织加工	1711	棉纱	棉布	
枣庄市雷鸣水泥有限公司	山东省枣庄市市中区光明路	277100	370402	0138-63266518	水泥制造	3111	水泥		
枣庄市声望水泥有限公司	山东省枣庄市市中区孟庄镇	277128	370402	0632-3828369	水泥制造	3111	水泥		
枣庄市十里泉水泥有限责任公司	山东省枣庄市市中区青檀南路35号	277103	370402	0632-5121104	水泥制造	3111	水泥		
枣庄中联水泥有限公司	山东省枣庄市市中区齐村镇	277143	370402	0632-25129259	水泥制造	3111	水泥	熟料	
枣庄金泰电子有限公司	山东省枣庄市市中区解放路19号	277103	370402	0632-3691066	电子元件及组件制造	4061	铁氧体软磁元件		
山东电力集团枣庄供电公司	山东省枣庄市市中区光明中路60号	277102	370402	0632-3232126	电力供应	4420	电力供应		
枣庄市台儿庄区闫布煤矿	山东省枣庄市薛城区邹坞镇	277012	370403	0632-4511720	烟煤和无烟煤的开采洗选	0610	原煤	钢管	
山东泉兴矿集团业有限责任公司	山东省枣庄市高新技术开发区	277800	370403	0632-8636060	烟煤和无烟煤的开采洗选	0610	采煤	水泥制造	
枣庄矿业（集团）有限责任公司	山东省枣庄市薛城区泰山南路118号	277000	370403	0632-4081134	烟煤和无烟煤的开采洗选	0610	原煤	洗精煤	
青岛啤酒（薛城）有限公司	山东省枣庄市薛城区光仁乡曲柏	277019	370403	0139-69442569	啤酒制造	1522	啤酒		
山东海化煤业化工有限公司	山东省枣庄市薛城区临泉街68号	277000	370403	0632-4461638	炼焦	2520	焦炭	甲醇	
山东神工化工集团股份有限公司	山东省枣庄市高新区兴仁街道	277800	370403	0632-8692020	有机化学原料制造	2614	合成蒽醌		
枣庄天元精细化工有限公司	山东省枣庄市薛城区明河街22号	277000	370403	0139-69459408	颜料制造	2643	钛白粉	硫酸亚铁	
山东三九药业有限公司	山东省枣庄市高新技术开发区龙江路	277800	370403	0632-3203711	中成药制造	2740	颗粒剂	丸剂	
山东省枣庄市联兴玻璃有限公司	山东省枣庄市薛城区常庄镇	277108	370403	0632-4684008	日用玻璃制品及玻璃包装容器制造	3145	日用玻璃		
枣庄市锦辉机械铸钢有限公司	山东省枣庄市薛城区永福北路208号	277020	370403	0632-8678019	钢压延加工	3230	刚材		
山东奥维线缆公司	山东省枣庄高新区兴仁街道	277800	370403	0135-62469473	电线电缆制造	3931	网线	电话线	
山东多乐采暖设备有限责任公司	山东省枣庄市薛城区邹坞镇	277012	370403	0137-06323640	其他非电力家用器具制造	3969	炉具	太阳能热水器	
福兴集团有限公司	山东省枣庄市峄城区底阁	277319	370404	0632-7933216	烟煤和无烟煤的开采洗选	0610	原煤		
山东丰源煤电股份有限公司	山东省枣庄市峄城区榴园镇	277300	370404	0632-3030052	烟煤和无烟煤的开采洗选	0610	原煤	水泥	

续表21：

企业名称	详细地址	邮政编码	行政区划代码	联系电话	所属行业	行业代码	主要产品一	主要产品二	主要产品三
枣庄源大实业有限公司	山东省枣庄市峄城区榴园镇	277300	370404	0632-7723300	淀粉及淀粉制品的制造	1391	淀粉		
枣庄雅禾纺织有限公司	山东省枣庄市峄城区凤凰路27号	277300	370404	0136-06323406	毛纺织	1722	针织绒	服装	
山东盛丰针织品有限公司	山东省枣庄市峄城区中兴大道	277300	370404	0632-7711698	棉、化纤针织品及编织品制造	1761	文化衫	服装	
山东丰源中科生态科技有限公司	山东省枣庄市峄城区榴园镇	277300	370404	0137-93742258	机制纸及纸板制造	2221	高强度瓦楞纸		
山东榴园水泥有限公司	山东省枣庄市峄城区榴园镇	277300	370404	0632-7909825	水泥制造	3111	水泥		
山东王晁煤电集团有限公司	山东省枣庄市台儿庄区华阳路21号	277405	370405	0632-6619221	烟煤和无烟煤的开采洗选	0610	原煤	精煤	
山东万通纸业总公司	山东省枣庄市台儿庄区邳庄镇	277400	370405	0632-6618700	机制纸及纸板制造	2221	机制纸及纸板		
山东丰元化工有限公司	山东省枣庄市台儿庄区运河街金光路91号	277400	370405	0632-6623088	无机酸制造	2611	草酸		
枣庄市台儿庄区水泥有限公司	山东省枣庄市台儿庄区涧头集镇	277414	370405	0632-6812017	水泥制造	3111	水泥		
枣庄市台儿庄区自来水公司	山东省枣庄市台儿庄区台儿庄镇	277400	370405	0632-6956818	自来水的生产和供应	4610	自来水生产		
山东莺歌食品有限公司	山东省枣庄市山亭区店子镇	277213	370406	0632-8982188	液体乳及乳制品制造	1440	调味品		
枣庄华润纸业有限公司	山东省枣庄市山亭区新城副川路93号	277200	370406	0632-8012858	机制纸及纸板制造	2221	石膏板护面纸		
枣庄雪蓉日化有限公司	山东省枣庄市山亭区凫城乡	277222	370406	0632-8571195	肥皂及合成洗涤剂制造	2671	洗衣粉		
滕州市金达煤炭有限责任公司	山东省枣庄滕州大坞镇	277514	370481	0632-2313625	烟煤和无烟煤的开采洗选	0610	煤炭		
滕州郭庄矿业有限责任公司郭庄煤矿	山东省枣庄市滕州西岗镇	277519	370481	0632-2115618	烟煤和无烟煤的开采洗选	0610	原煤		
滕州市级翔(集团)级索煤矿	山东省滕州市级索镇	277518	370481	0632-2431877	烟煤和无烟煤的开采洗选	0610	原煤		
山东省武所屯生建煤矿	山东省枣庄市滕州市姜屯镇武所屯村	277521	370481	0632-5026786	烟煤和无烟煤的开采洗选	0610	原煤	发电	
山东富安煤炭有限公司	山东省枣庄市滕州市姜屯镇庄里村	277521	370481	0632-5020738	烟煤和无烟煤的开采洗选	0610	煤炭		
山东省滕州曹庄煤炭有限责任公司	山东省枣庄市滕州市西岗镇	277519	370481	0138-63285256	烟煤和无烟煤的开采洗选	0610	煤炭		
滕州市东谷面粉公司	山东省枣庄市滕州市新兴中路160号	277500	370481	0632-5513880	谷物磨制	1310	面粉		
山东鲁南牧工商饲料有限公司	山东省枣庄滕州市荆河路	277500	370481	0138-69415134	饲料加工	1320	配合饲料		
山东益康集团有限公司	山东省枣庄市滕州南沙河镇益康大道68号	277513	370481	0632-5953998	饼干及其他焙烤食品制造	1419	饼干	面粉	
青岛啤酒（滕州）有限公司	山东省滕州市善国中路222号	277500	370481	0135-61180170	啤酒制造	1522	啤酒		
山东中烟工业有限责任公司滕州卷烟厂	山东省枣庄市滕州市解放街9号	277500	370481	0632-5636917	卷烟制造	1620	卷烟		
兖矿国泰化工有限公司	山东省滕州市木石镇	277527	370481	0632-2368075	无机酸制造	2611	醋酸	甲醇	
兖矿鲁南化肥厂	山东省枣庄市滕州市木石镇	277527	370481	0632-2362531	氮肥制造	2621	尿素	甲醇	

续表22：

企业名称	详细地址	邮政编码	行政区划代码	联系电话	所属行业	行业代码	主要产品一	主要产品二	主要产品三
山东省滕州瑞达化工有限公司	山东省枣庄市滕州市荆河西路132号	277500	370481	0632-5682340	氮肥制造	2621	尿素		
山东拓博塑料制品有限公司	山东省滕州市木石镇	277521	370481	0632-2358072	初级形态的塑料及合成树脂制造	2651	电压粉		
山东力华防水建材有限公司	山东省枣庄市滕州市平行南路76号	277500	370481	0632-5699180	橡胶零件制造	2930	胶轴贴胶	三元乙丙卷材	
鲁南中联水泥有限公司	山东省枣庄市滕州市界河镇	277500	370481	0150-92472721	水泥制造	3111	水泥		
滕州金晶玻璃有限公司	山东省滕州市鲍沟镇	277522	370481	0632-5961050	平板玻璃制造	3141	浮法玻璃		
山东衡达有限责任公司	山东省枣庄滕州经济开发区恒源南路888号	277500	370481	0632-5516554	金属结构制造	3411	电缆桥架	摊铺机	
滕州滕达不锈钢制品有限公司	山东省滕州市益康大道887号	277500	370481	0632-5955358	金属丝绳及其制品的制造	3440	不锈钢丝	不锈钢紧固件	
山东鲁南机床有限公司	山东省枣庄市滕州市荆河东路14号	277500	370481	0632-5627043	金属切削机床制造	3521	机床	金属成形机床	
滕州机床厂	山东省枣庄市滕州市平行北路37号	277500	370481	0632-5514137	金属切削机床制造	3521	切削机床		
鲁南同锐数控设备有限公司	山东省枣庄市滕州市益康大道199号	277500	370481	0632-5665059	金属成形机床制造	3522	金属成型机床	数控金属成型机床	
滕州市益新粮牧机械有限公司	山东省滕州市学院西路11号	277500	370481	0632-5512223	农副食品加工专用设备制造	3632	整机	编织袋	
中国石油化工股份有限公司胜利油田分公司	山东省东营市东营区济南路258号	257001	370502	0546-8559431	天然原油和天然气开采	0710	原油	柴油	
东营市正汉海阳食品有限公司	山东省东营市汾河路158号	257091	370502	0546-8313126	水产品冷冻加工	1361	淡干刺参	即食刺参	
东营大振生物工程有限公司	山东省东营市府前街298号	257091	370502	0546-7760005	营养、保健食品制造	1491	螺旋藻	小球藻	
东营市天信纺织有限公司	山东省东营市东二路11号	257091	370502	0546-8351857	棉、化纤纺织加工	1711	棉纱	棉布	
山东海科化工集团有限公司	山东省东营市史口镇	257000	370502	0546-8288456	原油加工及石油制品制造	2511	汽油	柴油	
东营顺通化工（集团）有限公司	山东省东营市东二路787号	257091	370502	0546-8352598	化学试剂和助剂制造	2661	双氧水	丙烯酰胺	
东营顺亿发化工有限责任公司	山东省东营市东二路787号	257091	370502	0546-8352598	专项化学用品制造	2662	甲酸钠	甲酸钾	
东营光正化工有限责任公司	山东省东营市东营区机广路1915号	257091	370502	0546-8310603	化学药品制剂制造	2720	聚丙烯酰胺		
东营市万达水泥制品有限责任公司	山东省东营市沂州路南段	257091	370502	0546-8730882	砼结构构件制造	3122	水泥	商品混凝土	
山东国瓷功能材料股份有限公司	山东省东营市辽河路24号	257091	370502	0546-8073686	特种陶瓷制品制造	3152	电子瓷粉		
东营方圆有色金属有限公司	山东省东营市浏阳河路99号	257091	370502	0546-8325868	铜冶炼	3311	阴极铜		
东营科林精密金属有限公司	山东省东营市胜利工业园	257000	370502	0546-8180569	金属结构制造	3411	不锈钢铸件		
胜利油田胜利动力机械集团有限公司	山东省东营市东营区青岛路	257032	370502	0546-8781985	内燃机及配件制造	3512	燃气发电机组	柴油发动机	
山东海利丰地源热泵有限责任公司	山东省东营市南一路225号	257091	370502	0546-7767809	泵及真空设备制造	3541	地源热泵机组		
东营市恒胜石化机械有限责任公司	山东省东营市东营区文汇街道	257097	370502	0546-8216281	石油钻采专用设备制造	3612	石油配件	火车配件	

续表23：

企业名称	详细地址	邮政编码	行政区划代码	联系电话	所属行业	行业代码	主要产品一	主要产品二	主要产品三
东营恒源机械制造有限公司	山东省东营市东营区胜利工业园5号路	257000	370502	0546-15266027-655	汽车整车制造	3721	振动带	水陆两用车	
东营市华特电器成套设备有限公司	山东省东营市运河路427号	257091	370502	0546-8301368	其他输配电及控制设备制造	3929	高低压成套电器设备	配电箱	
东营光伏太阳能有限公司	山东省东营市东营区胜利工业园8号路南	257000	370502	0546-7795122	电池制造	3940	光伏发电设备		
胜利油田高原石油装备有限责任公司	山东省东营市东二路233号	257091	370502	0546-8835279	其他未列明的电气机械制造	3999	钻机	抽油机	
山东胜利伟业石油工程技术服务有限公司	山东省东营市东营区北二路313号	257096	370502	0546-8761622	地质勘探和地震专用仪器制造	4125	测井仪器		
山东东营千乘粮油有限责任公司	山东省东营市河口区宁苑路4号	257200	370503	0546-3633887	谷物磨制	1310	面粉加工		
山东三丰香油有限公司	山东东营河口济军生产基地1-7号	257231	370503	0546-3699999	食用植物油加工	1331	香油	芝麻酱	
东营市渤海纺织有限公司	山东省东营市河口区海河路7号	257200	370503	0546-7718161	缫丝加工	1741	涤纶缝纫线		
东营海润钢管有限公司	山东省东营市河口区经济开发区	257200	370503	0546-3381333	金属家具制造	2130	油管	套管	
山东文兴科技有限公司	山东省东营市河口区经济开发区	257200	370503	0546-3633533	有机化学原料制造	2614	氯丙三氯氰烷	液体试剂	
东营市方正化工有限责任公司	山东省东营市河口区明河路3号	257200	370503	0546-3636898	有机化学原料制造	2614	甲醛		
胜利油田钻井北星化工有限公司	山东省东营市河口区海盛路53号	257200	370503	0546-8576696	化学试剂和助剂制造	2661	甲基酚醛树脂	钻井液用铵盐	
东营市润达化工有限责任公司	山东省东营市河口区海盛路	257200	370503	0546-13605465-196	化学药品原药制造	2710	反式3氯丙烯基羟胺	叔丁基碰磺胺	
东营瑞海化工有限公司	山东省东营河口孤岛	257231	370503	0546-13561082-797	其他非金属矿物制品制造	3199	二氧化锆		
东营市新华联精细化工有限公司	山东东营河口区仙河镇	257237	370503	0546-8871900	其他稀有金属冶炼	3339	溴素		
东营市渤海电机制造有限公司	山东东营河口区开发区	257200	370503	0546-3638666	电动机制造	3912	电机		
东营市蓝田水产养殖有限公司	山东省东营市垦利县垦利经济开发区	257500	370521	0546-2587666	其他水产品加工	1369	即食参		
山东万德福实业集团有限公司	山东省东营市垦利县利河路187号	257500	370521	0546-15805468-080	豆制品制造	1392	低温脱脂豆粕	大豆分离蛋白	
东营市宏远纺织有限公司	山东省东营市垦利县胜兴路99号	257500	370521	0546-2883728	棉、化纤纺织加工	1711	棉纱加工		
山东胜凯石化有限公司	山东省东营市垦利县郝家镇	257508	370521	0546-2366000	原油加工及石油制品制造	2511	燃料油		
垦利县三合新材料科技有限公司	山东省东营市垦利县新兴路433号	257500	370521	0546-2525846	原油加工及石油制品制造	2511	蜡油	沥青	
山东垦利石化有限责任公司	山东省东营市垦利县利河路299号	257500	370521	0546-2568670	原油加工及石油制品制造	2511	石油化工	棉、化纤纺织加工	
东营市万丰工贸有限公司	山东省东营市垦利县董集镇	257505	370521	0546-2089688	炼焦	2520	混合芳烃	碳五	
山东石大胜华化工集团股份有限公司垦利分公司	山东东营市垦利县永安镇	257000	370521	0546-8395047	有机化学原料制造	2614	碳酸二甲酯	环氧丙烷	
东营市元隆化工有限公司	山东省东营市垦利县胜陀镇	257506	370521	0546-2885977	其他基础化学原料制造	2619	甲基苯酚		

续表24：

企业名称	详细地址	邮政编码	行政区划代码	联系电话	所属行业	行业代码	主要产品一	主要产品二	主要产品三
东营市强品化工有限责任公司	山东省东营市垦利县郝家镇	257508	370521	0546-2387789	化学试剂和助剂制造	2661	沥青粉	固体防塌剂	
东营市润丰工贸有限公司	山东省东营市垦利县董集乡	257505	370521	0546-2081153	化学试剂和助剂制造	2661	稳定轻烃		
东营市东石石油科技发展有限责任公司	山东省东营市垦利县新兴路433号	257500	370521	0546-2525846	化学试剂和助剂制造	2661	高稠油分解消阻剂	原油降粘剂	
东营市联兴化工有限公司	山东省东营市垦利县垦利街利河路375号	257500	370521	0546-2183266	化学试剂和助剂制造	2661	燃料油沥青		
东营市新达化工有限公司	山东省东营市垦利县胜坨镇	257506	370521	0546-13864720-169	化学试剂和助剂制造	2661	化学试剂和助剂制造		
山东胜通集团股份有限公司	山东省东营市垦利县新兴路377号	257500	370521	0546-2895055	化学试剂和助剂制造	2661	化工产品	玻璃管道	
东辰控股集团有限公司	山东省东营市垦利县永莘路98号	257506	370521	0546-2068315	专项化学用品制造	2662	环氧丙烷	石油助剂	
东营昱科工贸有限责任公司	山东省东营市垦利县郝家镇	257508	370521	0546-15552736-666	塑料薄膜制造	3010	二硝基二苯醚		
山东宝世达石油装备制造有限公司	山东省东营市垦利县永莘路6号	257506	370521	0546-15605465-736	泵及真空设备制造	3541	空心抽油杆	抽油泵	
垦利东振石油机械配件贸易有限责任公司	山东省东营市垦利县垦利新兴新路2号	257500	370521	0546-2582530	金属密封件制造	3581	金属密封件制造		
东营市盛博石油机械制造有限公司	山东省东营市垦利县董集乡	257505	370521	0546-2082899	石油钻采专用设备制造	3612	井口装置		
东营市垦利石油机械有限责任公司	山东省东营市垦利县垦利街道	257500	370521	0546-2882229	石油钻采专用设备制造	3612	采矿设备生产		
万达集团股份有限公司	山东省东营市垦利县胜坨镇永莘路68号	257506	370521	0546-2063989	电线电缆制造	3931	电力电缆	聚丙烯酰胺	
东营鲁北牧业有限责任公司	山东省东营市利津县盐窝镇	257445	370522	0546-5323218	饲料加工	1320	饲料加工		
利津县双利油料加工有限公司	山东省东营市利津县北宋镇	257400	370522	0546-13954697-687	非食用植物油加工	1332	蓖麻油	蓖麻饼	
东营市博大食品有限责任公司	山东省东营市利津县陈庄镇	257447	370522	0546-5657087	畜禽屠宰	1351	冻分割鸡		
东营利富得食品有限责任公司	山东省东营市利津县津二路202号	257400	370522	0546-5622492	蔬菜、水果罐头制造	1453	罐头	速冻蔬菜小产品肉鸭等	
利津县崔林纺织有限责任公司	山东省东营市利津县利津街道办	257400	370522	0546-5888960	棉、化纤纺织加工	1711	棉布		
山东利津雅美纺织有限公司	山东省东营市利津县利二路264号	257400	370522	0546-5685513	棉、化纤纺织加工	1711	棉纱		
利津县海岩纺织有限责任公司	山东省东营市利津县盐窝镇	257449	370522	0546-13963367-852	棉、化纤纺织加工	1711	棉布		
东营市丰悦工贸有限公司	山东省东营市利津县盐窝镇	257446	370522	0546-13615468-846	原油加工及石油制品制造	2511	溶剂油		
利华益集团股份有限公司	山东省东营市利津县大桥路86号	257400	370522	0546-5612109	原油加工及石油制品制造	2511	石油加工	棉纱纺织	
东营市科昊化工技术开发有限公司	山东省东营市利津县陈庄镇永馆街	257447	370522	0546-18754633-317	卫生材料及医药用品制造	2770	磷酸肌酸二钠盐		
利津县希德建材有限公司	山东省东营市利津县盐窝镇	257445	370522	0546-13325069-357	粘土砖瓦及建筑砌块制造	3131	免烧砖		

续表25：

企业名称	详细地址	邮政编码	行政区划代码	联系电话	所属行业	行业代码	主要产品一	主要产品二	主要产品三
利津县金鑫复合板有限公司	山东省东营市利津县汀罗镇	257452	370522	0546-13561001-426	金属结构制造	3411	彩钢板		
利津县自来水公司	山东省东营市利津县	257400	370522	0546-5626389	自来水的生产和供应	4610	自来水供应		
东营沃特油脂科技有限公司	山东省东营市广饶县经济开发区	257300	370523	0546-13864769-368	食用植物油加工	1331	油酸	硬脂酸	
山东华鹜植化集团有限公司	山东省东营市广饶县稻庄镇	257336	370523	0546-6493126	食用植物油加工	1331	食用植物油	树脂及共聚物	
山东华誉集团有限公司	山东省东营市广绕县花官乡	257343	370523	0546-6479300	肉制品及副产品加工	1352	肉制品及副产品加工	饲料加工	
东营市华宇食品有限公司	山东省东营市广饶县工业路	257300	370523	0546-6510266	蔬菜、水果和坚果加工	1370	蔬菜加工		
山东华通石化装备制造有限公司	山东省东营市广饶县陈官街88号	257344	370523	0546-6432183	棉、化纤纺织加工	1711	金属压力容器		
山东春蕾纺织有限公司	山东省东营市广饶县花官镇	257343	370523	0546-6471057	棉、化纤纺织加工	1711	纱线		
山东大海集团有限公司	山东省东营市广饶县稻庄镇阎口村	257336	370523	0546-6495333	棉、化纤印染精加工	1712	棉纱	印纺布	
广饶县福利精制棉厂	山东省东营市广饶县丁庄镇	257345	370523	0546-6531198	棉、化纤印染精加工	1712	精制棉		
山东美加好农业科技有限公司	山东省东营市广饶县稻庄镇	257338	370523	0546-15266064-116	棉及化纤制品制造	1751	布艺床单	生丝	
山东海威无纺布有限公司	山东省东营市广饶县开发区广凯路20号	257300	370523	0546-69275788-011	无纺布制造	1757	无纺布		
华泰集团有限公司	山东省东营市广饶县大王镇潍高路251号	257335	370523	0546-7798853	机制纸及纸板制造	2221	造纸	其他基本化学原料制造业	
山东华星石油化工集团有限公司	山东省东营市广饶县大王镇	257335	370523	0546-6872667	原油加工及石油制品制造	2511	汽油	柴油	
山东红星化工有限公司	山东省东营市广饶县大王镇	257335	370523	0546-2952002	原油加工及石油制品制造	2511	钙基脂	锂基脂	
广饶县瑞祥工贸有限公司	山东省东营市广饶县黍河社区	257300	370523	0546-6517777	原油加工及石油制品制造	2511	燃料油	蜡油	
正和集团股份有限公司	山东省东营市广饶县石村镇	257342	370523	0546-6261074	原油加工及石油制品制造	2511	石油加工		
山东金岭集团有限公司	山东省东营市广饶县大王镇	257335	370523	0546-6878831	有机化学原料制造	2614	甲烷氯化物	苯胺	
山东贝斯特化工有限公司	山东省东营市广饶县经济技术开发区16号	257300	370523	0546-6442756	化学试剂和助剂制造	2661	生产炭黑		
东营市科信化工有限公司	山东省东营市广饶县大王镇郭明田村	257335	370523	0546-6878154	专项化学用品制造	2662	邻氨基苯甲酸	二硫代二苯甲酸	
山东威世达实业有限公司	山东省东营市广饶县德家路968号	257336	370523	0546-6490091	专项化学用品制造	2662	阻燃剂		
山东西水橡胶集团有限公司	山东省东营市广饶县稻庄镇	257336	370523	0546-6507858	车辆、飞机及工程机械轮胎制造	2911	轮胎		
山东永盛橡胶集团有限公司	山东省东营市广饶县大王镇工业园	257300	370523	0546-6891365	车辆、飞机及工程机械轮胎制造	2911	汽车轮胎		
山东双王橡胶有限公司	山东省东营市广饶县大王镇东张庄村	257335	370523	0546-6891376	车辆、飞机及工程机械轮胎制造	2911	轮胎		
山东金宇轮胎有限公司	山东省东营市广饶县大王镇青岛路260号	257335	370523	0546-6858828	车辆、飞机及工程机械轮胎制造	2911	全钢子午线轮胎		

续表26：

企业名称	详细地址	邮政编码	行政区划代码	联系电话	所属行业	行业代码	主要产品一	主要产品二	主要产品三
山东永泰化工集团有限公司	山东省东营市广饶县大王镇14号	257335	370523	0546-13563370-630	车辆、飞机及工程机械轮胎制造	2911	轮胎	发电	
广饶县大王镇王西福利橡胶厂	山东省东营市广饶县大王镇	257335	370523	0546-6895106	橡胶板、管、带的制造	2920	橡胶管		
广饶县利源橡塑有限责任公司	山东省东营市广饶县稻庄镇	257336	370523	0546-13615466-227	橡胶板、管、带的制造	2920	三角带	垫带	
山东金禹王防水材料有限公司	山东省东营市广饶县大王镇潍高路7号	257335	370523	0546-6851611	塑料板、管、型材的制造	3020	长丝土工布	防水卷材	
东营正泰新型建材有限公司	山东省东营市广饶县开发区广兴路19号	257300	370523	0546-6452888	粘土砖瓦及建筑砌块制造	3131	蒸压粉煤炭砖	蒸压加气混凝土砌块	
山东东方长城玻璃有限公司	山东省东营市广饶县开发区广凯路26号	257300	370523	0546-6448888	技术玻璃制品制造	3142	中空玻璃		
东营五环工贸有限公司	山东省东营市广饶县经济开发区广达路8号	257300	370523	0546-6443979	金属密封件制造	3581	电缆		
信义集团公司	山东省东营市广饶县大王镇府前街6号	257335	370523	0546-6878029	汽车零部件及配件制造	3725	汽车零部件及配件	化工、油品、油田配件	
新烟食品有限公司	山东省烟台市芝罘区环海路40号	264000	370602	0535-6813353	谷物磨制	1310	面粉加工	其他加工	
烟台啤酒青岛朝日有限公司	山东省烟台市芝罘区环山路100号	264001	370602	0535-6095757	啤酒制造	1522	啤酒		
烟台张裕集团公司	山东省烟台市芝罘区机场路1号	264000	370602	0535-6691243	葡萄酒制造	1524	葡萄酒		
烟台制革有限责任公司	山东省烟台市芝罘区环海路16号	264000	370602	0535-6812084	皮革鞣制加工	1910	猪正面服装革	猪绒面服装革	
烟台万华氯碱有限责任公司	山东省烟台市芝罘区化工路51号	264002	370602	0535-6698147	无机碱制造	2612	液氯	烧碱	
烟台凯联化工有限公司	山东省烟台市芝罘区西效化工路59号	264002	370602	0535-6532276	有机肥料及微生物肥料制造	2625	复混肥	二氧化硫脲	
烟台万华合成革集团有限公司	山东省烟台市芝罘区幸福南街7号	264002	370602	0535-6837626	合成纤维单(聚合)体的制造	2653	异禽酸酯	合成革	
烟台万华聚氨酯股份有限公司	山东省烟台市芝罘区幸福南路7号	264002	370602	0535-3388150	合成纤维单(聚合)体的制造	2653	纯MDI	聚合MDI	
烟台新中萃玻璃包装有限公司	山东省烟台市芝罘区青年路9号	264000	370602	0535-6953500	日用玻璃制品及玻璃包装容器制造	3145	玻璃制品		
莱钢集团烟台钢管有限公司	山东省烟台市芝罘区芝罘屯路92号	264000	370602	0535-6255604	钢压延加工	3230	无缝钢管		
烟台有色金属股份有限公司	山东省烟台市芝罘区白石路93号	264000	370602	0535-6642007	铜冶炼	3311	铜冶炼		
烟台三环锁业集团有限公司	山东省烟台市芝罘区西南河路47号	264000	370602	0535-6254401-223	建筑、家具用金属配件制造	3451	锁具	防盗门	
烟台环球机床附件集团有限公司	山东省烟台市芝罘区凤凰台路1号	264002	370602	0535-6515896	机床附件制造	3525	机械分度头	数控架	
烟台蓝星压缩机有限责任公司	山东省烟台市芝罘区凤凰台路89号	264002	370602	0535-6531998	气体压缩机械制造	3542	空气压缩机	净化器	
烟台冰轮集团有限公司	山东省烟台市芝罘区西山路80号	264000	370602	0535-6697026	制冷、空调设备制造	3573	制冷空调设备	塑料型材管材	
烟台工程机械有限公司	山东省烟台市芝罘区凤凰台路4号	264002	370602	0535-6529356	建筑工程用机械制造	3613	装载机		
山东省烟台塔山企业集团股份有限公司	山东省烟台市芝罘区上夼西路101号	264001	370602	0535-6092374	炼油、化工生产专用设备制造	3621	旅游	球磨机	

续表27：

企业名称	详细地址	邮政编码	行政区划代码	联系电话	所属行业	行业代码	主要产品一	主要产品二	主要产品三
东方电子集团有限公司	山东省烟台市芝罘区市府街45号	264001	370602	0535-6582300	其他电子设备制造	4090	电子设备		
烟台东源送变电工程有限公司	山东省烟台市芝罘区幸福中路16号	264000	370602	0535-5523197	供应用仪表及其他通用仪器制造	4119	二级送变电施工安装		
烟台北极星国有控股有限公司	山东省烟台市芝罘区北马路240号	264001	370602	0535-6226828	钟表与计时仪器制造	4130	钟	表	
烟台发电厂	山东省烟台市芝罘区电厂东路67号	264002	370602	0535-6292122	火力发电	4411	发电供热		
烟台供电公司	山东省烟台市芝罘区解放路158号	264000	370602	0535-5522548	电力供应	4420	电力供应		
烟台市热力公司	山东省烟台市芝罘区午台街22号	264008	370602	0535-2960808	热力生产和供应	4430	热水	蒸汽	
烟台市自来水公司	山东省烟台市芝罘区大海阳路8号	264000	370602	0535-2120374	自来水的生产和供应	4610	自来水生产与销售		
烟台绿美食品有限公司	山东烟台开发区五指山路3号	264006	370611	0535-6939656	水产品冷冻加工	1361	水产品		
山东烟台酿酒公司醴泉酒业分公司	山东省烟台市福山区永安街188号	265500	370611	0535-6331024	白酒制造	1521	酒精	白酒	
烟台芝利华软木制品有限公司	山东省烟台市开发区长江路161号	264006	370611	0535-6385903	软木制品及其他木制品制造	2039	软木塞		
烟台利莱包装彩印有限公司	山东省烟台市福山高新区永达街901号	265500	370611	0535-6363797	纸和纸板容器的制造	2231	纸箱、彩盒		
烟台市福山区化学工业、研究所有限公司	山东省烟台市福山区	265500	370611	0535-2135630	专项化学用品制造	2662	聚氨酯浆料		
烟台华润锦纶有限公司	山东省烟台市经济技术开发区长江路180号	264006	370611	0535-6371688-3043	锦纶纤维制造	2821	锦纶		
烟台氨纶集团有限公司	山东省烟台市开发区黑龙江路10号	264006	370611	0535-6955015	其他合成纤维制造	2829	氨纶丝		
烟台市金河包装有限公司	山东省烟台市福山县万华路99号	265500	370611	0535-6331078	金属包装容器制造	3433	包装桶		
烟台凯程机床制造有限公司	山东烟台福山区文化街2号	265500	370611	0535-6362848	金属切削机床制造	3521	铣床		
烟台航空液压控制公司	山东烟台市福山区福海路157号	265500	370611	0535-6320319	液压和气压动力机械及元件制造	3544	履带油缸	液压系统	
烟台冶金矿山机械厂	山东省烟台市福山区清洋街	265500	370611	0535-6363268	建筑材料生产专用机械制造	3614	水泥设备		
烟台国冶冶金水冷设备有限公司	山东省烟台市福山区清洋街	265500	370611	0535-6363654	冶金专用设备制造	3615	冶金水冷件		
烟台正海电子网板有限公司	山东省烟台市开发区珠江路21号	264006	370611	0535-6378866-6123	电子元件及组件制造	4061	荫罩		
烟台市牟平金矿有限公司	山东省烟台市牟平区水道镇	264109	370612	0535-4632820	金矿采选	0921	黄金		
烟台枫林食品有限公司	山东省烟台市牟平区水道镇刘家夼	264108	370612	0535-4742023	蔬菜、水果和坚果加工	1370	花生制品		
山东东方酒业有限责任公司	山东省烟台市牟平区酒厂街588号	264100	370612	0535-4268612	白酒制造	1521	白酒		
烟台啤酒朝日有限公司二分厂	山东烟台市牟平区	264117	370612	0535-4659956	啤酒制造	1522	啤酒		
烟台通达纺织中染有限公司	山东烟台牟平路瑞祥街1号	264117	370612	0535-4212409	棉、化纤印染精加工	1712	纺织品来料加工	针织布	

续表28：

企业名称	详细地址	邮政编码	行政区划代码	联系电话	所属行业	行业代码	主要产品一	主要产品二	主要产品三
山东格莱德纺织制造公司	山东省烟台市牟平区宁海镇工商大街539号	264100	370612	0535-4326938	棉及化纤制品制造	1751	棉化纤布		
烟台市吉洲保温材料有限公司	山东省烟台市牟平区宁海大街152号	264100	370612	0535-4211914	泡沫塑料制造	3040	聚苯保温板		
山东恒邦冶炼股份有限公司	山东省烟台市牟平区水道镇	264109	370612	0535-4631038	金冶炼	3321	黄金	硫酸	
山东丽鹏包装有限公司	山东烟台市牟平区姜格庄	264114	370612	0535-4662415	金属包装容器制造	3433	瓶盖	铝带	
呼和浩特机床附件总厂牟平分厂	山东省烟台市牟平区宁海镇169号	264100	370612	0535-4287028	机床附件制造	3525	机床卡盘		
烟台利达木工机械有限公司	山东烟台牟平区工商大街688号	264100	370612	0535-4312946	木材加工机械制造	3624	木工机床生产		
烟台市牟平区供电公司	山东省烟台市牟平区工商大街699号	264100	370612	0535-4329280	电力供应	4420	供电	供热	
山东东方海洋科技股份有限公司	山东省烟台市莱山区澳柯玛大街18号	264003	370613	0535-6729198	水产品冷冻加工	1361	出口冻鱼片	海参	
烟台宏泰达化工有限责任公司	山东省烟台市莱山区盛泉66号	264003	370613	0535-6719752	化学试剂和助剂制造	2661	隔离剂制造	脱膜剂	
山东绿叶制药集团有限公司	山东省烟台市莱山区宝源路9号	264003	370613	0535-6717618	化学药品制剂制造	2720	麦通纳	绿汀诺	
烟台富恩铜业有限公司	山东省烟台市莱山区盛泉工业园	264003	370613	0535-6711622	常用有色金属压延加工	3351	紫铜管		
烟台持久钟表集团有限公司	山东省烟台市莱山区迎春大街129号	264001	370613	0535-6719778	钟表与计时仪器制造	4130	电子石英钟		
长岛县海洋食品有限责任公司	山东省烟台市长岛县南庄山镇157号	265800	370634	0535-3212078	水产品冷冻加工	1361	鱿鱼	扇贝	
长岛宏凯毛纺有限公司	山东省烟台市长岛县	265800	370634	0535-3216928	毛纺织	1722	针织绒线		
山东长岛风力发电有限责任公司	山东省烟台市长岛县南长山镇	265800	370634	0535-3218916	其他能源发电	4419	风力发电		
栖霞万阳面粉有限公司	山东省栖霞市松山街75号	265307	370656	0535-5178778	谷物磨制	1310	小麦粉		
龙口市桑园煤矿有限公司	山东省烟台市龙口市龙港镇桑园王家	265703	370681	0535-8863743	烟煤和无烟煤的开采洗选	0610	原煤开采		
龙口矿业集团有限公司	山东省烟台市龙口市龙口镇振兴路249号	265700	370681	0535-8828708	烟煤和无烟煤的开采洗选	0610	原煤		
龙口新龙食油有限公司	山东省烟台市龙口市龙港开发区新港路39号	265700	370681	0535-8857263	食用植物油加工	1331	豆粕	一级大豆油	
龙口市东方食品冷藏有限公司	山东省烟台市龙口市电厂西路929号	265700	370681	0535-8847081	水产品冷冻加工	1361	冷冻水产品加工业		
龙口东宝食品有限公司	山东省烟台市龙口新嘉街北曲村	265711	370681	0535-8551303	蔬菜、水果和坚果加工	1370	腌姜、姜片		
龙口市建成果品有限公司	山东省烟台市龙口市大宋家	265718	370681	0535-8662271	蔬菜、水果和坚果加工	1370	水果加工	蔬菜加工	
山东龙丰集团公司	山东省烟台市龙口市北环街10号	265701	370681	0535-8951567	方便面及其他方便食品制造	1439	磨粉	方便面	
龙口市振龙生物化工集团有限公司	山东省烟台市龙口市北马镇1号	265702	370681	0535-8926188	酒精制造	1510	酒精		
烟台威龙葡萄酒股份有限公司	山东省烟台市龙口市东莱街276号	265701	370681	0535-8527948	葡萄酒制造	1524	葡萄酒	香槟	
南山集团公司	山东省烟台市龙口市东江镇前宋家村	265718	370681	0535-8866825	毛纺织	1722	铝型材	毛织品	

续表29：

企业名称	详细地址	邮政编码	行政区划代码	联系电话	所属行业	行业代码	主要产品一	主要产品二	主要产品三
龙口市东旭皮革制品有限公司	山东省烟台市龙口黄城柳莺街21号	265701	370681	0535-8517692	皮鞋制造	1921	皮鞋		
龙口市成昌皮革制品有限公司	山东省烟台市龙口黄城南环路19号	265701	370681	0535-8517319	皮箱、包(袋)制造	1923	皮包袋		
龙口科达化工有限公司	山东省烟台市龙口市龙港路2001号	265700	370681	0535-8830992	无机碱制造	2612	烧碱	液氯	
山东龙海集团有限公司	山东省烟台市龙口市徐福镇徐福大街88号	265713	370681	0535-8599061	有机化学原料制造	2614	甲基苯胺	甲酸	
龙口市盛源化工有限公司	山东省烟台市龙口开发区化工路3号	265700	370681	0535-8811171	初级形态的塑料及合成树脂制造	2651	聚丙烯		
龙口市龙丹塑料有限公司	山东省龙口市黄城西环路	265718	370681	0535-8613196	塑料薄膜制造	3010	塑料膜		
龙口市水泥制管厂	山东省烟台市龙口市兰高镇大堡村	265709	370681	0535-8639188	水泥制品制造	3121	水泥管		
龙口华龙新型建材有限公司	山东省烟台市龙口龙港	265700	370681	0535-8852881	粘土砖瓦及建筑砌块制造	3131	生产加气砖		
山东丛林集团公司	山东省烟台市龙口市诸由观镇政府驻地	265705	370681	0535-8563142	金属结构制造	3411	水泥	铝型材	
龙口市新达工具有限公司	山东省烟台市龙口市新嘉大街3号	265711	370681	0535-8559142	手工具制造	3422	手工具		
山东龙口油管厂	山东省烟台市龙口市芦头镇	265704	370681	0535-8642866	内燃机及配件制造	3512	高压油管	低压油管	
龙口油泵燃油喷射有限公司	山东省烟台市龙口市东莱街边沿河路1号	265701	370681	0535-8517401	泵及真空设备制造	3541	高压喷油		
山东康达集团有限公司	山东省烟台市龙口黄城西大街391号	265701	370681	0535-8517666	泵及真空设备制造	3541	喷油泵总成	喷油四总成	
山东龙口华龙工业股份有限公司	山东省烟台市龙口市金沙路32号	265100	370681	0535-8852807	钢铁铸件制造	3591	生产铸件		
山东隆基集团有限公司	山东省烟台市龙口市隆基路1号	265700	370681	0535-8842175	汽车零部件及配件制造	3725	汽车配件		
龙口市隆昌抽纱有限责任公司	山东省烟台市龙口市城关镇环城南路1号	265701	370681	0535-8517303	抽纱刺绣工艺品制造	4216	抽纱绣品		
山东百年电力发展股份有限公司	山东省烟台市龙口市电厂南路1号	265700	370681	0535-8852121	火力发电	4411	发电		
山东龙口华龙热力工程有限公司	山东烟台龙口市龙港街道办事处电厂南路1号	265700	370681	0535-8852385	热力生产和供应	4430	热水	供汽	
莱阳齐花特香纯正花生油有限公司	山东省烟台市莱阳西徐村	265200	370682	0535-7380125	食用植物油加工	1331	花生油		
山东莱阳春雪食品有限公司	山东省烟台市莱阳市五龙南路89号	265202	370682	0535-7328355	畜禽屠宰	1351	冻禽肉	速冻蔬菜	
莱阳康盛食品有限公司	山东省烟台市莱阳市城厢街石硼村	265200	370682	0535-2923578	蔬菜、水果和坚果加工	1370	食品加工		
山东吉龙集团有限公司	山东省烟台市莱阳鹤山路26号	265200	370682	0535-7296183	蔬菜、水果和坚果加工	1370	速冻蔬菜	食用花生油	
莱阳市新冷大食品有限公司	山东省烟台市莱阳市富永街075号	265200	370682	0535-3365296	蔬菜、水果和坚果加工	1370	蔬菜加工		
山东龙大食品集团	山东省烟台市莱阳市龙旺庄镇庙后会	265209	370682	0535-7717011	蔬菜、水果和坚果加工	1370	食品加工		
山东三乐食品集团公司	山东省烟台市莱阳市古柳镇凤凰路1号	265202	370682	0535-7383636	液体乳及乳制品制造	1440	鲜奶及制品		

续表30：

企业名称	详细地址	邮政编码	行政区划代码	联系电话	所属行业	行业代码	主要产品一	主要产品二	主要产品三
莱阳市酒厂有限责任公司	山东省烟台市莱阳市宫水南路	265200	370682	0535-2903568	白酒制造	1521	白酒	其它酒	
莱阳海润绢纺有限公司	山东省烟台市莱阳市五龙南路20号	265200	370682	0535-7265005	绢纺和丝织加工	1742	绢纺		
莱阳釜山服装有限公司	山东省烟台莱阳市旌旗路93号	265200	370682	0535-7183701	纺织服装制造	1810	防寒服		
莱阳市绮丽服装有限公司	山东省烟台莱阳市旌旗西路218号	265200	370682	0535-7222315	纺织服装制造	1810	长裤	童裤	
莱阳日升皮草有限公司	山东省烟台莱阳市五北路267号	265200	370682	0535-7228657	毛皮服装加工	1932	裘皮服装		
莱阳银通纸业有限公司	山东省烟台市莱阳县	265202	370682	0535-7318381	机制纸及纸板制造	2221	纸板制造		
莱阳市古城生物化学制品厂	山东省烟台莱阳市古柳镇	265202	370682	0535-7316055	生物、生化制品的制造	2760	硫酸软骨素		
莱阳丹崖水泥有限责任公司	山东省烟台市莱阳市古柳镇125号	265202	370682	0535-2928927	水泥制造	3111	水泥		
莱阳市第二大理石厂	山东省烟台市莱阳市古柳镇74号	265202	370682	0535-7327793	建筑用石加工	3133	大理石板材	花岗石板材	
山东信远集团有限公司	山东省烟台市莱阳市城厢办事处马山路247号	265200	370682	0535-7281059	钢压延加工	3230	焊接钢管	回转支承	
莱阳市农业机械厂	山东省烟台市莱阳市古柳镇	265202	370682	0535-7316813	内燃机及配件制造	3512	柴油机配件		
山东华源莱动内燃机有限公司	山东省烟台市莱阳县五龙北路40号	265200	370682	0535-7293398	内燃机及配件制造	3512	柴油机		
山东鸿达建工集团公司	山东省烟台市莱阳市城厢街龙门东路26号	265200	370682	0535-7261368	起重运输设备制造	3530	起重机	砖搅拌机	
烟台汽车制造厂	山东省烟台市莱阳市城厢街094号	265200	370682	0535-7997021	汽车整车制造	3721	冲压件	汽车整车制造	
莱阳市永立精工汽车配件有限公司	山东省莱阳市食品工业园富山路8号	265200	370682	0535-7711270	汽车零部件及配件制造	3725	汽车零配件		
莱州市盛大矿业有限公司	山东省烟台市莱州土山	261413	370683	0535-2819987	铁矿采选	0810	铁精粉		
山东黄金集团有限公司三山岛金矿	山东省烟台市莱州市三山岛j街道办	261442	370683	0535-2780204	金矿采选	0921	黄金	白银	
山东黄金矿业股份有限公司焦家金矿	山东省烟台市莱州市金城镇	261441	370683	0535-2696274	金矿采选	0921	黄金		
山东黄金矿业股份有限公司新城金矿	山东省烟台市莱州市金城j街新城村	261438	370683	0535-2698643	金矿采选	0921	黄金	硫精矿	
山东黄金矿业股份有限公司精炼厂	山东省烟台市莱州县金城镇	261441	370683	0535-2696015	金矿采选	0921	贵金属压延加工		
莱州诚源盐化有限公司	山东省烟台市莱州市土山街	261413	370683	0535-2331042	采盐	1030	原盐	溴素	
燕京啤酒（莱州）有限公司	山东省烟台市莱州市城港路118号	261411	370683	0535-2484303	啤酒制造	1522	啤酒		
莱州市民盛色织有限公司	山东省烟台市莱州市三山岛	261417	370683	0535-2301013	棉、化纤印染精加工	1712	色织布		
莱州晟鼎服饰有限公司	山东省烟台市莱州市玉泰路38号	261400	370683	0535-2172803	纺织服装制造	1810	服装		
莱州市莱星工业纸板有限公司	山东省烟台市莱州市掖柴路	261400	370683	0535-2235248	机制纸及纸板制造	2221	工业纸板		
山东鲁烟莱州印务有限公司	山东省莱州市莱州开发区开明路1569号	261400	370683	0535-2293036	书、报、刊印刷	2311	多色印刷品		

续表31：

企业名称	详细地址	邮政编码	行政区划代码	联系电话	所属行业	行业代码	主要产品一	主要产品二	主要产品三
莱州雕塑艺术发展有限公司	山东省烟台市莱州市文峰工业区	261431	370683	0535-2213207	建筑用石加工	3133	花岗岩雕塑		
莱州市光远玻璃有限责任公司	山东省烟台市莱州市莱州镇河滨路27号	261400	370683	0535-2213940	日用玻璃制品及玻璃包装容器制造	3145	日用玻璃制品		
山东恒欣镁业有限责任公司	山东省烟台市莱州市镁矿路1118号	261408	370683	0535-2468318	其他非金属矿物制品制造	3199	合成镁质白云石砂	镁铝尖晶石砂	
山东弘宇机械有限公司	山东省烟台市莱州文昌街道南关居委会温泉东	261400	370683	0535-2801586	农林牧渔机械配件制造	3676	拖拉机配件	高层建筑施工设备	
莱州华银试验仪器有限公司	山东烟台莱州鼓楼街215号	261400	370683	0535-2207903	试验机制造	4115	硬度计		
山东省莱州工艺品集团有限责任公司	山东烟台莱州市莱州南路367号	261413	370683	0535-2232506	天然植物纤维编织工艺品制造	4215	革制工艺品		
蓬莱市大柳行金矿	山东省蓬莱市大柳行镇	265615	370684	0535-5842586	金矿采选	0921	黄金开采		
山东蓬莱金创集团公司	山东省烟台市蓬莱市外向型工工业加工区上海	265613	370684	0535-5603682	金矿采选	0921	黄金	铜材	
蓬莱三三食品有限公司	山东省烟台市蓬莱县海港街32号	265600	370684	0535-5623733	鱼糜制品及水产品干腌制加工	1362	黄花鱼片	鲍鱼丝	
蓬莱酒业有限公司	山东省烟台市蓬莱市经济开发区山东路5号	265600	370684	0535-5610188	白酒制造	1521	白酒	葡萄酒	
蓬莱市义利水泥厂	山东省烟台市蓬莱市大辛店镇	265611	370684	0535-5731389	水泥制造	3111	水泥		
山东金创金银冶炼有限公司	山东省烟台市蓬莱市大柳行镇	265615	370684	0535-5845555	金冶炼	3321	黄金	白银	
蓬莱三菱制锁有限公司	山东省烟台市蓬莱市潮水镇潮水一村	265617	370684	0535-5812916	建筑、家具用金属配件制造	3451	挂锁	门锁	
山东省蓬莱动力机械配件厂	山东省烟台蓬莱市北关路159号	265600	370684	0535-5642010	内燃机及配件制造	3512	气门配件		
山东蓬莱小鸭洗涤有限公司	山东省蓬莱市开发区上海路1号	265607	370684	0535-5980216	其他农林牧渔业机械制造及机械修理	3679	洗涤机械		
山东蓬翔汽车有限公司	山东省烟台市蓬莱市北关路135号	265600	370684	0535-5653374	改装汽车制造	3722	改装汽车	汽车车桥	
蓬莱市特钟绝缘材料塑料厂	山东省烟台市蓬莱市钟楼南路151号	265600	370684	0535-5643354	绝缘制品制造	3933	电机绝缘漆	聚酰亚胺薄膜粘带	
蓬莱电业公司	山东省烟台市蓬莱市登州镇钟楼西路355号	265600	370684	0535-5658663	电力供应	4420	电力供应		
蓬莱市渤海燃气有限公司	山东省烟台市蓬莱市南关路56号	265600	370684	0535-5651089	燃气生产和供应业	4500	液化气		
招远市河西金矿	山东省烟台市招远市蚕庄镇河西村	265402	370685	0535-8022006	金矿采选	0921	黄金		
山东招金银精炼有限公司	山东省烟台市招远市开发区黄金工业园289号	265400	370685	0535-8166828	金矿采选	0921	成品金		
山东招金集团公司	山东省烟台市招远市文化街2号	265400	370685	0535-8227536	金矿采选	0921	黄金		
山东黄金矿业（玲珑）有限公司	山东省烟台市招远市玲珑镇小蒋家	265419	370685	0535-8369370	金矿采选	0921	黄金	白银	
招远市大秦家金矿	山东省烟台市招远大秦家	265408	370685	0535-8387651	金矿采选	0921	精矿金		
山东玲珑酒业有限公司	山东省烟台市招远市泉山路149号	265400	370685	0535-8239877	白酒制造	1521	白酒		

续表32：

企业名称	详细地址	邮政编码	行政区划代码	联系电话	所属行业	行业代码	主要产品一	主要产品二	主要产品三
招远市针织厂有限公司	山东省烟台市招远市金城路391号	265400	370685	0535-8025385	棉、化纤针织品及编织品制造	1761	针织内外衣		
招远市精细化工集团公司	山东省烟台市招远市玲珑镇泮家村东	265406	370685	0535-8360401	化学试剂和助剂制造	2661	增白剂	稳定剂	
玲珑集团有限公司	山东省烟台市招远市金龙路777号	265400	370685	0535-8242670	车辆、飞机及工程机械轮胎制造	2911	轮胎	机电	
山东国大黄金股份有限公司	山东省烟台市招远国大路668号	265406	370685	0535-8120686	金冶炼	3321	黄金	白银	
山东鲁鑫贵金属有限公司	山东省烟台市招远市金城镇445号	265400	370685	0535-8226707	稀有稀土金属压延加工	3353	键合金丝		
招远市工具有限公司	山东省烟台市招远市齐山镇十字道	265414	370685	0535-8412043	手工具制造	3422	管子钳		
招远市黄金机械总厂有限公司	山东省烟台市招远市泉山路159号	265400	370685	0535-8225348	采矿、采石设备制造	3611	球磨机	破碎机	
山东金宝电子股份有限公司	山东省烟台市招远市温泉街128号	265400	370685	0535-8113176	电子元件及组件制造	4061	电解铜箱	铜箱板	
山东康泰实业有限公司	山东省烟台市招远市金城路389号	265400	370685	0535-8243992	工业自动控制系统装置制造	4111	按摩椅	自动化仪表	
招远市电业局	山东省烟台市招远市金城路169号	265400	370685	0535-8219020	电力供应	4420	供电		
栖霞金兴矿业公司	山东省烟台市栖霞市霞光路170号	265300	370686	0535-5211467	金矿采选	0921	黄金		
山东栖霞滑石矿	山东省烟台市栖霞市庙后镇	265306	370686	0535-5546480	石墨、滑石采选	1092	滑石		
烟台白洋河酿酒有限公司	山东省烟台市栖霞市迎宾路215号	265300	370686	0535-5201345	葡萄酒制造	1524	葡萄酒	白酒	
山东德棉集团栖霞纺织有限公司	山东省烟台市栖霞市纺织街1号	265300	370686	0535-3378573	棉、化纤纺织加工	1711	纱	布	
栖霞市茉莉华服装有限公司	山东省栖霞市跃进路东区72号	265300	370686	0535-5203856	纺织服装制造	1810	服装制造		
烟台颐中包装有限公司	山东栖霞市金岭路23号	265300	370686	0535-5219407	纸和纸板容器的制造	2231	纸箱生产		
栖霞东发化冶公司	山东省烟台市栖霞市观里镇	265314	370686	0535-5340364	无机酸制造	2611	硫酸	复合肥	
栖霞白洋河水泥有限公司	山东省烟台市栖霞市臧家庄	265315	370686	0535-5511043	水泥制造	3111	水泥		
栖霞市银云活塞液压件有限公司	山东省烟台市栖霞市商业街931号	265300	370686	0535-3375388	泵及真空设备制造	3541	活塞	齿轮泵	
核工业烟台同兴实业有限公司	山东省栖霞市跃进街668号	265300	370686	0535-5226121	气体、液体分离及纯净设备制造	3572	固液体分离设备		
烟台东山电机有限公司	山东省烟台市栖霞市中侨驻地	265323	370686	0535-5573429	电线电缆制造	3931	漆包线		
栖霞市供电公司	山东省烟台市栖霞振兴路218号	265300	370686	0535-5225323	电力供应	4420	售电		
栖霞市自来水公司	山东省烟台市栖霞市振兴路45号	265300	370686	0535-5212268	自来水的生产和供应	4610	自来水生产量		
海阳市双城肉类食品有限公司	山东省烟台海阳方园路81号	265100	370687	0535-3290903	畜禽屠宰	1351	畜类产品		
海阳金星食品有限公司	山东省烟台市海阳市海阳路214号	265100	370687	0535-3641096	蔬菜、水果和坚果加工	1370	果仁加工		
海阳市永兴鞋业有限责任公司	山东省烟台市海阳市里店镇后店	265120	370687	0535-3521006	纺织面料鞋的制造	1820	纺织面料鞋的制造		

续表33：

企业名称	详细地址	邮政编码	行政区划代码	联系电话	所属行业	行业代码	主要产品一	主要产品二	主要产品三
烟台锦宏纸业有限公司	山东省烟台市海阳市开发区东风路105号	265118	370687	0535-3105921	机制纸及纸板制造	2221	双面胶版纸		
山东帝阁集团公司	山东省烟台市海阳市东村镇	265100	370687	0535-3222991	金属门窗制造	3412	防盗门	车库门	
海阳市创实实业有限公司	山东省烟台市海阳县开发区埠南村	265100	370687	0535-3200897	金属成形机床制造	3522	锻压设备制造		
海阳市坤元纺织机械有限责任公司	山东省烟台市海阳县海阳路41号	265100	370687	0535-3222346	纺织专用设备制造	3651	纺织机械		
潍城区福利膨润土加工厂	山东省潍坊市潍城区浮烟山开发区芦台村	261053	370702	0536-8139128	粘土及其他土砂石开采	1019	变箱体拖拉机	膨润土	
潍坊瑞福油脂调料有限公司	山东省潍坊市潍城区外商开发区	261057	370702	0536-8168117	食用植物油加工	1331	香油		
山东耶莉娅服装集团总公司	山东省潍坊市潍城区北宫西街126号	261021	370702	0536-8957833	纺织服装制造	1810	服装		
山东拳王实业集团有限公司	山东省潍坊市潍城区北宫西街122号	261021	370702	0536-8578338	纺织服装制造	1810	梭织服装		
潍坊金帆服装有限公司	山东省潍坊市潍城区月河路38号	261021	370702	0536-2112609	纺织服装制造	1810	服装		
山东海化华龙硝铵有限公司	山东省潍坊市潍城区符山北乐埠村	261055	370702	0536-8115855	无机盐制造	2613	亚硝酸钠	硝酸钠	
潍坊山水水泥有限公司	山东省潍坊市潍城区符山镇	261055	370702	0536-8111033	水泥制造	3111	水泥		
潍坊六合微粉有限公司	山东省潍坊市潍城区福寿西街469号	261021	370702	0536-2252110	石墨及碳素制品制造	3191	碳化硅微粉		
潍坊东方钢管有限公司	山东省潍坊市潍城区春鸢路28号	261011	370702	0536-8187070	钢压延加工	3230	焊接钢管	涂塑钢管	
潍坊五星制锁有限公司	山东省潍坊市潍城区胜利西街1701号	261011	370702	0536-8322531	建筑、家具用金属配件制造	3451	制锁		
山东省潍坊生建集团	山东省潍坊市潍城区胜利西街252号	261011	370702	0536-8181191	气体压缩机械制造	3542	气体压缩机	pvc塑料板材	
潍坊华孚轴承有限公司	山东省潍坊市潍城区胜利西街4600号	261011	370702	0536-8551118	轴承制造	3551	轴承		
潍坊巨力机械厂有限公司	山东省潍坊市潍城经济开发区	261057	370702	0536-8185676	机械化农业及园艺机具制造	3672	三轮汽车		
潍坊宝利汽车有限公司	山东省潍坊市潍城区北宫西街7号	261057	370702	0536-8163656	改装汽车制造	3722	汽车改装	汽车修理	
潍坊众谊汽车配件有限公司	山东省潍坊市潍城区玉清西街	261051	370702	0536-8160099	汽车零部件及配件制造	3725	燃油箱		
大铁（潍坊）汽车工业公司	山东省潍坊市潍城区乐埠山生态发展区官路村	261055	370702	0536-8113052	汽车零部件及配件制造	3725	汽车配件		
潍坊梦佳服饰绣品有限公司	山东省潍坊市潍城区北门大街68号	261021	370702	0536-8326031	抽纱刺绣工艺品制造	4216	绣品		
潍坊金艺集团有限公司	山东省潍坊市潍城区胜利西街136号	261011	370702	0536-8338818	其他工艺美术品制造	4219	长毛绒玩具	嵌银漆品	
潍坊供电公司	山东省潍坊市潍城区东风西街425号	261021	370702	0536-8362121	电力供应	4420	售电量		
潍坊市金河食品有限公司	山东省潍坊市寒亭区古亭街8号	261100	370703	0536-7277300	肉制品及副产品加工	1352	冷冻分割肉鸭		
潍坊本信利印染有限公司	山东省潍坊市寒亭区潍县北路北段	261100	370703	0536-7273673	棉、化纤纺织加工	1711	涤棉纯棉印染布		
潍坊二棉纺织有限公司	山东省潍坊市寒亭区寒亭生态工业园	261100	370703	0536-2273816	棉、化纤纺织加工	1711	纱		

续表34：

企业名称	详细地址	邮政编码	行政区划代码	联系电话	所属行业	行业代码	主要产品一	主要产品二	主要产品三
潍坊鸢飞印染有限公司	山东省潍坊市寒亭区海龙路563号	261100	370703	0536-7256558	棉、化纤印染精加工	1712	印花布		
潍坊元林木业有限公司	山东省潍坊市寒亭区幸福路589号	261100	370703	0536-7251152	木质家具制造	2110	木制家具制造业		
潍坊恒联浆纸有限公司	山东省潍坊市寒亭区海龙路601号	261100	370703	0536-7283131	纸浆制造	2210	棉浆粕（化纤浆粕）	纸浆	
潍坊天瑞化工有限公司	山东省潍坊市寒亭区益新街799号	261100	370703	0536-7367868	有机化学原料制造	2614	氯化聚乙烯		
潍坊星兴联合化工有限公司	山东省潍坊市寒亭区民主街529号	261100	370703	0536-7361710	化学试剂和助剂制造	2661	双氧水		
山东海龙股份有限公司	山东省潍坊市寒亭区海龙路555号	261100	370703	0536-2275129	人造纤维（纤维素纤维）制造	2812	粘胶短纤维	粘胶长丝	
山东圆友集团有限公司	山东省潍坊市寒亭区幸福路567号	261100	370703	0536-7265666	建筑材料生产专用机械制造	3614	建筑工程机械		
潍坊新立拉链有限公司	山东省潍坊市寒亭区益新街689号	261100	370703	0536-7282028	其他未列明的制造业	4290	拉链		
潍坊市寒亭区供电公司	山东省潍坊市寒亭区民主街285号	261100	370703	0536-2922252	电力供应	4420	电力供应		
潍坊市寒亭区瑞源城乡供水中心	山东省潍坊市寒亭区益新街与白云路交叉口处	261100	370703	0536-7367168	自来水的生产和供应	4610	供水		
潍坊鲁光矿业集团公司	山东省潍坊市坊子区	261200	370704	0536-7663142	烟煤和无烟煤的开采洗选	0610	针织服装	煤炭	
潍坊市风筝面粉有限公司	山东省潍坊市坊子区龙泉街	261206	370704	0536-7527222	谷物磨制	1310	小麦粉	挂面	
帛方纺织有限公司	山东省潍坊市坊子区龙泉街99号	261200	370704	0536-8526608	棉、化纤纺织加工	1711	纱	布	
潍坊韩一皮革服装有限公司	山东省潍坊市坊子区长宁街办34号	261200	370704	0536-7661260	皮革服装制造	1922	服装		
潍坊中狮制药有限公司	山东省潍坊市坊子区北海路123号	261206	370704	0536-2280200	化学药品制剂制造	2720	血府逐瘀片	复方甘草酸苷胶囊	
北新集团山东潍坊建筑陶瓷厂	山东省潍坊市坊子区坊城街办	261208	370704	0536-7632939	卫生陶瓷制品制造	3151	纸箱	热水器	
福田雷沃国际重工股份有限公司潍坊农业装备事业部	山东省潍坊市坊子区北海路192号	261206	370704	0536-7527096	机械化农业及园艺机具制造	3672	收获机械	大中型拖拉机	
青岛啤酒（潍坊）有限公司	山东省潍坊市奎文区廿里堡 庄检路6号	261051	370705	0536-8816785	啤酒制造	1522	啤酒		
潍坊潍鹰经贸有限公司	山东省潍坊市奎文区四平路178号	261041	370705	0536-2222810	纺织服装制造	1810	服装		
汇胜集团股份有限公司	山东省潍坊市奎文区则尔庄路6号	261031	370705	0536-8660697	机制纸及纸板制造	2221	机制纸		
潍坊市恒联铜版纸有限公司	山东省潍坊市奎文区卧龙东街409号	261031	370705	0536-8671592	机制纸及纸板制造	2221	铜版纸	机制纸	
山东新华印刷厂潍坊厂	山东省潍坊市奎文区潍州路753号	261031	370705	0536-2116815	书、报、刊印刷	2311	书籍印刷	课本印刷	
潍坊亚星集团有限公司	山东省潍坊市奎文区鸢飞路899号	261031	370705	0536-8591107	无机碱制造	2612	氯化聚乙烯	烧碱	
山东海化天合有机化工有限公司	山东省潍坊奎文鸢飞路975号	261031	370705	0536-2222124	初级形态的塑料及合成树脂制造	2651	癸二酸二辛酯	三单体	
山东丽波日化股份有限公司	山东省潍坊市奎文区鸢飞街907号	261031	370705	0536-8663259	肥皂及合成洗涤剂制造	2671	合成洗涤剂		
山东潍坊拖拉机集团有限公司	山东省潍坊市奎文区北宫东街63号	261031	370705	0536-2605506	拖拉机制造	3671	拖拉机	拖拉机配件	

续表35：

企业名称	详细地址	邮政编码	行政区划代码	联系电话	所属行业	行业代码	主要产品一	主要产品二	主要产品三
潍坊宝威滤清器有限公司	山东省潍坊市经济开发区民主东街7336号	261031	370705	0536-2606312	汽车零部件及配件制造	3725	机柴过滤器	滤清器	
潍坊广潍进口汽车修理厂	山东省潍坊市奎文区廿里堡街办369号	261051	370705	0536-8822312	汽车修理	3726	汽车修理		
潍坊市热力有限公司	山东省潍坊市奎文区潍州路899号	261031	370705	0536-8222707	热力生产和供应	4430	热力生产和供应		
山东省潍坊市五井煤矿	山东省潍坊市临朐县五井镇	262603	370724	0536-3619780	烟煤和无烟煤的开采洗选	0610	原煤	水泥	
山东临朐山旺化工有限责任公司	山东省潍坊市临朐县上林镇	262617	370724	0536-3421228	粘土及其他土砂石开采	1019	矽精土		
临朐华盛食品有限公司	山东省潍坊市临朐县电视台街4号	262601	370724	0536-3471136	畜禽屠宰	1351	鸭肉加工		
潍坊广华经贸有限公司	山东省潍坊市临朐县临朐路72号	262600	370724	0536-3912266	畜禽屠宰	1351	鲜冻猪肉	铝型材	
潍坊维维乳业有限公司	山东省潍坊市临朐县卧龙镇	262612	370724	0536-3721572	液体乳及乳制品制造	1440	乳制品		
潍坊威尔士食品有限公司	山东省潍坊市临朐县辛寨镇大峪村	262610	370724	0536-3443789	其他罐头食品制造	1459	八宝粥		
山东秦池集团	山东省潍坊市临朐县临朐镇秦池路10号	262600	370724	0536-3212118	白酒制造	1521	白酒		
临朐县第一棉纺织有限公司	山东省潍坊市临朐县杨善镇	262600	370724	0536-3471144	棉、化纤纺织加工	1711	青纶纱		
临朐海润织造有限公司	山东省潍坊市临朐县冶源镇	262605	370724	0536-3396535	缫丝加工	1741	丝织品		
临朐辛寨制丝有限公司	山东省潍坊市临朐县辛寨镇	262600	370724	0536-3440142	缫丝加工	1741	白厂丝		
临朐曾我服装有限公司	山东省潍坊市临朐县县城文化路北首	262600	370724	0536-3211580	纺织服装制造	1810	服装加工		
山东茂德皮革集团有限公司	山东省潍坊市临朐县临朐路80号	262600	370724	0536-3211897	皮革鞣制加工	1910	轻革		
潍坊宽惠红木制品有限公司	山东省潍坊市临朐县临朐路118号	262600	370724	0536-3212178	木质家具制造	2110	红木家具	红木嵌银器具	
山东万豪纸业集团股份有限公司	山东省潍坊市临朐县工业街32号	262600	370724	0536-3158797	机制纸及纸板制造	2221	机制纸		
潍坊万兴肥业有限公司	山东省潍坊市临朐县龙岗镇	262618	370724	0536-3168128-209	磷肥制造	2622	过磷酸钙	复合肥	
山东临朐利尔杰塑化有限公司	山东省潍坊市临朐县临朐镇	262600	370724	0536-3159322	初级形态的塑料及合成树脂制造	2651	氯化聚乙烯		
临朐大祥精细化工有限公司	山东省潍坊市临朐县龙泉6号	262600	370724	0536-3214603	化学试剂和助剂制造	2661	催化剂		
山东临朐胜潍特种水泥有限公司	山东省潍坊市临朐县冶源镇	262605	370724	0536-3631326	水泥制造	3111	抗油水泥	普硅水泥	
潍坊鸿利石材制品有限公司	山东省潍坊市临朐县杨善镇临九路89号	262601	370724	0536-3371369	建筑用石加工	3133	大理石板材		
潍坊永昌铝业有限公司	山东省潍坊市临朐县营子镇	262600	370724	0536-3716066	常用有色金属压延加工	3351	铝型材		
三田机械工业有限公司	山东省潍坊市临朐县文化路10号	262600	370724	0536-3212470	石油钻采专用设备制造	3612	轮式通井机	动力钳	
临朐弘泰汽车配件有限公司	山东省潍坊市临朐县临九路20号	262600	370724	0536-3396535	汽车零部件及配件制造	3725	汽车配件		
山东银河动力有限公司	山东省潍坊市临朐县工业街1号	262600	370724	0536-3715059	汽车零部件及配件制造	3725	汽缸套		

续表36：

企业名称	详细地址	邮政编码	行政区划代码	联系电话	所属行业	行业代码	主要产品一	主要产品二	主要产品三
临朐县供电公司	山东省潍坊市临朐县弥河路4号	262600	370724	0536-3392032	电力供应	4420	电力供应		
潍坊市临朐燃气热力集团有限公司	山东省潍坊市临朐县拼邑路8号	262600	370724	0536-3212064	燃气生产和供应业	4500	煤气	蒸汽	
龙泉水务有限公司	山东省潍坊市临朐县城龙泉路3号	262600	370724	0536-3163542	自来水的生产和供应	4610	自来水生产供应		
潍坊朱刘煤矿有限公司	山东省潍坊市昌乐县朱刘街办	262404	370725	0536-6776968-2072	烟煤和无烟煤的开采洗选	0610	煤炭开采、销售		
昌乐好友油脂有限责任公司	山东省潍坊市昌乐县新昌路336号	262400	370725	0536-6277616	食用植物油加工	1331	浓香花生油		
潍坊乐港食品股份有限公司	山东省潍坊市昌乐县红河镇	262411	370725	0536-6668586	肉制品及副产品加工	1352	鸭产品		
潍坊真盛淀粉加工有限公司	山东省潍坊市昌乐县北岩街荆山村	262407	370725	0536-6743131	淀粉及淀粉制品的制造	1391	粉条		
潍坊英轩实业有限公司	山东省潍坊市昌乐县昌盛街1567号	262400	370725	0536-6273006	食品及饲料添加剂制造	1494	酒精	柠檬酸	
永顺泰（昌乐）麦芽有限公司	山东省潍坊市昌乐县乔官镇政府驻地	262408	370725	0536-6760698	啤酒制造	1522	啤酒用麦芽		
潍坊银龙纺织有限公司	山东省潍坊市昌乐县利民路411号	262400	370725	0536-6221635	棉、化纤纺织加工	1711	皮棉	棉纱	
昌乐世纪阳光纸业有限公司	山东省潍坊市昌乐县宝城街办	262400	370725	0536-2181002	机制纸及纸板制造	2221	机制纸板		
山东潍焦集团有限公司	山东省潍坊市昌乐县朱刘街道万庄	262404	370725	0536-6772371	炼焦	2520	焦炭	煤焦油精制	
山东乐化集团有限公司	山东省潍坊市昌乐县红河镇乐化工业园	262412	370725	0536-6681128	涂料制造	2641	油漆		
潍坊盛泰药业有限公司	山东省潍坊市昌乐县开发区昌大路东	262400	370725	0536-6295726	化学药品原药制造	2710	淀粉	葡萄糖	
潍坊振兴橡胶有限公司	山东省潍坊市昌乐县宝城街办温州工业园内	262400	370725	0536-6283277	橡胶板、管、带的制造	2920	橡胶输送带		
潍坊海特塑胶有限公司	山东省潍坊市昌乐县孤山街185号	262400	370725	0536-6234522	塑料板、管、型材的制造	3020	纤维增强软管	螺旋管	
潍坊现代塑胶有限公司	山东省潍坊市昌乐县经济开发区宝石城二路	262400	370725	0536-6289589	塑料板、管、型材的制造	3020	塑料管		
山东矿机集团有限公司	山东省潍坊市昌乐县大沂路北段	262400	370725	0536-6228254	采矿、采石设备制造	3611	刮板输送机	支护设备	
潍坊小型拖拉机有限公司	山东省潍坊市昌乐县马宋镇	262415	370725	0536-6921216	拖拉机制造	3671	小型拖拉机		
潍坊中传拉链配件有限公司	山东省潍坊市昌乐县宝城街办经济开发区006号	262400	370725	0536-2189999-225	其他未列明的制造业	4290	生产销售拉链头		
昌乐县供电公司	山东省潍坊市昌乐县孤山路163号	262400	370725	0536-6292203	电力供应	4420	电力供应业		
山东安吉丸食品有限公司	山东省潍坊市青州市青垦路5号	262500	370781	0536-3291829	蔬菜、水果和坚果加工	1370	味付产品		
颐中烟草(集团)有限公司青州卷烟厂	山东省潍坊市青州市玲珑山北路1818号	262500	370781	0536-3239350	卷烟制造	1620	卷烟		
青州银龙纺织有限公司	山东省潍坊市青州市尧王山西路891号	262500	370781	0536-3883107	棉、化纤纺织加工	1711	棉纱		
青州市东鑫纸业有限公司	山东省潍坊市青州市东路2229号	262500	370781	0536-3283868	加工纸制造	2223	加工纸制造		

续表37：

企业名称	详细地址	邮政编码	行政区划代码	联系电话	所属行业	行业代码	主要产品一	主要产品二	主要产品三
山东云门药业有限责任公司	山东省潍坊市青州市青州南路东一街999号	262500	370781	0536-2133026	化学药品制剂制造	2720	头胞氨苄甲氧苄啶胶囊	醋氯芬酸胶囊	
青州尧王制药有限公司	山东省潍坊市青州市尧王山西路1号	262500	370781	0536-3260406	化学药品制剂制造	2720	医用输液		
青州市化纤厂	山东省潍坊市青州市东坝镇4299号	262517	370781	0536-3200696	其他合成纤维制造	2829	丙纶短纤	钻夹头	
山东保足鞋业有限公司	山东省潍坊市青州市青州南路17号	262500	370781	0536-3291570	橡胶靴鞋制造	2960	布胶鞋		
青州市剪刀厂有限公司	山东省潍坊市青州市范公亭东路3979号	262500	370781	0536-3201076	刀剪及类似日用金属工具制造	3424	剪刀生产		
山起重型机械股份公司	山东省潍坊市青州市青州南路1757号	262500	370781	0536-3203315	起重运输设备制造	3530	起重机设备		
山东机械设备进出口集团益都阀门有限公司	山东省潍坊市青州市香山路7号	262500	370781	0536-3289311	阀门和旋塞的制造	3543	阀门生产		
青州起重设备厂有限公司	山东省潍坊市青州市南环路2935号	262500	370781	0536-3200603	机械零部件加工及设备修理	3583	零配件制造		
青州豪章铸造有限公司	山东省潍坊市青州市邵庄镇邵庄村	262500	370781	0536-3750816	钢铁铸件制造	3591	铸件生产与销售		
青州石油机械厂有限公司	山东省潍坊市青州市青州中路东街5号	262500	370781	0536-3296218-8128	石油钻采专用设备制造	3612	石油钻采设备		
山东山工机械有限公司	山东省潍坊市青州市云河乡	262500	370781	0536-3818401	建筑工程用机械制造	3613	装载机		
青州鲁绣抽纱有限公司	山东省潍坊市青州市王府东街676号	262500	370781	0536-2131313	抽纱刺绣工艺品制造	4216	刺绣产品		
青州供电公司	山东省潍坊市青州市范公亭东路2991号	262500	370781	0536-3238145	电力供应	4420	供电量		
晖泽水务（青州）有限公司	山东省潍坊市青州市尧王山西路1177号	262500	370781	0536-3262765	自来水的生产和供应	4610	自来水		
诸城外贸有限责任公司	山东省潍坊市诸城市密州东首	262200	370782	0536-6326424	肉制品及副产品加工	1352	玉米淀粉系列	肉鸡产品	
得利斯集团有限公司	山东省潍坊市诸城市昌城镇	262216	370782	0536-6339070	肉制品及副产品加工	1352	鲜冻畜肉、低温肉制品	粮油	
诸城市润生淀粉有限公司	山东省潍坊市诸城市辛兴镇兴中路66号	262218	370782	0536-6521088	淀粉及淀粉制品的制造	1391	玉米淀粉		
山东诸城密州酒业有限公司	山东省潍坊市诸城市密州东路88号	262200	370782	0536-6052308	白酒制造	1521	密州春酒	刘罗锅酒	
诸城市中纺金维纺织有限公司	山东省潍坊市诸城市经济开发区横二路中首	262200	370782	0536-6163577	棉、化纤纺织加工	1711	纱	坯布	
诸城市德利源纺织有限公司	山东省潍坊市诸城市繁荣路9号	262200	370782	0536-6211538	棉、化纤纺织加工	1711	纱	布	
诸城新纺纺织有限公司	山东省潍坊市诸城市龙都街道繁荣路81号	262200	370782	0536-6211105	棉、化纤纺织加工	1711	布	纱	
山东兰凤针织集团有限公司	山东省潍坊市诸城市密州路4号	262200	370782	0536-6162035	棉、化纤针织品及编织品制造	1761	针织服装		
诸城市福利服装厂	山东省潍坊市诸城市密州街道毛家巷1号	262200	370782	0536-6212873	纺织服装制造	1810	服装		
山东桑莎制衣集团	山东省潍坊市诸城市密州街广场路6号	262200	370782	0536-6212934	纺织服装制造	1810	针织服装		
新郎希努尔集团股份有限公司	山东省潍坊市诸城市东外环路北首58号	262200	370782	0536-6081356	纺织服装制造	1810	西装	衬衣 、	

续表38：

企业名称	详细地址	邮政编码	行政区划代码	联系电话	所属行业	行业代码	主要产品一	主要产品二	主要产品三
诸城市新华宇家具有限公司	山东省潍坊市诸城市密州街道东武街133号	262200	370782	0536-6063381	木质家具制造	2110	木制家具	软体家具	
诸城市新星纸业有限公司	山东省潍坊市诸城市密州街道东武北街70号	262200	370782	0536-6063867	机制纸及纸板制造	2221	机制纸及纸板		
诸城泰盛化工有限公司	山东省潍坊市诸城市舜王街道北环路580号	262233	370782	0536-6011115	有机化学原料制造	2614	糖醇	烧碱	
诸城市乐天化工有限公司	山东省潍坊市诸城市龙都街道西十里村	262200	370782	0536-6211799	涂料制造	2641	氨基烘干漆	醇酸树胺漆	
山东三工橡胶有限公司	山东省潍坊市诸城市皇华镇	262229	370782	0536-6588699	车辆、飞机及工程机械轮胎制造	2911	子午胎销售	斜交胎销售	
山东泸河集团有限公司	山东省潍坊市诸城市昌城	262216	370782	0536-6336001	车辆、飞机及工程机械轮胎制造	2911	轮胎		
诸城市隆泰水泥有限公司	山东省潍坊市诸城市朱解镇	262234	370782	0536-6212332	水泥制造	3111	水泥		
诸城市杨春水泥有限公司	山东省潍坊市诸城市龙都街道89号	262200	370782	0536-6116696	水泥制造	3111	水泥		
诸城市紫阳陶瓷有限公司	山东省潍坊市诸城市龙都街道西吕标	262200	370782	0536-6213171	卫生陶瓷制品制造	3151	墙地砖		
诸城亿沣机械有限公司	山东省潍坊市诸城市东外环南首路东	262200	370782	0536-6218152	金属成形机床制造	3522	压力机	间歇传动箱	
山东高强紧固件有限公司	山东省潍坊市诸城市密州街办工业大道1号	262200	370782	0536-6062908	锻件及粉末冶金制品制造	3592	冷镦锻件		
诸城市华日粉末冶金有限公司	山东省潍坊市诸城市经济开发区206国道西横王路北	262233	370782	0536-6218366	锻件及粉末冶金制品制造	3592	锻件及粉末冶金制品制造	汽车零部件及配件制造	
诸城市良丰化学有限公司	山东省潍坊市诸城市兴华西路39号	262200	370782	0536-6213525	炼油、化工生产专用设备制造	3621	测土配方多元素复合肥	生物净化器	
山东万兴集团有限公司	山东省潍坊市诸城市繁荣路东首北侧	262200	370782	0536-6067888	农副食品加工专用设备制造	3632	淀粉设备	页岩砖	
诸城金日东造纸机械有限公司	山东省潍坊市诸城市密州路26号	262200	370782	0536-6216641	制浆和造纸专用设备制造	3641	纸机	螺旋网带洗浆机	
诸城市康佛特机械电器有限公司	山东省潍坊市诸城市舜王街道269号	262200	370782	0536-6011088	其他农林牧渔业机械制造及机械修理	3679	锤片式饲料粉碎机		
北汽福田汽车股份有限公司诸城汽车厂	山东省潍坊市诸城市龙源街1号	262200	370782	0536-6129349	汽车整车制造	3721	汽车	三轮摩托车	
诸城市义和车桥有限公司	山东省潍坊市诸城市密州路5号	262200	370782	0536-6215293	汽车零部件及配件制造	3725	前桥	罗拴	
诸城市海得威机械有限公司	山东省潍坊市诸城市龙都街道孔一村518号	262200	370782	0536-6350726	汽车零部件及配件制造	3725	空滤器	消音器	
山东开元电机有限公司	山东省潍坊市诸城市南外环路8号	262200	370782	0536-6062088	电动机制造	3912	Y系列交流电动机		
山东四达工贸股份有限公司	山东省潍坊市诸城市棉织街3号	262200	370782	0536-6213175	绝缘制品制造	3933	绝缘制品	棉纱	
诸城市龙光电力投资（集团）有限公司	山东省潍坊市诸城市东关大街2号	262200	370782	0536-6093236	电力供应	4420	电力供应业	汽车零部件及配件供应业	
诸城市康源供水有限公司	山东省潍坊市诸城市东关大街17号	262200	370782	0536-6063947-8030	自来水的生产和供应	4610	自来水		
山东菜央子盐场	山东省潍坊市寿光市羊口镇	262738	370783	0536-5344591	采盐	1030	食盐	原盐	

续表39：

企业名称	详细地址	邮政编码	行政区划代码	联系电话	所属行业	行业代码	主要产品一	主要产品二	主要产品三
山东大地盐化有限公司	山东省潍坊市寿光市侯镇	262725	370783	0536-5391111	采盐	1030	四溴双酚A	十溴二苯醚	
山东卫东化工有限公司	山东省潍坊市寿光市羊口镇	262714	370783	0536-5342560	采盐	1030	原盐	十溴二苯醚	
寿光市欣达美制粉有限公司	山东省潍坊市寿光市圣城东街369号	262700	370783	0536-5199868	谷物磨制	1310	小麦粉	挂面	
山东华麟面业有限公司	山东省潍坊市寿光市金光街110号	262700	370783	0536-5221881	谷物磨制	1310	麦粉		
山东富氏农牧科技有限公司	山东省潍坊市寿光市稻田镇王三村	262706	370783	0536-5860088	饲料加工	1320	饲料生产		
山东省寿光市永泰植物油有限公司	山东省潍坊市寿光市新兴街48号	262700	370783	0536-5221191	食用植物油加工	1331	大豆油	大豆粕	
寿光市天成食品有限公司	山东省潍坊市寿光市张建桥街道	262703	370783	0536-5101468	肉制品及副产品加工	1352	食品		
青岛啤酒（寿光）有限公司	山东省潍坊市寿光市渤海路8号	262700	370783	0536-5269901	啤酒制造	1522	啤酒		
山东省寿光市巨兴油棉有限公司	山东省潍坊市寿光市侯镇镇	262726	370783	0536-5381252	棉、化纤纺织加工	1711	棉油	皮棉	
山东金河纺织集团公司	山东省潍坊市寿光市侯镇	262724	370783	0536-5391888	棉、化纤纺织加工	1711	针织品		
寿光市嘉信纺织有限公司	山东省潍坊市寿光市留吕镇	262734	370783	0536-5632369	棉及化纤制品制造	1751	针织品		
山东仙霞服装有限公司	山东省潍坊市寿光市金光街6号	262700	370783	0536-5258370	纺织服装制造	1810	西服		
寿光市金鹏玩具有限公司	山东省潍坊市寿光市正阳街138号	262700	370783	0536-5101729	纺织面料鞋的制造	1820	布拖鞋		
寿光市富士木业有限公司	山东省潍坊市寿光市洛城工业园	262703	370783	0536-5678257	胶合板制造	2021	家具	人造板、装饰板	
山东巨龙黄河板材有限公司	山东省潍坊市寿光市文家街道	262702	370783	0536-5672039	其他人造板、材制造	2029	刨花板		
寿光丽奔制纸有限公司	山东省潍坊市寿光市圣城街595号	262700	370783	0536-2158034	机制纸及纸板制造	2221	无碳复写原纸		
山东晨鸣纸业集团股份有限公司	山东省潍坊市寿光市圣城街595号	262700	370783	0536-2158146	机制纸及纸板制造	2221	双面铜板纸	轻涂纸	
寿光市豪源化工有限公司	山东省潍坊市寿光市羊口镇八面河村	262716	370783	0536-5670013	无机酸制造	2611	溴素及深加工	油田助剂	
山东省寿光市新龙电化有限责任公司	山东省潍坊市寿光市王高镇	262709	370783	0536-5421351	无机碱制造	2612	烧碱	PVC	
山东寿光联盟化工集团有限责任公司	山东省潍坊市寿光市建新街199号	262700	370783	0536-5202237	氮肥制造	2621	尿素	甲醇	
寿光富康制药有限公司	山东省潍坊市寿光市北海路168号	262703	370783	0536-5109193	化学药品原药制造	2710	甲氧苄啶	溴化钠	
山东寿光健元春有限公司	山东省潍坊市寿光市光明路128号	262700	370783	0536-5207911	塑料丝、绳及编织品的制造	3030	塑料编造袋		
鲁丽集团有限公司	山东省潍坊市寿光市侯镇	262724	370783	0536-5361800	炼钢	3220	人造板	钢材	
山东墨龙石油机械有限公司	山东省潍坊寿光市北海路99号	262700	370783	0536-5103360	石油钻采专用设备制造	3612	油套管	锻件	
华源凯马车辆有限公司	山东省潍坊市寿光市广场东街288号	262700	370783	0536-5202801	汽车整车制造	3721	机械制造		
山东千榕家纺有限公司	山东省潍坊市寿光市渤海路562号	262700	370783	0536-5261928	抽纱刺绣工艺品制造	4216	抽纱	中密度纤维板	

续表40：

企业名称	详细地址	邮政编码	行政区划代码	联系电话	所属行业	行业代码	主要产品一	主要产品二	主要产品三
寿光市金艺发制品有限责任公司	山东省潍坊市寿光市稻田镇	262706	370783	0536-5651634	其他工艺美术品制造	4219	假发		
寿光市金马发制品厂	山东省潍坊市寿光市圣城街办	262703	370783	0536-2230680	其他工艺美术品制造	4219	假发		
山东晨鸣热电股份有限公司	山东省潍坊市寿光市圣城街道	262700	370783	0536-2159850	火力发电	4411	发电	供热	
山东寿光巨能控股集团有限公司	山东省潍坊市寿光市渤海街268号	262700	370783	0536-5182284	电力供应	4420	淀粉及淀粉制品业	电力供应业	
山东省寿光市自来水公司	山东省潍坊市寿光市迎宾路100号	262700	370783	0536-5221681	自来水的生产和供应	4610	自来水生产供应		
安丘市外贸食品有限责任公司	山东潍坊安丘市和平西路	262100	370784	0536-4261234	肉制品及副产品加工	1352	冻鸡	罐头	
安丘市昌盛食品有限责任公司	山东潍坊安丘市白芬子镇	262102	370784	0536-4875388	蔬菜、水果和坚果加工	1370	蔬菜加工		
安丘市福华食品有限公司	山东潍坊安丘市潍徐南路	262100	370784	0536-4263443	蔬菜、水果和坚果加工	1370	蔬菜加工		
山东柠檬生化有限公司	山东潍坊安丘市汶河桥北	262100	370784	0536-4222798	其他调味品、发酵制品制造	1469	柠檬酸		
安丘市酶制剂厂	山东潍坊安丘市景芝镇	262119	370784	0536-4611134	其他调味品、发酵制品制造	1469	糖化酶	淀粉酶	
山东景芝集团有限公司	山东潍坊安丘市景芝镇	262119	370784	0536-4615102	白酒制造	1521	白酒		
安丘市圣洲啤酒有限公司	山东潍坊安丘市景芝镇	262119	370784	0536-4617666	啤酒制造	1522	啤酒		
潍坊仁惠纺织有限公司	山东省安丘市贾戈街道办事处孙十里村	262106	370784	0536-4329388	棉、化纤纺织加工	1711	纺织加工		
安丘市瑞泰纺织有限公司	山东潍坊安丘市青云大街63号	262100	370784	0536-4361291	棉、化纤纺织加工	1711	绵纺织		
安丘市临浯造纸厂	山东潍坊安丘市景芝镇	262116	370784	0536-4776098	机制纸及纸板制造	2221	卫生纸		
潍坊科瑞特印务有限公司	山东潍坊安丘市刘家尧镇	262100	370784	0536-4934488	书、报、刊印刷	2311	书刊印刷		
山东奥宝化工集团有限公司	山东潍坊安丘市刘家尧镇	262100	370784	0536-4390161	复混肥料制造	2624	复合肥	合成氨	
安丘市鲁星化学有限公司	山东潍坊安丘市景芝镇	262119	370784	0536-4781049	化学试剂和助剂制造	2661	破乳剂	石蜡分散剂	
安丘市鲁安药业有限责任公司	山东潍坊安丘市潍徐北路35号	262100	370784	0536-4390238	化学药品原药制造	2710	扑热息痛		
安丘市恒日水泥有限责任公司	山东潍坊安丘市赵戈镇	262109	370784	0536-4729199	水泥制造	3111	水泥		
安丘安泰玻璃有限公司	山东潍坊安丘市潍安路64号	262100	370784	0536-4222352	日用玻璃制品及玻璃包装容器制造	3145	日用玻璃		
潍坊长安铁塔股份有限公司	山东潍坊安丘潍徐北路1号	262100	370784	0536-4213293	金属结构制造	3411	输电线路铁塔		
安丘市铸造厂有限公司	山东潍坊安丘市兴安街办	262100	370784	0536-4263767	其他未列明的金属制品制造	3499	铸件		
安丘新建业登峰焊接材料有限公司	山东潍坊安丘市凌河镇	262127	370784	0536-4641146	其他未列明的金属制品制造	3499	焊接材料		
潍坊市通用机械有限责任公司	山东潍坊安丘市潍徐南路268号	262100	370784	0536-4363335	建筑工程用机械制造	3613	稳定土拌和站		
汶瑞机械（山东）有限公司	山东潍坊安丘市潍徐南路287号	262100	370784	0536-4381502	环境污染防治专用设备制造	3691	环保机械	造纸机械	

续表41：

企业名称	详细地址	邮政编码	行政区划代码	联系电话	所属行业	行业代码	主要产品一	主要产品二	主要产品三
潍坊恒安散热器有限公司	山东潍坊安丘市新安街	262100	370784	0536-4363058	汽车零部件及配件制造	3725	散热器		
潍坊市电机一厂有限公司	山东潍坊安丘市潍徐南路212号	262100	370784	0536-4361485	电动机制造	3912	电动机		
安丘天利达电路板有限公司	山东潍坊安丘管公镇	262133	370784	0536-4811046	集成电路制造	4053	集成电路		
潍坊恒信化轻有限公司	山东潍坊安丘市景芝镇	262119	370784	0536-4613019	花画工艺品制造	4214	人造花果		
潍坊吉源纺织有限责任公司	山东潍坊安丘市永安路225号	262100	370784	0536-4366739	抽纱刺绣工艺品制造	4216	钩针	机绣	
安丘市供电公司	山东潍坊安丘市向阳路17号	262100	370784	0536-4112587	电力供应	4420	售电		
安丘盛源热电有限公司	山东潍坊安丘市长安路7号	262100	370784	0536-4222714	热力生产和供应	4430	发电量	供热量	
安丘市自来水公司	山东潍坊安丘市向阳路14号	262100	370784	0536-4221637	自来水的生产和供应	4610	自来水生产和供应		
山东凯加食品股份有限公司	山东潍坊高密夏庄工业园A区138号	261500	370785	0536-2129919	肉制品及副产品加工	1352	鸡产品		
山东高密市商羊神酒业有限公司	山东潍坊高密立新街439号	261500	370785	0536-2322138	白酒制造	1521	白酒	纺纱	
山东高密大昌纺织有限公司	山东潍坊高密立新街1188号	261500	370785	0536-2324548	棉、化纤纺织加工	1711	纺织		
孚日集团股份有限公司	山东潍坊高密孚日街1号	261500	370785	0536-2891070	棉及化纤制品制造	1751	毛巾系列		
山东华燕制衣有限公司	山东潍坊高密朝阳街道	261500	370785	0536-2592268	纺织服装制造	1810	针织内衣		
高密市绿洲化工有限公司	山东省潍坊市高密市姜庄旗台路北首	261500	370785	0536-2323133	专项化学用品制造	2662	离子膜烧碱	敌敌畏	
山东天达生物制药股份有限公司	山东潍坊高密密水街道民营科技园内	261500	370785	0536-2345708	中成药制造	2740	天达2116细胞膜稳态剂	天林粉针剂	
山东银鹰化纤有限公司	山东潍坊高密人民大街1219号	261500	370785	0536-2916666-6032	化纤浆粕制造	2811	棉浆粕	粘胶短纤维	
高密市振原水泥有限公司	山东潍坊高密市康庄镇	261512	370785	0536-2852123	水泥制造	3111	水泥		
山东石通石业有限公司	山东省潍坊高密市月谭路北首	261505	370785	0536-2791023	建筑用石加工	3133	大理石石材		
山东长盛泰玻璃制品有限公司	山东省潍坊高密市柏城镇2088号	261501	370785	0536-2576064	日用玻璃制品及玻璃包装容器制造	3145	玻璃制品		
山东高天金属制造有限公司	山东潍坊高密醴泉大街969号	261500	370785	0536-2322888	其他未列明的金属制品制造	3499	汽门嘴	汽门嘴芯	
山东高密高锻机械有限公司	山东潍坊高密百脉湖大街769号	261500	370785	0536-2314813	金属成形机床制造	3522	金属成型机床	汽车零配件	
豪迈科技股份有限公司	山东省潍坊市高密市豪迈路1号	261500	370785	0536-2352226	模具制造	3625	轮胎模具		
山东金亿机械制造有限公司	山东潍坊高密柏城镇三真大道	261500	370785	0536-2532199	机械化农业及园艺机具制造	3672	联合收割机		
高密彩虹分析仪器有限公司	山东潍坊高密南关路86号	261500	370785	0536-2309235	医疗诊断、监护及治疗设备制造	3681	医疗电子仪器		
山东菲达电器有限公司	山东省潍坊市高密市夏庄工业园A区99号	261502	370785	0536-2218465	变压器、整流器和电感器制造	3921	表箱改造		

续表42：

企业名称	详细地址	邮政编码	行政区划代码	联系电话	所属行业	行业代码	主要产品一	主要产品二	主要产品三
高密昭儿玩具有限公司	山东省潍坊市高密市夷安大道北	261505	370785	0536-2301791	抽纱刺绣工艺品制造	4216	玩具		
高密市供电公司	山东潍坊高密康成大街东首	261500	370785	0536-2218736	电力供应	4420	电力供应	其他未列明的电气机械制造	
高密市水业公司	山东省潍坊高密人民大街177号	261500	370785	0536-2591913	自来水的生产和供应	4610	自来水生产供应	污水处理	
山东省昌邑市石英矿砂厂	山东省潍坊市昌邑市饮马镇山阳村	261317	370786	0536-7722972	粘土及其他土砂石开采	1019	石英矿		
昌邑盐业公司	山东省潍坊市昌邑市北海路78号	261300	370786	0536-7211793	采盐	1030	原盐		
潍坊游龙面业有限公司	山东省潍坊市昌邑市围子工业园	261307	370786	0536-7211888	谷物磨制	1310	小麦粉（面粉）	方便主食品（挂面）	
山东省昌邑正虹饲料有限公司	山东省潍坊市昌邑市都昌街道	261300	370786	0536-2175500	饲料加工	1320	饲料		
山东泰森新昌食品有限公司	山东省潍坊市昌邑市新昌路2号	261300	370786	0536-7216468	畜禽屠宰	1351	冻鸡鸭等冻熟食品加工	饲料	
山东昌邑乾隆杯酒业有限责任公司	山东省潍坊市昌邑市利民街776号	261300	370786	0536-7198731	白酒制造	1521	粮食酒		
昌邑市第三棉纺厂	山东省潍坊市昌邑市围子镇	261307	370786	0536-7822101	棉、化纤纺织加工	1711	棉纱	棉布	
潍坊海天棉纺有限公司	山东省潍坊市昌邑市都昌街353号	261300	370786	0536-7192729	棉、化纤纺织加工	1711	纱		
潍坊金丝达实业有限公司	山东省潍坊市昌邑市奎聚街道办事处	261300	370786	0536-7160338	棉、化纤印染精加工	1712	印染布、印花布		
昌邑福鹏染织有限公司	山东省潍坊市昌邑市石化路251号	261300	370786	0536-7227388	棉、化纤印染精加工	1712	贡缎、锦美绸、涤塔夫	其他	
昌邑华晨纺织集团	山东省潍坊市昌邑市同大街657号	261300	370786	0536-7128027	棉、化纤印染精加工	1712	印染布	棉布	
昌邑市华裕丝绸有限责任公司	山东省潍坊市昌邑市柳疃镇昌柳路30号	261302	370786	0536-7811142	绢纺和丝织加工	1742	丝绸		
昌邑家宜巾被有限公司	山东省潍坊市昌邑市利民街598号	261300	370786	0536-7211770	棉及化纤制品制造	1751	毛浴巾	毛巾被	
山东华发丝绸服装有限公司	山东省潍坊市昌邑市天水路72号	261300	370786	0536-7212388	纺织服装制造	1810	服装		
潍坊鲁发服装有限公司	山东省潍坊市昌邑市天水路140号	261300	370786	0536-7192813	纺织服装制造	1810	各类服装		
山东昌邑石化有限公司	山东省潍坊市昌邑市利民街西首	261300	370786	0536-7194165	原油加工及石油制品制造	2511	汽油	柴油	
昌邑市海美塑品有限责任公司	山东省潍坊市昌邑市北海路371号	261300	370786	0536-2175888	塑料丝、绳及编织品的制造	3030	塑编袋（集装袋）		
山东同大集团有限公司	山东省潍坊市昌邑市同大街520号	261300	370786	0536-7211692	纺织专用设备制造	3651	纺织机械、印花镍网	混纺布	
山东浩信机械有限公司	山东省潍坊市昌邑市围子镇	261307	370786	0536-7795683	汽车零部件及配件制造	3725	汽车制动器铸造	农机件铸造	
山东利得尔工艺品有限公司	山东省潍坊市昌邑市利民街616号	261300	370786	0536-7115780	抽纱刺绣工艺品制造	4216	绗缝	抽纱系列产品	
昌邑市供电公司	山东省潍坊市昌邑市北海路451号	261300	370786	0536-7218220	电力供应	4420	电力供应		
昌邑市自来水公司	山东省潍坊市昌邑市北海路486号	261300	370786	0536-7212520	自来水的生产和供应	4610	自来水生产和供应		
山东潍坊华润纺织有限公司	山东潍坊高新区北宫东街甲33号	261061	370797	0536-2117602	毛条加工	1721	纱	布	

续表43：

企业名称	详细地址	邮政编码	行政区划代码	联系电话	所属行业	行业代码	主要产品一	主要产品二	主要产品三
潍坊沃华医药科技股份有限公司	山东省潍坊市高新区519号	261041	370797	0536-7526599	中成药制造	2740	心可舒片	心可舒胶囊	
潍坊三维生物工程集团有限公司	山东省潍坊市高新开发区志远路1198号	261041	370797	0536-5070110	生物、生化制品的制造	2760	体外诊断试剂	生化产品	
富潍薄膜（山东）有限公司	山东省潍坊市高新区东明路387号	261061	370797	0536-8885869	塑料薄膜制造	3010	双向拉伸聚酯薄膜		
潍坊钢铁集团有限公司	山东省潍坊市高新区钢城发展区	261205	370797	0536-7673828	钢压延加工	3230	棒材	线材	
潍坊海莱特锥形钢有限公司	山东省潍坊高新区卧龙东街3899号	261061	370797	0536-8880447	铁合金冶炼	3240	通信塔	电力塔	
潍柴控股集团有限公司	山东省潍坊市高新区民生东街26号	261001	370797	0536-2297078	内燃机及配件制造	3512	内燃机制造	内燃机零部件及配件制造	
山东五洲投资集团有限公司	山东潍坊高新区桐荫街197号	261061	370797	0536-8362607	变压器、整流器和电感器制造	3921	输变电工程施工	干式变压器电能表	
潍坊北大青鸟华光科技股份有限公司	山东省潍坊市高新技术开发区北宫东街6号	261061	370797	0536-2991556	通信传输设备制造	4011	数字机顶盒	对外代工	
歌尔声学股份有限公司	山东潍坊高新区东方路268号	261061	370797	0536-8525170	移动通信及终端设备制造	4014	蓝牙耳机	麦克风	
潍坊东升电子有限公司	山东省潍坊市高新区玉清东街高新大厦	261031	370797	0536-2270221	广播电视节目制作及发射设备制造	4031	光发射机	光工作站	
华电潍坊发电有限公司	山东省潍坊市高新区清池	261061	370797	0536-8872122	火力发电	4411	火力发电		
潍坊市港华燃气有限公司	山东省潍坊市高新区东方路3669号	261061	370797	0536-8069377	燃气生产和供应业	4500	燃气供应	工程设计	
潍坊自来水公司	山东省潍坊市高新区东方路3669号	261061	370797	0536-8875760-	自来水的生产和供应	4610	自来水		
山东寒亭第一盐场	山东潍坊滨海经济开发区先进制造业产业园	262737	370799	0536-7579139	采盐	1030	原盐		
山东龙威实业有限公司	山东潍坊滨海经济开发区	262737	370799	0536-5337812	采盐	1030	原盐	溴素	
山东海化股份有限公司	山东潍坊滨海经济开发区	262737	370799	0536-5329428	无机碱制造	2612	纯碱	氯化钙	
山东海王化工股份有限公司	山东潍坊滨海经济开发区先进制造业产业园	261108	370799	0536-7578888	化学试剂和助剂制造	2661	原盐	溴素	
山东鲁泰煤业有限公司	山东省济宁市高新区吴泰闸东路148号	272000	370801	0537-2602261	烟煤和无烟煤的开采洗选	0610	原煤		
济宁方圆矿业有限公司	山东省济宁市市中区任城路62号	277606	370801	0537-2109278	烟煤和无烟煤的开采洗选	0610	煤炭		
菱花集团有限公司	山东省济宁市高新区柳行	272073	370801	0537-2085074	味精制造	1461	味精		
山东雪花生物化工股份有限公司	山东省济宁市兖州市高新区王因镇	272103	370801	0537-3768013	其他调味品、发酵制品制造	1469	谷氨酸	硫酸	
山东德源纱厂有限公司	山东省济宁市高新区黄屯镇德源路1号	272100	370801	0537-3361208	棉、化纤纺织加工	1711	紧密纺纱	高档面料	
山东如意科技集团有限公司	山东省济宁市高新区如意工业园	272073	370801	0537-2933032	毛纺织	1722	精纺呢绒	服装	
山东樱花五金集团有限公司	山东省济宁市高新区东外环路	272073	370801	0537-2084301	金属丝绳及其制品的制造	3440	园钉类	出口钉	
山东英克莱集团有限公司	山东省济宁市高新区火炬路29号	272000	370801	0537-2329419	搪瓷卫生洁具制造	3472	电动车	健身器	

续表44：

企业名称	详细地址	邮政编码	行政区划代码	联系电话	所属行业	行业代码	主要产品一	主要产品二	主要产品三
山推工程机械股份有限公司	山东省济宁市太白东路58号	272035	370801	0537-2909645	建筑工程用机械制造	3613	推土机	压路机	
凯登轻工机械（济宁）有限公司	山东省济宁市高新区机电一路99号	272023	370801	0537-2073108	制浆和造纸专用设备制造	3641	造纸机械		
山东永泰照明电器股份有限公司	山东省济宁市中区观音阁路	272023	370801	0537-2347668	电光源制造	3971	电光源（灯泡）		
济宁供电公司	山东省济宁市开发区火炬路28号	272023	370801	0537-2392123	电力供应	4420	电力供应		
济宁能源发展集团有限公司	山东省济宁市中区环城北路12号	272000	370802	0537-2379009	烟煤和无烟煤的开采洗选	0610	原煤	冶金	
山东恒信集团有限公司	山东省济宁市高新区菱花南路	272000	370802	0537-2087756	烟煤和无烟煤的开采洗选	0610	煤炭	钢材	
济宁鲁鑫油脂有限公司	山东省济宁市中区车站西路102号	272143	370802	0537-2216886	食用植物油加工	1331	豆油	豆粕	
山东鲁宝食品有限公司	山东省济宁市中区仙营镇2号	272149	370802	0537-2331646	方便面及其他方便食品制造	1439	方便面	纸箱	
济宁玉堂酱园有限责任公司	山东省济宁市中区济邹路1号	272100	370802	0537-3154665	酱油、食醋及类似制品的制造	1462	面酱	罐头	
济宁世通纺织有限公司	山东省济宁市中区太白东路3号	272035	370802	0537-2312883	棉、化纤纺织加工	1711	纱布		
济宁市大成服饰有限责任公司	山东省济宁市中区红星西路44号	272041	370802	0537-2176133	纺织服装制造	1810	服装	羽绒服	
山东民生煤化有限公司	山东省济宁市中区东五里营路1号	272015	370802	0537-2397966	炼焦	2520	焦炭		
济宁中银电化有限公司	山东省济宁市中区太白西路	272021	370802	0537-2782042	无机碱制造	2612	烧碱	聚氯乙烯	
山东鲁抗医药集团有限公司	山东省济宁市中区太白楼西路152号	272021	370802	0537-2983272	化学药品原药制造	2710	化学原料药	化学药品制剂	
山东企鹅塑胶集团有限公司	山东省济宁市中区车站东路17号	272015	370802	0537-2334978	塑料薄膜制造	3010	塑料薄膜		
济宁矿业集团钢铁厂	山东省济宁市车站西路88号	272043	370802	0537-2203018	炼铁	3210	钢筋		
济宁亚龙泵业有限责任公司	山东省济宁市中区济安桥北路18号	272141	370802	0537-2273859	泵及真空设备制造	3541	节能泵	管道泵	
山东济宁特力机床厂	山东省济宁市新元街56号	272000	370802	0537-2487019	钢铁铸件制造	3591	组合机床	通用部件	
济宁恒松工程机械有限责任公司	山东省济宁市市中区观音阁	272000	370802	0537-2398222	锻件及粉末冶金制品制造	3592	工程机械配套部件	左右门	
山东山矿机械有限公司	山东省济宁市中区济安桥北路11号	272041	370802	0537-2226931-3126	采矿、采石设备制造	3611	矿山设备	输送机械	
山东济宁模具厂	山东省济宁市市中区环城北路40号	272031	370802	0537-6988481	电子工业专用设备制造	3662	模具	试块	
小松山推工程机械有限公司	山东省济宁开发区吴泰闸路69号	272000	370802	0537-2363054	拖拉机制造	3671	液压挖掘机		
山东电讯七厂有限责任公司	山东省济宁市中区文大街4号	272001	370802	0537-2214455	医疗诊断、监护及治疗设备制造	3681	MP-2型溶出分析仪		
山东济宁车轮厂	山东省济宁市中区太白中路23号	272035	370802	0537-2353762	脚踏自行车及残疾人座车制造	3741	钢制车轮		
济宁硅元件厂	山东省济宁中区红星东路17号	272149	370802	0537-2316571-8622	半导体分立器件制造	4052	硅单晶片		
济宁康明电子光学有限公司	山东省济宁市中区浣笔泉11号	272033	370802	0537-2314852	眼镜制造	4142	电真空规管	眼镜	

续表45：

企业名称	详细地址	邮政编码	行政区划代码	联系电话	所属行业	行业代码	主要产品一	主要产品二	主要产品三
华能国际电力股份有限公司济宁电厂	山东省济宁市中区济安桥南路35号	272021	370802	0537-2962146	火力发电	4411	火力发电		
济宁中山公用水务有限公司	山东省济宁市中区红星中路供水大厦	272000	370802	0537-2071577	自来水的生产和供应	4610	自来水生产和供应	供水管道施工	
山东济宁运河煤矿有限责任公司	山东省济宁市任城区南张镇翟家村北	272155	370811	0537-2593542	烟煤和无烟煤的开采洗选	0610	原煤		
山东济宁心酒厂	山东省济宁市任城区南张镇	272031	370811	0537-2223315	白酒制造	1521	白酒		
济宁恒丰纸业有限公司	山东省济宁市任城区安居镇经济园区	272059	370811	0537-2559310	机制纸及纸板制造	2221	铜版纸		
济宁正元煤化有限公司	山东省济宁市任城区安居镇胡庄南	272059	370811	0537-2575288	有机化学原料制造	2614	纯笨	甲苯	
济宁圣城化工实验有限责任公司	山东省济宁市任城区金宇西路59号	272031	370811	0537-2230070	化学农药制造	2631	磷化铝		
山东济兴医化（集团）有限责任公司	山东省济宁市任城区唐口	272061	370811	0537-2513818	兽用药品制造	2750	兽用粉针剂	兽用水针剂	
济宁张山水泥厂	山东省济宁市任城区长沟	272057	370811	0537-2583274	水泥制造	3111	水泥		
济宁碳素工业总公司	山东省济宁市任城区许庄镇	272000	370811	0537-2317667	石墨及碳素制品制造	3191	碳块		
华能济宁运河发电有限公司	山东省济宁市任城区长沟镇	272057	370811	0537-2652120	火力发电	4411	电力		
山东省三河口矿业有限责任公司	山东省济宁市微山县付村镇	277605	370826	0537-8596295	烟煤和无烟煤的开采洗选	0610	沫煤	精煤	
山东省微山湖矿业集团	山东省济宁市微山县欢城镇沙河北路2-1号	277606	370826	0537-8610112	烟煤和无烟煤的开采洗选	0610	原煤		
山东省岱庄生建煤矿	山东省济宁市微山县欢城镇	277606	370826	0537-8628092	烟煤和无烟煤的开采洗选	0610	原煤	洗精煤	
山东省七五生建煤矿	山东省济宁市微山县欢城镇	277606	370826	0537-8696235	烟煤和无烟煤的开采洗选	0610	煤炭开采洗选业		
山东省微山县酿酒厂	山东省济宁市微山县夏镇	277600	370826	0537-8231009	白酒制造	1521	白酒		
山东昊福药业集团有限公司	山东省济宁市微山县夏镇新河北街9号	277600	370826	0537-8224322-8037	氮肥制造	2621	碳酸氢铵	商品液氨	
微山佰伦实业有限公司	山东省济宁市微山县夏镇新河街2号	277600	370826	0136-8221973	涂料制造	2641	油漆		
微山县供电公司	山东省济宁市微山县东风东路	277600	370826	0537-8293315	电力供应	4420	售电		
山东鲁王集团有限公司	山东省济宁市鱼县台王鲁镇	272352	370827	0537-6151926	谷物磨制	1310	面粉	挂面	
山东济宁盛发焦化有限公司	山东省济宁市鱼台县张黄镇	272000	370827	0537-3119953	炼焦	2520	焦炭	焦油	
济宁金威煤电有限公司	山东省济宁市鱼台县张黄镇迟别	272350	370827	0537-3118826	初级形态的塑料及合成树脂制造	2651	精煤	烧碱	
鱼台县供电公司	山东省济宁市鱼台县湖凌二路	272300	370827	0537-6256052	电力供应	4420	电力供应		
山东金贵酒业有限公司	山东省济宁市金乡县中心东街26号	272200	370828	0537-8721978	白酒制造	1521	白酒		
山东金巨有限公司	山东省济宁市金乡县金乡镇	272200	370828	0537-8713668	粘土砖瓦及建筑砌块制造	3131	红砖	空心砖	

续表46：

企业名称	详细地址	邮政编码	行政区划代码	联系电话	所属行业	行业代码	主要产品一	主要产品二	主要产品三
山东省金曼克电气集团股份有限公司	山东省济宁市金乡县荷香街23号	272200	370828	0537-8739836	变压器、整流器和电感器制造	3921	干式变压器		
山东黄岗（集团）总公司	山东省济宁市嘉祥卧龙山镇	272408	370829	0537-6812027	水泥制造	3111	水泥	钛白粉	
华能嘉祥发电有限公司	山东省济宁市嘉祥县嘉祥镇	272400	370829	0537-2915712	火力发电	4411	发电		
山东济矿鲁能煤电有限公司阳城煤矿	山东省济宁市汶上县郭楼镇张坝口村	272502	370830	0537-7160027	烟煤和无烟煤的开采洗选	0610	原煤		
山东华金集团有限公司	山东省济宁市泗水县金庄镇	273201	370831	0537-4036967	机制纸及纸板制造	2221	无碳纸	涂布原纸	
大宇水泥（山东）有限公司	山东省济宁市泗水县	273200	370831	0537-4224734	水泥制造	3111	水泥		
山东工具制造有限公司	山东省济宁市泗水泉林镇	273206	370831	0537-4012427-8031	切削工具制造	3421	丝锥	板牙	
梁山县供电公司	山东省济宁市梁山县水泊中路94号	272600	370832	0537-7321055-2052	电力供应	4420	售电量		
山东裕隆矿业集团有限公司	山东省济宁市曲阜市裕隆街36号	273100	370881	0537-4716136	烟煤和无烟煤的开采洗选	0610	原煤		
曲阜孔府家酒业有限公司	山东省济宁市曲阜市裕隆路9号	273100	370881	0537-4425760	白酒制造	1521	白酒		
山东三孔集团有限公司	山东省济宁市曲阜市鲁城镇校场路18号	273100	370881	0537-4412867	啤酒制造	1522	啤酒		
曲阜市锦绣纺织有限公司	山东省济宁市曲阜市静轩东路156号	273100	370881	0537-3999768	棉、化纤纺织加工	1711	纱	纺布	
曲阜市神力橡塑有限公司	山东省济宁市曲阜市曲姚路1号	273100	370881	0537-4412770	橡胶板、管、带的制造	2920	三角带	输送带	
曲阜中联水泥有限公司	山东省济宁市曲阜市书院街八宝山	273125	370881	0537-4612113	水泥制造	3111	水泥	门窗	
山东天幕集团总公司	山东省曲阜市林道路1号	273100	370881	0537-2652856	金属结构制造	3411	幕墙	钢结构	
曲阜金皇活塞有限公司	山东省济宁市曲阜市经济技术开发区	273100	370881	0537-4719621	摩托车零部件及配件制造	3732	活塞	工业性作业价值	
曲阜金升电机有限公司	山东省济宁市曲阜市逵泉路东首	273100	370881	0537-4436548	电动机制造	3912	交流电动机		
山东鲁强电缆（集团）股份有限公司	山东省济宁市曲阜市校场路光明街1号	273100	370881	0537-4413740	电线电缆制造	3931	电线电缆制造	光纤光缆	
曲阜圣城热电有限公司	山东省济宁市曲阜时庄	272100	370881	0537-2918331	火力发电	4411	发电		
曲阜市供电公司	山东省济宁市曲阜市校场路光明街2号	273100	370881	0537-4408683	电力供应	4420	电力供应		
山东省兖州市大统矿业有限公司	山东省济宁市兖州市新兖镇牛楼村	272100	370882	0537-3651609	烟煤和无烟煤的开采洗选	0610	煤炭		
山东省兖州市兴达酒业有限公司	山东省济宁市兖州市乌龙北街 1号	272100	370882	0537-3414131	白酒制造	1521	白酒		
兖州市翔宇化纤纺织有限公司	山东省济宁市兖州市四关立交桥北	272100	370882	0537-3482900	纺织带和帘子布制造	1756	锦纶帘子布	锦纶工业丝	
山东太阳纸业股份有限公司	山东省济宁市兖州市西关大街66号	272100	370882	0537-3658704	机制纸及纸板制造	2221	涂布白卡纸	涂布白板纸	
银河德普胶带有限公司	山东省济宁市兖州市新兖镇	272100	370882	0537-3658002	橡胶板、管、带的制造	2920	橡胶		

续表47：

企业名称	详细地址	邮政编码	行政区划代码	联系电话	所属行业	行业代码	主要产品一	主要产品二	主要产品三
山东省联诚金属制品有限公司	山东省济宁市兖州经济开发区创业路6号	272100	370882	0537-3956830	金属密封件制造	3581	铝水泵壳		
齐鲁特钢有限公司	山东省济宁市兖州市大安镇	272100	370882	0537-3453688	锻件及粉末冶金制品制造	3592	碳素结构钢	合工钢	
兖矿集团大陆机械有限公司	山东省济宁市兖州市经济开发区中央路1号	272109	370882	0537-3472208	采矿、采石设备制造	3611	皮带运输机	刮板输送机	
山拖农机设备有限公司	山东省济宁市兖州市大安镇	272111	370882	0537-3476345	拖拉机制造	3671	大中型拖拉机	柴油机	
山东大丰机械有限公司	山东省济宁市兖州市大安街大丰路1号	272114	370882	0537-3834400	机械化农业及园艺机具制造	3672	收割机		
济宁矿业集团有限公司落陵煤矿	山东省济宁市邹城市北宿中落村	273516	370883	0537-5418048	烟煤和无烟煤的开采洗选	0610	原煤		
山东宏河矿业集团有限公司	山东省济宁市邹城市经济开发区宏泰路199号	273514	370883	0537-5305119	烟煤和无烟煤的开采洗选	0610	原煤	机制纸	
兖矿集团有限公司	山东省济宁市邹城市凫山南路298号	273500	370883	0537-5382387	烟煤和无烟煤的开采洗选	0610	原煤		
山东金钢山酒业公司	山东省济宁市邹城市千泉街1689号	273500	370883	0537-5285170	白酒制造	1521	白酒		
燕京啤酒（山东无名）股份有限公司	山东省济宁市邹城市名泉路968号	273500	370883	0537-5182123	啤酒制造	1522	啤酒制造		
邹城市圣峰工贸集团有限公司	山东省济宁市邹城市千泉街1598号	273500	370883	0537-5212496	棉、化纤纺织加工	1711	棉布	纸箱	
邹城市圣达纺织集团有限公司	山东省济宁市邹城市唐王山路269号	273500	370883	0537-5214981	棉、化纤纺织加工	1711	棉纱、棉布		
兖矿峄山化工有限公司	山东省济宁市邹城市峄化路2689号	273500	370883	0537-5116609	其他肥料制造	2629	甲醇	尿素	
邹城市恒泰玻璃纤维制品有限公司	山东省济宁市邹城市工业园区宏泰路919号	273500	370883	0537-5300902	玻璃纤维及制品制造	3147	玻璃纤维布		
山东昌平工贸集团有限公司	山东省济宁市邹城市钢山街办龙山路598	273500	370883	0537-5290389	切削工具制造	3421	日用百货批发	金刚钻头	
邹城市东升工贸集团有限公司	山东省济宁市邹城市峄山中路1106号	273500	370883	0537-5212954	工业生产配套用搪瓷制品制造	3471	皇冠瓶盖	玻璃钢制品	
山东液压机械制造总公司	山东省济宁市邹城市西外环路669号	273500	370883	0537-5266267	液压和气压动力机械及元件制造	3544	液压阀、液压系统及装置	刺绣机设备零件	
华电国际电力股份有限公司邹县发电厂	山东省济宁市邹城市唐村	273522	370883	0537-5482125	火力发电	4411	发电量		
山东北方机电有限公司	山东省泰安市泰玻大街	271000	370900	0538-6627580	炸药及火工产品制造	2664	石油射孔器材		
泰安腾飞实业有限公司	山东省泰安市灵山大街东首	271000	370900	0538-6503332	配电开关控制设备制造	3923	送变电工程		
山东鲁能泰山电力设备有限公司	山东省泰安市泰山区技术开发区天烛峰路7号	271000	370900	0538-8639912	电线电缆制造	3931	变压器		
泰安市泰山城区热力有限公司	山东省泰安市龙潭路49号	271000	370900	0538-8229976	火力发电	4411	供热	供电	
泰安市松源网业有限公司	山东省泰安市泰山区省庄工业园77号	271000	370901	0538-6515525	绳、索、缆的制造	1755	塑料网		
泰安昊华塑料有限公司	山东省泰安市泰山区井化路	271000	370901	0538-6136990	塑料丝、绳及编织品的制造	3030	塑料制品		
泰安市水泥石棉厂	山东省泰安市泰山区省庄镇	271039	370901	0538-6598138	水泥制造	3111	水泥		

续表48：

企业名称	详细地址	邮政编码	行政区划代码	联系电话	所属行业	行业代码	主要产品一	主要产品二	主要产品三
威玛（山东）铸铁锅炉有限公司	山东省泰安市南关街18号	271000	370901	0538-6362525	锅炉及辅助设备制造	3511	锅炉及辅助设备		
泰安市国华科技机电设备有限公司	山东省泰安市泰山区省庄镇后省庄村	271000	370901	0538-6802988	电工机械专用设备制造	3661	机电设备		
山东光明机器制造有限公司	山东省泰安市泰山区灵山大街6号	271000	370901	0538-6132080	其他农林牧渔业机械制造及机械修理	3679	农用运输机械		
泰安交通汽车制造有限公司	山东省泰安市高新技术开发区	271000	370901	0538-8933359	改装汽车制造	3722	改装汽车		
山东鲁峰专用汽车有限责任公司	山东省泰安市高新区龙潭南路10677号	271000	370901	0538-8416298-313	改装汽车制造	3722	改装汽车		
山东万力电子信息产业公司	山东省泰安市泰山区通天街25号	271000	370901	0538-8258800	应用电视设备及其他广播电视设备制造	4039	电视设备		
山东科大中天电子有限公司	山东省泰安市虎山路254号	271000	370901	0538-6266601	电工仪器仪表制造	4112	电工仪器仪表		
山东北方光学电子有限公司	山东省泰安市泰山区省庄	271000	370901	0538-6511676	光学仪器制造	4141	激光全息产品		
华能泰山电力有限公司	山东省泰安市普照寺路5号	271000	370901	0538-8539080	火力发电	4411	电力	电线电缆	
蒙牛乳业泰安有限责任公司	山东省泰安市高新区中天门大街	271000	370902	0538-6928507	液体乳及乳制品制造	1440	乳制品		
山东泰山生力源集团公司	山东省泰安市泰山区徐家楼乡69号	271000	370902	0538-6628232	白酒制造	1521	白酒		
山东泰山啤酒有限公司	山东省泰安市龙潭南路	271000	370902	0538-6059188-8039	啤酒制造	1522	啤酒		
山东岱银纺织集团股份有限公司	山东省泰安市泰山区东岳大街	271000	370902	0538-6122011	棉、化纤纺织加工	1711	棉纱	棉布	
山东泰山成通制丝有限公司	山东省泰安市泰山区泮河路117号	271000	370902	0538-6626929	绢纺和丝织加工	1742	桑蚕丝		
泰安康平纳毛纺织有限公司	山东省泰安市泰山区创业大街明堂路	271000	370902	0538-8628515	棉及化纤制品制造	1751	呢绒		
山东人民印刷厂泰安分厂	山东省泰安市灵山大街	271000	370902	0538-6119321	书、报、刊印刷	2311	书、报、刊印刷		
山东莱特新能源有限公司	山东省泰安市泰山区灵山大街14号	271000	370902	0538-6117930	玻璃保温容器制造	3146	太阳能玻璃集热管		
泰山玻璃纤维股份有限公司	山东省泰安市经济开发区	271000	370902	0538-6622137	玻璃纤维及制品制造	3147	玻璃纤维纱	无碱格布	
泰山集团股份有限公司	山东省泰安市高新区北天门大街1169号	271000	370902	0538-6619633	锅炉及辅助设备制造	3511	工业锅炉	变压器	
山东泰工工贸有限责任公司	山东省泰安市岱岳区三星大街	271000	370902	0538-8432030	内燃机及配件制造	3512	齿轮	工具扳手	
泰安华鲁锻压机床有限公司	山东省泰安市徐家楼	271000	370902	0538-6629000	金属成形机床制造	3522	锻压产品		
泰安泰山福神齿轮箱有限责任公司	山东省泰安市高薪技术开发区(东区)创业大街	271000	370902	0538-8513047-8014	齿轮、传动和驱动部件制造	3552	工程机械配套产品	农用机械配套产品	
山东泰开电气集团有限公司	山东省泰安市高新技术开发区泰莱路19号	271000	370902	0538-8518286	电工机械专用设备制造	3661	高压断路器	高压隔离开关	
泰安航天特种车有限公司	山东省泰安市高新技术开发区	271000	370902	0538-8502345	汽车整车制造	3721	汽车制造		
中国重型汽车集团泰安五岳专用汽车有限公司	山东省泰安市高新区中天门大街266号	271000	370902	0538-8933971	汽车整车制造	3721	载重汽车制造业	特种车改装汽车制造业	

续表49:

企业名称	详细地址	邮政编码	行政区划代码	联系电话	所属行业	行业代码	主要产品一	主要产品二	主要产品三
山东厚丰汽车散热器有限公司	山东省泰安市高新技术开发区	271000	370902	0538-8628669	汽车零部件及配件制造	3725	汽车零部件		
泰安供电公司	山东省泰安市泰山区东岳大街8号	271000	370902	0538-8232125	电力供应	4420	电力供应		
泰安市泰山燃气集团有限公司	山东省泰安市泰山区东岳大街36号	271000	370902	0538-6262676	燃气生产和供应业	4500	天然气		
泰安市自来水公司	山东省泰安市泰山区迎胜东路26号	271000	370902	0538-6993833	自来水的生产和供应	4610	水生产与供应		
泰山石膏股份有限公司	山东省泰安市岱岳区大汶口镇	271026	370903	0538-8812016	防水建筑材料制造	3134	纸面石膏板		
泰安东岳重工有限公司	山东省泰安市高新区龙潭路12777号	271000	370903	0538-8932096	起重运输设备制造	3530	液压汽车起重机	混凝土输送泵	
泰安泰山金石机械有限责任公司	山东省泰安市岱岳区创业路中段	271000	370903	0538-8560789	其他农林牧渔业机械制造及机械修理	3679	喷油泵试验台		
山东岱岳制盐有限公司	山东省泰安市岱岳区满庄镇石膏工业园	271024	370911	0538-8160698	盐加工	1493	精制盐		
山东鼎立股份有限公司	山东省泰安市岱岳区山口镇	271038	370911	0538-8613367	衡器制造	3577	衡器	变压器	
山东华宁矿业集团有限公司	山东省泰安市宁阳县堽城保安村88号	271405	370921	0538-5766200-6682	烟煤和无烟煤的开采洗选	0610	原煤	纸箱加工	
泰安华兴纺织有限公司	山东省泰安市宁阳县宁阳镇西关路122号	271400	370921	0538-5621557	棉、化纤纺织加工	1711	棉纱		
山东飞达化工科技有限公司	山东省泰安市宁阳县宁阳镇	271400	370921	0538-5650630	氮肥制造	2621	尿素		
山东晋煤明开达化工有限公司	山东省泰安市宁阳县宁阳镇七贤路2170号	271400	370921	0538-5650630	氮肥制造	2621	尿素		
山东华阳农药化工集团有限公司	山东省泰安市宁阳县磁窑镇	271411	370921	0538-5826226	化学农药制造	2631	甲基1605	灭多威	
宁阳县电业局	山东省泰安市宁阳县七贤路1148号	271400	370921	0538-5652124	电力供应	4420	电力供应	火力发电	
宁阳县华龙水业有限公司	山东省泰安市宁阳县文化街891号	271400	370921	0538-5621514	自来水的生产和供应	4610	供水	供水管道安装	
山东省瑞星化学工业集团	山东省泰安市东平县彭集镇	271500	370923	0538-2418021	氮肥制造	2621	尿素	淀粉	
山东明兴小港煤矿(集团)	山东省泰安市新泰市翟镇	271204	370982	0538-6376639	烟煤和无烟煤的开采洗选	0610	原煤		
山东红旗矿业有限公司	山东省新泰市泉沟镇	271207	370982	0538-7532239	烟煤和无烟煤的开采洗选	0610	原煤		
新汶矿业集团有限责任公司	山东省泰安市新泰市新汶办事处孙村	271219	370982	0538-7872733	烟煤和无烟煤的开采洗选	0610	煤炭		
山东阳光矿业有限公司	山东省泰安市新泰市翟镇崖头村	271204	370982	0538-7520763	烟煤和无烟煤的开采洗选	0610	煤炭开采		
泰安生力源集团玻璃有限公司	山东省泰安市新泰市谷里镇	271215	370982	0538-7756003	玻璃纤维及制品制造	3147	日用玻璃瓶		
特变电工山东鲁能泰山电缆有限公司	山东省泰安市新泰市金斗路568号	271200	370982	0538-7238896	电线电缆制造	3931	电线电缆		
山东惠普研石电力股份有限公司	山东省泰安市新泰市新汶办事处	271219	370982	0538-7310828	火力发电	4411	发电量		
新泰正大热电有限责任公司	山东省泰安市新泰市青龙路1301号	271200	370982	0538-7268053	火力发电	4411	发电量		

续表50：

企业名称	详细地址	邮政编码	行政区划代码	联系电话	所属行业	行业代码	主要产品一	主要产品二	主要产品三
山东新汶热电有限公司	山东省新泰市新汶街道办事处西良庄	271219	370982	0538-7865070	火力发电	4411	火力发电	热力供应	
山东隆源煤矿集团有限公司	山东省泰安市肥城市湖屯镇	271613	370983	0538-3629177	烟煤和无烟煤的开采洗选	0610	煤炭	节能灯	
肥城矿业集团有限责任公司	山东省泰安市肥城市高新区	271608	370983	0538-3127007	烟煤和无烟煤的开采洗选	0610	原煤	发电量	
山东傲饰集团有限公司	山东省泰安市肥城市工业三路西段	271600	370983	0538-3393917	纺织服装制造	1810	服装	印刷	
肥城阿斯德化工有限公司	山东省肥城市泰西大街121号	271600	370983	0538-3397279	专项化学用品制造	2662	甲酸	甲醇	
山东泰山轮胎有限公司	山东省泰安市肥城市泰西大街001号	271600	370983	0538-3269513	车辆、飞机及工程机械轮胎制造	2911	轮胎制造		
山东石横特钢有限公司	山东省泰安市肥城市石横	271612	370983	0538-3692533	炼钢	3220	生铁	粗铁	
山东中华发电有限公司石横发电厂	山东省泰安市肥城市石横	271621	370983	0538-3672252	火力发电	4411	发电量		
威海新力热电有限公司	山东省威海市青岛中路72号	264200	371001	0631-5193589	火力发电	4411	供热	发电	
威海市宇王集团有限公司	山东省威海市环翠区渔港路40号	264200	371002	0631-5322075	水产品冷冻加工	1361	冻鲅鱼	冻虾	
山东威海卫酒业集团有限公司	山东省威海市温泉镇温泉西路98号	264206	371002	0631-5379997	啤酒制造	1522	啤酒		
威海汇泉集团股份有限公司	山东省威海市环翠区世昌大道26号	264200	371002	0631-5970819	纺织服装制造	1810	服装		
威海外贸富泉服装厂	山东省威海市环翠区省级旅游度假区长江街18	264203	371002	0631-5753808	纺织服装制造	1810	服装		
三角集团有限公司	山东省威海市青岛中路56号	264200	371002	0631-5305391	车辆、飞机及工程机械轮胎制造	2911	轮胎制造		
山东双轮集团股份有限公司	山东省威海市东鑫路6号	264203	371002	0631-5786676	泵及真空设备制造	3541	泵类及真空泵		
山东工友集团股份有限公司	山东省威海市环翠区温泉镇689号	264206	371002	0631-5364548	木材加工机械制造	3624	木工机床	微型电机	
威海广泰空港设备股份有限公司	山东省威海市环翠区古寨南路160号	264200	371002	0631-5251417	改装汽车制造	3722	航空地面电源	飞机牵引车	
威海市试验机制造有限公司	山东省威海市环翠区青岛北路53号	264200	371002	0631-5322997-8016	试验机制造	4115	万能材料实验机		
威海市山花地毯集团有限公司	山东省威海市和平路113号	264200	371002	0631-5376928	地毯、挂毯制造	4217	地毯		
威海港华燃气有限公司	山东省威海市青岛北路3号	264200	371002	0631-5322680	燃气生产和供应业	4500	工业用天然气	商业用天然气	
威海西港水产有限公司	山东省威海市世昌大道270号	264202	371003	0631-5255880	水产品冷冻加工	1361	汽油、柴油批发	玻璃制品	
威海威东日综合食品有限公司	山东省威海高区火炬路156号	264209	371003	0631-5966171	水产品冷冻加工	1361	竹荚鱼片	鳕鱼片	
威海四海酿造有限公司	山东省威海市高技区古寨西路209号	264200	371003	0631-5297507	酱油、食醋及类似制品的制造	1462	酱油	醋	
威海毛纺织集团有限公司	山东省威海市高区北海工业园	264210	371003	0631-5709881	毛制品制造	1752	地毯	毛毯	
山东华羽集团有限公司	山东省威海市环翠区吉林路104路	264209	371003	0631-5686588	纺织服装制造	1810	服装制作		

续表51：

企业名称	详细地址	邮政编码	行政区划代码	联系电话	所属行业	行业代码	主要产品一	主要产品二	主要产品三
威海同泰实业集团	山东省威海市高区科技路188号	264209	371003	0631-5699123	纺织服装制造	1810	服装		
威海迪尚凯尼时装有限公司	山东省威海市高区火炬路220	264209	371003	0631-5625811	纺织服装制造	1810	生产销售服装		
威海皓菲集团有限公司	山东省威海市高技区世昌大道280号	264209	371003	0631-5251193	纺织服装制造	1810	服装		
威海市金猴集团鞋业有限公司	山东省威海市和平路106号	264200	371003	0631-5289200	皮鞋制造	1921	皮鞋		
威海中威橡胶有限公司	山东省威海市高技区世昌大道345号	264209	371003	0631-5662008	橡胶靴鞋制造	2960	轮胎	胶鞋	
山东环球渔具股份有限公司	山东省威海市世昌大道292号	264202	371003	0631-3656022	其他塑料制品制造	3090	钓鱼竿	塑料制品	
威海光威集团有限责任公司	山东省威海市高技区世昌大道265号	264200	371003	0631-5298619	玻璃纤维及制品制造	3147	钓鱼竿	渔线轮	
威海市恒宇工业集团有限公司	山东省威海市高区火炬路	264209	371003	0631-5669590	锅炉及辅助设备制造	3511	房地产开发	安装锅炉制造	
威海双丰电子集团有限公司	山东省威海高区火炬路156号	264209	371003	0631-5689258	石油钻采专用设备制造	3612	地震检波器		
威海滨田印刷机械有限公司	山东省威海市高技区火炬路318号	264209	371003	0631-5693015	印刷专用设备制造	3642	印刷机及配件		
威海市印刷机械有限公司	山东省威海高区恒泰街1号	264209	371003	0631-5223951	印刷专用设备制造	3642	印刷机械		
山东威高集团有限公司	山东省威海市高技区世昌大道312号	264209	371003	0631-5622469	医疗、外科及兽医用器械制造	3684	一次性使用输液器	一次性使用无菌注射器	
威海市银达汽车贸易有限公司	山东省威海市高区文化西路168号	264200	371003	0631-5692111	汽车修理	3726	广州本田汽车销售及维修		
山东新北洋信息技术股份有限公司	山东省威海市高区火炬路169号	264209	371003	0631-5675888	电子计算机外部设备制造	4043	收据/日志打印机	条码/标签打印机	
威海北洋电气集团股份有限公司	山东省威海市高区火炬路159号	264209	371003	0631-5231031	电子计算机外部设备制造	4043	电子元件	热打印头/图像传感器（TPH/czs）	
山东华菱电子有限公司	山东省威海高区火炬路159号	264209	371003	0631-5698018	电子元件及组件制造	4061	热敏打印头	图像传感器	
威海新东方钟表有限公司	山东省威海市环翠区天津路190号	264209	371003	0631-5665888	钟表与计时仪器制造	4130	钟		
威海银洁秀品集团有限公司	山东省威海高技区吉林路102号	264209	371003	0631-5711920	抽纱刺绣工艺品制造	4216	家饰用品（床上用品、窗布）		
山东威海东源食品有限公司	山东省威海市经技区海南路15号	264205	371004	0631-5929073	水产品冷冻加工	1361	冻HOKI鱼片	冻鱿鱼	
威海金海食品有限公司	山东省威海市经区凤林街道办事处	264200	371004	0631-5905012	水产品冷冻加工	1361	冷冻食品		
山东安然纳米实业发展有限公司	山东省威海市经区黄海路19号	264205	371004	0631-5968961	棉、化纤纺织加工	1711	纳米床上用品、被套		
威海市山海皮业有限公司	山东省威海市工业新区草庙子镇	264211	371004	0631-5322325	皮革鞣制加工	1910	轻革		
威海武岭爆破器材有限公司	山东省威海市环翠区固山镇卫家滩东	264207	371004	0631-5383396	炸药及火工产品制造	2664	工业电雷管	导爆管雷管	
威海迪沙药业集团有限公司	山东省威海市经技区齐鲁大道55号	264205	371004	0631-3737353	化学药品制剂制造	2720	格列吡嗪片	沙胆酯片	
威海人生药业集团股份有限公司	山东省威海市经技区齐鲁大道60号	264205	371004	0631-5983049	中药饮片加工	2730	伸筋丹胶囊	新复方大青叶片	
威海蓝星玻璃股份有限公司	山东省威海市经区青岛中路98号	264205	371004	0631-5965056	平板玻璃制造	3141	平板玻璃		

续表52：

企业名称	详细地址	邮政编码	行政区划代码	联系电话	所属行业	行业代码	主要产品一	主要产品二	主要产品三
山东华夏集团有限公司	山东省威海市经济区泰山路692号	264205	371004	0631-5999992	起重运输设备制造	3530	塔机		
豪顿华工程有限公司	山东省威海市经技区老集	264205	371004	0631-5903813	风机、风扇制造	3571	风机	空气预热器	
山东百圣源集团有限公司	山东省威海市经济区齐鲁大道2号	264205	371004	0631-5921712	木材加工机械制造	3624	木工机械	金属切割机床	
三星电子（山东）数码打印机有限公司	山东省威海市经技区大庆路一号	264205	371004	0631-56268683-136	通信传输设备制造	4011	激光打印机	喷墨复合机	
威海市泓林电子有限公司	山东省威海市经区浦东路9-10号	264205	371004	0631-5985936	电子元件及组件制造	4061	POW	RGB	
威海世一电子有限公司	山东省威海市经济技术开发区凤林	264205	371004	0631-3639233	电子元件及组件制造	4061	电子线路板、电子元器件		
威海宜扬数码科技有限公司	山东省威海经区大庆路一号	264205	371004	0631-5902382	其他电子设备制造	4090	手机摄像头		
海马集团公司	山东省威海市青岛南路329号	264205	371004	0631-5989833	地毯、挂毯制造	4217	机织地毯	化纤纤维	
山东华能威海发电厂	山东省威海市经济区蒿泊镇58号	264205	371004	0631-5909220	火力发电	4411	火力发电		
威海市水务集团有限公司	山东省威海经技区上海路58号	264205	371004	0631-5978588	自来水的生产和供应	4610	自来水生产和供应	工程安装	
威海市高岛制盐有限公司	山东省威海市文登张家产镇318号	264405	371081	0631-8728888	采盐	1030	制盐		
山东颐阳酒业有限公司	山东省威海文登市米山路102号	264400	371081	0631-8251481	白酒制造	1521	补酒	粮食白酒	
威海卫酒业集团文登有限公司	山东省威海市文登界石镇899号	264419	371081	0631-8538306	啤酒制造	1522	啤酒制造		
山东万得集团有限公司	山东省威海市文登昆嵛北路42号	264400	371081	0631-8486658	棉、化纤印染精加工	1712	床上用品，印染		
文登市芸祥绣品有限公司	山东省文登市香山北路1号	264400	371081	0631-8350576	棉及化纤制品制造	1751	被套	衍除被	
山东省艺达有限公司	山东省威海文登市横山路21号	264400	371081	0631-8352376	纺织服装制造	1810	床上用品		
文登市森鹿制革有限公司	山东省威海市文登米山路173号	264400	371081	0631-8251667	皮革鞣制加工	1910	轻革		
威海金泓高分子有限公司	山东省威海市环翠区草庙子镇驻地	264211	371081	0631-5583656	化学试剂和助剂制造	2661	氯化聚乙烯（CPE）		
文登威力工具集团有限公司	山东省威海市文登开发区深圳路8号	264400	371081	0631-3587671	手工具制造	3422	手工具		
东安黑豹股份有限公司	山东省威海市文登龙山路107号	264400	371081	0631-8082378	汽车整车制造	3721	汽车		
山东曲轴总厂有限公司	山东省威海市文登天润路2-13号	264400	371081	0631-8982311	汽车零部件及配件制造	3725	曲轴制造		
文登奥文电机有限公司	山东省威海市文登环山路62号	264400	371081	0631-8985521	电动机制造	3912	电动工具	交流电动机	
宏安集团有限公司	山东省威海市文登横山路88号	264400	371081	0631-8088602	光纤、光缆制造	3932	市话缆	光缆	
山东云龙绣品有限公司	山东省威海市文登市龙山路89号	264400	371081	0631-3583569	抽纱刺绣工艺品制造	4216	抽纱刺绣工艺品		
文登市电业总公司	山东省威海市文登龙山路17号	264400	371081	0631-8185209	电力供应	4420	电力供应（售电）		
威海荣光植物油有限公司	山东威海荣成经济技术开发区工业园	264300	371082	0631-7516286	食用植物油加工	1331	食用植物油		

续表53：

企业名称	详细地址	邮政编码	行政区划代码	联系电话	所属行业	行业代码	主要产品一	主要产品二	主要产品三
好当家集团有限公司	山东省威海市荣成唐山镇好当家工业园区	264305	371082	0631-7438071	水产品冷冻加工	1361	菜卷	箱板纸	
山东明鑫集团有限公司	山东省威海市荣成石岛镇黄海中路8号	264309	371082	0631-7389906	水产品冷冻加工	1361	海产品冷冻加工	成品油批发	
石岛集团有限公司	山东省威海市荣成石岛镇黄海南路118号	264309	371082	0631-7382248	水产品冷冻加工	1361	水产品加工	港口服务	
青岛啤酒(荣成)有限公司	山东省威海荣成市观海中路200号	264300	371082	0631-7516725	啤酒制造	1522	啤酒制造		
山东凯丽特种纸股份有限公司	山东省威海市荣成河阳东路198号	264300	371082	0631-7510288-8108	机制纸及纸板制造	2221	机制纸		
山东恒大化工（集团）有限公司	山东省威海市荣成南山中路118号	264300	371082	0631-7521280	氮肥制造	2621	生鲜奶		
荣成荣鹰橡胶制品有限公司	山东省荣成市黎明南路858号	264300	371082	0631-7551231	车辆、飞机及工程机械轮胎制造	2911	自行车内外胎	摩托车内外胎	
成山集团有限公司	山东威海荣成南山北路98号	264300	371082	0631-7523108	车辆、飞机及工程机械轮胎制造	2911	轮胎		
荣成市兴达塑料制品有限公司	山东省威海市荣成石岛镇海景西路196号	264309	371082	0631-7381935	塑料丝、绳及编织品的制造	3030	聚乙烯网	聚乙烯绳	
山东华鹏玻璃股份有限公司	山东省威海市荣成石岛开发区龙云路468号	264309	371082	0631-7381863	日用玻璃制品及玻璃包装容器制造	3145	玻瓶罐璃	玻瓶器皿	
中水荣成钢丝绳厂	山东省威海市荣成石岛镇启明街18号	264308	371082	0631-7321081	金属丝绳及其制品的制造	3440	钢丝绳	钢丝	
荣成华泰汽车有限公司	山东省威海市荣成市观海中路111号	264300	371082	0631-7580991	汽车整车制造	3721	圣达菲汽车		
荣成市黄海离合器有限公司	山东威海荣成黎明南路601号	264300	371082	0631-7551298	汽车零部件及配件制造	3725	汽车离合器总成	拖拉机离合器总成	
荣成恒力车业有限公司	山东省威海市荣成南山南路19号	264300	371082	0631-7571700	摩托车零部件及配件制造	3732	三轮车零件		
荣成造船工业有限公司	山东省威海荣成市石岛黄海南路288号	264309	371082	0631-7381897	金属船舶制造	3751	钢质船舶制造		
山东百步亭船业有限公司	山东省威海市荣成俚岛镇后疃村北	264317	371082	0631-7661105	金属船舶制造	3751	民用钢质船舶		
黄海造船有限公司	山东省威海荣成市石岛街黄海中路18号	264309	371082	0631-7377242	金属船舶制造	3751	多用途船	客滚船	
山东华力电机（集团）股份有限公司	山东省威海市荣成明珠路89号	264300	371082	0631-7553068	电动机制造	3912	电动机		
荣成市电业总公司	山东省威海荣成市成山大道	264300	371082	0631-7597124	火力发电	4411	电力生产与供应		
荣成市水务集团有限公司荣成自来水分公司	山东省威海市荣成崖头镇文化东街29号	264300	371082	0631-7580617	自来水的生产和供应	4610	自来水生产与供应		
乳山市大业金矿	山东省威海市乳山崖子镇东井口村	264516	371083	0631-6589088	金矿采选	0921	精矿金		
山东金洲矿业集团有限公司	山东省威海市乳山下初镇南东庄	264501	371083	0631-6446850	金矿采选	0921	黄金	白银	
威海同仁食品有限公司	山东省威海市乳山宾河街64号	264500	371083	0631-6608818	水产品冷冻加工	1361	鱼片		
乳山市金果花生制品有限公司	山东省威海市乳山青山路南端	264500	371083	0631-6681044	蔬菜、水果和坚果加工	1370	花生制品		
乳山市曙光啤酒有限公司	山东省威海乳山市夏村	264500	371083	0631-6698766	啤酒制造	1522	啤酒		

续表54：

企业名称	详细地址	邮政编码	行政区划代码	联系电话	所属行业	行业代码	主要产品一	主要产品二	主要产品三
山东鲁菱果汁有限公司	山东省威海乳山市胜利街168号	264500	371083	0631-6617452	果菜汁及果菜汁饮料制造	1533	果汁		
山东月圆花好纺织有限公司	山东省威海市乳山车站街	264500	371083	0631-6621225	毛条加工	1721	坯布		
山东笙歌公司	山东省威海市乳山世纪大道89号	264500	371083	0631-6661830	纺织服装制造	1810	服装		
山东富豪菲格尔皮具有限公司	山东省威海市乳山天津路中端	264500	371083	0631-6616121	皮箱、包(袋)制造	1923	皮箱、包（袋）		
烟台三环集团乳山双连有限公司	山东省威海市乳山海峰街18号	264500	371083	0631-6622640	建筑、家具用金属配件制造	3451	铜、铁挂琐		
山东乳山工艺品有限责任公司	山东省威海市乳山胜利街131号	264500	371083	0631-6622837	抽纱刺绣工艺品制造	4216	服装	抽纱工艺品	
乳山市电业总公司	山东省威海市乳山青山路35号	264500	371083	0631-6676127	电力供应	4420	电力供应		
日照市盛华水产集团公司	山东省日照市东港区石臼街道海滨一路	276826	371102	0633-8806008	水产品冷冻加工	1361	水产品		
日照市水产集团总公司	山东省日照市东港区石臼街道北京路231号	276826	371102	0633-2219668	水产品冷冻加工	1361	冻水产品		
山东日照尧王酒业集团有限公司	山东省日照市东港区日照街道日照南路89号	276800	371102	0633-8222012	白酒制造	1521	白酒		
青岛啤酒（日照）有限公司	山东省日照市东港区桂林路99号	276826	371102	0633-8268883	啤酒制造	1522	啤酒制造		
日照华伟纺织有限公司	山东省日照市东港区日照街道文华路	276800	371102	0633-8272988	棉、化纤纺织加工	1711	批布匹、染布		
日照三银纺织有限公司	山东省日照市东港区秦皇岛路109号	276826	371102	0633-8351711	棉、化纤纺织加工	1711	纱	布	
山东亚太森博浆纸有限公司	山东省日照市东港区北京路369号	276826	371102	0633-3369050	机制纸及纸板制造	2221	纸销售	浆销售	
日照报业印刷有限公司	山东省日照市东港区日照北路120号	276800	371102	0633-8222303	书、报、刊印刷	2311	出版物印刷		
日照市东港区汇丰铸造材料厂	山东省日照市东港区西湖镇	276800	371102	0633-8855688	初级形态的塑料及合成树脂制造	2651	铸造材料		
山东洁晶集团股份有限公司	山东省日照市东港区奎山街道深圳西路98号	276826	371102	0633-8287020	化学药品原药制造	2710	碘	甘露醇	
日照市恒新建材有限公司	山东省日照市东港区日照街道小湖村	276800	371102	0633-8271518	轻质建筑材料制造	3124	加气混凝土砖块		
山东鼎新电子玻璃集团有限公司	山东省日照市东港区上海路575号	276826	371102	0633-3600603	日用玻璃制品及玻璃包装容器制造	3145	高白料异形瓶	化妆品瓶	
迪尔工业（日照）有限公司	山东省日照市东港区大连路387号	276826	371102	0633-8358338	内燃机及配件制造	3512	活塞		
日照隆鑫机械制造有限公司	山东省日照市东港区两城镇东村	276800	371102	0633-8515288	其他金属加工机械制造	3529	机械制钉加工		
山东同泰集团股份有限公司	山东省日照市东港区聊城路189号	276800	371102	0633-8285253	农副食品加工专用设备制造	3632	粮食加工机械	水泵	
山东金马工业集团股份有限公司	山东省日照市东港区上海路399号	276826	371102	0633-2226248	汽车零部件及配件制造	3725	汽车零部件	钢铁铸件	
日照隆鑫动力有限公司	山东省日照市东港区海曲东路36号	276800	371102	0633-8265806	摩托车整车制造	3731	摇架	三轮车	
日照锦绣抽纱制品有限公司	山东省日照市东港区兴海路64号	276800	371102	0633-8221621	抽纱刺绣工艺品制造	4216	抽纱刺绣制品		

续表55：

企业名称	详细地址	邮政编码	行政区划代码	联系电话	所属行业	行业代码	主要产品一	主要产品二	主要产品三
日照东升地毯有限公司	山东省日照市东港区秦楼街道	276800	371102	0633-8688966	地毯、挂毯制造	4217	地毯		
山东日照发电有限公司	山东省日照市东港区北京路399号	276826	371102	0633-3362247	火力发电	4411	发电		
日照城市排水有限责任公司	山东省日照市东港区枣庄路229号	276826	371102	0633-3383108	污水处理及其再生利用	4620	污水处理费		
日照磊鑫矿业资源有限公司	山东省日照市岚山区虎山镇	276806	371103	0633-2651058	其他非金属矿采选	1099	橄榄石	蛇纹石	
中粮黄海粮油工业（山东）有限公司	山东省日照市岚山区岚山头街道童海路居委	276808	371103	0633-2639028	食用植物油加工	1331	豆粕	油脂	
山东阿掖山集团有限公司	山东省日照市岚山区安东卫南街	276807	371103	0633-2232842	水产品冷冻加工	1361	蟹足棒	鱼片	
日照维罗纳服装集团公司	山东省日照市东港区后村镇	276816	371103	0633-8831184	纺织服装制造	1810	服装		
日照三木木业股份有限公司	山东省日照市岚山区岚山中路6号	276807	371103	0633-2611299	木质家具制造	2110	房间组	餐椅、餐桌	
日照星光沥青有限公司	山东省日照市岚山区岚山头街道	276808	371103	0633-2630982	原油加工及石油制品制造	2511	沥青	硫磺	
日照丰华工具有限公司	山东省日照市岚山区巨峰镇38号	276812	371103	0633-8631012	手工具制造	3422	建筑脚手架	管子钳	
山东宝山矿业有限公司	山东省日照市五莲县高泽镇	262321	371121	0633-5431075	金矿采选	0921	金精矿粉		
五莲县面粉厂	山东省日照市五莲县解放路159号	262300	371121	0633-5213277	谷物磨制	1310	面粉		
五莲县天马食品有限公司	山东省日照市五莲县洪凝镇前旋子村	262301	371121	0633-5572027	畜禽屠宰	1351	鲜冷冻肉		
山东华慧食品有限公司	山东省日照市五莲县外贸路6号	262300	371121	0633-5213279	蔬菜、水果和坚果加工	1370	肉鸡产品	蔬菜产品	
山东凯翔生物化工有限公司	山东省日照市五莲县沿河路52号	262300	371121	0633-6157768	其他调味品、发酵制品制造	1469	葡萄糖酸钠	葡萄糖酸内酯	
山东银河酒业（集团）总厂	山东省日照市五莲县解放路101号	262300	371121	0633-5203058	白酒制造	1521	白酒		
山东华龙纺织有限公司	山东省日照市五莲县解放路156号	262300	371121	0633-5322970	棉、化纤纺织加工	1711	纱	布	
五莲县正旭纺织品有限公司	山东省日照市五莲县汪湖镇	262316	371121	0633-5441027	毛纺织	1722	混纺白坯布		
山东泰山民爆器材有限公司	山东省日照市五莲县解放路146号	262300	371121	0633-5235071	炸药及火工产品制造	2664	工业雷管		
五莲县环宇塑料有限公司	山东省日照市五莲县洪凝镇	262300	371121	0633-5226233	其他塑料制品制造	3090	PVC粒料		
山东莲山水泥股份有限公司	山东省日照市五莲县解放路88号	262300	371121	0633-5322651	水泥制造	3111	水泥		
山东世丰机械工具有限公司	山东省日照市五莲县向阳路1号	262300	371121	0633-5217294	手工具制造	3422	搅拌机		
山东五莲山狮钢球有限公司	山东省日照市五莲县解放路141号	262300	371121	0633-2251087	其他通用零部件制造	3589	钢球		
五莲县花昌汽车配件有限公司	山东省日照市五莲县洪凝镇	262300	371121	0633-5325397	农林牧渔机械配件制造	3676	升降操纵器		
山东遨游汽车部件有限公司	山东省日照市五莲县松柏镇	262302	371121	0633-5511036	农林牧渔机械配件制造	3676	驾驶鹏	车厢	
山东旭日汽车饰件集团有限公司	山东省日照市五莲县富强路1号	276800	371121	0633-3918557	农林牧渔机械配件制造	3676	汽车内外装修		

续表56：

企业名称	详细地址	邮政编码	行政区划代码	联系电话	所属行业	行业代码	主要产品一	主要产品二	主要产品三
日照润博机械有限公司	山东省日照市五莲县沿河路106号	262300	371121	0633-5321054	农林牧渔机械配件制造	3676	三轮汽车减震器	汽车后桥	
五莲县安旭机械制造有限公司	山东省日照市五莲县黄海路西首	262300	371121	0633-5328168	其他农林牧渔业机械制造及机械修理	3679	钢板弹簧		
山东五征集团有限公司	山东省日照市五莲县长青街23号	262300	371121	0633-5328016	汽车整车制造	3721	三轮汽车	低速货车	
五莲县奥利活塞有限公司	山东省日照市五莲县高泽镇	262300	371121	0633-6151166	汽车零部件及配件制造	3725	进气管	出水管	
五莲日发车辆制造有限公司	山东省日照市五莲县于里镇	262318	371121	0633-5411159	汽车零部件及配件制造	3725	农用车零部件		
日照中伟汽车配件有限公司	山东省日照市五莲县富强路9号	262300	371121	0633-5313503	汽车零部件及配件制造	3725	刹车片		
五连锦良工艺品有限公司	山东省日照市五莲县利民路11号	262300	371121	0633-5236309	抽纱刺绣工艺品制造	4216	机绣工艺品		
五莲县阳光热电有限公司	山东省日照市五莲县沿河路138号	262300	371121	0633-5211783	热力生产和供应	4430	供热	供电	
山东信中食品有限公司	山东省日照市莒县信中路88号	276500	371122	0633-6261103	谷物磨制	1310	百乐麦饺子粉	百乐麦婴童产品系列	
莒县海通茧丝绸有限公司	山东省日照市莒县城阳镇	276500	371122	0633-6223110	缫丝加工	1741	桑蚕丝		
山东省标志服装股份有限公司	山东省日照市莒县城阳镇	276500	371122	0633-6179997	纺织服装制造	1810	服装制造业		
日照华泰纸业有限公司	山东省日照市莒县莒州路119号	276500	371122	0633-6882881	机制纸及纸板制造	2221	双胶纸	铜版纸	
山东恒祥化工有限公司	山东省日照市莒县刘官庄镇	276512	371122	0633-2267111	初级形态的塑料及合成树脂制造	2651	塑料及合成树脂制造		
海汇集团有限公司	山东省日照市莒县城阳镇	276500	371122	0633-7777777	水泥制造	3111	环保机械	水泥	
莒县城阳水泥有限公司	山东省日照市莒县城阳镇	276511	371122	0633-6624003	水泥制造	3111	水泥		
山东建兴铁塔制造有限公司	山东省日照市莒县西环路西侧	276500	371122	0633-6173555	金属结构制造	3411	塔式起重机		
莒县铸钢有限公司	山东省日照市莒县城阳镇	276500	371122	0633-6223601	钢铁铸件制造	3591	铸钢件		
日照金丰机械制造有限公司	山东省日照市莒县威海路99号	276500	371122	0633-6882860	农林牧渔机械配件制造	3676	制动器生产	精密铸造	
莒县丰源热电有限公司	山东省日照市莒县城阳镇青年北路5号	276500	371122	0633-6222837	火力发电	4411	发电	供热	
莒县供电公司	山东省日照市莒县城阳镇	276500	371122	0633-7772162	电力供应	4420	电力供应		
莒县自来水公司	山东省日照市莒县城阳镇211号	276500	371122	0633-6222998	自来水的生产和供应	4610	自来水		
鲁中冶金矿业集团公司	山东省莱芜市莱城区张家洼街道办事处	271113	371200	0634-6811238	铁矿采选	0810	铁精矿		
山东省莱芜市辛庄煤矿有限公司	山东省莱芜市钢城区辛庄	271108	371202	0634-6416285	烟煤和无烟煤的开采洗选	0610	烟煤		
莱芜熠能矿业有限公司	山东省莱芜市莱城区高庄	271122	371202	0634-6045745	烟煤和无烟煤的开采洗选	0610	无烟煤		
山东普阳有限责任公司	山东省莱芜市莱城区凤城工业园1号	271100	371202	0634-6175940	铁矿采选	0810	铁精粉	原煤	
鲁中汇源食品饮料有限公司	山东省莱芜市经济开发区凤凰路2号	271100	371202	0634-6251653	果菜汁及果菜汁饮料制造	1533	橙汁、真鲜橙、果肉桃		

续表57：

企业名称	详细地址	邮政编码	行政区划代码	联系电话	所属行业	行业代码	主要产品一	主要产品二	主要产品三
银河纺织集团股份有限公司	山东省莱芜市莱城区张家洼	271111	371202	0634-6588618	棉、化纤纺织加工	1711	纱	布	
莱芜市宝丰织造有限公司	山东省莱芜市高新区江河大街003号	271100	371202	0634-8801490	棉及化纤制品制造	1751	棉制浴巾	棉制面巾	
山东人民印刷厂	山东省莱芜市嬴牟西大街28号	271100	371202	0634-6276607	书、报、刊印刷	2311	印刷品		
山东慧通轮胎有限公司	山东省莱芜市莱城区鲁中东大街76号	271100	371202	0634-13863473-559	车辆、飞机及工程机械轮胎制造	2911	轮胎制造		
莱芜连云水泥有限公司	山东省莱芜市莱城区高庄镇	271100	371202	0634-6022172	水泥制造	3111	水泥		
山东九羊集团有限公司	山东省莱芜市莱城区羊里镇	271118	371202	0634-6523321	炼钢	3220	粗钢	热轧窄带钢	
山东泰山钢铁集团有限公司	山东省莱芜市莱城区新甫路1号	271100	371202	0634-6114498	钢压延加工	3230	钢材	焦化	
山东莱芜煤矿机械有限公司	山东省莱芜市凤城西大街329号	271100	371202	0634-6198006	采矿、采石设备制造	3611	矿山设备	冶炼设备	
山东电力集团公司莱芜供电公司	山东省莱芜市莱城区鲁中西大街21号	271100	371202	0634-6242127	电力供应	4420	电力供应与销售		
泰丰纺织集团有限公司	山东省莱芜市高新区汇源大街59号	271100	371203	0634-8856688	棉、化纤纺织加工	1711	棉纱	坯布	
莱芜钢铁集团有限 公司	山东省莱芜市钢城区友谊大街38号	271104	371203	0634-6820634	钢压延加工	3230	钢材	钢坯	
临沂发电有限责任公司	山东临沂罗庄区盛庄镇99号	276016	371301	0539-7062143	火力发电	4411	火力发电		
临沂市恒源热力有限公司	山东省临沂兰山区金雀山路110号	276004	371301	0539-8163397-8307	火力发电	4411	电力	热力	
山东三维油脂集团股份有限公司	山东省临沂市兰山区半程	276036	371302	0539-7166582	食用植物油加工	1331	豆油	豆粕	
临沂新程金锣肉制品有限公司	山东省临沂市半程镇	276036	371302	0539-2977300	肉制品及副产品加工	1352	鸡\猪分割产品	肉制品	
临沂市金利纺织印染有限公司	山东省临沂市兰山区白沙埠	276035	371302	0539-8651020	棉、化纤纺织加工	1711	白平布		
山东立晨集团有限公司	山东省临沂市沂州路122号	276016	371302	0539-8468671	胶合板制造	2021	胶合板	原木	
山东胜邦鲁南农药有限公司	山东省临沂市河东区梅家埠街道办干梅路	276024	371302	0539-6019978	生物化学农药及微生物农药制造	2632	100%硫磷农药		
鲁南制药集团	山东省临沂市红旗路209号	276006	371302	0539-8336002	化学药品制剂制造	2720	化学制剂	中成药加工	
山东翔宇健康制药有限公司	山东省临沂市经济开发区北京路30号	276024	371302	0539-13581059-601	中成药制造	2740	复方红衣补血口服液		
山东金湖水泥集团	山东省临沂市高新区马厂湖	276015	371302	0539-2911009	水泥制造	3111	水泥		
山东华森水泥集团有限公司	山东省临沂市解放路512号	276012	371302	0539-8362888	水泥制造	3111	水泥		
山东金升有色集团有限公司	山东省临沂市北城新区青年路2号	276037	371302	0539-8618311	铜冶炼	3311	阴极铜	铜线材	
山东金象铝业有限公司	山东省临沂市兰山区南坊镇	276037	371302	0539-13515391-629	常用有色金属压延加工	3351	铝型材		
临沂恒跃齿轮有限公司	山东省临沂市解放路105号	276003	371302	0539-8222158	齿轮、传动和驱动部件制造	3552	装载机齿轮	推土机齿轮	

续表58：

企业名称	详细地址	邮政编码	行政区划代码	联系电话	所属行业	行业代码	主要产品一	主要产品二	主要产品三
临沂临工振兴机械有限公司	山东省临沂市金一路160号	276006	371302	0539-8157801	建筑工程用机械制造	3613	工程配件		
山东众友工程机械有限公司	山东省临沂市兰山区金雀山路162号	276006	371302	0539-8158045	建筑工程用机械制造	3613	液压挖掘机		
临沂三禾永佳动力有限公司	山东省临沂市兰山区俄黄路北段	276000	371302	0539-8032267	机械化农业及园艺机具制造	3672	植保机械		
山东天河企业有限公司	山东省临沂市兰山区工业大道57号	276006	371302	0539-8365112	改装汽车制造	3722	消防车	车床	
临沂鲁能超越电气制造有限责任公司	山东省临沂市银雀山路294号	276003	371302	0539-8107345	变压器、整流器和电感器制造	3921	变压器	开关控制	
山东临沂电力金具股份有限公司	山东省临沂市兰山区白沙埠	276035	371302	0539-13287127-661	其他电工器材制造	3939	铸铁件		
山东电力集团公司临沂供电公司	山东省临沂市兰山区金雀山路130号	276003	371302	0539-8702125	电力供应	4420	电力供应		
临沂实康水务有限公司	山东省临沂市兰山区沂蒙路北段6-6号	276000	371302	0539-2806921	自来水的生产和供应	4610	自来水的生产、销售		
临沂矿业集团有限责任公司	山东省临沂市罗庄区商业街69号	276017	371311	0539-7108076	烟煤和无烟煤的开采洗选	0610	煤炭开采	煤矿机械制造	
临沂宇光矿业有限责任公司	山东省临沂市罗庄区册山镇	276022	371311	0539-8586089	烟煤和无烟煤的开采洗选	0610	煤炭		
临沂先锋科技有限公司	山东省临沂市高新区双月湖街270号	276017	371311	0539-13573932-999	饼干及其他焙烤食品制造	1419	山梨酸		
山东中鲁烟叶有限公司	山东省临沂市罗庄区盛庄	276016	371311	0539-8594704	烟叶复烤	1610	复烤烟叶		
临沂新光纺织有限公司	山东省临沂罗庄区龙潭229号	276017	371311	0539-3105009	棉、化纤纺织加工	1711	棉纱		
山东诚谊家居有限公司	山东省临沂市罗庄区绣花街3号	276017	371311	0539-8271380	棉及化纤制品制造	1751	绗缝被		
临沂新光毛毯有限公司	山东省临沂市罗庄区工业路	276017	371311	0539-3105000	毛针织品及编织品制造	1762	毛毯		
山东临沂新华印刷集团有限公司	山东省临沂市罗庄区新华路1号	276017	371311	0539-2925706	书、报、刊印刷	2311	书刊印刷		
临沂鲁光化工有限公司	山东省临沂市罗庄区盛庄街257号	276016	371311	0539-7065085	氮肥制造	2621	浓硝酸	亚硝酸钠	
山东红日阿康化工股份有限公司	山东省临沂市罗庄区西高都	276021	371311	0539-7112907	复混肥料制造	2624	复合肥		
临沂亚特有限公司	山东省临沂高新技术开发区创业中心A109室	276017	371311	0539-8288288	专项化学用品制造	2662	磷化液	脱脂剂	
山东罗欣药业股份有限公司	山东临沂市罗庄区罗七路	276017	371311	0539-8240551	化学药品制剂制造	2720	药品制造		
临沂市塑料三厂	山东省临沂市罗庄区大白庄	276017	371311	0539-8279288	塑料人造革、合成革制造	3050	塑料桶		
沂州集团有限公司	山东省临沂市罗庄区付庄办事处	276018	371311	0539-8928028	水泥制造	3111	水泥	焦炭	
山东美华瓷业集团股份有限公司	山东省临沂市罗庄区	276017	371311	0539-8241171	日用陶瓷制品制造	3153	日用瓷	建筑	
山东临沂银凤陶瓷集团有限公司	山东省临沂罗庄区罗四路502号	276017	371311	0539-8251251	日用陶瓷制品制造	3153	日用陶瓷		
临沂华盛中天机械集团有限公司	山东省临沂罗庄区中天路2号	276017	371311	0539-8488860	内燃机及配件制造	3512	汽油机	喷粉喷雾机	
山东临沂金星机床有限公司	山东省临沂市高新区湖西路北段105号	276016	371311	0539-8486811	金属切削机床制造	3521	普通机床	数控机床	

续表59：

企业名称	详细地址	邮政编码	行政区划代码	联系电话	所属行业	行业代码	主要产品一	主要产品二	主要产品三
山东沂光电子股份有限公司	山东临沂市罗庄区罗六路中段	276000	371311	0539-2925089	半导体分立器件制造	4052	硅塑封二极管	陶瓷谐振器	
临沂海信电子有限公司	山东省临沂市罗庄区湖西崖西村	276017	371311	0539-8255785	家用影视设备制造	4071	洗衣机		
临沂大林食品股份有限公司	山东省临沂河东区八湖镇	276031	371312	0539-8741259	蔬菜、水果和坚果加工	1370	脱水蔬菜		
国人西服有限公司	山东省临沂市经济开发区国人路16号	276000	371312	0539-607668	纺织服装制造	1810	西服		
山东鲁泰鞋业有限公司	山东临沂市河东区汤头	276032	371312	0539-8712484	纺织面料鞋的制造	1820	生产销售鞋		
临沂日报社印刷厂	山东省临沂市经济开发区旭洋路22号	276023	371312	0539-6013900	书、报、刊印刷	2311	报纸印刷	书刊印刷	
临沂市蓝天环科日化有限公司	山东省临沂市河东区芝麻墩办事处	276023	371312	0539-8806658	其他日用化学产品制造	2679	气雾杀虫剂	外加工	
山东临工工程机械有限公司	山东省临沂经济开发区芝麻墩乡	276023	371312	0539-8785696	建筑工程用机械制造	3613	装载机	压路机	
山东旭洋机械股份有限公司	山东省临沂经济开发区北横路中段	276023	371312	0539-6018703	炼油、化工生产专用设备制造	3621	化工设备	配件	
临沂华太电池有限公司	山东省临沂河东区汤头镇官庄村	276032	371312	0539-8712666	电池制造	3940	干电池		
山东黄金矿业（沂南）有限公司	山东省临沂市沂南县铜井镇	276317	371321	0539-3829160	金矿采选	0921	黄金	铜精矿含铜	
临沂亿利达钢铁有限公司	山东省临沂市沂南县大庄镇	276305	371321	0539-3539987	炼铁	3210	镍铁		
山东鲁南轴承有限责任公司	山东省沂南县花山路86号	276300	371321	0539-3880182	轴承制造	3551	圆锥滚子轴承		
临沂开元轴承有限公司	山东省临沂市沂南县	276309	371321	0539-3641839	轴承制造	3551	轴承制造		
澳柯玛（沂南）新能源电动车有限公司	山东省临沂市沂南县界湖镇	276300	371321	0539-3220978	助动自行车制造	3742	电动自行车		
山东同方鲁颖电子有限公司	山东省沂南县人民路22号	276300	371321	0539-3222051	电子元件及组件制造	4061	电容器	电感器	
山东阳煤恒通化工股份有限公司	山东省临沂市郯城县人民路327号	276100	371322	0539-6138535	初级形态的塑料及合成树脂制造	2651	尿素	烧碱	
郯城县供电公司	山东省临沂市郯城县郯城镇西关三街271号	276100	371322	0539-6116864	电力供应	4420	电力营销		
山东兴盛矿业有限责任公司	山东沂水县健康路16号	276400	371323	0539-13695393-897	铁矿采选	0810	铁矿开采		
山东大仓食品股份有限公司	山东省临沂市沂水县沂水镇中心南街21号	276400	371323	0539-2260669	谷物磨制	1310	小麦粉		
山东乐福记食品有限公司	山东省沂水县许家湖镇	276400	371323	0539-2507069	营养、保健食品制造	1491	豆奶粉	八宝粥	
山东恒泰纺织有限公司	山东省沂水县中心南街37号	276400	371323	0539-2252015	毛纺织	1722	羊绒混纺线	腈纶染色线	
山东省沂水华德服装有限公司	山东省临沂市沂水县裕丰南路	276400	371323	0539-2230166	毛染整精加工	1723	服装（裤子、上衣）		
山东华明纸业有限公司	山东省临沂市沂水县黄山铺	276400	371323	0539-2611689	机制纸及纸板制造	2221	机制纸		
山东鲁洲集团沂水化工有限公司	山东临沂沂水县沂蒙路181号	276400	371323	0539-2273078	氮肥制造	2621	尿素		
沂水金星金属制品有限公司	山东省临沂市沂水县龙港路2号	276400	371323	0539-2569549	其他日用金属制品制造	3489	缝衣针		

续表60：

企业名称	详细地址	邮政编码	行政区划代码	联系电话	所属行业	行业代码	主要产品一	主要产品二	主要产品三
山东兰陵企业（集团）总公司	山东临沂苍山县兰陵镇	277731	371324	0539-5588813	白酒制造	1521	白酒		
山东温和集团	山东省临沂费县建设路276号	273400	371325	0539-7178589	白酒制造	1521	白酒	65° 粮食酒	
山东光华纸业集团有限公司	山东省临沂市费县	273401	371325	0539-5811615	机制纸及纸板制造	2221	双胶纸		
山东银光化工集团有限公司	山东省临沂费县和平路129号	273400	371325	0539-5039983	炸药及火工产品制造	2664	民爆器材	抽纱饰品制造	
费县大陆阀门有限公司	山东临沂市费县建设路102号	273400	371325	0539-5015315	阀门和旋塞的制造	3543	中低压阀门		
山东黄金归来庄矿业有限公司	山东省临沂市平邑县	273306	371326	0539-7181652	金矿采选	0921	黄金		
莒南县优盛花生制品有限责任公司	山东省临沂市莒南县涝坡镇	276628	371327	0539-7833068	蔬菜、水果和坚果加工	1370	花生米	花生果	
山东绿润食品有限公司	山东省临沂市莒南县北环路中段	276600	371327	0539-7314173	蔬菜、水果和坚果加工	1370	板栗	蔬菜	
山东阜丰发酵有限公司	山东省临沂市莒南县十字路镇隆山路北段	276600	371327	0539-7221044	味精制造	1461	味精	黄原胶	
山东永泰纸业有限公司	山东省莒南县经济开发区黄海路	276600	371327	0539-7318008	机制纸及纸板制造	2221	高强度瓦楞纸		
山东百草药业有限公司	山东省莒南县新建路388号	276600	371327	0539-7282718	中成药制造	2740	水丸剂	茶剂	
山东宇达建材有限公司	山东省临沂市莒南县十字路	276600	371327	0539-7312212	建筑陶瓷制品制造	3132	抛光砖	水泥	
山东景耀玻璃集团有限公司	山东省临沂市莒南县坪上镇龙山路1号	276624	371327	0539-7559026	日用玻璃制品及玻璃包装容器制造	3145	日用玻璃制品业		
建材七〇一矿	山东省临沂市蒙阴县常路镇王家村	276213	371328	0539-4528306	其他非金属矿采选	1099	金刚石		
山东新银麦啤酒有限公司	山东省蒙阴县银麦路1号	276200	371328	0539-4636168	啤酒制造	1522	银麦啤酒		
蒙阴新华石材有限公司	山东省蒙阴县兴蒙路304号	276200	371328	0539-7143809	建筑用石加工	3133	花岗石建筑板材	花岗石异型制品	
山东兴大食品集团有限公司	山东省临沭县兴大路9号	276700	371329	0539-7199129	蔬菜、水果和坚果加工	1370	脱水蔬菜	保鲜蔬菜	
山东沂蒙老区酒业有限公司	山东临沂临沭南古镇中心街	276714	371329	0539-6368988	白酒制造	1521	饮料酒	大桶水	
山东信科环化有限责任公司	山东省临沂市临沭县南古镇	276700	371329	0539-6218729	无机盐制造	2613	氯化钡	硫脲	
金沂蒙集团有限公司	山东省临沂市临沭县兴大西街99号	276700	371329	0539-6268012	有机化学原料制造	2614	复混（合）肥料	醋酸乙酯	
山东大自然化肥有限公司	山东省临沭县青云山路7号	276700	371329	0539-13563997-1701	复混肥料制造	2624	复混肥料制造		
史丹利化肥股份有限公司	山东省临沭县常林大街	276700	371329	0539-6263619	复混肥料制造	2624	复合肥、复混肥、掺混肥		
山东金正大生态工程股份有限公司	山东省临沂市临沭县兴大西街19号	276000	371329	0539-13792953-711	复混肥料制造	2624	复合肥		
山东雷华塑料工程有限公司	山东省临沭县沭新东街49号	276700	371329	0539-6213818	塑料丝、绳及编织品的制造	3030	塑料纺织袋		
山东常林机械集团股份有限公司	山东省临沂市临沭县常林西大街112号	276700	371329	0539-7196990	拖拉机制造	3671	农业机械	工程机械	
山东德棉集团有限公司	山东省德州市德城区纺织大街538号	253002	371401	0534-2436027	棉、化纤纺织加工	1711	纱	布	

续表61：

企业名称	详细地址	邮政编码	行政区划代码	联系电话	所属行业	行业代码	主要产品一	主要产品二	主要产品三
德州市一木实业有限公司	山东德州市德城区新港前街12号	253001	371401	0534-2416022	木质家具制造	2110	双人床	实木门	
山东新华印刷厂德州厂	山东省德州市新华街155号	253006	371401	0534-2671221	书、报、刊印刷	2311	印刷	装订	
德州实华化工有限公司	山东省德州市德城区湖滨南大道738号	253007	371401	0534-2277163	无机碱制造	2612	聚氯乙烯树脂	烧碱	
山东华鲁恒升集团有限公司	山东省德州市德城区天衢西路24号	253024	371401	0534-2465043	氮肥制造	2621	尿素	三甲基甲酰胺	
德州中联大坝水泥有限公司	山东省德州市德城区天衢西路2号	253021	371401	0534-2465500	水泥制造	3111	水泥制造		
德州晶华集团有限公司	山东省德州市德城区湖滨南路55号	253007	371401	0534-2612291	平板玻璃制造	3141	平板玻璃	日用玻璃	
德州德隆（集团）机床有限责任公司	山东德州市运河经济开发区德隆路1号	253003	371401	0534-2496389	金属切削机床制造	3521	车床	镗床	
山东公路机械厂	山东省德州市德城区东风西路1501号	253001	371401	0534-2468203	建筑工程用机械制造	3613	静碾压路机	破碎机	
德州恒力电机有限公司	山东省德州市商贸开发区顺河西路19号	253002	371401	0534-2498224	电动机制造	3912	交流电动机		
德州供电公司	山东省德州市德城区新湖南路48号	253008	371401	0534-2652123	电力供应	4420	售电量		
德州市燃气总公司	山东省德州市德城区三八中路4025号	253000	371401	0534-2638890	燃气生产和供应业	4500	天然气		
德州市供水公司	山东省德州市德城区东地中大街892号	253000	371401	0534-2186290	自来水的生产和供应	4610	自来水		
山东德州扒鸡集团	山东省德州市运河商贸大道1389号	253003	371402	0534-5088101	肉制品及副产品加工	1352	扒鸡生产批发	餐饮	
德州市环球酿造有限责任公司	山东省德州市德城区双一路15号	253000	371402	0534-2188368	酱油、食醋及类似制品的制造	1462	酱油	食醋	
德州瑞博服装有限公司	山东省德州市德城区丰华街6号	253018	371402	0534-259112	纺织服装制造	1810	滑雪服		
德州华北纸业（集团）有限公司	山东省德州市德城区二屯镇	253035	371402	0534-2743899	机制纸及纸板制造	2221	机制纸		
德州虹桥染料化工有限公司	山东省德州市德城区东郊	253023	371402	0534-2745906	染料制造	2644	硝基苯	玫瑰精	
德州华洋包装工业有限公司	山东省德州市德城区运河经济开发区工业园	253004	371402	0534-2091085	日用塑料杂品制造	3082	塑料食品包装袋		
德州富达玻璃钢制品有限公司	山东省德州市南郊希望工业园	253033	371402	0534-2716933	玻璃纤维增强塑料制品制造	3148	玻璃钢制品	铝合金制品	
德州长虹机械制造有限公司	山东省德州市的城区天衢工业园科海路6号	253000	371402	0534-2356845	建筑材料生产专用机械制造	3614	铸钢件	合金件	
德州联合石油机械有限公司	山东省德州市晶华路南段	253007	371402	0534-2237809	炼油、化工生产专用设备制造	3621	银浆泵配件配件等	螺杆钻具	
山东皇明太阳能有限公司	山东省德州市德州经济开发区太阳谷大道	253023	371402	0534-2563819	燃气、太阳能及类似能源的器具制造	3961	太阳能热水器		
德州大众电子有限责任公司	山东省德州市德城区新湖北路31号	253016	371402	0534-2323048	电子元件及组件制造	4061	电子产品	臭氧产品	
德州华林电子有限公司	山东德州德城区新河西路16号	253004	371402	0534-2418375	印制电路板制造	4062	晶体振荡器		
华能国际电力股份有限公司德州电厂	山东省德州市德城区东风西路1868号	253024	371402	0534-2432252	火力发电	4411	发电		

续表62：

企业名称	详细地址	邮政编码	行政区划代码	联系电话	所属行业	行业代码	主要产品一	主要产品二	主要产品三
山东乐悟集团	山东省德州市陵县经济开发区腾达路10号	253500	371421	0534-8322080	食用植物油加工	1331	植物油	低温棉蛋白	
山东谷神生物科技集团有限公司	山东省德州市陵县	253500	371421	0534-8321437	食用植物油加工	1331	大豆蛋白	大豆油	
山东黎明纺织有限公司	山东德州市陵县	253500	371421	0534-8321317	棉、化纤纺织加工	1711	棉纱		
山东绿源化工集团有限公司	山东省德州市陵县	253500	371421	0534-8323316	复混肥料制造	2624	复合肥料		
山东省陵县信达化工有限公司	山东省德州市陵县陵城镇高津街70号	253500	371421	0534-8221884	染料制造	2644	直接染料		
山东宏祥化纤集团有限公司	山东省德州市陵县陵城镇城西工业区	253500	371421	0534-8261386	隔热和隔音材料制造	3135	土木材料系列产品		
德州春源散热器有限公司	山东省德州市陵县城关镇68号	253500	371421	0534-2138258	建筑装饰及水暖管道零件制造	3452	散热器		
陵县电业公司	山东省德州市陵县陵城镇陵州路106号	253500	371421	0534-8283122	电力供应	4420	电力销售		
陵县自来水公司	山东省德州市陵县陵城镇	253500	371421	0534-8221781	自来水的生产和供应	4610	自来水		
宁津县永兴化工有限责任公司	山东省德州市宁津县县城一环西路188号	253400	371422	0534-5213668	氮肥制造	2621	尿素	精甲醇	
山东省宁津宏升机械有限责任公司	山东省德州市宁津县中心大街92号	253400	371422	0534-5221335	泵及真空设备制造	3541	高频焊管	不锈钢管	
宁津县电业公司	山东省德州市宁津县阳光大街492号	253400	371422	0534-5062033	电力供应	4420	电力供应		
宁津县供水总公司	山东省德州市宁津县宁津镇	253400	371422	0534-5213328	自来水的生产和供应	4610	生活用水		
山东省庆云科技实业有限公司	山东省德州市庆云县渤海路1185号	253700	371423	0534-3420588	专项化学用品制造	2662	工业水处理药剂	皮草助剂	
山东颐元塑料制品有限公司	山东省德州市庆云县中澳路1777号	253700	371423	0534-3421741	塑料包装箱及容器制造	3060	塑料包装容器		
庆云县电业公司	山东省德州市庆云县迎宾路2567号	253700	371423	0534-3668203	电力供应	4420	转售电		
庆云县供水公司	山东省德州市庆云县中心大街北首	253700	371423	0534-6101196	自来水的生产和供应	4610	自来水供应		
临邑县洛北春酒厂	山东省德州市临邑县恒源经济开发区	251500	371424	0534-4361362	白酒制造	1521	白酒制造销售		
德州克代尔集团临邑啤酒有限公司	山东省德州市临邑县城东岳南路376号	251500	371424	0534-5057468	啤酒制造	1522	啤酒生产销售		
山东恒源石油化工集团有限公司	山东省德州市临邑县恒源路111号	251500	371424	0534-4239834	原油加工及石油制品制造	2511	柴油	汽油	
临邑县机械制造厂	山东省德州市临邑县	251500	371424	0534-4328968	金属密封件制造	3581	有机热载体炉	压力容器	
临邑县电业公司	山东省德州市临邑县开元大街137号	251500	371424	0534-4578635	电力供应	4420	电力供应		
临邑县供水公司	山东省德州市临邑县广场大街200号	251500	371424	0534-4231879	自来水的生产和供应	4610	供水		
山东鲁粮食品有限公司	山东省德州市齐河县齐晏大街27号	251100	371425	0534-5336928	谷物磨制	1310	面粉	挂面	
齐河冠军纸业有限公司	山东省德州市齐河县潘店	251100	371425	0534-5975875	机制纸及纸板制造	2221	机制纸		
山东晨鸣纸业集团齐河板纸有限责任公司	山东省德州市齐河县晏城街晨鸣东路1号	251100	371425	0534-5028529	机制纸及纸板制造	2221	机制纸及纸板	瓦楞纸箱	

续表63：

企业名称	详细地址	邮政编码	行政区划代码	联系电话	所属行业	行业代码	主要产品一	主要产品二	主要产品三
山东金石集团有限公司	山东省德州市齐河县金石大街102号	251100	371425	0534-5321864	水泥制造	3111	水泥		
齐河县电业公司	山东省德州市齐河县晏城街46号	251100	371425	0534-5336589	电力供应	4420	售电		
齐河县自来水公司	山东省德州市齐河县齐心大街32号	251100	371425	0534-5650570	自来水的生产和供应	4610	自来水供应		
青岛啤酒（平原）有限公司	山东省德州市平原县立交东路18号	253100	371426	0534-4381887	啤酒制造	1522	啤酒		
德州沪平永发造纸有限公司	山东省德州市平原县王大卦乡	253102	371426	0534-4522380	机制纸及纸板制造	2221	瓦楞原纸		
中化平原化工有限公司	山东省德州市平原县立交东路15号	253102	371426	0534-4383887	氮肥制造	2621	尿素	碳铵	
山东征宙机械有限公司	山东省德州市平原县光明东大街121号	253100	371426	0534-43831762	其他金属工具制造	3429	机床附件		
平原县电业公司	山东省德州市平原县光明西大街49号	253100	371426	0534-4292240	电力供应	4420	售电		
山东德棉集团恒华纺织公司	山东省德州市夏津县南城街2号	253200	371427	0534-2195826	棉、化纤纺织加工	1711	纱	布	
夏津县电业总公司	山东省德州市夏津县北关63号	253200	371427	0534-3889291	电力供应	4420	专供电		
山东省武城县古贝春有限责任公司	山东省德州市武城县古贝春大街西首	253300	371428	0534-6216536	白酒制造	1521	粮食白酒		
山东武城银河纺织有限公司	山东省德州市武城县临武路8号	253300	371428	0534-6695381	毛条加工	1721	纱	布	
武城县康达化工有限公司	山东省德州市武城县广运街	253300	371428	0534-6511089	有机化学原料制造	2614	甲氧基乙酸甲酯	对三氟甲基本睛	
山东北方玻璃钢工程有限公司	山东省德州市武城县新城漳南街11号	253300	371428	0534-6653577	玻璃纤维增强塑料制品制造	3148	玻璃钢管道	其他配件	
武城华能玻璃钢集团有限公司	山东省德州市武城县鲁权屯镇	253308	371428	0534-6352412	玻璃纤维增强塑料制品制造	3148	玻璃钢制品		
山东金光玻璃钢集团有限公司	山东省德州市武城县鲁权屯镇开发区	253300	371428	0534-6351024	玻璃纤维增强塑料制品制造	3148	玻璃钢冷却塔	空调制冷机组	
山东水星汽车部件集团	山东省德州市武城县广运街	253300	371428	0534-6691916	金属密封件制造	3581	汽车零部件销售		
山东神龙毯业有限公司	山东省德州市武城县经济开发区	253300	371428	0534-6517888	地毯、挂毯制造	4217	机织地毯	手工地毯	
武城县电业公司	山东省德州市武城县振华街13号	253300	371428	0534-6518085	电力供应	4420	售电量		
乐陵市浩天食品有限公司	山东省德州市乐陵市兴隆大街南首	253600	371481	0534-6117666	谷物磨制	1310	面粉	麸皮	
山东华乐实业集团有限公司	山东省乐陵市寨头堡	253614	371481	0534-6708838	棉、化纤纺织加工	1711	棉纱	工业丝	
山东国强五金制品有限公司	山东省乐陵市枣城大街450号	253600	371481	0534-2119513	建筑、家具用金属配件制造	3451	箱包五金制品	建筑五金制品	
山东金麒麟集团有限公司	山东省德州市乐陵市枣城北大街84号	253600	371481	0534-2119918	汽车零部件及配件制造	3725	刹车片		
乐陵市电业公司	山东省乐陵市鲁盛东路东首	253600	371481	0534-6528054	电力供应	4420	电力供应		
禹城环宇保龄宝公司	山东省德州市禹城乐外路1号	251200	371482	0534-2126078	淀粉及淀粉制品的制造	1391	低聚糖	果葡糖浆	
山东龙力生物科技有限公司	山东省德州市禹城市汉槐街1309号	251200	371482	0534-7423575	食品及饲料添加剂制造	1494	木寡糖	结晶葡萄糖	

续表64：

企业名称	详细地址	邮政编码	行政区划代码	联系电话	所属行业	行业代码	主要产品一	主要产品二	主要产品三
山东大禹龙酒业有限公司	山东省德州市禹城市南环路619号	251200	371482	0534-7320815	白酒制造	1521	发酵酒精	白酒	
山东省贺友集团有限公司	山东省禹城市贺友街1号	251200	371482	0534-2128132	纤维板制造	2022	密度纤维板		
山东禹城中农润田化工有限公司	山东省德州市禹城市骇河街1447号	251200	371482	0534-7281208	氮肥制造	2621	尿素		
山东禹城兴达建材有限公司	山东省德州市禹城解放街1058号	251200	371482	0534-7360638	水泥制造	3111	水泥制造	ABS管材附件	
山东光大电力集团	山东省德州市禹城县人民街339号	251200	371482	0534-7268722	电力供应	4420	转售电		
禹城市自来水公司	山东省德州市禹城行政街158号	251200	371482	0534-2122016	污水处理及其再生利用	4620	自来水供应		
中通汽车工业集团有限责任公司	山东省聊城开发区中华路北路9号	252000	371501	0635-8518029	改装汽车制造	3722	客车制造、销售	钢结构建筑	
山东聊城鲁西化工集团有限责任公司	山东省聊城市东阿县鲁化路68号	252000	371502	0635-3481096	氮肥制造	2621	尿素	合成复合肥料	
华润东阿阿胶有限公司	山东省聊城市开发区东昌路53号	252000	371502	0635-8519162	中成药制造	2740	阿胶	复方阿胶浆	
山东鑫亚工业股份有限公司	山东省聊城东昌东路25号	252000	371502	0635-8353222	泵及真空设备制造	3541	喷油器、喷油泵及三副偶件		
山东熙德机械制造有限公司	山东省聊城开发区长江路56号	252000	371502	0635-2119100	液压和气压动力机械及元件制造	3544	活塞环		
山东光岳转向节总厂	山东省聊城光岳路1号	252000	371502	0635-8528684	汽车零部件及配件制造	3725	汽车转向节	汽车后桥	
华能聊城热电有限公司	山东省聊城东昌府区聊堂路39号	252041	371502	0635-8622121	火力发电	4411	电力生产	供热	
聊城新奥燃气有限公司	山东省聊城市昌润路	252000	371502	0635-5086656	燃气生产和供应业	4500	天然气销售		
聊城润达水业有限公司	山东省聊城柳园南路116号	252000	371502	0635-8221177	自来水的生产和供应	4610	自来水		
山东凤祥集团有限责任公司	山东省聊城市阳谷县安乐镇刘庙街	252325	371521	0635-6778601	肉制品及副产品加工	1352	冻鸡	饲料	
山东景阳岗酒业有限公司	山东省聊城阳谷紫石街17号	252300	371521	0635-6382275	白酒制造	1521	白酒		
山东方舟集团公司	山东省阳谷高庙王乡	252312	371521	0635-6868392	其他玻璃制品制造	3149	诺亚口杯		
山东东方金丹特种钢有限公司	山东省聊城市莘县大张家镇	252428	371522	0635-7866129	炼钢	3220	耐热耐磨特种钢		
山东齐鲁味精食品集团有限公司	山东省聊城市茌平县 东外环街1号	252100	371523	0635-4232231	味精制造	1461	味精	淀粉	
山东金号织业有限公司	山东省聊城市茌平县中心街285号	252100	371523	0635-4272521	棉及化纤制品制造	1751	铝材	毛巾	
茌平县中信化工有限公司	山东省聊城茌平乐平镇二十里铺	252100	371523	0635-4573401	化学试剂和助剂制造	2661	氟化铝	冰晶石	
华鲁制药有限公司	山东省聊城市茌平县华鲁街1号	252100	371523	0635-2985007	化学药品制剂制造	2720	大容量注射液	小容量注射液	
信发集团有限公司	山东省聊城市茌平县北顺河街241号	252100	371523	0635-4258065	铝冶炼	3316	氧化铝粉	电解铝	
茌平电业公司	山东省聊城茌平新政路489号	252100	371523	0635-4592126	电力供应	4420	电力供应		
鲁西化工集团股份有限公司氯碱化工分公司	山东省聊城市东阿县顾官屯	252011	371524	0635-3481666	无机碱制造	2612	烧碱	液氯	

续表65：

企业名称	详细地址	邮政编码	行政区划代码	联系电话	所属行业	行业代码	主要产品一	主要产品二	主要产品三
山东聊城鲁西化工第二化肥有限公司	山东省聊城东阿阿胶街96号	252200	371524	0635-3266268	氮肥制造	2621	尿素	甲醇	
冠星纺织集团总公司	山东省聊城市冠县冠城镇振兴东路221号	252500	371525	0635-5281013	棉、化纤纺织加工	1711	棉纱		
山东冠洲集团总公司	山东省聊城市冠县振兴路349号	252500	371525	0635-5289099	钢压延加工	3230	冷轧板	镀锌板	
山东省高唐蓝山集团总公司	山东省聊城高唐宾湖北路2号	252800	371526	0635-3962336	食用植物油加工	1331	食用植物油	饲料	
山东泉林纸业有限责任公司	山东省聊城高唐官道街26号	252800	371526	0635-3961711-8957	机制纸及纸板制造	2221	机制纸	机制浆	
山东时风集团有限责任公司	山东省聊城市高唐县时风路1号	252800	371526	0635-3954440	其他农林牧渔业机械制造及机械修理	3679	三轮汽车	低速载货车	
山东临清华润纺织有限公司	山东省临清市先锋路67号	252607	371581	0635-2108102	棉、化纤纺织加工	1711	纱	布	
中冶纸业银河有限公司	山东省临清西门里297号	252600	371581	0635-2432919	机制纸及纸板制造	2221	机制纸及纸板		
临清彩虹热电有限责任公司	山东省聊城临清西门里街384号	252600	371581	0635-2430637	火力发电	4411	发电	热力生产及供应	
滨州环宇纺织集团有限责任公司	山东省滨州市滨城区渤海三路524号	256617	371602	0543-3209325	棉、化纤纺织加工	1711	纱	布	
山东省滨州华润纺织有限公司	山东省滨州市滨城区黄河二路555号	256608	371602	0543-2197626	棉、化纤纺织加工	1711	棉纱		
山东省滨州市新兴织布厂	山东省滨州市滨城区黄河二路631号	256612	371602	0543-3382653	棉、化纤纺织加工	1711	棉混纺布		
滨州三元家纺有限公司	山东省滨州市滨城区凤凰二路101号	256651	371602	0543-2221116	棉、化纤印染精加工	1712	染色布		
华纺股份有限公司	山东省滨州市滨州区黄河二路819号	256617	371602	0543-3288379	棉、化纤印染精加工	1712	纯棉印染布	混纺印染布	
山东滨州亚光毛巾有限公司	山东省滨州市滨城区滨北镇梧桐六路89号	256651	371602	0543-3512878	棉及化纤制品制造	1751	提花类毛巾	印花类毛巾	
滨化集团	山东省滨州市滨城区黄河五路560号	256600	371602	0543-2118069	原油加工及石油制品制造	2511	原油加工	环氧丙烷	
滨州海得曲轴有限责任公司	山东省滨州市开发区长江三路海得工业园	256600	371602	0543-3402820	汽车零部件及配件制造	3725	各类曲轴	铸 件	
山东滨州渤海活塞股份有限公司	山东省滨州市开发区渤海二十一路569号	256602	371602	0543-3289008	汽车零部件及配件制造	3725	铝活塞	铝合金	
山东电力集团公司滨州供电公司	山东省滨州市黄河四路521号	256610	371602	0543-3302121	电力供应	4420	电力供应		
山东基德生态科技有限公司	山东省滨州市无棣县北环路159号	251900	371623	0543-6369323	棉、化纤纺织加工	1711	纱	坯布	
山东鲁北企业集团总公司	山东省滨州市无棣县埕口镇	251909	371623	0543-6452825	复混肥料制造	2624	复合肥料	磷酸二氨	
山东渤海油脂工业有限公司	山东省滨州市博兴县城东街滨河路333号	256500	371625	0543-2126602	食用植物油加工	1331	豆油	豆粕	
西王集团有限公司	山东省滨州市邹平县韩店镇西王工业园	256209	371626	0543-4615837	淀粉及淀粉制品的制造	1391	淀粉糖	玉米油	
山东魏桥创业集团有限公司	山东省滨州市邹平县经济开发区魏纺路1号	256200	371626	0543-4161083	棉、化纤纺织加工	1711	棉化纤纺织	铝冶炼	
山东宏城集团有限公司	山东省滨州市邹平县黄山三路8号	256200	371626	0543-4325037	棉、化纤印染精加工	1712	纱	布	

续表66：

企业名称	详细地址	邮政编码	行政区划代码	联系电话	所属行业	行业代码	主要产品一	主要产品二	主要产品三
菏泽华瑞食品有限责任公司	山东省菏泽市开发区丹阳路288号	274012	371701	0530-5334100	谷物磨制	1310	小麦粉		
菏泽绿源食品总公司	山东省菏泽开发区人民南路39号	274023	371701	0530-5316308	畜禽屠宰	1351	鲜冻猪肉及猪付产品		
菏泽银河纺织有限公司	山东省菏泽市双河东路3300号	274000	371701	0530-3952203	棉、化纤纺织加工	1711	纱	线	
山东天翔毛纺织有限公司	山东省菏泽市黄河东路3369号	274016	371701	0530-5133516	毛纺织	1722	呢绒		
山东睿鹰先锋制药有限公司	山东省菏泽市牡丹区泰山路66号	274039	371701	0530-5856506	化学药品原药制造	2710	西药生产		
菏泽鲁抗舍里乐药业有限公司	山东省菏泽市开发区佃户屯	274016	371701	0530-5354806	兽用药品制造	2750	盐霉素钠颗粒剂		
菏泽广源铜带股份有限公司	山东省菏泽市牡丹区吴店镇	274039	371701	0530-5830010-8889	常用有色金属压延加工	3351	有色金属压延加工		
山东菏泽华星油泵油嘴有限公司	山东省菏泽市牡丹区广州路中段丹阳东路	274016	371701	0530-5296669	泵及真空设备制造	3541	喷油器偶件	喷油器总成	
菏泽自来水公司	山东省菏泽市牡丹区牡丹路1258号	274000	371701	0530-5198825	自来水的生产和供应	4610	自来水		
山东米老头工业有限公司	山东省菏泽市银川路与八一路交界处	274000	371702	0530-6269805	饼干及其他焙烤食品制造	1419	膨化食品		
青岛啤酒（菏泽）有限公司	山东省菏泽市牡丹区牡丹南路58号	274000	371702	0530-5601287	啤酒制造	1522	啤酒制造		
菏泽兔巴哥食品有限公司	山东省菏泽市牡丹区	274000	371702	0530-5299608	含乳饮料和植物蛋白饮料制造	1534	食品		
菏泽源丰农药有限公司	山东省菏泽市牡丹路黄罡镇	274000	371702	0530-5612578	化学农药制造	2631	农药		
山东良义化工有限公司	山东省菏泽市牡丹区昆明路	274000	371702	0530-5059998	化学试剂和助剂制造	2661	化学助剂		
菏泽普恩药业有限公司	山东省菏泽市开发区	274000	371702	0530-5299078	化学药品原药制造	2710	西药生产		
山东步长制药有限公司	山东省菏泽市牡丹区中华西路369号	274000	371702	0530-5299369-810	化学药品制剂制造	2720	化学药品制剂		
山东健民药业有限公司	山东省菏泽市牡丹区中华西路367号	274000	371702	0530-5299708	中成药制造	2740	新复方大青叶片	咽炎片	
山东菏泽发电厂	山东省菏泽市开发区岳程办事处光明路1号	274032	371702	0530-5362250	火力发电	4411	火力发电	供热	
山东电力集团公司菏泽供电公司	山东省菏泽开发区中华路199号	274000	371702	0530-5322127	电力供应	4420	供电		
山东王光集团有限公司	山东省菏泽市曹县曹城镇南环路	274400	371721	0530-3203339	肉、禽类罐头制造	1451	王光烧牛肉	服务业	
山东众地众想食品有限公司	山东省菏泽市曹县青菏中路76号	274400	371721	0530-3236002	蔬菜、水果罐头制造	1453	芦笋罐头	黄桃罐头	
曹县百隆纺织有限公司	山东省曹县曹城镇中兴路北段	274400	371721	0530-3269988	棉、化纤纺织加工	1711	棉纱		
山东曹县恒信巾业有限公司	山东省曹县储城路131号	274400	371721	0530-3689405	棉及化纤制品制造	1751	毛巾		
山东凯雷圣奥化工有限公司	山东省菏泽市曹县金沙江路西段	274400	371721	0530-3232575	化学试剂和助剂制造	2661	橡胶防老剂		
山东省三利轮胎制造有限公司	山东省菏泽市曹县中兴路3号	274400	371721	0530-3232888	车辆、飞机及工程机械轮胎制造	2911	轮胎	垫胎	

续表67：

企业名称	详细地址	邮政编码	行政区划代码	联系电话	所属行业	行业代码	主要产品一	主要产品二	主要产品三
曹县爱伦金属加工有限公司	山东省菏泽市曹县曹城镇	274400	371721	0530-2065004	常用有色金属压延加工	3351	铜管销售		
曹县供电公司	山东省菏泽市曹县中兴街1号	274400	371721	0530-3932251	电力供应	4420	电力供应		
曹县自来水公司	山东省菏泽市曹县西大街58号	274400	371721	0530-3211784	自来水的生产和供应	4610	自来水		
单县四君子酒业有限公司	山东菏泽单县健康路东端	274300	371722	0530-4678982	白酒制造	1521	白酒		
菏泽万都木业有限公司	山东省菏泽市单县黄岗镇	274300	371722	0530-4364799	纤维板制造	2022	中度纤维板		
山东省单县天元纸业有限公司	山东省菏泽市单县原城镇	274300	371722	0530-4698967	机制纸及纸板制造	2221	新闻纸		
山东尚舜化工有限公司	山东省菏泽市单县单城东南	274300	371722	0530-4698033-8615	化学试剂和助剂制造	2661	橡胶助剂		
山东湖西王集团有限公司	山东省菏泽市单县北城办事处	274300	371722	0530-6108988	轴承制造	3551	轴承	铸件	
单县供电公司	山东省菏泽市单县向阳路141号	274300	371722	0530-4632121	电力供应	4420	电力供应		
成武县银翔棉纺织有限公司	山东省菏泽市成武刘坊街	274200	371723	0530-8622602	棉、化纤纺织加工	1711	棉纱		
山东东力雅木业有限公司	山东省菏泽市成武古城东街656号	274200	371723	0139-05400581	纤维板制造	2022	纤维板		
成武县金猫铅笔有限公司	山东省菏泽市成武县北环路	274200	371723	0530-8623067	笔的制造	2412	铅笔		
山东达弛电气有限公司	山东省菏泽市成武工业区	274200	371723	0530-8651668	变压器、整流器和电感器制造	3921	变压器		
山东成武成威开关厂	山东省菏泽市成武县伯乐镇	274200	371723	0530-8611165	配电开关控制设备制造	3923	真空断路器	六氟化硫断路器	
成武县自来水公司	山东省成武县文亭街122号	274200	371723	0530-8624303	自来水的生产和供应	4610	自来水生产供应		
巨野县华粮面粉厂	山东省菏泽市巨野县城关镇	274900	371724	0530-8225528	谷物磨制	1310	小麦粉	麦麸	
山东省巨野菏雪面粉有限公司	山东省巨野县光明路74号	274900	371724	0530-2086699	谷物磨制	1310	小麦粉		
花冠集团酿酒有限公司	山东省菏泽市巨野县花冠路西段	274900	371724	0530-8029653	白酒制造	1521	白酒		
山东巨野绿园纺织集团有限公司	山东省巨野县麒麟镇薛扶集	274900	371724	0530-8271258	棉、化纤纺织加工	1711	32支面纱	40支棉纱	
巨野县天丰纸业有限公司	山东省菏泽市巨野县田庄	274915	371724	0159-53057637	机制纸及纸板制造	2221	造纸		
山东百维药业有限公司	山东省巨野工业园区	274900	371724	0530-8226123	中成药制造	2740	中成药		
巨野建安水泥有限公司	山东省巨野县工业园区	274900	371724	0158-53012855	水泥制造	3111	水泥		
山东巨润建材有限公司	山东省巨野县光明路5号	274900	371724	0530-2088617	平板玻璃制造	3141	平板玻璃制造		
巨野县供电公司	山东省巨野县人民路343号	274900	371724	0530-8252121	电力供应	4420	电力供应		
菏泽环山饲料有限公司	山东省菏泽市郓城	274700	371725	0530-6657999	饲料加工	1320	配合饲料	浓缩饲料	
菏泽唯信食品有限公司	山东省郓城县工业园区	274700	371725	0530-6156606	肉制品及副产品加工	1352	肉制品及副产品加工		

续表68：

企业名称	详细地址	邮政编码	行政区划代码	联系电话	所属行业	行业代码	主要产品一	主要产品二	主要产品三
山东圣隆纺织集团有限公司	山东省菏泽市郓城县工业园区	274700	371725	0139-05305958	棉、化纤纺织加工	1711	棉纱		
郓城县鲁发化工有限公司	山东省郓城县郓城镇东门街348号	274700	371725	0530-6522132	氮肥制造	2621	碳酸氢氨		
山东瑞丰搪瓷制品有限公司	山东省郓城县郓城镇坝头	274702	371725	0530-6568829	搪瓷日用品及其他搪瓷制品制造	3479	日用搪瓷生产		
鄄城昌华纺织有限公司	山东省菏泽市鄄城县人民路11号	274600	371726	0530-2998986	毛纺织	1722	棉纱		
鄄城晨鸣板材有限公司	山东省菏泽市鄄城县人民路5号	274600	371726	0530-6287206	刨花板制造	2023	刨花板		
菏泽华意化工有限公司	山东省鄄城青年路东段13号	274600	371726	0530-2400698	有机化学原料制造	2614	二氯异氰尿酸钠	二氯异氰酸钠	
菏泽沃蓝化工有限公司	山东省菏泽市鄄城县富春街	274600	371726	0530-2479996	专项化学用品制造	2662	氰尿酸		
鄄城县自来水公司	山东省菏泽市鄄城城关	274600	371726	0530-2421313	自来水的生产和供应	4610	自来水		
山东天久生物技术有限公司	山东省菏泽市定陶县陈集	274100	371727	0530-2791157	营养、保健食品制造	1491	食品添加		
山东定陶银鹿纺织有限公司	山东省定陶县陶驿路15号	274100	371727	0135-73057796	棉、化纤纺织加工	1711	棉纱		
山东艺达家纺有限公司	山东省菏泽市定陶县	274100	371727	0530-2156788	棉、化纤纺织加工	1711	床上用品	被子	
山东林盾木业股份有限公司	山东菏泽定陶县仿山	274100	371727	0530-2153252	刨花板制造	2023	刨花板	饰面板	
定陶鲁森木制纸品厂	山东省菏泽市定陶县黄店	274108	371727	0530-2792167	机制纸及纸板制造	2221	瓦楞纸		
山东盛华达股份有限公司	山东省定陶县陈集镇周华院内	274100	371727	0530-2792275	地毯、挂毯制造	4217	纯羊毛地毯		
定陶县自来水公司	山东省菏泽市定陶县兴华路	274100	371727	0155-53099768	自来水的生产和供应	4610	自来水		
五得利集团东明面粉有限公司	山东省菏泽市东明县城关镇	274500	371728	0530-7293119	淀粉及淀粉制品的制造	1391	面粉	饲料	
山东省菏泽恒大化工有限公司	山东省东明县菜元集	274500	371728	0530-7612236	棉、化纤纺织加工	1711	棉纱		
东明县勇越纸业有限公司	山东菏泽东明城关镇五四路东段	274500	371728	0530-6257888	机制纸及纸板制造	2221	瓦楞纸		
山东玉皇化工有限公司	山东省菏泽市东明县武胜镇	274512	371728	0530-7602037	原油加工及石油制品制造	2511	液化气	丙烯	
山东东明石化集团有限公司	山东省菏泽市东明县城关镇石化大道27号	274500	371728	0135-83086117	原油加工及石油制品制造	2511	汽油	柴油	
山东洪业化工集团有限公司	山东省东明县城关镇北外环路西段	274500	371728	0530-7262333	化学药品制剂制造	2720	环己酮	己二酸	

2－3 建筑业调查单位基本情况

企业名称	详细地址	邮政编码	行政区划代码	联系电话	所属行业	行业代码	主要产品一	主要产品二	主要产品三
山东省建设建工(集团)有限责任公司	山东省济南市历下区济王路	250014	370102	0531-67618239	房屋工程建筑	4710	建筑施工		
中国建筑第八工程局第一建筑公司	山东省济南市轻骑路89号	250100	370102	0531-66628986	房屋工程建筑	4710	房屋建筑		
山东高速齐鲁建设集团公司	山东省济南市历下区和平路36号	250014	370102	0531-81852297	房屋工程建筑	4710	建筑业		
山东黄河工程集团有限公司	山东省济南市历下区青后小区四区	250013	370102	0531-86987287	铁路、道路、隧道和桥梁工程建筑	4721	土、石、砼		
山东省水利工程局	山东省济南市历下区解放东路11号	250013	370102	0531-86995743	其他土木工程建筑	4729	水利水电工程总承包		
山东正元建设工程有限责任公司	山东省济南市历下区	250014	370102	0531-86948234	其他土木工程建筑	4729	桩基施工		
济南市华通燃气工程有限公司	山省东济南历下区山大路12号	250013	370102	0531-86973577	建筑安装业	4800	燃气管道安装		
山东省工业设备安装总公司	山东省济南市历下区历山路70号	250013	370102	0531-85870933	建筑安装业	4800	机电设备总承包		
山东福缘来装饰有限公司	山东省济南市历下区经十路18号	250062	370102	0531-82919771	建筑装饰业	4900	工程结算收入		
山东省中鲁建筑集团总公司	山东省济南市市中区经五路171号	250001	370103	0531-87923388	房屋工程建筑	4710	房屋建筑		
中国建筑第八工程局第二建筑公司	山东省济南市市中区济微路91号	250001	370103	0531-87195034	房屋工程建筑	4710	工业与民用建筑	装饰	安装
山东省邮电工程有限公司	山东省济南市市中区大观园经四路小纬四路街	250001	370103	0531-87080113	架线和管道工程建筑	4724	通信工程		
济南市第二建筑工程总公司	山东省济南市槐荫区西光明街10号	250021	370104	0531-87080638	房屋工程建筑	4710	房屋建筑		
中铁建工集团第二建筑工程处	山东省济南市槐荫区段店济兖路	250117	370104	0531-86339030	房屋工程建筑	4710	房屋建筑		
山东省路桥集团公司	山东省济南市槐荫区经三路289号	250021	370104	0531-87082324	铁路、道路、隧道和桥梁工程建筑	4721	公路桥梁施工		
山东送变电工程公司	山东省济南市槐荫区德兴东街	250022	370104	0531-82167122	架线和管道工程建筑	4724	架线、送变电工程	铁塔加工	
山东省机械施工	山东省济南市槐荫区中光明街15	250021	370104	0531-87933032	工程准备	5010	地基基础专业承包		
济南天建建筑安装工程有限公司	山东省济南市天桥区无影山中路名人广场	250031	370105	0531-85554676	房屋工程建筑	4710	房屋建筑施工		
山东省城乡建设勘察院	山东省济南市天桥区无影山中路85号	250032	370105	0531-85852160-2022	房屋工程建筑	4710	岩土工程施工	工程勘察	工程不测量
济南四建(集团)有限责任公司	山东省济南市天桥区济洛路163号	250031	370105	0531-85953151	房屋工程建筑	4710	房屋建筑		
济南城建工程公司	山东省济南市天桥区汽车厂东路29号	250031	370105	0531-85829940	铁路、道路、隧道和桥梁工程建筑	4721	铁路,公路,隧道,桥梁建筑		
济南建设设备安装有限责任公司	山东省济南市天桥区水屯路28号	250033	370105	0531-88678021	建筑安装业	4800	机电设备.消防,锅炉等安装工程		
山东格瑞德输变电工程有限公司	山东省济南市天桥区明湖北路1号	250033	370105	0531-86915490	建筑安装业	4800	220kv变电站工程		

续表1：

企业名称	详细地址	邮政编码	行政区划代码	联系电话	所属行业	行业代码	主要产品一	主要产品二	主要产品三
济南建工总承包集团有限公司	山东省济南市历城区洪楼南路46号	250100	370112	0531-88117062	房屋工程建筑	4710	建筑业		
济南坤淇建筑工程有限公司	山东省济南市历城区王舍人坝王路458号	250101	370112	0531-88681363	房屋工程建筑	4710	房屋建筑业		
济南市历城区建筑安装工程公司	山东省济南市历城区洪楼西路90号	250100	370112	0531-88169693	房屋工程建筑	4710	房屋建筑安装		
济南一建集团总公司	山东省济南市历城区工业北路295号	250100	370112	0531-88617043	房屋工程建筑	4710	房屋建筑业		
山东三箭建设工程股份有限公司	山东省济南市历城区东外环路2668号	250100	370112	0531-88326039	房屋工程建筑	4710	建筑业		
中铁十局集团有限公司	山东济南历下区舜泰广场7号	250101	370112	0531-82461036	铁路、道路、隧道和桥梁工程建筑	4721	铁路工程		
济钢集团山东建设工程有限公司	山东省济南市历城区工业北路21号	250101	370112	0531-88869205	工矿工程建筑	4723	房屋建筑	设备安装	
济南卫士消防安全工程公司	山东省济南市历城区工业北路180号	250033	370112	0531-88676178	建筑安装业	4800	消防工程安装		
济南长兴建设集团有限公司	山东省济南市市中区机一西路16号	250022	370113	0531-87979689	房屋工程建筑	4710	房屋工程建筑	房地产开发	
济南长箭建设集团有限公司	山东省济南市长清区清河街1769号	250300	370113	0531-87222584	房屋工程建筑	4710	房屋建筑		
章丘市城建建筑安装有限公司	山东省章丘市明水街道明珠小区北区44号	250200	370181	0531-83277115	房屋工程建筑	4710	房屋建筑		
章丘市刁镇建筑公司	山东省章丘市刁镇中心大街257号	250200	370181	0531-83511052	房屋工程建筑	4710	房屋建筑		
中建八局第四建设有限公司	山东省青岛市市南区汇泉路17号东海国际大厦25楼	266071	370202	0532-83876051-568	房屋工程建筑	4710	工业与民用建筑	安装工程	
山东莱钢建设有限公司	山东省青岛市市南区东海西路43号	266071	370202	0532-86027846	房屋工程建筑	4710	建筑业	安装业	
中交一航局第二工程有限公司	山东省青岛市市南区福州南路16号	266071	370202	0532-85756332	工矿工程建筑	4723	水工建筑物	公路及路桥	房屋建筑
青岛环卫工程公司	山东省青岛市市南区日照路1号	266001	370202	0532-82864527	其他土木工程建筑	4729	城市配套设施施工	环保设备及用品、垃圾清运	
青岛电力实业总公司	山东省青岛市市南区香港中路40号	266071	370202	0532-82953726	建筑安装业	4800	提供施工设备服务		
青岛市益水工程股份有限公司	山东省青岛市市南区宁德路20号	266071	370202	0532-85883335	建筑安装业	4800	给水管道安装		
青岛海川建设集团有限公司	山东省青岛市市北区铁山路21号	266071	370203	0532-81970573	房屋工程建筑	4710	房屋建筑	装饰装修	
青岛市一宅建筑集团股份有限公司	山东省青岛市市北区辽阳西路241号	266034	370203	0532-85698508	房屋工程建筑	4710	建筑工程		
青岛一建集团有限公司	山东省青岛市四方区杭州路173号	266031	370205	0532-83736604	房屋工程建筑	4710	工业与民用建筑工程	建筑机具租赁	
青岛安装建设股份有限公司	山东省青岛市四方区开封路26号	266042	370205	0532-83720602	房屋工程建筑	4710	建筑安装工程	运输业及非标工程	
青岛城建集团有限公司	山东省青岛市四方区嘉定路15号	266031	370205	0532-83720602	房屋工程建筑	4710	市政工程	建筑工程	公路工程
青岛施运机械施工有限公司	山东省青岛市四方区大沙路13号	266042	370205	0532-84851949	房屋工程建筑	4710	基础施工		
山东省筑港总公司	山东省青岛市四方区嘉定路68号	266032	370205	0532-83724347	水利和港口工程建筑	4722	建筑施工		

续表2：

企业名称	详细地址	邮政编码	行政区划代码	联系电话	所属行业	行业代码	主要产品一	主要产品二	主要产品三
青岛第一市政工程有限公司	山东省青岛市四方区鞍山路17号	266033	370205	0532-83718089	其他土木工程建筑	4729	土木工程施工		
青岛软控安装工程公司	山东省青岛市四方区郑州路7号	266042	370205	0532-88266098	建筑安装业	4800	建筑工程设备安装		
青岛福瀛建设集团有限公司	山东省青岛市开发区长江东路443号	266520	370211	0532-86878419	房屋工程建筑	4710	房屋工程建筑	房地产开发	
山东红建建安集团公司	山东省青岛市开发区红石崖镇	266426	370211	0532-83162375	房屋工程建筑	4710	房屋和土木工程建筑业		
山东兴华建设集团公司	山东省青岛市经济技术开发区黄河中路51号	266510	370211	0532-86827575	房屋工程建筑	4710	房屋建筑施工		
青岛开发区市政工程总公司	山东省青岛市开发区井冈山路756号	266555	370211	0532-86898785	铁路、道路、隧道和桥梁工程建筑	4721	市政工程建设与养护		
青岛港务局港务工程公司	山东省青岛市开发区黄河东路114号	266500	370211	0532-82988229	水利和港口工程建筑	4722	航务工程施工		
青岛市胶州建设集团有限公司	山东青岛胶州市福州南路92号	266300	370281	0532-81129903	房屋工程建筑	4710	建筑		
青岛胶东建筑有限公司	山东青岛胶州市胶东镇小麻湾西村	266317	370281	0532-88260098	房屋工程建筑	4710	建筑施工		
中国石油天然气第七建设公司	山东省青岛市胶州市胶州西路377号	266300	370281	0532-82267107	建筑安装业	4800	工程施工		
青岛即建建设集团有限公司	山东省青岛市即墨华山一路	266200	370282	0532-86652987	房屋工程建筑	4710	房屋建筑		
青岛通广建工集团有限公司	山东省青岛市即墨鹤山路805号	266200	370282	0532-15969899-386	房屋工程建筑	4710	房屋建筑		
平度市建筑安装集团公司	山东青岛平度平古路78号	266705	370283	0532-83306921	房屋工程建筑	4710	建筑工程		
青岛亿联集团股份有限公司	山东省青岛市胶南市铁山路71号	266400	370284	0532-88183627	房屋工程建筑	4710	房屋建筑工程		
青岛隆海集团建筑安装有限公司	山东省青岛市胶南市双大路东端	266400	370284	0532-86611955	房屋工程建筑	4710	房屋建筑		
莱西市建筑总公司	山东省青岛市莱西威海中路13号	266600	370285	0532-88483394	房屋工程建筑	4710	建筑		
山东金城建工有限公司	山东省淄博市淄川区般龙路29号	255100	370302	0533-5130069	房屋工程建筑	4710	房屋建筑工程		
淄博天一建工有限公司	山东省淄博市淄川区般阳路131号	255100	370302	0533-5280740	房屋工程建筑	4710	房屋和土木工程建筑		
淄博金宏建设有限责任公司	山东省淄博市张店区杏园东路65号	255028	370303	0533-2156372	房屋工程建筑	4710	房屋建筑工程		
淄博中岳建设有限公司	山东省淄博市张店区共青团西路111号	255036	370303	0533-6200597	房屋工程建筑	4710	土木房屋建筑工程	商品砼	
山东天齐置业集团股份有限公司	山东省淄博市张店区金晶大道265号	255086	370303	0533-3598515	房屋工程建筑	4710	房屋建筑	混凝土生产	
山东铝业工程有限公司	山东省淄博市张店区南定花园路9号	255069	370303	0533-2942532	房屋工程建筑	4710	工业与民用建筑工程		
山东庄园建工有限公司	山东省淄博市张店区世纪路北首	255087	370303	0533-3812207	房屋工程建筑	4710	房屋建筑工程	装饰工程	
山东淄建集团有限公司	山东省淄博市张店区杏园东路53号	255028	370303	0533-2167045	房屋工程建筑	4710	房屋建筑土木工程	建筑安装与工业设备安装	房地产开发
山东万鑫建设有限公司	山东省淄博市张店区柳泉路105号	255039	370303	0533-2695868	房屋工程建筑	4710	房屋建筑工程		

续表3：

企业名称	详细地址	邮政编码	行政区划代码	联系电话	所属行业	行业代码	主要产品一	主要产品二	主要产品三
张店区市政工程公司	山东省淄博市张店区商场东路27号	255027	370303	0533-2168100	铁路、道路、隧道和桥梁工程建筑	4721	市政工程		
山东朱台建工有限公司	山东省淄博市临淄区辛店镇南二路51号	255400	370305	0533-7114666	房屋工程建筑	4710	建筑安装		
山东高阳建设有限公司	山东省淄博市临淄区管仲路174号	255400	370305	0533-7110395	房屋工程建筑	4710	建筑施工与安装工程	钢构安装	
淄博市临淄区建筑工程公司	山东省淄博市临淄区牛山路277号	255400	370305	0533-7779888	房屋工程建筑	4710	房屋建筑		
淄博齐工建筑安装有限公司	山东省淄博市临淄区桓公路171号	255400	370305	0533-7536171	建筑安装业	4800	钢结构	管道安装工程	装修工程
中国石化集团第十建设公司	山东省淄博市临淄区南王镇建设路29号	255438	370305	0533-6295605	建筑安装业	4800	建筑安装		
淄博鲁王建工有限责任公司	山东省淄博市周村区丝绸路106号	255300	370306	0533-6680823	房屋工程建筑	4710	房屋建筑	药用玻璃	煤矸石空心砖
淄博隆泰建筑工程有限公司	山东省淄博市周村区南长行街108号	255300	370306	0533-6412698	房屋工程建筑	4710	土木工程建筑		
山东泓昇建设有限公司	山东省淄博市桓台县城北王徐路东首	256400	370321	0533-8018118	房屋工程建筑	4710	房屋工程建筑		
山东起凤建工股份有限公司	山东省淄博市桓台县起凤镇中心路8号	256407	370321	0533-8681653	房屋工程建筑	4710	房屋建筑	房地产开发	
淄博桓台荆家建工有限公司	山东省淄博市桓台县荆家镇	256406	370321	0533-8780366	房屋工程建筑	4710	房屋和土木工程		
山东齐泰实业集团股份有限公司	山东省淄博市桓台县邢家镇	256408	370321	0533-8080360	房屋工程建筑	4710	房屋建筑工程		
山东新城建工股份有限公司	山东省淄博市桓台县新城渔洋路2号	256403	370321	0533-8880818	房屋工程建筑	4710	房屋建筑工程		
高青县建筑安装总公司	山东省淄博市高青县高苑路29号	256300	370322	0533-6987191	房屋工程建筑	4710	房屋建筑工程		
淄博庆源建安有限责任公司	山东省淄博市沂源县鲁村泰薛路90号	256104	370323	0533-3640038	房屋工程建筑	4710	建筑施工		
山东省沂源县建筑工程有限公司	山东省淄博市沂源县河东路中段	256100	370323	0533-3242834	房屋工程建筑	4710	房屋建筑工程		
山东枣建集团有限公司	山东省枣庄市市中区文化西路126号	277101	370402	0632-5119921	房屋工程建筑	4710	房屋建筑	设备安装	装饰装修
枣庄市薛城区建筑工程公司	山东省枣庄市薛城区海河路2号	277000	370403	0135-89602086	房屋工程建筑	4710	土木工程建筑		
枣庄矿业集团中兴建安工程有限公司	山东省枣庄市薛城区永兴东路300号	277000	370403	0632-4083323	工矿工程建筑	4723	房屋建筑工程	工矿工程建筑	
枣庄市台儿庄区建筑工程总公司	山东省枣庄市台儿庄区长安西路	277400	370405	0632-6636105	房屋工程建筑	4710	房屋工程建筑		
枣庄市山亭区建筑工程公司	山东省枣庄市山亭区新城	277200	370406	0632-8811285	房屋工程建筑	4710	房屋建筑	安装	
滕州市第三建筑安装工程公司	山东省枣庄市滕州市南沙河南街	277500	370481	0135-63243525	房屋工程建筑	4710	建筑		
滕州市建筑安装工程集团公司	山东省枣庄市滕州市荆河中路105号	277500	370481	0632-5552317	房屋工程建筑	4710	房屋建筑		
山东雄狮装饰工程有限公司	山东省枣庄市滕州市经济开发区腾飞路699号	277500	370481	0632-5898359	建筑装饰业	4900	装饰装修业		
山东利通公路工程有限公司	山东省东营市东营区华纳大街59号	257000	370502	0546-13780768-899	铁路、道路、隧道和桥梁工程建筑	4721	公路工程		

续表4：

企业名称	详细地址	邮政编码	行政区划代码	联系电话	所属行业	行业代码	主要产品一	主要产品二	主要产品三
山东建大建设有限公司	山东省东营市东营区牛庄镇牛四路2号	257091	370502	0546-8292378	铁路、道路、隧道和桥梁工程建筑	4721	市政工程		
科达集团股份有限公司	山东省东营市东营区府前大街65号	257091	370502	0546-8300329	铁路、道路、隧道和桥梁工程建筑	4721	基础设施建设	生物化工	房地产
胜利油田胜利工程建设（集团）有限责任公司	山东省东营市东营区北二路222号	257011	370502	0546-8554112	铁路、道路、隧道和桥梁工程建筑	4721	公路桥梁工程	工民建工程	水利水电工程
胜利油田胜利石油化工建设有限责任公司	山东省东营市东营区西四路324号	257000	370502	0546-8556885	建筑安装业	4800	建筑安装		
山东万达建安股份有限公司	山东省东营市垦利县胜坨镇坨东村	257506	370521	0546-2063989	房屋工程建筑	4710	房屋工程建筑	建筑安装业	建筑装饰业
山东金宇建筑集团有限公司	山东省东营市广饶县大王镇	257300	370523	0546-6858986	房屋工程建筑	4710	房屋建筑		
山东凯泽建筑有限公司	山东省东营市广饶县花苑路132号	257300	370523	0546-6441539	房屋工程建筑	4710	房屋建筑工程		
山东瑞升建筑集团有限公司	山东省东营市广饶县颜徐镇	257300	370523	0546-6920566	房屋工程建筑	4710	房屋建筑		
东营天华建筑安装有限公司	山东省东营市广饶县大码头镇	257337	370523	0546-8317502	房屋工程建筑	4710	建筑安装		
山东鲁星建筑工程有限公司	山东省东营市广饶县孙武街126号	257300	370523	0546-6917617	房屋工程建筑	4710	建筑业		
山东宇通路桥集团有限公司	山东省东营市广饶县开发区长安路东侧	257300	370523	0546-6688535	铁路、道路、隧道和桥梁工程建筑	4721	公路桥涵建筑	道路沥青拌合	
山东建锟建设集团有限公司	山东省烟台市芝罘区珠玑北街10号	264002	370602	0535-2990488	房屋工程建筑	4710	建筑		
烟台德信建设集团股份有限公司	山东省烟台市芝罘区西南河路318号	264001	370602	0535-6255889	房屋工程建筑	4710	房屋工程建筑	装修、装饰	
烟台建设集团有限公司	山东省烟台市芝罘区南洪街100号	264000	370602	0535-6657685	房屋工程建筑	4710	房屋建筑	设备安装	装饰装修
烟台市莱山区清泉建筑建材有限公司	山东省烟台市莱山区盛泉工业园	265003	370613	0535-6726268	房屋工程建筑	4710	房屋建筑	室内装饰装修	
龙口市第二建筑安装工程公司	山东省烟台市龙口市大陈家镇	265717	370681	0535-8981103	房屋工程建筑	4710	房屋建筑安装		
山东中允集团公司	山东省烟台市龙口市西湖路中段	265701	370681	0535-8505050	房屋工程建筑	4710	建筑	房地产开发	管道防腐
龙口市中粮建筑有限公司	山东省烟台市龙口化大街中段	265701	370681	0535-8511088	房屋工程建筑	4710	建筑		
莱阳市建业建筑工程有限责任公司	山东省烟台市莱阳市清水北路115号	265200	370682	0535-7213952	房屋工程建筑	4710	土木建筑		
山东建发有限公司	山东省烟台市莱州市城港路王家村南	261411	370683	0535-2480078	房屋工程建筑	4710	房屋建筑安装		
莱州市合众建筑有限公司	山东省烟台市莱州市府前西街302号	261400	370683	0535-13884671-016	房屋工程建筑	4710	建筑安装		
栖霞市安泰建安有限公司	山东省烟台市栖霞县振兴路133号	265300	370686	0535-5212896	房屋工程建筑	4710	住宅楼施工	其他房屋建筑	
海阳市恒信建筑有限公司	山东省烟台市海阳市海政路18号	265100	370687	0535-3255603	房屋工程建筑	4710	建筑		
潍坊市第二建筑工程公司	山东省潍坊市潍城区永安路18号	261021	370702	0536-2951816	房屋工程建筑	4710	建筑工程		
潍坊昌大建设集团有限公司	山东省潍坊市奎文区潍洲路696号	261031	370705	0536-2108139	房屋工程建筑	4710	房屋建筑工程	市政公用工程	装饰装修工程施工

续表5：

企业名称	详细地址	邮政编码	行政区划代码	联系电话	所属行业	行业代码	主要产品一	主要产品二	主要产品三
山东省临朐县建筑工程公司	山东省潍坊市临朐县新华路84号	262600	370724	0536-3212187	房屋工程建筑	4710	楼房建筑		
临朐县辛寨建筑公司	山东省潍坊市临朐县辛寨镇	262610	370724	0536-3440143	房屋工程建筑	4710	楼房建设		
临朐县华诺电力工程有限公司	山东省潍坊市临朐县朐阳街10	262600	370724	0536-3392943	架线和管道工程建筑	4724	架线		
昌乐县建筑安装装饰有限公司	山东省潍坊市昌乐县站前街100号	262400	370725	0536-6222628	房屋工程建筑	4710	房屋建筑		
青州市鲁青建筑工程公司	山东省潍坊市青州市驼山中路689号	262500	370781	0536-3260355	房屋工程建筑	4710	建筑		
青州市第一建筑工程有限公司	山东省潍坊市青州市青州南路2569号	262500	370781	0536-3209836	房屋工程建筑	4710	建筑		
山东阳光金源置业有限责任公司	山东省潍坊市诸城市兴华西路1号	262200	370782	0536-6117417	房屋工程建筑	4710	房屋建筑	附营工业	房地产开发
山东大华置业有限公司	山东省潍坊市诸城市龙都街道	262200	370782	0536-6168068	房屋工程建筑	4710	房屋建筑施工		
山东华元建设集团有限公司	山东省潍坊市诸城市东武街2号	262200	370782	0536-6061182	房屋工程建筑	4710	建筑施工		
诸城市华强建筑装饰工程有限公司	山东省潍坊市诸城市西外环路南首	262200	370782	0536-6168207	房屋工程建筑	4710	建筑业		
山东鸿泰建设集团有限公司	山东省潍坊市寿光正阳路100号	262702	370783	0536-5101377	房屋工程建筑	4710	土建	桩基	墙材
山东省寿光市圣都建设集团	山东省潍坊市寿光渤海路389号	262700	370783	0536-5222319	房屋工程建筑	4710	建筑安装业		
山东省寿光市第一建筑有限公司	山东省潍坊市寿光市渤海路790号	262700	370783	0536-5964046	房屋工程建筑	4710	房屋建筑	装饰装修	地基与基础工程
寿光市奥星建筑有限公司	山东省潍坊市寿光市侯镇	262724	370783	0536-5361561	房屋工程建筑	4710	房屋建造		
寿光市恒通公路工程有限公司	山东省潍坊市寿光市道口镇	262717	370783	0536-5221751	铁路、道路、隧道和桥梁工程建筑	4721	公路工程		
安丘市华安建筑安装有限责任公司	山东潍坊安丘市潍徐南路250号	262100	370784	0536-4366433	房屋工程建筑	4710	房屋建筑		
山东景芝建设股份有限公司	山东潍坊安丘市景芝镇	262100	370784	0536-8888298	房屋工程建筑	4710	房屋建筑		
潍坊市建信集团有限公司	山东潍坊高密振兴街203号	261500	370785	0536-2322828	房屋工程建筑	4710	建筑		
高密星合建业有限公司	山东省潍坊高密市凤凰大街1837号	261500	370785	0536-2343963	房屋工程建筑	4710	建筑安装		
高密市广安第一建筑工程有限公司	山东潍坊高密振兴街389号	261500	370785	0536-2323556	房屋工程建筑	4710	建筑		
山东兴昌建设工程有限公司	山东省潍坊市昌邑市利民街47号	261300	370786	0536-7199209	房屋工程建筑	4710	房屋建筑施工		
济宁摩天建安工程有限公司	山东省济宁市高新区吴太闸路东	272173	370801	0537-2084897	房屋工程建筑	4710	房屋建筑安装		
山东宁建建设集团有限公司	山东省济宁市中区建设南路61号	272015	370802	0537-2337084	房屋工程建筑	4710	房屋建筑	建筑安装	装饰装修
山东圣大建设集团有限公司	山东省济宁市中区环城西路12号	272031	370802	0537-3979986	房屋工程建筑	4710	建筑工程		
山东济宁鲁能圣地电业集团公司	山东省济宁市中区太白楼中路93号	272000	370802	0537-2392808	建筑安装业	4800	电力设备制造安装		
济宁明珠建筑工程有限公司	山东省济宁市任城区李营镇	272075	370811	0537-2041213	房屋工程建筑	4710	房屋建筑		

续表6：

企业名称	详细地址	邮政编码	行政区划代码	联系电话	所属行业	行业代码	主要产品一	主要产品二	主要产品三
山东诚祥建安有限公司	山东省济宁市嘉祥县中心街55号	272400	370829	0537-6821569	房屋工程建筑	4710	房屋建筑施工	钢结构工程	消防安装工程
永昌路桥集团有限公司	山东省济宁市嘉祥县经济开发区呈祥大道88号	272412	370829	0537-6608101	铁路、道路、隧道和桥梁工程建筑	4721	公路路基工程	公路路面工程	机场道面
山东汶建置业有限公司	山东省济宁市汶上县县城环城东路43	272501	370830	0537-7237501	房屋工程建筑	4710	工程结算收入		
兖州市建筑安装工程总公司	山东省济宁市兖州市韦园街88号	272100	370882	0537-3414706	房屋工程建筑	4710	房屋建筑业		
煤炭建安公司第六十八工程处	山东省济宁市邹城市矿建路1号	273500	370883	0537-5937220	房屋工程建筑	4710	建筑		
兖矿集团东华建设有限公司三十七处	山东省济宁市邹城市公园路2号	273500	370883	0537-5337420	工矿工程建筑	4723	矿山工程施工		
兖矿新陆建设发展有限公司	山东省济宁市邹城市龙山北路759号	273500	370883	0537-5336894	工矿工程建筑	4723	建筑工程	安装工程	
山东泰山路桥工程公司	山东省泰安市泰山区迎春路6号	271000	370900	0538-8507905	房屋工程建筑	4710	建筑安装		
泰安市枣行建筑安装工程有限公司	山东省泰安市岱岳区化马湾乡枣行村	271000	370902	0538-8417718	房屋工程建筑	4710	建筑工程		
新泰市中第一建筑工程公司	山东省泰安市新泰市青云	271200	370902	0538-7077233	房屋工程建筑	4710	工程建筑		
山东省泰安市第三建筑安装工程公司	山东省泰安市泰山区泰山大街739号	271000	370902	0538-8416083	房屋工程建筑	4710	建筑工程	安装工程	
山东广厦建设集团有限公司	山东省泰安市泰山区南关街12号	271000	370902	0538-6216335	房屋工程建筑	4710	建筑工程		
山东泰山普惠建工有限公司	山东省泰安市灵山大街132号	271000	370902	0538-8262737	房屋工程建筑	4710	建筑安装		
泰安市粥店华元建筑安装公司	山东省泰安市岱岳区粥店街道办事处	271000	370902	0538-8568479	建筑安装业	4800	安装工程		
泰安市正兴建筑安装有限公司	山东省泰安市高新区北集坡镇	271000	370902	0538-6614368	建筑安装业	4800	建筑安装		
山东电力管道工程公司	山东省泰安市新泰市东都	271222	370982	0538-7302713	建筑安装业	4800	管道工程		
肥城市第一设备安装工程公司	山东省泰安市肥城市龙山路069号	271600	370983	0538-3270401	建筑安装业	4800	设备安装		
威海市望岛建筑工程公司	山东省威海市竹岛办事处青岛中路附71-2	264200	371002	0631-5322171	房屋工程建筑	4710	建筑安装	土方工程	门窗工程
威海市恒安建筑工程公司	山东省威海市环翠区羊亭镇北江疃村北	264204	371002	0631-5322432	房屋工程建筑	4710	建筑安装工程		
威海市鲸园建筑有限公司	山东省威海市环翠区西北山路4号	264200	371002	0631-5819783	房屋工程建筑	4710	建筑安装		
威海远豪建筑有限公司	山东省威海市环翠区海滨北路46号	264200	371002	0631-5283399	房屋工程建筑	4710	建筑安装服务		
威海市鸿安建筑集团有限公司	山东省威海市环翠区新威路147号	264200	371002	0631-5321446	房屋工程建筑	4710	房屋建筑工程		
威海建设集团股份有限公司	山东省威海市昆明路13号	264200	371002	0631-5275936	房屋工程建筑	4710	建筑工程施工		
威海区北城锅炉安装有限公司	山东省威海市统一路405-1号	264200	371002	0631-5680058	建筑安装业	4800	建筑安装		
威海鲁能海源建筑安装有限公司	山东省威海市环翠区昆明路23号	264200	371002	0631-5209507	建筑安装业	4800	建筑施工		
威海市西郊建设集团公司	山东省威海市高区田村镇福山路15号	264209	371003	0631-5296160	房屋工程建筑	4710	建筑安装		

续表7：

企业名称	详细地址	邮政编码	行政区划代码	联系电话	所属行业	行业代码	主要产品一	主要产品二	主要产品三
山东华田实业集团建筑安装公司	山东省威海市高区蓬莱路19号	264202	371003	0631-5252508	房屋工程建筑	4710	房屋建筑		
威海市金璧建筑工程有限公司	山东省威海市高区毕家滩	264200	371003	0631-5681899	房屋工程建筑	4710	房屋建筑、钢结构施工		
威海西港建筑有限公司	山东省威海市环翠区沈阳路315	264200	371003	0631-5251606-806	房屋工程建筑	4710	建筑安装		
山东华田实业集团公司	山东省威海市高技区田和办事处田村村	264209	371003	0631-5251499	建筑安装业	4800	房地产开发	房屋建筑	汽车销售
威海利达行装饰有限公司	山东省威海市环翠区田村镇蓬莱路9号	264200	371003	0631-5253268	建筑安装业	4800	轻钢结构厂房的制作安装	玻璃幕墙的制作安装	铝合金门窗制作安装
威海际高空调装饰工程有限公司	山东省威海市光明路94号	264200	371003	0631-5233725	建筑装饰业	4900	中央空调安装		
威海阳光装饰工程有限公司	山东省威海市高区怡园办事处	264200	371003	0631-5213858	建筑装饰业	4900	室内外装饰装修		
威海经技区第二建筑工程公司	山东省威海市经技区范家埠村	264205	371004	0631-5921508	房屋工程建筑	4710	建筑		
威海市凤林建筑工程有限公司	山东省威海市经区凤林香港路38号	264205	371004	0631-5923923-8012	房屋工程建筑	4710	民用与工业建筑施工		
威海市长峰建筑工程有限公司	山东省威海市经区青岛中路85号	264205	371004	0631-5983063	房屋工程建筑	4710	房屋建筑		
威海经济技术开发区杨家滩建筑工程公司	山东省威海市经区黄冠街道办事处杨家滩村	264200	371004	0631-1379270-2939	房屋工程建筑	4710	建筑工程	建筑装饰	建筑安装
文登电力建筑工程有限公司	山东省威海文登文化西路12号	264400	371081	0631-8185362	房屋工程建筑	4710	房屋建筑工程	电力工程	商品房销售及售后服务
文登市盐业建筑工程处	山东省威海市文登文山西路17号	264400	371081	0631-8252778	房屋工程建筑	4710	房屋建筑安装		
荣成市广安建筑工程有限公司	山东省威海市荣成北大街99号	264300	371082	0631-7799077	房屋工程建筑	4710	房屋建筑		
荣成市住宅开发有限公司	山东省威海市荣成观海中路171号	264300	371082	0631-7993889	房屋工程建筑	4710	房屋建筑	线路管道安装	
荣成市建筑集团有限公司	山东省威海市荣成邹泰南街298号	264300	371082	0631-7588199	房屋工程建筑	4710	房屋建筑		
乳山市夏东建筑工程公司	山东省威海市乳山夏村街道办事处青山路北首	264500	371083	0631-6622154	房屋工程建筑	4710	房屋工程建筑		
日照电力建筑工程公司	山东省日照市东港区高新二路68号	276800	371102	0633-8762860	房屋工程建筑	4710	110KV西潘变电站扩建工程	110KV碑廓变电站扩建工程	35KV西湖变电站工程
山东锦华建设集团有限公司	山东省日照市东港区北京路锦华大厦	276826	371102	0633-8799636	房屋工程建筑	4710	建筑业		
山东西湖建设有限公司	山东省日照市东港区枣庄路96号	276800	371102	0633-8783769	房屋工程建筑	4710	房屋建筑		
日照市南湖建筑工程有限公司	山东省日照市东港区菏泽路99号	276800	371102	0633-8786783	房屋工程建筑	4710	房屋建筑		
山东日建建设集团有限公司	山东省日照市东港区昭阳路14号	276800	371102	0633-8267670	房屋工程建筑	4710	建筑业	房地产业	消防安装业
中铁二十三局集团第一工程有限公司	山东省日照市黄海二路65号	276826	371102	0633-3666807	铁路、道路、隧道和桥梁工程建筑	4721	铁路	公路	隧道
日照鲁正建筑安装工程有限公司	山东省日照市五莲县莲山街	262300	371121	0633-6156567	房屋工程建筑	4710	房屋建筑		
五莲县明珠建筑装饰有限公司	山东省日照市五莲县利民路20号	262300	371121	0633-2256359	建筑装饰业	4900	安装	建筑	

续表8：

企业名称	详细地址	邮政编码	行政区划代码	联系电话	所属行业	行业代码	主要产品一	主要产品二	主要产品三
莒县城阳建筑工程有限公司	山东省日照市莒县城阳镇73号	276500	371122	0633-6171761	房屋工程建筑	4710	工业与民用建筑		
莒县开发建筑工程公司	山东省日照市莒县文心西路	276500	371122	0633-3900845	房屋工程建筑	4710	建筑安装		
山东昊大建设集团有限公司	山东省日照市莒县城阳镇276号	276500	371122	0633-6883457	房屋工程建筑	4710	建筑安装		
山东省莱芜市莱城建工集团有限责任公司	山东省莱芜市莱城区凤城东大街41号	271100	371202	0634-8857362	房屋工程建筑	4710	房屋建筑工程		
山东永安建筑安装有限公司	山东省莱芜市莱城区鹏泉东大街63号	271100	371202	0634-6288059	房屋工程建筑	4710	房屋建筑		
莱芜富诚钢结构有限公司	山东省莱芜市高新区凤凰路001号	271100	371202	0634-6250067	房屋工程建筑	4710	钢结构体部件及加工	普通质量非合金钢冷轧薄宽钢带	机车用柴油机零件
山东信联建设集团有限公司	山东省莱芜市莱城区龙潭东大街	271100	371202	0634-5881188	房屋工程建筑	4710	建筑安装		
莱芜凤凰建工集团有限公司	山东省莱芜市莱城区张家洼	271113	371202	0634-6588378	房屋工程建筑	4710	建筑		
莱芜市通达建筑安装工程有限公司	山东省莱芜市钢城区艾山街道办事处	271126	371202	0634-13863459-008	房屋工程建筑	4710	建筑安装		
山东正顺建设集团有限公司	山东省莱芜市莱城区口镇	271114	371202	0634-5880077	房屋工程建筑	4710	建筑工程		
山东省邮电工程有限公司莱芜分公司	山东省莱芜市莱城区高庄街道办事处安仙村	271100	371202	0634-8081018	房屋工程建筑	4710	建筑工程		
山东森瑞玻璃幕墙工程有限公司	山东省莱芜市莱城区文化南路14号	271100	371202	0634-15606340-199	建筑装饰业	4900	建筑幕墙		
山东华泰建设集团有限公司	山东省临沂市兰山区沂蒙路454号	276000	371301	0539-8055926	房屋工程建筑	4710	房屋建筑		
天元建设集团有限公司第四建筑工程公司	山东省临沂市兰山区通达路24号	276005	371301	0539-8029308	房屋工程建筑	4710	工程建筑		
山东省临沂市第一建筑工程有限公司	山东省临沂市兰山区商城路162号	276001	371302	0539-2959707	房屋工程建筑	4710	建筑		
天元建设集团有限公司第一建筑工程公司	山东省临沂市金雀山路45号	276001	371302	0539-8314398	房屋工程建筑	4710	工程建筑		
天元建设集团有限公司	山东省临沂市兰山区银雀山路63号	276003	371302	0539-8115585	房屋工程建筑	4710	房屋建筑业	建材销售	建筑机械设备租赁
山东天元第二建筑工程有限公司	山东省临沂市金雀山路24号	276000	371302	0539-13853998-706	房屋工程建筑	4710	建筑工程		
临沂市政工程总公司	山东省临沂兰山区银雀山路94号	276000	371302	0539-8153277	铁路、道路、隧道和桥梁工程建筑	4721	建筑业		
山东临沂水利工程总公司	山东省临沂市兰山区水田路159号	276006	371302	0539-01395399-1880	水利和港口工程建筑	4722	水利水电工程		
临沂市宏发建筑安装有限责任公司	山东省临沂市罗庄区盛庄镇清河南路83号	276016	371311	0539-7069807	房屋工程建筑	4710	房屋建筑		
山东冠鲁置业有限公司	山东省临沂市平邑县浚河路207号	273300	371326	0539-4228668	建筑安装业	4800	建筑业		
莒南县华泉建筑安装工程有限公司	山东省莒南县南环路东段北侧	276600	371327	0539-7212923	房屋工程建筑	4710	房屋工程建筑		
临沭县富民建筑公司	山东省临沭县城富民街23号	276700	371329	0539-6211623	房屋工程建筑	4710	工业与民用建筑		

续表9：

企业名称	详细地址	邮政编码	行政区划代码	联系电话	所属行业	行业代码	主要产品一	主要产品二	主要产品三
山东德建集团有限公司	山东省德州市德城区三八路车城国际大厦	253036	371401	0534-2266926	房屋工程建筑	4710	建筑工程		
德州市第二建筑工程公司	山东省德州市德城区青年路1769号	253000	371401	0534-2960555	房屋工程建筑	4710	建筑施工		
德州市公路工程总公司	山东省德州市德城区新湖南路85号	253007	371401	0534-2622018	铁路、道路、隧道和桥梁工程建筑	4721	公路工程		
中国水电第十三工程局	山东省德州市德城区东风中路826号	253009	371401	0534-2688139	水利和港口工程建筑	4722	水利水电工程建筑	铁路、公路、隧道、桥梁工程建筑	其他土木工程建筑
陵县建筑工程公司	山东省德州市陵县陵州路54号	253500	371421	0534-8221183	房屋工程建筑	4710	房屋建筑施工		
宁津县新华建筑安装有限责任公司	山东省德州市宁津县东环北路	253400	371422	0534-5215999	房屋工程建筑	4710	建筑安装		
山东省庆云县建筑工程公司	山东省德州市庆云县新华路1407号	253700	371423	0534-3321175	房屋工程建筑	4710	建筑安装		
临邑县宏建有限公司	山东省德州市临邑苍圣大街195号	251500	371424	0534-4221304	房屋工程建筑	4710	土木建筑		
齐河县旗舰建筑集团有限公司	山东省德州市齐河县齐晏大街71号	251100	371425	0534-5339979	房屋工程建筑	4710	房屋建筑		
平原明星建筑安装有限公司	山东省德州市平原县青年路6号	253100	371426	0534-4211291	房屋工程建筑	4710	房屋建筑		
山东省夏津县建筑工程公司	山东省德州市夏津县建设街139号	253200	371427	0534-3687858	房屋工程建筑	4710	建筑工程		
武城县建筑安装工程有限公司	山东省德州市武城县贝州市场	253300	371428	0534-6659325	建筑安装业	4800	建筑业	装饰装修	水电暖安装
乐陵市建筑公司	山东省德州市乐陵市振兴街40号	253600	371481	0534-2116930	房屋工程建筑	4710	房屋建筑		
山东省禹城市建筑工程公司	山东省德州市禹城市中路104号	251200	371482	0534-7366257	房屋工程建筑	4710	土木工程建筑业		
禹城市外资机械施工公司	山东德州市禹城汉槐大街223号	251200	371482	0534-7221844	水利和港口工程建筑	4722	水利水电工程	道路桥梁工程	土石方工程
山东聊建集团有限公司	山东省聊城市东昌东路139号	252000	371502	0635-8266032	房屋工程建筑	4710	建筑业		
山东菏建建筑集团有限公司	山东省菏泽市青年路9号	274003	371701	0530-5928505	房屋工程建筑	4710	房屋建筑	市政工程	机电设备安装
曹县第三建筑安装工程公司	山东省曹县中兴路西27号	274400	371721	0530-3211568	房屋工程建筑	4710	建筑生产		
曹县建安集团工程总公司	山东省曹县东环路东曹青路南侧	274400	371721	0530-2065996	房屋工程建筑	4710	房屋建筑		
单县建筑安装工程总公司	山东省单县东关街43号	274300	371722	0135-73071283	房屋工程建筑	4710	房屋建筑		
山东恒安东昌建筑工程有限公司	山东省成武县南路环	274200	371723	0530-8653333	房屋工程建筑	4710	房屋工程建筑		
巨野县第三建筑工程公司	山东省巨野县光明路42号	274900	371724	0530-8256257	房屋工程建筑	4710	房屋工程建筑		
郓城县建筑公司	山东省郓城金河路78号	274700	371725	0530-6522242	房屋工程建筑	4710	房屋建筑		
山东金润建设有限公司	山东省菏泽市鄄城县东环路799号	274600	371726	0158-98699509	房屋工程建筑	4710	房屋建筑		
定陶县鲁意建筑开发工程有限公司	山东省菏泽市定陶县城中街151号	274100	371727	0530-2229000	房屋工程建筑	4710	房屋建筑		
山东方明建筑安装有限公司	山东省菏泽市东明县工业路27号	274500	371728	0530-7255606	房屋工程建筑	4710	房屋建筑	设备安装	装饰装修

2－4 交通运输、仓储和邮政业调查单位基本情况

企业名称	详细地址	邮政编码	行政区划代码	联系电话	所属行业	行业代码	主要产品一	主要产品二	主要产品三
山东省高速公路集团有限公司	山东省济南市历下区龙奥北路8号	250098	370102	0531-89250128	公路管理与养护	5232	高速公路收费及服务		
山东高速公路股份有限公司	山东省济南市历下区文化东路	250014	370102	0531-89260238	其他道路运输辅助活动	5239	通行费收入		
山东航空股份有限公司	山东省济南市历下区二环东路5746号	250014	370102	0531-85698862	航空旅客运输	5511	航空客货运输		
济南市邮政局	山东省济南市市中区经二路162	250001	370103	0531-86261031	国家邮政	5910	函件业务	金融业务	集邮业务
新国线济南运输有限公司	山东省济南市槐荫区振兴街丁字山街	250022	370104	0531-87192016	公路旅客运输	5210	旅货运输		
济南大运物流有限公司	山东省济南市槐荫区经一纬五路	250001	370104	0531-87033364	道路货物运输	5220	货运物流	汽车运输	
济南铁路局	山东省济南市天桥区站前路3号	250001	370105	0531-82427712	铁路货物运输	5120	铁路货物运输业	铁路旅客运输	
山东省济德快速客运有限公司	山东济南天桥区济泺路131号	250031	370105	0531-85877868	公路旅客运输	5210	汽车运输		
济南长途汽车运输有限责任公司	山东省济南市天桥区堤口路75号	250031	370105	0531-86309817	公路旅客运输	5210	旅客运输	货物运输	汽车修理
山东省交通运输集团公司	山东省济南市天桥区济洛路131号	250031	370105	0531-85877722	公路旅客运输	5210	客运收入	货运收入	汽车修理
济南市联运总公司	山东省济南市天桥区凤凰山路108号	250033	370105	0531-85872368	公路旅客运输	5210	联运业务	租赁房屋服务	客运服务业务
济南国际集装箱分流中心有限公司	山东省济南市天桥区无影山北路3号	250032	370105	0531-85736010	道路货物运输	5220	货运与仓储		
山东省小清河航运局	山东省济南市天桥区黄台航运路1号	250100	370105	0531-88639370	沿海货物运输	5422	海上货运	港口货物装卸	工业加工仓储
山东黄河航运局	山东省济南市天桥区洛口环城路52号	250032	370105	0531-85763502	沿海货物运输	5422	交通运输	船舶制造	
章丘市运输公司	山东省章丘市明水白云路94号	250200	370181	0531-83212898	公路旅客运输	5210	运输		
青岛公交集团公司	山东省青岛市市香港中路73好旺角大厦5-8层	266071	370202	0532-85928739	公共电汽车客运	5310	公交客运	客车制修	
青岛旅游汽车有限公司	山东省青岛市崂山区中韩朱家洼街道办事处	266000	370202	0532-82876912	出租车客运	5330	出租车客运		
青岛轮渡有限责任公司	山东省青岛市市南区四川路21号	266002	370202	0532-82611861	城市轮渡	5340	沿海旅客运输		
青岛远洋运输有限公司	山东省青岛市市南区香港中路61号	266071	370202	0532-85978710	远洋货物运输	5421	远洋货物运输		
青岛中远国际货运有限公司	山东省青岛市市南区香港中路61号乙	266002	370202	0532-80883033	其他水上运输辅助活动	5439	集装箱国际运输		
中国东方航空股份有限公司山东分公司	山东省青岛市市南区燕儿岛路16号	266071	370202	0532-85737888	航空旅客运输	5511	航空运输		
山东永盛国际货运有限公司	山东省青岛市市南区香港中路20号黄金广场5楼	266071	370202	0532-85021633	其他仓储	5890	物流仓储	俄罗斯铁路运输业务	国际海运货运代理
青岛交运集团公司	山东省青岛市市北区延吉路100号	266034	370203	0532-85809052	公路旅客运输	5210	客运及旅游服务	物流及配套服务	汽车维修服务
青岛交运第一汽车运输有限公司	山东省青岛市市北区延安一路6号	266023	370203	0532-82710791	道路货物运输	5220	汽车货运	城市交通服务、客车旅游出租	房屋出租、开办市场
青岛运东储运有限公司	山东省青岛市市南区河南路5号	266002	370203	0532-82898355	道路货物运输	5220	货运代理	汽车运输	

续表1：

企业名称	详细地址	邮政编码	行政区划代码	联系电话	所属行业	行业代码	主要产品一	主要产品二	主要产品三
青岛交运联运有限公司	山东省青岛市市北区大港一路2号	266012	370203	0532-83808317	道路货物运输	5220	货运		
青岛长运集团有限公司	山东省青岛市市北区利津路28号	266021	370203	0532-83831639	道路货物运输	5220	公路货物运输		
青岛市出租汽车股份有限公司	山东省青岛市市北区南京路209号	266034	370203	0532-85660182	出租车客运	5330	出租车收入	修理厂收入	
鲁丰航运有限公司	山东省青岛市市南区河南路5号	266002	370203	0532-82893358	远洋货物运输	5421	货代集装箱	货代散装货	
青岛海诺海运有限公司	山东省青岛市中山路60号	266000	370203	0532-82807888-8056	远洋货物运输	5421	远洋货物运输		
青岛港集团	山东省青岛市市北区港青路6号	266011	370203	0532-82982780	货运港口	5432	港口吞吐量		
青岛四方客运有限公司	山东省青岛市四流南路6号	266000	370205	0532-87802520	公路旅客运输	5210	旅客运输		
青岛交运大型起重运输公司	山东省青岛市四方区南昌路137号	266042	370205	0532-83908266	道路货物运输	5220	货运		
青岛交运陆海国际货运股份有限公司	山东省青岛市四方区南昌路137号	266042	370205	0532-84888192	道路货物运输	5220	货运货代		
青岛市第二汽车运输公司	山东省青岛市四方区萍乡路37号	266045	370205	0532-86661608	道路货物运输	5220	货运	公交客运	
青岛中外运储运有限公司	山东省青岛市四方区湖清路27号	266031	370205	0532-83761317	其他仓储	5890	货物运输		
山东粮油进出口集团仓储中转公司	山东省青岛市李沧区衡阳路1号甲	266043	370213	0532-84682432	道路货物运输	5220	仓储收入		
青岛东李企业集团公司	山东省青岛市李沧区大崂路956号	266100	370213	0532-66871917	道路货物运输	5220	仓储物流	开办市场	
青岛交运崂山运输有限公司	山东省青岛市崂山区海尔路6号	266101	370213	0532-88701207	道路货物运输	5220	交通运输	其他服务业	
民航青岛流亭机场	山东省青岛市城阳流亭	266108	370214	0532-83187126	机场	5531	航空地面服务	辅助服务	
胶州市中达运输有限公司	山东青岛胶州市郑州西路29号	266300	370281	0532-87221303	道路货物运输	5220	货物运输	石油经销	
即墨市运输公司	山东省青岛市即墨岙兰路1095号	266200	370282	0532-13780613-390	道路货物运输	5220	运输管理		
青岛平度汽车运输总公司	山东青岛平度青岛东路1号	266700	370283	0532-88385303	公共电汽车客运	5310	交通运输		
胶南市汽车运输总公司	山东省青岛市胶南市珠山路75号	266400	370284	0532-88158501	道路货物运输	5220	公路货物运输		
莱西市邮政局	山东省青岛市莱西威海中路2号	266600	370285	0532-88476682	国家邮政	5910	邮政		
山东威通实业集股份有限公司	山东省淄博市淄川区淄城路437号	255100	370302	0533-5138710	道路货物运输	5220	汽车运输	玻璃管制造	汽车用全球定位设备销售
山东淄博交通运输集团有限公司	山东省淄博市高新区中润大道117号	255086	370303	0533-3599782	公路旅客运输	5210	公路汽车客运	公路汽车货运	
淄博陆海联运有限公司	山东省淄博市张店区杏园东路16号	255029	370303	0533-8401732	道路货物运输	5220	普通货运	运输代理服务	
山东鲁中交运集团有限公司	山东省淄博市张店区潘南东路14号	255000	370303	0533-3126809	道路货物运输	5220	道路货物运输	汽车挂车制造	公路旅客运输
淄博市公共汽车公司	山东省淄博市张店区共青团东路15号	255038	370303	0533-2281030	公共电汽车客运	5310	公共汽车客运		

续表2：

企业名称	详细地址	邮政编码	行政区划代码	联系电话	所属行业	行业代码	主要产品一	主要产品二	主要产品三
淄博唯达汽车服务有限公司	山东淄博市高新区鲁泰大道147号	255088	370303	0533-3984581	出租车客运	5330	出租客运	汽车销售	汽车维修
淄博市经济开发联合运输部	山东省淄博市张店区人民东路1号	255040	370303	0533-2183302	运输代理服务	5720	火车油罐车租赁、运输代理		
淄博市邮政局	山东省淄博市张店区兴学街93号	255000	370303	0533-2889912	国家邮政	5910	代理储蓄业务	特快传递	报刊发行
山东齐华集团股份有限公司	山东省淄博市临淄区稷下路26号	255400	370305	0533-7530213	运输代理服务	5720	铁路槽车运输租赁、仓储		
山东省枣庄汽车运输有限公司	山东省枣庄市市中区青檀路233号	277101	370402	0150-98282729	公路旅客运输	5210	公路旅客运输	道路货物运输	
枣庄市联运有限公司	山东省枣庄市市中区建华西路	277101	370402	0632-3180306	道路货物运输	5220	客货联运	油料销售	货物运输
枣庄市城市公共交通总公司	山东省枣庄市市中区文化西路162号	277100	370402	0152-66282372	公共电汽车客运	5310	客运		
枣庄市邮政局	山东省枣庄市市中区振兴中路57号	277100	370402	0632-3322929	国家邮政	5910	函件	邮政储蓄	报刊
山亭汽车运输总公司	山东省枣庄市山亭区山城办事处	277100	370406	0135-06325013	公路旅客运输	5210	客运	货运	
滕州市交通汽车运输有限责任公司	山东省枣庄市滕州市善南街606号	277500	370481	0632-5898366	公共电汽车客运	5310	公共汽车客运		
东营交通运输集团有限公司	山东省东营市东营区运河路696号	257091	370502	0546-7761279	公路旅客运输	5210	交通运输		
东营市邮政局	山东省东营市府前街132号	257091	370502	0546-8081720	国家邮政	5910	邮政储蓄业务	集邮	报刊
烟台交运集团有限责任公司	山东省烟台开发区衡山路58号	264000	370602	0535-6937019	公路旅客运输	5210	公路客运	货运	多种经营
烟台市城市公交总公司	山东省烟台市芝罘区环山路付11号	264000	370602	0535-6633785	公共电汽车客运	5310	市内公交汽车客运		
中国外运山东烟台公司	山东省烟台市芝罘区建设路2号	264000	370602	0535-6242786	远洋货物运输	5421	货运服务业		
烟台港集团有限公司	山东省烟台市芝罘区北马路155号	264000	370602	0535-6742708	货运港口	5432	货物装卸	港口其他业务	
烟台市同德散装水泥运输有限公司	山东省烟台市福山区臧家镇	265503	370611	0535-6439301	道路货物运输	5220	交通运输		
龙口市第一运输有限公司	山东省烟台市龙口县城关镇环城北路31号	265701	370681	0535-8525051	道路货物运输	5220	公路运输		
龙口港集团有限公司	山东省烟台市龙口开发区环海路1899号	265700	370681	0535-8848155	货运港口	5432	装卸	运输	
中国外运山东有限公司龙口分公司	山东省烟台市龙口市西城办事处环海路96号	265700	370681	0535-8812632	运输代理服务	5720	水运货代业务		
莱州市大骋汽车运输有限公司	山东省烟台市莱州市南苑路899号	261400	370683	0535-2213856	道路货物运输	5220	公路货运	汽车销售	
蓬莱市汽车运输总公司	山东省烟台市蓬莱县登州路22号	265600	370684	0535-5667717	道路货物运输	5220	道路货物运输		
招远市邮政局	山东省烟台市招远市罗峰路145号	265400	370685	0535-8236500	国家邮政	5910	邮政储蓄	邮政业务	特性业务
栖霞市万达运输有限公司	山东省烟台市栖霞市翠屏街970号	265300	370686	0535-5212197	道路货物运输	5220	汽车维修运输	汽车检测	
海阳市蓝天客运有限责任公司	山东省烟台市海阳市海河路59号	265100	370687	0535-3268268	公路旅客运输	5210	客车运输		

续表3：

企业名称	详细地址	邮政编码	行政区划代码	联系电话	所属行业	行业代码	主要产品一	主要产品二	主要产品三
海阳市邮政局	山东省烟台市海阳市海政路88号	265100	370687	0535-3222506	国家邮政	5910	函件	邮政物流	储蓄
山东潍坊粮油储备库	山东省潍坊市寒亭区206国道5009号	261100	370703	0536-7286710	谷物、棉花等农产品仓储	5810	谷物仓储		
潍坊交运汽车运输有限公司	山东省潍坊市奎文区建康东街529号	261041	370705	0536-8251351	公路旅客运输	5210	客货运输	房屋出租	燃油销售
潍坊市邮政局	山东省潍坊市奎文区潍州路725号	261041	370705	0536-8199205	国家邮政	5910	邮政储蓄	邮政特快	邮政函件
中国外运山东青州储运公司	山东省潍坊市青州市玲珑山北路1238号	262500	370781	0536-3257028	其他仓储	5890	仓储	物流配送	
青州中储物流有限公司	山东省潍坊市青州市玲珑山北路638号	262500	370781	0536-3292059	其他仓储	5890	仓储	经销	
安丘长途汽车运输有限公司	山东潍坊安丘市潍安路15号	262100	370784	0536-4221982	公路旅客运输	5210	公路运输	货车运输	
高密市邮政局	山东潍坊高密顺和路269号	261500	370785	0536-2323733	国家邮政	5910	邮政服务		
潍坊联运有限责任公司	山东省潍坊市高新区北海路369号	261061	370797	0536-2909823	公路旅客运输	5210	客运业务	货运业务	驾驶员培训
山东省济宁交通运输集团	山东省济宁市中区车站东路28号	272015	370802	0537-2347932	公路旅客运输	5210	旅客货物运输	汽车及配件销售	汽车维护
济宁公共汽车公司	山东省济宁市中区建设路81号	272000	370802	0537-2313569 -8007	公共电汽车客运	5310	公交客运	广告收入	汽车修理
山东省济宁市航运公司	山东省济宁市小北湖路2号	272146	370802	0537-2212215	货运港口	5432	水路运输		
济宁市邮政局	山东省济宁市中区光河路109号	272000	370802	0537-2167296	国家邮政	5910	报刊订销	速递	邮政储蓄
兖州煤业公司铁路运输处	山东省济宁市邹城市鲍店路259号	273500	370883	0537-5335307	铁路货物运输	5120	铁路运输	建筑施工	
泰安市鑫盛货物运输有限公司	山东省泰安市泰山区徐家楼办事处	271000	370902	0538-6626022	道路货物运输	5220	货物运输		
山东泰安交通运输集团有限公司	山东省泰安市泰山区迎胜路1号	271000	370902	0538-2185141	道路货物运输	5220	交通运输收入		
泰安市公共交通公司	山东省泰安市东岳大街107号	271000	370902	0538-6911397	公共电汽车客运	5310	运输收入		
山东银桥国际物流有限公司	山东省泰安市泰山区徐家楼街道办事处	271000	370902	0538-8885617	运输代理服务	5720	运输代理服务		
泰安市邮政局	山东省泰安市泰山区东岳大街5号	271000	370902	0538-8538659	国家邮政	5910	函件	报刊	速递
宁阳县邮政局	山东省泰安市宁阳县北街001号	271400	370921	0538-5621496	国家邮政	5910	储蓄业务	报刊业务	特快业务
东平县邮政局	山东省泰安市东平县平湖路268号	271500	370923	0538-2856100	国家邮政	5910	邮政储蓄	报刊业务	函件业务
新泰市邮政局	山东省泰安市新泰市府前	271200	370982	0538-7252608	国家邮政	5910	邮政业务		
肥城交通运输有限公司	山东省泰安肥城市泰西大街52号	271600	370983	0538-3250726	道路货物运输	5220	交通运输收入		
肥城市邮政局	山东省泰安市长山街33号	271600	370983	0538-3220935	国家邮政	5910	储蓄业务	报刊业务	特快业务
威海市公共交通总公司旅游出租分公司	山东省威海市环翠区世昌大道89-1号	264200	371002	0631-5868388	公路旅客运输	5210	交通运输		
威海市公共交通集团有限公司	山东省威海市环翠区光明路158号	264200	371002	0631-5232105	公共电汽车客运	5310	城市交通		

续表4：

企业名称	详细地址	邮政编码	行政区划代码	联系电话	所属行业	行业代码	主要产品一	主要产品二	主要产品三
威海市城郊公共交通有限公司	山东省威海市环翠去渔港路76号	264200	371002	0631-5333765	公共电汽车客运	5310	包车收入	先期承包金收入	
威海金盟汽车出租有限公司	山东省威海市环翠区海滨中路21号	264200	371002	0631-5306222	出租车客运	5330	出租服务		
威海市出租汽车有限公司	山东省威海市环翠区渔港路76	264200	371002	0631-5320856	出租车客运	5330	出租客运		
威海市海运有限责任公司	山东省威海市海滨北路48号	264200	371002	0631-5206287	沿海旅客运输	5412	营运收入	代理收入	
威海市旅游码头有限责任公司	山东省威海市海滨北路55号	264200	371002	0631-5231985	沿海旅客运输	5412	水路交通运输业		
威海威东航运有限公司	山东省威海市海滨北路48号	264200	371002	0631-5287216	远洋货物运输	5421	中韩客货运输业务		
山东威海港股份有限公司	山东省威海市环翠区海滨北路53号	264200	371002	0631-5233025	货运港口	5432	港口货物装卸、仓储及货客车运输船舶销售		
威海东润国际船舶管理有限公司	山东省威海市环翠区海滨北路46号	264200	371002	0631-5282916	管道运输业	5600	国际船舶管理业务		
威海市邮政局	山东省威海市环翠区文化东路47号	264200	371002	0631-5807482	国家邮政	5910	代理储蓄业务	函件	集邮业务
威海交通运输集团有限公司	山东省威海市经区青岛中路136号	264205	371004	0631-5905517	公路旅客运输	5210	道路客运业	道路货运业	
威海市地方铁路管理局	山东省威海市青岛中路49号	264200	371004	0631-5333146	轨道交通	5320	铁路运输客运	铁路运输货运	
文登市运输有限公司	山东省威海市文登昆嵛南路38号	264400	371081	0631-8465476	道路货物运输	5220	货物运输	机动车维修	
文登宏利客运有限公司	山东省文登市环山路甲-102号	264400	371081	0631-8255258	出租车客运	5330	客运		
文登市邮政局	山东省文登市文化路32号	264200	371081	0631-8455599	国家邮政	5910	邮递		
荣成市公共交通有限公司	山东威海荣成明珠路75号	264300	371082	0631-7580918	公共电汽车客运	5310	城市公交客运		
荣成华东海运有限公司	山东省威海市荣成石岛镇海港路19号	264309	371082	0631-7376666-8079	远洋货物运输	5421	货物运输	旅客运输	
中央储备粮荣成储备库	山东省威海市荣成成山卫西霞口	264300	371082	0631-7839623	谷物、棉花等农产品仓储	5810	政策性粮油销售		
山东省日照运总交通集团有限公司	山东省日照市东港区黄海二路11号	276826	371102	0633-3311936	公路旅客运输	5210	客运	货运	
日照市现代公路运输有限公司	山东省日照市东港区兖州路中段	276800	371102	0633-3387150	公路旅客运输	5210	旅客交通运输		
日照市交通运输有限公司	山东省日照市东港区南昌路汽车商贸城	276800	371102	0633-3912366	道路货物运输	5220	公路运输		
日照港集团有限公司	山东省日照市东港区黄海一路91号	276826	371102	0633-8382461	货运港口	5432	港口装卸	贸易	
山东莱芜交运集团有限公司	山东省莱芜市莱城区凤阳路30号	271100	371201	0634-6112760	公路旅客运输	5210	客运运输	货运运输	
莱芜中铁实业总公司	山东省莱芜市莱城区凤阳路30号	271100	371202	0634-13563445-040	其他仓储	5890	物流服务	机车运输	装卸作业
莱芜市邮政局	山东省莱芜市莱城区凤城东大街001号	271100	371202	0634-6229396	国家邮政	5910	邮务类	速递物流类	金融类
中央储备粮临沂直属库	山东省临沂市兰山区	276004	371300	0539-8315925	谷物、棉花等农产品仓储	5810	小麦购销		

续表5：

企业名称	详细地址	邮政编码	行政区划代码	联系电话	所属行业	行业代码	主要产品一	主要产品二	主要产品三
临沂市邮政局	山东省临沂市沂蒙路328号	276000	371302	0539-8328801	国家邮政	5910	邮政储蓄	函件业务	报刊
山东省临沂交通运输有限责任公司	山东省临沂市解放路31号	276002	371303	0539-8219220	公路旅客运输	5210	汽车运输	原材料运输	
德州市交通集团有限公司	山东省德州市德城区东风西路5号	253005	371401	0534-2617613	公路旅客运输	5210	旅客运输	货物运输	汽车修理
德州市公共汽车公司	山东省德州市德城区湖滨北路79号	253020	371402	0534-2313832	客运汽车站	5231	城市客运	三产收入	
陵县运输公司	山东省陵县陵城镇陵州路40号	253500	371421	0534-8221101	道路货物运输	5220	货物运输	汽车修理	销售汽车配件
山东省宁津县运输公司	山东省德州市宁津县	253400	371422	0534-5231462	公路旅客运输	5210	汽车运输		
庆云县交通运输有限公司	山东省德州市庆云县	253700	371423	0534-3321307	公路旅客运输	5210	交通运输		
山东省德州市临邑县运输公司	山东省德州市临邑县广场大街东首	251500	371424	0534-8967168	公路旅客运输	5210	道路运输		
山东省乐陵市运输公司	山东省乐陵市振兴路东首	253600	371481	0534-6529100	公路旅客运输	5210	汽车公路货物运输		
山东省禹城市运输公司	山东省德州市禹城解放南路64号	251200	371482	0534-7321470	公共电汽车客运	5310	货物运输		
聊城交通汽运集团有限责任公司	山东省聊城东昌西路111号	252000	371502	0635-8431867	公路旅客运输	5210	道路旅客运输	道路货物运输	
聊城汽车总站	山东省聊城市柳园北路	252000	371502	0635-2928907	公路旅客运输	5210	客运服务	货物配载服务	
聊城市邮政局	山东省聊城柳园南路97号	252000	371502	0635-8214848	国家邮政	5910	代理储蓄	函件	报刊
曹县邮政局	山东省菏泽市曹县湘江路	274400	371721	0530-3211237	国家邮政	5910	代理储备	物流	函件
单县邮政局	山东省单县文化北路	274300	371722	0530-4657321	国家邮政	5910	邮政储蓄	报刊发行	速递
菏泽交通集团第八汽车运输公司	山东省菏泽市成武县汉泉路127号	274200	371723	0530-8622718	公路旅客运输	5210	公路旅客运输		
成武县邮政局	山东省成武县伯乐大街693号	274200	371723	0530-8622131	国家邮政	5910	邮政储蓄	物流	邮政业
郓城县邮政局	山东省郓城临城路中段4号	274700	371725	0530-6535088	国家邮政	5910	国家邮政		
鄄城县运输公司	山东省鄄城县二路39号	274600	371726	0530-2421880	公路旅客运输	5210	交通运输		
鄄城县邮政局	山东省菏泽市鄄城人民路49号	274600	371726	0530-2428653	国家邮政	5910	邮政金融	邮政物流	代理保险
定陶县邮政局	山东省定陶县兴华路东段	274100	371727	0530-2213799	国家邮政	5910	邮政储蓄	物流	其他
东明县邮政局	山东省东明县五四路	274500	371728	0530-7238680	国家邮政	5910	邮政储蓄	物流	速递

2－5 批发和零售业调查单位基本情况

企业名称	详细地址	邮政编码	行政区划代码	联系电话	所属行业	行业代码	主要产品一	主要产品二	主要产品三
山东省中鲁远洋渔业股份有限公司	山东省济南市历下区和平路43号	250014	370102	0531-86553248	肉、禽、蛋及水产品批发	6324	水产品加工及冷藏	冷藏运输	远洋捕捞
济南大通能源发展有限责任公司	山东省济南历下区佛山街15号	250011	370102	0531-86931992	金属及金属矿批发	6364	生铁		
山东省农业生产资料有限责任公司	山东省济南市历下区解放路14号	250013	370102	0531-88542871	化肥批发	6366	化肥		
山东省塑料工业总公司	山东省济南市历下区乐文路9号	250011	370102	0531-86106031	其他化工产品批发	6369	贸易、仓储		
山东省纺织机械器材有限公司	山东省济南市历下区朝山街86号	250011	370102	0531-86916819	其他机械设备及电子产品批发	6379	纺织机械配件器材的销售		
山东纸业集团总公司	山东省济南市历下区和平路3号	250014	370102	0531-88957574	其他未列明的批发	6399	木浆		
山东出版对外贸易公司	山东省济南市解放东路69号	250014	370102	0531-88593212	其他未列明的批发	6399	纸张、纸浆、油墨销售		
山东省印刷物资公司	山东省济南市历下区解放东路69号	250014	370102	0531-88593212	其他未列明的批发	6399	纸浆，图书，进出口业务及代理		
山东鲁能商贸有限公司贵和购物中心	山东省济南市历下区天地坛街1号	250011	370102	0531-80982378	百货零售	6511	百货零售		
山东银座商城股份有限公司	山东省济南市历下区泺源大街66号	250063	370102	0531-86065318	百货零售	6511	百货类零售		
银座集团股份有限公司	山东省济南市历下区泺源大街22号	250063	370102	0531-86961258	百货零售	6511	零售业		
济南人民大润发商业有限公司	山东省济南市历下区	250014	370102	0531-86590273	超级市场零售	6512	零售		
沃尔玛深圳国际投资百货有限公司	山东省济南市历下区泉城路339号	250012	370102	0531-88603618	烟草制品零售	6526	零售兼批发		
济南市新华书店	山东省济南市历下区泉城路185号	250011	370102	0531-86193077	图书零售	6543	图书零售		
老百姓大药房连锁（山东）有限公司	山东省济南市历下区解放路115号	250013	370102	0531-66572550	药品零售	6551	中西 成药	中药饮片	
济南三星汽车服务有限公司	山东省济南市历下区轻骑路60号	250100	370102	0531-88547161	汽车零售	6561	汽车销售		
山东三联集团有限责任公司	山东省济南市趵突泉北路12号	250011	370102	0531-83536658	家用电器零售	6571	家用电气零售		
山东明达兽药饲料有限公司	山东省济南市市中区济微路136号	250022	370103	0531-87156374	种子、饲料批发	6312	饲料添加剂		
山东省丝绸集团有限公司	山东省济南市市中区永庆街2号	250001	370103	0531-86106785	纺织品、针织品及原料批发	6331	资产祖灵		
济南美若仙妮服饰有限公司	山东省济南市市中区共青团路麟趾巷	250001	370103	0531-86922215	服装批发	6332	冬季女装	秋季女装	夏季女装
山东新华书店集团有限公司	山东省济南市市中区英雄山路189号	250002	370103	0531-89737106	图书批发	6343	书刊、音像制品批发		
济南三九医药连锁有限公司	山东省济南市市中区英雄山路	250002	370103	0531-83185739	西药批发	6351	西药批发		
济南燃料集团总公司	山东省济南市市中区建设路小梁庄街	250021	370103	0531-82068350	煤炭及制品批发	6361	煤炭批发零售		

续表1：

企业名称	详细地址	邮政编码	行政区划代码	联系电话	所属行业	行业代码	主要产品一	主要产品二	主要产品三
济南华幸化工集团有限责任公司	山东省济南市历下区工业南路76号	250100	370103	0531-88513883	其他化工产品批发	6369	化工原料批发		
济南运发汽车贸易服务有限公司	山东省济南市市中区二环南路	250022	370103	0531-82765152	汽车、摩托车及零配件批发	6372	汽车销售	维修备件销售	
山东省牧工商总公司	山东省济南市市中区七贤庄	250022	370103	0531-87156374	其他未列明的批发	6399	饲料批发		
济南大观园股份有限公司	山东省济南市市中区经四纬二49号	250001	370103	0531-86261812	百货零售	6511	服装类		
济南人民商场集团有限公司	山东省济南市市中区经四路3号	250001	370103	0531-86922750	百货零售	6511	百货零售		
济南市建联中药有限公司	山东省济南市市中区大纬二路74号	250001	370103	0531-86158000	药品零售	6551	药品销零		
山东省棉麻公司济南采购供应站	山东省济南市槐荫区经四路465号	250021	370104	0531-87934615	棉、麻批发	6313	棉麻批发零售		
济南市纺织品进出口公司	山东省济南市槐荫区经二路365号	250021	370104	0531-87934210	纺织品、针织品及原料批发	6331	出口销售收入	房屋出租	
山东省燃料集团总公司	山东省济南市槐荫区经六路245号	250021	370104	0531-87945090	煤炭及制品批发	6361	煤碳及制品批发		
中国石油化工股份有限公司山东济南石油分公	山东省济南市槐荫区经十路236号	250021	370104	0531-87910776	石油及制品批发	6362	石油产品零售及批发		
济南民泰物贸有限公司	山东省济南市槐荫区张庄路44号	250023	370104	0531-88309926	金属及金属矿批发	6364	钢材		
山东省物资集团总公司	山东省济南市槐荫区经六路245号	250021	370104	0531-87945026	金属及金属矿批发	6364	金属材料	煤炭批发	
济南市一轻工业供销总公司	山东省济南市槐荫区经三纬八路101号	250021	370104	0531-87933425	其他未列明的批发	6399	经营木浆	房屋租赁	
济南华联商厦集团股份有限公司	山东省济南市槐荫区经二路571号	250021	370104	0531-87082666	百货零售	6511	商品零售		
东风汽车济南总公司	山东省济南市槐荫区二环西路北段小清河北80号	250118	370104	0531-85997026	汽车零售	6561	汽车销售		
润华集团股份有限公司	山东省济南市槐荫区	250117	370104	0531-87299971	汽车零售	6561	汽车销售		
济南乐凯胶片有限公司	山东济南天桥区无影山中路121号	250031	370105	0531-85967770	其他文化用品批发	6349	彩色相纸		
济南药业集团有限责任公司	山东省济南市天桥区东工商河路	250031	370105	0531-86107009	中药材及中成药批发	6352	药品批发		
济南绿地商城	山东济南天桥区济泺路116号	250031	370105	0531-85924717	超级市场零售	6512	商品零售		
济南益康百姓连锁超市有限公司	山东省济南市天桥区堤口路149号	250031	370105	0531-85603236	超级市场零售	6512	商品零售		
山东省棉麻公司	山东省济南市历城区辛祝路2号	250100	370112	0531-82599776	棉、麻批发	6313	棉花的经营		
济南第三粮库	山东省济南市历城区北园大街37号	250100	370112	0531-88965613	米、面制品及食用油批发	6321	批发小麦	批发面粉	批发玉米
山东爱书人音像图书有限公司	山东省济南市历城区山大南路10-18号	250013	370112	0531-88928692	音像制品及电子出版物批发	6345	音像制品及电子出版物批发		
山东华天药业有限公司	山东省济南市历城区山大北路32号	250100	370112	0531-82353382	西药批发	6351	西药	中成药	中成药饮片
鲁药集团有限公司	山东省济南市历城区3362善舞大厦北4楼	250100	370112	0531-80660011	西药批发	6351	西药品批发		
济南市再生资源总公司	山东省济南市历城区花园路26号	250100	370112	0531-88907054	再生物资回收与批发	6391	批发废旧物资		

续表2：

企业名称	详细地址	邮政编码	行政区划代码	联系电话	所属行业	行业代码	主要产品一	主要产品二	主要产品三
济南钢铁集团总公司商业贸易公司	山东省济南市历城区工业北路21号	250101	370112	0531-88868211	百货零售	6511	装饰工程	餐饮、住宿	
山东齐鲁汽车贸易有限公司	山东省济南市历城区北园大街69号	250100	370112	0531-88970286	汽车零售	6561	汽车销售		
山东省食品进出口公司	山东省青岛市市南区香港中路96号山孚大酒店	266071	370202	0532-88728032	米、面制品及食用油批发	6321	速冻米面食品		
山东嘉源进出口有限公司	山东省青岛市山东头路58号盛和大厦2号楼11	266101	370202	0532-86685242	肉、禽、蛋及水产品批发	6324	水果罐头	水产罐头	蔬菜关头
青岛海亨达商贸有限公司	山东省青岛市市南区四川路19号乙	266071	370202	0532-81977015	肉、禽、蛋及水产品批发	6324	批发零售海产品		
山东省纺织品进出口青岛华锐贸易公司	山东省青岛市市南区漳州二路19号中环国际广场A座802	266100	370202	0532-66776265	纺织品、针织品及原料批发	6331	纺织品、针织品、服装、批发		
青岛亚萌国际贸易有限公司	山东省青岛市市南区漳州二路19号中环大厦A座1102室	266071	370202	0532-66775278	纺织品、针织品及原料批发	6331	氨纶丝	短绒	粘胶
绮丽集团有限责任公司	山东省青岛市市南区南京路2号	266071	370202	0532-85797061	服装批发	6332	服装批发业		
青岛益佳国际贸易集团有限公司	山东省青岛市市南去香港中路6号	266071	370202	0532-85918293	服装批发	6332	服装	机电产品	纺织品
青岛华氏国风医药有限责任公司	山东省青岛市市南区仙居路10号	266071	370202	0532-85773521	西药批发	6351	药品批发		
中国石油化工股份有限公司山东青岛石油分公	山东省青岛市市南区中山路百盛26楼	266001	370202	0532-68896721	石油及制品批发	6362	石油产品		
新华锦集团山东锦岳国际贸易有限公司	山东省青岛市市南区香港中路20号北楼12层	266071	370202	0532-85025072	金属及金属矿批发	6364	有色金属进出口	服装、鞋类批发	五金进出口
山东省新迈特五金矿产有限公司	山东省青岛市市南区香港中路32号	266071	370202	0532-85755578	五金、交电批发	6373	五金产品批发	非金属矿及制品批发	
青岛海尔工贸有限公司	山东省青岛市308国道609号	266101	370202	0532-87637288	家用电器批发	6374	海尔系列产品的销售维修		
山东省机械进出口集团公司	山东省青岛市市南区瞿塘峡路1号	266002	370202	0532-82661672	其他机械设备及电子产品批发	6379	商品进出口业务		
山东机械设备进出口集团公司	山东省青岛市市南区福州南路9号	266071	370202	0532-85724349	其他机械设备及电子产品批发	6379	通用机械	成套设备	铸造机械
青岛欧美进出口有限公司	山东省青岛市市南区东海西路35号4栋12层	266071	370202	0532-87570207	其他未列明的批发	6399	进出口贸易		
山东物博国际贸易有限公司	山东省青岛市市南区中山路44-60号	266001	370202	0532-82824556	其他未列明的批发	6399	食品	化工	家具批发
青岛华联商厦股份有限公司	山东省青岛市市南区费县路6号	266002	370202	0532-82897307	百货零售	6511	批发（食品）	零售（服装）	家电
青岛海信实业股份有限公司	山东省青岛市市南区山东路9号	266071	370202	0532-66788870	百货零售	6511	百货零售		
青岛第一百盛有限公司	山东省青岛市市南区中山路44-60号	266001	370202	0532-82021208	百货零售	6511	商业零售		
青岛国货有限公司	山东省青岛市市南区中山路149号	266001	370202	0532-82857928	百货零售	6511	商品销售		
青岛永旺东泰商业有限公司	山东省青岛市市南区香港中路72号	266071	370202	0532-85719578	超级市场零售	6512	商品零售	商场出租	娱乐
青岛家乐福商业有限公司	山东省青岛市市南区香港中路21号	266071	370202	0532-85845661	超级市场零售	6512	各类商品零售		
凯远集团公司	山东省青岛市市南区东海西路12号甲	266071	370202	0532-86680668	纺织品及针织品零售	6531	纺织品	挂车	有机化学品

续表3：

企业名称	详细地址	邮政编码	行政区划代码	联系电话	所属行业	行业代码	主要产品一	主要产品二	主要产品三
青岛永安医疗器械有限公司	山东省青岛市市南区单县路87号	266002	370202	0532-83868881	服装零售	6532	血压计	血糖仪	缝合器
青岛新华书店有限责任公司	山东省青岛市市南区香港中路67号	266071	370202	0532-85883105	图书零售	6543	图书音像制品		
青岛工艺美术品有限公司	山东省青岛市市南区中山路212号	266011	370202	0532-82827195	工艺美术品及收藏品零售	6547	工艺品零售		
青岛国风大药房连锁有限公司	山东省青岛市市南区延安三路101号	260071	370202	0532-81976099	药品零售	6551	药品	中成	保健
青岛市市南区江西路加油站	山东省青岛市市南区江西路99号	266071	370202	0532-85723258-11	机动车燃料零售	6564	汽油零售	柴油零售	
青岛纺联集团进出口有限公司	山东省青岛市市北区馆陶路3号	266011	370203	0532-82800412	纺织品、针织品及原料批发	6331	家用纺织品出口	针织服装出口	梭织服装出口
青岛百安居家居有限公司	山东省青岛市市北区辽阳西路145号	266034	370203	0532-85661000-802	厨房、卫生间用具及日用杂货批发	6334	中性防霉密封硅胶	瑞恩木门配件	
青岛海城集团公司	山东省青岛市市北区通榆路18号	266034	370203	0532-85621355	建材批发	6365	建材批发		
青岛东方贸易大厦有限公司	山东省青岛市市北区胶州路140号	266011	370203	0532-82852315	百货零售	6511	百货、服装、珠宝、皮具零售		
青岛易初莲花连锁超市有限公司	山东省青岛市市北区辽阳西路369号	266035	370203	0532-80991888-619	超级市场零售	6512	超级市场零售		
青岛统力星商贸有限公司	山东省青岛市市北区敦化路61号	266034	370203	0532-87807778-220	汽车零配件零售	6562	汽车配件、电瓶		
青岛市华纺物资有限公司	山东省青岛市四方区兴隆路1号	266031	370205	0532-83711853	纺织品、针织品及原料批发	6331	纺织原料批发		
青岛胜世嘉工贸有限公司	山东省青岛市四方区瑞昌路138号	266031	370205	0532-85811878-118	其他日用品批发	6339	机电产品		
锦江麦德龙购物有限公司山东青岛商场	山东省青岛市四方区重庆南路116号	266032	370205	0532-85668888	超级市场零售	6512	批发零售		
青岛佳成煤炭有限公司	山东省青岛市黄岛区井冈山路668号	266555	370211	0532-86892875	煤炭及制品批发	6361	煤炭批发		
青岛荣岩商贸有限公司	山东省青岛市香港东路128号	266071	370212	0532-83896357	五金、交电批发	6373	批发阀门管件		
海尔集团电器产业有限公司	山东省青岛市崂山区海尔路1号	266101	370212	0532-88938356	家用电器批发	6374	空调	冰箱	电视
利群集团股份有限公司	山东省青岛市崂山区崂山路67号	266102	370212	0532-88807070	其他食品零售	6529	零售	批发	餐饮
青岛兴城商贸有限公司	山东省青岛市李沧区兴城路37号	266041	370213	0532-84683904	百货零售	6511	商品零售		
青岛北方国贸大厦股份有限公司	山东省青岛市李沧区向阳路50号	266100	370213	0532-87612345-3637	百货零售	6511	商品零售		
青岛李沧农贸有限公司	山东省青岛市李沧区书院路59号	266100	370213	0532-87686877	百货零售	6511	商品零售		
青岛利客来商贸股份有限公司	山东省青岛市李沧区京口路44号	266100	370213	0532-87613999	百货零售	6511	商品零售		
青岛维客集团股份有限公司	山东省青岛市李沧区向阳路65号	266100	370213	0532-87618888-3101	百货零售	6511	商业零售		
青岛市城阳蔬菜水产品批发市场有限公司	山东省青岛市城阳区城阳街道	266109	370214	0532-87928869	肉、禽、蛋及水产品批发	6324	水产品批发	蔬菜批发	

续表4：

企业名称	详细地址	邮政编码	行政区划代码	联系电话	所属行业	行业代码	主要产品一	主要产品二	主要产品三
青岛国货汇海丽达购物中心有限公司	山东省青岛市城阳区城阳街道491号	266109	370214	0532-77763263	百货零售	6511	百货销售	服装	日用品
青岛城阳太阳城商场	山东省青岛市城阳区正阳路209号	266109	370214	0532-87866932	百货零售	6511	食品	服装鞋帽	日用品
青岛胶州市新华书店有限责任公司	山东青岛胶州市广州南路62号	266300	370281	0532-82277917	图书零售	6543	零售书刊		
青岛即墨市新世界大厦	山东省青岛市即墨中山街144号	266200	370282	0532-88519773	百货零售	6511	食品	服装	百货
青岛即墨市新华书店有限责任公司	山东省青岛市即墨振华街116号	266200	370282	0532-88530183	图书零售	6543	图书零售		
青岛祥泰药庄连锁有限公司	山东省青岛市即墨栗行街1号	266200	370282	0532-87062776	药品零售	6551	药品零售		
胶南市农业机械总公司	山东省青岛市胶南市珠山路南端	266400	370284	0532-86159600	农业机械批发	6371	农机批发		
青岛胶南维客购物中心有限公司	山东省青岛胶南珠海路19号	266400	370284	0532-86170388	超级市场零售	6512	超级市场		
青岛豪特农业机械有限公司	山东省青岛市莱西市青岛路46号	266600	370285	0532-81877706	农业机械批发	6371	农业机械		
青岛良贸凯悦百货有限公司	山东省青岛市莱西商业街13号	266600	370285	0532-88464568	百货零售	6511	日用百货		
莱西市外贸大厦有限公司	山东省青岛市莱西月湖商城11号	266600	370285	0532-88437523	百货零售	6511	食品、饮	日用品	
青岛利客来莱西购物有限公司	山东省青岛市莱西烟台路	266600	370285	0532-81879760	百货零售	6511	家电名烟		
山东新星集团有限公司	山东省淄博市淄川区淄城路341号	255100	370302	0533-5182206	饮料及茶叶批发	6326	食品饮料烟酒类	家用电器	日用品及化妆品等
淄博盐业有限公司	山东省淄博市高新区裕民路130号	255000	370303	0533-3917889	盐及调味品批发	6325	盐的批发		
山东省淄博糖酒站股份有限公司	山东省淄博市张店区新村西路14号	255024	370303	0533-2305855	饮料及茶叶批发	6326	酒类	饮料	其他食品
山东淄博烟草有限公司	山东省淄博市张店区商场西街143号	255035	370303	0533-2285655	烟草制品批发	6327	卷烟、烟叶批发销售		
中国石化股份有限公司山东淄博石油分公司	山东省淄博市张店区昌国西路68号	255063	370303	0533-2686739	石油及制品批发	6362	柴油	汽油	润滑油
淄博市奥威进出口有限公司	山东省淄博市张店区柳泉路97号	255037	370303	0533-3182747	其他未列明的批发	6399	轻工产品进出口	化工产品进出口	机械产品进出口
淄博商厦股份有限公司	山东省淄博市张店区金晶大道125号	255000	370303	0533-2182790-8620	百货零售	6511	百货零售		
淄博政通超市有限公司	山东省淄博市高新区政通路131号	255086	370303	0533-3586725	超级市场零售	6512	超级市场零售		
淄博圣隆润发商业有限公司	山东省淄博市张店区华光路86号	255000	370303	0533-3100505	超级市场零售	6512	食品类	日用百货类	
淄博银座商城有限责任公司	山东省淄博市张店区柳泉路128号	255000	370303	0533-2280586	超级市场零售	6512	超级市场零售		
淄博金帝购物广场有限责任公司	山东省淄博市张店区柳泉路152号	255039	370303	0533-2301155	超级市场零售	6512	家电类	服装类	食品类
山东省淄博市新华书店	山东省淄博市张店区金晶大道157号	255086	370303	0533-2282052	图书零售	6543	图书零售	音像制品	电子产品
中国石油山东淄石油分公司博山片区	山东省淄博市博山区双山西路2号	255200	370304	0533-4181832	石油及制品批发	6362	柴油	汽油	润滑油

续表5：

企业名称	详细地址	邮政编码	行政区划代码	联系电话	所属行业	行业代码	主要产品一	主要产品二	主要产品三
淄博特信百货商城有限公司	山东省淄博市博山区大街1号	255200	370304	0533-4187886	百货零售	6511	百货服装	食品类	家电类
淄博久久连锁有限公司	山东省淄博市博山区西冶街37号	255200	370304	0533-4199068	超级市场零售	6512	酒类	食品类	日用品类
中国石化山东淄博石油分公司临淄片区	山东省淄博市临淄区乙烯路76号	255434	370305	0533-7123875	石油及制品批发	6362	柴油	汽油	
山东奥德隆集团有限公司	山东省淄博市临淄区桓公路99号	255400	370305	0533-7669012	百货零售	6511	食品	服装	家电
淄博东泰集团有限公司	山东省淄博市临淄区大顺路63号	255400	370305	0533-7329883	百货零售	6511	食品饮料烟酒类	家电类	服装类
淄博凯农雅食品有限公司	山东省淄博市临淄区桓公路212号	255400	370305	0533-7669788	其他食品零售	6529	食用植物油	蔬菜	
中国石化山东淄博石油分公司桓台片区	山东省淄博市桓台县张北路1264号	256400	370321	0533-8225003	石油及制品批发	6362	柴油	汽油	润滑油
山东桓台百货大楼有限公司	山东省淄博市桓台县张北路32号	256400	370321	0533-8210442	百货零售	6511	家电	鞋帽	服装
中国石化山东淄博石油分公司高青片区	山东省淄博市高青县广青路143号	256300	370322	0533-6978816	石油及制品批发	6362	柴油	汽油	
枣庄贵诚集团购物中心有限公司	山东省枣庄市市中区君山路52号	277101	370401	0632-3379004	百货零售	6511	商品销售		
山东省枣庄市新华书店	山东省枣庄市市中区龙头中路95号	277100	370401	0632-3222297	图书零售	6543	图书音像制品销售		
枣庄市新昌批发市场有限公司	山东省枣庄市市中区青檀北188号	277101	370402	0632-3121588	百货零售	6511	摊位租赁		
江苏省时代超市有限公司枣庄分公司	山东省枣庄市市中区解放路195号	277101	370402	0632-5279686	超级市场零售	6512	销售商品		
三联商社股份有限公司枣庄分公司	山东省枣庄市市中区文化路48号	277100	370402	0136-56378405	家用电器零售	6571	电器销售		
枣庄市华康药业有限公司	山东省枣庄市山亭区新城黄河路10号	277200	370406	0151-63211768	药品零售	6551	药品销售		
江苏时代超市有限公司滕州分公司	山东省枣庄市滕州市新兴南路1号	277500	370481	0632-5163336	肉、禽、蛋及水产品零售	6524	商业零售		
山东东营烟草有限公司	山东省东营市曹州路10号	257091	370502	0546-8326015	烟草制品批发	6327	卷烟批发		
东营信威进出口有限公司	山东省东营市府前街59号	257091	370502	0546-8302407	纺织品、针织品及原料批发	6331	无纺布	刀具	
东营齐发金属贸易有限责任公司	山东省东营市东营区286号	257091	370502	0546-8271198	金属及金属矿批发	6364	刚才销售		
山东大陆石油装备有限公司	山东省东营市府前街59号	257091	370502	0546-8313396	其他机械设备及电子产品批发	6379	石油装备	金属材料	
东营兰锐石油装备有限公司	山东省东营市府前街	257091	370502	0546-8332798	其他机械设备及电子产品批发	6379	石油设备		
东营信达工贸有限公司	山东省东营市淄博路113号	257091	370502	0546-8781299	其他机械设备及电子产品批发	6379	石油设备及配件		
东营振华百货发展有限公司	山东省东营市东营区济南路36号	257000	370502	0546-8913208	百货零售	6511	商品批发零售		
东营银座商城有限公司	山东省东营市东营区西二路468号	257000	370502	0546-7668333	百货零售	6511	商品零售		
山东省东营市百货大楼	山东省东营市东营区西四路641号	257022	370502	0546-8221575	百货零售	6511	百货零售		

续表6：

企业名称	详细地址	邮政编码	行政区划代码	联系电话	所属行业	行业代码	主要产品一	主要产品二	主要产品三
东营市商业大厦有限责任公司	山东省东营市东营区济南路80号	257008	370502	0546-8221401	百货零售	6511	商品零售		
东营市明缘音像有限责任公司	山东省东营市东营区济南路231号	257000	370502	0546-8771219	音像制品及电子出版物零售	6545	数码音像制品	服装	
东营新广源汽车贸易有限公司	山东省东营市东营区黄河路341号	257000	370502	0546-15615926-786	汽车零售	6561	汽车销售		
东营天驰汽车销售服务有限公司	山东省东营市东营区西四路922号	257000	370502	0546-7770015	汽车零售	6561	汽车销售	汽车保养维修	
东营石大汽车销售服务有限公司	山东省东营市东营区北二路271号	257061	370502	0546-8393955	汽车零售	6561	汽车销售		
东营市垦利石油化工有限公司	山东省东营市垦利县中兴路251号	257500	370521	0546-2881668	石油及制品批发	6362	石油及制品批发		
山东康瑞集团有限公司	山东省东营市垦利县振兴路233号	257500	370521	0546-2881778	石油及制品批发	6362	燃料油		
山东大海集团进出口有限公司	山东省东营市广饶县闫口村	257300	370523	0546-6495333	纺织品、针织品及原料批发	6331	纺织品进出口		
烟台市三维饲料有限公司	山东省烟台市芝罘区广东街2号	264001	370602	0535-6938776	种子、饲料批发	6312	棉粕	鱼粉	
烟台百大集团有限公司	山东省烟台市芝罘区西南河路190号	264000	370602	0535-6680633	饮料及茶叶批发	6326	饮料、茶叶批发		
烟台抽纱经贸有限公司	山东省烟台市芝罘区朝阳街80号	264001	370602	0535-6627932	纺织品、针织品及原料批发	6331	抽纱品进出口业务		
烟台绮丽经贸有限公司	山东省烟台市芝罘区朝阳街80号	264001	370602	0535-6607998	服装批发	6332	销售服装		
中国石油化工股份有限公司山东烟台石油分公	山东省烟台市芝罘区环海路26号	264000	370602	0535-6847351	石油及制品批发	6362	石油制品批发		
烟台市农业生产资料总公司	山东省烟台市芝罘区南大街44号	264000	370602	0535-6291508	化肥批发	6366	化肥批发		
山东省烟台市利农生产资料股份有限公司	山东省烟台市芝罘区海港路付23号	264001	370602	0535-6740060	化肥批发	6366	农业生产专线批发	农药	
烟台电力物资有限责任公司	山东省烟台市芝罘区只楚路34号	264000	370602	0535-5523197	其他机械设备及电子产品批发	6379	电力器材物资购销	电力物资咨询服务	
烟台市振华百货集团股份有限公司	山东省烟台市芝罘区西大街8号	264000	370602	0535-6584290	百货零售	6511	商品零售	房地产收入	
山东福山瑞康医药有限公司	山东省烟台市福山区南苑街99号	265500	370611	0535-6367915	药品零售	6551	药品批发零售		
山东广联物资有限公司	山东省烟台市牟平区开发区北关大街7号	264100	370612	0535-4213888	金属及金属矿批发	6364	钢材		
烟台新潮实业股份有限公司	山东省烟台市牟平区牟山路98号	264100	370612	0535-2109805	汽车、摩托车及零配件批发	6372	房地产	汽车销售	电缆
山东烟台烟草有限公司	山东省烟台市莱山区新星北街2号	264003	370613	0535-2103399	烟草制品批发	6327	卷烟批发		
龙口市益友糖酒副食品有限公司	山东省烟台市咙口市南大街42号	265701	370681	0535-8517481	糕点、糖果及糖批发	6322	日用品批发		
龙口市燃料有限公司	山东省烟台市龙口市环城北路45号	265700	370681	0535-8517350	煤炭及制品批发	6361	煤炭及煤制品		
山东道恩集团有限公司	山东省烟台市龙口市中村	265703	370681	0535-8860552	其他化工产品批发	6369	化学原料批发、零售	改性塑料生产	
山东龙口富龙汽车有限公司	山东省龙口市东莱街道	265701	370681	0535-8950012	汽车、摩托车及零配件批发	6372	汽车销售	客货运输	

续表7：

企业名称	详细地址	邮政编码	行政区划代码	联系电话	所属行业	行业代码	主要产品一	主要产品二	主要产品三
龙口市五交化有限公司	山东省烟台市龙口市开发区振兴路431号	265700	370681	0535-8812331	五金、交电批发	6373	五金批发和零售		
中国石油化工股份有限公司山东莱阳石油公司	山东省烟台市莱阳市丹崖路126号	265202	370682	0535-7318631	石油及制品批发	6362	石油制品		
莱阳市新华书店	山东省烟台市莱阳市旌旗路83号	265200	370682	0535-7210398	图书零售	6543	图书批发零售	音像	
山东登海种业股份有限公司	山东烟台莱州市三山岛	261448	370683	0535-2788767	种子、饲料批发	6312	玉米种生产销售	蔬菜种	
莱州德裕昌医药有限公司	山东莱州市莱州南路562号	261400	370683	0535-2211306	中药材及中成药批发	6352	药品 零售批发		
莱州市农业机械有限公司	山东省烟台市莱州市府东街22号	261400	370683	0535-2211566	农业机械批发	6371	销售农业机械及配件		
莱州市百货大楼有限公司	山东省烟台市莱州市府西街187号	261400	370683	0535-2285535	百货零售	6511	百货		
利群集团莱州购物广场有限公司	山东莱州文化东路	264100	370683	0535-2287766	超级市场零售	6512	百货零售		
莱州市供销合作社联合社	山东省烟台市莱州市鼓城街157号	261400	370683	0535-2212084	服装零售	6532	服装鞋帽纺织品类		
蓬莱市蓬莱阁医药有限公司	山东烟台蓬莱紫荆山钟楼北路52号	265600	370684	0535-5655553	中药材及中成药批发	6352	西药批发	中草药及制品批发	医疗机械
青岛利群集团蓬莱购物有限公司	山东蓬莱北关路686号	265600	370684	0535-5657861	百货零售	6511	批发零售		
蓬莱市第一百货有限公司	山东省烟台市蓬莱市登州钟楼东路8号	265600	370684	0535-5642712	百货零售	6511	百货	针织服装	其它食品
栖霞市农业生产资料总公司	山东省烟台市栖霞市迎宾路874号	265300	370686	0535-5212506	化肥批发	6366	化肥	农药	生产资料
栖霞振华商厦有限公司	山东省烟台市栖霞市	265300	370686	0535-5223769	超级市场零售	6512	日用百货		
海阳沃德茧丝绸有限公司	山东省海阳市海阳路122号	265100	370687	0535-3632567	其他农畜产品批发	6319	收购、烘烤蚕丝	加工 蚕丝被	
潍坊市钢联金属材料有限公司	山东省潍坊市潍城区仓南路15号	261011	370702	0536-8901343	金属及金属矿批发	6364	销售金属材料		
潍坊百货大楼股份有限公司	山东省潍坊市潍城区胜利西街229号	261011	370702	0536-8186653	百货零售	6511	百货零售	汽车销售	
潍坊丰华医药有限公司	山东省潍坊市寒亭区丰华路39号	261100	370703	0536-7251694	西药批发	6351	西药批发	中药材及中成药批发	医疗器械批发
山东潍坊齐力进出口有限公司	山东省潍坊市奎文区四平路33号	261041	370705	0536-8213654	服装批发	6332	服装出口		
山东省潍坊市进出口有限公司	山东省潍坊市奎文区胜利东街236号	261041	370705	0536-8891708	服装批发	6332	服装批发	食品批发	五金批发
山东世纪泰华集团有限公司	山东省潍坊市奎文区东风东街360号	261041	370705	0536-8065007	百货零售	6511	商品零售		
临朐华诺电力物资有限公司	山东省潍坊市临朐县城西路	262600	370724	0536-3392923	五金、交电批发	6373	电力器材		
青州市对外贸易公司	山东省潍坊市青州市玲珑山中路366号	262500	370781	0536-3282503	果品、蔬菜批发	6323	湿强纸		
青州市人民商场有限公司	山东省潍坊市青州市尧王山东路159号	262500	370781	0536-3285518	百货零售	6511	百货零售	百货批发	
青州市新华书店	山东省潍坊市青州市云门山路785号	262500	370781	0536-3320803	图书零售	6543	图书零售	图书批发	
青州福瑞汽车贸易有限公司	山东省潍坊市青州市驼山北路1166号	262500	370781	0536-3291699	汽车零售	6561	销售汽车	配件销售	

续表8：

企业名称	详细地址	邮政编码	行政区划代码	联系电话	所属行业	行业代码	主要产品一	主要产品二	主要产品三
山东潍坊烟草有限公司诸城分公司	山东省潍坊市诸城市密州路东75号	262200	370782	0536-6062842	烟草制品批发	6327	烟叶收购	卷烟	
诸城市百盛商场有限责任公司	山东省潍坊市诸城市兴华居委会广场路20号	262200	370782	0536-6116006	百货零售	6511	服装	鞋帽	百货
诸城市仁和五交化有限责任公司	山东省潍坊市诸城市密州街道和平街167号	262200	370782	0536-6212652	家用电器零售	6571	家电		
寿光市城区供销总公司	山东省潍坊市寿光市石马街106号	262700	370783	0536-5221392	化肥批发	6366	农资		
山东东方誉源农资有限公司	山东省潍坊市寿光文庙街1号	262700	370783	0536-5262718	化肥批发	6366	化肥	农药	农膜
寿光百货大楼有限公司	山东省潍坊市寿光市广场街298号	262700	370783	0536-5195709	超级市场零售	6512	副食、百货	家电、音响	服装、鞋帽、针纺
山东省寿光市新华书店	山东省潍坊市寿光市新兴街 96号	262700	370783	0536-5231501	图书零售	6543	图书音像制品		
寿光市圣达医药有限公司	山东省潍坊市寿光市石马路87号	262700	370783	0536-5221517	药品零售	6551	药品零售		
安丘回春医药有限公司	山东潍坊安丘市潍安路323号	262100	370784	0536-2263677	西药批发	6351	西药批发	药品零售	
安丘银座商城有限公司	山东潍坊安丘市潍安路178号	262100	370784	0536-4292788	百货零售	6511	食品	服装	百货
安丘市供销大厦有限公司	山东潍坊安丘市永安路130号	262100	370784	0536-4216511	百货零售	6511	百货零售		
安丘中百佳乐家超市	山东潍坊安丘商场路中段	262100	370784	0536-4235017	超级市场零售	6512	百货零售		
青岛维客高密购物中心有限公司	山东潍坊高密人民大街中段	261500	370785	0536-2310648	超级市场零售	6512	商品零售		
昌邑市圣达农机有限公司	山东省潍坊市昌邑市交通街东首	261300	370786	0536-7213673	农业机械批发	6371	农业机械		
山东潍坊烟草有限公司	山东省潍坊市高新区东风东街6331号	261061	370797	0536-8787626	烟草制品批发	6327	卷烟销售	批发烟叶	
山东潍坊百货集团股份有限公司	山东省潍坊市胜利东街甲1号	261041	370797	0536-8580020	百货零售	6511	商品批发	商品零售	
山东鲁抗药品经营有限公司	山东省济宁市崇文大道2166号	272000	370802	0537-2605013	中药材及中成药批发	6352	药品及医疗器械批发		
中国石油化工股份有限公司山东济宁石油分公	山东省济宁市中区供销路40号	272110	370802	0537-2311182	石油及制品批发	6362	汽油	柴油	燃料油
山东省济宁市五金交电化工批发站	山东省济宁市中区太白中路75号	272000	370802	0537-2212283	五金、交电批发	6373	五金交电化工		
康佳集团股份有限公司济宁分公司	山东省济宁市中区火炬南路19号	272000	370802	0537-2902797	家用电器批发	6374	家电销售		
济宁银座商城有限公司	山东省济宁市市中区太白东路51号	272000	370802	0537-2718877	百货零售	6511	百货		
济宁市中央百货有限责任公司	山东省济宁市中区太白中路35号	272100	370802	0537-2108162	百货零售	6511	零售		
济宁贵和购物中心有限公司	山东省济宁市中区太白中路16号	272147	370802	0537-2108759	百货零售	6511	零售		
济宁世纪联华商业有限公司	山东省济宁市中区太白中路2号	272000	370802	0537-2367900-8690	百货零售	6511	零售		
山东省济宁市新华书店	山东省济宁市吴泰闸东路7号	272000	370802	0537-2366800	图书零售	6543	图书零售与批发		

续表9：

企业名称	详细地址	邮政编码	行政区划代码	联系电话	所属行业	行业代码	主要产品一	主要产品二	主要产品三
济宁华鑫发展有限公司	山东省济宁市中区任城路80号	272000	370802	0537-2216301	珠宝首饰零售	6546	金银珠宝类零售		
邹城市现代家电有限公司	山东省济宁市邹城市城中城83号	273500	370883	0537-5215348	家用电器零售	6571	销售家用电器		
泰安市双龙超市有限公司	山东省泰安市升平街11号	271000	370900	0538-8233224	超级市场零售	6512	超市销售		
泰安市新华书店	山东省泰安市青年路80号	271000	370900	0538-6262796	图书零售	6543	图书	音像制品	
泰安市弘康药业有限公司	山东省泰安市泰山区龙潭路21号	271000	370901	0538-6363678	西药批发	6351	药品		
泰安鲁润股份有限公司	山东省泰安市环山路36号	271000	370901	0538-6266885	石油及制品批发	6362	石油及制品批发业	房地产开发	装修
中国石化山东泰山石油股份有限公司	山东省泰安市泰山区东岳大街104号	271000	370902	0538-6269673	石油及制品批发	6362	成品油批发、零售		
泰安银座商城有限公司	山东省泰安市泰山区东岳大街81号	271000	370902	0538-8288622	百货零售	6511	百货零售		
泰安市华海商业管理有限公司	山东省泰安市东岳大街60号	271000	370902	0538-6268628	百货零售	6511	百货零售		
泰安市英华超市有限公司	山东省泰安市泰山干部休养所迎胜西路22号	271000	370902	0538-8486246	百货零售	6511	商业零售		
山东潍坊百货集团股份有限公司泰安中百大厦	山东省泰安市泰山区财源大街90号	271000	370902	0538-6278502	百货零售	6511	商业零售		
泰安凌云商社集团	山东省泰安市宁阳县北街38号	271400	370921	0538-5639963	百货零售	6511	商业零售		
肥城市百货大楼有限公司	山东省肥城市新城路73号	271600	370983	0538-3231262	百货零售	6511	百货零售		
山东百大商贸股份有限公司	山东省泰安市肥城市新城路073号	271600	370983	0538-3231255	其他综合零售	6519	零售	餐饮	
山东威海烟草有限公司	山东省威海市青岛中路45号	264200	371002	0631-5316876	烟草制品批发	6327	卷烟雪茄烟批发		
迪尚集团有限公司	山东省威海市环翠区世昌大道16号	264200	371002	0631-5230344	服装批发	6332	服装贸易		
威海振华商厦有限公司	山东省威海市环翠区新威路89号	264200	371002	0631-5189112	百货零售	6511	百货零售		
威海华联商厦股份有限公司	山东省威海市环翠区新威路58号	264200	371002	0631-5222888-3168	百货零售	6511	零售		
山东威海百货大楼集团股份有限公司	山东省威海市新威路64号	264200	371002	0631-5223868-3377	百货零售	6511	零售		
威海润华商业有限公司	山东省威海市环翠区金线顶路1号	264200	371002	0631-5330109	超级市场零售	6512	批发零售		
山东家家悦集团有限公司	山东省威海市昆明路45号	264200	371002	0631-5232053	超级市场零售	6512	零售	批发	
威海市大威石油公司	山东省威海市环翠区统一路409-1号	264200	371002	0631-5200496	机动车燃料零售	6564	石油成品油的零售		
威海市金蚂蚁集团有限公司	山东省威海市环翠区世昌大道117号	264200	371003	0631-5299638	五金、交电批发	6373	家居建材	涂料	胶制品
利群集团威海购物广场有限公司	山东省威海市高区文化西路166号	264209	371003	0631-5696868-7621	百货零售	6511	百货零售		
中国石油化工股份有限公司山东威海石油分公司	山东省威海市经区海瞳路标2号	264205	371004	0631-5306949	石油及制品批发	6362	成品油零售、批发		

续表10：

企业名称	详细地址	邮政编码	行政区划代码	联系电话	所属行业	行业代码	主要产品一	主要产品二	主要产品三
威海齐鲁商城有限公司	山东省威海市经区齐鲁大道中段	264200	371004	0631-5232053	百货零售	6511	零售		
威海市美翔达汽车配件销售有限公司	山东省威海市经区青岛中路146号	264205	371004	0631-5921637	汽车零配件零售	6562	汽车配件		
利群集团文登购物广场有限公司	山东省威海市文登昆嵛路1号	264400	371081	0631-8936111	服装批发	6332	服饰	日用百货	家电
文登市三联家电有限公司	山东文登市龙山路37号	264400	371081	0631-8185763	家用电器批发	6374	家用电器及电脑销售		
文登市艺利达商贸有限公司	山东省威海市文登文山路39号	264400	371081	0631-8350900	百货零售	6511	床上用品		
文登市恒源商贸有限公司	山东省威海市文登昆嵛南路44号	264400	371081	0631-8185719	百货零售	6511	日用百货	服装	日用品
山东省文登市新华书店	山东省文登市峰山路87号	264400	371081	0631-8458912	图书零售	6543	图书批发零售		
荣成市奥孚石油有限公司	山东省威海市荣成石岛镇黄海中路89号	264309	371082	0631-13606492-177	石油及制品批发	6362	批发零售石油制品		
利群集团荣成购物广场有限公司	山东省威海市荣成沿河北街88号	264300	371082	0631-7523728	百货零售	6511	百货零售		
山东省荣成市新华书店	山东省威海荣成市南山北路70号	264300	371082	0631-7571084	图书零售	6543	批发零售图书		
荣成市医药公司	山东省威海市荣成市沿河北路302号	264300	371082	0631-7572528	药品零售	6551	批发零售药品		
利群集团乳山购物广场有限公司	山东省威海市乳山商业街东段	264500	371083	0631-3639671	百货零售	6511	百货零售		
山东省乳山市新华书店	山东省乳山市新午街331号	264500	371083	0631-6668088	图书零售	6543	图书零售和音像制品		
日照市金剑糖酒副食品有限公司	山东省日照市东港区日照街道	276800	371102	0633-2223809	糕点、糖果及糖批发	6322	糕点糖果批发		
山东日照烟草有限公司	山东省日照市东港区海滨五路8号	276826	371102	0633-8331817	烟草制品批发	6327	卷烟	烟叶	
日照医药集团公司	山东省日照市东港区海曲中路3号	276800	371102	0633-2992888	西药批发	6351	化学药品类	中成药及中药材	医疗器械
日照市东港区医药公司	山东省日照市东港区黄海一路45号	276826	371102	0633-8330597	西药批发	6351	医药用品及器材零售		
中国石油化工股份有限公司山东日照石油分公司	山东省日照市东港区绿洲南路68号	276826	371102	0633-3688405	石油及制品批发	6362	成品油销售		
山东省农业生产资料日照有限公司	山东省日照市东港区黄海三路24号	276826	371102	0633-8332294	化肥批发	6366	化肥批发零售		
日照凌云汽贸有限公司	山东省日照市东港区奎山街道	276800	371102	0633-8592666	汽车、摩托车及零配件批发	6372	汽车销售		
日照贵和海纳商城有限公司	山东省日照市东港区黄海一路39号	276800	371102	0633-8351785	百货零售	6511	百货零售		
利群集团日照购物广场	山东省日照市东港区海曲中路76号	276800	371102	0633-8292158	百货零售	6511	百货零售		
日照日百商业有限公司	山东省日照市东港区日照街道	276800	371102	0633-8220428	百货零售	6511	百货零售	食品饮料烟酒	服装鞋帽针纺织品
日照凌云工贸有限公司	山东省日照市东港区兴海路109号	276800	371102	0633-8211108	家用电器零售	6571	家用电器零售	摩托车零售	日用百货食品零售
日照市永泰民爆器材有限公司东港分公司	山东省日照市东港区秦楼街道	276825	371102	0633-8370799	其他未列明的零售	6599	民爆用品		

续表11：

企业名称	详细地址	邮政编码	行政区划代码	联系电话	所属行业	行业代码	主要产品一	主要产品二	主要产品三
五连宝源电力燃料有限公司	山东省日照市五莲县解放路117号	262300	371121	0633-5322251	煤炭及制品批发	6361	煤		
山东省五莲县农业生产资料总公司	山东省日照市五莲县解放路232号	262300	371121	0633-5334900	化肥批发	6366	化肥、农药、农地膜		
五莲县供销工业品总公司	山东省日照市五莲县解放路167号	262300	371121	0633-5335005	百货零售	6511	服装零售	家电零售	鞋帽零售
五莲县万福园购物广场有限责任公司	山东省日照市五莲县洪凝镇	262300	371121	0633-5213738	百货零售	6511	副食	服装	洗化
五莲县百货大楼有限公司	山东省日照市五莲县解放路165号	262300	371121	0633-5213555	百货零售	6511	日用百货销售		
五莲县洪凝供销合作社	山东省日照市五莲县洪凝镇	262300	371121	0633-5211233	其他综合零售	6519	商品零售		
山东省五莲县新华书店	山东省日照市五莲县解放路173号	262300	371121	0633-5213453	图书零售	6543	图书零售		
莒县食品有限公司	山东省日照市莒县城阳镇	276500	371122	0633-6882756	肉、禽、蛋及水产品批发	6324	活猪	白条猪肉	猪副产品
山东莒县大渔水产品有限公司	山东省日照市莒县城阳镇	276500	371122	0633-6232889	肉、禽、蛋及水产品批发	6324	水产品批发		
莒县新宇商贸有限公司	山东省日照市莒县城阳南路466号	276500	371122	0633-6886662	其他日用品批发	6339	日用品销售	农业生产资料	农机
莒县医药公司	山东省日照市莒县城阳镇靳家园134号	276500	371122	0633-6209322	西药批发	6351	西药	医疗器械	中成药
莒县龙山供销合作社	山东省日照市莒县龙山镇驻地	276519	371122	0633-6222968	农用薄膜批发	6368	日用消费品销售	农业生产资料销售	农副产品购销
日照市新世纪商厦有限公司	山东省日照市莒县城阳北路79号	276500	371122	0633-6202271	百货零售	6511	服装百货零售		
莒县机电设备有限公司	山东省日照市莒县城阳镇	276500	371122	0633-6172229	汽车零售	6561	汽车零售		
莒县五金交电化工有限公司	山东省日照市莒县城阳镇	276500	371122	0633-6202887	家用电器零售	6571	家用电器、音像器材		
山东莱芜烟草有限公司	山东省莱芜市莱城区鲁中东大街84号	271100	371202	0634-8802563	烟草制品批发	6327	卷烟批发	烟叶经营	
中石化山东莱芜石油分公司	山东省莱芜市莱城区鲁中东大街95号	271100	371202	0634-8805292	石油及制品批发	6362	汽油销售	柴油销售	
山东馨百商贸有限公司	山东省莱芜市莱城区鲁中东大街21号	271100	371202	0634-5615091	百货零售	6511	百货零售		
莱芜市华联商城	山东省莱芜市莱城区胜利南路76号	271100	371202	0634-5620270	百货零售	6511	批发和零售业		
银座集团股份有限公司莱芜银座商城	山东省莱芜市莱城区文化南路8号	271100	371202	0634-8778656	百货零售	6511	零售业		
山东省莱芜新华书店	山东省莱芜市莱城区龙潭西大街2号	271100	371202	0634-13563430-620	图书零售	6543	图书	音像	
莱芜市泰豪汽车工业贸易有限公司	山东省莱芜市凤城西大街272号	271100	371202	0634-6131704	汽车零售	6561	汽车销售	汽车修理	配件销售
莱芜市三源家用电器有限公司	山东省莱芜市莱城区胜利南路20号	271100	371202	0634-6211670	家用电器零售	6571	家电零售		
莱芜莱钢银山商贸有限公司	山东省莱芜市钢城区友谊大厦23号	271104	371203	0634-6820303	百货零售	6511	百货批发零售		
临沂桃源购物有限公司	山东省临沂市兰山区沂蒙路198号	276000	371300	0539-8107631	百货零售	6511	服装鞋帽	家电体育用品	金饰品化妆品

续表12：

企业名称	详细地址	邮政编码	行政区划代码	联系电话	所属行业	行业代码	主要产品一	主要产品二	主要产品三
山东省临沂市新华书店	山东省临沂市沂蒙路136号	276003	371301	0539-8234986	图书零售	6543	图书	音像	
临沂市兰山盐业公司	山东省临沂市兰山区金雀山路89号	276004	371302	0539-8053658	盐及调味品批发	6325	食盐、工业用盐		
山东临沂烟草有限公司	山东省临沂市兰山区新华路119号	276004	371302	0539-8139685	烟草制品批发	6327	卷烟	烟叶	
临沂市德众物资有限公司	山东省临沂市兰山区临西五路中段	276000	371302	0539-8012000	金属及金属矿批发	6364	钢材销售		
临沂市交通实业有限公司	山东省临沂市罗庄区沂河路与沂州路交汇处500米路南	276000	371302	0539-8314111	汽车、摩托车及零配件批发	6372	汽车销售及维修		
临沂星海科技有限公司	山东省临沂市兰山区临西五路与银雀山路交汇处西20米路南	276001	371302	0539-8103893	计算机、软件及辅助设备批发	6375	电子秤	收款机	收款机软件
临沂银座商城有限公司	山东省临沂市兰山区红旗路11号	276003	371302	0539-3217616	百货零售	6511	百货零售	超市零售	
临沂市沂蒙路百货大楼	山东省临沂市兰山区银雀山街道办事处沂蒙路418号	276000	371302	0539-8313852	百货零售	6511	百货副食 服装鞋帽钟表文体		
山东九州商业集团有限公司	山东省临沂市兰山区解放路183号	276000	371302	0539-8209838	百货零售	6511	零售	批发	
山东临沂汽车工业贸易有限公司	山东省临沂市通达路319号	276001	371302	0539-7678007	汽车零售	6561	销售汽车		
临沂佳轮汽车销售服务有限公司	山东省临沂兰山区解放路207号	276000	371302	0539-8078111	汽车零售	6561	汽车销售		
临沂医药集团有限公司	山东省临沂市经济开发区沂河东路	276024	371312	0539-6019018	西药批发	6351	化学药品类	中成药类	医药器械类
临沂市供销石油公司	山东省临沂市河东九曲	276000	371312	0539-8721968	石油及制品批发	6362	柴油	汽油	润滑油
中国石油化工股份有限公司山东临沂石油分公	山东省临沂河东区顺政路北段	276034	371312	0539-8091098	石油及制品批发	6362	汽油柴油		
沂水兴保汽车维修有限公司	山东省临沂市沂水县许家湖	276400	371323	0539-2222299	汽车零售	6561	汽车销售	车辆维修	
苍山县新华书店	山东临沂苍山县埝桥90号	277700	371324	0539-7138097	图书零售	6543	图书		
山东省费县新华书店	山东省费县建设路	273400	371325	0539-5222584	图书零售	6543	中小学课本及图书零售	音像制品零售	
平邑县种子有限公司	山东省平邑县汉阙路26号	273300	371326	0539-4088739	种子、饲料批发	6312	农作物种子		
临沭县供销棉麻有限公司	山东省临沭县兴大东街12号	276700	371329	0539-6263699	棉、麻批发	6313	皮棉		
山东省德州泰康药业有限公司	山东省德州市德城区解放南路305号	253006	371401	0534-2625517	西药批发	6351	中药、西药、中成药	医疗器械	化学试剂
山东黑马集团有限公司	山东省德州市德城区新港前街56号	253001	371401	0534-2482386	煤炭及制品批发	6361	煤炭	房地产	
山东德州百货大楼（集团）有限责任公司	山东省德州市德城区湖滨中大道118号	253013	371401	0534-2693702	百货零售	6511	商业零售		
山东省德州市新华书店	山东省德州市德城区文化路103号	253013	371401	0534-2621358	图书零售	6543	图书、音像制品		
山东省木材集团总公司鲁北公司	山东省德州市德城区解放南大道932号	253007	371402	0534-2622331	建材批发	6365	木材仓储		
山东德州烟草有限公司陵县分公司	山东省德州市陵县	253500	371421	0534-8288605	烟草制品批发	6327	卷烟批发		

续表13：

企业名称	详细地址	邮政编码	行政区划代码	联系电话	所属行业	行业代码	主要产品一	主要产品二	主要产品三
山东省庆云县棉麻公司	山东省庆云县渤海街22号	253700	371423	0534-3221789	棉、麻批发	6313	皮棉	棉籽	短绒
山东省平原乡新华书店	山东省德州市平原县平安东大街51号	253100	371426	0534-4219653	图书零售	6543	图书音像		
山东省夏津医药有限公司	山东省德州市夏津县南城街149号	253200	371427	0534-3218628	药品零售	6551	中药、西药批发零售	医疗器械	
中国石油化工股份有限公司山东德州石油乐陵分公司	山东省乐陵市枣城大街219号	253600	371481	0534-6221850	机动车燃料零售	6564	汽油润滑油柴油		
山东聊城烟草有限公司	山东省聊城东昌府区兴华路220号	252000	371502	0635-8440049	烟草制品批发	6327	卷烟批发		
山东省聊城市新华书店	山东省聊城市柳园南路74号	252000	371502	0635-8229045	图书批发	6343	图书		
山东人民商场五星百货有限公司聊城分公司	山东省聊城柳园北路66号	252000	371502	0635-2125888	百货零售	6511	穿着	金银珠宝	食品
山东聊城百货大楼有限责任公司	山东省聊城东昌府区东昌西路2号	252000	371502	0635-8216640	家用电器零售	6571	家用电器	服装类	通讯器材类
菏泽牡丹医药有限责任公司	山东省菏泽市康庄路2189号	274015	371701	0530-5612081	西药批发	6351	西药	中药中成药	器械
山东三信实业有限公司	山东省菏泽市牡丹北路1516号	274000	371702	0530-5925302	百货零售	6511	商品销售	美容院服务	
菏泽新华书店	山东省菏泽市牡丹区中华路2351号	274000	371702	0530-5928138	图书零售	6543	图书	图书音像	文具
山东天奇药业有限公司	山东省单县健康街	274300	371722	0135-83098228	西药批发	6351	药品零售、批发		
山东省单县新华书店	山东省单县向阳路中段	274300	371722	0530-4667060	图书零售	6543	图书零售		
山东省成武县农业机械有限公司	山东省成武县文亭街中段147号	274200	371723	0530-8622536	农业机械批发	6371	拖拉机	农用车	联合收割机
巨野县新华书店	山东省巨野县人民路187号	274900	371724	0530-8218092	图书零售	6543	图书零售		
山东省郓城县新华书店	山东省菏泽市临城路东段2号	274700	371725	0530-6528565	图书零售	6543	图书	音像	文体
山东鄄城金誉堂医药有限公司	山东省鄄城县鄄二路105号	274600	371726	0530-2421271	西药批发	6351	药品批发	药品零售	
山东省鄄城县新华书店	山东省菏泽市鄄城建设路29号	274600	371726	0530-2424584	图书零售	6543	图书零售	音像零售	文体用品零售
山东省定陶县新华书店	山东省定陶县城关镇	274100	371727	0530-2215557	图书零售	6543	零售		
山东菏泽烟草有限公司东明营销部	山东省东明县五四路89号	274500	371728	0187-65006566	烟草制品批发	6327	卷烟		

2－6 房地产业调查单位基本情况

企业名称	详细地址	邮政编码	行政区划代码	联系电话	所属行业	行业代码	主要产品一	主要产品二	主要产品三
济南市房屋建设综合开发集团	山东省济南市历下区南新街32号	250012	370102	0531-86041542	房地产开发经营	7210	房地产开发与经营		
济南市高新技术产业开发建设总公司	山东省济南市历下区泺源大街118号街	250011	370102	0531-86071244	房地产开发经营	7210	房地产开发与经营		
山东鲁信房地产投资开发有限公司	山东省济南市历下区解放路	250013	370102	0531-86566618	房地产开发经营	7210	房屋出售		
山东普利建设发展有限公司	山东省济南市历下区解放路112号	250013	370102	0531-81275705	房地产开发经营	7210	开发经营房地产		
中铁十局集团房地产开发有限公司	山东济南历下区工业南路59号	250101	370102	0531-55565282	房地产开发经营	7210	房地产开发		
济南绿地泉景地产股份有限公司	山东省济南市市中区阳光新路	250022	370103	0531-66696918	房地产开发经营	7210	房地产开发		
济南市房地产发展集团总公司	山东省济南市市中区纬二路70号	250001	370103	0531-86157251	房地产开发经营	7210	房地产开发与经营		
济南市市中区房地产开发（集团）总公司	山东省济南市市中区英雄山路	250002	370103	0531-82078902	房地产开发经营	7210	房地产开发		
济南舜华园建设发展有限公司	山东省济南市市中区	250000	370103	0531-82925188	房地产开发经营	7210	房地产开发		
济南伟东置业有限公司	山东省济南市市中区舜玉路	250002	370103	0531-82597871	房地产开发经营	7210	房地产开发建设经营		
济南现代房地产开发有限公司	山东省济南市槐荫区济兖路168号	250117	370104	0531-87986086	房地产开发经营	7210	房屋销售		
济南阳光壹佰房地产有限公司	山东省济南市槐荫区阳光新路	250022	370104	0531-87169988	房地产开发经营	7210	房屋销售		
山东匡山琪鑫置业股份有限公司	山东省济南市槐荫区匡山小区幸福街	250023	370104	0531-85976522	房地产开发经营	7210	房地产经营、商品房销售		
济南天发房地产(集团)公司	山东省济南市天桥区黄屯小区五区15号	250031	370105	0531-85829055	房地产开发经营	7210	房地产开发		
济南天建房地产开发有限公司	山东省济南市天桥区无影山东路38号	250031	370105	0531-85069267	房地产开发经营	7210	房地产开发经营		
青岛房地产实业集团有限公司	山东省青岛市市南区江西路153号	266071	370202	0532-85893194	房地产开发经营	7210	房地产开发经营		
青岛百盛房地产开发有限公司	山东省青岛市市南区香港中路68号16D	266071	370202	0532-85708271	房地产开发经营	7210	房地产		
青岛裕源集团公司	山东省青岛市市南区香港西路73号	266071	370202	0532-83891607	房地产开发经营	7210	房地产		
青岛华仁房地产开发有限公司	山东省青岛市山东路2号甲	266071	370202	0532-85810888-7156	房地产开发经营	7210	房地产经营		
青岛麦迪绅集团股份有限公司	山东省青岛市市南区宁夏路288号1号楼22层	266071	370202	0532-85926803	房地产开发经营	7210	房地产开发经营		
山东省房地产开发集团青岛公司	山东省青岛市市南区东海西路49号	266071	370202	0532-85766600	房地产开发经营	7210	房地产开发		
青岛新园房地产开发有限公司	山东省青岛市市南区山东路33号1号楼404	266071	370202	0532-80793939	房地产开发经营	7210	房地产开发经营		
青岛信达荣昌置业集团有限公司	山东省青岛市市南区东海西路39号	266071	370202	0532-85935877-8862	房地产开发经营	7210	房地产开发	商品混凝土	

续表1：

企业名称	详细地址	邮政编码	行政区划代码	联系电话	所属行业	行业代码	主要产品一	主要产品二	主要产品三
青岛弘信建设投资有限公司	山东省青岛市市南区香港中路52号	266071	370202	0532-85776560	房地产开发经营	7210	房地产开发与经营		
青岛远东房地产开发有限公司	山东省青岛市市南区武胜关路10号	266071	370202	0532-83863150	房地产开发经营	7210	房地产开发与经营		
青岛城市建设集团股份有限公司	山东省青岛市市南区南海路23号	266003	370202	0532-82870170	房地产开发经营	7210	房地产		
青岛中房集团股份有限公司	山东省青岛市市南区东海西路43号	266071	370202	0532-85977729	房地产开发经营	7210	房地产开发与经营		
青岛天泰房地产开发股份有限公司	山东省青岛市崂山区香港东路99号	266061	370202	0532-68721861	房地产开发经营	7210	房地产		
青岛市恩地置业发展有限公司	山东省青岛市市北区武定路48号	266011	370203	0532-88038225	房地产开发经营	7210	房地产开发		
青岛机械房地产开发有限公司	山东省青岛市市北区尖山路39号	266023	370203	0532-82751090	房地产开发经营	7210	商品房开发、销售		
青岛台东地产发展有限公司	山东省青岛市市北区延安三路114号	266021	370203	0532-83620700	房地产开发经营	7210	房地产销售		
和记黄埔地产(青岛)有限公司	山东省青岛市市北区延吉路80号	266011	370203	0532-82816688-202	房地产开发经营	7210	房地产开发		
青岛市四方城建房地产开发有限公司	山东省青岛市四方区重庆南路7-2号	266032	370205	0532-83729588-733680	房地产开发经营	7210	房地产开发经营		
青岛海诚租赁公司	山东省青岛市四方区哈尔滨路26号	266034	370205	0532-85625211	房地产中介服务	7230	房屋出租		
青岛鲁泽置业集团有限公司	山东省青岛市开发区黄浦江路57号	266555	370211	0532-86898031	房地产开发经营	7210	房地产		
青岛地丰集团有限公司	山东省青岛市黄岛长江中路517号	266555	370211	0532-86997666	房地产开发经营	7210	房地产开发与经营		
裕龙集团有限公司	山东省青岛市崂山区海青路5号	266061	370212	0532-88017190	房地产开发经营	7210	房屋销售	羊毛销售	
山东鲁信置业有限公司	山东省青岛市银川路1号	266071	370212	0532-80861756	房地产开发经营	7210	房地产开发		
青岛舜华实业总公司	山东省青岛市李沧区兴华路38号	266041	370213	0532-84634240	房地产开发经营	7210	房地产开发		
青岛晟业城建开发有限公司	山东省青岛市李沧区夏庄路107号	266100	370213	0532-87062016	房地产开发经营	7210	房地产开发		
胶州市房地产开发总公司	山东省青岛市胶州市阜安太平路14号	266300	370281	0532-87213034	房地产开发经营	7210	房地产开发		
青岛神州集团有限公司	山东省青岛市胶州市中云街道办事处兰州西路658号	266300	370281	0532-87286777	房地产开发经营	7210	房地产开发销售		
即墨市城市建设开发有限公司	山东省青岛市即墨岙兰路98号	266200	370282	0532-87561027	房地产开发经营	7210	房地产开发		
青岛吉上房地产有限公司	山东省青岛市四方德丰路8号	266032	370282	0532-13573856-383	房地产开发经营	7210	商品房销售		
青岛慧海实业集团有限公司	山东省青岛市胶南市琅琊台路75号	266400	370284	0532-86164700	房地产开发经营	7210	房地产开发经营		
青岛盛泰置业有限公司	山东省青岛市莱西青岛路23号	266600	370285	0532-88484743	房地产开发经营	7210	商品房开		
淄博乾瑞房地产开发有限公司	山东省淄博市张店区联通路43号	255000	370300	0533-15064346-519	房地产开发经营	7210	房地产开发与经营		
淄博金梁城建开发有限公司	山东省淄博市淄川区淄矿路22号	255100	370302	0533-5283744	房地产开发经营	7210	房地产开发与经营		

续表2：

企业名称	详细地址	邮政编码	行政区划代码	联系电话	所属行业	行业代码	主要产品一	主要产品二	主要产品三
淄博市张店区科苑房地产开发经营公司	山东省淄博市张店区潘南西路10号	255000	370303	0533-3188967	房地产开发经营	7210	房地产开发与经营		
淄博金昌房地产开发有限责任公司	山东省淄博市张店区人民西路85号	255000	370303	0533-2770082	房地产开发经营	7210	房地产开发与销售		
山东中剀置业有限公司	山东省淄博市张店区华光路272号B座4楼	255000	370303	0533-2801333	房地产开发经营	7210	房地产开发与经营		
淄博天润房地产开发有限公司	山东省淄博市张店区万杰路123号	255000	370303	0533-3173108	房地产开发经营	7210	房地产开发与经营		
淄博市金星房地产开发有限公司	山东省淄博市张店区人民西路17号	255000	370303	0533-2770706	房地产开发经营	7210	房地产开发		
淄博张店鑫马房地产开发有限公司	山东省淄博市张店区太平西路	255090	370303	0533-2866338	房地产开发经营	7210	房地产开发与经营		
淄博通济房地产开发有限责任公司	山东省淄博市张店区钻石商务大厦20层	255090	370303	0533-2869886	房地产开发经营	7210	房地产开发与经营		
淄博中德房地产开发有限公司	山东省淄博市高新区中润大道69号	255086	370303	0533-3587688	房地产开发经营	7210	房地产开发与经营		
淄博中大房地产开发有限责任公司	山东省淄博市张店区金晶大道265号	255000	370303	0533-6970766	房地产开发经营	7210	房地产开发与经营		
淄博民泰房地产开发有限公司	山东省淄博市张店区联通路288号	255000	370303	0533-3118588	房地产开发经营	7210	房地产开发		
淄博鲁中房地产开发股份有限公司	山东省淄博市张店区商场西路212号	255035	370303	0533-2152077	房地产开发经营	7210	房屋开发与经营		
淄博市房屋建设综合开发公司	山东省淄博市张店区潘南西路2号	255020	370303	0533-3158329	房地产开发经营	7210	房地产开发与经营		
中房集团淄博市城市建设综合开发公司	山东省淄博市张店区华光路58号	255037	370303	0533-3186775	房地产开发经营	7210	房地产开发		
山东创业房地产开发有限公司	山东省淄博市张店区联通路90号河务局三层	255000	370303	0533-3102815	房地产开发经营	7210	房地产开发与经营		
淄博美达集团有限公司	山东省淄博市张店区联通路96号	255000	370303	0533-3119956	房地产开发经营	7210	房地产开发	装饰工程	商品零售
山东大德华瑞置业有限公司	山东省淄博市开发区石桥魏家庄村委	255086	370303	0533-3580346	房地产开发经营	7210	房地产开发与经营		
淄博市临淄区齐城房地产综合开发公司	山东省淄博市临淄区牛山路277号	255400	370305	0533-7362986	房地产开发经营	7210	房屋开发与销售		
淄博永通城市建设综合开发有限公司	山东省淄博市周村区站北路2号	255300	370306	0533-2618272	房地产开发经营	7210	房地产开发与经营		
高青城建综合开发有限责任公司	山东省淄博市高青县青城路6号	256300	370322	0533-6980809	房地产开发经营	7210	房地产开发与经营		
淄博大源城建开发有限公司	山东省淄博市沂源县商业街32号	256100	370323	0533-6080988	房地产开发经营	7210	房地产开发与经营		
枣庄市市中区住宅建设开发公司	山东省枣庄市市中区振兴路400号	277101	370402	0632-3310304	房地产开发经营	7210	房地产开发		
枣庄市山亭区城镇建设综合开发公司	山东省枣庄市市中区长乐西路34号	277100	370402	0632-5122299	房地产开发经营	7210	商品房销售		
枣庄市城建综合开发公司	山东省枣庄市市中区光明中路66号	277102	370402	0632-5115585	房地产开发经营	7210	房地产开发		
枣庄中安房屋开发有限公司	山东省枣庄市市中区振兴路400号	277101	370402	0632-3313617	房地产开发经营	7210	房地产		
枣庄中安城建开发有限公司	山东省枣庄市市中区青檀路152号	277101	370402	0632-3323036	房地产开发经营	7210	房地产开发		

续表3：

企业名称	详细地址	邮政编码	行政区划代码	联系电话	所属行业	行业代码	主要产品一	主要产品二	主要产品三
薛城区城市建设综合开发公司	山东省枣庄市薛城区临城街黄河路201号	277000	370403	0632-4411897	房地产开发经营	7210	房地产开发		
枣庄市恒庆房地产开发有限公司	山东省枣庄市峄城区坛路6号	277300	370404	0139-63277881	房地产开发经营	7210	房地产开发		
滕州市越厦房地产有限公司	山东省枣庄滕州市龙泉路288号	277500	370481	0632-5657899	房地产开发经营	7210	房地产开发经营		
滕州市房地产综合开发公司	山东省枣庄市滕州市荆河中路91号	277500	370481	0632-5568825	房地产开发经营	7210	房地产		
滕州市城市建设综合开发公司	山东省枣庄市滕州市善国南路20号	277500	370481	0632-5568257	房地产开发经营	7210	房地产		
滕州市汇龙房地产综合开发有限公司	山东省滕州市杏坛东路	277500	370481	0632-5529772	房地产开发经营	7210	房地产开发		
山东金辰建设集团有限公司	山东省东营市东城东三路237号	257091	370502	0546-8079766	房地产开发经营	7210	房地产开发		
山东海通地产有限责任公司	山东省东营市府前街59号	257091	370502	0546-8307479	房地产开发经营	7210	房地产开发		
山东众成地产有限公司	山东省东营市辽河路105号	257091	370502	0546-8303729	房地产开发经营	7210	房地产开发		
胜利油田胜宏置业有限公司	山东省东营市东三路186号	257091	370502	0546-8063501	房地产开发经营	7210	房地产开发业		
东营华都置业有限公司	山东省东营市东营区钟山路817号	257000	370502	0546-13561070-564	房地产开发经营	7210	华都世纪城		
东营市东营区城市建设综合开发公司	山东省东营市东营区淄博路63号	257000	370502	0546-8225791	房地产开发经营	7210	房地产经营		
山东万达地产有限公司	山东省东营市开发区府前大街67号	257091	370502	0546-2063989	房地产开发经营	7210	房地产开发	房屋租赁	物业管理
东营金岭置业有限公司	山东省东营市广饶县	257335	370523	0546-6683555	房地产开发经营	7210	房地产开发		
烟台市宝源置业有限公司	山东省烟台市芝罘区上曲家118号	264001	370602	0535-6873819	房地产开发经营	7210	住宅开发		
烟台中翔置业有限公司	山东省烟台市芝罘区上夼西路78号	264001	370602	0535-6080220	房地产开发经营	7210	房屋开发		
烟台园城企业集团股份有限公司	山东省烟台市芝罘区北马路1号	264001	370602	0535-6636119	房地产开发经营	7210	房地产开发经营	房地产租赁	
烟台天马产业开发有限公司	山东省烟台市经济技术开发区长江路161号	264006	370611	0535-6952026	房地产开发经营	7210	房地产开发		
烟台开发区房地产有限公司	山东省烟台市开发区I-5别墅小区46号	264006	370611	0535-6375018	房地产开发经营	7210	房地产开发		
烟台金东房地产经济发展有限公司	山东省烟台市开发区金东小区3号	264006	370611	0535-6117519	房地产开发经营	7210	房地产开发		
招远市城市建设综合开发有限责任公司	山东省烟台市招远市北园路8号	265400	370685	0535-8216885	房地产开发经营	7210	商品房建设		
栖霞宏宇置业有限公司	山东省烟台市栖霞山城路125号	265300	370686	0535-3378838	房地产开发经营	7210	房地产开发		
潍坊向阳房地产开发有限公司	山东省潍坊奎文区东风东街233号	261021	370705	0536-8251555	房地产开发经营	7210	房产开发及销售		
青州市古城建设投资开发有限公司	山东省潍坊市青州市王府办事处王府社区	262500	370781	0536-3250150	房地产开发经营	7210	房地产开发		
诸城市天泰城市房地产开发有限公司	山东省潍坊市诸城市西郊街10号	262200	370782	0536-6061970	房地产开发经营	7210	房地产开发销售		

续表4：

企业名称	详细地址	邮政编码	行政区划代码	联系电话	所属行业	行业代码	主要产品一	主要产品二	主要产品三
高密市城建开发有限责任公司	山东潍坊高密立新街1898号	261500	370785	0536-2322846	房地产开发经营	7210	房地产		
潍坊鲁伟实业总公司	山东省潍坊市高新区福寿东街118号	261041	370797	0536-8880721	房地产开发经营	7210	房地产开发		
潍坊市城市建设开发有限公司	山东省潍坊市高新区东风东街219号	261041	370797	0536-8323786	房地产开发经营	7210	房屋销售		
潍坊市华都集团有限公司	山东省潍坊高新区胜利东街1976号	261000	370797	0536-8875302	房地产开发经营	7210	房地产开发	建筑业	服务业
山东金地建筑集团公司	山东省济宁市中区县前街	272000	370801	0537-3159160	房地产开发经营	7210	房地产开发		
济宁市鸿顺房地产开发有限公司	山东省济宁市中区济安桥北路17号	272041	370802	0537-2726266	房地产开发经营	7210	房地产开发		
济宁鲁兴房地产开发有限公司	山东省济宁市中区古槐路56号	272000	370802	0537-2214923	房地产开发经营	7210	房地产开发经营		
兖州市华鲁房地产综合开发公司	山东省济宁市兖州市文化东路108号	272100	370882	0537-3412447	房地产开发经营	7210	房地产开发		
泰安市岱岳房屋开发有限责任公司	山东省泰安市岱岳区府前街3号	271021	370900	0538-8566098	房地产开发经营	7210	房地产销售		
泰安市中房城市建设综合开发公司	山东省泰安市升平街72号	271000	370901	0538-6301786	房地产开发经营	7210	房产开发		
泰安中天地产有限公司	山东省泰安市泰山区温泉路22号	271000	370901	0538-8629385	房地产开发经营	7210	房产开发		
泰安市隆泰房地产开发有限公司	山东省泰安市泰山区迎春路3号	271000	370901	0538-6369885	房地产开发经营	7210	房地产		
泰安海普地产有限公司	山东省泰安市高新区新区街道管理中心	271000	370902	0538-8938567	房地产开发经营	7210	商品房销售		
宁阳县城市建设综合开发公司	山东省泰安市宁阳县金阳街	271400	370921	0538-5630579	房地产开发经营	7210	房产		
东平县城市建设综合开发公司	山东省泰安市东平县东山路中段	271500	370923	0538-2821663	房地产开发经营	7210	房地产		
新泰市城市建设综合开发公司	山东省泰安市新泰市办事处开拓路5号	271200	370982	0538-7225110	房地产开发经营	7210	商品房销售		
肥城市城建房地产开发有限公司	山东省肥城市泰西大街26号	271600	370983	0538-3214942	房地产开发经营	7210	商品房销售		
肥城市房地产开发公司	山东省泰安市肥城市泰西大街026号	271600	370983	0538-3214942	房地产开发经营	7210	房地产开发		
威海市威胜房地产综合开发有限公司	山东省威海市环翠区海滨北路46号	264200	371002	0631-5221705	房地产开发经营	7210	房地产开发与经营	房屋租赁、物业管理	
威海东港房地产开发有限公司	山东省威海市环翠区统一路407号	264200	371002	0631-5227519	房地产开发经营	7210	房地产开发与销售		
华岳集团有限公司	山东省威海市环翠区樱花小区11号-D	264200	371002	0631-5273305	房地产开发经营	7210	原油、燃料油、沥青进口	房地产开发	
威海文笔峰房地产开发有限公司	山东省威海市环翠区戚家夼街29号	264200	371002	0631-5322506	房地产开发经营	7210	房地产开发及销售		
威海锦江环发地产有限公司	山东省威海市环翠区海滨北路8号	264200	371002	0631-5272808	房地产开发经营	7210	房地产开发及销售		
威海市丰隆城建开发有限公司	山东省威海市环翠区海滨中路12号	264200	371002	0631-5329083	房地产开发经营	7210	房地产开发及销售		
山东侨乡集团威海房地产开发有限公司	山东省威海市环翠区金线顶路100号	264200	371002	0631-5321435	房地产开发经营	7210	房地产开发		
威海市德诚房地产开发有限公司	山东省威海环翠区海滨北路8号	264200	371002	0631-5283138	房地产开发经营	7210	房地产		

续表5：

企业名称	详细地址	邮政编码	行政区划代码	联系电话	所属行业	行业代码	主要产品一	主要产品二	主要产品三
威海市城市建设综合开发公司	山东省威海市统一路69号	264200	371002	0631-2588256	房地产开发经营	7210	房地产开发经营		
威海市房地产开发有限公司	山东省威海市新威路36号	264200	371002	0631-5205038	房地产开发经营	7210	房地产销售		
威海旭斌房地产开发有限公司	山东省威海高技区世昌大道269号	264202	371003	0631-5253888	房地产开发经营	7210	房地产开发及销售		
威海高技术产业开发区联合发展有限公司	山东省威海市高技区火炬路175号	264209	371003	0631-5683235	房地产开发经营	7210	房地产开发及销售		
威海市西郊房地产开发有限公司	山东省威海市高区福山路15号	264200	371003	0631-5296160	房地产开发经营	7210	房地产开发、销售		
山东华田实业集团房地产开发公司	山东省威海市高区田村	264209	371003	0631-5259789	房地产开发经营	7210	房地产开发		
山东大屋集团有限责任公司	山东省威海市高区文化西路175号	264209	371003	0631-5686875	房地产开发经营	7210	房地产开发及销售		
威海市昌鸿房地产开发有限责任公司	山东省威海高技区长庆街10号	264209	371003	0631-5681329	房地产开发经营	7210	房地产开发及经营		
威海华垦房地产开发有限公司	山东省威海市环翠区张村环翠路1号	264203	371003	0631-5781995	房地产开发经营	7210	房地产开发及销售		
威海市金谷房地产开发有限责任公司	山东省威海经技区莱西路10号	264200	371004	0631-5338056	房地产开发经营	7210	房地产经营与开发		
威海中兴房地产发展有限公司	山东省威海市经技区上海路5-19号楼	264205	371004	0631-5983969	房地产开发经营	7210	房地产开发与经营		
威海经济技术开发区长峰房地产开发有限公司	山东省威海市经区海峰路中端	264205	371004	0631-5993018	房地产开发经营	7210	房地产开发、销售		
威海天安房地产开发有限公司	山东省威海市经区海峰路238号	264205	371004	0631-5988018	房地产开发经营	7210	房地产销售		
威海经济技术开发区金鑫房地产开发公司	山东省威海市经技区青岛中路153号	264205	371004	0631-5921318	房地产开发经营	7210	房地产开发		
文登市圣光房地产开发有限公司	山东省威海市文登广州路38号	264400	371081	0631-3621158	房地产开发经营	7210	房地产开发及销售		
文登市宜临房产开发有限公司	山东省威海市文登南山路16号	264400	371081	0631-8456687	房地产开发经营	7210	房地产开发		
文登市乾圆房地产开发有限公司	山东省威海市文登珠海路49号	264400	371081	0631-8353803	房地产开发经营	7210	商品住宅开发		
荣成成山建设置业有限公司	山东省威海市荣成南山北路98号	264300	371082	0631-7523095	房地产开发经营	7210	房地产		
荣成市荣达房地产开发有限公司	山东省威海市荣成观海东路18号	264300	371082	0631-7563344	房地产开发经营	7210	房地产开发		
乳山市益天房地产开发有限公司	山东省威海市乳山胜利街东首	264500	371083	0631-6664298	房地产开发经营	7210	房地产开发与销售		
乳山国泰城建开发有限公司	山东省威海市乳山世纪大道28号	264500	371083	0631-6633802	房地产开发经营	7210	房地产开发及销售		
乳山市金泰房地产开发有限公司	山东省威海市乳山城区街道办事处金青岭大队	264500	371083	0631-6630189	房地产开发经营	7210	房地产开发及销售		
乳山市长城住宅开发有限公司	山东省威海市乳山深圳路3号	264500	371083	0631-6656777	房地产开发经营	7210	房地产开发与销售		
乳山市银滩旅游度假区管理委员会	山东省乳山市银滩旅游度假区	264504	371083	0631-6723276	其他房地产活动	7290	房地产		
日照城建集团有限公司	山东省日照市东港区昭阳路53号	276800	371102	0633-3997887	房地产开发经营	7210	商品房销售		

续表6：

企业名称	详细地址	邮政编码	行政区划代码	联系电话	所属行业	行业代码	主要产品一	主要产品二	主要产品三
日照兴业房地产开发有限公司	山东省日照市东港区北京路211号	276826	371102	0633-8718798	房地产开发经营	7210	商品房销售	房屋出租	
日照新世纪房地产有限公司	山东省日照市东港区天津路29号	276826	371102	0633-8367608	房地产开发经营	7210	房地产开发		
日照清华科技园房地产开发有限公司	山东省日照市东港区郑州路85号	276826	371102	0633-3607010	房地产开发经营	7210	房地产开发与销售		
山东舒斯贝尔置业有限公司	山东省日照市东港区泰安路78号	276826	371102	0633-8838866	房地产开发经营	7210	房地产开发与经营		
莒县安居房地产开发有限公司	山东省日照市莒县城阳镇	276500	371122	0633-6228050	房地产开发经营	7210	房地产开发		
莒县城市建设综合开发有限公司	山东省日照市莒县北坛路489号	276500	371122	0633-6222926	房地产开发经营	7210	房地产开发与经营		
莱芜市凤凰房地产开发有限公司	山东省莱芜市高新区凤凰路31号	271100	371202	0634-5919966	房地产开发经营	7210	房地产开发销售		
莱芜方正房地产开发有限公司	山东省莱芜市莱城区高庄	271104	371202	0634-13031756-656	房地产开发经营	7210	房地产开发经营		
山东省首联房地产开发有限公司	山东省莱芜市莱城区北埠经济区	271100	371202	0634-13656340-412	房地产开发经营	7210	房地产开发与经营		
莱芜广厦集团有限公司	山东省莱芜市莱城区汶阳大街12号	271100	371202	0634-6237417	房地产开发经营	7210	房地产销售		
莱芜金鼎置业有限公司	山东省莱芜市钢城区友谊大街 18号	271104	371203	0634-6820447	房地产开发经营	7210	房地产		
临沂市城市建设综合开发有限公司	山东省临沂市兰山区解放路123号	276001	371300	0539-8230296	房地产开发经营	7210	房地产开发		
山东开元置业发展有限公司	山东临沂兰山区金坛路8号	276004	371302	0539-8131706	房地产开发经营	7210	房屋销售		
临沂市房源开发集团有限公司	山东省临沂市兰山区临西五路	276000	371302	0539-8176011	房地产开发经营	7210	房地产经营		
山东天元房地产综合开发有限公司	山东省临沂市兰山区银雀山路63号	276002	371302	0539-8128622	房地产开发经营	7210	房地产开发		
临沂市河东区城市建设综合开发有限公司	山东省临沂河东区府前街1号	276034	371312	0539-8097229	房地产开发经营	7210	房地产销售		
沂南县宏业房地产开发公司	山东省沂南县振兴路	276300	371321	0539-3229728	房地产开发经营	7210	房地产开发		
苍山县城市建设综合开发公司	山东临沂苍山县城新华路中段	277700	371324	0539-5261089-8009	房地产开发经营	7210	房地产开发		
临沭县恒强建设开发有限公司	山东省临沂市临沭县常林西大街77号	276700	371329	0539-6091877	房地产开发经营	7210	房地产		
德州市房地产开发总公司	山东省德州市德城区青龙街7号	253016	371401	0534-2671130	房地产开发经营	7210	房地产开发与销售		
德州市房屋建设综合开发集团总公司	山东省德州市解放中大道1188号	253018	371401	0534-2236678	房地产开发经营	7210	商品房开发与经营		
德州长江置业有限公司	山东省德州市陵县	253500	371421	0534-8222366	房地产开发经营	7210	房地产开发		
乐陵鑫顺房屋建设开发有限公司	山东省乐陵市湖滨西路140号	253600	371481	0534-6228098	房地产开发经营	7210	房屋建设开发		
单县房地产开发有限公司	山东省单县单父路	274300	371722	0530-4678281	房地产开发经营	7210	房地产开发经营		
郓城县城市建筑综合开发公司	山东省郓城西门街中段22号	274700	371725	0530-6523255	房地产开发经营	7210	房地产开发		
鄄城润通置业有限公司	山东省菏泽市鄄城县东环路	274600	371726	0150-65018566	房地产开发经营	7210	房地产开发		

2－7 社会服务业调查单位基本情况

企业名称	详细地址	邮政编码	行政区划代码	联系电话	所属行业	行业代码	主要产品一	主要产品二	主要产品三
山东省鲁信投资控股集团有限公司	山东省济南市历下区解放路166号	250013	370102	0531-86566950	投资与资产管理	7412	长期股权投资		
济南龙行天下旅行社有限公司	山东省济南市历下区佛山街51号	250013	370102	0531-86022727	旅行社	7480	旅游		
济南现代旅行社有限公司	山东省济南市历下区燕山东路2-1号	250013	370102	0531-86400800	旅行社	7480	旅游组团和接待		
山东省中国旅行社	山东省济南市历下区解放路30-1号	250014	370102	0531-82964648	旅行社	7480	旅游		
济南广播电视信息网络中心	山东省济南市经十一路32号	250014	370102	0531-85652599	其他未列明的商务服务	7499	有线电视安装、维护、收费		
济南大明湖风景名胜区管理处	山东省济南市历下区	250011	370102	0531-86088908	公园管理	8132	景区门票		
济南千佛山风景名胜管理处	山东省济南市历下区经十一路18号	250014	370102	0531-82662297	公园管理	8132	门票		
康辉旅游集团济南国际旅行社有限公司	山东省济南市市中区泺源大街229号	250000	370103	0531-82073001	旅行社	7480	旅游相关产品		
济南市中国旅行社有限责任公司	山东省济南市市中区民生大街22号	250001	370103	0531-82076206	旅行社	7480	旅游服务业		
山东省中国青年旅行社	山东省济南市市中区英雄山路	250002	370103	0531-82073588	旅行社	7480	旅游业		
济南跑马岭野生动物世界股份	山东省济南市历城区柳埠云顶路	250113	370112	0531-82151216	风景名胜区管理	8131	旅游资源开发	动植物繁育、保护	
济南市历城区四门塔景区管委会	山东省济南市历城区柳埠镇苏家庄55号	250113	370112	0531-82840444	风景名胜区管理	8131	风景名胜管理		
青岛华青国际旅行社有限责任公司	山东省青岛市市南区延安三路129号8楼	266071	370202	0532-83872700	旅行社	7480	旅游服务	旅游业务咨询	会议接待
中国国旅(青岛)国际旅行社有限公司	山东省青岛市市南区香港西路73号	266071	370202	0532-83893001	旅行社	7480	旅游	航空票务	
青岛远洋国际旅行社有限公司	山东省青岛市崂山区秦岭路18号	266071	370202	0532-80969999-8056	旅行社	7480	住宿	餐饮	
青岛市国内旅游总公司	山东省青岛市市南区新泰安路27号1605室	266071	370202	0532-82969588	旅行社	7480	旅游业务旅游客运		
青岛联合假日国际旅行社有限公司	山东省青岛市市南区香港中路96号山孚大酒店412房间	266001	370202	0532-88727657	旅行社	7480	旅游服务		
青岛海天国际旅行社	山东省青岛市市南区香港西路48号	266071	370202	0532-83871888-2963	旅行社	7480	旅游团接待及服务		
民生投资管理股份有限公司	山东省青岛市市南区香港中路12号丰合广场B座601	266071	370202	0532-82800898	其他未列明的商务服务	7499	保健品	商品零售	
青岛园林集团有限公司	山东省青岛市市南区银杏路1号	266071	370202	0532-82899277	城市绿化管理	8120	绿化施工设计		
青岛市海滨绿化工程公司	山东省青岛市市南区澳门路136号	266071	370202	0532-85066903	城市绿化管理	8120	园林绿化		
青岛天真摄影有限公司	山东省青岛市市南区中山路43-47号	266001	370202	0532-82800898	摄影扩印服务	8280	摄影		
颐中烟草(集团)有限公司	山东省青岛市市北区华阳路20号	266021	370203	0532-83813759	企业管理机构	7411	卷烟配套产品	酒店、餐饮	

续表1：

企业名称	详细地址	邮政编码	行政区划代码	联系电话	所属行业	行业代码	主要产品一	主要产品二	主要产品三
青岛市建筑机械租赁公司	山东省青岛市四方区大沙路10号	266042	370205	0532-84886372	建筑工程机械与设备租赁	7313	建筑工程机械设备租赁		
青岛视佳广告有限公司	山东省青岛市四方区淮安路171号	266033	370205	0532-84608186	广告业	7440	广告		
青岛永安假期旅行社有限公司	山东省青岛市四方区鞍山二路61号	266033	370205	0532-85616611	旅行社	7480	旅行		
青岛洁神洗涤有限公司	山东省青岛市四方区宜阳路78号	266042	370205	0532-84852268	洗染服务	8230	洗涤		
青岛半岛都市报业有限公司	山东省青岛市东海路110号	266071	370212	0532-80889692	广告业	7440	广告		
蒲松龄纪念馆	山东省淄博市淄川区洪山蒲家村200号	255120	370302	0533-5811643	风景名胜区管理	8131	蒲学研究、旅游接待门票	讲解服务	
淄博市蒲松龄艺术馆	山东省淄博市淄川区洪山镇蒲家村	255120	370302	0533-5823999	风景名胜区管理	8131	旅游接待		
山东大众出租汽车股份有限公司	山东省淄博市张店区太平路11号	255022	370303	0533-2885156	汽车租赁	7311	出租客运		
淄博物华租赁有限公司	山东省淄博市张店区柳泉路59号	255031	370303	0533-3181882	建筑工程机械与设备租赁	7313	建筑机械与设备租赁		
淄博青年旅行社	山东省淄博市张店区柳泉路166号	255039	370303	0533-2302828	旅行社	7480	国内旅游		
淄博山水国际旅行社有限公司	山东省淄博市张店区华光路79号	255000	370303	0533-3180727	旅行社	7480	国内旅游	境外旅游	
淄博国际旅行社有限公司	山东省淄博市张店区人民西路25号	255000	370303	0533-2303379	旅行社	7480	国内旅游		
淄博玉黛湖生态乡村庄园有限公司	山东省淄博市张店区湖田镇	255000	370303	0533-2070765	其他游览景区管理	8139	旅游接待服务		
山东博山樵岭前风景区	山东省淄博市博山区山头樵岭前村	255212	370304	0533-4430168	风景名胜区管理	8131	旅游接待		
原山国家森林公园	山东省淄博市博山区颜山公园路4号	255200	370304	0533-4187724	风景名胜区管理	8131	旅游接待		
淄博开元溶洞旅游有限责任公司	山东省淄博市博山区源泉镇	255204	370304	0533-4810046	风景名胜区管理	8131	旅游接待与服务		
齐国故城遗址博物馆	山东省淄博市临淄区齐都镇张皇路7号	255422	370305	0533-7830229	其他游览景区管理	8139	文物保护与旅游接待		
临淄中国古车博物馆	山东省淄博市临淄区齐陵街道办后李村	255430	370305	0533-7083310	其他游览景区管理	8139	文物保护与旅游服务		
淄博周村古镇旅游开发管理有限公司	山东省淄博市周村区大街296号	255300	370306	0533-6436166	其他游览景区管理	8139	旅游接待与服务	商业	
淄博中航旅行社有限公司	山东省淄博市张店区共青团西路62号	255000	370321	0533-13969385-961	旅行社	7480	国内旅游		
枣庄市龟山旅游有限公司	山东省枣庄市市中区孟庄	277100	370401	0138-63231639	风景名胜区管理	8131	门票		
枣庄市峄城区榴园风景名胜管理区	山东省枣庄市峄城区榴园镇桃花路1号	277300	370404	0632-7866988	风景名胜区管理	8131	旅游管理		
枣庄市抱犊崮国家森林公园	山东省枣庄市山亭区北庄镇	277218	370406	0136-86322726	风景名胜区管理	8131	门票	餐饮、住宿	商品
微山湖湿地集团有限公司	山东省滕州市滨湖镇	277517	370481	0632-2610899	自然保护区管理	8011	旅游		
山东中通方兴劳务有限公司	山东省东营市府前街288号	257091	370502	0546-8302306	职业中介服务	7460	劳务派遣		

续表2：

企业名称	详细地址	邮政编码	行政区划代码	联系电话	所属行业	行业代码	主要产品一	主要产品二	主要产品三
山东华隆集团有限公司	山东省东营市东营区沂河路189号	257091	370502	0546-8312888	市政公共设施管理	8110	市政施工	园林绿化	
山东德信建设集团股份有限公司租赁公公司	山东省烟台市芝罘区只楚路38号	264001	370602	0535-6532338	建筑工程机械与设备租赁	7313	建筑设备租赁	周转器材租赁	
烟台新亚企业集团有限公司	山东省烟台市芝罘区通世路9号	264000	370602	0535-6683016	其他机械与设备租赁	7319	房屋租赁		
烟台东源电力集团	山东省烟台市芝罘区只楚路 34号	264001	370602	0535-5523197	企业管理机构	7411	电力设备制造	电力设计安装	商贸服务
山东省正源和信有限责任会师事务所烟台分所	山东省烟台市芝罘区环山路115-6号	264001	370602	0535-6205046	会计、审计及税务服务	7431	资产评估、审计		
烟台中国国际旅行社	山东省烟台市解放路副180号	264001	370602	0535-4966098	旅行社	7480	旅游服务		
烟台妇女国际旅行社	山东省烟台市芝罘区南大街118号	264000	370602	0535-6860508	旅行社	7480	旅游服务		
烟台市城市排水管理处	山东省烟台市芝罘区幸福路3号	264000	370602	0535-6811649	市政公共设施管理	8110	排水工程		
烟台山文物管理处	山东省烟台市芝罘区烟台山东路15号	264001	370602	0535-6632876	公园管理	8132	景区管理		
烟台市福山区市政工程有限公司	山东省烟台市福山区南山路98号	265500	370611	0535-6363398	市政公共设施管理	8110	市政工程管理		
烟台市昆嵛山林场	山东省烟台市牟平区龙泉镇	264113	370612	0535-4693448	自然保护区管理	8011	旅游景区		
蓬莱阁旅游有限责任公司	山东省烟台市蓬莱蓬莱阁街迎宾路7号	265600	370684	0535-5667725	风景名胜区管理	8131	景区管理		
栖霞市牟氏庄园管理处	山东省烟台市栖霞庄园南街6号	265300	370686	0535-5228372	公园管理	8132	公园管理	导游服务	
烟台市明月广告装潢有限公司	山东省海阳滨河路32-35号	265100	370687	0535-3221234	广告业	7440	加工装饰广告		
山东省潍北农场	山东省潍坊市寒亭区固堤街办潍北农场	261100	370703	0536-7541248	企业管理机构	7411	服装加工	硅碳棒生产	企业管理
青州市大发客车出租有限公司	山东省潍坊市青州市龙山路22号	262500	370781	0536-3938709	汽车租赁	7311	出租车代理		
寿光市忠源建筑有限公司	山东省潍坊市寿光市圣城街道办事处	262700	370783	0536-5228094	建筑工程机械与设备租赁	7313	建筑工程机械与设备租赁		
高密市交运出租车有限公司	山东省潍坊市高密市密水街道	261500	370785	0536-2829599	其他企业管理服务	7419	出租车管理		
山东恒联投资有限公司	山东潍坊高新区惠贤路中段	261205	370797	0536-8671525	投资与资产管理	7412	项目投资		
济宁国际旅行社	山东省济宁市金宇路1号	272037	370802	0537-2288366	旅行社	7480	入境旅游业务	出境旅游业务	国内旅游业务
邹城市峄山管理处	山东省济宁市邹城市峄山镇峄山村	273501	370883	0537-5676173	自然保护区管理	8011	门票		
泰山中国国际旅行社有限责任公司	山东省泰安市泰山区普照寺路中段	271000	370901	0538-8256538	风景名胜区管理	8131	入境旅游业务	国内旅游业务	出境旅游业务
泰安康辉旅行社有限公司	山东省泰安市龙潭路64号	271000	370901	0538-8261373	风景名胜区管理	8131	旅游业务		
威海小商品批发市场物业管理有限公司	山东省威海市环翠区文化中路51号	264200	371002	0631-5898018	企业管理机构	7411	租赁		
威海市鸿福物业服务有限公司	山东省威海市环翠区海滨北路9号	264200	371002	0631-5278738	企业管理机构	7411	物业管理费		

续表3：

企业名称	详细地址	邮政编码	行政区划代码	联系电话	所属行业	行业代码	主要产品一	主要产品二	主要产品三
威海威胜物业服务有限公司	山东省威海市环翠区海滨北路46号	264200	371002	0631-5186888-88918	企业管理机构	7411	物业管理费		
山东威海卫律师事务所	山东省威海市环翠区统一路405号	264200	371002	0631-5219497	律师及相关的法律服务	7421	法律代理服务	咨询	查询
山东英良泰业律师事务所	山东省威海市环翠区统一路402号	264200	371002	0631-5206148	律师及相关的法律服务	7421	律师代理费	律师顾问费	律师辩护费
威海永然会计师事务所有限公司	山东省威海顺河街24号	264200	371002	0631-5208978	会计、审计及税务服务	7431	审计	其他	
威海安达会计师事务所有限公司	山东省威海市新威路64号	264200	371002	0631-5212539	会计、审计及税务服务	7431	财务报表审计	企业资本验证	
威海正荟会计师事务所有限公司	山东省威海市环翠区统一路29号	264200	371002	0631-5282005	会计、审计及税务服务	7431	审计		
威海国际经济技术合作股份有限公司	山东省威海市统一路16号	264200	371002	0631-5285511	职业中介服务	7460	对外工程承包	对外劳务合作	
威海北洋水师旅游发展有限公司	山东省威海市海滨北路53号	264200	371002	0631-5232718	风景名胜区管理	8131	景区门票		
威海威韩商城有限责任公司	山东省威海市高区文化西路163号	264209	371003	0631-5686356	企业管理机构	7411	租赁		
威海市体育中心青少年体育俱乐部	山东省威海市文化西路78号	264209	371003	0631-5802712	其他未列明的服务	8390	青少年体育健身		
五莲山旅游风景区管理委员会	山东省日照市五莲县户部镇五莲山中路	262300	371121	0633-5407397	风景名胜区管理	8131	旅游业		
莒州旅行社	山东省日照市莒县振兴西路1号	276500	371122	0633-2261456	旅行社	7480	国内旅游		
莒县浮来山风景区管理委员会	山东省日照市莒县浮来中路9号	276500	371122	0633-6222177	风景名胜区管理	8131	门票		
莱芜市胜利出租汽车有限公司	山东省莱芜市莱城区北坦路55号	271100	371202	0634-13516343-337	汽车租赁	7311	出租车		
山东金厦有限责任会计师事务所	山东省莱芜市莱城区文化北路015号	271100	371202	0634-6226724	会计、审计及税务服务	7431	企业资本（金）验证审计	企业会计报表审计	
山东艺景广告装饰有限公司	山东省莱芜市莱城区长勺北路艺景大街006号	271100	371202	0634-13963407-355	广告业	7440	广告涉及制作、发布	室内外装饰、施工	
莱芜日昇国际经济合作有限公司	山东省莱芜市经济开发区江河大街005号	271100	371202	0634-6251287	职业中介服务	7460	劳务输出		
山东阳光国际旅行社有限公司	山东省莱芜市汶源东大街9号	271100	371202	0634-6291111	旅行社	7480	旅行社		
山东房干帅旗集团有限公司	山东省莱芜市莱城区雪野镇房干村	271117	371202	0634-6386068	其他游览景区管理	8139	旅游	餐饮住宿	
山东兰山永兴企业集团有限公司	山东省临沂市兰山区	276006	371302	0539-8333801	企业管理机构	7411	房屋出售		
临沂青年旅行社有限公司	山东省临沂市海关路112号	276000	371302	0539-8117009	旅行社	7480	旅游业务		
临沂国际旅行社有限公司	山东省临沂市南坊新区沂蒙路与三合二街交汇处	276000	371302	0539- 3109001	旅行社	7480	国内旅游	国际旅游	入境游及其他
临沂职工旅行社有限公司	山东省临沂市兰山区金雀山路西苑小区	276000	371302	0539-8112398	旅行社	7480	旅游业务		
临沂市中国旅行社	山东省临沂市金雀山路139号	276001	371302	0539-8217897	旅行社	7480	旅游业务		
临沂天马旅行社有限公司	山东省临沂市沂蒙路206号	276000	371302	0539-8133833	旅行社	7480	旅游业务		

续表4：

企业名称	详细地址	邮政编码	行政区划代码	联系电话	所属行业	行业代码	主要产品一	主要产品二	主要产品三
临沂陶然居国际旅行社有限公司	山东省临沂市沂蒙路159号	276000	371302	0539-8312222	旅行社	7480	旅游服务		
临沂运通旅行社有限公司	山东省临沂市兰山区通达路152号	276000	371302	0539-8305175	旅行社	7480	国内旅游		
临沂假日旅行社有限公司	山东省临沂市兰山区银雀山路52号	276000	371302	0539-8131266	旅行社	7480	国内旅游用相关业务		
临沂铁青旅行社有限公司	山东省临沂市新华一路51号	276000	371302	0539-8110677	旅行社	7480	旅游		
德州市曙光浴池	山东省德州市德城区黎明街62号	253000	371402	0534-2668617	洗浴服务	8250	洗浴		
菏泽市环球摄影图片社有限公司	山东省菏泽市牡丹区丹阳路1898号	274000	371702	0530-5298677	摄影扩印服务	8280	扩印	器材	摄影

2－8 信息传输、计算机服务和软件业调查单位基本情况

企业名称	详细地址	邮政编码	行政区划代码	联系电话	所属行业	行业代码	主要产品一	主要产品二	主要产品三
山东旅科集团总公司	山东省济南市历下区燕子山西路南首	250014	370102	0531-83199387	其他电信服务	6019	增值电信业务		
山东泰华电讯有限责任公司	山东省济南市历城区舜华路1号	250101	370102	0531-81922763	计算机系统服务	6110	路灯智能照明管理系统	系统集成	
山东兰剑物流科技股份有限公司	山东省济南市历下新宇路108号	250101	370102	0531-88876633	计算机系统服务	6110	系统集成	软件	
山东万博科技股份有限公司	山东省济南市历下区齐鲁软件园B座	250101	370102	0531-82311624	其他计算机服务	6190	网络工程	计算机服务	系统集成
山东中创软件工程股份有限公司	山东省济南市历下区千佛山东路	250014	370102	0531-81753098	基础软件服务	6211	软件产品	信息系统集成服务	信息技术咨询服务
山东旗帜软件股份有限公司	山东省济南市历下区齐鲁软件园大厦9层	250101	370102	0531-88874600-8008	应用软件服务	6212	中国共产党党内管理信息系统	旗帜数字化档案管理系统	
浪潮通信信息系统有限公司	山东省济南市历下区新泺大街中段	250101	370102	0531-85105284	应用软件服务	6212	计算机应用软件		
中国联合网络通信有限公司济南分公司	山东省济南市市中区经十路168号	250002	370103	0531-82090251	固定电信服务	6011	固话手机宽带		
中国移动通信集团山东有限公司	山东省济南市市中区经十路2056	250001	370103	0531-86168705	移动电信服务	6012	移动网络运营与维护		
山东和华电子信息有限公司	山东省济南市历城区华龙路1825号	250100	370112	0531-82371938	基础软件服务	6211	网络工程	计算机信息服务	
山东地纬计算机软件有限公司	山东省济南市历城区舜华路1号创业广场	250101	370112	0531-62328586	应用软件服务	6212	计算机应用软件		
中国联合网络通信有限公司青岛市分公司	山东省青岛市市南区东海西路15号甲	266071	370202	0532-83891937	固定电信服务	6011	本地电话	数据通信	
中国移动通信集团山东有限公司青岛分公司	山东省青岛市市南区东海西路41号	266071	370202	0532-85866627	移动电信服务	6012	本地话费	数据业务	长话业务
青岛美天网络科技有限公司	山东省青岛市市南区银川西路67-69号E座207、218、219室	266071	370202	0532-86667256	互联网信息服务	6020	计算机网络工程		
青岛英大信通有限公司	山东省青岛市市南区刘家峡路17号	266002	370202	0532-86665655	互联网信息服务	6020	无线电路中导		
青岛麦普吉科技有限公司	山东省青岛市市南区闽江路172号1105室	266071	370202	0532-85768601	数据处理	6120	计算机数据处理		
青岛海尔软件有限公司	山东省青岛市市崂山区青大一路19号	266071	370202	0532-88038168	其他计算机服务	6190	嵌入式系统开发	软件外包	管理咨询研发
青岛英网资讯股份有限公司	山东省青岛市市南区宁夏路288号	266071	370202	0532-80901998	应用软件服务	6212	互联网信息服务		
优创（青岛）数据技术有限公司	山东省青岛市宁夏路288号	266071	370202	0532-86667593	应用软件服务	6212	数据处理		
青岛方正信息系统有限公司	山东省青岛市市南区东海西路43号凯旋大厦西塔27B	266071	370202	0532-85787180	应用软件服务	6212	计算机销售		
青岛鑫雷音电子有限公司	山东省青岛市市北区威海路260号	266021	370203	0532-88652869	计算机系统服务	6110	批发零售计算机及配件		
青岛科发高技术工程有限公司	山东省青岛市市北区上清路8号	266023	370203	0532-83662514	计算机系统服务	6110	批发线缆电脑		
中国联合网络通信有限公司莱西市分公司	山东省青岛市莱西天津路21号	266600	370285	0532-88466003	固定电信服务	6011	宽带	移动	固话

续表1：

企业名称	详细地址	邮政编码	行政区划代码	联系电话	所属行业	行业代码	主要产品一	主要产品二	主要产品三
中国联合网络通信有限公司淄博市淄川分公司	山东省淄博市淄川区鲁泰文化路	255100	370302	0533-5280283	固定电信服务	6011	固定电话业务	移动通信业务	宽带互联网
中国联合网络通信有限公司淄博市分公司	山东省淄博市张店区柳泉路160号	255000	370303	0533-2300003	固定电信服务	6011	固定电信业务	移动电信业务	宽带互联网
中国电信集团公司山东省淄博市分公司	山东省淄博市高新区柳泉路236号	255000	370303	0533-6214432	移动电信服务	6012	资源出租	互联网业务	电信、语言业务
中国移动通信集团山东有限公司淄博分公司	山东省淄博市张店区华光路139号	255000	370303	0533-13953364-085	移动电信服务	6012	移动电信服务		
中国联合网络通信有限公司淄博市博山分公司	山东省淄博市博山区沿河西路45号	255200	370304	0533-4180260	固定电信服务	6011	固定电话业务	移动通信业务	宽带互联网
中国联合网络通信有限公司淄博市临淄分公司	山东省淄博市临淄区牛山路1号	255400	370305	0533-7318086	固定电信服务	6011	固定电话业务	移动通信业务	宽带互联网
中国联合网络通信有限公司淄博市周村分公司	山东省淄博市周村区体育场路807号	255300	370306	0533-6800009	固定电信服务	6011	固定电信服务	移动电信服务	宽带互联网
中国联合网络通信有限公司桓台县分公司	山东省淄博市桓台县索镇城标东南侧	256400	370321	0533-8210207	固定电信服务	6011	固定电话业务	移动通信业务	宽带互联网
中国联合网络通信有限公司高青县分公司	山东省淄博市高青县文化路25号	256300	370322	0533-6969910	固定电信服务	6011	固定电话业务	移动通信业务	宽带互联网
中国联合网络通信有限公司沂源分公司	山东省淄博市沂源县振兴路30号	256100	370323	0533-3242157	固定电信服务	6011	固定电话业务	移动通信业务	宽带互联网
中国移动通信集团山东有限公司枣庄分公司	山东省枣庄市市中区光明西路电信大楼	277100	370402	0138-69461108	移动电信服务	6012	移动通讯业务		
中国联合网络通信有限公司枣庄分公司	山东省枣庄市市中区光明西路	277100	370402	0632-3169029	移动电信服务	6012	固话	移动	宽带
中国电信股份有限公司枣庄分公司	山东省枣庄市市中区谷山路2号	277101	370402	0632-5104432	移动电信服务	6012	固话	宽带	移动通信
中国电信集团公司山东省东营市电信分公司	山东省东营市府前街61-2号	257091	370502	0546-7774426	固定电信服务	6011	移动业务	固话	互联网
中国联合网络通信有限公司东营分公司	山东省东营市府前街183号	259091	370502	0546-15615467-761	固定电信服务	6011	固定电信服务	移动电信服务	互联网信息服务
中国移动通信集团山东有限公司东营分公司	山东省东营市运河路659号	257091	370502	0546-13780794-409	移动电信服务	6012	移动通信业务		
中国联合网络有限公司烟台分公司	山东省烟台市芝罘区南大街133号	264000	370602	0535-6609302	移动电信服务	6012	移动通信服务		
山东移动通信有限责任公司烟台分公司	山东省烟台市芝罘区西大街118号	264000	370602	0535-13573572-980	移动电信服务	6012	移动通信		
烟台浪潮通用软件有限公司	山东省烟台市芝罘区芝罘屯路12号	264000	370602	0535-6657393	应用软件服务	6212	计算机系统集成		
中国联合网络通信有限公司潍坊市寒亭区分公司	山东省潍坊市寒亭区民主街251号	261100	370703	0536-7258509	固定电信服务	6011	固定电话	宽带	移动电话
中国联合网络通信有限公司潍坊市分公司	山东省潍坊市奎文区东风东街333号	261031	370705	0536-8201228	固定电信服务	6011	固定电话业务	移动业务	宽带业务
潍坊新星信息工程有限公司	山东省潍坊市奎文区电子街39号	261041	370705	0536-8277111	应用软件服务	6212	软件开发	计算机服务	
潍坊文杰工程技术有限公司	山东省潍坊市奎文区四平路15号	261041	370705	0536-8210069	应用软件服务	6212	软件开发	室内外装饰	

续表2：

企业名称	详细地址	邮政编码	行政区划代码	联系电话	所属行业	行业代码	主要产品一	主要产品二	主要产品三
山东移动通信有限公司临朐分公司	山东省潍坊市临朐县新华路10号	262600	370724	0536-3212966	移动电信服务	6012	移动通信服务		
中国移动通信集团昌乐分公司	山东省潍坊市昌乐县孤山路172号	262400	370725	0536-6230000	移动电信服务	6012	移动通信业务		
中国联合网络通信有限公司青州市分公司	山东省潍坊市青州市云门山北路1958号	262500	370781	0536-322384	固定电信服务	6011	电话费	互联网	
山东移动通信有限责任公司青州分公司	山东省潍坊市青州市范公亭东路3788号	262500	370781	0536-3268666	移动电信服务	6012	移动电信		
中国网通（集团）有限公司诸城市分公司	山东省潍坊市诸城市人民东路2号	262200	370782	0536-6213050	固定电信服务	6011	固话	移动通信	互联网
诸城市益昌电脑有限公司	山东省潍坊市诸城市人民东路32号	262200	370782	0536-6213130	计算机系统服务	6110	电脑配件销售		
中国联合网络通信有限公司寿光市分公司	山东省潍坊市寿光市圣城东街82号	262700	370783	0536-5103803	固定电信服务	6011	固定通信	移动通信	宽带
中国网通(集团)有限公司安丘市分公司	山东潍坊安丘市永安路78号	262100	370784	0536-4360108	固定电信服务	6011	固定电信业务		
中国联合网络通信有限公司高密市分公司	山东潍坊高密顺和路137号	261500	370785	0536-2313006	固定电信服务	6011	通信业务		
中国移动通信集团山东有限公司潍坊分公司	山东潍坊高新区东方路3888号	261061	370797	0536-13964724-050	互联网信息服务	6020	移动通信业务		
中国网通（集团）有限公司济宁市分公司	山东省济宁市中区太白中路29号	272000	370802	0537-2266862	固定电信服务	6011	固话小灵通	数据、宽带	电路设备出租及其他
山东浪潮齐鲁软件产业股份有限公司	山东省泰安市东岳大街东首浪潮科技园	271000	370901	0538-6718889	应用软件服务	6212	应用软件服务		
中国电信集团公司山东省泰安市电信分公司	山东省泰安市泰山区龙潭路15号	271000	370902	0538-6304432	固定电信服务	6011	电信服务		
中国移动通信有限责任公司泰安市分公司	山东省泰安市泰山区东岳大街59号	271000	370902	0538-8210099	互联网信息服务	6020	移动通信		
中国联通有限公司泰安分公司	山东省泰安市东岳大街153号	271000	370902	0538-6996021	互联网信息服务	6020	通信业务		
泰安市鲁科海电子信息产业有限公司	山东省泰安市高新区北天门大街	271000	370902	0538-6925527	计算机系统服务	6110	软件计算机		
中国联合网络通信有限公司威海分公司	山东省威海市环翠区新威路40号	264200	371002	0631-5201085	固定电信服务	6011	固定电话	互联网	移动通信
山东移动通信有限公司威海分公司	山东省威海市环翠区新威路10号	264200	371002	0631-13563178-109	移动电信服务	6012	移动通信运营		
威海农友软件有限公司	山东省威海市高技区文化西路288号	264209	371003	0631-5626007	应用软件服务	6212	农村综合信息服务软件		
山东渔翁信息技术股份有限公司	山东省威海市沈阳路108号	264209	371003	0631-5660861-701	应用软件服务	6212	PCI密码卡	智能密码钥匙	PCI-E密码卡
中国联合网络通信有限公司文登市分公司	山东省威海市文登环山路137号	264400	371081	0631-8255123	移动电信服务	6012	固定电话网	宽带网	移动电话网
威海北晨网络服务有限公司	山东省威海市荣成成山大道	264300	371082	0631-7529088	其他计算机服务	6190	办公设备、软件、电脑		
中国联合网络通信有限公司莱芜分公司	山东省莱芜市莱城区大桥南路001号	271100	371202	0634-8804206	固定电信服务	6011	通信服务		

续表3：

企业名称	详细地址	邮政编码	行政区划代码	联系电话	所属行业	行业代码	主要产品一	主要产品二	主要产品三
中国移动通信集团山东有限公司莱芜分公司	山东省莱芜市莱城区长勺北路	271100	371202	0634-13561744-021	移动电信服务	6012	移动通信服务		
中国电信股份有限公司莱芜分公司	山东省莱芜市高新区凤凰路33号	271100	371202	0634-5604426	移动电信服务	6012	移动电信服务	其他电信服务	
中国联合网络通信有限公司临沂市分公司	山东省临沂市沂蒙路155号	276000	371300	0539-8202262	移动电信服务	6012	移动及固定电信业务		
中国电信股份有限公司临沂分公司	山东省临沂市兰山区金雀山路10号	276000	371302	0539-7164615	固定电信服务	6011	移动语音	互联网	增值业务
中国移动通信集团山东有限公司临沂分公司	山东临沂市金雀山路50-6号	276000	371302	0539-13792404-116	移动电信服务	6012	移动通信业务		
山东机客网络技术有限公司	山东省临沂市经济开发区沂河路3号	276000	371312	0539-6012023	互联网信息服务	6020	网络软件开发	信息服务	网络建设
中国联合网络通信有限公司德州分公司	山东省德州市德城区湖滨中大道89号	253000	371401	0534-2682310	固定电信服务	6011	固定电信	互联网信息服务	无线市话业务
中国联合网络通信有限公司陵县分公司	山东省德州市陵县政府路323	253500	371421	0534-8261078	互联网信息服务	6020	固定电话宽带小灵通		
中国联合网络通信有限公司夏津分公司	山东省德州市夏津县中心街6号	253200	371427	0534-3184015	固定电信服务	6011	固定电话	宽带	小灵通
中国移动通信集团山东有限公司武城分公司	山东省德州市武城县振华街8号	253300	371428	0534-6699818	固定电信服务	6011	语音业务	增值业务	长途业务
中国联合网络通信有限公司乐陵分公司	山东省德州市乐陵市开元中大道279号	253600	371481	0534-6266205	固定电信服务	6011	固定电话	宽带	小灵通
中国联合网络通信有限公司禹城分公司	山东省禹城市行政大街396号	251200	371482	0534-7187838	互联网信息服务	6020	固定电信业务	多媒体通信及信息服务	
聊城浪潮电子信息有限公司	山东省聊城市花园北路78号	252000	371502	0635-8322326	计算机系统服务	6110	计算机销售	软件开发	系统集成
中国联合网络通信有限公司曹县分公司	山东省菏泽市曹县钱塘江路364号	274400	371721	0530-3227444	固定电信服务	6011	移动电话	固定电话	
中国联合网络通信有限公司成武县分公司	山东省菏泽市成武伯乐街389号	274200	371723	0530-8638003	固定电信服务	6011	固定电话服务	小灵通及移动电话	宽带
山东联合通信股份有限公司巨野分公司	山东省巨野县人民路中段	274900	371724	0530-8211035	固定电信服务	6011	电信电话		
中国联合网络通信有限公司郓城县分公司	山东省郓城临成路中段4号	274700	371725	0530-6185678	固定电信服务	6011	电信服务		
中国联合网络通信有限公司定陶县分公司	山东省定陶县定陶镇青年路	274100	371727	0530-2195899	固定电信服务	6011	固定电话	G网	宽带
中国联合网络通信有限公司东明县分公司	山东省东明县五四路中段1号	274500	371728	0530-7211224	固定电信服务	6011	固定电话、移动业务小灵通等		

2－9 住宿和餐饮业调查单位基本情况

企业名称	详细地址	邮政编码	行政区划代码	联系电话	所属行业	行业代码	主要产品一	主要产品二	主要产品三
济南贵和皇冠假日酒店有限责任公司	山东省济南市历下区天地坛街3号	250011	370102	0531-86029999-6209	旅游饭店	6610	住宿		
山东华能大厦有限责任公司	山东省济南市历下区	250011	370102	0531-82087338	旅游饭店	6610	客房		
济南南郊宾馆	山东省济南市历下区马鞍山路	250002	370102	0531-85188944	旅游饭店	6610	住宿	餐饮	
济南玉泉森信大酒店有限公司	山东省济南市历下区泺源大街	250063	370102	0531-85108551	旅游饭店	6610	住宿		
山东良友富临大酒店	山东省济南市泺源大街5号	250063	370102	0531-81625418	旅游饭店	6610	住宿		
山东顺德大厦	山东济南历下区千佛山南路	250014	370102	0531-82683577	旅游饭店	6610	餐饮客房		客房
山东银座泉城大酒店有限公司	山东省济南市历下区南门大街2号	250011	370102	0531-86921911-3618	旅游饭店	6610	客房		
山东新闻培训中心	山东省济南市历下区泺源大街6号	250012	370102	0531-89936119	正餐服务	6710	餐饮、住宿		
山东世界贸易中心	山东省济南市历下区千佛山街	250063	370102	0531-86065778	正餐服务	6710	房屋租赁	服装洗涤缝补	普通客运及车身维修
济南舜耕山庄	山东省济南市市中区舜耕路	250014	370103	0531-82951818-1816	旅游饭店	6610	客房	餐饮	其他
济南宾馆	山东省济南市市中区经五路	250001	370103	0531-87085005	旅游饭店	6610	客房	餐饮	
山东丽天大酒店	山东省济南市市中区经一路	250001	370103	0531-82688888-2105	旅游饭店	6610	客房	餐饮	商品销售及其它
山东鲁能商贸有限公司贵都大酒店	山东省济南市市中区升平街	250001	370103	0531-82882863	旅游饭店	6610	住宿	餐饮	会议
山东鲁能商贸有限公司贵友大酒店	山东省济南市市中区英雄山路	250002	370103	0531-82882047	旅游饭店	6610	餐饮	客房	
山东明珠怡和国际酒店有限公司	山东省济南市市中区经一路88号	250001	370103	0531-83188888-6788	旅游饭店	6610	客房	餐饮	
山东金都大酒店	山东省济南市市中英雄山路	250002	370103	0531-86139000-85169	正餐服务	6710	餐饮	餐饮	餐饮
山东出版大酒店	山东省济南市市中区经十路125	250001	370103	0531-82092990	正餐服务	6710	餐饮住宿		
山东东方大厦	山东省济南市市中区经七路223号	250001	370103	0531-85185361	正餐服务	6710	客房	餐饮	其他
山东东方航空大酒店有限公司	山东省济南市槐荫区经十路2380号	250022	370104	0531-82883981	旅游饭店	6610	住宿	餐饮	
济南英大国际高尔夫俱乐部有限公司	山东省济南市槐荫区美里路158号街	250118	370104	0531-85986556	正餐服务	6710	餐饮		
天龙大酒店	山东省济南市天桥区车站街19号	250001	370105	0531-86328888-0223	旅游饭店	6610	旅游饭店		
山东天发舜和商务酒店有限公司	山东济南天桥区堤口路11号	250100	370105	0531-68808888	正餐服务	6710	正餐服务	住宿	

续表1：

企业名称	详细地址	邮政编码	行政区划代码	联系电话	所属行业	行业代码	主要产品一	主要产品二	主要产品三
青岛栈桥王子饭店酒店管理有限公司	山东省青岛市市南区太平路31号	266001	370202	0532-82899718	旅游饭店	6610	住宿业	饮食业	
青岛丽天大酒店有限公司	山东省青岛市市南区香港西路87号	266071	370202	0532-83999856	旅游饭店	6610	住宿	餐饮	
青岛海天大酒店有限公司	山东省青岛市市南区香港西路48号	266071	370202	0532-83871888-2319	旅游饭店	6610	客房	餐饮	旅行社
青岛泛海名人酒店分公司	山东省青岛市市南区太平路29号	266001	370202	0532-82996699-2488	旅游饭店	6610	客房	餐饮	
青岛八大关宾馆	山东省青岛市市南区山海关路15号	266071	370202	0532-83863375-5490	旅游饭店	6610	住宿	饮食	其他
青岛饭店集团股份有限公司	山东省青岛市市南区香港中路66号	266071	370202	0532-85781888-3305	旅游饭店	6610	住宿	餐饮	其他
青岛建银物业管理有限公司	山东省青岛市市南区贵州路71号	266001	370202	0532-82651777	旅游饭店	6610	宾馆住宿	餐饮	
青岛汇泉湾股份有限公司	山东省青岛市市北区广饶57号	266001	370202	0532-82733562	旅游饭店	6610	住宿	医院	房屋租赁
青岛汇泉王朝大饭店	山东省青岛市市南区南海路9号	266003	370202	0532-82999888	旅游饭店	6610	客房	餐饮	其他
青岛东方饭店	山东省青岛市市南区大学路4号	266003	370202	0532-82865888-2110	旅游饭店	6610	住宿	餐饮	
青岛丽晶大酒店	山东省青岛市市南区香港中路110号	266071	370202	0532-85881818-1628	旅游饭店	6610	客房	餐饮	场租及综合设施
青岛东晖育乐有限公司	山东省青岛市市南区山东路39号	266071	370202	0532-85814688	旅游饭店	6610	客房	餐饮	其它
青岛颐中国际大酒店有限公司	山东省青岛市市南区香港中路76号	266071	370202	0532-85718888-8163	旅游饭店	6610	住宿	餐饮	其他服务
青岛华能大厦有限公司	山东省青岛市市南区太平路37号	266071	370202	0532-82860077-2599	旅游饭店	6610	餐饮	住宿	
青岛银海旅游集团公司	山东省青岛市市南区东海中路30号	266071	370202	0532-82706837	正餐服务	6710	餐饮	水产品加工	汽车客货运输
青岛阳光佳日酒店有限公司	山东省青岛市市南区东海中路24号	266071	370202	0532-87630067	正餐服务	6710	正餐	商品	
青岛海洋宾馆	山东省青岛市市南区徐州路88号	266071	370202	0532-80971111	正餐服务	6710	住宿		
青岛肯德基有限公司	山东省青岛市市南区南京路2号绮丽大厦六楼	266071	370202	0532-80898272	快餐服务	6720	食品、饮品		
青岛新兴旅社	山东省青岛市市北区台柳路6号	266033	370203	0532-85835162	一般旅馆	6620	住宿、餐饮		
麒麟皇冠大酒店管理有限公司	山东省青岛市香港东路197号	266061	370212	0532-88891888	旅游饭店	6610	住宿	餐饮	
青岛空港大酒店有限公司	山东省青岛市城阳区流亭街道	266108	370214	0532-83879036	正餐服务	6710	餐饮		
平度市人民政府招待所	山东青岛平度同和同和路66号	266706	370283	0532-87316061	正餐服务	6710	餐饮	住宿	
青岛平度市供销宾馆有限公司	山东青岛平度同和街432号	266700	370283	0532-87362883	正餐服务	6710	餐饮服务		
胶南市国旅大酒店	山东省青岛市胶南市人民路211号	266400	370284	0532-88188968-3208	旅游饭店	6610	住宿餐饮		

续表2：

企业名称	详细地址	邮政编码	行政区划代码	联系电话	所属行业	行业代码	主要产品一	主要产品二	主要产品三
胶南市饮食服务公司	山东省青岛市胶南市人民路187号	266400	370284	0532-86615376	正餐服务	6710	住宿餐饮		
青岛悦海喜来酒店有限公司	山东省青岛市莱西石岛路5号	266600	370285	0532-66038888	正餐服务	6710	餐饮	洗浴	
淄博浦泉大酒店有限公司	山东省淄博市淄川区松龄东路136号	255100	370302	0533-5177888-112	旅游饭店	6610	住宿	餐饮	
淄博市淄川宾馆有限公司	山东省淄博市淄川区般阳路46号	255100	370302	0533-5172308	一般旅馆	6620	住宿	餐饮	
淄博世纪大酒店有限公司	山东省淄博市张店区柳泉路99号	255047	370303	0533-3596611	旅游饭店	6610	住宿	餐饮	其他
淄博金梦园海鲜大酒楼有限公司	山东省淄博市张店区新村西路186号	255000	370303	0533-2850996	旅游饭店	6610	餐饮	住宿	
山东铝业公司山铝宾馆	山东省淄博市张店区南定花园路10号	255052	370303	0533-2944372	旅游饭店	6610	餐饮	住宿	
淄博宾馆	山东省淄博市张店区金晶大道189号	255043	370303	0533-2288688-4369	旅游饭店	6610	客房	餐饮	商品零售
山东淄博饭店集团股份有限公司	山东省淄博市张店区金晶大道177号	255025	370303	0533-2180888-6888	旅游饭店	6610	客房	餐饮	零售
淄博商厦股份有限公司博苑宾馆	山东省淄博市张店区南西六路1号	255000	370303	0533-2836967	一般旅馆	6620	住宿	餐饮	
淄博凤阳大酒店有限公司	山东省淄博市张店区新村西路158号	255000	370303	0533-2161088-608	一般旅馆	6620	住宿	餐饮	零售
山东齐盛国际宾馆	山东省淄博市张店区北京路17号	255095	370303	0533-2808797	一般旅馆	6620	餐饮	客房	
淄博市环球客运旅游有限公司大酒店	山东省淄博市博山区人民路8号	255200	370304	0533-4190168	旅游饭店	6610	住宿	餐饮	
山东省淄博颜山宾馆	山东省淄博市博山区新建一路3号	255200	370304	0533-4131358	一般旅馆	6620	住宿	餐饮	
淄博东泰集团临淄宾馆有限公司	山东省淄博市临淄区管仲路218号	255400	370305	0533-7167359	旅游饭店	6610	餐饮	住宿	
淄博临淄刘家实业公司亚细亚大酒店	山东省淄博市临淄区闻韶路18号	255400	370305	0533-7151766	旅游饭店	6610	住宿		
淄博齐都大酒店有限公司	山东省淄博市临淄区闻韶路39号	255400	370305	0533-7198888-8704	正餐服务	6710	餐饮	客房	
淄博顺达饭店有限公司	山东省淄博市临淄区辛店镇牛山路340号	255400	370305	0533-7178977-3999	正餐服务	6710	餐饮	住宿	
淄博市周村嘉周宾馆有限公司	山东省淄博市周村区新建中路24号	255300	370306	0533-6430161	旅游饭店	6610	餐饮	住宿	其他
淄博凤台大酒店有限公司	山东省淄博市周村区丝绸路33号	255300	370306	0533-6173000	正餐服务	6710	餐饮	住宿	
淄博金三元酒店有限公司	山东省淄博市周村区新建中路1号	255300	370306	0533-6403927	正餐服务	6710	餐饮服务		
桓台宾馆有限公司	山东省淄博市桓台县索镇中心大街288号	256400	370321	0533-8164165	旅游饭店	6610	住宿	餐饮	
高青迎宾馆有限公司	山东省淄博市高青县文化路30号	256300	370322	0533-6973998	旅游饭店	6610	餐饮	住宿	
沂源盛源大酒店有限公司	山东省淄博市沂源县药玻路南首	256100	370323	0533-3251789	旅游饭店	6610	住宿	餐饮	
沂源县新城宾馆	山东省淄博市沂源县胜利路6号	256100	370323	0533-3230499	一般旅馆	6620	住宿	餐饮	

续表3：

企业名称	详细地址	邮政编码	行政区划代码	联系电话	所属行业	行业代码	主要产品一	主要产品二	主要产品三
枣庄贵泉大酒店	山东省枣庄市解放南路143号	277100	370401	0134-06909890	旅游饭店	6610	客房	餐饮	
枣庄市宝辰商务有限公司	山东省枣庄市市中区青檀北路159号	277101	370402	0632-3163669	旅游饭店	6610	餐饮	住宿	
枣庄大酒店有限责任公司	山东省枣庄市市中区解放北路139号	277101	370402	0135-63242789	旅游饭店	6610	客房	餐饮	
山东枣庄薛国大酒店	山东省枣庄市薛城区临城街道黄河路1号	277000	370403	0632-4416888	旅游饭店	6610	餐饮	住宿	
枣庄市富邦餐饮有限公司	山东省枣庄市薛城区临城街1号	277000	370403	0135-62469871	一般旅馆	6620	住宿	餐饮	
滕州饭店有限责任公司	山东省滕州市善国中路18号	277500	370481	0152-66166909	旅游饭店	6610	客房	餐饮	
滕州市华泰大酒店有限公司	山东省滕州市新兴中路162号	277500	370481	0632-5626890	正餐服务	6710	餐饮	客房	
滕州市鑫利华饮食股份有限公司	山东省枣庄市滕州善国北路49号	277500	370481	0632-5514607	正餐服务	6710	正餐	客房	
东营市东胜海天酒店有限公司	山东省东营市东营区西四路616号	257000	370502	0546-8688966	旅游饭店	6610	餐饮	客房	
山东天河酒店集团有限公司	山东省东营市东城	257091	370502	0546-7976200	正餐服务	6710	餐饮	客房	商品
山东蓝海股份有限公司	山东省东营市东营区庐山路1099号	257000	370502	0546-8151887	正餐服务	6710	餐饮	住宿、娱乐	
烟台毓璜顶宾馆	山东省烟台市芝罘区毓西路17-3号	264000	370602	0535-6585887	旅游饭店	6610	餐饮、住宿		
烟台北海宾馆有限公司	山东省烟台市南通路68号	264000	370602	0535-6242374	旅游饭店	6610	住宿、餐饮		
烟台中心大酒店	山东省烟台市芝罘区南大街81号	264000	370602	0535-6586760	旅游饭店	6610	住宿、餐饮		
烟台亚细亚大酒店有限公司	山东省烟台市芝罘区南大街115号	264000	370602	0535-6581185	旅游饭店	6610	住宿、餐饮		
烟台市退休职工活动中心	山东省烟台市南大街236号	264000	370602	0535-13853599-107	旅游饭店	6610	客房餐饮		
烟台华侨宾馆	山东省烟台市芝罘区环山路30号	264001	370602	0535-6588288	旅游饭店	6610	住宿、餐饮		
烟台虹口大酒店有限公司	山东省烟台市芝罘区118号	264001	370602	0535-6585685	旅游饭店	6610	住宿餐饮		
烟台市蓬莱春酒家	山东省烟台市芝罘区毓璜顶西路13号	264000	370602	0535-15064567-659	正餐服务	6710	餐饮		
烟台东海宏伟娱乐有限公司	山东省烟台市牟平区大窑蛤堆后村	264117	370612	0535-15266558-299	其他住宿服务	6690	高尔夫	餐饮	
烟台市军队转业干部培训中心	山东省烟台市莱山区东方大街38号	264003	370613	0535-6917800	旅游饭店	6610	住宿、餐饮		
烟台市莱山区观海宾馆	山东省烟台市莱山区滨海北路148号	264003	370613	0535-6888688	旅游饭店	6610	餐饮	住宿	
烟台望海 宾馆	山东省烟台市莱山区环山路8号	264003	370613	0535-6887799	旅游饭店	6610	住宿、餐饮		
烟台财会培训中心	山东省烟台市莱山区海韵路12号	264003	370613	0535-6888199	旅游饭店	6610	住宿	餐饮	
蓬莱财会之家	山东省烟台市蓬莱登州海滨路3号	265600	370684	0535-5822158	旅游饭店	6610	住宿	餐饮	
山东金城集团金城温泉大酒店	山东省烟台市招远市温泉路212号	265400	370685	0535-8025988	旅游饭店	6610	餐饮住房		

续表4：

企业名称	详细地址	邮政编码	行政区划代码	联系电话	所属行业	行业代码	主要产品一	主要产品二	主要产品三
栖霞悦心亭宾馆	山东省烟台市栖霞市霞光路449号	265300	370686	0535-5212182	正餐服务	6710	住宿	餐饮	
方圆集团海阳大酒店有限公司	山东海阳云圆街道办事处243号	265100	370687	0535-3298103	正餐服务	6710	餐饮	住宿	
潍坊富坤大酒店有限公司	山东省潍坊市潍城区健康街108号	261011	370702	0536-8567981	其他住宿服务	6690	客房	餐饮	
潍坊市寒亭区人民政府招待所	山东省潍坊市寒亭区民主街269号	261100	370703	0536-7251105	正餐服务	6710	餐饮	住宿	
潍坊国际金融大厦有限公司	山东省潍坊市奎文区四平路86号	261041	370705	0536-8218888	旅游饭店	6610	餐饮	客房	
潍坊市第一招待所有限责任公司	山东省潍坊市奎文区胜利东街379号	261041	370705	0536-8195036	正餐服务	6710	餐饮	客房	
临朐县宾馆有限公司	山东省潍坊市临朐县民主路92号	262600	370724	0536-2190029	旅游饭店	6610	餐饮	住宿	
昌乐宝城大酒店有限公司	山东省潍坊市昌乐县新昌路219号	262400	370725	0536-2180111	正餐服务	6710	住宿	餐饮	
青州宾馆	山东省潍坊市青州市范公亭西路1915号	262500	370781	0536-3271717	旅游饭店	6610	餐饮	住宿	
青州林海大酒店有限公司	山东省潍坊市青州市云门山南路2408号	262500	370781	0536-3229288	一般旅馆	6620	住宿	正餐	
青州银海长城酒店有限公司	山东省潍坊市青州市范公亭西路299号	262500	370781	0536-3224080	正餐服务	6710	餐饮		
青州天和饮食服务有限公司	山东省潍坊市青州市云门山北路568号	262500	370781	0536-3282007	快餐服务	6720	餐饮	住宿	商品销售
诸城市密州宾馆有限公司	山东省潍坊市诸城市府前街1号	262200	370782	0536-6565217	正餐服务	6710	餐饮	住宿	
寿光宾馆有限公司	山东省潍坊市寿光市迎宾街282号	262700	370783	0536-5221601-2902	一般旅馆	6620	饭菜	住宿	
寿光市供销社宾馆有限公司	山东省潍坊市寿光市圣城街368号	262700	370783	0536-5192418	正餐服务	6710	住宿	餐饮	零售
安丘市人民政府招待所	山东潍坊安丘市商场路88号	262100	370784	0536-4215806	正餐服务	6710	正餐	住宿	
高密市凤凰宾馆有限责任公司	山东潍坊高密人民大街615号	261500	370785	0536-2323311-8071	旅游饭店	6610	餐饮、住宿		
昌邑宾馆有限责任公司	山东省潍坊市昌邑市天水路42号	261300	370786	0536-7196737	正餐服务	6710	住宿、餐饮		
山东济宁孔子圣地旅游集团有限公司	山东省济宁市开发区火炬路	272000	370801	0537-2392485	旅游饭店	6610	餐饮业	住宿	
济宁东方大酒店有限责任公司	山东省济宁市中区建设北路9号	272000	370802	0537-2318877	旅游饭店	6610	餐饮		
济宁运河宾馆	山东省济宁中区共青团路45号	272145	370802	0537-2906566	旅游饭店	6610	客房	餐饮业	
济宁高新区香港大厦	山东省济宁市高新区火炬路19号	272037	370802	0537-2969456	正餐服务	6710	餐饮业	住宿	百货
兖矿集团有限公司宾馆	山东省济宁市邹城市凫山路329号	273500	370883	0537-5382477	一般旅馆	6620	住宿餐饮		
东尊华美达大酒店	山东省泰安市泰山区迎胜路16号	271000	370900	0538-8368888-7801	正餐服务	6710	餐饮	住宿	
泰安市华侨大厦	山东省泰安市东岳大街15号	271000	370901	0538-8228112-2260	正餐服务	6710	餐饮客房服务		

续表5：

企业名称	详细地址	邮政编码	行政区划代码	联系电话	所属行业	行业代码	主要产品一	主要产品二	主要产品三
泰安市御座宾馆	山东省泰安市岱北50号	271000	370901	0538-8269999	正餐服务	6710	房费	餐饮	其他
泰安金海大酒店	山东省泰安市迎暄大街96号	271000	370902	0538-8228899-2018	一般旅馆	6620	客房	餐饮	
威海金海岸大酒店有限责任公司	山东省威海市环翠区海滨北路56号	264200	371002	0631-5230088-3619	旅游饭店	6610	餐饮	客房	
威海市东方宾馆	山东省威海市环翠区新威路92号	264200	371002	0631-5223541-3289	旅游饭店	6610	餐饮	住宿	
威海海景花园大酒店	山东省威海市环翠区连林岛路9号	264200	371002	0631-5262999-5507	旅游饭店	6610	餐饮	客房	娱乐
威海卫大厦	山东省威海市海港路82号	264200	371002	0631-5285888-3310	旅游饭店	6610	餐饮	住宿	其它
威海市白天鹅宾馆有限公司	山东省威海市文化东路12号	264200	371002	0631-5231891	旅游饭店	6610	餐饮、住宿		
威海市阳光大厦	山东省威海市统一路88号	264200	371002	0631-5208999-2598	旅游饭店	6610	餐饮	客房	
威海中心大酒店有限公司	山东省威海市环翠区新威路58号	264200	371002	0631-5222888-3100	旅游饭店	6610	客房	餐饮	
威海宾馆	山东省威海市环翠区环海路11号	264200	371002	0631-5262888-8010	旅游饭店	6610	餐饮	客房	
威海市丽园大酒店有限公司	山东省威海市环翠区统一路34号	264200	371002	0631-5232089-8036	正餐服务	6710	餐饮	客房	
威海合庆饭店有限公司	山东省威海市环翠区连林岛路1号	264200	371002	0631-5201668	正餐服务	6710	餐饮	住宿	康乐
青岛肯德基有限公司威海和平餐厅	山东省威海市环翠区和平路27号	264200	371002	0631-5213092	快餐服务	6720	快餐		
威海丰盛园餐饮有限公司	山东省威海市环翠区统一路61-1号	264200	371002	0631-5289808	快餐服务	6720	餐饮		
威海金海湾国际饭店有限公司	山东省威海市高区环海北路128号	264209	371003	0631-5688777	其他住宿服务	6690	其他住宿服务	餐饮	
中汇（威海）实业有限公司	山东省威海市高区文化西路298号	264209	371003	0631-5660666	正餐服务	6710	餐饮	客房	
威海长威酒店有限公司	山东省威海市文化西路196号	264209	371003	0631-5670197	正餐服务	6710	餐饮	客房	
威海海悦国际饭店有限公司	山东省威海市高区文化西路177号	264209	371003	0631-5676588	正餐服务	6710	客房	餐饮	其它
威海市经济技术开发区海瞳大酒店	山东省威海市经技区海瞳路1号	264205	371004	0631-5986888-3616	正餐服务	6710	餐饮服务	住宿服务	
荣成市黄海宾馆	山东省威海荣成市石岛镇渔贸路19号	264309	371082	0631-7382217	旅游饭店	6610	住宿	餐饮	
荣成石岛宾馆有限公司	山东省威海市石岛镇迎宾路1号	264309	371082	0631-7366058	一般旅馆	6620	住宿	餐饮	
荣成市交通大厦有限公司	山东省威海荣成市南山北路184号	264300	371082	0631-7514259	正餐服务	6710	餐饮	住宿	
乳山市海天集团有限公司	山东省威海市乳山市商业街46号	264500	371083	0631-6677006	正餐服务	6710	餐饮	住宿	商品
日照山孚大酒店有限公司	山东省日照市东港区海曲中路86号	276800	371102	0633-8221857	旅游饭店	6610	餐饮	客房	

续表6：

企业名称	详细地址	邮政编码	行政区划代码	联系电话	所属行业	行业代码	主要产品一	主要产品二	主要产品三
日照阳光华府大酒店	山东省日照市东港区黄海三路22号	276800	371102	0633-8762595	旅游饭店	6610	餐饮	客房	
利群集团日照德泰酒店有限公司	山东省日照市东港区昭阳路18号	276800	371102	0633-8227788-7728	旅游饭店	6610	餐饮	客房	
日照富豪大酒店有限公司	山东省日照市东港区兴海路94号	276800	371102	0633-8256219	正餐服务	6710	餐饮	客房	
日照大酒店有限公司	山东省日照市东港区海滨五路39号	276826	371102	0633-8328026	正餐服务	6710	餐饮	住宿	
日照海能电力实业有限公司览海宾馆	山东省日照市东港区北京路399号	276826	371102	0633-3362853	正餐服务	6710	餐饮	住宿	
五莲县山海饮食服务有限公司五莲宾馆	山东省日照市五莲县解放路188号	262300	371121	0633-5238058	一般旅馆	6620	餐饮	住宿	
莒县文心宾馆	山东省日照市莒县文心中路8号	276500	371122	0633-6222706	正餐服务	6710	住宿	餐饮	
莒县祥云大酒店	山东省日照市莒县城阳镇	276500	371122	0633-6883247	正餐服务	6710	住宿	餐饮	
莱芜泰山饭店有限公司	山东省莱芜市莱城区凤城街道办事处	271100	371202	0634-8896628	旅游饭店	6610	餐饮	住宿	
山东馨百大酒店有限公司	山东省莱芜市路中东大街17号	271100	371202	0634-6607699	旅游饭店	6610	餐饮	住宿	
莱芜宾馆	山东省莱芜市汶阳大街001号	271100	371202	0634-6231080	旅游饭店	6610	餐饮	客房	
莱芜银座佳悦有限公司	山东省莱芜市莱城区文化南路008号	271100	371202	0634-13863476-675	旅游饭店	6610	住宿	餐饮	
莱芜钢铁集团有限公司新兴大厦	山东省莱芜市钢城区友谊大街78号	271104	371203	0634-6821939	旅游饭店	6610	客房	餐饮	
临沂市怡然燃料有限公司	山东省临沂市沂蒙路330号	276000	371302	0539-8315433	旅游饭店	6610	煤炭	餐饮	
临沂沂景假日酒店	山东省临沂市解放路东段	276000	371302	0539-8962818	旅游饭店	6610	住宿	餐饮	
山东临沂荣华大酒店	山东省临沂市新华路	276005	371302	0539-8967072	旅游饭店	6610	住宿	餐饮	其他
临沂宾馆有限责任公司	山东省临沂市兰山区沂蒙路322号	276000	371302	0539-8968009	一般旅馆	6620	餐饮	住宿	
临沂月亮城会馆有限公司	山东省临沂市罗庄区双月湖	276017	371311	0539-8285311	旅游饭店	6610	餐饮	住宿	
山东蒙阴蒙山宾馆有限公司	山东省蒙阴文化街39号	276200	371328	0539-4270396	旅游饭店	6610	住宿	餐饮	其他
蒙阴县汶河大酒店	山东省临沂市蒙阴县凤凰路001号	276200	371328	0539-4836898	旅游饭店	6610	餐饮	住宿	
临沭县人民政府招待所	山东省临沂市临沭县苍山路18号	276700	371329	0539-6205188	一般旅馆	6620	住宿	餐饮	其它
德州大酒店有限责任公司	山东省德州市东方红路112号	253013	371401	0534-2650108	旅游饭店	6610	客房	餐饮	娱乐
德州市德苑商贸有限公司德苑大酒店	山东省德州市德城区新华路83号	253006	371401	0534-2625791	旅游饭店	6610	住宿、餐饮	土产、日用杂品炊具	
山东省齐河宾馆	山东省德州市齐河县齐晏大街173号	251100	371425	0534-5608189	一般旅馆	6620	住宿	餐饮	其它
夏津县委招待所	山东省德州市夏津县南城街250号	253200	371427	0534-3219738	一般旅馆	6620	住宿	餐饮	

续表7：

企业名称	详细地址	邮政编码	行政区划代码	联系电话	所属行业	行业代码	主要产品一	主要产品二	主要产品三
菏泽市百事得大酒店有限责任公司	山东省菏泽市中华东路88号	274000	371701	0530-5138596	旅游饭店	6610	餐饮	住宿	商品
菏泽花都大厦有限公司	山东省菏泽市中华路466号	274000	371701	0530-5138118	一般旅馆	6620	食宿		
菏泽南华牡丹大酒店	山东省菏泽市中华路501号	274600	371701	0530-5292105	一般旅馆	6620	餐饮 住宿		
菏泽南华大酒店有限公司	山东省菏泽市开发区人民路1388号	274012	371702	0530-5599888	旅游饭店	6610	餐饮	客房	娱乐
菏泽市粮油中转储备库华瑞大酒店	山东省菏泽市开发区人民路595号	274000	371702	0130-01796662	一般旅馆	6620	餐饮	住宿	
菏泽恒通置业发展有限公司天宏大酒店	山东省菏泽市牡丹区牡丹路667号	274000	371702	0530-5139668	一般旅馆	6620	住宿	餐饮	
菏泽侨汇商品供应有限公司月明珠商务大酒店	山东省菏泽市牡丹区中华西路239号	274000	371702	0530-5950101	正餐服务	6710	住宿餐饮		
山东达弛文亭湖大酒店有限公司	山东省菏泽市成武县伯乐街62号	274200	371723	0530-8619612	一般旅馆	6620	住宿	餐饮	
巨野县天恒商务宾馆	山东省巨野县招商街	274900	371724	0530-8256399	一般旅馆	6620	餐饮客房		
郓城县政府招待所	山东省郓城胜利街6号	274700	371725	0530-6538005	一般旅馆	6620	住宿	餐饮服务	
定陶范蠡大酒店有限公司	山东省定陶县兴华路99号	274100	371727	0530-2112888	一般旅馆	6620	住宿餐饮		
东明县东方宾馆	山东省菏泽市东明县五四路东段	274500	371728	0138-59078110	旅游饭店	6610	餐饮服务		
东明国际大酒店有限公司	山东省东明县曙光路9号	274500	371728	0530-7276886	一般旅馆	6620	客房	餐饮	

第三篇

企业景气指数

简 要 说 明

企业景气调查是适应我国社会主义市场经济发展的新形势，借鉴市场经济国家的成功经验而建立起来的一项新的统计调查制度。它是通过对样本企业的企业家定期进行意向性问卷调查，并根据企业家对企业经营状况及宏观经济形势的判断和预期来编制景气指数。企业景气指数不仅能够及时反映企业经营状况，当前宏观经济运行态势，而且能够预测未来经济发展趋势。

景气指数又称景气度，它是对企业景气调查中的定性指标通过定量方法加工汇总，综合反映某一特定调查群体或某一社会经济现象所处的状态或发展趋势的一种指标。景气指数的数值范围介于 0 ~ 200 之间，100 为景气指数的临界值；当景气指数大于 100 时，表明经济状况趋于上升或改善，处于景气状态；当景气指数小于 100 时，表明经济状况趋于下降或恶化，处于不景气状况。

景气指数根据其调查对象和反映内容的不同，有宏观和微观等不同分类。企业家信心指数是根据企业家对宏观经济环境信心预期的判断而编制的；企业景气指数是根据企业家对本企业当前综合经营状况的判断和未来发展的预计而编制的指数。

企业景气调查包括工业；建筑业；交通运输、仓储和邮政业；批发和零售业；房地产业；信息传输、计算机服务和软件业；住宿和餐饮业；社会服务业八大行业门类。我省于 1998 年正式开展企业景气调查，2010 年全省每季度进行调查的企业近 3000 家，基本涵盖全部大型及特大型企业、省重点企业、上市公司和部分中小企业，具有较强的代表性。

Brief Introduction

Business survey is a new statistical investigation system that adopts new situation of our country socialist market economy development and profits from the success experience of the market economy countries. It is through carrying on the intent questionnaire survey regularly to the sample enterprise's entrepreneurs, according to judgment and anticipation of the enterprise management condition and the macroscopic economic situation for the entrepreneurs to establish the booming index. Not only the enterprise booming index can reflect the enterprise management condition promptly, current macroscopic economical movement situation, but also will be able to forecast the future economy trend of development.

The booming index is called the scenery extent, it is the target that is compiled to stationary index through the quantitative method processing in the enterprise booming investigation and reflects some specific investigation community or locating condition or development trend of some social economy phenomenon. The value scope of booming index is situated between 0 ~ 200, 100 is marginal value of booming index; When the booming index is bigger than 100, indicates the financial circumstance tends to the rise or the improvement, is at the booming condition; When the booming index is smaller than 100, indicates the financial circumstance tends to the drop or the worsening, is in not the booming condition.

According to its investigation object and the difference of reflection content, the booming index has the different classifications of macroscopic and microscopic. The confidence index of entrepreneurs is established according to the judgment of entrepreneurs to the macroscopic economic environment confidence anticipation; the business climate index is established according to judgment of current comprehensive management condition and the estimate of future development.

Business survey includes industry; construction; transportation, storage and telecommunications; whole sale and retail trade; real estate; information transmission, computer services and software; hotel and catering services; social service eight big profession classes. Shandong business survey was developed in 1998 officially, there are 3000 investigation enterprises that are carried on each quarter in entire province in cover completely large-scale and the extra large type enterprise, the province key enterprises, listed company and the partial small and medium-sized enterprises basically, have the strong representation.

3－1　景气指数稳中攀升　企业经营亮点纷呈

"十一五"山东企业景气状况综述

"十一五"是全面建设小康社会的关键五年，也是面对严峻挑战化危为机的五年。五年间，山东企业积极应对国际金融危机的巨大冲击，坚持转方式、调结构，在复杂形势下取得较好成绩，生产经营显著提高，企业景气指数屡创新高，企业家对宏观经济充满信心。

一、"十一五"期间企业景气指数稳中攀升

企业景气指数总体稳中提升。"十一五"期间企业景气指数均值为136.4，比"十五"期间提升1个点。这一个点来之不易，是在复杂经济形势下的提升。"十一五"前两年，企业景气指数承接"十五"期间的逐步增长态势不断攀升，2006年、2007年企业景气指数分别达到144和147.1，处于高度景气区间运行；2008年一季度起，企业景气指数提前释放经济下行信号，四季度受国际金融危机影响，指数跌至106.1；2009年一季度随着国家一系列保增长、调结构经济政策的出台，企业景气指数拐点上扬，企稳回升，2010年四季度，指数重新站上140.5的高度景气区间，走出完美的"V"字形探底回升轨迹（如图1）。

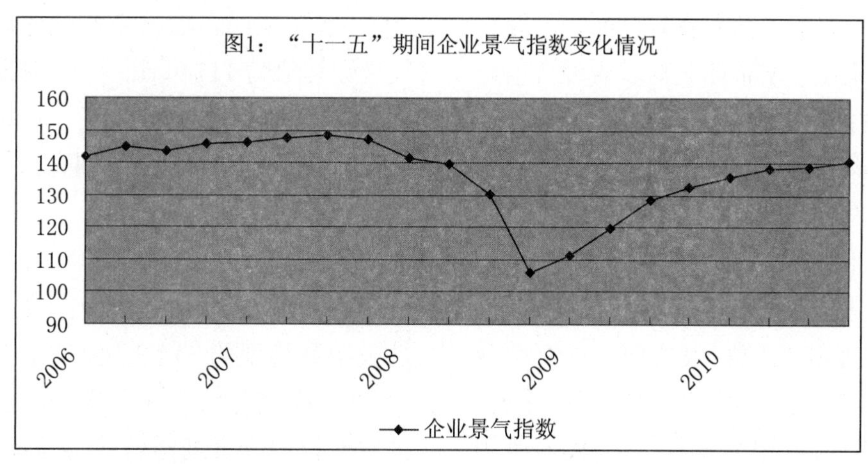

指数屡创新高，近年来上升强劲。"十一五"期间，企业景气指数屡创新高，不断突破历史高点。五年间，有六个季度刷新景气调查历史记录，在2007年三季度攀升到历史最高点148.5，最低点出现在2008年一季度的106.1，中间跨度为42.4点。2009、2010年企业景气指数强劲上升，创造了连续八个季度持续回升的格局。企业景气指数，连续上升34.4点，实现了1999年来企业景气历史上连续提升时间最长、提升幅度最大的一轮快速上升通道。

二、四个角度看"十一五"期间企业家把脉宏观经济发展景象

"十一五"期间企业家信心指数均值为135.3，比"十五"期间提升0.6个点。

视角一，国民经济八大行业企业家信心指数整体提高，第三产提升显著。"十一五"期间，工业、建筑业、交通运输仓储邮政业、批发零售业、房地产业、社会服务业、信息业、住宿餐饮业国民经济八大行业的企业家信心指数个季度均值运行在景气区间内，其中第三产业行业信心指数比"十五"时期有明显提高，批发零售业、信息业和住宿餐饮业分别提高12.5点、4.9点和4.2点。"十一五"时期为建筑业提供了良好的发展机遇，信心指数均值提高5.1

点。房地产业受国家调控影响信心指数整体下浮（如表1）。

表1：八大行业企业家信心指数

	“十一五”均值	“十五”均值	同比增减
工业	134.8	135.5	–0.7
建筑业	138.1	132.9	5.1
交通运输、仓储和邮政业	127.8	127.3	0.5
批发和零售业	136.0	123.6	12.5
房地产业	131.5	152.1	–20.6
社会服务业	140.8	143.0	–2.2
信息传输、计算机服务和软件	161.4	156.5	4.9
住宿和餐饮业	136.5	132.3	4.2

视角二，大中小型企业家对宏观经济都有良好判断。“十一五”期间，大、中、小型企业家信心指数均值分别为148.1，131.9和123.2，大型企业企业家信心指数处于高度景气区间运行，中小型企业家信心指数处于较为景气区间。可以明显看出，大、中、小型企业家对宏观经济发展前景都有良好判断，同时大型企业信心足于中小型企业，对宏观经济信心起到了全面支撑作用。

视角三，国有企业、股份有限公司信心指数提升明显。“十一五”期间，各企业类型企业信心度依然保持在景气区间内，反映出经济整体向好趋势。其中信心度提升最为明显的要数国有企业和股份有限公司。国有企业“十一五”期间信心指数均值为135.8，比“十五”提高4.6点。股份有限公司信心指数均值为144.1，比“十五”提高3.8点。

视角四，省重点、上市公司等优势企业群体看好宏观经济。“十一五”期间，省重点企业、上市公司企业家认为宏观经济整体向好，信心指数最高攀升至180以上的强景气区间。两类企业群体信心指数均值分别为152.3和146.5，处于高位景气区间运行。

三、“十一五”期间企业生产经营特点突出、亮点纷呈

特点一：企业整体盈利水平增强。“十一五”期间，反映企业整体盈利水平的景气指数均值为117.9，比“十五”时期提高0.8点。其中，社会服务业比“十五”时期提高2.1点；批发零售业比“十五”时期提高11点，成为利润增长最快的行业。

特点二：劳动就业吸纳能力增强。“十一五”期间，反映企业劳动力就业情况的景气指数均值为114.9，比“十五”时期提高10.2点。吸收劳动力就业较多的是住宿餐饮业、批发零售业和交通运输业等劳动密集型行业，分别比“十五”提高16.4点、17.4点和13.3点。吸纳劳动力能力最强的行业是建筑业，其景气度在八大行业中居首（如表2）。

表2：八大行业劳动力需求指数

	“十一五”均值	“十五”均值	同比增减
工业	117.2	107.7	9.5
建筑业	123.8	117.0	6.9
交通运输、仓储和邮政业	102.8	89.5	13.3
批发和零售业	106.7	89.3	17.4
房地产业	104.9	103.7	1.2
社会服务业	111.1	103.7	7.5
信息传输、计算机服务和软件	114.4	105.0	9.4
住宿和餐饮业	119.1	102.8	16.4

特点三：资金紧张状况有所缓解。“十一五”期间，国家进一步完善金融财税政策，企业流动资金相对充裕，融资手段和方式比“十五”时期更加丰富。反映流动资金状况的景气指数均值为89.3，比“十五”时期提高10.5点。反映企业融资状况的景气指数均值为89，比“十五”时期提高7.1点。

特点四：固定资产投资下降。“十一五”期间，企业投资意向不如“十五”时期强烈，2007年国家控制固定资产投资规模政策和国际金融危机初期双重影响，抑制了“十一五”期间企业总体投资水平。企业固定资产投资指数均值为113.9，比“十五”时期下降4.9点。其中，工业、建筑业和房地产业分别下降4.3点、4.9点和6.5点，成为固定资产投资景气下降最主要因素。

四、企业景气走势预计

“十二五”既是加快转变经济发展方式的攻坚时期，也是企业可以大有作为的重要战略机遇期。由于“十二五”前期调整压力较大，短期内景气指数上行受阻；但随着“十二五”中后期“转方式，调结构”成效逐步发挥，景气指数会攀升至高位运行。

2011年是“十二五”规划的开局之年。景气调查综合数据预计，企业家信心指数和企业景气指数将在140区间运行，短期受季节性影响两大指数的预期可能会出现景气高位的小幅回落，但2011年山东企业将会平稳健康发展。

3-2　企业景气指数提升　预期继续看好
——2010年一季度山东企业景气调查报告

国家统计局山东调查总队对全省3000家企业景气调查显示，2010年一季度，反映企业综合经营状况的企业景气指数和反映企业家对未来宏观经济预期的企业家信心指数连续五个季度回升，预计下季度将继续保持平稳增长。

企业景气指数和企业家信心指数变化情况

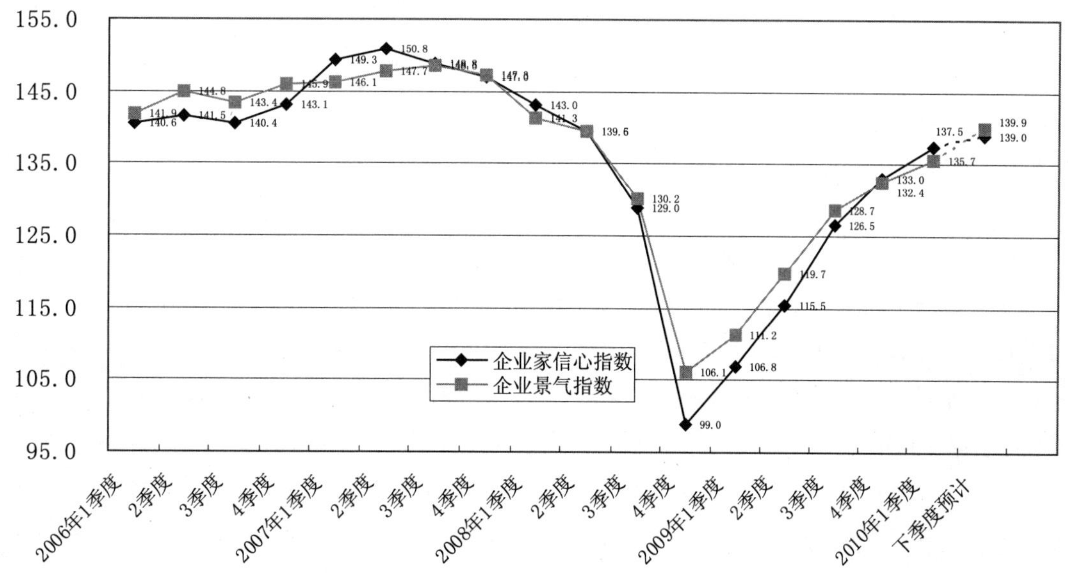

一、企业景气继续回升

2010年一季度，山东企业景气指数为135.7，比上季度提升3.3点，比去年同期大幅提升24.5点。经加权汇总计算，44.5%的企业认为企业综合经营状况良好，46.8%的企业认为经营状况一般，8.7%的企业认为状况不佳。

（一）八大行业景气指数6升2降

分行业看，工业继续保持回升势头，工业景气指数为136.2，比上季度提升3.7点；交通运输仓储邮电通信业企业景气指数为118.9，比上季度提升0.8点；批发零售业景气指数为142.9，比上季度提升2.3点；社会服务业景气指数为138.8，比上季度提升19.4点；信息传输计算机服务软件业景气指数为169，比上季度提升5.6点；住宿餐饮业景气指数为125.4，比上季度提升2.8点。

受季节因素影响，建筑业景气指数为133.9，比上季度回落5.1点；房地产业景气指数为132，比上季度回落0.9点。

（二）私营企业景气指数大幅提升

分登记注册类型看，私营企业景气指数为149.3，比上季度提升21.6点，其景气度居各登记注册类型企业之首；国有企业景气指数为133.3，比上季度提升1.4点；集体企业景气指数为130.4，比上季度提升3.8点；有限责任公司企业景气指数为134.3，比上季度提升1.7点；股份有限公司企业景气指数为146.3，比上季度提升4.8点；股份合作企业景气指数为108.3，比上季度回落12.1点。

（三）小型企业景气指数提升速度快

分企业规模看，大、小型企业景气度继续提高，小型企业景气指数提升幅度明显高于大中型企业。大型企业景气指数为161，比上季度提升3.2点；中型企业景气指数为135.1，比上季度回落0.3点；小型企业景气指数为121.3，比上季度提升6.9点。

（四）省重点、高新技术企业景气指数平稳上升

从特殊分组看，省重点企业景气指数为159，比上季度提升2.9点；高新技术企业景气指数为146.5，比上季度提升2.5点。上市公司企业景气度有所回落，景气指数为162.7，比上季度回落8点。

二、企业家信心普遍提升

2010年一季度，山东企业家信心指数为137.5，比上季度提升4.5点，企业家信心指数与企业景气指数两条曲线呈现交叉，企业家信心由低于企业景气转为向上突破，超越企业景气指数1.8点。经加权汇总计算，44.9%的企业家对宏观经济充满信心，47.8%的企业家保持谨慎乐观，7.3%的企业家信心不足。

国民经济八大行业企业家信心指数均高于上季度。分行业看，工业企业家信心指数为136.2，比上季度提升3.4点。其中，制造业企业家信心指数为133.6，比上季度提升4点。建筑业、交通运输仓储邮政邮电通信业、批发零售业、房地产业、社会服务业、信息传输计算机服务软件业、住宿餐饮业企业家信心指数为144、126.2、140.3、138.2、149.5、170.2和133，分别比上季度提升4点、6.1点、8.1点、1点、15.8点、7.6点、3.1点。

三、企业生产经营主要指标景气状况特点

（一）生产总量季节性回落

2010年一季度，由于假日因素影响，生产总量环比季节性回落。生产总量景气指数为113.4，比上季度回落11点，比去年同期提升21.8点。社会服务业和住宿餐饮业生产总量景气指数分别比上季度提升30点和3.9点，成为逆势增长的两个行业。

工业生产总量景气指数为113.7，比上季度回落11.3点，比去年同期提升24.8点。工业企业设备利用率为86.6%，已经连续五个季度超过80%，稳步提高的设备利用率说明了经济回升态势呈进一步增强趋势。

（二）资金紧张状况得以缓解

2010年一季度，对企业信心的增强导致

资金加快流向实体经济，企业微观层面的资金紧张状况得到继续改善。反映企业流动资金状况的景气指数为96.6，比上季度提升5.7点；反映企业融资状况的景气指数为94.2，比上季度提升1.2点。两项关于资金指标的景气指数均超过90，接近景气临界线。

（三）出口订单增长强劲

2010年一季度，反映企业产品订货状况的景气指数为116.5，比上季度回落2.8点，比去年同期提升22.7点。在经济回暖、汇率基本稳定等有利因素影响下，企业家对下季的出口形势较为乐观，国外订货景气指数为97.2，比上季度提升2.9点，比去年同期提升20.2点。

（四）货款拖欠情况继续好转

2010年一季度，反映企业货款拖欠情况的景气指数为108.7，比上季度提升1点。特别是建筑业货款拖欠景气指数为99.2，比上季度提升18.7，接近景气临界值。说明建筑行业工程款拖欠问题在一定程度得到解决。

（五）企业用工需求增加

2010年一季度，反映劳动力需求状况的劳动力需求指数为124.8，比上季度提升10.2点，比去年同期提升31.4点。制造业、社会服务业、信息传输计算机软件业和住宿餐饮业成为拉动就业的主要力量，分别比上季度提升15点、26.9点、32点和28.6点。

（六）主要原材料及能源购进价格上升，企业生产成本增加

被调查企业认为，主要原材料的购进价格有所上升，尤其是能源类原材料价格持续走高。受此影响一季度主要原材料及能源购进价格景气指数为59.4，处于较为不景气区间。

企业生产成本明显增加。生产成本景气指数为62.5点，比上季度回落13.7点，比去年同期回落39.3。

（七）企业效益同比攀升，环比下降

调查显示，一季度反映企业盈利变化状况的景气指数为113.7，比去年同期攀升23.1点。分行业看，工业、建筑业、交通运输仓储邮政业、批发零售业、房地产业、社会服务业、住宿餐饮业分别比去年同期提升25.1点、17.6点、14.9点、22.3点、35.4点、21.3点和28点。

但通过环比来看，一季度企业盈利变化景气指数比上季度回落4.7点，利润空间缩小。从行业情况看，工业盈利变化景气指数比上季度回落6.2点。其中，采矿业回落33.9点，制造业回落2.6点，电力燃气及水的生产供应业回落20.4点。建筑业、房地产业和信息传输计算机服务软件业盈利变化景气指数分别比上季度回落19.3点、20.1点和35.5点。

四、预计二季度景气指数将继续向好

根据企业家判断，二季度反映企业综合经营状况的企业景气指数将继续增加，达到139.9，比一季度提升4.2点；反映企业家对宏观经济信心的企业家信心指数将至139，比一季度提升1.5点。

预计工业、建筑业、交通运输仓储邮政业、房地产业、社会服务业、信息传输计算机服务软件业和住宿餐饮业景气指数将分别提升4.2点、8.1点、4.7点、3点、2点、3.8点和4.7点；大中小型企业景气指数，分别提升1.4点、5.3点和4.1点。

山东省2010年一季度企业家信心指数

	本季度指数	上季度指数	去年同季度指数	下季度预计指数
全省	137.5	133	106.8	139
按行业门类分				
工业	136.2	132.8	105.2	137.9
采掘业	165.4	161.8	125.5	166.1
制造业	133.6	129.6	102.5	135.8
电力、燃气及水的生产和供应业	138.7	139.5	110	134.9
建筑业	144	140	115.1	146.9
交通运输、仓储及邮电通信业	126.2	120.1	93.9	129
批发和零售业	140.3	132.2	117.8	139.6
房地产业	138.2	137.2	84.2	137
社会服务业	149.5	133.7	117.8	152
信息传输、计算机服务和软件	170.2	162.6	154.5	171.3
住宿和餐饮业	133	129.9	106.2	134.7
按企业登记注册类型分				
国有企业	138.1	139.3	109.1	140.7
集体企业	131.8	129.9	108	131.1
股份合作企业	115.3	119	91	113.1
联营企业	114.3	100	100	121.4
有限责任公司	136.8	129.9	103	138.4
股份有限公司	141.1	139.6	117.7	143
私营企业	147.6	125.4	108.8	145
按企业规模分				
大型	150.1	152.1	116	151.6
中型	138.1	135.1	108.2	139.8
小型	128.9	119.5	99.3	130.1
特殊分组				
上市公司	144.9	144.3	106.1	143.7
高新技术企业	137.8	134	100.2	139.8
省重点企业	148.5	154.2	117.5	151.3

山东省2010年一季度企业景气指数

	本季度指数	上季度指数	去年同季度指数	下季度预计指数
全省	135.7	132.4	111.2	139.9
按行业门类分				
工业	136.2	132.5	110.4	140.8
采掘业	159.3	148.6	132.6	161.1
制造业	135.1	130.6	107.3	140.1
电力、燃气及水的生产和供应业	126.4	142.5	119.3	129
建筑业	133.9	139	106.9	142
交通运输、仓储及邮电通信业	118.9	118.1	97.2	123.6
批发和零售业	142.9	140.6	127.8	141.9
房地产业	132	132.9	95.2	135
社会服务业	138.8	119.4	111.8	140.8
信息传输、计算机服务和软件	169	163.4	160.5	172.8
住宿和餐饮业	125.4	123.6	111.8	130.1
按企业登记注册类型分				
国有企业	133.3	131.9	115.1	136.5
集体企业	130.4	126.6	112.6	136.9
股份合作企业	108.3	120.4	93.6	109.2
联营企业	100	100	77.8	107.1
有限责任公司	134.3	132.6	106.2	139.1
股份有限公司	146.3	141.5	127.7	149.3
私营企业	149.3	127.7	120.8	150.5
按企业规模分				
大型	161	157.8	129.4	162.4
中型	135.1	135.4	113.1	140.4
小型	121.3	114.4	99.7	125.4
特殊分组				
上市公司	162.7	170.7	118.9	164.5
高新技术企业	146.5	144	110.2	155.7
省重点企业	159	156.1	129.5	159

3－3 企业景气平稳提升　企业家信心小幅回调——2010年二季度山东企业景气调查报告

国家统计局山东调查总队对全省3000家企业景气调查显示，2010年二季度，企业生产经营状况继续向好，反映企业综合经营状况的企业景气指数保持六个季度回升，逼近高位景气区间；反映企业家对未来宏观经济预期的企业家信心指数由升转稳，出现小幅回调。

企业景气指数和企业家信心指数变化情况

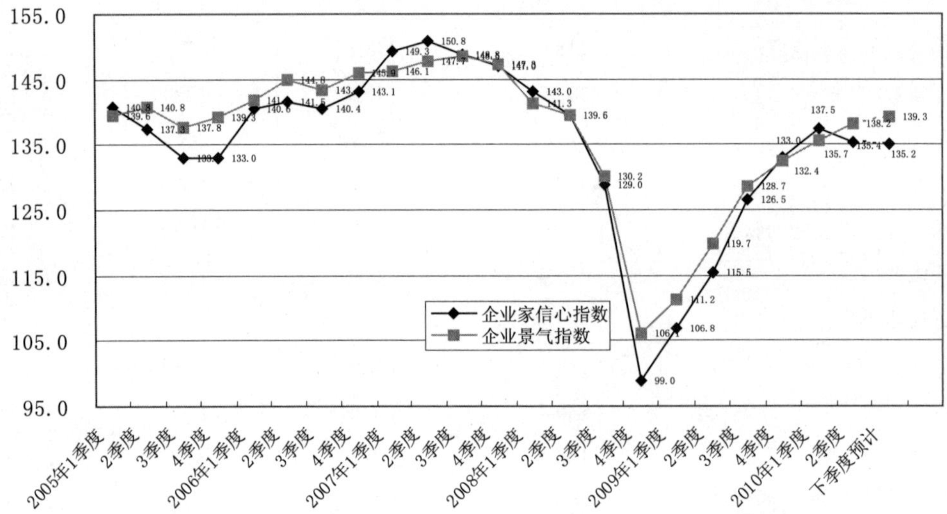

一、企业景气平稳

2010年二季度，反映企业综合经营状况的企业景气指数为138.2，比上季度提升2.5点，比去年同期大幅提升18.5点。企业景气指数保持六个季度回升态势，继续向140的景气高位攀升。经加权汇总计算，45.5%的企业认为企业综合经营状况良好，47.3%的企业认为经营状况一般，7.2%的企业认为状况不佳。预计2010年三季度企业景气指数为139.3，提升1.1点。

（一）八大行业景气指数6升2降

企业景气调查涉及的国民经济八大行业，与上季度相比有不同程度的升降。分行业看，工业继续保持回升势头，工业景气指数为139.2，比上季度提升3点。其中，采掘业、制造业和电力燃气及水的生产供应业景气指数分别比上季度提升2.3点、2.3点和11.2点。建筑业景气指数为140.8，比上季度提升6.9点。交通运输仓储邮政业景气指数为124.1，比上季度提升5.2点。社会服务业景气指数为143.5，比上季度上升4.7点。信息传输计算机服务软件业景气指数为171.1，比上季度提升2.1点，景气度仍居各行业之首。住宿餐饮业景气指数为133，比上季度提升7.6点。

批发零售业景气指数为140.2，比上季度回落2.7点。房地产业景气指数为124.2，比上季度回落7.8点。

（二）国有企业景气指数继续上升

分登记注册类型看，国有企业景气指数为139.3，比上季度提升6点。集体企业景气指数为130.7，比上季度提升0.3点；有限责任公司企业景气指数为135.9，比上季度提升

1.6点；股份有限公司企业景气指数为150.2，比上季度提升3.9点，其景气度居各登记注册类型企业之首。港澳台投资企业景气指数为145.5，比上季度提升7.8点；外商投资企业景气指数为140.6，比上季度提升5.5点。

股份合作企业景气指数为107，比上季度回落1.3点；联营企业景气指数为71.4，比上季度回落28.6点；私营企业景气指数为135.8，比上季度回落13.5点。

（三）大型企业景气指数平稳提升

分企业规模看，大、中型企业景气度继续提高。大型企业景气指数为161.8，比上季度提升0.8点；中型企业景气指数为139.8，比上季度提升4.7点；小型企业景气指数为121.2，比上季度略有降低。

（四）省重点、上市公司景气指数在较强景气区间运行

从特殊分组看，省重点企业景气指数为160.9，比上季度提升1.9点；上市公司企业景气指数为160.8，比上季度回落1.9点；出口企业景气指数为145.1，比上季度提升1点；高新技术企业景气指数为143.9，比上季度回落2.6点。

二、企业家信心小幅回调

2010年二季度企业家信心指数结束了自2009年以来的五个季度连续上升走势，出现小幅回调。二季度企业家信心指数为135.4，比上季度回落2.1点。经加权汇总计算，企业家对宏观经济充满信心的占42.9%，比上季度减少2%；企业家保持谨慎乐观的占49.6%，比上季度增加4.7%；企业家信心不足的占7.5%，比上季度增加0.2%。预计2010年三季度企业家信心指数为135.2，将比本季度继续回落0.2点。

分行业看，建筑业、社会服务业和住宿餐饮业企业家信心指数为146.9、149.6和133.6，分别比上季度提升2.9点、0.1点和0.6点。工业、交通运输仓储邮政业、批发零售业和信息传输计算机服务软件业企业家信心指数为134.7、125.6、139.3和163.8，分别比上季度回落1.5点、0.6点、1点和6.4点。房地产业企业家信心指数为114.6，回落明显，比上季度回落23.6点。

从工业行业大类看，煤炭开采和洗选业、烟草制品业、皮革皮毛羽毛及其制品业、造纸及纸制品业、化学原料及化学制品制造业、医药制造业、化学纤维制造业、橡胶制品业、塑料制品业、黑色金属冶炼及延压加工业和金属制造业企业家信心指数分别比上季度回落25.1点、25点、16.6点、8.3点、8.2点、12.2点、19.5点、5点、25点、42.1点和20.8点。

企业家信心指数是企业家对宏观经济环境信心预期的判断，是一项先行性指标，当前容易受近期宏观信息影响。国际金融危机影响的严重性和经济复苏的曲折性都超过了人们的预期，宏观调控面临的问题增多，宏观层面影响企业家对经济环境预期作出回调判断，应引起关注。

三、企业生产经营状况继续向好

（一）生产总量大幅增加

二季度，反映企业生产总量的企业生产总量景气指数为131.9，比上季度大幅提升18.5点。分行业看，工业生产总量景气指数为132.6，比上季度提升18.9点。建筑业生产总量景气指数为156.3，受季节因素影响，比上季度提升55.2点。交通运输仓储邮政业、房地产业、社会服务业、信息传输计算机服务软件业和住宿餐饮业生产总量景气指数分别比上季度提升17.9点、16.1点、11.9点、13.8点和20.7点。

此外，二季度工业企业设备利用率为86.7%，已经连续六个季度超过80%，稳步提高的设备利用率说明了工业仍然处于平稳较快增长的正常区间。

（二）市场需求稳中有升，产品销售加快

二季度，社会需求保持较高水平，企业接受订单增多。企业产品订货景气指数为124.6，

比上季度提升 8.1 点。其中，国外订单景气指数为 101.4，比上季度提升 4.2 点，步入景气区间。

调查显示，工业产品价格下降，销售加快。产品销售价格景气指数为 112.1，比上季度回落 5.1 点；产品销售景气指数为 133.6，比上季度提升 19.8 点。

（三）通货膨胀压力缓解，企业成本压力减轻

二季度，主要原材料及能源购进价格回落，生产成本下降。调查显示，主要原材料及能源购进价格景气指数为 65.4，比上季度提升 6 点；生产成本景气指数为 73，比上季度提升 10.5 点（两项指标均为逆指标）。

（四）企业效益明显上升

二季度，反映企业盈利变化状况的景气指数为 120.8，比上季度提升 7.1 点。分行业看，工业、建筑业、交通运输仓储邮政业、社会服务业、信息传输计算机服务软件业和住宿餐饮业盈利变化景气指数分别比上季度提升 8.7 点、22 点、2.8 点、8.8 点、26.4 点和 16.6 点。

（五）企业固定资产投资增加

二季度，反映企业固定资产投资状况的景气指数为 119，比上季度提升 7.1 点。工业固定资产投资景气指数为 119.4，比上季度提升 7.5 点。其中，采矿业、制造业和电力燃气及水的生产供应业固定资产投资景气指数分别比上季度提升 8.4 点、6.5 点和 14.6 点。

（六）依靠科技创新，加快转变发展方式

当前我国处在调整产业结构、加快经济发展方式转变的重要历史时期，山东企业紧抓自主创新、转型升级的重大机遇，投入技改项目，淘汰落后产能，为下一轮经济增长打下坚实基础。景气调查显示，工业企业科技创新景气指数为 121.7，比上季度提升 3.3 点。

四、值得关注的问题

（一）房地产宏观调控效果显现，信心指数大幅回落

国家从一季度开始就相继出台一系列调控房地产市场健康发展的措施。进入二季度调控措施继续加大，针对二套住房，国家采取了更加严厉的土地供应政策和更加从紧的信贷政策。

从调查数据观察，房地产业景气指数降低也反映了政策调控的效果，房地产企业家信心指数和企业景气指数分别比一季度回落 23.6 和 7.8 点。房地产业新开工情况、商品房预售、商品房销售、商品房销售价格、空置商品房、货款拖欠和劳动力需求景气指数分别比一季度回落 4.6 点、8.2 点、10.1 点、9.7 点、6.6 点、4.1 点和 3.4 点。

（二）企业用工需求下降

二季度，反映劳动力需求状况的劳动力需求指数为 123.4，比上季度回落 1.4 点。工业、批发零售业、房地产业、信息传输计算机服务软件业和住宿餐饮业劳动力需求指数分别比上季度回落 5.3 点、3.6 点、3.4 点、10.3 点和 4.8 点。

山东省2010年二季度企业家信心指数

	本季度指数	上季度指数	去年同季度指数	下季度预计指数
全省	135.4	137.5	115.5	135.2
按行业门类分				
工业	134.7	136.2	114.8	134.4
采掘业	158.8	165.4	137.9	159.3
制造业	132.4	133.6	111.6	132.3
电力、燃气及水的生产和供应业	138.4	138.7	123.5	135.2
建筑业	146.9	144	127.5	146
交通运输、仓储和邮政业	125.6	126.2	99.1	129
批发和零售业	139.3	140.3	124.8	137.9
房地产业	114.6	138.2	106.9	113.8
社会服务业	149.6	149.5	105.5	148.1
信息传输、计算机服务和软件	163.8	170.2	160.4	165.1
住宿和餐饮业	133.6	133	116.5	133.1
按企业登记注册类型分				
国有企业	142.3	138.1	123.4	141
集体企业	133.8	131.8	116.2	131.4
股份合作企业	105.6	115.3	88.8	106.9
联营企业	85.7	114.3	100	85.7
有限责任公司	130.4	136.8	113.4	130.6
股份有限公司	140.3	141.1	119.3	140.4
私营企业	142.9	147.6	121.1	139.1
按企业规模分				
大型	145.6	150.1	128.3	144.1
中型	137.8	138.1	117.1	138
小型	124.8	128.9	107	124.6
特殊分组				
上市公司	140.7	144.9	107	140.9
高新技术企业	137	137.8	109.5	137.8
省重点企业	140.2	148.5	128.1	139.2

山东省 2010 年二季度企业景气指数

	本季度指数	上季度指数	去年同季度指数	下季度预计指数
全省	138.2	135.7	119.7	139.3
按行业门类分				
工业	139.2	136.2	120.5	140.1
采掘业	161.6	159.3	138	158.8
制造业	137.4	135.1	118	138.9
电力、燃气及水的生产和供应业	137.6	126.4	128	136.6
建筑业	140.8	133.9	122.9	145.4
交通运输、仓储和邮政业	124.1	118.9	102.6	125.4
批发和零售业	140.2	142.9	127.1	140.4
房地产业	124.2	132	115.1	121.6
社会服务业	143.5	138.8	106.1	145
信息传输、计算机服务和软件	171.1	169	165.3	172.4
住宿和餐饮业	133	125.4	112.9	134.4
按企业登记注册类型分				
国有企业	139.3	133.3	123.1	140.2
集体企业	130.7	130.4	114.1	132.1
股份合作企业	107	108.3	94.9	109.9
联营企业	71.4	100	88.9	71.4
有限责任公司	135.9	134.3	118.1	136.2
股份有限公司	150.2	146.3	132.1	151.2
私营企业	135.8	149.3	120.1	140
按企业规模分				
大型	161.8	161	142.4	159
中型	139.8	135.1	121.9	142
小型	121.2	121.3	104.9	122.9
特殊分组				
上市公司	160.8	162.7	138.8	160.9
高新技术企业	143.9	146.5	123.8	146.3
省重点企业	160.9	159	144	158

3－4　企业景气逐季提升　增长幅度明显收窄
——2010年三季度山东企业景气调查报告

国家统计局山东调查总队对全省3000家企业景气调查显示，2010年三季度，宏观经济高位回调过程已基本趋稳，反映企业综合经营状况的企业景气指数已保持七个季度逐季上升的态势。反映企业家对未来宏观经济预期的企业家信心指数由跌转升，预计下季度将继续保持平稳增长势头。

企业景气指数和企业家信心指数变化情况

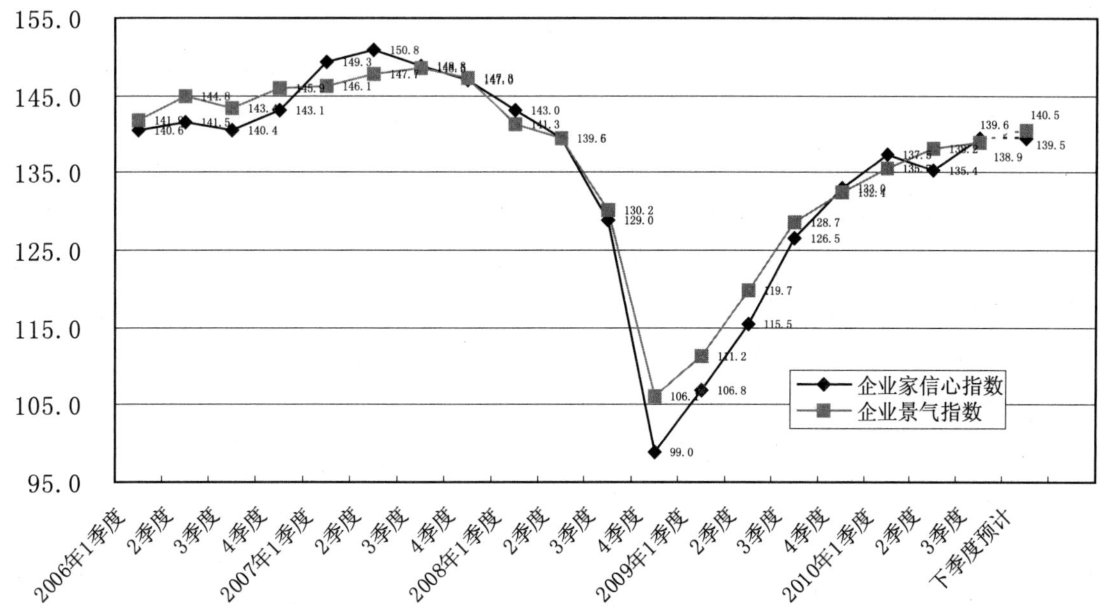

一、企业景气逐季提升

2010年三季度，反映企业综合经营状况的企业景气指数为138.9，比上季度提升0.7点，比去年同期提升10.2点。企业景气指数保持七个季度回升态势，但涨幅明显收窄。经加权汇总计算，45.9%的企业认为企业综合经营状况良好，47%的企业认为经营状况一般，7.1%的企业认为状况不佳。预计2010年四季度企业景气指数为140.5，提升1.6点。

（一）八大行业景气指数5升3降

企业景气调查涉及的国民经济八大行业，与上季度相比有不同程度的升降。分行业看，建筑业景气指数为142，比上季度提升1.2点。交通运输仓储邮政业景气指数为130.8，比上季度提升6.7点。房地产业景气指数为132.2，比上季度提升8点。社会服务业景气指数为151.5，比上季度提升8点。住宿餐饮业景气指数为135.9，比上季度提升2.9点。

工业景气指数为138.6，比上季度小幅回落0.6点。其中，制造业景气指数仍保持逐季上升，比上季度提升0.4点，采掘业景气指数比上季度回落11.7点。信息传输计算机服务软件业景气指数为165.3，比上季度回落5.8点，景气度仍居各行业之首。批发零售业景气指数为139.2，比上季度回落1点。

（二）私营企业活跃度上升

分登记注册类型看，私营企业景气指数为148.4，比上季度大幅提升12.6点；国有企业景气指数为140.3，比上季度提升1点；集体企业景气指数为131.9，比上季度提升1.2点；联营企业景气指数为100，比上季度提升28.6点；股份合作企业景气指数为108.8，比上季度提升1.8点；外商投资企业景气指数为142.6，比上季度提升2点；港澳台投资企业景气指数为152.8，比上季度提升7.3点，其景气度居各登记注册类型企业之首。

有限责任公司企业景气指数为135.1，比上季度回落0.8点；股份有限公司企业景气指数为147.7，比上季度回落2.5点。

（三）中小企业景气指数平稳提升

分企业规模看，中小型企业景气指数稳步上升，大型企业回落。中型企业景气指数为141.4，比上季度提升1.6点；小型企业景气指数为123，比上季度提升1.8点；大型企业景气指数为157.4，比上季度回落4.4点。

（四）省重点、上市公司景气指数在较强景气区间运行

从特殊分组看，省重点企业景气指数为155.7，比上季度回落5.2点；上市公司企业景气指数为159.7，比上季度回落1.1点；出口企业景气指数为145.3，比上季度提升0.2点；高新技术企业景气指数为145，比上季度提升1.1点。

二、企业家信心由降转升

2010年三季度企业家信心指数为139.6，比上季度提升4.2点，比去年同期提升13.1点。企业家信心结束二季度回调走势，反转向上高位攀升。经加权汇总计算，企业家对宏观经济充满信心的占45.7%；企业家保持谨慎乐观的占48.2%；企业家信心不足的占6.1%。预计2010年四季度企业家信心指数为139.5，与本季度基本持平。

分行业看，工业、建筑业、交通运输仓储邮政业、批发零售业、房地产业、社会服务业和住宿餐饮业企业家信心指数为137.7、147.2、138.5、139.9、133.9、158.4和140.3，分别比上季度提升3点、0.3点、12.9点、0.6点、19.3点、8.8点和6.7点。信息传输计算机服务软件业企业家信心指数为162，比上季度回落1.8点。

三、企业生产经营主要指标景气状况特点

（一）生产总量有所回落，高耗能行业生产放缓

三季度，反映企业生产状况的生产总量景气指数为127.5，比上季度回落4.4点。三季度工业企业设备利用率为86.4%，比上季度下降0.3个百分点。

分行业看，工业生产总量景气指数为124.1，比上季度回落8.5点。其中，采矿业和制造业企业景气指数分别比上季度回落39.1和7.2点。随着节能降耗工作力度不断加大，高耗能行业生产逐步放缓。石油加工炼焦及核燃料加工业、化学原料及化学制品制造业、非金属矿物制品业、黑色金属冶炼及压延加工业、有色金属冶炼及压延加工业和电力热力的生产供应业生产总量景气指数分别比上季度回落8.2点，1.8点，6.4点，2.2点，34.7点和3.6点。

与此同时，交通运输仓储邮政业、批发零售业、社会服务业和住宿餐饮业分别比上季度提升7.4点、11.5点、9.9点和10.4点。

（二）企业效益增幅收窄，三产推动盈利增长

三季度，反映企业盈利变化状况的景气指数为121，比上季度增长0.2点。工业效益有所回落，企业盈利增长主要由第三产业拉动。工业盈利变化景气指数比上季度回落3.2点，交通运输仓储邮政业、批发零售业、房地产业、社会服务业和住宿餐饮业分别比上季度提升9.4点、4.4点、11.7点、12.4点和10点。

（三）市场需求平稳，产品订货提升

三季度，社会需求保持较高水平，企业接受订单增多。企业产品订货景气指数为125.8，比上季度提升1.2点。分行业看，采矿业、电力燃气及水的生产供应业、交通运输仓储邮政

业、批发零售业、房地产业、社会服务业和住宿餐饮业产品订货景气指数分别比上季度提升6.6 点，4.3 点，8.7 点，0.2 点，23.2 点，1.1 点和 12.5 点。

（四）产品销售价格提高，销售放缓库存减少

三季度调查显示，产品销售价格景气指数为 118.5，比上季度提升 6.4 点；产品销售景气指数为 126.6，比上季度回落 7 点；产成品库存景气指数为 133.2 点，比上季度提升 5 点。

（五）资金紧张状况继续改善

三季度，企业微观层面资金紧张状况继续改善，企业融资能力、流动资金状况逐季提升。反映企业融资状况的景气指数为 97.2，比上季度提升 2.1 点；反映企业流动资金状况的景气指数为 100.6，比上季度提升 3.9 点，自开展景气调查来，流动资金景气指数首次步入景气区间。

四、值得关注的问题

（一）能源、原材料价格持续上涨，企业生产成本明显增加

调查显示，工业企业主要原材料及能源购进价格景气指数为 60.4，比上季度回落 5 点，比去年同期回落 8.1 点，处于较为不景气区间；主要原材料及能源供应景气指数为 127.3 点，比上季度回落 4.3 点。基础能源原材料价格的上涨，推动了企业生产成本增加。工业企业生产成本景气指数为 66，比上季度回落 7 点，比去年同期回落 15.6 点。

（二）企业用工需求继续下降

三季度，反映劳动力需求状况的劳动力需求指数连续两个季度回落，为 123.1，比一、二季度分别回落 1.4 点和 0.3 点。其中，工业、建筑业和信息传输计算机服务软件业劳动力需求指数分别比上季度回落 1.5 点，13.3 点和 4.2 点。

山东省2010年三季度企业家信心指数

	本季度指数	上季度指数	去年同季度指数	下季度预计指数
全省	139.6	135.4	126.5	139.5
按行业门类分				
工业	137.7	134.7	124.5	138
采掘业	158.2	158.8	144	157.7
制造业	136.9	132.4	122	137.5
电力、燃气及水的生产和供应业	129.8	138.4	128.8	128.3
建筑业	147.2	146.9	132.7	145.7
交通运输、仓储和邮政业	138.5	125.6	117.3	137.3
批发和零售业	139.9	139.3	126.3	140.1
房地产业	133.9	114.6	129.7	133.3
社会服务业	158.4	149.6	139.2	152.5
信息传输、计算机服务和软件	162	163.8	168	165
住宿和餐饮业	140.3	133.6	130.2	138.7
按企业登记注册类型分				
国有企业	145.4	142.3	135	145.8
集体企业	136.8	133.8	117.6	136.5
股份合作企业	108.5	105.6	100.1	110.6
联营企业	128.6	85.7	122.2	121.4
有限责任公司	136.5	130.4	125.5	136
股份有限公司	141.3	140.3	132.9	141.6
私营企业	148.7	142.9	123	147.1
按企业规模分				
大型	152.2	145.6	142.6	151.1
中型	139.5	137.8	127.5	140.2
小型	131.3	124.8	117.4	130.7
特殊分组				
上市公司	139.5	140.7	133.6	138.2
高新技术企业	139.60	137	123.3	143.20
省重点企业	149.20	140.2	144.9	149.30

山东省2010年三季度企业景气指数

	本季度指数	上季度指数	去年同季度指数	下季度预计指数
全省	138.9	138.2	128.7	140.5
按行业门类分				
工业	138.6	139.2	128.2	140.8
采掘业	149.9	161.6	138.2	160.4
制造业	137.8	137.4	126.9	139.6
电力、燃气及水的生产和供应业	137.5	137.6	133.1	136.2
建筑业	142	140.8	128.3	142.6
交通运输、仓储和邮政业	130.8	124.1	111.3	130
批发和零售业	139.2	140.2	136.4	140.8
房地产业	132.2	124.2	123.3	132.8
社会服务业	151.5	143.5	138.1	150
信息传输、计算机服务和软件	165.3	171.1	167.7	167.4
住宿和餐饮业	135.9	133	127.6	135.4
按企业登记注册类型分				
国有企业	140.3	139.3	131.7	142.4
集体企业	131.9	130.7	120	132.3
股份合作企业	108.8	107	99.8	108.8
联营企业	100	71.4	100	100
有限责任公司	135.1	135.9	129.8	136.4
股份有限公司	147.7	150.2	136.5	151.5
私营企业	148.4	135.8	133.5	146.1
按企业规模分				
大型	157.4	161.8	151.8	161.2
中型	141.4	139.8	130.6	142.7
小型	123	121.2	114.2	123.7
特殊分组				
上市公司	159.7	160.8	161.2	163.5
高新技术企业	145	143.9	131.8	143.9
省重点企业	155.7	160.9	153.8	166.3

3－5 企业景气持续攀升 企业家信心高位运行 ——2010年四季度山东企业景气调查报告

据对全省3000家企业景气调查显示，2010年四季度，反映企业综合生产经营状况的企业景气指数为140.5，继续小幅攀升，创金融危机以来新高。反映企业家对宏观经济信心与预期的企业家信心指数为139.1，趋于高位区间运行，企业景气向好势头进一步巩固，为“十二五”开局奠定了良好基础。预计2011年一季度企业家信心指数和企业景气指数在140左右高度景气区间波动，将继续保持平稳发展态势。

企业景气指数和企业家信心指数变化情况

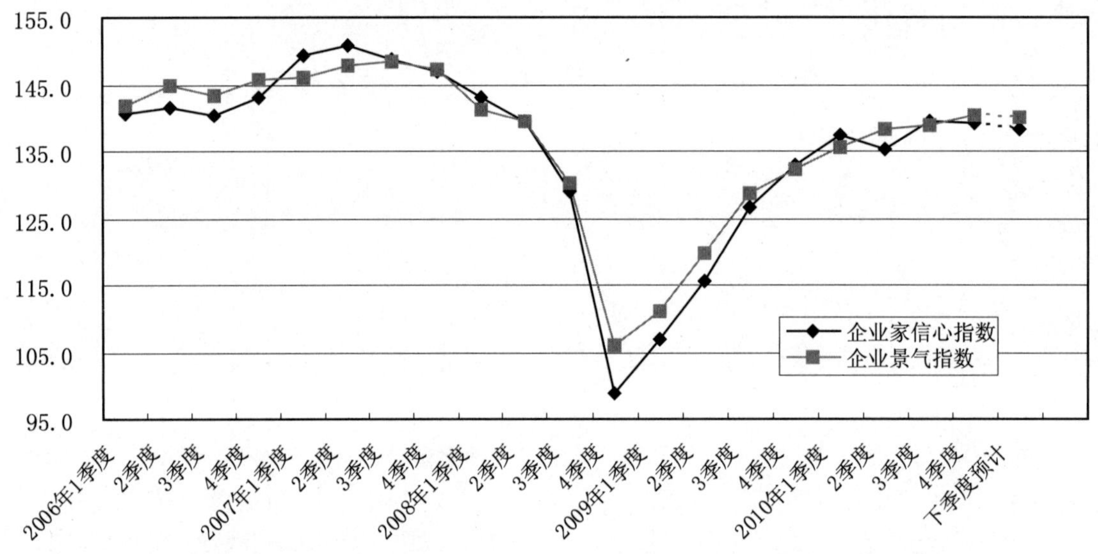

一、企业景气指数持续攀升

2010年1—4季度企业景气指数分别为：135.7、138.2、138.9和140.5，呈现出持续提升的特点。一是逐季上升，自2008年四季度以来，企业景气指数已实现八个季度连续上升。二是金融危机以来首次进入高度景气区间，四季度48.1%的企业认为企业综合经营状况良好，企业景气指数同比提升8.1点。三是指数向上回调基本趋稳，全年各季企业景气指数环比分别提升3.3点、2.5点、0.7点和1.6点，在连创新高的同时波动幅度和增长空间逐步收窄，企业经济运行趋向平稳。

（一）工业拉动企业景气提升

四季度，在国民经济八大行业中，行业景气度呈现“三升四降”。工业表现出了强劲的拉动作用，升幅居各行业之首，景气指数为141.8，环比提升3.2点，同比提升9.3点。受扩大内需政策与年底消费旺季的拉动，建筑业、批发零售业景气指数环比分别提升0.7点和2.5点。交通运输仓储邮政业、社会服务业、信息传输计算机服务软件业、住宿餐饮业略有回调，景气指数为124.8、144.6、164.5、130.9，环比分别回落6点、2.5点、0.8点和5点。

八大行业企业景气指数

	四季度	环比	同比
工业	141.8	3.2	9.3
建筑业	142.7	0.7	3.7
交通运输、仓储和邮政业	124.8	–6	6.7
批发和零售业	141.7	2.5	1.1
房地产业	132.2	0	–0.7
社会服务业	144.6	–6.9	25.2
信息传输、计算机服务和软件	164.5	–0.8	1.1
住宿和餐饮业	130.9	–5	7.3

（二）国有、民营企业亮点纷呈

四季度，国有企业、集体企业、有限责任公司、股份有限公司、私营企业景气指数分别为 145.3、136.3、138、148.7、149.6，环比提升 5 点、4.4 点、2.9 点、1 点和 1.2 点。其中，国有企业、股份有限公司和私营企业景气指数运行在 140 以上的景气高位，同比分别提升 13.4 点、9.7 点和 21.9 点。外商投资企业和港澳台投资企业景气状况有所下降，环比分别回落 18.3 和 3.9 点。

（三）大型企业支柱作用明显

四季度，大型企业景气指数高位大幅攀升，中小企业略降。大型企业景气指数为 168.6 点，升至较强景气区间，达到历史次高点。中小企业景气指数处于较为景气区间，分别为 141 和 122.8。

（四）省重点、上市公司景气指数在较强景气区间运行

作为特殊调查对象，省重点、上市公司和高新技术企业景气度均运行于较强景气区间。省重点企业景气指数为 169.1，环比提升 13.4 点；上市公司企业景气指数为 170.2，环比提升 10.5 点；高新技术企业景气指数为 150.7，环比提升 5.7 点。

二、企业家信心高位运行

2010 年 1—4 季度企业家信心指数分别为：137.5、135.4、139.6、139.1，均高于 2009 年水平，三季度达到了金融危机以来的最高点。四季度据调查显示，企业家对宏观经济充满信心的占 46.2%，企业家保持谨慎乐观的占 46.8%，企业家信心不足的占 7%。反映多数企业家对经济形势的判断一直持稳定乐观的态度。

分行业看，工业、批发零售业和信息传输计算机服务软件业企业家信心指数为 138.4、142.2、164.7，环比分别提升 0.7 点、2.3 点和 2.7 点。其中，信息传输计算机服务软件业企业家信心指数和增幅均居各行业之首。建筑业、交通运输仓储邮政业、房地产业、社会服务业和住宿餐饮业有不同程度的回调，同比分别回落 4.1 点、6.5 点、3 点、7.9 点和 2.7 点，下降最大的是社会服务业。

三、企业生产经营继续向好，明显好于 2009 年同期

（一）生产、需求同步增长

四季度调查显示，生产总量和产品预订情况同步增长。企业生产总量景气指数为 130，环比提升 2.5 点，同比提升 5.6 点，在较为景气区间运行。工业、批发零售业、房地产业和信息传输计算机服务软件业生产总量景气指数环比分别提升 2.5 点、12.1 点、8.8 点和 3.8 点。工业、批发零售业、社会服务业和信息传输计算机软件业产品订货景气指数环比分别提升 3.1 点、5.9 点、3.8 点和 4.6 点。

（二）销售加快，库存减少

四季度调查显示，部分产品销售价格上涨，没有影响到销售量。工业、批发零售业和房地产业三个主要行业的销售景气指数环比分别提升 6.5 点、11.1 点和 2.1 点。由于销售在不断上升，致使企业库存压力减小。其中，工业企业库存景气指数提升 1.5 点，批发零售业商品库存景气指数提升 7 点。

（三）效益提高，投资加大

四季度调查显示，产销两旺带动企业效益明显提升。企业盈利变化景气指数为 124，环比提升 3 点，同比提升 5.6 点。企业效益的提高，

支撑企业投资意愿的增强。固定资产投资景气指数为120.5,环比提升2.3点,同比提升4.2点。其中，工业和建筑业固定资产投资景气指数分别提升3.5点和0.8点。反映到科技创新与技术设备能力这两个引导投资，推动结构调整的景气指数也同时提升3.5和6.3点。

（四）对外出口明显好转

四季度调查显示，对外出口形势继续好转。出口企业景气指数为148.8，环比提升3.5点。同时，工业、建筑业的国外订货景气指数、批发零售业的出口销售景气指数分别为100.3、99.6和106.7，明显好于2009年同期的94.3、96.7和101.5。

（五）劳动力需求稳定在较高水平

2010年1–4季度，劳动力需求景气指数分别为：124.8、123.4、123.1、123。一季度124.8的劳动力需求指数创历史新高，二至四季度，指数波动幅度在控制0.3范围内，2010年全年总体稳定在较高水平上。四季度调查显示，工业和批发零售业劳动力需求明显增加，指数分别提升3.7和4.4点。但受冬季因素影响，建筑业劳动力需求景气指数回落12.9点；交通运输仓储邮政业、社会服务业和住宿餐饮业分别回落7.2点、30.7点和14.8点。

四、值得关注的问题

（一）主要原材料和能源价格持续上升，推动企业经营成本压力不断加大

自2010年年初以来，随着原油、有色金属等国际大宗商品价格的不断攀升，企业生产的主要原材料及能源购进价格景气指数也持续走低，企业生产成本面临进一步上升的压力。调查显示，四季度工业主要原材料及能源供应景气指数环比回落3.5点；工业主要原材料及能源购进价格、建筑业建筑材料购进价格景气指数为43.3和30.6，均处于较重不景气区间；工业生产成本、建筑业工程结算成本、交通运输业业务成本、批发零售业经营费用、社会服务业、住宿餐饮业成本景气指数均比三季度进一步下降，降幅在2–21.4点，降幅明显。

各行业成本、费用景气指数

	四季度	环比	同比
工业（生产成本）	53.9	–12.1	–22.3
建筑业（工程结算成本）	34.2	–21.4	–28.1
交通运输、仓储和邮政业（业务成本）	53.8	–15.6	–11.2
批发和零售业(经营费用)	68.3	–9.4	–7.9
社会服务业（营业成本）	73.3	–2	–22
信息传输、计算机服务和软件（营业成本）	90.7	15.7	–3
住宿和餐饮业(营业成本)	69.1	–3.2	–17.2

（二）企业资金状况日趋紧张

2010年，央行先后五次上调存款准备金率，尤其是2010年四季度已三次上调存款准备金率，存款准备金率已达18.5%，刷新了准备金率自1985年以来的新高。四季度央行在一个季度内两次加息，宏观政策趋紧信号进一步显现。调查显示，四季度流动资金、企业融资和货款拖欠景气指数为98.3、94.9和108.7，分别比三季度回落2.3点、2.3点和0.6点。流动资金与企业融资景气指数在资金面和政策面趋于“双紧”的背景之下，处于不景气区间，企业资金状况更趋紧张,企业生产将面临压力。

（三）通胀压力进一步增加

四季度调查显示,多数行业产品或收费（服务）价格出现快速上涨。工业产品销售价格、交通运输仓储邮政业务收费价格、批发零售业商品销售价格、房地产业商品房销售价格、信息传输计算机服务软件业销售（收费）价格分别比三季度提升14.8点、1.4点、14.4点、2.9点和2.1点。物价上涨形势严峻，商品价格呈总体上涨趋势，2011年通胀压力仍然存在。

五、2011年一季度企业景气走势预计

企业景气调查综合数据预计，一季度企业家信心指数和企业景气指数将分别在138.2和140.2左右运行，短期受季节性影响两大指数的预期可能会出现景气高位的小幅回落，但

2011 年山东企业景气状况将会平稳健康发展。

山东省 2010 年四季度企业家信心指数

	本季度指数	上季度指数	去年同季度指数	下季度预计指数
全省	139.1	139.6	133	138.2
按行业门类分				
工业	138.4	137.7	132.8	137.6
采掘业	168.2	158.2	161.8	168.9
制造业	136.5	136.9	129.6	135.7
电力、燃气及水的生产和供应业	132.1	129.8	139.5	131
建筑业	143.1	147.2	140	141.2
交通运输、仓储和邮政业	132	138.5	120.1	131.4
批发和零售业	142.2	139.9	132.2	140.8
房地产业	130.9	133.9	137.2	130.3
社会服务业	150.5	158.4	133.7	147.5
信息传输、计算机服务和软件	164.7	162	162.6	165.9
住宿和餐饮业	137.6	140.3	129.9	136.2
按企业登记注册类型分				
国有企业	146.6	145.4	139.3	146.2
集体企业	130	136.8	129.9	129.7
股份合作企业	107	108.5	119	107.2
联营企业	100	128.6	100	100
有限责任公司	136.5	136.5	129.9	136
股份有限公司	142.2	141.3	139.6	140.4
私营企业	146.2	148.7	125.4	142.9
按企业规模分				
大型	154.2	152.2	152.1	153.6
中型	140.4	139.5	135.1	139.6
小型	127.5	131.3	119.5	126.4
特殊分组				
上市公司	137.1	139.5	144.3	133.8
高新技术企业	139.4	139.6	137.8	137.3
省重点企业	150.8	149.2	148.5	149.6

山东省2010年四季度企业景气指数

	本季度指数	上季度指数	去年同季度指数	下季度预计指数
全省	140.5	138.9	132.4	140.2
按行业门类分				
工业	141.8	138.6	132.5	141.7
采掘业	161.6	149.9	148.6	162.9
制造业	141.7	137.8	130.6	141.3
电力、燃气及水的生产和供应业	128.4	137.5	142.5	129.4
建筑业	142.7	142	139	137.6
交通运输、仓储和邮政业	124.8	130.8	118.1	127.6
批发和零售业	141.7	139.2	140.6	141.1
房地产业	132.2	132.2	132.9	132.2
社会服务业	144.6	151.5	119.4	144.1
信息传输、计算机服务和软件	164.5	165.3	163.4	164.8
住宿和餐饮业	130.9	135.9	123.6	131.8
按企业登记注册类型分				
国有企业	145.3	140.3	131.9	145.1
集体企业	136.3	131.9	126.6	133.8
股份合作企业	104.6	108.8	120.4	105.3
联营企业	85.7	100	100	85.7
有限责任公司	138	135.1	132.6	137.6
股份有限公司	148.7	147.7	141.5	148.6
私营企业	149.6	148.4	127.7	147.5
按企业规模分				
大型	168.6	157.4	157.8	167
中型	141	141.4	135.4	140.7
小型	122.8	123	114.4	123
特殊分组				
上市公司	170.2	159.7	170.7	166.5
高新技术企业	150.7	145	146.5	152.2
省重点企业	169.1	155.7	159	165.5

3 － 6　山东半岛蓝色经济区大企业集团发展战略研究

编者按：2010 年 9 月 21 日，中共山东省委书记、省人大常委会主任姜异康在该文上批示："请蓝办负责同志参阅"。

2009 年 4 月胡锦涛总书记视察山东时，明确提出"要大力发展海洋经济，科学开发海洋资源，培育海洋优势产业，打造山东半岛蓝色经济区"。建设山东半岛蓝色经济区是落实党和国家重大决策，增创发展新优势的重大战略选择。大企业集团无疑是蓝色经济发展中重要的增长极。因此，抓住契机，立足实际，开拓创新，抢占蓝色经济发展制高点，提升山东大企业集团整体竞争力具有重大和现实的意义。

一、蓝色经济区概念范畴及研究区域界定

（一）蓝色经济区概念内涵

蓝色经济，是在开发、利用、保护海洋资源过程中，形成的与海洋高度关联的、开放的、生态的新兴经济形态，是以海洋经济为主体，包括海洋经济、临海经济、内陆经济和海外经济在内的综合经济体。

蓝色经济主要具有以下特征：

1、直接从海洋获取产品的生产活动；

2、以海洋产品为原料的加工与再加工活动；

3、主要应用于海洋和海洋开发活动产品的生产和服务；

4、依托或利用海洋资源为生产过程的基本要素所进行的生产和服务：

5、利用海水或海洋空间作为生产、经营过程的基本要素所进行的生产和服务；

6、为开发和保护海洋资源而进行的海洋科学研究、教育、社会服务和管理等服务活动；

7、经营目的、经营所需原材料、能源以及产品运输、贮藏、集散与海洋、港口有明显依存关系。

蓝色经济区是以海洋经济为显著特征，以科学利用海洋资源为根本途径，以现代海洋产业为主导，相关产业协调发展，通过陆海统筹、资源整合、协作竞争、以增强国际竞争力的新型特色经济区。

山东半岛蓝色经济区是以海洋经济为特征、以陆海统筹一体化发展为基础、以科学开发海洋资源和可持续发展为理念，以建设生态文明海洋为方向、以发展海洋优势产业集群为主导、以科技和综合管理为支撑，以建设具有综合竞争力和核心竞争力的现代化经济区为目标的新型特色经济区。

（二）蓝色经济概念外延

蓝色经济是包括海洋经济、临海经济和涉海经济在内的多种经济集成概念。海洋经济是从海洋资源利用的角度出发，直接开发、利用和保护海洋各类产业活动的总和。临海经济和涉海经济是从区域经济和产业经济的角度出发界定，对海洋开发、利用和保护活动间接相关的各类产业活动总和。

（三）山东半岛蓝色经济区大企业集团发展研究区域

由于半岛资源的多样性和广泛性，决定了蓝色经济活动的多样性和复杂性。为了便于大企业集团统计的可操作性和可比性，参考国内的研究成果，以山东的全部海域和青岛、东营、烟台、威海、潍坊、日照、滨州七市作为我们此次研究的范围，以集中在沿海七市的大企业集团作为研究对象。

二、山东半岛蓝色经济区大企业集团发展现状及作用

山东作为经济总量大省之一，大企业集团发展水平走在全国前列，同时山东半岛蓝色经

济区大企业集团发展基础和发展水平优势明显。

（一）半壁江山地位突出

山东半岛蓝色经济区在山东经济发展中发挥重要作用。2009年，沿海七市实现国内生产总值17274亿元，占全省51%；规模以上工业资产总额、营业收入、利润总额、利税总额和从业人员分别占全省50.6%、54.2%、54.1%、51.3%和48.6%。

半岛蓝色经济区大企业集团也在山东大企业集团发展中地位突出，基本占据半壁江山。2009年，半岛蓝色经济区大企业集团个数、资产总额、营业收入、利润总额、利税总额和从业人员占比分别为48.7%、43.2%、51%、52.3%、52.2%和47.5%。

（二）综合实力不断增强

企业规模扩大，综合实力增强。一些有实力的大企业集团抓住建设山东半岛蓝色经济区的有利时机，加大兼并、重组力度，实施低成本扩张，着力扩大集团规模，走规模效益发展之路。截至2009年底，山东半岛蓝色经济区内大企业集团达308家，年末资产总额达12667.5亿元，比上年增长16.8%。平均资产规模为41.1亿元，增加5.9亿元。新吸收成员企业77个，优化资产167.3亿元。

（三）转方式调结构行动迅速

山东半岛蓝色经济区大企业集团贯彻落实科学发展观，积极推动转变经营方式，促进产业结构调整。一是转方式战略实施情况良好。实施可持续发展战略的大企业集团有288家，占93.5%；实施国际化经营战略的有156家，占50.6%；实施自主创新战略的有263家，占85.4%；实施人才强企战略的有275家，占89.3%；实施信息化建设战略的有275家，占89.3%。二是开拓新行业淘汰落后产业。2009年，大企业集团实施兼并重组的有46家，占14.9%。其中，投资新成立子公司21个、并购增加新子公司17个、合并子公司14个、关闭子公司10个。开拓新行业领域的129家，占41.9%；退出行业领域的30家，占9.7%。三是十大高耗能行业集团得到有效控制。与工业集团相比，十大高耗能行业集团资产比重由52.1%下降到51.3%。

（四）多元经营管理规范

山东半岛蓝色经济区大企业集团致力于建立灵活、高效、适应市场变化能力的企业经营机制。利用集团跨地区、跨行业、跨所有制的优势，不断调整产业结构和产品结构，走多元化经营之路，拓宽经营领域。蓝色经济区内已实施多元化经营战略的有260家，占84.4%，高于全省5.8个百分点。通过体制创新、机制创新、管理创新，增强发展活力。已形成规范管理机制的占93.1%，高于全省4.3个百分点。

（五）生产经营稳步提高

山东半岛蓝色经济区大企业集团经历了国际金融危机冲击的短期低迷后，随着市场需求的逐步扩大，生产经营积极向好。2009年，蓝色经济区大企业集团实现营业收入14714.8亿元，比上年增长5%。产出效率继续提高，劳动生产率为101.4万元/人·年，提高6.8%。培育新的经济增长点，压缩成本，扩大销售，经济效益继续提高。2009年，实现利润970.7亿元，实现资本保值增值率为112.6%。

（六）第三产业集团盈利能力提升

山东半岛蓝色经济区服务业大企业集团快速发展，载体作用增强，规模不断扩大，结构继续优化，盈利能力显著提升，在一定程度上推进了产业结构升级，优化了经济社会发展环境。服务业集团有50家，总资产达1828.1亿元，实现营业收入1221.2亿元，从业人员16.1万人，实现利润82.8亿元，分别比上年增长19.7%、17.3%、5.1%、64.9%。批发零售、住宿和餐饮业等传统服务业集团发展迅猛。2009年实现营业收入884.9亿元，增长14.1%。

（七）技术创新能力不断增强

大企业集团联合高等院校和重点科研机构

的知识创新网络，积极构建以企业为主体的技术创新体系。2009年，山东半岛蓝色经济区163家大企业集团与高等院校、重点科研机构签订长期技术合作关系；已建立技术研究开发中心212个，其中，国家级研究开发中心37个。

技术开发中心和创新服务平台的投入不断增加，研发队伍不断壮大，技术创新业绩考核机制完善，科技成果转化效益明显。2009年，大企业集团投入研究开发费用为235.1亿元，增长12.2%。研究开发人员7.2万人，增长18.7%，比在岗职工增幅高16.6个百分点。研发人员占在岗职工比重为5.1%，提高0.7个百分点。66.9%的大企业集团已建立科技人员工资收入分配激励机制，科技人员工资水平是其他在岗职工的1.8倍。实现新产品销售收入3099亿元，增长25.7%。新产品销售收入占营业收入比重为21.1%，提高3.5个百分点。91.9%大企业集团主要产品或服务获得ISO19000-ISO9004质量体系认证；68.2%的大企业集团通过ISO14000环境管理系列认证。

（八）辐射带动作用显著

山东半岛蓝色经济区大企业集团产业集群和企业集群密集，拥有双50亿元以上集团51家，双100亿元以上18家，双500亿元以上3家。大企业、大集团的引领和带动作用显著。蓝色经济区内双50亿元以上集团个数虽然只占16.6%，但是资产、对外投资、营业收入、新产品销售收入、利润分别占64.8%、50.2%、69.2%、76.5%、76.1%。大企业集团辐射作用增强，成员企业遍及全国26省市，目前共涉及16个行业门类、80个大类、236个中类、382个小类。

（九）吸纳大量劳动就业人员

山东半岛蓝色经济区大企业集团快速发展创造大量就业岗位，吸收更多就业人员，有利于促进社会的和谐与稳定；经济区内部人员的流动，对整个区域旅游、餐饮、文化、商业、休闲等第三产业发展起到重要的推动作用。2009年，山东半岛蓝色经济区大企业集团在岗职工141.8万人，增长2.1%；在岗职工劳动报酬407.1亿元，增长16%；在岗职工年人均劳动报酬28709.5元，增长13.4%。

三、山东半岛蓝色经济区大企业集团蓝色经济产业发展的优势及不足

（一）初步形成的产业优势

现代海洋渔业走在前列。山东海洋资源得天独厚，现代海洋养殖业、远洋渔业和水产品加工业发展基础好，区位优势突出，具有一批经济实力强、装备水平高、带动能力大的渔业龙头企业。2009年，现代海洋渔业大企业集团有12家；拥有资产154.9亿元，出口销售总额49亿元，分别比上年增长7.6%和6%；实现利润7.1亿元。

涉海油气开发、海洋盐业与海洋化工产业进一步提升。山东油气资源、海盐和卤水资源丰富，涉海化工产业发展基础好、起点高，依托骨干石化企业，培育优势产品，集团竞争力得到进一步提升和巩固。2009年，油气开发、海洋盐业与海洋化工产业大企业集团有16家；拥有资产1896.6亿元，比上年增长16.3%；研究开发（R&D）费用12.8亿元；新产品销售收入115.9亿元，比上年增长13.3%。

临海加工制造业发达。围绕胶东半岛高端制造业基地，集合沿海高效生态产业带、沿海高端产业带、鲁南临港产业带，充分利用港口体系完备、产业基础好、经济外向度高的区位优势，构建发展水平最高，带动能力最强的制造业产业集群。2009年，制造业大企业集团达126家；实现营业收入6023.9亿元，同比增长5.9%，占大企业集团比重为40.9%；出口销售总额620亿元，增长23%；实现利润301.5亿元，增长12.7%。其中，青岛、烟台、威海有29家大企业集团营业收入超过10亿元，10家超过50亿元，6家超过100亿元。

海洋交通运输物流业快速发展。港口经济是山东半岛蓝色经济区的优势产业。山东沿海港口群以青岛、烟台、威海、日照四港为主力，依托腹地经济快速发展，在能源、原材料、外贸物资运输中发挥了不可替代的作用，发展前景广阔。港区加快建设临港物流中心，发挥保税区、出口加工区和对外开放口岸的物流平台的作用，促进港航、仓储和物流产业的联动发展。2009 年，交通运输物流业大企业集团有 4 家；拥有资产 635.3 亿元，营业收入 231.1 亿元，实现利润 31.1 亿元，分别比上年增长 19.8%、25.1% 和 3.7%。

（二）产业发展布局中存在的不足

山东省委、省政府在构建山东半岛蓝色经济区相关文件中提出，要立足山东现有海洋产业基础，以科技研发为先导，突出重点、凸显特色，接长短板、拉长链条，提升素质、拓展空间，在海洋生物产业、海洋装备制造业、海洋能源矿产业、现代海洋渔业、海洋交通运输物流业、海洋文化旅游业、海洋工程建筑业和海洋生态环保产业上形成优势，着力培植壮大一批辐射带动能力强的现代海洋产业。

但在山东半岛蓝色经济区大企业集团产业布局中，传统行业集团发展优势明显，新兴行业集团化发展缓慢。根据集团统计，具有发展潜力前景广阔，需要大力发展培育的海洋生物产业、海洋装备制造业、海洋文化旅游业、海洋工程建筑业和海洋生态环保产业新兴集团数量和规模仍然有限，远不能满足蓝色经济协调发展的需要。

因此，当前和今后一个时期，应紧紧抓住山东半岛蓝色经济区建设的有利时机，转移落后产业，将短板产业变成相对优势、进而发展到绝对优势的高端产业。大力培植壮大一批辐射带动作用强的新兴蓝色产业集团，加快抢占蓝色经济发展制高点。

四、山东半岛蓝色经济区对大企业集团发展带来战略机遇

全面发展海洋经济和打造山东半岛蓝色经济区上升到国家决策，为大企业集团发展提供了前所未有的重大机遇。

（一）时代背景机遇

当前在我国区域经济发展大格局中，已在沿海五个区域确定了区域经济发展龙头，即辽宁、天津、上海、广东、广西。而山东地处连接京津冀地区和长三角、珠三角的重要位置，找准战略定位并尽快实现区域发展突破显得尤为重要。山东半岛蓝色经济区战略的提出，顺应了经济全球化和区域经济一体化的大趋势，既立足于山东发展实际，又放眼全国发展大局，定位科学，切实可行，付诸实施后，必将使山东半岛的区位优势和各种资源优势真正转化为区域竞争优势和产业融合优势。

（二）政策环境机遇

打造山东半岛蓝色经济区，培育蓝色产业发展新优势，有利于促进全省经济社会实现新突破。为此，山东省委、省政府出台《关于打造山东半岛蓝色经济区的指导意见》和《关于建设胶东半岛高端产业聚集区的意见》，积极推进蓝色经济产业发展。从集成创新、人才支持、投融资、财税、土地与海域使用、深化改革、对外开放等方面进行规划，并积极争取纳入国家“十二五”发展规划，进入国家发展战略。2009 年，已筛选出未来 3 年涉海工业在建和拟建重点项目 298 个予以重点扶持，总投资将达 1064 亿元。

五、促进山东半岛蓝色经济区大企业集团发展的对策建议

（一）提高认识，树立蓝色经济发展理念

要以科学发展观为指导，牢固树立大力发展蓝色经济意识，突出蓝色经济的优势与特色，把规划发展蓝色经济提上企业集团重要议事日程，把发展蓝色经济理念融入企业集团发展战略。企业集团发展蓝色经济不仅在发展方式上转变，还要在发展理念上突破，必须打破传统思维和常规方式，以更开阔的视野，更全面的思维，研究新情况，探索新路径，努力在山东半岛蓝色经济区建设中抢占先机，将发展蓝色经济作为突破点,促进大企业集团跨越式发展。

（二）优化环境，充分发挥政策导向作用

政府部门要牢固树立公仆意识和服务意识，将分散在各个职能部门的行政资源进行有效整合，不断创新政府行为方式，提高政府的行政效能。一是大胆探索制订适合山东半岛蓝色经济区大企业集团发展的政策措施和各项优惠政策，清理和规范各项涉企行政事业收费，减轻企业税费负担。加强银企合作，引导金融机构加大对企业的资金投入。在规划、土地使用、环境保护、资产划拨等方面制定出具有倾向性的政策。二是搞好统筹规划，加强组织协调。推动山东半岛蓝色经济区大企业集团发展要打破地区分割，聚集各地的比较优势，分类指导,突出各自特色,开展多种形式区域合作，实现优势互补、互利共赢、和谐发展。三是切实转变工作作风，强化服务意识。继续精简审批项目，减少审批程序，提高办事效率。四是要将创造良好的蓝色经济发展环境作为政府的主要责任，在优化法制环境、政策环境、社会环境、城市环境、竞争环境、融资环境、投资环境、文化环境、舆论环境、信用环境、人才环境等方面，取得实际效果，促进大企业集团健康发展。

（三）加强创新，着重培育大企业集团核心竞争力

大企业集团要紧紧抓住当前打造山东半岛蓝色经济区的有利时机，实施“科技兴企”战略。大力增加科研投入，建立健全技术研发中心，引进高端人才，构建多层次的科研技术开发体系，加快培育优势产业核心竞争力。围绕蓝色经济产业发展的方向，结合山东未来发展的实际，坚持以海洋生物、海洋装备制造、海洋能源矿产、海洋渔业、海洋交通物流和海洋建筑业为重点，形成各自的优势，培植好自己的核心竞争产品。大力实施品牌战略，培育名牌产品，加大名牌推介力度，将无形的企业文化价值转化为有形品牌价值，增强品牌核心竞争力。

（四）提高效率，推动产业集群化发展

一要加快黄河三角洲高效生态产业带、胶东半岛沿海高端产业带、鲁南临港产业带建设步伐。坚持把发展大企业集团产业集群与工业集中区、园区建设相结合，抓好大企业集团的集中布局、统筹安排，提高区域产业集中度。二要进一步充分发挥区域比较优势，根据需要与可能确立并实施重点项目发展策略，采取集中利用政府性资金引导支持、优化资源配置、重点投向重大结构调整和产业升级项目、推动生产要素向优势企业汇聚等一系列措施，大力推进依靠港口实现大出大进优势的大企业集群。三是要充分发挥大企业集团在产业集群发展中的主导作用。利用山东半岛蓝色经济区大型企业集团众多的优势，以龙头集团为核心，以产业链为纽带，促进关联企业、关联产业向龙头集团周边聚集，形成产业链上下配套、大中小企业协同发展的产业集群，提高集约发展水平。

（五）深化开放，大力开拓国际市场

一是进一步提升骨干商品出口竞争力，扩大自主品牌产品出口。二是积极推进加工贸易转型升级，延长产业链条，提高加工贸易增值率。三是巩固传统市场的同时，不断开拓新兴市场，外向型企业在积极稳定和扩大国际市场份额的同时,要加大国内市场宣传和推广力度，构建国内销售网络，扩大国内市场占有率。切实增强抗风险能力。四是加快实施“走出去”战略。支持各类有条件的企业对外投资，进行跨国并购和国际化经营，开展境外资源、技术合作开发，加快优势产能向境外转移。五是加强行业自律、建立健全内部管理机制，建立一套完善的财务会计制度和知识产权保护体系。维护良好的外贸经营秩序，遵守商业道德和市场准则，主动抵制低价竞销等扰乱出口经营秩序的行为。

（六）保护环境，发展循环生态经济

要从山东半岛蓝色经济区发展战略和全局的高度，深刻领会节能降耗对保障和促进大企业集团可持续发展的重要意义，增强资源忧患意识和建设节约型社会的责任感和使命感，把节能降耗工作摆在大企业集团生产经营和长远发展的突出地位。一是要创建资源节约型企业，以提高资源利用效率为核心，依托技术进步和科学管理，加快资源节约型、环境友好型企业建设步伐。二是要大力推行清洁生产，提高能源利用水平，大力发展循环经济，切实提高大企业的可持续发展能力。三是企业需要加速运用高技术和先进适用技术改造传统产业，以节能降耗为重点，提升企业装备技术水平、生产工艺水平和产品质量水平。四是坚决控制高耗能行业新上项目和生产能力，继续抓好节能减排。五是着力培育新兴产业。特别要加快发展服务业，尤其是加快发展文化、旅游等现代服务业。

3－7　企业景气调查主要景气指数

时间序列	企业景气指数	生产总量景气指数	盈利（亏损）变化景气指数	流动资金景气指数	贷款拖欠景气指数	劳动力需求景气指数	固定资产投资景气指数
1999年1季度	118.07	102.65	84.82	46.06	92.93	69.20	96.13
1999年2季度	121.19	114.96	90.28	44.38	96.01	74.96	103.98
1999年3季度	119.33	115.08	86.99	45.22	96.66	77.22	106.78
1999年4季度	122.35	122.69	99.60	46.16	95.58	76.55	108.45
2000年1季度	117.15	111.61	91.58	56.74	108.81	86.19	106.98
2000年2季度	128.18	135.27	100.98	59.22	106.01	94.37	117.66
2000年3季度	125.36	124.53	100.57	61.88	103.71	94.33	119.48
2000年4季度	125.22	125.76	103.96	63.86	107.34	90.32	117.28
2001年1季度	129.24	116.28	102.10	72.93	110.13	91.00	107.62
2001年2季度	137.68	127.66	117.59	73.17	106.53	99.94	119.25
2001年3季度	131.59	124.77	106.61	72.97	107.41	96.98	115.56
2001年4季度	130.76	120.66	109.44	71.15	107.75	92.82	113.75
2002年1季度	127.64	115.03	99.60	75.48	111.26	92.49	108.31
2002年2季度	134.21	133.52	122.07	76.20	107.31	99.47	117.67
2002年3季度	136.07	132.44	120.42	76.88	105.56	101.43	123.83
2002年4季度	136.39	128.91	120.61	76.35	108.53	98.76	121.83
2003年1季度	133.85	120.20	114.26	83.20	108.99	105.53	114.24
2003年2季度	121.57	118.35	106.17	82.96	106.88	98.73	124.57
2003年3季度	139.60	133.00	121.46	86.53	106.59	106.72	125.10
2003年4季度	139.64	133.24	122.35	87.28	108.27	105.24	122.71
2004年1季度	140.26	129.73	124.35	82.45	112.27	112.75	117.72
2004年2季度	138.18	134.90	123.30	82.77	110.72	113.41	121.74
2004年3季度	137.97	133.47	123.98	81.13	104.87	113.17	119.65
2004年4季度	139.99	132.58	125.50	76.88	106.48	108.77	122.26
2005年1季度	139.58	117.10	119.63	80.21	111.78	111.15	110.63
2005年2季度	140.81	133.21	123.11	76.84	107.41	116.66	123.41
2005年3季度	137.76	131.77	121.41	79.89	107.74	116.63	123.32
2005年4季度	139.33	133.17	118.74	79.48	107.15	112.78	121.76
2006年1季度	141.92	118.85	118.67	82.34	108.58	117.83	108.97
2006年2季度	144.75	136.48	129.09	87.14	109.33	118.94	121.33
2006年3季度	143.37	132.89	126.91	84.37	106.50	118.97	125.33
2006年4季度	145.85	134.74	130.29	89.07	109.87	115.47	120.00
2007年1季度	146.05	117.76	124.04	93.63	115.42	118.05	107.15
2007年2季度	147.74	139.87	132.84	94.17	114.07	119.08	118.98
2007年3季度	148.46	135.85	130.00	92.44	111.01	119.00	123.69
2007年4季度	147.33	131.71	130.75	93.92	116.37	113.94	123.60
2008年1季度	141.30	118.60	113.60	92.60	115.40	118.80	109.30
2008年2季度	139.50	133.70	118.50	89.30	108.60	118.00	114.80
2008年3季度	130.20	115.40	104.10	83.30	104.90	112.90	114.00
2008年4季度	106.10	84.00	80.60	75.00	99.10	84.00	91.50
2009年1季度	111.20	91.60	90.60	76.70	103.70	93.40	92.60
2009年2季度	119.70	119.60	112.10	81.10	105.70	105.90	107.90
2009年3季度	128.70	125.60	117.60	87.50	104.00	115.00	112.90
2009年4季度	132.40	124.40	118.40	90.90	107.70	114.60	116.30
2010年1季度	135.70	113.40	113.70	96.60	108.70	124.80	111.90
2010年2季度	138.20	131.90	120.80	96.70	106.70	123.40	119.00
2010年3季度	138.90	127.50	121.00	100.60	109.30	123.10	118.20
2010年4季度	140.50	130.00	124.00	98.30	108.70	123.00	120.50

3－8 工业企业景气调查主要景气指数

时间序列	企业家信心指数	企业景气指数	生产总量景气指数	盈利（亏损）变化景气指数	流动资金景气指数	贷款拖欠景气指数	劳动力需求景气指数	固定资产投资景气指数
1999年1季度	112.44	123.91	106.45	87.68	42.85	93.25	70.94	96.73
1999年2季度	111.28	125.96	119.82	95.40	43.91	98.20	73.67	107.59
1999年3季度	113.77	123.60	118.27	89.03	43.77	97.52	75.40	111.87
1999年4季度	117.25	130.12	131.17	108.64	46.56	97.61	78.47	113.40
2000年1季度	125.91	126.41	120.49	96.29	57.36	112.39	91.56	108.90
2000年2季度	131.34	135.11	142.25	105.52	62.09	109.56	95.16	120.38
2000年3季度	131.67	130.92	127.66	102.59	65.98	108.01	93.93	122.55
2000年4季度	130.93	133.18	131.18	109.20	67.25	112.21	91.72	120.62
2001年1季度	136.41	139.88	126.00	104.31	79.51	114.79	95.76	109.50
2001年2季度	137.74	144.06	129.20	119.87	80.54	111.73	99.68	123.12
2001年3季度	129.62	134.90	123.22	105.16	78.50	112.08	92.41	114.87
2001年4季度	131.63	134.04	122.77	110.98	74.61	111.21	93.31	114.77
2002年1季度	129.13	130.39	119.92	100.48	80.35	113.87	95.51	110.94
2002年2季度	136.04	138.68	136.32	127.32	84.51	112.11	97.63	119.34
2002年3季度	129.20	141.32	134.81	121.06	81.76	109.46	100.62	129.56
2002年4季度	138.31	142.81	131.71	123.26	81.89	112.44	102.04	129.17
2003年1季度	142.58	140.95	129.65	120.88	92.35	112.42	113.84	119.27
2003年2季度	130.16	130.70	127.97	115.48	92.11	112.97	105.06	129.80
2003年3季度	139.20	146.52	131.79	128.14	94.07	113.82	107.39	128.13
2003年4季度	141.89	147.54	138.02	133.32	94.45	117.14	112.49	128.55
2004年1季度	144.55	147.08	138.28	130.10	89.89	115.07	119.80	122.62
2004年2季度	136.40	140.44	137.68	122.00	88.09	116.84	114.91	125.59
2004年3季度	133.21	141.20	134.99	125.93	85.96	108.33	116.40	125.09
2004年4季度	137.23	143.11	135.89	128.72	78.34	109.84	114.38	127.93
2005年1季度	139.37	142.66	121.75	125.23	81.85	113.90	117.95	114.78
2005年2季度	136.11	142.92	135.23	127.51	77.11	110.81	119.12	129.06
2005年3季度	130.29	139.95	131.80	124.07	80.93	112.15	118.14	127.76
2005年4季度	130.90	141.99	135.80	119.99	81.65	110.38	117.30	125.37
2006年1季度	139.43	145.81	121.30	122.18	83.53	108.09	125.97	110.34
2006年2季度	141.82	148.25	139.05	134.17	90.26	113.00	121.74	125.15
2006年3季度	140.14	146.50	134.54	131.72	85.28	109.95	121.61	129.33
2006年4季度	143.51	149.68	139.04	136.20	92.13	115.20	119.45	125.44
2007年1季度	150.87	150.61	121.12	132.23	96.17	116.45	125.06	107.55
2007年2季度	152.80	150.90	144.50	139.01	97.23	119.40	120.42	120.54
2007年3季度	150.09	152.65	137.05	133.75	94.22	116.14	119.27	127.93
2007年4季度	149.62	150.55	133.68	137.52	95.53	120.01	116.94	127.90
2008年1季度	142.80	143.00	119.10	116.30	96.00	118.10	123.60	107.50
2008年2季度	139.10	140.50	134.90	122.20	91.40	111.10	118.20	114.80
2008年3季度	128.50	129.40	110.60	105.40	84.40	106.80	112.70	115.00
2008年4季度	93.80	100.10	74.00	73.70	73.50	101.60	79.00	87.10
2009年1季度	105.20	110.40	88.90	91.60	76.60	104.30	94.40	89.50
2009年2季度	114.80	120.50	120.90	118.70	81.80	107.90	106.90	108.00
2009年3季度	124.50	128.20	124.90	120.30	88.70	106.30	115.60	111.40
2009年4季度	132.80	132.50	125.00	122.90	93.60	108.80	118.40	115.70
2010年1季度	136.20	136.20	113.70	116.70	98.60	107.90	129.90	111.90
2010年2季度	134.70	139.20	132.60	125.40	100.10	109.10	124.60	119.40
2010年3季度	137.70	138.60	124.10	122.20	104.20	112.80	123.10	118.30
2010年4季度	138.40	141.80	130.20	127.40	102.40	112.30	126.80	121.80

3－9 建筑业企业景气调查主要景气指数

时间序列	企业家信心指数	企业景气指数	生产总量景气指数	盈利（亏损）变化景气指数	流动资金景气指数	贷款拖欠景气指数	劳动力需求景气指数	固定资产投资景气指数
1999 年 1 季度	116.91	117.76	84.68	86.40	58.95	61.72	71.70	84.75
1999 年 2 季度	116.20	122.00	122.54	87.78	37.60	58.69	109.48	103.25
1999 年 3 季度	109.78	118.39	121.32	95.98	40.04	60.81	113.93	98.11
1999 年 4 季度	108.05	111.63	102.26	97.21	35.98	62.90	92.16	102.62
2000 年 1 季度	116.69	85.66	74.09	70.80	49.60	73.47	74.28	94.36
2000 年 2 季度	124.30	117.97	134.62	97.08	44.07	56.12	127.03	107.19
2000 年 3 季度	121.78	125.22	138.65	110.70	48.26	56.62	123.67	113.32
2000 年 4 季度	117.45	118.76	127.30	113.74	55.24	56.81	113.67	108.62
2001 年 1 季度	122.70	92.31	66.80	79.36	52.20	82.13	76.92	101.51
2001 年 2 季度	122.44	138.37	147.17	129.83	46.57	64.70	139.01	119.20
2001 年 3 季度	127.17	127.05	133.45	117.55	45.38	63.91	129.25	114.18
2001 年 4 季度	125.53	136.84	133.17	127.89	49.50	66.41	112.56	106.40
2002 年 1 季度	135.23	119.27	85.93	80.09	56.09	89.87	96.62	114.87
2002 年 2 季度	137.61	144.56	159.02	139.13	53.44	72.48	150.44	130.07
2002 年 3 季度	129.34	138.39	139.37	131.68	60.24	69.42	133.78	118.07
2002 年 4 季度	129.61	136.69	131.27	136.21	59.42	59.38	108.95	107.48
2003 年 1 季度	134.48	114.62	83.46	93.90	58.34	72.21	85.76	102.40
2003 年 2 季度	136.56	125.52	150.34	107.69	70.86	56.39	126.09	130.55
2003 年 3 季度	133.56	127.95	146.65	91.69	81.62	58.68	113.14	126.01
2003 年 4 季度	136.13	118.40	136.11	70.74	89.88	50.95	89.95	111.04
2004 年 1 季度	134.39	121.20	92.16	101.47	50.07	87.99	105.11	109.90
2004 年 2 季度	137.57	132.74	155.50	133.58	50.29	68.07	148.95	116.64
2004 年 3 季度	129.64	127.15	137.26	119.50	52.24	59.03	125.96	104.74
2004 年 4 季度	132.35	138.70	135.27	125.24	55.65	61.98	109.56	108.70
2005 年 1 季度	141.19	123.75	76.11	90.65	60.12	95.74	82.61	98.99
2005 年 2 季度	138.28	133.44	146.45	116.60	55.38	74.15	148.44	121.13
2005 年 3 季度	135.15	131.33	138.35	112.92	58.67	70.67	132.32	120.54
2005 年 4 季度	139.33	134.88	145.80	124.18	54.69	75.14	123.61	115.27
2006 年 1 季度	142.29	128.67	85.88	95.25	63.33	98.52	92.56	93.63
2006 年 2 季度	146.96	144.13	155.35	111.31	60.03	84.05	144.54	116.89
2006 年 3 季度	142.89	137.64	141.46	114.38	63.45	78.30	135.74	117.34
2006 年 4 季度	141.24	133.27	134.80	119.12	72.28	71.77	118.03	108.85
2007 年 1 季度	144.74	130.02	87.18	93.43	69.84	112.78	86.90	99.43
2007 年 2 季度	145.56	144.38	151.68	126.03	71.38	87.34	151.25	116.81
2007 年 3 季度	143.73	133.86	147.22	116.86	71.29	84.59	136.21	118.27
2007 年 4 季度	141.67	138.66	127.98	109.23	75.12	92.24	119.39	118.53
2008 年 1 季度	140.20	130.30	91.50	92.50	76.80	110.70	104.40	107.60
2008 年 2 季度	139.60	133.90	150.70	110.80	67.60	82.40	148.40	117.60
2008 年 3 季度	124.20	130.40	123.00	102.50	53.80	73.40	129.60	100.80
2008 年 4 季度	111.40	117.80	115.00	100.90	55.60	64.70	97.10	90.30
2009 年 1 季度	115.10	106.90	94.90	82.70	62.40	91.50	90.30	82.20
2009 年 2 季度	127.50	122.90	139.30	114.70	65.30	83.50	137.30	104.90
2009 年 3 季度	132.70	128.30	142.00	112.00	68.50	81.40	132.40	105.70
2009 年 4 季度	140.00	139.00	133.80	119.60	76.90	80.50	117.90	111.30
2010 年 1 季度	144.00	133.90	101.10	100.30	82.70	99.20	117.20	115.60
2010 年 2 季度	146.90	140.80	156.30	122.30	72.10	79.60	152.40	125.40
2010 年 3 季度	147.20	142.00	142.70	121.90	75.10	72.90	139.10	114.30
2010 年 4 季度	143.10	142.70	133.40	119.00	74.40	73.00	126.20	115.10

3－10 交通运输、仓储和邮政业企业景气调查主要景气指数

时间序列	企业家信心指数	企业景气指数	生产总量景气指数	盈利（亏损）变化景气指数	流动资金景气指数	贷款拖欠景气指数	劳动力需求景气指数	固定资产投资景气指数
1999年1季度	85.48	91.28	96.73	70.06	36.77	83.19	45.05	106.51
1999年2季度	98.01	105.11	100.78	81.74	40.28	83.07	49.25	106.34
1999年3季度	101.21	109.94	116.30	96.05	44.99	93.76	60.58	103.31
1999年4季度	109.31	102.59	117.67	86.63	41.61	82.64	60.84	105.01
2000年1季度	109.77	99.26	112.55	84.76	50.68	98.47	64.04	114.65
2000年2季度	120.11	108.51	132.55	97.02	48.62	102.55	72.21	128.58
2000年3季度	124.16	102.11	114.49	86.26	48.71	88.61	81.54	125.76
2000年4季度	123.46	106.95	124.59	89.83	54.05	101.71	71.92	119.48
2001年1季度	121.99	109.85	102.76	107.82	53.25	95.55	77.24	109.75
2001年2季度	126.09	122.99	124.99	119.03	53.09	97.79	80.12	120.84
2001年3季度	133.24	129.17	127.03	115.22	59.43	101.27	97.55	130.69
2001年4季度	129.93	123.90	111.97	99.34	61.44	109.37	86.08	124.32
2002年1季度	129.35	126.58	121.83	105.89	61.80	106.51	84.46	105.69
2002年2季度	126.02	126.69	131.41	117.44	56.71	106.01	79.78	112.20
2002年3季度	132.04	126.37	125.33	124.84	59.50	108.58	88.95	118.83
2002年4季度	130.78	118.90	124.10	107.36	55.49	112.60	87.97	117.99
2003年1季度	122.02	116.48	107.69	91.48	55.00	109.95	87.30	110.45
2003年2季度	94.17	83.98	72.95	70.37	50.20	92.21	72.69	115.02
2003年3季度	125.16	126.90	129.80	114.25	62.44	102.75	94.87	131.59
2003年4季度	123.19	120.14	111.56	103.47	59.09	94.59	87.35	122.40
2004年1季度	127.85	126.98	123.82	113.46	50.84	104.74	94.77	114.12
2004年2季度	138.58	129.64	126.79	126.66	67.15	98.52	93.63	118.51
2004年3季度	134.54	128.45	123.44	115.83	64.47	102.61	90.89	119.35
2004年4季度	134.36	127.23	121.94	112.51	60.55	103.59	94.11	122.97
2005年1季度	131.63	125.36	116.55	112.96	64.62	96.69	95.87	105.71
2005年2季度	131.70	134.97	118.33	116.07	69.24	102.60	93.26	111.87
2005年3季度	126.60	124.59	117.95	103.92	65.50	99.16	100.39	110.92
2005年4季度	126.54	123.03	119.99	91.12	65.83	101.04	101.87	116.44
2006年1季度	134.44	122.90	121.75	114.17	64.20	98.52	98.43	114.50
2006年2季度	135.67	125.20	127.26	113.67	68.13	94.81	95.78	115.96
2006年3季度	132.39	130.39	124.49	113.35	74.98	100.41	103.16	131.77
2006年4季度	131.45	130.76	116.73	111.57	71.46	97.18	101.02	112.20
2007年1季度	137.22	125.97	113.25	107.62	73.07	102.95	99.14	108.35
2007年2季度	140.48	131.56	131.96	117.40	79.74	92.78	99.90	121.31
2007年3季度	143.04	135.49	123.26	109.75	72.80	91.45	110.23	117.14
2007年4季度	132.14	137.41	127.56	116.01	78.69	106.45	97.21	115.20
2008年1季度	143.30	139.80	135.20	108.90	67.60	97.40	105.70	112.30
2008年2季度	143.50	134.50	133.60	104.20	65.80	102.40	106.30	112.20
2008年3季度	134.10	124.40	128.00	98.10	65.10	90.30	113.20	115.10
2008年4季度	94.80	105.00	94.60	73.80	65.10	86.90	91.20	98.90
2009年1季度	93.90	97.20	88.70	81.00	61.70	97.80	87.60	106.60
2009年2季度	99.10	102.60	109.40	84.20	64.20	98.60	94.00	106.40
2009年3季度	117.30	111.30	112.10	97.60	67.00	89.90	105.50	118.40
2009年4季度	120.10	118.10	119.30	91.50	66.60	103.20	102.70	120.90
2010年1季度	126.20	118.90	107.40	95.90	62.80	96.90	105.50	113.90
2010年2季度	125.60	124.10	125.30	98.70	63.10	87.20	106.90	124.80
2010年3季度	138.50	130.80	132.70	108.10	76.00	101.90	120.10	128.10
2010年4季度	132.00	124.80	124.90	97.40	71.80	99.20	112.90	125.80

3－11 批发和零售业企业景气调查主要景气指数

时间序列	企业家信心指数	企业景气指数	生产总量景气指数	盈利（亏损）变化景气指数	流动资金景气指数	贷款拖欠景气指数	劳动力需求景气指数	固定资产投资景气指数
1999年1季度	101.01	109.46	92.85	80.28	49.40	119.58	58.80	79.30
1999年2季度	95.42	107.36	87.05	71.39	44.73	121.60	63.22	81.53
1999年3季度	97.18	104.44	90.76	67.43	45.63	123.30	61.54	85.47
1999年4季度	90.62	103.94	97.19	74.41	49.00	119.80	60.33	89.16
2000年1季度	102.34	114.98	111.60	93.32	59.14	130.10	79.57	100.50
2000年2季度	106.82	113.43	104.32	85.44	56.56	131.42	79.03	104.05
2000年3季度	111.85	114.42	105.22	89.73	60.73	128.50	79.29	104.35
2000年4季度	110.66	110.68	108.30	86.17	56.70	125.04	78.80	107.86
2001年1季度	116.65	119.10	113.99	103.81	67.52	120.82	82.06	100.56
2001年2季度	113.31	117.77	96.37	91.30	70.56	123.19	75.98	106.29
2001年3季度	110.59	109.94	105.06	88.99	68.72	122.37	80.14	106.92
2001年4季度	111.74	111.13	101.98	93.71	71.18	123.49	79.40	108.45
2002年1季度	118.62	119.38	107.46	101.50	71.78	117.90	80.56	96.81
2002年2季度	115.23	113.26	100.06	92.36	60.81	114.03	79.29	103.31
2002年3季度	114.91	113.45	115.20	108.47	69.54	110.18	84.21	102.56
2002年4季度	120.84	117.24	123.29	114.65	69.93	115.90	84.87	101.37
2003年1季度	126.68	120.99	113.70	112.82	80.32	120.32	89.16	106.66
2003年2季度	117.58	114.12	96.00	100.60	78.49	122.11	83.00	112.28
2003年3季度	121.34	123.22	120.26	108.58	72.83	113.37	96.63	105.17
2003年4季度	124.46	130.93	130.10	122.77	73.60	118.80	99.55	105.46
2004年1季度	131.61	128.99	123.14	118.75	80.90	117.51	95.78	101.99
2004年2季度	124.43	128.56	101.31	111.97	77.09	120.04	89.13	103.25
2004年3季度	126.44	125.97	118.90	113.70	76.28	121.12	96.76	102.88
2004年4季度	128.80	129.98	127.37	116.67	83.95	117.78	96.46	105.38
2005年1季度	141.85	140.05	123.39	115.85	86.27	118.07	101.37	93.94
2005年2季度	136.87	134.34	118.82	111.21	92.19	117.32	90.98	104.23
2005年3季度	135.61	129.82	126.83	114.04	87.56	115.08	102.54	109.22
2005年4季度	133.80	132.25	124.00	123.01	86.30	121.15	97.25	108.77
2006年1季度	142.14	140.57	123.21	122.84	97.74	123.43	105.26	101.19
2006年2季度	135.36	135.85	113.16	122.22	94.88	120.36	98.46	105.94
2006年3季度	137.10	139.85	119.96	121.21	95.32	116.49	105.49	112.59
2006年4季度	142.34	144.77	130.95	125.30	95.11	111.97	105.96	107.73
2007年1季度	144.98	141.72	123.39	121.29	102.75	117.10	108.87	106.21
2007年2季度	141.31	138.22	115.52	119.34	101.52	113.82	101.46	114.93
2007年3季度	143.18	143.34	124.39	128.20	103.06	114.54	112.59	114.56
2007年4季度	142.16	141.46	133.68	125.24	100.83	120.81	110.70	115.53
2008年1季度	144.00	141.60	130.90	123.70	98.60	111.70	109.30	116.90
2008年2季度	137.40	141.70	121.00	113.60	99.40	111.60	102.50	115.80
2008年3季度	134.00	138.70	120.00	106.50	100.70	114.70	108.80	116.20
2008年4季度	114.20	126.80	103.70	106.70	99.30	107.70	102.60	104.50
2009年1季度	117.80	127.80	97.10	101.80	92.80	109.40	93.00	97.00
2009年2季度	124.80	127.10	112.90	116.10	96.30	114.00	97.50	108.00
2009年3季度	126.30	136.40	122.80	118.30	101.80	110.30	106.00	112.70
2009年4季度	132.20	140.60	130.50	120.50	99.70	115.40	112.90	114.70
2010年1季度	140.30	142.90	119.30	124.10	112.40	113.80	112.30	107.30
2010年2季度	139.30	140.20	114.70	116.80	113.00	118.40	108.70	111.60
2010年3季度	139.90	139.20	126.20	121.20	108.60	114.20	112.80	113.70
2010年4季度	142.20	141.70	138.30	130.90	107.00	112.30	117.20	116.30

3－12 房地产业企业景气调查主要景气指数

时间序列	企业家信心指数	企业景气指数	生产总量景气指数	盈利（亏损）变化景气指数	流动资金景气指数	贷款拖欠景气指数	劳动力需求景气指数	固定资产投资景气指数
1999年1季度	138.54	127.60	120.09	94.74	66.45	112.86	91.63	117.19
1999年2季度	127.24	123.92	125.51	80.25	54.64	122.13	91.60	105.75
1999年3季度	132.58	123.24	123.67	81.75	58.12	118.67	90.90	109.60
1999年4季度	135.61	125.91	127.34	88.09	49.75	114.50	88.46	105.57
2000年1季度	140.31	109.23	86.42	90.81	62.23	113.57	91.54	95.41
2000年2季度	137.84	128.34	133.82	99.89	66.54	111.84	101.10	116.94
2000年3季度	137.75	126.98	126.75	101.57	63.22	118.99	98.25	115.51
2000年4季度	151.79	130.47	132.73	107.99	75.20	118.13	97.17	120.81
2001年1季度	154.41	126.27	105.93	104.25	62.23	117.56	98.21	95.01
2001年2季度	149.76	130.60	136.45	117.01	60.97	115.20	112.22	111.19
2001年3季度	153.12	137.88	145.85	115.82	67.83	123.01	109.82	121.06
2001年4季度	155.33	138.01	135.77	126.51	72.59	115.40	93.63	115.33
2002年1季度	147.15	132.35	110.81	110.19	76.82	124.36	87.75	109.04
2002年2季度	150.38	128.85	134.51	116.91	68.02	109.61	101.22	118.27
2002年3季度	153.51	130.68	136.31	114.02	77.52	111.16	102.68	121.86
2002年4季度	149.27	133.16	129.70	116.06	74.92	119.26	95.58	119.35
2003年1季度	152.24	137.88	105.77	119.78	77.31	121.43	101.37	109.09
2003年2季度	143.46	147.58	138.76	126.86	85.91	123.31	104.89	122.74
2003年3季度	150.00	141.56	137.15	125.88	82.10	114.03	107.71	128.60
2003年4季度	154.34	146.88	133.49	128.79	84.25	115.05	100.03	117.16
2004年1季度	165.01	140.78	114.01	134.31	93.12	129.88	113.18	115.33
2004年2季度	160.76	146.24	132.22	129.78	92.66	124.93	113.40	130.97
2004年3季度	162.03	144.18	140.21	127.68	89.25	124.46	117.05	121.01
2004年4季度	165.06	146.89	130.84	135.34	86.55	127.74	98.84	118.59
2005年1季度	158.82	142.12	99.80	118.54	82.67	127.56	103.24	109.72
2005年2季度	140.23	137.31	123.57	108.69	78.73	120.11	107.43	114.50
2005年3季度	137.76	131.11	120.93	117.68	77.81	128.80	108.27	119.41
2005年4季度	140.14	141.87	125.75	122.59	76.51	119.31	96.86	119.59
2006年1季度	150.52	144.89	111.71	114.34	78.82	118.92	109.32	112.30
2006年2季度	146.05	142.03	128.16	126.07	81.81	118.59	112.40	118.29
2006年3季度	147.81	135.25	123.46	121.71	72.84	117.07	110.28	110.93
2006年4季度	147.64	137.73	122.85	123.22	78.49	121.69	103.08	111.17
2007年1季度	151.65	143.25	105.54	120.03	94.11	126.65	105.47	107.34
2007年2季度	154.30	143.83	124.33	118.88	82.29	121.57	97.80	109.63
2007年3季度	148.96	141.10	135.73	122.95	88.76	122.20	109.78	119.68
2007年4季度	143.43	147.20	131.52	132.55	91.23	123.42	107.03	119.18
2008年1季度	136.80	142.10	108.50	113.50	87.50	120.60	113.80	111.70
2008年2季度	130.10	137.10	125.50	113.90	77.20	120.50	118.70	120.00
2008年3季度	110.50	123.90	121.40	90.30	71.60	115.70	104.10	109.80
2008年4季度	86.80	102.90	97.20	70.70	57.80	104.20	74.10	89.90
2009年1季度	84.20	95.20	87.80	71.40	51.90	115.50	79.90	87.60
2009年2季度	106.90	115.10	114.20	88.20	70.70	113.40	91.90	101.40
2009年3季度	129.70	123.30	127.60	112.10	75.10	117.70	108.70	120.60
2009年4季度	137.20	132.90	128.90	126.90	88.30	118.10	105.90	120.80
2010年1季度	138.20	132.00	104.50	106.80	84.60	127.60	113.20	103.80
2010年2季度	114.60	124.20	120.60	95.70	81.50	123.50	109.80	111.00
2010年3季度	133.90	132.20	115.80	107.40	86.80	119.00	111.30	113.50
2010年4季度	130.90	132.20	124.60	118.30	81.90	123.20	111.50	109.10

3－13　社会服务业企业景气调查主要景气指数

时间序列	企业家信心指数	企业景气指数	生产总量景气指数	盈利（亏损）变化景气指数	流动资金景气指数	贷款拖欠景气指数	劳动力需求景气指数	固定资产投资景气指数
1999年1季度	122.86	93.94	88.24	77.14	61.76	67.74	97.14	106.45
1999年2季度	128.57	125.71	122.86	102.94	57.14	69.70	94.29	111.76
1999年3季度	103.03	100.00	81.82	60.61	56.25	73.33	75.76	93.33
1999年4季度	111.76	115.15	111.76	82.35	58.82	70.59	82.35	109.09
2000年1季度	129.41	100.00	85.29	69.70	60.61	96.43	91.18	112.50
2000年2季度	135.29	102.94	81.82	66.67	62.50	82.76	82.35	103.13
2000年3季度	123.53	106.06	97.06	87.88	59.38	93.33	93.94	106.25
2000年4季度	135.29	87.50	63.64	75.76	56.25	100.00	79.41	100.00
2001年1季度	148.15	109.68	114.52	103.23	77.05	107.47	85.25	111.83
2001年2季度	157.53	127.87	142.47	127.42	82.26	83.91	112.02	97.81
2001年3季度	151.61	134.43	140.32	120.43	89.25	80.23	121.31	109.14
2001年4季度	138.17	125.14	110.22	96.77	75.81	92.66	91.26	120.77
2002年1季度	141.38	122.21	118.68	94.11	85.57	105.88	102.67	111.04
2002年2季度	149.28	137.17	143.30	119.13	102.94	100.26	120.43	119.72
2002年3季度	161.69	141.68	121.01	114.03	89.32	113.53	117.81	131.26
2002年4季度	145.69	124.76	92.31	93.62	85.32	120.14	86.49	112.61
2003年1季度	150.78	124.44	120.35	100.58	74.12	99.63	108.99	106.93
2003年2季度	90.92	54.69	58.44	47.98	55.45	87.72	56.18	99.83
2003年3季度	134.67	119.82	136.16	126.72	72.88	95.14	124.47	100.30
2003年4季度	142.28	109.71	94.76	88.74	74.02	102.12	82.93	103.99
2004年1季度	135.59	125.46	110.47	103.44	68.84	109.24	105.79	111.58
2004年2季度	142.41	130.92	132.65	128.42	80.20	95.45	118.63	121.20
2004年3季度	145.86	137.96	127.28	119.42	75.73	93.27	114.15	110.59
2004年4季度	133.73	122.00	97.62	88.34	67.67	97.82	90.93	109.54
2005年1季度	139.98	128.92	122.90	101.40	76.37	111.85	105.88	108.89
2005年2季度	149.16	137.30	133.84	116.07	59.13	99.78	112.85	109.39
2005年3季度	158.00	139.31	147.03	128.70	79.18	88.13	122.49	124.16
2005年4季度	143.13	128.84	113.28	111.74	71.96	91.16	92.55	116.89
2006年1季度	146.45	121.29	115.78	92.54	72.86	104.22	100.00	111.24
2006年2季度	144.87	146.72	137.55	119.83	88.67	86.25	124.46	109.00
2006年3季度	142.81	136.29	131.12	107.63	83.90	89.58	115.70	122.27
2006年4季度	146.67	138.68	117.34	110.32	79.67	100.73	104.05	112.86
2007年1季度	157.63	137.61	120.00	96.26	91.95	113.99	119.85	106.90
2007年2季度	157.42	151.55	145.62	126.85	94.19	105.77	130.59	109.29
2007年3季度	151.74	142.35	142.10	125.61	95.34	97.57	121.06	111.64
2007年4季度	141.16	132.94	111.51	104.82	95.26	114.01	97.55	112.83
2008年1季度	140.00	125.50	115.40	98.40	91.20	116.50	113.20	114.30
2008年2季度	141.10	129.90	124.40	111.10	102.20	106.30	117.70	106.40
2008年3季度	129.10	131.50	119.50	106.30	99.00	117.70	107.50	120.00
2008年4季度	113.50	108.90	81.80	91.60	87.50	105.40	82.40	96.20
2009年1季度	117.80	111.80	111.20	93.50	93.80	102.00	98.30	107.10
2009年2季度	105.50	106.10	109.20	87.30	84.30	103.10	95.90	105.50
2009年3季度	139.20	138.10	124.90	116.70	96.50	103.10	112.20	114.30
2009年4季度	133.70	119.40	101.70	93.30	85.70	108.60	94.90	117.40
2010年1季度	149.50	138.80	131.70	114.80	107.80	125.70	121.80	124.80
2010年2季度	149.60	143.50	143.60	123.60	104.70	109.00	130.80	113.90
2010年3季度	158.40	151.50	153.50	136.00	109.90	113.90	132.70	122.90
2010年4季度	150.50	144.60	115.80	115.10	102.80	113.90	102.00	119.90

3－14 信息传输、计算机服务和软件业企业景气调查主要景气指数

时间序列	企业家信心指数	企业景气指数	生产总量景气指数	盈利（亏损）变化景气指数	流动资金景气指数	贷款拖欠景气指数	劳动力需求景气指数	固定资产投资景气指数
1999年1季度	147.83	147.83	160.87	116.85	39.33	66.85	104.40	142.61
1999年2季度	149.52	162.56	179.95	136.47	43.67	81.82	99.96	146.87
1999年3季度	149.52	145.17	147.83	109.63	50.68	86.36	82.61	162.56
1999年4季度	147.22	156.32	167.18	128.68	54.65	81.86	95.45	158.09
2000年1季度	157.80	164.14	164.39	125.58	75.57	99.53	105.08	157.12
2000年2季度	168.06	174.87	179.65	131.04	74.34	111.05	82.82	176.31
2000年3季度	162.90	169.04	187.54	147.80	61.40	84.68	92.34	164.08
2000年4季度	158.64	164.78	173.99	133.14	72.39	99.57	105.31	150.97
2001年1季度	176.16	170.51	160.19	124.21	97.80	119.41	99.11	160.05
2001年2季度	159.99	161.18	158.60	120.71	65.31	96.91	95.48	115.83
2001年3季度	153.30	154.70	157.38	99.80	75.21	114.71	116.94	118.47
2001年4季度	158.58	156.47	162.65	112.96	79.91	104.23	103.04	92.40
2002年1季度	147.34	157.64	155.06	124.33	85.61	98.20	75.16	73.31
2002年2季度	137.84	144.56	148.35	116.66	71.07	123.06	82.01	111.01
2002年3季度	147.35	151.33	155.78	127.76	83.50	105.20	97.86	105.17
2002年4季度	150.99	157.78	156.04	138.92	78.56	115.74	102.44	120.40
2003年1季度	159.48	158.28	155.20	136.81	96.83	107.82	123.58	117.35
2003年2季度	151.37	151.73	145.59	124.95	108.13	117.51	98.40	139.64
2003年3季度	149.98	160.70	162.68	129.68	104.96	102.31	117.06	132.02
2003年4季度	152.81	162.57	164.04	138.40	99.02	114.34	119.26	146.15
2004年1季度	156.49	157.41	147.36	128.98	106.03	98.89	93.25	113.13
2004年2季度	157.05	160.92	152.96	123.92	120.33	108.89	104.69	119.60
2004年3季度	166.57	161.49	161.54	146.95	120.02	108.30	110.42	115.10
2004年4季度	160.30	152.42	156.56	139.60	115.53	105.39	102.49	133.29
2005年1季度	167.15	163.66	145.41	140.66	122.32	118.29	116.86	121.05
2005年2季度	163.25	171.01	156.62	127.22	114.37	114.89	116.82	124.88
2005年3季度	159.94	163.56	161.64	138.69	117.57	101.87	120.21	121.92
2005年4季度	153.73	162.57	157.94	138.93	116.86	106.11	105.17	126.34
2006年1季度	158.62	158.93	144.83	128.38	119.23	126.27	113.15	130.71
2006年2季度	151.57	153.16	148.74	138.94	109.16	118.14	114.95	142.00
2006年3季度	154.98	154.05	162.67	124.65	126.20	100.00	108.35	117.77
2006年4季度	156.75	153.78	145.08	122.62	111.96	112.46	116.91	110.56
2007年1季度	166.34	173.65	132.74	115.76	122.84	133.34	114.49	123.23
2007年2季度	159.99	169.01	135.99	128.89	112.34	112.32	122.57	129.45
2007年3季度	167.22	166.05	150.14	143.69	120.28	119.32	109.58	110.14
2007年4季度	170.19	171.18	143.89	136.26	123.45	113.39	110.55	111.97
2008年1季度	169.10	160.90	127.40	130.30	123.20	134.40	109.70	115.30
2008年2季度	164.20	159.20	140.10	125.20	122.30	119.50	105.30	124.40
2008年3季度	154.40	158.70	146.20	131.00	123.60	120.10	106.10	124.00
2008年4季度	148.50	154.40	132.90	119.30	120.30	118.90	104.10	129.60
2009年1季度	154.50	160.50	132.10	125.90	122.70	120.30	94.70	125.50
2009年2季度	160.40	165.30	142.90	115.70	124.10	105.30	107.10	139.00
2009年3季度	168.00	167.70	151.50	138.70	123.40	122.10	119.30	142.00
2009年4季度	162.60	163.40	141.60	134.20	127.80	134.60	109.90	132.10
2010年1季度	170.20	169.00	138.30	98.70	137.90	125.40	141.90	124.80
2010年2季度	163.80	171.10	152.10	125.10	134.60	103.80	131.60	144.70
2010年3季度	162.00	165.30	148.70	123.00	135.40	113.30	127.40	136.10
2010年4季度	164.70	164.50	152.50	151.20	129.90	107.40	121.00	141.80

3－15 住宿和餐饮业企业景气调查主要景气指数

时间序列	企业家信心指数	企业景气指数	生产总量景气指数	盈利（亏损）变化景气指数	流动资金景气指数	贷款拖欠景气指数	劳动力需求景气指数	固定资产投资景气指数
1999年1季度	94.75	91.79	85.43	56.05	47.24	87.52	64.64	90.97
1999年2季度	93.12	95.85	92.82	80.88	57.10	67.66	72.96	87.20
1999年3季度	108.38	110.71	112.39	84.95	57.63	64.73	92.84	99.27
1999年4季度	100.38	101.27	95.96	69.79	51.60	74.51	67.14	92.42
2000年1季度	117.96	86.43	81.38	72.67	53.35	90.91	76.65	106.06
2000年2季度	128.59	124.91	139.94	102.42	61.78	95.98	102.07	104.13
2000年3季度	132.00	112.14	112.72	100.11	57.15	87.75	102.76	114.03
2000年4季度	118.79	89.94	94.38	77.53	55.20	91.81	79.04	97.77
2001年1季度	132.84	102.58	98.71	86.02	70.56	80.12	88.22	101.23
2001年2季度	125.85	122.56	119.79	117.64	74.95	87.63	104.13	112.16
2001年3季度	135.37	135.26	133.64	121.63	81.90	87.31	109.63	118.14
2001年4季度	121.28	114.64	95.55	87.75	75.73	92.68	88.05	106.27
2002年1季度	125.89	108.79	90.91	85.07	66.37	97.37	94.07	102.15
2002年2季度	125.00	114.14	114.28	103.77	75.30	83.32	108.11	116.10
2002年3季度	130.88	127.54	133.49	119.01	81.86	88.89	107.88	121.16
2002年4季度	132.46	125.58	113.45	103.13	83.52	97.44	96.20	110.39
2003年1季度	133.55	129.23	107.91	100.00	80.45	85.16	104.43	99.18
2003年2季度	64.30	37.56	23.78	25.42	47.28	98.88	39.26	83.86
2003年3季度	137.62	128.54	142.95	122.93	79.49	84.34	124.59	118.60
2003年4季度	138.13	127.10	116.34	113.55	78.31	88.98	99.55	112.55
2004年1季度	142.38	122.22	107.00	109.35	83.54	100.45	105.15	111.06
2004年2季度	144.69	140.36	130.46	138.52	88.14	86.00	116.69	110.98
2004年3季度	149.14	144.03	136.66	139.15	91.62	80.53	117.14	112.30
2004年4季度	146.38	140.12	113.69	125.49	96.22	99.58	102.36	105.69
2005年1季度	139.40	127.97	105.61	98.27	79.82	87.37	108.42	102.93
2005年2季度	140.82	130.49	122.81	117.96	85.38	79.77	119.53	108.76
2005年3季度	143.90	147.29	138.32	128.93	97.85	91.07	121.45	103.24
2005年4季度	136.22	134.44	105.80	105.34	90.08	86.05	100.52	111.28
2006年1季度	141.01	139.34	122.72	119.09	84.41	95.03	113.12	110.77
2006年2季度	139.98	135.99	132.60	122.85	94.37	86.43	117.45	112.31
2006年3季度	147.35	138.12	132.80	125.97	93.47	81.05	118.64	107.85
2006年4季度	149.14	140.96	114.66	114.73	91.21	95.19	108.61	105.99
2007年1季度	141.91	134.58	111.78	97.01	91.61	93.71	121.35	105.91
2007年2季度	150.91	137.90	120.83	115.92	93.78	102.09	130.13	114.98
2007年3季度	146.90	139.35	130.14	133.71	96.92	80.88	130.77	111.47
2007年4季度	147.25	136.24	114.38	99.97	97.68	91.21	112.35	107.97
2008年1季度	145.70	138.60	105.70	90.60	82.80	99.20	126.70	106.70
2008年2季度	145.00	139.10	130.70	117.30	93.70	96.00	128.70	108.20
2008年3季度	133.60	123.00	123.90	87.40	79.50	91.70	117.30	104.00
2008年4季度	112.70	117.60	97.50	91.30	76.00	92.50	91.70	100.50
2009年1季度	106.20	111.80	80.40	71.20	73.60	89.30	104.90	97.10
2009年2季度	116.50	112.90	104.50	89.70	75.10	89.50	107.20	107.60
2009年3季度	130.20	127.60	131.90	116.20	88.80	89.50	128.60	118.40
2009年4季度	129.90	123.60	100.80	95.70	85.90	98.40	105.50	116.20
2010年1季度	133.00	125.40	104.70	99.20	92.70	96.50	134.10	103.20
2010年2季度	133.60	133.00	125.40	115.80	96.00	93.20	129.30	108.20
2010年3季度	140.30	135.90	135.80	125.80	100.50	91.40	135.80	103.70
2010年4季度	137.60	130.90	105.00	96.70	94.80	92.90	121.00	109.90

3 - 16 企业家信心指数(2010年)

类　别	一季度	二季度	三季度	四季度
总体状况	137.50	135.40	139.60	139.10
一、按行业门类分				
（一）工业	136.20	134.70	137.70	138.40
采矿业	165.40	158.80	158.20	168.20
制造业	133.60	132.40	136.90	136.50
电力、燃气及水的生产和供应业	138.70	138.40	129.80	132.10
（二）建筑业	144.00	146.90	147.20	143.10
房屋和土木工程建筑业	144.50	147.90	148.60	142.20
建筑安装业	142.40	136.80	131.60	147.40
建筑装饰业	133.30	133.30	133.30	150.00
其他建筑业	100.00	100.00	100.00	100.00
（三）交通运输、仓储和邮政业	126.20	125.60	138.50	132.00
铁路运输业	200.00	200.00	200.00	200.00
道路运输业	116.00	103.90	130.90	120.30
城市公共交通业	123.80	123.80	128.60	123.80
水上运输业	123.20	140.90	146.80	146.80
航空运输业	181.90	181.90	200.00	181.90
管道运输业	100.00	100.00	100.00	100.00
装卸搬运和其他运输服务业	133.30	166.70	133.30	166.70
仓储业	160.00	140.00	180.00	180.00
邮政业	126.90	142.30	134.60	130.80
（四）批发和零售业	140.30	139.30	139.90	142.20
批发业	134.10	136.80	134.30	137.10
零售业	145.80	141.40	144.90	146.80
（五）房地产业	138.20	114.60	133.90	130.90
（六）社会服务业	149.50	149.60	158.40	150.50
租赁业	150.00	137.50	137.50	137.50
商务服务业	151.80	148.30	157.10	150.00
环境资源管理业	166.70	200.00	200.00	166.70
公共设施管理业	155.20	158.60	172.40	165.50
居民服务业	75.00	100.00	100.00	75.00
其他服务业	100.00	100.00	100.00	100.00
（七）信息传输、计算机服务和软件业	170.20	163.80	162.00	164.70
信息传输业	172.10	166.30	161.90	167.60

续表

类 别	一季度	二季度	三季度	四季度
计算机服务业	166.70	144.40	155.60	155.60
软件业	166.90	166.90	166.90	160.60
(八)住宿和餐饮业	133.00	133.60	140.30	137.60
住宿业	134.70	135.50	143.60	139.50
餐饮业	128.10	129.20	133.30	133.30
二、按企业登记注册类型分				
国有企业	138.10	142.30	145.40	146.60
集体企业	131.80	133.80	136.80	130.00
股份合作企业	115.30	105.60	108.50	107.00
联营企业	114.30	85.70	128.60	100.00
有限责任公司	136.80	130.40	136.50	136.50
股份有限公司	141.10	140.30	141.30	142.20
私营企业	147.60	142.90	148.70	146.20
港、澳、台投资企业	147.40	139.40	142.20	142.50
外商投资企业	139.40	141.60	145.50	141.70
三、按企业规模分				
大型	150.10	145.60	152.20	154.20
中型	138.10	137.80	139.50	140.40
小型	128.90	124.80	131.30	127.50
四、特殊分组				
省重点企业	148.50	140.20	149.20	150.80
出口企业	141.90	138.60	145.10	142.80
上市公司	144.90	140.70	139.50	137.10
国有控股企业	139.30	138.10	140.40	144.50

3－17 企业景气指数(2010年)

类　别	一季度	二季度	三季度	四季度
总体状况	135.70	138.20	138.90	140.50
一、按行业门类分				
（一）工业	136.20	139.20	138.60	141.80
采矿业	159.30	161.60	149.90	161.60
制造业	135.10	137.40	137.80	141.70
电力、燃气及水的生产和供应业	126.40	137.60	137.50	128.40
（二）建筑业	133.90	140.80	142.00	142.70
房屋和土木工程建筑业	133.30	140.10	141.80	142.70
建筑安装业	141.80	142.10	142.10	142.10
建筑装饰业	133.30	150.00	150.00	133.30
其他建筑业	100.00	100.00	100.00	100.00
（三）交通运输、仓储和邮政业	118.90	124.10	130.80	124.80
铁路运输业	200.00	200.00	200.00	200.00
道路运输业	106.90	109.70	126.40	120.10
城市公共交通业	95.20	100.00	104.80	90.50
水上运输业	136.80	152.60	146.80	146.80
航空运输业	181.90	181.90	200.00	181.90
管道运输业	100.00	100.00	100.00	100.00
装卸搬运和其他运输服务业	100.00	166.70	166.70	133.30
仓储业	140.00	160.00	180.00	140.00
邮政业	130.80	130.80	119.20	126.90
（四）批发和零售业	142.90	140.20	139.20	141.70
批发业	134.50	134.30	130.20	134.00
零售业	150.40	145.40	147.20	148.50
（五）房地产业	132.00	124.20	132.20	132.20
（六）社会服务业	138.80	143.50	151.50	144.60
租赁业	137.50	137.50	150.00	137.50
商务服务业	136.00	137.40	151.80	146.40
环境资源管理业	133.30	133.30	133.30	133.30
公共设施管理业	144.80	158.60	158.60	151.70
居民服务业	150.00	150.00	125.00	100.00
其他服务业	100.00	100.00	100.00	100.00
（七）信息传输、计算机服务和软件业	169.00	171.10	165.30	164.50
信息传输业	171.70	171.30	170.10	169.20

续表

类　别	一季度	二季度	三季度	四季度
计算机服务业	155.60	166.70	155.60	144.40
软件业	166.90	173.10	148.10	154.40
(八)住宿和餐饮业	125.40	133.00	135.90	130.90
住宿业	124.20	131.50	133.90	130.70
餐饮业	128.10	135.10	140.40	131.60
二、按企业登记注册类型分				
国有企业	133.30	139.30	140.30	145.30
集体企业	130.40	130.70	131.90	136.30
股份合作企业	108.30	107.00	108.80	104.60
联营企业	100.00	71.40	100.00	85.70
有限责任公司	134.30	135.90	135.10	138.00
股份有限公司	146.30	150.20	147.70	148.70
私营企业	149.30	135.80	148.40	149.60
港、澳、台投资企业	137.70	145.50	152.80	134.50
外商投资企业	135.10	140.60	142.60	138.70
三、按企业规模分				
大型	161.00	161.80	157.40	168.60
中型	135.10	139.80	141.40	141.00
小型	121.30	121.20	123.00	122.80
四、特殊分组				
省重点企业	159.00	160.90	155.70	169.10
出口企业	144.10	145.10	145.30	148.80
上市公司	162.70	160.80	159.70	170.20
国有控股企业	136.20	140.30	137.80	145.00

3 － 18　　工业企业生产总量景气指数(2010年)

类　别	一季度	二季度	三季度	四季度
工业企业总体状况	113.70	132.60	124.10	130.20
一、按行业门类分				
采矿业	89.00	139.10	100.00	114.70
制造业	114.00	130.90	123.70	130.40
电力、燃气及水的生产和供应业	129.50	142.20	143.80	139.70
二、按企业登记注册类型分				
国有企业	122.30	136.40	127.80	133.20
集体企业	110.20	126.70	122.80	128.30
股份合作企业	81.30	98.60	101.90	94.90
联营企业	140.00	120.00	160.00	180.00
有限责任公司	108.50	130.80	119.20	130.30
股份有限公司	118.10	143.10	127.50	135.00
私营企业	123.50	124.50	135.10	127.80
港、澳、台投资企业	124.20	144.40	138.50	120.00
外商投资企业	120.40	128.40	134.60	124.20
三、按企业规模分				
大型	122.90	151.90	134.10	149.00
中型	111.50	130.40	124.40	128.40
小型	109.60	119.00	114.00	116.50

3 － 19　　工业企业盈利(亏损)变化景气指数(2010年)

类　别	一季度	二季度	三季度	四季度
工业企业总体状况	116.70	125.40	122.20	127.40
一、按行业门类分				
采矿业	110.40	148.40	114.80	127.40
制造业	118.50	125.40	123.70	129.40
电力、燃气及水的生产和供应业	102.30	104.60	113.40	109.20
二、按企业登记注册类型分				
国有企业	113.50	127.90	120.40	130.20
集体企业	106.70	120.70	123.80	114.90
股份合作企业	95.50	85.70	106.50	102.80
联营企业	140.00	60.00	120.00	100.00
有限责任公司	113.40	121.60	120.20	127.90
股份有限公司	127.70	141.20	125.90	131.90
私营企业	118.80	129.80	131.40	131.50
港、澳、台投资企业	154.30	119.90	127.10	131.60
外商投资企业	122.00	127.10	131.40	122.70
三、按企业规模分				
大型	135.10	147.20	132.00	154.90
中型	111.90	124.30	122.00	125.30
小型	109.10	107.20	113.60	106.10

3－20 工业企业流动资金景气指数(2010年)

类　别	一季度	二季度	三季度	四季度
工业企业总体状况	98.60	100.10	104.20	102.40
一、按行业门类分				
采矿业	123.50	126.00	125.70	126.30
制造业	97.20	98.70	103.10	101.60
电力、燃气及水的生产和供应业	92.90	92.90	99.10	92.10
二、按企业登记注册类型分				
国有企业	97.20	98.80	105.00	101.40
集体企业	92.00	94.40	93.70	99.20
股份合作企业	79.90	77.40	76.00	80.70
联营企业	60.00	80.00	80.00	100.00
有限责任公司	89.20	93.00	97.60	92.10
股份有限公司	113.90	117.90	118.10	125.60
私营企业	112.20	103.30	109.60	113.50
港、澳、台投资企业	124.40	108.80	111.60	110.10
外商投资企业	119.50	114.50	120.90	117.00
三、按企业规模分				
大型	127.70	133.00	137.80	131.00
中型	93.90	94.20	97.00	98.10
小型	81.00	81.30	87.40	84.50

3－21 工业企业货款拖欠景气指数(2010年)

类　别	一季度	二季度	三季度	四季度
工业企业总体状况	107.90	109.10	112.80	112.30
一、按行业门类分				
采矿业	94.20	87.90	100.70	101.90
制造业	109.40	110.80	114.40	113.10
电力、燃气及水的生产和供应业	107.30	111.60	106.80	114.30
二、按企业登记注册类型分				
国有企业	107.40	103.20	108.00	112.60
集体企业	112.30	111.20	121.30	120.00
股份合作企业	115.60	109.70	87.10	111.10
联营企业	40.00	140.00	120.00	80.00
有限责任公司	105.10	107.50	111.50	109.00
股份有限公司	112.00	116.70	117.90	117.90
私营企业	113.60	111.20	111.60	112.50
港、澳、台投资企业	112.90	122.90	111.40	105.70
外商投资企业	109.70	107.40	122.10	118.70
三、按企业规模分				
大型	105.20	112.90	115.20	121.60
中型	107.90	109.60	111.00	109.70
小型	110.30	104.30	114.30	108.70

3 － 22 工业企业劳动力需求景气指数(2010年)

类 别	一季度	二季度	三季度	四季度
工业企业总体状况	129.90	124.60	123.10	126.80
一、按行业门类分				
采矿业	114.30	119.20	114.10	115.80
制造业	134.00	128.60	126.00	129.80
电力、燃气及水的生产和供应业	103.00	91.50	103.10	108.00
二、按企业登记注册类型分				
国有企业	110.60	107.80	109.60	116.70
集体企业	120.60	123.80	120.40	127.40
股份合作企业	114.30	109.70	111.50	101.40
联营企业	160.00	120.00	140.00	100.00
有限责任公司	131.10	126.00	123.80	126.50
股份有限公司	136.10	131.70	129.50	135.10
私营企业	150.60	130.70	128.10	132.50
港、澳、台投资企业	147.20	128.60	128.60	124.30
外商投资企业	139.60	137.40	132.10	133.40
三、按企业规模分				
大型	132.00	132.70	134.00	139.50
中型	131.70	124.30	120.50	125.30
小型	124.00	117.80	118.20	117.90

3 － 23 工业企业固定资产投资景气指数(2010年)

类 别	一季度	二季度	三季度	四季度
工业企业总体状况	111.90	119.40	118.30	121.80
一、按行业门类分				
采矿业	119.50	127.90	116.20	140.80
制造业	111.10	117.60	118.10	118.70
电力、燃气及水的生产和供应业	114.60	129.20	122.50	135.00
二、按企业登记注册类型分				
国有企业	110.30	118.60	116.60	128.20
集体企业	105.00	115.50	103.50	117.10
股份合作企业	109.40	103.20	101.90	103.70
联营企业	60.00	100.00	100.00	120.00
有限责任公司	108.10	118.10	117.80	118.90
股份有限公司	125.50	130.90	124.40	129.20
私营企业	119.50	117.70	126.70	117.80
港、澳、台投资企业	117.20	121.40	124.20	124.20
外商投资企业	107.80	108.90	116.90	114.60
三、按企业规模分				
大型	124.60	137.90	128.50	141.00
中型	110.40	117.30	116.60	119.50
小型	103.10	106.70	112.40	108.50

3 － 24 工业企业产品订货景气指数(2010年)

类 别	一季度	二季度	三季度	四季度
工业企业总体状况	120.10	126.10	126.00	129.10
一、按行业门类分				
采矿业	110.90	106.20	112.80	129.20
制造业	122.20	129.00	127.90	130.70
电力、燃气及水的生产和供应业	106.20	113.40	117.70	113.00
二、按企业登记注册类型分				
国有企业	116.80	121.70	112.30	115.80
集体企业	113.60	121.20	130.20	119.90
股份合作企业	101.80	111.50	103.20	103.20
联营企业	120.00	120.00	160.00	160.00
有限责任公司	117.50	123.50	123.20	128.40
股份有限公司	126.80	134.40	139.50	144.10
私营企业	130.70	140.30	139.00	140.10
港、澳、台投资企业	124.20	129.90	144.40	124.40
外商投资企业	125.70	130.30	132.50	130.30
三、按企业规模分				
大型	135.60	142.30	140.00	145.90
中型	119.70	124.90	125.30	128.50
小型	106.30	113.20	114.30	114.70

3 － 25 工业企业科技创新景气指数(2010年)

类 别	一季度	二季度	三季度	四季度
工业企业总体状况	118.40	121.70	120.70	124.20
一、按行业门类分				
采矿业	128.10	119.40	122.20	136.90
制造业	118.30	122.50	120.80	123.20
电力、燃气及水的生产和供应业	110.80	117.80	118.90	121.90
二、按企业登记注册类型分				
国有企业	110.80	116.80	116.20	118.50
集体企业	116.80	118.00	120.00	117.20
股份合作企业	111.50	98.50	103.30	110.70
联营企业	120.00	120.00	120.00	120.00
有限责任公司	118.90	124.80	120.10	126.20
股份有限公司	128.10	128.80	134.70	131.90
私营企业	119.90	120.40	121.30	123.60
港、澳、台投资企业	117.10	117.70	119.10	107.10
外商投资企业	111.20	109.60	108.30	119.10
三、按企业规模分				
大型	134.10	142.90	140.40	150.00
中型	117.00	119.10	116.70	120.60
小型	106.20	107.00	110.30	106.50

3 － 26 建筑业企业建筑工程量景气指数(2010年)

类　别	一季度	二季度	三季度	四季度
工业企业总体状况	101.10	156.30	142.70	133.40
一、按行业门类分				
房屋和土木工程建筑业	103.20	157.50	144.50	132.70
建筑安装业	94.70	147.40	126.30	141.50
建筑装饰业	66.70	150.00	150.00	116.70
二、按企业登记注册类型分				
国有企业	67.50	165.40	148.80	143.90
集体企业	98.00	142.90	134.70	110.20
股份合作企业	100.00	150.00	150.00	100.00
联营企业	100.00	100.00	100.00	100.00
有限责任公司	108.20	160.20	145.10	146.60
股份有限公司	136.10	161.10	150.40	126.90
私营企业	60.00	120.00	100.00	100.00
港、澳、台投资企业		100.00	50.00	50.00
外商投资企业	100.00	100.00	100.00	100.00
三、按企业规模分				
大型	95.20	188.30	168.10	145.80
中型	119.20	153.30	151.70	145.00
小型	73.10	137.30	107.50	103.00

3 － 27 建筑业企业盈利(亏损)变化景气指数(2010年)

类　别	一季度	二季度	三季度	四季度
工业企业总体状况	100.30	122.30	121.90	119.00
一、按行业门类分				
房屋和土木工程建筑业	101.10	121.50	120.60	118.20
建筑安装业	99.70	147.40	131.60	121.10
建筑装饰业	83.30	83.30	133.30	133.30
二、按企业登记注册类型分				
国有企业	99.40	149.20	139.10	144.70
集体企业	83.70	114.30	108.20	104.10
股份合作企业	100.00	125.00	125.00	100.00
联营企业	100.00	100.00	100.00	100.00
有限责任公司	100.50	117.90	119.80	115.10
股份有限公司	141.50	129.00	136.00	122.30
私营企业	60.00	80.00	100.00	140.00
港、澳、台投资企业	50.00		50.00	50.00
外商投资企业	100.00	100.00	100.00	100.00
三、按企业规模分				
大型	111.30	158.80	157.10	155.30
中型	115.00	122.50	126.70	122.50
小型	65.70	94.00	86.60	85.10

3－28　建筑业企业流动资金景气指数(2010年)

类　别	一季度	二季度	三季度	四季度
工业企业总体状况	82.70	72.10	75.10	74.40
一、按行业门类分				
房屋和土木工程建筑业	78.30	72.00	72.20	70.40
建筑安装业	115.80	83.90	99.70	94.70
建筑装饰业	116.70	50.00	100.00	100.00
二、按企业登记注册类型分				
国有企业	100.20	68.30	66.70	80.70
集体企业	61.20	65.30	75.50	67.40
股份合作企业	50.00	50.00	75.00	50.00
联营企业	100.00	100.00	100.00	100.00
有限责任公司	77.00	67.70	71.20	69.00
股份有限公司	124.10	122.90	113.00	117.20
私营企业	120.00	60.00	60.00	60.00
港、澳、台投资企业	50.00		50.00	50.00
外商投资企业	100.00	100.00	100.00	100.00
三、按企业规模分				
大型	92.00	77.60	93.80	104.10
中型	82.50	67.50	69.20	68.30
小型	76.10	76.10	71.60	62.70

3－29　建筑业企业货款拖欠景气指数(2010年)

类　别	一季度	二季度	三季度	四季度
工业企业总体状况	99.20	79.60	72.90	73.00
一、按行业门类分				
房屋和土木工程建筑业	98.30	77.90	68.40	71.10
建筑安装业	126.60	110.80	126.00	99.40
建筑装饰业	50.00	50.00	66.70	50.00
二、按企业登记注册类型分				
国有企业	109.40	79.80	85.30	72.70
集体企业	110.20	89.80	79.60	89.80
股份合作企业	25.00	150.00	25.00	
联营企业	100.00	100.00	100.00	100.00
有限责任公司	89.20	69.40	69.90	69.80
股份有限公司	135.00	91.80	67.50	70.30
私营企业	60.00	100.00	60.00	80.00
港、澳、台投资企业		50.00	50.00	50.00
外商投资企业	100.00	100.00	100.00	100.00
三、按企业规模分				
大型	120.00	61.70	81.20	68.00
中型	87.50	78.30	70.80	68.30
小型	104.50	95.50	70.20	85.10

3 － 30　建筑业企业劳动力需求景气指数(2010年)

类　别	一季度	二季度	三季度	四季度
工业企业总体状况	117.20	152.40	139.10	126.20
一、按行业门类分				
房屋和土木工程建筑业	117.50	154.50	141.80	127.00
建筑安装业	120.80	142.10	131.00	120.50
建筑装饰业	133.30	116.70	116.70	116.70
二、按企业登记注册类型分				
国有企业	100.00	151.30	131.30	121.20
集体企业	108.20	149.00	142.90	114.30
股份合作企业	150.00	150.00	125.00	100.00
联营企业	100.00	100.00	100.00	100.00
有限责任公司	119.30	161.10	148.60	132.00
股份有限公司	146.70	143.60	114.90	155.60
私营企业	80.00	100.00	100.00	80.00
港、澳、台投资企业	100.00	50.00	50.00	50.00
外商投资企业	100.00	100.00	100.00	100.00
三、按企业规模分				
大型	103.60	176.00	150.90	155.50
中型	126.70	151.70	142.50	125.80
小型	110.50	135.80	123.90	104.50

3 － 31　建筑业企业固定资产投资景气指数(2010年)

类　别	一季度	二季度	三季度	四季度
工业企业总体状况	115.60	125.40	114.30	115.10
一、按行业门类分				
房屋和土木工程建筑业	115.80	125.40	112.40	115.30
建筑安装业	105.30	121.10	115.50	104.70
建筑装饰业	133.30	116.70	183.30	150.00
二、按企业登记注册类型分				
国有企业	105.00	140.30	117.30	117.80
集体企业	110.20	120.40	110.20	120.40
股份合作企业	150.00	100.00	100.00	100.00
联营企业	100.00	100.00	100.00	100.00
有限责任公司	115.50	128.50	119.30	112.00
股份有限公司	146.20	108.00	95.70	128.30
私营企业	100.00	120.00	120.00	100.00
港、澳、台投资企业	50.00	50.00	100.00	50.00
外商投资企业	100.00	100.00	100.00	100.00
三、按企业规模分				
大型	122.00	141.90	131.30	127.10
中型	120.00	124.20	109.20	113.30
小型	103.00	114.90	110.50	109.00

3－32 交通运输、仓储和邮政业企业业务需求量景气指数(2010年)

类 别	一季度	二季度	三季度	四季度
交通运输、仓储和邮政业企业总体状况	107.40	125.30	132.70	124.90
一、按主要行业门类分				
铁路运输业	100.00	100.00	98.30	98.30
道路运输业	93.20	108.40	135.40	120.50
城市公共交通业	100.00	133.30	128.60	119.10
水上运输业	164.40	164.50	142.20	136.70
航空运输业	166.70	181.90	200.00	97.10
管道运输业	100.00	200.00	100.00	100.00
装卸搬运和其他运输服务业	100.00	100.00	66.70	100.00
仓储业	120.00	180.00	120.00	100.00
邮政业	103.90	130.80	138.50	150.00
二、按企业登记注册类型分				
国有企业	111.90	131.90	135.00	144.70
集体企业	90.90	100.00	127.30	127.30
股份合作企业	83.30	83.30	100.00	50.00
联营企业	100.00	100.00	100.00	100.00
有限责任公司	108.40	123.10	134.00	116.40
股份有限公司	99.30	138.10	138.20	107.00
私营企业	100.00	100.00	100.00	100.00
港、澳、台投资企业	100.00	100.00	100.00	100.00
外商投资企业	137.00	140.00	157.00	83.00
三、按企业规模分				
大型	138.00	157.30	155.30	149.10
中型	106.30	114.60	131.30	127.10
小型	100.00	123.70	127.60	117.10

3－33　交通运输、仓储和邮政业企业盈利(亏损)变化景气指数(2010年)

类　别	一季度	二季度	三季度	四季度
交通运输、仓储和邮政业企业总体状况	95.90	98.70	108.10	97.40
一、按主要行业门类分				
铁路运输业	101.70	101.70	100.00	100.00
道路运输业	80.60	90.20	115.60	102.30
城市公共交通业	61.90	76.20	61.90	57.10
水上运输业	135.10	140.90	129.40	110.00
航空运输业	200.00	84.80	200.00	163.70
管道运输业	100.00	100.00		100.00
装卸搬运和其他运输服务业	66.70	66.70	66.70	66.70
仓储业	140.00	180.00	120.00	100.00
邮政业	111.50	107.70	107.70	103.90
二、按企业登记注册类型分				
国有企业	110.40	107.10	105.40	104.70
集体企业	63.60	45.50	90.90	127.30
股份合作企业	83.30	83.30	66.70	33.30
联营企业	100.00	100.00	100.00	100.00
有限责任公司	89.40	105.40	111.70	98.10
股份有限公司	84.00	85.60	130.10	76.60
私营企业	100.00	100.00	100.00	100.00
港、澳、台投资企业	100.00	100.00	100.00	100.00
外商投资企业	117.00	80.00	157.00	43.00
三、按企业规模分				
大型	115.40	145.90	148.30	146.50
中型	104.20	87.50	100.00	77.10
小型	85.50	93.40	102.60	97.40

3－34　交通运输、仓储和邮政业企业流动资金景气指数(2010年)

类　别	一季度	二季度	三季度	四季度
交通运输、仓储和邮政业企业总体状况	62.80	63.10	76.00	71.80
一、按主要行业门类分				
铁路运输业	101.70	101.70	100.00	100.00
道路运输业	61.90	59.00	81.50	76.80
城市公共交通业	52.40	47.60	52.40	42.90
水上运输业	84.30	91.10	108.20	91.10
航空运输业	100.00	100.00	100.00	100.00
管道运输业		100.00	100.00	100.00
装卸搬运和其他运输服务业	33.30	33.30	66.70	33.30
仓储业	120.00	100.00	100.00	120.00
邮政业	42.30	53.90	50.00	57.70
二、按企业登记注册类型分				
国有企业	62.80	63.00	65.60	67.80
集体企业	54.60	27.30	72.70	72.70
股份合作企业	83.30	16.70	83.30	50.00
联营企业	100.00	100.00	100.00	100.00
有限责任公司	59.70	72.70	82.30	76.40
股份有限公司	62.20	53.90	77.20	61.90
私营企业	100.00	100.00	100.00	100.00
港、澳、台投资企业	100.00	100.00	100.00	100.00
外商投资企业	80.00	120.00	120.00	120.00
三、按企业规模分				
大型	116.90	134.30	137.20	136.90
中型	37.50	47.90	52.10	54.20
小型	64.50	54.00	75.00	65.80

3－35 交通运输、仓储和邮政业企业货款拖欠景气指数(2010年)

类　别	一季度	二季度	三季度	四季度
交通运输、仓储和邮政业企业总体状况	96.90	87.20	101.90	99.20
一、按主要行业门类分				
铁路运输业	100.00	100.00	100.00	100.00
道路运输业	94.70	77.20	99.40	90.60
城市公共交通业	104.80	81.00	85.70	104.80
水上运输业	83.70	92.00	98.90	118.10
航空运输业	148.50	100.00	148.50	148.50
管道运输业	100.00	100.00	100.00	100.00
装卸搬运和其他运输服务业	66.70	133.30	100.00	100.00
仓储业	60.00	80.00	100.00	80.00
邮政业	103.90	100.00	115.40	100.00
二、按企业登记注册类型分				
国有企业	98.90	94.00	108.90	101.50
集体企业	127.30	127.30	118.20	109.10
股份合作企业	100.00	83.30	66.70	66.70
联营企业	100.00	100.00	100.00	100.00
有限责任公司	90.70	68.70	90.20	90.90
股份有限公司	99.60	92.30	122.40	130.80
私营企业	100.00	100.00	100.00	100.00
港、澳、台投资企业	100.00	100.00	100.00	100.00
外商投资企业	80.00	100.00	100.00	100.00
三、按企业规模分				
大型	92.60	72.50	108.70	119.30
中型	95.80	83.30	100.00	87.50
小型	98.70	93.40	101.30	101.30

3－36 交通运输、仓储和邮政业企业劳动力需求景气指数(2010年)

类 别	一季度	二季度	三季度	四季度
交通运输、仓储和邮政业企业总体状况	105.50	106.90	120.10	112.90
一、按主要行业门类分				
铁路运输业	100.00	100.00	100.00	100.00
道路运输业	104.10	110.00	116.10	113.20
城市公共交通业	109.50	119.10	123.80	119.10
水上运输业	101.20	95.50	134.70	100.50
航空运输业	100.00	100.00	166.70	100.00
管道运输业	100.00	100.00	100.00	100.00
装卸搬运和其他运输服务业	100.00	100.00	66.70	100.00
仓储业	80.00	80.00	120.00	100.00
邮政业	115.40	107.70	123.10	123.10
二、按企业登记注册类型分				
国有企业	110.00	107.60	129.00	124.30
集体企业	109.10	109.10	136.40	100.00
股份合作企业	150.00	100.00	100.00	83.30
联营企业	100.00	100.00	100.00	100.00
有限责任公司	98.40	106.60	107.80	108.20
股份有限公司	92.30	100.30	122.70	108.00
私营企业	100.00	100.00	100.00	100.00
港、澳、台投资企业	100.00	100.00	100.00	100.00
外商投资企业	100.00	120.00	137.00	100.00
三、按企业规模分				
大型	99.70	104.40	134.50	107.90
中型	112.50	102.10	116.70	110.40
小型	102.60	110.50	118.40	115.80

3－37 交通运输、仓储和邮政业企业固定资产投资景气指数(2010年)

类 别	一季度	二季度	三季度	四季度
交通运输、仓储和邮政业企业总体状况	113.90	124.80	128.10	125.80
一、按主要行业门类分				
铁路运输业	98.30	98.30	101.70	101.70
道路运输业	111.10	129.70	126.40	125.10
城市公共交通业	119.10	138.10	138.10	119.10
水上运输业	131.70	129.20	123.00	126.50
航空运输业	66.70	66.70	115.20	100.00
管道运输业	100.00	100.00	100.00	100.00
装卸搬运和其他运输服务业	133.30	100.00	100.00	133.30
仓储业	160.00	160.00	180.00	160.00
邮政业	103.90	111.50	130.80	134.60
二、按企业登记注册类型分				
国有企业	115.50	121.10	137.40	134.40
集体企业	100.00	118.20	118.20	109.10
股份合作企业	116.70	83.30	83.30	83.30
联营企业	100.00	100.00	100.00	100.00
有限责任公司	116.90	133.10	128.80	128.30
股份有限公司	108.00	131.10	130.40	115.70
私营企业	100.00	100.00	100.00	100.00
港、澳、台投资企业	100.00	100.00	100.00	100.00
外商投资企业	100.00	120.00	80.00	97.00
三、按企业规模分				
大型	139.70	148.70	152.10	151.00
中型	110.40	114.60	122.90	114.60
小型	109.20	125.00	125.00	126.30

3 － 38　批发和零售业企业商品销售景气指数(2010年)

类　别	一季度	二季度	三季度	四季度
批发和零售业企业总体状况	119.30	114.70	126.20	138.30
一、按主要行业门类分				
批发业	100.50	112.00	121.70	129.00
零售业	136.40	117.10	130.20	146.80
二、按企业登记注册类型分				
国有企业	86.60	95.70	124.60	125.60
集体企业	116.70	133.30	122.20	133.30
股份合作企业	138.50	143.70	115.40	119.90
联营企业	100.00	50.00	50.00	50.00
有限责任公司	119.80	123.00	131.20	145.10
股份有限公司	140.90	117.00	137.40	151.00
私营企业	106.70	86.70	120.00	113.30
港、澳、台投资企业	166.70	66.70	133.30	100.00
外商投资企业	167.40	88.40	111.60	88.40
三、按企业规模分				
大型	158.70	126.70	157.20	154.80
中型	113.10	115.20	124.10	140.30
小型	90.30	102.20	98.90	119.40

3 － 39　批发和零售业企业盈利(亏损)变化景气指数(2010年)

类　别	一季度	二季度	三季度	四季度
批发和零售业企业总体状况	124.10	116.80	121.20	130.90
一、按主要行业门类分				
批发业	110.40	105.80	119.00	127.90
零售业	136.50	126.70	123.30	133.70
二、按企业登记注册类型分				
国有企业	95.00	100.80	114.80	121.50
集体企业	122.20	127.80	105.60	122.20
股份合作企业	143.70	120.60	136.00	112.20
联营企业	50.00	50.00		
有限责任公司	125.30	117.10	127.90	139.80
股份有限公司	140.70	129.40	127.30	143.90
私营企业	106.70	106.70	93.30	100.00
港、澳、台投资企业	133.30	133.30	133.30	100.00
外商投资企业	144.30	118.40	144.30	121.00
三、按企业规模分				
大型	142.00	153.10	150.40	156.90
中型	130.30	113.10	115.90	131.90
小型	96.80	87.10	101.10	104.30

3－40 批发和零售业企业流动资金景气指数(2010年)

类　别	一季度	二季度	三季度	四季度
批发和零售业企业总体状况	112.40	113.00	108.60	107.00
一、按主要行业门类分				
批发业	104.90	106.70	98.90	99.70
零售业	119.10	118.40	117.10	113.50
二、按企业登记注册类型分				
国有企业	98.70	99.60	96.70	98.30
集体企业	94.40	94.40	94.40	77.80
股份合作企业	112.90	97.50	112.90	107.70
联营企业				
有限责任公司	126.20	124.90	119.40	120.20
股份有限公司	117.40	115.10	109.70	108.60
私营企业	86.70	113.30	106.70	93.30
港、澳、台投资企业	133.30	133.30	166.70	133.30
外商投资企业	144.30	158.50	130.00	118.40
三、按企业规模分				
大型	134.90	139.30	135.50	134.40
中型	114.50	111.00	107.60	106.30
小型	87.10	90.30	83.90	81.70

3－41 批发和零售业企业货款拖欠景气指数(2010年)

类　别	一季度	二季度	三季度	四季度
批发和零售业企业总体状况	113.80	118.40	114.20	112.30
一、按主要行业门类分				
批发业	115.00	119.50	118.20	110.20
零售业	112.70	117.40	110.50	114.10
二、按企业登记注册类型分				
国有企业	95.30	111.60	95.10	98.00
集体企业	144.40	133.30	138.90	144.40
股份合作企业	90.20	125.20	155.90	123.10
联营企业	100.00	100.00	100.00	100.00
有限责任公司	127.40	121.60	120.90	120.90
股份有限公司	110.30	119.80	116.80	107.30
私营企业	86.70	106.70	73.30	80.00
港、澳、台投资企业	166.70	166.70	166.70	166.70
外商投资企业	128.60	112.90	89.80	118.40
三、按企业规模分				
大型	113.70	125.90	130.50	116.80
中型	116.60	118.10	108.30	112.50
小型	109.70	111.80	107.50	107.50

3－42　批发和零售业企业劳动力需求景气指数(2010年)

类　别	一季度	二季度	三季度	四季度
批发和零售业企业总体状况	112.30	108.70	112.80	117.20
一、按主要行业门类分				
批发业	102.70	100.60	102.40	103.70
零售业	120.90	116.10	122.30	129.40
二、按企业登记注册类型分				
国有企业	90.60	86.80	96.20	95.80
集体企业	105.60	111.10	105.60	105.60
股份合作企业	125.20	128.30	136.00	143.00
联营企业				
有限责任公司	122.10	117.70	117.20	124.30
股份有限公司	124.40	110.40	122.40	125.10
私营企业	106.70	100.00	93.30	100.00
港、澳、台投资企业	66.70	133.30	166.70	100.00
外商投资企业	111.60	154.50	140.20	140.20
三、按企业规模分				
大型	135.50	121.60	132.10	133.50
中型	109.00	111.00	113.10	116.00
小型	94.60	92.50	93.60	103.20

3－43　批发和零售业企业固定资产投资景气指数(2010年)

类　别	一季度	二季度	三季度	四季度
批发和零售业企业总体状况	107.30	111.60	113.70	116.30
一、按主要行业门类分				
批发业	97.70	106.00	105.10	106.80
零售业	116.10	116.70	121.60	125.00
二、按企业登记注册类型分				
国有企业	87.90	90.90	94.20	97.70
集体企业	111.10	116.70	122.20	122.20
股份合作企业	110.80	128.30	128.30	100.00
联营企业	50.00	50.00		50.00
有限责任公司	110.10	113.40	114.40	121.90
股份有限公司	122.50	129.00	131.50	132.00
私营企业	86.70	80.00	93.30	93.30
港、澳、台投资企业	100.00	100.00	133.30	66.70
外商投资企业	125.90	125.90	111.60	140.20
三、按企业规模分				
大型	120.90	135.30	137.50	140.70
中型	103.50	109.70	106.20	111.10
小型	100.00	91.40	102.20	101.10

3－44 房地产业企业完成投资景气指数(2010年)

类别	一季度	二季度	三季度	四季度
房地产业企业总体状况	104.50	120.60	115.80	124.60
一、按主要行业门类分				
房地产业	104.50	120.60	115.80	124.60
二、按企业登记注册类型分				
国有企业	121.10	134.20	115.10	144.70
集体企业	75.00	75.00	100.00	87.50
股份合作企业	50.00	166.70	150.00	150.00
联营企业	100.00	100.00	100.00	100.00
有限责任公司	96.40	116.00	123.10	121.80
股份有限公司	128.90	130.40	101.40	118.80
私营企业	133.30	83.30	100.00	100.00
港、澳、台投资企业	50.00	100.00	50.00	100.00
外商投资企业	100.00	128.60	114.30	128.60
三、按企业规模分				
大型	155.40	161.60	88.00	118.90
中型	103.00	122.40	132.80	122.40
小型	101.10	115.60	105.60	126.70

3－45 房地产业企业盈利(亏损)变化景气指数(2010年)

类别	一季度	二季度	三季度	四季度
房地产业企业总体状况	106.80	95.70	107.40	118.30
一、按主要行业门类分				
房地产业	106.80	95.70	107.40	118.30
二、按企业登记注册类型分				
国有企业	97.30	88.70	113.50	124.00
集体企业	100.00	75.00	62.50	75.00
股份合作企业	66.70	133.30	116.70	150.00
联营企业	100.00	100.00	100.00	100.00
有限责任公司	113.80	95.10	116.00	121.30
股份有限公司	115.80	110.10	92.70	101.40
私营企业	83.30	66.70	100.00	116.70
港、澳、台投资企业	100.00	100.00	100.00	100.00
外商投资企业	114.30	114.30	100.00	157.10
三、按企业规模分				
大型	126.70	99.20	140.30	140.30
中型	111.90	113.40	125.40	128.40
小型	101.10	82.20	91.10	108.90

3 － 46　房地产业企业流动资金景气指数(2010年)

类　别	一季度	二季度	三季度	四季度
房地产业企业总体状况	84.60	81.50	86.80	81.90
一、按主要行业门类分				
房地产业	84.60	81.50	86.80	81.90
二、按企业登记注册类型分				
国有企业	73.90	60.70	79.20	73.90
集体企业	62.50	62.50	62.50	50.00
股份合作企业	100.00	133.30	133.30	183.30
联营企业	100.00	100.00	100.00	100.00
有限责任公司	87.10	87.10	91.50	82.20
股份有限公司	97.10	87.00	81.20	76.90
私营企业	83.30	83.30	66.70	100.00
港、澳、台投资企业	150.00	150.00	200.00	150.00
外商投资企业	57.10	71.40	57.10	42.90
三、按企业规模分				
大型	131.40	106.00	89.30	89.30
中型	97.00	92.50	97.00	91.00
小型	71.10	71.10	78.90	74.40

3 － 47　房地产业企业货款拖欠景气指数(2010年)

类　别	一季度	二季度	三季度	四季度
房地产业企业总体状况	127.60	123.50	119.00	123.20
一、按主要行业门类分				
房地产业	127.60	123.50	119.00	123.20
二、按企业登记注册类型分				
国有企业	115.80	118.20	121.10	118.40
集体企业	162.50	137.50	150.00	150.00
股份合作企业	133.30	133.30	150.00	133.30
联营企业	100.00	100.00	100.00	100.00
有限责任公司	123.50	121.30	119.10	117.80
股份有限公司	142.10	133.40	103.00	137.70
私营企业	116.70	133.30	100.00	116.70
港、澳、台投资企业	100.00	100.00	100.00	100.00
外商投资企业	157.10	114.30	114.30	128.60
三、按企业规模分				
大型	131.50	121.60	116.70	116.70
中型	129.90	126.90	119.40	123.90
小型	125.60	121.10	118.90	123.30

3 － 48　房地产业企业劳动力需求景气指数(2010年)

类　别	一季度	二季度	三季度	四季度
房地产业企业总体状况	113.20	109.80	111.30	111.50
一、按主要行业门类分				
房地产业	113.20	109.80	111.30	111.50
二、按企业登记注册类型分				
国有企业	110.00	97.20	96.80	105.10
集体企业	125.00	87.50	112.50	75.00
股份合作企业	116.70	166.70	166.70	150.00
联营企业	100.00	100.00	100.00	100.00
有限责任公司	107.50	110.20	108.40	111.10
股份有限公司	127.50	127.50	123.10	118.80
私营企业	100.00	66.70	100.00	100.00
港、澳、台投资企业	100.00	150.00	150.00	150.00
外商投资企业	157.10	128.60	142.90	142.90
三、按企业规模分				
大型	122.40	114.20	107.60	99.30
中型	116.40	109.00	110.50	104.50
小型	110.00	110.00	112.20	117.80

3 － 49　房地产业企业固定资产投资景气指数(2010年)

类　别	一季度	二季度	三季度	四季度
房地产业企业总体状况	103.80	111.00	113.50	109.10
一、按主要行业门类分				
房地产业	103.80	111.00	113.50	109.10
二、按企业登记注册类型分				
国有企业	113.00	107.70	110.60	110.30
集体企业	100.00	75.00	100.00	87.50
股份合作企业	83.30	150.00	133.30	150.00
联营企业	100.00	100.00	100.00	100.00
有限责任公司	92.50	108.90	116.40	109.80
股份有限公司	130.40	133.40	117.40	108.70
私营企业	116.70	83.30	83.30	66.70
港、澳、台投资企业	100.00	150.00	150.00	150.00
外商投资企业	100.00	100.00	100.00	114.30
三、按企业规模分				
大型	90.20	140.10	104.10	112.30
中型	110.50	120.90	126.90	120.90
小型	100.00	101.10	104.40	100.00

3－50 社会服务业企业业务需求量景气指数(2010年)

类　别	一季度	二季度	三季度	四季度
社会服务业企业总体状况	131.70	143.60	153.50	115.80
一、按主要行业门类分				
租赁业	150.00	125.00	150.00	137.50
商务服务业	128.60	133.90	157.30	119.60
环境资源管理业	166.70	166.70	133.30	133.30
公共设施管理业	131.00	165.50	158.60	106.90
居民服务业	125.00	150.00	100.00	75.00
其他服务业	100.00	100.00	100.00	100.00
二、按企业登记注册类型分				
国有企业	117.10	148.60	148.60	108.60
集体企业	133.30	133.30	133.30	100.00
股份合作企业	166.70	133.30	100.00	66.70
联营企业	100.00	100.00	100.00	100.00
有限责任公司	141.50	146.30	170.70	134.20
股份有限公司	137.50	137.50	125.00	87.50
私营企业	137.50	137.50	150.00	112.50
港、澳、台投资企业	100.00	100.00	133.30	100.00
外商投资企业	100.00	100.00	100.00	100.00
三、按企业规模分				
大型	100.00	100.00	135.50	100.00
中型	113.30	140.00	153.30	113.30
小型	136.10	145.80	154.20	116.90

3－51 社会服务业企业盈利(亏损)变化景气指数(2010年)

类　别	一季度	二季度	三季度	四季度
社会服务业企业总体状况	114.80	123.60	136.00	115.10
一、按主要行业门类分				
租赁业	125.00	100.00	112.50	112.50
商务服务业	105.20	112.20	139.80	114.70
环境资源管理业	166.70	166.70	133.30	133.30
公共设施管理业	127.60	144.80	144.80	124.10
居民服务业	100.00	150.00	75.00	50.00
其他服务业	100.00	100.00	100.00	100.00
二、按企业登记注册类型分				
国有企业	128.60	134.30	148.60	131.40
集体企业	133.30	133.30	133.30	100.00
股份合作企业	100.00	133.30	100.00	33.30
联营企业	100.00	100.00	100.00	100.00
有限责任公司	107.30	114.60	146.30	122.00

续表

类别	一季度	二季度	三季度	四季度
股份有限公司	137.50	112.50	100.00	100.00
私营企业	75.00	125.00	75.00	62.50
港、澳、台投资企业	100.00	133.30	133.30	100.00
外商投资企业	100.00	100.00	100.00	100.00
三、按企业规模分				
大型	63.70	28.20	143.70	108.10
中型	133.30	153.30	146.70	126.70
小型	113.30	121.70	133.70	113.30

3－52　社会服务业企业流动资金景气指数(2010年)

类别	一季度	二季度	三季度	四季度
社会服务业企业总体状况	107.80	104.70	109.90	102.80
一、按主要行业门类分				
租赁业	75.00	75.00	100.00	75.00
商务服务业	123.10	108.50	108.90	112.20
环境资源管理业	66.70	133.30	100.00	133.30
公共设施管理业	93.10	106.90	120.70	93.10
居民服务业	100.00	75.00	75.00	100.00
其他服务业	100.00	100.00	100.00	
二、按企业登记注册类型分				
国有企业	120.00	120.00	137.10	120.00
集体企业	100.00	66.70	66.70	33.30
股份合作企业	66.70	66.70	66.70	66.70
联营企业	100.00	100.00	100.00	100.00
有限责任公司	112.20	100.00	109.80	109.80
股份有限公司	87.50	100.00	112.50	62.50
私营企业	87.50	100.00	37.50	75.00
港、澳、台投资企业	66.70	100.00	66.70	100.00
外商投资企业	100.00	100.00	100.00	100.00
三、按企业规模分				
大型	163.70	91.90	200.00	128.20
中型	120.00	113.30	120.00	126.70
小型	103.60	103.60	104.80	97.60

3－53　社会服务业企业货款拖欠景气指数(2010年)

类　别	一季度	二季度	三季度	四季度
社会服务业企业总体状况	125.70	109.00	113.90	113.90
一、按主要行业门类分				
租赁业	112.50	100.00	100.00	87.50
商务服务业	126.80	112.60	116.20	126.80
环境资源管理业	166.70	100.00	166.70	100.00
公共设施管理业	124.10	106.90	103.50	96.60
居民服务业	125.00	100.00	125.00	125.00
其他服务业	100.00	100.00	200.00	100.00
二、按企业登记注册类型分				
国有企业	134.30	114.30	105.70	120.00
集体企业	133.30	133.30	133.30	66.70
股份合作企业	66.70	100.00	100.00	66.70
联营企业	100.00	100.00	100.00	100.00
有限责任公司	124.40	104.90	126.80	122.00
股份有限公司	125.00	112.50	100.00	100.00
私营企业	112.50	87.50	87.50	87.50
港、澳、台投资企业	133.30	133.30	133.30	133.30
外商投资企业	100.00	100.00	100.00	100.00
三、按企业规模分				
大型	100.00	135.50	135.50	100.00
中型	140.00	126.70	106.70	140.00
小型	124.10	104.80	114.50	109.60

3－54　社会服务业企业劳动力需求景气指数(2010年)

类　别	一季度	二季度	三季度	四季度
社会服务业企业总体状况	121.80	130.80	132.70	102.00
一、按主要行业门类分				
租赁业	112.50	100.00	100.00	112.50
商务服务业	125.00	132.30	142.90	107.10
环境资源管理业	100.00	133.30	100.00	133.30
公共设施管理业	117.20	134.50	134.50	93.10
居民服务业	150.00	150.00	75.00	50.00
其他服务业	100.00	100.00	100.00	100.00
二、按企业登记注册类型分				
国有企业	122.90	131.40	134.30	102.90
集体企业	100.00	100.00	100.00	33.30
股份合作企业	133.30	133.30	100.00	66.70
联营企业	100.00	100.00	100.00	100.00
有限责任公司	122.00	131.70	139.00	107.30

续表

类　别	一季度	二季度	三季度	四季度
股份有限公司	137.50	137.50	125.00	125.00
私营企业	112.50	125.00	125.00	100.00
港、澳、台投资企业	100.00	133.30	133.30	66.70
外商投资企业	100.00	100.00	100.00	100.00
三、按企业规模分				
大型	100.00	136.30	100.00	100.00
中型	120.00	133.30	140.00	106.70
小型	122.90	130.10	132.50	101.20

3 － 55　社会服务业企业固定资产投资景气指数(2010年)

类　别	一季度	二季度	三季度	四季度
社会服务业企业总体状况	124.80	113.90	122.90	119.90
一、按主要行业门类分				
租赁业	125.00	125.00	125.00	112.50
商务服务业	116.10	108.90	121.60	119.80
环境资源管理业	166.70	100.00	133.30	133.30
公共设施管理业	137.90	124.10	127.60	120.70
居民服务业	125.00	100.00	100.00	125.00
其他服务业	100.00	100.00	100.00	100.00
二、按企业登记注册类型分				
国有企业	125.70	105.70	117.10	122.90
集体企业	166.70	133.30	166.70	100.00
股份合作企业	133.30	100.00	100.00	133.30
联营企业	100.00	100.00	100.00	100.00
有限责任公司	124.40	117.10	119.50	119.50
股份有限公司	125.00	125.00	125.00	125.00
私营企业	112.50	112.50	150.00	125.00
港、澳、台投资企业	100.00	133.30	133.30	66.70
外商投资企业	100.00	100.00	100.00	100.00
三、按企业规模分				
大型	100.00	100.00	136.30	136.30
中型	113.30	113.30	133.30	120.00
小型	127.70	114.50	120.50	119.30

3 － 56 信息传输、计算机服务和软件业企业产品销售(提供服务)景气指数(2010年)

类　别	一季度	二季度	三季度	四季度
信息传输、计算机服务和软件业企业总体状况	138.30	152.10	148.70	152.50
一、按主要行业门类分				
信息传输业	153.70	158.00	157.00	154.60
计算机服务业	100.00	122.20	155.60	166.70
软件业	95.60	148.10	116.90	141.90
二、按企业登记注册类型分				
国有企业	166.70	144.40	133.30	144.40
集体企业	100.00	100.00	100.00	100.00
股份合作企业	100.00	100.00	100.00	200.00
联营企业	100.00	100.00	100.00	100.00
有限责任公司	114.40	147.00	122.70	161.80
股份有限公司	117.60	169.90	158.30	134.20
私营企业	100.00	140.00	160.00	140.00
港、澳、台投资企业	122.30	137.70	150.00	147.70
外商投资企业	159.90	144.00	160.50	145.70
三、按企业规模分				
大型	155.80	188.10	175.90	154.80
中型	137.90	141.40	155.20	148.30
小型	125.80	135.50	122.60	154.80

3 － 57 信息传输、计算机服务和软件业企业盈利(亏损)变化景气指数(2010年)

类　别	一季度	二季度	三季度	四季度
信息传输、计算机服务和软件业企业总体状况	98.70	125.10	123.00	151.20
一、按主要行业门类分				
信息传输业	114.60	130.60	131.20	152.50
计算机服务业	66.70	88.90	100.00	155.60
软件业	58.10	135.60	116.90	148.10
二、按企业登记注册类型分				
国有企业	133.30	133.30	155.60	133.30
集体企业	100.00	100.00	100.00	100.00
股份合作企业	100.00	100.00	100.00	200.00
联营企业	100.00	100.00	100.00	100.00
有限责任公司	78.30	105.40	101.10	149.00

续表

类　别	一季度	二季度	三季度	四季度
股份有限公司	97.60	152.60	138.20	140.10
私营企业	40.00	100.00	80.00	160.00
港、澳、台投资企业	92.30	127.70	117.70	140.00
外商投资企业	121.40	140.50	141.40	143.60
三、按企业规模分				
大型	99.70	116.70	113.50	163.20
中型	117.20	144.80	137.90	155.20
小型	80.70	112.90	116.10	138.70

3－58　信息传输、计算机服务和软件业企业流动资金景气指数(2010年)

类　别	一季度	二季度	三季度	四季度
信息传输、计算机服务和软件业企业总体状况	137.90	134.60	135.40	129.90
一、按主要行业门类分				
信息传输业	141.20	142.00	134.70	127.10
计算机服务业	100.00	88.90	100.00	88.90
软件业	137.50	129.40	154.40	160.60
二、按企业登记注册类型分				
国有企业	133.30	133.30	100.00	111.10
集体企业	100.00	100.00	100.00	100.00
股份合作企业	100.00	100.00	100.00	200.00
联营企业	100.00	100.00	100.00	100.00
有限责任公司	151.40	136.50	145.80	141.10
股份有限公司	153.40	175.10	149.40	142.90
私营企业	120.00	100.00	140.00	120.00
港、澳、台投资企业	102.30	72.30	94.50	74.50
外商投资企业	108.50	112.00	124.90	107.50
三、按企业规模分				
大型	171.50	181.30	175.60	168.90
中型	127.60	124.10	124.10	120.70
小型	122.60	109.70	116.10	109.70

3 － 59 信息传输、计算机服务和软件业企业货款拖欠景气指数(2010年)

类 别	一季度	二季度	三季度	四季度
信息传输、计算机服务和软件业企业总体状况	125.40	103.80	113.30	107.40
一、按主要行业门类分				
信息传输业	132.40	113.00	123.50	110.80
计算机服务业	122.20	77.80	88.90	88.90
软件业	100.00	83.10	93.80	110.60
二、按企业登记注册类型分				
国有企业	122.20	111.10	122.20	77.80
集体企业	100.00	100.00	100.00	100.00
股份合作企业	200.00	100.00	100.00	200.00
联营企业	100.00	100.00	100.00	100.00
有限责任公司	121.70	97.40	102.20	113.90
股份有限公司	101.30	105.40	112.40	123.70
私营企业	120.00	60.00	100.00	80.00
港、澳、台投资企业	122.30	140.00	137.70	140.00
外商投资企业	111.90	92.80	120.50	81.00
三、按企业规模分				
大型	152.40	104.90	113.10	109.20
中型	113.80	117.20	117.20	113.80
小型	116.10	90.30	109.70	100.00

3 － 60 信息传输、计算机服务和软件业企业劳动力需求景气指数(2010年)

类 别	一季度	二季度	三季度	四季度
信息传输、计算机服务和软件业企业总体状况	141.90	131.60	127.40	121.00
一、按主要行业门类分				
信息传输业	136.80	125.00	123.50	116.30
计算机服务业	144.40	100.00	122.20	111.10
软件业	154.40	171.20	152.50	152.50
二、按企业登记注册类型分				
国有企业	133.30	133.30	144.40	133.30
集体企业	100.00	100.00	100.00	100.00
股份合作企业	100.00	100.00	100.00	200.00
联营企业	100.00	100.00	100.00	100.00
有限责任公司	162.10	134.50	134.50	130.10

续表

类　别	一季度	二季度	三季度	四季度
股份有限公司	122.20	126.50	129.20	123.60
私营企业	120.00	120.00	100.00	100.00
港、澳、台投资企业	112.30	120.00	100.00	110.00
外商投资企业	128.60	145.20	144.30	110.90
三、按企业规模分				
大型	164.10	114.00	120.50	114.80
中型	127.60	134.50	127.60	120.70
小型	138.70	141.90	132.30	125.80

3－61　信息传输、计算机服务和软件业企业固定资产投资景气指数(2010年)

类　别	一季度	二季度	三季度	四季度
信息传输、计算机服务和软件业企业总体状况	124.80	144.70	136.10	141.80
一、按主要行业门类分				
信息传输业	130.00	155.40	147.10	154.50
计算机服务业	133.30	122.20	122.20	111.10
软件业	106.30	112.50	104.40	110.60
二、按企业登记注册类型分				
国有企业	166.70	144.40	133.30	155.60
集体企业	100.00	100.00	100.00	100.00
股份合作企业	100.00	200.00	100.00	200.00
联营企业	100.00	100.00	100.00	100.00
有限责任公司	111.20	131.20	115.10	121.50
股份有限公司	113.60	148.50	141.00	150.60
私营企业	120.00	100.00	120.00	120.00
港、澳、台投资企业	134.50	137.70	147.70	132.30
外商投资企业	126.40	151.00	139.00	135.30
三、按企业规模分				
大型	102.40	187.50	186.70	168.30
中型	134.50	127.60	127.60	137.90
小型	132.30	129.00	106.50	125.80

3 － 62 住宿和餐饮业企业产品销售(提供服务)景气指数(2010年)

类 别	一季度	二季度	三季度	四季度
住宿和餐饮业企业总体状况	104.70	125.40	135.80	105.00
一、按主要行业门类分				
住宿业	104.00	126.60	133.90	103.20
餐饮业	103.50	122.80	139.20	108.80
二、按企业登记注册类型分				
国有企业	112.10	134.50	137.90	117.20
集体企业	144.40	155.60	133.30	133.30
股份合作企业	42.90	100.00	114.30	71.40
联营企业	100.00	100.00	100.00	100.00
有限责任公司	90.90	115.60	135.10	101.30
股份有限公司	140.00	140.00	150.00	100.00
私营企业	125.00	75.00	175.00	125.00
港、澳、台投资企业	120.00	140.00	60.00	20.00
外商投资企业	109.10	136.40	145.50	100.00
三、按企业规模分				
大型	183.30	200.00	161.80	200.00
中型	123.10	148.70	153.90	100.00
小型	97.80	117.30	130.20	104.30

3 － 63 住宿和餐饮业企业盈利(亏损)变化景气指数(2010年)

类 别	一季度	二季度	三季度	四季度
住宿和餐饮业企业总体状况	99.20	115.80	125.80	96.70
一、按主要行业门类分				
住宿业	97.60	115.30	124.20	96.00
餐饮业	100.00	114.00	128.10	98.30
二、按企业登记注册类型分				
国有企业	106.90	115.50	124.10	108.60
集体企业	122.20	100.00	122.20	111.10
股份合作企业	71.40	57.10	71.40	71.40
联营企业	100.00	100.00	100.00	100.00
有限责任公司	90.90	115.60	126.00	83.10
股份有限公司	90.00	160.00	160.00	110.00
私营企业	125.00	75.00	175.00	125.00
港、澳、台投资企业	120.00	120.00	60.00	40.00
外商投资企业	90.90	127.30	145.50	136.40
三、按企业规模分				
大型	183.30	183.30	191.70	200.00
中型	107.70	135.90	159.00	100.00
小型	95.00	108.60	115.10	93.50

3 － 64　住宿和餐饮业企业流动资金景气指数(2010年)

类　别	一季度	二季度	三季度	四季度
住宿和餐饮业企业总体状况	92.70	96.00	100.50	94.80
一、按主要行业门类分				
住宿业	86.30	91.90	98.40	90.30
餐饮业	105.30	103.50	104.10	102.40
二、按企业登记注册类型分				
国有企业	84.50	84.50	98.30	96.60
集体企业	100.00	111.10	111.10	100.00
股份合作企业	100.00	85.70	100.00	71.40
联营企业	100.00	100.00	100.00	100.00
有限责任公司	89.60	93.50	88.30	87.00
股份有限公司	80.00	100.00	90.00	80.00
私营企业	150.00	150.00	175.00	125.00
港、澳、台投资企业	80.00	80.00	100.00	60.00
外商投资企业	136.40	145.50	163.60	154.60
三、按企业规模分				
大型	191.70	191.70	161.80	153.50
中型	107.70	110.30	110.30	107.70
小型	86.30	89.90	96.40	89.90

3 － 65　住宿和餐饮业企业货款拖欠景气指数(2010年)

类　别	一季度	二季度	三季度	四季度
住宿和餐饮业企业总体状况	96.50	93.20	91.40	92.90
一、按主要行业门类分				
住宿业	96.00	91.10	89.40	98.40
餐饮业	96.40	96.40	94.60	82.10
二、按企业登记注册类型分				
国有企业	98.30	93.10	77.60	89.70
集体企业	100.00	77.80	122.20	111.10
股份合作企业	100.00	71.40	114.30	57.10
联营企业	100.00	100.00	100.00	100.00
有限责任公司	90.90	90.90	93.40	93.50
股份有限公司	70.00	130.00	120.00	110.00
私营企业	150.00	75.00	125.00	75.00
港、澳、台投资企业	140.00	100.00	50.00	100.00
外商投资企业	100.00	100.00	80.00	110.00
三、按企业规模分				
大型	91.70	91.70	91.70	108.30
中型	92.30	84.60	76.30	97.40
小型	97.80	95.70	95.60	91.30

3 － 66 住宿和餐饮业企业劳动力需求景气指数(2010年)

类 别	一季度	二季度	三季度	四季度
住宿和餐饮业企业总体状况	134.10	129.30	135.80	121.00
一、按主要行业门类分				
住宿业	130.70	124.20	132.30	117.70
餐饮业	140.40	140.40	142.10	128.10
二、按企业登记注册类型分				
国有企业	132.80	131.00	134.50	119.00
集体企业	133.30	111.10	88.90	111.10
股份合作企业	100.00	85.70	85.70	100.00
联营企业	100.00	100.00	100.00	100.00
有限责任公司	141.60	127.30	148.10	126.00
股份有限公司	130.00	160.00	140.00	140.00
私营企业	125.00	175.00	150.00	125.00
港、澳、台投资企业	120.00	160.00	100.00	80.00
外商投资企业	118.20	118.20	127.30	118.20
三、按企业规模分				
大型	191.70	200.00	191.70	200.00
中型	123.10	141.00	148.70	110.30
小型	136.00	124.50	130.90	122.30

3 － 67 住宿和餐饮业企业固定资产投资景气指数(2010年)

类 别	一季度	二季度	三季度	四季度
住宿和餐饮业企业总体状况	103.20	108.20	103.70	109.90
一、按主要行业门类分				
住宿业	99.20	108.90	103.20	108.90
餐饮业	111.10	105.90	103.50	111.10
二、按企业登记注册类型分				
国有企业	101.70	112.10	98.30	113.80
集体企业	111.10	111.10	88.90	111.10
股份合作企业	85.70	100.00	100.00	114.30
联营企业	100.00	100.00	100.00	100.00
有限责任公司	101.30	105.20	106.50	110.40
股份有限公司	90.00	100.00	110.00	110.00
私营企业	150.00	150.00	125.00	100.00
港、澳、台投资企业	120.00	100.00	100.00	80.00
外商投资企业	109.10	100.00	109.10	90.90
三、按企业规模分				
大型	161.80	161.80	191.70	161.80
中型	115.40	120.50	102.60	107.70
小型	98.60	103.60	102.20	109.40

第四篇

行业发展

4 － 1　2010年山东省纺织工业情况综述

2010年，全省规模以上纺织工业企业5895户，比上年增加501户，生产纱731万吨、布139亿米、服装35亿件、化学纤维93万吨，分别比上年增长8.7%、12.9%、21.7%和15.3%；实现销售收入7819.7亿元，利税767.8亿元，其中利润490.2亿元，分别比上年增长25.8%、37.8%和40.1%，“十一五”时期年均分别增长22%、23.7%和25.2%；纺织品服装出口创汇173.3亿美元，比上年增长22%，“十一五”时期年均增长10.3%。

一、精心组织行业运行，保持了纺织经济平稳较快发展

“十一五”期间，全行业认真贯彻国家宏观经济政策，建立重点企业运行调度直报系统，加强调研监测分析，积极争取省政府重视和政策支持。积极举办并组织企业参加各种博览会、交易会、名优新特产品进商超等活动，大力开拓国内外市场。积极应对国际金融危机，精心组织行业运行，努力克服行业发展中遇到的资金紧缺、人民币升值、原材料价格上涨、“招工难”和劳动力成本增加等不利因素的影响，保持了纺织经济平稳较快发展，主要经济指标位居全国同行业前列。狠抓安全生产，全行业连续15年未发生重大人身伤亡及火灾事故。在经济社会发展形势极为复杂的情况下，取得了良好成绩，得到了中央领导和省委省政府的充分肯定，胡锦涛总书记、温家宝总理先后到魏桥、即发、南山等骨干企业视察，给全行业以极大的鞭策和鼓舞。

二、大力推进调整振兴，产业升级步伐显著加快

全行业高度重视结构调整，突出服装、家纺两个产业链建设，龙头带动作用日益显现。规模以上企业服装产量由2005年的17.7亿件增加到35.3亿件，年均增长14.8%；家用纺织品成为行业新的经济增长点。面对国际金融危机的冲击，认真实施《山东省纺织工业调整振兴规划》《山东省服装产业结构调整振兴意见》《山东省纺织机械行业调整振兴意见》，大力推进行业调整振兴，产业转型升级步伐加快。产业集群发展迅速，带动了结构调整和区域经济健康发展。截至2010年底，全行业共有省级以上产业集群30个，其中国家级19个，分别比“十五”末增加21个和10个。品牌建设取得较大进展。全行业有中国驰名商标30个，山东省著名商标140个；有中国名牌57个，山东名牌156个，与2005年相比分别增加39个和44个，完成了“十一五”规划目标。在大量调查研究的基础上，编制了《山东省纺织工业“十二五”发展规划》和山东省纺织行业《信息化发展规划》《节能规划》《技术创新规划》以及《山东省老年服装产业“十二五”发展规划》，为指导和推动“十二五”行业发展奠定了基础。

三、狠抓科技进步和技术改造，行业自主创新能力明显提高

一是技术中心建设稳步推进。截至2010年底，全行业共有省级以上企业技术中心67个，其中国家级10个，完成了“十一五”规划目标，与2005年底相比，分别增加了31个和8个。拥有生产力促进中心1个，省重点实验室2个，省工程技术研究中心3个。一批骨干优势企业被国家纺织工业协会命名为国家级产品开发基地。二是科技创新成果显著。“十一五”期间，全行业获国家科技进步一等奖2项，二等奖3项；国家科技发明二等奖2项；中国纺织工业协会科技进步奖一等奖10项，二等奖27项，三等奖56项；省科技进步奖一等奖4项，二等奖14项，三等奖45项；省科技发明奖一、二、三等各1项。关键技术取得重大突破。由海龙集团研发的“年产45000吨粘胶短纤维工程系统集成化研究”项目达到单线产能世界第一，实现了大容量国产化工艺装备柔性化生产，结束了我国粘胶纤维装备依赖进口的历史；由如意集团等单位联合完成的“高效短流程嵌入式复合纺纱技术及其产业化”，实现了纺纱技术的革命性突破。上述两项成果均获得国家科技进步一等奖，在我国纺织行业发展史上具有里程碑意义。三是狠抓技术改造，实施了一大批技改项目，增强了行业发展后劲。四是狠抓质量和标准化工作，推动工业设计创新，积极开展群众性质量管理活动，涌现出一大批优秀QC小组、优秀质量信得过班组和先进个人，企业产品质量进一步提高。继2009年鲁泰集团获省长质量企业奖、南山集团和海龙集团逄奉建获省长质量奖提名奖之后，2010年如意集团获省长质量奖企业奖，逄奉建、陈玉兰获省长质量奖个人奖、王强获省长质量奖个人提名奖。五是信息化进程不断加快。信息技术在工业设计、生产监控、营销管理等领域广泛应用,涌现出一批“两化”融合的先进企业。德棉、南山等重点企业集团ERP应用水平走在全行业前列，鲁泰集团等企业大力发展电子商务,华纺集团积极打造“数字华纺”，极大地提升了在线检测与控制水平。“山东纺织网”为行业服务的水平不断提高。

四、积极开展节能减排，行业可持续发展能力进一步增强

全行业扎实推进节能减排工作，涌现出一批先进技术和示范企业。凤凰集团被评为中国印染行业节能减排优秀企业、第二批国家循环经济试点单位，并荣获2009年全国五一劳动奖状；鲁泰集团、烟台氨纶集团荣获“山东省节能先进企业”称号。2010年，召开了“全省纺织行业节能工作和节能技术交流会”，推广了鲁泰、宏业、元首、孚日、安莉芳、帛方等企业节能减排的先进经验。与山东工人报等单位联合开展了“发展低碳经济齐鲁风云榜”公益评选活动，陈玉兰等企业负责人获“低碳山东”功勋人物称号；如意、愉悦、孚日、康洁集团等企业获“低碳山东”模范单位称号。进行了《棉纱折标准品基本生产用电》《坯布折标准品基本生产用电》两项标准制订的试套。积极争取一批项目列入了省节能专项资金项目。积极推进“中国——荷兰社会责任合作项目”，取得了很好的效果。淘汰落后产能工作有序推进，2010年淘汰印染落后产能2.1亿米、化纤落后产能2.45万吨。

五、加强人才队伍建设，行业队伍素质不断提高

全行业高度重视高级管理人才、高级专业技术人才和高技能人才“三支队伍”建设。进行了高技能人才信息库采集和跟踪调查。通过实施“金蓝领”工程，培训一线职工503名；培养了一批技师、高级技师和首席技师，评选出“山东省纺织工业首席技师”84名,其中31名被评为“山东省首席技师”，8人被评为第三届“山东省有突出贡献技师”；努力扩大职业技能鉴定范围和人员数量，2010年国家人社部批准在我协会设纺织行业特有工种职业技能鉴定站，对8个工种鉴定通过306人。组织参与了《清花设备保全工》《粗纱设备保全工》《捻线挡车工》《开清棉工》《织物验修工（棉纺织）》5种国家职业标准的编写工作；组织编写了《针织服装制作工（T恤衫制作）值车工作法》，由省技术监督局发布实施。每年都组织职业技能竞赛，我省选手多人在全国行业技能大赛中取得好名次，成为“全国技术能手”或“全国纺织行业技术能手”,有的获“全国五一劳动奖章”或“富民兴鲁劳动奖章”。我们大赛组织工作富有成效，在全国获得较高荣誉。2010年举办了“同大杯”全省棉纺行业纺织设备保全工（细纱）职业技能大赛，创造和积累了经验，在全国开了先例。

六、深化企业文化建设，企业发展的文化内涵逐步提升

全行业坚持以人为本，把企业文化建设渗透到企业改革和生产经营、企业形象塑造、品牌建设各个环节。一是强化宣传引导。相继印发了《山东省纺织企业思想教育员工学习读本》、《山东省纺织企业文化建设员工学习读本》、《我心飞翔，为了壮丽的事业和人生》等优秀基层管理者经验集锦，坚持办好《鲁纺企业文化》刊物，发挥导向作用。二是推进创先争优。坚持典型带动，评选表彰了一大批企业文化建设和思想政治工作先进集体和个人。组织了“恒丰杯”、“亲爱的祖国、美丽的纺织”国庆60周年征文评选活动，企业和个人踊跃参加，100多篇作品获奖。2010年我省纺织行业有15个单位、76位个人荣获“全国纺织行业先进集体”、“劳动模范和先进工作者”称号，受到国家人力资源和社会保障部、中国纺织工业协会表彰，是受表彰数量最多的省份之一。三是深化品牌创建。凤凰、即发、鲁泰、海龙、德棉、兰雁等14家企业相继获得了“中国纺织十大品牌文化”荣誉称号，在文化建设创新和品牌创建方面走在了全国同行业前列。广大企业和职工模范履行社会责任，积极赈灾募捐，加班生产救灾产品物资，为受灾地区建设做出了积极贡献。

（山东省纺织工业协会　刘海美）

4－2－1　2010年山东省机械工业情况概述

一、生产发展情况

2010年，山东省机械工业规模以上企业10390家，总资产8901亿元，从业人员164万人；完成工业增加值4100亿元（比上年增长37%），实现产品销售收入16275.36亿元，比上年增长33.33%;实现利税1691亿元，比上年增长40.49%，实现利润1136亿元，比上年增长44.24%，完成出口额178亿美元（比上年增长43.71%）；与“十五”末相比，分别增长192%、237%、267%、293%、229%。“十一五”期间，山东机械工业五大重点行业优势进一步扩大，2010年，农业机械实现主营业务收入1239.88亿元，比2005年增长134%，位次继续居全国第一；机床工具实现主营业务收入585.70亿元，工程机械实现主营业务收入885.48亿元，分别比2005年增长132%和381%，均保持全国第二的位次；电工电器实现主营业务收入2078.40亿元，比2005年增长了91%，在全国同行业的位次由第四位上升至第三位；汽车工业实现主营业务收入4105.66亿元，比2005年增长344%，在全国的位次由2005年的第六位上升至第二位，成为山东机械工业中所占比重最大的行业和拉动山东机械工业整体快速发展的重要力量。机械工业在全省工业经济中所占的比重也进一步增加，2005年机械工业主营业务收入在全省工业中所占的比重为16.15%，到2010年已经上升到18.24%（2010年山东省机械工业概况见表1；2010年山东省机械工业主要产品产量见表2）。

2010年，全省机械系统紧紧围绕省委、省政府的工作部署，深入贯彻落实科学发展观，加快经济发展方式转变，大力推进产业结构调整，积极应对和化解国际金融危机的影响，行业实现了平稳较快发展，各项工作都取得了显著成效。

一是对行业经济运行的统计分析得到加强。注意收集整理有关信息，不断加强对行业经济运行的分析监测，重点加强了对行业100家企业的统计直报和重点行业、重点产品的调

度分析；密切关注农机、汽车、工程机械、电工电器、机床工具五大重点行业的运行情况，及时上报和发布行业分析报告；认真做好《主要产品产销月报》《经济指标月报》和《拖拉机、农用车产品产销存月报》等项工作。二是企业管理和市场开拓工作得到积极推进。2010年，经过企业申报和中机联、中机企协的最终评审，泰山工程机等8家企业获得“管理基础工作规范化达标企业”称号，潍坊福田模具等9家企业获得“管理进步示范企业”称号，普利森集团、常林机械集团、济南锅炉集团、青特集团等4家企业获得“现代化管理企业”称号。山东常林机械集团董事长张义华被授予全国“机械工业明星企业家”称号，济锅集团总裁吴建勋等18名同志被授予全国“机械工业优秀企业家”称号，王爱军等21名同志被授予全国“机械工业优秀企业管理工作者”称号。在市场开拓方面，协会组织行业代表团赴宁夏、甘肃进行市场考察等多项活动，从多渠道为我省企业走出去提供服务。三是质量、安全工作有序开展。组织了中国机械工业质量管理协会“全国机械工业质量三项奖”申报工作，我省2项产品获质量奖；配合省质监局进行了“山东省名牌产品”的机械类产品目录编制和专业初选、评审工作，有128个产品获“山东省名牌产品”称号；参与了“2010年省长质量奖”推荐评审工作，中国重汽集团和冰轮集团解本善同志获得山东省省长质量奖。为了提高企业职工安全生产意识，省机械工业协会编制了《山东省机械工业安全生产“十二五”指导意见》，参与了《山东省工商贸企业有限空间作业安全规范》省地方标准的修订工作。四是节能减排工作迈出新步伐。在对全省机械行业“十一五”节能减排情况进行摸底之后，编制了《山东省机械工业节能减排工作“十二五”规划目标的实施意见》，提出了我省机械工业节能减排的总体思路、措施以及重点产品和领域的具体实施方案。五是规划、技改工作实现了由面到点的纵向延伸。在认真分析行业情况、广泛征集有关专家意见和建议的基础上，组织编制了《山东省机械工业“十二五”发展规划》；配合省经信委、省中小办，组织专家对2010年度全省拟使用政府资金1000个技改项目、机械工业技改导向计划项目和中小企业实施四项计划推进结构调整重点项目进行了审查；为了了解掌握项目进度情况，对省重点技改项目实施网上直报，先后对滨州、淄博、日照、聊城等市的近50家企业进行了培训，使协会对项目的具体进展情况有更为直接和详细的了解。六是外经贸和外事工作稳步进行。积极配合省经信委、省商务厅、省财政厅完成了2010年山东省产业招商重点对外项目的推介以及2011年关税调整方案、《国内投资项目不予免税的进口商品目录》修订意见的征求及意见整理工作，提交了《山东机械行业优势上市公司战略并购重组调研报告》；协助有关企业向海关提交了协调解决相关产品的海关商品编码归类的申请。积极组织有关企业参加省商务厅的相关外事活动；组织有意在境外上市的企业参加了省经信委与德意志证券所联合举办的“全省工商领域企业境外上市研讨会”；参加了第36届澳大利亚国际机械展览周活动和中国农机工业协会组织的赴欧洲参观考察活动。七是信息化、技术创新工作和技术中心建设工作成果显著。完成了对全省机械企业信息化状况的调查，掌握了行业信息化的基本情况，编制了《山东省装备制造业信息服务平台建设方案》；组织了省技术创新重点项目计划和两批省技术创新项目计划的申报与验收，全省机械行业列入省技术创新计划的项目890项，其中自主研发731项、引进消化吸收44项、联合创新115项；达到国际水平的有322项、填补国内空白的124项。2010年全省机械工业共获各级科技进步奖233项，其中获中国机械工业科学技术奖28项，省科技进步奖35项，省技术发明奖奖3项，省机械工业科技进步奖167项。八是成功举办了第五届山东制博会。展会参展企业539家，1508个国际标准展位，总展示面积4万平方米。宁夏、辽宁、湖南、青海、浙江、广西、山西等省市组团参展、参观，以色列亚洲中心特别组织了以色列商会的有关企业与我省的重点企业进行项目合作与洽谈。中国机械工业联合会、省、市政府领导和部门的负责同志等应邀出席开幕式。

二、市场及销售

2010年，山东省机械工业实现产品销售收入16275.36亿元，比上年增长33.33%，产销率98.11%。按行业分：农业机械实现销售收入1239.88亿元，比上年增长17.09%;产销率98.14%；工程机械实现销售收入885.48亿元，比上年增长50.24%，产销率96.97%；仪器仪表实现销售收入340.13亿元，比上年增长23.07%，产销率98%；石油化工通用机械实现销售收入1864.13亿元，比上年增长30.07%，产销率96.86%；重型矿山机械实现销售收入539.32亿元，比上年增长28.79%，产销率97.52%；机床工具实现销售收入585.69亿元，比上年增长43.22%，产销率98.80%；电工电器实现销售收入2078.40亿元，比上年增长24.07%，产销率97.67%；机械基础件实现销售收入1903.83亿元，比上年增长35.40%，产销率97.30%；食品及包装机械实现销售收入30.29亿元，比上年增长22.93%，产销率98.37%；其他民用机械实现销售收入2702.55亿元，比上年增长34.32%，产销率98.27%；汽车实现销售收入4105.66亿元，比上年增长41.41%，产销率98.14%（山东省机械工业产品销售收入8.56亿元以上的100家企业名单见表3）。

三、科技成果及新产品

2010年，完成了对全省机械企业信息化状况的调查，掌握了行业信息化的基本情况，编制了《山东省装备制造业信息服务平台建设方案》；组织了省技术创新重点项目计划和两批省技术创新项目计划的申报与验收。山东机械工业列入省技术创新计划的项目共计890项；其中，自主研发731项、引进消化吸收44项、联合创新115项，达到国际水平的有322项、填补国内空白的124项。2010年全省机械工业共获各级科技进步奖233项，其中获中国机械工业科学技术奖28项,省科技进步奖35项，省技术发明奖奖3项，省机械工业科技进步奖167项。配合省经信委推动行业技术中心、企业技术中心建设，全省机械行业新增国家级企业技术中心3家，省级企业技术中心57家；新增加威海广泰空港地面设备、潍柴国家商用汽车动力系统总成2家国家级工程技术研究中心。

四、技术改造及结构调整

山东机械工业“十一五”期间共完成技术改造投资8309.3亿元，相当于“十五”技改总投资的5.94倍。2010年，全省机械行业共完成技改投资2934.2亿元，占全省工业总投资的38.2%，比上年增长35.8%。投资较大的结构调整技术改造项目有：北汽福田股份有限公司投资38.95亿元的潍坊汽车厂建设项目，山东常林机械集团投资26亿元的年产60万套重大装备液压件项目，泰安航天特种车有限公司投资20亿元的新厂区建设项目，济南柴油机股份有限公司投资15.96亿元的发动机产能建设项目，烟台台海玛努尔核电设备有限公司投资15亿元的核电二期工程项目，菏泽广源铜带股份有限公司投资14.25亿元的年产6万吨电子电器高精度铜带项目，山东通裕集团有限公司投资8.56亿元的核电装备大型铸锻产业化项目，盛瑞传动股份有限公司投资5亿元的八档自动变速器（8AT）研发及产业化项目等。山东省机械工业大规模的技术改造投入和一大批结构调整重点项目的相继实施，为“十二五”期间的快速发展 奠定了坚实基础。

附表：

1、2010年山东省机械工业概况（万元）

2、2010 年山东省机械工业主要产品产量　　　（山东省机械工业协会　李玉奎）

附表 1：

2010 年山东省机械工业概况（万元）

行业名称	企业个数	销售收入	利税合计	利润总额
合计	10390	162753608	16913913.6	11361145.1
农业机械	792	12398830	993329	702053
工程机械	223	8854837	975236	737544
仪器仪表	369	3401342	349789	238301
石化通用机械	1329	18641324	2030258	1286870
重型矿山机械	550	5393157	623869	381775
机床工具	578	5856964	650765	393583
电工电器	1675	20783952	2119856	1430399
机械基础件	1622	19038288	1983484	1299295
食品及包装机械	24	302856	35385	15454
其他民用机械	2045	27025462	2861784	1832571
汽车	1183	41056597	4290159	3043300

附表 2：

2010 年山东省机械工业主要产品产量

产品名称	单位	产量
金属切削工具	万件	8549.84
金属集装箱	立方米	4180284
钢绞线	吨	47380.5
电站锅炉	蒸发量吨	14417

工业锅炉	蒸发量吨	25439
发动机	千瓦	234355314
其中：汽车用发动机	千瓦	184344400
电站用汽轮机	千瓦	4742120
数控系统设备	台	906
金属切削机床	台	129934
其中：数控金属切削机床	台	19865
金属成形机床	台	30292
其中：数控金属成形机床（数控锻压设备）	台	1548
铸造机械	台	82262.7
电焊机	台	38214
起重机	吨	1129011.6
电动车辆（电动叉车）	台	2595
内燃叉车	台	1509
输送机械（输送机和提升机）	吨	105119.2
泵	台	1602896
其中：真空泵	台	30687
气体压缩机	台	996024
其中：制冷设备用压缩机	台	970537
阀门	吨	125720.41
液压元件	件	6038210
气动元件	件	1331649
滚动轴承	万套	147718.72
齿轮	吨	145956.3
工业电炉	台	101
风机	台	256759

其中：鼓风机	台	55697
气体分离及液化设备	台	2155
电动手提式工具	台	596358
包装专用设备	台	6490
减速机	台	170563
金属密封件	万件	18287.47
金属紧固件	吨	178745.55
产品名称	计算单位	本年本月累计产量
弹簧	吨	380672.95
铸铁件	吨	1411182.8
铸钢件	吨	566665.35
锻件	吨	2752956.1
粉末冶金零件	吨	50135.8
采矿专用设备	吨	379069.36
石油钻井设备	台（套）	102090
挖掘、铲土运输机械	台	151130
其中：挖掘机	台	54611
装载机	台	69134
压实机械	台	539
水泥专用设备	吨	54216
混凝土机械	台	19522
金属冶炼设备	吨	36955.61
金属轧制设备	吨	3957.72
炼油、化工生产专用设备	吨	74515
塑料加工专用设备	台	41280
模具	套	261195.96

粮食加工机械	台	84077
饲料生产专用设备	台	2399
印刷专用设备	吨	1323.3
大型拖拉机	台	6050
中型拖拉机	台	92497
小型拖拉机	台	1296988
农作物收获机械	台	113931
其中：联合收割机	台	50701
场上作业机械	台	36251
棉花加工机械	台	17146
环境污染防治专用设备	台（套）	34328
其中：大气污染防治设备	台	16115
水质污染防治设备	台（套）	6840
固体废弃物处理设备	台	41
摩托车整车	辆	1402567
发电机组（发电设备）	千瓦	6091700
其中：汽轮发电机	千瓦	5774700
风力发电机组	千瓦	317000
交流电动机	千瓦	27006121
变压器	千伏安	194243647
其中：电力变压器（额定容量≥ 8000kVA)	千伏安	32002198
互感器	台	30689
高压开关板	面	60434.8
低压开关板	面	75323.2
高压开关设备（11 万伏以上）	台	16558
通信及电子网络用电缆	对千米	869935.1

电力电缆	千米	2633111.2
光缆	芯千米	6354560.6
绝缘制品	吨	168101.7
铅酸蓄电池	千伏安时	11826775
打印机	台	8676729
工业自动调节仪表与控制系统	台(套)	59652
电工仪器仪表	台	731817
分析仪器及装置	台（套）	16420
试验机	台	16512
汽车仪器仪表	台	346331
光学仪器	台（个）	2792
复印和胶版印制设备	台	313

4－2－2　2010年山东省机械工业百强企业名单

序号	企业名称
1	潍柴控股集团有限公司
2	中国重型汽车集团有限公司
3	山东时风(集团)有限责任公司
4	一汽解放青岛汽车厂
5	北汽福田诸城汽车厂
6	上海通用东岳汽车有限公司
7	南车四方机车车辆股份有限公司
8	斗山工程机械(中国)有限公司
9	福田雷沃重工股份有限公司

10	山推工程机械股份有限公司
11	小松山推工程机械有限公司
12	山东五征集团有限公司
13	上海通用东岳动力总成有限公司
14	山东长星风电科技有限公司
15	山东临工工程机械有限公司
16	胜利油田高原石油装备有限公司
17	齐鲁特钢有限公司
18	青岛泰发集团股份有限公司
19	山东墨龙石油机械股份有限公司
20	青岛四方－庞巴迪－鲍尔铁路运输设备有限公司
21	青特集团有限公司
22	山东临清迅力特种汽车有限公司
23	青岛变压器（集团）有限公司
24	泰开电气集团有限公司
25	青岛汉缆集团有限公司
26	隆基集团有限公司
27	山东阳谷电缆集团有限公司
28	山东华兴机械股份有限公司
29	烟台冰轮集团有限公司
30	滨州盟威集团有限公司
31	山东常林机械集团股份有限公司
32	山东凯马汽车制造有限公司
33	方圆集团
34	中通汽车工业集团有限责任公司
35	信义集团公司

36	山东山工机械有限公司
37	泰山集团股份有限公司
38	威海泰福西玛电机有限公司
39	景津压滤机集团有限公司
40	济南柴油机股份有限公司
41	青岛捷能汽轮机集团股份有限公司
42	山东篷翔汽车有限公司
43	济南二机床集团有限公司
44	山东唐骏欧铃汽车制造有限公司
45	济南轨道交通装备有限责任公司
46	烟台首钢东星（集团）有限公司
47	贝莱特空调有限公司
48	华夏集团有限公司
49	济南玫德铸造有限公司
50	中大空调集团有限公司
51	山东华力电机集团股份有限公司
52	山东华星工程机械有限公司
53	山东鸿达建工集团有限公司
54	青岛益和电气设备股份有限公司
55	山东福临机械制造有限公司
56	诸城市义和车桥有限公司
57	东安黑豹股份有限公司
58	泰安市泰山工程机械制造有限公司
59	济南青年汽车有限公司
60	青岛中集冷藏箱制造有限公司
61	山东鲁能泰山电力设备有限公司

62	济南锅炉集团有限公司
63	山东厚丰汽车散热器集团有限公司
64	山东达驰电气有限公司
65	山东众友工程机械有限公司
66	山东金马工业集团股份有限公司
67	山东彩桥驾驶室有限公司
68	山东华源莱动内燃机有限公司
69	山东盛泰车轮有限公司
70	青岛中集集装箱有限公司
71	淄博柴油机总公司
72	山东银光化工股份有限公司
73	特变电工山东鲁能泰山电缆有限公司
74	青岛华光电缆有限公司
75	山东富尔达空调设备有限公司
76	山东泰山恒信开关有限责任公司
77	青岛海通车桥有限公司
78	山东曲轴总厂有限公司
79	通裕重工股份有限公司
80	盛瑞传动机械股份有限公司
81	山东通力车轮有限公司
82	山东齐鲁电机制造有限公司
83	山东蒙凌工程机械股份有限公司
84	青岛东洋热交换器有限公司
85	肥城云宇工程机械公司
86	泰安航天特种车有限公司
87	山东华盛中天机械集团有限公司

88	山东威达机床工具集团总公司
89	山东双轮集团股份有限公司
90	豪顿华工程有限公司
91	蓬莱巨涛海洋工程重工有限公司
92	山东东岳专用汽车制造有限公司
93	威海华东数控股份有限公司
94	山东电力设备制造有限公司
95	山东莱阳信发机械制造有限公司
96	山东省淄博蠕墨铸铁股份有限公司
97	潍坊长安铁塔股份有限公司
98	烟台杰瑞石油服务集团股份有限公司
99	山东普利森集团有限公司
100	豪迈机械科技股份有限公司

（山东省机械工业协会　李玉奎）

4－3　2010年山东省建材工业情况综述

2010年，全省规模以上建材企业完成工业增加值1342.5亿元，比上年增长24.98%，比2005年增长1.9倍，年均增长23.8%；实现销售收入4280.5亿元，比上年增长23.18%，比2005年增长1.78倍，年均增长22.7%；实现利税538.7亿元，比上年增长35.32%，比2005年增长2.1倍，年均增长25.5%；实现利润351.6亿元，比上年增长39.94%，比2005年增长2.4倍，年均增长27.8%。以上主要经济指标继续位居全国第一位。水泥完成1.48亿吨，居全国第二位，比上年增长4.44%，与2005年基本持平；平板玻璃完成8024.54万重量箱，居全国第二位，比上年增长32.9%，比2005年增长68.55%；玻璃纤维纱完成65.75万吨，居全国第一位，比上年增长37.98%，比2005年增长1.41倍；石膏板完成7.16亿平方米，居全国第一位，比上年增长9.99%，比2005年增长1.16倍；花岗石板材完成7108.98万平方米，居全国第二位，比上年增长16.97%，比2005年增长80.4%。固定资产投资完成460.69亿元，居全国第三位，比上年增长24.94%，制品业投资增幅较大，其中水泥制品增长35.59%，石棉制品增长65.57%，卫生陶瓷制品增长99.22%，技术玻璃制品增长 31.92%，玻璃纤维及其制品增长 30.17%。建材产品出口额完成 17.7 亿美元，比上年增长 18.41%，比 2005 年增长 70.19%。散装水泥完成 8462.16 万吨，居全国第二位，占全国发散总量的 9.42%；水泥散装率达到 57.37%，比全国平均水平高 9.27 个百分点，居全国第六位。

一、产业结构调整取得新突破

新型干法熟料产量完成 6841 万吨，比重达到 80.21%，比 2005 年增长了 38.6 个百分点。浮法玻璃产量完成 6883 万重量箱，浮法率达到 85.77%，比 2005 年增长 13.85 个百分点。全省建材产品深加工水平不断提高，当年完成深加工增加值 475.7 亿元，比上年增长 42.02%，比 2005 年增长 3.04 倍，在全行业的比重由 2005 年的 24.23% 提高到 2010 年的 35.4%。适用于建筑节能、太阳能利用的玻璃新产品不断增加，中空玻璃产量从 2005 年的 69.3 万平方米增加到 2010 年的 544 万平方米，增长了 6.8 倍；钢化玻璃产量从 2005 年的 400.5 万平方米增加到 2010 年的 1547 万平方米，增长了 2.9 倍。加快淘汰实心粘土砖，在墙体材料中，新型墙材的比重已达到 84%，应用比重已达 97.5%。行业组织结构日趋大型化、集约化，2010 年水泥企业平均规模达到 46.1 万吨，比 2005 年的 37.3 万吨提高了 23.59 个百分点。金晶、晶华、蓝星和巨润四家企业的平板玻璃产量占到全省的 65% 以上。泰山玻纤和金晶玻纤的产能超过全省的 50%，占全省池窑拉丝玻纤总产能的 90% 以上。

二、节能减排工作取得新成绩

万元工业增加值能耗达到 2.01 吨标煤，比 2005 年的 4.7 吨标煤下降了 57.23%，低于全国建材行业平均水平 1.48 吨，低于全国工业产品平均水平 0.18 吨。2010 年与 2005 年相比，全行业节约标煤 3611 万吨，减排二氧化碳 9600 万吨，减排二氧化硫 30 万吨，减排氮氧化物 26.7 万吨。2010 年全省淘汰立窑水泥熟料产能 2034.3 万吨，拆除立窑 200 座，“十一五”期间累计淘汰立窑水泥 7600 万吨，拆除立窑 768 座，超额完成目标任务。建成投产新型干法水泥纯低温余热发电机组 52 个，总装机功率 400 兆瓦，年发电量 28.4 亿千瓦时，仅此一项年节约标准煤 113.6 万吨，减少二氧化碳排放 306.7 万吨。年内，全省发展散装水泥节约资源折合标煤 192.8 万吨，减少粉尘排放 84.33 万吨，减少二氧化碳排放 501.28 万吨，减少二氧化硫排放 1.64 万吨，实现综合经济效益 37.76 亿元。

三、自主创新能力有了新提升

国产大型新型干法技术装备快速发展，立式辊磨在新型干法水泥生料粉磨中占据主导地位。浮法玻璃生产工艺得到全面推广应用。建筑卫生陶瓷生产技术装备、产品装饰与造型设计配套能力、高中压注浆技术不断提升。玻纤工业已形成以无碱池窑拉丝为代表的规模化水平主导技术。新型建材尤其是新型墙体材料先进技术得以广泛应用。企业技术研发机构不断增加，技术进步的投入不断加大，技术改造的步伐不断加快。泰山玻纤技术中心是全国玻纤行业中唯一的国家级技术中心，2010 年山东宏艺科技股份有限公司也拥有了国家级的技术中心。年内，有 4 个建材项目荣获山东省科学技术进步奖，“十一五”期间，累计 25 个项目获奖。积极组织企业参加中国建材联合会和中国机冶建材工会开展的 2010 年度“全国建材行业技术革新奖”评奖活动，全省有 7 个项目获奖，自 2006 年开展此项活动以来，全省累计 61 个项目获奖。

四、质量和安全生产有了新改善

2010 年省质监局组织的水泥产品质量监督抽样合格率达到 94.98%，较上年提高 18 个百分点。积极组织建材企业申报质量管理各类奖项，大力开展群众性的质量管理活动，涌现出一大批质量管理先进个人和单位。山水集团董事长张才奎同志荣获首届“省长质量奖个人奖”，金晶集团荣获第二届山东省“省长质量奖企业奖”。安全生产工作成效显著，全行业采矿业发生死亡事故起数和死亡人数同比分别下降42.8%和22.2%。协会机关被省安委会评为“安全生产工作先进单位”，山东申丰水泥集团等6家建材企业被评为“安全生产基层基础工作先进企业”。

五、高技能人才队伍建设迈出新步伐

2010年有109人获技师、高级技师职业资格。成功举办了全省水泥企业水泥生产制造工技能竞赛，有25名优秀选手获得表彰奖励，其中1人荣获省总工会“富民兴鲁劳动奖章”，3人荣获省人社厅“山东省技术能手”称号。积极开展争当首席技师活动，有14名同志被授予“2010年度山东省建材行业首席技师”，其中2人被省政府授予“山东省首席技师”。济南大学的粉体材料科学与工程专业、山东理工大学的先进陶瓷材料专业和资源循环科学与工程专业被确定为企校共建工科（本科）专业，金晶（集团）有限公司等11家建材企业入选全省第二批企业实训基地。

附表 :2010年山东省建材工业主要经济指标及主要产品产量

附表：

2010年山东省建材工业主要经济指标及主要产品产量

指标名称	计量单位	实际完成	增长率(%)	山东在全国排名
一、主要经济指标				
工业增加值	亿元	1342.5	24.98	1
销售收入	亿元	4280.5	23.18	1
利税总额	亿元	538.7	35.32	1
利润总额	亿元	351.56	39.94	1
二、主要产品产量				
水泥	万吨	14790.46	4.44	2
水泥熟料	万吨	8529.07	0.63	3
其中：窑外分解窑水泥熟料	万吨	6841.04	10.17	2
水泥排水管	千米	11824.3	39.64	1
水泥压力管	千米	413.1	35.80	3
水泥电杆	万根	50.57	-13.80	5

砖（折标准砖）	亿块	340.26	22.67	2
瓦	亿片	23.43	37.47	1
大理石板材	万平方米	681.09	7.80	3
花岗石板材	万平方米	7108.98	16.97	2
石膏板	万平方米	71597.96	9.99	1
平板玻璃	万重量箱	8024.54	32.90	2
其中：浮法玻璃	万重量箱	6882.61	40.99	
陶瓷砖	万平方米	109583.19	-12.89	3
其中：瓷质砖	万平方米	79788.17	-9.26	2
卫生陶瓷	万件	312.2	22.10	8
石墨及碳素制品	万吨	243.14	20.58	—
玻璃纤维纱	万吨	65.75	37.98	1

（山东省建材工业协会　陈文）

4－4　2010年山东省煤炭工业概况

2010年，全省煤炭行业共生产原煤1.5亿吨，同比增长5.99%；实现销售收入1895亿元，利税537亿元，利润353亿元，同比分别增长34.9%、30%、和59%；全年共发生原煤死亡事故7起，死亡9人，同比增加2起，增加死亡3人，百万吨死亡率为0.06，同比增长40%；省属煤炭企业非煤产业实现产值967.25亿元，占经济总量的59.42%，从业人员占职工总数的40.8%；全行业原煤入洗率达55%以上，煤泥综合利用率达到100%，煤矸石综合利用率达到99%，矿井水重复利用率达到69%，并实现100%达标排放，提前一年完成了省政府下达的节能减排目标。

一、遵循科学发展观，探索创新可持续发展之路

全省煤炭行业始终着眼可持续发展和新型工业化方向，不断寻求适合自身特点的科学发展之路。注重统筹发展速度与经济效益的共同提高，统筹煤炭生产与非煤产业的同步发展，统筹稳产增效与“走出去”开发的相互支撑，统筹资源开发与环境保护的兼顾并重，做到稳定煤炭产量与加强资源整合相结合，发展煤炭主业与搞好综合利用、发展替代产业相兼顾，开发省内资源与开发省外、国外资源相补充，从而有效稳定了煤炭生产水平，优化了煤炭产业结构，提高了煤炭资源储备和接续能力，煤炭工业综合实力大为增强。截至目前，在全国9个省（区）和澳大利亚获取煤炭资源量500

亿吨以上，规划产能达到1.8亿吨，从战略上建立起新的能源基地。坚持以科学发展观为统领，走资源利用率高、安全有保障、经济效益好、环境污染少、可持续发展的新型工业化道路。

二、把安全工作作为头等大事，着力构建安全生产长效机制

2010年，各级政府、煤炭管理部门和煤炭企业始终把安全工作摆在高于一切、重于一切、先于一切的位置，认真贯彻“安全第一、预防为主、综合治理”的方针，努力构建“党委领导、政府监管、行业管理、企业负责、社会监督”的安全工作新格局，逐级落实“两个主体责任”，扎实开展“双基”建设，全面推行安全风险抵押、安全考核和安全奖惩“三项制度”，大力实施“科技兴安”，不断强化全员培训和“三项岗位人员”持证上岗，突出狠抓隐患排查治理，健全完善应急救援体系，多层次、全方位构建煤矿安全生产长效机制，形成了富有山东特色、较为完善的安全生产机制，确保了安全形势持续稳定好转，成为全国煤炭系统安全生产的一面旗帜，同时也为经济发展创造了良好环境。济南、淄博、临沂、莱芜、菏泽等5个重点产煤市和兖矿、新矿、淄矿、枣矿、龙矿、临矿等6个省属煤炭企业及省监狱煤矿2010年实现了安全年，全省有139处矿井安全生产周期超过5年。

三、大力调整优化产业结构，积极推进经济发展方式转变

全省煤炭行业把转方式、调结构作为深入贯彻科学发展观、积极应对国内外环境变化的战略举措，抓住经济形势逐步好转的历史机遇，着力实施结构调整。一方面积极做强做大煤炭主业，在省内稳步实施“稳定中部、建设西部、准备北部”战略，保持省内煤炭产量基本稳定，并着手建设煤炭储备配送基地；在省外积极实施“走出去”战略，开辟新的煤炭生产基地。一方面科学调整非煤产业发展思路，改变过去低水平重复建设的发展模式，重点拉长煤炭产业链，集中发展煤电、煤化工、煤建材等煤炭深加工项目和煤机制造产业，形成了一批具备核心竞争能力、发挥经济支撑作用的主导产业。通过优化调整，实现了煤炭生产由扩能增量向稳产高效转变，煤炭开发由囿于省内向省内、省外并举转变，煤炭加工由初级产品向深度加工、综合利用转变，全行业综合实力、抗风险能力逐步增强。“十一五”期间新开工建设矿井19对，开工规模2340万吨；新投产矿井8对，净增生产能力1425万吨；累计完成基建技改投资470.07亿元。投入资金35.2亿元，搬迁压煤村庄47个、26125户、90271人，解放煤炭储量2.57亿吨。

四、坚持集约化、规模化发展方向，强力搞好矿井关闭整合重组

全省历史上乡镇、村办和个体煤矿多达上千处，办矿体制混乱，小矿私采滥挖，成为安全无保障、事故多发、难以监管的主要根源。近几年以来，各市县有计划、按步骤实施整顿关闭，到2008年底全省687处村办、个体煤矿和129处9万吨以下煤矿全部按标准关闭，并杜绝了死灰复燃现象。到2009年底214处乡镇煤矿全部取消。到2010年底33处资源枯竭国有煤矿实施了政策性关闭破产。由6个省属煤炭企业整合组建了山东能源集团。通过关闭、整合、兼并、重组，全省煤矿平均单井规模由2005年的40.2万吨提高到目前的70万吨，提高了煤炭生产集约化程度和生产力水平，增强了安全保障能力。

五、全面实施“科技兴煤”战略，不断提升煤炭工业现代化水平

全行业大力实施“科技兴煤”战略，以7家省属煤炭企业为主体和引领，加大科技投入，加强产学研联合，强化科技攻关，广泛推广应用新技术、新工艺、新装备，大型煤矿基本实现采掘机械化、运输连续化、辅助自动化、监控数字化；许多地方煤矿打破了地质条件差不能上综采、综掘，小矿不能上自动化、数字化设备的“禁锢”，现代化建设快速推进，在大倾角综采、薄煤层机采、极薄煤层螺旋钻机采等方面取得了突破，无线通讯、人员定位、井下泵房远程集控、雨量自动观测等数字化技术得到广泛应用。全省煤矿安全监控联网矿井达到100%；采掘机械化程度分别达到82.5%和74.9%。“十一五”期间，科技投入累计超过150亿元，已建成国家级技术中心2个、省级技术中心12个、国家重点实验室1个。一些关键性、前瞻性技术难题得以攻克，海下采煤、高地温治理等技术填补了国内空白。全省煤矿承担国家“863”科技攻关项目7项，共完成科技成果600余项，有346项科技成果获省部级以上奖励，其中国家科技进步二等奖7项，省部级科技进步一等奖17项。有33处煤矿建成为全国安全高效矿井。

（山东省煤炭工业局　刘培亮）

4－5　2010年山东省石油和化学工业情况综述

一、综述

2010年，全省规模以上石油和化工企业5174家，实现主营业务收入15740亿元，比上年增长30%，占全省工业的17.7%；实现利税2121亿元，比上年增长38.5%，占全省工业的21.9%；实现利润1167亿元，比上年增长44.1%，占全省工业的19.3%；主营业务收入、利税、利润，分别是2005年的3倍、3.1倍和3.2倍。其中：化工行业（不含原油开采）5152家企业，实现营业收入14686亿元，比上年增长29.7%；实现利税1546亿元，比上年增长29.6%；实现利润864亿元，比上年增长40.2%，完成出口交货值671亿元，比上年增长30.6%。石油和化工行业销售收入、利税、利润均居全国同行业第一位，利税居省内工业第一位，销售收入、利润居省内工业第二位。

二、行业结构进一步优化

化工行业始终把转方式调结构作为行业工作的重中之重，常抓不懈，促进了行业结构的优化。一是优势行业地位明显。石油化工、专用化学品、橡胶加工、化肥4个传统产业的经济总量一直占全行业的70%以上，这些行业的整体规模、发展水平，企业的综合素质、竞争优势，都处于国内先进水平，占据重要地位。二是产品结构进一步优化。高浓度化肥的比例由“十五”末的88%提高到95%，离子膜烧碱从20%提高到78%，子午线轮胎比例达到70%，低盐重质纯碱占60%以上，大型有机原料、合成材料、精细化工等高档次产品比例进一步提高。石化、盐化、煤化等行业加快向延长产业链、发展高端产品转变，取得明显成效。新兴产业中的有机硅、氟材料、膜材料、高性能材料等加快走向产业化。三是园区建设步伐加快。入园企业大量增加，化工产业集聚式和园区化、一体化的发展模式正在快速形成。齐鲁化学工业园、东岳氟硅材料工业园、潍坊盐化、临沭复合肥、广饶轮胎等特色园区和产业集群达到相当规模，对优化山东化工产业布局发挥了重要作用。四是企业规模不断壮大。通过实施“大公司、大集团”战略，形成了一批规模大、实力强的企业。2010年，主营业务收入50～100亿元的40家，过100亿元的20家，分别比2005年增加31家和15家。规模以上企业由2005年的2853家，增加到5174家。企业的管理水平、品牌建设等方面同步提高，三角集团、鲁西化工集团分获头两届省长质量管理奖，累计中国名牌产品达到20个，省名牌217个，还有一大批驰名商标和著名商标，企业的发展质量进一步提高，市场竞争能力显著增强。

三、科技进步成效显著

截至2010年底，山东化工国家级、省级技术中心累计分别达到12个和77个，省级行业技术中心2个，先后成立了由省内化工企业牵头的轮胎、农药、碳纤维、新型肥料等产业技术创新战略联盟。突破了一批关键、共性技术，开发应用了一批新工艺新技术，加快了科技成果向生产力转化，如大氮肥国产化、煤制油、煤电化多联产、多喷嘴对置式水煤浆气化、干粉煤加压气化、全氟磺酸树脂及离子膜、干法乙炔、大型甲醇、低压羰基合成醋酸、异戊橡胶、新型肥料、C4/C5分离与合成、轮胎生产信息化、碳纤维、芳纶等，这些技术对我国化工产业发展产生了重大影响。“十一五”期间，烟台万华MDI制造技术、三角集团工程子午胎生产技术与设备开发两个项目荣获国家科技进步一等奖，9项成果获国家科技进步二等奖，13项成果获省科技进步一等奖，24项成果获省科技进步二等奖。淄博东岳等16家企业被中国石化联合会认定为“中国化工行业技术创新示范企业”。

四、节能减排目标完成

通过加大结构节能和技术节能力度，加强节能减排各项工作，万元工业增加值能耗和单位产品能耗不断下降，节能减排目标基本完成。2010年，列入省重点控制的10个产品单位综合能耗比上年都有一定程度的下降，其中钛白粉下降7.59%、复合肥下降6.22%、轮胎下降5.19%、原油下降2.97%、合成氨下降2.94%、烧碱下降2.81%、原油加工下降2.39%、炭黑下降1.46%、纯碱下降1.23%，废水排放达标率、工业用水重复利用率、固体废物综合利用率分别提高到95%、90%和80%以上。

五、安全生产形势好转

全省化工企业牢固树立安全发展理念，不断深化基层基础建设，安全生产工作取得了明显成效，连续三年事故起数逐年下降。2010年，共发生危险化学品事故5起，死亡9人，同比下降了55%和59%。同时，积极参与中国石化联合会推行的责任关怀行动，提升发展理念，已有16个企业承诺实施责任关怀，并有烟台万华等5家企业对外发布了责任关怀年度报告。

（山东省石油化学工业协会　李文峰）

附表:2010年山东省主要化工产品产量

附表：

2010年山东省主要化工产品产量

产品名称	单位	累计		产品名称	单位	累计	
		产量	同比 ±%			产量	同比 ±%
天然原油	万吨	2786	-1.8	化学农药	万吨	48	100.8
天然气	万 m^3	57527	-31.3	杀虫剂	万吨	10	47.8
原油加工量	万吨	5806	12.7	杀菌剂	万吨	1	0.0
汽油	万吨	1195	8.6	除草剂	万吨	30	149.2
煤油	万吨	87	27.4	乙烯	万吨	88	9.2
柴油	万吨	2264	10.7	纯苯	万吨	77	2.7
润滑油	万吨	100	15.8	精甲醇	万吨	336	20.2
燃料油	万吨	365	10.2	冰醋酸	万吨	70	25.3
液化石油气	万吨	335	19.5	涂料	万吨	84	24.7
石油沥青	万吨	612	-13.8	建筑涂料	万吨	21	82.2
硫铁矿（折含S35%）	万吨	5	8.8	颜料	万吨	14	11.0
硫酸（折100%）	万吨	554	19.2	染料	万吨	12	45.5
浓硝酸（折100%）	万吨	32	18.3	塑料树脂及共聚物	万吨	368	10.7
盐酸（含量31%以上）	万吨	99	23.6	聚乙烯树脂	万吨	88	172.8
烧碱（折100%）	万吨	455	14.9	聚丙烯树脂	万吨	68	9.7
纯碱	万吨	441	23.5	聚氯乙烯树脂	万吨	97	0.2
合成氨	万吨	664	-2.5	合成橡胶	万吨	50	35.0
化学肥料（折纯）	万吨	977	11.6	合成纤维单体	万吨	5	8.0
氮肥（折含N100%）	万吨	745	7.4	轮胎外胎	万条	29853	10.7
尿素	万吨	425	-7.2	子午线轮胎外胎	万条	10842	24.2
磷肥（折P2O5100%）	万吨	232	30.6	胶鞋	万双	13685	10.5

4－6－1　2010年山东省轻工业发展情况综述

一、综述

2010年全省轻工行业现有规模以上生产企业15536家，比2009年末净增加1046家。全年完成工业增加值5187.72亿元，同比增长11.2%。经济总量和经济效益首次实现“三个新突破”，即销售收入首次突破2万亿元，达2.06万亿元。利税首次突破2千亿元，达2013.67亿元。利润则首次突破千亿元，达1314.83亿元，分别比2009年增长23.31%、30.83%和33.97%。规模以上企业、工业增加值、销售收入、利税和利润分别是“十五”末的1.8倍、2.52倍、2.65倍、2.9倍和3.01倍，五年时间各项经济指标均实现了翻番。2010年实现的销售收入和利税、利润分别占全省规模以上工业企业的23.11%、20.78%和21.77%，在全省各工业部门中仍居第一位，在全国同行业中居第二位，而经济效益已连续六年稳居全国第一位。其中主要产品产量如原盐、淀粉、味精、功能糖类、肉禽加工产品、果蔬加工产品、水产加工产品、饮料酒（啤酒、葡萄酒）、纸浆、机制纸及纸板（书写用纸、新闻纸）、农用薄膜、玻璃包装容器、冷冻箱、太阳能电器产品以及搪瓷制品等继续保持全国第一位。白酒、木质家具、日用玻璃等产品居全国第二位。糕点、饼干、乳制品（液体奶）、箱纸板、铅笔、塑料制品、锁具、不锈钢日用制品、电动自行车、原电池、家用电热水器和吸排油烟机等产品居全国第三位。软饮料、轻革、皮鞋、皮革服装、纸制品、圆珠笔、家用电冰箱、电饭锅、家用洗衣机及钟等产品居全国第四位。企业拥有总资产为10258.38亿元，是“十五”末的2.28倍。全部从业人员240.65万人，比“十五”末增加近40万人。从企业所有制结构来看：股份制企业9031家，占全部轻工企业的58.1%，外商投资企业2676家，占17.2%，民营企业3696家，占23.8%，国有企业81家，占0.5%，集体企业190家，占1.2%。

二、重点行业与企业

2010年食品行业全年实现销售收入10181.92亿元，同比增长21.95%，绝对额净增1832.8亿元，约占全国食品工业的19%，实现利税926.6亿元，同比增长27.47%，利润615.9亿元，同比增长30.52%，约占全国食品工业的20%，各项指标均居全国第一位。造纸行业全年完成机制纸及纸板产量1668.73万吨，占全国总产量的16.63%，同比增长10.23%。纸制品完成340.94万吨，占全国总产量的7.04%，同比增长27.84%。造纸及纸制品行业实现销售收入1976.04亿元，同比增长24.92%，绝对值净增394.13亿元，约占全国造纸工业的20%。实现利税206.59亿元，同比增长27.85%，利润139.47亿元，约占全国的23.6%，同比增长31%。造纸行业各项经济指标连续十六年居全国第一位。日用电器制造业全年实现销售收入1302.71亿元，约占全国的12.6%，同比增长21.73%，实现利税128.88亿元，同比增长55.83%，利润81.73亿元，同比增长70.2%，约占全国的16.7%。塑料制品行业全年完成产量507.11万吨，占全国总产量的8.7%，同比增长21.56%，净增89.93万吨。实现销售收入1322.1亿元，同比增长28.26%，约占全国塑料工业的9.9%，居全国第三位。实现利税131.81亿元，同比增长35.81%，利润86.17亿元，同比增长35.73%，约占全国的12.5%。上述四大行业所实现的销售收入、利税和利润总额分别占全行业的71.72%、69.22%和70.22%。除此之外增速在20%以上的还有制盐业、木材加工业、家具制造业、印刷、日用硅酸盐、日化产品、金属制品、照明器具、轻工机械制造和日用杂品等行业。重点企业仍然是轻工行业发展的主力军，在全省排名前100家工业企业中，轻工行业有海尔、金锣、青啤、晨鸣和太阳纸业以及西王集团等18家企业名列其中，实现的销售收入、利税和利润分别占全省百强工业企业的14.2%、10.6%和13.2%。

三、国内外市场开拓

2010年在重点调度的98种主要产品中，较上年增长的有90种，产销率达98.8%，高于全省和全国同行业的平均水平。轻工产品省外市场销售比重为28%左右，国外市场比重为10.8%，较上年下降0.4个百分点，省内市场比重为60%左右。2010年出口呈恢复性增长，全行业完成出口交货值2229亿元，同比增长17%。出口总量仍居全省工业部门首位，全国同行业第四位。其中外商投资企业是出口的主力军，占出口额的49.54%，股份制企业占出口额的37.92%。出口形式则以来料加工和一般贸易为主，其比重分别为47.8%和47.7%，其他贸易为4.5%。出口市场仍以日、韩和东盟等亚洲国家市场为主，占47.42%，欧洲和北美市场分别占20.13%和19.37%。不仅传统的日韩、东盟、美加和欧盟及香港、台湾出口市场幅度较大，而一些新兴市场也保持了较快增长，如印度增长38.9%，南非增长近60%，巴西增长124.1%。出口产品结构有所改善，高附加值产品和机电产品出口约占25%，较上年提高近3个百分点。内销市场重点是抓住家电产品下乡和以旧换新以及电动自行车下乡这一契机，大力开拓国内市场，特别是广阔的农村市场。截至2010年底，我省家电下乡产品累计实现销售额179.8亿元，居全国第二位。家电以旧换新政策的实施还提升了相关产业效益，并带动了家电生产、销售、回收拆解等各个环节企业效益不断增长，提升了产业结构，增强了竞争力。生产企业努力研发生产节能环保型产品，仅海尔、海信、澳柯玛三大家电企业就研发推出300多个节能环保型产品。另外，组织企业积极参与山东省电动自行车下乡招标工作，全省共有13家整车企业和7家电池企业中标，为全国各省市投标企业中标率最高的省市。去年10月10日济南市遥墙镇一农民购置一辆价格2410元的电动自行车，享受到260元财政补贴，这标志着我国家电下乡中的电动自行车下乡工作在山东省率先正式启动。

四、技术改造投资

2010年全省轻工行业技术改造投资完成1107亿元，同比增长2.6%，占全省工业技改投资的14.4%，居全省工业部门第二位。其中：食品产业链完成技改投资693.2亿元，同比增长3.9%，占全省轻工技改投资的62.62%，居七个产业链之首。家电产业链完成技改投资152亿元，同比增长34%，占全省轻工技改投资的13.73%。2010年全省轻工行业新批1000万美元以上利用外资大项目（不含青岛市）共计71项，同比增加5项。总投资23.41亿美元，同比增长18.05%。平均项目规模3296万美元，同比增长9.6%。从技改资金来源情况看：目前，企业自筹资金占比达到50%左右，利用外资占比达10%左右。另外，鼓励有条件的企业加快公司上市步伐，拓宽融资渠道。截止2010年底，全省轻工行业境内上市公司总数已经达30家，占全省近四分之一。

五、科技创新

2010年全省轻工行业新增泰山体育产业集团、太阳纸业、金猴集团、龙大食品、日照金禾生化集团和青岛康大食品等6家国家级企业技术中心，占全省的37.5%。截止目前，全省轻工行业共拥有国家级企业技术中心32家，占全省的32.32%，居全国同行业和全省工业部门首位。2010年全省轻工行业新增省级企业技术中心37家，占全省的30%。截止目前，全省轻工行业拥有省级企业技术中169家，占全省的 25.66%，居各行业之首。其中：轻工百强企业中有 70% 左右的企业建立了省级以上企业技术中心。2010 年全行业高新技术产品增加值完成 1816 亿元，约占全部增加值的 35%，比上年增加 5 个百分点。去年部分重点企业共完成科研和新产品开发项目 286 项，其中达到国际先进水平的有 87 项，填补国内空白的有 92 项。2010 年全省轻工行业和科研单位共申报山东省科学技术奖项目 85 项，有 27 项获得山东省科技进步奖，其中一等奖 4 项，二等奖 7 项，三等奖 16 项。同时获山东省技术发明一等奖 1 项，二等奖 2 项。另外，有 31 家企业 36 个项目申报中国轻工行业科学技术奖，其中：有 2 项获得全国轻工行业科技发明二等奖，占全国同行业的 19.21%。有 17 项获得全国轻工行业科技进步奖，占全国同行业的 19.3%。其中：一等奖 2 项，二等奖 6 项，三等奖 9 项。此外，有 13 项获得全国轻工行业科技优秀奖。烟台万华聚氨酯有限公司的科技创新系统工程项目和太阳纸业中高浓度纸浆清洁漂白技术获得国家科技进步二等奖。2010 年底，经国家科技部批准，国家体育用品工程技术研究中心获准依托泰山体育产业集团组建，这标志着我国体育用品制造行业首家国家级技术中心正式诞生。其自主研发的纳米人工草丝拉丝、电动撑杆跳高架、“爱动”全民在线运动健身产品等均居国际领先水平，120 多种器材通过了国际奥委会及其他专项专业认证。

六、商标与品牌建设

2010 年全省轻工行业有得利斯集团、九阳股份有限公司、金晶集团荣获 2010 年度山东省长质量奖。金猴集团、中粮长城葡萄酒（烟台）有限公司、银香伟业和中澳控股集团荣获 2010 年度山东省长质量奖提名奖。2010 年全省轻工行业共有 147 个产品获得山东名牌称号，占全省的 36.3%。其中：新评山东名牌产品 62 个，复评山东名牌 85 个。截止目前，全省轻工行业共有 945 种产品被评为山东省名牌产品，名牌产品产值已占全省轻工总产值的 65% 左右。2010 年山东轻工共有海尔、青岛啤酒入选世界名牌，占中国入选品牌的 12%，与联想、华为、长虹共同成为中国制造业世界名牌。青岛啤酒、崂山矿泉水、海尔电热水器、澳柯玛电冰柜、九阳豆浆机、凤祥鸡肉食品、葵花粉丝、东阿阿胶、山花地毯、华泰工业用纸、华光日用陶瓷和英克莱电动车等十二种产品已发展成为 2010 年度中国行业标志性品牌产品。与此同时，2010 年全省轻工行业新核准的中国驰名商标 30 件，占同期全国的 6.1%。新认定的山东省著名商标 185 件，占全省的 46.5%，为全省第一。续展的山东省著名商标有 170 件，占全省的 48%。截止目前，共有 1228 家企业的 1235 件轻工产品获得山东省著名商标。其中海尔以 855.26 亿元的品牌价值连续 9 年蝉联榜首，海尔电冰箱则连续 20 年稳居行业第一。

七、结构调整与轻工特色产业集群

一方面积极淘汰落后的生产能力和生产方式。截止 2010 年底，已淘汰落后的造纸产能 85.4 万吨、酒精 18 万吨、味精 5.5 万吨、柠檬酸 10 万吨。通过采取关停、限产、限排等措施，基本实现了国家和山东省 2010 年对轻工行业节能减排的年度工作目标和“十一五”规划目标，产业的集中度也相应得到提高。造纸行业“十一五”累计淘汰落后造纸产能 137.4 万吨，十大造纸企业产能集中度由 40% 提高到 58%。总的来看，我省轻工行业淘汰落后生产能力已见成效。制革和日用玻璃、日用陶瓷行业经过治理和淘汰落后，产能得到有效控制，麦草浆产量已控制在 180 万吨左右。日用玻璃产量 2008 年退居全国第二位，被四川省超过。制革被河北及广东省超过，退居全国第四位。日用陶瓷已退到全国第五位。上述四个行业 2010 年销售收入只有 450 亿元左右，占全省轻工行业的 2.37%，比重较小。另一方面大力发展低碳新能源产业。2010年全省太阳能等非电力家用器具产业实现销售收入224.58亿元，同比增长39.5%，其生产规模和技术水平在全国一直处领先地位。并已形成了以皇明为龙头的德州“太阳谷”和以力诺为龙头的济南“太阳城”两大产业基地，是全省轻工经济增长最快的行业之一。其中：太阳能热水器产量占全国热水器产能34.7%，同比去年上升3.8个百分点。2010年山东省太阳能热水器家电产品下乡完成66.6万台，销售金额16.4亿元。截止年底，全省累计完成太阳能热水器家电产品下乡76.4万台，实现销售金额18.3亿元。另外，我省电动车行业也在快速发展，并已初步形成沂南电动车特色产业集群和昌乐电动车生产基地，2010年该行业完成电动自行车产量299.02万辆，同比增长20.4%，已发展成为全国第三大电动自行车生产基地。此外，大力培植和发展轻工特色产业集群。2010年9月份经省轻工业协会推荐，青岛胶州市胶东镇荣获了“中国辣椒加工贸易产业集群”称号。中国沂南电动自行车产业集群正在积极共建培育中。与此同时，2010年省轻工业协会在当地政府部门和重点骨干企业的支持和配合下，重点新培育了昌乐红河镇特色食品、昌乐五图街道办事处蓝宝石产业、青岛莱西市花生产业、东顺集团生活用纸等四家山东省轻工特色产业集群和加工制造业基地。截止到2010年，全省轻工行业已申报和经相关部门正式批准授牌的产业集群共计65个。其中：已正式批准授牌的国家级产业集群18个，省级特色产业集群32个。整个集群内共有生产和配套企业8000家，其中：规模以上企业1850家，占全省轻工行业的11.5%，当中年销售收入过亿元的骨干龙头企业290家，约占全省轻工行业的10%左右。相关从业人员150万人。65个产业集群共实现销售收入2500亿元，占全省轻工行业的12.14%，上缴税金120亿元。

八、人才培养与协会工作

2010年由山东省轻工业协会推荐申报，并经省级以上人才领导小组批准，共有1人享受国务院政府津贴，1人为全国技术能手，8名同志获得了山东省首席技师称号，3名同志获省技术能手称号，1人获“山东省富民兴鲁劳动奖状”。同时在行业成立了5个省技师工作站，有380名同志通过了技师、高级技师职业资格。并继续进行了初、中、高级工程师（轻工工程）专业技术人员的职称评审工作，使一批优秀人才得到培养和重用。同时，举办了山东省第二届白酒品酒职业技能大赛，在此基础上选拔出18名优秀选手参加了全国白酒技能大赛，并取得了较好成绩。另外，对2000多人进行了初、中、高级各类职业技能鉴定。

以各专业协会为依托，积极开展行业活动，努力为行业和企业发展服务。一是根据省政府的部署安排，具体组织实施了《山东省轻工业“十二五”发展规划》以及食品、造纸、白酒、饮料、电动自行车、日用陶瓷和文教体育用品等15个子行业发展规划的编制工作。二是组织人员深入青岛、烟台和济宁等市地企业，对我省日化产业和老年人用品产业发展情况进行了专题调研，并起草完成了《关于加快山东省日化产业发展指导意见》，将作为省政府系列产业发展指导意见之一颁布实施。三是以品牌建设和宣传为着力点，大力开拓国内市场。在省政府和中国轻工业联合会以及中国酿酒协会的大力支持下，省轻工业协会于2010年9月5日在济南成功地举办了“中国低度浓香型白酒发展大会”，重点开展了鲁酒量大面广的低度浓香型白酒著名品牌和重点企业的宣传推介以及系列市场开拓工作。同时由中国酿酒工业协会授予我省古贝春、扳倒井、趵突泉、景芝、孔府家、兰陵、花冠、泰山生力源等八家企业为“中国低度浓香型白酒著名企业”称号，在国内白酒界引起较大反响，使“淡雅浓香·中国风尚”的山东白酒在全国的影响力、知名度得到切实提高。我省已连续两年在白酒行业举办如此大规模活动，不仅得到了省政府、中国轻工业联合会、中国酿酒工业协会的充分肯定与高度评价，而且也得到广大鲁酒企业的认可，使行业的凝聚力进一步增强。2009年芝麻香型白酒的推出，宣告了山东在全国白酒行业无高端品牌历史的结束。2010年低度浓香型白酒的推出，更为鲁酒逐步走向全国，实现山东白酒工业的全面振兴与发展创造了极其有利的条件。2010年我省白酒产量完成96.9万千升，同比增长16.78%，实现销售收入270亿元，同比增长20%。四是加强调查研究工作，及时反映企业呼声，切实维护行业发展利益。针对日益增多的不规范进口葡萄酒可能对我省葡萄酒产业产生不利影响情况进行了调查研究，并形成专题材料报国家和省有关部门。针对造纸行业国内废纸回收利用率不高，每年需要大量进口的现实情况进行专项调查研究，并将有关情况及建议通过国家工信部报国务院办公厅。针对溴素及卤水资源问题进行专题调研，并形成专题报告，通过省财政厅报国家关税税则委员会，最终采纳山东的意见，将溴素进口关税由目前的5.5%，下调到2%，将有效地保护我省的卤水资源。五是是积极参与行业标准的制订工作。山东省食品发酵研究院完成起草了食品添加剂国家食品安全标准1项。由山东省陶瓷工业协会组织主持制定的《镁质强化瓷器》、《高石英质瓷器》、《抗菌骨质瓷器》三个国家标准也顺利通过专家审定，从标准制定数量、先进性、技术性、适用性开创了全国陶瓷行业产品质量技术标准工作先河。同时，为保护山东芝麻香白酒健康有序发展，全国白酒标准化技术委员会芝麻香型白酒分技术委员会于去年12月1日在济南举行成立大会，其秘书处正式设在济南趵突泉酒厂。六是积极推动和参与山东省电动自行车下乡工作。省自行车电动车协会在国家批准山东把电动自行车正式列为新增家电下乡项目后，该协会利用其自身优势，积极配合省主管家电下乡有关部门做好筹备、组织、协调和服务工作，具体负责起草标书、协助招标、组织招标企业统一公告和广告宣传、设计和制作指定销售店匾牌、授权对中标企业和销售网点进行监督和取证等工作。七是大力发展会展经济。造纸协会和自行车电动车协会先后成功举办了2010山东（国际）制浆造纸技术及装备展览会和山东国际电动车及零部件展览会。王军民副省长亲临展会参观指导，并给予了充分的肯定。目前，这两个展会都是北方地区最大的行业展会，参展商众多。展览会期间还组织了国际性的行业发展论坛和技术交流活动，效果十分明显。同时，积极协助各专业协会做好市场开拓工作，具体协调和帮助指导自行车、陶瓷、造纸、印刷等专业协会做好“七个一”市场开拓活动，并为其争取市场开拓补助资金70万元。八是积极开展行业创新大赛活动。省陶瓷协会认真组织了2010年“华光杯”山东省陶瓷琉璃艺术设计创新评比大赛活动，对陶瓷行业产品推陈出新、上新创新具有积极地推动作用。同时，该协会还承担了中国陶瓷工业协会第二届中国陶瓷艺术大师山东省的人选推荐工作，举办了第四届山东省陶瓷艺术大师暨山东省杰出青年陶瓷艺术家评选活动。

（山东省轻工业协会　丁学华）

4－6－2　2010年山东省轻工业50强企业名单

单位：亿元

序号	企业名称	2010年销售收入
1	海尔集团公司(青岛本市)	716.18
2	临沂新程金锣肉制品有限公司	313.37
3	山东晨鸣纸业集团股份有限公司	221.14
4	山东太阳纸业股份有限公司	218.59
5	青岛啤酒集团	196.14
6	华盛江泉集团有限公司	173.24
7	山东西王集团有限公司	167.62
8	华泰集团有限公司	112.75
9	齐星集团有限公司	112.28
10	山东(临清)银河纸业集团有限公司	108.63
11	烟台万华合成革集团有限公司	106.62
12	烟台张裕集团有限公司	103.27
13	山东博汇集团有限公司	86.51
14	山东鲁花集团有限公司	85.63
15	青岛澳柯玛集团总公司	85.41
16	诸城市外贸有限责任公司	81.95
17	山东泉林纸业有限责任公司	76.65
18	烟台东方不锈钢工业有限公司	73.45
19	鲁丽集团有限公司	66.96
20	得利斯集团有限公司	66.38
21	山东渤海油脂工业有限公司	64.20

22	日照市凌云海糖业集团有限公司	63.05
23	龙大食品集团	58.72
24	青岛九联集团股份有限公司	58.36
25	山东香驰粮油有限公司	54.96
26	山东省鲁洲食品集团有限公司	53.50
27	青岛渤海农业发展有限公司	53.33
28	山东高唐蓝山集团总公司	50.35
29	青岛万福集团股份有限公司	48.60
30	山东凤祥（集团）有限责任公司	48.24
31	山东三星集团有限公司	46.98
32	日照昌华海产食品有限公司	44.13
33	中粮黄海粮油工业（山东）公司	43.60
34	九阳股份有限公司	40.08
35	邦基三维油脂有限公司	38.47
36	山东凤阳集团股份有限公司（集团）	38.08
37	益海（烟台）粮油工业有限公司	36.31
38	山东新良油脂有限公司	36.18
39	日照市凌云海糖业集团有限公司	35.31
40	潍坊英轩实业有限公司	34.82
41	山东龙力生物科技有限公司	34.53
42	山东福田药业有限公司	34.16
43	保龄宝生物股份有限公司	33.37
44	赤山集团有限公司	33.13
45	威海市金猴集团有限责任公司	32.11
46	山东亚太森博浆纸有限公司	32.52
47	山东群星纸业有限公司	30.71

48	青岛康大外贸集团有限公司	30.37
49	山东乐悟集团有限公司	30.36
50	山东华金集团有限公司	29.97

（山东省轻工业协会　丁学华）

4－7　2010年山东省中小企业发展综述

2010年，全省中小企业坚持以科学发展为主题、以转方式、调结构为主线，按照省委、省政府加快中小企业和民营经验发展的战略部署，扎实工作，务求实效，牢牢把握机遇，积极应对挑战，认真组织经济运行，竭诚搞好服务，有力地促进了全省中小企业、民营经济平稳较快增长，实现了“十一五”的完美收关。为圆满完成全省中小企业和民营经济“十一五”规划目标任务起到了关键的作用。

一、基本情况

到2010年底，全省中小企业户数达到68万户，比2009年的63万户新增了5万户。其中规模以上中小企业发展到46567万户，比“十五末”新增19987户；从业人员达到703万人，比“十五末”增加143万人。规模以上中小企业实现增加值15885亿元、主营业务收入62706亿元、利税6323亿元，分别是”十五末”的3.35倍、3.2倍和3.3倍；中小企业增加值、主营业务收入、利税占全部规模工业比重达到70%、70%、65%，分别比“十五末”提高3、4.5和9个百分点。个体私营企业户数发展到293万户、从业人员1185万人、注册资金13257亿元，分别比2005年底增加93万户、376万人和8776亿元。

近年全省中小企业户数变化情况纵向比较

	2008年	2009年	2010年
企业总户数	59.1万户	63万户	68万户
新增户数	0.2万户	3.9万户	5万户

2010年山东中小企业、私营企业同部分省、市横向比较

表一：中小企业数量

地区	中小企业户数（万户）	私营企业户数（万户）

山东	68	53
江苏	123	105
上海	85	71
浙江	78	64
广东	121	95

表二：规模以上中小工业总产值

地区	绝对值（亿元）	同比增长（%）
山东	65638.65	25.8
江苏	65055.56	29.7
上海	17540.33	23.7
浙江	43536.66	31.2
广东	62029.14	29.2

表三：私营企业注册资金

地区	注册资本（亿元）	户均注册资本（万元）
山东	12409	254
江苏	27996	287
上海	14170	220
浙江	16706	284
广东	18548	214

表四：私营企业外贸出口额

地区	绝对值（亿美元）	同比增长（%）
山东	281.92	44.8
江苏	492.43	54.1

上海	202.11	40.3
浙江	926.02	31
广东	999	39.4

二、主要工作

（一）加大政策扶持力度。2007 年 10 月，《山东省中小企业促进条例》颁布施行。我省中小企业发展从此走上规范化和法制化发展的轨道。《条例》重申了中小企业在全省经济社会发展中的重要地位和作用，明确了政府部门促进中小企业发展的职责，制定了促进中小企业健康发展的政策措施。《条例》从创业扶持、技术创新、市场开拓、资金支持、信用担保、社会服务、权益保护等方面都作了明确的规定，在许多条款内容上有新的突破。2009 年 11 月，省政府出台了《关于贯彻国发〔2009〕36 号文件，进一步促进中小企业发展的实施意见》(鲁政发〔2009〕127 号文件)，制定了 30 条政策措施，在专项资金、信用担保、过桥资金、信贷融资、税收减免等方面有较大创新。各地各部门也都进一步加大了政策支持力度，17 个市都专门出台了促进中小企业发展的政策性文件。中小企业发展环境得到进一步改善，对推动全省中小企业平稳较快发展起到了至关重要的作用。2010 年全省重点抓了关于促进中小企业发展的国务院〔2009〕36 号和省政府〔2009〕127 号文件的贯彻落实。一是落实政策措施，重点扶小扶优。组织实施了小微企业“三五二”税收优惠政策落实工作，整理了 23 万家小微企业的基本资料，印制了《优惠政策告知书》,以直邮方式寄送到 16 万户小微企业，并在媒体上刊登政策信息。“三五二”政策惠及小微企业约 5 万多家,减免所得税近 1 亿元。二是抓住热点难点，着力解决企业用地问题。出台了《关于统筹安排建设用地支持中小企业发展的意见》(鲁国土资字 [2010]1264 号)文件，采取盘活存量、增减挂钩、建立工作机制等措施，缓解中小企业发展用地难。三是面向基层服务，为企业排忧解难。设立中小企业负担举报电话和网络受理平台，直接为企业和基层提供接访,为中小企业进行政策解答和服务咨询。

（二）实施中小企业四项计划。“十一五”期间全省中小企业按照省委、省政府的决策部署，大力实施中小企业“四项计划”(科技创新计划、中小企业成长计划、小企业培育计划、特色产业提升计划)，取得了丰硕成果，有效地推动了中小企业又好又快发展。科技创新计划成效显著：到 2010 年底，全省省级以上企业技术中心的科研投入占企业销售收入的比重达到 5.2% 以上，比“十五末”提高 2 个百分点；全省科技型中小企业发展到 7000 多家，比“十五末”增加 1000 家；全省国家级和省级高新技术产业开发区中，中小企业占到开发区企业总数的 80% 以上。全省国家级创新型企业、知识产权示范创建企业和试点企业中一半以上是中小企业，近 2000 家中小企业建立了自己的研发机构。全省中小企业拥有驰名商标 165 个，占全省 58%；著名商标 1283 个，占 66%；山东名牌产品 1495 个，占 85%；中国名牌产品 189 个，占 70%。中小企业成长计划和小企业培育计划完成预期目标任务：中小企业成长计划实施五年，全省新增大型企业 54 家、新增中型企业 172 家。小企业培育计划实施 3 年,全省新增规模以上企业 11592 家，超额完成了省政府确立的 3 年新增 1 万家规模以上企业的任务目标。特色产业提升计划取得重大突破：“十一五”期间，通过实施特色产业提升计划，积极培植壮大特色产业，全省重点培植了140个特色产业镇，带动发展起来了一批产业特色鲜明、经济优势突出、综合实力较强的经济强镇，成为产业集群发展的重要支撑。截止到2010年底，全省年销售收入过10亿元的产业集群发展到356处，集群内企业达92450处，从业人员745万人，实现销售收入30986亿元，利税2530亿元。其中过100亿元的产业集群96个、过50亿元161个，分别比上年增加13个和17个,是“十五末”的9.7倍和5倍，集中集约集聚发展成为我省中小企业发展新特征。

（三）推进结构调整。全省中小企业共推出了结构调整重点项目2110项，与工、农、中、建、农信社五大金融机构签署合作协议，给予信贷支持500亿元。合作担保机构给予200亿元的贷款担保。2010年全省中小企业206个转方式、调结构重点项目获得国家和省专项扶持资金2.485亿元，比上年增长55.4%，对重点扶持项目进行调度和跟踪，项目完工110项，完工率达到53.4%。2010年全省中小企业投资增幅显著，完成10713亿元，增长21.7%，开发新产品10084项，淘汰落后设备12213台套。通过重点扶持、以点带面、典型引路，全省中小企业转方式、调结构收到显著成效。

（四）加大财政扶持。2010年全省中小企业共获得国家各项专项补助资金15850万元，总额居全国第2位，在2009年比上年增长3.1倍的基础上，2010年增长45%。省级中小企业发展专项资金规模达到9000万元，比上年增长80%，省级专项资金规模的增加起到了引导市县设立和扩大专项资金额度的作用。2010年全省17个市和23个全国百强县都设立了中小企业发展专项资金，17个市和73个县（市、区）在预算中设立中小企业发展专项达8.9亿元，80个县设立过桥周转金34.7亿元。

（五）破解融资难题。针对中小企业融资难这一制约发展的瓶颈，各级、各部门进一步解放思想，以创新为动力，通过各种有效方式，为中小企业搭建融资新平台。截止2010年底，全省中小企业贷款余额11562亿元，比年初增加2477亿元，分别占全部企业贷款余额和新增的57%和72.5%，通过提供信用担保发放贷款750亿元，同比增长23%，占新增贷款额的33%。潍坊、威海两市发行两支中小企业集合票据，11家企业共募集12.9亿元。山东省中小企业集合债券发行工作走在了全国前列，在全国中小企业融资方式创新座谈会上介绍了经验。

（六）推动产业集聚发展。省中小企业办与省财政厅联合制定下发了《关于集中资金集约投入重点支持中小企业产业集群发展的通知》，采取每年重点支持几个市，每市支持1000万元，集中资金、集约投入，重点支持的方式支持产业集群发展，2010年首批对枣庄、威海、潍坊、临沂4个市7个产业集群41个项目进行资金支持4000万元，促进了产业集群和特色产业镇的健康发展。省中小企业办与齐鲁晚报联合对全省20多个特色产业镇进行了深度系列专题报道，举办了“山东省特色产业镇创富论坛”，命名表彰了第三批40个特色产业镇、22个领军人物和20个明星企业。组织举办郿部电声乐器校园展示活动，宣传展示“中国电声乐器之乡”郿部特色产业，扩大了品牌效应，建立了实践教学基地，促进了校企合作，引起了全省各级、各部门和社会各界对特色产业镇发展的高度关注。

（七）推进节能减排和技术创新。2010年9月召开了全省中小企业第一次节能减排现场推进会议，推广典型经验，表彰示范企业，对节能减排工作起到重要的推动作用。2010年全省有36家企业被认定为中小企业节能减排示范企业，其中对12家企业进行了扶持，确定了10家精细化管理样板企业，申报了国家农产品加工技术研发分中心扶持项目。申报了科技进步奖励省科学技术进步奖一等奖一项，111个成果被评为山东省中小（民营）企业科学技术进步奖，有77个中小企业项目列为山东省技术创新计划项目。

（八）积极开拓市场。一是组织156家中小企业参加第七届中博会，其中122家企业拿到订单，签订合同298个，合同金额19.3亿元。二是加强对台经贸交流。组织了山东省中小企业经贸大型交流团赴台，参加“第一届海峡两岸优良农产品洽商大会”，达成了一系列技术经贸合作意向和协议。三是为企业服务找订单。与省侨办联合邀请意大利政府采购团来我省采购太阳能、铝合金型材，签订了采购协议，扩大了山东中小企业产品的影响力和知名度。四是开展直邮服务为企业拓展市场。与省邮政公司加大直邮服务中小企业的力度，直邮服务的中小企业超过1万家，其中950多家中小企业新增收入2.18亿元。五是中小企业协会在世博会期间先后组织七批会员单位，考察上海特色创意园区，开展引资活动。组织中小企业代表参加山东—吉林两省经济合作交流会并进行对口洽谈，共签署合作项目48个。

（九）加快服务体系建设。一是规范发展信用担保行业，提升服务企业能力。出台了依法推进信用担保体系建设的意见和办法，将体系建设的重点转到行业自律、自我完善、提高担保能力上。2010年国家和省扶持中小企业信用担保的专项资金达到8970万。省担保协会顺利换届，会员单位已超过200家，协会的代表性和凝聚力明显提高。表彰了2010年度山东省十佳中小企业信用担保机构、40家银保合作信得过单位和1720家受保单位星级信用企业。组织了5批中小企业信用担保与融资研修班赴台培训。全年中小企业信用担保额达到750亿元，比上年增长23%。二是提高中小企业信息化建设水平。2010年6月，全国中小企业信息化系统会在济南召开，会上介绍了山东中小企业发展电子商务的经验，突出了推进电子商务工作，建立和开通了中小企业电子商务平台。2010年4月，全省中小企业产业集群电子商务现场会在临沭召开，推广临沭复合肥产业集群电子商务建设和运营的经验。到年底，已有临清、临朐、沂水、邹平等地的产业集群电子商务平台启动。全年中小企业电子商务交易额达到100亿元。2010年省中小企业办与山东移动公司开展了活力100体验活动，与山东联通公司开展中小企业信息化管理提升活动，全年中小企业用户由年初的6万家，到年底达到13万家，参与信息化管理提升活动的企业达15万家。三是加强人才培训。制定了《2010–2012年山东省成长型中小企业管理者培训规划》，提出用三年时间完成10万名成长型中小企业管理者培训，2010年已完成3.6万人培训。四是加快创业辅导基地建设。到2010年底，全省共建立省、市级中小企业创业辅导基地184家，培育小企业16191家，吸纳从业人员54万多人，其中省级创业辅导基地62家，培育小企业6500多家，吸纳从业人员13.5万人。

（山东省中小企业办公室　杨亚强　王功永）

4－8－1　2010年山东省钢铁工业概况

一、生产经营情况

2010年，山东生产生铁5726.76万吨、生产粗钢5507.60万吨、生产钢材6672.16万吨，同比分别增长8.60%、10.70%和13.97%，其中，山东钢铁集团有限公司生产生铁2408.04万吨、生产粗钢2315.24万吨、生产钢材2373.50万吨，同比分别增长9.70%、8.64%和9.27%；全省生产铁矿石2218.13万吨，生产焦炭3362.64万吨，同比分别增长16.28%和5.59%，其中，山东钢铁集团有限公司生产铁矿石720.86吨，生产焦炭729.52万吨，同比分别增长5.36%和22.30%；山东冶金工业总产值、销售收入和利润同比都有较大的增长，其中，山东钢铁集团有限公司实现工业总产值1024.29亿元，同比增长18.67%，实现销售收入1001.37亿元、实现利润38.57亿元。年内，市属和民营钢铁企业生产经营同比也取得了较好的成绩：青岛钢铁集团有限公司生产烧结矿440万吨、生铁309.3万吨、钢300.04万吨、钢材328.19万吨（包括华美）、焦炭119.97万吨（包括兖州焦化）；全年生产品种钢240.08万吨，品种率达83.56%，品种率同比提高3.83个百分点，帘线钢、胎圈钢丝用钢、弹簧扁钢、焊丝钢的销量分别为13.15万吨、39.78万吨、41.01万吨、67.65万吨，分别同比提高79.01、23.69、62.10、1.15个百分点，创历史最好水平；实现销售收入345亿元，实现利税8.59亿元，其中利润4.6亿元。泰山钢铁集团实现销售收入260亿元，同比增长23%，主要产品产量为，烧结矿297万吨，球团79万吨，焦炭88万吨，生铁238万吨，高炉平均利用系数3.9，焦比360公斤/吨，钢坯251万吨，热轧普碳钢带188万吨，冷轧薄板52万吨，不锈钢30万吨。西王钢铁将“产品转型”作为工作重点，成功生产轴承钢棒线材、优碳钢棒材、优碳钢管坯等产品，全年实现销售收入53.78亿元，利税7.95亿元，净利润5.02亿元。山东传洋钢铁集团紧盯原材料和产成品价格的市场变化，变被动为主动，随时调整采购、生产、库存量，合理控制生产节奏和产品库存，以销定产，以产定购，理性应对，保持了产、供、销平衡，全年实现钢产量126.3万吨，完成销售收入45.7亿元，上缴税金10053万元。潍坊特钢集团生产粗钢227.5万吨，同比增长1.96%，工业总产值101亿元，同比增长11%，主营业务收入88.6亿元，同比增长13.2%，利税5.3万元，同比增长23%。山东鲁丽钢铁有限公司生铁产量230万吨、粗钢产量220万吨、钢材产量210万吨，完成销售收入93亿元，实现利税7.1亿元。山东巨能特钢实现销售收入43.67亿元、利税2.54亿元。山东广富钢铁集团实现销售收入56.01亿元，上缴国家税金2.20亿元，该年度，客户达到1800多家，达到了历史最高水平。山东庚辰1号炉、3号炉的日产量、月产量均创历史最好水平，炼铁整体水平稳步提高，完成生铁产量73.15万吨，实现销售收入24.54亿元。南金兆集团生产生铁182.5万吨，完成计划的82.95%，生产烧结矿273.81万吨，完成计划的97.78%，生产钢坯171.9万吨，完成计划的74.73%，焦炭73.1万吨，完成计划的88.07%，球团56.99万吨，完成计划的81.43%，钢材42万吨；全年实现工业总产值220亿元，累计上交各种税金1.6亿元，进出口贸易额实现2.68亿美元。

二、节能减排与循环经济

2010年，山东钢铁集团有限公司全年发电量为47.86亿千瓦时，同比增长13.26%，淘汰落后炼铁产能170万吨，并荣获首届“低碳山东模范单位”称号。山东钢铁集团有限公司：济钢、莱钢、张店钢铁总厂、山东耐火原材料公司、山东金岭铁矿，青岛钢铁集团有限公司，泰山钢铁集团有限公司等7家企业工业废水排放量为1540.65万吨，其中，达标排放量为1536.93万吨，占排放量的99.76%，烟尘排放量为12756763千克，其中，达标排放量为12241059千克，占排放量的95.96%，工业粉尘排放量为14866208千克，其中，达标排放量为14866208千克，占排放量的100%。青岛钢铁集团公司吨钢平均综合能耗633千克标煤/吨左右，同比提高7千克标煤/吨，综合焦比同比降低6.76kg/吨，完成年度节能减排目标，“十一五”期间完成节能量18.2万吨标煤，超额完成“十一五”15万吨标煤的政府约束性节能目标，相当于减排46万吨CO2，减排3300吨SO2。泰山钢铁集团有限公司投入3000万元建成了180平方米烧结机烟气脱硫设施，并顺利通过了莱芜市环保局组织的项目竣工验收，全年减排SO2达到3200吨，完成了莱芜市和山东省政府下达的SO2减排任务，达到了山东省“钢铁工业污染物排放标准”的要求。山东庚辰全年共计消化掉铁渣、重尘灰4000余吨，干除灰3500余吨，使每吨烧结矿焦末加入量同比下降了10.5kg，节约精矿粉3700余吨，节约焦末6100余吨；加大了对脱硫除尘设备的技术改造，将脱硫指标有效地控制在200毫克/立方米以内，达到了标准要求，另外，1号炉汽鼓风设备运转完好率达到98.52%，充分利用剩余煤气资源，节能减排效益可观；水系统设备运转率达到99%以上，创历史最好水平；2号高炉节能减排技改工程，从2010年3月9日正式破土动工到10月16日高炉投产出铁，历时七个月零七天；该工程的竣工投用标志着该企业全年可消化利用高炉剩余煤气能源5.9×108立方米，冲减网上用电8222万千瓦时（1.31万千瓦时/小时），每吨铁降低电耗78度，2号高炉的装备水平及自动化水平是目前国内1000立方米级高炉的先进水平；“高炉热风鼓风系统节能减排技改项目”获得济南市经信委拨发的60万元专项资金。西王钢铁以“节能降耗”作为研究重点，着重研究钢铁生产过程中余热利用，其中科研项目《加热炉的自呼吸式蓄热燃烧技术》通过了山东省科技厅的科技成果认证，同时《加热炉内增挡火墙》等12项专利取得授权；另外，西王钢铁根据GB/T23331-2009《能源管理体系要求》，5人参加省节能办组织的能源管理师培训，建立了西王钢铁能源管理体系，对生产、供应、管理等环节的节能职责进行落实；西王钢铁还将自呼吸蓄热燃烧技术应用于轧钢厂原蓄热式加热炉，充分利用燃烧后的余热；年内，西王钢铁煤吨钢煤耗降低4.8公斤标煤，年节省标准煤近5000吨，电等能源消耗和烟尘排放均有显著下降。山东传洋钢铁集团公司投资2000万元完成了烧结机环冷系统节能改造项目，投资配套建成高炉风机BPRT同轴节电技术项目；投资两千余万元，建成两台烧结机烟气脱硫项目，该设备运行优良，全部达标，并获得省环保专项补助资金奖励260万；此外，投资1千余万元完成了烧结、带钢除尘项目及带钢设备改造升级项目。潍坊特钢集团年内投用的项目有：投资8000万元建设二期1*48MW纯煤气发电综合利用项目，充分回收利用生产过程中产生的高炉煤气、焦炉煤气和转炉煤气，实现煤气资源的综合利用，项目建成后年发电量3.46亿千瓦时，年供电量3.25亿千瓦时，新增销售收入6263万元，利润2385万元，税金2161万元，项目建成后年节能折合标准煤11.3万吨，该项目已于年底投产使用；投资1.61亿元建设80万吨/年焦化厂熄焦工艺技术改造项目，该项目具有消除污染改善环境，提高焦炭的质量，回收红焦显热三大优势，本项目装置耗能量为14708吨标准煤，外供蒸汽399840吨，节能量为32965.35吨标准煤，项目于2010年底完工试生产；投资8000万元建设烧结机纯低温余热发电项目，在烧结机的环冷机系统中设置两套余热锅炉和一套发电机组进行余热发电，年可发电8800万千瓦时，供电量6833万千瓦时，可节能2.39万吨标准煤，该项目计划于2011年上半年投产；投资2733万元建设转炉轧钢余热利用发电项目，炼钢转炉和轧钢加热炉产生的低压饱和蒸汽用于余热发电，年发电量4800万千瓦时，折合节标准煤37744吨，回收除盐水24万吨。该项目计划于2011年上半年投产；投资3710万元建设烧结机烟气脱硫技术改造项目，该项目采用氨法脱硫新工艺，年减少向大气排放SO215052吨，减少烟尘排放1336吨，脱硫≥95%，除尘效率≥50%，利用氨法脱硫产生的副产品年产硫铵化肥7.2万吨，新增利税660万元，该项目于2010年底投产使用；潍坊特钢集团吨钢综合能耗654公斤标煤/吨，吨钢可比能耗647公斤标煤/吨，吨钢耗新水

3.67吨/吨，远远低于山东省地方标准。山东鲁丽钢铁投资4900余万元的烧结烟气脱硫项目投入使用，二氧化硫排放量减少了93.5%，全年将二氧化硫排放量控制在355吨以下；投资2600万元的污水处理系统的投用，实现了废水循环利用，即节约了水资源又极大的保护了环境。山东寿光巨能特钢相继实施了炼铁高炉换热器技术改造、转炉炼钢炉衬改造、除尘技术改造、轧钢加热炉改造、高炉风机技术改造、动力供水及煤气管网技术改造、烧结配料技术改造、钢管厂水压试验机技术改造等一大批技改项目，通过深入实施节能减排技术改造、合理调整优化生产工艺，大幅提高了生产效率和产品质量，有效降低了能源消耗，产品的合金比达到92.50%，钢铁料消耗、电耗、电极消耗、机物料消耗等经济指标同比均出现了大幅度的降低，产品合格率、成材率等指标稳定提高，工业废气、废水、废渣的综合回收利用率达到100.00%。南金兆集团全年投入节能技研发资资金205万元，主要费用用在研发LF精炼炉项目；投资1250万元对节能技改项目进，是对2号转炉增配了80吨LF精炼炉，增加了冶炼钢种的种量；增加优质钢的产量，为乾能机械、博港型材车间提供足够的优质钢钢坯；热电项目投资300万元重点对静电除尘器进行改造，将静电除尘器二、三电场拆除并更换布袋，由静电除尘改为电袋除尘，既提高了除尘效果又减少厂用电损耗；焦化生产系统投资500万元，用于节能技改项目，重点为文丘里异味处理系统，自动控制系统改造，除尘系统改造等。

三、科技进步与新产品开发

2010年，山东钢铁集团有限公司烧结矿固体燃烧料消耗52.88公斤/吨，同比降低0.94公斤/吨，高炉入炉焦比369公斤/吨，同比降低5.53公斤/吨，转炉钢铁料消耗1070.18公斤/吨，同比降低0.51公斤/吨，轧钢综合成材率97.23%，同比提高0.22个百分点。青岛钢铁集团有限公司通过技术进步使焦炭合格率达到95.7%、喷吹煤达到80.6%、炼焦煤达到78%、铁合金达到90.2%，分别同比提高了2.1%、13.4%、18%、0.2%；在新产品开发与研制中，重点对帘线钢夹杂物控制、偏析控制、盘条表面和网碳控制等进行了研究；顺利完成了特种焊接用钢的开发和试制，多个品种已形成批量生产，冶炼技术和轧制工艺日趋成熟，其他特殊品种的开发工作也正在有序的进展。山东庚辰大搞技术革新，一是，炉前施行一炉一刷铁沟的做法，残铁量和辅料均明显下降，创历史最新记录；二是，干除布袋通过技术改造和加强管理，布袋损坏率下降了68.36%，成效非常显著；三是，大胆尝试进到炉内焊补高炉大钟，提高了焊补质量，延长了使用寿命，创历史先河；四是，高炉采用了铁和渣同时放出，撇渣分流的炼铁模式，打破了40年来先放渣后放铁的传统模式，每年可节约渣口套费用20余万元，降低了休风率，为提高产量创造了条件；五是，努力完成了省级技术中心的申报和认定工作，对企业技术能力和水平的提升起到了积极地推动作用。西王钢铁与世界生产效率最高的德国巴登钢铁签订合作协议，研究借鉴德国巴登先进的工艺技术和装备改造技术，将西王钢铁现有的2台80吨电炉年产量提高到160万吨/年；另外，西王钢铁根据发展规划和市场需求情况，结合现有技术装备优势进行产品结构调整，由单一的建筑用螺纹钢逐步向多品种特殊钢转型；西王钢铁逐步转型生产轴承钢、低合金钢、优碳钢和气保焊丝钢等特殊钢种；高线确定各钢种的加热工艺制度和控轧空冷工艺规程，生产气保焊丝钢和轴承钢线材；轧钢完成圆钢孔型设计、轧制制度改进、增加高压水除磷、更换剪刃等工作，转型生产轴承钢棒材和优碳钢圆钢；年内，西王钢铁增加9个钢种的新产品，主要包括轴承钢棒材和线材、优碳钢管坯、优碳钢棒材、低合金钢棒材、气保焊丝钢线材等，成功迈出了由普钢向特钢转型的第一步。山东传洋钢铁集团开发出多种规格适销对路的槽钢产品，全年实现槽、角钢、型材产量70余万吨，产品在省内市场份额已占到40%以上，远销湖南、广州、福建等，目前是山东省内最大的槽、角钢生产企业。山东巨能特钢自主研发的高强度螺栓用钢获得省名牌产品，近10篇优秀论文分获省优秀论文一、二、三等奖，先后获得省企业技术创新、省企业科技进步先进单位称号，28个QC课题的实施，获得省相关专家好评；全年积极开发了市场急需的齿轮钢20CrMnTiH、FF-B2等9个技术含量高、适销对路的特钢新产品；修订了18个连铸坯工艺技术操作规程，开展钢材低倍、氧含量和显微孔隙等多项技术攻关，有效改善和提高了产品整体质量水平，促进了企业的良性发展。山东广富钢铁集团研发的"钢铁生产中固体废弃物的资源化利用"和"用优质钢带批量生产直缝焊管"，通过专家鉴定分别达到国际先进水平与国内领先水平；该企业注重自主知识产权工作，成功申请了8项专利，其中发明专利1项，实用新型专利7项已全部授权；与山东大学合作的"钢铁生产用铬酸镧基耐火材料的研究"项目荣获山东省科技进步奖二等奖；该企业独立研发的"高压大中型电机液阻软启动技术的应用研究"、"高炉布袋除尘灰为基的涂覆料研究"均荣获山东省冶金科技进步三等奖；企业技术中心于2010年9月被认定为省级企业技术中心，自主创新能力明显增强。

四、安全生产与环境保护

2010年，据不完全统计全省钢铁企业千人死亡率、千人重伤率、千人负伤率分别是0.05、0.05和0.61。青岛钢铁集团有限公司认真贯彻"双主体、一监管"工作准则，强化安全监管体系建设，全年发生轻伤事故31起，死亡事故、重伤事故均为零，同比轻伤事故率下降20%，杜绝了重伤、死亡及其他重大安全事故的发生。山东庚辰实施安全管理培训计划，对岗位操作人员进行安全技术操作规程、岗位责任制以及应知应会等知识培训、考试计1709人次；对116名班组长、73名新入厂工人和110名新工人进行了有针对性的知识学习培训；有25名安全管理员参加了安监局的换证培训；全年实现了无重大人身伤亡和设备事故，无重大火灾和爆炸事故，无重大中毒和交通事故，无重大供用电事故的安全生产管理目标；大车安全运行50万公里、小车安全行驶52.36万公里无责任事故。西王钢铁实现了全年无重大安全责任事故，该企业设有厂级、车间级、班组三级安全管理体系，各级各系统分别由一把手负责，全员参与，形成了"横到边、纵到底"的全方位安全管理体系，注重加强安全设备管理，保证特种设备、安全检测设备、安全防护设备的有效运行，同时加强员工的安全培训，提高员工的安全防护意识；该企业还对轧钢一厂、轧钢二厂原有的脱硫设备进行了改造，同时优化炼钢一厂、炼钢二厂布袋除尘器控制方案，在历次环保检测中全部合规；另外，西王钢铁积极组织各生产厂开展清洁生产审核工作，完成高费方案8个、低费方案19个，年内，西王钢铁顺利通过省环保厅组织审核的清洁生产审核，并被山东环境科学学会评为"2010年山东省科学环境友好型十佳典范企业"。山东传洋钢铁集团安全生产事故率同比下降60%，未发生重大安全生产事故。山东巨能特钢针对安全管理制定实施了《安全教育培训管理制度》和《冬夏"四防"管理办法》，与各单位签订《2010年安全生产责任书》，相继开展了"争创安全标准化班组"、"安全大检查"、"安全知识竞赛"、"煤气防护技能比赛"等活动，加强各单位工作安全违章和交通安全违章查处，组织员工进行《冶金煤气事故预防与控制》视频讲座培训，进一步夯实了公司安全生产基础，保证了生产系统的稳定和安全生产工作良好形势。山东广富钢铁集团组织各分公司开展"我爱我家，关注安全"活动，全体职工在岗位都悬挂了全家福，有力地促进了企业的安全生产；为防范突发事件发生，企业按照年度应急演练计划开展了烧烫伤和煤气中毒等应急演练，取到了良好的效果；该企业投资140余万元新上道路清扫环卫车、洒水车两部；投资600万元对厂区进行绿化、美化，优化了各车间的生产环境；投资2000万元，对焦化废水进行了改造；投资3000万元采用湿法脱硫方法，做好烧结烟气脱硫工作。

五、企业管理和固定资产投资

2010年度，山东钢铁集团有限公司制定实施了《领导人员任职资格、职务任期暂行规定》、《领导人员交流工作暂行规定》等四项干部管理制度，有计划地做好优秀中青年干部的推荐选拔和培养工作。泰山钢铁管理模式经过文件修订、培训考核、试点推进、检查整改几个阶段，初步得到贯彻落实。目前，岗位描述、程序流程、检查反馈三大主体已基本建立，干部职工对于贯模的认识和态度发生了根本的转变，“贯模就是规范工作、工作就是落实贯模”的观念渐入人心。山东庚辰重视企业管理升级工作，按照严格的学习培训计划，以《五S现场管理技能提升》、《如何当好班组长》等为主要内容的多媒体课件，不断提升员工队伍素质为目的，对班组长以上基层管理人员进行了培训学习，并外聘教授现场授课，进行阶段性测试，参加培训达到3531人次；以提升中层副职以上干部综合素质和管理水平为目的，并培养选拔青年干部，参加培训达到3850人次。西王钢铁将GB/T19580《卓越绩效评价准则》作为管理文本，从企业文化、战略规划、资源管理、过程控制、测量分析和改进等方面细化管理，贯彻质量、环境和安全管理体系，重点加强各环节的质量控制，2010年被山东省质监局认定为“山东名牌产品”。山东寿光巨能特钢组织修订了《管理标准》（第四版），全年评出各类亮点工作55项、采纳落实合理化建议35项，实施节能技改方案21项，有效促进了公司的规范管理、创新实践、节能降耗等各项工作的深入开展；另外，该公司为提高产品竞争力、提升企业形象，不断完善各类标准化管理体系，提高公司标准化管理水平，积极实施品牌战略、推进企业信用管理、加强同业对标交流，先后获得“高强度螺栓用钢省名牌产品”、“山东省诚信企业”、“城市绿化工作先进单位”、“省冶金科技创新工作先进单位”、“中国石油装备（寿光）产业基地重点企业”等荣誉称号；顺利通过清洁化生产机制评估、省级技术评价试验室以及轴承钢、热轧带肋钢筋换证、ISO9001质量管理体系和锚链钢船级社换证审核工作，实现“中国石化物资供应管理综合信息平台”入网成功，组织承办了中国特钢企业协会统计信息工作会议，标准化管理体系日趋完善，有效促进了企业的健康、快速发展。

2010年，山东钢铁工业固定资产投资总额222.6亿元，同比增长8.9%，在建项目总数282个，同比增长 -5.10%。山东钢铁集团有限公司全年完成固定资产投资64.09亿元，其中，莱钢完成固定资产投资28亿元，莱钢3200立方米高炉、宽厚板热处理、铸铁机、120万吨球团等项目建成投运，特钢产品技术升级改造工程进入实施阶段，张店钢铁总厂完成固定资产投资7.84亿元，张钢1350立方米高炉投产、2号120吨转炉成功试热、2×60万吨高线项目主厂房钢结构吊装和主厂房封顶已基本完成。泰山钢铁集团有限公司不锈钢热退火酸洗生产线竣工投产是继该公司实现不锈钢炼钢、不锈钢轧钢后向不锈钢深加工领域拓展的有一突破。西王钢铁投资4628万元对现有2条80吨电炉炼钢生产线、2条50万吨轧钢生产线、1条60万吨高速线材生产线和1条50万吨大棒生产线等6条生产线进行改造，使各生产线均具备由普钢向特钢转型的基础条件。山东鲁丽钢铁投资4.6亿元新上钢筋加工配送项目，现已顺利投产运行，产品结构得到了进一步优化，提升了市场竞争力。山东巨能特钢投资建设了轧钢成品库房、钢管成品库房扩建等项目，实施各类设备技术改造项目19项，完成固定资产投资5976.60万元。

六、职工生活和职工队伍建设

2010年，山东钢铁集团有限公司深入开展“创先争优”活动，广大员工提合理化建议29571条，开展技术革新6345项，为职工和社会做好事实事10166件，完成急难险任务6844件；“山钢”文化在凝聚职工、提升企业形象中发挥了重要作用。泰山钢铁集团工业园各项工作进展理顺，园区人员的大局观念、集体观念进一步增强，思想素质进一步提高；人均收入1.07万元，同比增长10.3%；园区工作得到了省、市领导部门及社会各级的充分肯定和高度评价。山东庚辰通过工人技师培训，有2人破格取得炼铁工高级技师职业资格证书，12人破格取得技师职业资格证书，有1人获得济南市首席技师称号，2人获得济南市突出贡献技师称号，4人获得济南市工业首席技师称号，3人获得高级技师国家职业资格证书。山东传洋钢铁集团相继落实了《生产岗位补贴性降低考核定产调整工资办法》、《消耗指标考核奖励办法》、《工龄补贴》、以及辅助岗位基本工资普调等一系列职工工资收入调整办法，确保了全员工资收入每年不低于15—20%的递增，还投资了600余万元新建高标准五层职工宿舍楼，从根本上增强企业向心力，给职工一份信心和干劲。山东寿光巨能特钢通过公开竞聘有52人走上各级管理岗位，进一步调动了职工的工作积极性；积极改善职工福利待遇，完善薪金分配制度，关心职工健康发展；完成北洛职工宿舍楼建设，引进职工内部超市，加强饭菜管理、提高饭菜质量，先后组织2860名职工进行健康查体，为532名优秀员工办理转正，职工培训及外出考察达252656人次；积极开展技能大赛和丰富多彩文体活动，增强了职工爱岗敬业的奉献精神。南金兆集团职工人均月工资收入2066元，直接工资收入同比增加249元，增长幅度为13.5%；随着为职工办理保险的交费基数由1320元上涨到1484元，为每名职工办理各项保险的间接收入也增长了6%。

（山东省冶金工业总公司　宫鸿仑）

4－8－2　2010年山东省有色金属工业概况

一、生产经营情况

2010年，山东十种有色金属生产完成218.76万吨、电解铜生产完成51.50万吨、电解铝生产完成163.94万吨，同比分别增长7.42%、3.21%和9.64%，氧化铝生产完成897.38万吨，同比增长36.86%，铜材生产完成34.98万吨、铝材生产完成325.73万吨，同比分别增长－6.92%和15.75%；产品销售收入912.75亿元、利税110.46亿元，同比分别增长48.47%和103.56%。年内，山东有色金属企业生产经营同比都有较大提升，其中，中铝山东企业针对拜耳法氧化铝生产积极整合资源，科学产排赤泥，全部氧化铝产量屡创新高，跃居中铝公司所属氧化铝生产企业首位；化学品氧化铝强化产销互动，全力组织旺销产品生产，产销量为近年来最好水平，继续保持了市场领先优势。泰山铝业公司生产电解铝5.3万吨，销售5.36万吨，回收货款8.5亿元，货款回收率达到了100%。南山铝业生产氧化铝90.4万吨、生产电解铝37.28万吨、生产铝材78.5万吨，同比分别增长25.03%、14.38%和5.33%，产品销售率100%；南山铝业产品挺进军工市场，并在动车组、集装箱、汽车板、航空航天、军工、PS版、包装等领域实现突破，其罐盖、罐体料国内市场占有率超过40%，并与南车、北车、解放军二炮、中集集团、大陆汽车等建立起稳固的战略合作关系。曲阜远东铝业针对房地产市场降温给生产经营造成严重影响，积极调整营销策略增加零售，全年生产销售铝材3450吨，完成销售收入6335万元，纳税总额146万元。中色奥博特铜铝业有限公司强化产销无缝衔接，以强有力的生产组织和稳定的生产秩序有效抵御了市场压力，超额完成了各项生产经营指标任务，全年铜材加工7.59万吨、生产铜管4.57万吨、生产铜、板、带3.02万吨，同比分别增长13.62%、7.78%和23.27%；实现主营业务收入44.32亿元、实现利润1.39亿元，同比分别增长42.58%和85.33%。山东方圆有色金属集团生产阴极铜20.6万吨，生产黄金6吨，生产白银210吨；实现进出口额17亿美元，缴纳进口增值税15亿元，占全省进口额的10%，占东营市进口额的40%；实现主营业务销售收入224亿元，实现利税24亿元，同比分别增长59%和60%。山东广源铜带股份有限公司生产精密铜带箔2.0万吨，同比增长16.3%，其中，生产散热器铜带箔1.27万吨，电子带0.73万吨，分别同比增长12.4%和23.7%；出口500吨，同比增长2.8倍；实现营业收入10亿元，同比增长36.2%，人均创利税18.7万元。山东金升有色集团有限公司再生铜回收加工主导产业仍保持了高幅增长的良好发展态势，全年完成产值64.25亿元，实现销售收入60.83亿元，实现利税4.71亿元，其中上缴税金3.68亿元。山东东佳集团在因设备大修和环保停车65天的情况下，千方百计提高产量，全年生产钴盐折硫酸钴约305.22（其中钴渣加工40.4吨）吨，同比增长3%，生产海绵铜42.7吨。

二、节本降耗和循环经济

2010年，山东有色金属企业节本降耗工作显著提升。中铝山东企业氧化铝生产成本在中铝公司具有一定的比较优势，化学品氧化铝生产应用了拟薄水铝石老化液改性等新技术，改进了洗涤工艺，产品水耗明显降低，完成了80千安电解槽淘汰处置工作；水泥生产以设备高效运行保指标优化，单机旋窑运转率创出了97.5%的新水平；通过严格落实“一保二压三从紧”非常措施，“三项费用”分别比预算降低了9.5%和6.26%，机关部室管理费用压缩了20%。泰山铝业公司对8台电解槽通过改造，8台节能槽运行电压下降至3.85伏，直流电耗降低1000度/吨铝；累计改造节能电解槽23台，使槽电压降低到3.9伏，吨铝直流电耗降低800度；另外，通过强化电流、提高功率因数、提高整流效率，优化铸轧板工艺等一系列科研攻关，使产量同比增加4.7%，功率因数平均达到99%，整流效率达到98.5%，铸轧板合格率达93%以上。曲阜远东铝业采取一系列节能降耗措施，以降低运营成本和费用，以增强公司抵御市场风险之能力；另外，投资80多万元对挤压、氧化部分关键装备进行了技术更新改造，降低了设备故障率和维修费用。中色奥博特铜铝业有限公司万元产值综合能耗为0.0482吨标煤/万元，产品单位综合能耗为0.3281吨标煤/吨铜材。山东方圆有色金属集团底吹炉加料量基本稳定在72吨/时，最高达到76吨/时，同比增加了30%；全年平均渣含铜同比下降了1.73%；底吹炉平均直收率同比提高了13.8%；渣精矿品位稳中有升，达到20～23%；尾矿含铜稳定控制在0.3%以下，处于行业先进水平；阳极铜生产费用同比下降92.13元/吨，阴极铜生产费用同比下降110–150元/吨，煤单耗降低约30千克/吨铜，阳极铜产品综合能耗不到300公斤标煤/吨，远低于清洁生产标准一级水平的390公斤标煤/吨，单位产品新水耗量仅为18.17吨/吨.铜，也达到了一级水平。山东广源铜带有限公司通过节本降耗措施，吨成品电耗同比下降了1.2度，吨成品各种油耗同比节约了23.1%，吨成品新水用量同比下降了16.1%，吨成品铜耗同比下降 0.05 个百分点，吨产品加工成本同比下降 0.7%。山东金升有色集团有限公司从废杂铜到高纯阴极铜单位产品综合能耗为 381 公斤标煤，比国家铜冶炼企业单位产品能耗限额限定值低 129 公斤标煤，比国家铜冶炼企业单位产品能耗限额先进值低 19 公斤标煤，电解工序单位产品综合能耗为 112 公斤标煤，比国家限额限定值标准低 108 公斤标煤，比国家限额先进值低 18 公斤标煤，万元产值综合能耗为 35 公斤标煤。山东东佳集团钴业公司坚持修旧利废，修复直径 50 以上旧胶管阀、搪瓷阀 176 个，修理组装旧陶瓷泵 41 台；制定了原材料消耗奖罚制度，将原料消耗分解到班组和个人，尽最大努力降低了原材料消耗。

2010 年，山东有色金属工业节能减排与循环经济工作成效显著。中铝山东企业干法水泥熟料窑外余热发电项目成功并网发电，年创效 2000 万元以上；拜耳法氧化铝赤泥选铁、除砂和除钒生产不断优化，目前日产铁粉达到 1500 吨；粉煤灰全部实现综合利用；成功承办了全国氧化铝赤泥综合利用现场交流会，企业被国家工信部、财政部、科技部推荐为创建资源节约型和环境友好型企业第一批试点单位，被确定为“全国氧化铝赤泥综合利用示范企业”；企业全年实现节能量 9.7 万吨标煤，被授予 2009 年度“山东省节能先进企业”、“淄博市节能降耗突出贡献企业”等称号。南山铝业在“十一五”期间共组织实施各类节能减排技术科技项目 18 项，总投资 7400 多万元，其中，科技经费投入 837 万元，从而提高了重点生产工序的节能减排技术水平，并获得专利技术近 3 项。山东方圆有色金属集团在充分挖掘底吹工艺各项优势的基础上，进一步发展完善了“无碳自热熔炼”工艺，减少了对煤等碳质燃料的需求，极大地减少了熔炼过程中二氧化碳的排放；通过对生产工艺进行流程整合和提升，熔炼渣尾渣含铜低于 0.3%，比行业清洁生产标准一级水平的 0.6% 要求低 0.3%；铜回收率达 99.9%，优于清洁生产标准的一级水平；另外，企业加强环境保护工作，保持良好环境，实现“三废”达标排放，投资 20 万元新上一套地埋式生活污水处理装置，进一步降低了 COD、氨氮等各项指标的排放，投资 500 万元新建一套“钠碱法”尾气脱硫处理系统并已正式运行，冶炼烟气经“两转两吸”后，再经钠碱法处理，尾气排放低于 50ppm，仅为国家标准的七分之一，科技部指标要求的三分之一，投资 156 万元，在环保风机进口安装一台 4000 平方米的布袋除尘器，彻底杜绝了环保烟囱冒烟的状况，精炼炉炉口安装吸烟罩，有效地减少了厂房内低空烟气污染问题；通过对废水回收改造治理，实现了生产废水 " 零排放 " 和废渣循环利用。山东广源铜带有限公司循环水利用率达 87%，吨成品循环水耗用量同比减少了 6.7%。山东金升有色集团有限公司水重复循环利用率达到 97% 以上。

三、科技进步和新产品开发

2010 年，中铝山东企业实施重点科技项目 22 项，拜耳法与烧结法赤泥混合干法筑坝和拜耳法赤泥旋流除砂试验取得了重要突破；拜耳法氧化铝流程提钒工艺技术实现了产业化；国家重点科技支撑项目“赤泥无害化处理及资源化利用技术研究”顺利结题。泰山铝业公司依靠科技进步改善经济技术指标，综合电耗 14088 千瓦时 / 吨铝，比计划降低 17 千瓦时，氧化铝单耗完成 1.936 吨 / 吨铝，比计划节约 0.004 吨，阳极碳块 488 公斤 / 吨铝，比计划降低 17 公斤，动力车间平均力率保持在 99% 以上。曲阜远东铝业共计开发新产品 183 个，其中工业材 162 个占 89%，建材 21 个占 11%，有力地支持了工业材和建材销售。中色奥博特铜铝业有限公司实现科技投入 2.2 亿元，完成新产品、新技术、新工艺等科研开发和技术创新项目 21 项，其中开发的高附加值锌白铜高精带已投放市场，开发的直径 5 内螺纹铜管样品正在美的空调试用，“高精铜板带节能环保新工艺及产业化应用新技术”获得中国有色金属工业科学技术进步二等奖，研发和申报专利8项，获得国家授权实用新型专利3项(“一种新式铜带表面防氧化装置”、“包覆式倒立盘内螺纹机排料器”和“一种新式铜带除油装置”)，空调与制冷设备用光亮铜管荣获“山东名牌”产品称号；年内，先后通过了“山东省高精铜加工工程技术中心”验收、“山东省创新型试点企业”评审，完成了山东省信息化与工业化融合“四个一百”工程项目申报。山东广源铜带有限公司在试产出厚度0.010毫米压延铜箔新材料的基础上，继续进行超薄铜箔生产工艺的研究、申请了2项发明专利；还与北京科技大学签订了全面技术合作协议，联合组建了高精压延电子铜箔工程技术创新团队、以及“压延铜箔研发实验室”和“压延电子铜箔技术中心”；该企业承担的山东省自主创新成果转化重大专项“年产3000吨耐腐蚀高强高精黄铜带”项目顺利通过了省科技厅验收，此项目产品已经专家组鉴定。

四、调整结构和固定资产投资

2010年，山东有色金属企业积极优化产品产业结构。中铝山东企业扎实推进了27万吨/年拜耳法氧化铝挖潜改造项目，围绕建设国家级赤泥综合利用示范基地的目标，制定了赤泥综合利用产业园建设初步方案，实施了电解铝小型压铸生产线等10个控亏增盈“短平快”项目，全面接管了中铝青岛轻金属有限公司。南山铝业“十一五”期间先后承担并完成了“高精宽幅超薄铝箔的研制、全电解质粉焙烧启动工艺开发、大直径7075圆铸锭熔铸工艺技术开发、高质量大规格铝合金扁锭熔炼与铸造技术研究开发、高性能高精度大卷重宽幅铝合金板带加工技术及产品开发、时速350公里高速列车车体专用型材的开发”等省级以上科研项目10余项，大大促进了产业结构及核心工艺技术升级，增强了企业核心竞争力。曲阜远东铝业将产品结构由建材为主向工业材为主调整，以增强公司抵御市场风险之能力。

2010年，泰山铝业公司的板带箔项目一期工程设备安装完毕，截至年底，项目生产试车产品1500吨。南山铝业正在全力推进330MW机组扩建项目、高端铝合金产业园、年产22万吨轨道交通新型材料生产线项目、以及轻合金冷轧三连轧项目的建设速度；在新项目建设方面重点向航空航天及军工等领域倾斜；加快中厚板项目的筹备进度，着力提高整个铝产业链的技术含量和整体竞争力。中色奥博特铜铝业有限公司投资建设的3万吨内螺纹铜管已全线投产运行、4万吨高精度铜合金板带扩建工程进度达到预期并预计该项目2011年6月竣工投运。山东广源铜带有限公司“年产6万吨高精电子电器铜带箔项目”的一期工程“年产5000吨高精电子压延铜箔”进展顺利，该项目被列入了国家科技支撑计划、山东省第一批战略性新兴产业重点项目和菏泽市技术创新提升重大专项，该项目大部分进口设备已完成国际招标；另外，17000平方米的铜箔压延车间已经竣工，10000平方米的铜箔表面处理车间正在紧张施工。

五、企业管理和安全生产

2010年，中铝山东企业逐步完善了以三大管理体系、专业管理制度和岗位工作规范为平台的基础管理体系，制定并实施了加强企业基础管理的措施，全面梳理了229项规章制度；管理部室和基层单位数量压缩了41%，科级机构精简了34.6%，基层管理岗位精简了31%，管理人员总数减少了10%，聘任五级工程师158人，四级研究员（设计师）136人。泰山铝业公司积极开展三项制度改革，重新规划组织结构布局，压缩编制，核减岗位、界定职责，管理部室由11个精简为6个，管理人员由53人精简为32人，普通干部员工由65人精简为31人，实现了机构精简、队伍精干、工作高效的目标。曲阜远东铝业加强了“立法—监督—审核”三位一体的质量管理运行机制，落实了“以才为本”的人才激励竞争机制，实行岗位轮换，循环留优，各岗位员工时时变压力为动力，牢牢树立精品意识，为产品质量提供了坚实的人本保证。中色奥博特铜铝业有限公司以高于400分值的成绩顺利通过了中国质量协会产品质量“实物质量认证”现场评审并获“中国有色金属质量金杯奖”，荣获了聊城市首批“市长质量奖”。山东方圆有色金属集团在不断坚持“精细化管理年”的基础上，开展了“现场管理年”活动，各生产单位深入发现、仔细盘查，不断查补自身管理漏洞，建立健全各项流程制度，落实“四个凡事”方针的要求，使基础管理工作中有了新的进展。山东广源铜带有限公司贯彻并通过了ISO9001：2008质量管理体系、ISO14001：2004环境管理体系、OHSAS18001：1999职业健康安全管理体系认证。山东东佳集团钴业公司圆满完成了ISO9001质量管理、ISO14001环境管理、OHSAS18000职业健康安全体系的运行工作；该公司还分别制定了《钴业公司原材料消耗奖罚制度》、《钴业公司工艺指标考核办法》、《钴业公司考勤管理规定》、《钴业公司关于现场管理的补充规定》、《钴业公司夜间值班制度》《钴业公司关于禁止跑冒滴漏的补充规定》、《钴业公司对供销人员的考核办法》等规章制度，对节能降耗、安全生产、现场管理、劳动纪律等与生产密切相关的方面做了比较详细的量化管理，使企业的管理工作大步提升。

2010年，泰山铝业公司倾力打造本质安全型企业，安全工作创出历史最好成绩。该企业生产中始终保持了电解生产平稳运行，没有出现病槽、热槽、异常槽，没有出现重大机电事故，季度达标成绩始终保持960分以上；截止到12月31日，实现安全生产2986天。曲阜远东铝业积极做好了日常安全巡查和记录，组织协调相关部门做好消防、电力、特种设备等安全工作，被市政府授予“安全生产先进单位”；该企业坚持每日环保设施运行巡查，做好在线监测设施运营数据查询和管理，发现问题及时沟通协调处理，在同行业首先进行了无镍化技术改造，彻底消除了重金属污染，为国内同行业环境治理做出了表率。中色奥博特铜铝业有限公司年内先后投入24万元用于安全生产物质基础建设，全年安全生产培训2000多人次，坚持每周一次的安全隐患排查，全年查出安全隐患和问题100多项并全部整改，查出“三违”行为50多人次，对有关负责人和责任人依据考核细则进行了劳动纪律和经济处罚。山东方圆有色金属集团通过落实“现场管理年”各项要求，加强安全检查巡检力度，并组织各专业人员定期组织专项检查，全年查出事故隐患324条并均已全部整改；通过认真开展“安全生产月”和百日安全集中整治活动，排查出隐患400余条并均已全部整改。山东东佳集团钴业公司针对生产特点及所用氯酸钠、磺化煤油等易燃原料的特性，对全体职工进行了安全知识和操作技能培训并组织了考试，同时还及时更新消防器材，定期对电气线路进行巡检维修，确保安全工作落到实处。

六、职工生活和职工队伍建设

2010年，中铝山东企业努力为员工办实事、办好事，上调增发放了取暖补贴，为990名困难员工发放补助金115万元，老旧工矿居住区改造和天然气入户项目稳步推进，小高层住房建设顺利实施，在岗员工收入同比增长10%以上；深入推进了创先争优、争做优秀山铝人活动，大力加强党风和反腐倡廉建设，对“小金库”进行了专项治理，激发了广大员工坚定信念、立足岗位、争创一流业绩的积极性。泰山铝业公司投入63万元进行“三网”改造，在板带箔生产区新建食堂和澡堂，修建了750米路一条，24车位停车场一个；该企业积极开展技术比武活动，有500余人参加了10个工种25场初赛，132名选手参加了10场决赛，经过理论考试、实践操作和民主测评产生了4个集体项目和6个个人项目的51名获奖选手，6名同志被授予“技术能手”荣誉称号。中色奥博特铜铝业有限公司年内举办和参加各种形式的职工技术培训58场次、达3376人次；新员工转正培训4场、238人次；常规培训18场、532人次；举办中层管理人员培训9场，792人次；5月，选拔50名优秀基层管理者，参加了中有色集团《中央企业班组长岗位管理资格认证远程培训班》；年内，还与山东工程技师学院签订了有色金属培训协议。山东方圆有色金属集团以技术交流会为平台，广大一线职工积极参与生产工艺的革新研究，从而提升了职工的整体技术水平和科研热情，为打造高科技型企业奠定了人才基础。

（山东省冶金工业总公司　宫鸿仑）

第五篇

全省经信

5－1　2010年山东省经信工作发展综述

2010年是山东省经信工作经受严峻考验，取得明显成效的一年。在省委省政府的坚强领导下，全省经信系统深入贯彻落实科学发展观，加快经济发展方式转变，大力推进工业结构调整，巩固和扩大了应对国际金融危机冲击成果，工业经济和信息化保持了平稳较快发展。

一是工业生产平稳较快增长。2010年，全省规模以上工业企业完成增加值比上年增长15%，其中重工业增长16.1%，轻工业增长12.9%。全年制造业增加值比上年增长16.1%，高于全省1.1个百分点，对规模以上工业增长的贡献率达到90.2%。其中，装备制造业增长23.1%，高新技术产业产值增长28.9%，占全省工业总产值的比重达到35.2%。

二是主要行业生产发展势头良好。2010年，全省39个工业行业大类中，有38个行业增加值实现了不同程度的增长；120种重点产品中有109种产量同比增长，其中增幅超过20%的达到45种。从主要行业看，装备工业增长23.1%，消费品工业增长13.3%，能源、原材料工业增长12%。

三是企业经济效益大幅增长。2010年，全省规模以上工业实现营业收入达到8.9万亿元，比上年增长26.8%；实现利税9689.6亿元，增长34.1%，实现利润6040.3亿元，增长37.6%。全省工业经济效益综合指数达到293.9，比上年提高41.4个点。全省工业企业亏损面为5.09%，比上年下降0.53个百分点；亏损企业亏损额同比下降5.2%。

四是工业投资结构进一步优化。2010年，全省工业技改投资比上年增长19.1%，占全省工业固定资产投资的70%，占全社会固定资产投资的33%。全年装备制造业累计完成技改投资比上年增长35.8%，高于工业技改投资平均水平16.7个百分点；高新技术产业技改投资增长35.1%，高于工业技改投资平均水平16个百分点，占工业技改投资的比重达到29.2%。

五是产品销售持续活跃。2010年，全省实现社会消费品零售总额1.42万亿元，比上年增长18.6%。其中城镇和乡村市场分别增长19.5%和15.2%。工业出口呈现恢复性快速增长。全年出口1042.9亿美元，增长31.1%。其中，机电产品出口450.5亿美元，增长32%，占全省外贸出口比重为43.2%；纺织服装出口177.1亿美元，增长21.8%，占全省的比重为17%。

六是煤电运保障坚强有力。2010年，全省完成发电量3042.7亿千瓦时，比上年增长6.3%。其中统调公用电厂增长14%；地方公用电厂下降7.6%；企业自备电厂下降7.9%。全社会用电量累计完成3298.5亿千瓦时，增长12.2%，其中工业用电量增长11.1%。

七是信息化建设有较大进展。2010年全省电子信息规模以上企业按全球经营数字统计，实现主营业务收入7821.8亿元；按在地原则和规模以上统计，实现主营业务收入6885.8亿元，增长22.9%；实现利润404.19亿元，增长43.3%；实现利税544亿元，增长37.6%。全年软件业务收入完成905亿元，同比增49%，创历史新高。

八是节能降耗取得扎实成效。2010年底如期完成“十一五”降低22%的任务目标。规模以上工业万元增加值能耗下降7.2%。省千户重点耗能企业49项产品单耗指标中，有42项下降，实现节能量405.8万吨标准煤。

回顾2010年，全省经信系统认真贯彻省委省政府决策部署，积极作为、科学务实，做了大量富有成效的工作。

一、纵抓产业层次提升，横抓区域高地培育，产业升级步伐显著加快

推进工业调整振兴。认真贯彻省委省政府《关于加快经济发展方式转变若干重要问题的意见》，落实好省调整振兴规划意见，发挥省调整振兴联席会议作用，省市县和广大企业协同实施，结构调整扎实推进。狠抓技术改造，发布的2010年技术改造项目导向计划有效引导了技改资金投向，利用好国家和省专项资金，支持了一批重点技术改造项目。认真落实省委省政府重点区域战略部署，打造区域产业高地，引导高新技术、海洋装备、临港工业等聚集发展，集中力量扶持了威海等4市的7个重点产业集群，带动地方特色产业做大做强。首批培育认定了35个省级新型工业化产业示范基地，其中4个成功入选国家级示范基地。实施40个重大示范项目，推动制造业与物流业联动发展。扶持龙头物流企业，22家企业进入全国物流百强。推动物流标准化，制定了47项物流业地方标准，在33家单位开展了省级物流标准试点。2010年全省社会物流总额完成9.7万亿元，增长12%。

二、打造高水平企业技术创新平台，加快发展战略性新兴产业，高端高质高效发展有了新突破

加强企业技术创新平台建设，全省集中实施了31个企业技术中心创新能力建设项目，共投资6.7亿元；新认定123家省级企业技术中心，新建光伏太阳能等16个行业技术中心。成功举办以加快工业设计发展为主题的全省产学研展洽会，达成合作协议310项，成交金额96.3亿元；与省科学院联合成立山东省经济和信息化发展研究院，开展战略研究、关键技术研发、公共服务平台建设等方面的合作；建立浙江大学山东技术转移中心，加强专题性交流合作。2010年有192个产品成为国内和省内首台套技术装备，17个项目列入国家高档数控机床与基础制造装备重大专项，10个项目列入国家“核高基”和电子发展基金重大专项。培育战略性新兴产业。加强规划引导，认真贯彻省政府加快新能源、新信息、新材料、新医药发展的若干政策，落实好省20个新兴产业发展意见，培植新的增长点。加强政策资金支持，建立金融机构战略性新兴产业科技项目贷款风险补偿机制，许多市也相应建立政策机制，促进了一批新兴产业快速成长。加强新兴产业产品推广应用，推动以用兴业。推动工业设计创新实现新突破。新培育认定工业设计优秀产品118个，建立工业设计中心19家、工业设计示范单位6家。抓好质量和标准化工作。落实好省《加强工业产品质量信誉建设的实施意见》，企业产品质量进一步提高。提升重点企业质量控制能力，18家企业通过国家工业产品质量控制和技术评价实验室初审。

三、促大培小，创新企业管理，企业发展素质明显提升

大力推进管理创新。认真贯彻落实省政府企业管理大会精神和《关于在全省企业中大力推广应用六西格玛管理的意见》，召开三次大规模企业推广会，宣传推广六西格码管理等先进管理方法，受到广大企业欢迎。实施管理创新活动，在不同行业、不同领域培养60多个先进管理典型，促进了面上企业管理水平提高。加快大企业发展。认真落实省政府《关于加快重点工业企业发展的意见》，搞好大企业“五个带头”，加快发展步伐。350户工业企业集团实现营业收入、利税和利润，分别占全省规模以上工业的32.7%、38.1%和29.1%。支持中小企业快速成长。拓宽中小企业融资渠道，工、农、中、建、农信社五大金融机构综合授信500亿元，支持了2110个重点项目；启动中小企业融资担保通，省再担保集团和省建设银行贷款60亿元支持中小企业发展。建设山东中小企业全程电子商务平台，完善服务体系。加大财政扶持力度，省和17市均设立了中小企业专项资金。认真贯彻国家和省减轻企业负担工作指导意见，突出落实好停缓减的204项涉企收费项目，开展专项治理，切实减轻企业负担，优化了企业发展环境。

四、提升企业营销能力，国际国内市场一起抓，市场开拓成效显著

深入开展“市场开拓年”活动。认真落实省政府《关于深入开拓市场扩大工业品销售的意见》，建立健全企业现代营销体系，召开全省工业企业开拓市场电视会议，对市场营销先进单位进行了表彰奖励。实行政府引导、协会搭台、企业唱戏。开展“七个一”工程，举办各类会展活动108个，参展参会企业达5万余户，签订产销、购销合同500亿元。大力推动企业“走出去”。深入开展对非合作，拓展欧盟、港台交流合作渠道，举办10多项对外合作经贸活动，签署贸易投资合同、协议20项，合同金额达5.5亿美元。结合对口支援开拓市场。抓好产业援疆，编制了对口4县工业园区专项规划，先后5次组织185户企业赴喀什地区深入考察，组织山东黄金等10多家企业进行产业对接，产业合作初见成效。胜利完成北川工业园区建设，入驻企业34户，完成投资21.7亿元，其中山东企业25户、投资19.1亿元。高度重视援藏工作，一位委领导担任山东援藏干部总领队，按照省委省政府统一部署，积极开展对口支援。

五、狠抓节能降耗，大力发展循环经济，可持续发展能力进一步增强

加强组织领导与监督考核。针对严峻节能形势，省和17市政府均成立了节能减排和淘汰落后工作指挥部，有效加强组织领导。实行节能预警调控，全省实施预警调控企业1087家，减少能耗1685万吨标准煤。加强各市、部门和重点企业节能责任落实，组织了节能目标责任考核和督查。认真贯彻《山东省节能条例》，开展了千户企业节能专项监察和千家公共机构节电专项检查。扎实推进结构节能。搞好固定资产投资项目节能评估审查，防止盲目建设高耗能、高排放项目。加快发展节约型产业，颁布实施山东省太阳能行业联盟标准，实施了一批太阳能集热应用项目；加快培育12个节能环保产业基地。加快节能技术改造。组织实施国家节能项目87个、省节能项目200个，年可实现节能量380万吨标准煤。落实国家节能灯推广财政补贴政策，创建高效照明产品推广示范村1000个，推广节能灯728万支。推动节能产品认证，全省获“节字标”证书1229张，比上年增加619张。搞好重点企业和行业节能。在全国率先开展企业能源管理体系建设，44家企业建立了能源管理体系。开展能源管理师制度试点，573人取得了能源管理师资格。组织开展能源审计，全面加强企业能耗监测分析。以水泥行业为重点，推动高耗能行业开展能效对标活动。协调推进建筑、交通和公共机构节能。强化建筑节能，全省完成既有建筑供热计量及节能改造1908万平方米，完工太阳能建筑一体化面积1545万平方米。推进交通节能，组织112家企业开展低碳交通运输专项行动。加强公共机构节能，对省直116个公共机构节能工作进行了检查考评。大力发展循环经济。总结推广试点市、园区和重点行业循环经济发展模式，培育了100个示范单位，实施了100个重点项目，圆满完成循环经济试点省建设任务。实施以资源产出率为考核指标的循环经济统计试点，扎实抓好汽车零部件、办公信息设备和矿山机械再制造。积极推动清洁生产，出台了《山东省清洁生产促进条例》，加大清洁生产审核力度，自愿实施清洁生产审核单位达468家。开展城市矿产、建筑废弃物、尾矿、餐厨废弃物等资源综合利用，新组织认定资源综合利用企业135家，全省主要工业固体废弃资源综合利用率达95.1%。坚决淘汰落后产能。全省共有14个行业的316户企业淘汰了落后产能，其中淘汰立窑水泥熟料产能2065.7万吨、炼铁330万吨、炼钢

76.3 万吨、焦炭 247.7 万吨，超额完成国家下达任务。

六、壮大信息产业，提高信息化应用水平，经济社会信息化进程不断加快

推进信息化与工业化深度融合。积极开展信息化助企活动，建成应用信息技术改造传统工业综合服务平台以及轻工、纺织等 9 个行业子平台，5 家企业入选国家首批“两化”融合促进节能减排示范试点，点（企业）、线（行业）、面（地域）三级“两化”融合推进模式基本形成。发展壮大电子信息产业。积极培育海尔、海信、浪潮等电子信息龙头企业，4 家企业进入 2010 年全国电子百强，9 家企业进入软件百强；加快推进济南中国软件名城建设，建成应用集成电路设计服务平台、RFID 服务平台、软件和信息服务云计算平台等公共载体。稳步推进政府和社会信息化。扎实开展政府网站绩效评估活动，加强电子政务外网建设。协调推进三网融合工作，青岛进入国家第一批三网融合试点城市。在德州等 4 市开展了第二批“无线城市”试点，正式启动社区信息普遍服务工程。出台了《山东省物联网产业发展规划纲要》，制定矿山安全传感网标准，启动实施一批物联网产业发展重大示范项目。加强信息安全保障和无线电管理。成立省网络与信息安全协调小组，建成网络与信息安全应急支援平台，规范电子认证服务市场，信息安全风险评估试点稳步推进。进一步提升无线电频率台站管理水平，全面建成无线电技术设施三期工程，无线电检测实验室顺利通过国家认可监督评审。加强无线电日常监测和干扰查处，月均开机监测 2 万多小时，圆满完成 14 次大型体育赛事、22 个经贸活动、各类资格考试等重大任务的无线电安全保障。圆满完成网上世博工作。开通世博山东官方网站，建成山东网上体验馆、山东名特优企业和产品网络平台，编辑出版了网上世博综合推介电子读物。

七、搞好运行监测，强化要素保障，工业经济保持了平稳健康发展

抓好经济运行监测分析和预警预测。建立分行业千户重点企业经济运行调度直报系统，推进经济运行调度信息化。加强经济运行态势调度分析，做好超前预测和预防，及时掌握结构调整、治理通胀等有关政策对企业的影响，为省委省政府决策和指导组织经济运行提供依据。加大煤电油运供应保障。实施省政府电煤储备 30 天战略，强化煤电互保，加强统调发电企业电煤储备考核，积极开拓海运煤通道、内陆电厂增用海运煤实现突破，加快解冻库、储煤场等设施建设，实行高速公路免收电煤通行费等支持政策，努力多储煤、多供煤。强化电力运行调度管理，不断完善有序用电方案，科学编制和充分发挥发电量计划的调控导向作用，完成以大代小替代电量 356.2 亿千瓦时，出台《山东省电力设施和电能保护条例》，电力供应保障能力进一步提高。保障成品油市场供应，集中开展了为期两个月的市场专项整治行动，出台《山东省成品油市场管理办法》，与中石化、中石油协同努力，及时缓解了柴油供应紧张形势。抓好重点行业管理。加强医药行业管理，搞好中药材基地建设，开展全省药品储备专项检查。出台《山东省传统工艺美术保护办法》，加强传统工艺美术保护。出台《山东省促进散装水泥发展规定》，加快推广散装水泥。严格执行行业准入政策，加强钢铁、化工、建材和有色金属等行业的生产经营规范管理。加强化学品企业管理，配合国际禁化武组织进行了两次现场核查。推动茧丝绸行业技术输出，在广西、云南等地建立生产基地。

各级经信部门认真编制“十二五”发展规划。省经信委承担了制造业、国民经济和社会信息化、现代物流业等 3 个国民经济和社会发展重点专项规划。同时，紧紧围绕工业和信息化发展需要，编制了 20 个行业规划、30 个专项规划。各市县也都围绕自身发展实际，精心编制一系列发展规划，对指导和推动“十二五”

发展奠定了坚实基础。其他方面，包括调查研究、经信宣传、协会管理、人员培训、教育办学、认证鉴定等，都做了大量工作，取得良好成效。

回顾“十一五”，我省工业和信息化战线战胜了国际金融危机的严重冲击，在保持年度均衡平稳增长、总量效益跃上新台阶的同时，产业升级取得可喜进展。五年间规模以上工业增加值增长 1.6 倍，实现主营业务收入、利税、利润分别增长 1.9、1.7 和 1.7 倍。装备制造业增加值占规模以上工业比重达 30.8%、比 2005 年提高 8 个百分点，高新技术产业总产值占比达 34.7%、提高 16.1 个百分点。工业技术改造投入 2.6 万亿元，更新改造设备 110 余万台（套），引进 15 万台（套）国外先进设备，建设 2 万条先进生产线。主要行业技术装备居国内先进水平以上的比重由 2005 年的 40% 提高到 62.1%，新型干法水泥熟料产能占比由 32% 提高到 85%，1000 立方以上炼铁高炉产能占比由 33% 提高到 47%，120 吨以上炼钢转炉产能占比由 40% 提高到 45%，统调公用机组平均单机容量由 18.9 万千瓦提高到 28 万千瓦，十大造纸企业产能集中度由 40% 提高到 58%，离子膜法烧碱产量占比由 19.8% 提高到 37%，轮胎子午化率由 18.9% 提高到 29.7%，钢材板管比由 31.1% 提高到 42.4%，钢材薄板冷热比由 30.3% 提高到 59.6%。累计淘汰落后水泥立窑熟料产能 7595.8 万吨、炼铁 821.6 万吨、炼钢 527.3 万吨、焦炭 469.7 万吨、造纸 137.4 万吨。机械、服装和家电行业中 95% 以上的企业推行了计算机辅助设计技术，近 60% 的企业实施了企业资源计划系统，宽带互联网用户从 234 万户增加到 912 万户。

（山东省经信委　刘绪聪）

5 － 2　2010 年山东省经济和信息化委员会大事记

2009 年 5 月 31 日上午，省委、省政府召开机构改革动员大会，正式启动省政府机构改革工作。按照省政府机构改革方案要求，我省新组建山东省经济和信息化委员会，不再保留省经济贸易委员会、省信息产业厅。

2009 年 6 月 10 日，山东省经济和信息化委员会正式挂牌。

2009 年 6 月 11 日，省政府召开了机构改革“三定”（草案）编制工作会议，对机构改革中定部门职能、定内设机构、定人员编制工作做出明确部署。即日，我委成立了山东省经济和信息化委员会机构改革“三定”规定（草案）编制工作领导小组，抽调人员组成领导小组办公室，着手我委“三定”规定（草案）起草工作。

2009 年 6 月 17 日，省政府召开山东省经济和信息化委员会成立大会，宣布领导班子，部署当前工作。省委常委、副省长王军民出席会议并讲话。

2009 年 12 月 18 日，山东省人民政府办公厅下发《关于印发山东省经济和信息化委员会（山东省国防科技工业办公室）主要职责内设机构和人员编制规定的通知》（鲁政办发〔2009〕136 号）。

2009 年 12 月 30 日，召开省经信委贯彻实施“三定”规定动员大会，自此，我委按照新“三定”规定开始运行。

一月

7 日，下发《关于切实组织好当前电力生产的紧急通知》（鲁经信传真〔2010〕2 号）。

8 日，召开 2010 年省内电煤订货会。

10 日，组织经贸代表团赴南非、尼日利亚、埃及开展经贸合作考察，全面落实2009年省委常委、副省长王军民访问非洲合作成果，进一步推动工业拓展非洲市场。

11日，省委常委、副省长王军民同志到省经信委现场办公，研究加强煤电运保障工作。

12日，省政府办公厅下发《关于做好煤电运供应保障工作的紧急通知》（鲁政办发明电〔2010〕9号），要求采取有效措施，保障电力和热力供应。

13日，省经信委经济运行局荣获“人民满意的公务员集体”称号。

13日，召开全省煤电运电视电话会议。

19日，下发《关于做好“两会”及春节期间电力供应保障工作的通知》（鲁经信传真〔2010〕7号）。

19日，召开“山东开源软件公共服务平台与推广应用座谈会”。

26日，成立史志编撰工作领导小组。

26日，省政府召开2010年全省春运电视电话会议，省委常委、副省长王军民出席会议并作重要讲话。

29日，省政府办公厅印发《山东省人民政府办公厅转发省经济和信息化委关于深入开拓市场扩大工业品销售的意见的通知》（鲁政办发〔2010〕6号）。

二月

1日，下发《2010年全省信息化工作要点》（鲁信办字〔2010〕1号）。

2日，召开山东钢铁集团及所属济南钢铁集团公司、莱芜钢铁集团公司座谈会，部署国家重点用能企业能源管理中心示范项目建设工作。

2日，召开省直部门信息中心主任（处长）工作座谈会。

3日，设立全省电煤汽车运输“绿色通道”，保障全省电煤运输。

6日，召开全省医药行业统计工作会议。

8日，召开山东省名优新特产品进商超推介会。

9日，下发《关于公布2009年度山东省重点领域首台（套）技术装备及企业名单的通知》（鲁经信装字〔2010〕68号）。

9日，召开委机关年度总结大会和迎春联欢会。

20日，下发《关于印发2010年全省规划与技术改造工作要点的通知》（鲁经信改字〔2010〕71号）。

22日，山东RFID产业技术创新战略联盟和山东省LED产业技术创新战略联盟成功入选我省首批战略示范联盟。

22日，召开全省工业经济运行电视电话会议，各市县设分会场。省委常委、副省长王军民作重要讲话，淄博、威海、滕州、海信、五征作典型发言。

25日，《山东省优先发展信息产业战略研究》获省科技进步二等奖。

26日，国务院召开部分省（区）淘汰落后产能工作座谈会议，省委常委、副省长王军民在会上发言。

26日，会同省政府法制办联合召开《山东省促进散装水泥发展规定》（省政府令第219号）宣传贯彻座谈会。

28日，会同山东电力集团公司联合下发《关于下达2010年度全省统调公用发电企业（机组）发电量计划的通知》（鲁经信电力字〔2010〕96号）。

三月

2日，召开加强与尼日利亚李氏集团合作座谈会。

4日，下发《关于印发2010年全省电力运行管理工作要点的通知》（鲁经信电力字〔2010〕102号）。

8 日，编辑出版《山东企业管理创新》。

8 日，下发《关于认真抓好 2010 年会展工作大力推动市场开拓的通知》（鲁经信外字〔2010〕105 号）。

10 日，省委常委、副省长王军民率团抵达秦皇岛，就加强山东省与秦皇岛集团战略合作、增加我省下水电煤调入进行考察座谈。

10 日，历时 40 天的 2010 春运圆满结束。

11 日，召开全省重点信息服务业企业、园区、基地座谈会。

12 日，举办第四届山东国际自行车、电动车及零部件展览会。

12 日，召开全省水泥行业能效对标工作会议。

16 日，按照国务院要求，代省政府起草《山东省人民政府关于 2009 年节能目标责任评价考核自查情况的报告》（鲁政发〔2010〕28 号）。

16 日，省委常委、副省长王军民主持召开行业运行分析会，部署加强行业重点企业调度直报系统建设。郭述禹主任参加会议。

18 日，组织召开省工业调整振兴联席会议第四次会议，省委常委、副省长王军民同志主持会议并做重要讲话。

18 日，省政府办公厅下发《关于切实加强和改善发电企业电煤储备工作的通知》（鲁政办发明电〔2010〕39 号），要求把重点发电企业电煤库存由 15 天提高到 30 天以上，增强全省电煤供应保障能力。

18 日，省政府下发《山东省人民政府印发关于促进新材料、新医药、新信息三个新兴产业加快发展的若干政策的通知》（鲁政发〔2010〕29 号）。

18 日，省政府办公厅下发《山东省人民政府办公厅转发省经济和信息化委等部门关于促进工业设计、海洋工程装备、游艇、文教体育用品、通信设备、机器人、高效照明等 7 个新兴产业加快发展的指导意见的通知》（鲁政办发〔2010〕14 号）。

18 日，省政府办公厅印发《关于促进高效照明产业加快发展的指导意见》（鲁政办发〔2010〕14 号）。

19 日，省政府办公厅下发《关于成立山东省网络与信息安全协调小组的通知》（鲁政办字〔2010〕47 号），办公室设在省经信委。

21–25 日，国际禁止化学武器组织对青岛圣迪精细化工有限公司进行核查，核查顺利通过。

22 日，召开各行业统计工作座谈会，研究部署行业重点企业运行直报系统软件开发及建设工作。

22 日，省政府第 67 次常务会议通过《山东省传统工艺美术保护办法》，自 2010 年 6 月 1 日起施行。

22–26 日，世界银行对我省 1.5 亿美元节能贷款项目和 500 万美元赠款项目进行预评估。

23 日，召开电动自行车、燃油助力车和残疾人机动轮椅车备案管理工作座谈会。

24 日，在淄博召开全省电力运行管理工作会议。

25–27 日，协办 2010 第五届中国（山东）国际装备制造业博览会，在会场单设重大技术装备首台（套）展区。

25 日，省现代物流联席会议办公室组织成员单位召开现代物流业发展情况座谈会。

25 日，召开迎接国家节能目标责任现场评价考核工作预备会，部署迎接国家考核的有关工作。省政府办公厅副主任李世瑛主持会议。

26 日，省煤电运办公室印发《山东省主力电厂煤炭储备考核暂行办法》，对全省主力电厂夏季电煤储备提出明确考核要求，并与发电量计划进行挂钩奖励。

26 日，举办 2010 山东（国际）制浆造纸技术级装备展览会。

28 日，召开全省重点发电企业电煤储备工作会议。部署迎峰度夏之前的电煤储备工作。

28日，下发《关于下达2010年全省地方公用和并网企业自备电厂（机组）发电量计划的通知》（鲁经信电力字〔2010〕148号）。

30日，对103户国家重点用能企业节能目标完成情况进行考核，起草了《2009年度山东省103户国家重点用能企业节能目标完成情况综合评价报告》（鲁经信资字〔2010〕145号），报国家发改委。

31日至4月3日，国家节能目标责任考核组对我省2009年节能目标完成情况进行了现场考评，初步评定我省超额完成节能责任目标。

四月

1日，下发《转发工业和信息化部关于加强汽车产品质量建设促进汽车产业健康发展的指导意见的通知》（鲁经信函字〔2010〕58号）。

1–3日，举办2010第三届中国（济南）国际太阳能利用大会暨展览会，期间召开了山东省太阳能行业协会第三届会员大会。

2日，联合台湾工业总会在济南举办“陆资入台说明会”。

6日，承担的省委专题调研《关于进一步加快推进全省工业转方式调结构的调研报告》成稿。

6日，会同省交通厅、公安厅联合下发《关于建立2010年电煤汽车运输快速通道的通知》（鲁经信交字〔2010〕180号）。

8日，在“重庆山东周”经贸活动期间，签署了“重庆市经济和信息化委员会与山东省经济和信息化委员会关于建立战略合作关系的框架协议”。

9–11日，召开省工业调整振兴联席会议第五次会议，省委常委、副省长王军民同志主持会议并做重要讲话。

14日，为尽快提高全省电煤库存，省煤电运办公室下发通知，要求自4月17日起至5月31日实施45天电煤抢运工作计划，落实到各发电公司和电厂。

17日，在潍坊召开物联网RFID技术发展研讨会。

19–20日，召开全省推进新医药产业发展会议，贯彻落实省政府《关于促进新医药产业加快发展的若干政策》，部署加快推进新医药产业发展工作。

20日，在沂水召开全省一季度经济形势分析会议。

22–23日，在东营和滨州分别召开黄河三角洲高效生态经济区区域物流发展情况座谈会，讨论黄河三角洲现代物流业发展现状，部署黄河三角洲物流规划编制工作。

23日，批复德州、淄博等7市为首批全省“无线城市”试点城市。

23日，举办第7届中国国际家具及木工机械（北方）展览会。

28日，组织各市、各部门配合审计署对我省2007年至2009年电力、钢铁、水泥、污水处理等行业节能减排政策法规执行及资金分配、管理和使用情况进行专项审计。

28–30日，组织新能源企业参加2010中国·青岛国际新能源论坛暨中德企业合作发展峰会。

五月

4日，省政府办公厅下发《山东省人民政府办公厅关于成立省政府三网融合工作协调小组的通知》（鲁政办字〔2010〕67号）。

5日，组织收听收看全国节能减排工作电视电话会议。国家会议后，我省继续召开会议，省委常委、副省长王军民主持会议，省委副书记、姜大明省长讲话，对贯彻落实国家会议精神，确保完成全省节能目标提出要求。李兆前副省长出席了会议。

8日，组织赴对口援建喀什四县（疏勒、

英吉沙、岳普湖、麦盖提）考察调研，提出援疆工作整体计划。

9日，省政府印发《山东省人民政府关于进一步做好节能降耗工作确保完成“十一五”节能目标的通知》（鲁政发明电〔2010〕2号）。

10日，经省政府同意，与省统计局联合出台《2010年山东省节能降耗预警调控方案》。

10日，下发《关于印发山东省大用户直购电试点用户准入管理暂行办法的通知》（鲁经信电力字〔2010〕212号）。

11日，利用“香港山东周”时机，举办“山东—香港国际投资贸易洽谈会”，与香港经发局洽谈合作事宜。

12日，北川山东产业园青岛益群新型建材公司铝塑门窗及中空玻璃生产项目、虹源新材料发展有限公司石墨散热片及吸光涂料项目、威海蓝星玻璃有限公司特种玻璃生产项目投产。纪检组长姜奇出席投产仪式。

15日，省政府办公厅下发《山东省人民政府办公厅关于成立淘汰落后产能工作领导小组的通知》（鲁政办字〔2010〕75号）。

15日，省政府下发《山东省人民政府关于贯彻国发〔2010〕7号文件进一步加强淘汰落后产能工作的通知》（鲁政发〔2010〕46号）。

17日，省政府办公厅下发《山东省人民政府办公厅印发关于落实鲁政发明电〔2010〕2号文件进一步做好节能降耗工作确保完成“十一五”节能目标分解方案的通知》（鲁政办字〔2010〕80号）。

18日，组织企业参加鲁台经贸文化交流周“新兴产业论坛和洽谈会”。

18日，在台湾举办“两岸新兴产业合作论坛”。

18日，举办第二届（2010）中国山东矿山机电煤化工高端产品博览会。

18–21日，举办信息化与工业结构调整专题培训班，对全省50个县（市、区）分管工业的副县（市、区）长进行了专题培训。省委常委、副省长王军民同志到会并讲话。

18–20日，在济南举办制造业与物流业联动发展培训班。

19日，召开推进三网融合工作座谈会。

20日，下发《关于做好“三夏”农业生产用油供应工作的通知》（鲁经信消字〔2010〕248号）。

20日，省政府下发《关于推进信息化与工业化融合的实施方案》（鲁政字〔2010〕107号）。

21日，召开全省电力技术监督工作会议。

22日，省委副书记、省长姜大明批示同意建立山东省节能减排和淘汰落后工作指挥部，进一步加强对全省节能工作的调度指挥。

27日，省委常委、副省长王军民主持召开山东省节能减排和淘汰落后工作指挥部第一次全体会议。

24日，省淘汰落后产能工作领导小组下发《关于公布省淘汰落后产能工作领导小组办公室职责的通知》（鲁淘汰字〔2010〕2号）。

24日，省淘汰落后产能工作领导小组下发《关于公布下达2010年全省有关行业淘汰落后产能计划的通知》（鲁淘汰字〔2010〕2号）。

25日，成功举办了第十九届以加快工业设计发展为主题的2010年山东省产学研（工业设计）展洽会。

25日，下发《关于2010年山东电网省调事故拉路序位的批复》（鲁经信电力字〔2010〕250号）。

26日，省委常委、副省长王军民到省机械协会检查行业企业调度直报系统建设使用情况。

26日，省政府办公厅下发《山东省人民政府办公厅转发省经济和信息化委省财政厅省住房城乡建设厅关于做好农村推广散装水泥工作的意见的通知》（鲁政办发〔2010〕27号）。

26日，召开省网络与信息安全协调小组成员单位座谈会，17个省直单位的负责同志和省军区相关负责同志参加了会议。

27 日，下发《关于印发〈2010 年全省电力迎峰度夏预案〉的通知》（鲁经信电力字〔2010〕254 号）。

27 日，在日本东京举办了“中日 IT 桥梁工程师交流示范基地日本工作站揭牌仪式暨媒体说明会”。

28 日，我委与河北港口集团在河北石家庄签订电煤中转保障战略合作协议。

28 日，2010 年中国软件业务收入前百家企业和我国自主品牌软件产品前十家企业名单发布。海尔、浪潮、中创、东方电子等 9 家企业进入 2010 年全国软件百强，浪潮、中创进入中国自主品牌软件产品十强。

30 日，与省金融办共同举办“山东企业德国上市论坛”，与德意志证券交易所签订合作谅解备忘录。

31 日，下发《关于印发〈2010 年全省有序用电方案〉的通知》（鲁经信电力字〔2010〕258 号）。

31 日至 6 月 4 日，组织全省治理公路“三乱”大检查活动，并召开省治理公路“三乱”工作座谈会。

5-9 月，先后三次赴新疆喀什进行调研，形成《山东省对口支援新疆喀什地区四县工业园区专项规划》。

六月

2 日，与省政府金融办联合举办山东企业德国上市培训研讨会。

4 日，在烟台举办 2010 中日韩国际食品博览会。

6-10 日，工信部组织质量宣传考察团深入我省济南、青岛、淄博、潍坊、济宁、泰安 6 市 11 家企业进行考察宣传。

7 日，召开淘汰落后产能工作政策说明会，就淘汰落后产能有关政策向新闻媒体进行了说明。

7 日，省政府下发《山东省人民政府关于印发 2010 年工业转方式调结构 1000 个重点技术改造项目的通知》（鲁政字〔2010〕126 号）。

7 日，省委常委、副省长王军民代表省政府向省人大节能减排视察组报告全省节能减排工作情况。随后，省人大常委会分 5 个视察组，分别由高新亭、时立军、鲍志强、崔曰臣、刘玉功 5 位副主任带队，对济南、德州等 9 个市节能减排情况进行视察。

8 日，会同省工商局联合下发《关于做好 2010 年蚕茧生产与收购管理工作的通知》（鲁经信外字〔2010〕269 号）。

9 日，省政府下发《山东省人民政府关于落实 2010 年省政府部门节能目标任务的通知》（鲁政字第 135 号），与省发改委等 16 部门签订节能目标责任书，落实“双目标”责任制。

10 日，收看全国电力迎峰度夏电视电话会议，会后召开了全省电力迎峰度夏工作会议，就 2010 年电力迎峰度夏工作做了全面部署，省政府办公厅副主任李世瑛主持会议，郭述禹主任出席会议并讲话。

11 日，在烟台召开山东省射频识别（RFID）技术推广应用现场会。

11 日，组织收看全国工业系统节能减排工作电视电话会议，国家会议后，继续召开会议，郭述禹主任就贯彻落实李毅中部长讲话精神，全面抓好节能工作讲了具体意见。

12-18 日，组织开展全省散装水泥宣传周活动。

13 日，在《大众日报》对 2006-2009 年全省完成淘汰落后产能任务企业名单进行了公示。

14 日，下发《关于印发山东省网络与信息安全协调小组办公室成员名单的通知》（鲁经信安字〔2010〕226 号）。

17 日，尼日利亚奥贡州州长一行来访，参观考察我省对口合作企业，成立奥贡－山东经贸理事会。

18日，省政府办公厅下发《山东省人民政府办公厅关于加快发展我省新型电力电子器件产业的指导意见》(鲁政办发〔2010〕33号)。

18日，召开全省成品油市场管理工作会议。

22日，下发《山东省经济和信息化委员会关于公布第一批“山东省新型工业化产业示范基地”名单的通知》(鲁经信改字〔2010〕296号),全省17市的34个示范基地列入其中。

23日，全国10省市经济运行工作座谈会在济南召开。

24日，下发《关于公布2009年度山东省100强企业的通知》(鲁经信企字〔2010〕347号)。

25日，与省统计局联合下发《关于做好信息服务业统计核算工作的通知》(鲁统字〔2010〕57号)，明确了信息服务业统计核算范围与分类标准。

29日，下发《关于公布2009年度山东省工业100强企业的通知》(鲁经信企字〔2010〕362号),《关于公布2009年度山东省制造业100强企业的通知》(鲁经信企字〔2010〕363号)。

28-29日，在潍坊市召开全省六西格玛推广与现场观摩会议。

28日，在青岛召开全省二季度经济运行分析会。

28日，组织参加第六届喀什中亚南亚商品交易会。

30日，召开省道安委第十三次会议及全省铁路道口管理工作座谈会。

30日，青岛市被确立为国家三网融合首批十二个试点城市(地区)之一。

七月

1-10日，对全省淘汰落后产能任务进展情况进行了现场督查，并形成了《全省上半年淘汰落后产能进展督查的报告》报省政府。

2日，我省有9家企业得到了工信部电子基金等重大专项资金资助(青岛计划单列)，资助金额为5310万元，创历史新高。

6日,工信部在临沂市组织召开了费县“新一代农村卫星电视地面接收系统”试点项目验收会。

6日，成立山东省经济和信息化委员会对口支援新疆工作领导小组及办公室。

7日，省委常委、副省长王军民主持召开上半年工交系统经济运行分析会议。省有关部门和单位，各行办、协会以及交通、电力、电信、烟草、石油等企业参加会议。

7-10日，国际禁止化学武器组织对淄博君竹化工有限公司进行核查，核查顺利通过。

8日，省政府下发《关于表彰2009年度省节能奖获奖单位和获奖成果的通报》(鲁政字〔2010〕163号)。

9日，全省第一个省级太阳能行业联盟标准—山东省太阳能行业联盟标准《紧凑式家用太阳能热水系统》通过专家审定。

12日，印发2010年度第二批技术改造重点项目导向计划。

12日，下发《关于印发山东省成品油市场管理办法(试行)的通知》(鲁经信消字〔2010〕335号)。

13日，在烟台召开全省二季度节能调度分析会议。会议要求在全省立即启动节能预警调控，确保完成节能目标。

14日，科技部下发《关于认定有关国家高新技术产业化基地和现代服务业产业化基地的通知》，高新区申报的潍坊国家半导体照明工程高新技术产业化基地获批，成为山东省首家获批的国家级半导体照明特色产业基地。

16日、23日分别在潍坊、烟台召开多式联运发展座谈会。

19日，印发《关于上半年全省淘汰落

后产能任务进展情况的通报》（鲁节指办字〔2010〕31号），并召开了通报会。

20日，省政府下发《关于2009年度各市和省有关部门节能目标责任考核情况的通报》（鲁政字〔2010〕171号）。

21日，召开山东省2010年高效照明产品推广工作部署会议，印发了2010年高效照明产品推广方案。

21日，省节能办主任郑晓光到省广播电台政务热线栏目与听众交流节能工作。

22日，省政府召开全省节能考核奖励电视会议，表彰奖励节能先进典型，省委常委、省长姜大明出席并讲话，省委常委、王仁元常务副省长主持会议，省委常委、王军民副省长宣读表彰奖励通报。

21日，我委在全省服务业发展工作会议上被评为“山东省2010年度服务业发展先进单位”，杨少军副主任在大会上做典型发言。

22日，省政府办公厅印发《关于推进信息化与工业化融合试验区建设的意见》（鲁政办发〔2010〕44号）。

23日，在济南召开全省经信工作座谈会。省委常委、副省长王军民出席会议并讲话。

26日，我委援疆干部孙京军同志赴新疆，任山东省援疆工作指挥部产业组组长，负责产业援建工作。

26日，召开山东省上半年汽车及零部件产业发展情况座谈会。

26日，省委常委、副省长王军民主持召开省政府三网融合工作协调小组第一次会议，学习贯彻国务院关于三网融合的有关文件精神，审议《加快推进我省三网融合的意见》。

26日，我省正式建立了节能降耗预警调控周报告制度，定期通报调控周期内重点调控企业名单、调控方式、调控起止时间、调控产品及变化量、减少用能实物量及折标量等内容。

28日，我省正式建立起节能降耗预警调控月报制度，每月公布全省及各市用电量和万吨以上重点用能企业情况。

28日至7月5日，工信部在青岛举办部中心组学习班。

29日，召开上半年全省煤电运工作座谈会。

30日，全省最高统调日用电量达9.38亿千瓦时，创历史新高。

30日，召开省经信委援疆工作领导小组第一次工作会议。

7月，国家空管委复函将山东省纳入低空空域管理改革纳入国家统一规划，试点工作将于2011年展开，有利于促进我省通用航空发展。

八月

3日，工信部李毅中部长应省委邀请在济南做《转方式调结构走新型工业化道路》专题报告。

4日，山东电网最高统调用电负荷创历史新高，达4487.2万千瓦，较2009年增加584.7万千瓦。

5日，召开全省工业企业开拓市场电视会议，省委常委、副省长王军民出席会议并讲话。

5日，我省首期能源管理师培训班在济南开班，全省60多家重点用能单位的节能管理负责人参加培训，省节能办主任郑晓光参加培训班开班仪式并讲话。

6日，召开《工业综合管理志》资料编写培训会。

6日，山东省云计算中心成立，省委常委、副省长王军民为中心揭牌。

7日，在威海召开全省县域经济信息化工作座谈会。

9日，首批能源管理师颁证仪式在济南举行。省委常委、副省长王军民为58名获得能源管理师资格证书的专职能源管理人员颁发证书。

9 日，召开社会组织党组织争先创优示范点工作会议。

10 日，下发《关于公布 2010 年度山东省重点领域首台（套）技术装备及企业名单的通知》（鲁经信装字〔2010〕375 号），在全省市场开拓工作会上对 97 个首台（套）项目进行了表彰。

10 日，泓奥电力等 10 家企业被认定为第三批山东省软件工程技术中心，累计培育软件工程技术中心 45 家，成为我省软件产业提升创新能力的重要载体。

12 日，省政府下发《关于 2009 年 103 家国家重点用能企业节能目标责任考核情况的通报》（鲁政字〔2010〕195 号）。

12 日，省政府办公厅下发《关于落实国办发〔2010〕25 号文件加快推行合同能源管理促进节能服务产业发展的意见》（鲁政办发〔2010〕47 号）。

16 日，世界银行在济南召开山东省 1.5 亿美元贷款项目正式评估会议。

16 日，省政府办公厅下发《山东省人民政府办公厅关于 2010 上半年各市节能指标完成情况的通报》（鲁政办字〔2010〕142 号）。

16 日，为推动我省低速电动汽车发展，向工信部报送《山东省经济和信息化委关于申请在山东省开展低速短程电动汽车试点工作的请示》（鲁经信产字〔2010〕401 号）。

19 日，在威海召开 2010 年全省软件行业协会秘书长联席会。

23–26 日，在威海召开全省诚信企业管理研讨会，邀请省质监局、省国税局、人民银行济南分行的领导专家就如何在新形势下引导企业加强诚信管理做了专题讲课。

25 日，举办山东省第二届工艺美术精品暨家居用品博览会。

26 日，召开全省医药工业座谈会。

28 日—9 月 1 日，由监察部副部长郝明金同志带队的国务院节能减排督查四组，对我省贯彻落实《国务院关于进一步加大工作力度确保实现“十一五”节能减排目标的通知》（国发〔2010〕12 号）情况进行了现场督查。

30 日，与省安全厅、省保密局、省国家密码管理局联合下发《关于开展 2010 年全省信息安全检查工作的通知》（鲁经信安字〔2010〕431 号）。

31 日，省政府办公厅下发《山东省人民政府办公厅转发省经济和信息化委关于加快推动制造业与物流业联动发展的实施意见的通知》（鲁政办发〔2010〕51 号）。

31 日，省政府下发《山东省人民政府关于加快推进我省三网融合的意见》（鲁政发〔2010〕84 号）和《山东省人民政府办公厅关于推进三网融合试点工作的意见》（鲁政办发〔2010〕52 号）。

九月

2 日，举行云计算发展论坛，中科院、微软中国、浪潮集团、中创软件等众多企业院所 100 余位代表参加论坛。

3 日，第五届中国（济南）国际信息技术博览会暨第六届中国·济南高校、科研院所科技成果和专利技术展示交易会在济南国际会展中心开幕。

4 日，省政府办公厅下发《关于成立山东省成品油市场管理工作领导小组的通知》（鲁政办字〔2010〕152 号），省委常委、副省长王军民任领导小组组长，小组由省政府办公厅等 18 个部门组成。

6–8 日，省人大常委会鲍志强副主任带领省人大财经委、省经信委、山东电力集团公司的有关同志，赴东营、日照两市就《山东省电力设施和电能保护条例（草案）》进行立法调研。

7 日，召开山东省对口援疆产业招商说明会。

8 日，经省政府批准，与省工商、质监局

联合下发《关于车用汽油执行国（Ⅲ）标准的通知》。

9日，举办重大技术装备零部件及原材料进口免税政策培训班。

9日，省节能减排和淘汰落后工作指挥部印发《关于做好节能减排有关工作的紧急通知（鲁节指办字〔2010〕46号），加大节能预警调控力度。

10日，省煤电运办公室印发《统调主力电厂冬季煤炭储备考核暂行办法》，对统调主力电厂冬季电煤储备提出明确考核要求，并实行与发电量计划挂钩奖励。

13日，印发落实《中共山东省委山东省人民政府关于加快经济发展方式转变若干重要问题的意见》主要分工分解方案（鲁经信改字〔2010〕462号）。

14日，召开山东省人民政府与中国三峡集团关于风电等新能源合作洽谈会，省政府办公厅副主任李世瑛主持会议，杨少军副主任介绍了我省风电等新能源产业及装备制造情况。

15日，省委副书记、省长姜大明主持召开第81次省政府常务会，审议通过《山东省电力设施和电能保护条例（草案）》，提请省人大常委会审议。

16日，联合省财政厅下发《关于下达2010年新兴产业和重点行业发展专项资金及项目计划的通知》（鲁财企指〔2010〕55号）。

16日，在喀什与喀什地区行署、省援疆指挥部共同召开了山东—喀什产业对接会。

17日，下发《关于加快我省地方炼油企业成品油销售网络建设的意见》（鲁经信消字〔2010〕472号）。

19日，与交通运输厅、济南铁路局、民航山东安监局联合下发《关于开展多式联运试点的工作意见》（鲁经信交字〔2010〕487号），部署开展多式联运试点工作。

21日，经省政府同意，下发《关于加快推进全省重点用能企业淘汰改造高耗能落后机电设备的意见》（鲁经信资字〔2010〕483号），提出全省淘汰目标任务。

21日，下发《关于切实加强工业生产组织努力实现全省工业经济又好又快发展的通知》（鲁经信传真〔2010〕46号）。

25日，杨少军副主任到北川出席山东省对口援建北川灾后恢复重建项目交接仪式。

28日，举办首届中国（山东）服装家纺国际博览会。

29日，下发《关于大力抓好市场开拓确保第四季度工业经济较快发展的通知》（鲁经信外字〔2010〕486号）。

29日，组织实施了第十七批省级企业技术中心认定工作，新认定省级企业技术中心123家，全省省级企业技术中心总数达到615家。

30日，山东省公共物流信息平台在济南开通。

十月

11日，在济南召开全省热电联产企业（机组）认定评审会议。经检测评审，全省150家申报企业的325台供热机组被认定为热电联产机组。

12日，召开全省低速电动汽车试点工作会议，研究贯彻落实省政府〔2010〕第50号会议纪要精神。

12日，在青岛召开全省三季度节能调度会。

12–13日，在省科技馆举办首届“中国（山东）现代物流科技与装备展览会”。

20日，召开全省2010年第三季度信息产业经济运行会议。

20日，对东方电子、威海北洋等10家单位的10个RFID（射频识别）应用解决方案进行表彰。

20–23 日，省人大常委会崔曰臣副主任带领省人大法制委、省人大常委会法工委、省经信委、山东电力集团公司的有关同志，赴淄博、莱芜、烟台、日照等市就《山东省电力设施和电能保护条例（草案）》进行立法调研。

28 日，下发《关于提高地方炼油企业成品油供应能力保障社会燃油供应的通知》（鲁经信交字〔2010〕520 号）。

28 日，召开了全省电子政务外网互联互通工作会议。

30 日，按照工信部《关于印发铜冶炼企业准入公告管理暂行办法的通知》（工信部原〔2010〕351 号）要求，组织由省国土资源厅、省环保厅、省安监局、省科学院、省冶金总公司等单位专家组成的评审组，对申请准入的东营鲁方金属材料公司进行了实地检查评审，将评审意见报工信部。

十一月

1 日，联合省财政厅下发《关于下达 2010 年新兴产业和重点行业发展专项资金及项目计划（第二批）的通知》（鲁财企指〔2010〕85 号）。

1 日，联合中国人民银行济南分行下发《关于加大我省首批重点物流企业金融支持力度的通知》（鲁经信交字〔2010〕531 号），公布了首批 50 户重点物流企业，给予金融重点支持，尽快推动物流企业做大做强。

1 日，召开全省经信系统开拓市场工作会议。

3 日，郭述禹主任随同省委副书记、省长姜大明率领的山东党政代表团前往北川考察对口援建工作，并出席北川为山东援建者举行的欢送仪式，接回我委援川干部，援川任务胜利完成。

3 日，召开全省三网融合工作会议。

8 日，山东电网“外电入鲁”工程再次取得重大突破，正负 660 千伏银东直流输电工程极Ⅰ系统正式投运，西北电网向我省输电负荷达 200 万千瓦。

8 日，与省人力资源和社会保障厅等单位主办“第四届全国数控技能大赛山东选拔赛”。

9 日，成立省经信委社会组织党委。

10 日，省煤电运办公室组织 3 个工作组对统调主力发电企业冬季电煤储备情况进行大检查。

15 日，下发《关于促进我省中药材产业发展的意见》（鲁经信消字〔2010〕554 号）。

15 日，下发《关于推进我省食品工业持续健康发展的意见》（鲁经信消字〔2010〕555 号）。

15 日，召开淘汰落后钢铁产能工作座谈会，部署全省 2011 年淘汰落后钢铁产能工作。

16 日，省政府办公厅下发《山东省人民政府办公厅转发省经济和信息化委关于在全省企业中大力推广应用六西格玛管理的意见的通知》（鲁政办发〔2010〕67 号）。

18 日，印发《关于落实工信部〈关于进一步做好焦化行业淘汰落后产能和准入企业监督检查工作的通知〉的通知》（鲁经信产字〔2010〕563 号），加强我省焦化行业管理工作。

18 日，印发《关于印发 < 山东省高端装备制造产业基地（园区）管理暂行办法 > 及做好 2010 年度创建高端装备制造产业基地（园区）工作的通知》（鲁经信装字〔2010〕561 号）。

19 日，与省交通厅、省公安厅联合发出通知，确定从 11 月 20 日至 2011 年 3 月 15 日开通电煤运输绿色通道。

21 日，召开经信系统社会组织党建工作会议。

22 日，在泰安召开全省企业精细化管理经验交流现场会议。

24 日，召开全省产业政策工作会议。

24 日，召开全省焦化行业工作会议。

25 日，《山东省电力设施和电能保护条例》在省人大第十一届常委会第二十次会议上通过。

26日，山东省委、省政府隆重召开对口支援北川灾后恢复重建总结表彰大会。我委援川干部孔庆成被中华全国总工会授予全国“五一”劳动奖章，张敏、焦宪亮两位同志被省政府记一等功。

30日，召开省援疆工作领导小组召开第二次全体会议。

十二月

1日，召开全省淘汰落后产能工作座谈会。

2日，山东省人民政府与中国三峡集团在山东大厦举行风电等新能源及装备制造战略合作协议签字仪式。省委副书记、省长姜大明，省委常委、副省长王军民，中国三峡集团董事长曹广晶等出席签字仪式。

6日，经省政府批准，向工信部上报《关于报送山东省钢铁行业企业申请生产经营规范企业材料的报告》（鲁经信原字〔2010〕605号）。

7日，在济南召开全省行业运行分析会。

7-9日，在济南召开由工信部、山东省政府、济南市政府三方共同参加的“中国软件名城创建试点工作协商会议”，对济南市软件名城创建工作进行总结评估。

10日，省政府印发《山东省物联网产业发展规划纲要》（鲁政发〔2010〕114号）。

10日，山东省数据恢复与清除技术中心揭牌成立。

20-23日，国家淘汰落后产能18部委联合督查组对我省2010年度淘汰落后产能任务完成情况进行现场督查。

22日，印发《关于公布山东省重点节能技术、产品和设备推广目录（第一批）的通知》（鲁经信资字〔2010〕622号）。

26日，全国工业和信息化工作会议在北京召开。郭述禹主任在会上就加强经济运行协调保障、促进工业平稳较快发展做典型发言。

28-30日，召开2011年度全省电煤供需衔接会。

28日，召开山东省电子信息产业统计工作会议。

29-31日，组织专家对全省第六批焦化准入企业进行现场审核。

29日，举办省首届工业设计大奖赛，共评出金奖11个，银奖44个，铜奖71个，山东创造工业设计大师7名，优秀设计师50名。

29日，下发《关于命名2010年度新农村电气化县、乡（镇）、村的通知》（鲁经信电力字〔2010〕660号）。

29日，召开山东省节能减排和淘汰落后工作指挥部全体会议，李世瑛副主任主持，省委常委、副省长王军民全面总结了指挥部工作，对完善节能减排指挥部长效工作机制提出了要求。

29日，省政府下发了《关于切实做好2011年节能减排工作的通知》（鲁政发明电〔2010〕12号）。

30日，转发工信部《关于公布第二批“国家新型工业化产业示范基地”名单的通知》（鲁经信函字〔2010〕313号），山东淄博高新技术产业开发区新材料、山东明水经济开发区汽车产业、青岛经济技术开发区船舶与海洋工程装备、山东德州经济开发区太阳能光热应用装备等四个基地被评为第二批“国家新型工业化产业示范基地”。

30日，下发《2011年山东省企业重点技术改造项目导向计划》（鲁经信改字〔2010〕649号）。

30日，下发《关于公布第二十四届山东省企业管理现代化创新成果和优秀应用成果的通知》（鲁经信企字〔2010〕663号），公布437项山东省企业管理现代化创新成果，其中特等奖81项，一等奖185项，二等奖171项。

30日，下发《关于公布2010年度山东省管理创新十佳企业、优秀企业和山东省十佳经营管理者、优秀经营管理者的通知》(鲁经信企字〔2010〕664号)。

30日，会同省财政厅等14个部门联合下发《关于公布山东省诚信企业的通知》(鲁经信企字〔2010〕671号)，授予“山东航空集团有限公司”等291家企业为“山东省诚信企业”。

30日，省委、省政府召开全省世博参展工作总结表彰大会，我委被授予“2010年上海世博会参展工作先进集体”荣誉称号，孙志恒被评为“2010年上海世博会参展工作先进个人”，杨少军记一等功，许敏、张旸记二等功。

31日，经过全省经信系统和广大企业的共同努力，2010年完成年度工业运行调控目标。全省规模以上工业增加值比上年增长15%，主营业务收入增长26.8%，实现利税增长34.1%，利润增长37.6%，为全省国民经济平稳较快发展做出了重要贡献。

2010年技术改造投资累计完成7688.1亿元，同比增长19.1%，占全省工业固定资产投资的70%，占全省固定资产投资的33%。

5－3　2010年济南市工业信息产业综述

一、概述

全市国有及年销售收入500万元以上非国有工业企业2288个(以下称规模以上企业)，比上年增加135个，全部从业人员年平均43.64万人。规模以上企业按隶属关系分，中央企业40个，省属企业63个，市属企业151个，县(市)区属企业157个，乡镇属企业18个，其他企业1529个；按轻重工业分，轻工业企业735个，重工业企业1553个；按企业登记注册类型分，国有企业78个，集体企业100个，股份合作企业19个，股份制企业1475个，外商及港、澳、台商投资企业233个，其它企业383个；按企业规模分，大型企业18个,中型企业195个。在规模以上企业中，营业收入过亿元企业741个，同比增加64家；亏损企业259个，同比增加8.82%。全市规模以上工业企业资产合计3811.38亿元，同比增长26.9%；负债合计2321.60亿元，同比增长30.36%；工业流动资产合计2156.74亿元，同比增长30.21%。

1、工业经济平稳增长。全年完成生产总值3910.80亿元，比上年增长12.7%；全部工业增加值1352.4亿元，增长10.7%。全市规模以上工业累计完成工业增加值1313亿元，同比增长14.4%。

2、企业效益向好趋势增强。规模以上工业主营业务收入4764.1亿元，比上年增长21.3%；实现利税515.9亿元，增长12%，；实现利润262.9亿元，增长12.4%。企业亏损面11.3%，提高0.9个百分点；亏损企业亏损额12.4亿元，增长48.9%。

3、工业经济结构优化提升。产业结构发生积极变化，三次产业增加值比例由5.60:42.91:51.49调整为5.50:41.87：52.63。产品结构趋向优化,在规模以上重点工业产品中，全年产量增长的占60.1%，提高8.2个百分点。高新技术产值占规模以上工业比重达41.5%，比年初提高2.03个百分点；交通装备、机械装备、电子信息三大主导产业营业收入均首次突破千亿元，占工业比重超过55%，比年初提高4.5个百分点。

4、工业投资增长较快。全社会固定资产投资1987.4亿元，比上年增长20.1%；工业投资667.3亿元，同比增长23.2%，高于全社会固定资产投资增幅3.1个百分点，占全社会固定资产投资的33.6%。其中高新技术产业投资181.9亿元，增长24.5%。在建工业投资项目1645个，增加199个。千万元及以上项目1011个，完成投资565.3亿元，占工业投资比重的83.5%。

5、技术进步成效显著。全市开发新产品、新技术1500项，同比增长近100项，技术中心新产品销售比率达到35%以上。370个项目列入了2010年山东省技术创新项目计划。年末高新技术产业企业511家，其中年工业总产值过亿元企业207家，增加9家。高新技术产业产值2063.9亿元，增长30.7%。新一代信息技术、高端装备制造、生物医药、新能源等战略性新兴产业发展加快。

6、支柱行业稳定增长。全市六大产业集群实现工业增加值1001.3亿元，首次突破千亿元大关，增长14.3%，占规模以上工业的比重达76.3%，提高0.2个百分点。其中：交通装备增长34.0%，机械装备制造增长17.2%，石油化工增长15.8%，食品药品增长13.1%。全年主营业务收入过亿元企业741家，其中过10亿元企业49家，分别增加63家和11家。

7、信息化建设深入推进。全市信息产业实现业务收入突破1000亿元，增长16%，其中软件与信息服务业销售收入590亿元，增长35.6%，利润和利税同比分别增长27.1%和21.5%。全市软件外包销售收入2.01亿美元，同比增长100%。全市移动电话用户891万户，增长53%，互联网宽带用户117万户，增长16%。政府、社会、工业、农村等各领域信息化建设不断深化，信息化对企业效益增长的贡献率超过25%。

8、园区承载能力增强。济南出口加工区及8家省级经济开发区年末规模以上工业企业591家，占全市规模以上工业企业的比重为25.8%，提高1.7个百分点；全年工业增加值288.8亿元，增长12.6%，占全市规模以上工业企业的22.0%，提高2.7个百分点；实现利税总额116.8亿元，增长14.9%，占全市规模以上工业企业的22.6%，提高1.8个百分点。

9、规模以下工业生产稳步增长。近年来，济南市规模以下工业以通用设备制造业和非金属采矿业及食品加工业为首的十大传统行业保持平稳发展。2010年，全市规模以下工业总产值320.29亿元，同比增长15%。其中工业企业总产值246.48亿元，增长15%，个体工业总产值73.81亿元，增长12%。经济效益有所提高，全市规模以下工业企业实现利润总额4484万元，增长16%，上缴税金2577万元，增长10%。2010年全部规模以下工业单位3.55万个，其中企业个数为1.19万个，个体工业个数为2.35万个，与同期保持持平。

10、节能减排成效显著。经过全市各级各部门的努力，2010年全市万元GDP能耗预计为1.04吨标准煤，同比下降4.16%，能够顺利完成“十一五”降低22%的任务目标；初步核算，全年全市规模以上工业能耗增长5.4%，比规模以上工业增加值增速低9个百分点。重点行业和企业单位综合能耗逐年降低，完成规模以上工业节能任务。全市COD和SO2排放总量完成省政府下达的控制计划，比“十五”末分别消减18%和10.9%；工业固体废物综合利用率为96%，比“十五”末提高1.4个百分点。全年关停10家落后产能企业，关停并拆除3条水泥立窑生产线。“十一五”期间，累计淘汰落后立窑水泥生产线24条，淘汰落后水泥产能240万吨，完成任务目标的148%；淘汰落后炼钢产能150万吨、落后炼铁产能83万吨，完成任务目标的100%；关停小火电40.2万千瓦，完成任务目标的104%；削减化学需氧量3.01万吨、二氧化硫4.44万吨，全面完成“十一五”节能减排目标和淘汰落后产能任务。

二、技术创新

全市深入开展国家知识产权工作示范城市、国家创新型城市、中国软件名城等试点工作，综合性国家高技术产业基地、国家创新药物孵化基地和国家综合性新药研发技术大平台建设加快推进，创新活力加速释放。

1、创新驱动作用增强。①创新平台建设更加完善。2010年，全市新认定国家级企业技术中心2家、省级企业技术中心7家、市级企业技术中心20家，承担省企业技术中心创新能力建设项目2项。年末市级以上企业技术中心达204家(其中国家级13家、省级48家)。新认定省级工程技术研究中心24家，年末省级以上工程技术研究中心达到109家(其中国家级2家，省级107家)。新认定国家级特色产业（成果转化）基地2家,总数达9家；新增省级软件工程技术研究中心6家，总数达25家。国家级产业技术创新战略联盟4家；新建产学研基地8个，总数达到66个。2010年济南市创新总指数为28.61，高于全国平均水平6.13个百分点，位居中等水平第四位，比上年上升两个位次。“十一五期间”，我市新增市级以上企业技术中心110家、工程技术中心133家、创新型企业104家，专利四项指标居全省首位。高新区各项经济指标大幅增长，在全国排名明显前移。鼓励引导企业开展技术创新，370个项目入选省技术创新项目计划，中创软件、浪潮集团等5个项目获国家“核高基”重大专项,获得中央、省财政资金2.65亿元。当年新下达科技计划项目674项，获省级以上科技奖励225项。新增高新技术企业59家，总数达到293家。结构层次和创新能力明显提升，高新技术产值比重达到41.5%，比年初提高2个百分点。技改投入537亿元、增长47.8%，增幅居全省首位。明水经济开发区被认定为国家新型工业化产业示范基地。宝世达、试金集团两家企业被确认为山东省创新能力建设项目承担单位。九阳、二机床被确认为山东省第一批工业设计中心。全国白酒标准化技术委员会芝麻香型白酒分技术委员会在济南成立。②政策资金扶持力度持续增强。市经信委对7家2010年认定的省级企业技术中心进行了表彰，拨付补助资金700万元。新认定的20个市级企业技术中心拨付补助资金200万元。积极争取国家省专项资金扶持，累计争取资金4000余万元。2009年度研究开发费加计扣除额达到5.1亿元，继续保持高位态势。企业享受财政专项扶持资金1100万元。11个项目获技术创新资金200万元。③强化自主创新。全年专利申请总量15519件，增长13.3%，其中发明专利申请量3432件，增长14.4%。专利授权量9593件，增长50.1%，其中发明专利授权量1260件，增长51.4%。实施各类科技计划1274项，增长18.0%，其中核高基、大型精密复合冲压成型机床创新平台等近20个项目被列为国家重大重点专项。产品结构调整步伐明显加快，至2010年底，全市开发新产品、新技术1500项，同比增长近100项，技术中心新产品销售比率达到35%以上。370个项目列入了2010年山东省技术创新项目计划。中德设备等10家企业的10个产品，被确认为山东省第一批工业设计优秀产品。齐鲁电机等6家企业的产品荣获工业设计产品金奖。加强品牌市场营销力度，在全省工信领域开拓市场电视电话会议上，我市山东新丞华展览有限公司获优秀会展组织奖；山东泰华电讯有限责任公司等3家企业获得市场营销创新奖；山东力诺瑞特新能源有限公司等6家企业获品牌价值贡献奖。2010年9月3日至5日，第五届信博会暨第六届科技展交会在济南国际会展中心成功举办。本届展会共有境内外657家单位参展，展览总面积5万平米，共签订投资合作项目70个，总投资额达269.75亿元。

2、新兴产业发展上新台阶。“十一五”以来，全市突出围绕形成“一个战略目标、三个区域层次、五个支撑产业”的总体发展格局，现已初步形成以信息、新能源、生物、新材料、高端装备制造等优势产业为主导的具有区域特色优势的新兴产业集群，和以高新区为龙头，济北开发区、济南经济开发区、明水开发区、临港开发区等一批省级经济技术开发区为载体的新兴产业发展格局。①新兴产业快速发展。2010年实现规模以上高新技术产业产值2064.0亿元，同比增长30.73%，是“十五”末的3.1倍，年均增长25.0%，占全市规模以上工业的比重达到41.5%，比2005年末提升11.4个百分点，高新产业比重位居全省前列。2010年，全市拥有规模以上新技术、新材料、新能源“三新”战略性新兴产业制造业企业268家，比“十五”末增加60家；其中产值过10亿元的5家，增加3家；完成工业总产值485.1亿元，占全市的9.8%，比2005年末提高1.1个百分点。2010年1月，我市成为首批创建国家创新型试点城市。2010年11月，国家发改委发文正式批复认定济南为“综合性国家高技术产业基地”。我市成为继北京、天津、上海、深圳、西安、长株潭、武汉之后，全国第八个综合性国家高技术产业基地。②特色产业优势明显。我市在五大新兴产业领域拥有重汽、浪潮、齐鲁制药、力诺、山东圣泉、二机床等一批龙头骨干企业，在信息产业领域，济南IT产业位居全国第六，拥有软件国家高技术产业基地、中国服务外包基地、软件出口创新基地、国家动漫产业基地，拥有全国唯一的国家信息通信国际创新园，是截止目前批复的三个中国软件名城之一，齐鲁软件园属国内十大软件园之一，浪潮集团名列国内IT综合实力企业第二位。在新能源产业领域，我市在太阳能热利用方面，生产规模和市场占有率稳居全国第一地位，形成了世界级太阳能热利用产业聚集区。在生物医药技术与制药、数控机床、汽车电子、服务器、软件、有机高分子材料、氟制品等领域拥有一大批名、优、特产品。在生物产业领域，济南拥有“国家重大新药创制平台”和“国家级创新药物孵化基地”两个国家级平台，成为山东省生物医药产业最大的生产研发基地。在新材料产业领域，初步形成了以有机高分子材料、半导体照明材料、氟材料等产品为核心的产业体系，拥有亚洲产量最大的济南圣泉集团树脂生产基地和国内最完整的氟制品产业链条，济南五三所是国防科工系统最大的高分子材料研发生产基地。在高端装备制造业领域，锻压设备及专用数控机床生产跻身世界前五位，国内市场占有率达到80%，济南铸锻所研发实力居国内前茅，大功率柴油机、数字变电设备、万能试验机等位居国内市场第一位，在汽车装备和汽车电子行业，重汽集团产品技术水平在国内处于领先地位，位居全国重卡行业之首并进入世界重卡企业前三位。③济南高新区积极发挥产业支撑作用。2010年，高新区实现生产总值276.8亿元，增长23.5%，其中：第二产业增加值191.5亿元，增长19.7%；第三产业增加值85.3亿元，增长33.8%。地方财政一般预算收入13.1亿元，增长45.7%。固定资产投资211.7亿元，增长42.6%。引进各类投资项目223个，其中过亿元项目23个。实现出口创汇4.78亿美元，增长30.6%。新签合同利用外资项目34项，实际使用外资2.1亿美元，增长33.8%。组织企业实施各类科技项目立项193项，争取无偿资助8088万元，新认定“双软”企业19家，累计达到125家，6家企业入选全国软件收入百强企业；新引进服务外包企业17家，累计61家。济南高新技术开发区大工业项目投入带动作用开始显现。吉利汽车、青年汽车、中车、将军集团、浪潮产业园、同欣电子等重点工业项目相继投产或建设速度加快，经济外向度不断提高，出口产品结构不断优化，产品出口大幅度增加。目前，新兴产业已成为高新区快速发展的引擎，电子信息产业，其骨干企业主要有浪潮集团、松下电子、鑫联通信、华光光电子和积成电子等，主导产品为浪潮系列服务器、松下液晶彩电、CDMA通信设备、发光二极管、变电站自动化控制系统等，同时浪潮集团、积成电子分别与美国微软成功实现合资、合作。生物医药产业，其骨干企业主要有齐鲁制药、福瑞达制药、福瑞达生物医药化工、宏济堂制药等，其主导产品有多帕菲注射用多西他赛、润洁滴眼液、透明质酸纳、麝香酮等。新能源产业，山东桑乐、山东豪特、北车风电、山东东霖等骨干企业围绕太阳能热水器、风力发电、秸秆利用等新能源产品的研发和生产已形成规模优势。新材料产业，瑞森华光是山东省半导体照明的龙头企业，也是我国唯一一家掌握红黄蓝绿全色域LED芯片自主知识产权的厂商，其半导体激光二极管产销量居国内第一，LED芯片产销量居国内第二。交通机电装备产业，其骨干企业主要有发电设备、法因数控、天辰集团、四机数控等，其主导产品有大型汽轮发电机、自动化数控机床设备、四角焊接机等。

3、创新成果转化成效显著。①创新水平明显提升，创新能力显著增强。浪潮万亿次超级计算机、二机床高效全动能大型机械压力机、三维CAD/CAM软件、中创中间件、重汽重卡等一批重大项目取得重要突破。浪潮集团高效能服务器和存储技术实验室成为首批企业国家重点实验室，力诺集团成为国家住宅产业化示范基地，齐鲁制药获批建设国家哺乳动物细胞国家工程实验室，重汽集团获批组建国家重型汽车工程技术研究中心。2010年4月9日，中国第一款8路大型服务器—天梭TS850在浪潮“高效能服务器和存储国家重点实验室”研发成功，实现了中国计算机领域的重大突破，标志着我国已具备自行研制和生产大型服务器系统的能力。它最高可支持8颗英特尔至强7500系列处理器，实现每秒5000亿次的计算，可靠性水平超过99.95%，达到国际领先水平。2010年6月26日，齐鲁制药有限公司荣获全国医药工业企业百强榜第十八位，被评为“国内最佳研发产品线”十佳工业企业之一。2010年11月2日，沃尔沃建筑设备中国技术中心项目在济南高新技术产业开发区正式启动，这是沃尔沃建筑设备在中国设立的首个产品与技术中心，也是我市第一家世界500强企业设立的国家级研发中心。预计该中心2012年正式开始运营。②合作模式不断创新，产学研合作逐步深入。从1991年以来，济南市连续19次组织市级以上技术中心企业、规模以上企业和各县市区相关部门参加了“山东省产学研展洽会”。目前我市规模以上企业中有80%以上都至少与一家高校建立了产学研合作关系。实施“泉城学者”建设工程，紧紧围绕全市经济社会发展，以解决企业发展中的重大、关键性难题为目标，面向全国的高校、科研院所和企事业单位公开招标，招贤纳才。截止2010年底，前两批泉城学者已获得财政扶持资金1220万元，企业新增销售收入8.7亿元。

三、结构调整

1、调结构保增长成效显著。全面落实中央和省应对国际金融危机的决策部署，贯彻实施一系列保增长、扩内需政策措施。深入落实产业调整振兴规划和战略性新兴产业规划意见，大力开展“项目推进年”活动，以项目建设促结构调整，加快发展方式转变步伐，结构调整取得显著成效。①工业投资增长平稳。2010年，全市完成规模以上工业固定资产投资667.3亿元，同比增长23.2%，高于全社会固定资产投资增幅3.1个百分点，低于去年同期增幅1.6个百分点，工业投资占全社会投资比重33.6%，高于去年同期0.9个百分点。其中，中央及省属企业共完成工业固定资产投资135.8亿元，同比增长22.1%，占总投资额的20.3%；市属及市属以下工业企业共完成投资531.6亿元，同比增长23.4%，占总投资额的79.7%。②技术改造投资稳居全省前列。全年累计完成技术改造投资537亿元，同比增长47.8%，高于去年同期增幅23.9个百分点，高于全省增幅28.7个百分点。绝对值位居全省第5位，增幅位列全省第1位。占全部工业固定资产投资的80.5%，高于去年同期增幅13.4个百分点。占全社会固定资产投资的27%。③六大支柱产业完成投资情况良好。2010年，全市制造业完成投资575.4亿元，占工业固定资产投资的86.2%。高新技术产业完成投资181.9亿元，同比增长24.5%，占工业固定资产投资比重27.3%。六大支柱产业共完成投资472.9亿元，同比增长20.1%，占全市工业投资的70.9%。

2、加快推进项目建设。贯彻“拓展城市发展空间、构建现代产业体系”战略部署，积极配合城市综合体建设，深入开展“重点项目推进年”活动。2010年，全市在建工业项目1645个，较去年同期增加199个，技改项目1132个，同比增加190个。本年新开工项目1278个，同比增加260个，其中，亿元以上项目6个，完成投资5.2亿元。工业计划投资千万元以上的项目1011个，完成投资565.3亿元，占工业投资比重的83.5%。工业在建亿元及以上投资项目134个，较同期增加7个，完成投资259.8亿元，占工业投资比重38.4%。竣工项目1374项，比去年同期增加277项，其中，亿元以上项目52项。竣工项目总投资496.7亿元，当年完成投资392.7亿元。①省“双百工程”重点产品结构调整项目进展顺利。2010年，列入省“双百工程”计划的重点产品结构调整项目共计20项，总投资26.7亿元，累计完成投资20.62亿元，首批启动的5个项目，总投资5.29亿元，累计完成投资4.56亿元，占计划的86.07%，其中，累计竣工投产3个项目，年可新增销售收入16.35亿元，利润2.13亿元，税金0.52亿元；第二批启动的9个项目，总投资14.47亿元，累计完成投资10.58亿元，占计划的73.1%，其中，累计竣工投产3个项目，年可新增销售收入4.62亿元，利润0.41亿元，税金0.31亿元。第三批启动的6个项目，总投资6.94亿元，累计完成投资5.78亿元，占计划的83.3%。②新开工项目和竣工项目大幅增加，为“十二五”起步奠定基础。2010年新开工项目1278个，同比增加260个。中国石油集团济柴动力总厂JC15、26/32发动机产能建设、济南热电有限公司热源厂扩建工程及管网节能改造工程、山东鲁能电工电气有限公司高新产业园大型变压器及电抗器项目、浪潮集团LED产业化项目、山东明水经济开发区管委会排水及污水处理工程等投资10亿元以上项目已开工建设，目前项目进展顺利，共计完成投资30.4亿元。市领导负责推动的53个工业和信息化重点项目进展顺利，主要包括：投资87亿元的鲁能电工电器工业园建设项目，投资15亿元的济柴JC15、26/32发动机产能建设、投资8.3亿元的中石化济南分公司重质光亮油生产基地、投资8亿元的济钢抗腐蚀抗变形管线钢、投资7.6亿元的轻骑股份搬迁改造等。2010年8月6日，济南市首个风电项目—大唐平阴风电场在平阴县安城乡奠基。大唐平阴风电场规划容量为200兆瓦，拟分四期建设，计划总投资约20亿元。一期工程总投资49730万元，在35.2平方公里范围内规划安装33台单机容量1500千瓦的风力发电机组，装机总容量49.5兆瓦，年上网电量为9250.9万千瓦时。2010年当年竣工项目1374项，比上年同期增加277项。裕兴化工迁建改造、济南钢铁集团技改项目、力诺集团扩建和镀膜管生产线项目、山东明水大化集团52万吨尿素技改等52个亿元以上项目的顺利竣工。2010年4月16日，北车风电有限公司首台1.5兆瓦发电机组成功下线。标志着北车风电项目已由工程建设阶段转向全面生产阶段。北车风电产业园于2009年9月4日在济南高新区奠基以来，现已基本完成总建筑面积近11万平方米的厂房建设和中国最大最先进的风机全功率试验中心建设，并实现了技术研发、基本建设、产品试制。③已竣工项目投产达产顺利，提供经济发展增量。2009年已经竣工的项目，特别是60个过亿元项目，为2010年工业经济提供380亿元的增量。主要是：青年汽车、吉利汽车轿车、裕兴化工厂扩建改造10万吨/年钛白粉、重汽重型汽车盘式制动器建设、明水化工产品结构调整节能综合改造、变压器集团大型电力及特种变压器、宝世达新型电机、抽油泵生产线电力设备厂500KV变压器产品库房建设及设备购置、中石化济南分公司90万吨/年催化汽油吸附脱硫装置和120万吨/年延迟焦化装置配套完善改造、济钢链篦机回转窑工程、安达刹车片生产、九阳5万吨豆料、金钟衡器电子衡器、玫德玛钢球铁二期等项目。

3、拓展融资渠道支持技术改造。认真落实国家宏观调控政策，积极向国家工信部和省经信委争取国家、省项目和资金支持。2010年落实项目和资金政策支持17亿元，通过多种形式向驻济商业性银行推介，争取银行支持贷款21.3亿元；向国家工信部、省经信委争取更多的项目列入中央预算内投资计划，电子信息、新材料、新能源汽车、高端装备制造等企业的18个项目落实中央预算内资金4315万元；市经信委组织列入省政府转方式调结构1000个重点技术改造项目中115个项目的资金申报工作，落实新兴产业和重点行业发展专项27项，资金额度925万元，重点产品结构调整专项2项，一年期无息贷款1000万元；增值税抵扣情况良好，2010年增值税累计抵扣33.99亿元（不含省电力公司在本市以外投资抵扣金额为17.43亿元），抵扣企业20857户次，其中，12月份抵扣4.98亿元，抵扣企业2157户。抵扣税额和户次的稳步提升，有效地减轻了企业税负，促进了企业技术进步、产业结构调整和经济发展方式的转变；市经信委制定《工业和信息化等专项资金内部统筹管理暂行办法》，与市财政局联合下发了四个专项资金的管理办法和申报指南。共安排四个专项资金使用财政预算内资金19300万元并已全部到位；借助我市财政部门设立的1亿元“过桥资金”，2010年共为山东海澜天韵文化发展有限公司、山东豪特太阳能有限公司等中小企业发放过桥资金，总金额达730万元；中小企业担保行业发展加快，2010年，在我市工商注册登记的融资性担保公司共76家，注册资金达到35亿元，其中过亿元的14家，在全省首批34家规范型担保公司中，我市有7家，占全省的20%；涌现出鑫海、银联、润通、天元、永信、市中小企业担保中心等一批实力较强、运作规范、信用较高的担保公司。累计担保融资超过200亿元。全市有566人通过了担保资格考试；11月11日，全市支持中小企业产业集群发展签约仪式在山东大厦举行。市经信委与建行山东省分行济南经管部负责人签署了合作备忘录，建设银行拿出30亿元支持我市中小企业产业集群发展。九个县（市）区经信局与建行各区支行负责人、高新区科技经济发展局与建行高新区支行签署了合作计划书。浪潮集团、齐鲁宏业纺织集团、圣泉集团等20个中小企业产业集群龙头企业负责人参加了签约仪式；企业上市融资水平不断提高，抗风险能力不断增强，目前，全市区域内上市公司26家，股票28只，融资总额495.9亿元。证券交易量从2005年1806.5亿元上升到2010年9620.7亿元，增加额为7814.2亿元，其中，股票及基金交易额为7865.7亿元，国债交易额为98.7亿元。2010年1月22日，积成电子股份有限公司A股在深圳证券交易所正式挂牌上市，为全力创建中国软件名城，做大做强软件产业提供了有力的支撑。目前我市软件企业上市公司达到9家。

4、完成“十一五”期间工业技改投资目标。“十一五”以来，济南市以园区建设为载体，以结构调整为主线，以改革创新为动力，不断探索新形势下投资工作的新路子，引导和支持企业不断加大技改投入，提高科技创新能力和产品技术水平，各项工作取得了显著成效。五年共计完成工业投资2405亿元，完成技改投资1599.3亿元，占工业固定资产投资的67%。到“十一五”末，全市规模以上企业达到2288家，规模以上工业企业实现销售收入4650亿元，年均增长16.8%，工业经济保持了平稳较快发展。①技改投资稳步增长。“十一五”期间共完成工业固定资产投资2405亿元，是“十五”期间的2.5倍，年均增长13.7%。完成技改投资1599.3亿元，占工业固定资产投资的67%，利用外资51.7亿元，占全部工业投资的2.2%，使用银行贷款147.7亿元，占全部工业投资的6.2%，企业自有资金投入2251亿元，占全部工业投资的94.3%。五年来，技术改造投资对全市工业投资的贡献逐年提升，全市技改投资所占比重由2005年的67%提高到2010年的75%。②装备水平进一步提升。“十一五”期间技术改造对我市企业工艺水平和生产装备能力提高起到了十分显著的作用，90%以上的企业均在产品结构调整、增强优势产品竞争能力、提高工艺装备水平等方面实施了相应的技术改造项目，五年来共引进国外先进生产线380条，建成国内先进生产线1155条，引进国外先进设备及检测仪器3545台（套），更新国产设备3万多台（套），新增和改造厂房建筑面积1300多万平方米。通过引进、消化、创新、改造，我市工业装备水平得到大幅提升。③产品产能和技术水平进一步提高。通过“十一五”期间的技术改造，全市各类工业产品水平和产能得到提高。重汽集团重型汽车产销突破18万辆，已成为全国最大的重型汽车产业基地；济钢集团钢产量超过1050万吨，跻身全国八大钢铁企业行列；中石化济南分公司原油加工能力达到500万吨，跨入全国二类石化企业行列；山水集团在香港联交所成功上市，进一步巩固了全国第二大水泥制造企业的地位。“十一五”期间，济南市在全部工业产品中，产量增长的产品占57.3%，提高1.4个百分点。高新技术产品增长较快，传统产品增势趋缓。锻压设备、数控机床、试验机、电站锅炉、摩托车、服务器等一批主导产品保持较强的市场竞争力。济南柴油机厂已经成为国产大功率非道路用内燃机第一品牌。济南二机床集团有限公司提高数控机床加工工艺技术改造、铸造中心、山东法因数控机械有限公司年产800台钢结构数控加工设备生产基地、济南柴油机股份有限公司140/260发动机等项目均达到了国际先进水平，在同行业中占有领先的地位；工业出口大幅增长。“十一五”期间，济南市除2009年出口受金融危机直接影响出现大幅下滑外，其余年份均保持快速增长势头。2009年出口总额达到30.5亿美元，较“十五”末期提高71.3%。2010年前5个月，出口口呈现正增长，逐渐从金融危机的影响中恢复。④企业综合实力进一步增强。2010年全市规模以上企业达到2288家，比“十五”末期净增618家；培育形成一批具有知名品牌和核心竞争力的大型骨干企业，带动了全市工业整体提升为目标。主营业务收入过亿元企业677家，较“十五”末增加374家。过10亿元企业37家，10–50亿元企业31家，50–100亿元企业2家，过百亿元企业5家。企业从业人员42.1万人，比2005年增加1.2万人。“十一五”期间，我市工业经济保持较快增长。全市规模以上工业完成增加值1313亿元，比“十五”末增长80%，年均增长12.7%，占全市GDP的34.7%；主营业务收入4650亿元，增长117%，年均增长16.8%；利税510亿元，增长108.5%。⑤产业结构日趋合理。“十一五”期间，通过不断调整和发展，基本形成主导产业、新兴产业和传统产业梯次推进的产业发展新格局。2010年，冶金钢铁、交通装备、电子信息、石油化工、机械装备和食品药品六大产业集群实现主营业务收入3940亿元，占规模以上工业的比重达89.5%，成为全市工业发展的主要支撑。其中，交通装备、机械装备、电子信息等三大主导产业占规模以上工业的比重达53.2%，比“十五”末提高9个百分点，主导产品继续保持较强的市场竞争力。新能源、新材料、生物医药等新兴产业年均增幅超过25%，已成为新的经济增长点。钢铁、化工、食品、建材等传统产业

70%以上的工艺、技术装备达到国内先进水平。高新技术企业完成总产值1850亿元，比“十五”末增长173.6%；高新技术产业产值占规模以上工业总产值的41.5%，提高10个百分点。⑥企业管理水平有新提高。济南市有4家企业进入全省百强民营企业，最具发展潜力的成长型企业有20家（全省70家），占全省的28.5%，有6家企业被评为省级管理创新优秀企业，有24个成果被评为省级企业管理现代化创新成果和优秀应用成果。

四、节能降耗

1、节能减排成效显著。2010年，全市万元GDP能耗达到1.04吨标准煤，同比下降4.16%，累计降低22%。全年全市规模以上工业能耗增长5.4%，比规模以上工业增加值增速低9个百分点。严控“两高一资”项目，坚决淘汰落后产能，2010年对34家企业实行预警调控，减少能耗64万吨标准煤。全年关停10家落后产能企业，关停并拆除了三条水泥立窑生产线，产能30万吨，关停黄台电厂5#、6#和章丘琅沟电厂2#、3#机组，生产能力25.7万千瓦，提前超额完成“十一五”淘汰落后产能任务。推进建筑、交通、公共机构三大领域节能，43家企业通过清洁生产审核验收；开展建筑垃圾、废旧机械、办公用品、电子产品等资源综合利用，工业固体废物综合利用率为96%，比“十五”末提高1.4个百分点，垃圾填埋气发电装机容量达3500千瓦。全市COD和SO2排放总量完成省政府下达的控制计划，比“十五”末分别消减18%和10.9%；全面完成“十一五”节能减排和淘汰落后产能任务目标。

“十一五”期间，济南市共淘汰落后水泥产能240万吨，完成任务目标的148%；淘汰落后炼钢产能150万吨、落后炼铁产能83万吨，完成任务目标的100%；关停小火电40.2万千瓦，完成任务目标的104%；削减化学需氧量3.01万吨、二氧化硫4.44万吨。从工业耗能情况看，高耗能产业比重下降，钢铁、建材、石油加工、焦炭、电力、造纸等高耗能行业发展得到有效遏制。2010年，高耗能行业规模以上工业企业460家，占全部规模以上企业的20.1%，比“十五”末减少3.0个百分点；完成工业增加值426.8亿元，平均增长8.4%，增幅低于全市平均水平6.9个百分点；高耗能行业占规模以上工业的比重为32.5%，比“十五”末下降12.7个百分点。从能耗总量构成看，第二产业占比59.80%，比2005年降低4.24个百分点，其中，工业占比55.89%，降低4.38个百分点；从单耗看，第二产业万元增加值能耗1.38吨标煤，下降22.89%，工业对节能降耗作用明显。

2、节能技术创新加速推进。①申报一批重大节能示范项目。2010年，全市先后上报国家项目三批，共计12个。项目总投资119899.3万元，项目完成后可实现节能量33.63万吨。其中申报“2010年节能技术改造财政奖励备选项目”3个，总投资13245万元，项目完成后实现节能量5.02万吨。申报“2010年中央预算内投资节能备选项目”5个，总投资38620万元，项目完成后，实现社会节能量22.88万吨。申报“资源节约和环境保护2011年中央预算内投资备选”项目4个，总投资68034.3万元，项目完成后，实现社会节能量5.73万吨。有两户企业下达项目计划，共计500万元。上报“2010年全省工业转方式调结构节能200项项目”11个，总投资10.27亿元，完成后可实现社会节能量29万吨。目前有5个项目下达了“2010年山东省第二批重点节能技术改造项目计划”。共计50万元。上报国家工信部组织的“十二五”国家鼓励发展的重大节能技术装备23个。上报2010年合同能源管理财政奖励项目29项，项目总投资20057.18万元，年实现节能量58988.49吨标准煤。②众多项目获得国家、省创新扶持资金。山东水龙王集团获得国家第四批资源节约和环境保护支持资金 210 万元；上报国家工信部“十二五”国家鼓励发展的重大节能技术装备项目 23 个。16 个项目获得山东省太阳能集热系统财政补贴资金 340.48 万元，项目总集热面积为 8048 平方米，年实现节能量约 985 吨标准煤；11 个项目获得省重大节能技术产业化奖励资金扶持，获得奖励资金 400 万元；7 个合同能源管理公司获得省财政奖励，共对 12 个节能项目进行了节能改造；44 个企业通过了省市资源综合利用认定，预计减免税 6500 万元；10 个企业的 21 种环境保护产品得到确认，所得税减免 300 万元；富美科技、力诺瑞特获得省节能突出贡献企业称号，各获得奖励 100 万元；中国重汽等 4 家企业获得省节能先进企业称号，6 个项目获得省优秀节能成果。25 户企业获市节能专项资金支持，支持资金 770 万元。另有 13 个合同能源管理公司获得国家发改委备案，为以后在更大范围参与节能技术改造争取国家支持奠定了基础。③大力推广节能新技术新产品。信博会期间举办了“信息技术助推节能减排”供需对接会，海内外 8 家知名 IT 企业介绍了信息化和工业化融合，推介信息技术助推节能减排的解决方案和建设目标，30 多家企业参加了交流对接，该活动推动了信息技术助推节能减排工作的开展；济南市柴油机厂、富强动力、北车风电、爱普置信、力诺等 8 户企业参加了第三届中国（太原）国际能源产业博览会，集中展示了节能变压器、太阳能、风力发电、发动机再制造等新产品与新技术。展会期间，济南柴油机公司达成意向瓦斯发动机购销合同金额近 2000 万元；11 月 15 日，我市济钢、重汽复强动力参加了深圳第十二届中国国际高新技术成果交易会。

3、强化节能监督管理。①强化节能降耗领导机制。2010 年，济南市以政府、经信委、节能办名义以及与有关部门联合，共制定了 70 个节能降耗方面的政策文件。分解 2010 年节能任务目标，与各县（市）区、100 户重点企业和 15 个市直部门签订了节能目标责任书，形成了“双目标责任制”。按照省节能办的要求在全市重点工业用能单位，开展了节能自愿协议试点工作。全年共有 19 户企业签订了节能自愿协议，预计节约标准煤 21.06 万吨，减排二氧化碳 27.15 万吨。8 月 7 日，召开全市节能考核表彰大会，市中区人民政府等 4 单位被授予市节能突出贡献单位；济南钢铁集团有限公司等 2 企业为市节能突出贡献企业，长清区人民政府等 21 个单位为市节能先进单位，中国石油化工股份有限公司济南分公司等 20 个企业为市节能先进企业。成立济南市节能减排和淘汰落后工作指挥部（济政办字 [2010]52 号），市直 36 个部门为成员单位，分成 7 个工作组,对全面完成“十一五”的任务集中攻关。根据我市发展基础和优势，科学制定节能和循环经济的“十二五”发展目标，制定切实可行的鼓励发展措施；加强节能基础管理工作，加快节能信息化建设步伐，市经信委节能办与积成电子有限公司联合开发了“济南市节能管理综合信息系统”和“重点用能单位节能管理系统”软件，并在各县（市）、区、有关部门、50 户重点重点用能单位安装了该软件。实施月报制度,随时掌握重点用能企业的用能情况，提高企业节能管理的水平。组织开展能源管理体系建设试点。我市中国石化济南分公司、济南庚辰钢铁有限公司、山东黄台火力发电厂被确定为全省 2010 年能源管理体系建设试点企业。7 月 1 日至 10 月 15 日，省节能减排工作审计组完成了对我市发电供热企业节能减排工作的审计。②实施节能降耗预警调控。市经信委节能办会同统计部门制定了《2010 年济南市节能降耗预警调控实施方案》，根据省节能减排指挥部的要求和我市实际，相继启动了全市节能降耗预警调控一级和二级实施方案。7 月 20 日，下发《关于下达节能预警调控计划的通知》，启动了我市节能预警调控一级方案，从七月份开始实施一级调控。对全市20户企业的低附加值产品实施了产量控制，每周调度一次。到九月底结束，累计减少能源消耗25万吨标煤，减少用电2.5亿千瓦时；10月1日，下发了《关于启动二级节能预警调控方案的通知》，从十月一日开始实施二级应急调控：对全市23户高耗能工业企业实施限电调控。四季度比1-8月份平均用电量下调20%左右，由企业根据用电量自行调整，安排生产，使企业有针对性地主动调整，避免了负面反应。济南市全年用电增幅在全省为第15位，达到了预期效果。③加大节能监察力度。依法实施节能监察。2010年济南市节能监察支队对百户重点用能企业和50家非生产重点用能单位进行了日常监察，共下达限期整改通知书17份，节能监察建议书8份，节能监察意见书3份。查处并监督销毁16家单位的280台国家明令淘汰的用能设备，逐一落实38户重点用能单位的2505台在用高耗能落后机电设备淘汰计划；开展专项监察，节能支队先后组织了43家工业重点用能单位执行能耗限额标准情况的专项检查，对50户公共建筑和公共机构开展年度用电计划完成情况、全市装饰性景观性照明用电情况、夏季节电、百户重点用能单位“十一五”节能目标完成情况预考核、家用电器能效标识实施情况等六次大的专项监察；扩大节能监察范围。在对我市百户重点工业用能单位做好节能监管的同时，把对非工业重点用能的监察范围由50户扩大到80户，并将交通行业节能监察纳入正常工作范围。在重点非生产用能单位中推行能源审计工作，目前已有30家单位提交了能源审计报告。对未列入市重点用能单位但年耗能超过5000吨标煤的26户工业企业进行了用能和节能情况调研和检查，为确定“十二五”期间重点用能单位提供依据；在全省率先建立节能管理与节能监察综合信息系统，实施市以上监管重点用能企业耗能动态网上报送制度，及时掌握能源消耗、节能目标完成情况，做好数据分析，形成从能耗数据收集、分析到异常情况跟踪督察及现场监察的立体工作机制。全市500多名企业负责人和节能管理人员参加了不同内容的节能法律法规或专业能力培训，我市配合山东省在全国率先启动了能源管理师培训工作，目前已有90余名企业节能管理人员取得了能源管理师资格证书；今年济南市完成对全市11家热电联产企业电力、热力生产等情况的数据检测，顺利通过省经信委的热电联产机组资质认定。

4、推进循环经济发展。①循环经济持续发展。近年来济南市推出了济钢、复强动力、埠村煤矿、佳宝乳业、济南圣泉、富美科技等一批循环经济典型。济钢集团有限公司的钢渣综合利用工程，山东富美科技公司的500万只环保激光硒鼓再制造工程，济南圣泉集团股份有限公司的玉米芯、秸秆综合利用生产木糖、木糖醇联产阿拉伯糖工程被评为山东省循环经济示范工程。②大力实施清洁生产。为推动全市清洁生产工作的开展，年初召开了济南市清洁生产表彰动员会，贯彻《国家循环经济促进法》和《山东省清洁生产促进条例》，积极实施清洁生产审核。今年我市完成了省下达的35家企业自愿开展清洁生产审核计划。全市涉及钢铁、有色铸造机械、建材、商场、酒店、宾馆、医院、大专院校等行业的43家企业，已按照清洁生产审核规定的7个阶段35步骤的程序和要求，完成了清洁生产审核阶段性工作。③资源综合利用水平不断提高。工业固体废弃物利用率达到95%以上，2010年，全市经过省市认定的资源综合利用企业达到44家，利用工业固体废弃物266万吨，实现资源综合利用产品销售收入21.16亿元；企业享受资源综合利用增值税、所得税减免优惠约6500万元。济钢、山水、埠矿、十方公司等余热余压、煤矸石、煤泥发电装机容量达到80多万千瓦，回收利用可燃气体20亿立方米，垃圾填埋气发电装机容量达到3500千瓦。④再生资源回收工作取得成效。探索机电产品再制造循环经济模式，推进济南发动机再制造基地建设，目前济南复强动力公司已经形成了再制造发动机2万台的生产能力。推进办公设备再制造基地建设，富美科技有限公司已经形成了年成产环保激光硒鼓500万只得成产能力。支持再生资源回收利用企业的发展。济南新天地再生资源有限公司是专门从事废旧家电及电子产品的回收处理企业。为减少环境污染，支持鼓励企业的发展，积极推动各级机关、事业单位、国有企业等用财政资金购买的家用电器及微机、复印机、传真机、打印机等电子产品以及行政执法部门罚没的、需销毁的、涉及到保密的电子产品统一交由备案的济南新天地再生资源公司统一处理。济南市经信委会同市城乡建委、市财政局、市环保局、市城管局、市市政公用局等部门制定了《关于推动全市建筑垃圾综合利用工作的实施意见》，山东中瑞再生资源公司已经投资购买4台套先进的移动式建筑垃圾综合处理设备，从事建筑垃圾的资源化和无害化处理，成为我省首家移动式建筑垃圾处理企业。在济南市西部地区，济南维诺奇节能新型建材公司已经开工建设。⑤加快推进环保产业发展。贯彻执行《山东省人民政府关于加快节能环保产业发展的实施意见》，重点扶持节能环保，目前我市已形成循环硫化床锅炉、智能节电器、水处理设备等产业。按照《财政部、国家税务总局、国家发改委环境保护设备企业所得税优惠目录》的要求，我市10家企业21种环境保护专用产品得到确认，企业享受所得税优惠300多万元。⑥着力推进循环经济试点、示范。济南市推进循环经济“678”工程，重点培育6个循环经济型县（市）区、7个循环经济型园区、80家循环经济型企业，目前已经形成煤矿—煤矸石、煤泥—电力—水泥建材产业链；电厂—粉煤灰、脱硫石膏—建材、水泥产业链；冶炼废渣—钢渣微粉—建材产品产业链；农业秸秆—糠醛—深加工产品产业链；糠醛废渣—锅炉燃料—电力；余热、余压—电力；化工废气—化工产品等较成熟的循环经济产业链。

5、加强节能宣传。①开展活动，加强宣传。2010年6月12日，举办了省暨济南市“节能、低碳家庭社区行动”宣传周活动启动仪式。开通了集节能宣传、能源利用状况报送、网上办公于一体的“济南节能网”。通过济南日报、济南电视台、广播电台、移动和联通手机，广泛宣传全市企业、部门等落实节能减排的经验做法，介绍了节能降耗的知识。与省节能办、省妇联、济南市妇联联合举办了节能降耗进社区、进家庭活动，通过社区居委会、办事处、乡镇，推广节能灯53万只，有效地宣传引导了绿色照明。印发工作简报，在省市新闻媒体、有关网站发表节能及监察稿件90余篇。制定了《济南市2010年财政补贴高效照明产品推广工作实施方案》，召开专门会议进行部署。我市顺利完成推广紧凑型荧光灯50万只、T8和T5型荧光灯各1.5万只的任务；“十一五”期间，我市市直机关600多家公用机构带头推进节能工作，每年能耗较上年下降超过5%。整个“十一五”期间，电、水、油耗分别下降2500万度、130万方、360万升，节约经费4000余万元。通过加大宣传力度，使全民节能降耗意识不断提高。②组织开展节能减排交流合作。9月4日，第五届信博会“信息技术助推节能减排”供需对接会在济南举行，来自台湾、上海、济南的企业进行了交流。9月16日–18日，“2010山东节能减排新技术新产品展洽会”在德州市太阳谷举行，我市12户企业参加了展洽会。其中，豪特太阳能、大陆机电和澳华新能源进行了特装展示，济钢、鲁电电气、泰华电讯等企业通过实物、模型、展板和视频等形式进行了宣传展示，金洲科瑞、豪特等企业还参加了2010山东节能减排新技术新产品推介会，受到与会企业和客商的关注和好评。11户企业参加了“中日节能环保合作论坛”；16户企业参加了“美国—山东工业能效研洽会”，汇集了20多家企业的20多个拟合作项目，在研洽会上进行对接洽谈，达成多项合作意向。霍尼韦尔公司与济南东新热电公司达成了总投资2.26亿元的供热系统节能优化技术改造项目合作意向。省政府在7月份召开的全省节能降耗考核表彰奖励大会上，我市被授予全省节能降耗优秀单位，并奖励50万元。

五、信息产业

1、信息化建设取得突破。①信息化和工业化融合初见成效。2010年市经信委成立后，根据《山东省人民政府关于大力发展信息产业，推进信息化和工业化融合的意见》和《山东省人民政府办公厅关于推进信息化和工业化融合试验区建设的意见》，围绕济南市“转方式、调结构、促增长、惠民生、保稳定”的中心任务，编制《济南市创建信息化与工业化融合试验区实施方案》，并被省政府正式确定为首批6个山东省两化融合试验城市之一。方案确定济南市六大产业集群（交通装备、电子信息、冶金钢铁、石油化工、机械装备、食品饮料）中的50家重点企业，推广新信息技术在产品研发设计、生产过程、企业管理、市场营销、人力资源开发、新型业态培育、企业技术改造等七个环节的应用；以中国重汽、法因数控、二机床、济南重工等离散型生产企业为示范，围绕产品研发设计环节，推广应用三维计算机辅助设计（CAD）、并行设计、运动仿真、虚拟制造等技术，实现设计研发的数字化；以中国石化济南分公司、山东钢铁（济钢）、山东山水集团、晋煤明水化工等连续型生产企业为示范，围绕生产过程环节，推广制造执行系统（MES）、集散控制系统（DCS）、智能传感等技术，实现生产过程的自动化；以浪潮、九阳等管理创新型企业为示范，围绕企业管理环节，推广基于商业智能的新型企业资源规划（ERP）、供应链管理（SCM）等系统，以及基于新一代互联网的动态联盟等模式，改造管理流程，实现企业运营管理的协同化；以佳宝乳业、福胶集团、玫德铸造等外向型生产企业为示范，围绕市场营销环节，推广多网异构融合、射频识别（RFID）和物联网等技术、产品，优化企业采购销售流程，提高产品可追溯性，实现市场营销的网络化；以浪潮集团、中创软件、积成电子等人才密集型企业为示范，围绕人力资源开发环节，采用可视化、网络化、交互式等便捷教育手段，加强新信息、先进制造、新信息与先进制造集成等技术的培训，实现人才的信息化；以盖家沟物流、佳怡物流、零点物流等新兴服务业企业为示范，围绕新型业态培育环节，积极发展现代物流、软件服务外包、数字媒体等新型业态，实现产业发展的多元化；以济钢、重汽、二机床、山水、济南热电、黄台电厂、章丘东风煤炭等资源消耗型生产企业为示范，围绕企业技术改造环节，推广清洁生产、安全生产、新信息与先进制造集成技术，实现技术的现代化；以济南市重点园区公共服务平台、济南市农业服务平台、山东邦尼电子商务平台为支撑，完善企业服务体系，提升政府服务意识；发挥济南省会城市IT产业优势，建设“两化融合”服务支撑体系。建设以浪潮ERP、中创中间件、华天CAD、中孚信息安全产品为代表的服务支撑体系，建立IT企业与传统企业联络平台，完善“两化融合”建设的服务平台体系。②两化融合带来良好社会和经济效益。在今年的山东省计算机应用优秀成果奖评选中，我市共有18项信息技术应用项目获奖，其中“数字化城市管理系统”等5个项目获得二等奖，“全运会地理信息专题服务系统”等13个项目获得三等奖，列各市之首。③节能减排信息化、农村信息化受到国家表彰。二机床、山水集团成为山东省信息技术应用中心，济钢、重汽、二机床被工信部树为两化融合促进节能减排试点示范企业称号。推进农业和农村信息化建设，目前全市已建成一个网站群、两大共享平台（网控中心平台和数据中心平台）、开通了三大主网站（山东金农信息网、中国农业书店和山东农业市场网）、实现市、县、乡、村四级联动信息服务；开展“信息化下乡”活动，采取信息服务大蓬车流动培训、电脑下乡、信息化应用体验和农村信息化培训教材发放等方式进行农村信息化建设宣传；搭建农民培训平台，在章丘普集镇、市中陡沟办事处两个国家级综合信息化服务培训中心推动下，普及信息化基础知识全年培训农民2000余人；建设农村综合信息服务站，市中陡沟村被工信部评为“农村综合信息服务站”先进单位。④一卡通在全省得到推广。城市一卡通成为第一个覆盖全省的便民卡，目前已经累计发卡50多万张，日交易额80万元，安装POS机1万多台，一卡缴费包括了公交、高速公路、出租、公园、统一银座、通信等范围，签约商户1000多家。社区便民服务信息化进展顺利，在09年的基础上，历下区所有社区网站都已建成，覆盖全市的社区便民服务网站体系逐步形成；覆盖城区的便民电子地图已经制作完成。⑤开展新一代信息技术推广应用。推动物联网在城市管理等典型领域的应用，基于物联网的路灯节能系统已经开始实施建设，预计年节电量1亿度。

2、软件和信息服务业实现跨越式发展。推进中国软件名城、数字泉城建设，2010年全市实现软件业务收入610亿元，同比增长40.2%，总量占全省的70%，居全省首位，在全国副省级城市排名前移两位，列居第四位。①软件出口占全省主导地位。目前全市软件外包企业50多家，软件外包企业投资环境不断向好，继瑞典沃尔沃研发中心和美国优创等公司之后，东方道迩、大连华信等公司落户齐鲁软件园，软件外包出口增速保持在50%以上。2010年软件外包业务出口通关额超过2亿美元，主要外包企业的人员增长速度达到30%。近年来，齐鲁软件园积极支持具有产业规模、品牌优势和出口前景的企业发挥软件外包出口优势，培育了一批具有国际竞争力的软件出口企业，目前已聚集了近50家BPO、IPO出口企业。②信息服务业发展势头旺盛。电子信息传输服务业稳定发展。济南是全国省会城市中第一个完成精品宽带改造的城市，全市精品宽带楼宇覆盖90%以上，户均接入能力达到100M，光纤零距离进村（速率4M以上）已覆盖全部行政村的50%。济南联通互联网数据中心通过310G出口带宽直连国家核心骨干网是联通集团的第二大核心汇聚枢纽，无线城市建设、三网融合工作正积极推进，信息安全体系建设不断完善。目前，全市通信光缆总长度达到63.4万芯公里，互联网网站3.8万家；随着国家扩大内需和“家电下乡”工程等政策措施的深入开展，电子信息设备销售与租赁业保持了稳定增长。山大路科技商务区规模和交易额居副省级城市同类商务区前列，为长江以北仅次于中关村的第二大电子信息产品交易市场，现有业户近3000家，从业人员3.2万人，逐渐形成以IT技术服务、营销为主，系统集成、信息化工程建设与咨询服务业为辅的产业格局；数字内容产业逐渐形成规模。截至2010年底，全市动漫游戏企业182家，动画片年制作能力超过18000分钟，实现产值20亿元人民币。主要涵盖了动漫制作、网络游戏研发运营、衍生品业和人才培训等领域，初步形成创意、设计、生产、销售、开发一体化的产业链条，高新区山东动漫游戏产业基地、槐荫区齐鲁动漫游戏产业基地、长清区动漫游戏研发基地和交易市场各具特色，形成东、中、西点式集聚，带状发展的格局。济南科明数码技术有限公司利用其产品著作权成功进行知识产权评估，并获得齐鲁银行贷款。我市动漫游戏企业以动漫协会为支撑，组织企业抱团发展，成功参加了信博会、文博会，参展企业达到30家，展位面积累计达到6800平方米，出色完成了参展任务。③软件企业蓬勃发展。2010年，全市软件和信息服务业企业超过1000家。13家企业被认定为国家软件产业基地骨干软件企业，5家企业入围国家规划布局内重点软件企业、5家企业入围全国软件百强企业，浪潮、中创两家企业再次入选“2010年中国自主品牌软件产品十强”，自主品牌软件产品上榜企业数位居全国省会城市之首。中创软件、浪潮软件、浪潮通软3家企业入选全国30家最大规模独立开发软件企业。浪潮信息、浪潮软件、浪潮国际、银泉科技、山大华特、普联软件、法因数控、积成电子和创博亚太9家软件企业成功上市。截至2010年底，济南市通过认定的软件企业达422家，获得各级计算机信息系统集成资质认证的企业84家，通过CMMI认证的企业34家，通过ISO27001信息安全认证的企业6家。2010年我市共获得工信部“核高基”重大专项、电子基金等项目21个，争取中央财政资金1.65亿元；争取省信息产业发展专项资金对济南软件的重点支持，增设软件名城建设专项，支持超过4000万元。在第六届南京软博会上，工信部对认定的“国家软件与信息服务公共服务示范平台”进行了授牌，我市齐鲁软件园等国内六大软件园区获此殊荣。目前，齐鲁软件园有入园企业800余家，经科技部认定的骨干企业11家，销售收入过亿元企业12家。23家企业通过CMM/CMMI认证，拥有自主知识产权的软件产品1000余种，从业人员达5万多人。齐鲁软件园自成立以来，先后投资10多亿，建成孵化器23万平方，规划并帮助企业兴建研发基地27万平方米、产业小区32万平方米、电子产品生产基地40万平方米、人才培养基地16万平方米、配套设施80万平方米，为广大软件企业打造优良的创新创业环境。2010年，我市齐鲁软件园、历下软件园和长清软件园先后入驻软件企业36家，注册资金达2.16亿元。④软件产品丰富多样。全市已经形成了中间件软件、行业应用软件、信息安全软件、嵌入式软件、软件出口外包、动漫游戏等6大领域2000多种产品。2010年底登记软件产品2055个，具有自主知识产权的软件产品占到了95%以上。为提升软件企业的核心竞争力，共享“核高基”成果，2010年，济南市选择首批10家企业，采用“三家抬”的方式，使用中创中间件提升企业研发水平和能力，探索软件企业走工业化、规模化发展的新模式。浪潮ERP产品在管理软件市场列国内第一位，在医药、军工、建筑施工、食品加工、装备制造、金融、石油化工、造纸等行业得到推广应用，被评为“中国名牌产品”。得安信息安全产品广泛应用在银行、证券、税务、电信、邮政、政府部门等行业，荣获“国家重点新产品”和“山东名牌产品”称号。⑤创新应用模式取得新突破。齐鲁软件园软件公共技术支撑平台，为中小软件企业科研开发、软件测试和质量控制提供了国内先进的公共技术开发环境。微软、IBM、SUN、美国德州仪器等跨国公司先后在齐鲁软件园建立了国内一流的开放实验室，为软件企业孵化和高端产品研发发挥了积极作用。目前我市浪潮集团高效能服务器和存储技术实验室被认定为国家企业重点实验室；山东中创软件工程股份有限公司与浪潮信息产业股份有限公司被认定为863成果转化基地；中创中间件和浪潮楼上平台等项目都先后获得国家产业基金重大支持，5个项目入选国家“核、高、基”重大专项，获得中央、省财政资金支持约2.65亿元。全市建成各类相关重点实验室54个，各类企业技术中心85家，各类工程技术研究中心75家，省级软件工程技术中心24家。⑥人才培养和引进取得新进展。根据软件外包企业对中高端人才的需求和日本IT业退休工程师的现状，济南创造性地提出了聘请日本IT业退休工程师到济南工作的设想。工信部和国家外国专家局批准在济南建设全国唯一的“中日IT桥梁工程师交流示范基地”，并予以授牌。2010年5月27日，在日本东京举办了“中日IT桥梁工程师交流示范基地”日本工作站揭牌仪式暨媒体说明会。9月4日，在第五届信博会期间举办的桥梁工程师合作签约仪式上，中日IT桥梁工程师交流示范基地办公室、济南软件企业、来自日韩的10位桥梁工程师签署了三方协议，加盟中日IT桥梁工程师交流示范基地。目前基地已拥有签约桥梁工程师50余名，并初步建成了100余人的桥梁工程师数据库和公共服务平台。⑦部省市共建中国软件名城取得重大突破。2010年2月23日，济南市颁发《中共济南市委济南市人民政府关于创建中国软件名城的意见》和《济南市人民政府关于印发济南市创建中国软件名城若干政策的通知》两个重要文件。6月2日至4日，市经信委组织重点园区和企业制作的声、光、电一体的“济南—中国软件名城”展台，成功亮相2010年第十四届中国国际软件博览会。11月12日，在工业和信息化部、中国软件行业协会等主办的2010中国（盐城）工业软件发展高峰会上，济南市经信委荣获2010年度中国工业软件政府推进奖。2010年12月8日，工业和信息化部软件服务业司、省经济和信息化委员会、济南市人民政府在济南共同召开了部省市协同推进“中国软件名城创建试点工作协商会议”。在协商会议期间，举行了自主创新国产中间件济南市首批示范应用企业签约仪式，济南市经信委、中创软件分别与十家自主创新国产中间件示范应用企业签订了三方协议。

3、电子信息制造业发展迅速。2010年全市电子产品制造业全年实现销售收入295.83亿元，同比增长14.38%，实现利润12.22亿元，同比增长34.40%，实现利税21.22亿元，同比增长27.19%。①成功举办第五届信博会。9月3日至5日，济南市政府成功举办第五届中国（济南）国际信息技术博览会暨第六届中国·济南高校、科研院所科技成果和专利技术展示交易会。共有境内外657家单位参展，包括世界500强企业12家，国内信息百强企业22家，安排展台435个，折合标准展位2000个。吸引6700多位客商和代表参展参会，参观人数突破20万人次，专业观众3.5万人，无论参展单位和展位展台数量，还是展览面积、参展企业层次等，均超过历届规模。美国POWER集团、E5，日本NEC、日立情报，台湾昱盛和北京三甫灵狐等行业龙头企业相继落户济南，累计投资达20亿元人民币。本届信博会同时组织举办了6场共需对接会，签订投资合作项目70个，总投资额269.75亿元，比上届增长46%，涉及数字城市、工业技改、信息技术、新能源等多个领域。②抓好重大项目推进，加强对外交流合作。加强对全市重点项目的推进力度，推动济南华强信息产业高端服务业基地项目的规划与建设；加大印刷线路板企业的招商工作，推动济阳印刷线路板基地建设。推动RFID、地理信息产业联盟建设，加强RFID产业基地和山东省地理信息产业园建设，促进新兴产业发展。支持济南晶恒6英寸功率半导体芯片生产线项目建设，促进我市IGBT、MOSFET等电力电子高端业务发展，推动电动汽车充电站、新能源用高性能模块化逆变电源等重点项目进度，为全社会节能减排提供支撑。加强对外合作交流，在台湾高雄举办“济南电子信息产业说明会”，举办“2010济南（上海）跨国公司合作推介会”，全方位推介我市电子信息产业发展情况和电子信息产业发展规划，促成台湾电电公会和软体协会两个代表团30余家企业参加信博会展览、对接会，与本地企业洽谈合作，增进了相互了解，促进了相关领域的合作。

4、城市信息基础设施和网络安全稳步推进。全年电信主营业务收入57.2亿元，同比增长15%；全市移动电话用户857.6万户，同比增长47.3%，增幅同比提高32.1个百分点；互联网宽带用户117.3万户，同比增长10.8%，增幅同比提高1.2个百分点；互联网站3.8万家。全市信息基础设施功能得到进一步提升，信息通信服务保障能力显著增强，基本建成了覆盖城乡的信息高速公路体系，信息通信整体规模和技术水平达到国内先进水平，已成为全国重要的通信枢纽和信息中心城市。我市组建济南市网络与信息安全协调小组，统筹协调跨部门网络与信息安全工作，网络与信息安全部门间协同配合机制逐步形成。开展信息安全检查和培训工作，按照国家和省经信委等部门的要求，组织开展全市政府系统网络与信息安全培训和检查活动，在42个政府工作部门和10个直属事业单位对信息系统安全进行自查、整改的基础上，抽查重点部门的信息系统，并对各部门信息系统、服务器、终端、网络设备、安全设备、防护措施等基本情况进行综合分析。在全市和各部门组织的培训活动中有2000余人接受了各种层次的安全培训，增强了安全意识和安全防范技能。

（济南市经信委　范路）

5 － 4　2010年青岛市经信工作综述

一、工业运行情况

2010年，全市工业经济实现平稳较快增长。规模以上工业总产值达到11450亿元，同比增长22.3%，工业增加值增长16.1%。

（一）重点区市快速增长。2010年，8个重点工业区市（五市及黄岛、城阳、崂山）累计完成产值9049亿元，增长22.4%，当月完成778.5亿元，同比增长20.7%，环比增长3.3%。

（二）重点企业保持较快增长。2010年，80户重点工业企业累计完成产值4289.9亿元，同比增长21.1%。累计生产增长企业67户，完成产值4063.5亿元，增长25.4%。同比净增产值较大的企业有青岛石化（119.3亿元）、青岛炼化（94.6亿元）等。

（三）七大重点产业呈较快上升态势。2010年，七大重点产业累计完成9747亿元，同比增长22.7%。其中，家电电子产业完成产值1499.2亿元，增长14.5%；石化化工产业完成产值1824.2亿元，增长25.4%；汽车机车产业完成产值1005.1亿元，增长37.3%；船舶海洋工程产业完成产值349.6亿元，增长63.8%；纺织服装产业完成产值1293.8亿元，增长16.8%；食品饮料产业完成产值1285.1亿元，增长14.5%；机械钢铁产业完成产值2490亿元，增长24.3%。

（四）出口保持平稳增长态势。2010年，工业企业完成出口交货值1733亿元，同比增长12.8%，全年出口增长较为平稳，出口结构进一步优化。分行业看，集装箱、橡胶轮胎、家电、机械设备等行业出口比重明显提高，而纺织服装、食品饮料等劳动密集型行业出口比重有所下降。工业内外销售比重为84.6：15.4，内销比重较同期提高1.4个百分点。重点企业中，63户出口企业累计完成出口交货值724.2亿元，增长16.5%。

（五）经济运行综合质量较好。2010年，规模以上工业企业实现主营业务收入11264亿元，同比增长23%；实现利润596.6亿元，增长33.3%；实现利税1122.6亿元，增长33.7%。经济效益综合指数为269.86，同比提高22.51。

二、企业技术改造与技术创新情况

（一）建立完善企业技术创新体系。指导企业申报国家认定企业技术中心，青建集团等3家企业获得认定，国家认定企业技术中心总数居计划单列市首位。海尔集团、海信集团、青岛亨达集团等3家企业获首批山东省工业设计中心。新增山东省认定企业技术中心9家、青岛市认定企业技术中心27家。2010年，市以上认定企业技术中心达到220家，其中国家认定 20 家、省认定 50 家。

（二）实施技术创新重点项目。指导企业研发符合产业政策和发展方向的新产品和新技术，促进产品结构和产业结构优化升级。完善技术创新重点项目计划的立项管理程序，加强项目调度，促进项目加快实施。2010 年，完善了“青岛市企业技术创新重点项目计划申报系统”网络平台。编制《青岛市企业技术创新重点项目计划》，实施技术创新重点项目 1384 项、项目研发投入 75 亿元，达产后预计年销售收入 970 亿元。

（三）完善企业技术改造管理体系。制定《青岛市企业技术改造投资项目管理暂行办法》，规范技术改造投资项目备案、核准、进口设备免税确认等程序，开发建设技术改造投资项目管理网络平台。2010 年，完成技术改造投资 721 亿元，增长 17.9%，占工业投资的 59.4%。

三、工业管理服务情况

（一）科学组织经济运行调控，保持工业持续带动作用。强化运行调控体系，定期召开工业经济运行分析会议，调度运行目标、项目建设、经济效益等情况，及时解决存在的问题。中船重工海西湾造修船基地、南车集团高速列车产业化基地等项目建成投产，中石化 8.5 万吨 / 年苯乙烯等项目开工建设。推进重点企业监测平台建设，不断扩大监测范围，重点监测的直报企业覆盖全市规模以上工业的 40% 以上。针对用工需求、汇率调整、原材料价格上涨、两项资金增加等方面的热点问题，及时展开专题调研，形成有指导意义的分析报告，增强企业应对复杂经济形势的能力。

（二）抓产业转型升级，推动制造业集聚集约发展。坚持主导产业抓集群、传统产业抓升级、新兴产业抓规模的思路，着力推进家电电子、石化化工、汽车机车、船舶海工、纺织服装、食品饮料、机械钢铁等七大产业调整振兴，大力发展新能源、新材料、生物医药、节能环保、信息技术等战略性新兴产业，形成“7+5”产业推进格局。2010 年，七大产业产值占全市规模以上工业的 86%。重点推进 361 个产业振兴项目、140 个定向招商项目和 161 个新兴产业项目。220 个产业振兴项目竣工投产，完成投资 613 亿元；92 个定向招商项目落地，计划投资 985 亿元；45 个新兴产业项目竣工投产，完成投资 45 亿元。大造船、高速动车、大功率风电机组等重大项目，抢占了行业高端。累计启动 54 户企业搬迁，占规划搬迁企业的 49%。其中 17 户新厂投产、17 户在建，34 户企业总投资是原资产的 2.6 倍。

（三）全力抓好市场开拓，提高本地产品市场占有率。全面贯彻“全省工业企业开拓市场电视会议”精神，指导企业转变营销模式，宣传推广近 20 个企业“调结构、拓市场”的先进经验和做法，引导企业推进经营管理的优化升级和市场营销方式的转变。组织地产名优消费品进入全市商场采购系统。以“四会合一”的形式（青岛国际时装周、青岛名优产品交易会、全球浙商投资贸易洽谈会、中日韩企业新技术对接会），加大本地名优产品的销售力度，充分发挥品牌展示与贸易交流有机融合、投资洽谈与技术对接关联互动的叠加效应，放大了“引进一个、带动一批、促成一片”的产业集聚发展模式，一次展会为企业达成 206 亿元的贸易投资额。

（四）全面提升品牌经济实力，促进发展方式转变。充分发挥我市家电电子、纺织服装、食品饮料等产业已形成的品牌优势，打造一批消费类高端品牌集群；支持汽车机车、船舶海洋工程、机械钢铁、石化化工等产业龙头企业以牌扩业，壮大一批现代制造业品牌；着力发展新能源、新材料、生物医药、信息技术和节能环保等五个新兴产业，培育一批新兴产业品牌，达到以牌聚群，以牌成链，以牌推新的目标，进一步提升了企业品牌的技术含量，有力的推进了企业由营销型品牌向技术型品牌的转变。全年共有 36 种产品和服务品牌被认定为青岛名牌，青岛名牌总量达到437个。

（五）强化企业服务，逐步完善服务体系。拓展大企业直通车服务窗口，服务范围从100户扩大到206户，实行“开车上门”个性化服务，全年共解决影响企业生产经营的重大事项787件。建立中小企业服务体系。开通中小企业服务热线、中小企业信息网，创建中介机构“服务外包池”，深化“三个平台+六条路径”融资服务，持续推进企业管理中高层培训，成立国内首家小企业协会。全市中小企业新增贷款占全市新增贷款的六成，中小企业担保额增长137%，扶持851户企业开展电子商务。建成市级中小企业公共服务中心，搭建起“8+1”综合服务功能，年服务中小企业2万户以上，重点解决融资、技术、创业等共性问题，成为国内一流的中小企业公共服务平台。

（六）加强重要生产要素协调，提高经济运行保障能力。充分发挥煤电运保障工作机制作用，超前预测电煤供应形势，及时协调解决企业生产要素衔接问题，确保主力电厂电煤库存20天以上。建立成品油市场供应工作调度会制度，保障成品油市场供应平稳。做好“春耕”、“三夏”等关键时期用油保障工作，在柴油油源紧张的情况下，敦促两大油品公司积极争取油源计划，加大油品市场投放量，做好成品油市场保供工作。

四、工业化和信息化融合情况

青岛市在企业、行业、区域三个层面加快国家级两化融合试验区建设步伐，以两化融合工作来提升传统产业、壮大支柱产业、发展新兴产业，有效地推动了经济转型和产业结构调整，保持了全市工业经济平稳较快发展。形成了“突出重点产业，龙头示范带动，实施品牌战略，优化服务环境”的两化融合推进模式。

（一）加强组织领导，注重规划先行，为两化融合试验区提供可靠保障。建立了“青岛市国家级信息化和工业化融合试验区领导小组”。制订规划、试验区实施方案与年度计划，明确工作方向和重点。成立了成员近80名专家、涉及8个产业的咨询机构。充分发挥中介组织作用。培育面向两化融合的中介服务机构，大力开展咨询、监理、资金监管等服务。

（二）抓好行业两化融合新型企业发展模式的推广。在重点产业、物流等行业，探索出了几个两化融合发展模式：家电电子行业，推广基于零库存的模块化设计生产模式；纺织服装行业，着力推广大规模量身定制的生产模式；石化化工行业，着力推广软控股份软硬结合、管控一体、自主可控的模式；食品饮料（制药）行业，着力推广大集中的管理模式。

（三）大力扶持积极协调，中小企业信息化取得长足进步。搭建第三方中小企业信息化公共服务平台。建设面向纺织服装、汽车及机械零部件、家电等多个行业、领域的产业链协作公共服务平台，为广大中小企业提供了信息化管理系统应用、信息资源服务，降低了供应链运作成本，提高了中小企业信息化应用水平。建成纺织行业电子商务平台、纺织服装行业信息化托管服务平台、汽车配件行业企业信息化公共服务平台、液压气密行业电子商务平台等专业化平台。以中小企业电子商务为牵引，推进中小企业信息化。与电信运营商、阿里巴巴等合作，建设和应用中小企业行业信息化公共服务平台。正式启动了“青岛·阿里巴巴中小企业电子商务工程”，采取政府扶持一点、企业拿一点、运营企业让利一点的“三个一点”方式，推进中小企业电子商务。

（四）以应用带动产业，促进信息服务业、物联网发展。两化融合的深化，催生并促进了软件、信息服务、RFID应用等产业发展。多种形式促进工业企业与软件、信息服务业对接。扶持重点企业发展。青岛高校信息产业有限公司的企业智能动态能源管控系统等系统得到较好推广。该系统依托计算机网络技术、通信技术、计量控制技术等信息化技术，实现能源与节能管理的数字化、网络化和空间可视化，完善能源基础数据体系，创新能源监督管理模式，支持能源与节能宏观综合决策，实现政府信息化建设相关资源的共享，提高能源管理水平，促进能效水平的提高，建设资源节约型社会、实现可持续发展。青啤在全国两化融合促节能减排座谈会上作典型发言，青啤、青岛高校信息获得全国两化融合促进节能减排试点示范企业称号。

（五）培育了两化融合的示范典型。培育了第二批两化融合示范区市、企业、项目和优秀服务机构，共收集了79个。通过调研和考察，确定了青岛市第二批示范试点典型：1个两化融合示范区、3个试点示范园区、15个示范企业、30个示范项目以及6个优秀服务机构。

（青岛市经信委　马忠华）

5－5－1　　2010年淄博市经信工作情况概述

2010年，在市委、市政府的正确领导下，认真贯彻中央、省市一系列方针政策，深入贯彻落实科学发展观，紧紧围绕“保增长、调结构、转方式、谋发展”这一主线，精心组织工业经济运行，大力开拓国内外市场，积极推进产业优化升级，强化自主创新和节能减排，积极推进两化融合，着力抓好重要生产要素供应保障，有效巩固和扩大了应对国际金融危机的成果，全面完成了年初及“十一五”规划确定的目标。

一、强化各项要素保障，工业运行质量明显提高

面临复杂的国际国内经济环境，积极应对，精心组织，着力解决运行中的突出矛盾和问题，工业经济实现了平稳较快增长，运行质量明显提高。

（一）工业生产平稳较快增长，经济效益明显提高。2010年，全市规模以上工业完成增加值1808.32亿元，同比增长16.18%，销售收入7709.86亿元，同比增长31.1%，利润560.84亿元，同比增长50.09%，利税966.72亿元，同比增长38.28%。累计产销率达98.03%。重点统计的100种工业产品中，76种产品产量保持增长。

（二）要素保障工作扎实有力。建立了煤电油运预警调度机制，实施电煤运输免收高速公路通行费政策，电煤储备警戒线从15天提高到30天，确保了冬夏电煤需求高峰的保障供应。

（三）加强调查研究。开展了技术改造、技术创新、现代物流产业、先进装备制造业等专题调研活动，就发展中存在的新情况、新问题，提出了具有较强针对性和可操作性的对策建议。

二、大力实施技术改造，工业内涵发展迈上新台阶

始终把技术改造作为推动工业经济发展的战略任务，作为工业结构调整的重要支撑，引导企业不断加大技改投入，强化项目管理和服务，有力促进工业经济转型升级。

（一）技术改造投资保持较快增长。全年完成技术改造投资600.2亿元，同比增长24.5%。医药、精细化工、石油化工、机械、汽车及零部件等行业的投资增幅均超过40%。重点项目建设进展顺利。2010年度百项重点工业项目竣工45项，累计完成固定资产投资140亿元。

（二）政策导向进一步明确。出台了新材料、新能源、船舶配套产业加快发展的指导意见以及建陶工业结构调整实施意见。组织编制了“十二五”工业发展规划，为全市工业转方式调结构指明了方向和重点。

（三）淘汰落后产能步伐加快。水泥行业，立窑水泥于6月30日前已全部淘汰，产能从2900万吨减至1800万吨；钢铁行业，张钢、新冶、隆盛等企业的落后产能淘汰任务全部完成。

（四）产业转移有序推进。7个外转项目开工建设，2个项目建成投产，宁夏石嘴山淄博工业园奠基开工。

三、强化自主创新能力建设，企业核心竞争力不断提升

坚持把企业自主创新，作为实现产业结构升级的中心环节，不断完善技术创新体系和产学研深入联合，切实增强企业自主创新能力，积极促进工业经济由要素驱动向创新驱动转变，由“淄博制造”向“淄博创造”转变。

（一）创新体系不断完善。2010年，新增省级企业技术中心9家，市级企业技术中心28家。鲁泰工业设计中心和山东硅苑工业设计中心被认定为省首批工业设计中心。筹建了新能源汽车工程研究院、化工产业技术创新合作工作站、集成电路芯片设计研发中心。

（二）企业装备水平加快提升。全市重点工业企业技术装备居国内先进水平的比重达到75%。有12户企业的13套装备被分别认定为国内或省内首台（套），有3个项目列入省新能源汽车关键零部件财政扶持范围。

（三）工业设计进一步加强。分6个专题，成功举办“创意淄博”2010年工业设计大赛。9项产品被评为省工业设计优秀产品。

（四）产学研联合取得新进展。山博电机、淄柴新能源与同济大学、浙江大学就电机电控方面的难题进行了对接。鲁泰纺织在山东理工大学成立了鲁泰学院。在2010年省产学研展洽会上，我市签订协议40项，投资总额7.79亿元。

四、加大引导和规范力度，企业管理创新取得新进展

始终把管理创新做为推动企业战略转型的重要抓手，对“十大管理创新”进行了积极的探索与实践，不断加大政策引导和典型示范力度，企业管理创新能力日益增强。

（一）企业管理创新取得新成果。我委制定出台了《关于进一步加强企业管理工作的意见》和《关于加强工业企业现场管理工作的意见》，开展了创建工业现场管理样板企业活动。组织开展了第二十届企业管理现代化创新成果和优秀应用成果评选，评出市级成果36项，有4家企业、31项成果被分别评为省级企业管理创新优秀企业和优秀成果。

（二）企业管理人员素质不断提高。与北京大学、上海交大联合举办了企业家研修班，成功举办转方式调结构系列讲座、“2010国内金融形势及企业发展新战略高峰论坛”等活动。

（三）诚信企业建设力度加大。有22家企业被授予首批“山东省诚信企业”称号，28家企业通过省第二批诚信企业审核。

五、深入推进节能降耗，可持续发展能力进一步增强

2010年是“十一五”节能降耗收官之年，全市节能降耗取得了显著成效。全年万元GDP能耗1.62吨标准煤，比2009年下降4.15%，全面完成了2010年及“十一五”节能目标。在全省节能目标责任考核中，2008、2009、2010年连续三年获得第一名，淄博市人民政府被省政府授予“十一五”节能突出贡献单位。

（一）目标考核力度不断加大。市和区县均成立了节能减排和淘汰落后工作指挥部，有效加强了组织领导。组织开展了区县、部门和重点企业节能责任考核工作。

（二）结构节能扎实推进。全年对500余个投资项目进行了节能评估和审查，高耗能行业过快增长得到遏制。培育了2个节能环保产业基地，节能环保产业发展明显加快。

（三）节能技术改造力度不断加大。全年淘汰锅炉497台、改造404台，淘汰电机

11664台（套）、改造25275台（套），淘汰窑炉131台，改造446台，年节能约50万吨标准煤。实施“三个节能30项（第三批）”工程，支持节能项目33项。

（四）循环经济初具规模。评定了12家循环经济示范单位，8家单位被确定为省级循环经济示范单位，12个重点项目列入省百项循环经济重点项目计划。审核验收21家企业的清洁生产，实施清洁生产方案608项。

六、大力发展信息产业，信息化建设取得明显成效

不断加快信息产业发展，坚持以信息化带动工业化，以工业化促进信息化，深入推进“两化”融合，不断提升区域、行业和企业的信息化水平，推动经济发展方式由粗放型向集约型转变。

（一）“两化”融合步伐加快。我委制定了《淄博市两化融合试验区建设实施方案》，实施龙头企业示范、信息技术改造传统产业等七大重点工程。全市10亿元以上企业计算机辅助设计（CAD）应用普及率达到90%，计算机辅助制造（CAM）应用普及率达到35%，电子商务达到58%。信息技术的应用，缩短产品设计周期60%以上，降低开发成本35%以上。

（二）电子信息产业发展迅速。2010年全市电子信息产业实现销售收入300.67亿元，同比增长37.92%；利润27.09亿元，同比增长92.81%；利税39.23亿元，同比增长72.82%。

（三）电子政务建设迈上新台阶。建成全市人口基础信息数据库，完善了法人信息数据库，行政审批和电子监察系统的功能和应用水平达到国内先进水平，公安、文化、教育、卫生等领域的信息系统建设不断加强和完善。

（四）“无线城市”建设取得新进展。与山东电信签署了“无线城市”战略合作协议，应急联动、安全监控、交警天翼集群三大重点关键项目进入实质性建设阶段。圆满完成了全运会、亚青赛以及全市重大活动期间的通信、网络和无线电安全保障工作。

（五）“城市一卡通”试点稳步推进。在完成M1卡升级改造CPU卡的基础上，重点启动了交警、出租车和民工安保一卡通系统，总计发卡40多万张，发卡数量、应用范围列全省之最。

（淄博市经信委　孙耀祖）

5－5－2　淄博市重点企业名单

1、山东金诚石化集团有限公司
2、中国石化股份齐鲁分公司
3、淄博矿业集团有限责任公司
4、山东博汇集团有限公司
5、鲁泰集团
6、山东电力集团公司淄博供电公司
7、淄博鲁阳企业集团
8、山东金岭铁矿
9、山东东岳集团有限公司
10、中铝山东企业
11、南金兆集团有限公司
12、山东北金集团有限公司
13、山东华联矿业股份有限公司
14、淄博齐翔石油化工集团有限公司
15、金晶（集团）有限公司
16、淄博傅山企业集团有限公司
17、山东齐峰集团有限公司
18、瑞阳制药有限公司
19、山东省药用玻璃股份有限公司
20、山东汇丰石化集团有限公司
21、蓝帆集团股份有限公司
22、山东淄博山川医用器材有限公司

23、山东胜利钢管有限公司
24、山东新华制药股份有限公司
25、山东新华医械集团
26、山东唐骏欧铃汽车制造有限公司
27、淄博柴油机总公司
28、山东联合化工股份有限公司
29、山东东佳集团
30、山东扳倒井集团
31、鲁泰纺织股份有限公司
32、山东东岳化工有限公司
33、山东东岳高分子材料有限公司
34、佶缔纳士机械有限公司
35、山东齐峰特种纸业股份有限公司
36、山东齐都药业有限公司
37、淄博万昌科技股份有限公司
38、淄博泰光电力器材厂
39、山东蓝星东大化工有限责任公司
40、淄博银仕来纺织有限公司
41、山东贵和显星纸业有限公司
42、山东博汇纸业股份有限公司
43、张店钢铁总厂
44、中国石油化工股份有限公司催化剂齐鲁分公司
45、阳煤集团淄博齐鲁第一化肥有限公司
46、山东鲁维制药有限公司
47、山东鲁信高新技术产业股份有限公司
48、山东东华水泥有限公司
49、淄博山水水泥有限公司
50、淄博兰雁集团有限责任公司
51、山东省生建重工有限责任公司
52、胜利油田高青石油开发有限责任公司
53、山东齐隆化工股份有限公司
54、山东德信皮业有限公司
55、山东蓝帆化工有限公司
56、山东博丰利众化工有限公司
57、山东瑞丰高分子材料有限公司
58、山东龙泉管道工程股份有限公司
59、中天仕名(淄博)重型机械有限公司
60、山东淄博新达制药有限公司
61、淄博金城实业股份有限公司
62、山东金城医药化工股份有限公司
63、山东先河悦新机电股份有限公司
64、山东泰宝防伪技术产品有限公司
65、山东三金玻璃机械股份有限公司
66、淄博包钢灵芝稀土高科技股份有限公司
67、淄博加华新材料资源有限公司
68、山东侨牌集团有限公司
69、山东齐鲁石化机械制造有限公司
70、山东美陵化工设备股份有限公司
71、淄博齐鲁比欧西气体有限责任公司
72、山东天晟煤矿装备有限公司
73、山东省淄博蠕墨铸铁股份有限公司
74、淄博市临淄金龙铁矿
75、金堆城钼业光明（山东）股份有限公司
76、山东博润工业技术有限公司
77、山东宏信化工股份有限公司
78、淄博大桓九宝恩皮革集团有限公司
79、山东硅苑新材料科技股份有限公司
80、淄博庄园混凝土有限公司
81、山东博泵科技股份有限公司
82、山东东泰矿业有限公司
83、淄博万昌化工设备有限公司
84、山东联创节能新材料股份有限公司
85、山东沃源新型面料有限公司
86、山东齐旺达集团海仲石油化工有限公司
87、淄博水环真空泵厂有限公司
88、淄博市王庄煤矿
89、淄博旭硝子刚玉材料有限公司
90、山东金顺达集团有限公司
91、淄博贝尼托金属制品有限公司
92、山东华瑞道路材料技术有限公司
93、山东青苑纸业有限责任公司
94、淄博鲁华泓锦化工股份有限公司
95、山东齐鲁石化开泰实业股份有限公司
96、山东舜天矿业有限公司
97、淄博凤阳彩钢板有限公司

98、华能淄博白杨河发电有限公司
99、山东东大一诺威聚氨脂有限公司
100、山东巨明机械有限公司
101、淄博钜创纺织品有限公司
102、山东坤升控股有限公司
103、山东华安新材料有限公司
104、山东祥和集团股份有限公司
105、山东新昊化工有限公司
106、淄博大亚金属科技股份有限公司
107、中材高新材料股份有限公司
108、华电淄博热电有限公司
109、山东珑山实业有限公司
110、淄博英科框业有限公司
111、淄博市傅山焦化有限责任公司
112、淄博中材庞贝捷金晶玻纤有限公司
113、淄博中轩生化有限公司
114、山东黄河龙集团有限公司
115、淄博凯景镀锌薄板有限公司
116、淄博海益精细化工有限公司
117、淄博汇银纺织有限公司
118、山东华狮啤酒有限公司
119、淄博乌金泰资产管理有限公司
120、淄博新宇集团有限公司
121、山东前昊炭素有限公司
122、高青宏远石化有限公司
123、山东天源热电有限公司
124、沂源县鲁村煤矿有限公司
125、淄博宏达热电有限公司
126、山东国金化工厂
127、淄博崇正水泥有限责任公司
128、淄博市淄川区宝山水泥厂
129、淄博宝塔焦化有限公司
130、山东科汇电力自动化有限公司

（淄博市经信委　孙耀祖）

5－6　2010年枣庄市经信工作基本情况

2010年，枣庄市经信委在市委、市政府的正确领导下，昂扬精神，奋发努力，紧紧围绕转方式、调结构这条主线，创新理念，强化落实，精心组织工业经济运行，全力推进工业结构调整，着重抓好技术改造、大企业集团建设、节能降耗等工作，全市工业经济呈现出质量高、速度快、后劲足的良好发展态势，全面完成“十一五”各项任务。全年全市规模以上工业企业1912户，比年初净增222户，超额完成全年净增100户的任务目标；完成工业增加值824.8亿元，实现主营业务收入3077.7亿元、利润359.4亿元、利税215.1亿元，分别是2005年的2.5倍、3.2倍、2.8倍和3.2倍，同比分别增长12.2%、23.1%、20.3%和21.8%，“十一五”年均增速分别达20.1%、26.2%、22.9%和26.2%。

一、紧抓预警预测分析，不断提高工业经济发展质量

针对国际、国内复杂多变的经济形势，进一步完善运行监测体系，做好工业经济运行预警、预测，将全市8大行业、16户企业纳入动态监测范围，及时掌握行业异动和企业产销存情况，提高运行监测的水平和效益，提高运行监测的广度和深度。根据对行业、企业的生产、效益数据的调度情况，定期编发《工业经济运行月报》，对异动行业、企业进行重点分析。及时掌握煤电油运、资金、劳动力等要素产品供需形势，积极克服要素价格高涨、市场不稳、同期基数抬高等困难，坚持做好煤电运调度保障工作，精心组织工业经济运行，组织企业开展各种形式的市场开拓工作。特别是在煤电价格倒挂的情况下，不论是在应对电力市场变化、实施有序用电平衡负荷、确保电网安全运行方面，我市电力管理工作都走在了全省前列，保障了工业经济的平稳健康发展。

二、紧抓技术改造，大力推进工业经济结构调整

引导企业用先进适用的高新技术改造提升传统产业，加强技术改造投资力度。2010年全市在建技改项目365个，累计资金到位295.7亿元,同比增长18.1%。以发展“新特优”工程为重点，突出项目载体建设。其中44个被列入山东省2010年工业转方式调结构千项重点技改项目计划；5个项目分别列入国家重点产业振兴和技术改造项目计划、国家电子信息技术改造项目计划、国家中小企业技术改造项目计划，是近几年进入国家计划盘子最多的一年；257个项目列入省调整振兴规划，目前项目已竣工的106个，在建的96个；92个项目列入省技术改造投资导向计划,是“十一五”期间最多的一年，项目总投资199.8亿元，其中固定资产投资161.2亿元；进一步做好技改投资增值税抵扣工作，仅1–10月份抵扣5.07亿元，是上年同期的1.72倍；承担的《政府工作报告》任务目标分工“城市转型项目”8个，其中4个项目超进度完成投资计划，发挥效益，其它项目按计划稳步推进。工业结构不断优化，目前已初步形成较完备的煤化工产业链条，新能源锂电池产业成为全国第三大锂电产业聚集区，新型干法水泥占水泥行业的比重达到73%左右，中小机床跻身全国产业集群品牌50强，机床行业数控化率达30%。

三、紧抓技术创新，逐步提高企业核心竞争力

技术创新体系建设取得新进展。一是行业技术中心建设上取得突破。2010年我市获批了山东省高性能电池产业聚集区行业技术中心和山东省中小数控机床产业聚集区行业技术中心两个省级行业技术中心，结束了枣庄市没有行业技术中心的历史；二是在山东省第十七批省级技术中心认定中，有6家企业技术中心通过，与上年相比增加了100%；三是在第十三批市级企业技术中心认定中，有26家企业通过，与上年相比增加了44%。截止目前，我市已建成各类技术中心158家，其中省级企业技术中心22家、省级行业技术中心2家、省级工业设计中心1家、省百项重点企业技术中心5家、市级企业技术中心128家。完善产学研联合机制，积极引导企业和高校、科研院所结成产学研战略联盟，目前，全市已有200多个企业与100多所大学、科研院所建立了长期固定合作关系，合作项目500多个，解决企业难题300多项。

四、紧抓企业集团和集群建设，增强重点企业支撑带动作用

按照市委、市政府部署，在“6635”大企业集团发展规划的基础上，出台了《枣庄市人民政府关于加快重点工业企业发展的意见》（枣政发[2010]8号），从资金扶持、管理创新、市场开拓、兼并重组、产业转移、节能减排和要素供应等9个方面、明确12条措施支持重点工业企业加快发展。进一步完善重点工业企业调度体系和监测机制，对重点工业企业生产经营和项目建设情况实行“月调度、季分析”，全市重点工业企业规模不断壮大，效益不断提升，项目建设快速推进，龙头带动作用进一步增强。2010年，全市47家重点工业企业实现主营业务收入630.9亿元、利税135.3亿元、利润76亿元，同比分别增长23%、20.5%和28.6%，分别高出同期增幅5.4、18.2和11.4个百分点；绝对值分别占全市规模以上工业企业的20.5%、37.6%和35.3%。重点工业企业梯队结构进一步优化。主营业务收入过10亿元的第一梯队企业达16家，比上年增加4家；主营业务收入5–10亿元的第二梯队企业达18家。重点工业企业发展后劲不断增强。2010年重点工业企业拟建和在建项目55个，项目总投资358.4亿元，其中，投资额10亿元以上的大项目10个；全年累计完成项目投资112.4亿元,年内有20个项目竣工投产。同时，注重引导企业全面加强管理，苦练内功，取得了较好成效。有4家获山东省管理创新优秀企业；兖矿国泰、兖矿鲁化和枣矿集团等3项管理创新成果获山东省2010年管理创新和应用成果特等奖，9家企业的13项管理创新成果获一等奖和二等奖；13家企业被评为第二届山东省诚信企业；4人被省企业联合会、企业家协会评为第十八届山东省优秀企业家。

五、紧抓节能降耗与淘汰落后，促进工业可持续发展

2010年是“十一五”最后一年，节能降耗各项刚性指标必须确保完成，压力巨大。我们及时采取各种有力措施，坚决打好节能攻坚战役。一是抓好节能预警调控。成立了节能减排和淘汰落后产能工作指挥部，制定并启动了《枣庄市节能降耗调控预警方案》。二是加强重点企业节能监管。突出抓好6户国家重点用能企业和120户省重点用能企业节能降耗，旬调度、月分析、季通报，开展能效水平对标。三是开展固定资产投资项目节能评估与审查，全年共对41个项目进行了节能评估，加强对国家级、省级节能降耗资金支持项目的监督管理，推进节能重点项目建设。四是积极争取上级资金扶持，2010年共组织申报国家和省各类项目23个，到位资金1515万元；组织市节能节水资金300万元对16个项目进行了补贴。五是大力发展循环经济，积极推进清洁生产。3家企业被评为山东省循环经济示范单位，23家企业通过省级资源综合利用企业认定，56家企业通过省级审核。六是淘汰落后产能取得成效显著。2010年，全市淘汰落后水泥产能515万吨、焦炭产能43万吨、造纸产能6.2万吨、电石产能3万吨、玻璃产能20万吨、铁合金产能0.5万吨、化纤产能1.2万吨、印染产能3600万米，全面并超额完成省政府下达的2010年淘汰落后产能目标任务。2010年上半年，全市万元GDP能耗同比降低1.81%，降幅居全省第二位；万元GDP电耗同比降低4.25%，降幅居全省第一位，得到省节能指挥部的充分肯定。

六、紧抓信息化建设，加快推进“两化融合”

去年政府机构改革，按照全市统一部署完成了原经贸委和信息产业局的整合，同时也极大地推动了工业化和信息化的两化融合。以枣庄高新区、滕州电子信息产业园为依托，围绕强规模、调结构，推进电子信息生产企业的升级、改造，积极推动“两化融合”实验区试点工作。企业信息化推进成效显著，80%以上的企业已开始使用成套管理软件，在互联网上开设网站进行网上交易，信息化对工业化的促进作用日渐显著。电子政务建设稳步推进，信息技术推广应用领域不断扩大，农村信息基础设施加速普及，“城市一卡通”同诚卡运营管理体制逐步完善，累计发放4.5万张，已实现持卡在“同诚卡”营业网点、合作营业点、自助终端上缴纳公交、供水、供电、燃气等领域的缴费项目，提升了人民群众的生活品质。

（枣庄市经信委　王次青）

5－7－1　2010年东营市工业和信息化发展情况

2010年，在市委、市政府的正确领导下，我市经信系统深入贯彻落实科学发展观，紧紧围绕黄河三角洲高效生态经济区建设，积极应对宏观调控政策变化带来的不利影响，加快传统产业升级，大力培育新兴产业，不断提升自主创新能力，扎实推进节能降耗，加快两化融合，有力促进了经济发展方式转变和工业结构调整，全市工业和信息化经济呈现出产业规模迅速扩大，发展层次显著提升，集聚效应初步显现，可持续发展能力进一步增强的良好发展态势。

一、“十一五”经信发展迈上新台阶

（一）工业经济实力实现新跨越。2010年，全市规模以上工业主营业务收入突破6000亿元大关，实现主营业务收入6113.9亿元、利税1160.1亿元、利润722.1亿元，同比分别增长39.4%、55.6%和49.7%，增幅分别居全省第1、2、5位，总量分别居全省第5、2、2位；完成增加值1735.4亿元，同比增长14.2%。地方规模以上工业完成增加值1012.2亿元，首次突破千亿元；实现主营业务收入5099亿元、利税595.8亿元、利润424亿元，同比分别增长40.7%、43.7%和45%，增幅分别居全省第1、3、6位，总量分别居全省第6、5、5位。增加值、主营业务收入、利税、利润占全市工业的比重分别为58.3%、83.4%、51.4%和58.7%。

（二）产业结构调整成效显著。传统产业升级效果明显，化工、纺织、造纸、橡胶轮胎等传统产业80%以上技术装备达到国内先进水平，30%达到国际先进水平。2010年，全市高新技术产业产值占工业总产值的比重达到25.4%，同比提高3.2个百分点。战略性新兴产业快速起步，2010年实现主营业务收入356.9亿元、利税33.4亿元、利润28.0亿元，同比分别增长68.3%、71.6%和85.1%，分别高出地方工业27.5、27.9和40.1个百分点。产业集聚度不断提高，全市省级以上经济开发区工业增加值占地方工业的比重达到50%，同比提高4个百分点。

（三）产业发展的特色优势更加明显。石化产业，原油一次加工能力由2005年的1500万吨增加到2560万吨，我市是全国地炼能力最大的市，2010年实现主营业务收入1122.8亿元，成为全市第一个主营业务收入过千亿元的产业；造纸业产能达到250万吨，新闻纸产能全国第一；石油装备制造业产值占全国的三分之一，是全国最大的石油装备制造业基地；橡胶制品业，轮胎产能10020万条，其中，子午胎产能8063万条，轮胎产能跃居全省第一位；盐化工业，离子膜烧碱产能112万吨，居全省第一位；有色金属业，阴极铜产能增加到20万吨，居全省第一位；纺织服装业，纺纱产能325.3万锭，居全省第三位；汽车及零部件业，刹车片产能达到3000万套，在全国主机配套市场的占有率达30%-40%，整车制造初具规模。

（四）自主创新能力明显提升。建成3家国家级企业技术中心、25家省级企业技术中心、40家市级企业技术中心为主体的企业技术创新体系。品牌建设成效显著，已培育中国名牌产品5个，山东名牌产品98个；中国驰名商标11个，省著名商标54个。

（五）骨干企业进一步壮大。2010年底，全市规模以上工业企业达到939户。地方主营业务收入过亿元企业达到565户，占全市规模以上工业企业的60.2%。其中，1-10亿元483户，同比增加79户；10-50亿元59户，同比增加9户；50-100亿元11户，同比增加3户；100亿元以上12户，同比增加6户。华泰集团、方圆金属、万达集团、西水集团、利华益集团5家企业主营业务收入均超过150亿元。8家企业入围中国企业500强，入围企业数量在全省名列前茅。16家企业入围省百强工业企业，14家企业入围省百强制造业企业，入围数量连续三年名列全省第一；13家企业入围省百强企业，居全省第三位。

（六）节能降耗扎实推进。2010年，预计全市万元GDP能耗0.7424吨标准煤，比2005年下降22%，能够全面完成省政府下达的“十一五”节能目标任务。

（七）信息产业快速发展。2010年，全市电子产品制造业实现主营业务收入227.5亿元，同比增长30.2%；软件企业实现软件业务收入4.99亿元、利润2.34亿元、税金4491.6万元，同比分别增长57%、278%和156%。信息基础设施建设快速推进，全市光纤总里程32.2

万芯公里，移动、固定电话交换机总容量550万门；互联网出口带宽从2005年的5G增长为2010年的60G，增长11倍。

（八）对外开放水平不断提高。2010年，完成进出口79.6亿美元，同比增长101%，增幅列全省第1位。其中出口27.6亿美元，增长57.1%，增幅列全省第2位。轮胎出口14.3亿美元，增长57.5%；电器电子类出口3.3亿美元，增长309.2%；石油装备出口2.3亿美元，增长21.1%；纺织服装出口1.4亿美元，增长61.9%。

二、2010年各项工作扎实推进

（一）抓工业结构调整，推动发展方式转变。一是加快工业调整振兴。2009年，市政府出台了关于工业调整振兴的意见以及石化、纺织、轮胎、石油装备、汽车、电子信息等六大产业调整振兴规划，论证储备了323个总投资1147.5亿元的调整振兴项目。工业调整振兴工作小组办公室制定了工业调整振兴推进工作考核办法，推动了工业发展和调整振兴政策措施的落实。开展了石油装备产业整合试点工作，实施了化工、石油装备、轮胎和新能源四大产业一个产业、一个协会、一个融资平台、一个展销平台“四个一”工程。2010年，配合国家战略的实施，我委又制定了工业、电子信息产业、装备制造业、现代物流业、循环经济等五大发展规划，进一步加强了对工业发展的规划指导。二是改造提升传统产业。“十一五”以来，围绕化工、造纸、纺织、橡胶轮胎等传统产业，共实施技术改造项目2030个，完成工业投入1332亿元。三是积极培育新兴产业。2010年，推进实施了华辰重型数控机床制造基地、合力公司30万件高速火车轮（动车组）生产线等一批高端项目，推动产业结构向高端高质高效方向发展。“十一五”期间，共实施战略性新兴产业项目177个，完成投资238亿元，战略性新兴产业主营业务收入占到地方工业的7%，海洋工业产值同比增长60%。以太阳能、风能、地热能、生物质能利用为主的新能源产业迅猛发展，以新型功率半导体制造、LED和芯片制造为主的新信息产业已形成产业化，新型建材、化工新材料、电子新材料等新材料产业初具规模。四是生产性服务业快速发展。广饶物流园区、东营港中海油物流园区等现代物流项目扎实推进，工业企业主产业与物流业分离步伐加快，我市成为全省六大物流节点城市之一。五是优化产业布局。积极推动重点产业和生产要素向园区集聚，提升园区经济发展层次和水平，胜利工业园已入围山东省第一批新型工业化产业示范基地。全力推进中心城工业企业搬迁，截至2010年底，计划搬迁（转产、关停）的31家工业企业中，28家企业已制定搬迁（转产、关停）工作方案，14家企业已选址，8家企业基本完成搬迁（关停）任务。

（二）抓工业投入，增强发展支撑力。一是加快重大项目建设。开展了“项目集中开工月”活动，实行重点项目领导帮扶、大项目集中代理审批等制度，着力加快企业项目建设，加大工业投入。2010年，共实施工业项目461个，完成投入442亿元，同比增长25%。其中，总投资亿元以上项目198个，完成投入330亿元。华泰集团70万吨高档铜版纸、利华益集团22.5万吨丁辛醇、华锐风电风机制造等17个全市重大工业项目完成投资113.1亿元。二是积极帮助企业拓宽融资渠道。2010年，全市银企洽谈会签约贷款金额399亿元，到位资金305.4亿元，资金到位率76.5%。积极引进股份制银行，恒丰、华夏、中信和东营莱商村镇4家银行正式开业，交通、民生、招商3家获准筹建，浦发、光大、青岛等3家正积极争取获批。14家小额贷款公司获批，10家开业，截止2010年底，累计发放贷款39亿元，贷款余额15亿元。2010年末，市内银行业金融机构各项贷款余额1189.92亿元，较年初增长27.36%，高于全省平均增幅9.06个百分点，居全省第1位。积极争取企业上市，全市已有上市公司6家，在证券市场融资47.5亿元。信用担保业快速发展，37家信用担保机构累计担保金额223亿元。

（三）抓创新能力建设，提升企业核心竞争力。一是推进企业技术中心建设。2010年，6家企业技术中心和3家行业技术中心通过省级认定，实现了我市省级行业技术中心的零突破。3个项目列入省级企业技术中心创新能力专项计划。认定市级企业技术中心23家。二是深化产学研合作。鼓励和引导企业围绕产业技术创新,加强与国内外高校和科研院所合作，建立产学研技术联盟，加快技术成果的扩散应用和产业化步伐。2010年，实施省级技术创新项目62个，有20项达到国际先进水平，9项填补国内空白,47项属自主研发。“十一五”期间，共实施技术创新项目1390项，其中列入省级创新计划369项，全部达到国内先进水平以上。三是加快工业设计发展。市政府出台了《关于加快工业设计发展的指导意见》和我委《东营市工业设计中心认定管理办法（试行）》，突出重点，加快推进。2010年，全市已有专业工业设计公司6家，工业企业设计中心59家，工业设计从业人员6153人。3种产品被认定为山东省第一批工业设计优秀产品，5个产品被认定为2010年度山东省重点领域首台（套）技术装备产品。

（四）抓节能降耗，全面完成“十一五”节能目标任务。一是开展节能攻坚。针对2010年严峻的节能形势，健全了节能“双目标责任考核”和能源消耗量“双分解双控制”机制，及时启动A、B、C三级节能预警调控方案，通过采取市领导包县区、专项督查、日调度周通报等措施，全力开展节能攻坚。二是严把项目准入关。对在市内投资铜冶炼、水泥、电力、烧碱等行业的新、改、扩建项目和年综合能耗2000吨标准煤以上的项目，严格节能评估审查,有效遏制了高耗能高污染项目上马。三是加快淘汰落后产能。“十一五”以来，先后淘汰30万吨立窑水泥生产线、6万吨隔膜法烧碱装置等一大批落后产能，关停小火电机组52.1万千瓦，超额完成省下达的“十一五”落后产能淘汰任务。四是加快节能技术进步。“十一五”以来，共实施节能技改项目300个，有90个项目列入国家、省和市扶持范围，总投资67.77亿元，达产后年节能75万吨标准煤。五是加强重点领域监管。居住建筑供热计量及节能改造竣工面积103.29万平方米；累计改装使用压缩天然气车辆6.6万辆，年节油12万吨；全市公共机构能耗同比下降5%。六是调整优化能源结构。建成风电项目5个，并网投产装机容量25万千瓦，年节能26.9万吨标准煤。年开采地热水量210万立方米。光伏电池组件产能550兆瓦，居全省第一位。年利用秸秆28.5万吨，发电2.07亿千瓦时，节能2.77万吨标准煤。七是加快发展循环经济。实施了“1320”循环经济示范工程，重点推进的总投资67.8亿元的25个循环经济项目，已有20个建成投产，年节能15.86万吨标准煤。石油化工等八大循环经济链条不断延伸，东营经济技术开发区和华泰集团等16家企业被确定为省级循环经济试点园区和企业，胜机石油装备公司被列为全国首批再制造试点单位，工业固体废弃物综合利用率达到93%，区域、园区和企业三个层面的循环经济框架初步建立。

（五）抓骨干企业培育，提升企业整体素质。一是深入实施大企业带动战略。市政府出台了《关于加快重点工业企业发展的意见》和《功勋企业评选办法》,支持骨干企业做大做强。健全了大企业直通车服务机制，突出抓了市50家重点工业企业和列入省重点工业企业名单的23家企业的指导和管理。市政府设立了“功勋企业”专项奖励资金，每年评选一次10大功勋工业企业，给予表彰奖励。同时，狠抓大企业引进，经过艰苦努力，成功引进了中海油与我市合作，整合了中海化工。中化集团成功与华星集团、正和集团实现合资合作。二是促进中小企业发展。深入实施中小企业成长、科技创新、小企业培育和特色产业提升四项计划，2010年有73个项目列入省中小企业推进结构调整重点项目目录,进行重点调度和帮扶。广饶县大王镇和稻庄镇被认定为第三批山东省特色产业镇。2009年，省政府在我市召开了全省中小企业产业集群工作会议，在全省推广我市的做法和经验。三是加强企业管理。2010年，开展了企业管理创新年活动，引导企业积极开展管理对标、创建样板示范企业等活动，及时总结推广典型经验。市政府设立了企业管理奖，对20家现场管理样板企业、诚信示范企业和管理信息化示范企业，给予表彰奖励。四是加强人才队伍建设。建立了900多家企业、2100名经营管理人员的人才库，建立省级实训基地43家，每年组织企业家赴重点院校专题培训，促进了企业家队伍建设和素质的逐步提高。

（六）抓信息化建设，促进两化深度融合。一是加快信息产业发展。依托电子信息产业园、软件产业园等产业基地，以集成电路、平板显示、电子元器件、软件及服务外包等为重点，进一步优化发展环境，加快项目建设，电子产品制造业和软件业发展迅速，为两化融合提供了有力技术支撑。二是两化融合实验区建设扎实推进。我市被批准为山东省首批两化融合试验区，市政府编制了《东营市信息化和工业化融合试验区建设实施方案》，梳理了37个两化融合项目、67个信息产品、32项信息服务，推进工业与信息化融合。全市通过信息化技术提高企业管理、生产水平的企业达65%以上，信息化技术在95%以上的规模企业广泛应用。三是“无线城市”试点稳步实施。我市被批准为山东省首批“无线城市”试点，制定了“无线城市”试点方案，搭建了无线城市综合门户平台，建成了以石油大学、东营职业学院为主体的无线校园，无线软件园区、能耗监测预警与综合利用平台、无线港区建设积极推进。四是农村信息化试点深入开展。我委制定了《“农村信息化试点市”实施方案》，开通了黄河三角洲高效生态农业综合服务平台，建成了农村管理、农业监管等14个子系统。五是电子政务广泛应用。全市所有部门单位实现了日常办公和事务管理自动化，数字水利、数字海洋、数字粮食等信息化应用系统广泛应用。六是社会信息化全面渗透。“家校通”、“一卡通”、“数字医院”等重点工程扎实推进，社会管理信息网络应用系统逐步完善。七是无线电管理规范有序。强化无线电日常监测工作，严格设台单位年审验证，组织开展了违规使用对讲机专项执法活动。认真做好搜救应急频率的监测工作，较好完成了重大节假日、高考、黄河口国际马拉松比赛等重大活动期间通讯保障工作。

（七）抓运行调控，保障经济平稳健康运行。坚持对30家重点企业、32种重点产品和主要原材料实行旬调度制度，强化预测、预警、预报。严格落实经济运行督导检查和帮扶企业等制度，2010年督查解决了企业生产经营中的76个突出困难和问题。切实保障煤电油运供应。进一步加强电力需求侧管理，推动电网建设和农网改造，强化电网运行调度，全市电力供应平稳有序。2010年，全市工业用电量146.1亿千瓦时，同比增长7.1%。其中，地方工业用电量85.5亿千瓦时，增长11%。成立了市成品油市场管理领导小组，开展了成品油市场专项整治，规范了成品油市场秩序。组织企业积极参加国内外大型展会，开展了对接商业流通网络、对接重点建设工程、对接政府采购、对接上下游企业“四个对接”活动，签订购销合同、协议金额28.9亿元，助力企业开拓市场，全市工业产销率达到98.7%。深化治乱减负和安全生产，严格治理涉企“三乱”和公路“三乱”，加强对经信企业的安全教育和监督检查，实现了企业生产安全。

（八）抓队伍建设，打造干事创业优秀团

队。一是创新经信文化。总结提出发挥综合、协调、指导、服务四大职能，弘扬和谐、敬业、创新、争先四种精神，创建学习型、规范型、服务型、能力型、文明型五型机关，突出学习调研、基础管理、职能转变、服务质量、廉洁自律、督查考核六个重点，争创一流队伍、一流工作、一流业绩、一流形象四个一流，实现领导放心、职工顺心、企业满意、社会肯定四个目标的“四四五六四四”工作理念，打造干事创业、健康向上的经信文化。二是强化作风建设。始终坚持集体领导、民主集中制，注重加强班子团结，充分发挥每一名班子成员的长处，形成工作合力。大力弘扬实干精神，培养造就了一支敢干大事、善干难事、能干成事、困难面前敢亮剑的职工队伍。三是积极创建“学习型”机关。搭建了集体学习、科室长上讲台、图书阅览室、经信网站、专题辅导、外出培训、集中调研七个学习平台，让职工有所学、有场所学、学有所获，去年新购图书近千册，组织集中学习38次，每年都有3–5篇成果荣获市社会科学和市政府系统评选一、二等奖，2010年荣获市社科评选特等奖。四是强化制度建设和管理创新。坚持人性化管理，市经信委修订了《“千分制”目标责任管理考核办法》，完善了岗位责任制、考勤、财务等30项规章制度，建立横向到边、纵向到底，涵盖机关管理各个方面和环节的制度体系。关爱职工群众，组织全委职工进行健康查体，更新办公设施，安装广播设备，组织职工进行广播体操锻炼等等，从细节和实处关爱职工群众，营造了一个愉悦、健康的工作、生活环境，行政效能和服务水平不断提升。

（东营市经信委　王霞）

5－7－2　东营市重点工业企业名单

1、华泰集团有限公司
2、科达集团股份有限公司
3、山东华星石油化工集团有限公司
4、山东正和集团股份有限公司
5、山东大海集团有限公司
6、山东西水橡胶集团有限公司
7、信义集团公司
8、山东金宇轮胎有限公司
9、山东金岭集团公司
10、山东永泰化工有限公司
11、东营市华誉实业集团有限公司
12、山东省华鹜植化集团有限公司
13、山东驰中集团有限公司
14、山东半球面粉有限公司
15、山东利华益集团股份有限公司
16、利津县顺利化工有限责任公司
17、山东利津雅美纺织有限公司
18、万达集团股份有限公司
19、山东垦利石化有限责任公司
20、山东胜通集团股份有限公司
21、东营市东辰集团有限公司
22、山东石大科技有限公司
23、东营市天信纺织有限公司
24、胜利高原有限公司
25、东营方园有色金属有限公司
26、东营市海科化学工业有限责任公司
27、胜利油田胜利动力机械有限公司
28、东营市胜辉木业有限公司
29、富海集团有限公司
30、山东中海石油化工有限公司

（东营市经信委　王霞）

5－7－3　东营市电子软件企业名单

1、山东宝力通信科技有限公司
2、山东华凌科技工程集团有限公司
3、山东世通信息科技有限责任公司
4、东营东软电脑科技有限公司
5、山东广域科技有限责任公司
6、东营凯维石油科技有限责任公司
7、胜利油田胜利软件有限责任公司
8、山东拓普石油装备有限公司
9、东营市天心软件有限公司
10、东营爱和美科技开发有限责任公司
11、东营望海科技有限公司
12、山东鼎创信息技术有限公司
13、东营市新视野软件有限公司
14、山东万高科技有限公司
15、东营红心网络科技有限公司
16、东营汉威石油技术开发有限公司
17、山东菁英石油科技有限公司
18、东营市同天电子科技有限公司
19、山东海神电子有限公司
20、东营市飞达信息网络科技有限公司
21、华东线缆
22、东营光伏

（东营市经信委　王霞）

5－8－1　2010年烟台市经信工作情况概述

一、概况

截止2010年底，全市全部国有及年销售收入500万元以上的非国有工业企业（以下简称规模以上工业企业）3821个，较上年末净增75个。按隶属关系分，中央属企业9个，省属企业25个，市属企业53个，县市区属企业166个，乡属企业101个，其他企业3467个；按经济类型分，国有企业64个，集体企业182个，股份合作制企业16个，股份制企业1970个，外商及港澳台投资企业1140个，其它类型企业449个；按企业规模分，大型企业37个，中型企业308个，小型企业3476个。全市规模以上工业企业职工年平均人数94.03万人。

全市规模以上工业实现增加值2382.4亿元，比上年增长16.1%；实现主营业务收入10967亿元，增长22.1%；实现利税1115.3亿元，增长37.2%；实现利润857.2亿元，增长39%。主营业务收入、利税、利润三项指标绝对额均分居全省第2、3、1位。工业企业亏损额和亏损面“双下降”，分别下降6.2%和2.65个百分点。全市全社会用电量295.15亿千瓦时，增长12.6%，其中工业用电234.42亿千瓦时，增长13.5%。

（一）县域经济。年内全市县域工业经济得到较快发展，有5个县市区规模以上工业企业主营业务收入突破千亿元，分别是：开发区2310.8亿元，龙口市1918.5亿元，招远市1200亿元，莱州市1171.4亿元，蓬莱市1165亿元；有10个县市区完成工业增加值增幅超过全市平均水平，分别是高新区（增长21.1%）、莱山区（21%）、福山区（20.7%）、海阳市（19.9%）、栖霞市（19.9%）、牟平区（19.3%）、开发区（19.2%）、莱阳市（18%）、蓬莱市（17.2%）、龙口市（17%）。实现利税、利润增幅均高于全市平均水平的县市区有

8个，分别是莱山区(53.1%、66.2%)、栖霞市(51.8%、56.1%)、开发区(48.6%、53.2%)、海阳市(46.4%、48.4%)、牟平区(44.9%、46.4%)、莱州市(44.2%、41%)、福山区(39.9%、41.2%)、蓬莱市(39.1%、40.1%)。

(二)支柱产业。2010年，全市机械制造、电子信息、食品和黄金四大支柱产业规模以上企业户数达到1937户，实现主营业务收入6611.1亿元，比上年增长23%；实现利税652.8亿元，其中利润504.6亿元，分别比上年增长41%和42%，上述三项指标占全市比重分别达到60.3%、58.5%和58.9%，分别比上年提高0.2个、1.1个和0.9个百分点。

机械工业：规模以上企业有929家，涉及汽车及零部件、船舶、制冷设备、机床附件等门类，实现主营业务收入2399.84亿元、利税275.13亿元、利润199.74亿元，分别增长28.6%、45.8%和49.2%，全市整车产量达到31.5万辆。

电子信息行业：规模以上企业249家，主要产品为电脑整机、游戏机、手机、电子网板、PC硬件、电力远动系统等，实现主营业务收入1747.3亿元、利税122.87亿元、利润92.10亿元，分别增长16.7%、48.1%和46.1%，其中电脑产量达到671万台，手机产量达到2372万部。

黄金及制品业：规模以上企业为103家，主要涉及黄金采选及黄金加工，年产黄金356.2万两，实现主营业务收入955.20亿元、利税92.63亿元、利润86.98亿元，分别增长25.6%、38.8%和37.9%。

食品工业：规模以上企业有656家，主要涉及饮料酒、肉食加工、植物油、罐头、冷冻食品加工等。实现主营业务收入1508.75亿元、利税162.14亿元、利润125.78亿元，分别增长20.1%、30.1%和32.7%。

(三)骨干企业。2010年，列入“3·50”工程(“十一五”期间，集中力量培育发展50户重点企业、50个中国名牌产品和中国驰名商标、50个具有较强自主创新能力企业技术中心)的50户重点骨干企业实现主营业务收入4114.6亿元，增长23.2%；实现利税、利润分别为429.5亿元和330.1亿元，分别增长41.7%、44.7%。实现主营业务收入和利税分别占全市规模以上工业的37.5%和38.5%。全市实现主营业务收入过10亿元的企业有120户，比上年增加12户，收入总额5396.1亿元，占全市总量的49.2%，其中50–100亿元企业9户，过百亿企业12户；利税过亿元的企业133户，比上年增加23户，利税总额593.5亿元，占全市总量的53.2%，其中5–10亿元企业8户，10亿元以上企业12户。主营业务收入过百亿元的12户企业分别是：鸿富泰精密电子(烟台)有限公司925.2亿元；南山集团公司401亿元；山东黄金矿业股份有限公司296.6亿元；山东招金集团有限公司228亿元；上海通用东岳汽车有限公司167.3亿元；山东玲珑橡胶有限公司150.9亿元；斗山工程机械(中国)有限公司143.1亿元；浪潮乐金数字移动通信有限公司129.5亿元；山东丛林集团125.5亿元；龙口矿业集团有限公司119.2亿元；烟台万华合成革集团有限公司106.6亿元；上海通用东岳动力总成有限公司103.3亿元。

二、工业对外开放及经贸交流

努力扩大工业品出口，大力调整出口产品结构，扩大高新技术、高附加值产品出口。我委出台了《关于大力开拓市场加强工业产品营销的意见》，引导企业加大省内外、国内外市场开拓力度。启动建设烟台市网上工业展览馆，为全市工业企业搭建电子展示、交易商务平台，已有21户企业入馆展示。大力实施“走出去”战略，在巩固日韩欧美等传统国际市场的基础上，积极组织开拓俄罗斯、非洲、拉美等新兴市场。万华集团成功收购匈牙利宝思德化学公司股权，控股达到96%，一举成为世界MDI第三大产销巨头。积极开展经贸洽谈活动。组织参加“鲁渝对口支援经济合作展”取得丰硕成果，签订合作协议12个，总投资47.1亿元。成功举办“中国食品名城”授牌仪式暨2010中日韩国际食品博览会，达成合作意向420多项，成交额28.5亿元，为历届食博会中档次最高、规模最大、签约最多的一届。举办第八届国际（烟台）装备制造业博览会暨2010山东节能产品展洽会，现场销售订单达到1.2亿元，意向性订单额20亿元。举办2010山东半岛蓝色经济区高端制造业发展论坛暨博览会，成交额达10亿元，签署合作协议意向60多项。举办“2010年上海通用汽车供应商销地产会议暨上海通用汽车供应链本地化推进会”，上海通用汽车一级供应商28家企业、本地35家零部件配套企业进行了对接。此外，组织企业参加第八届大连国际软交会、第五届中国国际信博会、山东物流科技与装备展览会等活动，均取得丰硕成果。围绕产业高端化，以央企、国内外500强企业和大专院校科研院所为重点，大力推进“三个引进”，策划包装了电子信息、汽车及零部件等一批大项目、好项目向500强企业强力推介，积极开展多种形式的产业对接招商，先后引进了东岳汽车新增30万辆轿车、东岳汽车新增汽车发动机、航空钛合金紧固件、民机航机合作、高档发动机等项目；中国科学院计算技术研究所烟台分所正式挂牌；与中国国际海运集装箱、恒天集团、中国建筑材料、中国节能投资、航天科工集团、中化集团等进行了对接洽谈，力争其落户烟台。

三、技改投入

优化投资结构，把技术改造作为推进蓝色经济和高端产业战略实施的重要举措，将投资重点集中到支柱产业、装备制造业、临港产业、海洋生物和节能环保等领域，通过优化投资结构加快产业升级步伐。2010年，全市工业投资达1186.9亿元，增长9.7%；2087项技术改造项目累计完成投资960.4亿元，比上年增长15.1%，占全市固定资产投资的38.1%。四大支柱行业累计完成工业投入735.7亿元，增长6.8%，占全市工业投入的62%。加大上级政策争取力度。有91个技术改造项目入围省重点支持的1000个工业项目，总投资266亿元，占全省的16.3%，居全省首位。有10个项目入选国家重点产业振兴和技术改造专项，争取资金2800多万元；33个项目入选省新兴产业和重点行业发展专项，争取资金1100多万元。重点项目建设顺利推进，深入开展“项目推进年”活动，90个投资过亿元重点技改项目全部开工，完成投资133.2亿元。实施了一批规模大、技术高、辐射强的重大项目，先后有总投资550亿元的化学工业园、30亿美元的富士康科技工业园、60亿元的南山高端铝合金产业园、30亿元的张裕工业园、25亿元的通用东岳新增30万辆汽车等重点项目启动或投入建设，玲珑集团“1000万套高性能乘用子午胎”、烟台中集来福士“4000米深海半潜式钻井平台”、龙口龙泵“柴油电控燃油喷射系统”等一大批重点技改项目完工投产，增强了工业经济的发展后劲。

四、企业自主创新

深入开展创建企业技术中心活动，年内，开展企业技术中心创建活动，龙口道恩、龙大食品和龙源电力3户企业被新认定为国家级技术中心；隆基集团、百斯特锅炉等8户企业被认定为省级技术中心，24户企业被认定为市级技术中心，市级以上企业技术中心总数达到166家，其中国家级13家，省级47家。张裕、万华、绿叶制药等6家企业入围省级行业技术中心，居全省首位；冰轮、南山纺织入围全省首批工业设计中心。年内新增9件中国驰名商标，累计达到41件，新增山东省著名商标57件，新增山东省名牌产品18个。截止2010年底，全市拥有中国名牌产品28个，中国驰名商标41件；拥有山东省名牌产品200个，山东省著名商标282件。全力推进产学研合作。组织张裕、啤酒等企业与烟台大学、鲁东大学等驻烟高校开展对接合作，就校企共建研发中心、人才培养、共同办学、攻克技术难题、科技成果转化等方面达成合作协议，促进了企业与院校间多领域、多层次合作。组织企业参加全省产学研展洽会，获得金奖4个、银奖1个、创新奖6个，工业设计优秀产品奖10个。大力发展高新技术产业，2010年，全市高新技术产业实现产值4947.5亿元，增长26.4%，占规模以上工业总产值比重为44.11%，比上年提高了2.15个百分点。加大对技术创新项目扶持力度，万华、氨纶、道恩、招金、金海种业等5个国家重大科技成果转化项目获拨款支持1.1亿元，居全省首位；张裕、绿叶、丛林、环球等4户企业争取国家拨款1700余万元；先后有110多个项目列入省重点创新项目计划和创新能力建设项目，27个新产品享受省财政资金扶持，8户企业列入省重点领域首台（套）技术装备项目，争取上级扶持资金1000多万元。

五、企业管理

一是深入开展企业管理“三创建”活动。认真落实全省企业管理大会精神，在全省率先出台了《烟台市企业管理奖励办法》，评选10户企业管理奖和10个管理创新成果，通过典型引路，推动我市企业管理工作上水平。申报省级成果21项，市级成果30项。二是全面加强基础管理。引导企业建立全面成本控制体系，提高生产效率；健全投资和经营风险内控制度，压缩两项资金占用，防范财务风险；加强信息化管理，引导企业利用信息技术改造提升资源管理系统，运用信息技术、电子商务技术改造企业物流系统和购销系统，构建适应信息化、国际化竞争需求的现代物流体系，整合企业资源，提升管理水平。三是全面加强企业教育培训工作。积极推进企校共建，山东工商学院与烟台万华集团华力热电有限公司等企业合作，增设影视艺术技术、电气信息工程、物联网工程3个专业，鲁东大学与山东中交航务工程有限公司等合作，增设港口海岸及治河工程、植物资源工程2个专业。加快省级企业实训基地建设，年内建成浪潮乐金、富士康、斗山工程、中矿等28个企业实训基地，总数达到60个。

六、节能降耗

坚持把节能降耗作为落实发展观和转方式、调结构的重要内容，在全力促进经济快速增长的同时，千方百计降低能源消耗，连续5年完成省下达的节能目标任务，节能减排工作走在了全国全省前列，并荣获山东省节能突出贡献奖，实现了经济发展与节能降耗双赢。严格节能目标考核，强化节能预警调控，采取一系列强有力措施，遏制工业用电过快增长。积极推行合同能源管理，在全市重点推进80个节能节水、资源综合利用、新能源和环保产业项目，总投资64.1亿元，年可节能86万吨标煤。大力推广20项重大节能技术和20项重大节能装备，组织开展高效照明推广活动，全年推广节能灯51.8万支。进一步加强110户重点用能企业监管，组织实施现场督查、能源审计和重点项目建设，在全省率先建立重点用能企业超标准用能预约谈话制度，促进企业降耗达标。严格项目准入，积极淘汰落后产能，全年拆除落后立窑生产线18条、草浆生产线1条、炼铁高炉3座。大力推进资源综合利用，全市现有市级以上资源综合利用企业140户，年利用工业废弃物860万吨。积极争取上级政策扶持，年内争取到国家、省奖励或补助的节能减排、淘汰落后项目资金4600多万元，对打好“十一五”节能减排攻坚战、完成节能目标任务做出了重要贡献。

七、信息化建设

工业化和信息化加速融合，信息化水平进一步提高，我市被认定为省级首批“两化融合试验区”。积极利用信息技术改造提升传统产业，加快信息技术在工业设计、生产控制、企业管理、物流营销等领域的应用。大力发展软件产业，积极推进软件和信息服务业领域高新技术产业化，全市通过“双软”认定的企业达到48家，软件产品登记255个，软件产业实现销售收入48亿元。我市被批准列入山东省首批“无线城市”试点城市；9月份，“无线城市”建设全面启动。烟台市民卡工程推进加快，实现了市民卡在五区60条线路2000多辆公交车刷卡，应用领域12项，累计发放市民卡10万张。建立完善市级电子政务业务专网和专网平台，“中国烟台”政府门户网站在全国全省绩效考评中名列前茅。建成开通我市电子政务考核信息平台。

（烟台市经信委　孙嗣文）

5－8－2　烟台市重点企业名单

1、 鸿富泰精密电子（烟台）有限公司
2、 南山集团公司
3、 山东黄金矿业股份有限公司
4、 山东招金集团有限公司
5、 上海通用东岳汽车有限公司
6、 玲珑集团有限公司
7、 斗山工程机械（中国）有限公司
8、 浪潮乐金数字移动通信有限公司
9、 山东丛林集团有限公司
10、龙口矿业集团有限公司
11、烟台万华合成革集团有限公司
12、烟台张裕集团有限公司
13、上海通用东岳动力总成有限公司
14、烟台有色金属股份有限公司
15、山东鲁花集团有限公司
16、山东中矿集团有限公司
17、烟台东方不锈钢工业有限公司
18、乐金电子部品（烟台）有限公司
19、龙大食品集团有限公司
20、烟台恒邦集团有限公司
21、山东隆基集团有限公司
22、烟台冰轮集团有限公司
23、方圆集团有限公司
24、蓬莱金创集团公司
25、山东鲁鑫贵金属集团公司
26、山东富海集团有限公司
27、烟台来福士海洋工程有限公司
28、烟台市工业炉厂
29、烟台东海薄板有限公司
30、烟台首钢东星集团有限公司
31、山东百年电力发展股份有限公司
32、烟台北方安德利果汁股份有限公司
33、山东金宝电子有限公司
34、汉高乐泰（中国）有限公司
35、烟台氨纶集团有限公司
36、山东蓬翔汽车有限公司
37、山东鸿达建工集团有限公司
38、烟台市喜旺食品工业发展有限公司
39、东方电子集团有限公司
40、正海集团有限公司
41、烟台宝钢钢管有限责任公司
42、山东绿叶制药股份有限公司
43、烟台东源电力集团有限公司
44、中粮长城葡萄酒（烟台）有限公司
45、山东环日集团有限公司
46、山东龙口兴民车轮有限公司
47、烟台矢崎汽车配件有限公司
48、莱州诚源盐化有限公司
49、烟台三环锁业集团有限公司
50、烟台台海玛努尔核电设备有限公司

（烟台市经信委　孙嗣文）

5－9－1　　2010年潍坊市经信工作综述

2010年，在市委、市政府的正确领导下，全市经信系统认真贯彻落实“一三六四一”总体部署，按照转方式调结构的要求，全力推进工业投入、自主创新、节能降耗、“两化”融合、信息化建设等关键措施的落实，工业经济和信息化发展保持了良好的态势。

一是工业经济较快平稳发展。全市规模以上工业企业完成增加值1958.3亿元，比上年增长15.38%，实现主营业务收入7883亿元，同比增长31.2%，实现利税725.4亿元，其中利润总额477.8亿元，分别增长41.9%和45.8%，主要经济指标增幅均高于全省平均水平。

二是加大了工业投入力度。全年完成工业投资954亿元，同比增长20%。其中，完成技改投资838亿元，绝对值居全省第二位。

三是产业转型升级步伐加快。新能源汽车、电声器件、半导体照明、太阳能光伏、节能装备等新兴产业发展迅速。高新技术产业实现快速发展。全市实现高新技术产业产值2374亿元，同比增长34.4%，高新技术产业产值占规模以上工业比重提高到32.86%，同比增长2.5个百分点。

四是招商引资成效显著。我市累计已实现招商引资金额1.27亿元，超额完成2300万元的招商引资计划目标。

五是节能降耗扎实推进。我市“十一五”万元GDP能耗下降23.05%，超额完成了下降23%的节能降耗任务目标，潍坊市政府被评为山东省节能突出贡献单位，记集体一等功，市经信委被评为省“十一五”节能先进单位，记集体二等功。

六是信息产业快速发展。全市电子信息产业实现主营业务收入155.1亿元，同比增长64.4%，增幅居全省首位。

七是信息化建设取得新成绩。我市被评为中国城市信息化50强，被列为首批省信息化与工业化融合试验区、首批“无线城市”试点市。“中国潍坊”政府门户网站位列全国地市政府网站绩效排名第5名，山东省第1名，连续两年进入全国前10名，荣获了“中国地方政府网站十佳门户品牌奖”等多项荣誉。2010年，潍坊市经信委在全省17市中唯一获得省经信系统全部六项工作先进奖。

一、抓传统产业转型升级。市经信委编制了2010年企业技术改造项目导向计划，确定全年全市工业企业实施投资项目1070项，总投资2503.1亿元。在机械装备、纺织服装、食品加工、造纸包装等传统支柱行业，加快组织实施总投资1075亿元的559个重点项目，全力推进传统支柱产业向价值链高端迈进。围绕加快千亿级产业链培育，重点抓了“85311”工程的实施。盛瑞传动8AT、北汽福田潍坊汽车厂新能源轿车、潍柴动力大功率柴油机等一批重点项目建设进展顺利。积极申报项目，争取上级政策资金扶持。共有107项重点项目列入省政府2010年重点技术改造项目，总投资137亿元，居全省第二位；高新区LED、动力机械和坊子区农机装备三个示范基地正式列入山东省第一批新型产业化示范基地；盛瑞传动年产2万台8挡自动变速器项目等10个项目申报2010年中央预算内投资计划，获中央预算内投资2625万元；潍坊恒联玻璃纸有限公司再生纤维素膜等35个项目申报2010年新兴产业和重点行业发展专项资金项目计划，获专项资金1175万元。

二、大力发展战略性新兴产业。在积极对接落实国家和省相关政策的同时，立足潍坊产业基础和优势，制定了加快发展新兴产业的实施意见，确定重点培育发展新能源、新材料、新信息等九个产业，争取用5年左右的时间，全市新兴产业主营业务收入达到2500亿元。加快引进人才、技术和项目，带动我市战略性新兴产业扩规模、上水平。2010年全市共实施新兴产业投资项目275项，当年完成投资186.9亿元。歌尔声学、共达电声成功入选2010年度中国电子元件百强企业；5家企业通过软件企业认定，2家企业通过计算机信息系统集成暂定级资质认证，1家通过信息系统工程监理地方临时资质认证。

三、加强创新体系建设。2010年，全市完成技术开发费投入65.2亿元，增长14.2%；开发完成市以上空白的新产品、新技术1036项，其中填补国内空白或达到国际先进的115项，实现新产品销售收入753.2亿元，利税126.9亿元。截至年底，我市市级以上企业技术中心达到189家，其中，国家级8家，省级47家，市级134家，市级以上企业技术中心开发费投入占主营业务收入的比例达到3.5%以上。深化产学研合作，改组了市工业技术研究会，建立了各行业专家委员会。截至年底，我市企业与高校、研究院所联合设立科研开发机构126个，建立博士后工作站13个，建立高级人才培训基地73处。有285个项目列入山东省第一、二、三批技术创新项目计划，研发经费总投资20.2亿元，获得省财政专项补助资金670万元。

四、全力节能降耗。强化目标考核，与各县市区、市属各开发区分别签订了节能目标责任书，完善了督查通报反馈制度。强化源头控制，把好能评关。全市固定资产投资项目能评率达到80%以上。积极争取上级资金支持。有10个项目列入国家节能奖励项目计划，24个项目受到省级财政资金奖励，8家节能服务机构获得国家认定（全省42家），上报合同能源管理节能项目12个。大力淘汰落后产能，列入省计划的13家企业已全部关停，全面完成了“十一五”淘汰落后产能任务目标。对91户高耗能企业启动了节能降耗预警调控方案，累计减少用能量87.29万吨标准煤。全力推进循环经济，晨鸣集团等4家企业被确定为省循环经济示范企业。截至年底，我市共有73家企业被认定为资源综合利用企业，年享受税收减免政策4800万元。

五、抓企业改革管理。我委拟定了《潍坊市深化企业和科技体制改革试点工作实施方案》，审核确定39户改革试点企业。制定出台了《潍坊市推进企业兼并联合重组的意见》，重点组织实施了海化集团与中海油战略合作项目。全年新发展股份公司106家，有7家企业8支股票上市，上市公司总数达到28家，股票32支。继续推广山工管理创新经验，全省六西格玛管理现场会议在我市召开，全市共有34项企业管理现代化创新优秀应用成果被审定为省级优秀成果。企业诚信建设逐步走上健康发展的轨道，目前全市共有55家企业被审定为山东省诚信示范企业。加强企业经营管理人员的培训，省里下达的3年完成80家企业实训基地的任务已完成67家，在我市百强企业中举办培训班2800多个，培训总人数达16万人。

六、推进信息化与工业化融合。经积极争取，我市被列为首批省信息化与工业化融合试验区。制定并组织实施了《潍坊市2010年信息化与工业化融合实施方案》。在全市开展了两化融合“1120”示范工程，重点在机械制造、海洋化工、造纸包装等行业，评选10家在企业管理、产品研发设计和电子商务应用等方面广泛应用现代信息技术、具有良好示范作用的企业；评选10家为企业提供信息化支持、具有良好示范作用的优秀服务机构；评选20个应用效果显著的两化融合示范项目。通过实施“1120”示范带动工程，充分发挥了典型示范带动效应，提高了企业的信息化水平，有力地促进了两化融合的发展。

七、深入推进电子政务建设。建设完成了“数字潍坊”城域网、电子政务多层架构硬件平台和信息资源共享交换平台，为全市各级各部门信息化应用和信息资源共享搭建了统一的基础网络平台。建设完成了“智慧潍坊”政府在线公共服务平台、协同统一办公平台等一批业务应用系统，提高了政府社会管理和公共服务能力。阳光大厦数据中心、城市运行监测系统正在加快建设中。加大了政府网站建设和管理力度，及时发布各类信息7万余条，开通了手机版政府门户网站，我委编制出台了《潍坊市政府网站建设与管理规范》，进一步提高了政府网站综合绩效水平。

八、加强经济运行监测协调服务。加强了经济运行情况调度监测分析，开发了网上直报系统，对年主营业务收入过3亿元的170户工业企业实行直接调度。对工业主导产品和大宗原材料供需价格情况定期监控，定性、定量分析，引导企业切实采取措施消化增支减利因素，不断提高经济效益。积极协助企业搞好各类生产要素的衔接落实，制定并落实好煤电油运应急预案，加强煤电油运调度和电力需求侧管理，确保生产平稳运行。积极帮助企业开辟融资途径，努力缓解企业资金紧张状况。帮助中小企业融资123亿元，其中，担保贷款74.9亿元，融资规模创历史新高。

（潍坊市经信委　孙晓东）

5－9－2　2010年度潍坊市工业百强企业名单

1、潍柴控股集团有限公司
2、山东晨鸣纸业集团股份有限公司
3、北汽福田汽车股份有限公司诸城汽车厂
4、山东海化集团有限公司
5、福田雷沃国际重工股份有限公司
6、潍坊弘润石化助剂有限公司
7、山东寿光巨能控股集团有限公司
8、山东昌邑石化有限公司
9、潍坊特钢集团有限公司
10、山东联盟化工集团有限公司
11、诸城外贸有限责任公司
12、孚日集团股份有限公司
13、得利斯集团有限公司
14、鲁丽集团有限公司
15、山东墨龙石油机械股份有限公司
16、山东海龙股份有限公司
17、山东潍焦集团有限公司
18、山东寿光鲁清石化有限公司
19、诸城市龙光电力投资（集团）有限公司
20、山东银鹰化纤有限公司
21、山东泸河集团有限公司
22、新郎希努尔集团股份有限公司
23、潍坊英轩实业有限公司
24、山东凯马汽车制造有限公司
25、高密市供电公司
26、华电潍坊发电有限公司
27、山东山工机械有限公司
28、山东恒联投资有限公司
29、山东景芝酒业股份有限公司
30、山东三工橡胶有限公司
31、山东浩信机械有限公司
32、寿光富康制药有限公司
33、歌尔声学股份有限公司
34、山东世纪阳光纸业集团有限公司
35、山东万山集团有限公司
36、潍柴重机股份有限公司
37、潍坊乐港食品股份有限公司
38、山东桑莎制衣集团有限公司
39、昌邑市供电公司
40、山东新龙集团有限公司

41、山东亚太中慧集团有限公司
42、山东新昌集团有限公司
43、山东比德文动力科技有限公司
44、山东大地盐化集团
45、诸城市义和车桥有限公司
46、山东寿光天成食品集团有限公司
47、潍坊亚星化学股份有限公司
48、青州市供电公司
49、潍坊市元利化工有限公司
50、诸城市昊宝服饰有限公司
51、山东杰富意振兴化工有限公司
52、山东矿机集团股份有限公司
53、潍坊东方钢管有限公司
54、山东海天生物化工有限公司
55、山东耶莉娅集团
56、山东潍坊龙威实业有限公司
57、山东中文实业集团有限公司
58、诸城市润生淀粉有限公司
59、盛瑞传动股份有限公司
60、山东通力车轮有限公司
61、潍坊福润化工有限公司
62、山东新郎欧美尔家居置业有限公司
63、山东惠发食品有限公司
64、山东柠檬生化有限公司
65、诸城市洋晨机械制造有限公司
66、昌邑华晨集团
67、山东海王化工股份有限公司
68、安丘市鲁安药业有限责任公司
69、山东潍坊润丰化工有限公司
70、山东万兴集团有限公司
71、诸城市万年食品有限公司
72、山东华建铝业有限公司
73、潍坊盛泰药业有限公司
74、诸城市大业金属制品有限责任公司
75、潍坊长安铁塔股份有限公司
76、山东裕源集团有限公司
77、昌乐县供电公司
78、高密三真纺织有限公司
79、临朐县供电公司
80、安丘市供电公司
81、山东恒安纸业有限公司
82、山东新方集团股份有限公司
83、山东昱合集团
84、豪迈科技股份有限公司
85、帛方纺织有限公司
86、青州中联水泥有限公司
87、安丘山水水泥有限公司
88、高密利华纺织有限公司
89、山东银宝轮胎集团有限公司
90、山东长盛泰玻璃制品股份有限公司
91、山东万豪纸业集团
92、山东乐化集团有限公司
93、汇胜集团股份有限公司
94、山东恒安心相印纸制品有限公司
95、山东奥宝化工集团有限公司
96、诸城市中纺金维纺织有限公司
97、山东圆友重工科技有限公司
98、山东鲁星钢管有限公司
99、山东高密大昌纺织有限公司
100、山起重型机械股份公司

（潍坊市经信委　孙晓东）

5 － 10　2010年济宁市经信工作综述

2010年，在市委、市政府坚强领导下，全市经信系统以科学发展观为指导，坚持工业立市不动摇，紧紧围绕转方式调结构、科学发展跨越发展，积极作为、克难攻坚、扎实苦干，工业经济面貌发生显著变化，信息化水平有了明显提升，呈现出速度加快、结构优化、质量提高、贡献增大的良好发展态势。

一、主要特点

一是经济规模实现倍增。2010 年，全市规模以上工业完成增加值 1195 亿元，实现销售收入 4449 亿元、利税 564.3 亿元、利润 365 亿元，同比分别增长 16.5%、32.2%、42.2% 和 50.8%，增幅均居全省前列。绝对额分别是“十五”末的 2 倍、3 倍、2.7 倍和 2.8 倍。装备制造业、能源工业实现历史性突破，双双超过千亿元。

二是产业结构明显优化。2010 年，全市制造业增加值、销售收入、利税分别达到 738 亿元、2907.5 亿元、261.5 亿元，比 2005 年分别增长 1.4 倍、2.3 倍和 3.2 倍，占全市工业比重分别达到 61.8%、66.9% 和 46.8%，比 2005 年分别提高 11.8 个、10.7 个和 4.5 个百分点。高新技术产业产值 1603 亿元，比 2005 年增长 3.89 倍，占比由 2005 的 22.41% 提高到 35.5%；新兴产业完成销售收入 254 亿元，占工业的比重达到 6%。装备制造业销售收入超过能源工业，成为我市工业第一大产业。

三是工业投入提质增速。2010 年，全市工业完成投资 738.2 亿元、技改投资 435.5 亿元，分别是 2005 年的 1.7 倍和 2.5 倍；亿元以上项目个数增加到 288 个。“十一五”期间，累计完成工业投资 2458 亿元、技改投资 1453 亿元，是“十五”投资总额的 2.1 倍和 3.1 倍。技改投入占比由“十五”期间的 39.1% 提高到“十一五”的 57.8%。制造业投资占工业的比重由 2005 年的 61% 提高到 89%；高新技术产业投资占比由 2005 年 8.1% 提高到 20%。

四是创新能力持续提高。到 2010 年底，共建成国家级企业技术中心 6 家、省级 34 家、市级 83 家，比 2005 年分别增加 3 家、21 家和 55 家；中国名牌产品、驰名商标分别达到 7 个和 17 个，五年新增 4 个和 11 个。新产品产值率达到 27%，比 2005 年提高 6 个百分点。国家认定的高新技术企业达到 87 家。“如意纺”技术荣获国家科技进步一等奖，兖矿集团“高效洁净煤制甲醇与联合循环集成系统的研发和示范”、“自动化放顶煤关键技术与装备研发及其在国内外的应用”等 2 个创新项目获国家科技进步二等奖。

五是节能降耗决战决胜。坚持大力度抓落后产能淘汰、大力度抓高耗能企业限产限电、大力度抓重点区域重点企业督导考核，“十一五”期间，市政府被授予“十一五”山东省节能突出贡献单位，并记集体一等功。全市万元 GDP 能耗累计降低 23.08%；规模以上工业万元增加值能耗累计降低 29.4%，超额完成“十一五”任务目标。

六是骨干企业强势扩张。2010 年，山推股份、小松山推双双超过百亿元，太阳纸业突破 200 亿元。全市规模以上企业户数达到 4220 户，比 2005 年新增 2619 户，其中，销售收入过 10 亿元企业达到 49 户、新增 27 户，利税过千万元企业达到 279 户、新增 95 户。

七是信息化水平明显提升。2010 年，信息产业实现销售收入 106 亿元，比 2005 年增长 7 倍，信息技术在工业企业产品设计、过程控制、企业管理等方面普遍应用，电子商务普及率不断提高，应用物联网技术监控道路交通、矿井人员定位等重大安全危险源工作全面展开。在全省首批开展“无线城市”试点、实施“城市一卡通”。获得全国“城市信息化发展进步奖”、“中小企业信息化应用示范基地”和省首家“物联网应用示范基地”，全市信息化水平明显提升。

八是要素支撑进一步增强。全市煤炭生产能力 8429 万吨、发电装机容量 1031 万千瓦，比 2005 年分别增加 3640 万吨和 463.9 万千瓦；电网输配电容量 1447.5 万千伏安，增加 634.7 万千伏安。金融机构存款余额 2256.3 亿元、贷款余额 1366.4 亿元，分别增加 1316.7 和 743.3 亿元。新开通济宁—北京始发列车，兖州站新增动车组列车停靠 6 对。

九是改革脱困“民心工程”圆满完成。在深入调查研究的基础上，通过制定政策、集中办公、部门联动、破难攻坚、依法操作、规范运作，千方百计筹措资金，解决了市属40户困难工业企业职工十多年积累的历史问题。筹集资金9.6亿元，为3.3万职工兑现了职工债权和安置费用，向省争取核销破产企业欠缴养老保险费1.28亿元。

十是工业贡献显著增强。2010年，全市工业企业上交税金244.4亿元，是2005年的2.4倍，占国地税总收入的比重达到75%，提高18个百分点。工业增加值占全市GDP总量的48.7%，对GDP增长的贡献率达到52.6%。工业企业从业人员68万人，比2005年增加11万人。

二、主要工作

（一）始终坚持把规划引领作为构建新型产业体系的主线。“十一五”以来，围绕加快推进经济战略转型、打造区域发展新高地，进一步理清工业发展思路和重点。制定印发了《关于培育四个千亿级产业推进全市工业调整振兴的意见》，编制了装备制造、煤化工、食品三个千亿级产业调整振兴规划和纺织服装、造纸、医药、建材等七个优势行业调整发展指导意见，在全省率先出台了《关于加快培育战略性新兴产业引领工业调整振兴的意见》、《新能源产业发展规划》及其配套政策，确立了千亿产业求创新、优势产业求扩张、新兴产业求突破“三位一体”、“协调并进”的工业转型发展总体思路。在此基础上，进一步完善延伸产业规划体系，邀请国家、省行业主管部门专家、科研院所学者、领军企业负责人为我市产业高端高质高效发展出谋划策，高标准编制“十二五”制造业发展规划、国民经济和社会信息化发展规划、新兴产业单项发展规划、物联网产业发展规划及各专业性规划框架，以新思路、新目标、新举措，引领工业经济向更大、更新、更强的方向发展。

（二）始终坚持把抓投入上项目作为加快工业发展的关键。持之以恒地实施项目带动战略，以重点项目为抓手，集中资源加大千亿级产业投入、加快传统优势行业改造提升、加速战略性新兴产业培育。一是加大重点项目建设推进力度。实行领导包保、督查督办制度，建立重点项目资金优先供应、环境容量优先安排、建设用地优先保证机制，有效保证了重点项目落地建设、如期竣工投产。二是加大技术改造提升力度。持续实施“千户企业改造提升”工程，鼓励企业用足用好自有资金，加大招商引资和上市融资力度，充分运用增值税转型、设备抵免税等政策，大力开展技术改造，五年累计实施项目5800余个，有力提升了企业技术装备水平，加速了传统产业升级步伐。三是加大项目筛选论证储备力度。围绕工业调整振兴规划和新兴产业发展意见确定的产业定位和发展重点，组织县市区和企业规划提报项目，并连续三年召开项目论证评审会议，共论证储备项目2100余项、总投资5200亿元，为进入国家省储备项目库、争取政策支持奠定了坚实基础，为增强发展后劲、膨胀经济总量注入了强劲动力。四是加大园区承载能力建设力度。依托现有省级园区和产业龙头企业，进一步明确产业定位、完善园区功能，统筹产业发展布局，着力打造千亿产业集聚区、优势产业特色区和新兴产业先导区。按照产业项目、公用辅助、物流传输、环境保护、管理服务“五个一体化”要求，重点规划建设了化工“六大园区”。去年新打造的济宁化学工业开发区已入驻项目17个，总投资18.9亿元，其中产业项目8个，总投资15.9亿元。

（三）始终坚持把节能降耗作为转方式调结构的重要手段。“十一五”以来，立足建立完善政策支持、科技支撑、责任考核三大体系，相继出台了《济宁市关于进一步加强节能减排工作促进经济发展方式转变的意见》、《济宁市节能目标责任考核办法》、《关于建设资源节约型社会科技支撑体系的意见》等一系列政策性文件。每年与县市区、部门和百户重点用能企业签订《节能目标责任书》，实行节能“双目标”责任考核和“一票否决”制度。强化结构节能、技术节能、管理节能，在调整优化产业结构的基础上，加大淘汰落后工作力度，先后关停143家企业落后产能生产线，淘汰立窑水泥384万吨、焦炭38万吨、小火电69万千瓦；严格控制新上“两高”项目，否决年耗能1万吨标准煤以上项目32个。每年重点实施100项节能改造项目，五年累计投资600多亿元，实现节能量500多万吨标煤。强化重点企业、重点领域节能管理，先后对72户重点用能企业进行能源审计、55户企业实施清洁生产审核，严格执行重点产品能耗标准，全面推进用能定额管理。去年以来，又按照“保、限、压”的原则，建立节能预警调控机制，对50户高用能企业实施Ⅰ、Ⅱ级调控措施，对7家超能耗限额的企业征收了529万元的惩罚性电价，对15户企业召开超标准耗能加价听证会，在能耗增幅降低的同时，保持了工业经济高位运行。大力发展循环经济，培育了菱花集团等8个循环经济样板企业，完善提升了“煤—焦—精细化工”等5个循环经济产业链。发展综合利用企业150余家，综合利用率达到96%以上。

（四）始终坚持把自主创新作为增强核心竞争力的第一动力。强化企业自主创新能力建设。围绕打造技术创新、成果转化和科技服务三大平台，持续开展“十百千”创新活动。每年从主导产业、骨干企业中优选10家企业技术中心，重点从能力建设、人才培养、项目投入等方面提升能力和水平，形成梯次培育、递进升级的良性发展机制。全力推进产学研联合，精心组织企业与高等院校、科研院所开展有针对性的技术交流和合作，每年新结产学研联盟100对，目前已有1600多家企业与1000余所高等院校、科研院所建立起长期技术合作关系，创建产学研合作创新基地75个，产学研工作站12个。围绕产业调整、技术升级，加大研发投入力度，每年组织实施1000项新产品、新技术创新项目；依托龙头企业，重点开展行业共性关键技术集中攻关，破解产业升级瓶颈。“如意纺”技术的成功研发，实现了纺织工业产业升级的革命性突破。

（五）始终坚持把信息化建设作为推动产业升级的重点。以两化融合为引领，以园区建设为着力点，引导电子信息制造业集聚发展，不断增强发展后劲，壮大产业规模。以重点项目建设为突破口，积极推进重点领域信息化。强化信息技术推广应用。实施了“信息化典型示范”、“制造业信息化提升”、“中小企业信息化普及”、“电子商务应用推广”、“信息化公共服务平台建设”等五项重点工程。积极推进高新区省级软件园、任城省级信息服务业聚集区建设，引进大唐电信等知名企业，打造我市知名软件园区和特色专业信息服务业基地，推动信息服务业向集群化、规模化、高端化发展。积极推进公共服务领域信息化建设，“金贸”、“金农”、“金税”、“金盾”、“金卡”等一批信息化应用工程建成实施。数字认证、数字法院、数字工商、数字水利、电子税务、智能交通、校校通、公安电子指挥中心等一大批信息化应用项目都达到了全省乃至全国一流水平。积极开展“物联网”等新一代信息技术应用，在我省首家召开“物联网产业发展及应用展示会议”，建设物联网领域技术、产业、应用先导市，打造辐射和影响国内外市场的物联网产业高地。

（六）始终坚持把政策服务作为扩张壮大强企群体的保障。围绕“创百亿企业工程”和“龙头企业带动”战略，进一步提高服务企业发展的能力和水平。研究出台了《关于加快工业发展的十六条规定》和《济宁市企业管理奖管理办法》，建立大企业发展责任目标考核和企业“退城进园”扶持奖励制度，设立了优势产品培育、信息产业发展、节能减排、企业管理、技术中心建设等一批专项资金，五年来共协调市财政发放各类奖励1.78亿元。认真梳理研究国家、省有关政策，分年度汇编印发支持企业发展《政策》读本，在此基础上，及时跟踪、敏锐捕捉国家、省政策投资导向，积极对接争取技术改造、节能减排、技术创新和信息化项目进入国家、省重点支持项目库，共落实扶持资金10.65亿元。强化跟踪服务，建立"纵延横联"调度体系和重点企业监测预警制度，采取召开现场办公会、项目建设推进会、专家学者企业行等形式深入企业开展调研，及时解决制约企业发展的"瓶颈"问题，仅去年就召开鲁抗、如意、山推、华勤、太阳、润峰等企业现场办公会16次，多次召开台联电项目建设推进会，协调解决项目建设问题。深入推进银企合作，每年筛选重点工业项目向省内各金融机构发布贷款需求。积极引导企业开拓国内外市场，创立并举办了中国（山东）服装家纺国际博览会、中国矿山机械博览会、济宁食品上海推广周、物联网产业发展及应用展示会、新能源新光源产品推介会等一批品牌展销活动，2010年先后组织280家企业参加广交会、喀交会等各类展会9次，全市工业产品产销率年均保持在96%以上。实施企业管理素质提升工程，开展管理创新优秀企业"六创建"活动，如意科技荣获"山东省省长质量企业奖"，兖矿集团、运河煤矿获首届全省企业管理奖；先后举办"百名企业高管人才研修班"、经信系统"双高双强"培训班等主题班次3个，组织企业负责人参加国家、省举办的行业分析会和高端发展论坛40余次，累计培训企业高管人才900余人。

（济宁市经信委　田金辉）

5 － 11　2010年泰安市经信情况综述

一、概况

2010年，全市上下认真贯彻落实科学发展观，按照"创新做强，投入做大，走新型工业化道路"的总体思路，大力推进工业结构调整，加大技改投入，狠抓技术创新，强力推进节能降耗，不断加强企业管理，工业经济呈现出总量跃升、结构优化、创新增强、消耗降低、效益提高的良好局面。

（一）推动工业调整振兴。2010年3月3日成立工业调整振兴指挥部，市长李洪峰任总指挥，副市长闫新建任副总指挥，指挥部办公室设在市经济和信息化委员会（简称市经信委）；指挥部下设大企业培植分指挥部、大项目建设分指挥部、技术创新及产品结构调整分指挥部、品牌培植分指挥部、产业集群培植分指挥部、企业改革改制分指挥部，分别由牵头部门主要负责人为第一责任人。工业调整振兴的主要任务目标是深入贯彻落实科学发展观，以转方式、调结构为主线，围绕产业集群发展、企业培植、项目建设三大重点，抓好"四个一百"工程（培植100个重点企业，重点实施100个技改项目，100个技术创新项目，100个节能、管理、质量奖项目），培植10个产业集群，突出抓好调结构、增后劲、强素质、促节能、抓特色、培骨干六项措施，努力实现又好又快发展。力争经过3–5年的奋战，工业经济各项指标达到或超过全省平均水平（即：在全省占比达到5.79%以上），至少前移一个位次。年内，根据市工业调整振兴指挥部制定的工作方案和各分指挥部分别制定的相应工作方案，组织精干高效有力的工作班子，明确了目标、措施、责任人、工作体系，建立健全工作机制，强力推进各项工作，取得初步成效。

（二）工业结构进一步优化。一、二、三

产比重由2005年的12.3：55.8：31.9调整为2010年的9.5：53.6：46.3。高新技术企业达到46家，高新技术产业产值占工业总产值的比重达到34.2%，比2005年提高12.4个百分点。重工业占比为78.7%。轻工业所占比重比2005年提高了2.6个百分点。高耗能产业占比达到50%，比2005年下降9个百分点。

（三）工业经济规模快速扩大。2010年，规模以上工业企业达到1704户，比2005年增加662户。全市规模以上工业企业实现工业增加值比2009年增长16.31%。规模以上工业企业实现主营业务收入3904.2亿元，比2005年增长287%，年均增长31%，超出“十一五”规划目标904亿元，年均增幅超规划目标6个百分点；利税496亿元，比2005年增长322%，年均增长33%，超出规划目标196亿元，年均增幅超规划目标8个百分点；利润307亿元，比2005年增长387%，年均增长37%，超出规划目标157亿元，年均增幅超规划目标12个百分点。规模以上工业经济效益综合指数268.5%，比2005年提高90个百分点。

二、骨干企业培植

2010年年初，市政府印发《关于加快重点工业企业发展的意见》（泰政发〔2010〕5号），从13个方面为重点工业企业的快速平稳发展营造了良好的政策环境。为充分调动企业的积极性，2004年到2009年，市政府连续六年对纳税2000万元以上的企业与企业家进行表彰，并坚持精神奖励与物质奖励相结合的原则，从财政拿出专门资金奖励纳税大户及优秀企业。2010年度，对纳税大户及优秀企业奖励资金220多万元。

2010年，规模以上工业企业户均实现主营业务收入突破2亿元，比2005年户均收入增加1亿元，增幅达100%。实现主营业务收入过亿元的工业企业达到693户，比2005年增加518户，其中主营业务收入过10亿元的53户（比2005年增加42户）、主营业务收入过百亿元的2户（比2005年增加1户）。实现利税过千万元的企业达到797户，比2005年增加582户，其中实现利税过亿元的企业70户，比2005年增加60户。泰开电气等骨干企业5年间主要经济指标增长近4倍。

三、技术改造

2010年，全市工业在建技术改造项目856项，完成投资457.2亿元，同比增长23.4%。“十一五”期间，完成技改投资1600亿元，是“十五”期间的3.48倍，年平均增长24.3%，占工业投资的比重由2005年的44.1%上升到70.7%，占全社会固定资产投资比重由2005年的35.3%上升到36%。建设过亿元的技术改造项目569项，比“十五”期间增加406项。技术改造加速了技术装备更新换代，机械、纺织、建材等重点行业50%以上的主要设备达到国际水平，69%以上达到国内先进水平。

2010年，全市有67个项目列入国家和省里资金支持的六大类项目，总投资117亿元。列入省重点产品结构调整的28个项目进展顺利，项目累计完成固定资产投资31.5亿元，完成计划固定资产投资的65.45%。至年底，已有18个项目竣工投产。列入第三批省扩大内需调控资金项目12项，项目计划总投资32.1亿元，已累计完成投资20.6亿元。17个项目列入中央投资计划（3个列入新增中央投资“重点产业振兴和技术改造”专项计划、2个列入电子信息产业振兴和技术改造项目2009年第三批扩大内需中央预算内投资计划、5个列入工业中小企业技术改造项目2009年新增中央预算内投资计划），总投资84918万元，下达中央投资2920万元，年末已完成投资35704万元，其中使用中央投资1945万元。5个中小企业专项资金项目已有4个项目竣工投产。

四、技术创新

（一）企业技术创新体系建设。经过多年的努力，逐步形成了社会化的产学研联合创新机制，产学研联合已形成普遍性和多元化的格局。2010 年，全市新增省级技术中心 8 家、省重点技术中心 2 家、市级技术中心 28 家、市创新型企业 22 家。技术中心总数国家级达到 4 家（含国家级分中心 1 家），比 2005 年增加 1 家；省级 42 家，比 2005 年增加 29 家；市级 83 家，比 2005 年增加 61 家。省重点技术中心达到10家，创新型企业总数达到102家。“十一五”期间，全市完成技术创新项目 4355 项，其中，省级以上技术创新计划项目 1245 项，达到国际水平的 185 项，填补国内空白的 349 项，达到国内先进水平的 1654 项。

（二）实施名牌战略，培植名牌产品。全市工业产品累计拥有中国名牌 6 个（比 2005 年增加 3 个）、山东名牌 104 个（比 2005 年增加 50 个），拥有国家驰名商标 15 个（比 2005 年增加 15 个）、山东省著名商标 104 个（比 2005 年增加 64 个）。

（三）组织实施技术创新项目。全面推进创新平台建设、关键技术研发、产学研联合、品牌建设、装备产业和质量工作，并在完善投入机制、创新队伍培植、落实创新政策等方面加大工作力度。全年共组织实施技术创新项目 1130 项（列入国家、省、市立项计划 340 项），投产 453 项；争取各级财政拨款 3000 余万元，技术开发费加计扣除所得税额 8900 余万元。其中：蓝景公司的“渗透汽化膜材料及其应用”项目列入国家“重大科技成果转化项目”，华鲁公司的 23 米船用卷板机列入了国家“高档数控机械和基础制造装备”科技重大专项，泰山工程机械公司 DGY70H 型履带式吊管机列入国家“重大技术装备研发创新”项目；电力设备公司的 750KV 变压器、220KV 牵引变压器，泰开电气公司的 1100kV 断路器，特变鲁缆公司的新型倍容导线，泰山玻纤公司的风力发电和气瓶用纱，航天特车公司的 120 吨自卸车，泰山集团公司的秸杆发电锅炉，康平纳公司的无模化铸型数控成形机，德普化工公司的碳酸二甲脂，众诚公司的矿用电气产品，力博机电公司的“液体粘性可控制动器”，蓝光公司的中国数字矿山全面解决方案等创新项目正在顺利实施。组织培育山东省工业设计中心 2 个、工业设计优秀产品 6 个。在全省产学研（工业设计）展洽会上，重点展洽的六个产品，荣获金奖 1 个、银奖 3 个、铜奖 1 个和创新奖 1 个。蓝光软件公司、普瑞特机械制造公司等 21 家企业被授予泰安市创新型企业称号，受到市政府表彰奖励。

五、重点产业发展

主导产业培植取得较大成效，汽车及零部件、输变电设备、新材料等特色优势产业得到跨越发展，新能源、电子信息、医药等战略新兴产业实现加快发展，煤炭、化工、食品、纺织服装等传统产业不断优化升级。煤炭、化工、食品、纺织服装四大传统产业实现主营业务收入 1706 亿元，比 2005 年增长 390%，年均增长 37.5%。汽车及零部件、输变电设备、新材料三大优势产业实现主营业务收入 939 亿元，比 2005 年增长 485%，年均增长 42.5%。“十一五”期间，优势产业年均增幅比传统产业高 5 个百分点。

（一）改造提升传统产业。坚持信息化与工业化融合，用先进适用技术改造提升传统产业，推进设备更新，提高工艺装备水平，对传统产业实施高端化改造，促进传统产业转型升级。康平纳科技产业园，运用高新技术提升改造传统产业，企业实现由单一传统纺织业向纺织及装备制造业转变，由一般制造业向现代制造业转变。东平瑞星粉煤气化项目利用航天技术改进生产工艺，技术全国首创。肥城石横特钢高强度钢项目，新上生产线，对传统工艺进行改造提升，产品性能大幅提高。新泰中选机械掘进洗选设备制造项目、宁阳山能机械工业园项目，引进国内外先进设计制造技术，提升采煤行业的装备水平。华鲁锻压公司的大型数控船用卷板机、泰山区泽诚数控机械等项目提升传统制造业水平，推进全市先进装备制造业发展。

（二）加快发展新兴产业。把提高自主创新能力作为培植新兴产业、促进产业结构优化升级的核心和关键，努力开展原始创新、集成创新和引进消化吸收再创新，着力推动高新技术产业化，加快发展战略性新兴产业。泰邦生物免疫球蛋白技改项目、诺和诺泰生物制药项目、同兴制药、富硕光电、银河光电科技、博达光电晶体材料、桑乐光热设备、恒瑞科技等新医药、新信息、新能源与节能环保项目，成为全市发展战略性新兴产业的亮点。尤洛卡公司的主导产品被科技部列为国家级重点新产品、高新技术火炬计划；泰开电力电子产品全部自主研发，获得专利 17 项，软件著作权 7 项；肥城一滕化工新上产品医药级纤维素、东平光大集团新上淀粉醚均填补国内空白；赛特电工是中国电磁线行业标准起草单位。银河光电科技 LED 生产项目、泽诚数控机械制造项目、盛源粉体项目、北大先行锂电池材料项目、沃克控制阀门生产项目等均拥有自主知识产权。

（三）壮大特色优势产业。注重特色优势产业培植，不断加大政策扶持力度，注重发挥产业集聚优势，拉长产业链条，提升产业层次，促其做强做大。汽车及零部件产业已初步形成比较完整的产业体系，拥有 11 家整车生产和改装企业，69 家汽车零部件生产企业，13 家工程机械生产企业，产品不断向高端发展。青年汽车填补了泰安市轿车整车生产的空白，新上的重汽工业园特种车、宁阳嘉泰汽车零部件等一批重点项目将进一步推进汽车产业的发展。输变电设备产业已发展到 102 家企业，以泰开电气工业园、特变电工华东输变电科技产业园、山东合浩通工业园为主体，初步形成了多极竞相发展的格局。新材料产业已发展到 60 家企业，初步形成了泰山复合材料工业园、泰山石膏工业园、岱岳区石膏工业园三大园区，肥城、泰山区土工材料两大聚集区。

煤炭工业　煤炭价格稳定上涨，原煤产量稳定，洗精煤产量较大幅度增长；新汶矿业集团、肥城矿业集团、泰丰矿业集团及明兴集团等大企业生产效益保持大幅增长。2010 年，煤炭工业实现主营业务收入 764.10 亿元、利税 138.90 亿元、利润 85.64 亿元，分别增长 29.78%、46.61% 和 54.06%。

汽车工业　全年实现主营业务收入 311.65 亿元、利税 33.47 亿元、利润 21.91 亿元，分别增长 38.30%、45.97% 和 52.06%。

输变电设备工业　行业整体竞争加剧，行业内企业一般都下调产品价格，而原材料价格上涨更造成成本上升，实现利税和利润下降。年内输变电设备工业实现主营业务收入 303.69 亿元、利税 35.16 亿元、利润 23.15 亿元，分别增长 17.48%、6.02% 和 8.36%。

非金属新材料工业　泰山石膏等骨干龙头企业在行业中具有明显的品牌优势，带动整个行业继续保持较快增长；泰山玻纤公司原材料和能源消耗价格上升影响企业利润。2010 年，新材料工业实现主营业务收入 322.66 亿元、利税 45.55 亿元、利润 29.51 亿元，分别增长 27.40%、33.63% 和 48.65%。

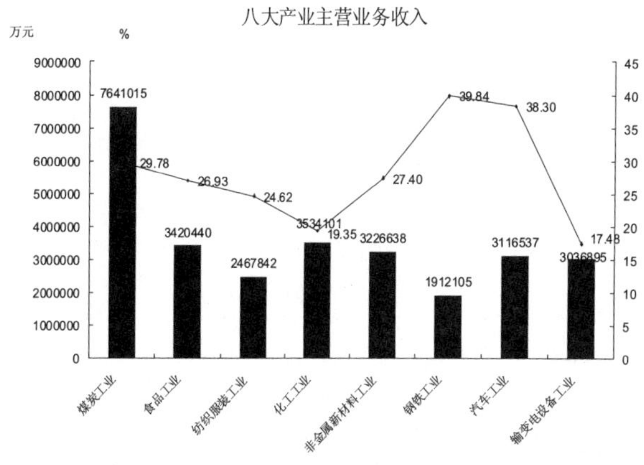

化工工业　山东瑞星化工公司、瑞泰纤维素公司和泰山轮胎公司等重点企业平稳增长。全年化工工业实现主营业务收入 353.41 亿元、利税 37.81 亿元、利润 23.97 亿元，分别增长 19.35%、36.43% 和 41.98%。

食品工业　市场消费需求的增长带动整个行业平稳发展，年内山东生力源集团股份有限公司一直保持良好的生产经营状态。2010年，食品工业实现主营业务收入342.04亿元、利税39.24亿元、利润23.88亿元，分别增长26.93%、38.04%和44.92%。

纺织服装工业　生产效益平稳增长，但由于国内棉花价格大幅上涨，对纺织行业造成一定的市场风险。山东岱银集团认真分析市场趋势，及时确定调价幅度和时机，进行了十多次的调价，幅度达到20%以上，在巩固老客户的同时，积极开发新客户80多家；华兴公司、山东傲饰集团平稳发展。2010年，纺织服装工业实现主营业务收入246.78亿元、利税28.12亿元、利润16.45亿元，分别增长24.62%、28.60%和37.40%。

钢铁工业　由于受国内外经济因素影响，原材料及产品价格波动较大，市场不确定因素压力加大，对企业利润空间形成很大压力，山东石横特钢有限公司出现亏损。2010年，钢铁工业实现主营业务收入191.21亿元、利税14.62亿元、利润10.17亿元，分别增长39.84%、-4.91%和159.91%。

六、节能降耗

2010年，全市万元GDP能耗1.1547吨标准煤，比2009年降低4.09%，“十一五”期间万元GDP能耗累计下降23.02%，全面超额完成省政府下达的目标任务。泰安市“十一五”节能工作受到省政府的充分肯定，泰安市政府被授予山东省节能突出贡献单位称号，记集体一等功。泰山石膏股份有限公司被授予山东省节能突出贡献企业，新矿集团、泰山玻纤等2家企业被授予山东省节能先进企业，康平纳的智能化微波烘干技术及设备等3项成果获山东省优秀节能成果；市经信委、市统计局各一名工作人员获山东省节能突出贡献个人称号，记一等功；泰安市经信委等6个单位被评为山东省节能先进单位。

“十一五”期间，全市以科学发展观统领全局，认真贯彻落实宏观调控的政策措施，引导和推动有关方面，在推动节能减排、转变经济发展方式上进行探索和实践。

（一）完善节能工作组织领导和协调机制。市及各县（市、区）先后成立节能减排工作领导小组、节能减排和淘汰落后产能工作指挥部，健全联席会议制度，明确部门分工和职责，全面协调推动全市节能工作。

（二）节能目标分解考核。把节能目标纳入市政府年度工作计划，逐级分解到县(市、区)政府、市直有关部门和重点用能企业，层层签订节能目标责任书，实行双目标考核，明确目标，落实责任。

（三）推进结构调整。出台固定资产投资节能评估和审查办法、固定资产投资项目新增能耗登记备案制度，提前根据项目审批情况及时调控项目方向，加强节能评估审查。截至2010年底，全市三次产业结构比例为9.5∶53.6∶36.9，与2005年12.3∶55.8∶31.9相比，第三产业比重提高5个百分点。高新技术产业持续快速增长，“十一五”期间，规模以上工业高新技术产业产值占全部工业总产值的比重分别同比提高2.0、3.0、1.9、2.2个和3.3个百分点。

（四）加大节能投入。市及各县（市、区）分别设立节能专项资金，专项资金占财政收入比重逐年增加。“十一五”期间，市级节能专项资金支持100余个节能项目建设，产生良好的节能和示范效果。36个项目列入国家发改委重点扶持计划，总投资29.8亿元，获得国家扶持资金2亿多万元，项目全部达产后预计可实现节能量100多万吨标准煤。

（五）推进节能技术进步。一批重大节能技术和装备取得实质性突破。建设了“秸秆酶解发酵燃料乙醇”等一批节能示范工程，推广了“纸面石膏板余热回收利用工程”“单边回流高效散热器”等节能先进技术和装备，培育发展了“山东鲁岳能源评价中心”“山东同方公司”等节能服务机构。

（六）提高节能管理水平。以国家鼓励建设的“十大节能工程”和省“三个节能100项”为抓手，组织实施工业锅炉（窑炉）改造、余热余压利用、能量系统优化、区域热电联产等技改项目118个，累计实现节能200多万吨标准煤。对全市48家省重点用能企业实施能源审计，挖掘节能潜力30万吨标准煤。泰安高新技术产业开发区等3个园区被省政府命名为全省首批节能环保产业基地，集聚发展节能环保产业。山东首家“节能超市”挂牌成立，拉开全市打造“节能之家”品牌的序幕。“泰安市通联科贸有限公司”等6家企业，列入泰安市第一批太阳能光热系统生产企业扶持名单，给予重点扶持。

（七）提高循环经济发展水平。组织实施循环经济“1623”工程，推广了“以矸换煤、绿色开采”“矿山机械再制造”等一批循环经济新技术。肥城阿斯德合成氨外排废气回收二氧化碳副产4万吨甲酸工程入选“省循环经济十大示范工程”，新矿集团以矸换煤工程入选“省循环经济优秀工程”。山东泰鹏无纺公司被评选为“省资源再生利用示范企业”，新东岳集团利用废橡胶年产10万吨还原橡胶项目被评为“省资源再生利用示范项目”。

（八）淘汰落后产能。倒排时间表，在2010年9月底前坚决关停列入淘汰计划的落后生产线。6月底，提前完成省政府年内下达的淘汰马山水泥两条线、20万吨落后生产能力的任务。“十一五”累计关停立窑水泥生产线47条，淘汰落后生产能力463.8万吨，超额完成省政府下达的”十一五”淘汰落后水泥产能目标任务。关停落后焦炉4座，生产能力60万吨。关停128立方米高炉一座，生产能力13万吨。

（九）节能基础工作。明确了承担能源统计工作的机构，充实能源统计人员，定期开展重点用能企业能源统计、计量工作检查，强化计量和统计基础工作。通过举办节能宣传周、知识竞赛、培训、展览等活动，在全社会营造“节能减排，从我做起”的良好氛围。2010年，全面落实“降电量、挤水分、增三产、控总量”的强力措施，坚决打赢节能攻坚战。先后出台《泰安市节能降耗工作应急预案》和《泰安市节能降耗预警调控方案》，明确预警调控目标。在全市启动预警调控方案，对高耗能企业，采取限制电力供应、限制供水、停产检修、轮休、零库存等措施，将其全年生产增长控制在10%以内、能耗增长控制在5%以内。率先在全省对生产、能耗出现异动的高耗能企业实施挂牌督导强制调控。对挂黄牌的企业下达为期一个月的限期整改通知书；对挂红牌的企业，派驻工作组进行督导，实施强制调控。到年末，已下达两期调控指令，挂牌督导高耗能企业50家；列出用电量、能耗增长过快的107户企业的调控名单。对列入名单的企业的指标进行周报，并依照属地管理原则对其进行调控；对节能降耗重点县（市、区）长实行约谈，逐个分析问题，查找原因，并就存在的问题提出具体解决措施。

七、企业管理

（一）强化管理创新。引导企业在全面加强基础管理的基础上，加快制度创新、组织创新步伐，以精细化管理、企业文化建设和管理信息化为重点，推进企业管理创新，全市企业管理整体水平和核心竞争能力不断提高。第二十四届企业管理现代化创新及优秀应用成果审定推荐和2010年度管理创新优秀企业评选推荐成果78项、管理创新优秀企业申报材料49套，23项成果参加第二十四届山东省企业管理创新成果评选，23家企业上报列入第二批“山东省诚信企业”评选范围。

（二）企业家队伍建设。举办第八届泰安市优秀创业企业家表彰大会，对评选出的20位“全市优秀创业企业家”进行表彰；推荐公成东、邓来祥 2 名企业家参加“第十八届山东省优秀创业企业家”评选并受到表彰，推荐吴秀祥参加 2010 年全国优秀企业家评选并受到表彰，有力地推动了全市企业家队伍建设。

（三）企业教育培训。按照“企业自主培训与集中培训相结合”的原则，指导企业加强自我培训。2010 年共组织开展国际财务管理师、人力资源师、物流师等资格培训班 6 个，培训人员 220 人次；举办公益论坛（含企业管理专题报告会）15 期，参加人员 2300 多人。引导企业加强实训基地建设,推进“企校合作”；开展第二批“山东省企业实训基地”申报推荐工作，推荐上报企业 18 家。

（四）优化企业发展环境。建立了由 18 个成员单位组成的市政府减轻企业负担联席会议制度，确定了市减轻企业负担办公室的工作职能，调整充实办公室成员。2010 年共复查审核市直 57 个部门和单位上报 559 项行政审批事项，保留 264 项、取消 149 项、下放 35 项、合并 89 项、改变管理方式 22 项，遏制各种不合理、不规范的审批行为；清理文件 1558 件，其中保留 890 件、修改 95 件、废止 573 件；受理各部门单位到企业检查、收费备案申请 95 份，取消及合并各类检查、收费 4 份；取消收费项目 3 项，查处各类价格违法案件 187 起，实施经济制裁 327.51 万元，规范了有关部门（单位）涉企检查、收费、行政服务等行为，进一步优化了企业发展环境。

（泰安市经信委　韩念）

5 － 12 － 1　2010 年威海市经信工作发展情况

一、工业经济

（一）基本概况全市工业企业总数已达 2 万家，其中规模以上工业企业 2118 家，从业人员平均人数达 62 万，总资产 2759 亿元。全市拥有 35 个工业行业大类、146 个工业行业中类、272 个工业行业小类，工业产品达 3000 多种，基本形成了以机械装备、电子信息、新材料、新能源等产业为先导，以船舶、汽车及零配件、轻纺服装、食品医药等产业为骨干，竞争优势明显、区域特色鲜明、产业门类齐全的高端产业体系。

（二）速度效益全市规模以上工业完成增加值 1136 亿元，实现销售收入 5185 亿元，实现利税 400 亿元，实现利润 257 亿元，同比分别增长 10.5%、13.1%、19.9% 和 20.9%，“十一五”期间，年均分别增长 14.9%、18.9%、17.6% 和 16.7%。产品销售率 98.69%，成本费用利润率 6.51%，全员劳动生产率 183010 元 / 人，资本保值增值率 114.8%，总资产贡献率 16.78%，资产负债率 50.27%，流动资金周转次数 3.98 次，工业经济效益综合指数为 252.94。

（三）结构调整全市完成工业投资 432.4 亿元，同比增长 12.9%，其中，工业技术改造投资 326.3 亿元。“十一五”期间，全市共实施工业投资项目 4564 项，累计完成投资 2166 亿元，是上一个五年的 2.3 倍。通过持续加大投入，促进了支柱产业快速发展。截至 2010 年底，威海市共有 85 家企业被重新认定（或新认定）为高新技术企业。全市高新技术产业产值 2028.09 亿元，比上年增长 20.16%，占工业总产值的比重达到 37.02%，比上年提高 2.3 个百分点，比 2005 年提高 12.2 个百分点。

（四）骨干膨胀全市主营业务收入过亿元的企业有 1072 家，比上年新增 76 家。其中，过 10 亿元的企业有 82 家，新增 10 家；过 50 亿的有 5 家，新增 2 家；过 100 亿元的有 2 家，新增 1 家。

（五）品牌建设年内新增中国驰名商标4个、山东著名商标12个、山东名牌产品18个、山东服务名牌5个。截至2010年底，中国名牌产品总数达到19个，中国驰名商标总数达到20个，山东名牌产品总数增至142个，山东省著名商标总数达到75个，山东省服务名牌总数达到23个，山东名优农（林、水）产品6个,分别比2005年增加11个、13个、93个、19个、21个和6个。

（六）技术创新全市完成新产品开发项目1541项，其中国内空白以上项目175项，国内先进项目1042项，五年累计完成开发项目6105项，是上一个五年的1.5倍。年内新认定国家级企业技术中心1个、省级企业技术中心8个、市级企业技术中心7个。截至2010年底，全市已认定市级以上技术开发中心119家，其中国家级8家、省级44家、市级67家。新认定地毯和家纺2个产业聚集区行业技术中心，目前全市共拥有3家省级行业技术中心。金猴集团被认定为山东省第一批工业设计中心。寻山集团的国家海产贝类工程技术研究中心得到批复，新认定省级工程中心5家。截至2010年底，全市共拥有市级以上工程技术研究中心133家，其中国家级2家、省级61家，市级70家。新增山东省工程实验室1个，山东省企业重点实验室3个；有3家企业建成院士工作站，总数已达到9家。2010年与吉林大学、大连理工大学建立产学研合作战略联盟关系，总数达到11家，成立了6个产业技术创新战略联盟。

（七）节能降耗全市百户重点用能工业企业实现节能超过10万吨标准煤。截至2010年底,全市现有15条立窑已经关停拆除了14条，淘汰落后熟料产能124.3万吨，超额完成省政府下达给我市的关停任务。经省市两级认定的资源综合利用企业达到64家，年综合利用粉煤灰等工业固体废弃物210万吨。

二、电子信息

（一）基本情况“十一五”期间，全市电子信息产业飞速发展，产业结构不断优化，产业规模不断扩大。目前，全市拥有电子信息企业400余家，其中规模以上278家，从业人员7万余人，电子信息产品已发展到12大类100多个品种。2010年，全市电子信息产业实现销售收入1100亿元，同比增长18.9%，实现利税52亿元，同比增长19.2%，实现利润38亿元,同比增长18.8%,分别是2005年的3倍、2.7倍和2.8倍。

（二）软件产业全市现有软件企业90多家，从业人员1400多人。到2010年底，通过认证的软件企业有16家，通过认证的软件产品有107个，产品涵盖工业控制软件、企业管理软件、通信软件、能源软件等应用软件和嵌入式应用软件、信息安全软件等领域。2010年，全市软件产业实现销售收入9.6亿元，同比增长15.7%，是2005年的1.5倍；实现利税1.56亿元，同比增长20%，是2005年的1.9倍。

（三）系统集成全市现有通过认证的系统集成企业12家，其中三级系统集成资质企业6家，四级系统集成资质企业6家。2010年，系统集成企业完成销售收入1.54亿元，同比增长21%，实现利税0.24亿元，同比增长22%。

（四）产业园区全市已有国家级电子信息产业园区1个，省级电子信息产业园区5个，其中省级软件产业园区1个。产业园区企业各项经济指标均占到全市电子信息产业80%以上份额，成为我市对外开放、招商引资的主要载体，也是发展高新技术产业、促进产业集群发展的重要平台。

三、信息化建设

（一）概况　威海市先后成为山东省和国家信息化试点城市、国家地理信息系统建设试点城市、国家农村党员干部现代远程教育系统建设试点城市等。2010年，威海相继蝉联“中国城市信息化50强”和“中国信息化最受关注城市榜”荣誉称号，威海市应急指挥系统荣获“2010中国城市信息化成果应用奖”、“山东省计算机应用优秀成果一等奖”、“威海市科技进步二等奖”等奖项。

（二）基础设施全市通信服务企业完成通信业务总量19.07亿元。全市固定电话交换机总容量103.5万门，固定电话用户数74.7万户，同比减少31%，固定电话户均普及率81%；移动电话交换机总容量486.9万门，用户数232.5万户，同比增长20.4%，移动电话人均普及率91.7%；3G手机用户数11.5万户，同比增长47.4%，人均普及率4.5%；全市宽带互联网用户数44.72(含2.82万无线上网卡用户)万户，同比增长7.5%，户均普及率48.6%；光缆敷设总长度达44万芯公里

（三）无线电管理　截至2010年底，我市共有设台单位2300多个，各类无线电台站14995部，同比增长18.4%，分布在航空、广电、通信、气象、渔业、路灯、水务、燃气、建筑、宾馆酒店、洗浴娱乐、小区物业等众多行业和领域，遍布市区及乡镇。其中：广播电视台23部，高频电台71部，甚高频、特高频电台1410部，集群电台377部，数据电台106部，船舶电台4380部，公众移动通信基站3308个，无线市话基站4501个，微波接力站45个，业余和其它电台774部；城市出口带宽125G。

（四）两化融合“十一五”期间，全市实施信息化带动工业化重点技术创新项目120项，引导、带动企业信息化建设直接投入达5.8亿元。2010年，投入500万元重点扶持6个制造业信息化专项技术与服务平台建设，带动了100个制造业信息化示范企业和信息化技术供应与服务企业，推动信息技术在工业企业中的普及，促进了企业管理的划时代变革。建成“威海市电子商务公共服务平台”，推动了我市电子商务应用。

（五）电子政务先后建成电子政务网、药品生产和流通监管平台、房地产网上交易和监管平台、劳动保障业务网、财政管理业务网、网上税务局、金盾工程等一批重点业务网络和系统，电子政务系统在95%以上党政部门推广应用，80%以上的审批事项可以部分或全部网上办理，全市政务效率和透明度显著提升。“中国威海”政府网站连续多年跻身国内、省内政府网站优秀行列，电子政务建设经验被国家行政学院在全国推广，电子监察工作成为全国纪委系统典型。

（六）农村信息化升级完善林业防火指挥系统，建成“三电合一”农业综合信息服务平台、肉品质量安全追溯系统，启动森林资源监测、林业灾害防控系统和平安渔业工程。建成农村饮水安全、农产品贸易、农产品价格、农业政策法规、农村能源与环保、海洋渔业、水产养殖等涉农数据库，形成一批有重要价值的农业农村信息资源开发利用成果。市级农业部门、90%以上的县级农业部门、80%以上的乡镇建立了农村信息化管理或服务机构，农村信息员队伍已达2万余人。威海被确定为“农村管理信息化研发推广基地”和“农村信息化培训基地”。

（七）社会信息化建立无线城市和物联网应用推进机制。建成应急指挥信息系统，市区应急指挥业务实现网络化、可视化、智能化。建成覆盖全市域、多尺度、多类型的“数字威海地理空间基础框架建设与应用”国家示范项目，满足多领域、跨平台的地理信息应用需求。市区中小学全部实现了“班班通”，全市教育工作实现网络化管理。“数字化社区”建设初见成效，实现了远程教育、社区管理、社区服务的职能整合和资源共享。文化信息资源共享工程、金保工程、非接触式智能停车管理系统、网上“人才大集”等一批民生信息化项目相继投入应用，提高了百姓生活质量。

（威海市经信委　赵明君）

5－12－2　威海市重点工业企业名单

市直（11 户）：
三角集团有限公司
威海市金猴集团有限责任公司
山东蓝星玻璃(集团)有限公司
威海北洋电气集团股份有限公司
威海山花地毯集团有限公司
山东环球渔具股份有限公司
威海海马地毯有限公司
山东双轮集团股份有限公司
威海市山海皮业有限公司
威海中威橡胶有限公司
威海市印刷机械有限公司
荣成市（11 户）：
山东成山轮胎股份有限公司
好当家集团有限公司
荣成华泰汽车有限公司
山东华力电机集团股份有限公司
山东省黄海造船有限公司
山东石岛水产供销集团总公司
荣成市峰富橡胶有限公司
山东恒大化工集团有限公司
山东华鹏玻璃股份有限公司
荣成荣佳电机有限公司
山东达因海洋生物制药股份有限公司
文登市（13 户）：
宏安集团有限公司
威海文隆电池有限公司
文登市金洋乳品有限公司
山东云龙绣品工业公司
天润曲轴有限公司
山东省艺达有限公司
文登森鹿制革有限公司
文登威力工具集团公司
山东铃兰味精工业公司
山东威达机床股份有限公司
山东万得集团有限公司
威海恒大电机集团公司
山东黑豹股份有限公司
乳山市（6 户）：
威海鑫山冶金有限公司
国投中鲁果汁股份有限公司
山东笙歌公司
山东金洲矿业集团有限公司
华隆（乳山）食品有限公司
乳山市大业金矿
环翠区（7 户）：
山东工友集团股份有限公司
威海市金泓化工有限公司
威海魏桥纺织有限公司
威海宇王水产有限公司
威海汇泉集团股份有限公司
威海啤酒集团有限公司
山东金泉发展有限公司
高区（5 户）：
山东三星电子有限公司
威海光威渔具(集团)有限责任公司
威海威高集团有限公司
威海万丰奥威汽轮有限公司
威海市华东数控有限公司
经区（5 户）：
山东华夏集团有限公司
山东豪顿华工程有限公司
山东东维木工机械有限公司
威海威东日食品有限公司
威海迪沙药业有限公司
加工贸易（2 户）：
威海纺织集团进出口公司
威海纺织服装进出口公司

（威海市经信委　赵明君）

5 - 13 - 1　2010年日照市经信工作情况概述

2010年，面对金融危机持续影响和节能减排等瓶颈制约，日照市经信系统按照省、市战略部署，坚持“双主动、双确保”，积极破解发展难题，着力转方式、调结构、保发展，全面推进各项经信工作，确保了“十一五”的良好收官，为“十二五”良好开局奠定了坚实基础。

一、精心组织经济运行，总量效益实现突破

不断强化监控预测，及时把握运行态势，对重点企业实施从生产到效益全过程调度分析；加强煤电油运气等重要生产要素的协调保障，组织企业参加中国新疆喀什·中亚南亚商品交易会、“重庆·山东周”经贸洽谈等多项市场开拓活动，确保产运需良好衔接；充分发挥1亿元工业发展专项资金作用，加大配套措施落实力度，推进工业生产逐月加速，经济效益稳步回升，实现了重大突破。2010年，全市规模以上工业增加值突破600亿元，达到623.6亿元，同比增长16.24%，是2005年的4.6倍；主营业务收入突破2000亿元，达到2201.82亿元，同比增长22.24%，是2005年4.2倍；利税突破200亿元，达到205.16亿元，同比增长22.21%，是2005年的6.7倍；实现利润143亿元，同比增长25.30%，是2005年的7.6倍。工业用电量为105.78亿KWh，同比增长11.36%。电子信息产品制造业25家统计内企业实现主营业务收入40.55亿元，同比增长32%；软件业14家统计内企业实现业务收入2.5亿元，同比增长121%。

二、突出抓好重点项目，结构调整稳步推进

把项目作为转方式调结构的载体和抓手，深入开展“大项目建设年”活动，认真组织实施亚太森博浆纸二期、威亚发动机三工厂、黄海粮油二期等百项重点工业项目，筛选63个重大工业项目予以重点推进，取得显著成效。全年工业技改项目开工建设325项，完成投资197亿元，同比增长23%。百项重点工业项目开工率达到92%，完成投资133亿元。“钢铁、汽车、石化、轻工、纺织、装备制造、船舶、电子信息”八大行业调整振兴规划重点实施的137个项目开工建设106项，累计完成投资264亿元，当年完成投资96亿元。有35个项目列入市工业发展专项资金计划，获得财政贴息1546万元，撬动投资35亿元。有42项入围2010年度全省工业转方式调结构重点技术改造项目。全年工业企业争引国家和省各类扶持、补助、奖励资金2720万元，获得无息贷款500万元，落实财政税收政策资金3973万元。东港区被列入山东省首批新型工业化海洋产业示范基地。

三、加快推进技术进步，创新能力不断增强

把增强自主创新能力作为转方式调结构的中心环节，进一步加大科研投入，打造技术创新平台，开展产学研联合，为工业发展提供引领和支撑。全年完成技术创新项目180项，同比增加20项；技术创新投入12亿元，同比增长16.7%；新产品销售收入占主营业务收入比率达到26%。新建市级以上企业技术中心20家，其中国家级1家，省级6家；全市已拥有五征、金禾集团2家国家级企业技术中心，金马等20家省级企业技术中心，以及41家市级企业技术中心。全市与高等院校科研单位合作项目236项，建有5个研发平台；20余所高校在日照办学或建立研发基地，建有13个省级重点实验室及22个研究所。2010年，全市

高新技术产业产值达到490亿元，是2005年的11倍，占规模以上工业总产值的比重提高了13个百分点。

四、不断改善发展环境，企业持续健康成长

着眼于打造诚信体系，认真开展新一轮全市信用企业评价工作，共评选出80家AAA级信用企业，58家AA级信用企业。着眼于健全企业管理体系，出台实施了《日照市企业管理奖管理办法》，管理创新机制逐步完善。着眼于为企业创造良好的政务环境，围绕治理规范涉企收费、落实涉企优惠政策、规范行政执法行为等重点，组织开展了减轻企业负担专项治理工作。环境的优化促进了企业持续健康成长，综合实力加速提升。2010年，全市规模以上工业企业达到1072家，比上年增加72家；年主营业务收入过亿元企业突破300家，达到319家，比上年增加58家，其中，过10亿元的30家，过20亿元的14家，过50亿元的4家（日钢、五征、凌云海、晨曦），过100亿元的2家（日钢、五征）；利税过千万元企业达到296家，利润过千万元企业达到190家，分别比上年增加54家和38家。共拥有五征、东升、尧王醇、浮来春4个中国驰名商标，东升地毯、昌华鱼糜制品、三维桑蚕丝3个中国名牌，以及65个山东名牌。企业管理创新再结硕果，共有14个成果获第二十四届山东省企业管理现代化创新成果和优秀应用成果。其中，莒县供电公司《供电企业推进学习型组织建设的实践》、日照市金海岸装卸有限公司《“七化管理”创钢材装卸品牌》和日照供电公司《以和谐共赢为基础的电网调度管理》3个成果获得特等奖，山东美佳集团有限公司等7个成果获一等奖，东升地毯集团有限公司等4个成果获二等奖。同时，莒县供电公司被评为山东省管理创新十佳企业，山东华龙纺织有限公司等3家企业被评为山东省管理创新优秀企业。

五、全面做好基础工作，节能降耗深入推进

坚持以破釜沉舟和壮士断臂的决心，积极实施节能减排全民行动，采取一系列力度空前的硬措施，扎实开展“节能减排攻坚年”活动，取得积极成效。成立了节能减排和淘汰落后工作指挥部，对全市现有19条210万吨立窑水泥生产线全部淘汰，对其它行业落后产能加速淘汰。启动了市区集中供热改造提升工程，对华能日照电厂2台35万千瓦发电机组进行热电联产改造，取代关停市区几家热电企业和热力公司的16台锅炉。建立了更加严格的检查督导和预警调控制度，制定了《节能降耗工作预警调控方案》，确定了限产压能梯队，实施效果显著。组织实施了49项重点节能技改项目和7项环保产业项目，年内实现节能量37.8万吨标煤。加大节能执法监察力度，对各区县淘汰落后产能与完成节能减排任务情况，实行每月一通报、每季一“限批”，确保了节能工作顺利开展。

六、积极实施管理指导，行业稳定有序发展

围绕经济发展中心工作，认真组织实施行业规划，履行行业管理指导职能，维护社会稳定，推进了相关行业迈上新的台阶。科学管理频率资源，有力保障全市经济社会发展需求，全年共指配常设台站频率143个，临时台站用频120个。规范实施职工教育，全面落实创建标准，大力推进企校合作和企业培训体系建设，提高了企业培训能力。目前，全市有100多家企业建有自己的培训中心或学校，共培育省级职业教育示范企业7家、市级职业教育示范企业6家、省级企业实训基地14家。同时，电力、食品、海洋装备、黄金医药等行业运行平稳，成品油、茧丝绸市场稳定有序，铁路道口监护管理得力，促进了全市经济持续健康发展。

总体来看，日照市现代工业发展框架基本搭成，以精品钢铁基地为龙头的冶金产业，以五征、威亚为龙头的汽车、发动机、海洋装备等装备制造业，以岚桥石化、金石沥青为重点的石化产业，以亚太森博、三大粮油为龙头的浆纸、粮油、水产品、建材等资源加工业，以及高新技术和战略性新兴产业持续壮大，呈现产业结构不断优化、发展方式加快转变、集聚能力明显提升、总体优势日益增强的良好态势。

（日照市经信委　王钧强）

5 － 13 － 2　日照市60家重点骨干工业企业名单

1、日照钢铁控股集团有限公司
2、山东五征集团有限公司
3、山东晨曦集团有限公司
4、中粮黄海粮油工业（山东）有限公司
5、山东日照发电有限公司
6、日照市凌云海糖业集团有限公司
7、邦基三维油脂有限公司
8、山东新良油脂有限公司
9、山东金马工业集团股份有限公司
10、山东洁晶集团股份有限公司
11、青岛啤酒（日照）有限公司
12、日照金通车辆制造有限公司
13、山东日照焦电有限公司
14、日照兴业集团有限公司
15、山东泰森新昌食品有限公司日照分公司
16、山东亚太森博浆纸有限公司
17、日照金禾生化集团有限公司
18、日照东升地毯有限公司
19、海汇集团
20、威亚汽车发动机（山东）有限公司
21、浩宇物资集团有限公司
22、日照市建兴铁塔有限公司
23、山东华海船业有限公司
24、山东岚桥工贸集团有限公司
25、日照三木集团有限公司
26、日照铸福实业有限公司
27、日照三银纺织有限公司
28、鲁圣集团
29、日照裕鑫动力有限公司
30、山东阿掖山集团有限公司
31、日照金禾博源生化有限公司
32、山东美佳集团有限公司
33、迪尔工业（日照）有限公司
34、山东遨游汽车部件有限公司
35、日照华泰纸业有限公司
36、日照中联水泥有限公司
37、山东彼那尼荣安水泥有限公司
38、山东石大科技石化有限公司
39、山东华龙纺织有限公司
40、山东荣信水产食品集团股份有限公司
41、日照昌华海产食品有限公司
42、山东胜利钢管有限公司日照分公司
43、山东丰华食品有限公司
44、山东旭日汽车饰件集团有限公司
45、山东泰山民爆器材有限公司
46、日照海恩锯业有限公司
47、日照华浙钢棒有限公司
48、日照海通丝业有限公司
49、山东同泰集团股份有限公司
50、山东日照尧王酒业集团有限公司
51、日照佳食食品有限公司
52、日照丰华工具有限公司
53、日照海星针织服装有限公司
54、日照旭日电子有限公司
55、五莲锦良工艺品有限公司
56、山东宝山矿业有限公司
57、山东万通液压机械有限公司
58、山东莲山水泥股份有限公司
59、五莲县阳光热电有限公司
60、浮来春酿酒集团

61、莒县东莒果菜有限公司

62、日照恒宝食品有限公司

（日照市经信委 王钧强）

5－14 2010年莱芜市经信工作综述

一、概况

2010年，全市规模以上工业企业达到522家，比上年增加73家；其中产值过亿元的企业93家，过10亿元的14家。全市规模以上工业企业有中央企业1家，省属企业6家，市及市以下企业515家；按经济规模分，大中型企业53家，其中大型企业10家，中型企业43家。

二、主要特点

2010年，面对复杂多变的经济形势，莱芜市经信委在省经信委的正确领导下，认真贯彻落实市委、市政府的各项决策部署，把转变经济发展方式、调整经济结构作为主攻方向，加快推进工业“二次创业”，加强经济运行监测调控，抓好煤电油运等生产要素供应，全市工业经济实现平稳较快增长。主要呈现“四大亮点”：

（一）工业经济保持平稳较快发展。2010年，全市规模以上工业完成工业增加值373.39亿元，同比增长14.01%。地方工业发展快于省以上工业。省以上工业实现增加值180.07亿元，增长13.63%；地方工业实现增加值193.32亿元，增长14.37%。钢铁行业实现较快增长，产品结构进一步优化，增势好于非钢产业。钢铁产业完成增加值231.13亿元，增长14.75%；非钢产业完成增加值142.26亿元，增长11.37%，增速低于钢铁产业3.38个百分点。实现主营业务收入1536.91亿元，增长25.17%；实现利税91.48亿元，增长3.69%；实现利润57.22亿元，增长8.57%。

（二）转方式、调结构步伐明显加快。2010年，全市工业技改投资完成130亿元，增长30%，高于全省平均水平10个百分点，超额完成全年增长22%的目标任务。35个投资过5000万元的重点技改项目全年完成投资70亿元，占全年目标任务的104%。我市钢城区粉末冶金产业园区被列为“山东省新型工业化产业示范基地”。

（三）技术创新能力明显增强。2010年新增雅鲁生化、新纪元、杰讯电子等3家省级企业技术中心，省级以上企业技术中心达到19家；新增市级企业技术中心9家，市级企业技术中心达到43家。大力实施创新项目，全年完成技术创新项目150项，完成年度目标的115%。

（四）“十一五”节能目标任务圆满完成。2010年全市万元GDP综合能耗下降5.03%，至此，我市“十一五”期间完成万元GDP综合能耗下降25.03%，超额完成省政府下达的节能任务。

（五）信息产业平稳发展。目前，全市已经形成了以力创科技、朗进科技两企业为龙头，盈华通信、华冠智能卡、杰讯电子、金鼎电子等企业为基础的产业体系。相继开发了高效节能电力电子UIPM模块、EX8综合电力监控仪、超声波热能表、变频机车空调、RFID和LED系列产品。其中力创科技的活性钛合金植入体材料项目列入国家863计划，EDA9033电参数采集等项目列入国家火矩计划。2010年，全市信息产业完成主营业务收入15亿元。

三、主要措施

（一）积极推进转方式调结构，加快产业结构优化升级。坚持狠抓投入不放松，以投资结构优化带动产业结构调整。一是加强规划引导。我委制定了《关于加快传统产业转型升级的实施意见》和《莱芜市战略性新兴产业发展规划》，明确政策导向，强化扶持措施，加快钢铁深加工、先进装备制造、汽车及零部件等7个重点产业转型升级；积极培育新材料、电子信息、生物及制药、新能源和节能环保、航空体育产业等五大新兴产业，努力增强全市经济发展的稳定性和协调性。二是实施项目带动。对35个投资过5000万元的重点技改项目实行市级领导包项目、部门分工负责制，定期调度，靠上服务，全力推进。泰钢不锈钢退火酸洗等15个项目已竣工，投产达产后年可新增销售收入218亿元，利税21.1亿元，成为全市经济新的增长点。泰钢干熄焦余热发电项目、九羊集团产品升级改造、电子PI膜生产等一批项目进展顺利。加强招商引资工作，抢抓鲁中矿并入五矿集团的契机，积极搞好联络和沟通，目前已和五矿集团就机械加工、螺纹钢、小矿山整合等项目达成合作意向。三是提升产业层次。坚持以“高、精、尖”为主攻方向，做精做强钢铁产业。铁、钢、材产量均创历史新高。2010年全市生产生铁1804.8万吨，增长17.8%；粗钢1709.28万吨，增长14.4%；钢材1722.72万吨，增长28.1%。坚持引育并举，积极整合资源，大力推进非钢产业改造升级。加快新材料、电子信息等新兴产业发展，2010年高新技术产业完成产值304.58亿元，同比增长21.6%，占全市规模以上工业产值的比重为22.48%，比年初提高3.18个百分点。

（二）大力推进技术创新，不断提高企业市场竞争力。坚持立足实际，发挥优势，加快企业技术创新步伐，努力提高企业的核心竞争力。一是抓好创新平台建设。组织引导企业加强技术中心建设，着力提高自主创新能力，不断研发技术含量高、竞争力强的新产品。固德化工有限公司被列为2010年山东省创新能力建设项目承担单位。二是大力实施创新项目。全市共有24个项目入选山东省技术创新项目计划，其中达到国际先进水平的9项，达到国内先进水平的8项，填补国内空白的5项。项目总投资2.2亿元，预计达产后年可新增销售收入19.5亿元。三是积极推进产学研联合。目前全市60%的规模以上企业分别与北大、清华、中科院等120所高校建立了长期技术合作关系，并取得了大量科技合作成果。组织参加2010年省产学研展洽会，达成合作协议15个，总投资6.45亿元。四是推进企业管理创新。在全市企业中推广六西格玛等先进经营管理模式，泰钢集团、莱城发电厂等4家企业的6个管理成果被评为省企业管理创新成果，莱芜煤机公司等6家企业被评为省级诚信企业。

（三）强力推进节能降耗，努力发展循环经济。坚持把节能降耗作为“转方式、调结构”的重要内容，强化工作措施，狠抓工作落实，加快推进经济发展方式转变。一是强化节能管理。对全市重点领域、重点企业能源消耗情况实行了全方位监控，采取节能预警调控措施，加强重点用能企业节能监察，推行了“双目标”责任考核机制，推动各项工作落实。莱钢集团、金雷风电2家企业分别获得“山东省节能先进企业”和“山东省优秀节能成果”荣誉。二是加快节能技术项目建设。围绕节能技术改造、余热余压利用、电机系统节能等，指导企业实施了一批重点节能工程，取得了明显效果。加快节能技术产业化步伐，重点推广了11家企业的13项节能核心技术，10个项目列入省重点节能技术产业化项目计划。三是加快淘汰落后产能。对落后产能情况全面摸底调查，排出淘汰落后产能计划表，关停了鲁中水泥、鲁能水泥、连云水泥3家企业32.8万吨立窑水泥生产线，拆除华虹线缆4万吨炼铜生产线。四是大力发展循环经济。积极开展“清洁生产年”活动，组织莱钢集团等16家企业开展循环经济试点，引导新艺粉末冶金公司等12家企业开展清洁生产审核。莱钢集团被评为全省循环经济示范企业和全国“十佳”资源综合利用企业，泰钢工业园被评为全省循环经济示范园区。全省循环经济工作现场会在莱钢召开，会议向全省推广了莱钢在循环经济方面的典型经验。

（四）加强监测调控，全力保障工业经济运行。密切关注经济运行状况，及时协调解决各类矛盾问题，推动工业经济平稳健康发展。一是继续搞好40户重点工业企业月调度分析，深入分析重点行业和重点企业产销形势、价格波动、生产和效益变化的情况及发展趋势，做到超前预测，及早把握。定期组织银行、税务、劳动、供电等部门，对主营业务收入过5亿元企业的生产经营、资金运转、纳税、劳动用工和用电等情况进行综合分析，牢牢掌握工作的主动权。二是认真抓好煤电油运等生产要素供应。面对煤炭、石油、电力等生产要素紧张的形势，积极组织企业加大山西等省外煤的调运力度，确保冬季取暖用煤库存达30天以上；协调公安、交通、铁路等部门，认真落实电煤油运输绿色通道政策，保证煤油运输需求；制定并落实《2010年全市电力迎峰度冬预案》，保证了重点企业和人民群众生活用电。三是加强对经济运行中热点和难点问题的调研。起草了《制约企业发展的突出问题及对策建议》、《关于加快发展钢铁深加工业调研报告》等10余篇有价值的调研报告，深入分析并解决经济发展存在的矛盾和问题，努力保持工业发展良好态势。2010年10月份，全省三季度经济运行分析会在莱芜召开，对我市经济运行工作给予充分肯定。

（五）加大协调服务力度，不断优化企业发展环境。牢固树立服务意识，不断强化服务措施，努力为企业营造良好的发展环境。一是扎实开展为企业排忧解难服务活动。市经信委充分发挥为企业排忧解难服务活动领导小组办公室的作用，深入调查摸底，制定实施方案，组织动员会议，加强调度督查，完善工作措施，通过现场办公解决和召开专题会议解决等方式，协调解决资金类问题172条，到位资金48亿元；协调解决土地问题266条，落实用地指标2218亩；协调解决政务类问题152条。积极为银企合作“牵线搭桥”，牵头组织民生银行专场银企推介会，签定合同协议金额9.3亿元。参与组织光大银行济南分行专场银企洽谈会，现场签约额8.9亿元；参与组织莱城区中小企业金融服务推进会，现场签订授信意向金额6.16亿元。泰丰纺织6月份在香港主板成功上市，共募集资金5.8亿元，成为我市首家上市企业、全国首家在港上市的家纺企业。二是认真抓好对上争取工作。紧抓机遇，靠上工作，积极帮助企业选项目、报项目、跑项目，最大限度地争取国家、省项目和资金支持，2010年共争取国家、省转方式调结构、节能降耗、技术创新、信息化和淘汰落后产能等重点扶持项目50多个，获补助资金3232万元。争取省“双百工程”委托贷款项目3个，获省财政委托贷款1500万元。三是全力做好钢博会筹备工作。成功组织钢博会产品展，整个展览主题突出，亮点纷呈，总布展面积3500余平方米，参展企业216家，参展产品80多类2300余种，现场交易额达到123亿元，其中：合同金额38亿元，协议金额85亿元，市政府领导和中外客商都给予很高的评价。四是积极抓好钢铁企业规范化申报工作。根据工信部《钢铁行业生产经营规范条件》确定的13条细则，深入泰钢、九羊两家企业，按照特事特办的原则，协调相关部门逐项解决企业存在的实际困难和问题，并多次到工信部、省经信委进行汇报沟通，目前各项工作进展顺利。

（莱芜市经信委　王润峰　杨世福）

5 － 15 － 1　　2010 年临沂市经信工作情况概述

2010 年，全市工业经济在困难多、压力大的情况下实现了平稳较快发展，经济运行质量不断提高。规模以上 4154 家工业企业实现增加值 1093.5 亿元，同比增长 16.4%；实现主营业务收入 4919.9 亿元，同比增长 28.3%；利税 409.9 亿元，同比增长 31.7%；利润 280.8 亿元，同比增长 34.8%。主营业务收入过亿元企业达到 897 户，同比增加 234 户，其中过 10 亿元的 53 户，同比增加 11 户。利税过千万元企业 726 户，其中过亿元企业 39 户，同比分别增加 178 户和 10 户。高新技术产业产值占规模以上工业比重达到 31.22%，比年初提高 2.31 个百分点。八大支柱产业完成增加值 851.5 亿元，同比增长 16.9%，占规模以上工业比重为 78%。机械、木业、冶金产业增长较快，产值分别增长 44.3%、34%、31.1%。

一、经济运行

市委、市政府在全市深入开展"加快工业发展年"活动，经信系统积极做好牵头组织工作，制定了活动实施方案，分阶段有重点的开展系列活动，并加强对县区活动开展情况的督促指导。强化经济运行监测分析，加强对主要经济指标及原材料、电力、价格变化情况的监测分析。加强电煤调度协调，强化电力需求侧管理，做好运力供需衔接，全力抓好煤电油运保障工作。加强资金协调调度，积极开展银政企对接活动，积极引导各金融机构加强对企业的资金支持。发挥中小企业过桥贷款、风险补偿、绿色通道、担保中心、动产抵押、股权质押等方面的融资政策，多渠道解决企业资金问题。加强工业宣传，全年共印发活动简报 80 余期，在电视台、报纸等媒体作专题报导 40 余次，组织企业参加了制博会、食博会等市场开拓活动 10 余次。

二、结构调整

加快培植新兴产业，确定了新医药及生物、新能源及节能环保、新材料、新信息、高端装备制造"四新一高"五大战略性新兴产业，实施了山东临工中大型挖掘机、常林机械重大装备液压件、中文沂星电动客车、巨皇新能源光伏跟踪电站、浪潮集团 LED 照明等一批新兴产业项目。全市新兴产业产值达 600 余亿元，同比增长 30% 以上。积极推进淘汰落后产能，我市列入 2010 年度国家、省淘汰计划的 18 个项目 365.2 万吨落后产能全部淘汰，列入市 2010 年淘汰计划的 42 个项目也全部淘汰。

三、技术改造

确定全市百项重点技改项目，实施领导包扶责任制。向省工业调整振兴联席会议汇报重点技改项目，争取了 62 个项目列入省政府 2010 年工业转方式调结构 1000 个重点技术改造项目，得到不同形式的省级专项资金支持。争取了 6 个项目列入中央重点产业振兴和技术改造专项资金支持计划，获得支持资金 884 万元。争取了 143 个工业技改项目列入了山东省 2010 年重点技术改造导向计划，享受全省信贷重点支持政策。争取了临沭县经济开发区的绿色复合肥产业示范基地和费县经济开发区的新医药产业示范基地列入山东省首批新型工业化产业示范基地。据统计，全市工业技改投资完成 422.1 亿元，同比增长 22.1%。实施投资过亿元技改项目 243 个，完成投资 278 亿元，同比增长 89%。技改完工项目共 1019 个，其中过亿元完工项目 59 个。

四、技术创新

加强技术创新平台建设，全市新增省级技术中心 6 个，认定市级技术中心 32 家，全市国家级、省级、市级技术中心分别达到 4 家、

37家和122家。有152个项目列入山东省技术创新项目计划，其中有70个新产品、新技术通过省级鉴定。有2个项目列入全省创新能力建设项目计划，10个项目列入省新产品财政专项资金扶持项目，5个项目列入省工业设计优秀产品，2个项目列入省工业设计中心建设，以上项目共获得省支持资金700万元；有21个项目列入市重点技术中心建设项目和产业研发专项资金项目计划，获支持资金350万元。鲁南制药、鲁洲生物被评为“全省产学研突出贡献奖企业”。

五、企业管理

组织20余家重点企业参加了全省精细化管理现场会和六西格玛管理现场会。组织开展管理创新活动，临矿集团等6家企业获得“山东省管理创新优秀企业”称号，数量居全省第一位；有32项企业管理创新成果获“第二十四届山东省企业管理现代化创新成果奖”，数量居全省第三。加强企业培训，聘请郎咸平、韩宝江、冯军等经济专家来临沂做大型专题报告5次。举办各类培训22个，培训经营管理人员4000余人次。加强企业实训基地建设，全市共建立了64家省级企业实训基地，金沂蒙等6家企业获得第二批“省级企业实训基地先进单位”号称。临沭、沂水获得山东省企校合作培养人才先进县。市教育局和经信委共同牵头组建了“临沂市现代制造业职业教育集团”。

六、信息产业

软件产业较快发展，全市从事软件研发、计算机系统集成、动漫游戏及网络服务的企业百余家，主要集中在兰山区、高新区和经济开发区，通过“双软认证”的软件企业16家，计算机系统集成企业4家，主营业务收入3.7亿元，增幅130%左右。有20家企业的60件软件产品进行了著作权登记。临沂市拓普网络有限公司被评为山东省软件工程技术中心。山东成功信息技术有限公司开发的《民政优抚医疗信息综合管理系统》被民政部推广应用。临沂一漫动画有限公司创作的26集动画片《蒙山小游侠》，荣获广电总局电视节目技术质量奖（金帆奖）。2010年山东机客公司在全国500家高新技术企业中脱颖而出，荣获美国高通公司2010QPrize创新中国总冠军。

电子产品制造业不断壮大，规模以上电子信息制造企业共计49家，完成主营业务收入49.75亿元，同比增长14.26%；利润2.223亿元，同比增长8.17%；利税4.0699亿元，同比增长9.3%。拥有计算机外部设备、电子测量仪器、电子器件、电子元件、机电、电子材料等6个类别的产品。全年电子产品制造业主要产品产量：半导体器件（普通二极管和片式二、三极管）10.66亿只，同比增长47.7%；电子元件（中高压陶瓷电容器、片式电感器）10.03亿只，同比增长4.7%；激光器件305万片，同比增长28.1%；磁性材料5020吨，同比增长98%；新成长起来的电连接器产量1000万套。

七、两化融合

推进工业化和信息化融合，制定了促进“两化”融合的意见、加快软件产业发展的意见等政策文件，开展了“两化”融合示范企业认定活动，确认山东华盛中天机械集团有限公司等18家企业为第一批临沂市信息化示范企业。全市30%左右的规模以上工业企业使用电子商务手段进行交易，临沭复合肥产业集群电子商务平台上线应用，沂水食品产业集群、沂南电动车产业集群电子商务平台也即将开通运行。立晨物流投资1.7亿元成立了中国临沂商城电子交易中心。

（临沂市经信委　赵维龙）

5－15－2　临沂市重点骨干企业名单

所在县区：兰山
临沂新程金锣肉制品集团有限公司
山东金升有色集团有限公司
鲁南制药集团股份有限公司
山东新港企业集团有限公司
山东华星工程机械有限公司
临沂山松生物制品有限公司
所在县区：罗庄
华盛江泉集团有限公司
临沂矿业集团有限责任公司
沂州集团有限公司
山东罗欣集团有限公司
久泰能源科技有限公司
山东华盛中天机械集团有限公司
临沂三德特钢有限公司
山东红日阿康股份有限公司
山东新光实业集团有限公司
临沂恒昌焦化集团有限公司
华能临沂发电有限责任公司
所在县区：河东
山东蒙凌工程机械股份有限公司
临沂华太电池有限公司
所在县区：郯城
山东阳煤恒通化工股份有限公司
所在县区：苍山
山东兰陵美酒股份有限公司
苍山县金信皮革有限公司
所在县区：莒南
山东鑫海科技股份有限公司
山东阜丰发酵有限公司
山东华泉集团有限公司
所在县区：沂水
山东泓达生物科技有限公司
莱芜钢铁集团鲁南矿业有限公司
青援食品有限公司
沂水大地玉米开发有限公司
沂水山水水泥有限公司
山东兴盛矿业股份有限公司
鲁洲生物科技（山东）有限公司
所在县区：蒙阴
山东新银麦啤酒有限公司
所在县区：平邑
山东临沂临工汽车桥箱有限公司
山东黄金归来庄矿业有限公司
所在县区：费县
山东新时代药业有限公司
费县沂州水泥有限公司
山东银光化工集团有限公司
国电费县发电公司
所在县区：沂南
澳柯玛（沂南）新能源电动车有限公司
山东省舜天化工集团有限公司
临沂开元轴承有限公司
所在县区：临沭
山东常林机械集团股份有限公司
山东金正大生态工程股份有限公司
金沂蒙集团有限公司
所在县区：高新区
临沂新华印刷物流集团有限公司
所在县区：开发区
山东临工工程机械有限公司
山重建机有限公司
临沂华夏重工有限公司
临沂临工金利机械有限公司
山东翔龙实业集团有限公司
所在县区：临港区
山东景耀玻璃集团有限公司

（临沂市经信委　赵维龙）

5 － 16 － 1　　2010 年德州市经信工作发展情况概述

2010 年，在市委、市政府的坚强领导下，全市工业系统坚持以科学发展观为指导，以项目投入为抓手，改造提升传统优势产业，大力发展战略性新兴产业，狠抓自主创新、节能降耗和企业管理，全市工业经济呈现出生产稳步增长，质量效益明显提高，结构调整快速推进的较好态势。规模以上工业增加值首次突破 1000 亿元，工业总资产突破 2000 亿元，主营业务收入突破 4000 亿元，工业增加值、主营业务收入、利税分别是 2005 年的 3.34 倍、2.88 倍和 2.45 倍，年均增速 20% 以上，均超额完成“十一五”任务目标。

一、工业经济平稳运行，结构调整不断优化。

（一）工业经济总体较快增长，经济效益明显提高。2010 年，规模以上工业企业累计完成工业增加值 1023.18 亿元，同比增长 15.99%，高于全省 0.99 个百分点。其中 12 月份当月完成增加值 110 亿元，创今年以来最好水平。累计实现主营业务收入 4058.81 亿元，增长 23.4%；利税 469.53 亿元，增长 19.2%；利润 253.6 亿元，同比增长 24.4%。

（二）产业布局日趋优化，结构优势不断凸显。已初步形成具有一定经济实力和规模，产品门类比较齐全的产业布局。2010 年，主导产业累计实现主营业务收入 3006.93 亿元，利税 346.8 亿元，利润 184.88 亿元，分别占规模以上企业的 75.2%、74.4% 和 73.3%。其中四大优势产业累计实现主营业务收入 2945.55 亿元，利税 292.63 亿元，利润 153.77 亿元，三项指标分别占全市比重的 63.7%、62.8% 和 61%。四大新兴产业累计实现主营业务收入 1085.73 亿元，利税 123.86 亿元，利润 67.74 亿元。分别占全市比重的 27.1%、26.6% 和 26.9%。较去年同期分别提高 3.9、2.6 和 3.6 个百分点。

（三）重点企业实力增强，支撑作用明显。2010 年，全市百户重点调度企业累计实现主营业务收入 1377.39 亿元，同比增长 18.8%；利税 144.59 亿元，增长 5.2%；利润 78.58 亿元，增长 9.1%，分别占全市比重的 34.43%、31.06% 和 31.16%。规模以上企业中，主营业务收入过亿元的企业 847 家，同比增加 232 家；过 10 亿元企业 44 家，增加 10 家；20 亿元企业 19 家，增加 2 家；过 50 亿元企业 5 家，增加 3 家。利税过 5000 万元企业 119 家，同比增加 24 家；过亿元企业 50 家，增加 2 家；过 5 亿元企业 4 家，增加 1 家。

二、技改投入加速增长，发展后劲明显增强。

（一）技改投资平稳较快增长。2010 年，全市在建技改项目 543 个，计划总投资 1044.7 亿元，本年完成投资 420.6 亿元，同比增长 16.8%。全市共有景津压滤机 6000 台大型洗选设备项目、嘉豪恒泰 30 万盏大功率集成式 LED100W 路灯等 308 个项目竣工投产，累计完成投资 319.5 亿元。

（二）投资结构进一步优化。装备制造、化学工业、纺织服装和食品工业四大优势产业在建技改项目 312 个，完成投资 227.8 亿元，占全市完成技改投资额的 62.9%。新能源、新材料、生物技术和文体用品四大新兴产业在建技改项目 174 个，完成投资 135.9 亿元，占全市完成投资额的 31.4%。

（三）重点项目建设稳步推进。2010 年，全市共有投资亿元以上重点技改项目 273 个，总投资 921.3 亿元，全年完成投资 340.5 亿元，累计完成投资 511.5 亿元。市政府确定的 70

个重点工业项目，总投资799.1亿元，全年完成投资158.9亿元，累计完成投资243.6亿元。景津压滤机年产6000台大型洗选设备、恒源石化100万吨重油轻质化及80万吨混合加氢装置等22个重点项目全部完工投产，形成新的经济增长点。

（四）项目争取成效显著。提报国家“重点产业振兴和技术改造”专项项目8个，获财政贷款贴息2284万元。提报31个项目列入全省1000个重点技术改造项目计划。提报两批24个项目列入全省新兴产业和重点行业专项资金项目（第一批），获补助资金875万元。提报5个项目列入2011年省“双百工程”，总投资9.3亿元，获一年期无息借款2000万元。先后提报两批共114个项目纳入2010年省重点技术改造项目导向计划，总投资268.4亿元，提报95个项目纳入2011年省重点技术改造项目导向计划，向金融、土地、财政等部门进行推介，帮助企业获得金融信贷支持。

（五）积极开展对外合作。2010年，央企合作项目43个，比上年末增加7个，到位资金61.6亿元。其中，完成或基本完成的项目9个，实现投资34.4亿元；正在实施建设的项目18个，到位资金超过27.2亿元；有16个项目处于报批或洽谈中。我市第一个与央企合作项目—德州实华搬迁新园区项目，截止2010年底，项目建设资金已到位10.7亿元。

三、技术创新成果丰硕，产品结构优化提升。

（一）抓好技术创新项目的管理与实施。2010年，87个项目列入山东省技术创新项目计划，项目研发总投资5.52亿元，全部完成并产业化后，预计年新增销售收入92.8亿元，利税19亿元。10家企业的33个项目通过省级新产品新技术鉴定。山东龙力生物科技股份有限公司玉米芯酶法制备高纯度低聚木糖项目被工信部批准为国家科技成果转化项目，获得国家财政专项扶持资金1500万元。

（二）加强技术中心建设。依托保龄宝生物股份有限公司技术中心和龙力生物科技股份有限公司技术中心建立了山东省功能糖产业聚集区行业技术中心、依托泰山体育集团技术中心建立了山东省体育器材行业技术中心，填补了我市没有省行业技术中心的空白，并各获得省财政扶持资金50万元。德药制药、索通发展等7家企业被认定为省级企业技术中心，目前全市建成国家级企业技术中心3家，省行业技术中心2家，省级企业技术中心32家，市级企业技术中心66家。泰山体育被省经信委认定山东省工业设计中心，是我省首批19家工业设计中心之一。

（三）做好省首台套项目和新产品扶持政策争取工作。2010年，6个装备项目获得省重点领域首台（套）技术装备项目；8个新产品列入省享受财政专项资金扶持的新产品项目名单，获得资金扶持。

（四）深化产学研联合。全市共有600余家企业与300多个高校院所建立了合作关系，我市省级以上技术中心企业与高校科研单位建立合作研发机构40余个，签订科研与技术合作项目近600项。在2010年省产学研展洽会上，2项产品获展洽会金奖，2项获银奖，4项产品被授予创新奖，达成产学研合作协议24项，总投资19.1亿元，项目全部完成并产业化后年可新增销售收入63.2亿元，利税15.8亿元。

（五）实施品牌带动战略。培育形成了26个中国驰名商标、20个中国名牌产品、99个山东省著名商标、99个山东名牌产品的品牌体系。

四、深化企业管理创新，加强企业家队伍建设。

（一）出台鼓励企业管理创新的政策规定。德州市政府出台《关于印发德州市企业管理奖技术创新奖管理办法的通知》（德政办发[2010]3号），对企业管理奖、技术创新奖评选条件及相关问题作出明确规定，每年评选表彰

1次。2010年，对5家企业和10项管理创新成果，在全市工业大会上进行了表彰奖励。

（二）加强企业家队伍建设。组织召开德州市企业家协会会员代表大会，换届选举，产生新一届理事会，修改完善协会《章程》；开展市优秀企业家评选表彰活动，评选优秀企业家15名；2人荣获山东省优秀企业家称号；推荐2名企业家为“山东省企业发展专家咨询委员会”专家。

（三）开展争创省诚信企业活动。经过审查推荐，16家企业荣获山东省诚信企业称号，其中晶华集团在本次评选中分数最高并作为典型企业上台发言。继续发挥还贷周转金的作用，全年为企业办理还贷周转金7笔，金额8653万元。

（四）加强典当业监管，促进典当行健康发展。开展典当行年审工作，我市10家典当行顺利通过国家和省市年审。组织10家典当企业近20名相关人员参加全省典当业务知识培训，以提高从业人员素质。为2家典当公司办理典当行变更手续，帮助新设立的2家典当公司通过国家商务部批准。加强调度和监督管理，保证良好发展势头。全市典当业实现营业收入2300万元，实现利润1100万元。为1000余个民营企业和个人提供了生产经营资金需求，成为中小企业和居民快速融资的辅助渠道。

五、积极推进节能降耗，大力提高资源利用效率。

（一）打好攻坚战，全面完成节能目标。针对异常严峻的节能形势，迅速组织成立德州市节能减排和淘汰落后工作指挥部。制定了预警调控机制，将各项任务细化分解、层层落实，形成了政府负总责、各部门分工负责、主管部门统一监管、社会广泛参与的工作机制；明确了一级抓一级、层层可追究的责任体制；建立了市级领导包片、部门包县、节能办公室包点的督查指导制度。加强检查考核，实行调控日通报制度，严格执行“一票否决”制度，确保节能目标的顺利完成。

（二）调结构、转方式，促进产业结构优化。严把准入门槛，从源头上控制落后产能，2010年对全市106个固定资产投资项目完成评估，对82个项目进行节能评估审查，否决炼铁、炼钢等行业20多个不合理项目的立项申请。加快新能源基地建设，基地内新能源产业项目新开工建设10个，总投资40亿元，产业集聚效应凸显。在国家金太阳示范工程和太阳能光电建筑应用示范工程首批13个光伏发电集中应用示范区名单，我市经济开发区名列其中，总装机容量50兆瓦，2010年，全市新能源及配套产业完成销售收入326亿元，同比增长48%。加快淘汰落后步伐，2010年全市关停小火电机组8.7万千瓦，淘汰落后生产线43条，落后设备995台（套）。其中淘汰4条立窑水泥生产线，熟料产能41.2万吨，超额完成省政府下达的淘汰3条立窑水泥生产线、熟料产能30.9万吨的计划。

（三）加大节能投入。6个节能节水项目列为国家2010年十大重点节能工程和资源节约重大示范项目，项目总投资3.55亿元，年可实现节能9.02万吨标准煤、节水2087万吨；12个项目列为国家节能技术改造财政奖励项目，年可实现节能26.48万吨标准煤；2个项目获合同能源管理国家财政奖励资金支持。5个项目列入省重大节能技术产业化项目，24个项目列入省节能降耗重点项目投资计划，项目实施后，年可实现节能量48.4万吨标准煤。30个太阳能集热系统项目列入省财政补贴计划。加大市级财政对节能的投入，全市安排财政预算资金1820万元，用于节能技术研发、淘汰落后产能、发展和推广新能源汽车等相关工作。

（四）大力开展节能技术开发。“无机高效新型热管太阳能热水器”项目获得国家创新基金立项支持，“单颗集成大功率LED路灯”项目获得省创新基金立项，“三维聚光新型真空集热管”项目列入省自主创新重大专项；2项技术成果获省优秀节能成果，多家新能源企业通过《高新技术企业认定管理办法》认定，并享受到企业所得税减免政策，一批技术创新项目的实施对节能技术开发起到积极的示范效果。

（五）突出抓好重点领域节能管理。狠抓钢铁、水泥、电力、焦炭、烧碱5个重点行业和58户重点用能企业，2010年前3季度38家省重点企业完成节能量19.17万吨标准煤(比2009年底)。8家国家千户重点用能企业全部落实能源利用状况报告制度，通过国家审核。安排部署全市第二轮能源审计工作，完成8家国家重点用能单位能源审计，对170家用能单位实施了能源利用监测。全市38家重点用能企业已全部设立能源管理岗位、聘任能源管理负责人。有效地促进了用能单位能源利用效率和能源管理水平的提升。

（六）推进建筑、交通领域节能。完成建筑节能新标准系统升级。全市新建建筑设计阶段节能标准执行率达100%，施工阶段节能标准执行率达98.89%，每年仅采暖能耗就可节约12万吨标准煤；加快推进可再生能源建筑应用；新增太阳能光热建筑一体化应用面积197万平方米；稳步启动既有居住建筑供热计量和节能改造，供热计量和节能改造面积完成176万平方米；城市“禁实”目标基本实现，县城以上规划区内新建竣工项目新墙材应用率达98.71%。优化基础设施，大力推进交通节能。2010年，全市道路客运线路实现集约化经营达16条，其中跨地市的3条、跨省的3条，客车由原来的625辆减少到330部，年节油532万公升；鼓励发展以天然气、液化气等为燃料的节能环保型车辆。2010年，市区油改气出租车比例占95%，每年减少232万公升汽油的尾气排放；公路工程建设方面，循环利用路用材料的项目占50%以上。

（七）加强日常节能执法。2010年，对全市103家用能企业进行现场节能监察，下达限期整改通知书56份，对12家超限额企业进行现场督导，提出整改意见138条，目前已完成整改工作。对全市年综合能耗5000吨标准煤以下的化工、建材等企业用能情况进行现场抽查，对10家用能单位执行国家淘汰设备制度、固定资产投资项目节能评估审查制度落实情况进行了现场监察，对限期整改落实情况进行现场复查，依法没收国家明令淘汰的用能设备，督促企业拆解销毁、更换263台淘汰设备。对全市57家单位实施了节电执法检查，下达检查意见反馈书，提出改进措施并督促落实整改。

六、加快信息产业发展，促进两化融合步伐。

（一）电子信息产业平稳运行。2010年，规模以上电子信息产品制造企业83家，软件企业1家，完成主营业务收入115亿元，同比增长23.4%；利税12亿元，同比增长18.2%；利润6亿元，同比增长17.4%。

（二）传统产品规模不断壮大。年生产回扫变压器2500万只、DC-AC电源逆变器10万台、PDP、LCD电源300万套、贴片式变压器、滤波器300万套、汽车HID灯系统5万套，形成了以山东德州为大本营，珠江三角洲、长江三角洲为研发制造基地，南北呼应，优势互补有利格局，主导产品通过了CQC、CCC、UL、VDE、TUV安全证。

（三）电子信息产品结构不断优化。在传统产品稳步发展的同时，不断加大新产品的开发力度，涌现出以旭光光电公司为代表的一批光伏生产企业，成为我市电子信息产业新的经济增长点。2010年，旭光光电公司新建10万多平方米厂房，投资7亿元兴建太阳能光电利用项目，新上太阳能电池板纳米表面制绒技术、LED封装、LED照明系列产品、光伏电站等四条生产线，年产35万套太阳能LED路灯、600兆瓦太阳能光伏电池板、50000套新农村建设光伏电站，年可实现销售收入35亿元，税金4.5亿元，可节省48万吨标准煤。

（德州市经信委 王亮）

5－16－2 2010年德州市105家重点工业企业名单

15家大企业

山东华鲁恒升集团有限公司
山东莱钢永锋钢铁有限公司
山东恒源石油化工股份有限公司
金能科技有限责任公司
皇明太阳能集团有限公司
山东通裕集团有限公司
谷神生物科技集团有限公司
保龄宝生物股份有限公司
德州实华化工有限公司
华能电力有限公司德州电厂
景津压滤机集团有限公司
德州晶华集团有限公司
山东金麒麟集团有限公司
中化平原化工有限公司
索通发展有限公司

30家强企业

山东泰山体育器材集团
中大贝莱特空调有限公司
普利森机械制造有限公司
山东格瑞德集团有限公司
山东福田药业有限公司
山东龙力生物科技股份有限公司
山东禹王实业有限公司
山东贺友集团有限公司
山东国强五金制品集团有限公司
山东华乐集团
山东晨鸣板纸集团齐河板纸有限责任公司
齐河冠军纸业有限公司
山东金德化学建材有限公司
德州金锣肉制品有限公司
齐鲁制药有限公司
山东正大纸业有限公司
晋德有限公司
德州富路车业有限公司
山东中茂圣源纸业有限公司
德州华茂生物科技有限公司
山东泉林纸业夏津有限公司
华芳夏津纺织有限公司
山东齐鲁汽车制造有限公司
古贝春集团有限公司
中澳控股集团有限公司
山东鼎力枣业食品集团有限公司
亚太集团
山东威特人工环境有限公司
山东德州双汇食品有限公司
山东德工机械有限公司

60家新特企业

山东聚力焊接材料有限公司
德州华源生态科技有限公司
德州齿轮有限公司
德州旭光太阳能光电有限公司
山东德州恒特重工有限公司
山东百龙创园生物科技有限公司
东君乳业禹城有限公司
山东华禧药业有限公司
山东磐古集团
乐陵市威格尔橡胶有限公司
山东星光糖业集团有限公司
山东飞达集团有限公司
山东晏子精密铸造有限公司
山东远大模具材料有限公司
山东中超电缆有限公司
山东百多安医疗器械有限公司

山东美驰车桥有限公司
山东远征石油设备有限公司
临邑泓淋电子有限公司
临邑宇影光学仪器有限公司
山东安兴玻璃制品有限公司
临邑天安化工有限公司
山东福洋生物科技有限公司
山东安华瓷业有限公司
山东征宙机械有限公司
山东志诚化工有限公司
史丹利化肥（平原）有限公司
德州东鸿制膜科技有限公司
德州富华生态科技集团有限公司
山东宏祥化纤集团有限公司
恒丰纺织品有限公司
陵县宝鼎纺织有限公司
德州世纪威能风电设备有限公司
山东宁津弹簧有限公司
宁津县美华工业有限公司
山东晋煤同辉化工有限公司
山东三岭汽车内饰有限公司
宁津县恒硕太阳能设备有限公司
山东中泰金属板材有限公司
山东永乐食品有限公司
德州中铟生物科技有限公司
山东腾龙光伏新能源有限公司
山东龙祥橡塑制品有限公司
山东德州英潮集团
山东神龙毯业有限公司
山东金诺集团有限公司
山东嘉豪恒泰能源有限公司
颐元农机制品有限公司
庆云庆顺科技有限公司
庆云华泰橡胶制品有限公司
庆云翔昊科技有限公司
德州方向机厂有限公司
光明乳业（德州）有限公司
联合石油机械有限公司
山东江口生物科技有限公司
德州海利安生物科技有限公司
德州海纳实业有限公司
德州市乐华陶瓷洁具有限公司
德州中立新能源科技有限公司
德州恒力电机有限责任公司

（德州市经信委　王亮）

5－17－1　　2010年聊城市经信工作情况

2010年，面对后国际金融危机时期，复杂多变的国际国内经济形势，在市委、市政府的坚强领导下，我市坚持以科学发展观为指导，以“全面提升年”活动为总抓手，大力实施工业强市战略，加快经济发展方式转变，加大工业投入，推进结构调整，强化技术进步，狠抓节能降耗，创新企业管理，推进“两化”融合，实现了全市工业经济和信息化建设平稳较快发展，圆满完成了“十一五”规划的目标任务，为“十二五”发展奠定了坚实基础。

一、工业经济保持平稳较快运行，经济效益同步提高

2010年，全市规模以上企业达到2437户，比上年增加208户。累计完成工业增加值1072亿元，同比增长18.1%，增幅列全省第2位；实现主营业务收入4190亿元，增长32.47%，增幅列全省第3位；利税402亿元，增长34.92%，利润275亿元，增长36.89%，增幅均列全省第9位，并呈现出利税增幅高于收入增幅，利润增幅高于利税增幅的良好发展态势。工业经济效益综合指数达到317.57%，同比提高37.67个百分点。骨干企业发展势头良好，支撑带动作用强。2010 年，全市利税过 1000 万元的企业 552 户，同比增加 152 户，其中过亿元的企业 37 户，同比增加 11 户。全市 50 户重点企业累计实现主营业务收入 2169 亿元、利税 199 亿元、利润 137 亿元，分别增长 25.53%、24.17% 和 23.89%，分别占全市总量的 52%、50% 和 50%。

二、外商直接投资增长较快，工业投入不断强化

2010 年，我市积极开展招商引资工作，外商投资有新进展，全年外商直接投资达到 1 亿美元，增长 10.9%。全市工业累计出口额 12.90 亿美元，同比增长 54.1%。全市完成工业投入 674 亿元，同比增长 27.6%。其中，技术改造完成投资 419 亿元，增长 14.8%。重点项目建设取得明显成效，全市 100 个重点项目中 62 个工业项目累计完成投资 234.2 亿元，占全市工业投资的 34.7%。泉林纸业的本色浆、信发集团的 40 万吨聚氯乙烯等 50 个投资 5000 万元以上的项目竣工投产，预计年可新增销售收入 640 亿元，利税 50 亿元，将为全市工业经济的又好又快发展提供强有力的支撑。2010 年度新型工业化产业示范基地创建工作取得丰硕成果，市经济开发区、高唐工业园区被认定为省级“新能源汽车示范基地”，临清市工业园区被认定为“省级有色金属（铜加工）示范基地”。

三、实现技术中心进档升级，产学研合作成果显著

2010 年，我市新增国家级企业技术中心 1 家、省级中心 7 家、市级中心 15 家，超额完成了年度目标任务。截止目前，我市共有国家级企业技术中心 6 家、省级 29 家、市级 43 家，企业科技创新水平显著提升。坚持把产学研合作作为提高技术创新能力的重要途径，积极组织企业参与 2010 年山东省产学研展洽会、第五届中国（山东）国际装备制造业博览会、2010 聊城·中国有色金属产业发展高层论坛、第十二届中国国际高新技术成果交易会等重大活动，集中展示了我市技术创新的优秀成果。聊城有色金属研究院挂牌成立，我市被中国有色金属工业协会授为“中国有色金属新城”称号，这些都为我市有色金属产业基地建设和发展提供强有力的科技和智力支撑。

四、加强队伍建设，企业经营管理水平明显提高

一是加强企业家队伍建设。制定了《聊城市企业经营管理人才队伍建设中长期发展规划纲要（2010–2020 年）》，组织召开市属工业企业人才工作座谈会，围绕“533 高端人才引进计划”做好人才引进服务工作。二是引导企业加强精细化管理。把推广应用六西格玛作为加强精细化管理的切入点和着力点，制定具体计划，落实对策措施，提升企业精细化管理水平，促进企业平稳较快发展。组织 30 家企业参加在潍坊召开的全省六西格玛推广与现场观摩会议，18 家企业参加在泰安召开的全省企业精细化管理经验交流现场会议。

五、狠抓节能降耗，“十一五”节能目标全面完成

2010 年，成立了聊城市节能减排和淘汰落后工作指挥部，组织协调各县（市区）、各部门打好节能攻坚战。全面实施节能降耗预警调控。市及各县（市、区）均制定了节能降耗预警调控实施方案，建立预警调控周报制度，定期通报预警调控实施情况和用电量情况，对异常县（市、区）及时下达预警调控指令，加强监督检查，确保执行到位。自去年 5 月份开始启动、7 月份全面启动以来，预警调控工作不断深入，有效遏止了高耗能、高耗电行业过快增长的势头。截至 2010 年底，全市累计实施预警调控企业 90 家，累计减少能源消耗 66.92 万吨标准煤。2010 年，全市万元 GDP 能耗比 2005 年下降 23.01%，超额完成了省下达的任务目标。积极开展清洁生产，循环经济和资源综合利用稳步发展。在有色金属、化工、纺织、电力等重点行业已总结推广了16个循环经济发展模式，循环经济“2320”工程目标顺利实施，2个县被评为省级循环经济示范县，7个企业被评为循环经济示范企业。

六、信息化与工业化融合有效推进，信息产业取得长足发展

树立了中通、东阿阿胶、时风等多家具有示范意义的信息化样板企业，组织全市中小企业信息化推进工作大会，大大强化了企业信息化意识，带动了各行业的信息化改造。信息产业平稳快速发展，电子信息产品项目明显增加。2010年，全市电子信息产业企业达61家，从业人员6000余人，实现主营业务收入105.9亿元，同比增长27.52%。全市“双软”认证企业4家，实现主营业务收入1.16亿元，同比增长7.8%。金泰、华宝节专用电磁加热节电设备项目，阳谷电缆集团船用电缆项目，山东泉海汽车影音GPS导航系统项目，山东天海电装汽车电子组合仪表和汽车多路信息CAN总线传输系统等项目的实施投产，将大大带动全市信息产业的稳健快速发展。此外，我市信息产业不断发挥自身优势，加快调整优化产品结构，积极开拓市场。鑫科公司继推出几种具有自主产权的医疗设备后，又连续成功开发了设备专用清洗剂等配套产品，为进一步占领和扩大市场打好基础。阳谷作为全省最大的电线、电缆生产基地，一批骨干企业如阳谷电缆集团、齐鲁电缆、电缆电线厂等，进一步加大技术改造力度，加快产品结构调整步伐，积极实施技术创新，主打产品已经由原来科技含量较低、市场竞争激烈的普通电缆，扩展到科技含量高、附加值高的超高压电缆、矿用阻燃电缆、计算机专用电缆、视频专用电缆、铁路通信电缆等产品。

（聊城市经信委　李峰）

5 － 17 － 2　　聊城市50户工业重点企业名单

1、 信发集团
2、 山东时风（集团）有限责任公司
3、 鲁西化工集团股份有限公司
4、 中通汽车工业集团有限责任公司
5、 山东东阿阿胶股份有限公司
6、 山东泉林纸业有限责任公司
7、 中冶集团临清银河纸业有限公司
8、 中色奥博特铜铝业有限公司
9、 山东凤祥（集团）有限责任公司
10、阳谷祥光铜业有限公司
11、山东冠洲股份有限公司
12、山东冠星纺织集团总公司
13、山东临清迅力特种汽车有限公司
14、山东阳谷电缆集团有限公司
15、山东中华发电有限公司聊城发电厂
16、山东聊城热电有限责任公司
17、临清三和纺织集团有限公司
18、临清卫河酒业集团
19、东阿东昌水泥有限公司
20、希杰（聊城）生物科技有限公司
21、山东（临清）润源实业有限公司
22、山东金号织业有限公司
23、山东高唐蓝山集团总公司
24、山东东阿钢球有限公司
25、山东奥克特化工有限公司
26、山东吉地尔（集团）有限公司
27、山东鑫亚工业股份有限公司
28、山东光岳转向节总厂
29、山东聊城华润纺织有限公司
30、山东华鲁制药有限公司
31、聊城市昌裕集团有限公司
32、聊城市中奥毯业有限公司

33、山东临清联创实业有限公司
34、临清市哈鲁轴承股份有限公司
35、临清市鸿基集团有限公司
36、山东中兴粮油贸易有限公司
37、山东临清福临机械制造有限公司
38、山东省高唐县金铭实业总公司
39、山东三山集团有限公司
40、莘县四强化工有限公司
41、山东齐鲁味精食品集团有限公司
42、山东信乐味精有限公司
43、茌平县恒信铝业有限公司
44、聊城鑫鹏源金属制造有限公司
45、山东景阳岗酒业有限公司
46、山东东鼎轧钢有限公司
47、山东高唐热电厂
48、高唐县双龙养殖设备有限公司
49、山东谷丰源化肥有限公司
50、山东智德纺织有限公司

（聊城市经信委　李峰）

5 － 18　2010 年滨州市经信工作综述

一、全市工业经济实现平稳协调较快发展

2010 年，全市加快转变经济发展方式，大力推进工业结构调整，不断巩固和扩大后金融危机取得的成果，全市工业经济实现了平稳、协调、较快发展。

一是主要经济指标快速增长。2010 年，全市规模以上工业完成增加值 919.83 亿元，同比增长 16.61%，增幅列全省第 3 位；实现主营业务收入 4269.33 亿元，增长 36.12%，列第 2 位；实现利税 361.89 亿元，增长 42.08%，列第 4 位；实现利润 239.42 亿元，增长 57.36%，列第 2 位。四大指标均超额完成了全年任务目标。

二是运行质量明显提高。2010 年，全市规模以上工业企业经济效益综合指数达到 277.92%，同比提高 22.78 个百分点。反映经济效益综合指数的七项指标中有五项好于去年同期。其中，总资产贡献率同比提高 2.54 个百分点，流动资产周转率同比加快 0.28 次，产销率同比提高 1.73 个百分点。资金使用效率继续提高，两项资金占用增幅低于主营业务收入 23.47 个百分点，占流动资产平均余额比重同比下降了 2.75 个百分点。亏损企业亏损额减亏 7.79%，亏损面下降 0.1 个百分点。

三是重点行业发展势头良好。2010 年，全市重点统计的 35 个行业大类中，经济效益保持较快增长的占 70% 以上。其中，纺织、化工、食品、机械四大支柱行业实现主营业务收入 3539.36 亿元，同比增长 32.37%；利税 301.46 亿元，增长 37.71%；利润 196.40 亿元，增长 51.44%，三项指标分别拉动全市相应指标增长 27.59、32.41 和 43.84 个百分点。

四是百强企业活力增强。2010 年，全市百强企业累计实现主营业务收入 3369.60 亿元，同比增长 40.93%；实现利税 306.68 亿元，增长 39.11%；实现利润 207.68 亿元，增长 52.21%。三项指标分别拉动全市相应指标增长 31.20、33.85 和 46.82 个百分点。主营业务收入过 10 亿元的企业达到 38 户，同比增加 5 户；过百亿的企业达到 9 户，增加 3 户；利税过亿元的企业 26 户，增加 4 户。

二、结构调整取得了新突破

在深入调研，广泛征求意见的基础上，编制完成了全市工业和信息化“十二五”发展规划，为指导我市信息化和工业化融合、推进转方式调结构指明了发展方向。深入开展“项目建设年”活动，实施项目引领，建立了项目储备、建设、调度和管理新机制，围绕项目增投

入、快调整、促转型，全年实施重点项目近千个，推进了传统优势产业的改造提升，加快了新兴产业的膨胀发展，促进了产业链条的不断延伸。全年完成工业技术改造投入346.6亿元，增长38%。规模以上工业企业工艺装备达到国际先进水平的比重已占39%，达到国内先进水平的比重占56%。

三、技术创新有了新进步

全年完成技术创新项目2510项，增长36.2%。新增省级企业技术中心7家，认定市级企业技术中心19家，全市已拥有市级以上企业技术中心122家。行业技术中心实现零的突破，被山东省经信委认定为“山东省棉纺织产业聚集区行业技术中心”；有3家企业被认定为省级重点企业技术中心。在省政府主办的产学研展洽会上，我市有5个产品荣获省2010年工业设计优秀产品，有9个产品获重点领域首台（套）认定。

四、中小企业发展势头良好

2010年，全市中小企业完成增加值1326.2亿元，同比增长20.7%，较去年同期提高0.3个百分点；实交税金114.8亿元，增长27.6%，较去年同期提高2.3个百分点；固定资产投入1105.9亿元，增长21.3%，较去年同期提高0.8个百分点。市政府出台了《关于进一步促进中小企业发展的实施意见》，提出了针对性的政策措施，指导中小企业加快发展。金融支持千家中小企业健康成长计划贷款余额89.02亿元，比年初增加26.11亿元，增长41.5%。新增担保机构2家，登记备案的中小企业信用担保机构达到32家，注册资本21亿元，比年初增加9亿元，增长75%。认定了首批11个市级中小企业公共服务平台和第一批5个市级小企业创业辅导基地。培训中小企业各类人才3500人次。

五、信息化进程不断加快

我市被列为全省六个市级两化融合试验区之一。申报国家倍增计划项目5个，省信息产业发展专项项目7个，“四个100”项目20项，两化融合重点项目3项，市专项资金项目11个，信博会重点项目20项。新认定信息化示范企业15家，信息技术推广应用中心6家。有5项成果获得山东省计算机优秀成果三等奖。我市黄河三角洲滨南物流园被确定为山东省公共物流信息平台试点园区。2010年，全市电子信息产品制造业实现主营业务收入135亿元，同比增长75.30%；实现利税7.86亿元，增长11.95%；实现利润5.67亿元，增长17.10%。2010年，全市通信业务收入共完成14.76亿元，同比增长11.26%，地方税金及附加1.21亿元，增长8.03%，移动电话用户322.42万户，固定电话用户77.74万户，互联网宽带接入用户达31.88万户。

六、无线电管理工作成效显著

维护无线电安全保障，对重大节假日和特殊时期进行无线电监测，严防和打击不法分子利用无线电技术扰乱社会行为，保障了全市电磁环境安全。加强无线电技术创新，自主研发的《新一代区域性无线频谱智能监测管理协同系统及应用》和《电磁干扰动态侦测与应急指挥一体化网络平台及应用》2个技术课题顺利通过省级鉴定。其中，《新一代区域性无线频谱智能监测管理协同系统及应用》被评为“2009年度山东省计算机应用优秀成果三等奖”。

七、节能降耗工作有了新成效

市节能减排工作领导小组制定出台了《节能降耗分析制度》、《节能降耗预警调控制度》、《节能降耗约谈制度》、《节能降耗限批制度》、《节能降耗“一票否决”制度》五项制度，从政策措施上为节能降耗工作提供保障。加强对国家和省重大节能项目的调度和核查，对个别因市场和资金问题进度缓慢的项目情况，督促其尽快进行整改。积极向上推荐节能技改项目，争取国家和省节能专项资金支持。对28家省管重点耗能企业上报的能源利用状况报告进行了初审，并对19家企业的能源利用状况进行了现场监察。滨州高新区生态化工产业园被确定为“省循环经济示范园区”，滨化集团、鲁北企业集团等4家企业被评为“山东省循环经济示范单位”;山东滨州亚光毛巾有限公司“毛巾印染清洁生产示范项目”等6个项目被评为“2010年省循环经济重点项目”；华纺股份有限公司等企业通过了省清洁生产专家验收组现场审核验收，魏桥创业集团、亚光毛巾有限公司被评为山东省清洁生产先进企业。

八、第八届中国（滨州）国际家纺文化节成功举办

2010年10月12至14日,第八届中国（滨州）国际家纺文化节暨首届中国国际服饰文化博览会在滨州国际会展中心成功举办。本届节会新增加了中国国际文化传播中心、中国服饰文化委员会、山东省经信委为主办单位，山东省服装协会、浙江省流行色协会、温州服装商会、天津美院、浙江理工大学、滨州黄河文化基金会协办,全国妇联发展部给予了大力支持，成为历届主办、协办单位最多的一届。全国人大农业与农村委员会委员、中国服饰文化委员会主席、原国防大学副政委李殿仁中将，原国家纺织工业部王曾敬副部长，山东省人民政府党组成员、省长助理曲植凡，中国国际文化传播中心副主席戴述高将军，中国纺织工业协会副会长、中国家用纺织品行业协会名誉会长杨东辉，中国家用纺织品行业协会会长、中国贸易促进委员会纺织行业分会副会长杨兆华，全国妇联党组成员、发展部部长崔郁等领导及国内外知名家纺企业的专家学者汇聚滨州出席开幕式并考察指导。

本届节会以“生态、文化、创新”为主题，以展示为主干，以赛事为重点，以销售为辅助，“展、赛、评、奖”相结合，把产业的展示交易与行业的技能竞赛结合起来，把政府主导与市场运作结合起来，实现了节会模式的创新和办会理念的突破。

节会期间，举办了“亚光杯”第五届中国家纺时尚产品大赛、“愉悦杯”第五届中国家纺时尚产品设计大赛、“东方地毯杯”第五届中国家纺手工精品创意大赛，国内外780余家知名家纺服装服饰企业汇聚滨州，纷纷拿出精品参展参赛。三项大赛的举办，从概念、产品、互动沟通等层面深刻阐释了“家纺新思维”，对树立品牌，提高市场竞争力起到了积极的促进作用，有2000多名国内外客商与会参观洽谈，有21个招商引资项目进行了集中签约，合同金额达121亿元。

九、纺织、化工、机械、轻工四大行业发展势头良好

纺织工业：2010年，生产棉纱144万吨，各类坯布24.31亿米；服装5682万件。实现主营业务收入1460.02亿元,同比增长34.19%；利税136.42亿元，同比增长58.15%；利润94.1亿元，同比增长72.26%；完成工业增加值288.99亿元，同比增长5.12%。分别占全市规模以上工业企业的34.19%；37.7%；39.3%；31.41%。

机械冶金工业：2010年，全市机械工业产品销售收入410.72亿元，增长62.55%，实现利税31.7亿元，增长117.58%，实现利润24.99亿元，增长133.84%，经济指标增幅名列全省第一。滨州活塞荣获全国质量最高奖，成为我国活塞行业唯一一家获此殊荣的企业。

化学工业：2010年，全市规模以上石化企业完成工业增加值215.15亿元，实现销售收入913.65亿元，利税107.23亿元，其中利润70.56亿元。2010年，全市18家重点化工企业销售收入过十亿元的有11家，其中滨化集团、鲁北企业集团、京博石化3家企业过百亿，为全市石化工业快速增长做出重要贡献。

轻工业：2010年，全市规模以上轻工企业达到555家，总资产535.8亿元，全部从业人员8.1万人，完成增加值198.5亿元，增长5.1%，实现主营业务收入861.7亿元，增长22.7%，利税55亿元，增长43%，利润37亿元，增长39.3%，出口交货值30.6亿元，增长-6.1%。

（滨州市经信委　雷灿）

附表：2010年全市利税过千万元企业主要经济指标一览表

附表：

2010年全市利税过千万元企业主要经济指标一览表

单位：万元、%

企业名称	主营业务收入		利润		利税	
	本期	同比+-%	本期	同比+-%	本期	同比+-%
合计	33692200	42.00	2078125	54.39	3065169	41.17
魏桥集团	11501245	42.66	854619	74.93	1152482	62.26
滨化集团	2546193	51.71	271327	85.56	548401	52.55
鲁北集团	2324123	10.52	249612	17.72	272719	16.76
西王集团	1676211	10.56	107523	47.61	143063	64.14
京博石化	1030425	37.26	75942	42.23	128515	-33.63
长星集团	1044471	141.22	111192	49.39	124114	50.23
齐星集团	1122760	85.31	48600	8.91	68824	5.66
滨阳燃化	376575	106.59	44248	143.11	47327	89.33
亚光毛巾	425025	69.78	17569	76.25	36629	33.53
华纺股份	200035	49.37	2352	转盈	31763	370.60
天宏新能源	475101	308.12	25706	转盈	31367	544.54
华兴机械	370166	111.95	14781	40.25	30198	171.42
渤海油脂	641981	2.18	12467	18.51	27683	22.47
盟威集团	357682	40.00	14674	99.32	24031	55.93
三星油脂	469864	23.60	18404	19.87	23910	26.35
香驰粮油	549585	9.53	16800	11.20	23261	11.59
侨昌化学	381668	121.04	11585	43.24	20744	40.02
永鑫化工	172100	80.86	77	转盈	20051	174.75
广富集团	533432	50.25	5288	-46.99	19171	9.30
滨农科技	378533	79.98	11356	82.02	18268	69.02
炜烨新能源	203052		10491		17640	
传洋金属	327908	44.24	8982	22.65	14187	31.95
华润油脂	100296	36.55	11472	2136.26	13976	282.65
创新金属	1046056	344.35	8894	523.27	13427	347.85
金汇玉米	249538	18.45	4991	0.10	13013	22.65
愉悦家纺	196114	41.21	6856	51.78	11744	56.58
基德医药	87658	46.39	6984	-2.34	9997	4.36
九环机械	221391	79.04	5176	13.33	9757	-8.66

星一皮革	299237	24.43	5325	24.15	8966	26.13
泰裕麦业	196584	15.19	5122	27.19	8691	13.10
先达化工	40206	-1.46	7467	6.98	8284	19.28
铁雄焦化	433106	-7.43	3847	-87.87	7341	-78.81
齐明集团	43618	11.67	4996	12.88	6316	12.42
埕口盐化	49093	27.85	2007	4.75	5768	-2.49
宏诚集团	111763	5.63	1388	107.16	5722	69.21
华康食品	84087	23.46	5322	28.99	5364	29.25
华隆生物工程	37700	10.12	5340	11.02	5340	10.48
华润纺织	33190	38.62	4109	3889.32	5325	210.10
金光焦化	31770	52.90	2477	36.17	5154	41.65
天顺药业	133397	39.79	2045	29.92	5064	70.48
庆翔金属	71872	191.18	3704	120.08	4756	182.65
京博农化	38975	38.82	4121	转盈	4458	
恒丰热电	22918	4.28	3566	-38.36	4421	-38.89
友发水产	62377	-29.47	3950	-15.54	4209	-20.25
科瑞钢板	162131	-4.09	3315	3.59	4144	3.93
天地缘集团	110921	26.02	1391	19.09	4116	45.53
山水水泥	39532	-17.14	2588	-41.49	3979	-40.35
瑞丰铝板	79569	131.22	3404	200.97	3938	140.52
鑫岳化工	458226	25.61	2051	3.74	3871	16.06
华义玉米	63551	64.14	2860	1832.43	3790	330.90
长威电子	76650	44.49	3546	61.48	3546	61.45
鑫辉毛纺	75867	3.19	927	-58.91	3537	-44.34
基德生态	166668	3.95	952	-0.94	3512	-0.27
六和农牧科技园	8998	-7.32	2876	13.59	3337	12.29
开泰工业	31598	1.83	1469	21.40	3260	42.61
华孟集团	45190	8.62	2100	9.95	3208	27.28
龙福生态	26961	99.99	2888	3338.10	3042	1281.43
鲁丰铝箔	121769	-18.83	1781	-84.32	3041	-74.60
天禧牧业	47861	42.30	2872	30.19	2921	30.78
惠民华润	30756	40.91	1317	转盈	2805	
东进餐具	18921	24.20	2656	70.15	2718	41.47
顺天纺织	52912	31.86	129	55.42	2701	17.40
梁邹矿业	25830	53.89	1956	48.63	2658	37.07
盛和热能	20645	22.76	1927	274.90	2538	140.71
天兴化工	41810	57.63	2059	140.82	2477	121.59
东方地毯	21454	15.75	1366	36.46	2325	71.63
梁邹东升	43984	1.19	1536	0.85	2054	-8.76

泰和印染	59528	-13.44	527	-68.20	1901	-36.53
健源食品	35718	11.61	1498	5.27	1848	-3.18
华韵新材料	43956	9.27	1182	-31.52	1702	-28.40
欧华特种纸业	16222	29.86	1256	670.55	1633	199.61
远大板业	185703	4.76	318	-4.79	1205	0.79
无棣六和食品	33134	46.89	1134	转盈	1134	
新安凯动力	24364	53.24	637	106.15	1111	82.13

5 - 19 - 1　2010年菏泽市经信工作概况

2010年，在市委市政府的坚强领导下，在省经信委的大力支持下，我市经信工作坚持以转方式、调结构、增效益为主线，以实施工业调整振兴规划和1655企业成长计划为重点，以开展大项目建设提升年、促进年活动为抓手，精心组织运行，狠抓技术进步，推动节能降耗，实现了工业经济的又好又快发展，园满完成了“十一五”各项任务目标。

一、工业运行

紧紧围绕抓运行促增长，坚持以培育主导产业和骨干企业为重点，以加强运行监测和调度服务为手段，以破解发展难题和制约瓶颈为突破口，加大工业经济运行组织力度。继续坚持工业经济运行指挥部工作机制，每月召开一次调度会，研究解决影响工业发展、企业运行的突出问题。按照早研究、早安排、早部署的要求，对春节、“五一”、“三夏”和“十一”期间工业经济运行提前做出安排，采用分类指导和现场督导相结合的办法，组织指导企业合理安排生产，确保了关键时期工业生产的稳定。组织实施1655企业成长计划，建立了1655企业成长计划工作领导小组和包企业责任制，把发展目标落实到各县区和具体企业，把每户企业的项目进度分解到月份，从抓项目建设入手推动计划实施。2010年，1655企业成长计划中557户企业完成工业总产值、实现主营业务收入、实现利税均占到规模以上总量的54%以上，提前完成500户收入过亿元任务目标，过10亿元企业达到22户，完成计划的44%。建立了15种主要原材料和21种产品价格周调度制度，对全市工业用电负荷、全社会用电量、工业企业用电量实行了日分析、日调度。把搞好资金协调供应作为组织经济运行的工作重点，建立了全市经信·金融沟通例会制度，搭建银企合作平台，推动银企项目合作，帮助企业搞好资金协调服务。先后召开了银企项目对接会23次，签订协议501项，协议贷款260亿元，落实资金143亿元。制定下发了《关于加强工业产品销售工作的意见》，组织开展了地产品进超市活动，在全市筛选9大类300多种工业产品，召开企业和商场超市参加的地产品进超市对接会，有162个企业、53个系列、258种产品、124个销售专柜进入大中型超市。组织企业参加了2010年中国（山东）服装家纺国际博览会，第五届中国国际（济南）信息技术博览会，第21届哈洽会等会展活动，对扩大宣传，开拓市场起到了积极地促进作用。组织开展营销培训，邀请知名营销专家，对全市100多户企业的董事长、总经理和市场营销人员进行了系统培训。2010年，全市规模以上工业企业达到2001家，比上年增加222家，比2005增加1180家；累计完成工业增加值

585亿元，比上年增长19.03%，增幅高于全省平均增幅4.03个百分点，居全省第一位，比2005年增长4倍，年均递增37.7%；主营业务收入达到2453.9亿元，比上年增长28.3%，增幅高于全省平均增幅1.49个百分点，比2005年增长4.7倍，年均递增41.8%；实现利税达到303.9亿元，比上年增长60.72%，增幅高于全省平均增幅26.63个百分点，居全省第一位，比2005年增长9.6倍，年均递增60.2%；实现利润189.6亿元，比上年增长72.25%，增幅高于全省平均增幅34.67个百分点，居全省第一位，比2005年增长12倍，年均递增67%。主营业务收入过亿元企业达到632家，比上年增加223家，比2005年增加562家；利税过千万元企业达到824家，比上年增加308家，比2005年增加788家。

二、技术改造

按照市委市政府转方式、调结构、增效益的总体部署，以开展大项目建设提升年、促进年活动为抓手，以实施工业调整振兴规划为重点，以加快传统产业改造升级和新兴战略产业发展培育为突破口，加大工业结构调整力度，取得明显成效。2010年全市完成工业技改投资209.4亿元，同比增长46.8%，居全省第二位，占全社会固定资产投资的比重达到35.9%，比上年提高5.9个百分点，增幅居全省首位。实施重点技改项目211项，其中投资额过千万元项目202个，过5000万元项目160个，过亿元项目87个。东明石化集团120万吨高硫重油综合利用、铁雄新沙150万吨焦炭、睿鹰制药集团700吨原料药等60多个重点项目建成投产，累计完成投资93.1亿元，年可新增销售收入204.8亿元，实现利润16.9亿元，税金14.2亿元。传统产业技术装备、产品结构、生产能力和利税水平得到明显提升。化工产业成为全市发展速度最快、利税水平最高、财政贡献最大的支柱产业，2010年实现主营业务收入650亿元，占规模以上工业企业主营业务收入的26.5%；实现利税100.2亿元，占33%；上缴税金37.1亿元，占41.4%。医药产业成为全市盈利水平最高的行业，2010年完成主营业务收入179.8亿元，排全省第三位，同比增长46.7%，排全省第一位；实现利税32.2亿元，排全省第二位，同比增长86.4%，排全省第一位；实现利润22.6亿元，排全省第二位，同比增长85.8%，排全省第一位。在加快传统产业改造升级的同时，依托资源优势和发展潜力，紧盯科技发展最新趋势，从制定发展规划、狠抓招商引资、推进大项目建设入手，加大战略新兴产业培育力度，建设了太阳能光伏发电、太阳能热利用、LED节能照明、风光互补发电、镁合金等一批新兴产业项目，培育了舜亦新能源、宇泰光电、巨益新能源、华盛荣、巨源恒硕等优势骨干企业，全市高新技术企业发展到131家，实现高新技术产业产值662.8亿元，同比增长43.2%，占规模以上工业总产值比重达到26.2%。

三、技术创新

坚持技术创新引领结构调整，推动工业发展，从搭建创新平台、完善创新体系、扩大科技投入、实施重点项目入手，着力抓好前200家规模企业技术中心建设和产学研联合，增强企业自主创新能力。全年争取省级重点技术创新项目43项，7个项目入选山东省重点领域首台（套）技术装备项目，其中达驰电气有6个项目入选，成为全省入围项目最多的企业。银河纺织技术中心被列为省重点技术中心。广源铜带、华意化工、曹普工艺、达驰电气申报了山东省首批工业设计中心。湖西集团、华泽模具、恒祥机械、柏斯莱特电器获得山东省第一批工业设计优秀产品称号。步长制药、大树生物工程技术、郓城恒基工程机械、郓城圣达如意印染、曹普工艺等5家企业通过了省级技术中心认定。全市市级以上企业技术中心发展到135家，其中国家级企业技术中心1家，省级企业技术中心27家，省级工程中心5家。

2010年，全市工业企业完成新产品、新技术开发720项，其中达到国内先进水平以上296项，投产615项，投产率达到85%，实现新产品销售收入316亿元，同比增长37%，占工业主营业收入的比重达到12.9%。

四、企业管理

把加强企业管理作为推动转方式调结构的战略任务，深入贯彻落实全省企业管理大会精神，组织开展企业管理年活动，指导企业以精细化管理、标准化管理为重点，积极推行六西格玛管理，加快推进质量、环保、安全生产国际标准化认证，建立完善企业管理标准化体系，加快管理创新，夯实管理基础，提高精细化管理水平。坚持典型引路，总结推广了菏泽电厂基础管理、东明石化战略管理、达驰集团科技创新、洪业化工节能降耗等一批先进管理经验，推动企业管理创新，涌现了一批优秀管理成果和先进管理经验，13户企业的15项管理经验被评为山东省企业管理创新成果和优秀应用成果，8户企业被认定为山东省诚信企业。

五、节能降耗

围绕完成2010年和“十一五”节能目标，成立了节能减排和淘汰落后指挥部，下发了《关于进一步加大工作力度，确保完成“十一五”节能目标的通知》，实施节能降耗预警调控方案，采取“关停一批、淘汰一批、限产一批、改造一批、分离一批、整改一批、推广一批、宣传一批”8项有力措施，全力打好节能降耗攻坚战。先后关停了泰龙化工、金河热电等7家能耗总量大、单耗水平高的企业，淘汰了成武金土地能源3.5万吨焦炭、牡丹区云龙设备1.2万吨铁合金、郓城同德化纤6000吨化纤等一批落后产能和1200台套工业锅炉、电机、变压器等高耗能设备，实现节能量10万吨标煤；对建金油脂等10户企业进行了10－30%的限产，每月减少耗能5200吨标准煤；利用节能专项资金，加大对节能重点工程项目的扶持奖励力度，引导县区和企业加大资金投入，全力推进10个重大节能工程项目、100个节能技术改造项目和30个重点节能新技术、新产品研制开发应用项目建设，全年有50个节能项目投产达效，实现节能量20万吨；对3户能耗超标企业和27户无国家或省能耗限额标准的重点用能企业进行了集中整改。围绕把用电增幅控制在13.9%以下，制定下达了四季度全市及各县区节能目标和用电量调控目标，并把调控目标分解落实到每一月、每一旬、每一天，细化到具体的供电线路和企业，建立了用电调控日调度、旬通报、媒体曝光、领导约谈、责任追究和用电负荷挂钩制度，组织开展了四季度节能决战。经过全市上下的共同努力，节能工作已取得了决定性胜利。2010年，全市共完成节能量51.68万吨标煤，万元GDP能耗比2009年下降3.91%，圆满完成了“十一五”万元GDP能耗下降22%的任务目标，被评为山东省节能突出贡献单位，山东卫视对我市节能降耗的做法进行了2次专题报道，《大众日报》4次头版头条报道我市节能降耗工作。

（菏泽市经信委　张洪亮）

5－19－2　菏泽市60户重点企业名单

1、 山东东明石化集团有限公司
2、 菏泽步长制药有限公司
3、 山东菏泽发电厂
4、 山东新巨龙能源有限责任公司
5、 山东鲁能菏泽煤电开发有限公司
6、 山东达驰电气有限公司

7、 山东凯雷圣奥化工有限公司
8、 山东洪业化工集团有限公司
9、 菏泽供电公司
10、山东省单县化工有限公司
11、山东玉皇化工有限公司
12、菏泽交通集团
13、郓城县供电公司
14、兖煤菏泽能化有限公司
15、青岛啤酒（菏泽）有限公司
16、山东省四君子集团有限公司
17、单县供电公司
18、花冠集团山东实业有限公司
19、山东鲁花浓香花生油有限公司
20、东明县供电局
21、菏泽睿鹰制药集团
22、国能单县生物发电有限公司
23、山东省单县天元纸业有限公司
24、山东省曹普工艺有限公司
25、山东菏泽华星油泵油嘴有限公司
26、巨野县供电公司
27、山东铁雄新沙能源有限公司
28、曹县供电公司
29、山东省呈祥电工电气有限公司
30、成武县供电公司
31、曹县百隆纺织有限公司
32、菏泽沃蓝化工有限公司
33、山东洋丰肥业有限公司
34、巨野山水水泥有限公司
35、山东佳美食品工业有限公司
36、山东圣达实业集团纺织有限公司
37、山东明胜纺织有限公司
38、菏泽银河纺织有限责任公司
39、山东艺达家纺有限公司
40、山东巨润建材有限公司
41、菏泽广源铜带有限公司
42、成武大地玉米开发有限公司
43、菏泽中联水泥有限公司
44、山东宏河矿业集团恒巨实业有限公司
45、山东省三利轮胎制造有限公司
46、菏泽华意化工有限公司
47、山东湖西王集团有限公司
48、山东华灵集团有限公司
49、成武锦源安博斯针织服装有限公司
50、定陶县供电公司
51、山东泰信纺织有限公司
52、鄄城县供电公司
53、华鹏玻璃（菏泽）有限公司
54、鄄城欧亚化工有限公司
55、郓城县恒基工程机械有限公司
56、山东华信制药有限公司
57、中粮艾地盟粮油工业（菏泽）有限公司
58、山东力邦化工有限公司
59、山东天香纺织有限公司
60、东明县金利达碳素制品有限公司

（菏泽市经信委　张洪亮）

第六篇

附　录

6－1　2010年度《财富》全球最大五百家公司排名

排名	公司标志	中文常用名称	总部所在地	主要业务	营业收入 百万美元
1	Walmart Save money. Live better.	沃尔玛	美国	一般商品零售	421,849
2		皇家壳牌石油	荷兰	炼油	378,152
3	ExxonMobil	埃克森美孚	美国	炼油	354,674
4	bp	英国石油	英国	炼油	308,928
5	中国石化 SINOPEC	中国石化	中国	炼油	273,422
6		中国石油天然气	中国	炼油	240,192
7	国家电网公司 STATE GRID	国家电网	中国	公用事业	226,294
8	TOYOTA	丰田汽车	日本	汽车	221,760
9	日本郵政公社 JAPAN POST	日本邮政	日本	邮政服务	203,958
10	Chevron	雪佛龙	美国	炼油	196,337
11	TOTAL	道达尔	法国	炼油	186,055
12	ConocoPhillips	康菲	美国	炼油	184,966
13		大众汽车	德国	汽车	168,041
14	AXA	安盛	法国	保险	162,236
15	FannieMae	房利美	美国	金融	153,825
16	通用电气公司	通用电气	美国	多元化	151,628
17	ING	荷兰国际集团	荷兰	银行	147,052
18	GLENCORE	嘉能可	瑞士	商品交易	144,978
19	BERKSHIRE HATHAWAY INC.	伯克希尔哈撒韦	美国	保险	136,185
20	GM	通用汽车	美国	汽车	135,592

续表1

排名	公司标志	中文常用名称	总部所在地	主要业务	营业收入 百万美元
21	Bank of America	美国银行	美国	银行	134,194
22	SAMSUNG	三星电子	韩国	电子、电气设备	133,781
23	Eni	埃尼	意大利	炼油	131,756
24	DAIMLER	戴姆勒	德国	汽车	129,481
25	Ford	福特汽车	美国	汽车	128,954
26	BNP PARIBAS	法国巴黎银行	法国	银行	130,708
27	Allianz	安联	德国	保险	125,999
28	hp invent	惠普	美国	计算机办公设备	114,552
29	e·on	意昂	德国	能源	113,849
30	at&t	美国电话电报公司	美国	电信	123,018
31	NTT Group	日本电报电话	日本	电信	120,316
32	Carrefour	家乐福	法国	食品、药品店	120,297
33	GENERALI Assicurazioni Generali	忠利保险	意大利	保险	120,234
34	BR PETROBRAS	巴西石油	巴西	石油	120,052
35	GAZPROM	俄罗斯天然气工业	俄罗斯	能源	118,657
36	JPMorganChase	摩根大通	美国	银行	115,632
37	McKESSON	麦克森	美国	保健品批发	108,702
38	GDF SUEZ REDISCOVERING ENERGY	法国燃气–苏伊士集团	法国	公用事业	111,069
39	citi	花旗集团	美国	银行	108,785
40	HITACHI Inspire the Next	日立	日本	电子、电器设备	96,593
41	verizon	威瑞森电信	美国	电信	106,565
42	Nestlé	雀巢	瑞士	食品	105,267

续表2

排名	公司标志	中文常用名称	总部所在地	主要业务	营业收入 百万美元
43	CA	农业信贷银行	法国	银行	105,003
44	AIG	美国国际集团	美国	保险	104,417
45	HONDA The Power of Dreams	本田汽车	日本	汽车	104,342
46	HSBC 汇丰	汇丰控股	英国	银行	102,680
47	SIEMENS	西门子	德国	电子、电气设备	102,657
48	NISSAN	日产汽车	日本	汽车	102,430
49	PEMEX	墨西哥石油	墨西哥	原油开采	101,506
50	Panasonic ideas for life	松下电器	日本	电子电气设备	101,491
51	Grupo Santander	西班牙国际银行	西班牙	银行	100,350
52	IBM	国际商用机器	美国	信息技术服务	99,870
53	CardinalHealth	卡地纳健康	美国	保健品批发	98,602
54	Freddie Mac	房地美	美国	金融	98,368
55	HYUNDAI	现代汽车	韩国	汽车	97,408
56	Enel	意大利电力	意大利	公用事业	97,185
57	CVS CAREMARK	CVS Caremark	美国	保健	96,413
58	JX Holdings, Inc.	JX 控股	日本	炼油	95,964
59	LLOYDS BANKING GROUP	莱斯银行(劳埃德银行)	英国	银行	95,682
60		鸿海精密	中国台湾	电子电气设备	95,191
61	TESCO	特易购	英国	食品、药品店	94,185
62	UnitedHealth Group	联合健康	美国	医疗保健和保险	94,155
63	WELLS FARGO	富国银行	美国	银行	93,249
64	AVIVA	英杰华	英国	保险	90,211

续表3

排名	公司标志	中文常用名称	总部所在地	主要业务	营业收入 百万美元
65	METRO	麦德龙	德国	食品、药品店	89,081
66	PDVSA	委内瑞拉石油	委内瑞拉	炼油	88,361
67	Statoil	挪威国家石油	挪威	炼油	87,646
68	eDF	法国电力	法国	公用事业	86,309
69	ЛУКОЙЛ НЕФТЯНАЯ КОМПАНИЯ	卢克石油	俄罗斯	炼油	86,078
70	VALERO ENERGY CORPORATION	瓦莱罗能源	美国	炼油	86,034
71	BASF	巴斯夫	德国	化学	84,597
72		法兴银行	法国	银行	84,350
73	SONY	索尼	日本	电子、电气设备	83,845
74	ArcelorMittal	安赛乐米塔尔	卢森堡	金属	83,443
75	Deutsche Telekom	德国电信	德国	电信	82,674
76	Kroger	克罗格	美国	食品、药品店	82,189
77	中国工商银行	中国工商银行	中国	银行	80,501
78	Telefónica	西班牙电信国际集团	西班牙	电信	80,444
79	BMW	宝马	德国	汽车	80,099
80	P&G	宝洁	美国	家居个人用品	79,689
81	NISSAY	日本生命	日本	保险	78,571
82	SK	鲜京	韩国	炼油	78,435
83	EXOR	EXOR 集团	意大利	投资	78,123
84	AmerisourceBergen	美源伯根	美国	保健品批发	77,954
85	COSTCO	好市多	美国	专业零售	77,946
86	PETRONAS	马石油	马来西亚	炼油	76,876

续表4

排名	公司标志	中文常用名称	总部所在地	主要业务	营业收入 百万美元
87	中国移动通信 CHINA MOBILE	中国移动通信	中国	电信	76,673
88	Munchener Ruck Munich Re Group	慕尼黑再保险	德国	保险	76,220
89	TOSHIBA 東芝	东芝	日本	电子、电气设备	74,706
90	PSA PEUGEOT CITROËN	标致	法国	汽车	74,251
91	PRUDENTIAL	保诚	英国	保险	73,598
92	vodafone	沃达丰	英国	电信	71,344
93	Deutsche Post	德国邮政	德国	邮政包裹快递	71,121
94	REPSOL YPF	雷普索尔YPF	西班牙	炼油	70,456
95	中国中铁股份有限公司 CHINA RAILWAY GROUP LIMITED	中国中铁	中国	工程建筑	69,973
96	DEXIA	德克夏银行	比利时	银行	69,491
97	BPCE	BPCE银行集团	法国	银行	69,297
98	IndianOil	印度石油	印度	炼油	68,837
99	Marathon Oil Corporation	马拉松石油	美国	炼油	68,413
100	The Royal Bank of Scotland	苏格兰皇家银行	英国	银行	68,088
101	HOME DEPOT	家得宝	美国	专业零售	67,997
102	ZURICH	苏黎世金融	瑞士	保险	67,850
103	Pfizer	辉瑞	美国	制药	67,809
104	Walgreens	沃尔格林	美国	食品、药品店	67,420
105	CRCC	中国铁道建筑总公司	中国	工程建筑	67,414
106	TARGET	塔吉特	美国	一般商品零售	67,390
107	RWE	莱茵集团	德国	能源	67,179
108	中国建设银行 China Construction Bank	中国建设银行	中国	银行	67,081

续表5

排名	公司标志	中文常用名称	总部所在地	主要业务	营业收入 百万美元
109	UNITED STATES POSTAL SERVICE	美国邮政	美国	邮政包裹快递	67,052
110	medco	美可保健	美国	医药保健	65,968
111		苹果	美国	电子	65,225
112	AEGON	荷兰全球人寿保险	荷兰	保险	65,136
113	中国人寿 CHINA LIFE	中国人寿	中国	保险	64,635
114	BOEING	波音	美国	航天国防	64,306
115	BARCLAYS	巴克莱银行	英国	银行	63,661
116	STATE FARM INSURANCE	州立农业保险	美国	保险	63,177
117	BANCO DO BRASIL	巴西银行	巴西	银行	62,891
118	東京電力	东京电力	日本	公用事业	62,680
119	BOSCH 博世	博世	德国	汽车零件	62,593
120	Microsoft	微软	美国	计算机软件	62,484
121	france telecom	法国电信	法国	电信	61,965
122	ADM	阿彻丹尼尔斯米德兰	美国	食品生产	61,682
123	Johnson & Johnson	强生	美国	制药	61,587
124	DELL	戴尔	美国	计算机办公设备	61,494
125	三菱商事	三菱商事	日本	贸易	60,793
126	EADS	欧洲航空防务航天公司	荷兰	航天国防	60,597
127	中国农业银行 AGRICULTURAL BANK OF CHINA	中国农业银行	中国	银行	60,536
128	PTT Public Company Limited	泰国国家石油	泰国	炼油	59,930
129	Legal & General	法通保险	英国	保险	59,377
130	CNP	法国国家人寿保险	法国	保险	59,320

续表6

排名	公司标志	中文常用名称	总部所在地	主要业务	营业收入 百万美元
131	7i	7&I控股	日本	零售	59,252
132	中国银行 BANK OF CHINA	中国银行	中国	银行	59,212
133	ÆON	永旺	日本	食品、药品店	58,983
134	Reliance	信诚工业集团(瑞来斯实业)	印度	炼油	58,900
135	WELLPOINT	Wellpoint	美国	保健	58,802
136	Unilever	联合利华	英国/荷兰	食品、消费品	58,623
137	PEPSICO	百事	美国	食品、消费品	57,838
138	ThyssenKrupp	蒂森克虏伯	德国	金属	57,586
139	noble group	来宝集团	中国香港	贸易	56,696
140	RIO TINTO	力拓集团	英国	采矿	56,576
141	明治安田生命	明治安田生命	日本	保险	56,309
142	Auchan	欧尚	法国	食品、药品店	56,279
143	NOKIA 诺基亚	诺基亚	芬兰	网络通讯设备	56,218
144	MÆRSK	马士基集团	丹麦	海运	56,177
145	东风汽车公司 DONGFENG MOTOR CORPORATION	东风汽车	中国	汽车	55,748
146	Deutsche Bank	德意志银行	德国	银行	55,314
147	中国建筑工程总公司 CHINA STATE CONSTRUCTION ENGNG CORP.	中国建筑工程总公司	中国	工程建筑	54,721
148	三井物产株式会社	三井物产	日本	贸易	54,635
149	中国南方电网	中国南方电网	中国	电力	54,449
150	United Technologies	联合技术	美国	航天国防	54,326
151	SAIC	上汽集团	中国	汽车	54,257
152	DOW	陶氏化学	美国	化学	53,674

续表7

排名	公司标志	中文常用名称	总部所在地	主要业务	营业收入 百万美元
153	第一生命	第一生命	日本	保险	53,375
154	UniCredit	意大利联合信贷银行	意大利	银行	53,338
155	SAINT-GOBAIN	圣戈班	法国	建材玻璃	53,136
156	Bradesco	布拉德斯科银行	巴西	银行	53,010
157	MUFG 三菱UFJ	三菱联合金融控股集团	日本	银行	52,877
158	FUJITSU	富士通	日本	计算机办公设备	52,871
159	bhpbilliton	必和必拓集团	澳大利亚	采矿、原油生产	52,798
160	MetLife	大都会人寿	美国	保险	52,717
161	posco	埔项制铁	韩国	金属	52,462
162	中国海洋石油总公司	中国海洋石油总公司	中国	炼油	52,408
163	RENAULT	雷诺	法国	汽车	51,616
164	NOVARTIS	诺华	瑞士	制药	51,561
165	BEST BUY	百思买	美国	专业零售	50,272
166	ups	联合包裹运输	美国	邮政包裹快递	49,545
167	KRAFT	卡夫	美国	食品、消费品	49,542
168	中国中化集团公司 SINOCHEM CORPORATION	中化集团	中国	贸易	49,537
169	LOWE'S	劳氏	美国	专业零售	48,815
170	CREDIT SUISSE	瑞信	瑞士	银行	48,314
171	LG Life's Good	乐金电子	韩国	电子	48,236
172	américa móvil	美洲电信	墨西哥	电信	48,127
173	新日本製鐵	新日铁	日本	金属	47,984
174	Roche	罗氏	瑞士	制药	47,171

续表8

排名	公司标志	中文常用名称	总部所在地	主要业务	营业收入 百万美元
175		威立雅	法国	公用事业	47,170
176		国际资产控股	美国	金融	46,940
177		洛克希德马丁	美国	航天国防	46,890
178		拜耳	德国	化学	46,473
179		俄罗斯石油公司	俄罗斯	炼油	46,304
180		默克(默沙东)	美国	制药	45,987
181		高盛	美国	银行	45,967
182		邦基	美国	食品生产	45,707
183		西农集团	澳大利亚	食品药品店	45,659
184		沃尔沃斯	澳大利亚	食品、药品店	45,622
185		德国联邦铁路	德国	铁路运输	45,575
186		淡水河谷	巴西	采矿	45,293
187		赛诺菲安万特	法国	制药	45,056
188		美国快捷药方	美国	医疗保健	44,990
189		三井住友金融集团	日本	银行	44,902
190		瑞银集团	瑞士	银行	44,811
191		联合圣保罗银行	意大利	银行	44,285
192		万喜	法国	工程建筑	44,205
193		南苏格兰电力公司	英国	公用事业	44,056
194		葛兰素史克	英国	制药	43,857
195		英特尔	美国	半导体及其他电子元件	43,623
196		西班牙对外银行	西班牙	银行	43,465

续表9

排名	公司标志	中文常用名称	总部所在地	主要业务	营业收入 百万美元
197	第一汽车	一汽集团	中国	汽车	43,434
198	SEARS HOLDINGS CORPORATION	西尔斯	美国	一般商品零售	43,326
199	Marubeni CORPORATION	丸红	日本	贸易	43,011
200	住友生命	住友生命	日本	保险	42,832
201	ITOCHU	伊藤忠	日本	贸易	42,612
202	CATERPILLAR	卡特彼勒	美国	工农业设备	42,588
203	三菱電機 MITSUBISHI ELECTRIC	三菱电机	日本	电子、电气设备	42,561
204	Canon	佳能	日本	影象器材、办公设备	42,246
205	BOUYGUES	布依格	法国	工程建筑	41,547
206	lyondellbasell	利安德巴塞尔工业	荷兰	化学	41,151
207	SAFEWAY	西夫韦	美国	食品、药品店	41,050
208	SNCF	法国国营铁路	法国	铁路运输	40,575
209	سابك sabic	沙特基础工业公司	沙特阿拉伯	化学	40,526
210	中国交通建设股份有限公司	中交集团	中国	工程建筑	40,414
211	宝钢	宝钢集团	上海	金属	40,327
212	IBERDROLA	伊维尔德罗拉	西班牙	公用事业	40,305
213	KDDI	KDDI	日本	电信	40,100
214	cisco	思科系统	美国	网络通讯设备	40,040
215	MS&AD MS&AD Holdings	MS&AD 保险集团	日本	保险	39,754
216	FONCIÈRE EURIS	法切莱	法国	一般商品零售	39,449
217	MorganStanley	摩根士丹利	美国	银行	39,320
218	Ahold	皇家阿霍德	荷兰	食品、药品店	39,111

续表10

排名	公司标志	中文常用名称	总部所在地	主要业务	营业收入百万美元
219	HYUNDAI HEAVY INDUSTRIES CO.,LTD.	现代重工	韩国	工农业设备	38,996
220	中国中信集团公司 CITIC Group	中信集团	中国	多样化	38,985
221	中国电信 CHINA TELECOM	中国电信	中国	电信	38,469
222	Prudential Financial	保德信金融	美国	保险	38,414
223	TOKIO MARINE 東京海上	东京海上控股	日本	保险	38,396
224	vivendi	威望迪	法国	电信	38,248
225	Disney	沃特迪斯尼	美国	娱乐	38,063
226	中国南方工业集团公司	中国南方工业集团	中国	多样化	37,996
227	comcast	康卡斯特	美国	电信	37,937
228	中国五矿集团公司	中国五矿集团	中国	贸易	37,555
229	SUPERVALU	超价商店	美国	食品、药品店	37,534
230	JFE	日本钢铁工程控股公司	日本	金属	37,310
231	SYSCO	西斯科	美国	食品杂货批发	37,244
232	IDEMITSU 出光	出光兴产	日本	炼油	37,196
233	三菱化学	三菱化学	日本	化学	36,974
234	THK-BP	秋明-英国石油	俄罗斯	炼油	36,881
235	TELECOM ITALIA	意大利电信	意大利	电信	36,855
236	VOLVO	沃尔沃	瑞典	汽车	36,749
237	GS	GS控股	韩国	炼油	36,570
238	DENSO	电装	日本	汽车零件	36,561
239	Manulife Financial	宏利保险	加拿大	保险	36,534
240	NEC	日本电气公司	日本	计算机及办公设备	36,374

续表11

排名	公司标志	中文常用名称	总部所在地	主要业务	营业收入 百万美元
241	HANIEL	哈尼尔集团	德国	保健品批发	36,333
242	ABInBev	百威英博	比利时	饮料	36,297
243	Sumitomo Corporation	住友商事	日本	贸易	36,218
244	Lufthansa	汉莎集团	德国	航空公司	36,190
245	OLD MUTUAL	耆卫公司	英国	保险	35,809
246	Quanta Computer	广达电脑	中国台湾	计算机	35,721
247	Koç	KOC集团	土耳其	汽车和零件	35,713
248	CommonwealthBank	澳大利亚联邦银行	澳大利亚	银行	35,710
249	中国兵器工业集团公司	中国兵器工业集团	中国	多样化	35,629
250	centrica	森特理克	英国	公用事业	35,548
251	SUNOCO	太阳石油	美国	炼油	35,453
252	SHARP ...... be sharp	夏普	日本	电子、电气设备	35,283
253	Westpac	西太平洋银行	澳大利亚	银行	35,282
254	Abbott Laboratories	雅培	美国	制药	35,167
255	Coca-Cola	可口可乐	美国	饮料	35,119
256	SoftBank	软银	日本	电信、投资	35,081
257	NEW YORK LIFE	纽约人寿	美国	保险	34,947
258	国泰人寿 Cathay Life Insurance	国泰人寿	中国台湾	保险	34,796
259	NORTHROP GRUMMAN DEFINING THE FUTURE	诺斯洛普格拉曼	美国	航天国防	34,757
260	FedEx.	联邦快递	美国	邮政包裹快递	34,734
261	RBC Royal Bank	加拿大皇家银行	加拿大	银行	34,716
262	HESS	赫斯	美国	炼油	34,613

续表12

排名	公司标志	中文常用名称	总部所在地	主要业务	营业收入百万美元
263	INGRAM MICRO	英迈	美国	电子办公设备批发	34,589
264	Continental	大陆	德国	汽车零件	34,498
265	National	澳洲银行	澳大利亚	银行	34,350
266	JOHNSON CONTROLS	江森自控	美国	汽车零件	34,305
267	SUNCOR ENERGY	森科尔能源	加拿大	炼油	34,251
268	Aetna	安泰	美国	保健	34,246
269	amazon.com	亚玛逊	美国	互联网	34,204
270	한국전력공사	韩国电力	韩国	公用事业	34,110
271	Bharat Petroleum	布哈拉特石油	印度	炼油	34,102
272	三菱重工	三菱重工	日本	工业农业设备	33,903
273	HUMANA.	哈门那	美国	医疗保健	33,868
274	Enterprise Products	Enterprise Products Partners	美国	管道运输	33,739
275	中国华能集团公司 CHINA HUANENG GROUP	中国华能集团	中国	电力	33,681
276	PHILIPS	皇家飞利浦电子	荷兰	电子、电气设备	33,667
277	DZ BANK	德国中央合作银行	德国	银行	33,611
278	HBIS 河北钢铁集团	河北钢铁集团	中国	金属	33,549
279	Honeywell	霍尼韦尔国际	美国	航天国防	33,370
280	AstraZeneca 阿斯利康	阿斯利康	英国	制药	33,269
281	Liberty Mutual.	利宝相互保险	美国	保险	33,193
282	J Sainsbury	森宝利(桑斯博里)	英国	食品、药品店	32,811
283	News Corporation	新闻集团	美国	娱乐	32,778
284	DU PONT	杜邦	美国	化学	32,733

续表13

排名	公司标志	中文常用名称	总部所在地	主要业务	营业收入 百万美元
285	Rabobank	荷兰合作银行(拉博银行)	荷兰	银行	32,672
286	BRIDGESTONE	普利司通	日本	轮胎橡胶	32,613
287	BAE SYSTEMS	英国航空航天系统	英国	航天国防	32,588
288	PICC	中国人民保险集团	中国	保险	32,579
289	Sprint	斯普林特Nextel	美国	电信	32,563
290	GENERAL DYNAMICS	通用动力	美国	航天国防	32,466
291	भारतीय स्टेट बैंक State Bank of India	印度国家银行	印度	银行	32,450
292	神华集团有限责任公司 SHENHUA GROUP CORPORATION LIMITED	神华集团	中国	能源	32,446
293	COMMERZBANK	德国商业银行	德国	银行	32,420
294	関西電力	关西电力	日本	公用事业	32,339
295	TIAA CREF	美国教师退休基金会	美国	保险	32,225
296	MCC 中国冶金科工集团公司	中冶集团	中国	工程建筑	32,076
297	СБЕРБАНК РОССИИ	联邦储蓄银行	俄罗斯	银行	32,066
298	POWER CORPORATION OF CANADA	加拿大鲍尔集团	加拿大	保险	32,023
299	Alliance Boots	联合博姿	瑞士	食品药品店	31,998
300	BT	英国电信	英国	电信	31,796
301	Delta	达美航空	美国	航空公司	31,755
302	MIZUHO	瑞穗金融集团	日本	银行	31,720
303	ABB	阿西布朗勃法瑞	瑞士	工业农业设备	31,589
304	Allstate	好事达	美国	保险	31,400
305	LA POSTE	法国邮政局	法国	邮政包裹快递	31,378
306	JBS	JBS	巴西	食品生产	31,279

续表14

排名	公司标志	中文常用名称	总部所在地	主要业务	营业收入 百万美元
307	AIR FRANCE KLM	法航——荷航集团	法国	航空公司	31,200
308	株式会社メディパルホールディングス	Medipal Holdings	日本	保健批发	31,090
309	Weston George Weston limitée	乔治威斯顿	加拿大	食品、药品店	31,073
310	中国航空工业集团公司 Aviation Industry Corporation of China	中国航空工业集团	中国	航天国防	31,006
311	OMV	奥地利石油天然气集团	奥地利	炼油	30,891
312	HCA	HCA	美国	保健	30,683
313	NKSJホールディングス	NKSJ控股	日本	保险	30,609
314	xstrata	斯特拉塔	瑞士	采矿	30,499
315	SUZUKI	铃木汽车	日本	汽车	30,452
316	wilmar	丰益国际	新加坡	食品生产	30,378
317	INEOS	英力士集团	英国	化学	30,347
318	AMERICAN EXPRESS	美国运通	美国	金融	30,242
319	Jardines	怡和洋行	中国香港	贸易	30,053
320	HANWHA	韩华集团	韩国	化学	30,041
321	VATTENFALL	大瀑布电力	瑞典	公用事业	29,645
322	JR 東日本旅客鉄道株式会社	JR东日本	日本	铁路运输	29,625
323	E EDEKA	艾德卡	德国	食品批发	29,392
324	Google 谷歌	谷歌	美国	互联网	29,321
325	首钢集团 SHOUGANG GROUP	首钢集团	中国	金属	29,181
326	Heraeus	贺利氏控股	德国	金属	29,172
327	中国平安 PING AN	中国平安保险	中国	深圳	28,927
328	Posteitaliane	意大利邮政局	意大利	邮政包裹快递	28,922

续表15

排名	公司标志	中文常用名称	总部所在地	主要业务	营业收入 百万美元
329	STANDARD LIFE	标准人寿	英国	保险	28,878
330	中国铝业公司 CHINALCO Aluminum Corporation of China	中国铝业集团	中国	金属	28,871
331	Swiss Re	瑞士再保险	瑞士	保险	28,835
332	SAMSUNG 삼성생명	三星生命	韩国	保险	28,773
333	FLEXTRONICS	伟创力	新加坡	半导体、其他元器件	28,680
334	PHOENIX group	Phoenix Pharmahandel	德国	保健	28,641
335	HP	印度斯坦石油	印度	炼油	28,593
336	Tyson	泰森食品	美国	食品生产	28,430
337	ANZ	澳新银行	澳大利亚	银行	28,275
338	ERICSSON	爱立信	瑞典	网络通讯设备	28,226
339	仁宝电脑	仁宝电脑	中国台湾	计算机	28,171
340	武汉钢铁(集团)公司 WUHAN IRON AND STEEL(GROUP) CORP.	武汉钢铁集团	中国	金属	28,170
341	SISTEMA	俄罗斯系统金融股份公司	俄罗斯	多样化	28,099
342	中国邮政 CHINA POST	中国邮政集团	中国	邮政	28,094
343	Dior	克里斯汀迪奥	法国	服装服饰	27,977
344	ANGLO AMERICAN	英美资源集团	英国	采矿钻石	27,960
345	華潤	华润集团	中国香港	多样化	27,820
346	ORLEN	奥伦石油	波兰	炼油	27,703
347	ALSTOM	阿尔斯通	法国	工农业设备	27,635
348	DELHAIZE GROUP	德尔海兹集团	比利时	食品、药品店	27,615
349		中油公司	中国台湾	炼油	27,570
350	Schlumberger	斯伦贝谢	美国	石油天然气设备与服务	27,447

续表16

排名	公司标志	中文常用名称	总部所在地	主要业务	营业收入 百万美元
351	HUAWEI	华为技术	中国	网络通信设备	27,356
352	HOCHTIEF	豪赫蒂夫	德国	工程建筑	27,334
353	中国中钢集团公司 SINOSTEEL CORPORATION	中钢集团	中国	金属	27,266
354	Along the New Way 中部電力	中部电力	日本	公用事业	27,214
355	PHILIP MORRIS INTERNATIONAL	菲利浦莫里斯	烟草	美国	27,208
356	mazda	马自达汽车	日本	汽车	27,154
357	COSMO	克斯莫石油	日本	炼油	27,106
358	TATA MOTORS	塔塔汽车	印度	汽车	27,046
359	ITAÚSA	伊塔乌投资银行	巴西	银行	26,982
360	ओएनजीसी ONGC	印度石油天然气公司	印度	采矿原油生产	26,945
361	和記黃埔	和记黄埔	中国香港	多样化	26,926
362	TimeWarner	时代华纳	美国	娱乐	26,888
363	ORACLE	甲骨文	美国	计算机软件	26,820
364	3M	3M	美国	多样化	26,662
365		中粮集团	中国	贸易	26,469
366	沙钢集团	江苏沙钢集团	中国	江苏	26,388
367	AISIN	爱信精机	日本	汽车零件	26,357
368	CEPSA	西班牙石油公司	西班牙	炼油	26,150
369	TATA STEEL	塔塔钢铁	印度	金属	26,065
370	China unicom中国联通	中国联通	中国	电信	26,025
371	JOHN DEERE	迪尔	美国	工农业设备	26,005
372	gasNatural fenosa	Gas Natural Fenosa	西班牙	能源	25,999

续表17

排名	公司标志	中文常用名称	总部所在地	主要业务	营业收入 百万美元
373	Schneider Electric	施耐德电气	法国	电子、电气设备	25,933
374	中国大唐集团公司 China Datang Corporation	中国大唐集团	中国	电力	25,915
375	PLAINS ALL AMERICAN PIPELINE, L.P.	PAA管道	美国	管道输送	25,893
376	FUJIFILM	富士胶片	日本	多样化	25,886
377	L'ORÉAL	欧莱雅	法国	家用化学产品	25,821
378	MassMutual FINANCIAL GROUP	麻省人寿	美国	保险	25,647
379	FINMECCANICA	芬梅卡尼卡	意大利	航天国防	25,591
380	alfresa	Alfresa	日本	保健批发	25,492
381	M	威廉莫里斯超市	英国	食品、药品店	25,406
382	Publix.	大众超级市场	美国	食品、药品店	25,328
383	CHS	CHS	美国	食品药品店	25,268
384	RITE AID	来德爱	美国	食品、药品店	25,215
385	Raytheon	雷神	美国	航天国防	25,183
386	INTERNATIONAL PAPER	国际纸业	美国	林产品、纸制品	25,179
387	YAMADA	山田电机	日本	专业零售	25,140
388	TRAVELERS	旅行者保险	美国	保险	25,112
389	★macy's	梅西百货	美国	一般商品零售	25,003
390	Adecco	阿第克	瑞士	人力资源服务	24,709
391	STAPLES that was easy.	史泰博	美国	专业零售	24,545
392	TD Bank Financial Group	多伦多道明银行	加拿大	银行	24,485
393	KBC	比利时联合银行	比利时	银行	24,473
394	MAPFRE	曼弗雷集团	西班牙	保险	24,387

续表18

排名	公司标志	中文常用名称	总部所在地	主要业务	营业收入 百万美元
395		Tech Data	美国	电子办公设备批发	24,376
396		GasTerra	芬兰	能源	24,313
397		交通银行	中国	银行	24,264
398		中远集团	中国	海运	24,250
399		Ultrapar	巴西	能源	24,135
400		DirecTV	美国	电信	24,102
401		玛格纳	加拿大	汽车零件	24,102
402		麦当劳	美国	饮食服务	24,075
403		Migros	瑞士	食品和药品店	24,024
404		中国国电集团	中国	电力	24,016
405		永明金融	加拿大	保险	23,920
406		Maruhan	日本	娱乐	23,806
407		中国电子信息产业集团	中国	电子	23,761
408		住友电工	日本	电子电气设备	23,746
409		台塑石化	中国台湾	化学	23,734
410		米其林	法国	轮胎橡胶	23,696
411		Onex	加拿大	半导体、其他元器件	23,654
412		帝国烟草	英国	烟草	23,386
413		西北相互	美国	保险	23,384
414		墨菲石油	美国	炼油	23,345
415		T&D Holdings	日本	保险	23,270
416		联合大陆控股	美国	航空公司	23,229

续表19

排名	公司标志	中文常用名称	总部所在地	主要业务	营业收入 百万美元
417	EnBW	巴登符腾堡能源	德国	公用事业	23,190
418	住友化学	住友化学	日本	化学	23,146
419	Groupama	安盟保险集团	法国	保险	23,144
420	PPR	春天集团	法国	一般商品零售	23,101
421	accenture	埃森哲	爱尔兰	信息技术服务	23,094
422	Lilly 礼来制药,回应与承诺	礼来大药厂	美国	制药	23,076
423	British American Tobacco	英美烟草	英国	烟草	22,989
424	Scotiabank	丰业银行	加拿大	银行	22,911
425	JT	日本烟草	日本	烟草	22,844
426	MOTOROLA SOLUTIONS	摩托罗拉系统	美国	电子电气	22,823
427	CRH	CRH	爱尔兰	建筑材料、玻璃	22,745
428	RICOH	理光	日本	办公设备	22,674
429	中国铁路物资总公司 China Railway Materials Commercial Corp.	中国铁路物资总公司	中国	贸易	22,631
430	中国航油	中国航空油料集团公司	中国	炼油	22,630
431	COMPASS GROUP	金巴斯集团	英国	饮食服务	22,530
432	DANONE	达能集团	法国	食品	22,529
433	日本郵船	日本邮船	日本	海运	22,524
434	中国机械工业集团有限公司 China National Machinery Industry Corporation	中国机械工业集团	中国	机械	22,487
435	The Hartford	哈特福德金融	美国	保险	22,383
436	nationalgrid	国家电力供应公司	英国	公用事业	22,302
437	AmericanAirlines	美利坚公司	美国	航空公司	22,170
438	TUI	国际旅游联盟集团	德国	旅游	22,091

续表20

排名	公司标志	中文常用名称	总部所在地	主要业务	营业收入 百万美元
439	LG Display	LG显示器	韩国	电子	22,072
440	Telstra	澳大利亚电信	澳大利亚	电信	22,050
441	TJX THE TJX COMPANIES,INC.	TJX	美国	专业零售	21,942
442	EMERSON	艾默生电气	美国	电子、电气设备	21,866
443	BERTELSMANN	贝塔斯曼	德国	出版、娱乐	21,791
444	ecopetrol ENERGÍA PARA EL FUTURO	哥伦比亚国家石油（哥国油）	哥伦比亚	炼油	21,743
445	HNCC 河南煤业化工集团有限责任公司	河南煤业化工集团	中国	能源、化学	21,715
446	KOBELCO 神戸製鋼	神户制钢	日本	金属	21,700
447	Heineken	喜力	荷兰	饮料	21,684
448	XEROX	施乐	美国	办公设备	21,633
449	lenovo联想	联想集团	北京	计算机	21,594
450	ACS	ACS	西班牙	工程建筑	21,558
451	EVONIK INDUSTRIES	赢创工业集团	德国	化学	21,545
452	KOMATSU	小松	日本	工农业设备	21,519
453	Danske Bank	丹斯克银行	丹麦	银行	21,425
454	LAFARGE	拉法基	法国	建筑材料	21,415
455	Standard Chartered 渣打銀行	渣打银行	英国	银行	21,410
456	MITSUBISHI MOTORS	三菱汽车	日本	汽车	21,349
457	冀中能源集团有限责任公司 JIZHONG ENERGY GROUP CO., LTD.	冀中能源集团	中国	能源	21,255
458	CIGNA	信诺	美国	健康保险	21,253
459	SHV	SHV	荷兰	食品药品店	21,202
460	Alcatel-Lucent	阿尔卡特朗讯	法国	网络电信设备	21,186

续表21

排名	公司标志	中文常用名称	总部所在地	主要业务	营业收入 百万美元
461	FRESENIUS	费森尤斯集团	德国	医疗保健	21,154
462	CSIC 中国船舶重工集团公司	中国船舶重工集团	中国	机械	21,055
463	LBBW	巴登-符腾堡州银行	德国	银行	21,035
464	ALCOA	美铝公司	美国	金属	21,013
465	KIRIN	麒麟	日本	饮料	20,916
466	太平洋保险 CPIC	太平洋保险	中国	保险	20,878
467	FLUOR	福陆	美国	工程建筑	20,849
468	MOL	Mol Hungarian Oil & Gas	匈牙利	炼油	20,799
469	sodexo	索迪斯	法国	饮食服务	20,794
470	Holcim	豪西蒙	瑞士	建筑材料	20,774
471		Petroplus	瑞士	炼油	20,747
472	Aflac	美国家庭人寿保险	美国	保险	20,732
473	WOLSELEY	沃斯利	英国	多样化	20,729
474	CHEMCHINA	中国化工集团	中国	化学	20,715
475	co-operative	英国合作社集团	英国	多样化	20,566
476	usbank	合众银行	美国	银行	20,518
477	SUZUKEN	铃谦	日本	保健批发	20,455
478	AkzoNobel Tomorrow's Answers Today	阿克苏诺贝尔	荷兰	化学	20,419
479	CNP	CNP	比利时	金融	20,373
480	Nationwide On Your Side	全美互惠保险	美国	保险	20,265
481	TESORO	特索罗	美国	炼油	20,253
482	CFE	国家电力公司(联邦电力委员会)	墨西哥	公用事业	20,143

续表22

排名	公司标志	中文常用名称	总部所在地	主要业务	营业收入 百万美元
483	浙江物产集团 ZHEJIANG MATERIALS INDUSTRY GROUP	浙江物产集团	中国	贸易	20,001
484	中国建筑材料集团有限公司	中国建材集团	中国	贸易	19,996
485	Henkel	汉高	德国	家居个人用品	19,989
486	acer 宏碁	宏碁集团	中国台湾	计算机	19,979
487	東北電力	东北电力	日本	公用事业	19,950
488	DOOSAN	斗山集团	韩国	工程建筑	19,937
489	RIM	RIM	加拿大	网络通讯设备	19,907
490	OXY	西方石油	美国	采矿原油生产	19,857
491	SAMSUNG 삼성물산	三星C&T	韩国	贸易	19,765
492	PREMAFIN FINANZIARIA	Premafin Finanziaria	意大利	保险	19,750
493	Kimberly-Clark	金佰利	美国	家居和个人用品	19,746
494	DaiwaHouse.	大和房建	日本	工程建筑	19,733
495	СУРГУТНЕФТЕГАС	苏古特石油天然气	俄罗斯	采矿和原油生产	19,656
496	kfw	德国复兴信贷银行	德国	银行	19,585
497	KOGAS KOREA GAS CORPORATION	韩国天然气	韩国	能源	19,563
498		昭和壳牌石油	日本	炼油	19,558
499	wistron	纬创	中国台湾	电子	19,538
500	Bristol-Myers Squibb	百时美施贵宝	美国	制药	19,484

(美国《财富》杂志)

6－2　2010中国企业500强名单

名次	企业名称	营业收入(万元)
1	中国石油化工集团公司	139195196
2	国家电网公司	126031199
3	中国石油天然气集团公司	121827809
4	中国移动通信集团公司	49012279
5	中国工商银行股份有限公司	47340600
6	中国建设银行股份有限公司	39867200
7	中国人寿保险（集团）公司	38950383
8	中国铁建股份有限公司	35552077
9	中国中铁股份有限公司	34636796
10	中国农业银行股份有限公司	33842700
11	中国银行股份有限公司	33474100
12	中国南方电网有限责任公司	31242311
13	东风汽车公司	26915955
14	中国建筑股份有限公司	26037963
15	中国中化集团公司	24302851
16	中国电信集团公司	24289580
17	上海汽车工业（集团）总公司	22972314
18	中国交通建设集团有限公司	22860587
19	中国海洋石油总公司	20957831
20	中国中信集团公司	20906492
21	中国第一汽车集团公司	20655087
22	中国兵器装备集团公司	19644059
23	宝钢集团有限公司	19530748
24	中粮集团有限公司	17828588
25	中国华能集团公司	17774029
26	河北钢铁集团有限公司	17709075
27	中国冶金科工集团有限公司	17670504
28	百联集团有限公司	17387384
29	中国航空工业集团公司	17207109
30	中国五矿集团公司	17047434
31	中国兵器工业集团公司	16497387
32	中国中钢集团公司	16404265
33	神华集团有限责任公司	16124950
34	中国联合网络通信集团有限公司	15905644

续表1

名次	企业名称	营业收入(万元)
35	中国人民保险集团股份有限公司	15364044
36	中国邮政集团公司	15354898
37	华为技术有限公司	14925041
38	中国平安保险（集团）股份有限公司	14783500
39	中国大唐集团公司	14659724
40	江苏沙钢集团有限公司	14631303
41	华润（集团）有限公司	14582761
42	武汉钢铁（集团）公司	14033158
43	中国铝业公司	13560700
44	广州汽车工业集团有限公司	13359362
45	交通银行股份有限公司	13355200
46	首钢总公司	13038232
47	海尔集团公司	12491161
48	中国国电集团公司	12207864
49	中国船舶重工集团公司	12109366
50	江苏苏宁电器集团有限公司	11700267
51	北京汽车工业控股有限责任公司	11647433
52	浙江省物产集团公司	11321946
53	天津市物资集团总公司	10818806
54	中国化工集团公司	10803459
55	国美电器控股有限公司	10680000
56	联想控股有限公司	10637514
57	中国华电集团公司	10528804
58	中国铁路物资总公司	10517877
59	中国太平洋保险（集团）股份有限公司	10431400
60	河南煤业化工集团有限责任公司	10409527
61	中国机械工业集团有限公司	10349796
62	太原钢铁（集团）有限公司	10136453
63	中国电力投资集团公司	10065761
64	中国航空油料集团公司	9369984
65	上海电气（集团）总公司	8982975
66	山东钢铁集团有限公司	8702584
67	美的集团有限公司	8657202
68	中国电子信息产业集团公司	8589981
69	天津冶金集团有限公司	8420533

续表2

名次	企业名称	营业收入(万元)
70	天津中环电子信息集团有限公司	8210483
71	中国建筑材料集团有限公司	8158163
72	陕西延长石油（集团）有限责任公司	8068660
73	山东魏桥创业集团有限公司	8061821
74	鞍山钢铁集团公司	8026352
75	中国平煤神马能源化工集团有限责任公司	8016013
76	山西焦煤集团有限责任公司	7747769
77	天津汽车工业（集团）有限公司	7701914
78	中国水利水电建设集团公司	7554547
79	光明食品（集团）有限公司	7553083
80	上海建工（集团）总公司	7536883
81	中国外运长航集团有限公司	7425970
82	新华人寿保险股份有限公司	7365968
83	黑龙江北大荒农垦集团总公司	7268546
84	中国航天科工集团公司	7246722
85	山西煤炭运销集团有限公司	7243878
86	大连大商集团有限公司	7053590
87	中国中煤能源集团有限公司	7017192
88	中国通用技术（集团）控股有限责任公司	6858110
89	金川集团有限公司	6647406
90	中国医药集团总公司	6449536
91	北台钢铁（集团）有限责任公司	6214404
92	天津钢管集团股份有限公司	6136501
93	天津天铁冶金集团有限公司	6056545
94	中兴通讯股份有限公司	6027256
95	上海铁路局	5997743
96	上海绿地（集团）有限公司	5929560
97	冀中能源集团有限责任公司	5808577
98	泰康人寿保险股份有限公司	5793242
99	沈阳铁路局	5674852
100	北京铁路局	5659573
101	中国南方航空集团公司	5643103
102	海信集团有限公司	5598526
103	开滦（集团)有限责任公司	5593860
104	红塔烟草（集团）有限责任公司	5590222

续表3

名次	企业名称	营业收入(万元)
105	中国重型汽车集团有限公司	5566281
106	山西晋城无烟煤矿业集团有限责任公司	5543456
107	天津天钢集团有限公司	5521915
108	马钢（集团）控股有限公司	5467526
109	江苏悦达集团有限公司	5425123
110	新兴铸管集团有限公司	5386020
111	中国农业生产资料集团公司	5308964
112	江西铜业集团公司	5306360
113	上海烟草（集团）公司	5288138
114	广东物资集团公司	5263629
115	兖矿集团有限公司	5261887
116	中国航空集团公司	5241539
117	潍柴控股集团有限公司	5228133
118	万向集团公司	5148040
119	招商银行股份有限公司	5144600
120	南京钢铁集团有限公司	5133883
121	北大方正集团有限公司	5106480
122	广厦控股创业投资有限公司	5085054
123	湖南华菱钢铁集团有限责任公司	5084459
124	湖南中烟工业有限责任公司	5067304
125	徐州工程机械集团有限公司	5051776
126	红云红河烟草(集团)有限责任公司	5023748
127	山西潞安矿业（集团）有限责任公司	4985778
128	阳泉煤业(集团)有限责任公司	4960041
129	万科企业股份有限公司	4888100
130	华晨汽车集团控股有限公司	4845705
131	中国南车集团公司	4776323
132	太原铁路局	4724265
133	国家开发投资公司	4672443
134	新希望集团有限公司	4606739
135	江苏雨润食品产业集团有限公司	4514916
136	中国海运（集团）总公司	4495291
137	TCL集团股份有限公司	4428722
138	江苏华西集团公司	4405991
139	杭州钢铁集团公司	4395508

续表4

名次	企业名称	营业收入(万元)
140	广东省广新外贸集团有限公司	4328724
141	杭州娃哈哈集团有限公司	4320417
142	广州铁路（集团）公司	4290459
143	珠海格力电器股份有限公司	4263730
144	大同煤矿集团有限责任公司	4254301
145	新疆广汇实业投资（集团）有限责任公司	4248362
146	中国民生银行股份有限公司	4206000
147	厦门建发集团有限公司	4183451
148	攀钢集团有限公司	4173587
149	中国北方机车车辆工业集团公司	4155884
150	安徽海螺集团有限责任公司	4141996
151	四川长虹电子集团有限公司	4138961
152	成都铁路局	4126045
153	广东省粤电集团有限公司	4072031
154	浙江省能源集团有限公司	4062852
155	酒泉钢铁（集团）有限责任公司	4037265
156	天津渤海化工集团公司	4029183
157	山东六和集团有限公司	4021600
158	铜陵有色金属集团控股有限公司	4021115
159	郑州铁路局	4015615
160	河南省漯河市双汇实业集团有限责任公司	4007021
161	本溪钢铁（集团）有限责任公司	4000705
162	中国东方航空股份有限公司	3983130
163	中国港中旅集团公司	3961826
164	山东大王集团有限公司	3960991
165	中国东方电气集团有限公司	3899254
166	内蒙古电力（集团）有限责任公司	3833115
167	珠海振戎公司	3829359
168	南山集团公司	3826019
169	北京建龙重工集团有限公司	3819067
170	包头钢铁（集团）有限责任公司	3787060
171	海亮集团有限公司	3726055
172	新汶矿业集团有限责任公司	3683000
173	上海浦东发展银行股份有限公司	3682393
174	三胞集团有限公司	3670416

续表5

名次	企业名称	营业收入(万元)
175	无锡产业发展集团有限公司	3646570
176	北京城建集团有限责任公司	3640370
177	上海复星高科技（集团）有限公司	3609215
178	日照钢铁控股集团有限公司	3599535
179	海航集团有限公司	3585626
180	浙江省兴合集团公司	3557197
181	庞大汽贸集团股份有限公司	3550177
182	中国中材集团有限公司	3533932
183	淮南矿业(集团)有限责任公司	3524321
184	中国核工业集团公司	3518094
185	中天钢铁集团有限公司	3512667
186	四川省宜宾五粮液集团有限公司	3503882
187	中国黄金集团公司	3454269
188	安徽省徽商集团有限公司	3437883
189	中国诚通控股集团有限公司	3392191
190	天津荣程联合钢铁集团有限公司	3387922
191	长沙中联重工科技发展股份有限公司	3372691
192	安阳钢铁集团有限责任公司	3300087
193	物美控股集团有限公司	3263992
194	黑龙江龙煤矿业控股集团有限责任公司	3261532
195	陕西煤业化工集团有限责任公司	3208783
196	正威国际集团有限公司	3198144
197	天津市一轻集团（控股）有限公司	3191282
198	陕西有色金属控股集团有限责任公司	3160112
199	武汉铁路局	3150989
200	厦门国贸控股有限公司	3136399
201	哈尔滨电气集团公司	3131640
202	青岛钢铁控股集团有限责任公司	3123400
203	世纪金源投资集团有限公司	3057500
204	湖北宜化集团有限责任公司	3054758
205	三一集团有限公司	3040000
206	天津百利机电控股集团有限公司	3030379
207	哈尔滨铁路局	3028074
208	北京建工集团有限责任公司	3023767
209	浙江中烟工业有限责任公司	3013689

续表6

名次	企业名称	营业收入(万元)
210	上海华谊(集团)公司	3011116
211	浙江省国际贸易集团有限公司	3010101
212	湖北中烟工业有限责任公司	2994300
213	枣庄矿业（集团）有限责任公司	2980688
214	临沂新程金锣肉制品集团有限公司	2979822
215	济南铁路局	2949841
216	西安铁路局	2929000
217	清华控股有限公司	2910075
218	河北敬业企业集团有限责任公司	2909290
219	大连西太平洋石油化工有限公司	2820478
220	广东省交通集团有限公司	2817248
221	南昌铁路局	2803195
222	天津天狮集团有限公司	2789021
223	江苏新长江实业集团有限公司	2788003
224	中国有色矿业集团有限公司	2749023
225	雅戈尔集团股份有限公司	2743700
226	江苏苏宁环球集团有限公司	2736821
227	广西玉柴机器集团有限公司	2719732
228	浪潮集团有限公司	2718586
229	福建联合石油化工有限公司	2714000
230	中国葛洲坝集团公司	2691931
231	北京控股集团有限公司	2673231
232	北京医药集团有限责任公司	2664751
233	呼和浩特铁路局	2652680
234	湖南省建筑工程集团总公司	2613443
235	浙江恒逸集团有限公司	2607402
236	江苏阳光集团有限公司	2596007
237	内蒙古伊泰集团有限公司	2589482
238	河北津西钢铁集团股份有限公司	2588484
239	浙江省建设投资集团有限公司	2576015
240	云天化集团有限责任公司	2572623
241	广东发展银行股份有限公司	2566016
242	山东省商业集团有限公司	2564116
243	山东黄金集团有限公司	2513585
244	重庆商社（集团）有限公司	2470124

续表7

名次	企业名称	营业收入(万元)
245	广东省丝绸纺织集团有限公司	2469248
246	淮北矿业（集团）有限责任公司	2468663
247	大连万达集团股份有限公司	2466434
248	正泰集团有限公司	2439300
249	内蒙古伊利实业集团股份有限公司	2432355
250	新余钢铁集团有限公司	2421848
251	华侨城集团公司	2419707
252	奇瑞汽车股份有限公司	2397976
253	大冶有色金属公司	2360751
254	安徽江淮汽车集团有限公司	2360441
255	新华联合冶金投资集团有限公司	2359633
256	上海纺织控股（集团）公司	2330978
257	四川宏达(集团)有限公司	2313182
258	北京首都旅游集团有限责任公司	2309686
259	山西煤炭进出口集团有限公司	2302889
260	江西萍钢实业股份有限公司	2285075
261	河南中烟工业有限责任公司	2284989
262	通化钢铁集团股份有限公司	2276837
263	中国工艺(集团)公司	2273608
264	江苏三房巷集团有限公司	2263353
265	红豆集团有限公司	2232759
266	重庆建工集团有限责任公司	2223229
267	陕西汽车集团有限责任公司	2210350
268	百兴集团有限公司	2210347
269	北京金隅集团有限责任公司	2202736
270	中天发展控股集团有限公司	2202733
271	上海华冶钢铁集团有限公司	2201935
272	浙江省商业集团有限公司	2190215
273	浙江省交通投资集团有限公司	2184321
274	南金兆集团有限公司	2181513
275	恒力集团有限公司	2153621
276	江阴澄星实业集团有限公司	2152500
277	天津一商集团有限公司	2150540
278	武汉商联(集团)股份有限公司	2141619
279	山东泰山钢铁集团有限公司	2114252

续表8

名次	企业名称	营业收入(万元)
280	山东时风（集团）有限责任公司	2106312
281	山东鲁北企业集团总公司	2102815
282	宁波金田投资控股有限公司	2100207
283	紫金矿业集团股份有限公司	2095582
284	人民电器集团有限公司	2092837
285	合肥百货大楼集团股份有限公司	2090000
286	申能（集团）有限公司	2088316
287	陕西东岭工贸集团股份有限公司	2080000
288	唐山瑞丰钢铁(集团)有限公司	2074657
289	海澜集团有限公司	2073022
290	南宁铁路局	2063856
291	北京市政路桥建设控股（集团）有限公司	2061600
292	中国国际海运集装箱（集团）股份有限公司	2047551
293	四川省川威集团有限公司	2038000
294	杭州汽轮动力集团有限公司	2034952
295	南京医药产业（集团）有限责任公司	2034839
296	奥克斯集团有限公司	2012845
297	上海人民企业（集团）有限公司	1992963
298	广州市建筑集团有限公司	1992778
299	中国盐业总公司	1987505
300	德力西集团有限公司	1980445
301	徐州矿务集团有限公司	1943083
302	广东省建筑工程集团有限公司	1928901
303	浙江荣盛控股集团有限公司	1928387
304	大连重工·起重集团有限公司	1926136
305	天津友发钢管集团有限公司	1921355
306	中国中纺集团公司	1918419
307	华芳集团有限公司	1917577
308	山东招金集团有限公司	1910094
309	广东省石油企业集团南方石油化工有限公司	1908793
310	海城市西洋镁矿有限公司	1906363
311	河南省农村信用社联合社	1899441
312	北京京城机电控股有限责任公司	1898516
313	九州通医药集团股份有限公司	1895771
314	太平人寿保险有限公司	1886621

续表9

名次	企业名称	营业收入(万元)
315	江苏西城三联控股集团有限公司	1877754
316	江苏高力集团有限公司	1863272
317	山东晨鸣纸业集团股份有限公司	1861696
318	金龙精密铜管集团股份有限公司	1861164
319	天正集团有限公司	1860118
320	滨化集团公司	1858483
321	福建省三钢（集团）有限责任公司	1858273
322	河北文丰钢铁有限公司	1857645
323	广东省广晟资产经营有限公司	1847178
324	中国广东核电集团有限公司	1842021
325	兰州铁路局	1830613
326	山东中烟工业有限责任公司	1820133
327	成都建筑工程集团总公司	1812563
328	扬子江药业集团有限公司	1803028
329	青岛啤酒股份有限公司	1802611
330	四川华西集团有限公司	1797369
331	尚德电力控股有限公司	1795043
332	江铃汽车集团公司	1779689
333	云南建工集团有限公司	1773102
334	中国煤炭科工集团有限公司	1760412
335	贵州中烟工业有限责任公司	1743064
336	广西建工集团有限责任公司	1734998
337	西部矿业集团有限公司	1731381
338	华盛江泉集团有限公司	1726738
339	江苏国泰国际集团有限公司	1723458
340	天津二轻集团(控股)有限公司	1713961
341	上海外高桥造船有限公司	1713374
342	华夏银行股份有限公司	1712963
343	广西投资集团有限公司	1707516
344	厦门象屿集团有限公司	1700428
345	长城汽车股份有限公司	1697226
346	深圳市天音通信发展有限公司	1696907
347	中国国际技术智力合作公司	1692687
348	江苏南通三建集团有限公司	1685800
349	杭州橡胶(集团)公司	1685786

续表10

名次	企业名称	营业收入(万元)
350	陕西建工集团总公司	1685627
351	新华联控股有限公司	1677470
352	唐山港陆钢铁有限公司	1672792
353	新华锦集团有限公司	1670011
354	江苏新世纪造船有限公司	1660486
355	中南控股集团有限公司	1658566
356	旭阳煤化工集团有限公司	1655263
357	上海国际港务（集团）股份有限公司	1654534
358	昆明钢铁控股有限公司	1651702
359	浙江吉利控股集团有限公司	1651127
360	江苏省苏中建设集团股份有限公司	1646580
361	江苏扬子江船业集团公司	1637627
362	青建集团股份公司	1620766
363	重庆化医控股(集团)公司	1613984
364	中国恒天集团有限公司	1612611
365	中国西电集团公司	1601588
366	中国新世纪控股集团有限公司	1597434
367	洛阳新安电力集团有限公司	1586130
368	江苏法尔胜泓升集团有限公司	1581662
369	郑州煤炭工业（集团）有限责任公司	1581097
370	天津市医药集团有限公司	1573283
371	重庆钢铁（集团）有限责任公司	1556292
372	哈药集团有限公司	1555694
373	吉林亚泰(集团)股份有限公司	1554470
374	山东如意科技集团有限公司	1553947
375	山东京博控股发展有限公司	1550223
376	桐昆集团股份有限公司	1549949
377	山东高速集团有限公司	1534830
378	浙江中成控股集团有限公司	1530995
379	利群集团股份有限公司	1516622
380	西王集团有限公司	1516118
381	华泰集团有限公司	1514832
382	陕西龙门钢铁(集团)有限责任公司	1513967
383	江苏南通二建集团有限公司	1512550
384	盾安控股集团有限公司	1509244

续表11

名次	企业名称	营业收入(万元)
385	郑州宇通集团有限公司	1502621
386	东北特殊钢集团有限责任公司	1487681
387	河南神火集团有限公司	1480684
388	特变电工股份有限公司	1475429
389	江苏华厦融创置地集团有限公司	1469791
390	天津市津能投资公司	1459556
391	山东东明石化集团有限公司	1455020
392	云南煤化工集团有限公司	1453644
393	九三粮油工业集团有限公司	1451776
394	苏州创元投资发展（集团）有限公司	1449175
395	江苏申特钢铁有限公司	1445697
396	山东石横特钢集团有限公司	1442722
397	江苏双良集团有限公司	1432575
398	北京外企服务集团有限责任公司	1424806
399	山东太阳纸业股份有限公司	1421828
400	义马煤业集团股份有限公司	1416276
401	东营方圆有色金属有限公司	1413894
402	亨通集团有限公司	1411923
403	沈阳远大企业集团有限公司	1409184
404	青山控股集团有限公司	1409042
405	北京首都创业集团有限公司	1401016
406	中储发展股份有限公司	1400370
407	淄博矿业集团有限责任公司	1398781
408	浙江宝业建设集团有限公司	1391756
409	宁波富邦控股集团有限公司	1379058
410	北京能源投资（集团）有限公司	1368063
411	天津城建集团有限公司	1366000
412	江苏金辉集团公司	1364818
413	山东金诚石化集团有限公司	1354037
414	安徽省皖北煤电集团有限责任公司	1351990
415	太极集团有限公司	1351210
416	万达控股集团有限公司	1346818
417	厦门金龙汽车集团股份有限公司	1345562
418	丰立集团有限公司	1343491
419	重庆力帆控股有限公司	1336497

续表12

名次	企业名称	营业收入(万元)
420	北京燕京啤酒集团公司	1330815
421	天津港(集团)有限公司	1321130
422	四平红嘴集团总公司	1319323
423	玲珑集团有限公司	1316041
424	宁波银亿集团有限公司	1315122
425	安徽国贸集团控股有限公司	1311220
426	三河汇福粮油集团有限公司	1310000
427	福佳集团有限公司	1309946
428	深圳市中金岭南有色金属股份有限公司	1308015
429	浙江昆仑控股集团有限公司	1305463
430	三角集团有限公司	1299636
431	浙江远大进出口有限公司	1298642
432	重庆市能源投资集团公司	1297985
433	山西省焦炭集团公司	1295586
434	安徽建工集团有限公司	1293462
435	杉杉投资控股有限公司	1288597
436	铁法煤业（集团）有限责任公司	1287688
437	吉林粮食集团有限公司	1285865
438	隆鑫控股有限公司	1277450
439	中国贵州茅台酒厂有限责任公司	1275297
440	昆明铁路局	1272918
441	重庆轻纺控股(集团)公司	1271520
442	青岛港（集团）有限公司	1270031
443	北京住总集团有限责任公司	1265379
444	广州万宝集团有限公司	1265356
445	盛虹集团有限公司	1261869
446	重庆农村商业银行股份有限公司	1258643
447	山东淄博傅山企业集团有限公司	1257663
448	山东科达集团有限公司	1256637
449	环宇集团有限公司	1250098
450	深圳华强集团有限公司	1241060
451	春和集团有限公司	1240805
452	上海舜业钢铁集团有限公司	1232915
453	云南冶金集团股份有限公司	1232340
454	内蒙古鄂尔多斯羊绒集团有限责任公司	1230480

续表13

名次	企业名称	营业收入(万元)
455	宝胜集团有限公司	1226994
456	新疆天业（集团）有限公司	1223650
457	利华益集团股份有限公司	1220921
458	亚邦化工集团有限公司	1218883
459	张家港保税区兴恒得贸易有限公司	1216520
460	嘉晨集团有限公司	1213000
461	大连实德集团有限公司	1206638
462	沈阳机床（集团）有限责任公司	1206188
463	华勤橡胶工业集团有限公司	1204263
464	沂州集团有限公司	1203207
465	华立集团股份有限公司	1202252
466	天津市建工集团（控股）有限公司	1201678
467	山东西水橡胶集团有限公司	1193052
468	北京银行	1189411
469	河北普阳钢铁有限公司	1186968
470	维科控股集团股份有限公司	1183817
471	天津纺织集团（控股）有限公司	1167939
472	石家庄北国人百集团有限责任公司	1167541
473	山东博汇集团有限公司	1166596
474	山东寿光巨能控股集团有限公司	1163955
475	浙江八达建设集团有限公司	1162267
476	河北新金钢铁有限公司	1161754
477	北方重工集团有限公司	1155810
478	浙江元立金属制品集团有限公司	1154721
479	澳洋集团有限公司	1154400
480	冷水江钢铁有限责任公司	1151755
481	中国电力工程顾问集团公司	1150234
482	西子联合控股有限公司	1150000
483	登封电厂集团有限公司	1149634
484	传化集团有限公司	1149299
485	惠州市德赛集团有限公司	1146678
486	山西建筑工程(集团)总公司	1146552
487	中基宁波对外贸易股份有限公司	1146424
488	江门市大长江集团有限公司	1146121
489	上海良友（集团）有限公司	1144470

续表14

名次	企业名称	营业收入(万元)
490	上海世博(集团)有限公司	1139229
491	深圳能源集团股份有限公司	1138867
492	江苏三木集团有限公司	1137320
493	河南豫联能源集团有限责任公司	1136818
494	河南豫光金铅集团有限责任公司	1136777
495	远东控股集团有限公司	1136465
496	山东胜通集团股份有限公司	1122460
497	河北建工集团有限责任公司	1120000
498	福建省能源集团有限责任公司	1109839
499	波司登股份有限公司	1108780
500	云南锡业集团(控股)有限责任公司	1108369

（中国企业联合会、中国企业家协会）

6－3　2010中国民营企业500家名单

序号	企业名称	所属行业	省、自治区、直辖市	营收总额（万元）
1	江苏沙钢集团有限公司	黑色金属冶炼及压延加工业	江苏省	14,631,303
2	苏宁电器集团	批发和零售业	江苏省	11,700,267
3	联想控股有限公司	通信设备、计算机及其他电子设备制造业	北京市	10,637,514
4	广厦控股创业投资有限公司	建筑业	浙江省	5,085,054
5	新希望集团有限公司	农、林、牧、渔业	四川省	4,606,739
6	海航集团有限公司	综合（含投资类）	海南省	4,566,326
7	江苏雨润食品产业集团有限公司	食品加工与食品、饮料制造业	江苏省	4,514,916
8	杭州娃哈哈集团有限公司	食品加工与食品、饮料制造业	浙江省	4,320,417
9	新疆广汇实业投资（集团）有限责任公司	批发和零售业	新疆维吾尔自治区	4,248,362
10	比亚迪股份有限公司	交通运输设备制造业	广东省	3,976,518
11	大连万达集团股份有限公司	房地产业	辽宁省	3,848,256
12	海亮集团有限公司	有色金属冶炼及压延加工业	浙江省	3,726,055
13	三胞集团有限公司	批发和零售业	江苏省	3,670,416
14	上海复星高科技（集团）有限公司	综合（含投资类）	上海市	3,609,215
15	中天钢铁集团有限公司	黑色金属冶炼及压延加工业	江苏省	3,512,667
16	天津荣程联合钢铁集团有限公司	黑色金属冶炼及压延加工业	天津市	3,387,922
17	物美控股集团有限公司	批发和零售业	北京市	3,263,992

续表1

序号	企业名称	所属行业	省、自治区、直辖市	营收总额（万元）
18	东方希望集团有限公司	有色金属冶炼及压延加工业	上海市	3,240,122
19	红星家具集团有限公司	租赁和商务服务业	江苏省	3,130,000
20	三一集团有限公司	通用设备和专用设备制造业	湖南省	3,042,463
21	江苏永钢集团有限公司	黑色金属冶炼及压延加工业	江苏省	2,824,003
22	天津天狮集团有限公司	医药制造业	天津市	2,789,021
23	江苏新长江实业集团有限公司	黑色金属冶炼及压延加工业	江苏省	2,788,003
24	雅戈尔集团股份有限公司	服装、鞋帽、皮革制造业	浙江省	2,743,700
25	通威集团有限公司	农、林、牧、渔业	四川省	2,620,894
26	浙江恒逸集团有限公司	化学纤维制造业	浙江省	2,607,402
27	江苏阳光集团有限公司	纺织业	江苏省	2,596,007
28	内蒙古伊泰集团有限公司	采矿业	内蒙古自治区	2,589,482
29	江苏苏宁环球集团	房地产业	江苏省	2,460,000
30	正泰集团股份有限公司	电气机械及器材、线缆制造、及仪器仪表制造业	浙江省	2,439,300
31	四川宏达集团	有色金属冶炼及压延加工业	四川省	2,313,182
32	江西萍钢实业股份有限公司	黑色金属冶炼及压延加工业	江西省	2,285,075
33	红豆集团有限公司	服装、鞋帽、皮革制造业	江苏省	2,232,759
34	百兴集团有限公司	批发和零售业	江苏省	2,210,347
35	中天发展控股集团有限公司	建筑业	浙江省	2,202,733
36	上海华冶钢铁集团有限公司	批发和零售业	上海市	2,201,935
37	江阴澄星实业集团有限公司	化学原料及化学制品制造业	江苏省	2,152,534
38	恒力集团有限公司	化学纤维制造业	江苏省	2,151,200
39	江阴兴澄特种钢铁有限公司	黑色金属冶炼及压延加工业	江苏省	2,139,411
40	宁波金田投资控股有限公司	有色金属冶炼及压延加工业	浙江省	2,100,207
41	人民电器集团有限公司	电气机械及器材、线缆制造、及仪器仪表制造业	浙江省	2,092,837
42	陕西东岭工贸集团股份有限公司	黑色金属冶炼及压延加工业	陕西省	2,080,000
43	海澜集团有限公司	纺织业	江苏省	2,073,023
44	奥克斯集团有限公司	电气机械及器材、线缆制造、及仪器仪表制造业	浙江省	2,012,845
45	丰立集团有限公司	批发和零售业	江苏省	2,000,902
46	上海人民企业（集团）有限公司	综合（含投资类）	上海市	1,992,963
47	德力西集团有限公司	电气机械及器材、线缆制造、及仪器仪表制造业	浙江省	1,980,445
48	新奥集团股份有限公司	电力、热力、燃气及水的生产和供应业	河北省	1,961,586
49	浙江荣盛控股集团有限公司	化学纤维制造业	浙江省	1,928,387
50	华芳集团有限公司	纺织业	江苏省	1,917,577
51	九州通医药集团股份有限公司	批发和零售业	湖北省	1,895,770

续表2

序号	企业名称	所属行业	省、自治区、直辖市	营收总额（万元）
52	江阴市西城钢铁有限公司	黑色金属冶炼及压延加工业	江苏省	1,877,754
53	江苏高力集团有限公司	租赁和商务服务业	江苏省	1,863,272
54	天正集团有限公司	电气机械及器材、线缆制造、及仪器仪表制造业	浙江省	1,860,118
55	扬子江药业集团有限公司	医药制造业	江苏省	1,803,028
56	深圳市天音通信发展有限公司	批发和零售业	广东省	1,696,900
57	新华联控股有限公司	综合（含投资类）	湖南省	1,677,468
58	浙江吉利控股集团有限公司	交通运输设备制造业	浙江省	1,651,127
59	江苏新世纪造船有限公司	交通运输设备制造业	江苏省	1,614,722
60	新世纪控股集团有限公司	通信设备、计算机及其他电子设备制造业	浙江省	1,597,434
61	江苏文峰集团有限公司	批发和零售业	江苏省	1,595,300
62	江苏南通三建集团有限公司	建筑业	江苏省	1,592,763
63	江苏省三房巷集团有限公司	化学原料及化学制品制造业	江苏省	1,586,157
64	江苏法尔胜泓昇集团有限公司	金属制品业	江苏省	1,581,662
65	香江集团	房地产业	广东省	1,563,227
66	浙江中成控股集团有限公司	建筑业	浙江省	1,530,995
67	桐昆集团股份有限公司	化学纤维制造业	浙江省	1,525,258
68	华泰集团有限公司	造纸及纸制品、印刷业、文教体育、办公用品制造业	山东省	1,514,832
69	江苏南通二建集团有限公司	建筑业	江苏省	1,512,549
70	盾安控股集团有限公司	综合（含投资类）	浙江省	1,509,244
71	江苏金浦集团有限公司	化学原料及化学制品制造业	江苏省	1,486,439
72	长城电器集团有限公司	电气机械及器材、线缆制造、及仪器仪表制造业	浙江省	1,451,175
73	江苏申特钢铁有限公司	黑色金属冶炼及压延加工业	江苏省	1,445,697
74	山东太阳纸业股份有限公司	造纸及纸制品、印刷业、文教体育、办公用品制造业	山东省	1,421,828
75	青山控股集团有限公司	黑色金属冶炼及压延加工业	浙江省	1,409,043
76	浙江新湖集团股份有限公司	综合（含投资类）	浙江省	1,392,197
77	浙江宝业建设集团有限公司	建筑业	浙江省	1,391,756
78	宁波富邦控股集团有限公司	化学原料及化学制品制造业	浙江省	1,379,058
79	山东金诚石化集团有限公司	石油加工、炼焦加工业	山东省	1,354,037
80	万达控股集团有限公司	石油加工、炼焦加工业	山东省	1,346,818
81	重庆力帆控股有限公司	交通运输设备制造业	重庆市	1,336,497
82	宁波银亿集团有限公司	房地产业	浙江省	1,315,122
83	浙江昆仑控股集团有限公司	建筑业	浙江省	1,305,463
84	浙江远大进出口有限公司	批发和零售业	浙江省	1,298,642
85	亨通集团有限公司	电气机械及器材、线缆制造、及仪器仪表制造业	江苏省	1,261,923

续表3

序号	企业名称	所属行业	省、自治区、直辖市	营收总额（万元）
86	盛虹集团有限公司	化学纤维制造业	江苏省	1,261,869
87	环宇集团有限公司	电气机械及器材、线缆制造、及仪器仪表制造业	浙江省	1,250,098
88	重庆龙湖企业拓展有限公司	房地产业	重庆市	1,241,698
89	上海舜业钢铁集团有限公司	批发和零售业	上海市	1,232,915
90	亚邦化工集团有限公司	化学原料及化学制品制造业	江苏省	1,218,883
91	张家港保税区兴恒得贸易有限公司	批发和零售业	江苏省	1,216,520
92	东方集团实业股份有限公司	综合（含投资类）	黑龙江省	1,213,282
93	华立集团股份有限公司	医药制造业	浙江省	1,202,252
94	山东西水橡胶集团有限公司	橡胶制品、塑料制品业	山东省	1,193,052
95	内蒙古鄂尔多斯羊绒集团有限责任公司	纺织业	内蒙古自治区	1,189,117
96	南京金鹰国际集团有限公司	批发和零售业	江苏省	1,173,181
97	澳洋集团有限公司	化学纤维制造业	江苏省	1,155,000
98	修正药业集团	医药制造业	吉林省	1,150,442
99	西子联合控股有限公司	通用设备和专用设备制造业	浙江省	1,150,000
100	传化集团有限公司	化学原料及化学制品制造业	浙江省	1,149,299
101	江苏三木集团有限公司	化学原料及化学制品制造业	江苏省	1,137,320
102	远东控股集团有限公司	电气机械及器材、线缆制造、及仪器仪表制造业	江苏省	1,131,233
103	波司登股份有限公司	服装、鞋帽、皮革制造业	江苏省	1,108,780
104	华峰集团有限公司	化学原料及化学制品制造业	浙江省	1,106,681
105	上海永达控股（集团）有限公司	批发和零售业	上海市	1,101,144
106	隆鑫控股有限公司	交通运输设备制造业	重庆市	1,097,455
107	宗申产业集团有限公司	交通运输设备制造业	重庆市	1,091,718
108	南京丰盛产业控股集团有限公司	建筑业	江苏省	1,089,337
109	福建恒安集团有限公司	造纸及纸制品、印刷业、文教体育、办公用品制造业	福建省	1,083,383
110	中南控股集团有限公司	综合（含投资类）	江苏省	1,082,780
111	四川科伦实业集团有限公司	医药制造业	四川省	1,064,823
112	天瑞集团有限公司	非金属矿物制品业（含水泥、玻璃、陶瓷、耐火材料等）	河南省	1,060,201
113	山东晨曦集团有限公司	石油加工、炼焦加工业	山东省	1,060,000
114	山东科达集团有限公司	建筑业	山东省	1,056,637
115	深圳海王集团股份有限公司	医药制造业	广东省	1,050,000
116	四川金广实业（集团）股份有限公司	黑色金属冶炼及压延加工业	四川省	1,050,000
117	冷水江钢铁有限责任公司	黑色金属冶炼及压延加工业	湖南省	1,050,000
118	全威（铜陵）铜业科技有限公司	有色金属冶炼及压延加工业	安徽省	1,039,988

续表4

序号	企业名称	所属行业	省、自治区、直辖市	营收总额（万元）
119	大华（集团）有限公司	房地产业	上海市	1,030,234
120	大亚科技集团有限公司	木材加工及木、竹、藤、棕、草制品、家具制造业	江苏省	1,025,379
121	亿利资源集团有限公司	化学原料及化学制品制造业	内蒙古自治区	1,023,983
122	西林钢铁集团有限公司	黑色金属冶炼及压延加工业	黑龙江省	1,021,745
123	浙江龙盛控股有限公司	化学原料及化学制品制造业	浙江省	1,017,056
124	河南济源钢铁（集团）有限公司	黑色金属冶炼及压延加工业	河南省	1,008,987
125	江苏熔盛重工有限公司	交通运输设备制造业	江苏省	1,006,489
126	永鼎集团有限公司	电气机械及器材、线缆制造、及仪器仪表制造业	江苏省	1,005,463
127	杭州富春江冶炼有限公司	有色金属冶炼及压延加工业	浙江省	996,295
128	上海奥盛投资控股（集团）有限公司	综合（含投资类）	上海市	980,856
129	山西通达（集团）有限公司	交通运输设备制造业	山西省	980,010
130	精功集团有限公司	金属制品业	浙江省	975,406
131	江苏省苏中建设集团股份有限公司	建筑业	江苏省	967,084
132	上海均瑶（集团）有限公司	综合（含投资类）	上海市	962,837
133	江苏双良集团有限公司	通用设备和专用设备制造业	江苏省	959,584
134	南通四建集团有限公司	建筑业	江苏省	952,086
135	山东大海集团有限公司	综合（含投资类）	山东省	920,563
136	江苏华尔润集团有限公司	非金属矿物制品业（含水泥、玻璃、陶瓷、耐火材料等）	江苏省	915,730
137	上海胜华电缆（集团）有限公司	电气机械及器材、线缆制造、及仪器仪表制造业	上海市	905,327
138	浙江广天日月集团股份有限公司	建筑业	浙江省	903,208
139	浙江天圣控股集团有限公司	纺织业	浙江省	883,720
140	兴乐集团有限公司	电气机械及器材、线缆制造、及仪器仪表制造业	浙江省	882,707
141	银泰百货有限公司	综合（含投资类）	浙江省	879,600
142	江苏常发实业集团有限公司	通用设备和专用设备制造业	江苏省	876,558
143	海外海集团有限公司	租赁和商务服务业	浙江省	862,500
144	升华集团控股有限公司	化学原料及化学制品制造业	浙江省	856,666
145	沈阳远大企业集团	非金属矿物制品业（含水泥、玻璃、陶瓷、耐火材料等）	辽宁省	844,568
146	苏州市相城区江南化纤集团有限公司	化学纤维制造业	江苏省	835,311
147	东方建设集团有限公司	建筑业	浙江省	835,287
148	衢州元立金属制品有限公司	黑色金属冶炼及压延加工业	浙江省	834,193
149	德龙钢铁有限公司	黑色金属冶炼及压延加工业	河北省	825,188
150	宁波华东物资城市场建设开发有限公司	综合（含投资类）	浙江省	822,000

续表5

序号	企业名称	所属行业	省、自治区、直辖市	营收总额（万元）
151	山东五征集团有限公司	交通运输设备制造业	山东省	816,817
152	江苏飞达集团	黑色金属冶炼及压延加工业	江苏省	807,730
153	浙江富春江通信集团有限公司	通信设备、计算机及其他电子设备制造业	浙江省	807,059
154	山西安泰控股有限公司	黑色金属冶炼及压延加工业	山西省	807,000
155	江苏沃得机电集团有限公司	通用设备和专用设备制造业	江苏省	806,530
156	中发实业（集团）有限公司	金融、保险业	黑龙江省	804,305
157	江苏天地龙集团	有色金属冶炼及压延加工业	江苏省	800,000
158	营口青花集团	非金属矿物制品业（含水泥、玻璃、陶瓷、耐火材料等）	辽宁省	790,137
159	浙江百诚集团股份有限公司	批发和零售业	浙江省	789,817
160	森马集团有限公司	服装、鞋帽、皮革制造业	浙江省	785,101
161	江苏江都建设工程有限公司	房地产业	江苏省	781,714
162	山东东岳集团	化学原料及化学制品制造业	山东省	781,503
163	深圳市中汽南方投资集团有限公司	批发和零售业	广东省	776,192
164	天津天士力集团有限公司	医药制造业	天津市	769,082
165	天能电池集团有限公司	电气机械及器材、线缆制造、及仪器仪表制造业	浙江省	765,192
166	舟山金海重工股份有限公司	交通运输设备制造业	浙江省	757,154
167	山东长星集团有限公司	造纸及纸制品、印刷业、文教体育、办公用品制造业	山东省	752,990
168	重庆小康汽车控股有限公司	交通运输设备制造业	重庆市	752,498
169	广州立白企业集团有限公司	化学原料及化学制品制造业	广东省	752,200
170	江苏华宏实业集团有限公司	化学纤维制造业	江苏省	752,183
171	威高集团有限公司	医药制造业	山东省	750,000
172	五洋建设集团股份有限公司	建筑业	浙江省	749,829
173	山东鲁花集团有限公司	食品加工与食品、饮料制造业	山东省	745,963
174	福星集团控股有限公司	综合（含投资类）	湖北省	742,097
175	浙江康桥汽车工贸集团股份有限公司	租赁和商务服务业	浙江省	740,709
176	唐山瑞丰钢铁（集团）有限公司	黑色金属冶炼及压延加工业	河北省	732,272
177	宁波市慈溪进出口股份有限公司	批发和零售业	浙江省	729,158
178	天津现代集团有限公司	房地产业	天津市	728,401
179	通鼎集团有限公司	电气机械及器材、线缆制造、及仪器仪表制造业	江苏省	727,688
180	江西赛维LDK太阳能高科技有限公司	电气机械及器材、线缆制造、及仪器仪表制造业	江西省	726,918
181	浙江逸盛石化有限公司	化学原料及化学制品制造业	浙江省	726,335
182	和润集团有限公司	食品加工与食品、饮料制造业	浙江省	725,221
183	利时集团股份有限公司	橡胶制品、塑料制品业	浙江省	724,814

续表6

序号	企业名称	所属行业	省、自治区、直辖市	营收总额（万元）
184	中设建工集团有限公司	建筑业	浙江省	724,758
185	中天科技集团有限公司	电气机械及器材、线缆制造、及仪器仪表制造业	江苏省	721,572
186	中球冠集团有限公司	批发和零售业	浙江省	720,195
187	华升建设集团有限公司	建筑业	浙江省	717,684
188	金发科技股份有限公司	化学原料及化学制品制造业	广东省	711,242
189	中电电气集团有限公司	电气机械及器材、线缆制造、及仪器仪表制造业	江苏省	710,418
190	卧龙控股集团有限公司	综合（含投资类）	浙江省	707,661
191	辽宁曙光汽车集团股份有限公司	交通运输设备制造业	辽宁省	704,467
192	长业建设集团有限公司	建筑业	浙江省	703,061
193	吉林省长春皓月清真肉业股份有限公司	食品加工与食品、饮料制造业	吉林省	702,797
194	红太阳集团有限公司	化学原料及化学制品制造业	江苏省	702,616
195	大全集团有限公司	电气机械及器材、线缆制造、及仪器仪表制造业	江苏省	702,413
196	绿都控股集团有限公司	房地产业	浙江省	701,353
197	河南龙成集团有限公司	黑色金属冶炼及压延加工业	河南省	696,333
198	佳杰科技上海有限公司	批发和零售业	上海市	693,925
199	武汉人和集团有限公司	批发和零售业	湖北省	693,568
200	中国龙工控股有限公司	交通运输设备制造业	上海市	690,100
201	江苏上上电缆集团	电气机械及器材、线缆制造、及仪器仪表制造业	江苏省	686,672
202	浙江华成控股集团有限公司	建筑业	浙江省	685,557
203	唐人神集团股份有限公司	食品加工与食品、饮料制造业	湖南省	685,499
204	富通集团有限公司	通信设备、计算机及其他电子设备制造业	浙江省	681,470
205	兰溪自立铜业有限公司	有色金属冶炼及压延加工业	浙江省	680,148
206	杭州滨江房产集团股份有限公司	房地产业	浙江省	676,067
207	中厦建设集团有限公司	建筑业	浙江省	674,181
208	江苏金辉集团公司	有色金属冶炼及压延加工业	江苏省	660,207
209	胜达集团有限公司	造纸及纸制品、印刷业、文教体育、办公用品制造业	浙江省	660,000
210	江苏综艺集团	综合（含投资类）	江苏省	659,435
211	重庆华宇物业（集团）有限公司	房地产业	重庆市	657,817
212	新龙药业集团	批发和零售业	湖北省	657,456
213	龙元建设集团股份有限公司	建筑业	浙江省	656,284
214	山东胜通集团股份有限公司	电气机械及器材、线缆制造、及仪器仪表制造业	山东省	652,964
215	黑龙江建龙钢铁有限公司	黑色金属冶炼及压延加工业	黑龙江省	651,700
216	星星集团有限公司	电气机械及器材、线缆制造、及仪器仪表制造业	浙江省	650,687

续表7

序号	企业名称	所属行业	省、自治区、直辖市	营收总额（万元）
217	江苏天工工具有限公司	黑色金属冶炼及压延加工业	江苏省	650,000
218	无锡市兆顺不锈中板有限公司	黑色金属冶炼及压延加工业	江苏省	647,893
219	辽宁禾丰牧业股份有限公司	食品加工与食品、饮料制造业	辽宁省	645,271
220	天津立业钢铁贸易有限公司	批发和零售业	天津市	637,329
221	得利斯集团有限公司	食品加工与食品、饮料制造业	山东省	637,105
222	浙江翔盛集团有限公司	化学纤维制造业	浙江省	634,787
223	浙江栋梁新材股份有限公司	有色金属冶炼及压延加工业	浙江省	634,770
224	苏州二建建筑集团有限公司	建筑业	江苏省	634,250
225	南通化工轻工股份有限公司	批发和零售业	江苏省	632,771
226	杭州锦江集团有限公司	有色金属冶炼及压延加工业	浙江省	628,570
227	浙江国泰建设集团有限公司	建筑业	浙江省	628,318
228	海马投资集团股份有限公司	交通运输设备制造业	海南省	626,708
229	方远建设集团	建筑业	浙江省	625,331
230	力诺集团股份有限公司	化学原料及化学制品制造业	山东省	623,620
231	浙江金帝集团有限公司	房地产业	浙江省	622,575
232	孚日集团股份有限公司	纺织业	山东省	621,169
233	大汉物流股份有限公司	批发和零售业	湖南省	620,058
234	常州天合光能有限公司	电气机械及器材、线缆制造、及仪器仪表制造业	江苏省	618,957
235	万事利集团有限公司	纺织业	浙江省	618,529
236	东辰控股集团有限公司	化学原料及化学制品制造业	山东省	615,769
237	曙光控股集团有限公司	建筑业	浙江省	613,553
238	铁牛集团有限公司	交通运输设备制造业	浙江省	612,533
239	江苏吴中集团有限公司	综合（含投资类）	江苏省	611,700
240	深圳市鹏峰汽车（集团）有限公司	批发和零售业	广东省	611,441
241	上海致达科技集团有限公司	通信设备、计算机及其他电子设备制造业	上海市	610,301
242	宁波申洲针织有限公司	服装、鞋帽、皮革制造业	浙江省	609,348
243	江阴江东集团公司	通用设备和专用设备制造业	江苏省	608,774
244	江苏隆力奇集团有限公司	化学原料及化学制品制造业	江苏省	608,349
245	福耀玻璃工业集团股份有限公司	非金属矿物制品业（含水泥、玻璃、陶瓷、耐火材料等）	福建省	607,937
246	合众人寿保险股份有限公司	金融、保险业	湖北省	607,711
247	通州建总集团有限公司	建筑业	江苏省	607,461
248	江苏骏马集团有限责任公司	化学纤维制造业	江苏省	603,952
249	江苏南通六建建设集团有限公司	建筑业	江苏省	600,707

续表8

序号	企业名称	所属行业	省、自治区、直辖市	营收总额（万元）
250	宏润建设集团股份有限公司	建筑业	浙江省	599,136
251	宁波神化化学品经营有限责任公司	批发和零售业	浙江省	591,312
252	宁夏宝塔石化集团有限公司	石油加工、炼焦加工业	宁夏回族自治区	590,778
253	温州中城建设集团有限公司	建筑业	浙江省	590,075
254	江苏大明金属材料有限公司	有色金属冶炼及压延加工业	江苏省	590,000
255	挺宇集团有限公司	交通运输设备制造业	浙江省	585,003
256	湖北联谊实业集团有限公司	批发和零售业	湖北省	584,056
257	世纪华丰控股有限公司	综合（含投资类）	浙江省	582,630
258	超威电源有限公司	电气机械及器材、线缆制造、及仪器仪表制造业	浙江省	581,401
259	龙达集团有限公司	化学纤维制造业	浙江省	577,761
260	步步高商业连锁股份有限公司	批发和零售业	湖南省	572,533
261	祐康食品集团有限公司	食品加工与食品、饮料制造业	浙江省	570,652
262	浙江东南网架集团有限公司	建筑业	浙江省	569,470
263	杭州道远化纤集团有限公司	化学纤维制造业	浙江省	569,414
264	内蒙古庆华集团有限公司	采矿业	内蒙古自治区	564,000
265	浙江中富建筑集团股份有限公司	建筑业	浙江省	562,358
266	日林建设集团有限公司	建筑业	辽宁省	560,280
267	杭州华三通信技术有限公司	通信设备、计算机及其他电子设备制造业	浙江省	559,914
268	江苏锡兴集团有限公司	黑色金属冶炼及压延加工业	江苏省	557,343
269	浙江凯喜雅国际股份有限公司	批发和零售业	浙江省	557,291
270	江苏江中集团有限公司	建筑业	江苏省	556,000
271	河南蓝天集团有限公司	电力、热力、燃气及水的生产和供应业	河南省	552,091
272	重庆市博赛矿业（集团）股份有限公司	有色金属冶炼及压延加工业	重庆市	550,807
273	浙江巨星控股集团有限公司	建筑业	浙江省	548,209
274	云南力帆骏马车辆有限公司	交通运输设备制造业	云南省	547,121
275	兴惠化纤集团有限公司	纺织业	浙江省	547,093
276	新城控股集团有限公司	房地产业	江苏省	545,430
277	北京京奥港集团	批发和零售业	北京市	542,734
278	三花控股集团有限公司	电气机械及器材、线缆制造、及仪器仪表制造业	浙江省	542,587
279	江苏华朋集团有限公司	电气机械及器材、线缆制造、及仪器仪表制造业	江苏省	538,923
280	宁波海天塑机集团有限公司	通用设备和专用设备制造业	浙江省	538,693
281	红楼集团有限公司	综合（含投资类）	浙江省	534,650
282	南通建工集团股份有限公司	建筑业	江苏省	532,953

续表9

序号	企业名称	所属行业	省、自治区、直辖市	营收总额（万元）
283	资阳市南骏汽车有限责任公司	交通运输设备制造业	四川省	532,923
284	河南财鑫集团有限责任公司	医药制造业	河南省	532,692
285	金都房产集团有限公司	房地产业	浙江省	528,946
286	广东恒兴集团有限公司	食品加工与食品、饮料制造业	广东省	524,580
287	云南德胜钢铁有限公司	黑色金属冶炼及压延加工业	云南省	520,229
288	上海亚龙投资（集团）有限公司	电气机械及器材、线缆制造、及仪器仪表制造业	上海市	517,360
289	内蒙古满世煤炭集团有限责任公司	采矿业	内蒙古自治区	515,935
290	胜利油田高原石油装备有限责任公司	食品加工与食品、饮料制造业	山东省	513,585
291	九鼎建设集团股份有限公司	建筑业	浙江省	513,289
292	浙江展诚建设集团股份有限公司	建筑业	浙江省	512,068
293	浙江中南建设集团有限公司	建筑业	浙江省	510,132
294	浙江卡森实业有限公司	综合（含投资类）	浙江省	510,000
295	南京大地建设集团有限公司	建筑业	江苏省	510,000
296	青年汽车集团有限公司	交通运输设备制造业	浙江省	508,953
297	山西宏达钢铁集团有限公司	黑色金属冶炼及压延加工业	山西省	508,000
298	恒元建设控股集团有限公司	建筑业	浙江省	507,566
299	湖北稻花香集团	食品加工与食品、饮料制造业	湖北省	506,795
300	广业控股有限公司	综合（含投资类）	浙江省	506,000
301	南京建工集团有限公司	建筑业	江苏省	504,428
302	陕西黄河矿业（集团）有限责任公司	石油加工、炼焦加工业	陕西省	503,400
303	江苏华地企业集团有限公司	批发和零售业	江苏省	503,000
304	申达集团有限公司	橡胶制品、塑料制品业	江苏省	502,970
305	江苏双登集团有限公司	电气机械及器材、线缆制造、及仪器仪表制造业	江苏省	501,200
306	中博建设集团有限公司	建筑业	浙江省	501,155
307	江苏三笑集团有限公司	工艺品其他制造业	江苏省	499,406
308	江苏金峰水泥集团有限公司	非金属矿物制品业（含水泥、玻璃、陶瓷、耐火材料等）	江苏省	498,176
309	中鑫建设集团有限公司	建筑业	浙江省	497,386
310	浙江中强建工集团有限公司	建筑业	浙江省	495,765
311	武汉工贸有限公司	批发和零售业	湖北省	495,706
312	浙江明日控股集团股份有限公司	批发和零售业	浙江省	495,400
313	富丽达集团控股有限公司	纺织业	浙江省	494,306
314	浙江宝盛建设集团有限公司	建筑业	浙江省	494,036
315	亿达集团有限公司	房地产业	辽宁省	493,368

续表10

序号	企业名称	所属行业	省、自治区、直辖市	营收总额（万元）
316	万丰奥特控股集团有限公司	交通运输设备制造业	浙江省	492,000
317	虎牌控股集团有限公司	电气机械及器材、线缆制造、及仪器仪表制造业	浙江省	489,560
318	天洁集团有限公司	黑色金属冶炼及压延加工业	浙江省	489,401
319	浙江航民实业集团有限公司	有色金属冶炼及压延加工业	浙江省	487,907
320	龙大食品集团有限公司	食品加工与食品、饮料制造业	山东省	487,874
321	辅仁药业集团有限公司	医药制造业	河南省	487,799
322	华翔集团股份有限公司	交通运输设备制造业	浙江省	487,200
323	浙大网新科技股份有限公司	信息传输、计算机服务和软件业	浙江省	485,431
324	杭州鼎胜实业集团有限公司	有色金属冶炼及压延加工业	浙江省	485,376
325	南通新正大特钢有限公司	黑色金属冶炼及压延加工业	江苏省	484,312
326	云南南磷集团股份有限公司	化学原料及化学制品制造业	云南省	480,864
327	奥康集团有限公司	服装、鞋帽、皮革制造业	浙江省	480,786
328	唐山贝氏体钢铁（集团）有限公司	金属制品业	河北省	480,720
329	百步亭集团有限公司	房地产业	湖北省	480,472
330	开氏集团有限公司	化学纤维制造业	浙江省	480,249
331	浙江盈都集团有限公司	批发和零售业	浙江省	480,143
332	天津市丽兴京津钢铁贸易有限公司	批发和零售业	天津市	478,395
333	成都红旗连锁有限公司	批发和零售业	四川省	478,296
334	徐龙食品集团有限公司	食品加工与食品、饮料制造业	浙江省	477,738
335	南京福中信息产业集团有限公司	通信设备、计算机及其他电子设备制造业	江苏省	476,000
336	重庆中汽西南汽车有限公司	批发和零售业	重庆市	475,525
337	农夫山泉股份有限公司	食品加工与食品、饮料制造业	浙江省	473,852
338	北京合益荣投资管理有限公司	综合（含投资类）	北京市	472,769
339	江苏兴达钢帘线股份有限公司	金属制品业	江苏省	471,170
340	浙江大华集团	建筑业	浙江省	468,767
341	汇宇控股集团有限公司	房地产业	浙江省	468,580
342	九阳股份有限公司	通用设备和专用设备制造业	山东省	463,643
343	山东阜丰发酵有限公司	食品加工与食品、饮料制造业	山东省	461,753
344	湖北新洋丰肥业股份有限公司	化学原料及化学制品制造业	湖北省	460,646
345	华太建设集团有限公司	房地产业	浙江省	459,965
346	九星控股集团有限公司	电气机械及器材、线缆制造、及仪器仪表制造业	辽宁省	458,890
347	江苏东源电器集团股份有限公司	电气机械及器材、线缆制造、及仪器仪表制造业	江苏省	458,699
348	天津贻成集团有限公司	房地产业	天津市	457,975

续表11

序号	企业名称	所属行业	省、自治区、直辖市	营收总额（万元）
349	江苏顺通建设工程有限公司	建筑业	江苏省	456,196
350	青岛变压器集团有限公司	电气机械及器材、线缆制造、及仪器仪表制造业	山东省	454,130
351	江苏江南实业集团有限公司	金属制品业	江苏省	451,630
352	南通五建建设工程有限公司	建筑业	江苏省	451,230
353	长江润发集团有限公司	金属制品业	江苏省	450,503
354	华通机电集团有限公司	电气机械及器材、线缆制造、及仪器仪表制造业	浙江省	450,322
355	山东冠洲股份有限公司	有色金属冶炼及压延加工业	山东省	450,123
356	江苏邗建集团有限公司	建筑业	江苏省	450,100
357	湖南联创投资有限公司	综合（含投资类）	湖南省	450,001
358	武安市文安钢铁有限公司	黑色金属冶炼及压延加工业	河北省	450,000
359	四川西南不锈钢有限责任公司	有色金属冶炼及压延加工业	四川省	450,000
360	天津市金桥焊材集团有限公司	金属制品业	天津市	448,798
361	浙江四通化纤有限公司	纺织业	浙江省	448,438
362	永兴特种不锈钢股份有限公司	黑色金属冶炼及压延加工业	浙江省	445,986
363	金龙联合汽车工业（苏州）有限公司	交通运输设备制造业	江苏省	442,810
364	无锡江南电缆有限公司	电气机械及器材、线缆制造、及仪器仪表制造业	江苏省	442,698
365	湖北汇通工贸集团有限公司	批发和零售业	湖北省	442,569
366	江苏大经钢铁有限公司	批发和零售业	江苏省	442,518
367	新凤鸣集团股份有限公司	化学纤维制造业	浙江省	442,303
368	北京天宇朗通通信设备股份有限公司	通信设备、计算机及其他电子设备制造业	北京市	442,151
369	温州东瓯建设集团有限公司	建筑业	浙江省	441,425
370	华迪钢业集团有限公司	黑色金属冶炼及压延加工业	浙江省	440,058
371	耀华电器集团有限公司	电气机械及器材、线缆制造、及仪器仪表制造业	浙江省	439,888
372	浙江大东吴集团有限公司	综合（含投资类）	浙江省	438,522
373	苏泊尔集团有限公司	金属制品业	浙江省	437,691
374	宝矿国际贸易有限公司	批发和零售业	上海市	437,365
375	江苏英田集团有限公司	交通运输设备制造业	江苏省	437,000
376	新八建设集团有限公司	建筑业	湖北省	436,480
377	杭州欣盛房地产开发有限公司	房地产业	浙江省	434,637
378	欧美投资集团有限公司	批发和零售业	山东省	434,441
379	南通新华建筑集团有限公司	建筑业	江苏省	433,138
380	重庆市金科实业（集团）有限公司	房地产业	重庆市	432,921
381	开元旅业集团有限公司	住宿、餐饮业	浙江省	432,658

续表12

序号	企业名称	所属行业	省、自治区、直辖市	营收总额（万元）
382	上海浦东电线电缆（集团）有限公司	电气机械及器材、线缆制造、及仪器仪表制造业	上海市	432,361
383	日照兴业集团有限公司	批发和零售业	山东省	431,810
384	启东建筑集团有限公司	建筑业	江苏省	431,033
385	温州开元集团有限公司	电气机械及器材、线缆制造、及仪器仪表制造业	浙江省	431,000
386	汇仁集团有限公司	医药制造业	江西省	430,305
387	兴达投资集团	化学原料及化学制品制造业	江苏省	429,982
388	深圳市神舟电脑股份有限公司	通信设备、计算机及其他电子设备制造业	广东省	429,965
389	无锡市硕阳不锈钢有限公司	黑色金属冶炼及压延加工业	江苏省	429,207
390	河南省淅川铝业（集团）有限公司	有色金属冶炼及压延加工业	河南省	428,505
391	上海鑫冶铜业有限公司	有色金属冶炼及压延加工业	上海市	428,404
392	安徽楚江投资集团有限公司	黑色金属冶炼及压延加工业	安徽省	423,745
393	山西潞宝集团	石油加工、炼焦加工业	山西省	423,524
394	雄峰控股集团有限公司	纺织业	浙江省	423,348
395	青岛九联集团股份有限公司	食品加工与食品、饮料制造业	山东省	423,316
396	益海嘉里（武汉）粮油工业有限公司	食品加工与食品、饮料制造业	湖北省	423,118
397	天龙控股集团有限公司	纺织业	浙江省	423,072
398	浙江宏磊控股集团有限公司	电气机械及器材、线缆制造、及仪器仪表制造业	浙江省	423,004
399	江苏梦兰集团有限公司	纺织业	江苏省	422,910
400	江苏倪家巷集团有限公司	纺织业	江苏省	421,971
401	得力集团有限公司	造纸及纸制品、印刷业、文教体育、办公用品制造业	浙江省	421,659
402	浙江勤业建工集团有限公司	建筑业	浙江省	420,937
403	山东万通石油化工集团有限公司	石油加工、炼焦加工业	山东省	419,998
404	无锡西姆莱斯石油专用管制造有限公司	金属制品业	江苏省	419,865
405	哈尔滨光宇集团股份有限公司	电气机械及器材、线缆制造、及仪器仪表制造业	黑龙江省	419,285
406	浙江鸿翔建设集团有限公司	建筑业	浙江省	418,500
407	浙江富陵控股集团有限公司	橡胶制品、塑料制品业	浙江省	417,977
408	金花投资有限公司	综合（含投资类）	陕西省	417,123
409	四川蓝光实业集团有限公司	房地产业	四川省	416,673
410	湖北枝江酒业集团	食品加工与食品、饮料制造业	湖北省	416,300
411	海南金海浆纸业有限公司	造纸及纸制品、印刷业、文教体育、办公用品制造业	海南省	415,253
412	浙江恒威投资集团有限公司	综合（含投资类）	浙江省	414,702
413	宝业湖北建工集团有限公司	建筑业	湖北省	412,688
414	扬州诚德钢管有限公司	黑色金属冶炼及压延加工业	江苏省	412,283

续表13

序号	企业名称	所属行业	省、自治区、直辖市	营收总额（万元）
415	中捷控股集团有限公司	黑色金属冶炼及压延加工业	浙江省	411,350
416	中国泛海控股集团有限公司	房地产业	北京市	411,208
417	扬帆集团有限公司	交通运输设备制造业	浙江省	411,067
418	苏州金螳螂建筑装饰股份有限公司	建筑业	江苏省	410,669
419	张家港保税区荣润贸易有限公司	批发和零售业	江苏省	410,088
420	江苏林洋新能源有限公司	电气机械及器材、线缆制造、及仪器仪表制造业	江苏省	409,416
421	杭州诺贝尔集团有限公司	非金属矿物制品业（含水泥、玻璃、陶瓷、耐火材料等）	浙江省	408,679
422	法派集团有限公司	服装、鞋帽、皮革制造业	浙江省	407,760
423	南通建筑工程总承包有限公司	建筑业	江苏省	407,366
424	内蒙古西蒙科工贸集团有限责任公司	采矿业	内蒙古自治区	407,186
425	中利科技集团股份有限公司	电气机械及器材、线缆制造、及仪器仪表制造业	江苏省	407,162
426	柳桥集团有限公司	服装、鞋帽、皮革制造业	浙江省	404,370
427	浙江华达集团有限公司	黑色金属冶炼及压延加工业	浙江省	403,692
428	浙江杭叉工程机械集团股份有限公司	通用设备和专用设备制造业	浙江省	403,403
429	铜陵精达铜材（集团）有限责任公司	有色金属冶炼及压延加工业	安徽省	402,962
430	广东明阳风电产业集团有限公司中山市明阳电器有限公司	通用设备和专用设备制造业	广东省	402,945
431	正太集团有限公司	建筑业	江苏省	402,175
432	华仪电器集团有限公司	电气机械及器材、线缆制造、及仪器仪表制造业	浙江省	401,953
433	山东金岭集团有限公司	化学原料及化学制品制造业	山东省	401,225
434	天津市通源钢铁集团有限公司	黑色金属冶炼及压延加工业	天津市	400,928
435	江苏申久化纤有限公司	化学纤维制造业	江苏省	400,271
436	大连金玛商城企业集团有限公司	综合（含投资类）	辽宁省	400,200
437	郑州思念食品有限公司	食品加工与食品、饮料制造业	河南省	400,033
438	青岛万福集团股份有限公司	食品加工与食品、饮料制造业	山东省	400,008
439	山西建邦集团有限公司	黑色金属冶炼及压延加工业	山西省	400,000
440	江苏省交通工程集团有限公司	建筑业	江苏省	400,000
441	瑞立集团有限公司	交通运输设备制造业	浙江省	399,757
442	山东省高唐蓝山集团总公司	食品加工与食品、饮料制造业	山东省	399,439
443	泰州三福船舶工程有限公司	交通运输设备制造业	江苏省	397,322
444	浙江天宇交通建设集团有限公司	建筑业	浙江省	396,838
445	浙江中联建设集团有限公司	建筑业	浙江省	396,719

续表14

序号	企业名称	所属行业	省、自治区、直辖市	营收总额（万元）
446	太平鸟集团有限公司	服装、鞋帽、皮革制造业	浙江省	396,153
447	青岛喜盈门集团有限公司	纺织业	山东省	395,277
448	浙江元立金属制品集团有限公司	金属制品业	浙江省	395,023
449	高运控股集团有限公司	建筑业	浙江省	394,757
450	泰通（泰州）工业有限公司	电气机械及器材、线缆制造、及仪器仪表制造业	江苏省	393,613
451	浙江红剑集团有限公司	化学纤维制造业	浙江省	391,621
452	天马控股集团有限公司	通用设备和专用设备制造业	浙江省	391,532
453	杭州巨星投资控股有限公司	金属制品业	浙江省	391,000
454	成都华西希望集团有限公司	农、林、牧、渔业	四川省	389,958
455	浙江和平工贸集团有限公司	批发和零售业	浙江省	389,789
456	浙江广博集团	造纸及纸制品、印刷业、文教体育、办公用品制造业	浙江省	389,645
457	浙江东杭控股集团有限公司	批发和零售业	浙江省	389,030
458	上海百营钢铁集团有限公司	批发和零售业	上海市	388,635
459	上海国美电器有限公司	批发和零售业	上海市	388,503
460	江苏华机集团	通用设备和专用设备制造业	江苏省	388,250
461	宝胜科技创新股份有限公司	电气机械及器材、线缆制造、及仪器仪表制造业	江苏省	387,898
462	月星集团	租赁和商务服务业	江苏省	387,754
463	江苏飞翔化工股份有限公司	化学原料及化学制品制造业	江苏省	385,630
464	四川龙蟒集团有限责任公司	化学原料及化学制品制造业	四川省	385,297
465	浙江诺力机械股份有限公司	电气机械及器材、线缆制造、及仪器仪表制造业	浙江省	385,000
466	天颂建设集团有限公司	建筑业	浙江省	382,777
467	安徽中鼎控股(集团)股份有限公司	橡胶制品、塑料制品业	安徽省	382,269
468	温州金州集团有限公司	租赁和商务服务业	浙江省	382,000
469	安徽亚夏实业股份有限公司	批发和零售业	安徽省	381,652
470	江苏中兴建设有限公司	建筑业	江苏省	381,521
471	常州市盛洲铜业有限公司	有色金属冶炼及压延加工业	江苏省	381,139
472	奉化市剡江房地产开发有限公司	房地产业	浙江省	380,939
473	山东三星集团有限公司	食品加工与食品、饮料制造业	山东省	380,138
474	浙江暨阳建设集团有限公司	建筑业	浙江省	380,028
475	攀华集团有限公司	黑色金属冶炼及压延加工业	江苏省	379,750
476	东冠集团有限公司	综合（含投资类）	浙江省	379,511
477	沂州集团公司	非金属矿物制品业（含水泥、玻璃、陶瓷、耐火材料等）	山东省	379,449
478	中域电讯连锁集团股份有限公司	批发和零售业	广东省	379,183

续表15

序号	企业名称	所属行业	省、自治区、直辖市	营收总额（万元）
479	康恩贝集团有限公司	医药制造业	浙江省	379,000
480	哈尔滨翔鹰集团股份有限公司	房地产业	黑龙江省	378,532
481	临清三和纺织集团有限公司	纺织业	山东省	377,056
482	富阳市永正废旧物资有限公司	批发和零售业	浙江省	376,819
483	博世汽车柴油系统股份有限公司	交通运输设备制造业	江苏省	376,204
484	江苏新海石化有限公司	石油加工、炼焦加工业	江苏省	376,000
485	浙江三弘集团有限公司	工艺品其他制造业	浙江省	375,147
486	盼盼安居门业有限责任公司	金属制品业	辽宁省	375,000
487	浙江舜江建设集团有限公司	建筑业	浙江省	374,705
488	江苏通光信息有限公司	通信设备、计算机及其他电子设备制造业	江苏省	372,820
489	安徽长江钢铁股份有限公司	黑色金属冶炼及压延加工业	安徽省	372,175
490	卓尔控股有限公司	房地产业	湖北省	371,051
491	杭州大东南高科包装有限公司	橡胶制品、塑料制品业	浙江省	370,334
492	罗蒙集团股份有限公司	服装、鞋帽、皮革制造业	浙江省	370,260
493	浙江江南涤化有限公司	化学纤维制造业	浙江省	369,275
494	浙江永通染织集团有限公司	纺织业	浙江省	368,637
495	健康元药业集团股份有限公司	医药制造业	广东省	368,325
496	震雄铜业集团有限公司	通信设备、计算机及其他电子设备制造业	江苏省	367,700
497	浙江华瑞集团有限公司	交通运输、仓储业和邮政业	浙江省	367,068
498	江苏鹰翔化纤股份有限公司	化学纤维制造业	江苏省	366,536
499	山东金升有色集团有限公司	有色金属冶炼及压延加工业	山东省	366,224
500	北京城建道桥建设集团有限公司	建筑业	北京市	366,046

（中华全国工商业联合会）

6－4　2010年度山东省纳税百强排行榜

名次	地区	企业名称	税收合计（万元）
1	东营	中国石油化工股份有限公司胜利油田分公司	1530431
2	济南	山东中烟工业有限责任公司	1182336
3	淄博	中国石油化工股份有限公司齐鲁分公司	900376
4	青岛	中国石化青岛炼油化工有限责任公司	869542
5	济南	中国烟草总公司山东省公司	723919
6	济宁	兖矿集团有限公司	683077
7	济南	山东电力集团公司	535967
8	济南	中国石油化工股份有限公司济南分公司	437062
9	济南	中国移动通信集团山东有限公司	419949
10	枣庄	枣庄矿业(集团)有限责任公司	380167
11	滨州	山东魏桥创业集团有限公司	342516
12	泰安	新汶矿业集团有限责任公司	327141
13	莱芜	莱芜钢铁集团有限公司	311549
14	青岛	中国石化集团青岛石油化工有限责任公司	306715
15	青岛	青岛海尔集团	264725
16	滨州	中海沥青股份有限公司	250055
17	日照	日照钢铁控股集团有限公司	236793
18	潍坊	潍柴控股集团有限公司	222652
19	淄博	淄博矿业集团有限责任公司	215763
20	东营	中国石化集团胜利石油管理局	206257
21	青岛	青岛啤酒股份有限公司	195211
22	济南	山东高速集团有限公司	173669
23	济南	山东省商业集团有限公司	151220
24	临沂	临沂矿业集团有限责任公司	150608
25	聊城	信发集团有限公司	146291
26	烟台	烟台张裕集团有限公司	143516
27	济南	中国工商银行股份有限公司山东省分行	143330
28	济南	中国重型汽车集团有限公司	137849
29	烟台	上海通用东岳汽车有限公司	124814
30	济南	华电国际电力股份有限公司	122043
31	潍坊	山东海化集团有限公司	120462
32	青岛	上汽通用五菱汽车股份有限公司青岛分公司	118245
33	泰安	肥城矿业集团有限责任公司	114827

续表1

名次	地区	企业名称	税收合计（万元）
34	菏泽	山东新巨龙能源有限责任公司	112327
35	济南	济钢集团有限公司	104452
36	烟台	南山集团有限公司	102513
37	济南	中国农业银行股份有限公司山东省分行	102349
38	青岛	中国银行股份有限公司山东省分行	101262
39	济南	国电山东电力有限公司	97162
40	济南	中国建设银行股份有限公司山东省分行	95122
41	济南	山东山水水泥集团有限公司	94228
42	烟台	恒丰银行股份有限公司	90720
43	青岛	青岛港(集团)有限公司	89595
44	潍坊	山东晨鸣纸业集团股份有限公司	86058
45	济南	中国石油化工股份有限公司山东石油分公司	79427
46	济南	山东鲁能集团有限公司	78020
47	东营	山东石大科技集团有限公司	75442
48	济宁	山东太阳纸业股份有限公司	70359
49	济宁	济宁矿业集团有限公司	70328
50	济南	齐鲁证券有限公司	69805
51	东营	胜利油田东胜精攻石油开发集团股份有限公司	69229
52	东营	中海石油东营石化有限公司	68573
53	济南	中国联合网络通信有限公司山东省分公司	68489
54	济南	华能山东发电有限公司	66755
55	青岛	南车青岛四方机车车辆股份有限公司	66541
56	济南	浪潮集团有限公司	64296
57	烟台	山东招金集团有限公司	63257
58	青岛	一汽解放青岛汽车厂	58576
59	青岛	青岛四方庞巴迪铁路运输设备有限公司	58126
60	烟台	斗山工程机械（中国）有限公司	57032
61	威海	威高集团有限公司	56591
62	东营	东营华联石油化工厂有限公司	55627
63	烟台	龙口矿业集团有限公司	54209
64	泰安	山东石横特钢集团有限公司	53500
65	菏泽	山东步长制药有限公司	52785
66	淄博	山东金岭铁矿	52463
67	泰安	泰开电气集团有限公司	52001
68	济南	山东航空集团有限公司	51811
69	日照	日照京华新型建材有限公司	51011
70	日照	日照港（集团）有限公司	50772

续表2

名次	地区	企业名称	税收合计（万元）
71	济南	齐鲁银行股份有限公司	49525
72	淄博	山东金诚石化集团有限公司	48876
73	青岛	青岛钢铁控股集团有限责任公司	47187
74	济南	华鲁控股集团有限公司	45896
75	潍坊	山东昌邑石化有限公司	44734
76	济宁	小松山推工程机械有限公司	44518
77	枣庄	山东丰源煤电股份有限公司	43333
78	临沂	华盛江泉集团有限公司	43306
79	滨州	西王集团有限公司	43035
80	济南	华能国际电力股份有限公司山东分公司	41542
81	枣庄	山东滕州辰龙能源集团有限公司	41180
82	滨州	山东京博控股股份有限公司	41084
83	淄博	山东博汇集团有限公司	41027
84	菏泽	山东东明石化集团有限公司	40407
85	烟台	山东中矿集团有限公司	39989
86	聊城	山东东阿阿胶股份有限公司	39180
87	济南	国家开发银行股份有限公司山东省分行	39062
88	临沂	山东临工工程机械有限公司	39054
89	淄博	中国铝业股份有限公司山东分公司	37349
90	东营	华泰集团有限公司	37099
91	潍坊	山东寿光巨能控股集团有限公司	36638
92	临沂	鲁南制药集团股份有限公司	36517
93	潍坊	北汽福田汽车股份有限公司诸城汽车厂	35269
94	济宁	山推工程机械股份有限公司	35061
95	济宁	山东裕隆矿业集团有限公司	34756
96	东营	正和集团股份有限公司	34173
97	莱芜	鲁中矿业有限公司	34162
98	菏泽	山东洪业化工集团股份有限公司	33944
99	潍坊	潍坊银行股份有限公司	33522
100	德州	山东恒源石油化工股份有限公司	33430

（山东省国家税务局、山东省地方税务局）

6－5　第十九届山东省优秀企业家名单

（以姓氏笔画为序）

于元波　烟台冰轮集团有限公司董事长
于宏昌　济南群康集团董事长
于性江　文登威力工具集团有限公司董事长
马　骥　山东高速齐鲁建设集团公司董事长
孔宪俊　山东海王银河医药有限公司董事长
巴　社　中国石油化工股份有限公司齐鲁分公司储运厂厂长
木俭朴　烟台大丰轴瓦有限责任公司董事长
牛余刚　山东伊莱特重工有限公司总经理
王令方　山东电力基本建设总公司总经理
王玉君　山东高速集团有限公司总经理
王　军　南车青岛四方机车车辆股份有限公司总经理
王　军　山东万通石油化工集团有限公司董事长
王庆水　胜利油田胜利工程建设（集团）有限责任公司董事长
王红岩　聊城交通汽运集团有限责任公司董事长
王纪全　招商银行青岛分行行长
王志安　山东省安华瓷业有限公司董事长
王　勇　山东龙口矿业集团有限公司总经理
王胜伟　山东玉皇化工有限公司总经理
王培寿　招金矿业股份有限公司河东金矿矿长
王德军　迪沙药业集团有限公司董事长
邓贵德　山东昌邑石化有限公司总经理
邓德乐　淄博柴油机总公司董事长
卢洪涛　枣庄市燃气总公司总经理
卢　铿　青岛海尔地产集团有限公司董事长
白　彬　中国人寿保险股份有限公司山东省分公司总经理
石子强　东营市商业银行股份有限公司董事长
任立民　山东新阳能源有限公司经理
刘　东　淄博银仕来纺织有限公司董事长
刘永康　青岛交运集团总经理
刘庆印　泰安华鲁锻压机床有限公司董事长
刘西玉　迪尔集团有限公司董事长
刘　沂　山东蓝星东大化工有限责任公司总经理
刘季善　山东万得福实业集团有限公司董事长
刘海清　高密市供电公司经理
刘祥伍　盛瑞传动股份有限公司董事长
刘锋杰　科达集团股份有限公司董事长
吕良玉　青岛高科热力有限公司董事长
吕亮功　中国石油化工股份有限公司济南分公司总经理
孙传运　兖矿集团实业公司总经理
孙华璋　山东盛泉矿业有限公司经理
师立亮　山东泓达生物科技有限公司董事长

汤世贤　威海华东数控股份有限公司董事长
祁方坤　枣庄矿业集团新安煤业有限公司矿长
许　波　泰安市邮政局局长
邢昌友　青岛路桥建设集团有限公司董事长
齐晓光　山东齐鲁电机制造有限公司董事长
余洪勇　山东洪业化工集团股份有限公司总经理
张永升　青岛地恩地投资集团有限公司董事长
张传波　中国联合网络通信有限公司青岛市分公司总经理
张秀文　山推工程机械股份有限公司董事长
张国防　青岛明月海藻集团有限公司董事长
张建明　山东云宇机械集团董事长
张养训　山东东岳专用汽车制造有限公司董事长
张荣强　汇泰投资集团有限公司董事长
李佃平　兖州煤业股份有限公司兴隆庄煤矿矿长
李　希　华电青岛热力有限公司总经理
李志刚　潍坊长安铁塔股份有限公司总经理
李晓亮　东营华泰纸业有限公司总经理
李　蔚　青岛澳柯玛股份有限公司董事长
杨为东　青岛即发集团股份有限公司董事长
杨延涛　山东庄园建工有限公司董事长
杨君敏　烟台双塔食品股份有限公司董事长
杨志刚　胜利油田胜华实业有限责任公司董事长
杨秀吉　莱州三力汽车配件有限公司总经理
杨慈田　海阳市供电公司总经理
汪宝竹　山东星一进出口集团有限公司董事长
陈启祥　山钢集团莱芜钢铁集团有限公司总经理
陈　杰　新汶矿业集团有限责任公司鄂庄煤矿矿长
周洪江　烟台张裕葡萄酿酒股份有限公司总经理
季　桢　泰安市众诚矿山自动化有限公司董事长
尚兴军　宝世达控股集团有限公司董事长
金延辰　山东北辰压力容器有限公司董事长
姜忠智　烟台招金励福贵金属股份有限公司总经理
姜海英　济南水业集团有限责任公司董事长
赵　立　山东泉兴矿业集团董事长
赵荣涛　茌平县供电公司经理
郝敬武　山东华聚能源股份有限公司董事长
唐书华　山东圣花实业有限公司董事长
唐　军　山东华泰矿业有限公司经理
徐永和　枣庄甘霖实业有限公司董事长
徐兴伟　山东滕州辰龙能源集团有限公司董事长
徐锦诚　莱州市悦龙橡塑科技有限公司董事长
聂仁政　日照华泰纸业有限公司董事长
贾开民　中铁十四局集团水利水电工程分公司总经理
贾建华　山东临沂兰山农村合作银行董事长
郭方泉　日照三运实业股份有限公司董

事长

郭百礼　山东寿光天成食品集团有限公司总经理

高志伟　正和集团股份有限公司总裁

康炳元　山东康泰实业有限公司董事长

程开甲　章丘矿业有限公司董事长

董善昌　山东泉林纸业夏津有限公司董事长

谭　巍　山东齐鲁物流有限公司董事长

魏长宽　中国移动通信集团山东有限公司济宁分公司总经理

魏禄聚　莘县华祥氯碱化工有限公司总经理

日照三运实业股份有限公司

日照三运实业股份有限公司由专业运输企业转型为现代物流企业，拥有仓储面积3万多平方米，各类运输车辆380辆（台）；从业人员680人，下设6个控股子公司，2个全资子公司。能够为社会提供道路客货运输，国际、国内物流服务，物流信息交易，航空客货代理，旅游客运出租，公路工程施工、爆破工程施工，车辆、工程机械销售维修，商务办公等业务。

公司历年被省、市工商局授予“重合同、守信誉企业”称号，历年被交通主管部门授予“安全管理先进单位”，自2001年起被山东省工商局评为免检企业。获得“2007年度中国十佳物流诚信市场示范单位”、2008年被中国物流与采购联合会授予“企业信用等级证书AA级信用企业”、被山东省物流与采购行业授予“综合实力五十强”企业，2010年被交通运输部确定为“全国甩挂运输试点项目”企业、日照市中韩陆海联运试点企业，被市人民政府授予“AAA级信用企业”，被市总工会授予“日照市劳动关系AAA级和谐企业”，并与央视网企业频道签约成为物流黄金合作伙伴。由公司开发建设的物流信息平台被日照市交通运输局确立为“日照交通物流公共信息平台”（www.rz356.com），并成功与山东省经信委“山东物流公共信息平台”、山东省交通运输厅“山东交通公共物流信息平台”对接，实现信息共享。

近年来，公司围绕打造山东半岛物流中心这一构想，加快基础设施建设，先后投资建设了三运物流园、三运市北物流园、国家公路运输枢纽工程——上海路仓储配送中心等交通基础设施项目，着力依托大港口、大陆桥、大腹地，形成了较为完善的综合运输方式。为推动甩挂运输、中韩陆海联运项目、保鲜物流业务的发展进程，公司秉承自身的行业优势，进行了自主创新项目研究和建设；通过先进的运输方式，开展甩挂运输业务；根据中韩陆海联运汽车货物运输的发展需求，完善、衔接顺畅的站场服务体系，积极参与甩挂运输业务的发展，加快公司现代物流发展步伐；成为山东新贵科技公司开发原浆啤酒保鲜业务唯一物流合作商，与该公司共同开发原浆啤酒的市场营销、保鲜运输业务，以现代冷链物流的商业运作模式营销原浆啤酒，并通过智能化无线监控系统，对原浆啤酒品质进行监控，实现原浆啤酒远距离运输和长时间储藏，使原浆啤酒的保质期达到30天以上，为原浆啤酒销售市场的发展起到扩展作用。

在今后的发展中，公司将继续遵循“用心服务每一天，为您我风雨兼程”的服务理念，努力打造具有核心竞争力，先进的国际化现代物流企业。

山东日照
交通物流信息服务中心
山东省交通厅道路运输局

山东省
一级汽车货运站
山东省交通厅道路运输局核发

日照市
AAA级信用企业
日照市人民政府
二〇一〇年七月

地址：日照市开发区上海路556号　邮编：276826
电话：0633-8035010　传真：0633-8331096
网址：www.rz356.com　E-mail：rz356@163.com

山东能源龙口矿业集团有限公司

山东能源龙口矿业集团有限公司

【概况】 山东能源龙口矿业集团有限公司（简称龙矿集团）是山东省国资委直接管理的大型国有企业，是全国唯一的大型海滨煤炭企业，也是全国唯一实施海下采煤，拥有自主知识产权的海下采煤技术和软岩支护技术，以煤炭生产为主业，集热电联产、油页岩综合利用、配煤物流、机械加工维修于一体的跨区域、综合性企业集团。其前身为龙口矿务局，1968年开发建设，2003年3月改制为龙矿集团。目前公司从业人员约18000人。

2010年，龙矿集团按照省国资委“改革创新转方式、调整优化促发展”的总体部署，以科学发展观为统领，以转方式、调结构为主线，紧扣富美和谐主旋律，牢把卓越独特总基调，实施“五转一推”战略，落实“五放一强”举措，推进“四全”管理，各项工作取得历史性突破。

【原煤产量】 坚持东西并举、均衡有序、科学集约、安全高效组织原煤生产，实现了东部稳、西部增。全年完成原煤总产量935.7万吨，同比增加107.8万吨，实际生产能力具备了年产千万吨水平。并且杜绝了重伤以上人身事故和等级非人身事故，实现了安全生产年。

【经济总量】 依靠主业带动，新经济增长点支撑，“煤、电、油、运”产业链各节点全面发力，企业整体协调发展，全年实现销售总收入122亿元，同比增长73.65%，是“十一五”初期的3倍。企业资产总额突破65亿元。

【企业改革】 按照“取舍结合、有进有退”原则，清理整顿非主业资产，整合重组部分法人实体，规范了产权结构，理顺了管理关系。以人事制度改革为切入点，推进“三项制度”改革。16个权属单位完成机关管理人员竞争上岗，机构精简幅度为30%，机关管服人员精减幅度达38%。对各级管理人员实施“双维度二元链接”考核，统一规范了岗位绩效工资与目标薪酬管理。

【科技创新】 坚持科技兴企理念，加强自主创新。起草编制了《龙矿集团海下采煤技术规范》。

山东龙海煤炭配送有限公司
（山东省龙口煤炭储备配送基地）

梁家矿综合自动化集控中心

龙矿集团董事长、党委书记王勇（中）与总经理、党委副书记兼纪委书记袁景安（左）在梁家煤矿检查工作

与中国石油大学（北京）合作，建立了油页岩综合利用基础研究和应用技术开发中心（基地）。全年有26项专利被国家知识产权局受理，荣获“中国专利山东明星企业”称号。向省级以上部门申报科技与管理创新成果50余项。扎实推进“五大信息化系统”建设，龙矿集团荣获“全国煤炭工业信息化建设示范企业”荣誉称号。

【可持续发展】　突出主业，优化资源配置，“煤、电、油、运”主产业链更加完善，主业板块在经济总量中的占比达到了90%。着眼于培育新的经济增长点，刚性落实项目业主负责制，极力推进本年度确定的重点项目，总投资近10亿元。龙泰热电3号炉扩建、油页岩瓦斯发电、龙凤和龙发热电室外供暖管网敷设工程竣工投运；60万吨油页岩中颗粒炼油和基地热电背压机组项目基本成型；山西大恒和盘道煤业技改工程、龙矿基地热电和龙凤热电脱硫工程有序进行，压煤村庄搬迁和综合利用大电厂项目正积极推进。以梁家煤矿为主，托管了山东省监狱管理局下属的郓城煤矿。以外部资源开发为重点，与国网能源、华润电力、香港弘域石油、忻州市煤炭局等签订战略合作协议；重视节能减排工作，完成节能减排重点工程10项。

【和谐发展】　以精细化管理为主题，推进企业文化下基层、进班组，提升了企业文化软实力。弘扬对外开发创业精神和劳模精神，开展“创先争优”活动，激发了员工干事创业谋发展的活力。以健全完善惩治和预防腐败体系为重点，突出“三线防控”，推进党风廉政建设，营造了清正和谐的发展环境。抓住培养、吸引、用好人才三个环节，加强人才队伍建设，为企业发展提供智力支持。加强民主管理，深化厂务公开，劳动关系和谐顺畅，被烟台市职工维权领导小组授予“烟台市模范劳动关系和谐企业”荣誉称号。大力实施惠民工程，全年员工人均收入达到48339元，同比增长15.5%。积极开展扶贫帮困，当年发放各类救助金100多万元，向社会捐款149万元，“十一五”期间累计向社会捐款1200万元。

山东龙福油页岩综合利用有限公司

山西朔州龙矿大恒煤业有限公司

地址：山东省龙口市龙口经济开发区振兴南路369号　邮编：265700
电话：0535-8658222（总机）　传真：0535-8811984　网址：www.lkjt.net

方圆集团是以开发生产建设机械、工程机械、交通机械、新型建材为主、跨地区、跨行业的大型企业集团。在生产经营实践中，集团高度重视并不断加强企业文化建设，以企业文化建设推动和加快经济发展，建立健全了一整套与企业经营管理一体化的企业文化运行机制，使富有方圆特色的企业文化融入生产经营管理的全过程，为集团的发展提供了强有力的精神动力、思想保证和智力支持。几年来，企业一年一大步，年年上台阶，综合经济效益列全国同行业前列，保持着良好的发展势头。集团先后被授予"全国文明乡镇企业"、"山东省文明单位"、"省级管理示范企业"、"中国机械行业100强企业"、"中国工程机械行业50强企业"、"山东省高新技术企业"、"山东省文明诚信百佳企业"、"烟台市思想政治工作优秀企业"等荣誉称号，并被确定为"烟台市爱国主义教育基地"。

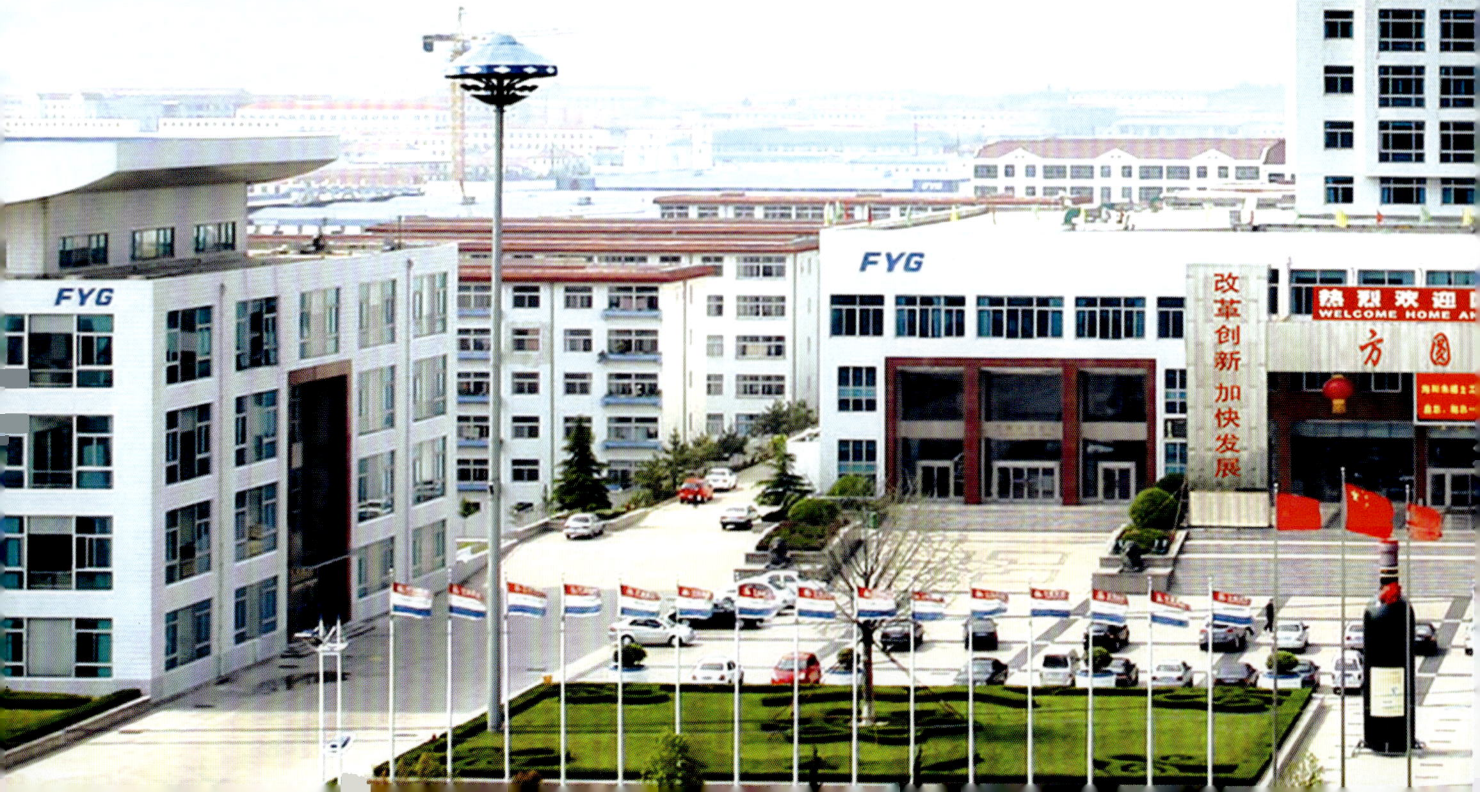

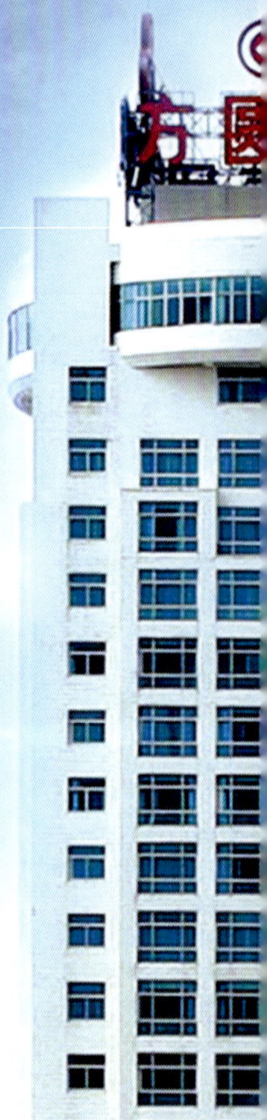

地址：山东省海阳市方圆工业园　邮编：265100
电话：0535-3221111　传真：0535-3221660
网址：www.china-fangyuan.com
服务热线：0535-3298256
好好学习
天天向上
方圆集团
方圆大酒店
FANGYUAN HOTEL
FYG
团结奋斗
争创一流
FANG YUAN HOTEL
碧云天

青岛市烟草专卖局

Qingdao Tobacco Monopoly Bureau

青岛市烟草专卖局和山东青岛烟草有限公司合署办公，机关内设18个职能部门，下设12个区（市）局（营销部、分公司），共有员工约1200人。青岛市烟草专卖局的职责是：依照《中华人民共和国烟草专卖法》及相关法律法规，负责青岛市行政区域内的烟草专卖管理工作。山东青岛烟草有限公司的职责是：负责青岛市行政区域内的卷烟、雪茄烟销售和烟叶收购、销售工作。

青岛市烟草专卖局成立于1984年2月，成立后即与青岛烟草分公司、青岛卷烟厂三位一体。1998年8月，山东烟草系统进行改革，青岛市烟草专卖局与青岛烟草分公司合署，与青岛卷烟厂及颐中集团体制分开。2000年7月，青岛烟草分公司改制为具有独立法人资格的两烟经营实体，同时更名为山东青岛烟草有限公司。

2010年，在国家烟草专卖局（总公司）、山东省烟草专卖局（公司）和青岛市委、市政府的正确领导及各职能部门的大力支持下，青岛市烟草专卖局（山东青岛烟草有限公司）各项工作实现又好又快发展。全年违法卷烟查扣量、总案值、5万元以上案件起数等指标居全省17地市烟草专卖局第1位，依法移送处置涉烟违法分子415人，公开销毁假冒卷烟3000万支、烟丝26吨，烟草专卖社会影响力、震慑力大幅提升。

GPS和GIS系统

卷烟入库

销毁假冒卷烟

卷烟物流配送中心

山东青岛烟草有限公司

Shandong Qingdao Tobacco Co.,Ltd

2010年，山东青岛烟草有限公司销售收入57.1亿元，增长16.91％。利税14.4亿元，增长15.46％。全市种植烟叶6514.8亩，收购烟叶12600担，在2010年全省烟叶工商交接等级质量监督检查中，山东青岛烟草有限公司合格率73.71%，名列全省第一。

近年来，青岛市烟草专卖局（山东青岛烟草有限公司）先后被评为“省级文明单位”、“山东省反走私工作先进集体”、“山东省思想政治工作优秀企业”、“青岛市十大流通企业”、“青岛市商品流通十大突出贡献企业”、商贸行业首批“诚信企业”、纳税信用A级企业等荣誉称号；党委被市委工交工委评为“先进基层党组织”。

党委书记、局长、总经理：韩志忠

地址：青岛市南京路202号

电话：0532-85808989

传真：0532-85808915

卷烟立体库

卷烟送货车辆

电话访销中心

卷烟扫码入库

滕州盛隆煤焦化有限责任公司

山东滕州盛隆煤焦化有限责任公司是2003年由枣庄矿业（集团）有限责任公司、马鞍山钢铁股份公司、江苏沙钢集团公司三家大型企业以36%、32%、32%的比例合资设计兴建的煤焦化企业，注册资本43063万元，主要产品有焦炭、甲醇以及煤焦油、硫铵、轻苯、硫磺等。

盛隆公司划分为四大发展区域，近300万吨焦炭30万吨甲醇规模产能。一是本区80万吨焦炭10万吨甲醇工程，分别于2004年12月和2006年9月胜利投产；二是技改项目98万吨焦炭10万吨甲醇工程，该工程于2010年5月份开工建设，预计2011年底全部投产；三是煤化工发展预留区；四是参股微山县同泰煤焦化公司70万吨焦炭8万吨甲醇工程，分别于2005年和预计2010年底投产。公司连同参股公司现共计拥有员工1500余人。公司拥有全国第三套焦炉煤气制甲醇装置。2009年被山东省经信委、山东省人民政府节约能源办公室确认为清洁生产先进企业，被山东省经信委、教育厅、人力资源社会保障厅等7家厅局委确定为山东省企业实习实训基地，2010年被山东省评为3A级诚信企业，2007年以来连年被枣庄市人民政府评为循环经济试点企业、百强企业等荣誉称号。

山东滕州盛隆煤焦化有限责任公司自立项建设以来，坚持实践科学发展观，坚持资源化、无害化并重的绿色企业发展思路，积极探索新的跨行业、跨区域性的循环经济发展模式，建成了循环型、集团化、区域型煤炭能源化工体系，形成了在自己企业“点”上小循环，在枣庄矿区“线”上中循环，在上下游的产业链中“面”上大循环，不仅每年为企业增加了数亿元的巨额收入，而且凸现了企业的社会责任感，走出了一条节能环保、提高经济效益的循环经济之路。

地址：山东省滕州市西岗镇　邮编：277519

电话：0632-4057908　传真：0632-2106690

冶金焦　煤焦油　轻苯　甲醇　硫铵　碳硫铵

山东省委常委、副省长王军民，枣庄市委副书记、市长陈伟莅临公司检查指导工作

现代化的生产调度中心

消防演习

军训现场

山东天一化学股份有限公司
山东省海洋化工科学研究院
Shandong Tianyi Chemicals Co.,ltd
Shandong Ocean Chemical Scientific Research Institute

山东天一化学股份有限公司地处渤海莱州湾畔的风筝之城，中国最大溴化工产业基地一潍坊市，是2008年根据国家相关文件重新认定的高新技术企业和山东省重点扶持的科技型企业，是山东省溴化技术及应用工程技术研究中心和山东省阻燃剂研发及应用工程技术中心的依托单位。公司下设山东天[illegible]技术有限公司、山东天信化工有限公司和山东天一进出口有限公司等控股和全资子公司，公司以山东省海洋化工科学研究院为技术依托，坚持走科技产业化发展之路，已逐步成长为全球性的溴化学品研发、设计、生产与经营公司，通过ISO9001:2000、GB / T28001:2001和ISO14001:2004认证。现有职工380人，资产总值超过5亿元，主导产品溴系阻燃剂年设计生产能力3万吨。

重点产品

聚溴化苯乙烯(PBS)
溴代三嗪(DABT)
十溴二苯乙烷(DBDPE)
四溴双酚A(TBBA)
十溴二苯醚(DBOPO)
三溴苯酚(TBP)
溴素(Br2)

公司图片

公司技术中心试验装置

潍坊市海洋化工企业服务中心实验室

荣誉证书

地址：中国山东潍坊滨海经济开发区
电话：0536-5303906　5332160　2256286（外贸）
传真：0536-5337166　8863639（外贸）
网址：www.oceanchem.cn　www.tychemical.com.cn

鲁银投资集团股份有限公司

鲁银投资集团新办公楼

鲁银投资集团股份有限公司是1993年3月经山东省人民政府批准以定向募集方式设立的股份有限公司。公司于1996年12月公开发行A股，并在上海证券交易所挂牌交易。公司注册资本24830.6873万元。截止2010年末，公司资产总额21.07亿元，实现年销售收入42.94亿元，年利税总额18511万元。公司被评选为“中国上市公司市值管理百佳”及“国家级征信企业”。

鲁银投资集团股份有限公司拥有山东省鲁邦房地产开发有限公司、鲁银集团禹城羊绒纺织有限公司、鲁银投资集团山东毛绒制品有限公司、鲁银集团禹城粉末冶金制品有限公司、粉末冶金有限公司、青岛豪杰矿业有限公司、莱芜鲁邦置业有限公司、山东弘德物业管理有限公司等21家全资或控股子公司。公司的经营范围：股权投资、经营与管理；投资于高新材料、生物医药、网络技术等高科技产业；高科技项目的开发、转让；机械、电子设备的销售；批准范围内的进出口业务；热轧带钢产品的生产、销售；羊绒制品的生产、销售。

鲁银集团带钢分公司拥有620mm热轧带钢生产线一条，生产能力已由当初设计的年产30万吨达到目前的110万吨，在全国重点大中型钢铁企业同类产品产量的排序中居第二位。

粉末冶金有限公司拥有年产7.2万吨钢铁粉末的生产能力，具有钢铁粉末生产技术自主知识产权，是目前国内规模最大、品种齐全、质量前茅且唯一拥有还原制粉和雾化制粉两种生产工艺的钢铁粉末生产企业。粉末冶金公司是国家高技术研究发展计划（863计划）成果产业化基地，承担的国家科技支撑计划“高性能钢铁粉末冶金材料关键技术研究与应用”等四个项目通过国家科技部的专家论证和项目评审，公司被评定为国家级高新技术企业。

鲁银集团羊绒产业是全国最大的半精纺羊绒纱生产基地之一，年生产能力毛纱1500吨、毛衫30万件。羊绒产业为国家半精纺行业标准起草单位，被中国纺织工程学会授予“改革开放三十年推动中国纺织产业升级重大技术进步奖”，荣获中国纺织工业协会组织评选的“产品开发贡献奖”。

山东省鲁邦房地产开发有限公司近年来先后开发了“悦海豪庭”、“鲁邦新天地”、“鲁邦广场”、“能源大厦”等多个房地产项目。其中，悦海豪庭项目在中国（深圳）住交会上以前三名优异成绩高票入选“中国名盘”；济南能源大厦项目荣获中国房地产协会评选的“中国城市魅力经典楼盘奖”。

禹城粉末冶金制品有限公司是大型精密机械零件加工企业，具备年产汽车同步器齿毂100万套及其他铁基粉末冶金件1000吨的生产能力。公司产品广泛应用于汽车变速箱、发动机、减震器及家用电器、仪表等领域，与国内多家知名的汽车同步器、变速箱、发动机制造厂家及多家欧美企业亚洲采购商建立了配套关系。

青岛豪杰矿业有限公司拥有面积为15.1平方公里区块的探矿权，已探明储量484.5万吨。目前公司已形成年产20万吨铁精粉的生产能力。

带钢生产线

粉末冶金

羊绒生产线

粉末制品

豪杰矿业

地址：山东省济南市经十路20518号　邮编：250002　电话：0531-82024156　传真：0531-82024179

国泰租赁有限公司

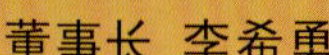

董事长 李希勇

总经理 陈绪忠

国泰租赁有限公司成立于2007年2月，是由新汶矿业集团控股、经国家商务部与税务总局共同批准的内资融资租赁试点企业。公司注册资本20亿元，总部设在山东济南，以融资租赁服务为主，兼有经营租赁、贸易和咨询服务等多种业务功能。

截止2010年底，资产规模超过47亿元，累计投放资金达到70亿元，有力的支持了区域经济发展。公司资本实力、业务规模及资产质量在全国内资融资租赁试点企业中位居前列，是山东省规模最大、服务能力最强的融资租赁公司。

作为国内融资租赁业的后起之秀，国泰租赁凭借雄厚的资金实力，良好的发展理念和广阔的发展空间，汇聚了一批具有金融、租赁、法律、财务管理等专业资深背景的优秀人才，为公司的长远发展奠定了坚实的人才基础。2008年公司被评委“中国融资租赁典范企业”，2010年当选为“中国融资租赁业协会理事单位”，被工信部评选为“首批推荐的节能服务企业”。

国泰租赁秉承“商者无域，相融共生”的经营理念，紧密结合国家经济社会发展战略，从自身最专业的优势出发，准确定位市场角色，立足山东，面向全国，以打造“手段丰富、模式鲜明、品牌厚重”的现代化融资租赁公司为发展目标，确立了清晰的发展战略。公司的核心业务领域涵盖矿山设备租赁业务、工程机械租赁业务、不动产租赁业务、节能环保设备租赁业务。主要业务品种涉及融资租赁、经营性租赁、委托租赁、分成租赁以及担保及财务顾问业务。

自成立以来，国泰租赁有限公司以战略的眼光和开放的胸襟积极构建业务发展平台。公司先后同工商银行、民生银行、世界银行等国内外金融机构以及中联重科、柳工机械等著名设备供应商建立了广泛的合作关系，形成了以矿山设备、工程机械、不动产租赁为基础，以节能环保设备租赁为延伸，以其他随机性业务为补充的发展体系。

地址：山东省济南高新区舜华路2000号舜泰广场二号楼18楼　电话：0531-81922222　网址：www.gtleasing.cn

日照凌云工贸有限公司，现有总资产5亿元，员工2300人，营业面积80000多平方米，主营业务涉及副食、日用百货、服装、鞋帽、家用电器、摩托车、汽车、二手车、农资、家具等领域，拥有家电城、摩托车城、凌云大厦、汽车城、二手车交易市场、农资公司和70多个区县、乡（镇）连锁店。

多年来，在各级党委政府的正确领导和职能部门的关心支持下，凌云成为全市商贸流通行业及市供销系统带动农村经济发展的龙头企业、全省重点企业、国家商务部推行“万村千乡”市场工程依托企业，公司先后被授予“全国百强商场”、“全国百城万店无假货活动示范店”、“全国青年文明号”、“全国首批星级信誉企业”、“全国诚信商场示范单位”、“山东省商业百强单位”、“山东省重合同守信用企业”、历届“省级消费者满意单位”等60余项省部级以上荣誉称号。

凌云家电、摩托车公司

广汽丰田凌瑞奎山店

凌云二手车交易市场

全国总社理事会主任李玉成来公司视察指导工作

商务部副部长张志刚来公司视察指导工作

副省长贾万志来公司检查指导工作

市委书记市人大常委会主任杨军来公司视察指导工作

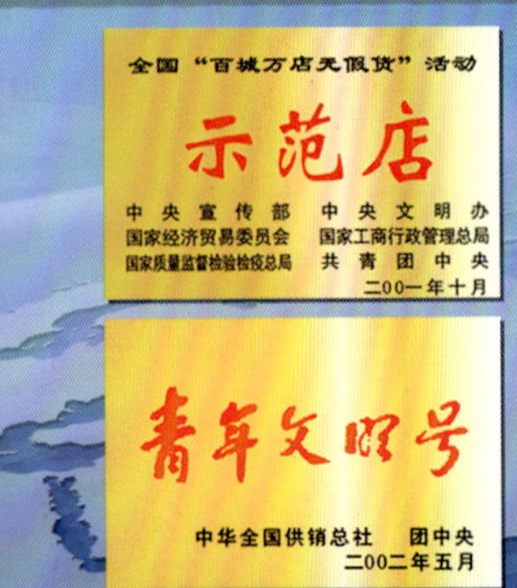

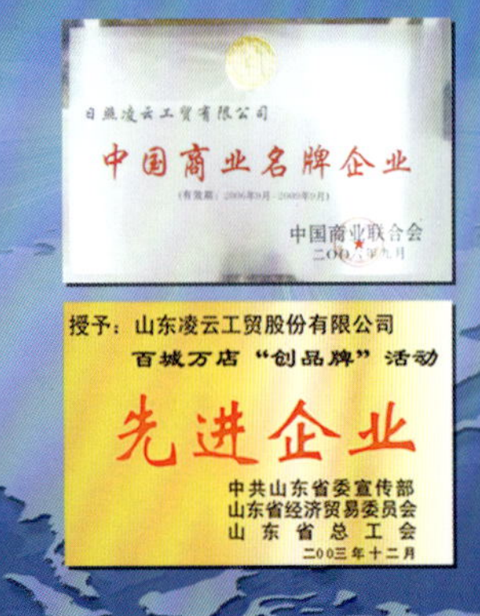

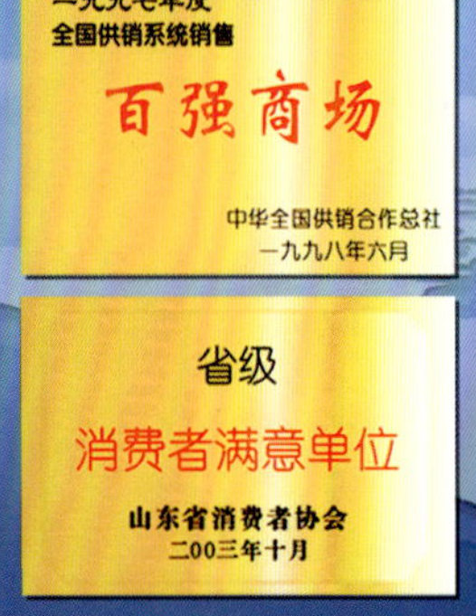

地址：日照市兴海路109号　E-mail：rzlingyun@126.com　联系电话：0633-8211107

镶嵌在鲁西南大地上的一颗明珠——

鹿洼煤矿

鹿洼煤矿矿长　张运宪

山东鲁泰煤业有限公司鹿洼煤矿，地处孔孟之乡济宁市境内，是国家级现代化矿井，是全省地方煤矿战线上的一面旗帜。企业核定生产能力120万吨，职工生活丰富多彩，企业文化底蕴深厚，和谐企业建设生机勃勃，三个文明建设硕果累累。

近年来，鹿洼煤矿坚持实践科学发展，紧密联系安全实际，坚持以人为本，科技兴安，不断提升矿井安全装备水平，扎实推进了“两型三化”矿井建设；抓班子、带队伍，不断创新工作思路，适时开展“六好区队”、“金牌班组”建设，扎实有效地推进了精细化管理；坚持矿务公开、公正、透明，坚持依法办矿，坚持民主办矿，创先争优，独具特色，形成了“鹿洼大泽，康惠人间”企业文化理念，锤炼了企业品牌，为企业快速发展凝聚了力量、奠定了基础。2010年，鹿洼煤矿生产原煤123万吨，实现销售收入8.87亿元，实现利税5.6亿元，实现利润3.86亿元。2011年1至6月份，鹿洼煤矿实现销售收入4.1亿元，实现利税2.3亿元，实现利润1.5亿元。鹿洼煤矿先后被评为“国家级安全质量标准化矿井”、“全省煤矿安全生产先进单位”、“安全质量标准化一级矿井”、“山东省煤矿安全双基建设先进单位”、“安全程度评估8A级矿井”、“省级文明单位”等荣誉称号。在各级领导关心支持下，鹿洼煤矿无论经济效益还是安全生产，都保持了良好的发展态势，已步入全国煤炭工业的先进行列。

矿长张运宪在井下检查安全生产工作

花园矿区

地址：济宁市鱼台县张黄镇　邮编：272350　电话：0537-6088698　传真：0537-6088898　网址：www.luwacoal.com

以人为本　铸就和谐新矿山
科技创新　实现可持续发展

山东鲁泰煤业有限公司太平煤矿

王付清　矿长

山东鲁泰煤业有限公司太平煤矿座落于邹城市太平镇泗河畔，是一座年核定生产能力60万吨的国有地方矿井。2009年10月以来，新一届领导班子团结带领全矿干部职工，牢固树立“科学管理和科学技术都是生产力”的思想，坚持以人为本、科学发展的治企方针，以严格安全管理铸和谐，以规范经营管理增效益，以科学技术创新求发展，走出了一条科技兴矿、管理富矿的新路子。

严格安全管理，铸就健康和谐企业。太平煤矿始终把安全生产摆在高于一切、重于一切、先于一切的位置，创造性地开展安全“三精”创建活动，推行安全“三预”制度及作业现场安全动态考核管理办法，有效开展安全质量标准化和“双基”建设工作，深入开展隐患排查治理和安全大检查，安全生产基层和基础不断得到巩固和加强。截止2011年5月底，太平煤矿实现连续安全生产2650余天，创造并延续着建矿以来最长的安全生产周期。

规范经营管理，经济效益显著提高。按照企业管理“制度高于一切”的原则，本着“有章可循、有章必依、执章必严、违章必究”的宗旨，不断强化成本控制，严格组织考核，有重点地加以管理，一年多来，太平煤矿健全完善安全、生产、经营、党务等各方面规章制度120余项，成立固定资产管理、物资采购、煤炭销售价格制定等专门管理小组7个，从根本上将企业管理纳入了制度化、规范化、科学化、高效化的“四化”轨道。

实施科技创新，促进企业科学发展。全国首创的“三下”厚煤层高采出率膏体充填开采技术工艺在该矿取得成功。目前，运用该技术已成功采出煤炭120余万吨。2007年11月8日，省科学技术厅鉴定认为，太平煤矿膏体充填绿色开采技术研究达到国际先进水平，在膏体胶结料和薄基岩、浅埋深膏体充填技术方面，达到国际领先水平。

由于工作成绩突出，经济和社会效益显著，太平煤矿先后荣获全国煤炭工业先进煤矿、中国优秀诚信企业、全国煤炭行业高产高效矿井、山东省煤炭工业局优秀科技成果特等奖、全国双十佳煤矿、山东省文明单位等20多项省部级以上荣誉。

长风破浪会有时，直挂云帆济沧海。展望未来，太平煤矿将继续以科学发展观统领全局，坚持以人为本、科学发展的理念，同心同德，开拓创新，发愤图强，真抓实干，为建设本质安全、高效和谐、创新发展、富裕文明新“太平”而努力奋斗，为促进经济社会持续健康和谐发展做出新的更大贡献！

地址：山东省济宁市邹城太平镇　邮编：273517

枣庄矿业集团新安煤业有限公司

新安煤业公司矿长　祁方坤

新安煤业公司党委书记　提文科

枣庄矿业集团新安煤业有限公司（原新安煤矿）为山东省属国有重点煤矿。矿井位于山东省微山县留庄镇境内，滕北煤田中部，西邻微山湖和京杭大运河，东靠京福高速公路和京沪铁路，有铁路专用线和自备港口，煤炭外运十分便捷。所产煤炭产品为低灰、特低硫优质动力用煤。新安煤业公司实行“一矿两井”管理模式，以500万吨的年生产能力，被誉为“鲁南第一矿”。该矿正式投产于2002年，通过落实“新井新机制”建设模式，用30个月建成新安井，18个月建成新源井，创造了枣庄矿区百年建井史上“六个第一”，并成为枣矿集团第一座以投资主体多元化形式建设的矿井，第一座完全摒弃了企业办社会包袱的矿井，第一座采取劳务输入动态管理用工形式的矿井。建矿十年，累计完成原煤产量近4000万吨，主营业务收入110亿元，实现利润27亿元，上缴税金17亿元。

近年来，新安煤业公司在矿长祁方坤、党委书记提文科为首的新一届领导班子带领下，以枣矿集团“三三三”管理文化为引领，认真学习实践科学发展观，坚持“深化、提升、创新、超越”的工作思路，以“文化铸魂、素质兴矿”为工作主线，坚持“严细为基、机制为根、人文为本”的治矿方略，致力于打造“激情+可爱”企业文化管理品牌，以严细管理保平安，以机制创新求发展，以人文关爱促和谐，实现了矿井的安全发展、科学发展和率先发展。2010年，新安煤业公司实施机制保障、夯基固本、龙头拉动、开源节流、和谐创建等“五大工程”，全面打造本质安全型、高产高效型、资源节约型、自主创新型、和谐发展型“五型”矿井，在安全管理、质量标准化建设、商品煤产销量、企业效益和员工收入等方面创出九项历史最好水平，各项工作持续保持领先地位。通过推进实施“365”安全文化管理体系和“212”创新工程，实现了全年安全生产，取得各项创新成果228项，其中省部级表彰16项，行业表彰17项，申报国家专利4项。矿井被山东煤矿安全监察局评为“7A”级矿井和“一通三防”安全示范矿井、防治水安全示范矿井。并先后获得山东省十佳煤矿、山东省文明单位、山东省四星级劳动关系和谐企业、富民兴鲁劳动奖状、全国双十佳煤矿、全国科技进步十佳煤矿、行业特级安全高效矿井、全国文明煤矿、全国煤炭工业先进集体、全国煤炭工业企业文化示范矿、全国煤炭工业五精管理样板矿、煤炭行业人力资源管理先进企业等荣誉称号。原国家安监总局局长李毅中、山东省省长姜大明等领导曾亲临新安井下视察，并给予了很高的评价。　（撰稿：张慎友）

举行准军事化管理会操表演

举办“红歌点燃爱国情”歌咏比赛

举办亲母节活动

新安煤业公司井下标准化机电硐室

地址：枣庄市微山县留庄镇　邮编：277642　电话：0632-4069722　传真：0632-4069614

山东华聚能源股份有限公司

SHANDONG HUAJU ENERGY CO.LTD.

董事长、总经理　郝敬武

山东华聚能源股份有限公司是纽约、香港、上海三地上市公司兖州煤业股份有限公司下属电力专业化管理单位，更是兖矿集团循环经济发展链条上不可或缺的重要一环。

公司以煤泥、煤矸石等低热值燃料综合利用发电、供热为主业，同时承担集团公司35kV及以上线路安全运行及集团公司驻地生产生活供电任务，并具有一定的承装（修试）资质。公司成立以来，认真落实“减量化、再利用、资源化”的循环经济发展方针，充分发挥热电联产和余热利用优势，年消耗煤泥、煤矸石等低热值燃料120余万吨、循环复用矿井水近350万方、发电超过10亿千瓦时、收入超过8亿元，化害为利，变废为宝。同时，电厂每年为矿区提供集中供热120万蒸吨，替代原来各矿处60余台总容量332蒸吨小锅炉，年节约标准煤13000吨，并大幅度减少了分散供热对环境的影响，创造了良好的经济效益和社会效益。

近年来，在环保节能压力逐渐加大、成本增加与产能锁定矛盾日益突出等困难情况下，公司总经理带领一班人，审时度势，多方调研，提出“坚持科学发展，履行三项责任，推进三个转变，打造两支队伍，团结共创和谐华聚”的中长期思路和目标，不断深化内部改革，推进战略转型。2009年，针对金融危机带来的不利影响，确定了“以安定电、以煤定电、以热定电、以用定电”的工作方针，实现危中求机、逆势上扬，创出公司成立以来经济运行最好水平，实现发电10.5亿千瓦时，创利1.59亿元；2010年，大力开展以“控制自动化、操控简易化、管理信息化、工作程序化”为主要内容的“四化”建设，初步实现效率、效益、安全可靠性“三提高”和劳动强度、岗位门槛、事故率“三降低”；2011年，积极实施“走出去”战略，发挥电力专业管理优势，开展承运承修外部电厂的战略转型探索，通过管理产品化，实现增收创利，为公司健康可持续发展奠定了坚实基础。

公司先后获得全国综合利用优秀企业、设备管理优秀单位和山东省卓越绩效管理先进单位、现场管理样板企业、省管企业先进基层党组织等地市级以上荣誉称号20余项。公司董事长总经理多次获得煤炭工业综合利用与多种经营先进个人、全省电力生产先进个人、环境保护优秀企业家等称号，2011年，被评为第十九届山东省优秀企业家。

点卡温度监测

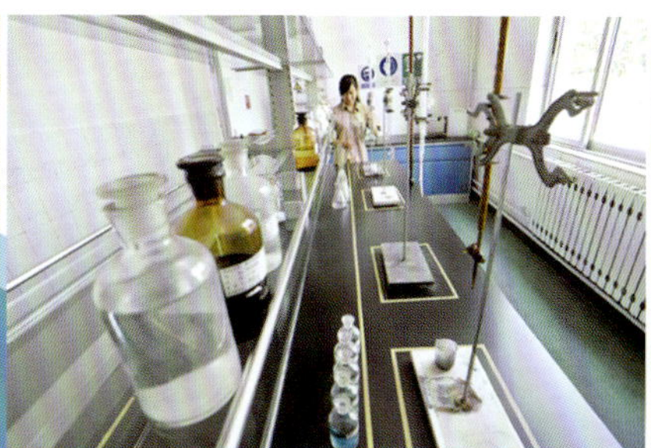
水质化验

线路抢修

地址：山东省邹城市宏河路459号　邮编：273500
电话：0537-5367611　传真：0537-5380499

山东盛大矿业股份有限公司

公司董事长　张安康

山东盛大矿业股份有限公司主要从事铁、金、铜等多种金属资源勘探、采选业务。

公司成立于2003年5月，注册资本1.9亿元人民币。公司主营矿山大泥河铁矿目前年产铁精粉逾50万吨。公司为山东省“先进民营企业”，位居烟台市“百强民营企业”前列，被烟台市人民政府确定为“十二五”期间重点培养的“成长性”企业。

公司产权清晰、权责关系明确，反应机制灵活，决策执行效率高，拥有一支由矿山开发、技术服务、经营管理等方面专业管理人才组成的管理团队，团队核心成员从事本行业经历均在20年以上。公司法定代表人张安康先生享受国务院政府特殊津贴，为山东省政协委员，曾获国家科委“科技进步三等奖”。

公司资源储备丰富、经营持续稳健、利润逐年增长，安全、环保和主要生产技术指标处于国内同行业先进水平，为当地和社会经济发展做出了突出贡献。2010年6月，公司在天津股权交易所成功挂牌，初步搭建了进入资本市场的良好平台。目前，公司严格按照上市的模式进行科学化、标准化管理，并通过加大对黄金资源的扩张力度，进一步优化企业产业布局，促进公司健康长久发展。

公司在天津股权交易所挂牌

企业坚持资源的合理开发，注重生态环境及社会环境的协调发展，切实担负起社会责任，在踊跃缴纳税金的同时，积极服务和参与各项社会公益事业，还在企业内部设立了爱心捐助基金，专门用于帮扶残疾、重病等困难职工家庭。

公司将凭借多年的行业和专业特长，秉承“诚信、负责、共赢”的合作宗旨，进一步发挥矿山勘探建设、生产技术和经营管理优势，加强对外合作，力求拓展企业规模效益，培育和打造新的经济发展平台，以更优良的业绩回报投资者，为社会经济发展做出更大的贡献。

公司提升系统　　选厂生产场景　　铁精粉

地址：山东省莱州市土山镇　邮编：261439　电话：0535-2819989 2819958　传真：0535-2819990　网址：www.sdsdky.com

淄博市王庄煤矿

淄博市王庄煤矿是临淄区国有独资企业，生产能力45万吨/年，矿区范围43km^2，资源储量8000万吨，主导产品为优质主焦煤。现有职工1099人，资产总额4.3亿元。

长期以来，王庄煤矿与中国煤炭科学研究总院、中国矿业大学、天地科技股份有限公司、北京工业大学、山东科技大学、青岛理工大学和黑龙江科技学院建立了长期的合作关系，并组成了实力较为雄厚的研究队伍。王庄煤矿院士工作站已由山东省科技厅批准成立。

王庄煤矿的技术研究中心已成为山东科技大学充填开采教学实践基地和青岛理工大学自动化控制教学实践基地。

2009年12月19日，王庄煤矿高水膨胀材料充填采煤技术通过了省科技厅组织的专家鉴定，鉴定结果为国际先进。荣获2010年度山东省科技进步一等奖。该技术已经在阜新矿业（集团）有限责任公司彩屯煤矿和艾有煤矿、淄博矿业集团有限责任公司埠村煤矿、山东坤升控股有限公司、滕州市刘村煤矿等单位推广应用。2010年12月25日，王庄煤矿煤泥中精煤的分级法回收技术通过了省科技厅组织的专家鉴定，鉴定结果为国际先进。新成果的应用取得了显著的经济和社会效益。

地址：淄博市临淄区临淄大道898号

邮编：255400

电话：0533-7962766

山东钢铁集团有限公司

2010年10月12日，省委书记姜异康到山钢集团莱钢视察。

山东钢铁集团有限公司（以下简称山钢集团）于2008年3月17日注册成立，注册资本100亿元，是由济钢、莱钢和山东冶金工业总公司所属企业和单位重组设立的国有独资公司。截至2010年底，在职职工89119人，其中各类专业技术人员9908人。总资产1511.63亿元。拥有济南钢铁、莱钢股份、金岭矿业、鲁银投资等上市公司。是山东省最大的省属国有企业，列2010“中国企业500强”第66位，“中国制造业企业500强”第24位。

钢铁主业主要产品有中厚板、热轧板卷、冷轧板卷、H型钢、优特钢、热轧带肋钢筋等，已经成为全国知名的中厚板材生产基地和H型钢生产基地，产品广泛应用于汽车、石油、铁路、桥梁、建筑、电力、交通、机械、造船、轻工、家电等重要领域，远销至美、英、德、印、日、韩等几十个国家和地区。还有矿产、粉末冶金、钢材深加工、煤化工等产品。非钢产业主要有金融、房地产、工程服务、耐火材料、机械制造等。

2010年生产铁2408.0万吨、粗钢2315.2万吨、钢材2242.7万吨；实现现价工业总产值1024亿元、营业收入1097.6亿元、利润总额38.57亿元，在全国各大钢铁企业中排名第四。完成进出口贸易总额28.85亿美元，其中出口贸易额7.29亿美元，进口贸易额21.56亿美元。

大力调整产品结构，高效产品比例达到57.99%，比上年提高6.09个百分点；钢材直销比例达到53.74%，提高2.55个百分点；出口钢材101.25万吨，同比增长79.21%。加强产业链建设，向上游延伸，掌控国内外铁矿资源工作取得阶段性进展；向下游企业延伸，探索“产品+服务”营销模式，与一批先进制造企业建立了战略合作关系。

大力推进核心业务整合，提升集团化运营水平，通过统一资金管理、统一采购、统一销售、统一物流运输等实现协同效益13.7亿元。组建了信息化中心、钢铁研究院，筹建财务公司方案获得了省银监局审核批复。加强企业文化建设，制定企业文化建设管理办法及导入实施方案，统一核心价值取向，统一意志和作风。

大力发展循环经济，利用余热余能发电达到47.26亿千瓦时，比上年增长13.86%。各主要生产单位全面超额完成省政府和地方政府规定的“十一五”节能目标。山钢集团荣获“低碳山东模范单位”称号，被列为国家级创建“资源节约型和环境友好型”试点企业。

2010年12月22日，山钢集团在济南召开2011年钢铁产品战略客户商务年会，董事长邹仲琛出席年会并致辞。

2010年7月21日，山钢集团与中国五矿集团在北京签署战略合作框架协议。

2010年2月25日，山钢集团与中国铁路物资总公司在北京签订战略合作协议。

2010年9月3日山东省政府与中国工程院《推进山东钢铁产业结构调整暨创新能力建设》签约仪式在青岛举行，山钢集团董事长邹仲琛与中国钢研科技集团总经理才让代表双方签订了《中国钢研科技集团与山东钢铁集团共建山东钢铁研究院合作意向书》。

山东钢铁集团有限公司 地址：济南市历山路134号 邮编：250014 电话：0531-67606760 传真：0531-67606712

山东泰山钢铁集团有限公司

集团公司董事局主席、党委书记　王守东

山东泰山钢铁集团有限公司是一家以钢铁生产为主导，集能源、机械、商贸、高科技等产业于一体的大型企业集团，是山东省目前最大的冷轧带钢生产基地和唯一的不锈钢生产基地，是莱芜市第一家利税、产值双过百亿的地方企业，目前已形成了年产300万吨精品板带材、60万吨不锈钢的综合生产能力。公司下设10个分厂、16个分公司、3座科研院所、1处国家级技术中心、1处博士后科研工作站和1处国家级实验室，现有员工10000人，各类专业技术人才2500人，中高级技术人才640人，专家级技术权威20人，具有完整的技术创新、科研开发、试验研究和企业管理体系。位列中国企业500强第279位，中国制造业500强企业第141位，山东省100强企业第27位。

泰钢产品涉及热轧卷板、冷轧卷板、不锈钢板、精密焊管、精密铸造、粉末冶金、磁性材料、冶金机械、消防器材等领域，主要应用于机械、汽车、家电、石油化工、建筑、航空工业、国防军工、核电、医药、食品等国民经济各领域。其中热轧产品规格为1.0－10mm×700－900mm；冷轧产品规格为0.1-2.0mm×740-1580mm；不锈钢产品涉及200系列、300系列、400系列、J4系列等20多个品种、60多种规格。泰钢产品以明显的技术优势和品种优势享誉国内市场，并出口到东南亚、欧洲、非洲、北美洲、中东等20多个国家和地区。

近年来，泰钢集团深入贯彻落实科学发展观，坚持专业化、精品化发展战略，按照“控制总量、调整结构、淘汰落后”的国家产业政策，通过自主创新、变革和转型，不断延伸、优化钢铁产业链条，先后淘汰了效率低、污染大的螺纹钢生产线、水泥厂、小炼铁、小转炉、环形烧结机，建成了拥有自主知识产权的华东第一条热轧带钢生产线，第一条高端冷轧薄板生产线，国家重点国际合作项目不锈钢生产线，我国自主研发、自主设计、自主制造的第一条不锈钢热退火酸洗生产线，在总量不变、产能不增的情况下，产品由低附加值的炼铁、炼钢转化为高附加值的热轧带钢、冷轧薄板和不锈钢。几年来，泰钢集团共有140项新技术、新成果通过省级鉴定，90多项成果获省部级科技进步奖，116项新技术获得国家专利，企业实现了结构调整和产业升级，自主创新能力和核心竞争力不断提高。

在自身发展壮大的同时，泰钢集团坚持“共创、共有、共富、共享”，以企带村、以工带农、以工富农，带领周边10个村15000多群众建设泰钢工业园,走出了一条统筹城乡一体化、构建和谐社会的新路子，受到了省、国家领导的高度关注和赞赏。

发展过程中，泰钢集团始终坚持“党的领导、思想政治工作、企业管理、科技进步”四个轮子同步协调运转。在“四轮驱动”战略的指导下，泰钢集团实现了企业的全面、健康、可持续发展，在中国企业500强、中国制造业500强、山东省企业100强的位次逐年上升。集团连年获山东省冶金企业“效益优胜杯”“科技创新杯”“管理创新杯”，山东省守合同重信用企业，省资源节约综合利用先进单位、省社会治安综合治理先进单位；多年被评为省级文明单位、省级思想政治工作优秀企业、省级先进基层党组织、山东省富民兴鲁奖章获得者、中国专利山东明星企业，并荣获全国守合同重信用企业、AAA级信誉企业、国家新材料产业化基地骨干企业、全国钢铁工业先进集体、山东省第六届专利奖金奖、山东省产学研合作创新优秀奖等荣誉称号。

集团公司董事局主席、党委书记王守东同志先后当选为第九届、第十届、第十一届全国人大代表，被授予全国劳动模范、全国优秀党务工作者、全国优秀经营管理者、全国“五·一”劳动奖章获得者、国务院政府专家特殊津贴享受者、中纪委推荐表彰的勤政廉政典型、全国企业优秀思想政治工作者、全国军转干部双先代表、全国优秀创业企业家、齐鲁功勋奖章获得者、山东省十大杰出企业领袖、齐鲁十大好当家人、感动山东十大人物、山东十大新闻人物等多项荣誉。

地址：山东省莱芜市新甫路1号　邮编：271100　电话：0634-6117211
传真：0634-6114423　销售：0634-6118509　网址：www.Taishansteel.com

山东景耀集团

董事长　唐永

山东景耀集团组建于2005年12月，是一家以日用玻璃为主，铁矿石开采、房地产开发为辅，跨行业经营的企业集团。注册资本5000万元，年产日用玻璃18万吨，深加工瓶6千万只，防伪瓶套5千万只，铁精粉4万吨。

集团始终秉承“责任·和谐、专业·创新”的经营理念，大量引进具有国际领先水平的玻璃窑炉及瓶罐检测设备，在国内同行业中具有较强的研发能力和较高的装备技术水平。2009年经临沂市经信委批准设立“临沂市企业技术中心”。2010年通过ISO9001:2008质量管理体系认证，产品质量稳定可靠。其中“景耀牌”啤酒瓶在历年国家监督抽查中均为优等品。经过多年产品开发，已初步形成绿料、棕料啤酒瓶，高中档异型白料瓶，手工机水晶瓶及蒙砂瓶，烤花瓶等1800多种产品，畅销于青岛啤酒、金威啤酒、山东兰陵、景芝、趵突泉、江苏今世缘、双沟、洋河等名优酒厂，并出口美国、韩国、加纳、东南亚等国家和地区。

为了抓住鲁南经济带一体化发展的机遇，充分发挥临港近海的区位优势，进一步提升市场竞争力，2009年底公司对三号生产线再次实施扩产改造，将窑炉熔化面积扩大到145m²，填补了国内空白。2010年5月份投产，年产啤酒瓶12万吨，为做强做大日用玻璃产业迈出了关键性的第一步。

进入2010年，公司在临港经济开发区筹建研发中心，从事高档玻璃瓶深加工项目，年产品烤花、印花、喷涂瓶6000万只，进一步拉长玻璃产业链，增加产品附加值。目前，喷涂瓶、烤花瓶生产线已投产见效，成公司新的利润增长点。

“十二五”期间，集团公司将紧跟全球酿酒行业的发展趋势，加强国际交流与合作，不断引进新设备新工艺，大力发展低碳经济，使玻璃规模和效益实现新的突破。

地址：山东省临沂临港经济开发区坪上镇　邮编：276624
电话：0539-7553103　7559046　传真：0539-7553049
网址：www.sdjingyao.com　E-mail:Jingyao@sdjingyao.com

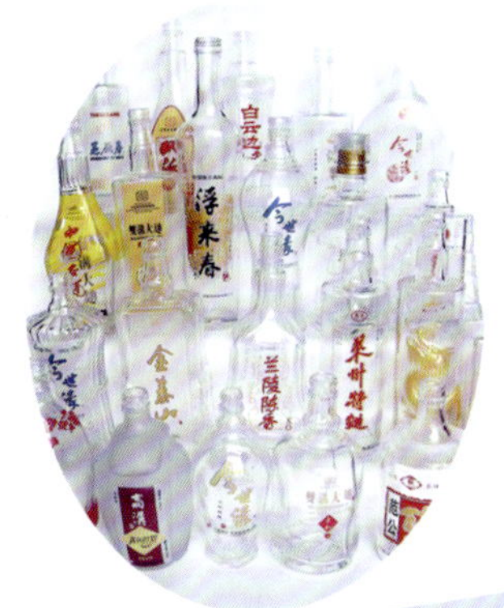

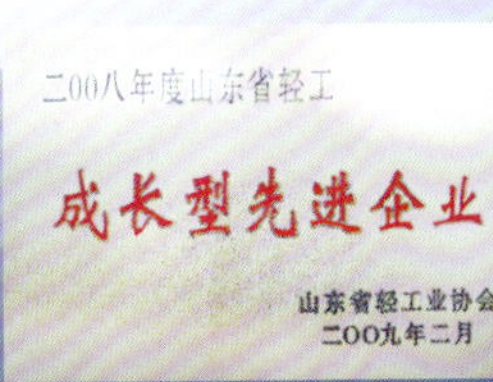

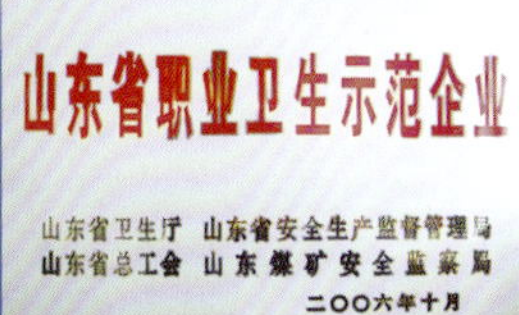

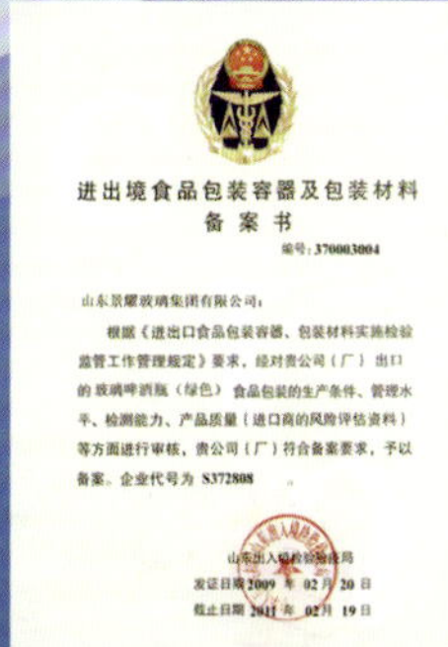

进出境食品包装容器及包装材料
备案书

编号：370003004

山东景耀玻璃集团有限公司：

根据《进出口食品包装容器、包装材料实施检验监管工作管理规定》要求，经对贵公司（厂）出口的玻璃啤酒瓶（绿色）食品包装的生产条件、管理水平、检测能力、产品质量（进口商的风险评估资料）等方面进行审核，贵公司（厂）符合备案要求，予以备案。企业代号为 S372808

山东出入境检验检疫局
发证日期 2009 年 02 月 20 日
截止日期 2011 年 02 月 19 日

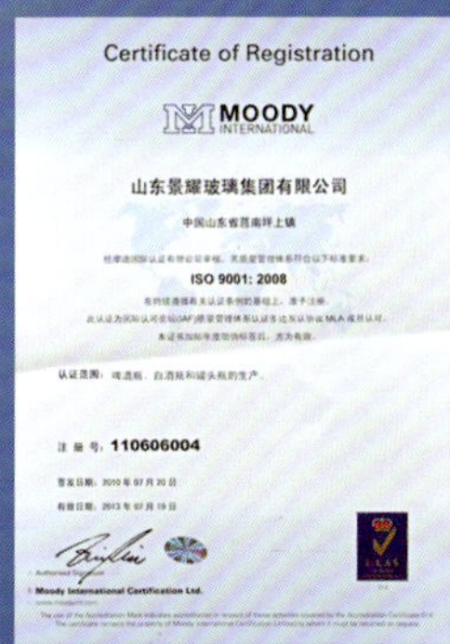

Certificate of Registration

MOODY INTERNATIONAL

山东景耀玻璃集团有限公司

ISO 9001: 2008

注册号：110606004

Moody International Certification Ltd.

企业简介 Company Introduction

山东核电设备制造有限公司成立于2007年7月，是由国家核电技术公司控股组建的全球首家AP1000核电钢制安全壳、结构模块、设备模块、一体化堆顶构件等设备的专业制造公司。公司注册资金22000万元，位于山东省海阳市临港产业区。

作为三代核电AP1000堆型部分设备的设计、制造及现场安装调试的生产基地，山东核电设备制造有限公司是保障AP1000堆型核电站安全壳压力容器、模块、一体化堆顶构件及其他核电设备生产的专业企业，肩负着AP1000核电项目有关关键设备国产化、自主化的历史使命。

公司已于2009年顺利通过美国ASME协会N、NPT、NA核级认证，在生产与组装领域和核电工程现场的质量管理体系获得国际权威机构的认可，成为中国第一家取得ASME综合认证的企业；同时，获得中国国家核安全局颁发的民用核安全机械设备制造许可证。公司于2010年12月通过质量、环境、职业健康安全三标一体化管理体系认证。

公司成立以来，已有两项工艺发明获得国家专利；公司技术中心被认定为山东省省级技术中心。

目前，公司已在世界上率先成功掌握了三代核电AP1000钢制安全壳底封头制造的先进工艺，并形成了批量化生产能力；设备生产及现场组拼装工作整体进度满足三代核电自主化依托项目浙江三门、山东海阳核电建设进度要求，为中国三代核电自主化依托项目4台AP1000核电机组的工程建设以及后续项目的批量化、自主化建设打下了坚实的基础。

地　　址：山东省海阳市临港产业区　　邮　　编：265118
电　　话：0535-3305111　　传　　真：0535-3305000
网　　址：www. snpemc. com

山东新华医药集团有限责任公司

公司生产线现场

山东新华医药集团有限责任公司前身是1943年创立于胶东抗日根据地的山东新华制药厂。集团核心子公司新华制药是H股、A股上市公司。近70年来，特别是改革开放30年来，成就了新华医药集团的四大特色。

★亚洲最大的解热镇痛类药物生产与出口基地

公司是中国成立最早的化学制药企业，现已形成年产化学原料药总量2.5万吨，片剂80亿片、硬胶囊2亿粒、颗粒剂1000万袋、软膏剂1000万支、小容量注射剂4亿支、大容量注射剂1000万瓶的生产规模。安乃近、布洛芬、阿司匹林、咖啡因、左旋多巴等药物规模全球第一。拥有乙氧苯柳胺等10个原料药独家品种，阿司匹林肠溶缓释片、阿司待因片、马蔺子素胶囊等18个制剂独家品种，8个原料药主导品种市场占有率居国内第一位。解热镇痛类药物生产总量占全国乃至亚洲的1/4，是亚洲最大的解热镇痛类药物生产与出口基地，也是国内心脑血管类、抗感染类及中枢神经类等药物的重要生产企业。

紧急发送救灾药品

★创新能力突出

公司建有完备的科研开发体系，是国家级高新技术企业、国家火炬计划重点高新技术企业，拥有首批国家级企业技术中心和博士后工作站，在国内同行业首创产学研模式，与50多家科研机构开展深层次合作。拥有国家一类新药生产文号7个，二类新药生产文号13个，获得授权专利106项，年科研投入占销售收入的5%以上。

★具有质量、品牌优势

公司创立了独具特色的质量文化，以“保护健康，造福社会”为使命，产品在国家自1986年开展的市场监督性抽检中始终保持了100%的合格率。公司是国内首家通过ISO9001、ISO14001、ISO10012三项认证的医药化工企业，所有原料药产品、制剂剂型均通过GMP认证，茶碱、布洛芬等7个产品通过美国FDA认证，茶碱、阿司匹林等9个产品拿到了欧洲COS证书，咖啡因产品通过了国际跨国公司社会责任及环境认证、中国食品安全体系（HACCP）认证，有多个产品在俄罗斯、印度等国家完成了注册。客户遍及四大洲、50多个国家和地区，是众多国际大企业的重要供应商和战略合作伙伴。“新华牌”商标是“中国驰名商标”，是商务部重点培育和发展的出口品牌。

★以社会责任为第一责任的企业文化

公司秉承了老军工企业的优良传统，以社会责任为第一责任，报效国家，奉献社会。在“5.12”汶川大地震中，新华药品是外省市第一批到达灾区的药品，公司捐款捐药累计320余万元。在玉树地震发生后，新华药品第一时间送达红十字会，在“一人一瓶水，爱心送旱区”活动中员工踊跃参与，在“非典”期间，捐款捐药累计420余万元，并组织将药品直接送至北京小汤山医院。其独家解毒特效药乙酰胺数十次从死亡线上抢救危重患者，曾创造了一次解救800人生命的奇迹。公司是山东省首批企业文化建设示范单位。

公司办公地址：山东省淄博市张店区东一路19号　邮编：255005　网址：www.xhzy.com　客服电话：0533-2166666

充满活力和谐发展的

临沂交通运输有限责任公司

省市领导在临沂交运公司指导工作

临沂交运公司“沂蒙快运”途中的温馨服务

临沂交通运输有限责任公司是交通部确定的道路客货运输二级企业，被中国道路运输协会确定为“中国道路运输100强企业”。公司拥有总资产7.26亿元；拥有各类营运车辆2845部，客运营运线路396条，营运班次5764个，营运里程2.66万公里，年客运周转量15.6亿人公里、货运周转量9760.2万吨公里。公司在全市12个县、区设有分公司、汽车站、特约维修站等32个分支机构和19个子公司，是集公路客货运输、现代物流、汽车维修、出租旅游、建设工程、商贸市场和服装加工、餐饮服务、制冷安装等多元化经营为一体的国有大型交通企业。

2009年，面对金融危机影响、市场竞争加剧等多重困难与压力，临沂交运公司在各级党委、政府的正确领导下，转变方式，调整结构，积极探索适合公司发展的新路子，着力打造了充满活力、和谐发展的交运公司。

经营能力明显增强，经济效益稳步增长。公司按照“一业为主、多种经营，优势互补、协调发展”的方针，不断拓展经营优势，增强发展活力，巩固扩大运力优良、站场优化、服务优质、设施完备的客运规模经营优势，健全完善联运服务、国际货代、集装箱运输、货运快送专递和危险品运输等同步并进的货运网络经营优势，汽车维修和商贸等经营也以优质、诚信赢得了市场。2009年，公司完成营业收入5.54亿元，比上年增加667万元。

企业管理不断加强，信息化建设加快步伐。公司坚持向管理要效益，进一步强化、完善、规范企业各项管理，健全完善公司法人治理结构运转制度。突出抓好安全、稽查管理，完善安全生产的长效机制和应急管理机制，落实安全生产责任制，出色完成了全运会等特殊安保任务。推行以“标准化、规范化、集约化、人本化”管理为主要内容的交通“四化管理”。成立微机研发和管理服务中心，重点推开综合信息管理、应急保障指挥、驾驶员管控、客运经营服务、商贸物流五个系统的提升和建设。

队伍建设成绩突出，职工生活明显改善。公司认真加强各级领导班子建设，严格民主集中制，重大问题集体研究，民主决策。为树立廉洁正气，先后制定和实施了《关于进一步加强领导班子自身建设的决定》、《关于加强干部队伍思想作风建设的意见》等制度，在全公司各级干部中形成了集中精力想工作、扎扎实实干工作的良好风气。2009年，公司千方百计克服金融危机的负面影响，努力搞好创收，确保了不裁员、不降薪，全公司职工年人均工资收入（不含奖金、过节费等）达15283元。

文明建设扎实开展，企业文化卓有成效。公司结合提升经营管理，组织开展以弘扬“求实、创新、和谐、奉献”企业精神，以“打造活力团队、构建和谐交运”为主旨的、形式多样的企业文化建设活动。2009年，公司被评为“中国道路运输百强诚信企业”、“全国诚信和谐单位”、“全国交通运输客运行业优质服务示范企业”，全省“安全生产工作先进单位”、“内保工作集体二等功”，全市“平安临沂建设先进单位”、“企业集团统计工作先进单位”，市直“防范和处理邪教工作先进单位”，市交通运输系统“本质安全先进企业（一等奖）”。

山东省临沂消防器材总厂
山东省天河企业有限公司

天河 TIANHE

临凭天河　百火皆消

山东省临沂消防器材总厂(山东省天河企业有限公司)成立于1951年，1977年开始生产消防车，现拥有主要生产设备400余台，固定资产1.5亿元，年销售收入2.5亿元，利税过千万。2004-2006年投资4500余万元实行了两期技术改造，形成了年产1000辆消防车的生产能力，是国内唯一一家实现流程化生产的消防车制造企业。是我国最大的消防产品生产基地之一，连续4年消防车产量全国第一。产品注册商标“天河”牌,2010年被评为山东省名牌产品。

山东省临沂消防器材总厂是中国消防协会团体会员，中国石油和石油化工设备工业协会会员单位。1999年在全国消防车行业中率先通过了ISO9001国际标准质量体系认证，2002年顺利通过ISO9001-2000国际标准质量体系认证和GJB9001A-2001国军标准体系认证，为军用产品定点生产企业。

机场主力泡沫消防车

产品系列

底盘：奔驰系列 MAN系列 YOUNG MAN系列 斯堪尼亚系列 沃尔沃系列 日产柴系列 庆铃五十铃系列 斯太尔系列 豪泺系列 东风系列 北汽欧曼系列 江铃五十铃系列 依维柯系列

消防车系列：泡沫水罐车、抢险救援车、高喷车、化学救援车、空气压缩泡沫车、通讯指挥车，共计110余种通过国家3C认证。

MAN6-8吨系列消防车

主要业绩

- 1997年，生产的“天河”牌消防车同驻港部队一同进驻香港
- 多功能野战运水车每年批量装备中国人民武装警察部队
- 自1992年迄今,每年批量装备中国人民解放军军用消防车
- 2003年12月，生产的“天河”牌重型消防车首次装备联合国维和部队
- 2006年,再次为驻港部队装备消防车
- 2007年12月批量装备北京消防总队
- 2008年5月两批次支援四川地震灾区消防车及运水车
- 2008年6月批量装备内蒙古消防总队、天津消防总队、大庆油田消防支队
- 2008年8月批量装备山西省消防总队
- 2008年12月我厂研制的机场主力泡沫车投放市场
- 2010年3-4月为云、贵地区提供抗旱消防车80余台

沃尔沃16-24吨系列消防车

临沂消防器材总厂下设山东省消防装备技术中心,承担产品设计研发、产品计量检验等工作。中心现有研发人员80余人，中高技术人员占中心研究开发人员的52%。中心拥有各类研发、试验检验仪器和设备100余台套，计算机30余台。2006年被山东省政府批准为省级企业技术中心，是国内消防车行中首家拥有省级技术中心的企业。近年来，中心坚持科技创新，实施精品战略，获国家级、部级奖项，省级科技进步奖8项。

生活保障车

舷板门结构抢险救援消防车

地址：山东省临沂市工业大道57号　电话：0539-8354752　传真：0539-8354753
客服中心：0539-8333329　Http://www.linyi-fire.com　E-mail：linyi-fire@163.com

天河 TIANHE

国家一流县供电企业

沂水县供电公司

经理　孙培庆

孙培庆　男，汉族，1958年5月出生，1975年7月参加工作，大学文化，中共党员，高级工程师，2003年被省政府授予“山东省劳动模范”称号。

沂水县供电公司地处沂蒙革命老区腹地，座落在风景秀丽的沂山南麓、沂河之滨，属国有中(一)型企业。现有职工606人，下设20处供电所。境内有220千伏变电站2座，110千伏变电站9座，35千伏变电站13座，主变总容量153.83万千伏安。拥有35千伏及以上输电线路448千米，10千伏配电线路2358千米，形成了布局合理，基础雄厚，运行坚强的供电网络。2010年完成供电量12.6亿千瓦时，实现利税4553.5万元，综合线损率完成3.82%，上述主要指标均创历史最好水平；截止2010年底，公司实现连续安全生产9216天，居全市同行业首位，创历史最高纪录。

多年来，沂水县供电公司坚持以科学发展观统揽全局，认真贯彻上级业务部门和县委、县政府的一系列工作部署，发扬“努力超越、追求卓越”的企业精神，坚持“三抓一创”的工作思路，贯彻“新农村、新电力、新服务”的农电发展战略，以建设“一强三优”现代公司为目标，内强素质，外树形象，使公司逐步实现了从粗放管理到精细管理，从经验管理到科学管理，从传统管理到现代化管理的全面转变，企业整体素质不断提升。企业先后荣获“全国一流县级供电企业”、“全国电力‘三为’服务达标单位”、“国家电网公司先进集体”、“全国电力用户满意服务单位”、“省级文明单位”、“省级思想政治工作优秀企业”、“省级花园式单位”、“省管理创新优秀企业”等称号，被中国企业联合会、中国企业家协会吸收为理事单位。

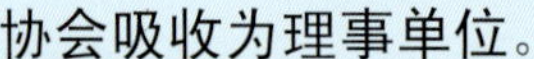

客户赠旗

工程施工

花园式变电站

地址：山东省临沂市沂水县　邮编：276400

济南巨能液压机电工程有限公司

济南巨能液压机电工程有限公司成立于2004年11月，主要从事高新重型液压设备、液压系统、电控系统的开发、设计及其生产工作。企业注册资本1168万元，总资产17200万元，属民营股份制有限责任公司。是山东省和济南市“管理创新优秀企业”和“先进民营企业”。省内第一批新认定的高新技术企业。山东省科技厅认定的工程技术中心。济南市经信委认定的企业技术中心。“万吨级模锻液压机系列产业化”项目被评为市重大自主创新成果产业化项目，“重型数控节能环保液压机研发制造基地建设”项目被国家发改委列为国家资金重点扶持项目。公司现有员工300余名,其中研发人员115名(其中包括享受国务院特殊津贴三人，国内知名专家五人、博士四人、硕士若干名)。公司占地近150亩，厂房28000平米，产值利税连续4年实现翻番，2008年销售1.85亿，2009年产值2.8亿，2010年产值超过3.5亿。

公司一如既往地把市场开发作为公司发展的龙头，努力研究国内国外两大机械装备市场，把握市场动态和发展方向，立足自身优势，把市场需求的高科技高性能成套液压设备作为公司产品定位。

1）数控3万吨级重型板框式成形液压机　公司研发制造的国内首台3万吨级大型板框式成形液压机，结束了大型换热器板片完全依赖进口的历史,它代表了国内液压机行业的最高水平。取得了济南市科技局09年重大专项资金扶持。获得09年度济南市知识产权局专利奖。

2）重型5万吨垂直黑色金属挤压机　它是世界迄今为止最大的金属挤压机，它采用挤压工艺替代目前的锻造镗孔工艺，从根本上解决了我国热电锅炉管材、石油化工高压管材需求的矛盾，实现厚壁钢管制造工艺的跨越发展和黑色金属挤压技术的重大突破。同时也为航空锻件制坯创造了条件。申报济南市科技局2011年济南市重大专项。

3）万吨级模锻生产线　随着国内发展航空、船舶发展的需求，重型模锻件对锻压的主流设备的要求也急速增加，数控节能环保的重型模锻液压机生产线适应重点建设需求，它形成锻造成形强国所必须具备的完整产业链。它将广泛应用于航空、机车、汽车、发动机、船舶、高压阀门的大型模锻行业。获得2010年度济南市知识产权局专利奖。

4）ZDYJ系列快速自由锻造液压生产线　为适应国内大型锻造发展的需求，公司开发了快速自由锻造液压生产机组，通过工艺参数设定、位置压力检测、自动控制的压机——操作机联动机组，实现了自由锻工艺自动化操作，极大地提高了锻压工艺的产品质量和的生产效率。

5）D52/D53系列大型数控比例伺服控制辗环机　辗环机是加工风电法兰、大型电站护环、轴承环、齿圈、轮毂、回转支撑、及航空器用高温合金无缝环件的理想设备。

6）汽车纵梁联动液压机生产线　为适应汽车行业的快速发展，公司研发了自动化的汽车纵梁成形液压机生产线，5000t、6000t、12m长分级联动实现了汽车纵梁制造的成形的一次完成，大幅提高了汽车大梁的生产效率，现已服务于一汽、二汽等国家特大型汽车制造企业。

7）铁路专用设备系列　火车锻造钩尾框弯曲成形液压机填补国内空白，申报国家专利（专利号ZL 2007 2 0023016.X）；市场占有率100%。

火车制动梁生产线，热线完成制动梁切分、拉伸、整形工艺；冷线完成制动梁装配、瓦托装配、铆接等工艺。

固定式、移动式钢轨调直机、钢轨焊接机、钢轨推凸机系列钢轨设备广泛应用于铁路换轨行业。是国内唯一的提供成套换轨设备的厂商。

万吨热模锻液压机

三万吨板框式液压机

数控辗环机

自由锻造液压机

地址：济南市北小辛庄西街55号　邮编：250022　电话：0531-86328686　传真：0531-86328689　网址：www.jnyeya.com

2010年4月21日，齐商银行西安分行隆重开业

2010年11月17日，齐商银行潍坊青州支行开业

2010年12月29日，临沂河东齐商村镇银行开业

2010年9月30日，齐商银行塑料化工、小商品、建材建陶、机电泵业和不锈钢行业等五家专业支行成立

齐商银行成立于1997年8月，是全国第四批由城市信用社组建的地方性股份制商业银行，现有注册资本13亿元，下辖2家分行、72家支行、1家营业部，并与境外400多家银行建立了代理业务关系，建成了覆盖全球主要贸易区的结算网络。多年来，齐商银行秉承“特色化、差异化”的发展道路，努力培育符合自身发展实际的经营特色，率先成立了齐商银行小企业金融服务中心，并下设了张店、临淄两家分中心，是山东省首家、全国第四家获得小企业金融服务专营机构牌照的银行；根据区域经济特点和资源优势，分别设立了小商品、塑料化工、建材建陶、机电泵业和不锈钢行业等五家专业支行；依托山东省城商行联盟综合业务系统，相继推出的网银、基金销售、理财产品等业务得到迅猛发展，为广大客户开辟了新的投资和服务渠道；2007年以来，齐商银行滨州分行、西安分行、潍坊青州支行相继成立，跨区域经营不断取得新进展；此外，由齐商银行控股、作为主发起人设立的临沂河东齐商村镇银行于2010年12月29日正式开业，增强了该行对“三农”经济的金融服务能力。截止2011年6月末，全行总资产达到391.01亿元，各项存款余额达到332.43亿元，各项贷款余额达到243.93亿元，资本充足率达到12.23%，拨备覆盖率为357.22%，贷款损失准备充足率为760.03%，资产利润率为1.8%，资本利润率为26.51%，各项监管指标全面达标。连续10年被评为淄博市利税大户，先后荣获“山东省文明单位”、“中国金融业十大优质服务机构”等荣誉称号，四次荣获山东银监局“良好银行”称号，连续六年入选“全国服务业500强”。

2011年6月，“齐商银行之夜”全市企业庆祝建党90周年文艺晚会隆重举行

莱芜天元气体有限公司

莱钢动力部部长、天元公司执行董事
经理　王学德

莱芜天元气体有限公司（以下简称天元公司），位于“五岳独尊”的泰山东麓、汶水河畔，依傍风景秀丽的省级森林公园、“天然氧吧”棋山风景区，西靠京沪高速、磁莱铁路，北邻青兰高速，东大门连接省道韩莱公路，交通十分便利。

天元公司是莱钢集团公司法人独资子公司，目前注册总资本达到50581万元。公司在职员工369人，其中管理技术人员41人，具有研究生以上学历3人，大专以上学历的203人，中、高级专业技术职称人员27人，中、高级技能职务人员42人。生产经营工业用氧气、氮气、氩气、液氧、液氮、液氩、各类瓶装气体和医用液氧、气氧等产品，主要为莱钢集团公司的冶炼生产提供产品服务，同时面向社会经营销售气体产品，产品销往全国多个省市150余家用户。

2009年天元公司实现销售收入6.59亿元，利税总额1.31亿元，其中利润0.64亿元。全年生产氧气6.92亿m^3，外供氧气6.72亿m^3，氮气6.87亿m^3，氩气314.98万m^3。完成工业总产值66090.8万元，工业增加值17568.59万元。能源消耗量79507.28吨标煤，万元产值能耗1.203吨标煤，全员劳动生产率（总产值）174.84万元/（人·年）。

天元公司以诚信经营促发展，以打造卓越绩效管理为目标，着力自主创新，加快发展。公司资产到2010年8月末增加至10.34亿元，总装机出氧能力12.7万立方米/时，具备了满足莱钢集团公司年产钢1000万吨以上所需的氧氮氩气体保供能力，成为华北地区较大的气体生产供应基地。公司是山东省定点莱芜市唯一的无缝气瓶检验和医用气氧、液氧定点生产单位。通过了国家ISO9002质量体系、ISO14001环境管理体系和OHSAS18001职业安全健康管理体系审核认证。

天元公司先后荣获全国模范职工之家、山东省文明单位、山东省富民兴鲁劳动奖状、山东省学习型组织创建标兵单位、山东省现场管理样板企业、山东省花园式单位、山东省道路危险货物运输安全规范优秀企业、首批山东省诚信企业、全省安全生产“双基”工作先进单位、山东省平安建设先进基层单位、莱芜市十大“诚信运输企业”、莱钢卓越绩效推进工作先进单位、财务管理工作先进单位、审计管理工作先进单位等荣誉。

今后天元公司将继续全面贯彻实践科学发展观，在山钢和莱钢集团的坚强领导下，开拓创新，与时俱进，大力发展循环经济、建设节约型企业，坚定不移地走中国特色的新型工业化道路。立足新起点，争创新优势，持续提升发展品质，倾力打造气体精品品牌，实现新跨越，再创新辉煌！

公司南大门

公司厂区美景

公司厂景一角

地址：山东省莱芜市钢城区棋山大街57号　邮编：271126　电话：0634-6823799　传真：0634-6823263

胜利方圆实业集团有限公司

胜利方圆实业集团董事长　董秀杰

胜利方圆实业集团有限公司是胜利油田改制企业，2006年挂牌成立，注册资金2亿元。现有员工3130人，下设11个子公司、3个参股公司，拥有油水井大修、作业、试油技术服务、化工产品、电池制造、机械加工、运输、商饮等多个行业。2010年实现生产经营收入12.8亿元，同比增长20%，实现利税1.5亿元，公司连续四年获得胜利油田文明建设先进单位，并荣获山东省诚信企业，董事长董秀杰荣获山东省优秀企业家荣誉称号。

多年来，公司全体干部职工在董事长的正确领导下，克服了生产成本压力急剧增涨、资金周转十分困难、内部市场工作量不足等不利局面，坚定信念排除万难，众志成城，共渡难关，实现了生产经营持续增长，职工队伍和谐稳定，竞争实力不断增强。

几年来，油气井作业技术服务、化工、防腐、陶粒砂、电瓶、散热器等主导产品和服务在站稳油田市场的基础上，先后打入吉林、新疆、江苏和苏丹、泰国等十几个国内外市场，以市场的突破，不断拓展公司发展空间，推动企业经济的增长。公司坚持以人为本，加强党的建设，为企业发展注入强劲动力和活力，成为油田改制企业的典范。发挥企业文化的引领作用，积极推进制度文化、责任文化、安全文化和廉洁文化的建设，大力弘扬“忠诚奉献、追求卓越”的企业精神，引领员工为企业发展建功立业。高度关注民生，不断提高员工收入，改善工作生活条件，队伍保持了昂扬向上的精神风貌，实现了职工和企业和谐共赢、共同发展。

面对新的形势和任务，董事长和公司班子团结一起，正以更加饱满的热情，更加昂扬的斗志，更加出色的工作，抢抓黄河三角洲黄蓝战略的发展机遇，实施公司“十二五”发展规划部署，在开拓创新中追求卓越，加快推进企业的现代化建设步伐，努力实现“建设知名企业，打造百年方圆”的愿景目标，为油田和市地域经济的发展做出新的更大贡献。

董事长与西班牙商会客商视察井场

董事长荣获山东省杰出创业女性和三八红旗手荣誉称号

集团庆祝建党90周年文艺晚会

技术先进的瓜尔胶生产线

行业领先的环氧树脂生产线

集团修井公司职工技术比武

PICC 中国人保

中国2010年上海世博会全球合作伙伴
Global Partner of Exop 2010 Shanghai China

中国人民财产保险股份有限公司

山东省分公司

人保财险山东省分公司诚信服务承诺签名

组织开展特色客户服务活动

现代化的人保财险山东省分公司集中运营管理中心

中国人民财产保险股份有限公司（PICC P&C，简称“中国人保财险”）是经国务院同意、中国保监会批准，于2003年7月由中国人民保险集团公司发起设立的、目前中国内地最大的非寿险公司，注册资本111.418亿元。其前身是1949年10月20日经政务院批准成立的中国人民保险公司。凭借综合实力，公司相继成为北京2008年奥运会、2010年上海世博会、2010年广州亚运会合作伙伴，为北京奥运会、上海世博会、广州亚运会提供全面的保险保障服务。山东省分公司隶属于中国人保财险，公司实力雄厚，人才荟萃，在全省16个市（不含青岛）设有246个分支机构，员工队伍近7000人，是全省规模较大的财产保险公司。

在六十二年的卓越历程里，人保财险山东省分公司以“人民保险、服务人民”为使命，秉承“以人为本、诚信服务、价值至上、永续经营”的经营理念，弘扬“求实、诚信、拼搏、创新”的企业精神，充分发挥品牌、人才、产品、技术和服务等优势，为促进改革、保障经济、稳定社会、造福人民提供强大的保险保障。公司目前主要经营企业财产保险、机动车辆保险及第三者责任保险、船舶保险、货物运输保险、建筑安装工程保险、石油保险、政策性农业保险和各种信用保险，以及人身意外伤害保险、短期健康险等。

2010年，公司实现保费收入90亿元，承担保险责任限额1.72万亿元，为6102户规模以上工业企业，450余万户家庭，210余万辆机动车，1914万亩小麦、玉米等提供风险保障；全年处理各类赔案87.51万余件，支付各类赔款43.78亿元；上缴营业税金4.89亿元，服务经济社会全局的能力明显增强；市场份额为36.47%。

近年来，人保财险山东省分公司先后荣获“全国守合同重信用企业”、“山东企业100强”、“百姓口碑最佳荣誉单位”、“十大鲁商诚信单位”、“改革开放三十年山东省优秀企业”、“山东省管理创新优秀企业”、“60年服务山东功勋品牌”、“山东省金融创新奖”等一系列荣誉称号。站在新的历史起点，人保财险山东省分公司将以科学发展观为指引，以锐意进取的改革精神和求真务实的科学态度，与时俱进，整合创新，实现公司新的创业和跨越式发展，为全面建设小康社会和构建社会主义和谐社会提供更加优质的保险保障服务。

中国烟草 CHINA TOBACCO 济南市烟草专卖局（公司）

国家局副局长何泽华到济南市局（公司）调研

济南市局（公司）抗震救灾捐款仪式

组织开展烟草市场秩序集中整治“利剑行动”

济南市烟草专卖局、山东济南烟草有限公司合署办公，负责全市的烟草专卖执法和卷烟经营工作。下辖10个县（市）区局（营销部），共有从业人员1141人。2010年，在济南市委、市政府和省局（公司）的正确领导下，济南市烟草专卖局（公司）牢记专卖立法宗旨，深入贯彻落实科学发展观，认真践行“国家利益至上、消费者利益至上”行业共同价值观，继续推进又好又快发展，为济南市的经济社会发展做出了积极贡献。全年销售卷烟27.93万箱、实现税利11.98亿元，同比分别增长7.37%、33.83%。

一是专卖管理取得新突破。深入开展卷烟市场经营秩序集中整治“利剑行动”和专项行动，严厉打击违法经营卷烟行为，破除达到公安部、国家局标准的制售假烟网络案件11起；坚持“打疏建结合、综合治理”，有效防止了制假反弹；扎实推进专卖管理与控制体系建设，推动了专卖管理工作向精细化转变；积极主动为符合条件的零售户办理许可证，共新办零售许可证6015户，有效扩大了社会就业。

二是卷烟经营取得新业绩。坚持“峰谷投放”、“超市投放”等经营理念，较好地把握和满足市场真实需求；认真贯彻落实国家局“532”、“461”品牌发展战略规划，重点培育消费者认可度高、市场前景好的卷烟品牌（规格）；深入实施零售户致富工程和零售户培训工程，启动实施网上订货，引入工商企业在途监控系统和3G视频管理系统，卷烟销售网络建设深入推进；全面开展零售户自律小组建设，完成市级卷烟零售商协会的审批工作。

三是队伍建设迈出新步伐。扎实开展“创先争优，争做服务先锋”活动，深入开展“党员先锋岗”、“青年先锋岗”创建活动和评先树优活动，建立健全以工作业绩为核心的绩效管理体系，激发了干部职工干事创业的积极性，队伍素质进一步提高；全面开展“全员营销、全员专卖、全员管理”工作，优化了人力资源配置，挖掘了人力资源潜力。

四是企业管理迈上新台阶。始终把严格规范作为保持行业持续健康发展的“生命线”，深入开展“整体规范提升年”活动，加强规范自律教育，强化卷烟经营全过程监管，持续推进质量管理体系建设和制度建设；加强全面预算管理和审计监督，注重科技和管理创新；推进企业文化建设，建设“涌泉”服务品牌，开展“文化养老”，履行社会责任，为企业发展营造了更加和谐的环境。

2010年，济南市烟草专卖局（公司）被省总工会授予“富民兴鲁”劳动奖状，被山东省卷烟市场经营秩序集中整治专项行动领导小组授予“全省烟草市场秩序集中整治‘利剑行动’先进集体”荣誉称号，被省局（公司）授予“2010年‘五五’普法依法治理先进单位”荣誉称号。

地址：山东省济南市历城区洪楼南路11-2号　邮编：250100　电话：0531-88023261

大唐黄岛发电有限责任公司

大唐黄岛发电有限责任公司，原山东黄岛发电厂，是大唐山东发电有限公司在山东地区最大的火力发电厂，承担着青岛地区主要的供电任务，负责黄岛区工业供汽及居民采暖供热任务。企业始建于1978年，属青岛市直属企业，2008年6月24日由大唐集团公司委托管理，2008年11月5日，大唐集团和青岛国信集团签订产权转让协议，黄岛电厂正式成为大唐集团公司的一员。现公司总人数为696人，在役机组总容量为179万千瓦，其中：一期两台14万千瓦双水内冷发电机组根据国家“上大压小”政策已于2009年3月31日关停，二期两台22.5万千瓦氢冷发电机组，分别于1989年12月、1990年11月投产；三期两台67万千瓦超临界燃煤发电机组，分别于2006年10月、2007年11月投产。

在社会各界的关心支持下，在中国大唐集团公司和大唐山东发电有限公司的正确领导下，大唐黄岛发电有限责任公司深入实践科学发展观，改革创新，依法治企，求真务实，协调发展，为青岛市经济社会发展和人民生活水平提高提供了源源不断的电力供应。2010年，面对电煤价格高位运行，经营形势严峻等不利因素，大唐黄岛发电有限责任公司坚持以经济效益为中心，以大唐集团公司、大唐山东发电有限公司“双增双节、盈利攻坚”活动为主线，以阳光、绿色、快乐三大工程为重点，转变观念、创新机制、科学发展、创先争优，全力做好安全、经营、改革和发展等各项工作，在逆境中战胜了诸多困难，实现了企业经营扭亏增盈、节能减排不断深入、队伍素质得到提高、管理水平不断超越，企业保持了健康发展的良好态势。

公司归入大唐集团公司第一年即荣获“中国大唐集团公司2009年度一流企业”和“中国大唐集团公司2009年度两型企业”称号,多年来，公司先后被命名为全国“一流火力发电厂”和“双文明单位”，两次荣获“全国五一劳动奖状”，连续七年被评为“全国‘安康杯’竞赛优胜企业”称号，被授予“全国模范职工之家”、“全国守合同重信用企业”等一系列荣誉称号。

地址：山东省青岛市黄岛区崇明岛东路76号

电话：0532-86902222

传真：0532-86852021

邮编：266500

青州市博奥炭黑有限责任公司

青州市博奥炭黑有限责任公司是在原青州化工股份有限公司的基础上经过资产重组而成立的一家民营企业，该企业位于青州市经济开发区银通街，占地面积36.2万m^2，现有员工316人，其中工程技术人员62人。

公司的主导产品是全系列多规格橡胶用炭黑，生产能力12万吨，产能在全国炭黑行业中排第六名，产品执行国家GB3778-2003标准，并可按美国ASTMD1765标准进行生产。主要生产N100、N200、N300、N500、N600、N700等六大系列的十几个炭黑品种，所有产品均采用经国家工商行政管理局商标局注册的“强力”牌商标，公司是“中国橡胶工业协会理事单位”、“山东省橡胶行业协会理事单位”、“潍坊市橡胶用炭黑工程技术研发中心”。公司先后获得“中国橡胶工业协会质量授信”、“中国炭黑行业科技创新先进企业”等荣誉。

公司坚持“全过程控制，精益求精”的质量管理模式，倡导“标准化管理，诚信共赢”的市场理念，不断推进管理创新、制度创新和技术创新。先后通过了ISO9001质量管理体系和ISO14001环境管理体系认证，并获得山东省质量技术监督局颁发的“企业产品采用国际标准认可证书”、“标准化良好行为证书”和中国国家标准化管理委员会颁发的“采用国际标准产品标志证书”。2008年公司研发的CZ500R超纯炭黑产品通过山东省经济贸易委员会鉴定验收，在国内处于领先水平并填补国内空白，减少了超纯炭黑的进口量，为橡塑行业用炭黑提供了可选择的余地，具有很好的经济效益和社会效益。2009年2×40000吨/年软、硬质炭黑生产线于11月份建成并顺利投产，该生产线产能国内第一、能源综合消耗世界领先。同年公司《一种生产软质炭黑的反应炉》取得实用新型专利证书。

法人代表：王变生

地址：山东省青州市驼山中路588号　邮编：262500

电话：86-536-3260564　传真：86-536-3260327　网址：www.qingzhoutanhei.com

山东华源莱动内燃机有限公司

山东华源莱动内燃机有限公司位于山东省莱阳市，是中国北方重要的中小功率柴油机生产基地。

公司主要从事发动机及零部件的开发设计、生产、销售及相关进出口贸易。目前的主导产品有：为轻型卡车、皮卡、SUV配套的增压中冷和高压共轨等高速车用柴油机，年产能力8万台；低速载货汽车、微型汽车、中型拖拉机、工程机械、收获机械配套的自然吸气机型和增压中冷机型等小缸径多缸柴油机，年产15万台；为中小型拖拉机、低速载货汽车配套的单缸系列柴油机，年产能力40万台。

公司绿色环保发动机的开发在全国同行业中处于领先地位，公司配套汽车用多缸柴油机产品全部率先达到欧II和欧III排放标准，目前正在与国外先进企业合资合作、联合开发具有国际一流水平，排放达到欧IV标准的系列柴油机产品项目。公司配套其它领域的柴油发动机也大多数通过欧II排放标准检测；其中出口的多缸产品已获得美国EPAIV认证。

2006年公司通过世界汽车行业最高质量管理标准ISO/TS16949的认证。

总经理：许允和

总工程师：于建清

销售总经理：叶锦芳

地址：山东省莱阳市五龙北路40号　邮编：265200

电话：0535-7215050　传真：0535-7211177

网址：www.chinalaidong.com

邮箱：hyld@public.ytptt.sd.cn

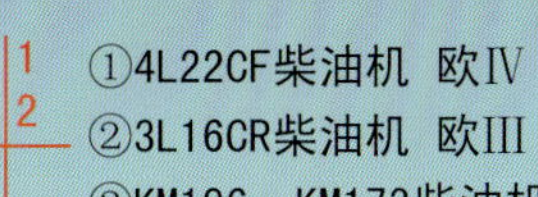

①4L22CF柴油机 欧IV

②3L16CR柴油机 欧III

③KM186、KM173柴油机

山东华凌电缆有限公司

山东华凌电缆有限公司成立于1997年，集电线电缆的研发、生产、销售、安装、服务于一体。公司拥有完善的国内先进的全自动生产设备和检测装备，主要有耐热硅橡胶系列、高温氟塑料系列、低烟无卤环保系列、阻燃电缆系列、核电站电缆系列、消防电缆系列、船用电缆系列、矿用电缆系列、航空电线、信号电缆系列、DCS电缆系列、变频器电缆系列、架空绝缘电缆系列、高低压电力电缆系列、新能源系列、汽车线、机车专用系列等系列产品。

公司秉承“精益求精的生产，追求完美的服务”的宗旨，追求“诚信、激情、创新、团队”的核心价值观。先后通过ISO9001质量管理体系认证、3C强制性认证、ISO10012测量管理体系、ISO14001环境管理体系认证、OHSAS18001职业健康安全管理体系认证。被山东省技术监督局认定为标准化良好行为企业，是济南质量协会电缆专业委员会常务理事单位，中国电气工业协会电线电缆分会成员，山东消防协会消防产业委员会会员单位。

公司凭借自主研制新型电线电缆的能力，2009年被授予山东省企业技术中心，山东省高新技术企业。2010年7月通过总装备部的军工产品认证，是山东省内唯一为国防提供电线电缆的企业，并与国资委、央企直属企业，如华电、大唐、华能、中石化、中石油、中海油等单位建立长期稳固的合作关系。现已获得10项国家发明专利，26项实用新型专利，拥有自己的知识产权，产品达到国内领先水平。

华凌电缆凭借产品的高性价比，可靠的质量，完美及时的售后服务，赢得了新老客户的信赖，并荣获：中国驰名商标、山东省名牌产品、产品质量信得过单位、诚信企业、省守合同重信用企业、省消费者满意单位、鲁班奖等荣誉称号。产品遍及全国，并远销马来西亚、苏丹、沙特等国家。华凌电缆始终坚持“以市场为导向，以科技创新求发展”，实现了产品结构的优化和品质的高端化，特种电缆市场占有率名列前茅。

华凌人用智慧、勤奋、激情搭建起走向成功的道路，“人才铸就品质，客户成就品牌”，我们任重而道远，我们有信心开拓属于自己的天空，有勇气和魄力去创造奇迹，在更新、更高的起点上实现新的跨越，为创建“百年华凌”而努力。

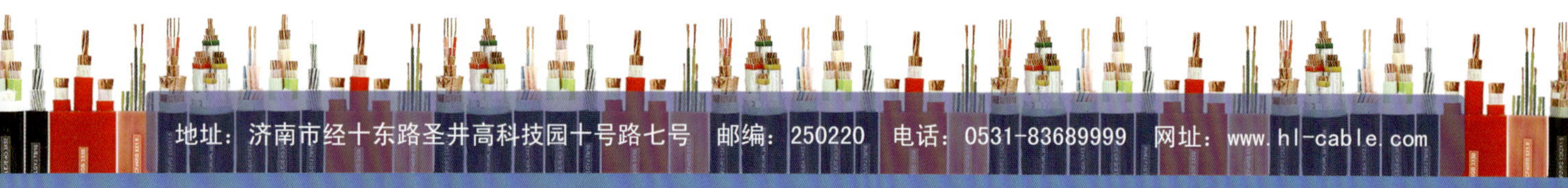

山东蓝星东大化工有限责任公司

董事长、党委书记　王继文

山东蓝星东大化工有限责任公司是国家大型企业，隶属于中国化工集团下属的中国蓝星（集团）股份有限公司，山东省重点企业集团，全国化工500强，现有员工1700名。主要产品及规模为7万吨环氧丙烷、20万吨聚醚多元醇，10万吨组合聚醚及聚氨酯型材、2万吨离子交换树脂、5000吨二乙烯苯、60亿只一次性医用注射器胶塞及各类医用橡胶制品。主导产品聚醚多元醇国内市场占有率位居国内前两位，并荣获山东省名牌称号。

公司是山东省和淄博市重要的化工企业，经过多年的发展，已形成了坚实的聚氨酯产业基础，核心产品环氧丙烷和聚醚产品的产能位居国内前列，公司被评选为中国聚氨酯工业协会副理事长单位，环氧丙烷、聚醚行业（市场）协会秘书长单位。2003年公司被认定为省级技术中心，企业的科研能力和科研工作走在了同行业的前列，公司每年都有多种聚醚多元醇新产品通过省级鉴定，公司取得各项专利三十余项。

公司秉承发展绿色化工的理念，已成为我国重要的化工新材料生产基地，同时坚持走出去战略，积极参与国际竞争，努力开拓国际市场，与拜耳、SK、陶氏、巴斯夫等国外许多跨国集团建立了长期稳定的合作关系，与世界上30多个国家和地区开展了贸易往来。产品已先后出口到日本、德国、美国、澳大利亚、英国、俄罗斯、韩国、加拿大、中东等国家和地区，逐步成为一个充满生机和活力的现代大型化工企业。

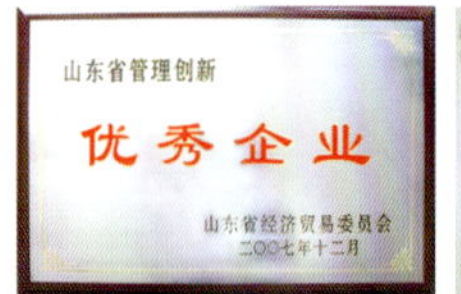

地址：淄博市高新技术产业开发区　邮编：255028

电话：0533-2159684　传真：0533-2150666　网址：www.dongdagroup.com

山东青龙山有色金属有限公司

董事长、总经理　孙成富

山东青龙山有色金属有限公司成立于2002年7月3日，是从事有色金属尾矿、废渣、废旧镍铬电池、锂电池综合回收利用的循环经济企业。位于滨州市邹平县青阳工业园区，南靠长白山，东邻淄博市，北临济青高速公路，西接省会济南市，园区内配套设施齐全，交通运输便利，区位优势明显。

公司主要产品有氯化钴、硫酸钴、硫酸镍、硫酸铜、铜锭等。公司拥有《山东省危险废物经营许可证》、《资源综合利用认定证书》。符合国家发展循环经济的产业政策，被列为国家星火计划。

公司占地面积13333平方米，注册资金3500万元，为民营股份制企业，现有员工70多人，专业技术人员8人，高级工程师3人。公司拥有自主知识产权的有色金属萃取分离技术和设备，拥有一套较为完善的从有色金属尾矿、废渣、废旧电池中提取回收有价金属的生产系统。公司机构完善、生产有序，运转协调。蕴藏着巨大的发展潜力，前景广阔。

公司一贯坚持“千锤百炼、品质如金”的宗旨和“创新合作、与时俱进”的经营理念，竭诚欢迎各界朋友光临指导、洽谈合作、共同发展，携手共创美好的未来。

地址：邹平县青阳镇刘家开发区　邮编：256217　电话：0543-4571141　传真：0543-4575586

山东新汶矿业集团协庄煤矿

协庄煤矿是一座年产原煤200万吨的大型现代化矿井。1958年建矿，1962年投产，时为省内第一大矿，被誉为“鲁煤第一峰”。主要产品有洗精煤、块煤、混煤、煤泥等。

矿长　袁秋新

近年来，协庄煤矿以建设本质安全、稳产高效、节能环保的和谐企业为目标，制定了“三个阶段”、“三个时期”的发展战略，提出2015年实现“百亿企业”的发展目标。在安全生产上，持续加强员工安全教育培训，创建实施了“煤炭企业2S安全管理模式”、“安全责任经营化管理”、“职工安全年功档案管理”、“煤炭企业员工思想与行为管理舵状模式”等一系列先进管理模式，形成以“自己的安全自己管，指望他人不保险”为核心的企业安全文化。企业先后实现了连续9年安全生产和安全生产10周年等阶段性目标。在多元发展上，充分整合企业资源，大力发展电力、造纸、无菌包装、机械制造等产业链，形成以煤为主、以机械加工为辅，以无菌包材项目带动、以三大专业化公司（天元安装、中选设备、天元环保）拉动、其它非煤企业并驾齐驱的企业发展新格局。

近年来，企业先后通过中国方圆委环境、质量、职业健康安全三位一体认证审核，被中国保护消费者权益基金会评为“首批质量信誉保证优势示范单位”，并先后荣获“全国五一劳动奖状”、“全国环境保护十佳煤矿”、“全国文明煤矿”、“全国煤炭工业行业级高产高效矿井”、“全国煤炭工业双十佳矿井”、“全国煤矿思想政治工作优秀企业”、“煤炭安全程度评估A级矿井”等几十项省部级以上殊荣。

地址：山东省新泰市小协镇　邮编：271221　电话：0538-7834347　传真：0538-7834531

山东东岳专用汽车制造有限公司

山东东岳专用汽车制造有限公司始建于1992年，是集科研、制造、销售、服务于一体的专用车生产厂家，固定资产2亿元，是国家公告管理企业，中国重汽参股规范运作的有限责任公司。公司下设两个生产厂区、一个重汽销售服务中心、一个济宁市高新技校，公司拥有现代化的办公环境，完善的市场营销服务网络，先进的生产、计量检测设备，高素质的管理和科研人员，形成了年产、销15000辆的专用汽车改装能力。

公司是中国重汽、一汽、二汽、陕汽、川汽、欧曼、北方奔驰等大型汽车制造集团的定点改装单位，主导产品主要有自卸车系列、半挂车系列、罐式车系列、厢式车系列、特种车系列五大系列200多个品种。公司下设鲁南、济南、石家庄、银川、徐州、郑州、福州、太原、昆明、兰州、沈阳、内蒙12个销售分公司和200余家代理商及100余家售后服务网点，构筑起了遍布全国的营销服务网络，实现了销售服务一体化。公司生产的“圣岳”牌汽车畅销全国，并出口亚、欧、非等国家，赢得了广大国内外用户的高度评价和信赖。

公司已全面通过ISO9001质量体系认证及产品CCC强制性认证，“圣岳”牌汽车、“圣岳”商标已被山东省工商行政管理局认定为“山东省名牌产品”和“山东省著名商标”，公司并先后荣获“中国企业信息化500强”，“山东省高新技术企业”、“山东省企业认定技术中心”、“山东省十大自主创新品牌企业”、“山东省机械行业文明单位”、“山东省劳动关系和谐企业”、“山东省消费者满意单位”、“山东省最佳信贷诚信客户企业”、“市级重合同守信用企业”等荣誉称号。

“传承卓越、共创未来”东岳公司董事长、总经理张养训携全体员工以“培养一流人才、生产一流产品、打造一流品牌、提供一流服务、创造一流效益、营造一流团队”的奋斗目标，与各界朋友携手并进、共同发展、共创辉煌！

地址：济宁市金宇路37号　邮编：272000　电话：0537-2360059 2360341　传真：0537-2168540　网址：www.dongyuetruck.com

诸城市圣阳机械有限公司

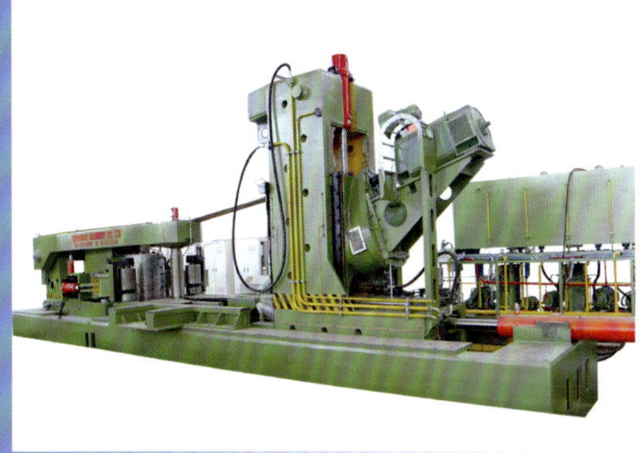

诸城市圣阳机械有限公司成立于2001年3月，注册资金1000万元。公司是锻造机械行业的新型高科技企业，与山东大学联合成立了“潍坊市重型锻造设备工程技术研究中心”，专业生产、销售扩孔机、压力机、锻造操作机、装出料机、塑胶机械等成套设备。

公司于2006年通过ISO9001:2000质量体系认证，2010年3月份换版升级为ISO9001:2008，2008年6月获得自营进出口经营权，D51系列扩孔机2009年通过欧盟CE产品认证。公司现有产品六大系列40多个规格，主导产品有：D51系列扩孔机、D52系列扩孔机、D53K系列辗环机；锻造操作机、锻造装出料机、锻造液压机等产品。公司共拥有国家专利10项，其中D53K全自动数控径轴向辗环机7项。2010年4月，D53K全自动数控径轴向辗环机通过了山东省经济和信息化委员会组织的新产品鉴定，其综合技术性能达到国内领先水平，填补国内空白。2010年9月，公司生产的D53K全自动数控径轴向辗环机被山东省经济和信息化委员会认定为“重点领域首台套”。

公司产品畅销全国，D51系列扩孔机、锻造操作机、D52系列、D53K系列产品出口印度、土耳其、缅甸、越南、俄罗斯等多个国家。其中作为大型辗环成套设备首次出口印度的2台D53K径轴向辗环机已经安装调试完毕，深受国外用户的好评。

公司将继续坚持“锻造一流产品，追求顾客满意”的经营理念，以“立足辗环、服务锻压”的经营方针，全心全意为锻压企业服务。

地址：山东省诸城市百尺河工业园　邮编：262217　电话：0536-6510558　传真：0536-6519018
销售部：0536-6510558　采购部：0536-6330266　网址：www.syjixie.com　E-mail：syjixie@syjixie.com

山东齐鲁华信实业有限公司

山东齐鲁华信实业有限公司于2004年3月30日注册成立，注册资本3621万元，属中石化集团公司齐鲁石化公司改制企业，企业性质为民营。主要经营：新型分子筛系列产品生产销售、助剂产品、化工科技服务、塑编包装物制品、设备制作安装、防腐设备与管道生产、销售、安装等。

2007年，公司成立了具有独立法人资格的全资子公司——山东齐鲁华信高科有限公司，注册资本3000万元。生产新型分子筛系列产品，广泛用于炼油工业和其他石油化工领域。公司拥有雄厚的技术力量和高素质的员工团队，拥有国际一流的工装设备、化验仪器和先进工艺，生产现场均采用自动化控制，实验装置配备齐全。中心化验室和综合试验装置能够承接各种新产品的研制和高档产品的生产。新型分子筛产品在国内外都具有广阔的市场空间和应用前景，在设计和生产过程中，广泛地采用了新技术、新工艺和新设备，使生产过程安全、环保、无污染。

公司坚持规范运作，加快发展，企业效益稳步上升，发展势头良好。目前，建成投产的三条新型分子筛生产线，具备年生产各种型号的分子筛1万吨的生产能力，已成功生产了择形、Y型和钛硅等多个产品，同时在汽车尾气治理等分子筛研制方面取得了突破性进展，成为国内较大的分子筛生产研发基地。公司2009年进入淄博市三十家创新成长型企业之一，连续被评为“淄博市周村区十强企业”被纳入周村区重点保护企业，获“市级守合同重信用企业”称号，公司已取得“对外贸易经营权”，获“山东省高新技术企业”称号，取得IS09001质量认证、IS014001环境认证和IS018001健康安全认证，企业信用等级为投资级。

山东齐鲁华信实业有限公司秉承“团结奉献、创新发展、诚信经营、追求卓越”的企业精神，靠创新的思路、扎实的管理、优良的产品、优质的服务，把企业做大做强，赢得社会的认可。

地址：淄博市周村区体育场路1号　邮编：255300　电话:0533-6860466

山东泰岱光伏科技有限公司

山东泰岱光伏科技有限公司是一家集拉晶、切片、组件、光伏系统工程和光伏应用产品的研发、制造、销售和售后服务于一体的高新技术企业，以优质高效的服务打造太阳能发电产品和系统整合专家。公司占地350亩，总建筑面积125640平方米，总投资5.9亿元，年产200MW硅片，200MW组件与光伏伺服系统集成。

企业已通过IS09001-2008国际质量体系认证，IS014000环境体系认证，光伏组件产品通过了CE、TUV、ETL、CQC、MCS等多项国际权威产品认证，并拥有现代化的质量检测中心、独立的科研开发机构与信息中心。2010年5月，公司被山东省经信委评为“山东省光伏太阳能行业技术中心”；2010年7月，在山东省人民政府主办的第四届绿色产业国际博览会上被评为“最具环境责任企业”。

泰岱光伏始终坚持“以市场为导向、以技术创新为支撑，创造产业优势”的发展指导思想，积极拓展“市场参与生产加工，技术引领市场销售”的经营战略，依靠科技创新全面推动产品创新和市场创新，做强做大企业。以科技为核心，以人才为依托，以市场为导向，以管理促发展，泰岱光伏将竭诚与同行业合作伙伴携手，让洁净能源走进千家万户，使人类共有的地球变得更加美丽。

地址：山东省东营经济技术开发区东八路75号　邮编：257091　电话：0546-8155866　传真：0546-8155199

济南庚辰钢铁有限公司

济南庚辰钢铁有限公司系股份制企业，位于济南市东城开发区北侧的郭店镇，西靠东绕城高速公路，南靠胶济铁路，北临济青高速公路和济南国际机场，地理位置十分优越。

公司始建于1970年，1984年被国家计委、经贸委确定为球墨铸铁专业化生产厂，2009年公司被国家工信部、中国铸协确定为全国优质铸造生铁基地试点企业。公司通过近几年不断地投入和升级改造，现在已经形成年产球墨铸铁100万吨、覆膜砂3万吨、酚醛树脂6000吨、剩余煤气发电4500万KWh的生产能力，已是我国目前规模最大的球墨铸铁用生铁专业化生产厂，也是山东省乃至华东地区唯一的集球墨铸铁用生铁、是铸造专用酚醛树脂、覆膜砂为一体的专业化生产厂，是全国汽车、机床、发动机、球墨铸管等行业优质球墨铸铁生产、供应基地。

公司主要客户有：中国重汽集团、中国二汽集团、上汽集团、时风集团、济南机床二厂、山东浩信铸造公司、济南玫德铸造有限公司、无锡桥联风电科技有限公司等。

公司坚持“质量为本，信誉第一，争创名牌，持续奋进”的质量方针，产品采用国际标准，并通过了ISO9001质量管理体系、ISO14001环境管理体系、18000职业健康安全管理体系的“三合一”认证和计量确认，公司坚持“以人为本、客户至上、诚信经营、回报社会”的核心价值观，坚持科学、和谐发展观，立足于循环经济发展和服务于社会，努力建设资源节约型和环境友好型企业。

地址：济南市历城区郭店三区70号
邮编：250109
电话：0531-88281600
传真：0531-88991363
网址：www.jngc.cn

枣庄通晟实业有限公司

枣庄通晟实业有限公司前身是山家林煤矿，2004年改制成立。现已形成煤炭生产加工销售、特种钢冶炼、煤矿机械制造、锻造、物资流通等为主的多元化发展新格局。下辖枣庄通晟恒力机械制造公司、枣庄通晟劳务输出公司、枣庄远东实业开发总公司、枣庄通晟液压机械分公司、枣庄远东工贸公司等。自2007年停止煤炭生产后，该公司坚持外部煤炭开发，本部集中精力发展非煤产业，并形成以单体液压支柱、液压工程缸体、大立柱、锻造件、标准件、矿井通风防尘等“晟强”牌系列产品280余种，2007年与山东大学材料学院联合成立山大-通晟锻造机械联合研究室，企业技术中心被山东省认定为省级企业技术中心，企业先后通过了ISO9001:2000质量体系认证、ISO10012:2003测量体系认证，并取得了煤安标志和生产许可证，产品销往全国20多省份，部分产品远销美国、加拿大、韩国、西亚、南亚等国家和地区。

目前，在煤炭开发方面，劳务输出公司下属三个项目部，分别承包济宁蔡园矿以及临沂矿业集团田庄矿、济宁七五煤矿采掘工程项目。拥有洗煤厂一座，年加工、销售精煤在20万吨以上。在机械制造产业方面，已形成了特种钢、锻造、液压传动等“三大产业链”的格局。单体液压支柱、悬浮式液压支柱、冷拔管材年生产能力达15万棵，并形成了制造、维修、租赁一体化的发展的新局面；公司拥有630-4000吨摩擦压力机生产线5条，已成为鲁南地区有较强实力和影响力的煤矿机械、汽车、火车配件、外贸等锻造产品专业生产厂。

公司成立以来，先后被授于山东省文明单位、枣庄市和枣庄矿业集团公司文明单位、文明煤矿、基层党建先进集体、先进基层党组织、思想政治工作优秀企业、先进党委、“五好”班子等荣誉称号，被煤炭局、省煤矿安全监察局评为国有重点煤矿安全管理A级资质矿井、安全程序评估A级矿井、安全质量标准化一级矿井、一通三防示范矿井，枣庄市A级纳税信用等级企业、市级重合同守信用企业。

工业园外景
冷拔管生产线

通晟工业新园外景

地址：枣庄市薛城区山家林　邮编：277011　电话：0632-4093269　传真：0632-4093030　网址：www.zztssy.com

祥光铜业有限公司

XIANGGUANG COPPER CO.,LTD.

祥光铜业为年产40万吨阴极铜的大型冶炼工程项目，是世界上继美国肯尼柯特公司之后，第二座采用闪速熔炼和闪速吹炼工艺的铜冶炼厂。项目引进了国际上最先进的铜冶炼技术和装备，是当今世界上技术最先进、安全、环保、节能、高效的现代化大型铜冶炼厂之一。

祥光铜业一期20万吨阴极铜工程已全面达产达标，二期工程预计2011年建成投产。通过对“双闪”铜冶炼技术的引进、吸收、消化、再创新，使生产工艺更加优化，产能提高50%，可实现年产阴极铜60万吨、黄金20吨、白银600吨、硫酸170万吨，其他稀有金属1000吨的目标，成为世界上单系统最大，技术最先进、节能、环保、高效的绿色生态铜冶炼企业。

董事长刘学景(中)在国家环境友好工程颁奖大会上接受奖牌

公司先后被国家发改委列入第一批符合《铜冶炼行业准入条件》的七家企业之一，被国家环保部评为十家“国家环境友好工程”之一，被国家商务部、海关总署列入获准铜精矿加工贸易的七家企业之一。

目前，公司已拥有自主知识产权的专利技术20多项，两项科研成果获得中国有色金属工业科学技术一等奖，“祥光绿色生态铜冶炼工艺及关键技术研究与应用”项目获得山东省科技进步一等奖，被认定为高新技术企业。2009年12月10日，“祥光”牌高纯阴极铜在上海期货交易所注册成功。

祥光铜业坚持自主创新与引进技术相结合，以科技促环保，走出了一条绿色环保、生态文明、可持续发展之路。而今，她正用实践诠释着自己的理想与责任——推动铜冶炼技术进步，谱写绿色发展新篇章。

地址：聊城市阳谷县石佛镇祥光路1号　邮编：252327　电话：0635-6555005　传真：0635-6555001　网址：www.xiangguang.com

与时俱进的——山东里彦发电有限公司

总经理　陈美涛

山东里彦发电有限公司位于孔孟之乡——济宁市。公司固定资产25亿元，总装机容量58万千瓦。两台60万千瓦煤炭地下气化发电机组前期工作正在加紧进行并已取得突破性进展。

公司自1995年成立以来，紧紧围绕可持续发展的战略目标，坚持依靠科技进步，努力创新发展机制，提高发展质量，节约型、环境友好型企业建设卓有成效。目前，企业已形成以电力为龙头，集水泥、蒸养砖绿色建材为一体的循环经济产业链，在全国电力行业中率先实现粉煤灰零排放，被评为“国家一流电力企业”，经济效益大幅度增长,经济实力不断壮大，整体工作全面发展。

公司先后荣获全国“五一劳动奖状”、“全国文明单位”、先后两次荣获“集体一等功”、“全国设备管理优秀单位”等20多项荣誉称号。2003年通过质量管理体系、环境管理体系和职业健康管理体系认证，2008年顺利通过省级安全标准化验收，荣获“安全生产标准化二级企业”和“山东省电力行业安全生产先进单位”。被省国资委、省企业联合会授予“省企业管理现代化创新成果一等奖”。2001年至2008年连续八年获得省级设备管理优秀单位。

“十二五”期间是公司实现二次创业、承上启下的关键时期，也是实现大发展、大跨越的重要时期。两台大机组建成投产后，公司将拥有200万千瓦的总装机容量，电力生产结构进一步优化，能源消耗和发电成本进一步降低，循环经济产业链进一步壮大，市场竞争力大幅度提高。公司将发展成一个经济效益可观、整体经济实力较强的大型电力企业，为山东经济文化强省建设做出更大的贡献。

地址：山东省邹城市太平镇　邮编：273517　电话：0537-2910789　传真：0537-2910088

山东泓达生物科技有限公司

山东泓达生物科技有限公司始建于2004年，是以薯干为原料生产乙醇及下游产品的高新技术企业。位于沂水县经济开发区腾飞路西段，注册资本5000万元人民币，占地面积10余万平方米，拥有员工600余人。其中拥有高级职称专业人才10人，中级以上职称专业人才54人，其他专业技术人员181人。至2009年底，公司拥有总资产32000万元，其中固定资产18000万元。2009年实现收入51200万元，上缴税金1800万元。现公司主导产品为乙醇、无水乙醇、乙醛、食品级冰乙酸、食品级二氧化碳、蛋白饲料、胺类产品等，年综合生产能力20万吨。产品远销全国十几个省、市、自治区，赢得了广大用户的信赖和欢迎。

近年来，企业先后被授予"中国酒精制造业百强企业"、"山东省高新技术企业"、"山东省循环经济123工程园区企业"、"山东省发酵工业龙头企业"、"山东省清洁生产示范企业"、"山东省农业产业化重点龙头企业"、"山东省企业技术研发中心"、"山东省诚信企业"、"山东省教育培训先进单位"、"山东省优秀民营企业"、"山东省节水型企业""山东省循环经济示范单位"等荣誉称号。

地址：临沂市沂水县工业园 邮编：276400 电话：0539-2237968 传真：0539-2237691 网址：www.sdhongdajt.com

黄河三角洲上的璀璨明珠——

滨州华隆生物工程有限公司

公司位于无棣县经济开发区，子公司3个，分公司3个，注册资金13800万元，员工867人，公司资产总额32555万元 。

公司主营业务为加工销售特种水产饲料，"鸿达"、"雨露"牌是山东省"著名商标"。目前投资5亿正在建设水产苗种繁育、标准化养殖、水产食品加工的集成与示范园区。

董事长 张奎璇

公司先后荣获省"农业产业化重点龙头企业"、"优秀龙头企业"、"诚信企业"、"扶贫龙头企业"、"村企互动示范企业"、"农产品加工骨干企业"、"科技创新企业"、"重合同守信用单位"、"信用AAA级企业"等荣誉称号。 公司是中共中央组织部党建定点联系企业，"中华全国工商业联合会会员"；是国家、省、市、县饲料工业协会会员单位。

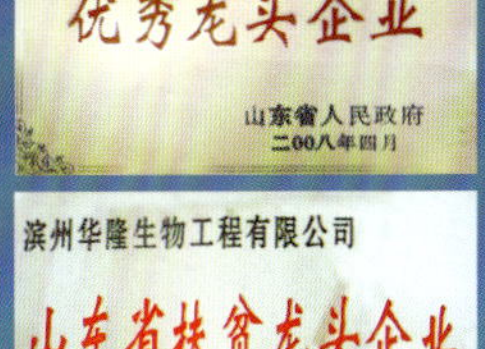

公司建有省级企业技术中心，与中国水产科学院、中国海洋大学、中国农业大学等多家院校、院所建立了合作关系 。公司通过了质量、环境、职业健康安全管理体系认证，拥有自营进出口权。

滨州华隆生物工程有限公司
山东省扶贫龙头企业
山东省扶贫开发领导小组办公室
二零零九年八月二十五日

山东省诚信企业

地址：滨州市无棣县经济开发区 邮编：251900 电话：0543-6855588 6855787 传真：0543-6588888 网址：www.sd-hl.cn

烟台百思特炉管厂

团结奋进的公司领导班子

烟台百思特炉管厂成立于1998年，是从事高温合金离心铸管及高温合金精密铸件的著名企业。主要生产石油化工乙烯裂解炉炉管、制氢转化炉炉管、过热蒸汽炉炉管，冶金轧钢生产线炉辊和辐射加热管，平板玻璃生产线托辊。产品的主要用户是中石化、中石油、中海油企业，首钢、武钢、鞍钢等各大钢铁企业；是中石化、中石油、中海油资源市场成员单位；部分产品销往美国、英国、日本、哈萨克斯坦、印度尼西亚等国家，获得一致好评。

企业拥有一支从事本行业二十多年经验的管理和技术团队及生产骨干，积累了丰富的生产经验。并长期与大连理工大学、中科院沈阳金属研究所结合以保证企业的不断发展。工厂生产装备精良、检测设备齐全，主要重点设备从国外进口。

企业分别获得国家多个部委颁发的“国家重点新产品证书”。工厂被山东省科技厅认定为“山东省高镍铬耐热合金工程技术研究中心”，“山东省高镍铬耐热合金企业技术研究中心”，被山东省多个厅局认定为“重点高新技术企业”，被国家科技部认定为“国家火炬计划重点高新技术企业”，并在全国首批获得国家科技型中小企业创新基金支持。工厂建立、健全了质量保证体系，于1999年通过了ISO9002质量体系认证，并于2009年通过了GB/T19001-2008/ISO9001-2008质量体系、GB/T24001-2004/ISO14001-2004环境体系、GB/T28001-2001职业安全、健康三体系认证。

地址:烟台市牟平区政府大街776号　邮编：264100　电话:0535-4253505　传真:0535-4222927　网址：www.ytbest.cn

山东十方环保能源股份有限公司

山东十方环保能源股份有限公司是中国资源综合利用协会可再生能源专业委员会副主任委员单位、中国环保产业骨干企业、山东省高新技术企业。

公司主要从事生物质能源的综合利用，包括生物质垃圾处理、生物质能源综合利用项目的投资、建设和生产以及CDM项目的开发等。

公司拥有专利十余项，多次获得国家、省部级科技成果奖。公司与清华大学联合成立了“清华—十方环境与生物能源工程研发中心”。公司承担了国家“九五”、“十五”、“十一五”、“863”重大科技专项等多项国家攻关课题。

目前，公司在全国各地投资建设、运营管理十几项填埋气发电、生物天然气、生物质垃圾无害化处理和综合利用项目，其中已投产运营的生物能源项目主要有济南垃圾填埋气发电项目、辽宁铁岭生物质天然气项目、内蒙古通辽生物天然气项目、博兴生物质天然气项目、莒县生物质天然气项目；正在投资建设的项目主要有辽宁抚顺垃圾填埋气精制天然气项目、广东省汕头垃圾填埋精制天然气项目、山东苍山蔬菜垃圾处理综合利用项目等。所建项目取得良好的社会效益和环境效益。

地址：山东省济南高新技术开发区天辰大街1151号　邮编：250101

电话：0531-83178526 83178536　传真：0531-83178568　网址：www.china-shifang.com

ORiON 山东欧龙电子科技有限公司

山东欧龙电子科技有限公司于2006年9月26日在山东省潍坊高新技术产业开发区注册成立，是一家专门从事集成电路设计、测试和封装以及光电产品研制生产的高科技企业。公司拥有潍坊市唯一的省级集成电路设计中心，2008年度获得潍坊市高新区“科技进步先进企业”称号，2010年9月被认定为国家级高新技术企业。2010年公司注资成立了潍坊智慧物联网研究院。

公司的发展目标为：立足潍坊高新区，突出集成电路研制生产优势，成为亚洲领先的64位处理器芯片及RFID芯片设计生产应用中心，引领电子信息系统发展潮流。

公司产品有处理器芯片、RFID芯片、SIP系统级芯片、高端电源模块、无线通讯模块、总线测试系统等。主要应用于国防工业和消费电子等领域。随着我国航空航天事业和物联网产业的高速发展，公司产品应用前景非常广阔。

在潍坊市委市政府及高新区各级领导的大力支持下，公司投资建设的“欧龙科技园”已于2008年8月完成一期建设并投入使用。公司在园区内相继投资建设了集成电路设计中心、光电技术产品设计生产中心、物联网应用设计中心、陶瓷芯片万级洁净封装生产车间、SIP芯片万级洁净封装生产车间，并投入生产运营。

欧龙公司集成电路设计中心封装生产线的建设及物联网研究院的成立，是以解决关键技术问题，实现高性能、高可靠性、低成本产品为目标，这对于打破国外对我国的技术封锁，推动我国具有自主知识产权高科技产品的发展具有重大意义。

地址：山东潍坊高新区金马路北首欧龙科技园
邮编：261061　　网址：www.sdolong.com
电话：0536-8069291　传真：0536-8069291

山东新阳能源有限公司

山东新阳能源有限公司始建于2005年元月，由新汶矿业集团有限责任公司投资8.1亿元人民币建设，2007年7月竣工试生产，2008年8月正式投产，是新矿集团建企50年来自行设计、自行施工、自行建设的第一对矿井，公司现有员工1700人。是山东煤炭工业“十一五”规划开发的黄河北煤田之一。

公司经理　任立民

新阳能源矿井采矿权面积49.5平方公里，共有8个可采煤层，煤层平均厚度为1.2米，属薄煤层矿井，地质储量3.1亿吨，可采储量8800万吨。矿井设计生产能力为每年45万吨，服务年限约87年；改造后年产量可达100万吨以上。

2010年，公司矿井实现销售收入4.7亿元，利税 1.3亿元。保持了连续六年安全生产的记录。矿井建设工程被中国煤炭建设协会和煤炭工业建设工程质量监督总站评为煤炭行业优质工程和“太阳杯”工程，被省国资委命名为“省级文明单位”，被省煤炭工业局命名为“安全质量标准化一级矿井”、“瓦斯治理示范矿井”称号。被山东省煤矿安全监察局评为“煤矿安全程度评估AAA级矿井”。被省工会评为“山东省先进工会”，被省卫生厅命名为“职业健康防治”示范企业。

公司自投产以来，按照循环经济发展模式和建设生态型矿井的总体思路，坚持以科学发展观和安全发展观为指导，以“安全开采、科学发展、和谐发展”为目标，着力打造资源节约型、安全高效型、生态环保型现代化矿井。配套建设投运了装机容量30MW的济阳热电厂和年产1.2亿块标准砖的新阳广厦矸石砖厂，形成了“煤-电-建”产业链，推动了资源循环利用，节能减排，集约发展。

地址：山东省济南市济阳县崔寨镇　邮编：251401　电话：0531-84585147　传真：0531-84586999

山东天一液压科技股份有限公司

山东天一液压科技股份有限公司，成立于2002年，总资产2.2亿元。系国家级高新技术企业，军工产品质量体系认证企业，具有武器装备科研生产三级保密资格，系武器装备科研生产许可单位。公司下设装载机油缸、挖掘机油缸、高压硬管、汽车起重机油缸四个事业部。主导产品为装载机、挖掘机中、高压系列液压油缸，系列液压硬管等产品。公司拥有从美国、日本、韩国引进的先进设备和产品检测工艺，为产品研发和改进以及产品质量的提升奠定了基础。

公司是中国液压油缸行业国家级重点龙头企业，产品达100多个品种，同时可根据用户要求设计各种成套液压自动控制设备及非标准大型液压油缸和液压元件。公司产品销往30多个国家和地区，产品主要配套沃尔沃山东临工、上海龙工、山工、蒙凌、烟台斗山大宇（韩资）、卡特重工、山东众友、淮北矿务集团等企业。

2003年9月，公司具有完全自主知识产权的“节能环保型液压油缸产品”通过国家工程机械质量监督检验测试中心验收；至今，公司已拥有十二项国家专利技术，并开发储备了三项新技术产品，其中深孔液压滚压机属替代进口产品。2007年9月，“节能环保型液压油缸”获得国家火炬计划项目证书（2006GH051155）。2007年，公司被列入为国家火炬计划重点高新技术企业（国科火字2007H24号）。2009年5月，数控液压活塞杆镗铣床项目产品通过山东省机床及通用机械质量检验站检测验收。2009年12月，公司被列入国家武器装备科研生产三级保密资质单位，2010年3月，公司顺利通过了GJB9001A质量管理体系认证及ISO9001-2008质量管理体系换版工作。2010年，公司通过省级企业技术中心认定。

地址：临沂市河东区工业园凤仪街2033号　电话：0539-8385876　传真：0539-8381088　网址：www.tyyycn.com

山东省公路建设(集团)有限公司

山东省公路建设（集团）有限公司，主要从事公路、独立桥梁、隧道的建设和经营，道路及桥梁检测，普通机械、配件及所需工程材料的生产和销售，交通安全设施、收费设施及电视监控设备的安装，对外工程承包、工程项目投资，以及与上述活动有关进出口等业务；承包境外公路、桥梁工程和境内国际招标工程；上述境外工程所需的设备、材料出口，对外派遣实施上述境外工程所需的劳务人员；房屋租赁、机械设备租赁业务。集团公司前身是山东省公路工程总公司，2005年3月经山东省国有资产管理委员会批准进行整体改制。

集团公司具有建设部颁发的公路工程施工总承包特级、公路路基工程专业承包壹级、公路路面工程专业承包壹级、桥梁工程专业承包壹级以及公路交通工程专业承包交通安全设施等资质，取得GB/T19001质量管理体系、GB/T24001环境管理体系和GB/T28001职业健康安全管理体系认证证书。集团公司注册资本金3.5亿元，由集团公司工会、美国海了瑞集团与山东省国有资产投资控股有限公司共同出资设立，投资总额10.5亿元。集团公司拥有14家分公司，职工3000余人，各种大型设备1350余台套。

作为山东省公路建设的龙头企业，集团公司不但承担了大量省内重点公路建设项目，已竣工国家重点高速路桥项目2000余公里，而且把业务拓展到全国各地并走出国门，相继承建了巴基斯坦和蒙古国公路工程。集团公司工程履约率和合格率均保持100%，在全国树立起“山东公路”的品牌形象，承建的潍莱高速公路、化临高速公路分获交通部优质工程奖，参建的小许家立交桥荣获“山东省工程质量奖”。

集团公司不断发展和完善国际合作，实施“以技术创新带动产业发展”策略，由公路施工企业发展成为集公路工程新材料生产与研发、公路养护、工程设计与咨询、石油炼化、燃油销售、BOT项目运营等为一体的大型产业集团。品牌筑就辉煌，实力成就未来，集团公司全体职工发扬顽强拚搏的团队精神，满怀信心地创造着更加美好的未来。

地址：山东省济南市经十路3366号　邮编：250102　电话：0531-80959318　网址：www.sheg.com.cn

中国工商银行 山东省分行营业部

中国工商银行股份有限公司山东省分行营业部前身系工商银行济南市分行，始建于1984年。多年来，在社会各界的支持下，中国工商银行山东省分行营业部始终坚持科学发展，坚持依法合规经营，优化信贷资源配置，强化优质服务，加快业务创新，增强综合实力，在积极支持地方经济发展的同时，自身也实现了“规模、质量、效益”的协调发展，形成了工行与社会共同进步，工行与客户效益双赢，员工与工行同步成长的和谐发展局面，现已成为营业网络完善、业务种类齐全、服务手段先进、具有雄厚实力的现代化国有商业银行。

二十多年来，济南工行深深植根于齐鲁大地，依靠社会各界和广大民众的支持，坚持与时代同行，始终坚守“工于至诚，行以致远”的企业价值观。伴随着济南市经济的快速发展，济南工行从无到有，由弱到强，已经发展成为济南市首家资产规模和存款余额均突破千亿元的商业银行。

今天的济南工行金融产品齐全，除传统的存贷汇业务外，面向个人客户开办了理财、银行卡、贵金属、基金、黄金积存、三方存管、代理保险等众多服务品种，为企业客户提供包括贸易融资、现金管理、资产托管、企业理财等在内的一揽子综合金融服务，并帮助企业拓宽融资渠道，做好短期融资券、中期票据、银团贷款、信贷资产证券化等业务，配合企业实施“走出去”战略，积极拓展内保外贷和海外并购贷款业务，满足了客户多样化的金融需求。在做好结算服务、产品服务的同时，济南工行构建了由电话银行、网上银行、手机银行组成的电子化金融服务体系，提供24小时不间断服务，客户足不出户即可办理除现金存取以外的大部分银行业务。

济南工行始终以客户满意为最终目标，不断推进服务创新，凝聚出“金融服务无间隙、金融服务总管家、金融服务终点站”的全新服务品质，实现了从微笑服务到增值服务的转变，获得了客户认可。同时，根据金融服务需求的变化，按照差别化、个性化服务的要求，济南工行对网点实施分类管理，构建了以财富管理中心和贵宾理财中心为核心，理财网点为基础，金融便利店和离行式自助银行为补充的多渠道、分层次服务网络，使客户办理业务更加方便快捷。

您身边的银行 可信赖的银行 24小时全国电话服务热线：95588 网上银行：http://www.icbc.com.cn

鲁丰织染有限公司

公司开业典礼

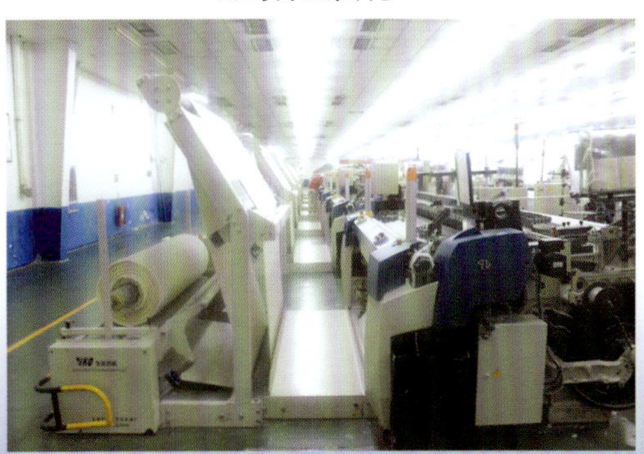

织布车间

鲁丰织染有限公司是鲁泰纺织股份有限公司与香港联业制衣有限公司合资成立。公司投资总额为72689万元，注册资本为48616万元，其中鲁泰公司占75%，香港联业公司占25%。公司主要生产经营高档匹染面料。

公司拥有从瑞士、日本、德国、意大利等国家和地区引进具有世界先进水平的整经机、浆纱机、喷气织机、烧退煮漂联合机、丝光机、染色机、拉幅机、液氨整理机等生产设备800多台（套），可年生产高档匹染面料6000万米，产品具有质量好、附加值高、花色品种多、绿色环保等特点，产品90%以上销往美国、欧盟、日本等30多个国家和地区，有多个产品在国际国内市场上处于绝对领先水平。

公司始终坚持“对社会负责，对国家负责，对员工负责，对股东负责”的宗旨，以“创造财富，奉献社会”的发展理念，实现稳妥、快捷、持续的发展。始终坚持“以品质和服务赢得客户，与客户共发展”的经营理念，“以市场为导向，以客户为中心”，注重新产品、新技术的研发和自主知识产权建设，公司技术人员近三年共完成新产品、新技术77项，技术革新项目480项。其中NG XLA免熨烫弹力面料经姚穆院士等9位专家鉴定为“国际先进”产品，并获得纺织工业协会科技进步奖三等奖；不上浆织造技术、高弹力液氨免烫面料等31个项目被列为山东省技术创新项目。公司共申报、受理专利29项，其中发明专利7项；拥有授权专利15项。大大提升了公司的自主创新能力，提高了企业的核心竞争力。公司将继续以开放求新的姿态抢抓机遇，谋求发展，应对和克服挑战。在不断创新中实现超越，在赢得竞争中谋求发展，在持续发展中创造未来！

地址：淄博市淄川区胶王路北 邮编：255100 电话：0533-5418902 传真：0533-5439352 网址：www.lttc.com.cn

山东泰华路桥集团

董事长、总裁　赵学政

山东泰华路桥集团创立于1998年，主要从事公路桥梁市政工程施工、设备租赁、交通设施制作、安装、汽车维修营销，海水养殖加工营销、海洋食品研发、冷藏保鲜、农业产业研发、房地产开发，园艺绿化工程设计及施工，室内装修，建材、装饰材料、五金交电、化工材料的销售，物业管理、工业园管理、石子厂开采等。注册资金14600万元，拥有资产10多个亿，机械设备1000多台/套，取得了建筑企业公路工程施工总承包一级资质、山东省安全生产许可证、市政二级资质，绿化二级资质，工程检测乙级资质和计量认证资质，汽车维修二级资质，省一级档案室，物业管理三级资质，通过了ISO9001质量管理体系、ISO14001环境管理体系、GB/T28001职业健康安全管理体系、食品安全管理体系ISO22000:2005、IQNet国际联盟认证，具备了年完成10亿元以上工程任务以及其他产业链发展的实力。

集团先后被省交通厅评为"加快公路建设先进单位"，"公路建设优秀施工单位"，连续四年被授予"先进公司"称号，多次荣获省市"五一劳动奖状"，省市级"文明单位"，烟台优秀职工思想政治工作研究会，纳税先进单位，省市级"守合同重信用企业"，省质量管理奖，烟台市履行社会责任示范企业，山东省AAA级优秀信誉企业，董事长被授予山东省诚信企业经营者，第七届中国农村十大致富带头人。

泰华集团将紧跟时代潮流，积极创新管理机制，打造全新的泰华集团形象，努力建设产业结构多样化，研制开发系列化，生产加工标准化，规模集团化，市场营销品牌化，生产经营多元一体化的现代工业、农业经济、蓝色海洋经济产业企业。

团结奋进的集团领导班子

地址：烟台市莱山区轸大路3001号　邮编：264003
电话：0535-6713059 0535-6713036 0535-6713049
传真：0535-6711736　网址：www.sdthlq.com

千年大运河　万家古贝春

古贝春集团有限公司

古贝春集团有限公司始建于1952年，地处鲁西北平原，京杭大运河畔。承鲁酒千年历史，酿五粮现代精华。占地面积98公顷，拥有现代化大型酿酒车间10万平方米，灌装车间5万平方米，流水线20条，年生产优质白酒能力10万吨。是一家集产、学、研、发为一体的全国纯粮食酒重点生产厂家。公司坚持"一业为主，多元发展"经营战略，在做大做强白酒主业基础上，不断拓展新领域，经营范围涉及热电、生物科技、环保建材、房地产开发、金融服务等业务，形成了优势互补、绿色环保的良性循环发展格局。企业先后被授予全国五一劳动奖状、中国白酒工业百强企业、全国守合同重信用企业、全国质量效益型先进企业、全国低度浓香型白酒八大企业之首、全国青年文明号、全国工业旅游示范点等荣誉称号，目前已成为长江以北最大五粮浓香型白酒生产基地。

白酒生产目前已形成浓香、酱香、兼香齐全，古贝春、古贝元、国蕴三大主导品牌，高、中、低档兼备的产品格局。古贝春商标系中国驰名商标，古贝春牌被认定为中华老字号、中国白酒十大著名品牌，古贝春酒被指定为国务院机关事务管理局特供酒，被国家商务部公示为第六届中国名酒。低、高度古贝春酒在全国浓香型白酒质量普查鉴评中分获第一名、第二名，古贝春百年老窖产品获"联合国千年金奖"；酱香型古贝元酒在第29届布鲁赛尔世界优质酒类评选大奖赛上获金、银奖，在全国首届食品博览会上获金牌奖；国蕴产品获"联合国千年优秀奖"，古贝春品牌价值达80亿元。

公司目前拥有国家级评酒委员3人，国家级酿酒师3人，山东省首席技师1人，省级评酒师7人，中级以上职称及本科以上学历人员500多名。建成山东第一家白酒文化馆、长江以北最大机械化酿酒车间、最大地下藏酒库。古贝春科研技术中心被纳入中国白酒169计划协作单位、国家人事部批准博士后科研工作站、国家发改委扶持酒类研发服务平台和省级企业技术中心、省级食品质量监测中心。

古贝春集团有限公司董事长、总经理周晓峰是第十一届全国人大代表、全国五一劳动奖章获得者，先后被授予中国酒类流通优秀企业家、中国发展民族产业十大功勋企业家等称号。在周晓峰先生的带领下，公司将坚持"创国优名牌，办大型企业"的发展方向，同舟共济，锐意进取，向打造中国古贝春酒城迈进！

地址：山东省武城县古贝春大街西首　邮编：253300　电话：0534-6285999 6517902　传真：0534-6285999

SDMJ 山东天鹅棉业机械股份有限公司

山东天鹅棉业机械股份有限公司，是一家拥有60多年历史，以生产棉花加工成套设备为主业、集科、工、贸与一体的现代化股份制企业，资产总额5亿元，主营收入近4亿多元，利税过千万元，是国内棉机行业的龙头企业。承担过“十一五”、“863”、“火炬计划”等多项国家课题项目，是国家科委认定的新技术依托单位，山东省高新技术企业。

天鹅棉机公司以“铸就中华棉业机械装备制造业为己任”为使命，“打铸国际棉业机械装备第一品牌”为愿景，把握市场脉搏，依托技术优势，创新服务模式，实施品牌战略，各项经济指标处在行业排头兵地位，并稳步向国际市场迈进。“天鹅”牌系列产品获得了“全国供销合作社名牌产品”“山东省名牌产品”“山东省著名商标”等称号。公司连续多年获中国质量协会“全国实施卓越绩效模式先进企业”、全国供销系统“先进集体”、“重点龙头企业”、省级“劳动关系和谐企业”、中国“保护消费者杯”等称号。

公司党委书记、总经理魏华获全国“五一劳动奖章”称号，山东省“富民兴鲁”劳动奖章、“山东省职工道德十佳标兵”“全国商业优秀创业企业家”、“众德杯”中国合作经济年度人物、“优秀党务工作者”等称号。

公司拥有遍布全国的销售、服务、配件网络体系，国内市场占有率连续十年保持在70%以上。产品还销往亚洲、美洲、非洲、大洋洲的二十多个国家和地区，设立了香港、印度、乌兹别斯克斯坦、马里四个国际办事处。“天鹅棉机”在国际市场取得了很高的知名度和美誉度。

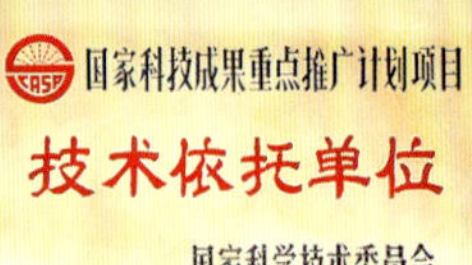

地址：山东省济南市天桥区泺口东村十区400号
邮编：250032
电话：0531-85704094　85702114
传真：0531-85704882
全国免费电话：4008814800
网址：ww.sdmj.com.cn

STRONG JCM 山重建机有限公司

STRONG CONSTRUCTION MACHINERY CO.,LTD

山重建机有限公司是山东重工集团全资子公司，省属国有企业。是集山推股份有限公司和山东众友工程机械有限公司挖掘机业务优势，承载着山东重工集团挖掘机事业壮大的使命而设立的。主营业务是工程机械、农业机械整机和配件及微电子产品的研究、制造、销售、租赁、维修；自营、代理商品及技术的进出口业务；液压油、润滑油的销售；挖掘机操作与维修培训。

公司现拥有临沂、济宁两个生产基地，面积72万平方米，总投资50亿元。设计能力年产挖掘机20000台，制造能力和水平在业内名列前茅。主导产品为JCM和GC两条产品线，其中JCM产品从6吨到36吨共11个规格，GC产品从0.8吨到68吨，共25个规格。两条产品线的市场覆盖率均在90%以上。

公司大力实施人才战略，倡导以“包容、沟通、责任”为核心内容的人文环境，打造有志之士展现才华和实现人生价值的舞台，聚集了一批业内优秀人才。

山重建机的核心理念是“责任重于泰山”。“使命感、成就感、归属感、社会责任感、民族责任感、历史责任感”是核心理念的诠释。

山重建机的品牌宣言是“信诺如山，品鉴优重”。公司把对客户、合作伙伴，对社会的承诺看得像泰山一样庄重。

我们坚信，有山东重工集团这样一个强大事业平台的支持，凭借集团公司的产业协同优势，山重建机一定能书写出山东重工集团挖掘机事业板块的辉煌篇章！为打造全球领先、拥有核心技术、可持续发展的装备制造集团做出积极的贡献。

山重建机愿携手客户、合作伙伴共创辉煌的未来。

地址：山东省临沂市经济开发区滨河东路北高新园南端　邮编：276023　电话：0539-8152370　网址：www.strongest.cn

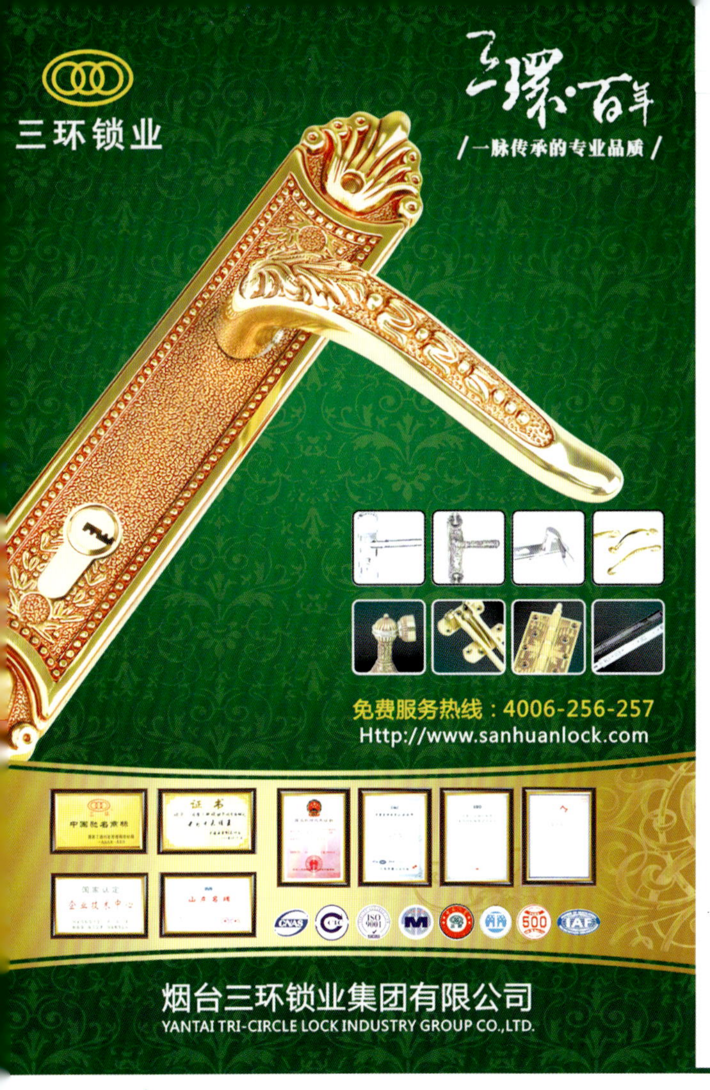

烟台三环锁业集团有限公司始建于1930年，经过80年艰苦奋斗历程，特别是经改革开放和市场经济的考验和洗礼，企业已由默默无闻的小五金作坊，发展成为一个国内领军，亚洲称雄，世界驰名的大型专业化制锁企业集团。公司注册资本6000万元，占地面积34.08万平方米，建筑面积15.13万平方米，职工近3000人，其中工程技术人员289名，公司下设10个子公司、1个分公司、1个跨国公司、一个国家级技术开发中心，公司技术装备、管理水平、科技力量、开发能力、经济指标一直在全国同行业名列前茅，其规模、效益、市场占有率、出口创汇均居全国同行业首位，是中国五金制品协会制锁分会理事长单位。

公司拥有锁业加工、电镀、印刷、有色金属炼铸等四个行业，生产经营挂锁、门锁、防盗门、保险箱（柜）及轿车锁等六个系列并以指纹锁为领先标志的机械、机电联控、智能、生物识别四个量级的近200多个花色品种，畅销世界180多个国家和地区及全国31个省、市、自治区。2010年实现销售收入116266万元，比上年增长44.1%；实现利税7055万元，比上年增长23.9%。

三环牌锁具曾荣获无数国内外奖项，包括全国锁具行业唯一国家金质质量奖，连续两届蝉联“中国锁王”称号，中国“驰名商标”、“国家免检产品”、“中华老字号”、“中国轻工思想政治工作优秀企业”、“中国优秀制锁企业”、“中国工业行业排头兵企业”、“中国制造行业排头兵企业”、“中国日用五金行业杰出企业”、“中国五金制品协会先进企业”，“山东省建国六十周年功勋企业”、“山东名牌”、“省级重合同守信用企业”，“山东省重点培育和发展山东名牌企业”、“山东省轻工行业50强”等等。

胜利油田胜利工程建设(集团)有限责任公司

胜利油田胜利工程建设（集团）有限责任公司拥有公路工程、房屋建筑工程、水利水电工程、市政公用工程施工总承包壹级；机电安装工程、化工石油工程施工总承包贰级；地基与基础工程、建筑装饰装修工程、钢结构工程、公路路面工程专业承包壹级；消防设施工程设计与施工一体化壹级；公路、装饰、工程勘察乙级等11项施工资质和4项设计资质。同时具有对外经济合作经营资格、对外援助成套项目实施企业A级资格和进出口企业经营资格。

公司具有高等级公路、大型桥梁、大型高层工业与民用建筑、大型水库、大型污水处理厂、净水厂、海堤、码头、建筑装饰、电梯安装、机电安装、石油化工工程、消防工程、钢结构工程、园林绿化、建筑智能化工程等综合施工能力和境外工程总承包、境内国际招标、相关设备和材料出口、外派劳务、建材生产等综合经营能力。

公司始终发扬“更实、更高、更远”的企业精神，坚持“百年大计、客户至上”的经营宗旨和“以人为本、文化制胜”的经营理念，在质量、工期、服务、管理等方面赢得了社会各界好评。

公司先后荣获山东省质量管理奖、中国500家最大规模和最佳经济效益企业、中国建筑施工企业一百强、全国优秀施工企业、“八五”全国建设管理先进单位、全国“守合同、重信用”企业、全国工程建设质量管理先进单位、建筑行业AAA信用企业、银行信用AAA级企业、税务管理AAA级企业、国际声誉质量奖等荣誉称号。1995年公司通过了质量、职业安全健康、环境三体系整合认证。进入“十二五”以来，公司以打造“技术领先、管理先进、专业突出、人才精尖、装备精良、核心竞争力强”的知名建设企业为愿景，加快推进技术现代化、管理科学化、经营国际化战略目标的实现。

公司愿以一流的质量、一流的技术竭诚为广大客户服务。

地址：山东省东营市北二路222号　电话：0546-8552462　传真：0546-8551283

山东八一轮胎制造有限公司

山东八一轮胎制造有限公司是集全钢载重子午线轮胎研发、制造于一体的大型现代化企业。项目建设充分体现了科学发展的指导思想，是八一煤电化公司“煤-水煤浆-热电-轮胎-输送带-胎圈钢丝”循环产业链条中的重要环节，并辐射了塑料薄膜、钢帘线、炭黑和车轮制造等行业领域。

公司计划总投资22亿元，分三期工程建成年产360万套全钢载重子午胎的生产线，项目达产后可实现年工业收入50亿元。一期工程于2005年10月开工建设，现已具备年产120万套全钢载重子午胎的制造能力，生产有内胎和无内胎共11种规格、15个花纹、60多个品种的产品。公司二期工程现已启动，并计划在2011年内启动三期工程，最终达到年产360万条全钢子午胎的生产能力。公司产品销往全国各地及美国、中东、东南亚、非洲、前苏联等33个国家和地区，并与一汽、柳汽、陕汽和济南重汽等国内知名载重汽车生产厂家提供配套业务。

公司始终坚持“质量就是生命”的原则，把产品质量作为企业发展的重中之重，不断完善质保体系，成品综合合格率和工艺执行率稳定保持在国内同行业领先水平。公司先后通过了国家强制3C质量认证和美国DOT、尼日利亚SONCAP、印尼SNI、中东GCC等认证，并通过了ISO9001、ISO/TS16949:2002、ISO14001:2004、GB/T28001-2001管理体系认证。

公司高度重视技术创新工作。公司技术研发中心于2009年7月被枣庄市经贸委认定为市级技术中心，2010年9月被山东省经信委认定为省级技术中心，2011年4月公司实验室通过了国家级实验室的评审。

八一轮胎公司将继续秉承“勇于拚第一、永远争一流”的新八一精神，接过车神奚仲以人为本、锐意创新的旗帜，以质量求生存，以改革促发展，谋长远之策略，揽九州之人才，集八方之科技，绘宏伟之蓝图，开创一片国内轮胎行业的新天地！

地址：山东省枣庄市高新技术开发区天安一路北首
电话：0632－8635000　传真：0632－8639000
网址：www.bayityre.com

FINEHOPE®
丰汇技术

山东丰汇设备技术有限公司

山东丰汇设备技术有限公司为山东省高新技术企业、中国电力企业联合会电站装备分会副会长单位，持有塔式起重机、桥式起重机、门式起重机、升降机、码头专用起重机、超大型起重机等10项国家A级资质、2项国家B级资质，并持有超大型起重机的行政许可资质，具有雄厚的研发、生产、起重技术咨询服务能力，拥有山东省塔式起重机工程技术研究中心，在特种设备行业居于技术领先地位。

公司拥有专业的研发机构——企业技术中心（山东省级），致力于高品质起重机的研制与生产，已成功开发和制造了大型塔式起重机、港口桅杆式起重机、桥式起重机、龙门式起重机、专用提升装置及生物质发电智能抓取料设备等十几个具有自主知识产权系列产品，多项技术填补了国内空白，部分产品达到国际先进水平，并取得5项发明专利、20余项实用新型专利。产品广泛应用于电力建设、民用建筑、仓储物流、港口码头、船舶制造、生物质发电、风能发电、石油石化、冶金建设等领域，并已远销至巴西、美国、印度、越南等国家，在高端起重机市场上树起了“FINEHOPE®”高品质形象。

公司建有完善的质量、环境、职业健康安全管理体系，职业健康安全管理体系通过了GB/T28001-2001标准认证，质量体系分别通过了ISO9001-2000国际标准认证（英国UKAS认证，注册号：0503044），DIN EN ISO9001-2000德国标准认证（德国TGA认证注册，注册号：061008）。公司分别在山东明水经济开发区、山东济南高新技术开发区、山东海阳核电产业园建有生产基地，总占地面550亩，重型厂房75000m²，拥有先进的生产检测设备及大批高精度工装。

公司是经认定的全国电力系统唯一的《全国电力起重机械研发制造示范基地》，同时被评为《全国电力施工机械重点生产企业》、《全国电站装备制造守信企业》、《机械工业AAA级信用企业》、《山东省机械制造工业十大自主创新品牌企业》、《山东省机械工业自主创新先进单位》、《山东省机械工业快速成长型企业》、《山东省守合同重信用企业》等荣誉。

FZQ系列塔式起重机（800t.m～2600t.m）

QD系列桥式起重机（10～800t）

WGQ系列桅杆式港口起重机（340t～1000t）

地址：山东省济南市章丘明水经济开发区世纪大道1718号　邮编：250200　电话：0531-81793161 81793163
传真：0531-81793168　网址：www.fhjs.net　www.chinacrane.cc　E-mail：sales@fhjs.net

HDCNC® 威海华东数控股份有限公司

董事长　汤世贤

威海华东数控股份有限公司成立于2002年，是以高速、高精、多轴、复合、大型、重型数控机床及功能部件为主营业务的高新技术企业。2008年6月，经中国证监会批准在深圳证券交易所中小板成功上市，2010年4月公开增发A股股票成功实施。公司现有员工1580人，注册资本1.2亿元，总资产20.4亿元，2010年销售收入6.6亿元，实现净利润9412万元，利税15999万元。

公司坚持走自主创新的发展道路，拥有省级企业技术中心，2010年被认定为山东省工程技术中心。2010年承担了国家重大专项项目MKW5230A/3×160大型精密数控龙门导轨磨床。

公司主要产品有：高速铁路博格板数控磨床、数控龙门机床、数控落地镗铣床、立式加工中心、卧式加工中心、数控外圆磨床、数控立式磨床、数控平面磨床、数控铣床、平面磨床、万能摇臂铣床等，产品达到国际先进和国内领先水平，公司成为国内知名的数控机床生产厂家。

2010年公司有5个新产品通过省科技厅组织鉴定：2MKG95100LC数控立式万能磨床、XKW2125*80型数控动梁工作台移动式龙门铣镗床、CKX5263数控双柱式铣车床、TK6920数控落地铣镗床、MKZW1480/15*80数控万能外圆磨床。

2009年1月公司与德国希斯庄明有限公司合资成立威海华东重工有限公司，注册资本1500万美元，其中华东数控占75%，希斯庄明占25%。华东重工的经营目标是成为世界上最大的核电站相关部件生产商之一。公司所拥有的十余台特大型机床能够保证该类部件加工所需的大功率切削力和高精度。

2010年7月成立华东核电设备制造有限公司是以核电设备的熔炼、锻造、加工、焊接、组装为主业的先进制造公司。该项目主要为核电、石油、化工、海洋工程等领域提供大型铸锻件，可生产最大单件铸件重量650吨。

地址：威海市经济技术开发区环山路698号　邮编：264205　电话：0631-5321609　传真：0631-5967988　网址：www.huadongcnc.com

山东移动为中小企业插上腾飞翅膀

在《国务院关于进一步促进中小企业发展的若干意见》中，信息化是贯穿始终的一条主线，《意见》中明确指出，“继续实施中小企业信息化推进工程，加快推进重点区域中小企业信息化试点，引导中小企业利通信息技术提高研发、管理、制造和服务水平，提高市场营销和售后服务能力。”

中国移动山东公司秉承“创无限通信世界，做信息社会栋梁”的企业使命，充分发挥自身网络技术和业务优势，积极开发移动行业应用解决方案，为中小企业量身定做了一系列的信息化解决方案，将移动信息化技术应用到企业办公、管理、财务、生产、运营、销售等价值链条上的多个环节，帮助中小企业不断完善管理模式、优化生产流程、提高工作效率、丰富营销手段，提高中小企业核心竞争力，较好地提升了区域中小企业的整体竞争力，产生了良好的社会基础和经济效益。

中国移动山东公司先后推出“行业应用百项工程”、“十万中小企业信息化体验活动”等，服务全省中小企业，实现多赢，截至目前，中国移动山东公司已为全省14万家企业提供了话音、数据业务、互联网接入等一体化信息化解决方案，中小企业依托中国移动山东公司提供的信息化平台，实现了对企业生产经营流程的再造，步入中小企业市场竞争的“蓝海”时代。

在中国移动山东公司一揽子信息化解决方案支撑下，菏泽广源铜带企业通过使用企业语音门户业务，减少硬件投入，实现了全国统一服务号码，多级语音自动导航；烟台斗山机械公司应用“无限数据采集系统”，足不出户即可总揽全局；泰安银宝食品公司使用手机下订单，车间直通市场；聊城鲁西化工通过手机营销管理系统上报销售信息，省时省力……

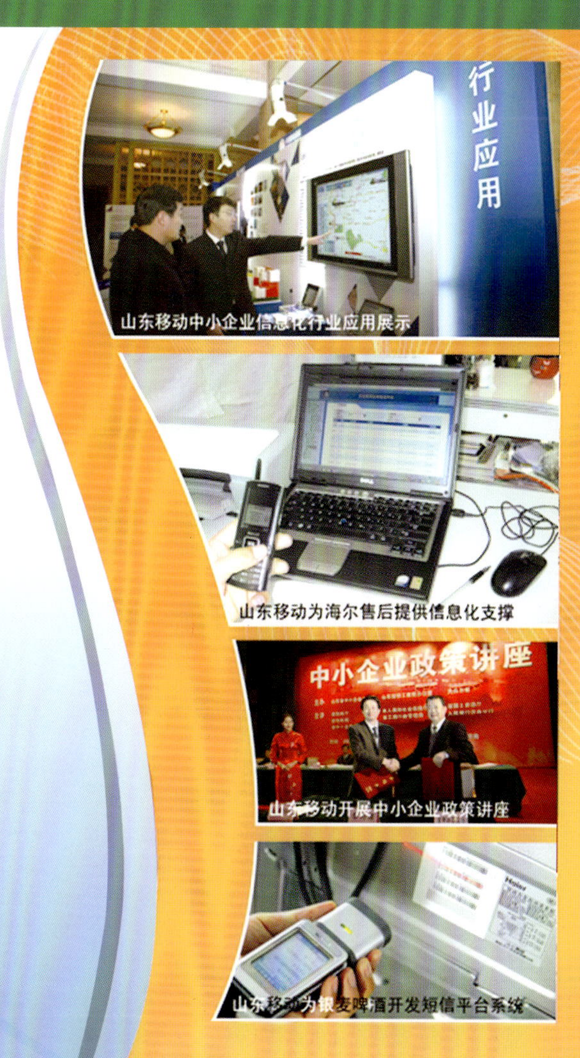

山东移动中小企业信息化行业应用展示

山东移动为海尔售后提供信息化支撑

山东移动开展中小企业政策讲座

山东移动为银麦啤酒开发短信平台系统

北汽福田汽车股份有限公司诸城汽车厂

诸城汽车厂

北汽福田汽车股份有限公司（简称福田汽车）成立于1996年8月28日，是一家跨地区、跨行业、跨所有制的国有控股上市公司。品牌价值339.71亿元，是中国商用车第一品牌。2010年，福田汽车集团销售汽车突破68万辆，是全球销量最大的商用汽车企业。

诸城汽车厂是福田汽车的发祥地，是中国最大的工程车制造基地。工厂拥有国内一流的车辆焊装、涂装、总装、调试生产线，年产整车能力20万辆。企业荣获“高新技术企业”、“山东省企业技术中心”、“企业信用评价AAA级信用企业”等荣誉称号，累计申报专利90余项，其中发明专利10项。

地址：山东省诸城市龙源街1号　客服热线（免费）：4008186186　传真：0536-6168250-3#
网址：www.foton.com.cn　E-mail:kongqingliang@foton.com.cn

山东兴鲁化工股份有限公司

山东兴鲁化工股份有限公司(以下简称兴鲁公司)是在齐鲁石化公司氯碱厂原集体企业改制基础上，经省人民政府批准设立的规范化股份制企业，座落在有着2700多年悠久历史文化的齐国故都——临淄乙烯金王路，是国有特大型企业齐鲁石化股份公司所在地，交通便利，通讯畅达。公司现有员工300余人，总资产9360余万元，占地约21430m²，拥有年产50000吨的工业用合成盐酸、50000吨的高纯盐酸、15000吨的1,1-二氯乙烯等五套中型化工装置，主导产品有：1,1-二氯氯乙烯、工业用合成盐酸、高纯盐酸、回收聚氯乙烯树脂、水质稳定剂、聚丙烯酸钠等六大类、十几个品种的产品。

公司自1993年成立以来，始终坚持“艰苦创业、开拓进取、团结奋进、诚实守信”的企业精神，以质量求生存，以信誉谋发展，不断开发新产品，努力拓展业务领域，企业生产经营不断创出新水平。1,1-二氯乙烯产品被省科技厅认定为国家级“高新技术产品”。2000年10月被省科学技术厅认定为“山东省高新技术企业”，2001年9月被确认为国家级火炬计划项目实施单位，2001年7月通过ISO9002国际质量体系认证，2009年12月完成国际质量体系认证2008版的改版工作。按照中石化集团公司和齐鲁石化公司的总体要求，2007年12月6日兴鲁公司完成了企业改制，依法规范了公司法人治理结构，促进了公司经营发展。公司连续多年被省工商行政管理局确认为工商年检免检企业，多次被省市工商行政管理局评定为“守合同、重信用”先进单位，被淄博市技术监督局授予“质量保证单位”，“计量先进单位”等荣誉称号，连续多年被临淄区评定为“依法纳税先进单位”。改制后的山东兴鲁化工股份有限公司将一如既往地加强与广大用户的诚信合作，以优质的产品，诚实的信誉，创建兴鲁公司繁荣发展的美好未来。

地址：淄博市临淄区乙烯新区　电话：0533-7580697　7580597
传真：0533-7580627　网址：www.xingluhg.com　E-mail：sdzbxpf@163.com

莘县供电公司

公司总经理 张建华

党委书记 王子朝

莘县供电公司始建于1969年10月，属国有中一型企业。公司总资产3.4亿元，是一个集电力供应、高低压电力设备安装、电力设备加工、材料销售、电力设备修造等功能完备、门类齐全的经营实体。

莘县供电公司拥有220千伏变电站2座，110千伏变电站6座，35千伏变电站18座，变电设备总容量121.86万千伏安，10千伏及以上供电线路总长度达2360千米。2010年，公司完成购电量8.55亿千瓦时，实现销售收入4.24亿元，上缴税金1096万元。

莘县供电公司连续二十一年保持了“省级文明单位”荣誉称号，连续四年获得“山东省消费者满意单位”，2008年荣获山东省“百姓口碑最佳荣誉单位”称号，被山东省企业管理现代化创新成果评审委员会评为“2008年度山东省管理创新优秀企业”称号；被县委、县政府连续八年授予优秀企业；2010年被全国总工会授予“全国模范职工小家”，被山东省纪委、组织部等八部门评为“山东省厂务公开民主管理工作”先进单位，被山东省职工思想政治工作研究会授予“优秀政工企业研究会”。总经理张建华被山东电力集团公司授予“优秀员工”，被齐鲁好当家人评委会评为“齐鲁好当家人”。截至2010年12月31日，实现连续安全生产4039天，创公司历史最高安全生产纪录。

地址：莘县北外环路69号　邮编：252400

荣成华泰汽车有限公司隶属华泰汽车控股集团，是国家定点整车类汽车生产、唯一拥有小型汽车目录的山东省重点生产企业。

华泰汽车控股集团是家以汽车制造业为主，多元化发展、跨国经营的大型企业控股集团，总部位于北京市朝阳区，现有员工3000余人，固定资产达38.1亿元，研发机构分布在中国、韩国、德国等地，已成为以北京为管理和研发中心，在鲁、蒙、吉等多个省市拥有三大生产基地，一个汽车工业园，四大平台和十大系列车型，覆盖汽车制造、销售、租赁等广泛业务领域的大型集团企业。

作为华泰汽车控股集团核心产品SUV和节能环保型轿车主要的生产基地，荣成华泰汽车有限公司占地73万平方米，拥有汽车冲压、焊装、涂装、总装、综合检测等高精尖的加工生产线，工艺先进、技术完整，具备年生产14万辆整车的生产能力。

荣成华泰汽车有限公司是山东省制造业信息化管理示范企业，通过了ISO9001国际质量体系验证和CCC强制性产品认证，通过了军品装备承制资格审查。公司对整车制造采用国际流行的AUDIT评审方法，成功地使用了ERP管理系统对公司产、供、销、人、财、物进行网络化管理。公司于2006年12月获得山东省批准成立省级企业技术中心，2008年4月被评为2007年度山东省纳税百强先进企业。

公司地址：山东省荣成市观海中路111号　邮编：264300　电话：0631-7558999　传真：0631-7557619
销售公司地址：北京市朝阳区安定门外安苑里1号　销售服务热线：010-64978666/010-64960330
客户服务中心：010-64957531　服务热线：800-810-2066/400-810-2066　网址：www.hawtaimotor.com

GMK 新凤祥控股有限公司 GMK HOLDINGS CO., LTD

新凤祥控股有限公司是以资本运营和产业经营相结合的管理公司，旗下拥有两大核心产业：一是以山东凤祥集团为主导产业的绿色农业产业，形成了目前全国最完整的肉鸡产业链条，并有望成为全国最大的肉鸡加工基地。二是以阳谷祥光铜业为核心的生态工业产业，拥有继美国肯尼科特之后世界上第二座采用闪速熔炼和闪速吹炼工艺的铜冶炼厂，是目前世界上技术最先进、安全、环保、节能、高效的现代大型铜冶炼企业。公司董事长刘学景先生是第九届、十届、十一届全国人大代表，全国劳动模范。2010年公司销售收入达到200亿元，利税24亿元。

2003年12月13日，胡锦涛总书记来凤祥集团视察工作，对凤祥走农业产业化之路，带动农民致富，转移农村剩余劳动力，利用高新技术提升农产品加工增值水平给予了充分肯定和赞扬。

2009年6月27日，中共中央政治局常委、国务院总理温家宝来山东考察，在听取刘学景董事长工作汇报后指出：祥光铜业的经验确实宝贵，突破了两个闪速技术，采用闪速熔炼和闪速吹炼铜冶炼技术，节约了能源，环保比较好，确实是一个先进、环保、节能、高效的铜冶炼企业。

地址：北京市建国门外大街2号 银泰中心 C座27层　电话：010-85217777　邮编：100022
山东省阳谷县凤祥工业园　邮编：252325　网址：www.gmkholdings.com

拼搏奋斗创大业　科学发展谱新篇

招金矿业股份有限公司河东金矿位于有着“金城天府”美誉的金都招远市。企业固定资产2.4亿元，职工720人，采选综合生产能力1500t/d，年产黄金41000两，年实现利润3630万元，各项主要经济技术指标均达到国内同行业先进水平。“十一五”期间，企业共生产黄金19.6万两，上缴利税1.3亿元。

探矿增储，为企业发展增添后劲。多年来，河东金矿不断加大探矿力度。并通过与多家科研机构联合攻关，对矿界区域实施全方位物探、化探、坑探、钻探，使黄金地质储量由原有的不足10吨增加到15吨。

科技兴矿，为企业腾飞挖掘潜力。企业始终注重科技工作，大力实施科技兴矿战略。成立了科技委员会，建立科技人才培养体系，成立了地质、采矿、选矿等科研攻关小组，五年来，先后完成20余项科研成果，其中5项获省、部级以上奖励。

注重安全，营造健康企业环境。企业始终坚持黄金有价、生命无价的安全理念，始终如一把安全环保共组作为高于一切的大事来抓。在环保工作上，投资500万元，对尾矿库进行综合治理，对矿区环境进行整体美化绿化。

强化管理，打造企业发展优势。建立完善了物资管理各项规章制度，严格落实责任，强化企业内部管理，最大限度地实现降本增效。

注重人本，全力构建和谐企业。企业坚持人本管理，全面推进企业文化建设，坚持培育和弘扬“务实、创新、诚信、奉献”的企业精神，大力倡导合规创效、合智创新、合力共进、合心共赢的企业核心价值观。

地址：招远市蚕庄镇河东王家村东　邮编：265400　电话：0535-8020308　传真：0535- 8320095

招金矿业股份有限公司 河东金矿

新泰正大热电有限责任公司

公司董事长、总经理　孙传文

新泰正大热电有限责任公司坚持科技进步，把发展和利用可再生能源作为企业可持续发展的新目标。经省经贸委批准公司实施的利用生物质发电技术改造项目，在新泰市委、市政府的支持下使项目顺利实施。市政府与各乡镇下达收购任务，并在11个乡镇建起加工点，使项目顺利投入运营。经山东省煤炭质量检测中心检测，秸秆颗粒的低位发热量为13150J/g，可充分保证公司发电生产的需求。由于生物质成型燃料含硫量仅为0.066%，远低于煤1%的平均含硫量，烟气中的CO、CO_2、SO_2、NOx等成分指标的测试烟尘的排放浓度为138mg/Nm^3，SO_2排放浓度仅为75mg/Nm^3，替代化石类燃料可减少SO_2排放1000吨，减少CO_2排放24万吨左右，同时给当地农民带来2000多万元的收入。（撰稿：董宗森）

新泰市委副书记、市长刘学保（左一）视察生物质利用情况

地址：山东省新泰市青龙路1301号　邮编：271200　电话：0538-7268053　网址：www.zdrd.com

圣阳电源 SACRED SUN

山东圣阳电源股份有限公司

山东圣阳电源股份有限公司（简称圣阳股份，股票代码：002580）是国家高新技术企业。公司创建于1991年1月，2011年5月6日在深交所中小板上市。公司是国内最早研发、制造阀控式密封铅酸蓄电池的企业之一，是中国铅酸蓄电池行业首家通过出口免验审核的企业。公司是国际ALABC组织成员，是中国电池工业协会和中国化学与物理电源行业协会常务理事、中国电器工业协会铅酸蓄电池分会和中国自行车协会理事，是中国汽车工程学会电动汽车分会、中国通信标准化协会、中国电源学会、太阳能和风能储能电池标准起草委员会会员。

公司先后通过了ISO9000质量管理体系、ISO14000环境管理体系、OHSAS18000职业健康和安全管理体系认证；SA8000社会责任管理体系；荣获“国家免检产品”、“山东省名牌”、“山东省著名商标”、“山东省清洁生产达标单位”、“山东省危险废物规范化管理达标单位”、“山东省管理创新优秀企业”、行业“AAA级信誉企业”等多项荣誉。公司倡导绿色运营，高度重视危险废物的回收再利用，2010年，获得“危险废物经营许可证”，成为行业内为数不多的具有危险废物经营资质的企业之一。

圣阳股份致力于做国际专业电源制造商和供应商。拥有100多人的研发队伍，并建立了国内外技术合作专家库，与国内外高校及研究机构建立了紧密的合作关系，形成了自主研发与联合开发的技术创新平台。公司拥有省级技术研发中心和工程技术中心；引进了美国、意大利、瑞士、德国等世界一流的铅酸蓄电池技术和生产、检测设备；拥有25项专利，其中发明专利4项；是十多项国家、行业标准的制定者和参与者。不断实施技术优化和创新，提升企业核心竞争力，为企业发展提供强大的技术支持。

圣阳股份坚持“创新创业、精细立业、和谐发展”的发展观，形成了AGM、GEL两大类铅酸电池开发技术、锂离子电池开发技术和新能源系统集成技术，拥有“圣阳”、“ABT”、“赛耐克”三大品牌，产品涵盖5大类21个系列400多个品种，并通过了CE、UL、VDS、GOST和泰尔认证；广泛应用于通信、电力、UPS、EPS、新能源储能和动力能源等领域，产品远销30多个国家和地区，畅销国内外市场。

圣阳股份坚持“客户第一，服务至上”的经营理念，以客户为中心，为客户量身打造安全可靠的个性化产品；坚持“以德立身、尽责敬业、团队至上、追求更好”的企业精神，调动每个员工的积极性，凝聚团队力量，打造性能一流的产品。圣阳人将继续以诚信为本，以创新为翼，积极响应国家“转方式、调结构”的战略要求，引领行业潮流，全力实现圣阳股份新的跨越。

地址：山东省曲阜市圣阳路1号　邮编：273100　网址：www.sacredsun.cn
电话：0537-4438666（总机）　服务电话：400-6537653　传真：0537-4411980

山东天畅环保工程有限公司

山东天畅环保工程有限公司创建于2007年，是一家集科研、设计、生产、销售、安装、售后服务为一体的综合型高新技术企业。公司地处枣庄市山亭区经济开发区，占地面积150亩，总建筑面积为30000㎡。企业注册资金5000万元，总投资4.6亿元，现有职工160余人，其中各类专业技术人员67人，年销售收入15000万元，利税3500万元。

公司现生产污水处理设备、高分子复合材料型材、门窗、隔离护栏四大系列产品、58个品种、180多种规格的产品。高分子复合材料型材及节能保温窗，具有节能保温、隔音降噪、轻质高强、尺寸稳定、耐腐蚀、耐老化、使用寿命长等显著特点，高分子复合材料节能保温窗被誉为继木、钢、铝、塑后的“第五代”新型门窗，是国家重点推行的节能环保型高新技术产品，各项指标均处于国内领先水平。公司新研发的隔离护栏具有尺寸稳定性好、使用寿命长、耐候性好等诸多优点，能够适用于城市道路、开发区、居民区、园林及安全防护工程。公司可年产3000套活性污泥生物膜复合式一体化污水处理设备的能力，该设备处理后的水质达到国家一级排放标准，并实现中水回用。适用于城市生活小区、宾馆、饭店、医院、学校、营房、旅游景点、海岛以及乡镇、农村的污水处理。该项目在2009年7月被省政府列为重点项目。2010年4月被国家发改委和环资委第6号文列入鼓励扶持发展目录。

山东天畅环保工程有限公司已通过ISO9001国际质量管理体系认证，公司将以高质量的管理、优秀的企业团队、强大的实力、过硬的技术、周到的服务，竭诚为海内外用户提供优质和全方位的服务。

地址:山东省枣庄市山亭区经济开发区世纪大道东　客服电话：0632-8866266　销售电话：0632-8839977
销售传真：0632-8866277　网址：www.tianchanghb.com　邮箱：sdtcgroup@163.com

山东盛泉矿业有限公司

山东盛泉矿业有限公司是始建于1957年，公司注册资金5800万元，拥有员工2550人，其中工程技术人员400余名，中高级技术人员186名，具有较强的项目开发和生产能力。

团结奋进的领导班子

近年来，盛泉矿业公司按照“内部挖潜、外部扩展、和谐发展”的战略规划，坚持走改革创新之路，以科学发展观和安全发展观为指导，积极致力于企业做大做强，在稳定老区煤炭主业生产的同时，积极调研开发外部资源，成功开发建设了内蒙古准格尔旗星达工贸有限公司,目前矿井已具有年产原煤120万吨生产能力。内蒙古沙章图煤矿正在进一步建设当中，矿井设计生产能力500万吨，地质储量3.9亿吨，为企业实现“一矿变三矿”的目标奠定了坚实的基础。矿井依靠科技进步，大力实施科技兴企战略，探索实施的“井下原生矸石充填与开采一体化”技术达到“国际先进水平”，被评为煤炭工业新技术重点推广项目之一；极近距离破碎顶板条件下煤层开采技术达到“国内领先水平”；《矸石置换煤技术研究》等重大科技创新项目，分别获得中国煤炭科学技术奖一等奖和中国科学技术二等奖及省部级以上奖励，企业科技创新水平大幅提升。公司先后被评为“全国文明煤矿”、“质量标准化部级矿井”、“全国模范职工小家”、“省级重合同守信用企业”、“山东省道德建设十佳单位”、“山东省创安先进单位”、“省级质量标准化A级矿井”等荣誉称号。

睿智果断，敢想敢干，团结务实的山东盛泉矿业公司领导班子，决心通过机制创新、管理创新、理念创新，不断将企业向更高、更远的方向延伸。同时，致力于寻求国际合作，积极吸引外资，本着“双赢、共赢”的理念，努力将企业做大做强。

地址：山东省新泰市泉沟镇　电话：0538-7843137　传真：0538-7843172

潍坊鲁元建材有限公司

潍坊鲁元建材有限公司坐落在世界风筝之都潍坊市坊子区。现有职工867人，其中工程技术人员196人，资产2.68亿元，拥有3个水泥生产厂。主要生产普通硅酸盐42.5水泥、矿渣硅酸盐42.5、32.5水泥、复合硅酸盐42.5、32.5R、32.5级水泥和高、中抗硫酸盐硅酸盐42.5、32.5特种水泥，年生产各种型号水泥180万吨，是潍坊市重点水泥、建材生产骨干企业。

公司系GB/T19001-2008/ISO9001:2008质量管理体系、GB/T24001-2004/ISO14001:2004环境管理体系以及GB/T28001-2001职业健康安全管理体系认证企业。公司生产、化验设备精良、工艺先进，检测手段完善，节能、环保均达到国家标准，生产的“震荆”、“鲁元”牌水泥出厂合格率连续二十多年保持100%。公司荣获“环渤海地区建材工业AAA级诚信企业”、“山东省建材工业十大自主创新企业”、“山东省水泥质量管理先进单位”和“潍坊市五星级消费者满意单位”、“潍坊市守合同、重信用先进单位”等称号。“震荆”“鲁元”商标被评为“山东省著名商标”和“环渤海地区建材工业知名品牌”。公司产品质量稳定，广泛用于海港、水电大坝、引水涵洞、高速公路、桥梁隧道、高层建筑等领域，是济南、青岛、日照、烟台、东营和潍坊北港开发等众多工程及广大水泥客户的首选品牌，在市场上享有很高的声誉。

地址：潍坊市坊子区荆山洼驻地　邮编：261208
办公室：0536-7631290　营销公司：0536-7631251
传真：0536-7631066　网址：www.luyuanshuini.com

冀东水泥（烟台）有限责任公司

冀东水泥（烟台）有限责任公司位于山东省烟台市福山区张格庄镇，距烟台莱山国际机场30公里，距烟台港35公里，距离烟台火车站30公里，距离荣乌高速公路15公里，地理位置优越。厂址地处丘陵地带，气候宜人，冬无严寒，夏无酷暑，自然环境优越。冀东水泥（烟台）有限责任公司是冀东水泥股份有限公司全资子公司，项目于2009年4月成立的，总投资9.3亿元，并于2009年6月开工建设，2010年10月26日回转窑点火成功。为保证节能降耗和发展循环经济的需要，项目同步配套建设12MW纯低温余热发电机组，其电站的电力全部用于水泥生产，自供电率达到30%以上。该项目由冀东水泥集团自行设计，水泥窑，篦冷机，辊压机，水泥磨等大型主机设备全部实现冀东水泥自主研发制造，设备国产化率99%以上；生产工艺，环保设施具有国际领先水平。项目的设计顺应当今世界水泥工业技术发展的潮流，符合国家水泥产业政策和循环经济发展要求，年综合利用各种工业废弃物30万吨，充分发挥水泥生产在工业城市中的“清道夫”作用。项目投产后，年熟料产量160万吨，水泥产量210万吨，将为烟台、威海地区及青岛地区提供被中国工商总局认定为“中国驰名商标”的优质“盾石”牌水泥，对于地方水泥产业结构调整和经济社会可持续发展将发挥重要的促进作用。

地址：山东省烟台市福山区张格庄镇龙泉路80号　邮编：265500　电话：0535-6305206　网址：www.jdsn.com.cn

山东八三炭素厂

总厂办公楼

山东八三炭素厂始建于1958年，是以石墨电极为主导产品的国有中型企业，占地面积119万平方米，拥有资产总计4亿元，员工1700余人，其中工程技术人员405人，产品横跨冶金、电子、化工三大行业，主导产品石墨电极年产量达到28000吨，产值5亿元，是中国炭素行业协会常任理事单位。

顽强拼搏，干事创业，铸就了八三炭素的辉煌。经过几代八三人的艰辛努力，过去的荒芜之地，已成为具有现代化水平的炭素制品生产基地。“八三”品牌得到了国家和社会的充分肯定，相继荣获国家二级计量单位、部质量管理奖、全国设备管理优秀单位、省先进企业、国家二级企业、山东省名牌产品等多种荣誉称号。

适应市场需求，加快结构调整，使八三炭素在市场竞争中游刃有余。在经营策略上，坚持以销售为龙头，以市场为导向，加快产品结构调整，实施名牌发展战略。现高功率、超高功率电极比例达到70%以上，生产直径从250～550mm各种规格产品，均能满足市场需求，并相继开发了异形石墨制品和特种气体等新产品，增强了企业发展后劲，形成了多行业、多产品、多规格的生产格局，主导产品“八三”牌石墨电极在国内外赢得了众多用户的普遍好评。

狠抓企业管理，保证产品质量，八三炭素成为客户最信赖的伙伴。八三炭素始终将产品质量放在第一位，“以一流的质量和服务，永远与市场的更高需求同步”既是八三炭素的经营方针，也是郑重承诺。1997年，该厂在同行业中率先通过了中国质量协会质量保证中心ISO9001质量体系认证，十余年坚持不懈地追求ISO9001标准，积累了丰富的管理经验，2009年又通过了中国质量协会质量保证中心ISO14001环境管理体系认证。质量体系的规范运行为产品质量提供了坚实的保证。

“大鹏一日同风起，扶摇直上九万里”。进入新时期，八三人又开始了新的征程，他们真诚希望与世界各地的朋友们一起，加强合作，携手共进，再创新的辉煌！

地址:山东省淄博市周村区王村镇　邮编:255311　电话:0533-6689221　传真:0533-6689093　网址：www.83ts.com

青岛分行

行长　赵志敏

中国民生银行股份有限公司青岛分行成立于2006年3月18日，自成立以来青岛分行始终坚持“规规矩矩办银行、扎扎实实办银行、开动脑筋办银行”的办行理念，坚持“特色银行”、“效益银行”的两个目标、坚持“民营企业银行、小微企业银行、零售高端客户银行”的三个定位，以“模式引领发展、业绩开创未来”的经营理念，统一思想、开拓创新，形成了干事创业、奋勇争先、和谐发展的良好氛围，各项业务保持持续、健康、快速发展的良好势态，赢得了各级政府和监管部门及社会各界的认可和好评。目前，青岛分行共有包括本行本部在内的8家同城支行（含营业部），1家异地支行（烟台），2家县域支行（即墨、平度），正在筹建的2家二级分行和3家同城支行，自主网点30家，已形成以青岛分行为省内总部、烟台、威海、日照为半岛区域分部，辐射全市乃至省内的网点布局。截至2011年3月末，青岛分行总资产176.43亿元，各项存款折合人民币158.58亿元，各项贷款112.22亿元。

青岛市市委副书记、市长夏耕亲切会见总行董事长董文标

中国民生银行洪崎行长与青岛市市委副书记、市长夏耕签署《青岛市人民政府与中国民生银行股份有限公司战略合作框架协议书》后亲切握手

中国民生银行青岛分行党委书记、行长赵志敏与青岛市工商联党组书记王吉春同志签署了战略合作协议

2011年2月，中国民生银行青岛分行荣获青岛市银行机构小企业融资服务先进单位称号

山东汇通集团有限责任公司

董事长 贺怀智

中共聊城市十一届党代表
聊城市十一届政协委员
聊城市工商联副主席
东昌府区第十五届人大代表
聊城市市长质量奖
山东省优秀中国特色社会主义事业建设者
富民兴鲁劳动奖章
聊城市钢管协会副会长
山东省中小企业协会常务副会长

伴随着“十一五”稳健的步伐，沐浴着“十二五”希望的曙光，山东汇通集团有限责任公司现已发展成为以石油套管、中高压锅炉管、液压支柱管、汽车半轴套管为主导产品，集生产、销售、物流、科技研发为一体，以市场为导向的现代化企业，下辖山东汇通钢管制造有限公司、山东海鑫达石油机械有限公司、山东汇通金属材料市场有限公司、聊城金汇通管业有限公司、洛阳兴奥商贸有限公司5个子公司。

公司目前占地面积850亩，建筑面积59.8万平方米，现有资产规模15亿元，在职职工1000余人，拥有冷拔无缝钢管生产线1条、热轧无缝钢管生产线3条，年可生产Ø25-325mm*4-70mm各种规格、各种材质无缝钢管70万吨，实现销售收入40亿元。

公司2005年通过ISO9001：2000质量管理体系认证、2009年通过美国石油协会API审核，2011年通过特种设备生产许可证审核，并且是农行山东省分行AAA级信用企业、省级守合同重信用企业、山东省消费者满意单位、山东省银行业最佳信贷诚信客户、聊城市钢管协会副会长单位，公司生产的无缝钢管被认定为山东省民营经济知名品牌产品。

在良好的市场形势及积极的政策引导下，山东汇通国际金属物流园于2011年5月对外招商。园区东临聊城市对外交通要道东外环，北临济馆高速，距京九铁路货运站10Km，距邯济铁路货运站5Km。整体规划面积3500亩，一期建设用地1134亩，投资16亿元，建设有汇通国际金属商贸大厦、汇通国际金属物流大厦、有色金属仓储区、有色金属加工区、信息交易平台、会展中心等，配有人性化的生活小区、四星级国际商务大酒店、大型停车场、加油站等，构建现代化的金属材料信息平台，打造信息全球通，交易国际化的金属商贸物流中心！

企业在发展，社会在进步，纵观历史发展轨道，企业的优秀不在于一时的辉煌，汇通今天的成功是前期付出的积淀，山东汇通集团梦想的实现仍需每一位汇通人扎实苦干，坚定不移的践行勇于奋斗、勤于思考的汇通创业精神，共同成就山东汇通集团永不湮灭的梦想！

公司董事长贺怀智、总经理贺怀广热忱欢迎各界朋友莅临指导，洽谈合作！

山东汇通国际金属物流园　　集团公司总部办公楼　　钢管仓储区一角

物流园招商热线：0635-8889998 8205888

地址：聊城市经济开发区牡丹江路东首　邮编：252000　销售热线：0635-8590888 8877799 8877066　传真：0635-8590222